DUDEN

Briefe gut und richtig schreiben!

DUDEN

Briefe gut und richtig schreiben!

Ratgeber für richtiges und modernes Schreiben

3., überarbeitete und erweiterte Auflage

Bearbeitet von der Dudenredaktion

DUDENVERLAG
Mannheim · Leipzig · Wien · Zürich

Redaktionelle Bearbeitung der 3. Auflage
Anja Konopka
unter Mitwirkung von Dr. Kathrin Kunkel-Razum

Typografie Farnschläder & Mahlstedt/Indra Kupferschmid, Hamburg
Umschlaggestaltung Hans Helfersdorfer, Heidelberg
Herstellung Monika Schoch

Die Duden-Sprachberatung beantwortet Ihre Fragen
zur Rechtschreibung, Zeichensetzung, Grammatik u. Ä.
Montag bis Freitag zwischen 9.00 und 17.00 Uhr
unter der Telefonnummer 01 90-87 00 98
(1,86 Euro pro Minute, deutschlandweit).

Die Deutsche Bibliothek – CIP-Einheitsaufnahme
Ein Titeldatensatz für diese Publikation ist bei der Deutschen
Bibliothek erhältlich.

Satz A–Z Satztechnik GmbH, Mannheim
Druck und Bindearbeiten Druckerei Parzeller, Fulda
Printed in Germany
ISBN 3-411-05563-4

Vorwort

Obwohl das Telefon heute eine bedeutende Rolle spielt, gibt es doch zahlreiche Situationen, in denen man gezwungen ist zu schreiben. Da sind Anträge zu stellen, ein Bewerbungsschreiben ist aufzusetzen und ein Lebenslauf beizufügen, da müssen Protokolle verfasst und es muss Geschäftskorrespondenz erledigt werden. Aber auch im Privatleben genügt ein Anruf oft nicht, wenn es darum geht, jemandem in persönlicher Form zu gratulieren oder zu kondolieren oder sich für eine Einladung zu bedanken.

Während viele Menschen im Allgemeinen der gesprochenen Sprache gegenüber ein völlig natürliches Verhältnis haben, ohne langes Nachdenken sprechen und sich verständigen können, sind sie der geschriebenen Sprache gegenüber befangen. Sie haben plötzlich Angst, orthographische oder grammatische Fehler zu machen oder die Sätze nicht richtig zu verknüpfen, es fällt ihnen nicht der richtige Ausdruck ein und sie werden unsicher, ob sie in einem Schreiben an eine Behörde, den Geschäftspartner oder an eine befreundete Familie den richtigen Ton treffen.

Dieses Buch ist ein Ratgeber für richtiges und modernes Schreiben. Es besteht aus drei Teilen. Im ersten Teil sind zunächst die Unterschiede zwischen geschriebener und gesprochener Sprache, verschiedene Schreibanlässe und -situationen und stilistische Fragen des Schreibens behandelt. Im Anschluss daran werden zahlreiche Tipps zum korrekten Aufbau von Briefen nach DIN 5008 und zu den heute üblichen Formen von Anschrift, Anrede und Gruß gegeben. Dabei werden jene Fragen besonders eingehend behandelt, die in der täglichen Korrespondenz erfahrungsgemäß die meisten Schwierigkeiten bereiten: Wie schreibe ich eine Familie, wie einen Professor, wie eine Bundesministerin an? Welche Anreden und Grußformeln gelten heute noch als zeitgemäß? Wie muss ich eine Anschrift gestalten, damit nur der Empfänger persönlich, nicht jedoch die Poststelle oder das Sekretariat den Brief öffnen darf? Es folgen Anleitungen für das Verfassen von Privatbriefen, Bewerbungen, Lebensläufen, Schreiben an Behörden, Geschäftsbriefen, Protokollen usw. mit zahlreichen Musterbriefen. Neu hinzugekommen sind Informationen rund um das Thema »E-Mail« und das Wichtigste zur Korrespondenz auf Englisch. Den ersten Teil beschließen die Hinweise für das Maschinenschreiben und kurze Informationen zur Neuregelung der deutschen Rechtschreibung.

Der zweite, alphabetisch geordnete Teil enthält eine Sammlung von Sprachtipps. Heißt es z. B. »Am Montag, dem ...« oder »Am Montag, den ... «, ist »halbjährige Kündigung« oder »halbjährliche Kündigung« richtig, gibt es einen Unterschied zwischen »Unkosten« und »Kosten«? In diesem Teil sind auch die wichtigsten Regeln der Rechtschreibung, der Zeichensetzung und der Grammatik dargestellt. Dabei werden Änderungen durch die amtliche Neuregelung immer besonders berücksichtigt.

Der dritte Teil besteht aus einem alphabetischen Wörterverzeichnis mit etwa 45 000 Stichwörtern. Dieser Teil verzeichnet nicht nur die korrekte Schreibweise der Wörter, er zeigt auch die richtige Worttrennung, macht Angaben zur Grammatik und zum Stilwert der Wörter und veranschaulicht schwierige Verwendungsweisen. Bei zahlreichen Stichwörtern werden sinnverwandte Wörter oder andere Fügungen angeboten, die dem Benutzer andere Formulierungen ermöglichen.

Wann immer sich beim Schreiben und bei der Suche nach dem richtigen Ausdruck Probleme einstellen – dieses Nachschlagewerk der Dudenredaktion mit seinen Schreibanleitungen und Musterbriefen, den Sprachtipps und dem Wörterverzeichnis ist ein zuverlässiger Ratgeber, der richtiges Schreiben leicht macht.

Mannheim, im August 2002 Die Dudenredaktion

Inhaltsverzeichnis

Schreibanleitungen und Musterbriefe

Einleitung

Vom Sprechen und Schreiben

Warum fällt Schreiben oft schwerer als Sprechen?

Das Sprichwort sagt: »Reden ist Silber, Schweigen ist Gold«. »Schreiben ist schwierig«, sagen die meisten. Es gibt sehr viele Menschen, die sich wunderbar unterhalten können, die Geschichten so vortrefflich erzählen, dass man ihnen gern zuhört, oder die Naturtalente beim Anpreisen einer Ware sind – die aber nie eine Weihnachtskarte schreiben und lieber zehnmal anrufen als einmal zu schreiben. Ist das Schreiben wirklich so schwer?

Und was ist eigentlich der Unterschied zwischen Sprechen und Schreiben? Schreiben ist ein Vorgang, der nur eine Person betrifft; beim Sprechen sind es dagegen in der Regel mindestens zwei. Wenn diese beiden nun miteinander sprechen – oder der eine redet, der andere hört zu –, können sie unmittelbar aufeinander reagieren: Der eine sagt etwas, der andere schüttelt den Kopf oder nickt, widerspricht oder stimmt zu, blickt zweifelnd, fragend oder zustimmend. Der Sprecher kann erkennen, ob der Gesprächspartner die Aussage verstanden hat und wie er sie aufnimmt.

Diese »Rückmeldung« des Partners entfällt beim Schreiben. Der Schreiber ist deshalb gezwungen, wichtige nichtsprachliche Mittel der gesprochenen Sprache – dazu gehören Satzmelodie, Betonung, aber eben auch Mimik, Gestik und anderes – durch sprachliche Mittel auszudrücken. Dies ist nicht ganz einfach.

Schreiben ist weniger spontan als Sprechen.

Weitere Unterschiede zwischen Sprechen und Schreiben sind:

- Schreiben ist weniger spontan, ist meist unpersönlicher.
- Geschriebene Texte sind meist überlegt aufgebaut, die einzelnen Teile sind besser miteinander verknüpft.
- Geschriebene Texte weisen eine größere Ausdrucksvielfalt, eine größere Genauigkeit in der Wortwahl auf.
- Die Sätze in der geschriebenen Sprache sind ausformuliert und vollständig; Nebensätze kommen häufiger vor.

Und jetzt wird vielleicht klar, warum viele vor dem Schreiben zurückschrecken: Der Schreiber muss alle diese Punkte beachten. Man erwartet von ihm einen überlegt aufgebauten, ausformulierten Text mit wohlgeformten Sätzen und Abwechslung in der Wortwahl. Der Empfänger kann kontrollieren, ob der Schreiber das leisten konnte; er kann seine – eventuell negativen – Schlüsse ziehen. Außerdem: Beim Schreiben kann man Rechtschreibfehler machen und grammatische Fehler sind auch auffälliger als beim Sprechen.

Abgesehen von diesen Fehlerquellen ist es außerdem oft schwierig, den richtigen Ton für einen bestimmten Anlass zu treffen.

Der Vorteil des Schreibens: Sie haben mehr Zeit, zu überlegen!

Man könnte jetzt den Eindruck gewonnen haben: Schreiben ist schwer, weil man viele Fehler machen kann. Das Schreiben hat aber auch große Vorteile: Man hat Zeit zum Formulieren, kann sich ungestört erst einmal ein Konzept ausdenken, kann auch mal nachschlagen, wenn man etwas nicht genau weiß, kann seine Worte in Ruhe wählen, darüber nachdenken, sie verwerfen oder gutheißen. Man kann den Text planen und seine Wirkung genau überlegen. Das geht beim Gespräch nicht. Schnell sagt man da etwas Ungeschicktes und eine Korrektur ist kaum noch möglich.

Wer schreibt wem warum?

In der heutigen Gesellschaft kommt dem Geschriebenen eine große Bedeutung zu.

In vielen Situationen ist Schreiben heute nötig, und das, obwohl das Telefon auch eine bedeutende Rolle spielt. Diese Situationen können rein privater Natur sein, wie z.B. Weihnachtsgrüße oder Glückwünsche an Verwandte, Einladungen oder Kondolenzschreiben an Freunde oder Bekannte. Es kann sich jedoch auch um Briefe handeln, die »halbamtlicher« Natur sind, z.B. um den Briefwechsel zwischen Mieter und Vermieter, um ein Entschuldigungsschreiben für das kranke Kind oder eine Bewerbung mit Lebenslauf. Nicht zu vergessen ist natürlich die Geschäftskorrespondenz. Da fast jeder vierte Erwerbstätige heute seinen Lebensunterhalt am Schreibtisch verdient, kommt dem Schreiben in unserer Gesellschaft eine große Bedeutung zu.

Was ist »guter Stil«?

Die Unterschiede im persönlichen Schreib- und Redestil jedes Einzelnen lassen sich dabei nicht aufheben und sollen auch gar nicht beseitigt werden. Jedem gebührt seine eigene »Handschrift«, an der man ihn wieder erkennt. Persönliche Vorlieben und Eigenheiten braucht man nicht zu verleugnen, sie sollten sich aber nicht aufdrängen. Die landschaftlichen Besonderheiten in Wortwahl und Satzbau sind liebenswert. Doch je weiter man aus dem Privaten hinaustritt, umso weniger sollten sie die Ausdrucksweise bestimmen. Die Beherrschung der Hochsprache ist nun einmal für gutes Schreiben unerlässlich, Abweichungen davon sind nur als »Farbtupfer« zugelassen.

Überlegen Sie im Vorhinein: Warum, was und an wen schreiben Sie?

Bevor man zu schreiben beginnt, sollte man sich zuerst über bestimmte Dinge im Klaren sein: Warum schreibe ich? Was ist der Zweck, was will ich erreichen? Dann sollte man sich den Empfänger des Briefes vorstellen: Wer ist es und wie wird er auf meinen Brief reagieren? Was will er wissen? Was weiß er schon? Was ist für ihn wichtig?

Wenn man also schreiben will, muss man seinen Stil anpassen – und zwar anpassen an den Empfänger und an den Anlass des Schreibens. Es ist klar, dass man an seine Großmutter anders schreibt als an das Finanzamt, dass eine Beschwerde in einem anderen Stil verfasst ist als ein Glückwunsch. Deswegen kann man auch nicht von dem Stil in Briefen reden – es gibt viele. Für fast jeden Anlass wählt man bewusst oder unbewusst eine andere Art zu schreiben, einen anderen Stil. Vergleichen Sie bitte die folgenden beiden Briefe – sie sind von ein und demselben Schreiber:

Briefkopf (Form B nach DIN 676)

Feld für Postanschrift des Absenders

Stadtverwaltung Grünstadt
Bauamt

67269 Grünstadt

Ihr Zeichen:
Ihre Nachricht vom:
Unser Zeichen: Eh-Be
Unsere Nachricht vom:

Bearbeiter:
Telefon: 06359 451-723
Telefax: 06359 451-700

Datum: 2002-04-17

Verkehrsberuhigung Lippestraße

Sehr geehrte Damen und Herren,

vor zwei Tagen wurde in der Zeitung über die geplante Verkehrsberuhigung an der Lippestraße berichtet.

Nehmen Sie dazu bitte zur Kenntnis, dass ich im Namen der industriellen Anlieger scharf gegen diese Maßnahme protestiere, denn die Lippestraße ist die kürzeste Strecke von der A 6 zu unseren Firmengeländen.

Es ist nicht im Interesse der Bürger, dass eine Straße verkehrsberuhigt wird und dafür der Schwerlastverkehr durch drei bis dahin ruhige Straßen geführt wird.

Wir erwarten diesbezüglich Ihre Antwort.

Mit freundlichem Gruß

Der erste Brief wirkt sehr förmlich. Man erkennt es an Formulierungen wie *Nehmen Sie dazu bitte zur Kenntnis, diesbezüglich* und *Mit freund-*

Norbert Einrich 12.04.2002
Lippestraße 8a
67269 Grünstadt

Herrn
Gerd Baumann
Lippestraße 4
67269 Grünstadt

Lieber Gerd,
hast du auch gelesen, was gestern in der Zeitung stand? Die wollen die Lippestraße »verkehrsberuhigen«.

Das heißt, wir müssen demnächst immer den Umweg über die Weserstraße fahren. Das ist ja viel weiter, und unsere Wagen stören die Leute da doch genauso!

Ich will im Namen aller Unternehmer an der Lippestraße einen Protestbrief an die Stadt schreiben. Machst du mit?

Bis dann

dein

lichem Gruß. Der zweite Brief ist dagegen im normalen Umgangston geschrieben, locker wie ein Gespräch.

Wie soll man es nun machen? Soll man schreiben, wie man spricht, oder sprechen, wie man schreibt? Dafür gibt es keine Faustregel, aber fest steht, dass ein Brief in lockerem Ton oft besser ankommt als ein Brief in gedrechseltem Deutsch. Und sprechen, wie viele schreiben, das wäre unerträglich: »Liebe Erika, bist du bezüglich meiner Pläne für das kommende Wochenende mit mir einig und unterstützt grundsätzlich die Idee, bei schönem Wetter mit dem Fahrrad einen Ausflug zu machen?«

Kein Mensch würde so reden, man mutet diese Sprache aber noch häufig Briefempfängern zu.

Schreiben Sie bewusst und mit Bedacht.

Festzustellen ist: Nicht ein einzelnes Wort entscheidet über den Stil und den Ton eines Briefes, sondern der Gesamteindruck. Der Stil wird von vielen Faktoren bestimmt, z. B. von der Wortwahl, vom Satzbau, vom Textaufbau, am stärksten aber vom Schreiber und vom Adressaten. Es kommt also darauf an, wer schreibt und an wen er schreibt. Deshalb: Bewusst und mit Bedacht schreiben, das ist die wichtigste Stilregel. Dass man sich klar und genau ausdrücken sollte, ist eine Forderung, die eigentlich selbstverständlich ist und immer gilt. Suchen Sie nicht nach irgendwelchen Floskeln, sondern bleiben Sie lieber bei Ihren eigenen Worten, und versuchen Sie, eine möglichst unverkrampfte, aber doch einwandfreie Sprache zu gebrauchen. Sie kann dabei ruhig der gesprochenen Sprache angenähert sein. Denn wenn man die heutige Schreibsprache mit derjenigen vergangener Jahrhunderte vergleicht, kann man feststellen, dass eine Annäherung an die gesprochene Umgangssprache sowieso stattgefunden hat. Und diese Entwicklung geht weiter! Das heißt, dass der Unterschied zwischen gesprochener und geschriebener Sprache heute nicht mehr so groß ist wie früher. Unterschiede bestehen aber trotzdem noch – das konnten Sie ja bereits im Abschnitt »Vom Sprechen und Schreiben« nachlesen. Da sich jedoch die geltenden Normen ständig wandeln, gehen die Meinungen darüber, ob eine Äußerung sprachlich gut oder schlecht ist, oft auseinander. Die Grenzen zwischen »gut« und »schlecht« sind fließend. Wäre es anders, würde unsere Sprache viel von ihrer Farbigkeit und Lebendigkeit einbüßen. Dies bedeutet aber auch, dass Sie auf den folgenden Seiten Ratschläge finden können, zu denen Sie vielleicht eine andere Meinung haben; vielleicht gefallen Ihnen bestimmte Ausdrücke nicht. Trotzdem kann beim Formulieren gar nichts schief gehen, wenn Sie die folgenden Tipps beachten. Vor allem sollen sie Ihnen Mut zum Schreiben machen!

Versuchen Sie, Floskeln zu vermeiden.

Vom richtigen Wort zum richtigen Satz

Das Wort »ich«

Manch einer mag sich davor scheuen, beim Schreiben das Wort *ich* zu verwenden. Die Zeiten jedoch, in denen es zum guten Ton gehörte, das *ich* zu unterdrücken, sind zum Glück vorbei. Trotzdem gibt es immer noch Eltern, die der Lehrerin oder dem Lehrer schreiben:

In Briefen brauchen Sie heute nicht mehr versuchen, das Wort *ich* zu umgehen.

```
Bitte zu entschuldigen, dass mein Sohn Peter gestern den
Unterricht versäumt hat ...
Möchte Ihnen außerdem mitteilen, dass ...
```

Die Auslassung des Fürworts *ich* ist nicht nur altmodisch, sondern sie wirkt heute schon fast grob. Sie erinnert an den militärischen Ton des 19. Jahrhunderts: »Habe verstanden.« – »Werde mal nachsehen gehen.« Vorsichtig sein sollte man heute lediglich noch am Briefanfang: Einen Brief mit dem Wort *ich* zu beginnen, wird noch heute von so manchem als unschön empfunden. Besonders in (halb)amtlichen und (halb)offiziellen Briefen ist es deshalb besser, auf eine Alternative auszuweichen:

Vorsicht ist allerdings am Briefanfang geboten.

```
Entschuldigen Sie bitte, dass mein Sohn Peter gestern
den Unterricht versäumt hat ...
Außerdem möchte ich Ihnen mitteilen, dass ...
```

Zumindest in Privatbriefen braucht man sich jedoch nicht mehr den Kopf darüber zu zerbrechen, wie man am besten anfängt, ohne mit *ich* zu beginnen. Statt:

```
Lieber Herr Schmidt,
über Ihren Brief habe ich mich sehr gefreut ...
```

oder

```
Lieber Karl,
herzlich danke ich dir für deinen Gruß aus München ...
```

können Sie genauso gut heute auch schreiben:

```
Lieber Herr Schmidt,
ich habe mich sehr über Ihren Brief gefreut ...
```

oder

```
Lieber Karl,
ich danke dir ganz herzlich für deinen Gruß aus München
```

Wozu auch Umwege machen? Der Brief ist eine persönliche Mitteilung, und wenn man einem Bekannten auf der Straße begegnet, sagt man auch nicht: »Guten Tag, Herr Schmidt! Lange habe ich Sie nicht mehr gesehen«, sondern: »Guten Tag, Herr Schmidt! Ich habe Sie ja lange nicht mehr gesehen.« Es kommt einem gar nicht in den Sinn, lange über die Anfangsworte des Gesprächs nachzudenken. Und genauso spontan dürfen Briefe beginnen. Auch ausführliche Lebensläufe darf man mit *ich* einleiten:

Einen Lebenslauf mit *ich* beginnen?

```
Ich wurde am 5. Januar 1931 in Bernsdorf geboren.
```

Allerdings ziehen es die meisten vor, die Angabe der Zeit an den Anfang zu setzen.

```
Am 5. Januar 1931 wurde ich in Bernsdorf geboren.
```

Die eine Einleitung ist so gut wie die andere. Die zweite unterscheidet sich von der ersten nur in der Stilhaltung. Die erste Fassung erinnert an ein Gespräch, bei dem man auf die Frage nach dem Geburtsort die Antwort gibt: »Ich bin in X geboren«, die zweite dagegen hat mehr vom Charakter einer Erzählung oder eines Berichts. Ein Roman oder eine Lebensbeschreibung könnte so anfangen. Diese etwas zurückhaltende oder distanziertere Form der Einleitung trifft man auch in (halb)amtlichen oder (halb)offiziellen Mitteilungen an. In solchen Fällen hat man noch heute vielfach Hemmungen, mit *ich* zu beginnen. Selbstverständlich ist es aber nicht verboten, auch solch ein Schreiben mit *ich* zu beginnen, wenn man sich im Übrigen höflich und angemessen ausdrückt.

Höflich schreiben – wie sieht das aus?

Manche Schreiber, die besonders höflich sein wollen, begehen den Fehler, in einer überhöhten Ausdrucksweise zu schreiben. Bei dem krampfhaften Bemühen um eine überhöhte Sprache verwenden sie Ausdrücke, die unnatürlich wirken oder veraltet sind, oder nennen eine einfache Sache nicht bei ihrem eigentlichen Namen. So etwas wirkt nicht höflich, sondern eher lächerlich. Ganz allgemein lässt sich sagen, dass sich die Umgangsformen im gesellschaftlichen wie im sprachlichen Verkehr

Vermeiden Sie unnatürliche Förmlichkeiten – bleiben Sie ungezwungen.

gegenüber früher gelockert haben. Steife Förmlichkeiten sind weitgehend aufgehoben und durch ungezwungenere Verhaltensweisen ersetzt. Die Tendenz geht dahin, bloß förmliche Ausdrucksweisen aufzugeben, die nur auf die gesellschaftliche Stellung Rücksicht nehmen. Denn die Suche nach dem ungewöhnlichen Ausdruck für Gewöhnliches führt zwangsläufig auf Abwege. Die Neigung, unnatürliche Förmlichkeiten durch normalsprachliche Wendungen zu ersetzen, hat zweifellos zur allgemeinen Verbesserung des Stils beigetragen. Mit Sätzen wie:

> Ihr Geschätztes vom ... in Händen haltend erlaube ich mir, dazu höflichst zu bemerken, dass ich in einigen Punkten Ihren werten Vorschlägen nicht zuzustimmen vermag.

> Ich wäre Ihnen zu tiefstem Dank verbunden, wenn Sie die Freundlichkeit hätten, mir das Buch bis zum Monatsende zurückzuschicken.

macht man sich heute eher lächerlich. Wieviel angenehmer lesen sich diese Sätze:

> Ich danke Ihnen für Ihren Brief vom ... In einigen Punkten kann ich Ihren Vorschlägen leider nicht zustimmen.

> Bitte schicken Sie mir das Buch bis zum Monatsende wieder zurück.

Höfliche Grußformeln

Ähnliches ist auch für den Gruß festzustellen. Solche Formeln wie *Mit vorzüglicher Hochachtung* oder *Wir hoffen Ihnen hiermit gedient zu haben und verbleiben ...* sind steif und wirken veraltet. Besser sind neutrale Formulierungen wie *Mit freundlichen Grüßen* oder *Mit besten Empfehlungen,* die in Geschäftsbriefen oder bei Briefen im öffentlichen Bereich angebracht sind. Kennt man den Adressaten näher, kann man hier etwas persönlicher werden durch *Mit herzlichen Grüßen* oder einen Zusatz, z. B. *Mit freundlichen Grüßen nach München.* Auch ein einfaches *Ihr ...* unter einem Schlusssatz wirkt sympathisch und nicht gekünstelt.

Vorreiter

Ruhige, sachliche Formulierung ist die höflichste Art der Mitteilung. Dazu bedarf es im Grunde auch keiner »Vorreiter«. Mit dem Wort *Vorreiter* bezeichnet man Satzanfänge, die keine Aussage enthalten. Man findet diese Vorreiter meistens in Geschäftsbriefen:

```
Wir teilen Ihnen mit, dass ...

Hierdurch erlauben wir uns, Ihnen ...

Antwortlich Ihres Briefes vom 30.03.2002 nehmen wir wie
folgt Stellung.
```

Solche Einleitungen können Sie weglassen, denn sie sind unnötig; der Leser sieht ja, dass Sie ihm etwas mitteilen. Dass sie nicht nötig sind, heißt aber andererseits nicht, dass man sie weglassen muss. Vieles, was nicht unbedingt nötig ist, kann trotzdem einen guten Eindruck machen. Und: Nicht alle Einleitungen sind Vorreiter. Der Schreiber kann den Empfänger zum Beispiel auf etwas aufmerksam machen wollen:

```
Beachten Sie bitte, dass ...

Ihre besondere Aufmerksamkeit verdient, dass ...

Wichtig für Sie: ...

Dies ist für Sie sicher interessant: ...
```

In Privatbriefen kann ein Vorreiter auflockernd wirken:

```
Ich will dir eine kleine Geschichte erzählen: ...

Du glaubst nicht, was ich vorige Woche erlebt habe.
Im Reisebüro ...
```

Verwendung von *mögen* oder *dürfen*

Als Ausdruck höflicher Zurückhaltung verwendet man manchmal die Erweiterung der Satzaussage um *mögen* oder *dürfen.*

```
Dazu darf ich mitteilen, dass wir die erste Lieferung
bereits gestern abgesandt haben.

Für Ihre weitere berufliche Zukunft möchte ich Ihnen
alles Gute wünschen.
```

Ein strenger Logiker wird unwillkürlich fragen: »Wer hat denn die Erlaubnis erteilt?« Und: »Wenn er mir etwas wünschen möchte, warum tut er es nicht?«. So ist es natürlich nicht gemeint. Bezeichnenderweise treten die Erweiterungen mit *mögen* und *dürfen* am häufigsten bei Zeitwörtern des Mitteilens oder Sichäußerns auf (*ich möchte/darf sagen, mitteilen, aussprechen, darauf hinweisen, gratulieren, wünschen* usw.), das heißt dort, wo der Schreiber sich selbst als Sprechenden in den Text einführt. Er hat offenbar das Gefühl, dass *Ich teile Ihnen mit* oder *Ich weise darauf hin* und ähnliche Wendungen zu direkt seien, dass er sich damit zu sehr in den Vordergrund schiebe. Gewiss sind *ich möchte* und *ich darf* in diesem Zusammenhang überflüssig, doch sind sie ein Bestandteil höflicher oder wenigstens höflich gemeinter Umgangsformen.

ich würde sagen …

Ganz ähnlich ist es bei der Wendung *ich würde sagen,* die man sprachkritisch beurteilen kann. Hier soll *würde* nur höfliche Zurückhaltung ausdrücken. Ob sie ehrlich gemeint ist oder nicht, spielt für die stilistische Beurteilung der Form dagegen keine Rolle.

Im Amtsdeutsch steht hin und wieder die Erweiterung durch *wollen:*

```
Sie wollen sich am Mittwoch, dem 15.02., um 15 Uhr im
Arbeitsgericht einfinden.

Die Unterlagen wollen Sie bitte möglichst bald abholen.
```

Diese Form empfinden die meisten Sprecher heute nicht mehr als Höflichkeitsform, sondern als eine Variante des Befehls *Sie haben sich einzufinden, Sie haben abzuholen.*

Von Floskeln, Füll- und Papierwörtern

Floskeln

Was sind Floskeln im Brief? Alles das, was »man« so schreibt und alles, was »schon immer« so geschrieben wurde. Dazu zählen auch die üblichen Einleitungs- und Schlusssätze:

```
Sehr geehrter Herr Förster,

auf Ihr Schreiben vom 11.04.2002 Bezug nehmend teilen
wir Ihnen mit, dass wir mit Ihren Vorschlägen
einverstanden sind.

In Erwartung der erforderlichen Unterlagen verbleiben
wir mit freundlichen Grüßen
```

Das »Schreiben vom 11. 04. 2002« steht besser in der Betreffzeile und der Vorreiter »teilen wir Ihnen mit« ist überflüssig. Auch der zweite Absatz enthält Floskeln: »in Erwartung« und »verbleiben wir«. Die Anrede und die Grußformel sind eigentlich auch Floskeln, aber sie gehören zur allgemeinen Form eines Briefes; man kann sie kaum ändern und nur sehr selten ganz weglassen.

Jetzt lautet die Neufassung des Briefes:

```
Ihr Schreiben vom 11.04.2002

Sehr geehrter Herr Förster,

wir danken Ihnen für Ihren Brief. Mit Ihren Vorschlägen
sind wir einverstanden.

Bitte schicken Sie uns die Unterlagen zu.

Mit freundlichen Grüßen
```

Sind Füllwörter grundsätzlich abzulehnen?

Ist Ihnen der Brief jetzt zu kurz? Wenn ja, müssten Sie sich fragen, warum. Sind längere Briefe höflicher als kurze? Wohl kaum, denn bei längeren Briefen muss der Briefpartner mehr lesen ohne mehr zu erfahren, und was er da liest, ist nicht so interessant, dass es ihm besonderes Vergnügen bereitet. Im Gespräch wäre man auch nicht so umständlich, sondern würde nur sagen: »Ihre Vorschläge sind gut. Jetzt brauche ich nur noch die Unterlagen.«

Auch andere Wörter sind nicht unbedingt nötig: »Na, wie gehts Ihnen denn so? Ich hab Sie ja doch lange nicht mehr gesehen.«

Tagtäglich spricht und hört man solche Sätze. Hier könnte man aber verzichten auf: *na, denn, so, ja, doch.* Das Urteil über diese kleinen Einschiebsel fällt daher manchmal nicht freundlich aus. Füllwörter und Flickwörter nennt man sie, denn die Mitteilung käme bequem auch ohne sie aus. Die Frage ist nur, ob es stets auf die »nackte« Nachricht ankommt.

Es haben sich daher auch Stimmen *für* diese Wörter erhoben. Sie geben nämlich der Rede Würze, indem sie der schalen Mitteilung – um im Bild zu bleiben – je nachdem eine Prise Ungeduld, Unsicherheit, Mitgefühl, Misstrauen, entschiedene Zustimmung oder Ablehnung beimengen, und sie verraten, wie jemand innerlich zu einer Sache steht. In der

Sprachwissenschaft spricht man daher von Modal- oder Abtönungspartikeln.

> Warum sagst du *denn* nichts?
> Wie lange soll ich *denn eigentlich* warten?!
> Ich bin *doch wohl* hier richtig?
> Es ist *nun mal* so.
> *Nun,* das ist es *ja eben gerade!*
> Ich bin *gerade noch mal* davongekommen.
> Du bist doch nicht *etwa* krank?
> Das kommt *ja überhaupt* nicht in Frage!
> Sie haben *doch wohl* nichts dagegen, dass ich das Fenster öffne?

Die Kunst besteht hier wie beim Kochen darin, mit Fingerspitzengefühl die richtige Menge der Würze zu treffen. Sobald man die Gesprächsebene verlässt, gilt es vorsichtig mit diesen Wörtern umzugehen. Am besten hebt man sie sich für jene Stellen auf, wo die innere Anteilnahme zutage tritt, wo man die Aussage abtönen möchte oder wo Vorsicht und Höflichkeit erfordern, das Anliegen etwas einzukleiden. (Bitte lesen Sie hierzu auch in den Sprachtipps unter dem Stichwort »Füll- oder Flickwörter« nach.)

Vermeiden Sie Papierwörter.

Ein weiterer Schritt auf dem Weg zum besseren Stil ist, Papierwörter zu vermeiden. Papierwörter sind Wörter, die man schreibt, aber nur selten oder nie spricht. Sie machen Texte »bürokratisch« und können oft gegen lebendigere Wörter ausgetauscht werden. Zum Papierdeutsch gehören u. a.:

antwortlich	Zuhilfenahme
betreffs	verbleiben
Bezug nehmend	beinhalten
diesbezüglich	in Abzug fallen
nebst	in Wegfall kommen
Außerachtlassung	baldmöglichst

(Bitte vergleichen Sie hierzu auch einzelne Einträge in den Sprachtipps unter den entsprechenden Wörtern.)

Fremdwörter und fremde Wörter

Viele meinen, Fremdwörter seien ein Hindernis für die Verständlichkeit. Dabei kann man leicht feststellen, dass es beim Verständnis grundsätzlich mehr darauf ankommt, ob jemandem ein Wort vertraut oder unvertraut ist, als darauf, ob es heimischen oder fremden Ursprungs ist. Man sollte also Fremdwörter nicht generell ablehnen. Fremdwörter können die Verständigung durchaus erleichtern, sie sind immer dann gut und nützlich, wenn man sich damit kürzer und deutlicher ausdrücken kann. Sie können aber auch Angeberei sein, je nachdem, wann und wo man sie anwendet, und das Verständnis unnötig erschweren.

Fremdwörter sind nicht generell abzulehnen.

Die Bedeutung des Begriffes »*Fremd*wort« sollte man deshalb erweitern, indem man »fremde Wörter« sagt: Fremde Wörter sind alle Wörter, die für den Empfänger »fremd« sind, und das können auch deutsche Wörter oder Abkürzungen sein.

```
Wir stellen Ihnen anheim, ggf. den Vertrag aufzulösen,
und erklären unter Hintanstellung erheblicher Bedenken
im Vorhinein unser Einverständnis.
```

Kein einziges Fremdwort, und doch ist dieser Satz schwer verständlich durch die für den Normalleser unbekannten Wörter »anheim stellen«, »ggf.« (= gegebenenfalls), »Hintanstellung« und »im Vorhinein«. Nach der »Übersetzung« ist die Sache klarer:

```
Sie können den Vertrag auflösen. Obwohl wir erhebliche
Bedenken haben, erklären wir Ihnen jetzt schon unser
Einverständnis.
```

Abkürzungen – auch hier entscheidet die Verständlichkeit.

Es gilt also auch hier wieder die oberste Stilregel: Bewusst für den Empfänger des Briefes schreiben! Kennt er die Wörter, die dem Schreiber vertraut sind, oder sollte man besser andere, allgemein gebräuchliche benutzen? Ganz besonders sollte man sich diese Frage bei Abkürzungen stellen. Testen Sie einmal Ihre Kenntnisse: *bzgl., dergl., u. E., u. U., wg.*

Haben Sie alle gekannt? Dann sind Sie im Umgang mit Geschäftskorrespondenz erfahren. Gerade dann müssen Sie bei Ihren Briefen besonders aufpassen, damit Sie das Verständnis mit Abkürzungen und fremden Wörtern nicht erschweren oder unmöglich machen.

Vom Wechseln oder Wiederholen des Ausdrucks

Sollte man Wiederholungen um jeden Preis vermeiden?

»Variatio delectat.« Dieser lateinische Spruch bedeutet »Abwechslung erfreut« und Lehrer legen ihn, bezogen auf die Sprache, ihren Schülern oft recht bedenkenlos ans Herz. Doch sie tun ihren Schülern keinen Gefallen damit, wenn sie nicht gleichzeitig davor warnen. Denn so einfach, wie es der Spruch vorgibt, ist es mit der Sprache leider nicht. Wiederholungen sind nämlich in der Sprache unausweichlich – denken Sie nur an Wörter wie *haben, sein, werden, und, der, die* usw., die gar nicht zu ersetzen sind. Deshalb ist ein allgemeines Verbot von Wiederholungen – auch von unmittelbar aufeinander folgenden Wiederholungen – unsinnig.

In fachlichen Texten hat die Forderung nach Abwechslung im Ausdruck sogar manchmal negative Folgen. Da beginnt jemand mit klaren Worten, die genau definiert sind, und lässt sich dann aus stilistischen Gründen dazu verleiten, im Ausdruck zu wechseln und andere Wörter dafür einzusetzen, die er womöglich an anderer Stelle der Arbeit in ganz speziellem Sinne gebraucht. Das Ergebnis ist, dass man nicht mehr weiß, welche Bedeutung ein Wort an einer bestimmten Stelle hat. Genauigkeit gehört aber zum fachlichen Sprachgebrauch. Daraus lässt sich schließen, dass Fachausdrücke, die eine festgelegte, genau umschriebene Bedeutung haben, nicht ohne weiteres durch andere Wörter ersetzbar sind. Die Wiederholung von Fachwörtern ist nicht nur erlaubt, sondern sie ist notwendig.

Auf der Grenze zwischen stilistisch »gut« und »schlecht« stehen Wiederholungen der folgenden Art: *Mein Freund,* **der der** *Frau in den Mantel half, ... Erscheinungen, auf* **die die** *Aufmerksamkeit gerichtet war, ... Wer Kinder* **hat, hat** *auch Sorgen.*

Aber lassen sie sich vermeiden? Wenn dies ohne große Mühe möglich ist, sollte man den Satz ruhig ändern. Hierzu ein Beispiel: In dem Satz *Wieviel geschichtlicher Kern in der Sache ist, ist nicht zu sagen* lässt sich das zweifache *ist* leicht umgehen. Man braucht nur anstelle des ersten *ist* das Wort *steckt* einzusetzen, oder man ersetzt *ist nicht zu sagen* durch *lässt sich nicht sagen.* In all den Fällen jedoch, in denen eine Wiederholung nicht so leicht zu umgehen ist, sollte man sie lieber stehen lassen.

Pleonasmen und Tautologien

Eine besondere Art der Wiederholung bilden die Formen, die man als Pleonasmen (= Häufung sinngleicher Ausdrücke) oder Tautologien (= doppelte Ausdrucksweise) bezeichnet.

Tautologien sind z. B.:

einzig und allein
voll und ganz
nie und nimmer
stets und ständig
immer und ewig
Hilfe und Beistand
im Großen und Ganzen

Hier sind jeweils zwei bedeutungsähnliche Wörter zu einer »festen Formel« miteinander verbunden. Diese Art formelhafter Verdoppelungen sind fester Bestandteil der Sprache. Sie können eine Aussage nachdrücklicher machen. Sie sind also ein Stilmittel und nicht zu kritisieren.

Auch ohne auf vorgeprägte Formeln zurückzugreifen, kann man jederzeit Verdoppelungen vornehmen. So z. B. in dem Satz:

> Die Wissenschaftler hatten alles gründlich *erwogen und bedacht.*

Tautologien mit Bedacht wählen

Die Doppelaussage stellt eindringlich vor Augen, dass lange überlegt und diskutiert worden ist. Gewiss kann man auf die Wiederholung auch verzichten – vor allem in geschriebener Sprache, wo man eine Formulierung immer wieder nachlesen kann –, man kann sie aber auch – mit Bedacht – als Mittel der Steigerung verwenden. Mit bloßer Häufung sinnähnlicher Wörter ist es dagegen nicht getan. Dafür ein Beispiel:

> Wir werden Ihren Vorschlag dabei *in Betracht ziehen und berücksichtigen.*

Bei dieser sachlichen Mitteilung besteht gar kein Anlass, etwas nachdrücklich hervorzuheben. Überdies enthalten *in Betracht ziehen* und *berücksichtigen* einen Widerspruch. *Wir werden Ihren Vorschlag in Betracht ziehen* heißt so viel wie: »Wir werden darüber nachdenken«; *Wir werden Ihren Vorschlag berücksichtigen* dagegen gibt zu verstehen, dass man auf den Vorschlag eingehen, ihn ganz oder teilweise aufgreifen wird. Die beiden Ausdrücke sind keine Doppelung, sie ergänzen sich auch nicht. In Wahrheit ist hier zweierlei gesagt, das aber nicht recht zusammenpasst.

Pleonasmen als Mittel der Verstärkung

Die zweite Gruppe bilden die **Pleonasmen**, zu denen z. B. der *weiße Schimmel* zählt. Diese »überflüssige« Erwähnung von Selbstverständlichem wird häufig verurteilt. Natürlich ist ein Schimmel immer weiß, ein Greis alt, ein Zwerg klein usw. Das ist richtig – aber mit Einschränkungen.

Denn ist es nicht eher so, dass man das überflüssige Beiwort gerade deshalb hinzufügt, weil das Merkmal, auf das es ankommt, in der Bedeutung des Hauptwortes eben nur mit enthalten, mit gedacht, aber nicht eigens genannt ist? Dieser Hang zur Verdeutlichung lässt sich besonders gut dort beobachten, wo der genaue Sinn eines Wortes nicht immer mit Sicherheit bekannt ist: nämlich beim Fremdwort. Daraus erklären sich viele pleonastische Wendungen wie:

bisheriger Status quo (Status quo = bisheriger Stand, Zustand)
vorläufig suspendieren (suspendieren = vorläufig, befristet befreien)
heiße Thermalquellen (Thermalquellen = heiße Quellen)
neu renovieren (renovieren = neu machen)
aufoktroyieren (oktroyieren = auferlegen, aufzwingen)
einsuggerieren (suggerieren = einflößen)
hinzuaddieren (addieren = hinzufügen, -zählen)
Einzelindividuen (Individuum = der Einzelne)
Zukunftsprognosen (Prognosen sind Voraussagen, also immer auf die Zukunft gerichtet; vielleicht wird *Prognosen* hier mit *Aussichten* verwechselt).

Noch etwas ist zu bedenken: Erweiterungen wie *der tiefe Abgrund* wählt man meist bewusst. Sie dienen der Verstärkung, der nachdrücklichen Hervorhebung. Wie viel eindringlicher ist »Das habe ich *mit diesen meinen Augen* gesehen!« oder umgangssprachlich: »Das habe ich *mit meinen eigenen Augen* gesehen!« als: »Das habe ich *selbst* gesehen!«

Solche »überflüssigen« Ausdrucksweisen entstehen also nicht zufällig. Das heißt aber nicht, dass sie in jedem Falle auch zum guten Schreibstil gehörten. Man stößt des öfteren auf Pleonasmen, die nicht mit Bedacht – also um etwas z.B. besonders zu betonen – gewählt wurden, sondern die eher unbedacht »reingerutscht« sind.

Überflüssige Erweiterungen

Dies können Sie am folgenden Beispiel nachvollziehen. Streichen Sie bitte alle Wörter, die in diesem Text überflüssig sind:

```
Ihre bisher gemachten Erfahrungen mit unserem Hotel
haben Ihnen gezeigt und vor Augen geführt, dass wir uns
immer und stets bemühen, unseren bei uns weilenden
Gästen einen besonderen Extraservice zu bieten.
```

Vielleicht haben Sie mehr oder weniger gestrichen, aber alle »Abspeckungskuren« werden auf eine Fassung hinauslaufen, die diesem Satz sehr nahe kommt:

```
Ihre Erfahrungen mit unserem Hotel haben Ihnen gezeigt,
dass wir uns immer bemühen, unseren Gästen einen
besonderen Service zu bieten.
```

Der einfache Ausdruck ist also stets vorzuziehen, wenn nicht besondere Gründe für die Erweiterung sprechen. Prüfen Sie daher jede Stelle genau, die der überflüssigen Erweiterung verdächtig ist, und lassen Sie sie nur dann unverändert, wenn das einfache Wort tatsächlich nicht genügt! Wer diese Regel beherrscht, darf auch einmal gegen sie verstoßen – weil es in der Sprache nicht allein auf logische Richtigkeit ankommt. Ausdruckswille und Ausdruckskraft sind genauso wichtig und eine überdeutliche Ausdrucksweise ist deshalb nicht in jedem Fall ein Fehler.

Die Forderung nach Abwechslung im Ausdruck ist auch berechtigt, und zwar dort, wo Wiederholung allein auf mangelhaftem Sprachvermögen beruht. Das einleuchtendste Beispiel für ungeschickte Wiederholung ist das kindliche Festhalten an gleichen Fügungen:

> Und da gingen wir immer tiefer in den Wald. Und da war es ganz dunkel. Und da kamen wir an ein Haus ...

Solche Wiederholungen sind vermeidbar. Manchmal braucht man die fraglichen Wörter nur wegzustreichen, manchmal muss man sie durch andere ersetzen.

Mit Synonymen für Abwechslung sorgen

Im Ausdruck kann man durch so genannte Synonyme abwechseln. Das sind Wörter, die in ihrer Bedeutung gleich oder ähnlich sind, die man daher in bestimmten Texten – unter bestimmten Voraussetzungen – gegeneinander austauschen kann. Gruppen solcher »sinnverwandten« Wörter werden Wortfelder genannt. Beispiele hierfür sind etwa:

> **Schreiben:** Brief, Schrieb (umgangssprachlich), Wisch (abwertend), Zuschrift, Zeilen, Epistel (ironisch).
>
> **schwierig:** schwer, diffizil, heikel, gefährlich, kitzlig (umgangssprachlich), kompliziert, subtil, problematisch, verwickelt, langwierig, knifflig (umgangssprachlich), verzwickt (umgangssprachlich), vertrackt (umgangssprachlich), prekär, nicht leicht, nicht mühelos; beschwerlich, brisant.

Beachten Sie beim Austausch eines Wortes durch ein anderes, dass Sie dabei die gegebene Stilebene nicht verlassen. Sie sollten daher ein Wort, das der gehobenen Sprache oder der Normalsprache angehört, nicht aus Gründen der Variation durch ein Wort der Umgangssprache und damit durch einen saloppperen Ausdruck ersetzen. Ein »Schreiben« könnte man also nicht ohne weiteres als »Wisch« bezeichnen, es sei denn, man hätte die Absicht, es auf diese Weise herabzusetzen.

Sie müssen sich also überlegen: Was ist das treffendste Wort – d.h. das Wort, das am besten wiedergibt, was man ausdrücken möchte? Es hat keinen Sinn, in der Wortwahl nur aus stilistischen Gründen abzuwechseln und dabei zu übersehen, dass man sich immer mehr von der eigentlichen Bedeutung entfernt.

Zu viele Hauptwörter

Ein besonders im Amtsdeutsch gebräuchlicher Schreibstil ist der so genannte Hauptwortstil (Nominalstil). Damit Sie sofort sehen, worum es hier geht, ein Beispiel:

```
Auch wenn die Dauer Ihrer Arbeitslosigkeit über diesen
Termin hinaus gegeben sein sollte, kann der
Versicherungsvertrag durch Weiterzahlung der Prämien
durch Sie fortgesetzt werden.
```

Besser wäre dagegen:

```
Auch wenn Sie über diesen Termin hinaus arbeitslos sein
sollten, können Sie den Versicherungsvertrag fortsetzen,
indem Sie die Prämien selbst weiterzahlen.
```

»Arbeitslosigkeit gegeben sein sollte«, »Weiterzahlung der Prämien«, das sind zwei Formulierungen, die man problemlos umwandeln kann. Dann wird der Stil lebendiger und weniger bürokratisch.

Ein Text mit so vielen Hauptwörtern wirkt schwerfällig und bürokratisch.

Unter Hauptwortstil versteht man also eine Ausdrucksweise, die dadurch gekennzeichnet ist, dass gehäuft Hauptwörter (Nomen) erscheinen. Dies wirkt stilistisch unschön. Charakteristisch für den Hauptwortstil ist auch, dass übermäßig viele schwerfällige Bildungen wie *Inanspruchnahme, Hintansetzung, Nichtbefolgung, Zurverfügungstellung* gebraucht werden. Der Satz *Wegen Außerachtlassung aller Sicherheitsmaßnahmen und Nichtbefolgung der Betriebsvorschriften wurden bei der Tieferlegung der Rohre drei Arbeiter verletzt* kann besser etwa so lauten: *Drei Arbeiter wurden verletzt, als sie die Rohre tiefer legten. Sie hatten die Sicherheitsmaßnahmen außer Acht gelassen und die Betriebsvorschriften nicht befolgt.* Diese Ausdrucksweise ist lebendiger und auch leichter verständlich.

Zum Hauptwortstil zählt man auch die so genannten Streckformen (Funktionsverbgefüge) wie *zur Aufstellung bringen* (statt *aufstellen*) oder *in Wegfall kommen* (statt *wegfallen*). Bei diesen Streckformen handelt es sich oft lediglich um unnötig Aufgeblähtes, dem die einfachen Zeitwörter vorzuziehen sind, also *durchführen* statt *die Durchführung vornehmen, anrechnen* statt *in Anrechnung bringen, anwenden* statt *zur Anwendung kommen lassen, vorschlagen* statt *in Vorschlag bringen.* (Bitte lesen Sie hierzu auch in den Sprachtipps unter dem Stichwort »Hauptwortstil« nach.)

Zu häufiger Gebrauch des Passivs und ähnlicher Formen

Was einen Brief gleichfalls »bürokratisch« macht, ist die übertriebene Verwendung des Passivs (der Leideform) oder anderer Konstruktionen, die eine ähnliche Bedeutung wie diese haben. Passivische Sätze sind typisch für Geschäftsbriefe und amtliche Schreiben. Meist lassen sie sich ganz leicht vermeiden. Schöner als *Es wird von den Teilnehmern erwartet, dass …* klingt *Wir erwarten von den Teilnehmern, dass …* Besser als *Die Untersuchung der Schäden kann termingerecht durchgeführt werden* ist *Wir können die Schäden termingerecht untersuchen.* Persönlicher als der Satz *Die Unterlagen sind mitzubringen* wirkt die Aufforderung *Bringen Sie diese Unterlagen mit.*

In manchen Fällen jedoch ist das Passiv angebracht, nämlich dann, wenn man im Satzbau abwechseln will und wenn es unwichtig ist, wer der Handelnde ist.

```
Das Messegelände wird um 9 Uhr geöffnet.
```

Und nicht:

```
Der Pförtner öffnet um 9 Uhr das Messegelände.
```

(Bitte lesen Sie hierzu auch in den Sprachtipps unter dem Stichwort »Leideform« nach.)

Unterteilen des Satzes

Machen Sie aus einem langen Satz zwei kurze Sätze!

Manchmal ist es schwierig, einen Satz zu verstehen, weil er schlecht oder gar nicht gegliedert ist. (Bitte lesen Sie hierzu in den Sprachtipps unter dem Stichwort »Schachtelsätze, Treppensätze, überlange Sätze« nach.) Mit nur wenig Aufwand kann man da oft abhelfen, z. B. durch einen Punkt. Dies ist im Grunde die einfachste Möglichkeit, lange Sätze aufzulösen, und doch wird sie oft nicht genutzt.

Ein Beispiel:

```
Bei dieser Sachlage besteht kein Anspruch auf eine
Entschädigungsleistung aus dem Unfallversicherungs-
vertrag, da nach § 3 Ziffer 4 der Allgemeinen
Unfallversicherungsbedingungen Unfälle infolge von
Bewusstseinsstörungen, auch soweit diese durch
Trunkenheit verursacht wurden, ausgeschlossen sind.
```

Dafür besser:

```
Bei dieser Sachlage besteht kein Anspruch auf eine
Entschädigungsleistung aus dem Unfallversicherungs-
vertrag. Nach § 3 Ziffer 4 der Allgemeinen
Unfallversicherungsbedingungen sind nämlich Unfälle
infolge von Bewusstseinsstörungen, auch wenn diese durch
Trunkenheit verursacht wurden, ausgeschlossen.
```

Der Satz lässt sich noch weiter verbessern. Der Hinweis auf die Paragraphen ist sicher wichtig, aber er muss nicht am Satzanfang stehen. Der nächste Abschnitt zeigt, dass man mithilfe von Klammern hier weiter kommt:

Klammern helfen, Sätze übersichtlich zu gestalten.

```
Bei dieser Sachlage besteht kein Anspruch auf eine
Entschädigungsleistung aus dem Unfallversicherungs-
vertrag. Unfälle infolge von Bewusstseinsstörungen, auch
wenn diese durch Trunkenheit verursacht wurden, sind
nämlich ausgeschlossen (§ 3 Ziffer 4 der Allgemeinen
Unfallversicherungsbedingungen).
```

Klammern sind angebracht, wenn Sie Ihrem Briefpartner Hinweise geben wollen, die in dem Satz eigentlich Nebensache sind. In der gesprochenen Sprache, einer Rede zum Beispiel, würde diese zusätzliche Information etwas leiser gesprochen.
Noch ein Beispiel:

```
Unsere neuen Hubstapler sind gerade für Ihren
Einsatzbereich interessant (Seite 2 im Prospekt).
```

Auch mit Gedankenstrichen kann man Sätze sehr gut gliedern:

Gedankenstriche heben Einschübe besonders hervor.

```
Bei dieser Sachlage besteht kein Anspruch auf eine
Entschädigungsleistung aus dem Unfallversicherungsver-
trag. Unfälle infolge von Bewusstseinsstörungen – auch
wenn diese durch Trunkenheit verursacht wurden – sind
nämlich ausgeschlossen. Vergleichen Sie dazu bitte § 3
Ziffer 4 der Allgemeinen Unfallversicherungsbedingungen.
```

Ihnen ist sicher sofort aufgefallen, dass jetzt die Klammern fehlen: Aus dem Hinweis auf den Paragraphen ist ein vollständiger Satz geworden. Warum? Weil ein Satz durch zu viele Einschübe (»Parenthesen« genannt) unübersichtlich werden kann, und gerade das sollte man vermeiden. Man nutzt die Gedankenstriche, um einen Zwischengedanken in den Satz einzuschalten. Vor und hinter einem solchen Einschub könnten auch Kommas stehen, aber durch die Gedankenstriche fällt der Einschub mehr auf.

Das Semikolon: weniger als ein Punkt und mehr als ein Komma.

Zwischen Punkt und Komma steht das Semikolon (der Strichpunkt). Der Punkt trennt stärker als das Semikolon; das Komma trennt schwächer als das Semikolon. Damit ist seine Bedeutung im Satz schon erfasst: Wenn zwei Aussagen zusammengehören, aber doch aus bestimmten Gründen etwas getrennt werden sollen – zum Beispiel, damit jede ihr Gewicht behält –, dann wählt man das Semikolon:

> Die Stellung der Werbeabteilung im Organisationsplan ist in den einzelnen Unternehmen verschieden; sie richtet sich nach den Anforderungen, die an die Werbung gestellt werden.

Der Doppelpunkt schafft Klarheit und Übersichtlichkeit.

Ein weiteres Mittel zur Gliederung ist der Doppelpunkt. Normalerweise steht der Doppelpunkt nach Ankündigungen: vor der wörtlichen Rede und vor Aufzählungen. Hier schafft er Klarheit und Übersichtlichkeit. Aber auch in anderen Sätzen ist er nützlich:

> Wir weisen darauf hin, dass ab 1. Juli die neue Preisliste gilt.

> Denken Sie bitte daran: Ab 1. Juli gilt unsere neue Preisliste.

> Durch die großen Schutzbleche wird das Spritzwasser abgehalten und die Kleidung bleibt sauber.

> Große Schutzbleche halten das Spritzwasser ab: Verschmutzte Kleidung ist deshalb kein Thema mehr.

Reihenfolge und Wortstellung

Nicht nur was man schreibt, auch in welcher Reihenfolge man schreibt, kann entscheidend sein.

Aufmerksamkeit wecken

Um die Aufmerksamkeit des Lesers zu wecken, bedarf es nur eines kleinen Tricks: Sagen Sie ihm einfach, dass jetzt etwas Wichtiges kommt:

```
Dies ist für Sie besonders wichtig: ...

Was heißt das in Ihrem Fall? ...

Und das bedeutet für Sie, dass ...

Wegen der Reifen: ...

Und dann noch eines: ...

Der Grund dafür ist einfach: ...
```

Sortieren

Gleichfalls wichtig: Was zusammengehört, soll beim Schreiben nicht auseinander gerissen werden. Das ist wichtig für das Verständnis eines Textes:

```
Bei einer Übernahme der Zahlung durch Sie ab 1. Januar
nächsten Jahres wird die Vermögensbildungsversicherung
unter Beibehaltung der Versicherungssumme sowie der
Monatsprämie, allerdings mit einer geringfügigen
Reduzierung der Gewinnbeteiligung, an unseren
Normaltarif angepasst.
```

Was gehört zusammen? Sortieren Sie: Die Vermögensbildungsversicherung wird an den Normaltarif angepasst, gleich bleiben die Versicherungssumme und die Monatsprämie, die Gewinnbeteiligung sinkt. Jetzt ist zu überlegen, was nach vorn kommt, was in die Mitte und was nach hinten im Satz. Am besten steht am Anfang die Voraussetzung für alles, und das ist die Anpassung an den Normaltarif, dann kommt die Reduzierung der Gewinnbeteiligung, und die letzte Aussage, die dem Leser besonders gut im Gedächtnis bleibt, steht am Schluss.
Nebenbei sollte man auch noch die »Übernahme der Zahlung durch Sie« ändern – das ist vermeidbarer Hauptwortstil:

```
Wenn Sie ab 1. Januar nächsten Jahres die Beiträge
selbst zahlen, wird die Vermögensbildungsversicherung an
den Normaltarif angepasst. Dabei reduziert sich
geringfügig die Gewinnbeteiligung; die
Versicherungssumme und die Monatsprämie bleiben gleich.
```

Betonung einzelner Wörter

Schließlich haben Sie auch beim Schreiben die Möglichkeit, einzelne Wörter besonders zu betonen: Je nachdem, wo ein Wort oder eine Wortgruppe im Satz steht, ist sie mehr oder weniger betont.

Der Anfang des Satzes ist die Stelle, die am aufmerksamsten gelesen wird. Vergleichen Sie bitte diese beiden Sätze:

```
Wir haben Sie schon zweimal an die Rechnung erinnert.

Schon zweimal haben wir Sie an die Rechnung erinnert.
```

Der zweite Satz wirkt drängender. Die wichtige Aussage *schon zweimal* soll auffallen und steht deshalb an erster Stelle im Satz.

Nicht nur der Satzanfang, auch das Satzende ist eine auffällige Position für die betonten Aussagen:

```
Wir haben Sie an die Rechnung schon zweimal erinnert.
```

Oder noch deutlicher mit der Rechnung am Anfang:

```
An die Rechnung haben wir Sie schon zweimal erinnert.
```

Vielleicht überlegen Sie jetzt: »Man kann doch nicht an jedem Satz so lange herumbasteln. Die Zeit ist kostbar.« Dieser Einwand ist berechtigt. Selbstverständlich lässt sich das nicht mit jedem Satz machen. Aber man muss wissen, was alles möglich ist und wie man den Leser geschickt auf die wichtigsten Aussagen hinweist.

Gezielte Ansprache des Lesers

Es gibt noch eine Möglichkeit, die Wirkung Ihrer Sätze zu steigern: die gezielte Ansprache. Angenommen, ein Briefschreiber will den Empfänger um die rechtzeitige Zusendung von Formularen bitten:

1. Der Schreiber spricht von sich:

```
Wir erwarten die Formulare bis zum 23.03.2003.

Wir benötigen die Formulare spätestens am 23.03.2003.
```

```
Wir können auf die Formulare nur bis zum 23.03.2003
warten.
```

2. Der Schreiber spricht den Empfänger an:

```
Bitte senden Sie die Formulare spätestens am 20.03.2003
ab, damit sie bis zum 23.03.2003 bei uns eintreffen.

Senden Sie uns die Formulare bitte bis zum 23. 03. 2003
zu.

Sorgen Sie bitte dafür, dass uns die Formulare
spätestens am 23.03.2003 vorliegen.
```

3. Der Schreiber spricht nur von der Sache:

```
Die Formulare müssen bis zum 20.03.2003 zurückgeschickt
werden.

Bis zum 23.03.2003 müssen uns die Formulare vorliegen.
```

Die beste Form ist die zweite, denn der Leser wird direkt angesprochen und aufgefordert, tätig zu werden. Wenn es möglich ist, sollten Sie deshalb diese Form wählen.

Mit dem Satzbau hat sich jeder Schreiber immer wieder auseinander zu setzen, auch wenn er über sehr viel Erfahrung verfügt. Entscheidend sind aber zwei Dinge: Er muss in der Lage sein zu erkennen, wann ein Satz oder Text verbessert werden sollte, und er muss die Mittel kennen, mit denen er das schnell und leicht erreicht.

Das kleine 1 x 1 des Briefeschreibens

Anschrift

Anschriften auf Postsendungen werden üblicherweise durch Leerzeilen untergliedert. Verbindlich ist diese Art der Gliederung allerdings nicht mehr, die neueste DIN 5008 (erschienen 2001) erlaubt nun auch die Angabe der Anschrift ohne Leerzeilen. Bitte beachten Sie, dass die Postleitzahl nicht ausgerückt und der Bestimmungsort nicht unterstrichen wird.

Inlandsanschriften

Art der Sendung	Einschreiben
Anrede/Titel	An
[Firmen]name	Helmut Schildmann
Postfach oder Straße und Hausnummer	Jenaer Straße 18 a
Postleitzahl, Bestimmungsort	68167 Mannheim

Bei Postsendungen ins Ausland werden Bestimmungsort und Bestimmungsland ohne vorangehende Leerzeile in Großbuchstaben geschrieben. Das früher übliche Voranstellen des Landeskennzeichens vor die Postleitzahl (z. B. A- für Österreich, CH- für die Schweiz) gilt heute nicht mehr als korrekt. Auf die Leerzeile über dem Bestimmungsort sollte bei Auslandsanschriften verzichtet werden.

Auslandsanschriften

Art der Sendung	Warensendung
Anrede/Titel	Herrn Professor
[Firmen]name	Dr. Martin Baeren
Postfach oder Straße und Hausnummer	Hohle Gasse 8
Postleitzahl, Bestimmungsort	1121 WIEN
Bestimmungsland	ÖSTERREICH

Die Anschrift steht heute gewöhnlich im Wenfall (Akkusativ). Bei Anschriften, die einer oder mehreren Personen gelten, wird heute auf *An, An den/die/das* verzichtet. Bei Anschriften, die einem Amt, einer Institution und dergleichen gelten, setzt man dagegen noch häufiger *An den/die/das*. Auch wenn *An* heute vielfach wegfällt, sollten Sie in

An, An den/die/das

Herr oder *Herrn*

Deutschland und Österreich die Form *Herrn* verwenden, in der Schweiz gilt allerdings mittlerweile auch die Form *Herr* als zulässig.

```
Herrn
Werner Müller
Prokurist

Firma
Hesselbach GmbH

An das
Finanzamt Mitte
Kassenabteilung
```

Wenn Sie ein Ehepaar anschreiben

Schwierigkeiten bereitet oft die Anschrift von Ehepaaren. Die allgemein üblichen Formen sind im Folgenden aufgelistet. Dabei ist grundsätzlich zu beachten: Wenn Sie es als unhöflich empfinden, den Mann vor der Frau zu nennen, können Sie auch zuerst die Frau nennen (*Frau Eva und Herrn Hans Richter* usw.):

```
Hans und Eva Richter

Herrn Hans und
Frau Eva Richter

Herrn Hans Richter
Frau [Dr.] Eva Richter

Herrn und Frau
Hans Richter und Eva Richter
```

Die Anrede »Eheleute« wird heute kaum noch verwendet.

Doppelnamen

Trägt einer der Ehepartner einen Doppelnamen, können Sie schreiben:

```
Herrn Hans Richter und
Frau Eva Hansen-Richter
```

Haben die Eheleute keinen Familiennamen vereinbart, so ist auch die folgende Anschrift möglich:

```
Herrn und Frau
Hans Richter und Eva Lose
```

Die folgenden Formen werden heute zwar noch vereinzelt gebraucht, gelten aber als unhöflich, da die Frau nur als »Anhängsel« ihres Mannes erscheint:

Darf man noch »Gemahlin« verwenden?

```
Herrn
Hans Richter und Frau

Herrn
Dr. Hans Gerster
und [Frau] Gemahlin
```

Wenn Sie einen Brief an eine Familie mit mehreren Mitgliedern richten, können Sie die Anschrift folgendermaßen gestalten:

Briefe an eine Familie

```
Familie
Hans [und Eva] Richter

Familie
Hans, Eva, Michael und Sonja Richter
```

Müssen Sie mehrere Personen gleichzeitig anschreiben, die nicht zu einer Familie gehören, z. B. Rechtsanwältinnen und Rechtsanwälte in einer Kanzlei, kann dies entweder über den Kanzleinamen geschehen oder indem die Namen der Rechtsanwältinnen/Rechtsanwälte einzeln aufgeführt werden (zur Anrede mehrerer Rechtsanwälte lesen Sie bitte auf Seite 64 nach):

Briefe an mehrere Personen (z. B. Rechtsanwälte usw.)

```
Kanzlei Meier und Schulze
```

oder:

```
Herren Rechtsanwälte
Dres. H. Meier und M. Schulze
```

oder:

```
Frau Vera Vogel
Frau Dr. Inge Schubert
Rechtsanwältinnen
```

Firmenanschriften

Firma in der Anschrift

Bei Firmenanschriften kann das Wort *Firma* fehlen, wenn diese Information aus dem Namen selbst hervorgeht.

```
Adam Müller AG
Schlossstraße 2

56068 Koblenz
```

Wer darf den Brief öffnen?

Immer wieder für Unsicherheit sorgt die Frage, wie die Adresse zu gestalten ist, wenn nur der Brief nur vom Empfänger persönlich, nicht aber von einem anderen Mitarbeiter der Firma (z. B. in der Poststelle oder im Sekretariat) geöffnet und gelesen werden soll. Prinzipiell gilt hier der Grundsatz, dass das betreffende Schreiben dann von anderen Firmenangehörigen geöffnet werden darf, wenn der Personenname (mit oder ohne den Zusatz *z. H., z. Hd.*) **nach** der Firmenadresse steht. Durch die Voranstellung des Personennamens wird dies verhindert. Wenn Sie befürchten, dass die Reihenfolge Personenname – Firmenname allein noch nicht eindeutig genug ist, können Sie noch den Vermerk »persönlich« oder »vertraulich« hinzufügen:

```
Persönlich
Herrn
Ewald Schuster
Reisebüro Hansen
```

c/o, i. H., i. Fa.

Die Abkürzungen *c/o* (= care of, »wohnhaft bei«), *i. H.* (= im Hause) und *i. Fa.* (= in der Firma) werden heute noch bisweilen verwendet, wenn im Anschriftenfeld zuerst der persönliche Empfänger und dann die Institution genannt wird, bei der er/sie beschäftigt ist.

```
Herrn Bankdirektor
Diplom-Kfm. Wolfgang Berger
i. H. (i. Fa., c/o) Regionalbank AG
```

z. H., z. Hd.

Da viele diese Abkürzungen heute als überflüssig empfinden, wird häufig von ihrer Verwendung abgeraten. Gleiches gilt übrigens auch für die Abkürzung *z. H./z. Hd.* Mit ihr kann man die Angabe des persönlichen Empfängers eines Briefes einleiten, wenn man zuerst die Firma und dann erst die Person nennt:

```
Ortmann & Philipp KG
[z. H./z. Hd] Frau Dr. Erika Müller
```

Datumsangabe

Die Datumsangabe kann folgende Formen haben:

```
2002-07-19
19.07.2002
Berlin, den 10. November 2002
Berlin, [den] 20.06.2002
Berlin, 5. Sept. 2002
Berlin, am 13.02.02
Berlin, im Juli 2002
```

Zwischen Orts- und Zeitangabe steht ein Komma; nach den Zahlen für Tag und Monat setzt man einen Punkt; bei internationaler Datumsangabe sind Jahr, Monat und Tag durch Bindestriche verbunden. Ein Schlusspunkt wird nicht gesetzt. Der Anschluss *Berlin, dem ...* ist nicht korrekt.

Bitte lesen Sie zu diesem Thema auch in den Sprachtipps unter »Datum« nach.

Betreff

Der Betreff ist eine stichwortartige Inhaltsangabe, die in Geschäftsbriefen u. Ä. über der Anrede steht. Das Leitwort *Betreff* ist heute im Schriftverkehr in Wirtschaft und Verwaltung nicht mehr üblich. Das erste Wort der Betreffzeile wird großgeschrieben, ein Schlusspunkt wird nach dem Betreff nicht gesetzt. Um den Betreff besonders hervorzuheben, wird er heute häufig durch Fettschrift, manchmal auch (zusätzlich) durch Farbe hervorgehoben. In der Betreffzeile des Schreibens sollte ein eindeutiger Hinweis auf den Briefinhalt stehen:

Das Wort *Betreff* wird heute nicht mehr geschrieben.

```
Ihre Bestellung vom 11. Januar 2002
Unser Gespräch vom 14. Juli 2002
```

Anrede

Komma oder Ausrufezeichen?

Nach der Anrede steht heute üblicherweise ein Komma, nicht mehr ein Ausrufezeichen. Das erste Wort der folgenden Zeile schreibt man nach dem Komma klein, nach dem Ausrufezeichen groß.

Den Empfänger oder die Empfängerin sollten Sie wenn möglich direkt anschreiben, auch wenn er/sie einer Institution angehört. Wenn Sie den Namen der Person nicht kennen, sollten Sie ihn erfragen, damit Sie Anschrift und Anrede entsprechend formulieren können.

Briefe an einen unbestimmten Empfänger

Ist der Brief nicht an eine bestimmte Person gerichtet, schreibt man

```
Sehr geehrte Damen und Herren,
Sehr geehrte Damen,
```

oder

```
Sehr geehrte Herren,
```

Anreden von Einzelpersonen

Richtet sich das Schreiben an eine Einzelperson, sind als Anreden das neutrale *Sehr geehrte[r]* und das vertrauliche *Liebe[r]* am gebräuchlichsten. Die Anrede *Sehr verehrte[r]* sollten Sie nur verwenden, wenn Sie den Adressaten persönlich kennen und ihm gegenüber besonders ehrerbietig sein möchten. Besonders üblich sind heute die folgenden Anreden:

```
Sehr geehrte Frau Müller,
Sehr verehrter Herr Huber,
Guten Tag, Frau Kleinschmied,
Lieber Herr Wolters,
Hallo, Petra,
```

Akademische Titel und Berufsbezeichnungen

Schwierigkeiten bereitet oft auch die Anrede von Personen, die ein Amt bekleiden, etwa von Senator(inn)en, Direktor(inn)en oder Präsident(inn)en. Hier gilt: Gebraucht man die Amts-/Berufsbezeichnung der/des Adressaten, so wird der Name meist weggelassen:

```
Sehr geehrte Frau Präsidentin,
Sehr geehrter Herr Senator,
```

Lediglich bei der Anrede eines Professors wird der Name oft mit genannt:

```
Sehr verehrter Herr Professor
```

oder

```
Sehr geehrter Herr Professor Singer,
```

Den Titel – Senator, Direktorin, Minister, Präsidentin usw. – kürzt man nicht ab. Doch auch hier gibt es wieder eine Ausnahme: den Doktorgrad. Er wird gewöhnlich abgekürzt vor den Familiennamen gesetzt.

Bei Ehepaaren redet man jeden Ehepartner einzeln an:

Anrede von Ehepaaren

```
Sehr geehrte Frau [Dr.] Schulze,
sehr geehrter Herr Schulze,
```

Briefschluss

Als Grußformel verwendet man im Geschäftsbereich vielfach *Mit freundlichen Grüßen.* Üblich ist auch *Mit freundlichem Gruß, Mit verbindlichen Grüßen* und *Freundliche Grüße. Hochachtungsvoll* wirkt in jedem Fall distanzierter, wird heute jedoch nur selten verwendet, da es von vielen als veraltet empfunden wird.

Heute übliche Grußformeln

Daneben können Sie im Briefschluss auch weniger förmliche Varianten verwenden, Sie sollten dann aber sichergehen, dass der Empfänger Ihres Schreibens dies nicht als unangemessen empfindet. Infrage kommen etwa

```
Mit den besten Grüßen
Beste Grüße aus Mannheim
Grüße aus dem verschneiten Heidelberg
Herzliche Grüße
Herzlichst
Es grüßt Sie
Alles Liebe
Bis bald
Es grüßt dich/euch/Sie
```

Zeichensetzung und Rechtschreibung

Kopfzerbrechen bereitet vielen auch die Frage der Zeichensetzung am Ende des Briefes. Nicht selten sieht man, dass nach *Mit freundlichen Grüßen* noch ein Komma gesetzt wird. Dies ist jedoch nicht korrekt: Die Grußformel steht ohne Punkt, Komma oder Ausrufezeichen.

```
Mit freundlichen Grüßen
[Handschriftliche Unterschrift]
```

Der Anfangsbuchstabe der Grußformel wird in der Regel großgeschrieben. Wird sie jedoch in den Satz einbezogen, gilt die reguläre Zeichensetzung und Groß- und Kleinschreibung:

```
Ich hoffe[,] Ihnen hiermit gedient zu haben[,] und
verbleibe

mit freundlichen Grüßen
[Handschriftliche Unterschrift]
```

deine Oma und Opa?

Besonders häufig kommt es im Gruß zu Grammatikfehlern, vor allem, wenn mehrere Personen unterschreiben. Aus Unachtsamkeit oder um Platz zu sparen, werden gern Fürwörter weggelassen. Anstatt korrekt: *deine Oma und dein Opa* heißt es dann fälschlich: *deine Oma und Opa,* anstatt *Ihre Eva Müller und Ihr Max Müller* steht dort *Ihre Eva Müller und Max Müller.* Solche falschen Einsparungen sollten Sie nach Möglichkeit vermeiden.

wünscht Ihnen Fritz Müller und Familie?

Bilden Schlusssatz und Unterschrift[en] eine grammatische Einheit, müssen Sie darauf achten, dass Subjekt und Prädikat im Numerus übereinstimmen:

```
Ein gutes neues Jahr wünscht Ihnen
Fritz Müller mit Frau und Tochter

Ein gutes neues Jahr wünschen Ihnen
Eva Müller und Familie
```

Besonderheiten beim Briefschluss in Geschäftsbriefen

Bezeichnung des Unternehmens bzw. der Behörde

Schreiben Sie für die Firma oder die Behörde, in der Sie angestellt sind, einen Brief, sind beim Briefschluss einige Regeln zu beachten. Bei vielen Unternehmen und Behörden ist es beispielsweise üblich, den Namen der Firma bzw. die Bezeichnung der Behörde zu wiederholen.
Wird die Firmenbezeichnung in den Briefschluss aufgenommen, steht sie mit einer Leerzeile Abstand unterhalb der Grußformel. Bei Bedarf kann die Bezeichnung auf mehrere Zeilen verteilt werden:

```
Mit freundlichen Grüßen

Süßwarenvertrieb
Die Naschkatze GmbH & Co. KG

Petra Tanner

Petra Tanner
```

Wo stehen Zusätze wie *i. A.*, *i. V.* oder *ppa.*?

Zusätze wie *i.A.* (*im Auftrag* – der/die Unterzeichnende hat für diesen Brief, den er/sie unterschreibt, eine Vollmacht), *i. V.* (*in Vollmacht* bzw. in Vertretung – der/die Unterzeichnende hat vom Inhaber eine allgemeine Handlungsvollmacht erhalten) oder *ppa.* (*per procura* – der/die Unterzeichnende hat Prokura/ist Prokurist/-in) können entweder vor der handschriftlichen Namenszeichnung oder vor der maschinenschriftlichen Wiedergabe des Namens stehen. Der Ranghöhere unterzeichnet links.

```
Freundliche Grüße

Karl Meier GmbH

Claudia Walter                    Schneider

ppa. Claudia Walter               i. V. Peter Schneider

6 Anlagen
```

oder:

```
Mit freundlichem Gruß

PRINTA
Druckerei und Verlagshaus KG

i. A.

Manfred Schulze

Anlage
```

im Auftrag oder *i. A.*

(Zur Groß- und Kleinschreibung von *i. V./I. V.* und *i. A./I. A.* lesen Sie bitte in den Sprachtipps unter den Stichwörtern *i. V.* und *i. A.* nach.)

Neben der Abkürzung *i. A.* begegnet Ihnen immer wieder auch die ausgeschriebene Form *im Auftrag.* Allerdings haben Sie nicht die freie Wahl, ob Sie die Abkürzung oder die ausgeschriebene Form wählen. Der in der öffentlichen Verwaltung verwendete Zusatz *im Auftrag* hat eine andere rechtliche Bedeutung als die im kaufmännischen Verkehr verwendete Abkürzung *i. A.* Im öffentlichen Dienst sollten Sie auf die Verwendung der Abkürzung deshalb besser verzichten.

nach Diktat verreist

Der Zusatz *nach Diktat verreist* (in Verbindung mit der Abkürzung *gez.*) wird in der modernen Korrespondenz immer seltener gebraucht.

Vielfach verwendet werden heute stattdessen Zusätze wie *in Abwesenheit von ..., auf Anweisung von ...* oder *für ...*:

```
Mit freundlichen Grüßen

Buchhandlung
Thekla Schiller

für Thekla Schiller, Geschäftsführerin
Sonja Rosenbaum, Sekretariat

i. A.

Sonja Rosenbaum
```

Möchten Sie (oder Ihr Chef/Ihre Chefin) dennoch bei der alten Schreibweise bleiben, hat der Briefschluss folgende Form:

```
Mit freundlichem Gruß

Buchhandlung
Thekla Schiller

gez. Dr. Dr. Thekla Schiller
(nach Diktat verreist)

i. A. Sonja Rosenbaum

Sonja Rosenbaum
(Sekretärin)
```

Anlagenvermerk

Der Anlagenvermerk steht mit mindestens drei Leerzeilen Abstand unter dem Gruß. Wenn man genauer spezifizieren will, führt man die einzelnen Posten auf:

Anlagen
3 Formulare
1 Lichtbild

Dabei ist es empfehlenswert, das Wort *Anlage[n]* durch Fettdruck hervorzuheben, wenn danach eine Aufzählung der beigelegten Dinge folgt. Schreibt man dagegen nur *Anlage[n]* (ohne eine folgende Aufzählung), kann die Hervorhebung ausbleiben. Das Unterstreichen des Wortes *Anlage[n]*, wie es früher üblich war, ist nach der neuen DIN 5008 nicht mehr zulässig.

Nach diesen allgemeinen Vorbemerkungen finden Sie im Folgenden spezielle Formen der Anrede.

Die richtige Anrede – kein Problem

Adelstitel

Ist der Empfänger eines Briefes Träger eines Adelstitels (z. B. *Ritter, Freifrau, Herzogin, Prinz*), dann bereitet die Anrede häufig Kopfzerbrechen. Im Zweifel ist die Kombination von *Herr* oder *Frau* mit Titel und vollem Namen richtig. Dabei steht in der gesetzlich geregelten Schreibweise – sie ist für Behörden verbindlich – der Titel hinter dem Vornamen:

`Herrn Gustav Baron von Wiesental`

Die gesetzlich geregelte Anrede weicht häufig von der gesellschaftlich üblichen ab!

Wählen Sie diese Form der Anrede in Ihrem Brief, liegen Sie – formal gesehen – in jedem Falle richtig. Gesellschaftlich üblich sind jedoch oft andere Schreibweisen, die von der gesetzlich (durch das BGB) geregelten oft erheblich abweichen und sich von Titel zu Titel unterscheiden. Beide Varianten sollen im Folgenden für die wichtigsten Ränge des Adels dargestellt werden.

Nicht titulierter Adel

Unter »nicht tituliertem Adel« versteht man Adlige, deren Namen keinen Adelstitel enthalten. Zum nicht titulierten Adel werden auch die so genannten Edlen gezählt, da das Prädikat *Edle[r]* nicht als Titel, sondern nur als Adelsnuance gilt. Ähnliches gilt auch für *Ritter*:

	Anschrift	Anrede
Herr von Y/ Frau von Y	**gesetzlich:** Herrn Peter von Hansen **gesellschaftlich:** Herrn Peter von Hansen	**gesetzlich:** Sehr geehrter Herr von Hansen **gesellschaftlich:** Sehr geehrter Herr v. Hansen
Edle/-r	**gesetzlich:** Frau Rita Edle von Märklenstadt **gesellschaftlich:** Edle Rita von Märklenstadt	**gesetzlich:** Sehr geehrte Frau Edle von Märklenstadt **gesellschaftlich:** Sehr geehrte Edle v. Märklenstadt oder: Sehr geehrte Frau v. Märklenstadt

Ritter

Anschrift	Anrede
gesetzlich: Herrn Peter Ritter von Haunstein **gesellschaftlich:** Ritter Peter von Haunstein	**gesetzlich:** Sehr geehrter Herr Ritter von Haunstein **gesellschaftlich:** Sehr geehrter Ritter v. Haunstein oder: Sehr geehrter Herr v. Haunstein

Titulierter Adel

Allgemeinere Aussagen, wie Angehörige des titulierten Adels angesprochen werden, lassen sich nur für die Mitglieder des niederen Adels (Grafen, Freiherrn, Barone) machen. Für die Anrede von Fürsten, Herzögen, Prinzen, Königen und Kaisern gibt es dagegen keine allgemein gültige Anredeform. Jeder, der es genau nehmen will, muss sich in solchen Fällen im Fürstenband des »Genealogischen Handbuchs des Adels« bei der jeweiligen Familie und für die jeweilige Person die richtige Titelführung anschauen: Oft werden schon innerhalb einer Familie unterschiedliche Titel geführt!

Baron/Baronin/Baronesse (= Tochter)

Freiherr/Freifrau

Anschrift	Anrede
gesetzlich: Herrn Baron Knut von Helfenstein **gesellschaftlich:** Baron Knut von Helfenstein	**gesetzlich:** Sehr geehrter Herr Baron von Helfenstein **gesellschaftlich:** Sehr geehrter Baron Helfenstein oder: Sehr geehrter Baron v. Helfenstein
gesetzlich: Frau Hetty Freifrau von Stein **gesellschaftlich:** Freifrau Hetty v. Stein	**gesetzlich:** Sehr geehrte Frau Freifrau von Stein **gesellschaftlich:** Sehr geehrte Freifrau v. Stein oder: Sehr geehrte Frau v. Stein oder (vor allem in Süddeutschland): Sehr geehrte Frau Baronin Stein

Graf/Gräfin

Anschrift	Anrede
gesetzlich: Herrn Wolfgang Graf von Niebelfels **gesellschaftlich:** Graf Wolfgang v. Niebelfels	**gesetzlich:** Sehr geehrter Herr Graf von Niebelfels **gesellschaftlich:** Sehr geehrter Graf Niebelfels oder: Sehr geehrter Graf v. Niebelfels

Besitzt der oder die Adlige zugleich einen akademischen Grad, so wird dieser grundsätzlich an den Anfang gesetzt, egal, ob es sich um die gesetzliche oder die gesellschaftliche Anrede handelt:

gesetzlich: Sehr geehrter Herr Dr. Graf von Niebelfels
gesellschaftlich: Sehr geehrter Dr. Graf von Niebelfels

Akademische Grade

Professor/Professorin

Professor oder *Prof.*?

Professor ist nicht nur ein akademischer Grad, sondern auch eine Berufsbezeichnung. Deshalb wird *Professor* in der **Anrede** immer ausgeschrieben. In der **Anschrift** kann man die Abkürzung *Prof.* verwenden, wenn man die Berufsbezeichnung in die Namenszeile setzt; ansonsten wird *Professor* ausgeschrieben:

Anschrift:
Herrn Professor
Dr. Hans Meyer
Ruprecht-Karls-Universität

oder:
Ruprecht-Karls-Universität
Herrn Prof. Dr. Hans Meyer
(oder:) Herrn Professor Dr. Hans Meyer

Anrede:
Sehr geehrter Herr Professor
oder: Sehr geehrter Herr Professor Meyer

Frau Professor oder *Frau Professorin*?

Eine Professorin wird als *Frau Professor* oder als *Frau Professorin* angesprochen:

Anschrift: Frau Professor/Professorin
Dr. Claudia Kaminski

Anrede: Sehr geehrte Frau Professor
oder: Sehr geehrte Frau Professorin Kaminski

Durch Beschluss einer Landesregierung oder eines Kultusministers/einer Kultusministerin kann der Professorentitel als Ehrentitel sogar an Nichtakademiker verliehen werden. Äußerlich bleibt aber (im Unterschied zum Doktor h. c.) die Ehrenbeleihung nicht erkennbar: Professor h. c.

Anschrift: Herrn Professor
Felix Ravensburg

Anrede: Sehr geehrter Herr Professor
oder: Sehr geehrter Herr Professor Ravensburg

Rektor/Rektorin

Die Anschrift in einem Schreiben an einen Rektor/eine Rektorin lautet folgendermaßen: Anschrift

Anschrift: An den
Rektor der Ruprecht-Karls-Universität
Herrn Professor Dr. Peter Hommelhoff

An die
Rektorin der Universität Essen
Frau Professorin Ursula Boos-Nünning

In der Anrede sind verschiedene Formen möglich. *Magnifizenz* ist die inzwischen seltener gebrauchte Anrede für den Rektor einer Universität. Die weibliche Form ist *Magnifika.* Anrede

Anrede: Sehr geehrter Herr Professor
oder: Sehr geehrter Herr Professor Hommelhoff
oder: Euer Magnifizenz

Sehr geehrte Frau Professorin
oder: Sehr geehrte Frau Professorin Boos-Nünning
oder: Eure Magnifika

Doktor

Den Doktortitel sollten Sie nicht unterschlagen.

Den Doktortitel sollte man in Anschrift und Anrede nicht weglassen, es sei denn, man kennt den Empfänger gut und weiß, dass er keinen Wert auf Förmlichkeiten legt. Man verwendet ihn in der abgekürzten Form *(Dr.)* mit Namen:

Anschrift: Herrn
Dr. Müller

Anrede: Sehr geehrter Herr Dr. Müller

Anschrift: Frau
Dr. Steinbach

Anrede: Sehr geehrte Frau Dr. Steinbach

Anrede mehrerer Doktoren

Möchten Sie mehrere Doktorinnen und Doktoren (z.B. in einer Gemeinschaftspraxis) anschreiben, lautet die Anrede *Sehr geehrte Damen und Herren Doktoren,* handelt es sich nur um Männer, heißt die Anrede *Sehr geehrte Herren Doktoren.*

Ist eine Person Inhaber mehrerer Doktortitel, führt man diese in der Anschrift auf. Die Doktortitel werden hintereinander ohne Komma geschrieben: *Dr. phil. Dr. med. Helga Berner.* In der Anrede wird der Doktortitel nur noch einmal genannt: *Sehr geehrte Frau Dr. Berner* (zu weiteren Einzelheiten lesen Sie bitte in den Sprachtipps unter dem Stichwort »Doktor« nach).

Umgangssprachlich gebrauchen viele Sprecher die Anrede *Doktor* ohne Namen als Berufsbezeichnung für den Arzt *(Sehr geehrter Herr Doktor).* Das sollten Sie im Brief jedoch vermeiden.

Diplomtitel

In der Anschrift stets mit *Dipl.*

Für Diplomtitel gilt das unter »Doktor« Gesagte. Die Berufsbezeichnung *Ingenieur* ist gesetzlich geschützt. Der *Ing. grad.* ist abgeschafft. Dafür lautet die heutige Form: *Dipl.-Ing. (FH).*

Anschrift: Herrn
Dipl.-Ing. Karl Meister

Frau
Dipl.-Ing. Elke Raddenhaus

In der Anrede lässt man den Diplomtitel im Gegensatz zum Doktortitel dagegen weg:

In der Anrede ohne *Dipl.*

Anrede: Sehr geehrter Herr Meister
Sehr geehrte Frau Raddenhaus

Bundesregierung und Landesregierungen

Man nennt zuerst die Funktionsbezeichnung und setzt den Namen samt Titel in eine neue Zeile. Häufig ist es hier sinnvoll, die Anschrift mit *An die/den* zu beginnen.

Bundespräsident/Bundespräsidentin

Anschrift

```
Frau/Herrn Bundespräsident/-in
(nur im internationalen Schriftverkehr mit dem
Zusatz:) der Bundesrepublik Deutschland
Vorname, Zuname
Schloss Bellevue
Spreeweg 1
10557 Berlin
```

Anrede

```
Sehr geehrte Frau Bundespräsidentin/
Sehr geehrter Herr Bundespräsident
```

Bundeskanzler/Bundeskanzlerin

Anschrift

```
Frau/Herrn Bundeskanzler/-in
(nur im internationalen Schriftverkehr mit dem
Zusatz:) der Bundesrepublik Deutschland
Vorname, Zuname
Willy-Brandt-Str. 1
10557 Berlin
```

Anrede

```
Sehr geehrte Frau Bundeskanzlerin/
Sehr geehrter Herr Bundeskanzler
```

Weitere Mitglieder des Bundesrats, des Bundestags und der Länderparlamente

Anschrift	Anrede
An die/An den Präsidentin/Präsidenten des Deutschen Bundestags Vorname, Zuname	Sehr geehrte Frau Bundestags-präsidentin/Sehr geehrter Herr Bundestagspräsident
An die/An den Präsidentin/Präsidenten des Landtags Vorname, Zuname	Sehr geehrte Frau Präsidentin/ Sehr geehrter Herr Präsident
An die/An den Präsidentin/Präsidenten des Bundesrats Vorname, Zuname	Sehr geehrte Frau Präsidentin/ Sehr geehrter Herr Präsident
An die/An den Präsidentin/Präsidenten des Ältestenrats Vorname, Zuname	Sehr geehrte Frau Präsidentin des Ältestenrates/Sehr geehrter Herr Präsident des Ältestenrats
Frau/Herrn Vorname, Zuname M.d.B. oder andere Bezeichnung	Sehr geehrte Frau Abgeordnete Sehr geehrter Herr Abgeordneter

Wenn ein Abgeordneter zugleich Minister ist, werden Anschrift und Anrede gewählt, wie sie unter Bundesminister (s. u.) aufgeführt sind.

Bundesminister/Bundesministerin

Es ist zwischen der allgemein gebräuchlichen Bezeichnung und der offiziellen Amtsbezeichnung zu unterscheiden. In der Anschrift sollte man die Amtsbezeichnung des Ministers oder der Ministerin verwenden:

Gebräuchliche Bezeichnung	Amtsbezeichnung
Arbeitsminister/-in	Bundesminister/-in für Wirtschaft und Arbeit
Außenminister/-in	Bundesminister/-in des Auswärtigen
Bauminister/-in	Bundesminister/-in für Verkehr, Bau- und Wohnungswesen
Bildungsminister/-in	Bundesminister/-in für Bildung und Forschung
Entwicklungshilfeminister/-in	Bundesminister/-in für wirtschaftliche Zusammenarbeit und Entwicklung
Familienminister/-in	Bundesminister/-in für Familie, Senioren, Frauen und Jugend
Finanzminister/-in	Bundesminister/-in der Finanzen
Gesundheitsminister/-in	Bundesminister/-in für Gesundheit und Soziale Sicherung
Innenminister/-in	Bundesminister/-in des Innern
Justizminister/-in	Bundesminister/-in der Justiz
Umweltminister/-in	Bundesminister/-in für Umwelt, Naturschutz und Reaktorsicherheit
Verbraucherschutzminister/-in	Bundesminister/-in für Verbraucherschutz, Ernährung und Landwirtschaft
Verkehrsminister/-in	Bundesminister/-in für Verkehr, Bau- und Wohnungswesen (s. Bauminister)
Verteidigungsminister/-in	Bundesminister/-in der Verteidigung
Wirtschaftminister/-in	Bundesminister/-in für Wirtschaft und Arbeit (s. Arbeitsminister)
aber: Kanzleramtsminister/-in	Bundeskanzleramt Bundesminister/-in für besondere Aufgaben

Anschrift und Anrede für einen Bundesminister/eine Bundesministerin sehen dann so aus:

Anschrift: Herrn/Frau
Vorname, Zuname
Bundesminister/-in der Justiz

Anrede: Sehr geehrter Herr Bundesminister
oder: Sehr geehrter Herr Minister

Sehr geehrte Frau Bundesministerin
oder: Sehr geehrte Frau Ministerin

Ministerpräsident/Ministerpräsidentin

Sitz der Minister-präsident(inn)en

Die Ministerpräsident(inn)en der Länder und mit ihnen die Landesminister/-innen und Länderbehörden haben ihren Sitz in der jeweiligen Landeshauptstadt:

Baden-Württemberg	Stuttgart
Bayern	München
Berlin	Berlin
Brandenburg	Potsdam
Bremen	Bremen
Hamburg	Hamburg
Hessen	Wiesbaden
Mecklenburg-Vorpommern	Schwerin
Niedersachsen	Hannover
Nordrhein-Westfalen	Düsseldorf
Rheinland-Pfalz	Mainz
Saarland	Saarbrücken
Sachsen	Dresden
Sachsen-Anhalt	Magdeburg
Schleswig-Holstein	Kiel
Thüringen	Erfurt

In Berlin heißt der Chef der Landesregierung *Regierender Bürgermeister,* in Hamburg *Erster Bürgermeister,* in Bremen *Präsident des Senats,* in allen anderen Bundesländern *Ministerpräsident.*

Anschrift und Anrede ...

... der Ministerpräsidenten

Anschrift: Herrn/Frau
Vorname, Zuname
Ministerpräsident des Landes ...

Anrede: Sehr geehrter Herr Ministerpräsident/
Sehr geehrte Frau Ministerpräsidentin

... der Bürgermeister in Berlin und Hamburg

Anschrift: Herrn/Frau
Vorname, Zuname
Regierender Bürgermeister/Regierende
Bürgermeisterin der Stadt Berlin

Herrn/Frau
Vorname, Zuname
Erster Bürgermeister/Erste Bürgermeisterin
der Freien und Hansestadt Hamburg

Anrede: Sehr geehrter Herr Bürgermeister/
Sehr geehrte Frau Bürgermeisterin

... des Senatspräsidenten in Bremen

Anschrift: Herrn/Frau
Vorname, Zuname
Präsident/Präsidentin des Senats
der Freien Hansestadt Bremen

Anrede: Sehr geehrter Herr Präsident/
Sehr geehrte Frau Präsidentin

Minister/-innen der Bundesländer

Die Minister bzw. Ministerin eines Bundeslandes redet man ebenfalls mit *Sehr geehrter Herr Minister* oder *Sehr geehrte Frau Ministerin* an. Die Bezeichnung Landesminister/Landesministerin gibt es nicht. Der Titel der Minister/Ministerinnen in Berlin, Bremen und Hamburg ist Senator bzw. Senatorin.

Anschrift: Herrn/Frau
Vorname, Zuname
Justizministerium

Anrede: Sehr geehrter Herr Minister/
Sehr geehrte Frau Ministerin

Diplomaten/Diplomatinnen

Vertreter ausländischer Botschaften

Vertreter ausländischer Botschaften redet man mit *Exzellenz* an. Dieses Wort ist die Anrede für

- Botschafter/-innen, Konsuln/Konsulinnen und Gesandte anderer Länder in der Bundesrepublik
- die Gesandten (Nuntien, Einzahl Nuntius) und die Prälaten der römisch-katholischen Kirche (Primas, Erzbischof, Bischof, Weihbischof). (Bitte lesen Sie dazu auch unter »Kirchliche Ämter« nach.)

Im diplomatischen Schriftverkehr hat sich bei bestimmten Ehrentiteln der sonst nicht mehr übliche Dativ (Wemfall) in der Anschrift erhalten; der Akkusativ ist jedoch ebenfalls korrekt:

Anschrift: Seiner Exzellenz (oder:) Seine Exzellenz
Herrn Vorname, Zuname
Botschafter von .../der .../ .../des (Land)

Ihrer Exzellenz (oder:) Ihre Exzellenz
Frau Vorname, Zuname
Botschafterin von .../der .../ .../des (Land)

Anrede: Euer Exzellenz
oder: Sehr geehrter Herr Botschafter/
Sehr geehrte Frau Botschafterin

Deutsche Botschafter/Botschafterinnen werden hingegen nicht mehr mit *Exzellenz* angesprochen; seit der Abschaffung des Prädikats *Exzellenz* im Jahre 1919 gilt für Deutsche die Regel, dass hohe Beamte des Auswärtigen Dienstes mit ihrer Amtsbezeichnung anzusprechen sind:

Deutsche Botschafter und hohe Beamte des Auswärtigen Dienstes

Anschrift: Herrn
Vorname, Zuname
Botschafter

Frau
Vorname, Zuname
Botschafterin

Anrede: Sehr geehrter Herr Botschafter/
Sehr geehrte Frau Botschafterin

Bei allen anderen wichtigen Angehörigen einer Botschaft (z.B. Botschaftsräten, Generalkonsuln, Konsuln) verfährt man nach diesen Mustern, also zuerst Vorname und Name und danach die Amtsbezeichnung.

Funk und Fernsehen

Die Bezeichnungen für die höheren Positionen bei Funk und Fernsehen kann man in Anschrift und Anrede aufnehmen: Vorsitzende/-r des Rundfunkrates, Vorsitzende/-r des Verwaltungsrates, Intendant/-in, Programmdirektor/-in, Technischer Direktor/Technische Direktorin usw. Sie alle werden nach folgendem Muster geschrieben:

Anschrift: Herrn
Vorname, Zuname
Intendant des ... Rundfunks

Frau
Vorname, Zuname
Intendantin des ... Rundfunks

Anrede: Sehr geehrter Herr Intendant/
Sehr geehrte Frau Intendantin

Justiz

Bei allen Gerichtspräsidenten, allen hohen Richtern und Anwälten verwendet man die Amtsbezeichnung in Anschrift und Anrede, z.B.

Oberbundesanwalt/ Oberbundesanwältin

Anschrift: Frau
Vorname, Zuname
Oberbundesanwältin

Anrede: Sehr geehrte Frau Oberbundesanwältin

Oberstaatsanwalt/ Oberstaatsanwältin

Anschrift: Herrn
Vorname, Zuname
Oberstaatsanwalt

Anrede: Sehr geehrter Herr Oberstaatsanwalt

Rechtsanwalt/ Rechtsanwältin

Anschrift: Frau
Vorname, Zuname
Rechtsanwältin

Anrede: Sehr geehrte Frau Rechtsanwältin
oder: Sehr geehrte Frau Rechtsanwältin + Zuname

Mehrere Rechtsanwälte

Mehrere Rechtsanwältinnen oder Rechtsanwälte können Sie in der Anschrift einzeln aufführen, Sie können sie aber auch über den Kanzleinamen anschreiben. Die Anrede hingegen sollte jedoch keine Sammelanrede sein, da hier Einzelpersonen direkt angesprochen werden:

Anschrift: Kanzlei Wagner, Müller und Schmitt

Anrede: Sehr geehrte Frau Wagner,
Sehr geehrter Herr Müller,
Sehr geehrte Frau Schmitt

Kirchliche Ämter

Römisch-katholische Kirche

In der römisch-katholischen Kirche sind die herkömmlichen Titel und Anreden noch gebräuchlich. Dennoch wird ein Kardinal die einfache Anredeform *Sehr geehrter Herr Kardinal ...* sicher nicht übel nehmen – viele geistliche Würdenträger bitten sogar darum, die gehobenen Anreden, die Sie im Folgenden finden, nicht mehr zu benutzen.

Offizielle und vereinfachte Formen

Die offiziellen Anreden lauten:

Anschrift	Anrede	
Seiner Heiligkeit Papst + Name	Euer Heiligkeit Oder: Heiliger Vater	Papst
Seiner Eminenz Dem Hochwürdigsten Herrn Vorname Kardinal Zuname	Euer Eminenz	Kardinal
Seiner Exzellenz dem Hochwürdigsten Herrn Erzbischof/Bischof/Weihbischof von ... Vorname, Zuname	Euer Exzellenz	Erzbischof, Bischof, Weihbischof
Seiner Gnaden dem Hochwürdigsten Herrn Prälaten Vorname, Zuname	Euer Gnaden oder: Sehr geehrter Herr Prälat	Prälat
H. H. [= Hochwürden Herrn] Dekan/Dechant Vorname, Zuname	Euer Hochwürden	Dekan/Dechant
H. H. Pfarrer Vorname, Zuname	Sehr geehrter Herr Pfarrer	Pfarrer
H. H. Vikar Vorname, Zuname	Sehr geehrter Herr Vikar	Vikar
Sr. Gnaden Dem Hochwürdigen Abt von ... Vorname, Zuname	Euer Gnaden	Abt
Wohlehrwürdige Frau Äbtissin (Name des Klosters)	Wohlehrwürdige Frau Äbtissin	Äbtissin

Evangelische Kirche

Muster für Anschrift und Anrede evangelischer Geistlicher

Die Amtsbezeichnung wird in der Anschrift vor den Vornamen und Zunamen gesetzt. In der Anrede benutzt man für Bischof/Bischöfin, Landesbischof/Landesbischöfin, Kirchenpräsidenten/Kirchenpräsidentin, Präses, Landesintendenten/Landesintendentin, Pfarrer/-in bis zum Vikar/zur Vikarin die Amtsbezeichnung nach folgendem Muster:

Anschrift: Herrn Bischof
Vorname, Zuname

Anrede: Sehr geehrter Herr Bischof

Landkreisverwaltung und Stadtverwaltung

Bei höheren Rängen sollte man die Amtsbezeichnung hinzusetzen.

Bei den höheren Rängen sollte man die Amtsbezeichnung hinzusetzen, also: Oberkreisdirektor/-in, Kreisdirektor/-in, Landrat/Landrätin, Oberbürgermeister/-in, Bezirksbürgermeister/-in, Bürgermeister/-in, Oberstadtdirektor/-in, Stadtdirektor/-in, Gemeindedirektor/-in. In der Anschrift kann man die Amtsbezeichnung vor oder auch hinter den Namen schreiben. Sie finden hier die Schreibweise am Beispiel eines Landrats und einer Bürgermeisterin:

Beispiele

Anschrift: Herrn
Vorname, Zuname
Landrat des Landkreises ...

oder: Herrn Landrat
Vorname, Zuname

Anrede: Sehr geehrter Herr Landrat

Anschrift: Frau
Vorname, Zuname
Bürgermeisterin der Stadt ...

oder: Frau Bürgermeisterin
Vorname, Zuname

Anrede: Sehr geehrte Frau Bürgermeisterin

Parteien

Für alle Parteien gilt, dass nur Parteivorsitzende und Generalsekretäre mit Nennung ihres Ranges angesprochen werden. Bei allen anderen Mitgliedern (wie z. B. auch Vorsitzenden von Ortsgruppen und Ortsvereinen, Ausschussvorsitzenden usw.) ist die Anrede *Sehr geehrter Herr ...* bzw. *Sehr geehrte Frau ...* üblich.

Je nach Inhalt ist das Schreiben entweder an den Vorstand oder an den entsprechenden Verband direkt zu senden.

Parteivorsitzende/-r

Anschrift: (An die)
Vorsitzende der ... Partei
Frau Vorname, Zuname

Anrede: Sehr geehrte Frau Vorsitzende
oder: Sehr geehrte Frau + Zuname

Generalsekretär/-in

Anschrift: (An den)
Generalsekretär der ... Partei
Herrn Vorname, Zuname

Anrede: Sehr geehrter Herr Generalsekretär
oder: Sehr geehrter Herr + Zuname

Ortsvereins-/Ortsgruppenvorsitzende/-r

Anschrift: Herrn
Vorname, Zuname
Vorsitzender des Ortsvereins der ... Partei

Anrede: Sehr geehrte Frau + Zuname

Ortsverbände usw.

Anschrift: (An den)
Ortsverband/Kreisverband/Landesverband/
Bundesvorstand der ... Partei

Anrede: Sehr geehrte Damen und Herren

Polizei und Bundeswehr

Für die Anschrift und Anrede von Angehörigen dieser Einrichtungen gilt: Bei hohen Rängen setzt man die Amtsbezeichnung üblicherweise hinzu. Zu den hohen Rängen gehören Präsidenten, Oberdirektoren und Direktoren sowie höhere Offiziere. Bei allen anderen bleibt es dem persönlichen Empfinden und der Beziehung des Absenders zum Empfänger überlassen, ob er die Amtsbezeichnung hinzusetzen will.

Anschrift	Anrede
Frau Polizeipräsidentin Tanja Maurer	Sehr geehrte Frau Polizeipräsidentin
Herrn Christian Bader Leitender Kriminaldirektor	Sehr geehrter Herr Leitender Kriminaldirektor
Herrn General Johann Winter	Sehr geehrter Herr General Winter
Herrn Generalmajor Christoph Scheurer	Sehr geehrter Herr Generalmajor Scheurer

Schule und Schulverwaltung

Bei allen höheren Beamten der Schule und der Schulverwaltung sollte man die Amtsbezeichnung hinzusetzen. Dies geschieht bei der Anschrift in der Weise, dass zuerst die Amtsbezeichnung genannt wird und dann Vorname und Zuname. Einige Beispiele:

Anschrift	Anrede	
Herrn Regierungschuldirektor Vorname, Zuname	Sehr geehrter Herr Regierungsschuldirektor	Regierungs- direktor/-in
Frau Schulamtsdirektorin Vorname, Zuname	Sehr geehrte Frau Schulamtsdirektorin	Schulamts- direktor/-in
Herrn Oberstudiendirektor Vorname, Zuname	Sehr geehrter Herr Oberstudiendirektor	Oberstudien- direktor/-in
Frau Studiendirektorin Vorname, Zuname	Sehr geehrte Frau Studiendirektorin	Studiendirektor/-in
Herrn Realschuldirektor Vorname, Zuname	Sehr geehrter Herr Realschuldirektor	Realschul- direktor-/in
Frau Rektorin Vorname, Zuname	Sehr geehrte Frau Rektorin	Rektor/-in

Ob Sie bei Gymnasiallehrern, Realschullehrern, Handelslehrern und allen anderen Lehrern die Amtsbezeichnung hinzusetzen, können Sie frei entscheiden.

Verwaltung allgemein

Anschrift

Beim Schreiben an eine Behörde sollte in der **Anschrift** die Dienststelle genannt werden. Man schreibt die Anschrift in folgender Weise:

```
Stadtverwaltung Höhenkirchen
Einwohnermeldeamt
Hauptstraße 3

85635 Höhenkirchen
```

Anrede

Die in Briefen übliche **Anrede**

```
Sehr geehrte Frau .../
Sehr geehrter Herr .../
Sehr geehrte Damen und Herren
```

sollten Sie auch in Briefen an Behörden verwenden – selbst dann oder besser gerade dann, wenn die Behörde selbst auf eine Anrede verzichtet hat. Wenn Sie den Namen des Empfängers wissen und es sich um eine Angelegenheit handelt, die nur er bearbeiten kann, nennen Sie ihn in der Anschrift und in der Anrede. Das ist höflich und schafft guten persönlichen Kontakt.

Nennung der Amtsbezeichnung

Selbstverständlich können Sie in der Anrede die Amtsbezeichnung vor den Namen des Empfängers schreiben, aber sogar einige Bundesbehörden sehen inzwischen davon ab. Nur bei höheren Rängen – etwa vom Direktor/der Direktorin an – schreibt man *Sehr geehrter Herr Amtsdirektor Schneider.*

In der Anschrift ist die Amtsbezeichnung bei allen Diensträngen gebräuchlich:

```
Herrn Amtsrat
Josef Dahl

Frau Oberinspektorin
Cornelia Hansen
```

Wirtschaft

Anschrift	Anrede	
Herrn Vorname, Zuname Vorsitzender des Aufsichtsrats der/des ... (Name des Unternehmens)	Sehr geehrter Herr + Zuname	Vorsitzende/-r des Aufsichtsrats
Frau Vorname, Zuname Vorsitzende des Vorstandes der/des ... (Name des Unternehmens)	Sehr geehrte Frau + Zuname	Vorstandsvorsitzende/-r
Herrn Vorname, Zuname Vorstandsmitglied der/des ... (Name des Unternehmens) oder: Herrn Direktor Vorname, Zuname Vorstandsmitglied der/des ... (Name des Unternehmens)	Sehr geehrter Herr + Zuname oder: Sehr geehrter Herr Direktor + Zuname	Vorstandsmitglied
Frau Direktorin Vorname, Zuname	Sehr geehrte Frau Direktorin	Direktor/-in
Herrn Vorname, Zuname Betriebsratsvorsitzender	Sehr geehrter Herr + Zuname	Betriebsratsvorsitzende/-r

Der private Bereich

Allgemeine Bemerkungen

Was ist ein Privatbrief?

Mit dem Wort *privat* ist schon sehr viel über das Besondere dieser Briefe gesagt: *privat* heißt »persönlich«, »familiär« oder auch »nicht offiziell, nicht geschäftlich, nicht amtlich«. Der Privatbrief ist also kein »offizieller« Brief, und er ist auch kein Geschäftsbrief. Es gibt jedoch auch im Geschäftsleben Briefe, die fast schon Privatbriefe sind: Der Geburtstagsglückwunsch an einen langjährigen Mitarbeiter zum Beispiel oder die Weihnachtskarte an einen guten Kunden. Man spricht in diesen Fällen von halbgeschäftlichen Briefen.

Privatbrief – Geschäftsbrief

Die Grenze zwischen reinen Geschäftsbriefen auf der einen Seite und den halbgeschäftlichen und ganz privaten Briefen auf der anderen Seite kann man nicht genau festlegen, aber dennoch gibt es einen Unterschied. Beim Privatbrief besteht die Möglichkeit, ganz individuell zu formulieren, anders als die anderen zu schreiben. Das gilt für alle Anlässe, ob Glückwunsch zum Geburtstag, zur Taufe oder zur Hochzeit, ob Beileidsbrief oder Einladung zu einem Fest. Für Privat- wie Geschäftsbrief gilt aber gleichermaßen: Sie verlangen die Sorgfalt des Schreibers.

Woran erkennt man einen guten Privatbrief?

Woran erkennt man einen guten Privatbrief? Sicher daran, dass der Schreiber seinen Brief persönlich formuliert hat. Persönlich heißt hier für den Schreiber typisch, unverwechselbar und nur für den Empfänger des Briefes bestimmt, also nicht austauschbar. Ein Privatbrief ist gegenüber dem Geschäftsbrief immer etwas Persönliches.

Wirklich persönlich und unverwechselbar für Schreiber und Leser sind die folgenden Musterbriefe noch nicht, denn »würzen« muss jeder selbst. Die »Würze« kann Humor sein oder sogar Ironie, ein typischer Sprachgebrauch, eigene Formulierungen, eben die Abweichung vom Üblichen. Für alle Gratulationen gilt die Faustregel: Je weniger Sie übliche Gratulationsfloskeln benutzen, desto persönlicher wird Ihr Brief. Es kommt nicht darauf an, wie viel Sie schreiben, sondern darauf, dass Ihre Wünsche ehrlich gemeint sind und von Herzen kommen. Ein passendes Zitat kann oft einen guten Einstieg bieten.

Im Folgenden finden Sie Zitate und Briefmuster für die unterschiedlichsten Schreibanlässe, die Ihnen Anregungen geben sollen für Ihre eigenen Versuche.

Geburt und Konfirmation

Zitate zur Geburt

- Das Glück eines Kindes beginnt, lange bevor es geboren wird,
  im Herzen von zwei Menschen, die einander sehr gern haben.
  Phil Bosmanns

- Jedes Baby, das das Licht der Welt erblickt,
  ist schöner als das vorhergehende.
  Charles Dickens

- Kleine Kinder sind noch immer das Symbol einer ewigen
  Vereinigung von Liebe und Pflicht.
  George Eliot

- Denn wir können die Kinder nach unserem Sinne nicht formen;
  so wie Gott sie uns gab, so muss man sie haben und lieben.
  Sie erziehen aufs Beste und jeglichen lassen gewähren.
  Denn der eine hat die, die anderen andere Gaben;
  jeder braucht sie,
  und jeder ist doch nur auf eigene Weise gut und glücklich.
  Johann Wolfgang von Goethe

- Ein Kind ist sichtbar gewordene Liebe.
  Novalis

- Wo Kinder sind, da ist ein goldenes Zeitalter.
  Novalis

- Kinder und Uhren dürfen nicht beständig
  aufgezogen werden, man muss sie auch gehen lassen.
  Jean Paul

- Mit einer Kindheit voll Liebe kann man ein halbes
  Leben hindurch für die kalte Welt haushalten.
  Jean Paul

- Deine Augen sahen, wie ich entstand,
  in deinem Buch war schon alles verzeichnet.
  Psalm 139, 16

- Ein Kind ist kein Gefäß, dass gefüllt,
  sondern ein Feuer, das entzündet werden will.
  François Rabelais

- Kinder sind der Höhepunkt menschlicher Unvollkommenheit.
  Sie weinen, sie stellen ärgerliche Fragen, sie erwarten,
  dass man sie ernährt, wäscht, erzieht und ihnen die Nase putzt.
  Und im gegebenen Augenblick brechen sie uns das Herz,
  genauso wie man ein Stück Zucker bricht.
  Robert Louis Stevenson

Zitate zur Konfirmation

- Wo das Wissen aufhört, fängt der Glaube an.
  Aurelius Augustinus

- Der Glaube ist ein groß herrlich Werk.
  Wer glaubt, der ist ein Herr;
  und ob er gleich stirbt, so muss er doch wieder leben.
  Ist einer arm, so muss er doch reich sein;
  ist einer krank, so muss er doch wieder gesund werden.
  Martin Luther

- Alle Dinge sind möglich dem, der da glaubt.
  Markus 9, 24

- Es ist aber das Herz, das Gott spürt, und nicht die Vernunft.
  Das aber ist der Glaube: Gott im Herzen spüren und nicht
  in der Vernunft.
  Blaise Pascal

Briefe zu Geburt und Konfirmation

Liebe Susanne,
lieber Martin,

wir gratulieren euch ganz herzlich zur Geburt eurer Tochter!

Noch weiß sie nicht, dass sie in eine glückliche Familie geboren wurde, doch schon jetzt spürt sie die Fürsorge und die Liebe ihrer Eltern und Geschwister.

Wir wünschen eurer Eva Glück und Gesundheit auf ihrem Lebensweg.

Herzliche Grüße

eure

Liebe Christina, lieber Uwe,

wir freuen uns mit euch über die Geburt eurer Tochter. Herzlichen Glückwunsch!

Bestimmt habt ihr euch auf die Veränderungen, die in den nächsten Wochen bevorstehen, gut vorbereitet, damit es eurer Daniela an nichts fehlt. Und trotzdem kommen sicher noch genug Überraschungen! Mit Kindern erlebt man ja jeden Tag etwas Neues, und jeden Tag sind es Dinge, die in keinem Lehrbuch stehen.

Genießt die Zeit, in der ihr mit eurer Tochter auf »Entdeckungsreise« geht, und lasst uns doch ab und zu mal daran teilnehmen.

Alles Gute für euch drei

Bernd und Ute

Liebe Monika,
lieber Hans,

ich weiß genau, wie sehr ihr euch einen Sohn gewünscht habt. Endlich könnt ihr euren Thomas in die Arme schließen und das Glück einer Familie genießen.

Vielleicht darf ich bald einmal euch und vor allem Thomas sehen? Bitte teilt mir mit, wann euch mein Besuch willkommen ist.

Mit den besten Wünschen für euch und euren Sohn

euer

Lieber Andreas,

nach deiner Geburt konnte ich mit der Bitte deiner Eltern nicht so recht umgehen. Patentante sollte ich werden? Und das, obwohl ich selbst noch so jung war! Aber als ich dich besser kennen lernte, hat mir meine Aufgabe viel Spaß gemacht.

Heute sind wir Freunde. Daran wird sich auch nach deiner Konfirmation nichts ändern. Wenn du einmal Hilfe brauchst, kannst du immer auf mich zählen.

Für deinen weiteren Lebensweg wünsche ich dir Glück und Erfolg und dass viele deiner Träume in Erfüllung gehen.

Es grüßt dich

deine

Liebe Alexandra,

am Tag deiner Konfirmation wünsche ich dir, dass dir der Glaube dein ganzes Leben lang Halt geben möge. In der Gewissheit, Teil der großen kirchlichen Familie zu sein, kannst du fröhlich deine Konfirmation feiern.

Ich wünsche dir einen schönen, festlichen Tag mit deinen Eltern und Freunden und bin mit den besten Grüßen

deine

Verlobung und Vermählung

Zitate zu Verlobung und Vermählung

- Ehe ist der Versuch, zu zweit mit Problemen fertig zu werden, die man alleine niemals gehabt hätte.
  Woody Allen

- Liebe ist der Wunsch, etwas zu geben, nicht zu erhalten.
  Bertolt Brecht

- Einen Menschen zu lieben heißt einzuwilligen, mit ihm alt zu werden.
  Albert Camus

- Ehe macht erfinderisch.
  Fritz de Crignis

- In der Ehe ist das Nachgeben keine Niederlage und das Durchsetzen des Willens kein Sieg.
  Julie Elias

- Liebe ist der Entschluss, das Ganze eines Menschen zu bejahen, die Einzelheiten mögen sein, wie sie wollen.
  Otto Flake

- Die Ehe, zum Mindesten das Glück derselben, beruht nicht auf der Ergänzung, sondern auf dem gegenseitigen Verständnis. Mann und Frau müssen nicht Gegensätze, sondern Abstufungen, ihre Temperamente müssen verwandt, ihre Ideale dieselben sein.
  Theodor Fontane

- Eben darin besteht ja die Liebe, dass sie uns in der Schwebe hält, in der Bereitschaft, einem Menschen zu folgen in allen seinen möglichen Entfaltungen.
  Max Frisch

- Das ist die wahre Liebe, die immer und immer sich gleich bleibt, wenn man ihr alles gewährt, wenn man ihr alles versagt.
  Johann Wolfgang von Goethe

- Ohne Ehe ist der Mensch überall und nirgends zu Hause.
  Bogumil Goltz

- Denn Liebe ist stark wie der Tod.
  Hohelied Salomos 8, 6

- Liebe ist das Einzige, was nicht weniger wird,
  wenn wir es verschwenden.
  Ricarda Huch

- Die Ehe ist ein höherer Ausdruck für Liebe.
  Søren Kierkegaard

- Nun aber bleiben Glaube, Hoffnung, Liebe, diese drei;
  aber die Liebe ist die größte unter ihnen.
  Korinther 13, 2

- Die Ehe ist beliebt, weil sie ein Höchstmaß an Versuchung
  mit einem Höchstmaß an Gelegenheit verbindet.
  George Bernard Shaw

- Das große Geheimnis einer glücklichen Ehe besteht darin,
  alle Katastrophen als Zwischenfälle
  und keinen Zwischenfall als Katastrophe zu behandeln.
  Harold George Nicolson

- Eine gute Ehe beruht auf dem Talent zur Freundschaft.
  Friedrich Nietzsche

- Die Liebe ist vielleicht der höchste Versuch, den die Natur macht,
  um das Individuum aus sich heraus
  und zu dem anderen hinzuführen.
  José Ortega y Gasset

- Drum prüfe; wer sich ewig bindet;
  ob sich das Herz zum Herzen findet.
  Friedrich Schiller

- Das ist das Größte, was dem Menschen gegeben ist,
  dass es in seiner Macht steht, grenzenlos zu lieben.
  Theodor Storm

- Omnia vincit amor.
  Alles besiegt die Liebe.
  Vergil

Briefe zu Verlobung und Vermählung

Liebe Helga,
lieber Karl,

mit großer Freude habe ich eure Verlobungsanzeige in der Zeitung gelesen, und ich möchte nicht versäumen, euch herzlich zu gratulieren.

Ich wünsche euch alles erdenklich Gute für eure Zukunft! Und drücke die Daumen dafür, dass viele eurer gemeinsamen Wünsche in Erfüllung gehen.

Eure

Liebe Gisela,
lieber Hans,

wir gratulieren euch ganz herzlich zu eurer Verlobung. Wir freuen uns, dass ihr diese Entscheidung füreinander getroffen habt.

Nun müsst ihr nur noch kurze Zeit warten, bis ihr mit eurer Hochzeit endlich auch »offiziell« den gemeinsamen Lebensweg beginnt.

Wir wünschen euch schon heute dazu von Herzen alles Gute.

Eure

Liebe Braut,
lieber Bräutigam,

wir möchten nicht versäumen, Ihnen heute unsere herzlichen Glückwünsche auszusprechen.

Ihr Hochzeitstag wird sicher ein unvergesslicher Tag in Ihrem von nun an gemeinsamen Leben sein. Wir wünschen Ihnen, dass er – und natürlich auch all die folgenden Tage, Monate, Jahre – besonders glücklich und harmonisch verläuft.

Wenn wir auch an diesem wichtigen Tag nicht bei Ihnen sein können, so werden wir doch mit allen guten Wünschen an Sie denken.

Alles Liebe

Ihre

Sehr geehrtes Brautpaar,

ganz herzlich gratulieren wir Ihnen zu Ihrer Vermählung. Wir wünschen Ihnen von Herzen alles Gute für Ihren gemeinsamen Lebensweg. Möge gegenseitiges Vertrauen, Achtung und Liebe Sie immer begleiten in guten und in schlechten Tagen.

Ihre

Lieber Walter,
liebe Maria,

zu eurer Silberhochzeit wünschen wir euch alles erdenklich Gute.

In 25 Jahren seid ihr für uns eine verlässliche Eheinstitution geworden und wir bewundern sehr, dass nichts eure Verbundenheit trennen konnte.

Wir hoffen mit euch noch sehr lange freundschaftlich verbunden zu sein.

Mit den besten Wünschen für die kommenden 25 Jahre

eure

Liebe Bettina,
lieber Günther,

während ihr im siebten Himmel schwebt, sind wir, als uns eure Heiratsanzeige erreichte, aus allen Wolken gefallen. Seit wie viel Jahren lebt ihr schon zusammen? Seit fünf?

Da hatten wir gar nicht damit gerechnet, dass ihr doch noch ein Ehepaar werden wolltet.

Dass ihr einander vertraut und achtet, Geduld und Verständnis füreinander aufbringt – euch dies zu wünschen ist überflüssig, denn eure Liebe baut längst darauf.

Wir können euch also nur gratulieren und wünschen, dass all eure Wünsche in Erfüllung gehen.

Mit den herzlichsten Grüßen

eure

Liebes Silberhochzeitspaar,

»Liebe ist das Einzige, was wächst, indem wir es verschwenden.« Was Ricarda Huch sagt, könnt ihr durch eure 25-jährige Ehe bestätigen.

Bleibt auch weiterhin ein »verschwenderisches Ehepaar«, dem man kaum ansieht, dass es bereits eine so lange Lebensstrecke gemeinsam zurückgelegt hat.

Dies wünschen euch von Herzen

eure

Liebe Hannelore,
lieber Otto,

schon lange habt ihr euch auf dieses schöne Fest gefreut, und nun ist der Tag eurer goldenen Hochzeit endlich da. Wir hoffen für euch, dass er genauso schön wird, wie ihr ihn euch vorgestellt habt: eine große, fröhliche Feier im Kreise der Familie und der Freunde.

Da werden mit all den vertrauten Gästen die Erinnerungen an alte Zeiten bestimmt wieder aufleben. Aber wenn sich auch vieles geändert hat –
ihr seid noch so liebenswert wie damals.

Wir wünschen euch von Herzen Glück und Gesundheit!

Mit den besten Grüßen

eure

PS: Haben wir mit dem Wein euren Geschmack getroffen?

Texte für Glückwunschkarten

Dem lieben Brautpaar und den Brauteltern senden wir unsere herzlichen Glückwünsche.

Sehr geehrte Frau Fender,
sehr geehrter Herr Fender,

die besten Wünsche zur Vermählung und alles Gute für Ihre Zukunft.

Liebes Brautpaar,

zu Ihrer Vermählung die besten Wünsche für eine glückliche gemeinsame Zukunft.

Glückwünsche zum Geburtstag

Herzliche Glückwünsche zum Geburtstag!

Lieber Vater,

lange haben wir überlegt, was wir dir zu deinem Geburtstag schenken könnten. Freude sollte es dir machen, unser Geschenk, und es sollte dich immer an uns erinnern.

Da fiel uns ein, dass du doch früher sehr gerne fotografiert hast. Wäre das nicht auch ein schönes Hobby für den Ruhestand?

Hoffentlich hast du viel Freude an diesem Fotoapparat. Damit sich auch der zweite Teil unserer Überlegung für das Geschenk erfüllt – die Erinnerung –, stellen wir uns jetzt schnell in Positur und

wünschen dir viel Glück und Gesundheit!

Deine

Liebe Mutter,

ich sende dir die allerherzlichsten Glückwünsche zu deinem Geburtstag! Auf unsere Feier freue ich mich schon sehr. Es macht mir immer wieder großen Spaß, deinen Geburtstag mit dir zu feiern, weil du uns, deine Familie, so liebevoll umsorgst. Wir fühlen uns alle immer sehr wohl bei dir.

Doch nun kommt erst einmal mein Päckchen. Bevor du es öffnest, möchte ich dir noch sagen:

Ich habe dich lieb!

Deine

Sehr geehrter Herr Winter,

als Mitarbeiter Ihres Unternehmens gratulieren wir Ihnen herzlich zum 50. Geburtstag und danken Ihnen für die Einladung zum Betriebsfest!

Wir alle hoffen, dass Sie noch lange die Firma zu weiteren Erfolgen führen werden.

Hierzu alles Gute, Glück und Gesundheit!

Ihre

Lieber Martin,

zu deinem 30. Geburtstag gratulieren wir dir herzlich!

Mit der magischen 30 hast du die erste bedenkenswerte Altersgrenze ja nun überschritten – Zeit für einen Rückblick! Damit du nicht jetzt schon vergisst, was du als Kind so alles erlebt hast, haben wir für dich ein Fotoalbum zusammengestellt. Ein paar Kommentare konnten wir uns dazu nicht verkneifen – hoffentlich macht dir das Blättern Spaß!

Wir wünschen dir damit alle, dass die nächsten 30 Jahre genauso glücklich werden wie die vergangenen.

Es grüßen dich

deine

»Alter schützt vor Torheit nicht!«

Lieber Franz,

ich hoffe, dass dieser Satz stimmt – auch für dich. Denn was wäre das Leben ohne zeitweilige Unvernunft? Langeweile, nichts als Langeweile! Der Reiz des Lebens besteht doch gerade darin, die ausgetretenen Pfade hin und wieder zu verlassen, dem Alltagstrott zu entfliehen und ganz Neues zu erleben. Dazu ist man nie zu alt. Auch mit 60 darf es keinen Stillstand geben.

Verstehe das Zitat also nicht als Warnung. Im Gegenteil: Ich wünsche dir zu deinem 60. Geburtstag den Mut zu vielen, vielen Torheiten!

Herzlichst

dein

Gratulationsbriefe zu besonderen Erfolgen

Besondere Erfolge eines Menschen, wie eine bestandene Prüfung, die Berufung in ein Amt, die Beförderung oder ein Jubiläum, verdienen einen besonderen Glückwunsch.

Besondere Erfolge verdienen einen besonderen, persönlich formulierten Glückwunsch.

Mehr als vielleicht bei anderen Anlässen sollte man diesen Glückwunsch in einem persönlichen Stil schreiben, denn der Anlass ist tatsächlich außergewöhnlich. Der Geburtstag, Weihnachten und viele andere Ereignisse finden jedes Jahr statt, aber ein Dienstjubiläum zum Beispiel, das ist ein großer Tag für den Jubilar.

Nehmen Sie für Ihre Gratulation möglichst eine neutrale Karte oder einen Briefbogen (je nach Anlass und Situation einen neutralen DIN-A4-Bogen, einen Privatbogen oder einen Geschäftsbriefbogen). Die Karte sollten Sie mit der Hand schreiben, auf einen Bogen können sie auch mit der Maschine schreiben – bedenken Sie jedoch, dass eine handschriftliche Gratulation immer persönlicher wirkt.

Und was schreibt man? Die beste Lösung: Sie denken sich etwas ganz Eigenes aus. Wem das schwer fällt, der kann sich natürlich auch an die üblichen Gratulationsmuster halten. Hier eine Auswahl solcher Gratulationssätze:

Vielfach verwendete Gratulationssätze

»Herzlichen Glückwunsch zum/zur ...«

»Wir gratulieren von ganzem Herzen zum/zur ...«

»Nehmen Sie an diesem großen Tag bitte unsere besten Wünsche für die Zukunft entgegen.«

»Auch wir möchten von Herzen gratulieren: Gesundheit, Zufriedenheit und Freude im Familienkreis, das wünschen wir Ihnen.«

»Wir wünschen Ihnen an diesem Ehrentag vor allem Gesundheit und dass Ihnen weiter alle Anerkennung zuteil wird.«

Am besten macht man sich eine Art Checkliste zur Gratulation. Sie können dann sicher sein, dass Sie alles Wichtige im Brief untergebracht haben und dass die Reihenfolge stimmt.

Checkliste für die Gratulation zu besonderen Erfolgen:

- ✓ Wer gratuliert?
- ✓ Gratulieren Sie allein oder im Namen einer oder mehrerer Personen oder gratulieren mehrere Personen, die auch alle unterschreiben?
- ✓ In welchem Stil soll gratuliert werden?
- ✓ In welcher Beziehung stehen Sie zum Empfänger der Glückwünsche?
- ✓ Wie wichtig ist ihm selbst das Ereignis?
  Was grundsätzlich nicht passieren sollte, ist Folgendes: Sie als Gratulant finden die Ehrung nebensächlich und schreiben darüber vielleicht oberflächlich, für den anderen aber ist es ein großer Tag, auf den er lange gewartet hat.
- ✓ Wer ist der Empfänger?
  Auch die Antwort auf diese Frage beeinflusst den Stil, in dem man schreibt: Guten Freunden schreibt man selbstverständlich lockerer als dem Chef. Darf es bei dem einen humorvoll, vielleicht sogar ein bisschen frech sein, so ist bei dem anderen eher eine gehobene Sprache angemessen.
- ✓ Worauf ist der Empfänger besonders stolz?
  Beantworten Sie sich diese Frage möglichst genau, und Ihre Gratulation wird sich von den meisten anderen unterscheiden, in denen nur steht: *»Wir gratulieren Ihnen ganz herzlich zum 25-jährigen Bestehen Ihres Unternehmens.«* Man kann zum Beispiel jemandem, der 25 Jahre in der Lehrlingsausbildung war, zu *»25 Jahren Menschenführung«* gratulieren, einem Autohaus zu *»25 Jahren Kundendienst und Freundlichkeit«*.
- ✓ Wollen Sie dem Empfänger für etwas danken?
  Danken kann man zum Beispiel für gute Geschäftsbeziehungen, für persönlichen Einsatz, für die verantwortliche Ausübung einer Vertrauenstätigkeit, für Beständigkeit oder unermüdliche Leistung.
- ✓ Was wünschen Sie für die Zukunft?
  Sie sollten dem Empfänger nicht nur Glück wünschen, sondern Gesundheit, weiteren Erfolg, mehr Ruhe als bisher, weitere Anerkennung und Ehrung, eine gute berufliche Zukunft oder vieles andere.

✓ Wollen Sie die Glückwünsche mit einem Geschenk verbinden? Wenn ja, so stellt sich die Frage, ob Sie das Geschenk im Glückwunschschreiben erwähnen wollen und wie. Dafür gibt es verschiedene Möglichkeiten:

- »Hoffentlich haben wir mit dem Geschenk Ihren Geschmack getroffen!«
- »Die Idee mit der Kaffeemaschine stammt übrigens von Ihrer Frau.«
- »Hoffentlich gefällt Ihnen der Bildband! Sie sind doch noch ein Frankreichfreund?«
- »Die Vase kann die erste einer Sammlung sein, so wie Ihre bestandene Prüfung der erste von hoffentlich vielen weiteren Erfolgen ist.«

Wahl in den Ausschuss

Robert Haas
Hauptstraße 9
83433 Bernau

11. Oktober 2002

Frau
Sabine Grund
Försterweg 11

83233 Bernau

Sehr geehrte Frau Grund,

der Ausschuss für Wirtschaftsförderung hat eine gute Wahl getroffen, indem er Ihnen mit einer deutlichen Mehrheit den Vorsitz übertragen hat. Ihre von allen geschätzte Sachkenntnis wird nun unserer Gemeinde zugute kommen.

Die wirtschaftlichen Schwierigkeiten, mit denen unsere Gemeinde seit Jahren kämpft, lassen sich nur mit qualifizierten Fachleuten beheben. Durch Ihre Wahl ist der erste Schritt getan. Die Bürgerinnen und Bürger sowie die heimischen Unternehmen werden erwartungsvoll auf Ihre Arbeit blicken.

Ich bewundere den Mut, mit dem Sie sich der drängenden Probleme unserer Stadt annehmen. Und ich hoffe sehr auf Ihren Erfolg!

Mit den besten Glückwünschen zur Wahl

Ihr

Wahl zum Vereinsvorsitzenden: Bürgerverein

Familie Monika und Clemens Günther 9. März 2002
Parkstraße 33
54413 Gusenburg

Herrn
Karsten Weber
Julius-Ritter-Straße 4

54413 Gusenburg

Lieber Herr Weber,

wir gratulieren Ihnen von Herzen! Dass Sie den Vorsitz des Bürgervereins übernehmen, freut uns ganz besonders.

Wir haben Sie kennen gelernt als einen Menschen, der sich stets für die Anliegen seiner Nachbarn einsetzt. Überdies haben Sie unseren Versammlungen wesentliche Impulse gegeben, denen wir die Verbesserung der Lebens- und Wohnqualität in unserem Stadtteil verdanken.

Verfolgen Sie bitte auch weiter unsere gemeinsamen Ziele. Unsere Gemeinde braucht einen beherzten Fürsprecher, damit wir das Erreichte bewahren oder sogar ausbauen können.

Sie genießen unser volles Vertrauen für die kommenden Aufgaben!

Mit den besten Grüßen

Ihre

Wahl zum Vorsitzenden: Sportverein

Otto Klein
Hofstraße 4
84561 Mehring

27. Februar 2002

Herrn
Theodor Berghaus
Schöne Aussicht 32

84561 Mehring

Und dabei fing alles so unscheinbar an, als Sie,

sehr geehrter Herr Berghaus,

vor rund 30 Jahren Mitglied des Sportvereins Mehring 09 wurden! Fußball wollten Sie spielen – nur zum reinen Vergnügen.

Bald aber erkannten Ihre Sportfreunde, dass Sie nicht nur ein guter Linksaußen waren, sondern auch ein Organisationstalent, und Sie erhielten Ihr erstes Amt.

Als der Sport allmählich zu einer Massenbewegung wurde, haben Sie für Mehring 09 beizeiten die Voraussetzungen geschaffen, damit der Sportverein über ein ausreichendes Angebot für die zahlreichen neuen Mitglieder verfügt.

Heute übernehmen Sie den Vorsitz von Mehring 09.

Aus diesem Anlass wünsche ich Ihnen Glück und Erfolg bei der Durchführung Ihrer neuen Aufgaben!

Mit freundlichen Grüßen

Ihr

100 Jahre Sportverein

Walter Sämmer 12. Juni 2002
Mönchrather Straße 13
83607 Holzkirchen

TSV Holzmühle
Am Sportplatz 1

83607 Holzkirchen

Liebe Sportfreunde,

ein bedeutender Traditionsverein unserer Stadt feiert in den kommenden Wochen sein 100-jähriges Bestehen: der TSV Holzkirchen. Was aber ist ein Verein ohne seine Mitglieder? Nur mit Ihrer Hilfe konnte ein so umfangreiches Sportprogramm aufgestellt, konnten ausgebildete Trainer engagiert und moderne Geräte angeschafft werden.

Das Jubiläum des Sportvereins ist ein willkommener Anlass, jedes einzelne Mitglied zu würdigen.

Ich spreche also Ihnen, den 241 Sportbegeisterten, meine Anerkennung aus. Ihrer Einsatzbereitschaft verdankt die Stadt Holzkirchen eine wesentliche Bereicherung ihres Freizeitangebotes.

Für die Jubiläumsveranstaltungen wünsche ich Ihnen ein gutes Gelingen und ich hoffe, dass Ihnen auch in Zukunft der Sport viel Freude machen wird!

Ihr

25 Jahre Vereinsmitgliedschaft

Julius Töpfer 3. Dezember 2002
Gutshof 16
63633 Birstein

Herrn
Michael Sender
Rather Straße 24

63633 Birstein

Lieber Chorfreund,

vor 25 Jahren hast du zum ersten Mal unsere Chorprobe besucht. Seitdem gehörst du in unsere Reihen als vortrefflicher Sänger und als guter Freund.

Heute bilden wir eine enge Chorgemeinschaft, die für jeden von uns mehr ist als ein bloßes Hobby. Wir leisten unseren Beitrag zur Pflege der Kultur. Darum nehmen wir unsere Aufgabe ernst, ohne jedoch den Spaß dabei zu verlieren.

Dass wir ein solches Selbstverständnis entwickeln konnten, verdanken wir vor allem deiner Begeisterung. Du hast dich ständig um ein anspruchsvolleres Repertoire bemüht. Unser Erfolg hat dir Recht gegeben!

Deiner 25-jährigen Chorarbeit gilt mein besonderer Dank. Sei auch im nächsten Vierteljahrhundert »vivacissimo«!

Mit besten Wünschen

Beförderung zum Filialleiter

Richard Schreiner 17. Januar 2002
Rosenholz 8
82347 Bernried

Herrn
Wolfgang Pfeiffer
Marktstraße 88

82347 Bernried

Lieber Wolfgang,

du hast dein berufliches Ziel erreicht: Dein Unternehmen vertraut dir die Leitung der Bernrieder Filiale an. So hat sich der unermüdliche Einsatz endlich gelohnt.

Ich bin sicher, dass du die Sache gut machen wirst. Denn du verstehst nicht nur dein Geschäft, sondern du kannst auch Menschen motivieren. Allein deine Begeisterung für die Arbeit wirkt auf andere ansteckend.

Es würde mich nicht wundern, wenn du in ein paar Jahren deine beruflichen Ziele noch ausweiten müsstest. Doch zunächst wünsche ich dir für die nächsten Aufgaben viel Erfolg und das nötige Glück, das man als Entscheidungsträger immer braucht.

Einen Ratschlag habe ich auch parat: Arbeite nicht allzu viel. Das Leben bietet neben einem 12-Stunden-Arbeitstag ja auch noch weitere angenehme Beschäftigungen.

Mit den besten Grüßen

dein

Beförderung zum Abteilungsleiter

Dr. Harald Boetcher
Am Marktplatz 29
79692 Tegernau

3. Oktober 2002

Herrn
Dipl.-Ing. Hans Jansen
Brunnenstraße 48

79692 Tegernau

Leistung zahlt sich aus!

Sehr geehrter Herr Jansen,

Sie haben es durch Ihre eigene Karriere erfahren. Ihre Einsatzbereitschaft und Ihr fachliches Können haben Sie stets in immer verantwortungsvollere Positionen geführt.

Heute, am Tag Ihrer Beförderung zum Leiter der Entwicklungsabteilung, darf ich Ihnen große Erfolgsaussichten versprechen, denn auf Sie warten wichtige Aufgaben, die in die kommenden Jahrzehnte hineinreichen. Dass Sie den hohen Anforderungen gerecht werden, die Ihr Unternehmen an Sie stellt, davon bin ich überzeugt.

Meine besten Glückwünsche begleiten Sie in den neuen Wirkungsbereich!

Ihr

25 Jahre Betriebszugehörigkeit

Feitel AG
Sturmstraße 87
86842 Türkheim

5. August 2002

Herrn
Florian Erftegger
Maximusplatz 37

86842 Türkheim

Sehr geehrter Herr Erftegger,

für die 25-jährige Betriebszugehörigkeit danken wir Ihnen herzlich. In all der Zeit waren Sie für die Feitel AG ein zuverlässiger Mitarbeiter.

Sowohl die Geschäftsführung wie auch die Kollegen loben Ihre vorzüglichen Leistungen. Jeder weiß, was in Ihrer Abteilung erarbeitet wird, ist von höchster Qualität. Nicht ohne Grund fällt Ihr Name sofort, wenn wieder einmal einige Sonderanfertigungen verlangt werden. Und dann kann man den Fachmann sehen, der in seiner Aufgabe aufgeht!

Das, sehr geehrter Herr Erftegger, möchten wir noch viele Jahre erleben. Ihre Mitarbeit ist uns sehr wichtig!

Mit den besten Glückwünschen zum Jubiläum

Ihr

25 Jahre Betriebszugehörigkeit

Dehmer KG 30. März 2002
Industriestraße 255
77796 Mühlenbach

Herrn
Ferdinand Walter
Luisenstraße 22

77796 Mühlenbach

Zum Jubiläum die herzlichsten Glückwünsche!

Sehr geehrter Herr Walter,

seit nunmehr 25 Jahren arbeiten Sie in unserem Unternehmen an verantwortlicher Stelle. Durch überragende Einsatzbereitschaft konnten Sie die Entwicklung der Dehmer KG beeinflussen. Was aus unserer gemeinsamen Leistung während dieses Vierteljahrhunderts entstanden ist, darauf dürfen wir zu Recht stolz sein.

Viele wesentliche Erneuerungen beruhen auf Ihrem Ideenreichtum und Ihrer Weitsicht. So war die Dehmer KG den wechselnden Anforderungen des Marktes stets gewachsen.

Für das konstruktive Engagement sind wir Ihnen sehr dankbar, und Sie in unserer Mitte zu wissen ist uns eine große Freude.

Auf eine weiterhin erfolgreiche Zusammenarbeit!

Mit besten Wünschen

Ihr

Firmenjubiläum: 25 Jahre

Helmut Obermann 12. Januar 2002
Auf der Lichtung 4
66687 Wadern

Herrn
Willy Sauer
Industriestraße 188

66687 Wadern

Herzlichen Glückwunsch zum fünfundzwanzigjährigen Geschäftsjubiläum!

Sehr geehrter Herr Sauer,

was Sie und Ihre Mitarbeiter in einem Vierteljahrhundert geschaffen haben, das verdient unsere Hochachtung. Die Sauer-Werke zählen zu den führenden Unternehmen in unserer Stadt.

Unternehmerischer Einfallsreichtum und die Leistungsbereitschaft der Belegschaft waren die Garanten für eine Entwicklung, deren ansehnliches Ergebnis wir heute mit Ihnen feiern dürfen.

Ich wünsche Ihnen, dass der Erfolg Ihnen auch in Zukunft treu bleibt.

Mit freundlichen Grüßen

Ihr

Firmenjubiläum: 25 Jahre

Georg Meinert 21. Juli 2002
Adlerstraße 61
66271 Kleinblittersdorf

Herrn
Joseph Anger
Anger-Werke
Mühlstraße 7

66271 Kleinblittersdorf

Sehr geehrter Herr Anger,

25 Jahre Anger-Werke in Kleinblittersdorf, das verbindet eine Gemeinde mit einem Unternehmen. Aus einer räumlichen Beziehung wird eine Partnerschaft und beide Partner wissen, was sie einander wert sind.

Doch zu loben ist an dieser Stelle nicht die Kommune, sondern Ihr Werk. Ich ergänze: Ihr Lebenswerk.

Begonnen haben Sie mit Ihrem Unternehmen in einer Schmiede – klein und unscheinbar. Mittlerweile arbeiten rund 800 Menschen in einem stattlichen Betrieb.

800 Mitbürgerinnen und Mitbürgern garantieren Sie einen sicheren Arbeitsplatz und darüber hinaus soziale Leistungen, die vorbildlich sind. Dafür gebührt Ihnen Dank.

Ich wünsche Ihnen auch für die Zukunft Erfolg, Glück und Gesundheit!

Ihr

Schulabschluss

Erich Mäuler 5. Juni 2002
Sternstraße 74
67269 Grünstadt

Herrn
Klaus Schmidt
Klosterstraße 4

67305 Ramsen

Lieber Klaus,

ich freue mich mit dir über deinen guten Schulabschluss und hoffe, dass er dir einen guten Start in das Berufsleben ermöglichen wird.

Wie ich von deinem Vater erfahren habe, möchtest du eine Ausbildung zum Bankkaufmann beginnen. Da hast du sicher eine gute Wahl getroffen, denn Bankkaufleute wird es wohl immer geben, egal wie es sonst wirtschaftlich steht.

Für deine Bewerbungsgespräche drücke ich dir nun ganz fest die Daumen.

Alles Gute

dein

Meisterprüfung

Konrad Mitsch 18. August 2002
Industriestraße 198
87654 Friesenried

Herrn
Frank Steiger
Wiesenstraße 8

87654 Friesenried

Sehr geehrter Herr Steiger,

nach bestandener Meisterprüfung werden neue und größere Aufgaben auf Sie zukommen. Wir sind sehr froh, dass Sie diese übernehmen wollen.

Unser Unternehmen ist auf tatkräftige Mitarbeiter wie Sie angewiesen, wenn wir unsere Marktstellung auch in Zukunft behaupten wollen. Nur durch gemeinsame Anstrengungen können wir unsere Ziele erreichen.

Sie kennen unser Unternehmen nun seit acht Jahren. Während dieser Zeit haben wir Ihre Zuverlässigkeit und Sorgfalt schätzen gelernt. Wir sind sicher, auch für Ihren neuen Arbeitsbereich werden Sie sich mit dem gleichen Engagement einsetzen wie bisher.

Wir gratulieren Ihnen von Herzen zur bestandenen Meisterprüfung und wünschen Ihnen für die künftigen Aufgaben Glück und Erfolg!

Mit freundlichen Grüßen

Briefe zum Eintritt in den Ruhestand

Johannes Offermann 29. Juni 2002
Intell GmbH
Bahnhofstraße 27
09569 Frankenstein

Herrn
Herbert Steuber
Grabenstraße 81

09569 Frankenstein

Sie werden uns fehlen!

Sehr geehrter Herr Steuber,

als Verkaufsleiter haben Sie ein gutes Jahrzehnt unsere Produkte mit Geschick auf dem Markt platziert. Ihre Erfolge lassen sich in unseren Bilanzen nachlesen.

Dass wir sehr gern mit Ihnen gearbeitet haben, liegt freilich nicht allein an den erfreulichen Umsätzen. Ihre Integrität, die stets von Mitarbeitern und Kunden gleichermaßen gelobt wurde, machte Sie zu einem verlässlichen Partner.

Wir danken Ihnen für die Arbeit, die Sie in den Dienst der Intell GmbH gestellt haben, und wünschen Ihnen für den Ruhestand alles Gute!

Mit freundlichen Grüßen

Sebastian Groß
Meyer-Werke AG
Säumergasse 22
66919 Herschberg

8. Februar 2002

Herrn
Anton Langer
Mittelstraße 61

66919 Herschberg

Sehr geehrter Herr Langer,

wir bedauern sehr, dass Sie in den Ruhestand gehen. Wir hätten Sie, Ihr Wissen und Ihre Erfahrung noch viele Jahre brauchen können, gönnen Ihnen aber natürlich auch den verdienten Rückzug aus dem Geschäftsleben von ganzem Herzen.

Sie haben während Ihrer Tätigkeit einen erheblichen Beitrag zum Gedeihen unserer Firma geleistet. Ihre mitreißende Energie und außerordentliche Gestaltungskraft werden uns sehr fehlen.

Wir schulden Ihnen Dank!

Mit den besten Wünschen für die Zukunft

Ihr

Stephen Fischer 15. August 2002
Helenenplatz 19
82031 Grünwald

Herrn
Friedrich Reusch
Tannenbusch 13

82031 Grünwald

Sehr geehrter Herr Reusch,

ein langes und erfolgreiches Arbeitsleben liegt hinter Ihnen. Nun können Sie endlich den wohlverdienten Ruhestand genießen.

Die Zeit steht wieder zu Ihrer Verfügung. Kein Terminkalender, der Ihren Tag einteilt. Keine Pflichten, wenn Sie sie nicht wollen.

Am Anfang ist das vielleicht ungewohnt für Sie, doch schon nach kurzer Zeit werden Sie bestimmt die vielfältigen Möglichkeiten nutzen, die der Ruhestand bietet.

Ich wünsche Ihnen Glück, Gesundheit und vor allem viele gute Ideen für die Gestaltung Ihrer Freizeit.

Mit freundlichen Grüßen

Ihr

Briefe zu Weihnachten und zum Jahreswechsel

Grüße, wie sie jeder kennt

Weihnachten und Neujahr, das ist die große Zeit des Briefe- und Kartenschreibens. Fast jeder verschickt Grüße und fast jeder bekommt sie:

> »Herzliche Grüße zum Weihnachtsfest und alles Gute für das neue Jahr!«
>
> »Ein frohes Weihnachtsfest und ein gutes neues Jahr wünschen Ihnen ...«
>
> »Frohe Weihnachten und einen guten Rutsch!«
>
> »Ein besinnliches Weihnachtsfest im Kreis der Familie und einen schönen Ausklang des Jahres 2002 wünschen ...«

Das große Angebot an Weihnachtskarten aller Art verführt dazu, sich hierbei nur noch wenig Gedanken zu machen. Allenfalls setzt man einige Worte unter den vorgedruckten Gruß.

Schreiben Sie doch etwas Persönliches!

Was könnte man schreiben? Versuchen Sie es doch mit der folgenden kleinen Stichwortliste:

Weihnachten
Christfest, Festtage, Feiertage
Besinnung, Muße – Hast, Alltag
Liebe, Geschenke, Freude
Tradition, Friede

Jahreswechsel
Vorsätze, Ziele
Zukunft – Vergangenheit
Rückschau auf das vergangene Jahr
Gesundheit, Glück, Ruhe, gute Wünsche

Mit diesen Stichworten – es fallen Ihnen sicher noch viel mehr ein – kann man schon sehr gut arbeiten: Man sucht sich für den Empfänger die passenden aus, bringt sie in eine sinnvolle Reihenfolge und formuliert die Sätze. Auf den folgenden Seiten finden Sie dazu einige Beispiele.

Ein fröhliches Weihnachtsfest und ein glückliches neues Jahr,

liebe Veronika,
lieber Georg,

das wünschen wir euch und euren Kindern von ganzem Herzen!

Schade, dass wir uns vor den Festtagen nicht treffen konnten. Aber euch wird es nicht anders ergangen sein als uns: Die Weihnachtsvorbereitungen sind anstrengend und kosten viel Zeit.

Und das wäre auch schon ein erster Vorsatz für 2002: Wir sollten uns gleich für den Januar verabreden. Wie wärs mit dem zweiten Wochenende? – Einverstanden?

Wir freuen uns auf eure Zusage!

Eure

Liebe Familie Fonderstadt,

Sie haben sich entschlossen, in diesem Jahr Weihnachten nicht zu Hause zu verbringen. Es ist schade, dass wir Ihnen deshalb nicht persönlich »Frohe Feiertage« sagen können.

Ein besinnliches Weihnachtsfest ohne Hektik und Trubel und zum neuen Jahr Glück und Gesundheit wünschen Ihnen diesmal schriftlich und nicht weniger herzlich

Ihre

Liebe Ilse,
lieber Stephan,

euch und euren Kindern wünsche ich von Herzen ein glückliches neues Jahr!

Ich drücke ganz fest die Daumen, damit eure Wünsche und Hoffnungen 2003 in Erfüllung gehen.

Eure

Liebe Johanna,
lieber Walter,

meine besten Wünsche begleiten euch in das neue Jahr, das für euch ebenso erfolgreich werden soll wie das vergangene.

Ganz besonders wünsche ich eurer Tochter fürs Abitur viel Erfolg.
Grüßt das »Kind« von mir bitte mit einem dicken Kuss.

Alles Gute wünscht euch

eure

Sehr geehrter Herr Meyer,

unsere Geschäftsbeziehungen sind in diesem Jahr sehr erfolgreich verlaufen. Wir können stolz sein auf das, was wir gemeinsam geleistet haben.

Und es sieht so aus, als ob wir unsere Erfolge im neuen Jahr fortsetzen können, wenn uns die gleiche Anstrengung gelingt wie bisher.

Ich bedanke mich für die gute Zusammenarbeit mit Ihnen und wünsche Ihnen und Ihrer Familie für 2002 Glück und eine stabile Gesundheit.

Mit den besten Grüßen

Ihr

Einladungen

Eine schriftliche Einladung hat gegenüber einer mündlichen viele Vorteile.

»Übrigens, kommt ihr am Samstag auch? Ich habe Geburtstag.« Die mündliche Einladung ist schnell ausgesprochen, sie macht keine Mühe, und man muss nicht lange über die richtige Formulierung nachdenken.

Bei allen Vorteilen hat sie aber auch Nachteile. Man kann sich die Worte nicht so gut überlegen wie bei der schriftlichen Einladung und das kann peinlich werden: »Ihr könnt auch kommen, wenn Ihr wollt.« So ein Satz ist schnell gesagt, doch hinterher bereut man ihn, denn wer so eingeladen wird, könnte auch beleidigt sein. Er hört aus den freundlich gemeinten Worten etwas ganz anderes heraus, z. B.: »Ihr stört nicht besonders, aber wenn ihr nicht kommt, ist es auch nicht schlimm.«

Bei der schriftlichen Einladung kann man dagegen in Ruhe über die Gästeliste nachdenken.

Auf viele Menschen wirkt die mündliche Einladung weniger höflich als die schriftliche – nicht zuletzt deshalb, weil sie sich von der mündlichen Einladung überfahren fühlen: Sie können nicht überlegt reagieren, sondern müssen sofort zusagen oder absagen.

Es gibt also genug Gründe, sich über Form und Inhalt der Einladung einige Gedanken zu machen.

Wahl der Einladungskarte

Sie können die verschiedensten vorgedruckten Einladungskarten kaufen. Es gibt witzige und ernste, bunte und seriöse, aufwendige und schlichte – welche Sie wählen, hängt von der Feier oder dem Fest ab, zu dem Sie einladen, und natürlich von Ihrem persönlichen Geschmack.

Bedenken Sie bitte bei der Auswahl, dass bei Ihrem (zukünftigen) Gast der erste Eindruck entscheidet. Von der Art Ihrer Einladung schließt er auf die Art der Feier und stellt sich darauf ein – mit dem Geschenk, mit der Kleidung und mit seiner Stimmung. Peinlich wird es, wenn er wegen des lockeren Tones der Einladung mit einem lockeren Abend rechnet und dann als Einziger in Freizeitkleidung erscheint.

Tun Sie Ihrem Gast den Gefallen und informieren Sie ihn möglichst genau. Das muss nicht mit Worten geschehen; auch aus dem Ton der Einladung, aus dem Stil der Karte erfährt er eine Menge. Vergleichen Sie bitte in dieser Hinsicht die folgenden beiden Einladungen:

Sehr verehrte Frau Asmus,
sehr geehrter Herr Asmus,
wir geben uns die Ehre, Sie beide zur Verlobungsfeier unserer Tochter mit Herrn Klaus Richterbach einzuladen.

Die Feier findet am Samstag, dem 20. März 2003 in unserem Hause statt.
Henriette und Lothar Bergengrün

Sehr geehrte Frau Asmus,
sehr geehrter Herr Asmus,
fünfzig Jahre und kein bisschen weise! Feiern Sie mit mir den 50. Geburtstag? Ich würde mich sehr freuen.
Am 20. März um 19 Uhr gehts bei uns im Partykeller mächtig los.
Heinz Jörgensen

Checkliste für Einladungen

Bevor Sie die Einladung schreiben, sollten Sie sich einige Fragen stellen:

✓ Wann findet die Feier statt (Wochentag, Datum, Uhrzeit)?

✓ Findet die Feier draußen oder drinnen statt (in welchem Raum des Hauses, im Restaurant)?

✓ Wie soll der Kreis der Gäste zusammengesetzt sein?

✓ Wie ist das Verhältnis zum Empfänger der Einladung?

✓ Kann die Einladung im Umgangston formuliert sein – vielleicht sogar humorvoll –, oder ist eine etwas gehobenere Sprache besser?

✓ Sollen die Eingeladenen antworten, ob sie kommen oder nicht? Dies kann mit der Angabe der Telefonnummer oder dem Hinweis *um Antwort wird gebeten* geschehen. (Sie können auch die entsprechende Abkürzung *u. A. w. g.* verwenden – wenn Sie sich sicher sind, dass der Empfänger Ihrer Einladung diese Abkürzung kennt und versteht!)

✓ Ist eine besondere Kleidung erwünscht? Dann setzen Sie zu *um Antwort wird gebeten* einen Hinweis: *dunkler Smoking* oder *Smoking*. Es ist üblich, die Kleidung des Herrn anzugeben, Sie können aber selbstverständlich auch die Dame ansprechen und zum Beispiel *Abendkleid* schreiben.

Ulla und Bernd Niederwald
bitten zu einer kleinen Cocktailparty

Samstag, 22. März 2003, 19 Uhr
u. A. w. g.

Hallo liebe Freunde!

Am Samstag, dem 22. März, veranstalten wir einen Bayernabend in unserem berühmten Partykeller. Auch Preußen sind dabei nicht unerwünscht. Es gibt Fassbier, Weißwürste und zünftige Musik. Massenweise gute Laune kommt hoffentlich mit euch.

Jens und Cordelia Besan

Sehr geehrte Frau Gustav,
sehr geehrter Herr Gustav,

am Donnerstag, den 8. Mai 2003 heiratet unsere Tochter. Sie haben ihre Vermählungsanzeige sicher bereits erhalten. Wir als Brauteltern möchten Sie nun ganz persönlich zur Feier einladen, denn Sie haben viele Jahre als Freunde des Hauses den Lebensweg unserer Tochter begleitet. Bitte machen Sie uns die Freude und nehmen Sie jetzt an ihrer Hochzeit teil.

Ursula und Dieter Zimmermann

Zu unserer silbernen Hochzeit am 28. April,

liebe Frau Schmidt,

laden wir Sie herzlich ein. Gerade Ihre Anwesenheit ist uns besonders wichtig.

Über viele Jahre haben Sie unseren Lebensweg begleitet, nahmen Anteil an unserem Leid und unserem Glück. Mit Ihnen durften wir eine Nachbarschaft erleben, die wir sehr genossen haben.

Wäre es nicht schön, wenn wir Sie an unserem Festtag begrüßen könnten? Wir hoffen auf Ihre Zusage.

Mit freundlichen Grüßen
Ihre

Kurt Sommer
Breite Straße 96
37603 Holzminden

30. Juli 2002

Herrn
Erich Voss
Hauptstraße 16
37603 Holzminden

Einladung

Sehr geehrter Herr Voss,

seit 100 Jahren besteht der Männergesangverein »Harmonia Holzminden«. In dieser Zeit hat unser Chor eine – wie wir meinen – beachtliche künstlerische Entwicklung erfahren.

Doch unsere Erfolge verdanken wir vor allem der begeisterten Zustimmung unseres Publikums. Seinen hohen Ansprüchen fühlen wir uns immer verpflichtet. Darum soll auch unsere Jubiläumsveranstaltung zu einer Feier der Musikliebhaber werden.

Unser Chorfest wäre nicht vollkommen ohne Ihre Teilnahme. Bitte seien Sie unser Ehrengast.

Wir freuen uns darauf, Sie am 22. September 2002 um 18 Uhr im Bürgerhaus empfangen zu dürfen.

Mit freundlichen Grüßen

Ihr

Elternverband Alsfeld 12.03.2002
Wolfgang Leiter
Markusstraße 14 a
36304 Alsfeld

Alsfelder Bote
Herrn Jürgen Filbel
Hauptstraße 50

36304 Alsfeld

Sehr geehrter Herr Filbel,

am Montag, dem 14.04.2002, um 20.00 Uhr findet in der Aula des Alsfelder Gymnasiums eine Podiumsdiskussion über das Thema

»Gentechnik – Chancen und Risiken«

statt, zu der wir Sie herzlich einladen.

Zur Diskussion dieses aktuellen Themas haben wir eine Reihe angesehener Fachleute gewinnen können:

Prof. Dr. Herbert Spatner, Biologe an der Universität Erlangen

Dr. Gerda Dahlen-Weber, Chemikerin im Testlabor Melcher

Horst Gebedahn, Redakteur beim Westdeutschen Rundfunk

Dorothea Klein, Bundesanstalt für Agrarwirtschaft

Helmut Sager, Mitglied des Bundestags

Zur Gesprächsleitung hat sich Dieter Kajahn, Leiter des Alsfelder Gymnasiums, bereit erklärt.

Mit freundlichen Grüßen

Danksagungen

Liebe Rita, lieber Hans,

habt ganz herzlichen Dank für eure liebe Karte. Über die Einladung haben wir uns sehr gefreut und sagen euch deshalb gerne zu.

Die Brommers

Sehr geehrte Frau Heiner, sehr geehrter Herr Heiner,

vielen Dank für die Einladung.

Es ist sehr schön, dass Sie uns zum Kreis Ihrer Freunde zählen. Wir freuen uns schon sehr auf den sicher anregenden und unterhaltsamen Abend bei Ihnen.

Mit den besten Grüßen

Lotte und Franz Dernbach

Liebe Frau Tafel,
lieber Herr Tafel,

für Ihre freundliche Einladung danken wir Ihnen und nehmen sie gern an. Beim letzten Mal hat es uns so gut gefallen, dass wir noch heute gerne an den Abend zurückdenken.

Nochmals herzlichen Dank und auf bald!

Erika und Jörg Schmidt

Liebe Freunde,
liebe Verwandte,

wir danken euch herzlich für all die großzügigen Geschenke, die herrlichen Blumen und die guten Wünsche, mit denen ihr uns an unserem Hochzeitstag verwöhnt habt.

Ihr habt uns einen wunderschönen Tag bereitet!

Mit den besten Grüßen

eure

Sehr geehrte Frau Schuster,
sehr geehrter Herr Schuster,

wir haben uns sehr darüber gefreut, dass wir Sie bei unserem Fest als Ehrengäste begrüßen durften. Sie haben unsere Jubiläumsveranstaltung durch Ihre Anwesenheit wirklich bereichert. Dafür möchten wir Ihnen herzlich danken.

Wir hoffen, dass Ihnen der Abend in unserem Kreis in guter Erinnerung bleiben wird.

Mit freundlichen Grüßen

Ihre

Liebe Iris,
lieber Wolfgang,

wir möchten euch noch einmal für die Einladung zu eurer Feier danken.

Wir haben uns bei euch sehr wohl gefühlt. Die alten Freunde zu treffen hat uns richtig Spaß gemacht. Wir sollten wirklich nicht mehr so lange bis zum nächsten Wiedersehen warten. Was haltet ihr deshalb von einem Grillabend auf unserer Terrasse?

Ruft uns doch an, wenn ihr Lust habt, damit wir einen Termin finden können!

Eure

Lieber Ernst,

wir sind dir sehr dankbar für die große Hilfe, die du uns beim Polterabend warst.

Ohne dich hätten wir den Abend wohl kaum so gut überstanden. Was hast du nicht alles für uns übernommen: Bier zapfen, in der Küche helfen, aufräumen! Tausend Dank dafür!

Ganz fest versprechen wir dir deshalb schon heute unsere Hilfe, wenn du mal poltern und heiraten wirst.

Mit bestem Dank

deine

Dank für Beileid

Lieber Herr Schwander,

Sie haben sehr trostreiche Worte zum Tode meines lieben Bruders gefunden. Dafür danke ich Ihnen.

Meine Frau und ich freuen uns, dass wir Menschen kennen, die mit uns fühlen und empfinden. Dies hilft uns über den schmerzlichen Verlust ein wenig hinweg.

Mit herzlichen Grüßen

Ihre

Liebe Verwandte,
liebe Freunde,

mit Walters Tod ist eine schlimme Zeit für mich angebrochen. Ich habe noch nicht genügend Abstand gewonnen von diesem Schicksalsschlag, um euch angemessen für euren Beistand danken zu können.

Bitte habt etwas Geduld mit mir. Bis dahin sage ich danke schön! Herzlichen Dank für all eure Hilfe!

Eure

Absagen

Die schlichteste Absage auf eine Einladung ist diese: Schreiben Sie einfach, dass Sie nicht kommen können. Ohne große Umschweife und frei heraus. Die Gründe können Sie je nach Situation und Anlass mehr oder weniger ausführlich hinzufügen.

Tipps für den Aufbau einer Absage

So kann man die Absage auf eine Einladung aufbauen:

1. Danken Sie für die Einladung und setzen Sie noch einen freundlichen Satz hinzu. Zum Beispiel so:

   »Liebe Elke, lieber Peter,
   über eure Einladung haben wir uns sehr gefreut. Ein Gartenfest mit der ganzen Clique ist wirklich eine tolle Idee.«

2. Leiten Sie zur Absage über:

   »Wir würden sehr gerne kommen, denn beim Grillen und Erzählen sind wir immer gerne dabei.«

3. Sagen Sie, dass Sie nicht kommen können:

   »Aber wie ihr wisst, feiert Isabel am Sonntag ihre Erstkommunion. Bis dahin müssen wir für die große Feier noch viel vorbereiten und einen klaren Kopf haben.«

4. Im letzten Teil des Briefes (oder der Karte) können Sie wiederholen, wie sehr Sie es bedauern, nicht kommen zu können. Oder schreiben Sie, dass Sie gerne beim nächsten Fest wieder dabei wären – aber nur, wenn Sie das wirklich möchten.

   »Wir finden es sehr schade, nicht kommen zu können, aber bei der nächsten Party sind wir bestimmt wieder dabei!«

5. Am Schluss kann man den Gastgebern nochmals danken und allen eine schöne Feier wünschen:

   »Habt nochmals vielen Dank für die Einladung. Wir wünschen euch allen einen tollen Abend. In Gedanken werden wir bei euch sein.
   Bis bald, Laura und Bernd«

Und hier nun einige vollständige Beispiele:

Liebe Helga,
lieber Klaus,

an eurer Verlobungsfeier kann ich leider nicht teilnehmen. Wie schade!

Während ihr feiert, liege ich schon am Strand von Mallorca und uns trennen Hunderte von Kilometern. Das wird mich allerdings nicht davon abhalten, in der Ferne einen Schluck auf euer Wohl zu trinken.

Ich wünsche euch schon jetzt eine schöne Feier mit lieben Gästen und vielen Geschenken. Meines übrigens würde ich euch gern nach meinem Urlaub vorbeibringen. Dann könnte ich euch doch noch persönlich gratulieren.

Bis dahin viel Glück!

Euer

Sehr geehrter Herr Müller,
sehr geehrte Frau Müller,

ich freue mich mit Ihnen darüber, dass Ihr Haus endlich fertig wurde. Das ist tatsächlich ein willkommener Anlass für eine kleine Einweihungsfeier.

Sehr gerne hätte ich daran teilgenommen und wäre mit größtem Vergnügen Ihrer Hausführung gefolgt, aber leider bin ich am 3. April auf Geschäftsreise. Ich hoffe jedoch, dass ich zu einem späteren Zeitpunkt einmal bei Ihnen vorbeischauen darf.

Ich wünsche von Herzen, dass Ihnen das Glück in Ihrem neuen Zuhause so treu bleiben wird wie bisher.

Mit besten Grüßen

Ihr

Entschuldigungen

Fehler kann jeder machen. Und jeder kann auch einmal in eine ihm peinliche Situation hineingeraten. Wichtig ist nur, dass man in einem solchen Fall für seinen Fehler einsteht. Dies sollte der erste Bestandteil des Entschuldigungsbriefes sein: Nicht um den heißen Brei herumreden, sondern klar sagen, was geschehen ist. Zeigen Sie, dass Sie den Vorfall ernst nehmen – Scherze sind nicht angebracht. Falls etwas beschädigt wurde, sollten Sie die Wiedergutmachung des Schadens anbieten.

Geben Sie Fehler offen zu!

Anschließend kann man um Entschuldigung bitten. Dafür gibt es viele Formen:

Formen der Entschuldigung

»Entschuldigen Sie bitte das Versehen.«
»Wir bitten Sie ganz herzlich um Entschuldigung.«
»Können Sie den Fehler verzeihen?«
»Wir hoffen in dieser Sache auf Ihre Nachsicht.«
»Bitte sehen Sie über die Ungeschicklichkeit hinweg.«
»Nun bleibt uns nur, Sie um Verzeihung zu bitten.«

Im letzten Teil des Entschuldigungsbriefes können Sie ein versöhnliches Angebot machen: Man kann zum Kaffee oder zu einem gemeinsamen Spieleabend einladen oder einen Strauß Blumen schicken. In vielen Fällen genügt aber auch der Brief selbst.

Sehr geehrte Frau Schöbel,

es tut mir sehr Leid, dass unser Sohn Tommy beim Ballspielen eine Scheibe Ihres Wohnzimmerfensters eingeworfen hat.

Selbstverständlich kommen wir für den Schaden auf. Schicken Sie uns bitte nach der Reparatur die Rechnung, oder bringen Sie sie – wenn Sie mögen – vorbei. Dann könnten wir Ihnen den Ärger vielleicht bei Kaffee und Kuchen vertreiben.

Mit freundlichen Grüßen

Ihre

Sehr geehrte Frau George,
sehr geehrter Herr George,

herzlichen Dank für Ihre Einladung und den gelungenen Abend. Für unseren vorzeitigen Aufbruch hatten Sie hoffentlich Verständnis.

Noch heute ist es uns peinlich, wenn wir an das Missgeschick denken, das uns auf Ihrer Party passiert ist. Bitte verzeihen Sie uns unsere Ungeschicklichkeit.

Wir hoffen, dass wir Ihnen das wunderschöne Fest trotzdem nicht verdorben haben und dass Ihnen dieser Blumenstrauß als Dank für Ihre Nachsicht gefällt.

Mit freundlichen Grüßen

Liebe Sabine,
lieber Jörg,

leider haben wir uns bei unserem letzten Treffen im Streit getrennt.
Wir bedauern das!

Wir waren wohl alle zu heftig in der Diskussion und haben dabei zu wenig Rücksicht auf die Gefühle der anderen genommen.
Vergessen wir doch bitte den Streit, vergessen wir, was dazu geführt hat.

Zur Versöhnungsfeier laden wir euch für den kommenden Sonntag um 18 Uhr herzlich ein. Kommt ihr?

Mit friedlichen Grüßen

Kondolenzbriefe

Ihr Beileid auszusprechen bereitet vielen Menschen Schwierigkeiten. Es ist jedoch gar nicht so schwer. Wer wirklich mit dem anderen leidet, wer traurig ist über den Tod eines lieben Menschen, sollte das in seinem Brief schreiben. Er sollte nicht zu den üblichen »Beileidsfloskeln« greifen, die abgegriffen sind und das gerade nicht leisten, was wir von ihnen erwarten: dem Trauernden unser Mitgefühl zu übermitteln. Jeder kennt die üblichen Formulierungen wie *tiefes Beileid aussprechen, tief betroffen, zutiefst betroffen, mit tiefem Schmerz, aufrichtiges Beileid übermitteln, in tiefer Betroffenheit, in tiefer Trauer.* Lassen Sie bei diesen Floskeln – wenn Sie sie denn verwenden – besonders die Adjektive weg, haben Sie Mut zum einfachen Wort, schreiben Sie nicht: *Wir sind zutiefst betroffen,* sondern *Wir sind betroffen* oder besser noch *Wir sind traurig.* Das ist nicht floskelhaft und deshalb glaubwürdiger.

Vermeiden Sie die üblichen »Beileidsfloskeln«.

Weniger ist manchmal mehr.

Liebe Frau Haberer,

über den Tod Ihres Mannes sind wir sehr traurig. Wir haben mit ihm einen wirklichen Freund verloren, der – wenn auch nur über den nachbarlichen Gartenzaun hinweg – an unserem Leben immer freundlich Anteil nahm und uns nicht selten Trost und Rat spendete. Wir werden ihn vermissen.

Nun möchten wir Ihnen unsere Hilfe anbieten. Bitte melden Sie sich bei uns, wenn wir etwas für Sie tun können.

In herzlichem Gedenken

Nichts an diesem Brief ist floskelhaft. Man merkt ihm an, dass der Schreiber wirklich mit der Witwe fühlt und sie trösten will. Manchmal ist es allerdings sinnvoll, die üblichen Formulierungen zu verwenden, etwa beim Tod von Persönlichkeiten des öffentlichen Lebens oder bei Todesfällen, die einen zwar nicht sehr betreffen, bei denen man aber doch einige Zeilen schreiben möchte. Für diese Fälle hier einige Beispiele, die sich auch als Text für Beileidskarten eignen:

Kondolenzschreiben an Personen, zu denen Sie keinen engen Kontakt pflegen.

Sehr geehrte Frau Aichstädter,

gestern haben wir vom Tod Ihres Gatten erfahren. Wir waren davon sehr betroffen und fühlen uns in Ihrer Trauer mit Ihnen verbunden.

Wir hoffen, dass Sie in Ihrer großen Familie die teilnehmende Unterstützung erfahren, die Ihnen helfen wird, über den schmerzlichen Verlust hinwegzukommen.

Mit stillem Gruß

Sehr geehrter Herr Vandenboom,

zum Tode Ihrer Mutter sprechen wir Ihnen unsere herzliche Teilnahme aus. Wir fühlen mit Ihnen.

Wir werden Ihre Mutter stets als einen gütigen Menschen in Erinnerung behalten und ihr ein ehrendes Andenken bewahren.

Mit herzlichen Grüßen

Sehr geehrte Frau Gerber,

der Tod Ihres Mannes erfüllt uns mit Trauer.

Unsere Zeilen können Ihnen sicher kaum ein Trost sein in dem Schmerz, den Sie durch den Verlust erlitten haben, aber sie sollen Ihnen zeigen, dass wir in diesen Tagen in Gedanken bei Ihnen sind.

Wenn wir Ihnen in irgendeiner Weise beistehen können, rufen Sie uns an. Wir sind dann gerne für Sie da.

Ihre

Diese Bestandteile kann ein persönlich abgefasster Kondolenzbrief enthalten:

So ließe sich ein persönlich gefasster Kondolenzbrief aufbauen.

Teilen Sie zunächst mit, dass Sie vom Tod des Verstorbenen erfahren haben und wie Sie die Nachricht aufgenommen haben.
Hier einige Beispiele:

> *»Gestern haben wir die Todesanzeige gelesen. Wir sind bestürzt.«*
> *»Nun ist Ihre Frau von dem langen Leiden erlöst, wir haben es gestern in der Zeitung gelesen.«*
> *»Der Tod Ihres Mannes hat uns wirklich betroffen gemacht.«*
> *»Gestern haben wir erfahren, dass Ihr Vater gestorben ist. Die Nachricht hat uns sehr traurig gemacht.«*

Dann schreiben Sie über Ihr Beileid:

> *»Zu dem schweren Verlust sprechen wir Ihnen und Ihrer Familie unsere Teilnahme aus.«*
> *»Auch im Namen meiner Frau spreche ich Ihnen unser herzliches Beileid aus.«*
> *»Wir fühlen mit Ihnen.«*
> *»Wir teilen Ihre Trauer.«*
> *»Wir bekunden Ihnen zu dem schmerzlichen Verlust unser tiefes Mitgefühl.«*
> *»Wenn wir auch Ihr Leid nicht lindern können, so sollen Sie doch wissen, dass wir mit Ihnen fühlen.«*

Sagen Sie danach etwas über den Verstorbenen:

> *»Er war immer ein guter Kollege und ein verlässlicher Ratgeber in allen fachlichen Fragen.«*
> *»Wir haben sie wegen ihrer liebenswerten und stillen Art sehr gemocht.«*
> *»Er war immer da, wenn jemand Hilfe brauchte. Er war zuverlässig und stets guter Dinge.«*
> *»Unnachahmlich war sein Talent, unaufdringlich für andere da zu sein und sich selbst dabei nicht aufzugeben.«*

Sie sollten auch nicht darauf verzichten zu schreiben, dass Sie den Verstorbenen nicht vergessen werden:

> *»Wir werden Ihrer Frau ein ehrendes Andenken bewahren.«*
> *»Wir werden diesen einzigartigen Menschen nicht vergessen.«*
> *»Dies ist gewiss: Ihr Mann wird in seinem Werk und im Andenken seiner Freunde weiterleben.«*

Gegen Ende des Briefes können Sie trösten oder auch Ihre Hilfe anbieten:

> *»Wir sind sicher, dass Sie die schwere Zeit mit innerer Kraft und durch den Beistand Ihrer Familie bestehen werden.«*
> *»Wenn Sie in dieser schweren Zeit Hilfe brauchen, rufen Sie uns bitte an.«*
> *»Selbstverständlich stehe ich Ihnen gerne mit Rat und Tat zur Seite.«*
> *»Mir bleibt in dieser Stunde nichts, als Ihnen meine Hilfe und meinen Beistand anzubieten. Rufen Sie mich und ich bin an Ihrer Seite.«*

Als Gruß kann unter dem Beileidsbrief stehen:

> *»Mit stillem Gruß«*
> *»Mit herzlicher Anteilnahme«*
> *»Wir trauern mit Ihnen*
> *Ihre …«*
> *»In tiefer Betroffenheit*
> *Ihr …«*

Die folgenden Briefe sollen Ihnen noch einmal im Ganzen zeigen, wie Sie persönlich formulierte Beileidsbriefe schreiben können. Passende Zitate, mit denen Sie den Brief beginnen können, finden Sie im Anschluss daran.

Briefbeispiele

Lieber Wolfram,

erschüttert lasen wir die Nachricht und können den Tod des lieben Menschen nicht fassen. Da gibt es kein Begreifen. Da gibt es nur den unsäglichen Schmerz, den man nicht unterdrücken kann, und die Ohnmacht vor dem Ende.

Elke wird auch uns fehlen. Wir haben ihr sanftes Wesen stets geliebt.

Lieber Wolfram, deine Frau hat unser aller Leben reicher gemacht. In unserer Erinnerung wird sie weiterleben.

Deine

Liebe Frau Vonderstädt,

über den Tod Ihres Mannes sind wir erschüttert. Wir haben einen Freund verloren, der sich stets eingesetzt hat für das Wohl unseres Unternehmens. Gerade in schwierigen Zeiten hat er uns allen Mut gemacht. Und mehr: Er hat uns durch seinen starken Willen und seine unermüdliche Tatkraft einen Weg gezeigt, die Schwierigkeiten zu meistern.

Nun müssen wir ohne ihn weiterleben, ohne seine Klugheit und sein Wissen, ohne seine Ratschläge und seine Hilfe – vor allem aber ohne seine Menschlichkeit.

Wir sind Ihrem Mann sehr dankbar. Wir werden sein Lebenswerk immer in Erinnerung bewahren und versuchen, es in seinem Sinne fortzuführen.

Mit aufrichtiger Teilnahme

Ihre

Sehr geehrte Frau Stränger,

am 15. Mai 1965 wurde Ihr Mann Mitglied in unserem Sportverein. Damals wusste noch niemand, welche Bedeutung sein Eintritt für die Sportförderung in Berkatal haben sollte.

Friedrich Gerhard Stränger war zunächst allen ein Unbekannter. Nach kurzer Zeit jedoch begeisterte er die Kameraden durch sein außergewöhnliches Engagement.

Das Ansehen, das unser Verein heute genießt, verbindet sich aufs Engste mit seinem Namen. Wir werden dafür sorgen, dass das einzigartige Vermächtnis Ihres Mannes bewahrt wird.

Wir trauern um einen Freund und sind auch Ihnen freundschaftlich verbunden.

Ihre

Zitate für Kondolenzbriefe und Todesanzeigen

- Und doch ist nie der Tod ein ganz willkommner Gast.
  Johann Wolfgang von Goethe

- Der Tod ist die uns zugewandte Seite jenes Ganzen,
  dessen andere Seite Auferstehung heißt.
  Romano Guardini

- Niemand, den man liebt, ist jemals tot.
  Ernest Miller Hemingway

- Auf die Menschen wartet nach ihrem Tode,
  was sie weder hoffen noch vermuten.
  Heraklit von Ephesus

- Mors ultima linea rerum est.
  Der Tod ist das letzte Ziel der Dinge.
  Horaz

- Jedem Ende wohnt ein Anfang inne.
  Hermann Hesse

- Bedenkt, den eigenen Tod, den stirbt man nur,
  doch mit dem Tod der anderen muss man leben.
  Mascha Kaleko

- Alle weltlichen Dinge sind nur ein Traum im Frühling.
  Betrachte den Tod als Heimkehr.
  Konfuzius

- Tod, wo ist dein Stachel? Hölle, wo ist dein Sieg?
  1. Korinther 15, 55

- Ich weiß nicht, wohin ich gehe, aber ich gehe nicht ohne Hoffnung.
  Hans-Joachim Kulenkampff

- Unser Leben ist ein Fluss, der sich ins Meer ergießt, das Sterben ist.
  Federico Garcia Lorca

- Der Tod ist groß.
  Wir sind die Seinen
  lachenden Munds.
  Wenn wir uns mitten im Leben meinen,
  wagt er zu weinen
  mitten in uns.
  Rainer Maria Rilke

- Ich lebe mein Leben in wachsenden Ringen,
  die sich über die Dinge ziehn.
  Ich werde den letzten vielleicht nicht vollbringen,
  aber versuchen will ich ihn.
  Rainer Maria Rilke

- Denn ich bin gewiss, dass weder Tod noch Leben,
  weder Engel noch Mächte noch Gewalten,
  weder Gegenwärtiges noch Zukünftiges,
  weder Hohes noch Tiefes noch eine andere Kreatur
  uns scheiden kann von der Liebe Gottes,
  die in Christus Jesus ist, unserm Herrn.
  Römer 8, 38

- Der wollte nicht leben, der nicht sterben will.
  Denn das Leben ist uns mit der Bedingung des Todes geschenkt;
  es ist der Weg zu diesem Ziel.
  Unsinnig ist es daher, den Tod zu fürchten;
  denn nur das Ungewisse fürchtet man,
  dem Gewissen sieht man entgegen.
  Der Tod bedeutet eine gerechte und unabwendbare Notwendigkeit.
  Seneca

- Beweinet den, der leidet, nicht den, der scheidet.
  Talmud

Das Testament

Wann ist ein Testament notwendig?

Dieses Thema ist sicher nicht angenehm, aber sehr wichtig. Wer in seinem Leben Besitz erarbeitet hat, macht sich meist Gedanken darüber, was nach seinem Tode damit geschehen soll. Ein Testament ist dann notwendig, wenn das Erbe nicht oder nicht nur nach der gesetzlichen Erbfolge verteilt werden soll. Vom Inhalt des Testamentes abgesehen, sind bei der Form einige wichtige Punkte zu berücksichtigen:

Schreiben Sie über das Testament entweder *»Testament«* oder *»Mein letzter Wille«*.

Was Sie beim Schreiben des Testaments beachten sollten.

Das Testament – sofern Sie es nicht mithilfe eines Notars errichten – müssen Sie eigenhändig schreiben. Testamente, die mit der Schreibmaschine oder auf andere Weise mechanisch hergestellt sind, sind ungültig. Ebenso sind Testamente von Personen unter 16 Jahren und von Entmündigten ungültig.

Sie müssen das Testament eigenhändig unterschreiben. Die Unterschrift muss am Ende des Textes stehen. Bei einem mehrseitigen Testament sollten die Seiten nummeriert sein. Falls Sie später etwas ändern oder ergänzen, sollten Sie auch diese Stellen unterschreiben, um jedem späteren Zweifel oder Streit vorzubeugen.

Auch ein Brieftestament ist gültig: *»Lieber Erwin, du hast dich immer um mich gekümmert, als ich krank war. Deshalb sollst du meine Briefmarkensammlung erben.* (Unterschrift)«

Setzen Sie auf das Testament auch Datum und Ort. Es könnte ja sein, dass Sie es nachträglich ändern oder widerrufen wollen. Dann müssen Sie zum Beispiel eindeutig sagen können: *»Ich widerrufe mein Testament vom 23. Juni 1996.«*

Minderjährige und Personen, die nicht schreiben können, erstellen ihr Testament beim Notar.

Im Folgenden finden Sie zwei Beispiele für ein Testament:

Mein letzter Wille

Ich, Joseph Marland, geboren am 30. 12. 1933, gebe für den Fall meines Todes hiermit meinen letzten Willen bekannt.

Meine Frau soll das Haus und den Garten an der Senkenstraße erhalten mit allem, was dazugehört.
Die Hälfte meines Sparguthabens vermache ich meiner Tochter Rita, die andere Hälfte meinem Sohn Peter. Er erhält außerdem mein Auto und das Motorrad.
Rita bekommt alle Bücher und meine Briefmarkensammlung.
Einmal im Jahr soll meine Frau 100 Euro an UNICEF spenden. Diese Summe soll sich jährlich um den Prozentsatz erhöhen, um den die Lebenshaltungskosten gestiegen sind.
Ich will, und das schreibe ich in vollem Bewusstsein, dass alles genauso ausgeführt wird, wie ich in diesem Testament verfügt habe.

Mannheim, den 20. 4. 2002

(Unterschrift mit Vorname und Zuname)

Testament

Folgendes ist nach meinem Tod auszuführen:

1. Ich möchte im Familiengrab auf dem Nordfriedhof beigesetzt werden.
2. Mein Sohn Peter soll die Grabpflege übernehmen. Er kann auch eine Gärtnerei beauftragen.
3. Ich setze meine Frau Gerda zur alleinigen Erbin ein.
4. Für den Fall, dass sie vor mir stirbt, tritt an ihre Stelle mein Sohn Peter.
5. Peter erhält von meiner Frau das Auto.

Mannheim, den 6. 5. 2002

(Unterschrift mit Vorname und Zuname)

Anzeigen

Zu fast allen Anlässen im Leben eines Menschen verschickt man Anzeigen bzw. setzt sie in die Zeitung: von der Geburt bis zum Tod, vom Autoverkauf bis zur Wohnungssuche. Zu den wichtigsten dieser Anlässe finden Sie auf den folgenden Seiten Hinweise und Tipps.

Glückwünsche

In Anzeigen finden sich mit Abstand am häufigsten Gratulationen zum Geburtstag. Aber auch zu den Feiertagen (Ostern, Pfingsten, Weihnachten und Neujahr) sind gute Wünsche per Anzeige beliebt. Oft sind die Texte dieser Anzeigen gereimt oder auf andere Art persönlich und humorvoll gestaltet.

Grundsätzlich kann man sagen: Es gibt keine Regeln für die Glückwunschanzeigen, alles ist erlaubt, wenn nur andere in ihrem Empfinden nicht gestört oder gar verletzt werden. Offenbar beliebt, wenn auch nicht besonders originell sind Reime wie die folgenden:

Kaum zu glauben, aber wahr,
unsere Rita wird heut 40 Jahr.
Es gratuliert **»Die Clique«**

Jeden Tag mit neuem Schwung,
der Gert wird 60 Jahre jung!
Die besten Glückwünsche vom Kegelklub **»Brett«**

Geburtsanzeigen

In der Geburtsanzeige – ob als Karte oder als Anzeige in der Zeitung – zeigen die glücklichen Eltern ihre Freude. Dafür gibt es viele Formen. Denken Sie bei allem Einfallsreichtum aber daran, dass die Anzeige auch einige wichtige Angaben enthalten sollte:

- den oder die Namen des Kindes (Mehrere Vornamen trennt man dabei *nicht* durch Komma voneinander.),
- den Namen der Eltern (Vor- und Zuname),
- eventuell die Namen der Geschwister,
- eventuell auch die Angabe von Größe und Gewicht des Neugeborenen.

Wir freuen uns über die Geburt unserer Tochter

Daniela-Isabel

Margit und Klaas Randerbach

Oberhausen, 10. 05. 2003

ER IST DA!

Michael Johannes

Mit stolzen 59 Zentimetern und zarten 4100 Gramm

Jutta und Georg Winter mit Lisa

Dresden, 31. 03. 2003

Sie können auch einfach alle Angaben untereinander auflisten:

EIN TOLLER STECKBRIEF:

Name:	Larissa
Eltern:	Peter und Anne Kramer
Datum:	31. 7. 2003
Gewicht:	3390 Gramm
Größe:	54 Zentimeter
Besonderes Kennzeichen:	viel Hunger

Oder die glücklichen Großeltern teilen die Geburt mit:

Unser zweites Enkelkind ist da!

Peter
5. Mai 2003

Hanna und Ralf Wenkendorf

Verlobungs- und Hochzeitsanzeigen
Üblich für die Verlobungsanzeige sind Formulierungen wie diese:

Wir haben uns verlobt.

Ines Dreiber und Klaus Klein

Heidelberg, den 7. Januar 2003

Wir freuen uns, die Verlobung unserer Kinder
Luise und Walter bekannt geben zu können.

Karla und Fritz Berger — ***Henriette und Sigmar von Erlenbach***

Walldorf, den 24. Dezember 2003

Bei Hochzeitsanzeigen sollte man sich genau überlegen, welche Adresse man angibt: die private oder die so genannte Tagesadresse, also zum Beispiel den Namen und die Anschrift des Restaurants, in dem gefeiert wird.

Hurra, wir heiraten!

Monika Klesper — *Detlef Landmann*

30. Juni 2003
Bernau, Akazienweg 23

Wir freuen uns
über die Hochzeit unserer Tochter

Heike Pfanderpost
mit Herrn Dr. med. Hans Pfeifer

Die Trauung findet am 12. Oktober 2003 um 10.00 Uhr
in der St.-Johannes-Kirche statt.

Hermine und Hanskarl Pfanderpost
Langendorf, den 10. Oktober 2003

Schreibt man den Namen der Braut auf die linke Seite oder auf die rechte? Dafür gibt es keine Vorschrift, aber es empfiehlt sich, die Braut zuerst zu nennen. Da man von links nach rechts liest, sollte also der Brautname auf der linken Seite der Anzeige oder Karte stehen.

Immobilienanzeigen

Suchen Sie sich ein gutes Vorbild!

Ob Sie eine Wohnung suchen oder ein Ladenlokal, ob Sie ein Haus verkaufen wollen oder eine Mietwohnung anbieten, orientieren Sie sich bei der Gestaltung der Anzeige an dem, was die Profis machen: Meist ist bei Kleinanzeigen das erste Wort in Fettschrift (die Buchstaben sind ein wenig dicker) gedruckt. Auf dieses erste Wort kommt es an, denn Sie wollen ja, dass Ihre Anzeige mehr ins Auge springt als die anderen. Bitte vergleichen Sie selbst diese drei Anzeigen:

> **Nachmieter gesucht:** DG-Wohnung, 4 Zi. und 2 Bäder, Balk., Einbauk. vorhanden. KM 680 EUR + NK. Tel.: 01234 987654
>
> **Dachwohnung:** sehr komfortabel, 4 Zi., 2 Bäder, Balkon und Einbauküche für 700 EUR + 130 EUR NK. Tel.: 01234 987654 (Sa ab 10 Uhr)
>
> **Lehrerin,** 30 Jahre, sucht 1-Zi.-Apartment in Zentrumsnähe bis 300 EUR warm. Angebote bitte unter Chiffre AP 10 325

Umgang mit Abkürzungen

Die wichtigen Dinge sollte man möglichst nicht abkürzen: Bäder, Balkon, Einbauküche. Anderes kann man getrost weglassen, wie das Wort »vorhanden« in der ersten Anzeige zum Beispiel, das nur unnötig Geld kostet und keine zusätzliche Information bringt. Andere Abkürzungen sind dagegen so verbreitet, dass man sie ruhig verwenden kann, etwa *KM* für Kaltmiete. Oft findet sich eine kleine Liste mit gängigen Abkürzungen im Anzeigenteil größerer Tageszeitungen, an der Sie sich orientieren können.

Verkaufsanzeigen

Die W-Methode

Die wichtigste Forderung für eine erfolgreiche Verkaufsanzeige ist: Sie muss informativ und genau sein. Dies erreichen Sie am besten, indem Sie den Text nach der W-Methode aufsetzen:

Was? Was soll verkauft werden? (Genaue Bezeichnung des Gegenstandes.)

Wie? In welchem Zustand ist der Gegenstand? Wie sieht der Gegenstand aus, wie groß, schwer, wertvoll ist er?

Wie viel? Wie viel soll der Gegenstand kosten? (Genauen Betrag nennen oder »Verhandlungsbasis«, »Angebote erbeten«.)

Warum? Warum verkauft man den Gegenstand? Ein zusätzliches Wort kann großen Kaufanreiz bieten. Zum Beispiel »Notverkauf«, »Schnäppchen«, »Traumbett«.

Wie? Wie kann der Interessent den Verkäufer erreichen? (Telefonisch, mit Brief oder unter Chiffre.)

Wann? Wann ist der Verkäufer zu erreichen? (Tag, Uhrzeit.)

Beispiele

Hier finden Sie Beispiele für Anzeigen, die nach dieser Methode aufgebaut sind:

> **Bücherregal,** weiß, 2 m × 3 m, wie neu, 100,– EUR, Tel.: 01234 9876, Samstag ab 15 Uhr
>
> **Notverkauf:** Mercedes-Oldtimer 219, Bj. 58, TÜV 10/2004, 30.350,– EUR, Tel.: 089 765412, nur Sonntag
>
> **Polstergarnitur** bestehend aus 3-Sitzer, 2-Sitzer und 2 Sesseln, sehr gut erhalten, VB 450,– EUR, Tel.: 05613 9876, abends
>
> **Rosenthal „Kurfürstendamm",** neuwert. Kaffeeservice, für 6 Personen, mit Kuchenteller und Konfektschale. Angebote unter Chiffre 043872

Stellensuchanzeigen

Ein Anzeige in der Zeitung, mit der man nach der ersten oder einer neuen Stelle sucht, kann sinnvoll sein. Damit sie erfolgreich ist, sollten Sie beim Schreiben folgende Punkte nicht vergessen:

- genaue Bezeichnung der gesuchten Stelle oder des Ausbildungsplatzes,
- Angabe über Ihr Alter,
- Angaben über Ihre derzeitige (bzw. letzte) Berufstätigkeit,

- Nennung von beruflichen Kenntnissen,
- Angabe des gesuchten Raumes und des möglichen Eintrittszeitpunktes.

Vergessen Sie auch nicht zu schreiben, in welcher Art Sie für den Interessenten zu erreichen sind (z. B. Chiffre oder Telefonnummer). Und so könnten Erfolg versprechende Stellengesuche aussehen:

> **Küchenaushilfe,** 24, mit 3 Jahren Berufserfahrung hat an den Wochenenden noch Zeit zur Verfügung. Wem kann ich ab sofort in Mannheim-Innenstadt zur Hand gehen? Tel.: 0621 31472
>
> **Arzthelferin-Ausbildungsplatz** gesucht von Realschülerin, 17, zum 01. 10. 2002 im Raum Erlangen-Höchstadt. Zuschriften bitte unter AP 13 02 51
>
> **Kfz-Schlosser,** 32, langjährige Berufserf. in d. Montage, sucht neue Aufgabe mit Kundennähe in kleiner Werkstatt. Örtlich ungebunden, Eintrittstermin nach Vereinbarung. Zuschriften erbeten an Chiffre 19 – 234

Todesanzeigen

In Trauerfällen möchte man sich nicht mit der Gestaltung der Todesanzeige beschäftigen, denn es gibt meistens viel Wichtigeres zu tun. Deshalb erledigen oft die Bestattungsunternehmen diese Aufgabe. Hier sehen Sie einige Todesanzeigen, wie sie heute in Form und Inhalt üblich sind:

Oft übernehmen Bestattungsunternehmen die Gestaltung der Todesanzeige.

Theo Gerber

* 5. April 1912 † 7. Januar 2002

Gott der Herr nahm heute nach schwerer Krankheit unseren lieben Großvater zu sich.

In stiller Trauer:
Ingeborg und Hans Gerber
Ingo, Ilona, Iris

Hagen, Hansaring 123

Die Beerdigung findet am 10. Januar um 9.40 Uhr auf dem Nordfriedhof statt.

Ich hab den Berg erstiegen,
der euch noch Mühe macht,
drum weinet nicht, ihr Lieben,
ich hab mein Werk vollbracht.

Margarethe Winkler

* 25. 5. 1919 † 26. 9. 2002

Wir werden ihr immer dankbar sein.

Helga und Peter Winkler
im Namen aller Verwandten

Die Beerdigung hat auf Wunsch unserer Verstorbenen in aller Stille stattgefunden.

Es war der Wunsch der Verstorbenen, dass wir statt Blumen- und Kranzspenden um eine Spende an die Kinderkrebshilfe, Konto 100 bei der Deutschen Bank in Bonn bitten.

Am 25. September verstarb unser Verkaufsleiter

Dr. Herbert Geller

im Alter von 58 Jahren.

Wir können die Nachricht von seinem Tod nicht fassen. Dr. Herbert Geller hat sich während der über 20 Jahre, die er in unserem Hause tätig war, in hohem Maße um das Unternehmen verdient gemacht. Für die Mitarbeiter war er immer ein Vorbild, seine Menschlichkeit und sein Verantwortungsbewusstsein machten ihn zu einem geschätzten Kollegen. Sein Tod ist für uns ein großer Verlust.

Wir denken an den Verstorbenen in Verehrung und Dankbarkeit.

Geschäftsführung und Belegschaft
der Bernd Schlosser GmbH

Weitere Formulierungen für Todesanzeigen:

Nach langer, schwerer Krankheit, die er mit großer Geduld ertragen hat, wurde mein lieber Mann heute von seinem Leiden erlöst.

Wir nehmen in Liebe und Dankbarkeit Abschied von unserer lieben (Name).

Wir nehmen für immer Abschied von einem lieben Menschen. Unsere Mutter wurde, für uns alle unerwartet, aus unserer Mitte gerissen.

Am 1. Mai entschlief, für uns alle unerwartet, unser lieber Vater.

Am 10. November starb unsere Oma im Alter von 84 Jahren nach einem erfüllten Leben.

In Trauer nehmen wir Abschied von unserem lieben Großvater.

Ein Leben voller Güte und Liebe ging zu Ende. Nach Gottes heiligem Willen entschlief heute unser lieber Bruder.

So kann man die Danksagung im Trauerfall formulieren: Danksagungen

Für die liebevollen Beweise herzlicher Anteilnahme
durch Worte, Blumen und Kranzspenden
beim Tod unseres lieben Großvaters

August Lage

sprechen wir allen unseren tief empfundenen Dank aus.

Rita und Werner Schöller
Denkendorf, 9. September 2002

Allen, die uns beim Tod unserer lieben Verstorbenen

Martha Reifers

über den ersten Schmerz hinweggeholfen haben,
danken wir ganz herzlich.

Familie Petersen

Mannheim, im September 2002

Herzlich danke ich allen, die meinen lieben Mann
auf seinem letzten Weg begleitet und ihn durch
Kränze und Blumen geehrt haben.

Charlotte Fender und Kinder

Kleinenberg, im September 2002

Briefwechsel zwischen Mieter und Vermieter

Erhöhung der Nebenkosten

Der Brief, in dem der Vermieter dem Mieter mitteilt, dass die Nebenkosten erhöht werden, muss bestimmte Voraussetzungen erfüllen. Es genügt nicht, wenn der Vermieter nur mitteilt: »*Vom 01.10. 2002 ab beträgt die Miete wegen der gestiegenen Nebenkosten 600 Euro.*«

Nach dem Gesetz zur Regelung der Miethöhe muss der Vermieter die Erhöhung der Nebenkosten erläutern und die Gründe angeben. Schreiben Sie deshalb genau in den Brief, welche Nebenkosten erhöht worden sind und um wie viel. Außerdem ist der genaue Erhöhungsbetrag auszuweisen.

Ernst Kunstmann 09.09.2002
Westerstraße 46
69126 Heidelberg

Familie
Gisela und Hans Messerschmidt
Westerstraße 120

69126 Heidelberg

Mietvertrag vom 01.01.1997 / Nebenkostenerhöhung

Sehr geehrte Frau Messerschmidt,
sehr geehrter Herr Messerschmidt,

am 01.01.2003 erhöht die Stadt Heidelberg die Gebühren für die Abfallbeseitigung.

Gebühren für Abfallbeseitigung bisher	185,00 EUR
Neue Gebühr	200,00 EUR

Je Tonne beträgt die Erhöhung demnach 15 EUR pro Jahr. Umgerechnet auf den Kalendermonat erhöhen sich damit die Gebühren für die Abfallbeseitigung um 1,25 EUR.
In Absprache mit Ihnen wird die Heizkostenvorauszahlung von bisher 50 EUR auf 60 EUR erhöht. Daraus ergibt sich eine monatliche Erhöhung der Nebenkosten von bisher 115 EUR auf nun 126,25 EUR.
Der ab 01.01.2003 zu überweisende Betrag errechnet sich wie folgt:

Mietzins	600,00 EUR
Neue Nebenkosten	126,25 EUR
	726,25 EUR

Bitte überweisen Sie diesen neuen monatlichen Gesamtbetrag ab 01.01.2003. Vielen Dank.

Mit freundlichen Grüßen

Erhöhung der Miete

Eine Mieterhöhung wird erst mit der Zustimmung des Mieters wirksam.

Rechtlich kann der Vermieter die Miete nicht einseitig erhöhen, er braucht dazu das Einverständnis des Mieters. Deshalb bezeichnet der Jurist den Brief, in dem der Vermieter die Erhöhung der Miete mitteilt, als Mieterhöhungsverlangen.

Wichtige Hinweise zum Mieterhöhungsverlangen:

✓ Die Mieterhöhung muss grundsätzlich schriftlich verlangt werden.

✓ Der Brief muss vom Vermieter – bei mehreren Vermietern von allen – oder einem Bevollmächtigten unterschrieben sein. Für den Fall, dass ein Bevollmächtigter unterschreibt, muss aus dem Text eindeutig hervorgehen, wer ihn geschrieben hat und dass er in Vollmacht des Vermieters aufgesetzt ist. Es empfiehlt sich eine Vollmacht beizulegen, da sonst der Mieter das Mieterhöhungsverlangen zurückweisen kann.

✓ Man kann den Brief als Einschreiben schicken, allerdings gilt die Bescheinigung der Deutschen Post nicht als Zugangsbestätigung. Sicherer ist die Zustellung durch einen Boten, der den Brief persönlich übergibt oder in den Briefkasten des Mieters legt.

✓ Im Mieterhöhungsverlangen muss der Betrag der neuen Miethöhe genannt sein.

✓ Seit der letzten Mieterhöhung oder seit Vertragsabschluss muss ein Jahr vergangen sein.

✓ Der Vermieter darf die Miete nicht um mehr als 30% erhöhen.

✓ Das Mieterhöhungsverlangen muss an alle im Mietvertrag genannten Personen geschickt werden. Ausnahme: Im Mietvertrag ist einer der Mieter als Bevollmächtigter ausgewiesen.

✓ Der Vermieter muss sein Verlangen begründen und dem Mieter die Nachprüfung ermöglichen. Dazu hat er verschiedene Möglichkeiten:

- Er kann es mit dem Mietspiegel begründen.
- Er kann sich auf ein Sachverständigengutachten beziehen.
- Er kann drei Vergleichswohnungen benennen, in denen heute schon so viel gezahlt wird, wie er mit seiner Erhöhung fordert.
- Er kann sich auf Auskünfte der Gemeindeverwaltung stützen.

Unabhängig davon kann der Vermieter bei baulichen Veränderungen, bei Erhöhung der Nebenkosten und bei Erhöhung der Kapitalkosten den Mietpreis anheben.

Hans-Gert Rasem
Chlodwigplatz 89
85057 Ingolstadt

30.01.2003

Familie
Susanne und Peter Renz
Hansastraße 35

85055 Ingolstadt

Sehr geehrte Frau Renz,
sehr geehrter Herr Renz,

seit dem 01.04.1997 beträgt die Nettomiete Ihrer Wohnung 420,00 EUR. Bei 80 Quadratmetern entspricht dies dem Quadratmeterpreis von 5,25 EUR.

Nach dem neuen Mietspiegel der Stadt Ingolstadt beträgt der Quadratmeterpreis für Neubauwohnungen mit gehobener Ausstattung in guter Wohnlage zwischen 5,50 EUR und 6,50 EUR.

Da somit die Nettomiete für Ihre Wohnung nicht mehr dem ortsüblichen Mietniveau entspricht, bitte ich Sie, der Erhöhung des Nettomietzinses auf 480,00 EUR (das entspricht 6,00 EUR je Quadratmeter) zuzustimmen.

Die neue Miete wäre erstmals am 01.05.2003 fällig.

Mit freundlichen Grüßen

Anlage
Kopie des Mietspiegels von Ingolstadt

Lieselotte Wallmann 2. Oktober 2002
Am Deichtor 34
97840 Hafenlohr

Thomas Diepgen und
Hanne Diepgen
Sandweg 9

97840 Hafenlohr

Ihr Brief vom 29. September 2002

Sehr geehrte Frau Diepgen,
sehr geehrter Herr Diepgen,

ich habe zwar Verständnis für Ihren Wunsch, die Miete zu erhöhen, aber ich kann diese Erhöhung nicht akzeptieren. Lassen Sie mich kurz die Gründe für meine Ablehnung erläutern:

1. Ich wohne erst seit 8 Monaten in der Wohnung. Der Gesetzgeber bestimmt jedoch, dass die Miete innerhalb eines Jahres nicht erhöht werden darf (»Stillhaltejahr«).

2. Sie haben keinen Grund angegeben, warum Sie die höhere Miete verlangen. Dies ist jedoch Pflicht.

Sicher sehen Sie ein, dass ich unter diesen Umständen Ihr Verlangen zurückweisen muss.

Mit freundlichen Grüßen

Die ordentliche (fristgerechte) Kündigung

Beide Vertragspartner, Vermieter und Mieter, können den Mietvertrag kündigen. Die Kündigung muss schriftlich erklärt werden, wobei eine Reihe von Besonderheiten zu berücksichtigen ist.

Kündigungen bedürfen der Schriftform.

Aus dem Brief muss die Kündigungsabsicht des Vertragspartners eindeutig hervorgehen. *Ich kann mit Ihnen nicht mehr unter einem Dach wohnen,* dieser Satz ist keine unmissverständliche Kündigung. Hier eine Auswahl möglicher Kündigungssätze für Mieter und Vermieter:

Die Kündigungsabsicht muss eindeutig aus dem Brief hervorgehen.

- Ich kündige den Mietvertrag vom 01. 09. 2001.
- Kündigung des Mietvertrages vom 01. 09. 2001 (als Text der Betreffzeile)
- Hiermit spreche ich die Kündigung des Mietvertrags vom 01. 09. 2001 aus.
- Mit diesem Schreiben teile ich Ihnen die Kündigung des Mietvertrags vom 01. 09. 2001 mit.

Solange der Mieter bei der Kündigung die gesetzliche oder vertraglich geregelte Kündigungsfrist einhält, muss er keinen Grund für die Kündigung angeben (zur fristlosen Kündigung vgl. S. 151). Es genügt, dass das Schreiben des Mieters einen der oben genannten Kündigungssätze enthält. Gibt er nicht einen Termin an, zu dem er das Mietverhältnis beenden möchte, endet das Mietverhältnis nach Ablauf der gesetzlichen Frist.

Kündigung durch den Mieter

Anders verhält es sich bei der Kündigung durch den Vermieter. Er muss im Kündigungsschreiben seine Kündigung begründen, da diese nur dann wirksam ist, wenn er in seinem Kündigungsschreiben ein »berechtigtes Interesse« an der Kündigung nachweisen kann. Andere als die im Kündigungsschreiben angegebenen Gründe werden nur berücksichtigt, wenn sie nachträglich entstanden sind.

Kündigung durch den Vermieter

Wann von einem berechtigten Interesse des Vermieters auszugehen ist, wird durch das BGB bestimmt. Drei Gründe werden dort anerkannt:

Der Vermieter muss ein berechtigtes Interesse an der Kündigung nachweisen.

- wenn der Mieter seine vertraglichen Pflichten schuldhaft nicht unerheblich verletzt hat (z. B. weil der Mieter ohne Erlaubnis des Vermieters die Wohnung untervermietet, mit der Zahlung des Mietzinses im Verzug ist oder sich schwere Verstöße gegen die Hausordnung zuschulden kommen lässt),
- wenn der Vermieter Eigenbedarf anmeldet, die Räume als Wohnung also für sich, seine Familienangehörigen oder Angehörige seines Haushaltes benötigt,
- wenn der Vermieter durch die Fortsetzung des Mietverhältnisses an

einer angemessenen wirtschaftlichen Verwertung des Grundstückes gehindert und dadurch erhebliche Nachteile erleiden würde.

Die Begründung sollte so genau wie möglich sein.

Der Vermieter sollte seine Kündigungsgründe so deutlich wie möglich nennen und sich nicht mit allgemeinen Äußerungen begnügen. Zu ungenau wäre beispielsweise die Begründung *Ich kündige den Mietvertrag wegen Eigenbedarf.* Eine gute Erklärung hingegen wäre die folgende:

> *Im Mai erwarten wir unser drittes Kind und benötigen deshalb zwei Kinderzimmer. Außerdem wird aufgrund meiner beruflichen Veränderung ein Arbeitszimmer innerhalb der Wohnung dringend erforderlich. Deshalb muss ich den Mietvertrag wegen Eigenbedarf kündigen.*

Der Vermieter muss den Mieter auf sein Widerspruchsrecht hinweisen.

Der Vermieter muss – entweder am Ende seines Kündigungsschreibens oder in einem gesonderten Brief – darauf hinweisen, dass der Mieter der Kündigung innerhalb einer Frist von 2 Monaten widersprechen kann. In diesem Hinweis muss stehen: 1. dass der Mieter Widerspruch erheben kann, 2. dass er dies schriftlich tun muss und 3. bis zu welchem Termin der Widerspruch beim Vermieter eingegangen sein muss. Beispiel:

> *»Beachten Sie, dass Sie gegen diese Kündigung schriftlich Widerspruch erheben können. Ihr Widerspruch muss spätestens 2 Monate vor Ablauf der Kündigungsfrist bei mir eingehen.«*

Vergessen Sie nicht die Unterschrift.

Die Kündigung muss unterschrieben sein. Achten Sie darauf, dass *alle* im Mietvertrag genannten Vertragspartner im Brief stehen: die einen als Empfänger, die anderen als Absender (mit Unterschrift). Wird die Kündigung nicht vom Mieter oder Vermieter selbst, sondern von einem Bevollmächtigten ausgesprochen, dann legt man zur Sicherheit eine schriftliche Vollmacht bei.

Ruth und Erwin Kopalski 29.05.2002
Randstraße 9
68167 Mannheim

Herrn
Karl Branter
Pestalozzistraße 45

76189 Karlsruhe

Sehr geehrter Herr Branter,

am 01.09.2002 werde ich eine neue Arbeitsstelle in Karlsruhe antreten. Da die Fahrstrecke von Mannheim nach Karlsruhe über 55 Kilometer beträgt, benötigen wir eine Wohnung am Ort.

Außerdem wohnt unsere Tochter seit zwei Monaten nicht mehr bei uns, sodass für uns jetzt eine kleinere Wohnung ausreicht.

Deshalb kündige ich den Mietvertrag vom 01.01.1999 zum 31.08.2002 wegen Eigenbedarfs. Gegen diese Kündigung können Sie schriftlich bis zum 30.06.2002 Widerspruch erheben.

Bitte haben Sie Verständnis für unsere Situation.

Mit freundlichen Grüßen

Erwin Metzger 29.09.2002
Zoostraße 88
99869 Hochheim

Herrn
Joseph Franzen
Ötzweg 90

99869 Hochheim

Kündigung des Mietvertrags vom 02.01.2000

Sehr geehrter Herr Franzen,

wie ich Ihnen bereits am Telefon sagte, bin ich nach Köln versetzt worden.

Aus diesem Grund kündige ich den Mietvertrag vom 02.01.2000 fristgemäß zum 31.03.2003.

Mit freundlichen Grüßen

Minderung des Mietzinses

Tritt in einer Wohnung ein Mangel auf, so macht üblicherweise der Mieter seinen Vermieter darauf aufmerksam. Im Normalfall veranlasst dieser dann die Behebung des Mangels. Tut er dies nicht, so hat der Mieter das Recht, weitere Schritte zu unternehmen.

Über Mängel in der Wohnung sollten Sie so rasch wie möglich Ihren Vermieter informieren.

Renate Oberstedt 28.02.2003
Stromstraße 29
23738 Beschendorf

Herrn
Martin Weber
Am Anger 4

23738 Beschendorf

Feuchte Stellen an der Wohnzimmerdecke

Sehr geehrter Herr Weber,

seit dem 26.02.2003 ist in meiner Wohnung die Wohnzimmerdecke feucht. An einigen Stellen sammelt sich das Wasser und tropft zu Boden.

Vermutlich kommt das Wasser durch eine undichte Stelle im Dach und gelangt dann vom Dachboden in meine Wohnung. Ich bitte Sie, möglichst rasch für die Behebung des Schadens zu sorgen.

Mit freundlichen Grüßen

Hinweis:
Wenn Herr Weber auf diesen Brief nicht reagiert und die Decke im Wohnzimmer weiter feucht bleibt, kann Frau Oberstedt den Mietzins für die Dauer des Schadens mindern:

Renate Oberstedt 21.03.2003
Stromstraße 29
23738 Beschendorf

Herrn
Martin Weber
Am Anger 4

23738 Beschendorf

Mein Brief vom 28.02.2003
Nasse Stellen an der Wohnzimmerdecke

Guten Tag, Herr Weber,

am 28.02.2003 habe ich Sie über die nassen Stellen an der Wohnzimmerdecke informiert und Sie gebeten, für die Beseitigung des Schadens zu sorgen.

Bisher ist das Dach nicht repariert worden und es tropft weiter Wasser von der Decke. Vorsorglich mache ich Sie darauf aufmerksam, dass ich erstmals am 01.04.2003 den Mietzins um 20% kürzen werde, weil durch den Schaden das Wohnzimmer unbenutzbar geworden ist.

Selbstverständlich hebe ich diese Kürzung sofort nach der Reparatur auf.

Mit freundlichen Grüßen

Wie im Falle von Frau Oberstedt muss der Mieter die Absicht zur Mietminderung nicht vorher anzeigen. Er muss auch nicht dem Vermieter eine Frist einräumen, innerhalb deren die Mängel zu beseitigen sind. Der Mieter ist lediglich dazu verpflichtet, die Mängel anzuzeigen, so wie es Frau Oberstedt in ihrem ersten Brief getan hat.

Fristlose Kündigung

Der Mieter kann in bestimmten Fällen auch fristlos kündigen. Zum Beispiel, wenn der Vermieter schuldhaft den Vertrag verletzt und dem Mieter nicht zugemutet werden kann, weiter in der Wohnung zu wohnen, oder wenn für den Mieter Gefahr für seine Gesundheit besteht. Vor der Kündigung muss der Mieter aber dem Vermieter eine angemessene Frist zur Beseitigung der Mängel gesetzt haben.

Für eine fristlose Kündigung müssen bestimmte Voraussetzungen erfüllt sein.

Renate Oberstedt 01.07.2003
Stromstraße 29
23739 Beschendorf

Herrn
Martin Weber
Am Anger 4

23738 Beschendorf

Fristlose Kündigung des Mietvertrags vom 01.04.2001

Sehr geehrter Herr Weber,

in meinem Schreiben vom 30.04.2003 habe ich Ihnen eine Frist von 2 Monaten gesetzt, innerhalb deren Sie die Schäden am Dach beseitigen können. Ich hatte Ihnen mitgeteilt, dass ich die Wohnung fristlos kündigen werde, falls Sie nicht in dieser Zeit (also bis zum 30.06.2003) den Schaden beheben. Da sich die Situation in der Wohnung bis heute nicht geändert und die Feuchtigkeit inzwischen die ganze Wohnung unbewohnbar gemacht hat, sehe ich mich nun gezwungen, den Mietvertrag vom 01.04.2001 fristlos zu kündigen.

Renate Oberstedt

Die Bewerbung

Je schwieriger die Situation auf dem Arbeitsmarkt wird, um so wichtiger ist eine gut formulierte und ansprechend gestaltete Bewerbung. Was heißt gut formuliert und ansprechend gestaltet? Auf den folgenden Seiten finden Sie Antworten auf Ihre Fragen zur Bewerbung.

Das Anschreiben

Mit dem Anschreiben Interesse wecken

Das Anschreiben schafft den ersten Kontakt zu einem möglichen Arbeitgeber. Man kann die Bedeutung, die dieser Brief für die ganze Bewerbung hat, mit einem Werbebrief vergleichen. Beide haben die gleiche Aufgabe: Sie müssen die Aufmerksamkeit des Lesers wecken, müssen ihn interessieren und schließlich zu einer Antwort bewegen. Fassen Sie sich von daher in Ihrem Bewerbungsbrief kurz: Eine Seite reicht in der Regel aus, mit zwei Seiten riskieren Sie bereits, den Leser zu ermüden. Überlegen Sie sich vor allem gut, womit Sie das besondere Interesse Ihres Gegenübers wecken könnten. Ganz bestimmt nicht, indem Sie Ihren Lebenslauf nochmals an dieser Stelle ausformulieren, sondern indem Sie präzise auf die in der Stellenausschreibung genannten Anforderungen eingehen und deutlich machen, warum Sie glauben, der geeignete Bewerber/die geeignete Bewerberin zu sein.

Der erste Eindruck zählt!

Form und Inhalt des Anschreibens müssen zusammenpassen. Der Gesamteindruck ist bestimmend für das erste Urteil über ihre Bewerbung. Man wird unmittelbar von der Aufmachung Ihrer Unterlagen auf Sie und Ihre Arbeitsweise schließen. Schon aus diesem Grunde sollten Sie Rechtschreib- und Grammatikfehler unbedingt vermeiden; am besten lassen Sie Ihre Bewerbung von einem Freund oder einer Freundin Korrektur lesen. Dass Kaffeeflecken und Eselsohren tabu sind, versteht sich natürlich von selbst!

Checkliste für Ihr Anschreiben

Papier: Weißes Schreibmaschinenpapier.

Format: DIN A4.

Anschrift: Genaue Postanschrift des Empfängers; steht in der Anzeige ein Name, dann übernehmen Sie ihn in die Anschrift und in die Anrede.

Datum: Überlegen Sie sich genau, welches Datum Sie in Ihren Bewerbungsbrief einsetzen: Müssen Sie noch Kopien machen? Sind noch Unterlagen zu besorgen? Dafür gehen schnell zwei Tage um und wenn die Bewerbung beim Empfänger eintrifft, liegt das Datum schon 4 bis 5 Tage zurück. Setzen Sie nicht das Erscheinungsdatum der Anzeige in Ihren Brief. Besser ist es, etwa 3 bis 5 Tage später zu datieren (Anzeige Samstag – Bewerbung Dienstag).

Anrede: Möglichst persönlich: Steht in der Anzeige ein Name, dann kommt er in die Anrede. In allen anderen Fällen heißt die Anrede: *Sehr geehrte Damen und Herren, …*

Einleitung: Der Standardsatz ist *Hiermit bewerbe ich mich auf Ihre Anzeige vom 13.05.2002 in der Frankfurter Allgemeinen Zeitung.* Man muss sich aber darüber klar sein, dass man sich mit diesem Satz nicht aus der Menge der Bewerber heraushebt. Andererseits kann es in Einzelfällen sinnvoll sein, sich ganz neutral auszudrücken. Dann passt dieser Satz. In allen anderen Fällen jedoch sollte man anders anfangen: Stellen Sie Ihr Interesse für das Unternehmen oder für die Anzeige an den Anfang. Dass Sie sich bewerben, sieht der Empfänger selbst.

Inhalt: Wenn der Bewerbungsbrief fertig ist, prüfen Sie, ob er alle Angaben, die in der Stellenanzeige verlangt werden, enthält. Die Frage nach dem Gehaltswunsch sollte ohne Umschweife beantwortet werden. Wie Sie den Inhalt Ihres Briefes aufbereiten, bleibt ganz Ihnen überlassen. Sie können mit Tabellen arbeiten, Zwischenüberschriften verwenden oder alles in Briefform aufsetzen. Tipp: Probieren Sie verschiedene Formen aus. Nur dann können Sie vergleichen und sich für die beste entscheiden.

Unterschrift: Selbstverständlich gibt es für die Unterschrift keine Regeln, denn sie ist Ausdruck Ihrer Persönlichkeit und Ihres Geschmacks. Man sollte aber bedenken, dass eine Unterschrift mit großen Schnörkeln nicht jeden beeindruckt. Eine lesbare und doch prägnante Unterschrift macht meistens den besseren Eindruck.

Hanne Wester
Karlstraße 30
75210 Keltern
0989 987654

Keltern, 11.02.2003

Lettern und Ganter KG
Am Feuerwehrhaus 9

75210 Keltern

Bewerbung als Sekretärin
Ihre Anzeige vom 07.02.2003 in der Kelternpost

Sehr geehrte Damen und Herren,

Sie suchen für Ihren Vertriebsleiter eine tüchtige Sekretärin. Die ausgeschriebene Stelle hat mich sehr angesprochen – ermöglicht sie mir doch, meine Fähigkeiten konzentriert für einen Chef einzusetzen.

Seit sieben Jahren bin ich als Sekretärin und Sachbearbeiterin im Großhandel tätig und möchte mich jetzt beruflich verbessern, indem ich nicht mehr als Springerin für verschiedene Abteilungen arbeite. Die Stationen meines Ausbildungs- und Berufsweges waren sehr vielfältig und deshalb kann ich heute sagen, dass ich großes Wissen sowohl im kaufmännischen Bereich als auch in allen Sekretariatsarbeiten habe.

Davon möchte ich Sie gern in einem persönlichen Gespräch überzeugen. Wann darf ich mich bei Ihnen vorstellen?

Mit freundlichen Grüßen

Anlagen
Zeugnisse
Lebenslauf

Vera Konen
Burgstraße 14
67551 Worms
06241 34567

Worms, 12. Mai 2002

Allvogel AG
Herrn Kinzig
Peterstraße 15

67547 Worms

Bewerbung als Sekretärin

Sehr geehrter Herr Kinzig,

Ihre Anzeige in der Rhein-Zeitung vom 10. Mai 2002 beschreibt genau die Position, die ich als konsequente Fortsetzung meines bisherigen Ausbildungs- und Berufsweges suche.

Ich arbeite seit drei Jahren als Büroassistentin im Sanitärhandel und möchte nun ein verantwortungsvolleres Sekretariat übernehmen. Ich beherrsche MS Word und Excel, auch mit allen Sekretariatsarbeiten bin ich vertraut. Außerdem verfüge ich über kaufmännische Kenntnisse.

Als Gehalt stelle ich mir monatlich 1800,– EUR vor. Als frühester Eintrittstermin käme der 1. Juli 2002 in Betracht. Für die Gelegenheit zu einem persönlichen Gespräch bin ich Ihnen dankbar.

Mit freundlichen Grüßen

Anlagen
Lebenslauf
Zeugniskopien

Bewerbungsunterlagen

Die Wirkung der gesamten Bewerbungsunterlagen ist entscheidend. Urteilen Sie bitte selbst, welche Bewerbung Sie lieber lesen würden: Der eine Bewerber schickt mehrere Blätter, mit einer Büroklammer zusammengehalten und einmal gefaltet, in einem Umschlag, der andere hat die Unterlagen in eine Mappe eingeheftet.

Legen Sie die Unterlagen in dieser Reihenfolge zusammen:

1. Bewerbungsbrief außerhalb der Mappe
2. Lebenslauf
3. Evtl. Handschriftenprobe
4. Zeugnisse: zuerst die Berufs-, dann die Ausbildungszeugnisse (jeweils das jüngste zuoberst)
5. weitere Unterlagen, zum Beispiel Nachweise über die Teilnahme an Weiterbildungsveranstaltungen, Referenzen, Arbeitsproben

Prüfen Sie, ob Sie auch alle Unterlagen beigelegt haben, die das Unternehmen in seiner Anzeige verlangt.

Foto

Das Foto klebt oder heftet man am besten in die rechte obere Ecke des Lebenslaufs. Schreiben Sie Ihren Namen und Ihre Anschrift auf die Rückseite für den Fall, dass es sich vom Papier löst.

Handschriftenprobe

In manchen Anzeigen wird vom Bewerber eine Handschriftenprobe verlangt. Meistens schreibt man dann seinen ausführlichen Lebenslauf mit der Hand. Den Bewerbungsbrief selbst sollte man aus Gründen des Umfangs und der Lesbarkeit besser auf der Schreibmaschine oder dem PC verfassen.

Schreiben Sie unverkrampft, verstellen Sie Ihre Schrift nicht, denn das würde ein Schriftsachverständiger sofort merken. Teilen Sie sich die Schreibfläche vorher in Gedanken auf und ordnen Sie den Text so an, dass er harmonisch – mit gleichmäßigen Rändern und gleichem Zeilenabstand – auf dem Blatt steht.

Zeugnisse

Legen Sie immer nur Kopien der Zeugnisse bei, niemals die Originale. Leider gibt es Unternehmen, welche die Unterlagen erst nach langer Zeit zurückschicken, schlimmstenfalls gar nicht. Wählen Sie die Zeugnisse entsprechend dem Stellenanbieter genau aus. Dies gilt besonders für zu-

Versenden Sie niemals Originale!

sätzliche Fähigkeiten und Weiterbildungsmaßnahmen, die Sie durch die entsprechenden Zeugnisse nachweisen können. Auch wenn Ihnen dies oder jenes unwichtig erscheint, es kann bei der Bewerberauswahl entscheidend sein. So ist zum Beispiel bei einem Abendkurs vielleicht nicht wichtig, welchen Abschluss Sie nebenbei gemacht haben, sondern dass Sie Initiative gezeigt haben, den Wunsch hatten, mehr zu lernen, und vor allem, dass Sie durchhalten können. Das sind Eigenschaften, die Ihnen vielleicht die berühmte Nasenlänge Vorsprung verschaffen.

Üblich sind heute tabellarische Lebensläufe.

Lebenslauf

Sie können einen tabellarischen Lebenslauf oder einen ausführlichen Lebenslauf schreiben. Der tabellarische Lebenslauf ist heute üblicher, denn er ist übersichtlicher und enthält weniger Text. Der ausführliche ist nur dann sinnvoll, wenn er ausdrücklich (meist zugleich als Handschriftenprobe) in der Stellenanzeige verlangt wird.
Ein Lebenslauf sollte folgende Punkte enthalten:

- die Überschrift »Lebenslauf«
- persönliche Daten (ohne Angabe der Eltern und Konfession)
- Schul- und Berufsausbildung (nur die Abschlüsse sind wichtig)
- Berufstätigkeit (dieser Punkt ist am wichtigsten!)
- Fortbildung (stichwortartig)
- Qualifikationen (besondere fachliche oder persönliche Kenntnisse)
- eigenhändige Unterschrift

Bei wichtigen Stellen, die Sie innehatten, nennen Sie knapp die jeweiligen Aufgabenschwerpunkte, wenn möglich in Verbindung mit besonderen Erfolgs- oder Leistungsnachweisen. Dies ist für den Leser besonders interessant.

Schwachpunkte im Lebenslauf, so genannte »Stolpersteine«, die den Personal- oder Firmenchef bei der Durchsicht des Lebenslaufes nachdenklich machen könnten, sollte man mutig angehen und ausdrücklich ansprechen. Manches lässt sich nämlich durch ein paar geschickte Stichworte entschärfen.

Insgesamt sollte der Lebenslauf nicht mehr als 1,5, maximal 2 Seiten Umfang haben. Besonders wichtig dabei ist, dass er übersichtlich gestaltet ist und sich alle Daten schnell erfassen lassen. Auf den folgenden Seiten finden Sie zwei Beispiele, wie man einen tabellarischen Lebenslauf gestalten kann, und zwei Beispiele für einen ausführlichen Lebenslauf.

Gert Seibelt
Schillerweg 43
51143 Köln

Lebenslauf

Am 30. Juni 1967 wurde ich in Köln geboren. Ich bin unverheiratet.

Von 1973 bis 1977 besuchte ich die Grundschule in Köln, 1977 wechselte ich auf die Realschule in Köln, die ich 1983 mit der mittleren Reife abschloss.

Meine Eltern zogen 1983 nach Düsseldorf um und ich begann dort die Ausbildung zum Industriekaufmann bei der Firma Schmidt OHG.
Am 5. Juli 1986 schloss ich diese Ausbildung mit der Prüfung vor der IHK ab. Die Firma übernahm mich anschließend als Sachbearbeiter in die Abteilung Rechnungslegung.
Ab 1988 besuchte ich das Abendgymnasium in Düsseldorf und bestand die Abiturprüfung im Mai 1991.

1993 zog ich zurück in meine Heimatstadt Köln und bekam eine Stelle als Gruppenleiter in der Personalabteilung bei Schnodt und Zimmermann. Die Unternehmensleitung bot mir 1997 die Leitung der Personalabteilung an, die ich seitdem innehabe.

Köln, den 2. Juni 2002

Gert Seibelt

Lebenslauf

Gert Seibelt
Schillerweg 43
51143 Köln
Tel. 0221 531967

geboren am 30.06.1967 in Köln, ledig

Ausbildung

1983	mittlere Reife, Theodor-Heuss-Realschule Köln
1983–1986	Lehre zum Industriekaufmann bei der Schmidt OHG, Düsseldorf Abschlussprüfung: gut
1988–1991	Abendgymnasium Düsseldorf, Abschluss Abitur

Berufstätigkeit

08/86–12/92	Sachbearbeiter Rechnungslegung, Schmidt OHG, Düsseldorf hausinterne Fortbildung zum Fachwirt Personalwesen
01/93–09/97	Gruppenleiter in der Personalabteilung, Schnodt & Zimmermann, Köln verantwortlich für die Auszubildenden, Praktikanten und Aushilfskräfte
seit 10/97	Leiter der Personalabteilung, Schnodt & Zimmermann, Köln Übernahme aller personalwirtschaftlichen Aufgaben, insbesondere Entwicklung eines hausinternen Fortbildungswesens begleitend verschiedene Führungskräfteseminare (z.B. Motivation von Mitarbeitern)

Köln, 02.06.2002

Gert Seibelt

Andrea Krause – Wendlandstr. 13 – 81249 München – 089 130725

Geburtsdatum/-ort	22.02.1970, Heidelberg
Familienstand	ledig
Schuldbildung/-abschluss	mittlere Reife Realschule II, Heidelberg
Berufsausbildung	kaufmännische Lehre Abschlussprüfung 1982: sehr gut
Besondere Kenntnisse	gute Englischkenntnisse (Wirtschaftsenglisch) sicher im Umgang mit allen Windows-Anwendungen (vor allem Word, Excel und Power Point) Computer-›Führerschein‹
Jetzige Position	Direktionssekretärin

Datum	Praktische Tätigkeiten	Fortbildung
09/87–12/92	kaufmännische Lehre Walter Hoffmann, Heidelberg Verpackungsmaschinen	Abendlehrgang Abschluss ›Gepr. Sekretärin‹
01/93–08/98	Abteilungssekretärin Feldmeier AG, Stuttgart Papierwarenfabrik	2-jähr. Abendlehrgang Berlitz-School Abschluss: IHK-gepr. Englischkorrespondentin
09/98–10/00	Vorstandszweitsekretärin Siemens AG, München Vertrieb	
seit 11/00	Direktionssekretärin Eberhard Zimmer GmbH Textildruckmaschinen, München	6-monatiger Computerabendkurs Control data: BASIC-Programmierkurs

Tätigkeitsmerkmale: selbstständige Korrespondenz in Englisch; Assistenz bei Marketingaufgaben; selbstständige Lohn- und Gehaltsabrechnung aller Mitarbeiter

München, 2. Juni 2002

Andrea Krause

Waltraud Kienzle
Meierweg 27a
81173 München
Telefon 089 523049

Lebenslauf

Am 15. Juli 1968 wurde ich in Berlin-Steglitz geboren. Ich bin verheiratet, habe aber keine Kinder.

Nach meinem Abitur 1987 am Ernst-Reuter-Gymnasium in Berlin-Steglitz habe ich von 1988 bis 1990 die Käthe-Kollwitz-Handelsschule in Berlin-Friedenau besucht und mit der IHK-Prüfung zur Sekretärin abgeschlossen. Außerdem habe ich mich an der Berlitz-School Berlin zur Fremdsprachenkorrespondentin/IHK Französisch ausbilden lassen.

Von 1990 bis 1996 war ich bei der Robert Bosch AG, Berlin, zunächst als Sekretärin im Export, dann als Sekretärin des Exportleiters (4 Jahre) tätig. Seit 1996 bin ich bei der Schenker Eurocargo AG in München als Sekretärin des Geschäftsstellenleiters beschäftigt.

Neben der Berufstätigkeit habe ich mich zur IHK-geprüften „Fremdsprachlichen Korrespondentin" (Euro-Sprachschule München) und zur Wirtschaftsassistentin/IHK (Fernstudium bei der Hochschule für Berufstätige, Stuttgart) weitergebildet.

München, 2. Juni 2002

Waltraud Kienzle

Initiativbewerbung

Man kann sich auch unaufgefordert bewerben. Eine solche Bewerbung hat den Vorteil, dass man keine oder nur wenige Mitbewerber hat. Nachteil: Sie müssen mehr Bewerbungen verschicken, weil die Chance, dass ein Unternehmen gerade in diesem Augenblick einen Mitarbeiter mit genau Ihren Qualifikationen sucht, nicht sehr groß ist.

Dennoch zeigt die Erfahrung, dass man mit etwas Geduld durchaus Erfolg haben kann. Eine Initiativbewerbung sollte nicht zu umfangreich sein. Meistens genügt als erster Kontakt ein Bewerbungsbrief und ein tabellarischer Lebenslauf. Die ausführlichen Unterlagen wird das angeschriebene Unternehmen bei Interesse von Ihnen anfordern.

Achten Sie darauf, dass der Brief individuell wirkt. Deshalb sollten Sie zumindest eine besondere Einleitung finden, die nur auf das angeschriebene Unternehmen passt. Der sachliche Teil des Briefes kann dagegen immer wieder übernommen werden. Schreiben Sie besonders, warum Sie sich gerade bei diesem Unternehmen bewerben und warum Ihre Qualifikationen gerade dort gut gebraucht werden können.

Niels Harlesdorf 12.06.2002
Bergerstraße 56
85757 Karlsfeld
0992 123456

Karlsfelder Sparkasse
Niehausstraße 77–79

85757 Karlsfeld

Bewerbung

Sehr geehrte Damen und Herren,

mit diesem Brief bewerbe ich mich um eine Aushilfstätigkeit in Ihrem Hause.

Zurzeit stehe ich in der Abiturprüfung, die am 29. Juni 2002 abgeschlossen sein wird. Die Zeit vor der Einberufung zur Bundeswehr möchte ich sinnvoll nutzen und bereits ein wenig die Berufswelt und speziell das Geldgeschäft kennen lernen. Nach der Bundeswehrzeit möchte ich Betriebswirtschaft studieren.

Darf ich Sie zu einem Vorstellungsgespräch aufsuchen? Über Ihre Einladung freue ich mich.

Mit freundlichen Grüßen

Anlage
Lebenslauf

Andreas Weber Mainz, 15.08.2002
Werderplatz 5
55118 Mainz
06131 79242

Spedition Intertram
Postfach 4 42 28

55120 Mainz

Bewerbung um einen Ausbildungsplatz als Speditionskaufmann

Sehr geehrte Damen und Herren,

durch Zufall habe ich erfahren, dass die Spedition Intertram noch Auszubildende für den Beruf des Speditionskaufmanns einstellt.
Dieser Beruf interessiert mich sehr, da ich gern plane und organisiere, gleichzeitig aber auch Freude am Umgang mit Menschen habe.
Während meiner Schulzeit absolvierte ich bereits (vermittelt durch die Schule) ein Praktikum in einer kleinen Spedition. So konnte ich einen guten Einblick in die Aufgaben eines Speditionskaufmanns erhalten.

Zurzeit arbeite ich als Verkäufer in einem großen Kaufhaus, bin aber mit dieser Tätigkeit nicht zufrieden, da sie meinen Neigungen und Interessen nicht entspricht. Ich wäre sehr glücklich, meinen eigentlichen Traumberuf erlernen zu dürfen. Über die Einladung zu einem persönlichen Gespräch würde ich mich deshalb sehr freuen.

Mit freundlichen Grüßen

Anlagen

Nachfassbrief

Nachfassbriefe sind empfehlenswert, wenn das Unternehmen bereits seit einiger Zeit die Bewerbungsunterlagen hat und nichts von sich hören lässt. Es wäre möglich, dass Sie mit Ihrer Bewerbung in die engere Wahl gekommen sind und dass ein Anstoß, ein zusätzliches Argument die Entscheidung zu Ihren Gunsten beeinflussen könnte. Ein Beispiel für einen Nachfassbrief finden Sie im Folgenden:

Hans Schulz
Kirchplatz 24
25873 Oldersbek
Tel. 04848 123456

14.04.2003

Gebrüder Waldschütz GmbH
Urbanstraße 45–47

25873 Oldersbek

Ihre Stellenanzeige in der Oldersbeker Rundschau am 10.03.2003
Meine Bewerbung vom 14.03.2003

Sehr geehrte Damen und Herren,

auf Ihre ansprechende Anzeige haben Sie sicher sehr viele Bewerbungen bekommen. Da ich davon überzeugt bin, dass die ausgeschriebene Stelle genau meinen Fähigkeiten entspricht, möchte ich Sie mit diesem Brief noch einmal auf einen wichtigen Teil meiner Ausbildung aufmerksam machen, den ich in der Zwischenzeit abgeschlossen habe:

Neben der Berufsausbildung zum Elektrotechniker habe ich mich bis vor kurzem in Abendkursen zum Büromaschinentechniker schulen lassen. Ich könnte mir denken, dass diese Kenntnisse in modern eingerichteten Büros wie Ihren von großem Nutzen wären. Eine Kopie der Ausbildungsbescheinigung kann ich Ihnen nun nachreichen.

Ich würde mich freuen, wenn Sie mir Gelegenheit zu einer persönlichen Vorstellung geben würden.

Mit freundlichen Grüßen

Anlage

Der öffentliche Bereich

Allgemeine Bemerkungen

Behörden bemühen sich heute um mehr Kundenfreundlichkeit.

Die meisten Behörden schreiben heute kundenfreundlicher und verständlicher als noch vor wenigen Jahren. Sie signalisieren damit größere Kundennähe und bemühen sich um verbesserte Dienstleistung. Nicht zuletzt im eigenen Interesse, denn wer verständlich schreibt, muss weniger Fragen beantworten und bekommt schneller die gewünschte Antwort. Viele Behörden haben bereits erkannt: Verständlich schreiben macht vielleicht etwas mehr Mühe, spart auf lange Sicht aber viel Zeit.

Dennoch scheuen sich sogar sprachgewandte Menschen, einen Brief an eine Behörde zu schreiben. Warum? Wohl weil sie häufig glauben, sich an dem überkommenen Amtsdeutsch orientieren zu müssen, das die Behörden gerade abzuschaffen versuchen.

Bleiben Sie sachlich!

Genau dies sollten Sie jedoch vermeiden. Schreiben Sie an Behörden in einer sachlichen Sprache ohne Floskeln: nicht im veralteten »Kanzleideutsch« und auch nicht unterwürfig. Ohne Floskeln und Schnörkel zu schreiben lässt sich leichter verwirklichen als die Forderung nach Sachlichkeit. Sie haben sich vielleicht über das Verhalten eines Beamten geärgert und wollen sich bei seinem Vorgesetzten beschweren. Da ist es schwer, sich zurückzuhalten und seinen ärger sachlich und sogar höflich vorzutragen, aber erfolgreicher ist in jedem Fall der zurückhaltendere Brief. Wie im persönlichen Umgang mit Menschen, so ist es auch im Schriftverkehr: Beschimpfungen fördern nur den Widerstand des anderen.

Briefe an das Finanzamt

Bevor man an das Finanzamt schreibt, sollte man sich darüber klar sein, welchen Zweck man mit dem Brief verfolgt. Es wird zwischen folgenden Briefgruppen unterschieden:

Anträge
Einsprüche
Mitteilungen
Erklärungen
Beschwerden
Rechtsbehelfe
Fragen

Die Verwendung der genauen Begriffe ist zweckmäßig, jedoch keine Vorschrift. Eine Beschwerde wird auch dann als Beschwerde behandelt, wenn sie aus Versehen mit einem anderen Wort überschrieben ist. Wichtig ist nur, dass aus dem Brief klar hervorgeht, was der Schreiber will.

Achten sie darauf, dass die Anschrift des Finanzamtes stimmt. Bei falscher oder unvollständiger Anschrift kann es passieren, dass Ihr Brief mit Verzögerung befördert wird. Wenn bestimmte Fristen einzuhalten sind, kann das zu erheblichen Nachteilen führen.

Die Steuernummer sollten Sie auf jeden Fall angeben, damit Ihr Brief zügig an die richtige Stelle weitergeleitet wird.

Die übliche Anrede ist – wie im übrigen Schriftverkehr auch – *Sehr geehrte Frau …* oder *Sehr geehrter Herr …* Wenn Sie den Namen des Empfängers nicht wissen, schreiben Sie *Sehr geehrte Damen und Herren.*

Was sollte der Brief an das Finanzamt enthalten?

- Absender
- Datum
- Postalische Anschrift des Finanzamtes, wenn möglich mit Bezeichnung der Dienststelle, z. B.: Rechtsbehelfstelle, Lohnsteuerstelle
- in der Betreffzeile: Vollständige Steuernummer oder Listennummer und die Kurzbezeichnung der Angelegenheit
- in der Anrede: *Sehr geehrter Herr/Sehr geehrte Frau* + Name des Sachbearbeiters oder *Sehr geehrte Damen und Herren,*
- im Text: Sachliche Beschreibung der Angelegenheit: klare Formulierung des Antrags, des Einspruches, der Mitteilung, der Erklärung, der Beschwerde, des Rechtsbehelfs oder der Frage
- Begründung
- Beweismittel (falls vorhanden)
- Gruß
- Anlagenvermerk

Martina Wilke
Altenburgstraße 15
02826 Görlitz

17.06.2002

Finanzamt Görlitz
Einkommensteuerstelle
Frau Mona Schiller
Kirchstraße 20–22

02827 Görlitz

Steuernummer 26057/0345 2002
Einspruch gegen Lohnsteuernachzahlung

Sehr geehrte Frau Schiller,

hiermit erhebe ich Einspruch gegen die Feststellung der Lohnsteuernachzahlung im Lohnsteuerbescheid vom 14.06.2002. In der Abrechnung sind meiner Meinung nach Fehler bei der Berücksichtigung der Werbekosten vorhanden, weshalb ich um erneute Prüfung und möglicherweise Korrektur bitte. Die entsprechenden Belege füge ich in Kopie nochmals bei.

Für den Nachzahlungstermin bitte ich um Aufschub, bis ich einen neuen Lohnsteuerbescheid erhalte.

Mit freundlichen Grüßen

Anlagen

Hildbert Schuster 30.04.2003
Amselweg 14
54568 Gerolstein

Finanzamt Gerolstein
Einkommensteuerstelle
Janusallee 14–16

54568 Gerolstein

Steuernummer 29021/00372
Einkommensteuererklärung 2003

Sehr geehrte Damen und Herren,

da ich seit längerer Zeit krank bin, sehe ich mich nicht in der Lage, den Termin für die Abgabe der Einkommensteuererklärung einzuhalten. Das Attest des behandelnden Arztes habe ich diesem Schreiben beigelegt.

Ich bitte um Verlängerung der Abgabefrist.

Mit freundlichen Grüßen

Anlage
Attest Dr. Mühlenhaupt

Briefe an die Polizei

Bleiben Sie im Ton stets sachlich – auch wenn der Ärger groß ist.

Briefe an die Polizei können aus ganz verschiedenen Gründen notwendig werden. Es gibt deshalb kaum einen verbindlichen Aufbau für solche Schreiben, doch sollte man sie klar gliedern und möglichst in einem sachlichen Ton formulieren – selbst dann, wenn man sich bei der Polizei »Luft« über ein großes persönliches Ärgernis »machen« will. Dies kann der Fall sein, wenn man sich bei fortdauerndem Lärm in der Nachbarschaft, bei schlechten Park- oder Verkehrsführungsverhältnissen oder Ähnlichem Hilfe suchend an die nächste Polizeidienststelle wendet.

Ein anderer Fall sind Anzeigen, die man persönlich oder schriftlich bei der Polizei erstattet. Zwar nimmt üblicherweise die Polizei ein Protokoll zu einer Anzeige auf, doch kann eine schriftliche Schilderung des Vorfalls im Anzeigenbrief diese Arbeit erleichtern. Deshalb ist es wichtig, den Brief sorgfältig, wahrheitsgetreu und ausführlich zu formulieren.

Anrede

Die übliche Anrede ist auch hier *Sehr geehrte Damen und Herren,* es sei denn, Sie kennen den Namen der Polizeibeamtin oder des Polizeibeamten. Dann sprechen Sie diese direkt an, wobei Sie bei niedrigeren Dienstgraden selbst entscheiden können, ob Sie die Amtsbezeichnung in Anschrift und Anrede aufnehmen. Bei höheren Rängen setzt man die Amtsbezeichnung üblicherweise hinzu.

Gisela Konderrat 03.10.2002
Am Hermannshof 9
71364 Winnenden

Polizeidienststelle
Münsterstraße 20

71364 Winnenden

Sehr geehrte Damen und Herren,

durch die derzeit besondere Situation in der Straße Am Hermannshof (Kabelarbeiten der Deutschen Telekom AG) kommt es vor unserem Grundstück zu erheblichen Parkproblemen.

Die Bewohner der Häuser, vor denen sich die Baustelle befindet, sind gezwungen, ihre Fahrzeuge an anderer Stelle zu parken.
Dadurch ist die Einfahrt zum hinteren Teil meines Grundstückes immer wieder von parkenden Fahrzeugen verstellt.

Da ich diese Einfahrt benutzen muss, um Ware aus dem Lager zu holen, bitte ich Sie, für eine zusätzliche deutliche Beschilderung zu sorgen.
Nach Auskunft der Telekom werden die Bauarbeiten in etwa 4 Wochen abgeschlossen sein.

Vielen Dank für Ihr Verständnis und für Ihre Hilfe.

Mit freundlichen Grüßen

Hans-Dieter Schaller 29.09.2002
Erikaweg 15
56355 Nastätten

Polizeidienststelle
Hansaring 78

56355 Nastätten

Anzeige gegen unbekannt

Sehr geehrte Damen und Herren,

heute Morgen musste ich feststellen, dass unbekannte Täter an meinem Wagen (amtliches Kennzeichen EMS-R 732) alle vier Reifen zerstochen sowie die Antenne abgebrochen haben. Das Auto war in einer Anwohnerparkbucht vor unserem Haus im Erikaweg abgestellt.

Ich habe in der Nachbarschaft gefragt, ob jemand etwas beobachtet habe und ob weitere Fahrzeuge ähnliche Schäden hätten. Es ist aber von den Nachbarn nichts bemerkt worden, weitere Autos sind nicht beschädigt.

Bitte nehmen Sie meine Anzeige gegen unbekannt auf und ermitteln Sie entsprechend. Für Rückfragen stehe ich Ihnen telefonisch (06772 153) zur Verfügung.

Mit freundlichen Grüßen

Briefe an die Schule

In den meisten Fällen setzt man sich mit Lehrern und mit der Schulleitung wohl mündlich auseinander. An Elternabenden und in den Sprechstunden können alle Probleme besprochen werden. Manchmal jedoch ist ein Brief nicht zu umgehen. Für solche Fälle finden Sie im Folgenden Beispiele.

Bitte um Befreiung von einem Unterrichtsfach

Befreiung vom Sport- oder vom Religionsunterricht

Schüler können aus gesundheitlichen Gründen vom Sportunterricht befreit werden. Bei minderjährigen Schülern stellen die Eltern den Antrag, volljährige Schüler können die Befreiung selbst beantragen. Eine ärztliche Begutachtung muss dem Antrag beiliegen.

Auch vom Religionsunterricht können die Schüler auf Antrag befreit werden. Für Schüler unter 14 Jahren müssen die Eltern die Befreiung schriftlich beantragen, ab dem 14. Lebensjahr dürfen dies die Schüler (in den meisten Bundesländern) selbst tun. Die Teilnahme an einem Ersatzunterricht ist dann manchmal Vorschrift.

Werner Koch
Blisterstraße 63
87645 Schwangau

02.07.2002

Herrn Direktor
Norbert Meislen
Robert-Bosch-Gymnasium
Maximilianstr. 4

87645 Schwangau

Sehr geehrter Herr Direktor Meislen,

unsere Tochter Sabine hat sich entschieden, vom nächsten Schuljahr an nicht mehr am Religionsunterricht teilzunehmen.

Da sie erst 13 Jahre alt ist, beantrage ich ihre Befreiung vom Religionsunterricht. Für den Fall, dass Ersatzunterricht angeboten wird, würde Sabine gern am Ethikunterricht teilnehmen.

Vielen Dank.

Mit freundlichen Grüßen

Werner Koch 02.07.2002
Blisterstraße 63
87645 Schwangau

Herrn Direktor
Norbert Meislen
Robert-Bosch-Gymnasium
Maximilianstr. 4

87645 Schwangau

Sehr geehrter Herr Direktor Meislen,

gestern hat sich unser Sohn Dieter beim Fußballspielen einen Bänderriss zugezogen. Er wird deshalb nach Ansicht des Arztes voraussichtlich in den nächsten 6 Wochen nicht am Sportunterricht und auch nicht an Wandertagen teilnehmen können.

Das Attest von Dr. Westner habe ich beigelegt. Vielen Dank für Ihr Verständnis.

Mit freundlichen Grüßen

Anlage

Entschuldigungsschreiben

Wenn Ihr Kind wegen Krankheit oder aus anderen Gründen nicht am Unterricht teilnehmen kann, müssen Sie als die Eltern die Schule innerhalb von zwei Unterrichtstagen benachrichtigen. Spätestens nach drei Tagen sollten Sie im Krankheitsfall ein ärztliches Attest vorlegen.

Paul Krackenberg 12.09.2002
Hindenburgdamm 60
56729 Welschenbach

Städtisches Gymnasium
Herrn Studienrat
Lars Wenden
Adlerstraße 66–70

56729 Welschenbach

Sehr geehrter Herr Wenden,

unsere Tochter Elke liegt mit einer fiebrigen Erkältung im Bett. Der Arzt sagte, wir sollten sie frühestens in der nächsten Woche wieder zur Schule schicken.

Bitte entschuldigen Sie ihr Fehlen. Vielen Dank.

Mit freundlichen Grüßen

Volljährige Schüler können sich selbst entschuldigen. Im Entschuldigungsschreiben geben Sie Grund und voraussichtliche Dauer der Abwesenheit Ihres Kindes an. Muss es länger als drei Tage dem Unterricht fernbleiben, legen Sie ein Attest bei. Und: Vergessen Sie nicht, den Namen Ihres Kindes zu nennen!

Bitte um Beurlaubung

Wann kann, wann muss die Schule ein Kind beurlauben?

Nach den Länderbestimmungen sind kurzfristige Beurlaubungen vom Unterricht und von anderen Schulveranstaltungen erlaubt. Man unterscheidet zwischen Gründen, bei denen die Schule beurlauben *muss,* und anderen, bei denen sie beurlauben *kann.* Anspruch auf Beurlaubung besteht z. B. zur Teilnahme an Gottesdiensten – allerdings nicht jederzeit, sondern nur zu besonderen religiösen Feiern und an Feiertagen.

In folgenden Fällen kann die Schule entscheiden, ob sie den Schüler beurlaubt oder nicht: Sport- oder Musikunterricht außerhalb der Schule, Schüleraustausch, besondere familiäre Gründe, Berufspraktikum oder im dualen System die Teilnahme an Prüfungen oder betrieblichen Veranstaltungen.

Wenn es um eine eintägige Beurlaubung geht, schreiben Sie den Brief an den Klassenlehrer Ihres Kindes, geht es um längere Beurlaubungen, schreiben Sie an den Schulleiter. Vergessen Sie nicht, den Grund für Ihre Bitte anzugeben.

Bitte um Besprechungstermin

Sie haben ein Recht auf eine persönliche Auskunft!

Eltern haben gegenüber der Schule ein Informationsrecht. Dadurch will der Gesetzgeber erreichen, dass Eltern und Schule in ihrer gemeinsamen Erziehungsaufgabe sinnvoll zusammenarbeiten.

Persönliche Angelegenheiten müssen individuell mit den betroffenen Eltern und Schülern besprochen werden. Dazu gehören Informationen über die Lernentwicklung eines Schülers, über sein Verhalten gegenüber den Mitschülern und über die Bewertung seiner Leistungen. Eltern brauchen sich nicht mit den üblichen Schulzeugnissen oder einem »blauen Brief« als Vorwarnung zufrieden zu geben. Sie haben ein Recht auf persönliche Auskunft und Beratung.

Bitten Sie den Lehrer frühzeitig um einen Besprechungstermin. Entweder schlagen Sie ihm einen Termin vor oder Sie bitten ihn um einen Termin. Teilen Sie schon im Brief mit, um welche Themen es in der Besprechung gehen soll, dann kann sich der Lehrer darauf vorbereiten.

Robert Lahr
Kantstraße 4
33165 Lichtenau

09.09.2002

Hauptschule Lessingstraße
Frau Ingeborg Graven
Lessingstraße 45

33165 Lichtenau

Sehr geehrte Frau Graven,

am 20. September feiern meine Frau und ich im großen Familienkreis die silberne Hochzeit. Die Feier wird in Bad Oeynhausen stattfinden und bereits um 10 Uhr morgens beginnen.

Deshalb bitte ich Sie, unseren Sohn Matthias für den 20. September vom Unterricht zu beurlauben. Wir sorgen dafür, dass Matthias den versäumten Unterrichtsstoff nachholt.

Vielen Dank für Ihr Verständnis.

Mit freundlichen Grüßen

Hanna Meilcher 10.03.2003
Ingolfweg 55
01665 Mehren

Wilhelm-Leuschner-Realschule
Herrn Fritz Lenoir
Schulstraße 10

01665 Mehren

Sehr geehrter Herr Lenoir,

die schulische Entwicklung unserer Tochter Jutta macht uns Sorgen, denn in den letzten 3 Monaten haben ihre Leistungen in allen Fächern sehr nachgelassen.

Wir möchten uns mit Ihnen beraten, damit wir Jutta sinnvoll helfen können, und bitten Sie um einen Besprechungstermin in den nächsten Tagen. Am besten würde es uns werktags nach 18 Uhr passen.

Vielen Dank für Ihre Mühe.

Mit freundlichen Grüßen

Der geschäftliche Bereich

Allgemeine Bemerkungen

Kunden-freundliches Schreiben

Ähnlich wie bei den Behörden ist man heute auch im geschäftlichen Bereich darum bemüht, klar und kundenfreundlich – d.h. weniger steif und floskelhaft – zu schreiben. Ein Brief lässt immer Rückschlüsse auf den Schreiber zu. Um also einen guten Eindruck zu machen, ist es wichtig, sich inhaltlich und sprachlich einwandfrei auszudrücken und in der Wortwahl zeitgemäß zu sein. Mängel in der Rechtschreibung und in der grammatikalischen Korrektheit könnten z.B. einen potenziellen Kunden negativ beeinflussen.

Was die Formalien und die Gestaltung eines Geschäftsbriefes angeht, so gilt hier eine strengere Normierung als im privaten oder öffentlichen Bereich. Genaue Angaben hierzu finden Sie im Kapitel »Das kleine 1 × 1 des Briefeschreibens« und in der DIN-Norm 5008 – Schreib- und Gestaltungsregeln für die Textverarbeitung.

Briefe von Privatkunden an Unternehmen

Formular oder Brief?

So sehr sich Unternehmen um einen reibungslosen Service für ihre Kunden bemühen, kann es doch hin und wieder zu Pannen kommen. In manchen Fällen (z.B. bei der Post oder auf Bahnhöfen) bekommen Sie als Kunde Formulare, die Sie nur noch auszufüllen brauchen. Das erleichtert beiden Seiten die Mühe: Sie müssen nicht umständlich einen Brief aufsetzen und die Bearbeiter sehen sofort, was Sie möchten, und haben alle zur Bearbeitung erforderlichen Unterlagen.

Exakte Angaben sind wichtig!

In den meisten Fällen können Sie die Anträge und Aufträge auch frei formulieren. Auf den folgenden Seiten finden Sie Muster für häufiger vorkommende Fälle. Achten Sie bei Ihren Briefen auf genaue Postanschrift und exakte Angaben (Datum, Bearbeitungsnummern, Telefonnummern und Beträge)!

Individuelle Reklamationen

Für individuelle Reklamationen oder Beschwerden gibt es keine Formulare oder Vordrucke – hier müssen Sie selbst zum Stift greifen beziehungsweise sich an Schreibmaschine oder PC setzen. Ein Tipp: Schreiben Sie nicht im ersten, verständlichen Zorn, denn mit diesem Brief würden Sie Ihrem Herzen Luft machen, aber viel weniger bewirken als mit einem Brief in ruhigem, sachlichem Ton. Beschreiben Sie klar, was vorgefallen ist, und teilen Sie dem Empfänger mit, was Sie erwarten: Ihre Beschwerde oder Reklamation muss ein Ziel haben.

Reklamationen

Reklamationen und Beschwerden am besten schriftlich!

Sie haben entdeckt, dass ein Geschäft oder eine Firma einen Fehler gemacht hat, oder sind der Meinung, ein Angestellter habe sich falsch verhalten. In beiden Fällen empfiehlt es sich, die Reklamation oder Beschwerde schriftlich vorzubringen. Dann haben Sie einen Beleg in der Hand und die betroffene Einrichtung muss auf jeden Fall auf Ihren Brief antworten.

Schildern Sie im ersten Teil Ihres Briefes genau den Sachverhalt, und fügen Sie dann Ihre Wünsche oder Forderungen an. Unter Umständen können Sie noch mitteilen, was Sie tun werden, wenn der reklamierte Mangel nicht innerhalb einer bestimmten Frist abgestellt wird.

Auf den folgenden Seiten finden Sie zwei Musterbriefe. Im ersten Brief wird eine zu hohe Telefonrechnung reklamiert, der zweite Brief enthält eine Beschwerde über das Verhalten eines Postangestellten. Wenn Ihnen der Betrag auf der Telefonrechnung zu hoch erscheint, begründen Sie dies – am besten mit einem Hinweis auf die Rechnungen der Vormonate oder des Vergleichsmonats im Vorjahr. Noch besser ist es, wenn Sie mithilfe eines Gebührenzählers die tatsächlichen Einheiten den berechneten Gebühren gegenüberstellen können.

Hinweis:

Die Telefonrechnung muss zunächst bezahlt werden, unabhängig davon, ob Sie mit Ihrer Reklamation Recht bekommen oder nicht. Denn wenn die Rechnung nicht bezahlt wird, treten automatisch die Verzugsfolgen ein: Die Telekom berechnet eine Verspätungsgebühr, bei Einzugsermächtigungen können Ihnen die Gebühren für die Rücklastschrift berechnet werden und die Telekom kann Ihren Telefonanschluss sperren, wofür ebenfalls Gebühren fällig werden.

Ulla Jakobsen 20.10.2002
Lagerstraße 77
21442 Toppenstedt

Deutsche Telekom AG
Buchungsstelle
Hauptallee 10–14

21442 Toppenstedt

Rechnung Oktober 2002 vom 17.10.2002
Buchungskonto 923000091827

Sehr geehrte Damen und Herren,

vermutlich hat sich in die Oktoberrechnung ein Fehler eingeschlichen. Sie haben 1456 Gebühreneinheiten berechnet. Das sind 987 Einheiten mehr als im Vormonat und sogar 1190 Einheiten mehr als im Oktober des Vorjahres.

Durchschnittlich haben wir etwa 500 Einheiten im Monat. Bitte prüfen Sie die Rechnung und überweisen Sie den irrtümlich abgebuchten Betrag auf unser Konto.

Vielen Dank.

Mit freundlichen Grüßen

Peter Maurer 13.12.2002
Römerstr. 13
69126 Heidelberg

Deutsche Post AG
Niederlassung Filiale 485-1
Czernyring 15

69115 Heidelberg

Sehr geehrte Damen und Herren,

seit über 10 Jahren bin ich Kunde Ihrer Postfiliale in Heidelberg, Römerstraße 2. Bisher bin ich von Ihren Angestellten immer gut betreut worden.

Am 02.12.2002 um 11.45 Uhr, also kurz vor der Mittagspause, habe ich zwei Päckchen aufgegeben. Auf dem Heimweg fiel mir ein, dass ich die Anschriftenaufkleber verwechselt hatte, ein Fehler, der böse Folgen gehabt hätte. Als ich wieder beim Postamt ankam, war es bereits nach 12 Uhr und die Eingangstür war geschlossen. Durch Klopfen machte ich mich bemerkbar, aber Frau Meurer, die sich im Schalterraum aufhielt, machte keine Anstalten, die Tür noch einmal zu öffnen. Ich rief schließlich durch die geschlossene Tür, dass ich nur die beiden Päckchen zurückhaben wollte. Frau Meurer rief zurück: »Da können Sie lange klopfen!«

Ich musste bis 15 Uhr warten, um meine Päckchen abzuholen. Ein Zeitverlust, den man leicht hätte vermeiden können.

Die Deutsche Post ist ein modernes Dienstleistungsunternehmen, das seine Kunden mit ausgereifter Technik bedient – sollte da nicht auch der Umgang mit den Kunden entsprechend sein? Weisen Sie bitte Ihre Mitarbeiter darauf hin, dass es Situationen geben kann, in denen für das Image der Post ein Entgegenkommen wichtiger ist als die genaue Einhaltung der Mittagspause.

Mit freundlichen Grüßen

Manfred Kühn
Engelbertstraße 11
68309 Mannheim

29.04.2002

Hermes Versand Service
– Kundenservice –
Essener Straße 89

22419 Hamburg

Beschädigtes Gepäckstück

Sehr geehrte Damen und Herren,

bei meiner letzten Reise wurde ein Koffer so beschädigt, dass er unbrauchbar geworden ist.

Leider konnte ich den Schaden bei der Übergabe nicht sofort feststellen, weil sich der Riss an der Seite befindet. Vermutlich ist er durch einen scharfen Gegenstand verursacht worden.

Der Koffer ist aus Leder und hat vor 2 Jahren 289,00 DM gekostet. Eine Rechnungskopie und eine Kopie des Gepäckscheins habe ich diesem Brief beigelegt.

Die Reise fand statt am 26.04.2002 mit dem ICE 77 von Mannheim nach Karlsruhe, Abfahrtszeit 16.43 Uhr.

Ich bitte den entstandenen Schaden zu ersetzen.

Mit freundlichen Grüßen

Anlagen
Rechnungskopie
Gepäckschein

Liselotte Philander 05.05.2003
Marktplatz 56
44141 Dortmund

Hauptbahnhof Dortmund
Fundbüro

44137 Dortmund

Verlust eines Gepäckstückes

Sehr geehrte Damen und Herren,

bei meiner Reise am 30. April 2003 habe ich in einem Abteil 2. Klasse im vorderen Zugteil einen kleinen Koffer vergessen.

Reisebeginn: 8.39 Uhr in Dortmund
Reiseende: 12.23 Uhr in Mannheim

Der Koffer ist aus dunkelbraunem Kunstleder und hat zwei Riemen mit Schnallen. Er enthält Bücher und Fotokopien.

Falls er bei Ihnen abgegeben wurde, teilen Sie mir bitte mit, wo ich ihn abholen kann. Die darin befindlichen Unterlagen sind für meine Arbeit sehr wichtig.

Vielen Dank.

Mit freundlichen Grüßen

Briefe an Versicherungen

Mit Versicherungen stehen viele Menschen in Briefkontakt, was nicht ungewöhnlich ist, da es genug Anlässe für Briefwechsel gibt. Der Anlass zum Schreiben kann u.a. eine kurze Änderungsmitteilung sein, z.B. bei Wohnungswechsel, Wechsel der Bankverbindung oder im Bezugsrecht. Oder man meldet seiner Hausratversicherung, der Haftpflichtversicherung usw. einen Schaden und bittet um Kostenerstattung. Schließlich gibt es auch Kündigungsschreiben an Versicherungen.

Die Angabe der Versicherungsnummer ist wichtig.

Beim Schriftverkehr mit Versicherungen ist es sehr wichtig, in der Betreffzeile immer die genaue Bezeichnung der Versicherung und die Versicherungsnummer zu nennen. Nur dann ist eine schnelle Zuordnung Ihres Briefes zu der zuständigen Sachbearbeiterin oder dem Sachbearbeiter möglich. Wenn Sie Ihre Sachbearbeiter kennen, sollten Sie sie in der Anschrift und der Anrede direkt nennen – so ist ein persönlicher Bezug möglich, der die Bearbeitung von Schadensfällen zwischen Versicherer und Versicherungsnehmer unter Umständen erleichert.

Jutta und Heinz Leistner 25.02.2003
Im Reisig 10
07745 Jena

Securitas Versicherungs AG
Herrn Jost Meier
Lange Straße 17–19

81547 München

Haftpflichtversicherung W-1309-156
Schadensmeldung

Sehr geehrter Herr Meier,

gestern hat unser Sohn Matthias beim Ballspielen im Garten durch einen kräftigen Ballschuss die rechte Glaswand des Gewächshauses unseres Nachbarn zerstört. Dadurch ist nicht nur nachbarlicher Ärger, sondern auch ein erheblicher Sachschaden entstanden, der sich nach einer ersten Schätzung auf etwa 750,– EUR beläuft.

Bitte nehmen Sie diese Schadensmeldung auf. Sobald wir von unserem Nachbarn die Reparaturrechnung erhalten, werden wir diese zur Erstattung an Sie weiterleiten. Vielen Dank für Ihre Hilfe.

Mit freundlichen Grüßen

Sebastian Stocker
Schillerstraße 55 a
66128 Saarbrücken

13.05.2003

Bayerische Rentenanstalt
Versicherungs AG
Postfach 12 50

86152 Augsburg

Lebensversicherung 13/220536/LV
Änderungsmitteilung

Sehr geehrte Damen und Herren,

ich habe geheiratet und möchte aus diesem Grund das Bezugsrecht für meine Lebensversicherung von meiner Schwester auf meine Frau übertragen.

Bitte nehmen Sie deshalb als Bezugsberechtigte im Todesfall Frau Eva Neuwald-Stocker, geboren am 17.08.1968, auf.

Vielen Dank für Ihre Bemühungen.

Mit freundlichen Grüßen

Voranfrage

Wenn die Anfrage für den Interessenten sehr aufwendig ist oder wenn die Ausarbeitung des Angebots für den möglichen Anbieter sehr viel Arbeit macht, kann man zunächst eine Voranfrage an verschiedene Anbieter versenden. Damit wird geklärt, welche Anbieter bereit sind, ein Angebot auszuarbeiten.

Was sollte die Voranfrage enthalten?

- Anschrift
- Datum
- Anrede
- Erklärung, wie man auf den Anbieter aufmerksam geworden ist
- Vorstellung des eigenen Unternehmens
- Art und Umfang des bevorstehenden Auftrags
- Art der Ware oder Dienstleistung
- Terminplan: Angebotsabgabe, Liefertermin
- Frage, ob der Anbieter zur Angebotsabgabe bereit ist
- Termin, bis zu dem die Antwort vorliegen muss
- Gruß

Antwort auf Voranfrage

Beantworten Sie die Voranfrage so genau wie möglich.

Mit der Voranfrage klärt der Interessent, welche Anbieter für seine Problemlösung infrage kommen. Damit er sich ein klares Bild von Ihrer Leistungsfähigkeit machen kann, sollten Sie alle Fragen möglichst genau beantworten. Die Antwort auf eine Voranfrage ist Information und Selbstdarstellung zugleich. Gleichgültig, ob die Information positiv oder negativ ist – für einige Worte über das eigene Unternehmen, die Angebotspalette oder die Leistungsfähigkeit ist immer Platz.

Wichtig: Lassen Sie nichts Positives aus, auch wenn Sie den Eindruck haben, es sei nebensächlich, denn der Interessent bekommt viele Antworten auf seine Voranfrage und kann in den meisten Fällen nur auf der Grundlage dieser Briefe entscheiden.

In der folgenden Übersicht sind beide Fälle berücksichtigt: die Zusage und die Absage. Seien Sie in jedem Fall darauf bedacht, Ihre Leistungsbereitschaft und Ihr Interesse an der Zusammenarbeit zu bekunden. Wenn Sie in der Absage nur schreiben: »Wir können zurzeit keine wei-

Briefkopf (Form B nach DIN 676)

Feld für Postanschrift des Absenders

MORAG CORPORATION
Gartenstraße 4

25776 Schlichting

Ihr Zeichen:
Ihre Nachricht vom:
Unser Zeichen: PD-WA

Telefon: 069 1234-56
Telefax: 069 1234-78
E-Mail: petra.diemel@müller.de

Datum: 28.05.2003

Voranfrage

Sehr geehrte Damen und Herren,

von einem Geschäftspartner erhielten wir eine Empfehlung für Ihr Unternehmen. Deshalb bitten wir heute um Ihr Angebot für 12 PCs, die unsere veralteten Geräte im Kundendienst ersetzen sollen.

Unsere Erwartungen:

- Netzwerklösung für alle PCs (mit DVD-Laufwerken)
- Datensicherungseinrichtung (Streamer)
- Farbbildschirme, 17"
- Laserdrucker
- modernes Betriebssystem mit bedienerfreundlicher Oberfläche
- Textverarbeitungssoftware (muss leicht erlernbar und komfortabel sein), im Paket mit
- üblicher weiterer Software für den Office-Bereich

Die Schulung unserer Mitarbeiterinnen sollte der Lieferant ebenfalls übernehmen. Auch hierzu erbitten wir Ihr Angebot.

Bitte geben Sie bei Interesse Ihr Angebot bis zum 10.06.2003 ab. Für Rückfragen steht Ihnen Frau Weber (Tel. -125) gerne zur Verfügung.

Mit freundlichen Grüßen

teren Aufträge annehmen«, dann ist die Aussicht auf eine zweite Voranfrage sehr gering. Bedauern Sie ausdrücklich, dass Sie in diesem Fall kein Angebot abgeben können, und erklären Sie Ihre Bereitschaft für die Zukunft.

Was sollte die Antwort auf eine Voranfrage enthalten?

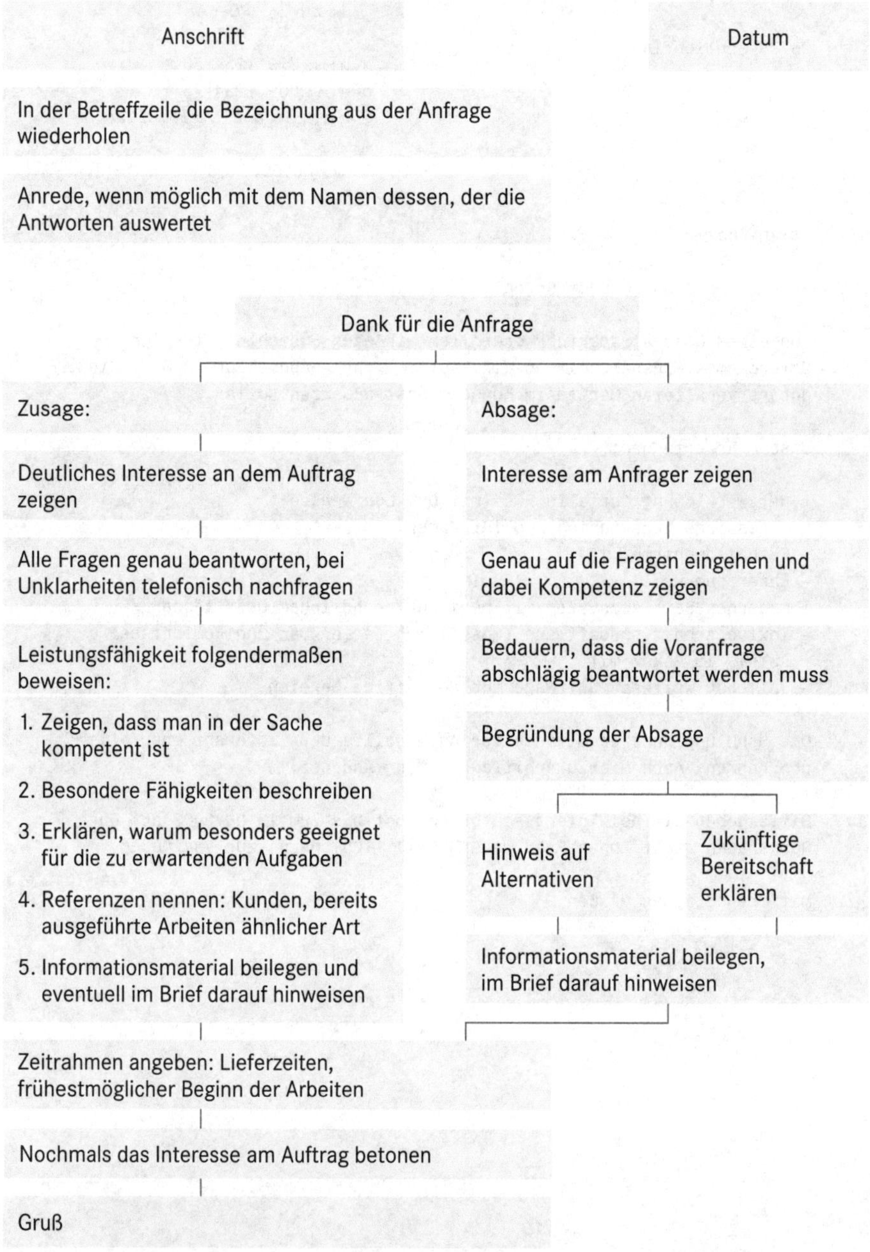

Anschrift

Datum

In der Betreffzeile die Bezeichnung aus der Anfrage wiederholen

Anrede, wenn möglich mit dem Namen dessen, der die Antworten auswertet

Dank für die Anfrage

Zusage:

Deutliches Interesse an dem Auftrag zeigen

Alle Fragen genau beantworten, bei Unklarheiten telefonisch nachfragen

Leistungsfähigkeit folgendermaßen beweisen:

1. Zeigen, dass man in der Sache kompetent ist
2. Besondere Fähigkeiten beschreiben
3. Erklären, warum besonders geeignet für die zu erwartenden Aufgaben
4. Referenzen nennen: Kunden, bereits ausgeführte Arbeiten ähnlicher Art
5. Informationsmaterial beilegen und eventuell im Brief darauf hinweisen

Absage:

Interesse am Anfrager zeigen

Genau auf die Fragen eingehen und dabei Kompetenz zeigen

Bedauern, dass die Voranfrage abschlägig beantwortet werden muss

Begründung der Absage

Hinweis auf Alternativen

Zukünftige Bereitschaft erklären

Informationsmaterial beilegen, im Brief darauf hinweisen

Zeitrahmen angeben: Lieferzeiten, frühestmöglicher Beginn der Arbeiten

Nochmals das Interesse am Auftrag betonen

Gruß

Briefkopf (Form B nach DIN 676)

Feld für Postanschrift des Absenders

Ratofex-Werke
Frau Galaer
Postfach 1 30

87534 Oberstaufen

Ihr Zeichen: Ga-Di
Ihre Nachricht vom: 12.08.2003
Unser Zeichen: Bo-Wa

Name: Horst Bormann
Telefon: 089 2357-148
Telefax: 089 2357-142
E-Mail: Horst.Bormann@skv.de

Datum: 20.08.2003

Ihre Voranfrage vom 12.08.2003

Sehr geehrter Frau Galaer,

für Ihr Interesse an unseren Produkten danken wir Ihnen. Unsere Leistungsfähigkeit wird Sie bestimmt überzeugen – können wir mit unserer Angebotspalette doch genau Ihre Anforderungen erfüllen.

Da wir in den nächsten zwei Monaten genügend Kapazitäten frei haben, können wir Ihren Auftrag zuverlässig und schnell ausführen.

Unser Unternehmen nimmt, obwohl es erst seit 1998 besteht, bereits eine führende Stellung in der Branche ein: Unsere Kunden schätzen uns wegen unserer Zuverlässigkeit und Innovationskraft. Wesentliche Neuerungen auf dem Sektor wurden von uns entwickelt.

Aufträge in einem Umfang, wie Sie ihn ankündigten, haben wir im vergangenen Jahr mehrfach erfolgreich ausgeführt. Durch unsere neue Fertigungshalle ist eine noch effektivere und kostengünstigere Fertigung möglich. Ein Vorteil, der uneingeschränkt unseren Großkunden zugute kommt. Eine Referenzenliste haben wir Ihnen beigelegt.

Haben Sie Interesse an einer Zusammenarbeit? Dann erstellen wir gern unser Angebot für Sie.

Mit freundlichen Grüßen

Briefkopf (Form B nach DIN 676)

Feld für Postanschrift des Absenders

Hermann Weier & Co.
Herrn Ludger Schulz
Erasmusstraße 34–36

49843 Wielen

Ihr Zeichen: sz-ki
Ihre Nachricht vom: 15.06.2003
Unser Zeichen: WB-TL

Telefon: 05948 9933-56
Telefax: 05948 9933-57
E-Mail: Walter.Bär@Glaserei-Hahn.de

Datum: 21.06.2003

Ihre Voranfrage vom 15.06.2003

Sehr geehrter Herr Schulz,

bevor wir ausführlich auf Ihre Voranfrage eingehen, danken wir Ihnen herzlich für Ihr Interesse. Wir sind gerne bereit, für Sie zu arbeiten.

Seit 6 Jahren stellen wir Verbundsicherheitsglas her. Die Qualität unseres Glases übertrifft sogar die Anforderungen der DIN 52 290 für die Widerstandskraft gegen Durchwurf, Durchbruch und Durchschuss. Zudem ist es schallschluckend und durch den Wärmeschutz energiesparend.

Wir fertigen das Glas in jeder gewünschten Größe bis 4 x 4 Meter. Auf dem Bausektor haben wir uns mit rationellen, kostengünstigen und pfiffigen Lösungen für die Altbausanierung im privaten und gewerblichen Bereich einen Namen gemacht. Einige Fotos von ausgeführten Aufträgen der letzten Monate liegen diesem Brief bei. Sie sehen darin, dass gerade die individuellen Arbeiten unsere Spezialität sind.

Selbstverständlich können Sie die Sicherheitsgläser mit einer Alarmanlage verbinden: Drahteinlagen oder eingebrannte Schleifen, je nach Ihren Wünschen und den Gegebenheiten der Anlage, lösen den Alarm aus.

Bitte senden Sie uns Ihre detaillierte Anfrage – wir erstellen Ihnen umgehend ein interessantes Angebot.

Mit freundlichen Grüßen

Briefkopf (Form B nach DIN 676)

Feld für Postanschrift des Absenders

Klackler Werke KG
Herrn Bernd Schieferdecker
Humpertallee 300–310

63796 Kahl am Main

Ihr Zeichen:
Ihre Nachricht vom: 22.01.03
Unser Zeichen: Ro-Hn

Name: Peter Rost
Telefon: 069 7475-76
Telefax: 069 7475-77
E-Mail: Peter.Rost@Synthetics.de

Datum: 31.01.03

Ihre Voranfrage vom 22.01.2003

Sehr geehrter Herr Schieferdecker,

vielen Dank für Ihre Voranfrage. Die Ausweitung der Geschäftsbeziehungen mit Ihnen ist uns wichtig. Wir hätten Ihnen auch gerne ein Angebot über 1000 m^2 Kunstrasen erstellt, aber wir arbeiten mit unserem bisherigen Lieferanten nicht mehr zusammen, weil die Güte des Materials nicht mehr unseren Vorstellungen entspricht.

Sie sind von uns gute Qualität gewohnt und aus diesem Grund könnten wir es nicht verantworten, Sie mit einem weniger strapazierfähigen Produkt zu beliefern. Wir stehen jedoch bereits in Verhandlung mit einem anderen Anbieter.

Sobald die Materialprüfung und die Preisgespräche abgeschlossen sind – Termin ist voraussichtlich Frühjahr 2003 – und die Ergebnisse positiv sind, stehen wir Ihnen für Aufträge gerne wieder zur Verfügung.

Vielleicht hören wir schon bald von Ihnen?

Mit freundlichen Grüßen

Anfrage

Anfragen versendet man, um Angebote zu erhalten und auf dieser Grundlage aus einer großen Zahl von Anbietern einige geeignete auszuwählen. Zu unterscheiden ist zwischen allgemeinen Anfragen und bestimmten Anfragen.

Allgemeine Anfragen

Mit der allgemeinen Anfrage verschafft man sich einen ersten Überblick über die Waren oder Leistungen des Anbieters: Man bittet um Prospekte, Kataloge oder Vertreterbesuch.

Was sollte die allgemeine Anfrage enthalten?

- Anschrift
- Datum
- [In der Betreffzeile:] *Anfrage*
- Anrede
- Information, wie man auf diesen Anbieter aufmerksam geworden ist
- Bitte um Katalog/Prospekte/Informationsmaterial, Preisliste, Preisstaffel, Verkaufs- und Lieferbedingungen, d. h. die vollständigen Verkaufsunterlagen
- Hinweis auf längerfristige Zusammenarbeit
- Dank im Voraus
- Gruß

Bestimmte Anfrage

Mit der bestimmten Anfrage informiert man sich über eine bestimmte Ware oder Dienstleistung. Um möglichst genaue und somit vergleichbare Angebote zu erhalten, muss man die Anfrage sorgfältig formulieren.

Was sollte eine bestimmte Anfrage enthalten?

- Anschrift
- Datum
- [In der Betreffzeile:] *Angebotsanforderung*
- Anrede
- Information, wie man auf diesen Anbieter aufmerksam geworden ist
- Aufforderung zum Angebot
- Genaue Bezeichnung der gewünschten Ware (zum Beispiel Menge, Qualität, Farbe) oder Dienstleistung (zum Beispiel Umfang, Termin, Qualität); Termin, bis zu dem man das Angebot haben möchte
- Bitte um Nennung der Verkaufs- und Lieferbedingungen und um Zusendung der vollständigen Verkaufsunterlagen

- Angabe, bis wann man die Ware oder Dienstleistung benötigt
- Hinweis auf längerfristige Zusammenarbeit
- Dank im Voraus
- Gruß

Diese Punkte können Sie zusätzlich in die Anfrage aufnehmen:
- Preise von Verbrauchsmaterial und Ersatzteilen erbitten
- Frage nach Verpackungsart und -kosten
- Frage nach der Wartung
- Hinweis auf künftigen Bedarf
- Referenzen und weitere Informationen über den Anbieter erbitten

Briefkopf (Form B nach DIN 676)

WINCO WERKZEUGE GmbH
Uhlandstraße 170

91438 Bad Windsheim

Ihr Zeichen, Ihre Nachricht vom	Unser Zeichen, unsere Nachricht vom	Telefon, Name 0911 7372-	Datum
	Ra-Wd	711 Petra Ranost	2002-10-11

Anfrage Werkzeugkästen

Sehr geehrte Damen und Herren,

durch Ihre Anzeige im »Werkmarkt«, Ausgabe 9/12, sind wir auf Ihr Unternehmen aufmerksam geworden.

Bitte schicken Sie uns den Katalog und die Preisliste Ihres Sortiments einschließlich Verkaufs- und Lieferbedingungen. Außerdem benötigen wir (Staffel-)Preis für Abnahmemengen von 1.000, 3.000 und 5.000 Stück, alternativ den Preis für einen Abrufauftrag für 5.000 Stück bei einer Mindestabrufmenge von 500 Stück.

Mit freundlichen Grüßen

Briefkopf (Form B nach DIN 676)

Feld für Postanschrift des Absenders

Hansen Data
Computer-Service
Karolingerstraße 49

51465 Bergisch Gladbach

Ihr Zeichen:
Ihre Nachricht vom:
Unser Zeichen: Ki-We

Bearbeiter: Herr Kinzig
Telefon: 02204 765-321
Telefax: 02204 765-320

Datum: 2002-02-07

Angebotsanforderung

Sehr geehrte Damen und Herren,

wir bitten um ein Angebot für einen PC mit folgenden technischen Daten:

– Pentium-4-Prozessor
– 512 MB Arbeitsspeicher
– 80 GB Festplatte
– 3-D-Grafikkarte
– DVD-Brenner
– DVD-Laufwerk
– ISDN-Karte
– Maus
– 17"-Bildschirm

Geben Sie uns bitte Ihre Lieferzeit, die Gewährleistung und Ihre Zahlungsbedingungen an. Wie lange halten Sie sich an das Angebot gebunden?

Bitte senden Sie Ihr Angebot – mit Verkaufs- und Lieferbedingungen – bis zum 01.08.2002.

Vielen Dank im Voraus.

Mit freundlichen Grüßen

Angebot

Ein Angebot kann unaufgefordert an einen (möglichen) Kunden geschickt werden, es kann aber auch auf Anfrage erstellt sein. Deshalb unterscheidet man zwischen nicht angeforderten (sog. Blindangeboten) und angeforderten Angeboten.

Es gibt keine Vorschriften, in welcher Form das Angebot erstellt werden muss, aber es ist sinnvoll, sich nach einem inhaltlichen Konzept zu richten, damit man nichts Wichtiges vergisst: Das Angebot auf Anfrage soll genau auf die Fragen des Kunden eingehen, das Blindangebot muss so genau und umfassend sein, dass der Kunde nicht weitere Informationen einholen muss.

Was soll das Angebot enthalten?

- In der Betreffzeile Datum und Nummer des Angebots
  (nur bei angeforderten Angeboten und auch dann nur, wenn es sich um einen größeren Geschäftsumfang handelt)
- Dank für das Interesse (bei angeforderten Angeboten)/ein interessanter Einleitungssatz, der zum Weiterlesen reizt (bei Blindangeboten – bitte lesen Sie dazu auch unter »Der Werbebrief« nach)
- Genaue Angaben über Art, Beschaffenheit, Güte, Menge und Preis der Ware oder Dienstleistung
  Wichtig: Den Zusatz »inkl. MwSt.« bei Preisangaben sehen einige Gerichte als irreführende Werbung mit Selbstverständlichkeiten an.
- Befristung des Angebots
  Gibt der Anbieter sein Angebot in Form eines Briefes ab, so gelten als Zeitraum der Annahme üblicherweise 7 Tage, bei einem gefaxten Angebot kann er die Annahme innerhalb von 24 Stunden erwarten. Das Angebot kann auch zeitlich begrenzt werden
- Einschränkung des Angebots
  Ein Angebot ohne Einschränkung bindet den Anbieter voll. Einschränken kann er es mit den Worten *unverbindlich, freibleibend* oder *ohne Obligo*. Eine andere Möglichkeit ist die ausdrückliche Einschränkung einzelner Angebotsteile.
- Erfüllungsort (z. B. *frei Haus, frei Station, ab Werk*)
- Verkaufs- und Lieferbedingungen
  Hinweis auf die umseitigen/beiliegenden Bedingungen
- Gegebenenfalls Hinweis auf besonders wichtige Teile in der Anlage (z. B. auf die bestimmte Seite in einem beiliegenden Prospekt)

Briefkopf (Form B nach DIN 676)

Le Fromage
Herrn Julien Lefèvre
Marktstraße 4

54570 Densborn

Ihr Zeichen, Ihre Nachricht vom	Unser Zeichen, unsere Nachricht vom	Telefon, Name 0251 8765-	Datum
	DA-GD	432, Dorit Amann	2002-20-11

Angebot 375 für Ladeneinrichtung und Lagersysteme

Sehr geehrter Herr Lefèvre,

wie telefonisch angekündigt, erhalten Sie heute unser Angebot für:

2 Verkaufstheken »Visa«, je 3 m lang mit Glasvitrine und Kühlmaschine gemäß unserem Prospekt	8.300,00 EUR
4 Lagerregale Typ 230, 5 x 2,30 m mit je 7 Einlegeböden	2.600,00 EUR
	10.900,00 EUR

Alle Preise zuzüglich Mehrwertsteuer. Lieferung frei Haus.
Dieses Angebot gilt bis zum 15.12.2002.

Wir liefern wie gewünscht in der 2. Kalenderwoche 2003.

Zahlung innerhalb von 14 Tagen: 2 % Skonto, innerhalb von 30 Tagen ohne Abzug.

Bitte beachten Sie auch unsere Verkaufs- und Lieferbedingungen, die wir Ihnen beifügen.

Mit freundlichen Grüßen

Briefkopf (Form B nach DIN 676)

Feld für Postanschrift des Absenders

AUTOHAUS BERMERING
Herrn Gert Bermering
Rathausplatz 33 a

01824 Rathen

Ihr Zeichen: ber-lb
Ihre Nachricht vom: 05.12.2002
Unser Zeichen: Stp-Kun

Bearbeiter: Klaus Stapelt
Telefon: 0351 7895-426
Telefax: 0351 7895-555

Datum: 11.12.2002

Ihre Anfrage vom 05.12.2002
Angebot Nr. AN-9432

Sehr geehrter Herr Bermering,

vielen Dank für Ihre Anfrage. Sie haben Recht: Als Hersteller hochwertiger Trennwände, Stellwände und Verkaufsregale sind wir auf die Einrichtung von Präsentationsräumen spezialisiert. Für Ihr Umbauvorhaben eignet sich unsere Systemwand DEMOTEKEL besonders gut.

DEMOTEKEL ist aufgrund eines ausgetüftelten Rastersystems äußerst variabel: Ob als reine Trennwand oder mit integrierten Regal- und Schrankelementen – immer passt sich das System genau Ihren Wünschen an. Wir haben dieses Angebot exakt nach Ihren Zeichnungen erstellt. Sie sehen daran, dass die Umsetzung auch komplizierter Pläne kein Problem ist.

Auf der Grundlage unserer beiliegenden Verkaufs- und Lieferbedingungen bieten wir Ihnen freibleibend zur Lieferung ab 01.01.2003 an:

Seite 2

5,74 x 3,50 m Trennwand, schalldämmend,
Spanplatten, unlackiert, einschließlich
Stützen und Kabelrohren gemäß Elektroplan,
ohne Montage 4.800,– EUR

2 Regalwände je 2,50 x 3,50 m, lackier-
fertige Oberfläche, je Regal 5 Böden
und 2 Prospektböden gemäß Zeichnung,
ohne Montage 5.300,– EUR

Alle Preise zuzüglich Mehrwertsteuer.

Dieses Angebot ist gültig bis zum 31.12.2002.

Lieferung: frei Haus innerhalb von 14 Tagen nach Auftragseingang.
Zahlung: innerhalb von 20 Tagen nach Lieferung ohne Abzug oder
innerhalb von 10 Tagen abzüglich 2% Skonto.

Bei Rückfragen steht Ihnen unser Herr Bergner (Tel. -475) gerne zur
Verfügung.

Mit freundlichen Grüßen

Anlage
2 Prospekte

Bestellung

Bestellungen dürfen nicht missverständlich sein. Nur so kann man späteren Meinungsverschiedenheiten vorbeugen.

Was sollte die Bestellung enthalten?

- In der Betreffzeile steht »Auftrag über ...« und eine genaue Angabe, worauf sich die Bestellung bezieht (Angebot vom ..., Anzeige in ..., Vertreterbesuch)
- Anrede
- Dank für Angebot oder Informationsmaterial
- Bestellsatz: »Wir bestellen ... gemäß ... (s. o. unter Betreff)«
- Genaue Warenbezeichnung (Bestellnummer, Name des Produktes, Artikelnummer, Größe, Gewicht, Farbe, Qualität)
- Genaue Angabe von Menge, Packungseinheiten, Verpackung
- Angabe des Preises
- Angaben zur Lieferzeit (Termine, Abruf, Teillieferung)
  Wenn sich die Bestellung auf ein Angebot bezieht und der Besteller die Verkaufs- und Lieferbedingungen des Verkäufers ohne Änderung akzeptiert, dann genügt die Angabe von Menge und Preis.
- Gruß

Briefkopf (Form B nach DIN 676)

Feld für Postanschrift des Absenders

Inge Hansweiler
Computerservice
Bismarckstraße 33

08352 Langenburg

Ihr Zeichen: Do-La
Ihre Nachricht vom: 2003-04-08
Unser Zeichen: IH-AA

Bearbeiter: Frau Simonis
Telefon: 01097 3344-555
Telefax: 01097 3344-777
E-Mail: simonis@seibert.com

Datum: 2003-04-12

Auftrag über 1 Notebook
Ihr Angebot vom 08.04.2003

Sehr geehrte Frau Hansweiler,

wir bestellen:

1 Notebook Merkur 2002 XLS einschließlich
- Pentium-4-Prozessor mit 1,6 GHz
- 512 MHz RAM
- 30 GB Festplatte
- Disketten-, CD-ROM- und DVD-Laufwerk
- TET-Aktiv-Matrix-Bildschirm, 15", 1024 x 768 Punkte
- 56-KB-Modem
- austauschbarem 12-Zellen-Li-Ion-Akku
- 3-D-Grafikkarte
- Software: Betriebssystem »Porta XL« und Text- und Datenverarbeitungsprogramm Büro plus 2002 1999,00 EUR

Als Zubehör:
- 2-Tasten-Maus 50,00 EUR

2049,00 EUR

Alle Preise inklusive 16 % Mehrwertsteuer.

Mit freundlichen Grüßen

Kaufvertrag

Formulieren Sie den Kaufvertrag so genau wie möglich!

Was muss ein Kaufvertrag enthalten?

Je genauer ein Kaufvertrag formuliert wird, desto sicherer ist man vor unangenehmen Überraschungen. Genau – das heißt vor allem vollständig: Alle wesentlichen Bestandteile müssen im Kaufvertrag enthalten sein. Die folgende Übersicht erleichtert Ihnen den Aufbau des Vertrages:

- Name und Anschrift des Verkäufers und des Käufers
- Das Wort »Kaufvertrag« am Anfang des Textes
- Gegenstand des Vertrages
- Beschaffenheit des Vertragsgegenstandes (zum Beispiel »wie besichtigt und Probe gefahren«)
- Anzahl der verkauften Gegenstände
- Preis (Einzelpreis, Gesamtpreis, gesetzliche Mehrwertsteuer)
- Rabatt
- Verpackungskosten
- Lieferbedingungen
- Liefertermin
- Zahlungsbedingungen (wann, welche Skonti)
- Garantie
- Eigentumsvorbehalt
- Erfüllungsort
- Gerichtsstand
- Datum des Vertragsabschlusses

Kaufvertrag

Käufer
Herbert Schnatenberg, Grabenstraße 12, 55469 Bergenhausen

Verkäufer
Viktor Vandenboom GmbH, Münsterstraße 45, 55469 Bergenhausen

Kaufgegenstand und Preis
1 gebrauchter Personalcomputer, Bezeichnung KO-1100, mit Pentium-III-Prozessor, 733 MHz, 128 MB Arbeitsspeicher, 20 GB Festplatte, HD-Disketten- und CD-ROM-Laufwerk, 17"-Bildschirm, Tastatur, Maus, Netzwerkkarte, USB zum Preis von 560,– EUR (fünfhundertsechzig). In diesem Betrag sind 77,24 EUR Mehrwertsteuer enthalten.

Lieferbedingungen und Liefertermin
Der Käufer erhält die Ware frei Haus am 19.08.2002.

Zahlungsbedingungen
Zahlung 30 Tage nach Rechnungserhalt ohne Abzug oder
Zahlung 14 Tage nach Rechnungserhalt abzüglich 2 % Skonto vom Gesamtwert (inkl. MwSt.). Die Ware bleibt bis zur vollständigen Bezahlung Eigentum des Verkäufers.

Gewährleistung
Der Verkäufer garantiert die mängelfreie Qualität der Ware und übernimmt die Gewährleistung für 6 Monate ab Rechnungsdatum. Bei Mängeln ist die Ware mit Kopie der Rechnung einzusenden. Eine Mängelbeschreibung ist beizulegen.

Erfüllungsort und Gefahrenübergang sind die Räume des Käufers, der Gerichtsstand ist für beide Teile Bergenhausen.

Ort: Bergenhausen
Datum: 02.08.2002

____________________ ____________________

(Unterschrift des Verkäufers) (Unterschrift des Käufers)

Zwischenbescheid

Wann und warum ein Zwischenbescheid sinnvoll ist.

Ein Zwischenbescheid ist immer dann sinnvoll, wenn abzusehen ist, dass die Bearbeitung eines Vorganges längere Zeit in Anspruch nehmen wird und man den Geschäftspartner nicht so lange warten lassen will. Ein Zwischenbescheid ist nicht unbedingt erforderlich, aber es ist eine Frage der Höflichkeit und der Pflege der guten Geschäftsbeziehungen, einen solchen Zwischenbescheid zu versenden.

Neben der Kontaktpflege haben Zwischenbescheide eine vorbeugende Funktion: Man vermeidet Kundenanfragen über den Stand der Angelegenheit. Außerdem wird man aktiv und zeigt dem Kunden so, dass man auf guten Service Wert legt.

Man versendet einen Zwischenbescheid auf

- Voranfragen
- Anfragen
- Angebote
- Bestellungen
- Reklamationen
- Bewerbungen

Was sollte der Zwischenbescheid enthalten?

- Angabe, worauf sich der Zwischenbescheid bezieht
- Dank für Anfrage/Bestellung/Bewerbung/Hinweise usw.
- Grund für die längere Bearbeitungszeit, zum Beispiel große Nachfrage, genaue Prüfung, Fristen einhalten, Urlaubszeit
- Bitte um Verständnis
- Termin, bis zu dem der Empfänger die Antwort erhält

Briefkopf (Form B nach DIN 676)

Feld für Postanschrift des Absenders

Herrn
Herbert Schulz
Kirchhofstr. 60

5676 Höchstberg

Ihr Zeichen:
Ihre Nachricht vom: 25.06.2003
Unser Zeichen:

Bearbeiter: Gabriele Thomas
Telefon: 0511 3728-535
Telefax: 0511 3728-500
E-Mail: info@wasserwelt.de

Datum: 30.06.2003

Ihre Anfrage vom 25.06.2003

Sehr geehrter Herr Schulz,

vielen Dank für Ihr Interesse an unseren Tauchfiltern. Auf der Gartenfachmesse hat sich gezeigt, dass die Nachfrage nach unserem neuen Modell 600 sehr groß ist.

Da wir Ihre Anfrage so ausführlich wie möglich beantworten wollen, bitten wir Sie noch um einige Tage Zeit. Bitte haben Sie dafür Verständnis – wir geben Ihnen so schnell wie möglich alle Informationen. Vielen Dank.

Mit freundlichen Grüßen

Briefkopf (Form B nach DIN 676)

Feld für Postanschrift des Absenders

Günther Rademacher GmbH
Herrn Ralf Paulsmühlen
Postfach 24 24

78199 Bräunlingen

Ihr Zeichen: pa-ko
Ihre Nachricht vom: 18.09.2002
Unser Zeichen: kl-de

Bearbeiter : Klaus Liebherr
Telefon: 0711 6538-259
Telefax: 0711 6538-513
E-Mail: Klaus.Liebherr@Sonne.com

Datum: 23.09.2002

Ihr Angebot vom 18.09.2002

Sehr geehrter Herr Paulsmühlen,

vielen Dank für die schnelle Ausarbeitung des Angebotes.

Die Frist zur Abgabe der Angebote haben wir bis zum 30.09.2002 gesetzt. Deshalb können wir die Angebote aller Bewerber erst nach Ablauf dieses Termins bearbeiten.

Bitte haben Sie Verständnis dafür, dass wir Ihnen frühestens Mitte Oktober über das Ergebnis Bescheid geben können. Vielen Dank.

Mit freundlichen Grüßen

Annahme von Bestellungen

In folgenden Fällen empfiehlt es sich besonders, auf eine Bestellung eine Bestellungsannahme – auch Auftragsbestätigung genannt – zu versenden:

Wann Sie eine Auftragsbestätigung versenden sollten.

1. Die Bearbeitung des Auftrages dauert länger.
2. Der Kunde wünscht die Lieferung erst nach Ablauf einer längeren Frist.
3. Der Kunde hat ausdrücklich um eine Auftragsbestätigung gebeten.
4. Der Kunde hat seine Bestellung nicht schriftlich übermittelt, sondern mündlich.
5. Bei freibleibenden Angeboten wird die Bestellung erst durch die Bestellungsannahme verbindlich.

Was muss die Bestellungsannahme enthalten?

- In der Betreffzeile steht das Datum der Bestellung
- Dank für die Bestellung
- Ausführung der Bestellung für den gewünschten Zeitraum und Umfang zusichern
- Bezeichnung (Name, Artikelnummer) der bestellten Ware, Preise, Mengen, Größen
- Liefertermin[e]
- Mitteilung, auf welcher Grundlage die Lieferung erfolgt

Briefkopf (Form B nach DIN 676)

Feld für Postanschrift des Absenders

Herrn
Georg Sankenfeld
Eichenweg 34

54533 Bettenfeld

Ihr Zeichen:
Ihre Nachricht vom:
Unser Zeichen: St-Wi

Bearbeiter: Hans-Harald Stetten
Telefon: 06531 1020-456
Telefax: 06531 1020-500
E-Mail: Service@Möbelhaus-Ernst.de

Datum: 2002-12-19

Ihre Bestellung vom 05.12.2002
Polstergarnitur »Flandern«

Sehr geehrter Herr Sankenfeld,

wir danken Ihnen für Ihre Bestellung und bestätigen diese wie folgt:

1 Polstergarnitur »Flandern«
– 2 Sessel mit Armlehnen links und rechts, auf Rollen
– 1 Sofa zweisitzig, 140 cm breit
– 1 Sofa dreisitzig, 170 breit

Bezugsstoff aller Teile: »Flora« beige EUR 13,
Mischgewebe 50 % Baumwolle, 50 % Acryl

Preis komplett inkl. 16 % MwSt.: 2389,– EUR

Der volle Rechnungsbetrag ohne Abzug wird fällig 14 Tage nach Eingang der Rechnung bei Ihnen. Die Ware bleibt bis zur vollständigen Bezahlung unser Eigentum.

Die Garnitur wird in der 3. Kalenderwoche 2003 geliefert.
Den genauen Liefertermin nennen wir Ihnen drei Tage im Voraus.
Die Lieferung einschließlich Aufstellung in Ihrer Wohnung erfolgt für Sie kostenfrei. Bitte sorgen Sie am Anliefertag für freien Durchgang in der Wohnung und ausreichend Platz am Aufstellungsort.
Vielen Dank!

Mit freundlichen Grüßen

Briefkopf (Form B nach DIN 676)

Feld für Postanschrift des Absenders

Herrn	Ihr Zeichen: Ra-Ze
Peter Rabin	Ihre Nachricht vom: 2002-05-12
Hummelsterstraße 4	Unser Zeichen: Ta-Wt
79365 Rheinhausen	Bearbeiter: Frau Tauchert
	Telefon: 0761 6543-221
	Telefax: 0761 6543-222
	E-Mail: Auslieferung@Technico.de
	Datum: 2002-05-20

Ihre Bestellung vom 12.05.2002

Sehr geehrter Herr Rabin,

vielen Dank für Ihre Bestellung des Tischkopierers:

Kopierstar GTX-3000	
inklusive E-30-Toner für 4000 Seiten:	719,00 EUR
16 % MwSt.:	115,04 EUR

	834,04 EUR

Liefertermin ist voraussichtlich der 25.05.2003 vormittags.
Die Lieferung erfolgt frei Haus.

Zum Lieferumfang gehört der funktionsfähige Anschluss des Kopierers und die Einweisung in die Bedienung durch unseren Techniker.
Bitte vergleichen Sie darüber hinaus unsere beigefügten Verkaufs- und Lieferbedingungen.

Mit freundlichen Grüßen

Anlage

Ablehnung von Bestellungen

Hin und wieder kommt es vor, dass eine Bestellung nicht ausgeführt werden kann, zum Beispiel wenn ohne vorheriges Angebot bestellt worden ist, wenn das Angebot unverbindlich war oder wenn die Bindungsfrist des Angebotes abgelaufen ist. Wichtig: Bestellungen, die auf ein verbindliches, persönliches Angebot hin vorgenommen wurden, dürfen nicht abgelehnt werden.

Was sollte die Bestellungsablehnung enthalten?

- In der Betreffzeile steht das Datum der Bestellung
- Gegenstand der Bestellung mit genauer Bezeichnung
- Bedauern, dass der Auftrag nicht ausgeführt werden kann
- Begründung der Ablehnung
- Hinweis auf andere Möglichkeiten: Ersatzware, Katalog, Prospekt
- oder: neues Angebot und Bitte um Bestätigung des Auftrags

Briefkopf (Form B nach DIN 676)

Feld für Postanschrift des Absenders

Eisenwaren Giesen & Co.
Herrn Paul Kaiser
Hohestraße 56

42477 Radevormwald

Ihr Zeichen: PK-TL
Ihre Nachricht vom: 2002-06-14
Unser Zeichen: gls-rs

Bearbeiter: Gerd Lautenschläger
Telefon: 02104 4369-255
Telefax: 02104 4369-258

Datum: 2002-06-19

Ihr Auftrag vom 14.06.2002

Sehr geehrter Herr Kaiser,

Ihre Bestellung über 200 Bohrkopfsortimente können wir leider zu diesen Bedingungen nicht ausführen. Unser Angebot vom 02.06.2002 sieht 10 % Rabatt bei Abnahme von 250 Sortimenten vor. 200 Sortimente mit 15 % Rabatt lässt unser enger Kalkulationsrahmen leider nicht zu.

Unser äußerstes Angebot sind 250 Sortimente mit 15% Rabatt. Alle anderen Konditionen bleiben davon unberührt. Dürfen wir liefern? Wir bitten um Ihre Bestätigung.

Mit freundlichen Grüßen

Briefkopf (Form B nach DIN 676)

Frau
Ilka von Verkoien
Heiligenstraße 80

55130 Mainz

		Telefax: 06131 6867-655	E-Mail: Helga.Werner@LWK.de
Ihr Zeichen, Ihre Nachricht vom	Unser Zeichen, unsere Nachricht vom	Telefon, Name 06131 8273-	Datum
IvV 2002-10-10	Hw-Bl 2002-10-01	74 Helga Werner	2002-10-17

Ihre Bestellung vom 10.10.2002

Sehr geehrte Frau von Verkoien,

wir hätten Ihren Auftrag gerne ausgeführt, aber leider sind wir an unser unverbindliches Angebot vom 01.10.2002 nicht mehr gebunden.

Alternativ zu den Ledertaschen »Berlina« und »Munic« haben wir günstigere Spaltledertaschen in gleicher Optik, jedoch ohne Umhängegurt. Diese Taschen bieten wir Ihnen zu 25,00 EUR das Stück. Bei einer Abnahme von 10 Taschen erhalten Sie 10% Rabatt.

Wir dürfen bei dieser Gelegenheit auf den beiliegenden Prospekt (Seite 4 und 5) verweisen: Die Taschen »Colonia« und »Brigitte« haben zurzeit hohe Abverkäufe, denn der Preis stimmt!

Wir freuen uns auf Ihre Bestellung.

Mit freundlichen Grüßen

Anlage
1 Prospekt

Widerruf von Bestellungen

Bestellungen kann man noch in letzter Minute widerrufen. Voraussetzung für die Wirksamkeit eines Widerrufes ist allerdings, dass er vor oder gleichzeitig mit der Bestellung beim Lieferanten eintrifft.

Für den Widerruf bieten sich Eilzustellung, Telegramm oder Telefax an. Auch der telefonische Widerruf ist möglich, in diesem Fall sollte man aber unbedingt einen schriftlichen Widerruf nachsenden oder sich den Widerruf schriftlich bestätigen lassen. Empfehlenswert ist es, sich den Namen des Gesprächspartners geben zu lassen und sich im schriftlichen Widerruf auf diesen zu beziehen.

Im schriftlichen Widerruf einer Bestellung sollten Sie

- (in der Betreffzeile) Datum und Nummer Ihrer Bestellung nennen,
- erklären, dass Sie die Bestellung widerrufen möchten,
- Ihr Bedauern ausdrücken, dass Sie die Bestellung widerrufen müssen,
- um Verständnis bitten,
- um eine schriftliche Bestätigung des Widerrufs bitten.

Haben Sie Ihre Bestellung bereits telefonisch widerrufen, sollten Sie im schriftlichen Widerruf

- (in der Betreffzeile) das Datum und die Nummer Ihrer Bestellung nennen,
- auf Ihren telefonischen Widerruf Bezug nehmen,
- Ihr Bedauern ausdrücken, dass Sie die Bestellung widerrufen müssen,
- für die Annahme des Widerrufs danken,
- um eine schriftliche Bestätigung bitten.

Briefkopf (Form B nach DIN 676)

Feld für Postanschrift des Absenders

Knappgen OHG
Brehmsstraße 67

82349 Pentenried

Ihr Zeichen:
Ihre Nachricht vom:
Unser Zeichen: Mü-Du
Unsere Nachricht vom: 22.04.2003

Bearbeiter: Frau Müller
Telefon: 089 3987-417
Telefax: 089 3987-581
E-Mail: Petra.Müller@Brandt.com

Datum: 23.04.2003

Unsere Bestellung vom 22.04.2003
Auftrag Nr. 4/12 über Adressaufkleber und Fensterumschläge

Sehr geehrte Damen und Herren,

eben habe ich Ihren Mitarbeiter, Herrn Reußer, telefonisch darüber informiert, dass wir die o. g. Bestellung stornieren müssen. Wir haben von ihm die Zusage erhalten, dass die Bestellung aufgehoben ist.
Ihr Entgegenkommen ist sehr freundlich – vielen Dank.

Bitte bestätigen Sie mir die Aufhebung noch schriftlich.

Mit freundlichen Grüßen

Briefkopf (Form B nach DIN 676)

Feld für Postanschrift des Absenders

Knappgen OHG
Brehmsstraße 67

82349 Pentenried

Ihr Zeichen:
Ihre Nachricht vom:
Unser Zeichen: Mü-Du
Unsere Nachricht vom: 22.04.2003

Bearbeiter: Frau Müller
Telefon: 089 3987-417
Telefax: 089 3987-581
E-Mail: Petra.Müller@Brandt.com

Datum: 23.04.2003

Unsere Bestellung vom 22.04.2003
Auftrag Nr. 4/12 über Adressaufkleber und Fensterumschläge

Sehr geehrte Damen und Herren,

mit gleicher Post trifft heute bei Ihnen eine Bestellung von mir ein:

Pos. 1: 2 Pakete Adressaufkleber Nr. 34/a zu je 19,60 EUR
Pos. 2: 3 Kartons Fensterumschläge DIN lang zu je 13,20 EUR

Mit diesem Schreiben widerrufe ich die Bestellung, da mein Kunde heute seine Bestellung zurückgezogen hat.

Bitte haben Sie Verständnis für diese Situation. Schon jetzt vielen Dank für Ihre schriftliche Bestätigung.

Mit freundlichen Grüßen

Versandanzeige

Wann sind Versandanzeigen üblich?

Mit der Versandanzeige bestätigt der Lieferant, dass er die Ware an den Kunden abgesandt hat oder dass sie zu einem bestimmten Zeitpunkt abgesandt wird. Dies ist üblich

- bei Sendungen in größeren Mengen
- bei Sendungen, die in mehreren Teilen verschickt werden
- wenn mit der Sendung nur ein Teil der gesamten bestellten Ware verschickt wird (Teillieferungen oder Abrufbestellungen)
- wenn ein spezieller Versandweg mitgeteilt werden soll
- wenn der Kunde ausdrücklich darum gebeten hat

Eine Versandanzeige enthält in der Regel folgende Angaben:

- In der Betreffzeile: das Datum der Bestellung des Kunden und Angaben über die gelieferte Ware
- Genaue Warenbezeichnung mit Artikelnummer
- Anzahl und Bezeichnung der Teile, die zum genannten Termin geliefert werden
- Termin der Lieferung
- Versandweg
- Eventuell Angaben zur Versicherung der Ware
- Rechnung: getrennt oder mit der Lieferung

Briefkopf (Form B nach DIN 676)

HANSA MÖBELCENTER
Frau Karoline Winter
Westring 90

26452 Sande

Telefax:
04421 1234-
567

Ihr Zeichen, Ihre Nachricht vom	Unser Zeichen, unsere Nachricht vom	Telefon, Name 06131 8273-	Datum
kw 2002-12-03	HP-CK 2002-12-03	566	2002-12-20

Ihre Bestellung vom 03.12.2003

Sehr geehrte Frau Winter,

nochmals herzlichen Dank für Ihren Auftrag.

Wie vereinbart haben wir heute die bestellten Polstergarnituren per Spedition an Sie versandt:

3 Garnituren »Rotunda«, Stoff »Gran Sasso«,
bestehend aus je einem Sofa 1,45 m,
einem Sofa 2,00 m und zwei Sesselelementen

Die Garnituren werden durch die Spedition SEC, Hausmannallee 2, 25575 Beringstedt, am 29.12.2002 angeliefert. Die mit gleichem Auftrag bestellten 4 Esstische »Hanseat« mit je 6 Stühlen werden am 12.01.2003 an Sie abgehen.

Mit freundlichen Grüßen

Briefkopf (Form B nach DIN 676)

Feld für Postanschrift des Absenders

Sigrid Lühr
Hankenhof 75

87490 Haldenwang

Ihr Zeichen:
Ihre Nachricht vom: 28.05.2003
Unser Zeichen: Ei-Zo
Unser Nachricht vom:

Bearbeiter: Frau Eisenhardt
Telefon: 089 35363-377
Telefax: 089 35363-388

Datum: 02.06.2003

Ihre Bestellung vom 28.05.2002

Sehr geehrte Frau Lühr,

vielen Dank für Ihren Auftrag.

Die bestellten 4 Bücherregale werden am 20.06.2003 vormittags bei Ihnen eintreffen. Es handelt sich um 2 Kartons zu je 27 kg. Die Lieferung erfolgt durch unseren Spediteur.

Die Montage und Aufstellung der Regale ist im Kaufpreis nicht enthalten.

Mit freundlichen Grüßen

Lieferverzug

Mahnung wegen Lieferverzug

Ein Lieferverzug liegt dann vor, wenn der Lieferant einen Liefertermin nicht einhält. Wichtig ist, dass dieser Liefertermin eindeutig zu bestimmen ist. Ist er nicht eindeutig bestimmt, so tritt der Verzug ein, wenn der Kunde schriftlich oder mündlich mahnt. Die schriftliche Form empfiehlt sich wegen der Beweiskraft.

In der Mahnung setzt der Kunde eine Nachfrist. Diese Frist kann je nach Warenart und Branche unterschiedlich lang sein. Zu berücksichtigen ist die vorher vereinbarte Lieferzeit: War sie kurz, kann auch die Nachfrist kurz bemessen werden. Weiter sollten die Postlaufzeit der Mahnung und der Transportweg der Ware in die Frist einbezogen werden.

Welche Punkte sollten in einem Hinweis auf Lieferverzug nicht fehlen?

- In der Betreffzeile: Datum der Bestellung, Nummer der Bestellung, genaue Bezeichnung der bestellten Waren, Artikelnummer, Datum der Auftragsbestätigung
- der vereinbarte Liefertermin
- die Mitteilung, dass die Ware bisher nicht eingetroffen ist
- der Hinweis auf die Folgen, die der Lieferverzug für den Kunden hat
- eine angemessene Nachfrist setzen, bis zu der die Lieferung spätestens zu erfolgen hat
- die Ankündigung von Konsequenzen, falls innerhalb der Nachfrist nicht geliefert wird:
  - entweder: dass Sie vom Kaufvertrag nach Ablauf der Nachfrist zurücktreten
  - oder: dass Sie auf der Lieferung bestehen und Schadenersatz wegen verspäteter Lieferung verlangen werden

Briefkopf (Form B nach DIN 676)

Feld für Postanschrift des Absenders

Gebr. Schneider GmbH
Herrn Schneider
Zeppelinallee 70–72

99330 Gräfenroda

Ihr Zeichen: Schn-Ro
Ihre Nachricht vom: 05.10.2002
Unser Zeichen: PC-DO

Bearbeiter: Herr Carstens
Telefon: 0361 9876-543
Telefax: 0361 9876-544
E-Mail: Paul.Carstens@Schütt.com

Datum: 20.10.2002

Unsere Bestellung vom 01.10.2002 über PVC-Rohre
Auftragsbestätigung zum 05.10.2002

Sehr geehrter Herr Schneider,

seit dem 05.10.2002 warten wir auf Ihre Lieferung der bestellten PVC-Rohre Nr. 234/A.

Unsere Lagerbestände sind aufgebraucht, sodass auch wir in Lieferverzug geraten. Bitte schicken Sie uns die Ware bis zum 30.10.2002. Wenn Sie diesen Termin nicht einhalten, treten wir von unserem Auftrag zurück.

Mit freundlichen Grüßen

Briefkopf (Form B nach DIN 676)

Gert Humpert & Söhne
Frau Elisabeth Kallmeyer
Vandergrafstraße 32

55127 Mainz

Telefax:
06131 2233-
438

Ihr Zeichen, Ihre Nachricht vom	Unser Zeichen, unsere Nachricht vom	Telefon, Name 06131 8273-	Datum
Ka 2002-08-10	Jö 2002-08-02	430	2002-08-24

Unsere Bestellung von 10 Nachrüstkatalysatoren A/34
Datum der Bestellung: 02.08.2002
Ihre Auftragsbestätigung vom 10.08.2002

Sehr geehrte Frau Kallmeyer,

in Ihrer Auftragsbestätigung haben Sie als Liefertermin den 20.08.2002 angegeben. Inzwischen ist dieser Termin um vier Tage überschritten und die Katalysatoren sind noch nicht eingetroffen.

Wir setzen Ihnen eine Nachfrist bis zum 05.09.2002. Sollten die Katalysatoren bis dahin nicht eintreffen, dann werden wir von Ihnen Schadenersatz verlangen.

Sicher liegt Ihnen genauso wie uns daran, dass unsere Geschäftsbeziehungen durch den Lieferverzug nicht unnötig belastet werden.

Mit freundlichen Grüßen

Briefkopf (Form B nach DIN 676)

Feld für Postanschrift des Absenders

Kurt Schneider GmbH
Herrn Toni Paulsen
Rebenweg 4

71384 Weinstadt

Ihr Zeichen: Pa-Fe
Ihre Nachricht vom: 23.03.2003
Unser Zeichen: akm-rf

Bearbeiter: Herr Patschke
Telefon: 0711 88765-432
Telefax: 0711 88765-431
E-Mail: Klaus.Patschke@GLZ.com

Datum: 25.04.2003

Unsere Bestellung vom 19.03.2003
5 Kartons 1994er Michelstaler Spätlese

Sehr geehrter Herr Paulsen,

am 23.03.2003 haben Sie unseren Auftrag schriftlich bestätigt und die Lieferung der 5 Kartons Spätlese für den 05.04.2003 zugesichert.

Wir haben Ihnen schriftlich am 11.04.2003 eine Nachfrist zur Lieferung bis zum 20.04.2003 gesetzt. Die Ware ist bis heute nicht bei uns eingetroffen.

Da uns wegen des Lieferverzugs erhebliche Nachteile entstanden sind, treten wir von unserer Bestellung zurück.

Mit freundlichen Grüßen

Reklamation

Reklamationen, im Geschäftsleben und im Gesetz als Mängelrügen bezeichnet, werden dann nötig, wenn einer der Geschäftspartner mit einer Leistung oder Lieferung des anderen nicht einverstanden ist.

Wegen der Beweiskraft empfiehlt sich eine schriftliche Reklamation.

Der Mangel kann schriftlich oder mündlich mitgeteilt werden. Die schriftliche Form empfiehlt sich jedoch wegen der Beweiskraft: Kommt es später zum Rechtsstreit, so hat man aussagefähige Unterlagen zur Hand.

Was sollte eine Reklamation enthalten?

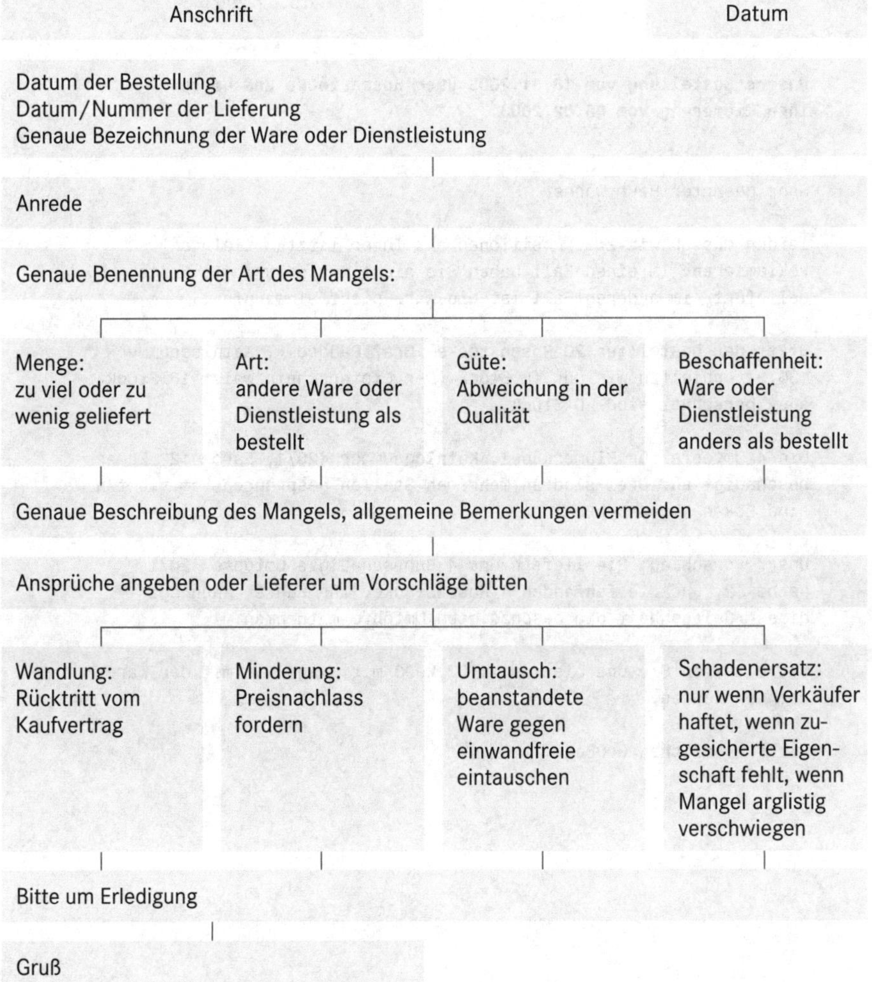
Anschrift
Datum
Datum der Bestellung
Datum/Nummer der Lieferung
Genaue Bezeichnung der Ware oder Dienstleistung
Anrede
Genaue Benennung der Art des Mangels:
Menge: zu viel oder zu wenig geliefert
Art: andere Ware oder Dienstleistung als bestellt
Güte: Abweichung in der Qualität
Beschaffenheit: Ware oder Dienstleistung anders als bestellt
Genaue Beschreibung des Mangels, allgemeine Bemerkungen vermeiden
Ansprüche angeben oder Lieferer um Vorschläge bitten
Wandlung: Rücktritt vom Kaufvertrag
Minderung: Preisnachlass fordern
Umtausch: beanstandete Ware gegen einwandfreie eintauschen
Schadenersatz: nur wenn Verkäufer haftet, wenn zugesicherte Eigenschaft fehlt, wenn Mangel arglistig verschwiegen
Bitte um Erledigung
Gruß

Briefkopf (Form B nach DIN 676)

Feld für Postanschrift des Absenders

Herrn
Johannes Wöhner
Gartencenter
Dahlienweg 90–94

08538 Burgstein

Ihr Zeichen: Wö
Ihre Nachricht vom: 08.02.2003
Unser Zeichen: wlt-rv

Name: Herr Larsen
Telefon: 03741 9876-554
Telefax: 03741 9876-555
E-Mail: Klaus.Larsen@Walter.com

Datum: 10.02.2003

Unsere Bestellung vom 18.01.2003 über Rosenstöcke und Umtöpfe
Ihre Lieferung vom 08.02.2003

Sehr geehrter Herr Wöhner,

leider müssen wir zwei Positionen aus Ihrer letzten Lieferung reklamieren. Im einen Fall haben Sie nicht die gewünschte Menge geliefert, im anderen Fall ist die Ware nicht einwandfrei.

Statt der bestellten 20 Rosenstöcke »Graf Baudeck«, Katalognummer 130/3, erhielten wir nur 16 Stück. Der Lieferschein weist 16 Stück aus, berechnet sind 20 Stück.

Die 4 Umtöpfe für Blumenkübel, Katalognummer 420/1, Farbe 12, kamen beschädigt an. Drei sind an mehreren Stellen gesprungen, am vierten sind Ecken abgebrochen.

Unser Vorschlag: Sie liefern uns 4 unbeschädigte Umtöpfe 420/1, Farbe 12, und die fehlenden 4 Rosenstöcke. Ihr Fahrer kann bei dieser Gelegenheit die beschädigten Umtöpfe mitnehmen.

Bitte teilen Sie uns bis zum 14.02.2003 mit, wann wir mit der Ware rechnen können.

Mit freundlichen Grüßen

Briefkopf (Form B nach DIN 676)

Feld für Postanschrift des Absenders

WENCO Werkzeugfabrik
Herrn Gebhardt
Holsteinstraße 45 a

27412 Bülstedt

Ihr Zeichen: Gb-Ba
Ihre Nachricht vom: 26.08.2002
Unser Zeichen: da-wei

Bearbeiter: Frau Dahlmann
Telefon: 0421 61524-33
Telefax: 0421 61524-30

Datum: 29.08.2002

Unsere Bestellung vom 14.08.2002 über Werkzeugkästen
Lieferscheinnummer 12 45-7

Sehr geehrter Herr Gebhardt,

mit einem Teil Ihrer Lieferung vom 26.08.2002 sind wir nicht zufrieden. Wir hatten unter Position 3 zwei Werkzeugkästen Typ »Elektrostar« bestellt. Der Inhalt beider Kästen ist falsch zusammengestellt und außerdem sind die Scharniere der Kästen nicht voll funktionsfähig.

Inhalt: Der Inhalt der beiden Kästen entspricht dem Typ »Autostar«. Wenn Sie uns preislich entgegenkommen, sind wir bereit diese Kästen zu behalten und das fehlende Werkzeug aus eigenem Bestand zu ergänzen.

Beschädigungen: Die Scharniere am Klappmechanismus der Kästen sind verbogen, an zwei Stellen des einen Kastens fehlen die Verbindungsnieten. Bitte liefern Sie uns für die Kästen bis zum 04.09.2002 Ersatz. Die defekten Kästen stehen zu Ihrer Verfügung.

Mit freundlichen Grüßen

Briefkopf (Form B nach DIN 676)

Feld für Postanschrift des Absenders

COMPUDAT
Ernst Kilander
Poststraße 12

76437 Rastatt

Ihr Zeichen:
Ihre Nachricht vom: 02.10.2002
Unser Zeichen: Obh-Kk

Bearbeiter : Herr Oberhofer
Telefon: 07222 5432-111
Telefax: 07222 5432-110

Datum: 03.10.2002

Unsere Bestellung vom 23.09.2002 über Diskettenkästen
Ihre Lieferung vom 02.10.2002

Sehr geehrter Herr Kilander,

die Eingangsprüfung Ihrer Lieferung von 10 Diskettenkästen 34-2 ergab folgende Mängel: An 8 Kästen sind an der Oberfläche Farbstreifen zu sehen, die nur durch intensives Reinigen zu beseitigen sind.

Wir sind bereit, diese Kästen zu behalten, wenn Sie uns einen entsprechenden Preisnachlass einräumen.

0,60 EUR Abzug je Kasten halten wir für angemessen. Wenn Sie damit einverstanden sind, senden Sie uns bitte eine neue Rechnung über 45,90 EUR inkl. Mehrwertsteuer bis zum 08.10.2002.

Mit freundlichen Grüßen

Antwort auf Reklamation

Auf eine Reklamation kann man auf dreierlei Weise eingehen:

Bedenken Sie bei Ihrer Antwort bereits die Reaktion des Kunden!

1. Die Reklamation wird als berechtigt angesehen. Die Forderung des Kunden wird erfüllt: Wandlung, Minderung, Ersatzlieferung oder Schadenersatz.
2. Die Reklamation wird als teilweise berechtigt angesehen. Man macht einen Gegenvorschlag zur Bereinigung der Angelegenheit.
3. Die Reklamation wird als nicht berechtigt angesehen. Sie wird entweder zurückgewiesen oder aber aus anderen Gründen – zum Beispiel wegen übergeordneter geschäftlicher oder persönlicher Interessen – anerkannt.

Bedenken Sie bei Ihrer Antwort: Wie wird der Kunde reagieren? Wird er zustimmen oder widersprechen und was kann ich dann tun? Wenn Sie die Kundenreaktionen vorher durchdenken, sparen Sie sich später weiteren Schriftwechsel und manchen Ärger.

In der Antwort auf eine Reklamation sollten Sie

- (in der Betreffzeile) angeben, auf welche Lieferung sich die Reklamation bezieht
- das Datum der Reklamation anführen
- die Punkte nennen, in denen man mit dem Kunden übereinstimmt
- wiederholen, um welchen Mangel es sich nach Ansicht des Kunden handelt
- sachlich zu der Reklamation Stellung nehmen
- auf den Wunsch des Kunden eingehen oder eine andere Lösung vorschlagen

Zehn Punkte, die Ihre Antwort auf eine Reklamation überzeugender machen:

Lassen Sie sich nicht durch unsachliche Vorwürfe provozieren!

1. Sachliche Äußerungen: Zeigen Sie dem Kunden, dass Sie seine Reklamation ernst nehmen. Wiederholen Sie den Inhalt der Reklamation mit Ihren Worten. Gehen Sie nicht auf unsachliche Vorwürfe ein. Wenn sich das nicht vermeiden lässt, dann wiederholen Sie diese Vorwürfe wenigstens nicht.
2. Signalisieren Sie Verständnis für die Situation des Kunden. Vermeiden Sie deshalb Ironie und Spott.
3. Betonen Sie, dass es sich um einen Einzelfall handelt. Erinnern Sie an die guten Geschäftsbeziehungen. Oft steht am Anfang einer Reklamation: »Ich war bisher immer sehr zufrieden mit Ihren Produk-

ten.« Dieses Lob sollte man mit Dank aufgreifen – damit hat man einen positiven Briefanfang und schafft Gemeinsamkeit.

Geben Sie Fehler offen zu!

4. Hat der Kunde eine ganze Reihe von Reklamationen, dann ist es nicht immer sinnvoll, auf alle Punkte nacheinander einzugehen. Setzen Sie die Punkte, in denen Sie mit dem Kunden übereinstimmen, an den Anfang Ihres Briefes.
5. Eröffnen Sie dem Kunden die Möglichkeit, ohne Gesichtsverlust seine Meinung zu der Reklamation zu ändern. Es geht nicht darum, dass er auf Ihre Antwort zur Reklamation sagt: »Ja, ich bin im Unrecht und die anderen im Recht«, sondern: »Im Grunde stimmt es, was ich gesagt habe, aber unter diesem Aspekt habe ich die Sache noch nicht gesehen.«
6. Vermeiden Sie deutliche Belehrungen dieser Art: »Sie sollten wissen, dass …«, »Sogar Ihnen dürfte bekannt sein, dass …«, »Ist Ihnen, als langjährigem Bezieher der …, tatsächlich unbekannt, dass …?«
7. Sprechen Sie die Sprache des Kunden. Man kann mit Fachwissen argumentieren, ohne den Kunden zu überfordern. Er soll nicht das Gefühl haben, fachlich unterlegen zu sein.
8. Versuchen Sie, ein falsches Verhalten des Kunden – zum Beispiel fehlerhafte Behandlung der Ware – allgemein zu erklären. Man kann Vorwürfe auch indirekt ausdrücken.
9. Bedenken Sie schon beim Schreiben die Reaktion des Kunden: Wie wird er diesen Brief aufnehmen, was wird er tun? Fragen Sie sich: »Wie würde ich auf diesen Brief reagieren?«
10. Prüfen Sie, was Ihnen in diesem Fall wichtiger ist: Recht haben oder den Kunden behalten?

Briefkopf (Form B nach DIN 676)

Feld für Postanschrift des Absenders

Elektrofachgeschäft
Gabel & Schnee
Herrn Thomas Singer
Schulstraße 40–42

39606 Flessau

Ihr Zeichen: Si-Wei
Ihre Nachricht vom: 2002-11-08
Unser Zeichen: Be-Mü

Bearbeiter: Frau Bergmann
Telefon: 0391 95437-2
Telefax: 0391 95437-6
E-Mail: Service@CPLU.com

Datum: 2002-11-08

Ihre Reklamation vom 08.11.2002

Sehr geehrter Herr Singer,

haben Sie herzlichen Dank für Ihre offenen Worte.

Aus unseren langjährigen Geschäftsbeziehungen wissen Sie, dass zufriedene Kunden für uns mehr zählen als schnelle Umsätze. Deshalb ist es für uns wichtig zu erfahren, wenn einmal etwas nicht so gelaufen ist, wie wir es wünschen.

Inzwischen konnten wir den Sachverhalt prüfen. Wir haben festgestellt, dass irrtümlich Ware, die an den Hersteller zurückgehen sollte, wieder an das Lager gelangt ist. Die defekten Schalter hätten wir auf keinen Fall an Sie verschicken dürfen. Wir bedauern das Versehen sehr.

Selbstverständlich nehmen wir die Schalter zurück und Sie erhalten umgehend 25 einwandfreie zum Nettopreis von 1,50 EUR/Stück. Sind Sie damit einverstanden? Dann geben Sie uns bitte kurz Bescheid. Vielen Dank.

Mit freundlichen Grüßen

Briefkopf (Form B nach DIN 676)

Feld für Postanschrift des Absenders

Frau
Lisa Kranzer
Am Rathausplatz 23

55592 Breitenheim

Ihr Zeichen:
Ihre Nachricht vom: 25.09.2002
Unser Zeichen: Rdf-Kr
Unsere Nachricht vom:

Bearbeiter: Frau Rudolf
Telefon: 06753 2275-389
Telefax: 06753 2275-400

Datum: 28.09.2002

Malerarbeiten in Ihrer Wohnung
Ihre Reklamation vom 25.09.2002

Sehr geehrte Frau Kranzer,

es tut mir Leid, dass die Arbeiten in Ihrem Wohnzimmer nicht zu Ihrer Zufriedenheit ausgefallen sind.

Die Rücksprache mit Herrn Geiser, der die Arbeiten ausgeführt hat, hat ergeben, dass der Lack für die Türen irrtümlich einen anderen Farbton hat und außerdem nicht seidenmatt, sondern hochglänzend ist. Wie der Fehler entstanden ist, lässt sich nicht mehr feststellen.

Wir planen, in der nächsten Woche die Türen neu zu lackieren.
Wegen des genauen Termins rufe ich Sie am kommenden Montag an.

Der Lösungsmittelgeruch der Heizkörper ist leider nicht zu vermeiden. Ich empfehle Ihnen, die Heizung kurze Zeit – etwa 2 Stunden – voll aufzudrehen und dabei die Fenster zu öffnen. Dann trocknet der Lack ganz durch und der Geruch verschwindet.

Mit freundlichen Grüßen

Briefkopf (Form B nach DIN 676)

Feld für Postanschrift des Absenders

Frau
Lore Schauland
Lagerstraße 23

41066 Mönchengladbach

Ihr Zeichen:
Ihre Nachricht vom: 28.03.2003
Unser Zeichen: Ho-Pi
Unsere Nachricht vom:

Bearbeiter: Werner Meister
Telefon: 02161 3742-47
Telefax: 02161 3742-40

Datum: 30.04.2003

Ihr Auftrag vom 28.03.2003 über drei Tischtücher Art.-Nr. 44
Ihre Reklamation vom 15.04.2003

Sehr geehrte Frau Schauland,

die angekündigte Rücksendung haben wir am 23.04.2003 erhalten. Vielen Dank.

Inzwischen haben wir die Tischtücher geprüft und festgestellt, dass sie stellenweise tatsächlich Verfärbungen aufweisen.

Die Verantwortung für diese Verfärbung müssen wir allerdings zurückweisen. Wir haben festgestellt, dass die Tischtücher bereits gewaschen worden sind, und haben allen Grund anzunehmen, dass die Verfärbungen bei der Wäsche entstanden sind – mutmaßlich durch ausfärbende Stoffe, die mit in die Maschine gelangt waren.

Sie verstehen, dass wir die Ware unter diesen Umständen nicht zurücknehmen können. Noch heute senden wir Ihnen die Tischtücher zurück. Das Porto übernehmen wir.

Mit freundlichen Grüßen

Briefkopf (Form B nach DIN 676)

Feld für Postanschrift des Absenders

Herrn
Alfons Sandenfeld
Im Loch 3

29361 Höfer

Ihr Zeichen: Sfd 371
Ihre Nachricht vom: 2002-08-15
Unser Zeichen: Scht-Bä
Unsere Nachricht vom:

Bearbeiter : Frau Hannelore Schmidt
Telefon: 069 7862-653
Telefax: 069 7862-655
E-Mail: Vertrieb@Calendarium.com

Datum: 2002-08-25

Ihre Bestellung: 20 Kalender »Mistral«
Unsere Lieferung vom 15.08.2002
Ihr Schreiben vom 20.08.2002

Sehr geehrter Herr Sandenfeld,

Ihre Verärgerung über die Qualität unserer Kalender verstehen wir gut: Sie haben hochwertige Farbdrucke erwartet und waren bereit, dafür einen höheren Preis zu zahlen. Als Sie dann die Kalender mit den Fehldrucken erhielten, waren Sie zu Recht enttäuscht.

Bitte glauben Sie uns, dass es nicht unsere Absicht ist, gute Kunden durch schlechte Qualität zu verlieren. Die Drucke, die Sie erhalten haben, sind irrtümlich ausgeliefert worden. Selbstverständlich erhalten Sie umgehend 20 einwandfreie Kalender.

Entschuldigen Sie bitte das Versehen.

Mit freundlichen Grüßen

PS: Haben Sie schon unseren neuen Katalog gesehen? Wir legen Ihnen ein Exemplar zum Blättern und Ideensammeln bei.

Mahnung

Zunächst erinnert man neutral an die Zahlung des Betrages. Dies ist die Zahlungserinnerung; sie kann auch einfach eine Kopie der Rechnung sein. Reagiert der Kunde nicht, so folgen die Mahnungen: Je nach Langmut des Lieferers und der Wichtigkeit des Kunden mahnt man unterschiedlich oft. Manche Firmen schreiben 4 bis 5 Mahnbriefe, bevor sie die Angelegenheit einem Anwalt übergeben. Die folgenden Vorschläge für den Aufbau von Mahnungen sind allgemein gehalten. Auch für den Ton in Mahnungen gibt es keine generellen Regeln. Er hängt sehr von der Beziehung zwischen den Geschäftspartnern ab.

Was sollte die Zahlungserinnerung enthalten?

- Bezeichnung der gelieferten Ware oder der Dienstleistung
- Dank für Bestellung oder Kauf
- Freundliche Erinnerung mit Datum der Rechnung

Die 1. Mahnung sollte enthalten: 1. Mahnung

- (in der Betreffzeile) die Bezeichnung der gelieferten Ware oder der Dienstleistung
- Dank für Bestellung oder für Kauf
- Datum der Zahlungserinnerung, Datum der Rechnung, Fälligkeitstermin
- Freundliche, aber bestimmte Aufforderung zur Zahlung (die Bestimmtheit der Formulierungen sollte noch steigerungsfähig sein)
- Termin, bis zu dem das Geld eintreffen oder dem Konto gutgeschrieben sein soll

Die weiteren Mahnungen sollten enthalten: Mahnungen

- (in der Betreffzeile) 2. (usw.) Mahnung
- Datum der letzten Mahnung oder Daten aller Mahnungen, Datum der Rechnung, Fälligkeitstermin
- Bestimmte und zugleich sachliche Aufforderung zur Zahlung
- Hinweis auf Beantragung des Mahnbescheides, auf den Gerichtsweg oder auf die Rechtsabteilung
- Termin, bis zu dem das Geld eintreffen oder dem Konto gutgeschrieben sein soll

Vermeiden Sie moralisierende Vorwürfe. Sagen Sie klipp und klar, was passiert, wenn der Kunde nicht zahlt. Dann können Sie auch auf Formulierungen verzichten wie: »Wir sehen uns gezwungen ...« oder »... zwingen Sie uns, gerichtliche Schritte einzuleiten«.

Briefkopf (Form B nach DIN 676)

Feld für Postanschrift des Absenders

Klaus Kaiser OHG
Herrn Kaiser
Hammurabiring 35

92369 Sengenthal

Ihr Zeichen:
Ihre Nachricht vom:
Unser Zeichen: Schu-Hö
Unsere Nachricht vom: 2003-01-09

Bearbeiter: Herr Schuster
Telefon: 09181 2638-2
Telefax: 09181 2638-5
E-Mail: Jan.Schuster@Bürowelt.de

Datum: 2003-02-12

Lieferung 5 Bürostühle »Komfort« vom 08.01.2003

Sehr geehrter Herr Kaiser,

wir haben Ihnen unsere Bürostühle »Komfort« gerne geliefert, weil wir sicher sind, dass Ihre Mitarbeiter darauf gut sitzen und deshalb zufrieden sein werden.

Ebenso gerne würden wir nun die Begleichung der noch offenen Rechnung vom 09.01.2003 über 1385,00 EUR inkl. MwSt. sehen. Dürfen wir Sie freundlich daran erinnern? Oder sind Sie vielleicht mit der gelieferten Ware unzufrieden? Dann ist unsere Frau Martin (Tel. -319) gerne zu einem Gespräch mit Ihnen bereit.

Mit freundlichen Grüßen

Briefkopf (Form B nach DIN 676)

Feld für Postanschrift des Absenders

Frau
Petra Schliefen
Merkurallee 75

31029 Banteln

Ihr Zeichen:
Ihre Nachricht vom:
Unser Zeichen: ka

Bearbeiter: Frau Kalb
Telefon: 05121-6655-4
Telefax: 05121-6655-3
E-Mail: Ilona.Kalb@Fahrrad-Reiß.de

Datum: 28.03.2003

5. Mahnung

Sehr geehrte Frau Schliefen,

das Trekkingrad »Stadt & Land« haben Sie am 29.12.2002 von uns pünktlich erhalten. In den vergangenen Monaten mussten wir Sie bereits viermal an die Begleichung der Rechnung vom 30.12.2002 erinnern, die bis zum 15.01.2003 zahlbar war.

Sie werden verstehen, dass auch unsere Geduld einmal am Ende ist. Sollte der Betrag von 598,00 EUR inkl. MwSt. nicht bis zum 24.04.2003 bei uns eintreffen, werden wir den Rechtsweg gehen.

Mit freundlichen Grüßen

Bestätigung des Zahlungseingangs

Die Bestätigung von Zahlungseingängen ist in besonderen Fällen erforderlich – zum Beispiel, wenn der Kunde ausdrücklich darum bittet oder wenn wegen gleich lautender Beträge Missverständnisse entstehen könnten.

Was sollte die Zahlungsbestätigung enthalten?

- Betrag, der gezahlt wurde
- Datum der Zahlung und Rechnungsnummer
- Zahlungsart (zum Beispiel Überweisung oder Scheck)
- Anlass für die Zahlung (Auftrag, Kaufvertrag, Aufforderung)
- Bestätigung, dass der Betrag vollständig gezahlt wurde

Briefkopf (Form B nach DIN 676)

Herrn
Carsten Labode
Mercatorstraße 129

49408 Lingen

Ihr Zeichen, Ihre Nachricht vom	Unser Zeichen, unsere Nachricht vom	Telefon, Name 05461 439-	Datum
		-61 Peter Kurz	15.03.2003

Auftrag Nr. 21/79 vom 15.02.2003
Unsere Rechnung Nr. 1305 vom 04.03.2003

Sehr geehrter Herr Labode,

Sie hatten im Telefongespräch am 10.03.2003 um eine Zahlungsbestätigung gebeten. Diesem Wunsch kommen wir selbstverständlich gern nach:

Mit Überweisung vom 04.03.2003 erhielten wir 1.357,00 EUR. Dieser Beitrag enthält 177 EUR Mehrwertsteuer.

Mit freundlichen Grüßen

Briefkopf (Form B nach DIN 676)

Feld für Postanschrift des Absenders

Geschwister Sager KG
Frau Kathrin Roloff
Industriestraße 34

88339 Bad Waldsee

Ihr Zeichen: R./kj
Ihre Nachricht vom: 20.05.2002
Unser Zeichen: Pa-Ri

Bearbeiter: Frau Sabine Paulsen
Telefon: 089 4865-376
Telefax: 089 4865-300

Datum: 04.06.2002

Zahlungsbestätigung
Ihr Schreiben vom 20.05.2002

Sehr geehrte Frau Roloff,

durch Ihre Überweisung von 130,00 EUR am 18.05.2002 haben Sie unsere Forderung aus der Rechnung A/321 vom 12.05.2002 für 20 gelieferte Glasbildträger 13 x 18 cm vollständig beglichen.

Mit freundlichen Grüßen

Briefe an Bewerber

Absagen an Bewerber

Es ist sicher nicht angenehm, einem Bewerber, der sich Mühe mit der Zusammenstellung seiner Unterlagen gemacht hat, eine Absage zu erteilen. Manche Unternehmen drücken sich deshalb um diese unangenehme Aufgabe. Sie antworten entweder gar nicht oder schicken allen Bewerbern das gleiche fotokopierte Schreiben.

Machen Sie sich die Mühe, eine Absage zu schreiben, die dem Bewerber einen Grund für die Absage nennt!

Oft steht darin der Standardsatz: »*Wir bedauern, Ihnen heute absagen zu müssen, und wünschen Ihnen für den weiteren Lebensweg alles Gute.*« Kein Verständnis, kein bisschen Ermunterung, keine persönlichen Absagegründe.

Sicher wäre es zu viel Aufwand, 200 oder mehr Bewerbern individuelle Absagen zu schicken. Im Computer lassen sich aber einige Absagebriefe mit verschiedenen Informationen einfach formulieren, in die man alle individuellen Daten nachträglich einsetzt. Hier einige Beispiele für den Inhalt dieser Briefe:

Möglichkeit 1

Begründung: viele Bewerber mit gleicher Qualifikation

- Dank für die ausführliche/übersichtliche/ansprechende Bewerbung aussprechen
- Hinweis geben auf die vielen Bewerbungen, die auf die Stellenanzeige eingegangen sind
- Grund für die lange Bearbeitungszeit nennen: Auswahl war wegen der gleichen Qualifikation der Bewerber schwierig
- Dem Bewerber mitteilen, dass er zwar in die engere Wahl gekommen ist, aber die Wahl schließlich auf einen anderen fiel
- Unterlagen mit diesem Brief zurück
- Ermutigung: sicher bei der nächsten Bewerbung Erfolg

Möglichkeit 2

Begründung: Gehaltsvorstellungen gehen über den Etat der Stelle hinaus.

- Dank für die ausführliche/übersichtliche/ansprechende Bewerbung aussprechen
- Dem Bewerber mitteilen, dass er den Anforderungen der ausgeschriebenen Stelle voll entsprach, aber seine Gehaltsvorstellungen über den Etat für diese Stelle hinausgehen
- Mut machen: Bestimmt wird eine Bewerbung bei einem größeren Unternehmen erfolgreich sein
- Unterlagen mit diesem Brief zurück

Begründung: Einer der Bewerber verfügt bereits über einschlägige Erfahrungen.

Möglichkeit 3

- Dank für die ausführliche/übersichtliche/ansprechende Bewerbung aussprechen
- Dem Bewerber erklären, dass es mehrere Interessenten mit hoher Qualifikation gab, einer von ihnen jedoch bereits über einschlägige Erfahrungen im ausgeschriebenen Arbeitsbereich verfügt
- Wertschätzung zeigen: Sie hätten den Bewerber gerne kennen gelernt, aber die Stelle kann leider nur einmal besetzt werden
- Um Verständnis bitten
- Unterlagen mit diesem Brief zurück
- Erfolg wünschen

Briefkopf (Form A nach DIN 676)

Feld für Postanschrift des Absenders

Herrn
Günther Denkern
Hellweg 28

85095 Denkendorf

Ihr Zeichen:
Ihre Nachricht vom: 2002-09-30
Unser Zeichen: bi-so

Telefon: 08421 3542-415
Telefax: 08421 3542-411

Datum: 2002-10-25

Ihre Bewerbung als Operator vom 30.09.2002

Sehr geehrter Herr Denkern,

vielen Dank für Ihre ansprechende Bewerbung.

Ihre Qualifikation und Berufserfahrung hat uns so überzeugt, dass Sie als einer der aussichtsreichsten Bewerber in die engere Wahl für ein Vorstellungsgespräch gekommen sind.

Dass wir dennoch inzwischen einem Mitbewerber den Vorzug gegeben haben, liegt am Gehaltsgefüge unseres Unternehmens: Ihre Einkommensvorstellungen überschreiten deutlich den für diese Stelle vorgesehenen Etat. Der Abstand zu unseren Möglichkeiten ist so groß, dass wir auch in einem Gespräch mit Ihnen keine Einigung gefunden hätten.

Haben Sie deshalb bitte Verständnis für unsere Entscheidung. Gewiss werden Sie in einem größeren Unternehmen bald eine Stelle finden, in der Sie auch Ihre finanziellen Vorstellungen verwirklichen können.

Mit freundlichen Grüßen

Einladungen an Bewerber

Die Aufgabe, Einladungen an Bewerber zu schreiben, ist natürlich leichter und angenehmer als das Formulieren von Absagen.

Was sollte der Einladungsbrief an den Bewerber enthalten?

- In der Betreffzeile nehmen Sie Bezug auf die Bewerbung und Sie nennen das Datum der Bewerbung
- Im Fließtext bedanken Sie sich zunächst für die Bewerbung
- Teilen Sie dem Bewerber mit, dass er in die engere Auswahl gekommen ist
- Nennen Sie den Anlass für die Einladung: Vorstellungsgespräch, Fachtest, psychologischer Test oder anderes
- Geben Sie den Ort an, an dem das Gespräch oder der Test stattfindet (Gebäude, Etage, Raum)
- Schlagen Sie einen Termin vor mit Bitte um Gegenvorschlag und nennen Sie einen Ansprechpartner oder setzen Sie einen festen Termin
- Übernahme der Fahrtkosten: Anreise mit Pkw oder öffentlichen Verkehrsmitteln? Höhe der Vergütung
- Übernahme der Unterbringungskosten: Hotel selbst reservieren oder durch das Unternehmen reservieren lassen? Höhe der Vergütung
- Gute Anreise wünschen
- Gruß

Unter Umständen zusätzlich:

- Informationsmaterial (Unternehmen, Produkte, Marktanalysen) beilegen
- Hinweise zur Anreise (eventuell Anfahrtskizze), Verbindungen, Parkmöglichkeit
- Personalbogen oder Bewerberfragebogen beilegen mit der Bitte, ihn auszufüllen und zurückzusenden

Briefkopf (Form B nach DIN 676)

Feld für Postanschrift des Absenders

Frau
Sabine Ofenkoede
Karlstraße 67

24107 Ottendorf

Ihr Zeichen:
Ihre Nachricht vom:
Unser Zeichen: Kä-Bor
Unsere Nachricht vom:

Name: Herr Kästner
Telefon: 0511 8765-433
Telefax: 0511 8765-430
E-Mail: Personal@Voss.com

Datum: 30.04.2002

Ihre Bewerbung vom 22.04.2002
um die Stelle als Pressereferentin

Sehr geehrte Frau Ofenkoede,

herzlichen Dank für Ihre ausführliche Bewerbung. Ihre Zeugnisse und Unterlagen haben einen so guten Eindruck gemacht, dass wir Sie unter vielen Mitbewerbern für ein Vorstellungsgespräch ausgewählt haben.

In diesem Gespräch, bei dem auch ein Mitglied der Geschäftsleitung anwesend sein wird, möchten wir Sie gerne mit unserem Unternehmen bekannt machen und mit Ihnen über Ihre Bewerbung sprechen.

Als Termin schlagen wir den 15.05.2002, 10.30 Uhr vor. Wenn Ihnen dieser Tag nicht zusagt, vereinbaren Sie bitte mit Frau Schneider (Telefon: -2 53) möglichst schnell einen anderen Termin.

Es ist wegen der langen Anfahrt sicher besser, wenn Sie am Vortag anreisen. Frau Schneider wird Ihnen gerne in einem Hotel ein Zimmer reservieren. Selbstverständlich sind Sie unser Gast – für die Erstattung der Reisekosten senden Sie uns bitte später das beiliegende Formblatt zu.

Wir freuen uns auf Ihren Besuch und wünschen Ihnen eine angenehme Anreise.

Mit freundlichen Grüßen

Anlage
Formblatt Reisekostenabrechnung

Briefkopf (Form B nach DIN 676)

Feld für Postanschrift des Absenders

Herrn
Ralf Felden
Henkenheide 45

55494 Wahlbach

Ihr Zeichen:
Ihre Nachricht vom:
Unser Zeichen: Hei-May

Telefon: 0211 3654-212
Telefax: 0211 3654-210
E-Mail: Personal@Textilien-Kunze.de

Datum: 20.02.2003

Ihre Bewerbung vom 10.02.2003 als Verkaufsrepräsentant

Sehr geehrter Herr Felden,

wir danken Ihnen für Ihre Bewerbung. Ihre Qualifikation entspricht genau unseren Erwartungen. Deshalb sind Sie unter sehr vielen Bewerbern in die engere Wahl gekommen.

Damit wir in der nun bevorstehenden Endrunde alle Bewerber möglichst objektiv beurteilen können, laden wir Sie zu einem Test und zu einem individuellen Bewerbungsgespräch ein. Kommen Sie bitte am 15.03.2003 in unsere Hauptverwaltung:

Hansahaus, Gertrudisstraße 10, 79400 Kandern

Der Test beginnt um 10.15 Uhr im Raum 103 in der 3. Etage. Bitte bringen Sie alle wichtigen Unterlagen, die Zeugnisoriginale und Ihren Personalausweis mit.

Die Reisekosten erstatten wir Ihnen entsprechend den Kosten für öffentliche Verkehrsmittel. Für den Fall, dass Sie bereits am Vorabend kommen möchten, werden wir im Hotel Stern, Felsenstraße 30 ein Zimmer reservieren. Rufen Sie bitte deswegen in den nächsten Tagen Frau Klee unter der Durchwahl -143 an.

Wenn Sie mit dem Pkw anreisen, steht Ihnen der Parkplatz an der Felsenstraße zur Verfügung. Von dort sind es nur 5 Minuten zur Hauptverwaltung.

Wir freuen uns auf Ihren Besuch und wünschen Ihnen schon jetzt viel Erfolg.

Mit freundlichen Grüßen

Das Zeugnis

Zeugnisarten

Jeder Arbeitnehmer kann nach den gesetzlichen Bestimmungen bei Beendigung eines dauernden Beschäftigungsverhältnisses von seinem Arbeitgeber ein schriftliches Zeugnis verlangen.

Jeder Arbeitnehmer hat das Recht auf ein schriftliches Zeugnis.

Es gibt – je nach Anlass und Bedarf – verschiedene Zeugnisarten:

1. Einfaches Zeugnis:

- Angaben zur Person (Vorname, Name, Geburtsdatum und Geburtsort, Wohnort)
- Art der Beschäftigung
- Dauer der Beschäftigung

Das einfache Zeugnis enthält keine Beurteilung.

2. Qualifiziertes Zeugnis:

- Angaben zur Person (Vorname, Name, Geburtsdatum und Geburtsort, Wohnort)
- Art der Beschäftigung
- Dauer der Beschäftigung
- Leistungs- und Verhaltensbeurteilung:
  - Beurteilung des Fachwissens
  - Beurteilung der Arbeitsbereitschaft, Bereitschaft zur Weiterbildung
  - Beurteilung der Kooperation mit Kollegen und Vorgesetzten
- Wünsche für die Zukunft oder anderer Schlusssatz

Anspruch auf ein Zeugnis hat der Arbeitnehmer, wenn das Arbeitsverhältnis endet. In vielen Fällen wird das Zeugnis jedoch auf Verlangen des Arbeitnehmers vorzeitig ausgehändigt, damit er sich um eine neue Stelle bewerben kann, oder er erhält ein Zwischenzeugnis.

Abstufung der Beurteilung

Wenig einfallsreich, und häufig der individuellen Leistung eines Arbeitnehmers nicht gerecht werdend, ist die Abstufung mit Schulnoten: *sehr gut – gut – befriedigend/zufrieden stellend – ausreichend.* Für diese Wörter lassen sich andere, einprägsamere ohne große Mühe finden, die zugleich dem modernen Anspruch an ein Zeugnis genügen, nicht zu pauschal zu urteilen, den beurteilten Mitarbeiter nicht »in eine Schublade zu stecken«. Zum Beispiel für *sehr gut: hervorragend, vortrefflich, außerordentlich, überdurchschnittlich, vorzüglich, vorbildlich, beispielhaft.*

Wer diese Bewertungen noch abstufen möchte, ergänzt sie durch Ausdrücke wie: *stets, immer, ohne Ausnahme, jederzeit, meistens, in der Regel, häufig, fast immer, sehr, besonders, gleichmäßig.*

Wahrheit und Wohlwollen

Der Arbeitgeber ist zu einer »fairen« und »objektiven Beurteilung« verpflichtet.

Das Zeugnis muss wahr sein – das Zeugnis muss wohlwollend sein. In der Erfüllung dieser beiden Forderungen liegt oft ein Konflikt: Wie kann man *wahrheitsgemäß* über ein Fehlverhalten Zeugnis ablegen und sich dabei *wohlwollend* ausdrücken? Die beste Lösung des Problems ist die, dass man neben den positiven Aussagen die negativen Bemerkungen nicht ausspart. Man kann durchaus sagen, dass ein Mitarbeiter auf einem Arbeitsgebiet Schwierigkeiten hat, auf anderen aber dafür besondere Leistungen bringt. Eine andere Möglichkeit ist, bestimmte Leistungen oder Eigenschaften eines Mitarbeiters stärker hervorzuheben als andere, mit denen man weniger zufrieden war.

Immer wieder hört und liest man davon, dass die Arbeitgeber sich mit versteckten Formulierungen – einer Art Geheimsprache – über die Leistungen eines Arbeitnehmers verständigen. Tatsächlich gibt es von den Schulnoten abgeleitete Kataloge von Zufriedenheitsaussagen über Mitarbeiter, die man als Arbeitgeber auf jeden Fall kennen sollte. Ansonsten kann es leicht passieren, dass ein Zeugnis in bester Absicht geschrieben wird, es durch die Wahl einer bestimmten Formulierung jedoch von anderen Arbeitgebern als negativ verstanden wird.

Formulierungen eines … »sehr guten« Arbeitszeugnisses

Ausgesprochen positiv werden die Leistungen eines Mitarbeiters/einer Mitarbeiterin bewertet mit Formulierungen, die verstärkende Ausdrücke wie *hervorragend, ausgezeichnet, überdurchschnittlich, äußerst* oder *sehr* enthalten:

- Herr/Frau xy besitzt hervorragendes Fachwissen.
- Herr/Frau xy hatte ausgezeichnete Ideen.
- Selbst schwierigste Aufgaben löste Herr/Frau xy äußerst sicher.
- Wir haben Herrn/Frau xy als eine/n ausdauernde/n und überdurchschnittlich belastbare/n Mitarbeiter/in kennen gelernt
- Herr/Frau xy arbeitete stets sehr zügig und exakt

… »guten« Arbeitszeugnisses

Als positive Beurteilung der Leistung werden Formulierungen gewertet, die zwar positive Eigenschaftwörter enthalten, ohne dass diese jedoch nochmals (z. B. durch *sehr* oder *äußerst*) gesteigert worden wären:

- Herr/Frau xy verfügt über ein abgesichertes, erprobtes Fachwissen.
- Herr/Frau xy hatte oft gute Ideen.

- Herr/Frau xy löste auch schwierige Aufgaben.
- Wir haben Herrn/Frau xy als eine ausdauernde/n und belastbare/n Mitarbeiter/in kennen gelernt.
- Herr/Frau xy arbeitete zügig und exakt.

… eines »befriedigenden« Arbeitszeugnisses

Entsprach der Mitarbeiter/die Mitarbeiterin im Allgemeinen den Anforderungen, ohne einen durchgehend positiven Eindruck hinterlassen zu haben, zeigt sich dies im Arbeitszeugnis meist am Fehlen eindeutig lobender Eigenschaftswörter wie etwa *gut, ausdauernd, belastbar*:

- Herr/Frau xy verfügte über das erforderliche Fachwissen und setzte es erfolgversprechend ein.
- Herr/Frau xy gab gelegentlich eigene Anregungen.
- Herr/Frau xy erfüllte die Anforderungen/war den Aufgaben gewachsen.
- Herr/Frau xy war ordentlich und handelte mit Sorgfalt.
- Herr/Frau xy zeigte eine zufriedenstellende Leistung.

… eines »ungenügenden« Arbeitszeugnisses

War der Arbeitgeber nicht mit den Leistungen des Arbeitnehmers/der Arbeitnehmerin zufrieden, wird dies im Zeugnis nur angedeutet. Indirekte Kritik bringen Formulierungen zum Ausdruck, in denen nur vom Bemühen des Mitarbeiters/der Mitarbeitern die Rede ist (nicht jedoch dessen Gelingen) oder indem positive Wertungen ausdrücklich mit Einschränkungen versetzt sind:

- Herr/Frau xy verfügte über Fachwissen und setzte es ein.
- Wir haben Herrn/Frau xy als eine/n Mitarbeiter/in kennen gelernt, die ihre Aufgaben im Allgemeinen erfüllte und den normalen Aufgaben gewachsen war.
- Herr/Frau xy übernahm die ihr/ihm übertragenen Aufgaben und führte sie unter Anleitung aus.
- Herr/Frau xy zeigte mitunter Fleiß und bemühte sich um Sorgfalt.

Hier ein Beispiel für ein unterdurchschnittliches Zeugnis:

Briefkopf (Form B nach DIN 676)

Feld für Postanschrift des Absenders

Zeugnis

Herr Felix Fischer, geboren am 14. August 1950, Wohnort 97505 Geldersheim, Langestraße 98, war vom 1. Juni 1996 bis zum 30. September 2002 als Bezirksleiter im Vertriebsaußendienst unserer Filialdirektion Bad Neustadt beschäftigt.

Herr Fischer war in dieser Zeit damit beauftragt, für den regelmäßigen Zugang einwandfreier, bestandsfähiger Versicherungsverträge in allen Versicherungssparten zu sorgen.

Außerdem gehörte es zu seinem Aufgabenbereich, eine Organisation nebenberuflicher Versicherungsvermittler aufzubauen und zu betreuen.

Herr Fischer hat diese Aufgaben erfüllt.

Sein Verhalten gegenüber Vorgesetzten, Kollegen und auch Kunden war zuvorkommend und einwandfrei.

Das Vertragsverhältnis wurde zum 30.09.2002 aufgehoben.

Wir wünschen Herrn Fischer für die Zukunft alles Gute.

Karlstadt, den 30.09.2002

Kommentar

Woraus lässt sich ablesen, dass dieses Zeugnis unterdurchschnittliche Leistungen dokumentiert? Dazu darf man nicht einzelne Formulierungen isoliert bewerten, sondern muss das Zeugnis als Ganzes sehen. Als Erstes fällt auf, dass es sehr kurz ist und nur die allernötigsten Angaben enthält: Im ersten Absatz stehen die Daten und der Wohnort, in den beiden nächsten Absätzen in knappen Worten zwei Tätigkeitsbereiche. Sicher hätte man hier mehr berichten können.

Im vierten Absatz folgt in der denkbar kürzesten Form die Bemerkung, dass Herr Fischer diese Aufgaben erfüllt hat – nicht wie und nicht mit welchem Erfolg. Das lässt darauf schließen, dass Herr Fischer so gut wie keine Verträge abgeschlossen hat.

Der nächste Absatz bestätigt diese Vermutung: Zunächst war Herr Fischer zu Vorgesetzten und Kollegen zuvorkommend und hat sich ihnen gegenüber einwandfrei verhalten. Dann, erst an dritter Stelle, folgen die Kunden.

Das Vertragsverhältnis wurde aufgehoben: Dahinter kann sich alles verbergen. Wer hat den Vertrag wohl beendet – Herr Fischer oder die Versicherung?

Der Schlusssatz lässt ebenfalls auf mangelhafte Leistungen schließen: Bei dieser Versicherung konnte Herr Fischer nicht überzeugen, und deshalb wünscht man ihm für die Zukunft (nicht für die nächste Stelle oder für die berufliche Zukunft!) alles Gute. Herr Fischer wird es brauchen.

Im Gegensatz dazu stehen die beiden folgenden Zeugnisse:

Briefkopf (Form B nach DIN 676)

Feld für Postanschrift des Absenders

Zeugnis

Frau Hannelore Winkler, geboren am 19.04.1956 in Marlen, war vom 01.01.1998 bis 31.03.2003 in unserem Unternehmen tätig.

Nach einer Intensivschulung von 6 Wochen konnten wir Frau Winkler als Repräsentantin im Außendienst einsetzen. Hier zeigte sie schon nach sehr kurzer Zeit ein außerordentliches Talent, auf Menschen zuzugehen und unsere Produkte überzeugend und erfolgreich zu präsentieren.

Ihre große Sachkenntnis machte sie zu einer kompetenten Ansprechpartnerin für Kunden und Kollegen. Schon nach einem Jahr, am 10.01.1999, übertrugen wir Frau Winkler die Leitung des Bezirks Offenburg. Hier zeigte sie sich in der Führung der rund 20 Mitarbeiter genauso erfolgreich wie in der Erfüllung der Umsatzziele und der Gewinnung neuer Kunden: Frau Winkler hat bei der notwendigen Umstrukturierung im Bezirk Offenburg hervorragende organisatorische Fähigkeiten bewiesen.

Frau Winkler verlässt uns auf eigenen Wunsch. Wir bedauern diesen Entschluss sehr. Für den weiteren Berufsweg wünschen wir ihr viel Erfolg.

Freiburg, 02.04.2003

Briefkopf (Form B nach DIN 676)

Feld für Postanschrift des Absenders

Zeugnis

Herr Walter Schmölder,
geboren am 13. Juni 1955 in Mosbach,
hat bei uns seine Tätigkeit am 1. Oktober 1990 als Pförtner begonnen.

Herr Schmölder war im Werk III, Tor Altendorfer Straße, eingesetzt. Neben der üblichen Torüberwachung und den damit verbundenen Kontrollaufgaben oblag ihm die Abwicklung der Zeiterfassung unserer Beschäftigten mit der Personalabteilung.

Auf seinen Wunsch haben wir Herrn Schmölder ab Juli 1994 die Stelle als Materialverwalter für den Getriebebau im Werk II, Rummelsberg, übertragen. Die Schwerpunkte seiner Tätigkeit waren:

- die Materialannahme, das Prüfen der Lieferungen und das Einsortieren in die Regale
- das Führen der Materialkartei über Terminal sowie das wöchentliche Abstimmen der Bestände
- die Materialausgabe gegen Materialschein an 160 Beschäftigte bei einem Sortiment von etwa 1400 Teilen und ca. 80 Anforderungsscheinen pro Tag

Im Rahmen unseres betrieblichen Fortbildungsprogramms besuchte Herr Schmölder einen jeweils zweitägigen Lehrgang über Grundlagen der Datenverarbeitung und das Bedienen des Terminals.

Seine Aufgaben nahm Herr Schmölder stets pünktlich, vollständig und gewissenhaft wahr. Wir schätzten ihn als tüchtigen und überdurchschnittlich einsatzbereiten Mitarbeiter. Seine Zuverlässigkeit und Vertrauenswürdigkeit als wichtige Anforderungen bei der Materialverwaltung stellte Herr Schmölder ebenso unter Beweis wie Umsicht, Fleiß und eine zügige Arbeitsweise. Sowohl gegenüber Lieferanten und Vorgesetzten als auch im Kollegenkreis verhielt er sich immer höflich und hilfsbereit.

Am 30. Juni 2002 scheidet Herr Schmölder auf eigenen Wunsch aus unserem Unternehmen aus. Wir bedauern seinen Entschluss, danken ihm für die jederzeit pflichtbewusste Mitarbeit und wünschen ihm für die Zukunft alles Gute.

Großburghausen, den 1. Juli 2002

Das Protokoll

Zweck eines Protokolls

1. Das Protokoll sichert Informationen: Besprechungsergebnisse werden festgehalten.
2. Das Protokoll informiert: Nichtteilnehmer können sich über die Ergebnisse informieren und den Verhandlungsverlauf nachvollziehen.
3. Das Protokoll entlastet das Gedächtnis und schafft Klarheit: Teilnehmer können später bei Differenzen oder ungenauer Erinnerung den Verhandlungsverlauf nachlesen.
4. Das Protokoll gibt Anweisungen: Es hält genau fest, wer was bis wann zu tun hat.
5. Das Protokoll hilft kontrollieren: Es kann ohne Mühe geprüft werden, ob die Anweisungen eingehalten worden sind.
6. Das Protokoll beweist: Alle Beschlüsse, in bestimmten Protokollarten auch alle Äußerungen der Teilnehmer sind nachweisbar festgehalten.

Anforderungen an das Protokoll

Das Protokoll muss bestimmten Anforderungen genügen, um die o.g. Zwecke zu erfüllen:

- Es muss vollständig und unmissverständlich sein.
- Inhalt und Sprache sollen neutral sein.
- Es muss verständlich sein.
- Es muss übersichtlich und gut gegliedert sein.
- Der Textumfang muss der Besprechung angemessen sein.
- Es muss allgemein anerkannt werden und als Beweis gelten können.

Protokollarten

Die Anforderungen an ein Protokoll sind demnach sehr unterschiedlich. Einmal sind nur die Beschlüsse wichtig, ein anderes Mal der ganze Gesprächsverlauf und ein drittes Mal jede, auch die kleinste Bemerkung eines Teilnehmers. Deshalb haben sich im Laufe der Zeit verschiedene Protokollarten herausgebildet. Hier eine Übersicht über die Anforderungen der verschiedenen Protokollarten:

Anforderung	Protokollart
Man braucht später nur die Ergebnisse der Besprechung: Anweisungen, Aufgaben und Beschlüsse.	Beschluss- bzw. Ergebnisprotokoll: Protokollkopf, Tagesordnungspunkte, Beschlüsse
Es soll später nachzulesen sein, wie die Beschlüsse im Wesentlichen zustande gekommen sind.	Kurz- bzw. Stichwortprotokoll: Protokollkopf, Tagesordnungspunkte, Namen der wichtigsten Redner, Redebeiträge in Stichworten. Beschlüsse meist wörtlich
Der ganze Verlauf der Besprechung mit den Beschlüssen soll festgehalten werden.	Verlaufsprotokoll: Protokollkopf, Tagesordnungspunkte, alle Redebeiträge mit Namen der Redner sinngemäß zusammengefasst wiedergeben; die Beschlüsse werden auch protokolliert
Alle Redebeiträge und alle Bemerkungen sollen im vollen Wortlaut festgehalten werden.	Wörtliches Protokoll: Protokollkopf, Tagesordnungspunkte, jedes Wort wird protokolliert
Das Protokoll ist nicht sehr wichtig. Während der Besprechung ist kein offizieller Protokollant anwesend, alle Teilnehmer wollen sich voll auf die Besprechung konzentrieren. Keine Beweiskraft erforderlich.	Gedächtnisprotokoll: Protokollkopf, Tagesordnungspunkte, die wichtigsten Beschlüsse in Stichworten

Protokollkopf

Checkliste für den Protokollkopf

Allen Protokollarten gemeinsam ist der informative und übersichtliche Protokollkopf. Hier stehen die wichtigen Angaben über Ort und Zeit der Besprechung, Thema, Teilnehmer und einiges mehr. Im Einzelnen:

Was?

- Besprechungsthema oder Hauptgesprächspunkt
- Tagesordnung

Wer?

- Bezeichnung der Gruppe oder
- Bezeichnung der Versammlung
- Teilnehmerliste: anwesend – nicht anwesend, nur zu bestimmten Tagesordnungspunkten oder in Vertretung anwesend
- Verteiler (Wer bekommt ein Exemplar des Protokolls? Wer bekommt Ausschnitte in Kopie?)
- Name des Protokollanten

Wann?

- Datum
- Uhrzeit (von – bis)
- Datum der Protokollerstellung
- Datum und Uhrzeit der nächsten Sitzung

Wo?

- Ort
- Gebäude
- Raum

Im Folgenden finden Sie zwei Beispiele für die Gestaltung eines Protokollkopfes.

Anmerkung: Das Datum der Erstellung des Protokolls kann an das Ende gesetzt werden.

16.10.2002

Verteiler:
Teilnehmer

Protokollant: Gert Brauchten

Protokoll der
Abteilungsleiterbesprechung

Betr.: monatliche Abteilungsleiterbesprechung

am 16.10.2002, 10.30 Uhr
Besprechungszimmer II, Zi. 218

Teilnehmer: Herr Hansen
Frau Betterfeld
Frau Klarendorf
Herr Barkowitz

---

1. Fragen und Einwendungen zum letzten Protokoll

2. Allgemeine Informationen

Protokoll der Abteilungsleiterbesprechung

Datum	16.10.2002, 10.30 Uhr
Ort	Besprechungszimmer II, Zi. 218
Teilnehmer	Herr Hansen
	Frau Betterfeld
	Frau Klarendorf
	Herr Barkowitz
Verteiler	Teilnehmer
Protokollant	Gert Brauchten

TOP 1 Fragen und Einwendungen zum letzten Protokoll

TOP 2 Allgemeine Informationen

Sprache des Protokolls

Gegenwarts- oder Vergangenheitsform?

Das Protokoll schreibt man in der Gegenwartsform:
Nicht: *Frau Gilles sagte, die Mitarbeiter hätten keine Pausen gehabt.*
Sondern: *Frau Gilles sagt, die Mitarbeiter hätten keine Pausen gehabt.*

Die Gegenwartsform unterstreicht die Genauigkeit und Richtigkeit des Protokolls: Es wird mitgeschrieben, *während* die Teilnehmer sprechen.

Möglichkeits- oder Wirklichkeitsform?

Im Protokoll verwendet man die Möglichkeitsform (den Konjunktiv): In Protokollen gibt der Schreiber nur wieder, was in der Besprechung gesagt worden ist. Deshalb muss die Sprache neutral sein. Es darf keine Unklarheit darüber entstehen, wessen Meinung hier wiedergegeben wird. Dies ist der Grund, warum man im Protokoll nicht die Wirklichkeitsform (den Indikativ), sondern die Möglichkeitsform verwendet.

Ein Beispiel: In der Besprechung hat ein Teilnehmer gesagt: »Der Zustand des Fuhrparks ist unbeschreiblich. Die meisten Mitarbeiter im Fahrdienst lassen ihre Autos verkommen!«

Bei der Verwendung der Wirklichkeitsform stünde dann im Protokoll:

> *Herr Schneider sagt, dass der Zustand des Fuhrparks unbeschreiblich ist. Die meisten Mitarbeiter im Fahrdienst lassen ihre Autos verkommen.*

Frage: Ist das nur die Meinung von Herrn Schneider oder schließt sich der Protokollant dieser Meinung an? Oder stimmt es sogar, was Herr Schneider den Mitarbeitern vorwirft? Diese Unsicherheit muss man unbedingt vermeiden. Deshalb schreibt man in der Möglichkeitsform:

> *Herr Schneider sagt, der Zustand des Fuhrparks sei unbeschreiblich. Die Mitarbeiter des Fahrdienstes ließen ihre Autos verkommen.*

1. oder 2. Möglichkeitsform

Es gibt die 1. Möglichkeitsform (Konjunktiv I) und die 2. Möglichkeitsform (Konjunktiv II). Zur Erinnerung:

Wirklichkeitsform	1. Möglichkeitsform	2. Möglichkeitsform
ich schreibe	*ich schreibe*	*ich schriebe*
du schreibst	*du schreibest*	*du schriebest*
wir sagen	*wir sagen*	*wir sagten*

Wichtig: Gleichgültig, ob in der Besprechung etwas in der Gegenwart oder in der Vergangenheit gesagt wurde – man nimmt zunächst immer die 1. Möglichkeitsform. Nur dann, wenn diese von der Wirklichkeitsform nicht zu unterscheiden ist, weicht man auf die 2. Möglichkeitsform aus. Beispiel:

Beispiel für ein Beschlussprotokoll

Besprechung der Planungsgruppe »Korrespondenz«

Thema	Rationalisierung der Antworten an Stellenbewerber
Datum	08.01.2003, 11 Uhr
Ort	Kleiner Besprechungsraum, Zi. 3
Teilnehmer	Frau Barkowitz Frau Weiß Herr Schulz
Verteiler	Teilnehmer
Protokollantin	Frau Weiß
Datum des Protokolls	10.01.2003
Nächstes Treffen	15.01.2003

Beschluss: Frau Barkowitz trifft bis zur nächsten Besprechung am 15.01.2003 eine Vorauswahl von Briefen, die sich zur Speicherung als Formbriefe eignen. Herr Schulz prüft, ob die Briefe an Bewerber, die in der engsten Wahl sind, mit Textbausteinen erstellt werden können.

(Unterschrift)
Besprechungsleiter

(Unterschrift)
Protokollantin

10.01.2003

Frau Schröder sagte, die Mitarbeiter haben sich bereits mehrfach beschwert.

Hier kann man nicht unterscheiden, ob *haben* Möglichkeitsform ist oder nicht. Jetzt nimmt man zur Sicherheit die 2. Möglichkeitsform:

Frau Schneider sagt, die Mitarbeiter hätten sich bereits mehrfach beschwert.

Umschreibung mit »würde«

Und wenn man auch mit der 2. Möglichkeitsform nicht mehr zurechtkommt, weil sie mit der Wirklichkeitsform identisch ist, dann darf man sich mit *würde* helfen: *Herr Meister bemängelt, dass sich die Mitarbeiter in der Kantine aufhielten.* Deutlicher ist es mit *würde: Herr Meister bemängelt, dass sich die Mitarbeiter in der Kantine aufhalten würden.* Wenn Ihnen eine Möglichkeitsform zu altertümlich erscheint, dann dürfen Sie ebenfalls auf die Umschreibung mit *würde* ausweichen. – Lesen Sie hierzu bitte auch in den »Sprachtipps« unter dem Stichwort »Möglichkeitsform« nach.

Beispiel für ein Verlaufsprotokoll

Besprechung der Planungsgruppe »Korrespondenz«

Thema	Rationalisierung der Antworten an Stellenbewerber
Datum	08.01.2003, 11 Uhr
Ort	Kleiner Besprechungsraum, Zi. 3
Teilnehmer	Frau Barkowitz Frau Weiß Herr Schulz
Verteiler	Teilnehmer
Protokollantin	Frau Weiß
Datum des Protokolls	10.01.2003
Nächstes Treffen	15.01.2003

Frau Barkowitz weist darauf hin, dass die ersten Bewerbungen bereits am 23.02.2003 einträfen und dass in der Besprechung ein Beschluss zustande kommen müsse.

Frau Weiß gibt einen Überblick über die Korrespondenz mit Bewerbern bei der letzten Ausschreibung:

[…]

[…]

Gesamtzahl der Bewerber:	342
Weitere Unterlagen wurden angefordert:	124
Zwischenbescheide:	342
Absagen:	302
Einladungen zum Test:	40
Absagen:	30
Einladungen zum Vorstellungsgespräch:	10
Einstellungen:	4
Absagen:	6
	856

Herr Schulz stellt fest, dass der größte Teil dieser Briefe, die Zwischenbescheide und die ersten Absagen, standardisiert seien. Zu klären sei, was mit den anderen Brieftexten gemacht werde.

Frau Barkowitz ist der Meinung, man könne auch in der Phase der Vorauswahl Standardtexte versenden. Dies beträfe alle Einladungen zum Text und die anschließenden Absagen. Nur in der Endphase solle individuell formuliert werden.

Herr Schulz fasst zusammen, dass damit weitere 80 individuelle Briefe gespart würden.

Beschluss: Frau Barkowitz trifft bis zur nächsten Besprechung am 15.01.2003 eine Vorauswahl von Briefen, die sich zur Speicherung als Formbriefe eignen. Herr Schulz prüft, ob die Briefe an Bewerber, die in der engsten Wahl sind, mit Textbausteinen erstellt werden können.

(Unterschrift) (Unterschrift)
Besprechungsleiter Protokollantin

10.01.2003

Der Werbebrief

Die folgenden Hinweise zum Werbebrief können keinen Fachmann und kein Lehrbuch ersetzen. Sie helfen Ihnen jedoch bei der ersten Konzeption eines Werbebriefes und geben Tipps, wie man Fehler vermeidet.

Anrede

Schreiben Sie den Empfänger persönlich an!

Wenn man den Namen des Empfängers kennt, muss er in der Anrede stehen. Die Anrede *Sehr geehrter Kunde* oder *Sehr geehrte Damen und Herren* sollte die Ausnahme sein, denn der Empfänger liest den Brief gleich weniger aufmerksam – haben Sie sich doch noch nicht einmal die Mühe gemacht, ihn persönlich ausfindig zu machen.

Aufbau

Gleich am Briefanfang sollten Sie die Aufmerksamkeit des Lesers wecken!

Der bekannteste Vorschlag für den Aufbau eines Werbebriefes heißt AIDA. Jeder Buchstabe steht für einen Begriff:
A – ATTENTION (Aufmerksamkeit)
I – INTEREST (Interesse)
D – DESIRE OF POSSESSION (Besitzwunsch)
A – ACTION (Aktion)

Wem es nicht gelingt, auf Anhieb den Leser aufmerksam zu machen, der wird ihn auch kaum interessieren, seine Wünsche wecken oder ihn zu Handlungen bewegen können. Denn denken Sie daran: Alles, was der Briefempfänger zuerst sieht bzw. liest, ist wichtiger als das, was danach kommt – schließlich bleibt der erste Eindruck bei ihm hängen.

Der erste Teil (A) des Briefes soll also die Aufmerksamkeit des Lesers wecken. Das kann zum Beispiel mit einer interessanten Briefüberschrift oder mit einem geschickten Briefanfang geschehen.

Im zweiten Teil (I) spricht man das Interesse des Lesers an: Wofür interessiert er sich, was erwartet er von meinem Brief? Wer hier nur von sich redet, wird kaum das Interesse des Lesers wecken.

Im dritten Teil (D) versucht der AIDA-Werbebrief, den Wunsch des Lesers zu wecken, die angebotene Ware zu besitzen, sich Informationsmaterial kommen zu lassen oder die angebotene Dienstleistung in Anspruch zu nehmen. An dieser Stelle weisen AIDA-Briefe auf die Einfachheit hin, mit der man in den Besitz gelangt, sie sprechen von der Aktualität des Angebotes und davon, warum es gerade jetzt wichtig ist zu handeln.

Im vierten Teil schließlich (A) soll der Leser etwas tun: Er muss die Bestellkarte zurückschicken, einen Kupon abschneiden und einsenden, ein kleines Rätsel lösen, anrufen oder vieles andere.

RIC-Briefe

Alle Briefe, die den Empfänger auffordern, etwas Bestimmtes zu tun – Rubbeln, Kleben, Ausschneiden, Aufklappen, Umschlagen, Falten, Eintragen, Lochen, Abreißen, Riechen –, nennt man RIC-Briefe. RIC steht für *Readerships involvement commitment*: den Leser beschäftigen, in eine Tätigkeit verwickeln.

Betreffzeilen

In der Kürze liegt die Würze!

Die »Anmacherzeile« (nichts anderes ist die Betreffzeile in einem Werbebrief) kann ein Wortspiel sein, ein Spruch, ein erster Hinweis (kein komplettes Angebot!) auf den Inhalt des Briefes. Der Text sollte nicht zu lang sein: 1 bis 2 kurze Zeilen genügen.

Datum

Das Datum macht den Brief persönlicher und aktueller. Besser als *Im September 2002* ist *14. 09. 2002* oder *14. September 2002.*

Fettschrift

Übertreiben Sie nicht mit Hervorhebungen!

Die Fettschrift kann in Werbebriefen einzelne Textteile hervorheben. Übertreiben sollte man aber nicht, sonst ist die Wirkung auf den Leser verloren.

Fragen

Wichtig: Was möchte der Leser wissen?

Der Leser eines Werbebriefes hat Fragen. Alle Aussagen, die im Werbebrief stehen, müssen Antworten auf diese Fragen des Lesers sein:

> Wer schreibt mir? Kann ich das brauchen? Habe ich von dem, was man mir anbietet, einen Nutzen?

Die Entscheidung über Lesen oder Nichtlesen trifft der Briefempfänger blitzschnell, wobei er sich die Fragen nicht so deutlich stellt wie oben angegeben. Aber die Antworten beurteilt er sehr klar. Das Wichtigste also für den Werbebrief ist: Prüfen Sie, ob die Fragen des Lesers beantwortet sind und ob seine Interessen angesprochen werden.

Postskriptum

Postskriptum (abgekürzt *PS*) heißt *das Nachgeschriebene.* (PS schreibt man ohne Abkürzungspunkte!) Früher verwendete man ein PS, wenn man etwas Wichtiges im Brief vergessen hatte.

Das PS hat einen hohen Aufmerksamkeitswert: Oft ist es der einzige Text in einem Werbebrief, der überhaupt gelesen wird. Deshalb nutzt man das PS, um hier die wichtigsten Vorteile des Angebotes zu nennen: Hinweis auf den Preis, auf ein Glücksspiel, auf die Einfachheit des Angebotes. Gegenüber der normalen Schreibweise wird der PS-Text fast immer eingerückt geschrieben:

PS: Senden Sie uns noch heute die Bestellkarte zurück. Sie erhalten dann sofort unseren Katalog.

Anstatt *PS* können Sie auch andere Wörter setzen, wie z. B. *Übrigens* oder *Bitte beachten Sie.*

Sie/wir

Sprechen Sie den Leser direkt an!

Der Leser des Briefes ist wichtiger als der Schreiber. Deshalb ist es ganz selbstverständlich, dass man weniger von sich selbst als vom Empfänger spricht. Das heißt: Im Brief steht öfter *Sie* als *wir* oder *ich*:

Nicht:	Sondern:
Wir schicken Ihnen ...	*Sie erhalten ...*
Wir weisen darauf hin ...	*Wichtig für Sie: ...*
Wir haben ...	*Sie bekommen ...*
Wir sind ...	*Nutzen Sie ...*

Stil

Für den Stil im Werbebrief gibt es keine generellen Regeln. Vermeiden Sie jedoch die typische Werbesprache. Nennen Sie in kurzen, klaren Sätzen die Vorteile Ihres Angebots für den Kunden, heben Sie hervor, wie problemlos einfach es ist, Ihr Angebot zu nutzen. Vermeiden Sie den Konjunktiv (Möglichkeitsform) und das Futur (Zukunft), wenn Sie von den Vorteilen sprechen:

Nicht:
Mit dieser Maschine könnten Sie Zeit sparen.
Der Alpha 2 wird Ihnen die Arbeit erleichtern.

Sondern:
Mit dieser Maschine sparen Sie Zeit.
Der Alpha 2 erleichtert Ihnen die Arbeit.

Unterschrift
Die Unterschrift ist sehr wichtig für den persönlichen Kontakt. Ein unterschriebener Brief ist ein persönlicher Brief. Die Unterschrift sollte möglichst lesbar sein; ein Schnörkel, den man nicht entziffern kann, weckt Misstrauen. Und Misstrauen beim Leser zu wecken ist das Schlimmste, was bei einem Werbebrief passieren kann.

Unterstreichen
Unterstrichene Textteile – ob ganzer Satz, einzelne Wörter oder Zahlen – fallen ins Auge. Die unterstrichenen Teile sollten für den Leser möglichst positiv sein: Arbeitserleichterung, Vermeiden von Nachteilen, niedriger Preis, Anerkennung und vieles mehr wirken positiv. Ein unterstrichener Textteil sollte allein genug Aussagekraft haben; der Leser soll hier auf einen Blick alles erfahren, ohne den Rest im Satz oder Absatz lesen zu müssen.

Wortlänge
Grundsätzlich sind kurze Wörter leichter zu lesen als lange. Deshalb ist es sinnvoll, in Werbebriefen kurze Wörter zu verwenden. Selbstverständlich gibt es Ausnahmen: Fremdwörter oder unbekannte Wörter zum Beispiel. So ist *Larynx* schwerer zu lesen als seine deutsche übersetzung *Kehlkopf*, auch wenn dies länger ist. Wichtig: Zwischen vielen kurzen Wörtern fällt ein längeres Wort auf, der Leser widmet ihm größere Aufmerksamkeit.

Briefkopf (Form B nach DIN 676)

Feld für Postanschrift des Absenders

Schneider OHG	Ihr Zeichen:
Herrn Matthias Hansen	Ihre Nachricht vom:
Poststraße 12	Unser Zeichen:
87629 Füssen	Bearbeiter:
	Telefon:
	Telefax:
	E-Mail:
	Datum: 13.03.2002

Jetzt mehr Kraft für SIE,

sehr geehrter Herr Hansen,

mit einem vergrößerten und verbesserten Außendienst! Damit Ihnen ein erweitertes Angebot und die Möglichkeit zu persönlichen Beratungsgesprächen offen stehen. Und damit wir mehr Zeit für Ihre Fragen und Wünsche haben.

Ihr neuer Ansprechpartner ist Herr Lutz Klöckner. Er möchte sich in den nächsten Tagen vorstellen und Ihnen bei dieser Gelegenheit noch vor der Hannovermesse unsere neuen Energiesparradiatoren zeigen.

Wir wünschen Ihnen mit Herrn Klöckner eine erfolgreiche Saison 2003!

Mit freundlichen Grüßen

PS: Den Messesonderprospekt erhalten Sie heute schon zur Vorinformation. Herr Klöckner wird Sie dann in den nächsten Tagen wegen eines Termins anrufen.

Briefkopf (Form B nach DIN 676)

Feld für Postanschrift des Absenders

Gebrüder Hillmann GmbH
Herrn Axel Hillmann
Osttangente 143

54533 Gransdorf

Ihr Zeichen:
Ihre Nachricht vom:
Unser Zeichen:

Ihr Ansprechpartner: Herr Winkler
Telefon: 06561 386-555
Telefax: 06561 386-550
E-Mail: info@hahnenwall.de

Datum: 30.10.2002

Alle zahlen immer mehr für ihre Büroräume.
Steigen Sie jetzt aus der Preisspirale aus,

sehr geehrter Herr Hillmann,

und steigen Sie ein in das moderne und rationelle Gemeinschaftsbüro Hahnenwall. Hier erfahren Sie, welche Vorteile ein gut funktionierendes Gemeinschaftsbüro hat.

Sie sind immer auf Draht:
mit den modernsten Telekommunikationsanlagen – Telefonzentrale, Telefax, Internetanschlüssen mit E-Mail.

Sie sind voll da:
Das Gemeinschaftsbüro ist immer besetzt, auch wenn Sie gerade besetzt sind: durch die Telefonzentrale und unseren Empfangs- und Informationsdienst.

Sie sind immer im Bilde:
In den vorbildlich gestalteten Empfangs- und Büroräumen lässt sich vortrefflich denken, arbeiten und Besuch empfangen.

Sie wollen sich das mal ansehen? Jederzeit, wann immer Sie wollen. Aber bitte auf eigene Gefahr, denn es könnte sein, dass Sie nicht gern in Ihr altes Büro zurückfahren.

Mit freundlichen Grüßen

PS: Im Gemeinschaftsbüro sind Sie in einer echten Bürogemeinschaft. Wir verstehen uns.

Presseinformation

Wozu dient die Öffentlichkeitsarbeit?

Die Mitteilungen eines Unternehmens – oder einer Einzelperson – an die Presse sind ein Teil der Öffentlichkeitsarbeit. Seit einigen Jahrzehnten verwendet man in Deutschland auch den Begriff *Public Relations (PR)* – Beziehungen zur Öffentlichkeit. Unter PR-Arbeit versteht man das Bemühen, in der Öffentlichkeit Vertrauen und Verständnis aufzubauen und zu erhalten.

Presseinformationen können kurze Meldungen, ausführlichere Mitteilungen über bestimmte Vorhaben, Ereignisse o. Ä. sein. Manchmal verschickt man auch eine mehrteilige Pressemappe, die neben Texten z. B. auch Fotos enthalten kann.

Eine Kurzmeldung könnte folgendermaßen aussehen: *Am 28. 03. 2002 feiert der alleinige Inhaber der Kasibold-Werke, Herr Michael Kasibold, seinen 65. Geburtstag. Aus diesem Anlass findet am Samstag, dem 02. 04. 2002, auf dem Werksgelände ein Tag der offenen Tür statt, zu dem die Bevölkerung herzlich eingeladen ist.*

Beispiel für eine Pressemitteilung: *Schon für Herbst 2002 planen die Kasibold-Werke den Baubeginn der zweiten Fertigungshalle an der Weststraße. In der neuen Halle werden nach Schätzung der Unternehmensleitung 70 neue Arbeitsplätze geschaffen. Bauleitung und -ausführung liegen in den Händen des Langendorfer Unternehmens Schlieper & Söhne. Die Kasibold-Werke ...*

Im Folgenden finden Sie einige Tipps für das Verfassen von Presseinformationen:

Aufbau

Die sechs klassischen W

Am leichtesten gelingt der Aufbau, wenn man sich an den klassischen *sechs W* orientiert:

Wer?
Wo?
Wann?
Was?
Wie?
Warum?

Beantworten Sie diese Fragen möglichst am Anfang Ihrer Meldung, denn da ist der Leser noch besonders aufmerksam und es geht keine wichtige Information verloren.

Überschrift

Mit oder ohne Überschrift? Auf diese Frage gibt es keine eindeutige Antwort, denn es kann sein, dass sich ein Redakteur durch die fertige Überschrift bevormundet fühlt. Vermeiden Sie allzu reißerische und zu lange (3 bis 5 Wörter sollten genügen) Überschriften. Auch Wortspiele und Gags in der Überschrift sind nicht die Sache jeder Zeitung oder Zeitschrift.

Begleitschreiben

Ein Begleitschreiben zu Ihrer Presseinformation macht einen guten Eindruck, wirkt persönlich und bietet die Möglichkeit, Hintergrundinformationen zu geben. Begleitschreiben stehen auf Firmen- oder Vereinsbogen und sollten persönlich an den zuständigen Redakteur adressiert sein. Den Namen entnehmen Sie dem Impressum der Zeitung oder Zeitschrift. Geben Sie eine Adresse, Namen und Telefonnummer an, unter der der Redakteur weitere Informationen abrufen kann.

Begleitschreiben an den zuständigen Redakteur erhöhen die Wahrscheinlichkeit, dass Ihre Presseinformation gedruckt wird.

Form

Schreiben Sie den Text auf ein neutrales DIN-A4-Blatt oder spezielle Briefbogen für Presseinformationen, beschriften Sie es in der Breite nur zu etwa zwei Dritteln und lassen Sie zwischen den Zeilen größere Abstände (mindestens 1,5-zeilig beschriften), damit Platz für mögliche Änderungen vorhanden ist.

Umfang

Je knapper und präziser ein Text ist, desto eher wird er unverändert abgedruckt oder desto besser kann er als Vorlage für einen eigenen Artikel des Redakteurs dienen. Mehr als 1500 bis 1800 Anschläge (25 bis 30 Zeilen mit 60 Anschlägen) sollte er nur in Ausnahmefällen haben.

Formulieren Sie knapp und präzise!

Verzichten Sie auf jede Art der typographischen Hervorhebung, schreiben Sie also ohne Unterstreichung, Fettschrift oder Ähnliches, denn all dies wird im Regelfall nicht in die Zeitung oder Zeitschrift übernommen.

Halten Sie das Anschreiben frei von werblichen Formulierungen.

Fotos

Fotos wecken Interesse.

Ein gutes Foto spricht schneller an als ein guter Text: Die Information wird sofort aufgenommen, die Neugierde des Betrachters geweckt und er liest den Text mit größerer Aufmerksamkeit. Text und Bild ergänzen und unterstützen sich. Reichen Sie Schwarz-Weiß-Fotos in Hochglanz ein, Format 13 × 18 cm oder 18 × 24 cm. Zum Foto gehört auch eine gute Bildunterschrift. Vergessen Sie nicht, den Namen des Fotografen anzugeben.

Beispiel für eine ausführliche Presseinformation:

Vier Alsfelder Firmen stellten erfolgreich auf der CeBit aus.

Die CeBit ist einer der größten Besuchermagneten unter den bundesdeutschen Messen. Wie in den vergangenen Jahren zeigten auch diesmal die Anbieter der Bereiche Büro, Information und Telekommunikation ihre Leistungsfähigkeit auf der CeBit. Unter den Hunderten von Ausstellern aus aller Welt sind allein vier aus Alsfeld.

Ein langjähriger Computerspezialist ist die Firma HEGACOM: Auf ihrem 200 Quadratmeter großen Stand in frischem Blau zeigten die Hardwareleute aus dem Alsfelder Industriegebiet ihre Neuentwicklungen und die seit Jahren bewährten Anlagen.

Großes Interesse fanden die Komplettlösungen für den Bürokommunikationsbereich für Rechtsanwälte, Steuerberater und Ärzte. Inhaber Heinz Wander: »Die CeBit ist richtungweisend. Wer dort die Nase vorn hat, kann ohne Sorgen in die Zukunft sehen.« Zusammen mit seinen 22 Mitarbeitern sorgt Wander dafür, dass bei HEGACOM die Richtung stimmt.

Ebenfalls in der Kommunikation tätig ist die Firma Telefon-Schrader. »Flagge zeigen«, berichtet Inhaber Ludger Schrader, »ist für ein kleines Unternehmen wie uns die wichtigste Aufgabe auf einer solchen Riesenveranstaltung. Man muss da sein, auch wenn in Alsfeld zur Messezeit nur eine Notbesatzung zurückbleibt.«

Alsfeld, Neuenhofer Straße 40 – dies ist der Sitz der Firma Taisoka, ebenfalls erfolgreicher Aussteller auf der CeBit. Taisoka hat sich auf Drucker, Tastaturen und Monitore für Homecomputer spezialisiert. Das japanische Unternehmen hat in Alsfeld sogar sein Auslieferungslager für die ganze Bundesrepublik. Das wichtigste Ziel auf der CeBit haben die Japaner nach Aussage des Geschäftsführers Saihoka

Mazomuto erreicht: Kontaktaufnahme mit namhaften Computerherstellern.

Gleich zwei große Ereignisse gab es in der CeBit-Woche für das Alsfelder Unternehmen FGR zu feiern: das 10-jährige Bestehen als Entwicklungsgesellschaft für die Software computerunterstützter Konstruktion und gleichzeitig die erstmalige Teilnahme an der Messe. Hauptinteressenten am FGR -Stand: Konstrukteure der Elektrobranche in Mittelstand und Industrie. Mit immerhin 20 Millionen Euro Umsatz konnten die rührigen Inhaber Janneau Tesch und Kurt Mertens das letzte Geschäftsjahr abschließen.

Große, aber durchaus realistische Erwartungen also bei allen vier Ausstellern. Allen gemeinsam ist, was Janneau Tesch selbstbewusst so formuliert: »Wir machen uns nichts vor – wir wollen es anderen vormachen!«

E-Mails

Vor- und Nachteile von E-Mails

E-Mails erfreuen sich als modernes Kommunikationsmittel heute größter Beliebtheit.

Aus dem modernen Büroalltag sind sie kaum mehr wegzudenken und auch im privaten Verkehr erfreuen sie sich größter Beliebtheit – E-Mails haben sich als modernes Kommunikationsmittel längst etabliert. Das geschieht nicht nur auf Kosten des traditionellen Mediums Brief, eine E-Mail ersetzt heute auch häufig einen Telefonanruf.

Kein Wunder: E-Mails bieten sowohl gegenüber Briefen als auch gegenüber Telefonaten zahlreiche Vorteile. Im Vergleich zum Brief fällt die umständliche Postanschrift weg, an ihre Stelle tritt eine einfache E-Mail-Adresse, die rasch eingetragen ist. Auch sonst ist eine E-Mail schneller geschrieben und verschickt als ein Brief – sie muss weder ausgedruckt noch in einen Briefumschlag gesteckt werden; sie benötigt keine Briefmarke und man muss sie nicht zur Post bringen. Ein Druck auf die *Senden*-Taste genügt und die E-Mail ist auf dem Weg zu ihrem Empfänger – schneller als ein Brief und dazu noch um vieles günstiger. Gegenüber einem Telefongespräch wiederum bietet das Medium E-Mail den Vorteil, dass Sie dank der gespeicherten Kopie einen schriftlichen Beleg haben, auf den Sie im Streitfall verweisen können.

Dennoch bringen E-Mails nicht nur Segen. Gerade aus den Vorteilen, die dieses Kommunikationsmittel so beliebt machen, erwachsen auch seine Nachteile: Dass eine E-Mail so schnell geschrieben werden kann, verleitet so manchen Schreiber zu einer gewissen Nachlässigkeit – Rechtschreibfehler, Grammatikfehler und stilistische Mängel sind die Folge. Dass das lästige Schreiben der Postanschrift wegfällt, verführt viele dazu, eine E-Mail an mehr Empfänger zu schicken, als eigentlich nötig wäre. Dies führt zu einer »Überflutung« der Postfächer mit E-Mails, die beim einen zu Unmut führt, beim anderen ernsten (und unnötigen) Stress auslöst. Dass E-Mails so billig im Versand sind, verleitet schließlich zahlreiche Unternehmen dazu, ungefragt E-Mails als Werbung zu versenden – auch das mit der Wirkung, dass sich die Empfänger über die unverlangt eingehende Post ärgern und unter Umständen sogar gegen die Firma klagen!

All dieser Ärger soll und muss nicht sein. Wenn Sie einige Regeln beachten – im Computerjargon werden sie als »Netiquette« (= »Net-« für »Internet« und »-iquette« für »Etikette«) bezeichnet –, werden Sie wie auch der Empfänger Ihrer elektronischen Post die Vorteile von E-Mails voll nutzen können. Viele der genannten Punkte sind jetzt übrigens auch in dem neu hinzugekommenen Kapitel »E-Mail« der DIN 5008 – Schreib- und Gestaltungsregeln für die Textverarbeitung enthalten.

Die wichtigsten Verhaltensregeln im Internet – Netiquette

Auswahl der Empfänger

- Wählen Sie Ihre Empfänger bewusst aus! Überlegen Sie vorher, für wen die Informationen in Ihrer E-Mail tatsächlich relevant sind.
- Beteiligen Sie sich nicht an Kettenbriefen, Serienbriefen, Rundmails usw. Betreiben Sie kein Massenmailing (so genanntes »Spamming«). Massenmailing ist genauso unzulässig wie Massenwurfsendungen bei herkömmlichen Briefen. Sie handeln sich damit nicht nur zahlreiche Protestmails ein, Ihr Provider kann auch Ihre E-Mail-Adresse aufheben. Unter Umständen riskieren Sie sogar eine Unterlassungsklage!

Betreff

- Damit der Empfänger sofort weiß, um was es in Ihrer E-Mail geht, sollten Sie in jedem Fall die Betreffzeile ausfüllen. Formulieren Sie hier kurz und aussagekräftig!

Der gute Ton in E-Mails

- Schreiben Sie niemals im Affekt. Das Medium E-Mail verführt dazu, seinem Ärger schnell Luft zu machen und mit viel Verve die *Senden*-Taste zu drücken. Nachher kann es Ihnen Leid tun. Schreiben Sie lieber mit Bedacht und lesen Sie sich das Geschriebene noch einmal sorgfältig durch, bevor Sie es abschicken.

- Erweisen Sie dem Empfänger Ihrer Nachricht den gehörigen Respekt. Dies bedeutet: Seien Sie höflich. Verzichten Sie niemals auf Anrede und Gruß. Und beachten Sie die Regeln der deutschen Rechtschreibung und Grammatik und achten Sie auf guten Stil.
- Verwenden Sie Abkürzungen und Smileys (wie beispielsweise :-) für: »Ich freue mich«) nur, wenn Sie sicher davon ausgehen können, dass Ihr Empfänger sie kennt und versteht.
- Vertrauliche Informationen sollten Sie nur verschlüsselt übertragen, da viele mitlesen können.

Technisches

- Je länger eine E-Mail ist, desto länger dauert es, bis sie vom Server abgerufen werden kann. Eine lange Nachricht nimmt außerdem viel Speicherplatz auf Ihrem Rechner/Server ein. Fassen Sie sich bei E-Mails deshalb kurz! Wenn Sie die Nachricht, auf die Sie gerade antworten, zitieren möchten, sollten Sie nur die Stellen zitieren, auf die Sie sich gerade beziehen. Auch wenn es noch so bequem ist: Das komplette Wiederholen einer Nachricht ist unhöflich gegenüber dem Empfänger und aufwendig für das Netz.
- Nehmen Sie Rücksicht auf die technischen Gegebenheiten des Empfängers. Verwenden Sie also kein Nachrichtenformat (wie z. B. HTML), keine Codierung und keine Schriftarten, die bei Ihrem Gegenüber vielleicht nicht richtig dargestellt werden können.

Beispiel für eine E-Mail nach DIN 5008 (ohne digitale Signatur)

An: info@buerosysteme-meyer.com
Cc:
Bcc:
Betreff: Informationsbroschüre Schrankwände und Lagersysteme

Sehr geehrte Damen und Herren,

durch einen Prospekt Ihres Hauses wurden wir darauf aufmerksam, dass Sie auch Schrankwände und Lagersysteme in Ihrem Programm haben.

Wir planen einen Umbau unserer Geschäftsräume und würden uns gern genauere Informationen über Ihr Angebot einholen.

Für die Zusendung umfangreicherer Broschüren wären wir Ihnen deshalb dankbar.

Mit freundlichen Grüßen

Autohaus Weller

i. A. Tanja Rimmler

Autohaus Weller
Karl-Liebknecht-Str. 12
63303 Dreieich

Tel.: 06103 84275-33
Fax: 06103 84275-30
E-Mail: tanja.rimmler@auto-weller.de

Beweiskraft von E-Mails

Wenn wichtige oder heikle Fragen zu klären sind, greifen die meisten von uns ungern zum Telefon. Denn wer später nicht »schwarz auf weiß« belegen kann, welche Zusagen gemacht, welche Vereinbarungen getroffen wurden, hat im Streitfall schlechte Karten. Der Brief erscheint hier als das Kommunikationsmittel der Wahl – mit einer eigenhändigen Unterschrift versehen, hat er vor Gericht die Beweiskraft einer Urkunde. Nicht immer möchte man aber gleich so förmlich werden, einen Brief zu schreiben. Wenn man mit dem Geschäftspartner besser bekannt ist und bereits längere Zeit den Kontakt über Telefon oder E-Mail gepflegt hat, werden wichtige Fragen unter Umständen auch einmal per E-Mail geklärt. Wie steht es aber nun um die Beweiskraft einer solchen E-Mail, wenn es doch zu Streitigkeiten kommt?

Erkennt ein Gericht als Beweismittel nur einen Brief an …

Eine höchstrichterliche Entscheidung in dieser Frage steht bisher noch aus. Die bisherige Rechtsprechung urteilt hier jedoch relativ eindeutig: Eine E-Mail hat nicht wie ein Brief die Beweiskraft einer Urkunde, da eine eigenhändige Unterschrift fehlt. Vielmehr hat sie den Status eines so genannten »Freibeweises«. Wenn dem Richter glaubhaft gemacht werden kann, dass die E-Mail tatsächlich von dem behaupteten Absender stammt und der Inhalt nicht gefälscht ist, kann er diese im Rahmen seiner freien richterlichen Beweiswürdigung berücksichtigen – er muss es aber nicht.

… oder genügt auch eine E-Mail?

Eine besondere Bedeutung kommt in diesem Zusammenhang der digitalen Signatur zu – einer Art »Siegel«, das elektronischen Dokumenten angehängt werden kann und deren Beweiskraft erhöht. Die digitale Signatur soll laut Signaturgesetz sicherstellen, dass die E-Mail tatsächlich vom angegebenen Absender kommt und die im Dokument enthaltenen Daten unverfälscht sind (bzw. Fälschungen erkannt werden können). Damit erhält die E-Mail eine größere Beweiskraft, auch wenn eine digitale Signatur nicht einer authentischen Signatur gleichzustellen ist. Als Grundlage für die digitale Signatur wird für jede Person ein einmaliges Schlüsselpaar, bestehend aus einem »öffentlichen« und einem »privaten« Schlüssel erzeugt. Für die Generierung dieser Schlüsselpaare gibt es spezielle Zertifizierungsstellen, so genannte Trust Center – besonders geschützte Räumlichkeiten, die mit speziell zugelassener Hardware die Schlüsselpaare für die Antragsteller generieren.

Die digitale Signatur

Englische Korrespondenz

Die Briefgestaltung

Der Umschlag

Im Gegensatz zu deutschen Anschriften steht bei englischen Briefen der Titel des Adressaten zusammen mit dem Namen auf einer Zeile. Vor allem in Großbritannien haben Häuser oft einen Namen anstelle einer oder zusätzlich zur (vor dem Straßennamen stehenden!) Hausnummer.

In Großbritannien folgt dann die Stadt, aber bei einer kleineren Ortschaft oder einem Stadtteil steht diese(r) davor auf einer eigenen Zeile; nach der Stadt folgt meist die Grafschaft, es sei denn, es handelt sich um eine »county town«, die der Grafschaft ihren Namen gibt, oder eine Großstadt mit eigener Postleitzahl (postcode). Letztere steht dann allein auf der letzten Zeile. Britische Adressen können also leicht sieben oder sogar acht Zeilen einnehmen.

In den USA dagegen werden die Adressen einfacher gehalten; hier steht auch die Postleitzahl (zip code) an letzter Stelle, davor aber der Staat, auf zwei Buchstaben abgekürzt (CA = California, NJ = New Jersey usw.).

Großbritannien:

Mr James Bainbridge
5 Avon Crescent
Kenilworth
Warwickshire
CV8 2PQ

Ms B. Gordon
Kirkbrae
10 Strathmore Road
Cults
Aberdeen
AB1 9TJ

Sir Alan and Lady Weston
Aberdare House
Llymyre
Llandrindod Wells
Powys
LD1 6DX

USA:

Robert J. Hale Jr.
1496 Pacific Boulevard
Monterey
CA 93940

Mrs Nancy Bright
PO Box[1] 731
Milville
NJ 08332

Miss Abigall Schott
c/o Floyd
1100 North Street
Harrisburg
PA 17105

1 PO Box = Postfach

Bei Geschäftsbriefen kann der Name des Adressaten entweder vor oder nach der Firma bzw. Organisation stehen. Im letzteren Fall oft mit *FAO (for the attention of)* oder *Attn. (attention)* davor. In den USA ist es üblich, nach dem Namen des Inhabers oder einer leitenden Position diese anzugeben. Partnerschaften und Firmen mit dem Zusatz *& Co.* kann *Messrs.* = »Herren« vorangestellt werden.

Messrs. Gibbons & Prestwick
FAQ Anita Dobby
45 Albright Way
London
O11 2BJ

John C. Wagner
President
Bix Corporation
222 Madison Avenue
New York
NY 10016

Der Absender steht, wenn überhaupt, links oben oder auf der Rückseite.

Der Brief selbst
Die Adresse steht oben entweder rechts oder in der Mitte, darunter das Datum:

10 Copthall Avenue
West Drayton
Middlesex
UB7 2FL

24th September 2002

Anrede
Die vier grundlegenden Anreden im Englischen sind:
Mr (=Herr) für Männer
Mrs (= Frau) für verheiratete Frauen
Miss (Fräulein bzw. Frau) für Mädchen und (auch ältere) unverheiratete Frauen
Ms (= Frau) für (meist jüngere) Frauen

Im modernen Sprachgebrauch wird *Ms* oft statt *Miss* oder *Mrs* verwendet, es hat sich allerdings nicht so durchgesetzt wie im Deutschen die Anrede *Frau* für alle Frauen.

In der Briefanrede gibt es fast nur die eine Möglichkeit – *Dear* und der Name des Adressaten, bloß der Vorname bei Freunden und Verwandten oder wenn man weniger formell erscheinen will, sonst Titel und Familienname:

Dear Charles/Mary/Mr Churchill/Dr Watson/Professor Andrews

Bei Geschäftsbriefen schreibt man, wenn man den Namen des Adressaten nicht kennt, *Dear Sir or Madam* und, wenn man eine Firma oder andere Organisation anschreibt, *Dear Sirs.*

Schlussformel

Informell:	*Yours* *Charles*	*Love* *Mary*	*All our love* *Brian and Wendy*
Etwas formeller:	*With best wishes*		*Kind regards*
Formell:	*Yours sincerly (brit.)* *Yours truly (amerik.)*		
Sehr formell:	*Yours faithfully (brit.)* *Yours very truly (amerik.)*		

Grüße

Auf einer Postkarte

- Schöne *od.* Herzliche Grüße aus Freiburg
  Greetings *od.* Best wishes from Freiburg
- Es gefällt uns hier ausgezeichnet
  We're having a wonderful time
- Es grüßen recht herzlich Stephen und Inge
  All best wishes, Stephen and Inge

Zum Geburtstag

- Herzliche Glückwünsche zum Geburtstag
  Many happy returns [of the day], Happy birthday

- Alles Gute zum 60. Geburtstag
  All best wishes on your 60th birthday

Zu Weihnachten und zum neuen Jahr

- Frohe Weihnachten
  Happy Christmas!
- Ein gesegnetes Weihnachtsfest und viel Glück im neuen Jahr
  Best wishes for a Happy New Year (oder)
  Merry Christmas and a Prosperous New Year
- Glückliches neues Jahr, Prost Neujahr!
  Happy New Year!

Zu Ostern

- Frohe Ostern
  [Best wishes for a] Happy Easter

Zu einer Hochzeit

- Dem glücklichen Paar alles Gute am Hochzeitstag und viel Glück für die Zukunft
  Every good wish to the happy couple ... (oder) ... to the bride and groom on their wedding day and in the years to come

Zu einer Prüfung

- Viel Erfolg bei der bevorstehenden Prüfung
  Every success in your exams, The best of luck with your exams
- Alles Gute zum/Viel Glück beim Abitur
  All good wishes/The best of luck with your A levels

Zum Umzug

- Viel Glück im neuen Heim
  Every happiness in your new home

Bei einem Krankheitsfall

- Gute Besserung!
  Get well soon
- Die besten Wünsche zur baldigen Genesung
  Best wishes for a speedy recovery

Englische Musterbriefe

Einladung zu einer Hochzeit

23 Chapel Lane
Little Bourton
Northampton
NN19 1AZ

Mr and Mrs Peter Thompson
request the pleasure of your company
at the marriage of their daughter

Hannah
to
Mr Steve Warner

at one o'clock
on Saturday 25th July
St. Mary's Church, Northampton

R.S.V.P.

Dank für eine Einladung zur Hochzeit

Schillerstraße
35041 Marburg
Germany
22/8/02

Dear Joe,

Thanks for your letter. I was delighted to hear that you two are getting married, and I'm sure you'll be very happy together. I will do my best to come to the wedding, it'd be such a shame to miss it.

I think your plans for a small wedding sound just the thing, and I feel honoured to be invited. I wonder if you have decided where you are going for your honeymoon yet? I look forward to seeing you both soon. Beate sends her congratulations.

Best wishes,

Erik

Zum neuen Jahr

Flat 3, Alice House
44 Louis Gardens
London W5
January 2nd 2002

Dear Arthur and Gwen,

Happy New Year! This is just a quick note to wish you all the best for 2002. I hope you had a good Christmas, and that you're both well. It seems like a long time since we last got together.

My New Year should be busy as I am trying to sell the flat. I want to buy a small house nearer my office and I'd like a change from the flat since I've been here nearly six years now. I'd very much like to see you, so why don't we get together for an evening next time you're in town? Do give me a ring so we can arrange a date.

With all good wishes from

Lance

Antwort auf einen Neujahrsgruß

19 Wrekin Lane
Brighton
BN7 8QT
6th January 2003

My dear Katrin,

Thank you so much for your letter and New Year's wishes. It was great to hear from you after all this time, and to get all your news from the past year. I'll write a "proper" reply later this month, when I've more time. I just wanted to tell you now how glad I am that we are in touch again, and to say that if you do come over in February I would love you to come and stay – I have plenty of room for you and Stephan.

All my love,

Helen

Kondolenzbrief (förmlich)

Larch House
Hughes Lane
Sylvan Hill
Sussex
22 June 2002

Dear Mrs Robinson,

I would like to send you my deepest sympathies on your sad loss. It came as a great shock to hear of Dr Robinson's terrible illness, and he will be greatly missed by everybody who knew him, particularly those who, like me, had the good fortune to have him as a tutor. He was an inspiring teacher and a friend I am proud to have had. I can only guess at your feelings. If there is anything I can do please do not hesitate to let me know.

With kindest regards,
Yours sincerely,

Malcolm Smith

Dank für Beileid (förmlich)

55A Morford Lane
Bath
BA1 2RA
4 September 2002

Dear Mr Schenk,

I am most grateful for your kind letter of sympathy. Although I am saddened by Rolf's death, I am relieved that he did not suffer at all.

The funeral was beautiful. Many of Rolf's oldest friends came and their support meant a lot to me. I quite understand that you could not come over for it, but hope you will call in and see me when you are next in the country.

Yours sincerely,

Maud Allen

Kondolenzbrief (informell)

18 Giles Road
Chester CH1 1ZZ
Tel.: 01224 123341
May 21st 2003

My dearest Victoria,

I was so shocked to hear of Raza's death. He seemed so well and cheerful when I saw him at Christmas time. It is a terrible loss for all of us, and he will be missed very deeply. You and the children are constantly in my thoughts.

My recent operation prevented me from coming to the funeral and I am very sorry about this. I will try to come up to see you at the beginning of July, if you feel up to it. Is there anything I can do to help?

With much love to all of you
from

Penny

Dank für Beileid (informell)

122 Chester Street
Mold
Clwyd
CH7 1VU
15 November 2003

Dearest Rob,

Thank you very much for your kind letter of sympathy. Your support means so much to me at this time.

The whole thing has been a terrible shock, but we are now trying to pick ourselves up a little. The house does seem very empty.

With thanks and very best wishes from us all,

Love,

Elizabeth

Dank für ein Hochzeitsgeschenk

Mill House
Mill Lane
Sandwich
Kent
CT13 OLZ
June 1st 2003

Dear Len and Sally,

We would like to thank you most warmly for the lovely book of photos of Scotland that you sent us as a wedding present. It reminds us so vividly of the time we spent there and of the friends we made.

It was also good to get all your news. Do come and see us next time you are back on leave – we have plenty of room for guests.

Once again many thanks, and best wishes for your trip to New Zealand.

Kindest regards from

Peter and Claire

An das Fremdenverkehrsbüro

Am Grün 280
9026 Klagenfurt
Austria
4th May 2003

The Regional Tourist Office
3 Virgin Road
Canterbury
CT1A 3AA

Dear Sir/Madam,

Please send me a list of local hotels and guest houses in the medium price range. Please also send me details of local coach tours available during the last two weeks in August.

Thanking you in advance,
Yours faithfully,

Dirk Müller

Hotelzimmerreservierung

35 Prince Edward Road
Oxford OX7 3AA
Tel.: 01865 322435

The Manager
Brown Fox Inn
Dawlish
Devon
23rd April 2002

Dear Sir or Madam,

I noticed your hotel listed in the "Inns of Devon" guide for last year and wish to reserve a double (or twin) room from August 2nd to 11th (nine nights). I would like a quiet room at the back of the Hotel, if one is available.

If you have a room free for this period please let me know the price, what this covers, and whether you require a deposit.

Yours faithfully,

Charles Fairhurst

Stornierung einer Hotelzimmerreservierung

Message for: *The Manager, The Black Bear Hotel*
Address: *14 Valley Road, Dorchester*
Fax Number: *01305 367492*
From: *Ulrike Fischer*
Date: *16 March 2002*
Number of pages including this page: 1

Sonnenblickallee 61
80339 München
Germany

Dear Sir or Madam,

I am afraid that I must cancel my booking for August 2nd–18th. I would be very grateful if you could return my £50.00 deposit at your early convenience.

Yours faithfully,

Ulrike Fischer

Vermietung eines Ferienhauses

Mrs M Henderson
333a Sisters Avenue
Battersea
London SW3 0TR
Tel.: 0171-344 5657
23/4/02

Dear Mr and Mrs Neubauer,

Thank you for your letter of enquiry about our holiday home. The house is available for the dates you mention. It has three bedrooms, two bathrooms, a big lounge, a dining room, a large modern kitchen and a two-acre garden. It is five minutes' walk from the shops. Newick is a small village near the Sussex coast, and only one hour's drive from London.

The rent is £250 per week; 10 % (non-refundable) of the total amount on booking, and the balance 4 weeks before arrival. Should you cancel the booking after that, the balance is returnable only if the house is re-let. Enclosed is a photo of the house. We look forward to hearing from you soon.

Yours sincerely,
Margaret Henderson

Anmietung eines Ferienhauses

23c Tollway Drive
Lydden
Kent
CT33 9ER
(01304 399485)
4th June 2002

Dear Mr and Mrs Murchfield,

I am writing in response to the advertisement you placed in "Home Today" (May issue).
I am very interested in renting your Cornish cottage for any two weeks between July 24th and August 28th. Please would you ring me to let me know which dates are available? If all the dates are taken, perhaps you could let me know whether you are likely to be letting out the cottage next year, as this is an area I know well and want to return to.

I look forward to hearing from you.

Yours sincerely,

Michael Settle

Reservierung eines Stellplatzes auf einem Campingplatz

Biegenstraße 54
53639 Königswinter 1
Germany
25th April 2002

Mr and Mrs F Wilde
Peniston House
Kendal
Cumbria
England

Dear Mr and Mrs Wilde,
I found your caravan site in the Tourist Board's brochure and would like to book in for three nights, from July 25th to 28th. I have a caravan with a tent extension and will be coming with my wife and two children. Please let me know if this is possible, and if you require a deposit. Would you also be good enough to send me instructions on how to reach you from the M6?
I look forward to hearing from you.
Yours sincerely,
Jürgen Lang

Anmietung eines Wohnwagens auf einem Campingplatz

22 Daniel Avenue
Caldwood
Leeds LS8 7RR
Tel.: 01532 9987676
3 March 2002

Dear Mr Vale,

Your campsite was recommended to me by a friend, James Dallas, who has spent several holidays there. I am hoping to come with my two boys aged 9 and 14 for three weeks this July.
Would you please send me details of the caravans for hire, including mobile homes, with prices and dates of availability for this summer. I would also appreciate some information on the area, and if you have any brochures you could send me this would be very helpful indeed.

Many thanks in advance.
Yours sincerely,

Frances Goodheart

Bewerbung um einen Studienplatz

43 Wellington Vllas
York
YO6 93E
2.2.03

Dr T Benjamin
Department of Fine Art
University of Brighton, Falmer Campus
Brighton
BN3 2AA

Dear Dr Benjamin,
I have been advised by Dr Kate Rellen, my MA supervisor in York, to apply to do doctoral studies in your department.
I enclose details of my current research and also my tentative Ph.D. proposal, along with my up-to-date curriculum vitae, and look forward to hearing from you. I very much hope that you will agree to supervise my Ph.D. If you do, I intend to apply to the Royal Academy for funding.
Yours sincerely,
Alice Nettle

Anfrage an einen Handwerksbetrieb

"Pond Cottage"
Marsh Road
Cambridge
CB2 9EE
01223 456454

Message for: *Shore Builders Ltd*
Address: *667, Industrial Drive, Cambridge CB12 9RR*
Fax Number: *(01223) 488322*
From: *T H Meadows*
Date: *June 21st 2002*
Number of pages including this page: 1

Dear Sirs,
I have just purchased the above cottage in which several window frames are rotten.
I would be glad if you could call and give me a written estimate of the cost of replacement (materials and labour). Please telephone before calling.
Yours faithfully,
T H Meadows

Auftrag an einen Handwerksbetrieb

The Garden House
Willow Road
Hereford
Tel.: 01432 566885
9th September 2002

Rouche Building Co
33 Hangar Lane
Hereford

Dear Sirs,
I accept your estimate of £ 195 for replacing the rusty window frame.
Please would you phone to let me know when you will be able to do the work, as I will need to take time off to be there.
A Wednesday or Thursday afternoon would suit me best.

Yours faithfully,

Steven Hartwell

Mahnung wegen Lieferverzug

19 Colley Terrace
Bingley
Bradford
Tel.: 01274 223447
4.5.03

Mr J Routledge
"Picture This"
13 High End Street
Bradford

Dear Mr Routledge,

I left a large oil portrait with you six weeks ago for framing. At the time you told me that it would be delivered to me within three weeks at the latest. Since the portrait has not yet arrived I wondered if there was some problem?

Would you please telephone to let me know what is happening, and when I can expect the delivery? I hope it will not be too long, as I am keen to see the results.

Yours faithfully,
Mrs. J J Escobado

Reklamation an einen Handwerksbetrieb

112 Victoria Road
Chelmsford
Essex CM1 3FF
Tel.: 01621 33433

Allan Deal Builders
35 Green St
Chelmsford
Essex CM3 4RT
ref. WL/45/LPO

Dear Sirs,
I confirm my phone call, complaining that the work carried out by your firm on our patio last week is not up to standard. Large cracks have already appeared in the concrete area and several of the slabs in the paved part are unstable. Apart from anything else, the area is now dangerous to walk on.
Please send someone round this week to re-do the work. In the meantime I am of course withholding payment.
Yours faithfully,
W. Nicholas Cotton

Bewerbung um eine Praktikantenstelle

Nanssensweg 39
50733 Köln
Germany
5th February 2003

Synapse & Bite Plc
3F Well Drive
Dolby Industrial Estate
Birmingham BH3 5FF

Dear Sirs,
As part of my advanced training relating to my current position as a junior systems trainee in Köln, I have to work for a period of not less than two months over the summer in a computing firm in Britain or Ireland. Having heard of your firm from Frau Schultz who worked there in 1998, I am writing to you in the hope that you will be able to offer me a placement for about eight weeks this summer.
I enclose my C.V. and a letter of recommendation.
Hoping you can help me, I remain,
Yours faithfully,
Heike Schmidt
Encls.

Initiativbewerbung 1

23 Ave Rostand
7500 Paris
France
6th May 2003

Mrs J Allsop
Lingua School
23 Handle St
London SE3 4ZK

Dear Mrs Allsop,

My colleague Robert Martin, who used to work for you, tells me that you are planning to appoint extra staff this September. I am currently teaching German as a Foreign Language at the Goethe Institut in Paris.

You will see from my CV (enclosed) that I have appropriate qualifications and experience. I will be available for interview after the 22nd June, and may be contacted after that date at the following address:

c/o Lewis
Dexter Road
London NE2 6KQ
Tel.: 0171 3356978

Yours sincerely,
Steffi Neumann

Encl.

Initiativbewerbung 2

23 Bedford Mews
Dock Green
Cardiff
CF 23 7UU
(01222) 3445656
2nd August 2002

Marilyn Morse Ltd
Interior Design
19 Churchill Place
Cardiff CF4 8MP

Dear Sir or Madam,
I am writing in the hope that you might be able to offer me a position in your firm as an interior designer. As you will see from my enclosed CV, I have a BA in interior design and plenty of experience. I have just returned from Bonn where I have lived for 5 years, and I am keen to join a small team here in Cardiff.
I would be happy to take on a part-time position until something more permanent became available. I hope you will be able to make use of my services, and should be glad to bring round a folio of my work.
Yours faithfully,
K J Dixon (Mrs)
Encls.

Bewerbung auf eine Stellenanzeige hin

16 Andrew Road
Inverness IV90 OLL
Phone: 01463 34454
13th February 2003

The Personnel Manager
Pandy Industries PLC
Florence Building
Trump Estate
Bath BA55 3TT

Dear Sir or Madam,
I am interested in the post of Deputy Designer, advertised in the "Pioneer" of 12th February, and would be glad if you could send me further particulars and an application form.
I am currently nearing the end of a one-year contract with Bolney & Co, and have relevant experience and qualifications, including a BSc in Design Engineering and an MSc in Industrial Design.
Thanking you in anticipation, I remain,
Yours faithfully,
A Aziz

Lebenslauf 1

Name:	*Mary Phyllis Hunt (née Redshuttle)*
Address:	*16 Victoria Road*
	Brixton
	LONDON SW12 5HU
Telephone:	*0181-677968*
Nationality:	*British*
Date of Birth:	*11/3/63*
Marital Status:	*Divorced, one child (4 years old)*
Education/Qualifications:	
1985–6	*University of Essex Business School*
	Postgraduate Diploma in Business Management with German
1981–3 & 1984–5	*London School of Economics,*
	Department of Business Studies
	BSc First Class Honours in Business Studies with Economics
1983–4	*Year spent in Bonn, studying business German at evening classes and working in various temporary office jobs*
1974–1981	*Colchester Grammar School for Girls*
	7 'O' Levels
	4 'A' Levels: Mathematics (A), History (A), Economics (A), German (B)
Past Employment:	
1987–89	*Trainee manager, Sainsway Foodstores PLC,*
	69–75 Aylestone Street
	London EC5A 9HB
1989–91	*Assistant Manager, Sainsway Foodstores PLC, Lincoln Arcade, Faversham, Kent*
1991–2	*Assistant Purchasing Officer,*
	Delicatessen International
	77 rue Baudelaire
	75012 Paris, France
1992–present	*Deputy Manager, Retail Outlets Division,*
	Delicatessen International, Riverside House,
	22 Charles St, London EC7X 4JJ
Other Interests:	*Tennis and Swimming*
	Judo – brown belt
	Wine tasting and vineyards
References:	*Mr J Byers-Ellis*
	Manager, Retail Outlets Division
	Delicatessen International
	Riverside House
	22 Charles St, London EC7X 4JJ

[As present employer is not yet aware of this application, please inform me before contacting him]

Dr Margaret McIntosh
Director of Studies
University of Essex Business School
Colchester CR3 5SA

Lebenslauf 2

Name:	*HEIDER Sarah Delores*
Address:	*1123 Cedar Ave* *Evanston* *Illinois 60989* *USA*
Date of Birth:	*27/9/56*
Marital Status:	*Married, 4 children (aged 8–14)*

Education:

PhD degree in Shakespearean Poetics and Gender, Northwestern University, Evanston, Illinois, defended 1987
A.M. degree in English and American Literature, University of Pennsylvania, Philadelphia, completed 1981
B.A. degree (English Major), University of Berkeley, California

Professional Experience:

1996–present	*Associate Professor, Department of English, Northwestern University*
1992–96	*Assistant Professor (Renaissance Studies),* *Department of English, Northwestern University*
1987–91	*Assistant Professor, Department of English, University of Pennsylvania*
1984–87	*Research Assistant to Prof D O'Leary* *(Feminism & Shakespearean Poetics)* *Northwestern University*
1983–84	*Research Assistant, Dept of Women's Studies* *Prof K. Anders (Representations of Renaissance Women), Northwestern University*
1981–83	*Teaching Assistant, Renaissance Drama,* *Northwestern University*

Academic Awards and Honours:

Wallenheimer Research Fellow, 1996–97
Milton Wade Predoctoral Fellow, 1983–84
Pankhurst/Amersham Foundation Graduate Fellow, 1981–83
Isobella Sinclair Graduate Fellow, 1981–82

Research Support: *See list attached*

Publications: *See list attached*

Other Professional Activities & Membership of Professional Organizations:

President, Renaissance Minds Committee, 1996–present
Member, UPCEO (University Professors Committee for Equal Opportunities), 1988–present
Advisor, Virago Press Renaissance series, Virago, London, 1992–94
Advisor, Pandora Press, NY office, NY, 1991

Suche nach einer Aupairstelle

St.-Johann-Strasse 84A
8008 Zürich
Switzerland
+41 1 221-2623
15 April 2003

Miss D Lynch
Home from Home Agency
3435 Pine Street
Cleveland, Ohio 442233

Dear Miss Lynch,

I am seeking summer employment as an au pair. I have experience of this type of work in Britain but would now like to work in the USA. I enclose my C.V. and copies of testimonials from three British families.

I would be able to stay from the end of June to the beginning of September. Please let me know if I need a work permit, and if so, whether you can get one for me.

Yours sincerely,
Elke Petersen
Encls.

Anbieten einer Aupairstelle

89 Broom St
Linslade
Leighton Buzzard
Beds
LU7 7TJ
4th March 2003

Dear Julie,

Thank you for your reply to our advertisement for an au pair. Out of several applicants, I decided that I would like to offer you the job.

Could you start on the 5th June and stay until the 5th September when the boys go back to boarding school? The pay is £50 a week and you will have your own room and every second weekend free. Please let me know if you have any questions.

I look forward to receiving from you your confirmation that you accept the post.

With best wishes,
Yours sincerely,

John L King

Bitte um ein Empfehlungsschreiben

8 Spright Close
Kelvindale
Glasgow GL2 0DS
Tel.: 0141 3576857
23rd February 2003

Dr M Mansion
Department of Civil Engineering
University of East Anglia

Dear Dr Mansion,

As you may remember, my job here at Longiron & Co is only temporary. I have just applied for a post as Senior Engineer with Bingley & Smith in Glasgow and have taken the liberty of giving your name as a referee.

I hope you will not mind sending a reference to this company should they contact you. With luck, I should find a permanent position in the near future, and I am very grateful for your help.

With best regards,
Yours sincerely,
Helen Lee

Dank für ein Empfehlungsschreiben

The Stone House
Wallop
Cambs
CB13 9RQ
8/9/02

Dear Capt. Dominics,

I would like to thank you for writing a reference to support my recent application for the job as an assistant editor on the Art Foundation Magazine.

I expect you'll be pleased to know that I was offered the job and should be starting in three weeks' time. I am very excited about it and can't wait to start.

Many thanks once again,
Yours sincerely,

Molly (Valentine)

Annahme eines Stellenangebots

16 Muddy Way
Wills
Oxon
OX23 9WD
Tel.: 01865 76754
4 July 2002

Your ref: TT/99/HH

Mr M Flynn
Mark Building
Plews Drive
London
NW4 9PP

Dear Mr Flynn,

I was delighted to receive your letter offering me the post of Senior Designer, which I hereby accept.

I confirm that I will be able to start on 31 July but not, unfortunately, before that date. Can you please inform me where and when exactly I should report on that day? I very much look forward to becoming a part of your design team.

Yours sincerely,
Nicholas Plews

Ablehnung eines Stellenangebots

4 Menchester St
London
NW6 6RR
Tel.: 0181 3345343
9 July 2002

Your ref: 099/PLK/001

Ms F Jamieson
Vice-President
The Nona Company
98 Percy St
YORK
YO9 6PQ

Dear Ms Jamieson,

I am very grateful to you for offering me the post of Instructor. I shall have to decline this position, however, with much regret, as I have accepted a permanent post with my current firm.

I had believed that there was no possibility of my current position continuing after June, and the offer of a job, which happened only yesterday, came as a complete surprise to me. I apologize for the inconvenience to you.

Yours sincerely,
J D Salam

Empfehlungsschreiben

DEPT OF DESIGN

University of Hull
South Park Drive
Hull HL5 9UU
Tel.: 01646 934 5768
Fax: 01646 934 5766

Your ref. DD/44/34/AW *5/3/03*

Dear Sirs,

Mary O'Donnel. Date of birth 21-3-57

I am glad to be able to write most warmly in support of Ms O'Donnel's application for the post of Designer with your company.

During her studies, Ms O'Donnel proved herself to be an outstanding student. Her ideas are original and exciting, and she carries them through – her MSc thesis was an excellent piece of work. She is a pleasant, hard-working and reliable person and I can recommend her without any reservations.

Yours faithfully,

Dr. A. A. Jamal

Kündigung des Arbeitsverhältnisses

Editorial Office
Modern Living Magazine
22 Salisbury Road, London W3 9TT
Tel.: 0171 332 4343 Fax: 0171 332 4354
6 June 2003

To: Ms Ella Fellows
General Editor

Dear Ella,

I am writing to you, with great regret, to resign my post as Commissioning Editor with effect from the end of August.

As you know, I have found the recent management changes increasingly difficult to cope with. It is with great reluctance that I have come to the conclusion that I can no longer offer my best work under this management.

I wish you all the best for the future,

Yours sincerely,

Elliot Ashford-Leigh

Hinweise für das Maschinenschreiben

Die folgenden Hinweise beschränken sich auf die Probleme, die in der Praxis am häufigsten auftreten.

1. Abkürzungen: Nach Abkürzungen folgt ein Leerschritt:

```
Sie können das Programm auf UKW empfangen.
```

Das gilt auch für mehrere aufeinander folgende Wörter, die jeweils mit einem Punkt abgekürzt sind:

```
Hüte, Schirme, Taschen u. a. m.
```

2. Anführungszeichen: Anführungszeichen setzt man ohne Leerschritt vor und nach den eingeschlossenen Textabschnitten, Wörtern u. a.:

```
Plötzlich rief er: »Achtung!«
```

Dasselbe gilt für halbe Anführungszeichen:

```
»Man nennt das einen ›Doppelaxel‹«, erklärte sie ihm.
```

3. Anrede und Gruß in Briefen: Anrede und Gruß setzt man vom übrigen Brieftext durch jeweils eine Leerzeile ab:

```
Sehr geehrter Herr Schmidt,

gestern erhielten wir Ihre Nachricht vom ...
Wir würden uns freuen, Sie bald hier begrüßen zu können.

Mit freundlichen Grüßen

Kraftwerk AG
```

4. Anschrift: Anschriften auf Postsendungen gliedert man durch Leerzeilen. Man unterteilt hierbei wie folgt:

> [Art der Sendung, besondere Versendungsform, Vorausverfügung]
> [Firmen]name
> Postfach mit Nummer oder Straße und Hausnummer
> [Wohnungsnummer]
> Postleitzahl und Bestimmungsort

Die Postleitzahl wird fünfstellig ohne Leerzeichen geschrieben und nicht ausgerückt, der Bestimmungsort nicht unterstrichen. Bei Postsendungen ins Ausland empfiehlt die Deutsche Post, Bestimmungsort (und Bestimmungsland) in Großbuchstaben zu schreiben. Vor diesen Angaben steht dabei keine Leerzeile.

```
Einschreiben

Bibliographisches Institut
Dudenstraße 6

68167 Mannheim
```

```
Warensendung

Vereinigte Farbwerke GmbH
Ringstraße 11
5010 SALZBURG
ÖSTERREICH
```

```
Herrn
Helmut Schildmann
Jenaer Straße 18

99425 Weimar
```

```
Frau Wilhelmine Baeren
Münsterplatz 8
3000 BERN
SCHWEIZ
```

Am Zeilenende stehen keine Satzzeichen; eine Ausnahme bilden Abkürzungspunkte sowie die zu Kennwörtern o. Ä. gehörenden Anführungs-, Ausrufe- oder Fragezeichen.

```
Herrn Major a. D.
Dr. Kurt Meier
Postfach 90 10 98

60435 Frankfurt
```

```
Reisebüro
Brugger und Marek
Kennwort »Ferienlotterie«
Postfach 70 96 14
1121 WIEN
ÖSTERREICH
```

5. Auslassungspunkte: Um eine Auslassung in einem Text zu kennzeichnen, schreibt man drei Punkte. Vor und nach den Auslassungspunkten ist jeweils ein Leerschritt anzuschlagen, wenn sie für ein selbstständiges Wort oder mehrere Wörter stehen. Bei Auslassung eines Wortteils werden sie unmittelbar an den Rest des Wortes angeschlossen:

```
Sie glaubten in Sicherheit zu sein, doch plötzlich ...
Mit Para... beginnt das gesuchte Wort.
```

Am Satzende setzt man keinen zusätzlichen Schlusspunkt. Satzzeichen werden ohne Leerschritt angeschlossen:

```
Bitte wiederholen Sie den Abschnitt nach »Wir möchten
uns erlauben ...«
```

6. Bindestrich: Als Ergänzungsbindestrich steht der Mittestrich unmittelbar vor oder nach dem zu ergänzenden Wortteil.

```
Büro- und Reiseschreibmaschinen; Eisengewinnung
und -verarbeitung
```

Bei der Kopplung oder Aneinanderreihung gibt es zwischen den verbundenen Wörtern oder Schriftzeichen und dem Mittestrich ebenfalls keine Leerschritte:

```
Hals-Nasen-Ohren-Arzt; St.-Martins-Kirche; C-Dur-
Tonleiter; Berlin-Schöneberg; Hawaii-Inseln; UKW-Sender
```

7. Datum: Das nur in Zahlen angegebene Datum gliedert man ohne Leerschritte durch Punkte. Tag und Monat sollten jeweils zweistellig angegeben werden. Die übliche Reihenfolge im deutschsprachigen Raum ist: Tag, Monat, Jahr:

```
09.08.2002
09.08.02
```

Diese Schreibung gilt auch nach DIN 5008 (Stand November 2001) als korrekt, sofern keine Missverständnisse möglich sind. Ansonsten soll gemäß DIN 5008 (nach internationaler Norm) durch Mittelstrich gegliedert werden; die Reihenfolge ist dann: Jahr, Monat, Tag:

```
2002-08-24
02-08-24
```

Schreibt man den Monatsnamen in Buchstaben, so schlägt man zwischen den Angaben je einen Leerschritt an:

```
9. August 2002
9. Aug. 02
```

8. Fehlende Zeichen: Auf der Schreibmaschinentastatur fehlende Zeichen können in einigen Fällen durch Kombinationen anderer Zeichen ersetzt werden: Die Umlaute ä, ö, ü kann man als ae, oe, ue schreiben. Das ß kann durch ss wiedergegeben werden.

```
südlich – suedlich
SÜDLICH – SUEDLICH
mäßig – maessig
Fußsohle – Fusssohle
```

Die Ziffern 0 und 1 können durch das große O und das kleine l ersetzt werden.

```
110 – llO
```

Die Prozent- und Promillezeichen können durch das kleine o und den Schrägstrich ersetzt werden.

```
o/o, o/oo
```

9. Gedankenstrich: Vor und nach dem Gedankenstrich ist ein Leerschritt anzuschlagen:

```
Es wurde – das sei nebenbei erwähnt – unmäßig gegessen
und getrunken.
```

Ein dem Gedankenstrich folgendes Satzzeichen hängt man jedoch ohne Leerschritt an:

```
Wir wissen – und zwar schon lange –, weshalb er nichts
von sich hören lässt.
```

Der Gedankenstrich kann das Wort *bis* ersetzen:

```
10.00–12.30 Uhr
```

Der Gedankenstrich wird bei Streckenangaben verwendet:

```
Zugverbindung Köln–Bremen
```

10. Rechenzeichen: Alle Rechenzeichen stehen durch einen Leerschritt getrennt von den Ziffern:

```
 6 + 8 = 14
17 – 5 = 12
 2 · 4 = 8
 3 x 5 = 15
40 : 5 = 8
```

11. Beträge: Dezimale Teilungen kennzeichnet man mit einem Komma:

```
99,80 EUR; 0,08 EUR
```

Bei runden Beträgen und bei ungefähren Beträgen können das Komma und die Stellen dahinter entfallen:

```
30.000 EUR; etwa 5 EUR
```

12. Uhrzeit: Stunden, Minuten und gegebenenfalls Sekunden gliedert man meist mit Punkten; Ziffern und Punkte stehen dann ohne Leerschritt:

```
13.30 Uhr; 16.15.45 Uhr
```

Nach DIN 5008 soll man künftig mit dem Doppelpunkt gliedern; jede Zeiteinheit ist dann zweistellig anzugeben:

```
07:00 Uhr
28:14:37 Uhr
```

13. Hausnummern: Hausnummern stehen mit einem Leerschritt Abstand hinter der Straßenangabe:

```
Talstraße 3–5; Talstraße 3/5; Schusterweg 30 a
```

14. Gradzeichen: Als Gradzeichen verwendet man das hochgestellte kleine o. Bei Winkelgraden wird es unmittelbar an die Zahl angehängt:

```
ein Winkel von 30°
```

Bei Temperaturgraden ist (vor allem in fachsprachlichem Text) nach der Zahl ein Leerschritt anzuschlagen; das Gradzeichen steht dann unmittelbar vor der Temperatureinheit:

```
eine Temperatur von 30 °C; Nachttemperaturen um –3 °C
```

15. Hochgestellte Zahlen: Hochzahlen und Fußnotenziffern schließt man ohne Leerschritt an:

eine Entfernung von 10^8 Lichtjahren
Nach einer sehr zuverlässigen Quelle[4] hat es diesen Mann nie gegeben.

16. Klammern: Klammern schreibt man ohne Leerschritt vor und nach den Textabschnitten, Wörtern, Wortteilen oder Zeichen, die von ihnen eingeschlossen werden:

```
Das neue Serum (es wurde erst vor kurzem entwickelt) hat
sich sehr gut bewährt. Der Grundbetrag (12 EUR) wird
angerechnet. Lehrer(in) für Deutsch gesucht.
```

17. Paragraphzeichen: Das Paragraphzeichen verwendet man nur in Verbindung mit darauf folgenden Zahlen. Es ist durch einen Leerschritt von der zugehörigen Zahl getrennt:

```
§ 21 StVO; § 7 Abs. 1 Satz 4; § 7 (1) 4; die §§ 112
bis 114
```

18. Prozentzeichen: Das Prozentzeichen ist durch einen Leerschritt von der zugehörigen Zahl zu trennen:

```
Bei Barzahlung 3 1/2 % Rabatt.
```

Der Leerschritt entfällt bei Ableitungen:

```
eine 10%ige Erhöhung
```

19. Punkt, Komma, Semikolon, Doppelpunkt, Frage und Ausrufezeichen: Die Satzzeichen Punkt, Komma, Semikolon, Doppelpunkt, Fragezeichen und Ausrufezeichen hängt man ohne Leerschritt an das vorangehende Wort oder Schriftzeichen an. Das nächste Wort folgt nach einem Leerschritt:

```
Wir haben noch Zeit. Gestern, heute und morgen. Es muss
heißen: Hippologie. Wie muss es heißen? Hör doch zu! Am
Mittwoch reise ich ab; mein Vertreter kommt nicht vor
Freitag.
```

20. Schrägstrich: Vor und nach dem Schrägstrich schlägt man im Allgemeinen keinen Leerschritt an. Der Schrägstrich kann als Bruchstrich verwendet werden; er steht außerdem bei Diktat- und Aktenzeichen sowie bei zusammengefassten Jahreszahlen:

```
2/3, 3 1/4 % Zinsen; Aktenzeichen c/XII/14;
Ihr Zeichen: Dr/LS; Wintersemester 1997/98.
```

21. Silbentrennung: Zur Silbentrennung hängt man den Mittestrich ohne Leerschritt an die Silbe an:

```
... Vergiss-
meinnicht ...
```

22. Unterführungen: Unterführungszeichen stehen jeweils unter dem ersten Buchstaben des zu unterführenden Wortes:

```
Duden, Band 2, Stilwörterbuch
"      "    5, Fremdwörterbuch
"      "    7, Herkunftswörterbuch
```

Zahlen dürfen nicht unterführt werden:

```
1 Hängeschrank mit Befestigung
1 Regalteil    ″   ″
1 ″         ohne Rückwand
1 ″         ″    Zwischenboden
```

Ein übergeordnetes Stichwort, das in Aufstellungen wiederholt wird, kann man durch den Mittestrich ersetzen. Er steht unter dem ersten Buchstaben des Stichwortes:

```
Nachschlagewerke; deutsche und fremdsprachige Wörter-
bücher
–; naturwissenschaftliche und technische Fachbücher
–; allgemeine Enzyklopädien
–; Atlanten
```

Briefkopf (Form A nach DIN 676) mit Bezugszeichenzeile

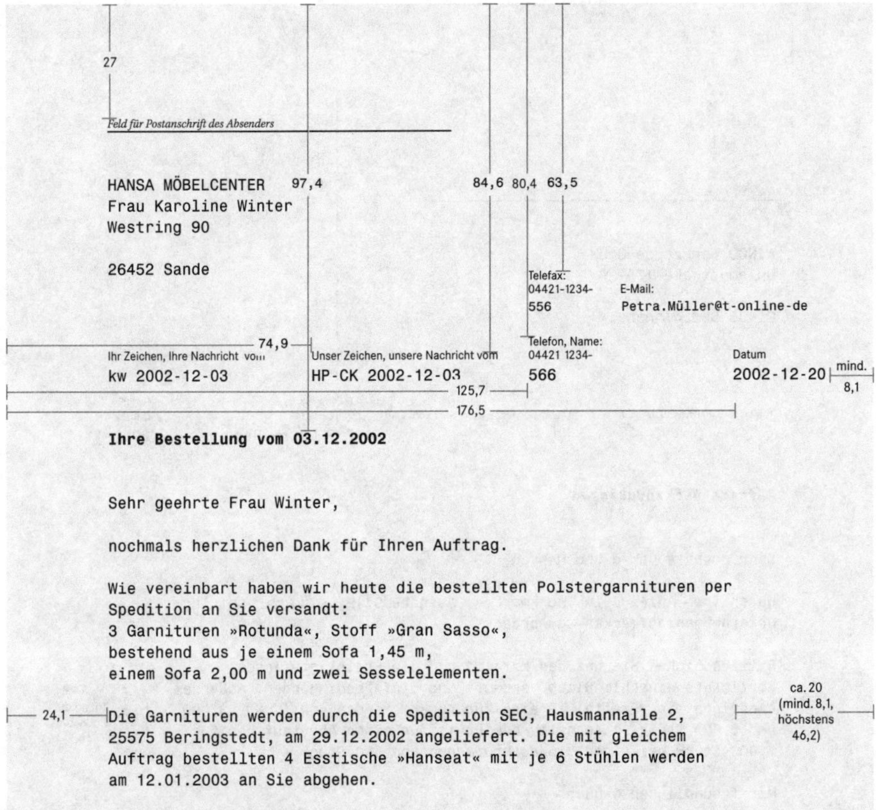

27

Feld für Postanschrift des Absenders

HANSA MÖBELCENTER 97,4 84,6 80,4 63,5
Frau Karoline Winter
Westring 90

26452 Sande

Telefax: 04421-1234-556 E-Mail: Petra.Müller@t-online-de

74,9

Ihr Zeichen, Ihre Nachricht vom	Unser Zeichen, unsere Nachricht vom	Telefon, Name: 04421 1234-	Datum
kw 2002-12-03	HP-CK 2002-12-03	566	2002-12-20

mind. 8,1

125,7

176,5

Ihre Bestellung vom 03.12.2002

Sehr geehrte Frau Winter,

nochmals herzlichen Dank für Ihren Auftrag.

Wie vereinbart haben wir heute die bestellten Polstergarnituren per Spedition an Sie versandt:
3 Garnituren »Rotunda«, Stoff »Gran Sasso«,
bestehend aus je einem Sofa 1,45 m,
einem Sofa 2,00 m und zwei Sesselelementen.

24,1 Die Garnituren werden durch die Spedition SEC, Hausmannalle 2, 25575 Beringstedt, am 29.12.2002 angeliefert. Die mit gleichem Auftrag bestellten 4 Esstische »Hanseat« mit je 6 Stühlen werden am 12.01.2003 an Sie abgehen. ca. 20 (mind. 8,1, höchstens 46,2)

Mit freundlichen Grüßen

Feld für Geschäftsangaben

Briefkopf (Form B nach DIN 676) mit Bezugszeichenzeile

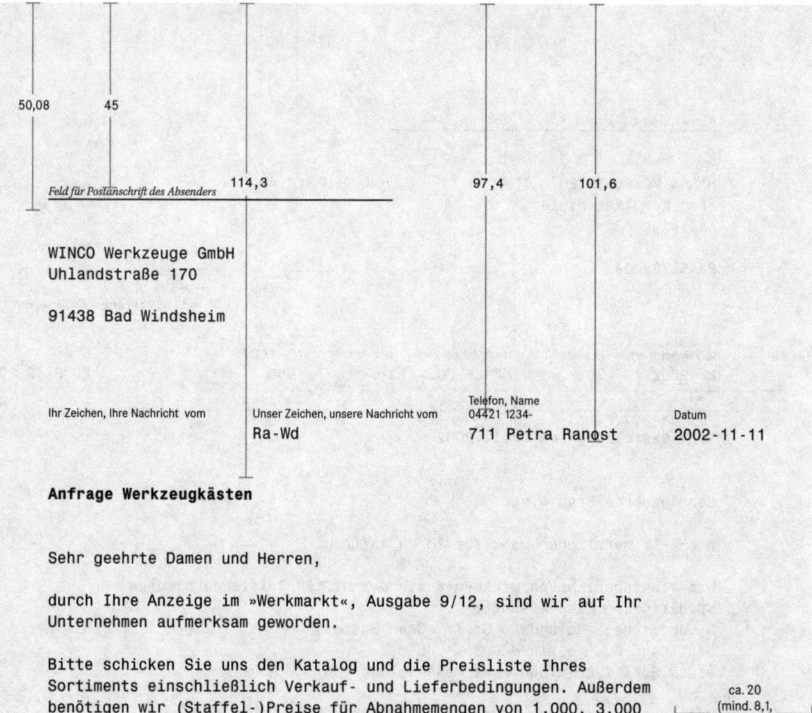

50,08 45 114,3 97,4 101,6

Feld für Postanschrift des Absenders

WINCO Werkzeuge GmbH
Uhlandstraße 170

91438 Bad Windsheim

Ihr Zeichen, Ihre Nachricht vom	Unser Zeichen, unsere Nachricht vom	Telefon, Name	Datum
	Ra-Wd	04421 1234-711 Petra Ranost	2002-11-11

Anfrage Werkzeugkästen

Sehr geehrte Damen und Herren,

durch Ihre Anzeige im »Werkmarkt«, Ausgabe 9/12, sind wir auf Ihr Unternehmen aufmerksam geworden.

Bitte schicken Sie uns den Katalog und die Preisliste Ihres Sortiments einschließlich Verkauf- und Lieferbedingungen. Außerdem benötigen wir (Staffel-)Preise für Abnahmemengen von 1.000, 3.000 und 5.000 Stück, alternativ den Preis für einen Abrufauftrag für 5.000 Stück bei einer Mindesabrufmenge von 500 Stück

ca. 20 (mind. 8,1, höchstens 46,2)

Mit freundlichen Grüßen

Feld für Geschäftsangaben

Briefkopf (Form A nach DIN 676) mit Infoblock

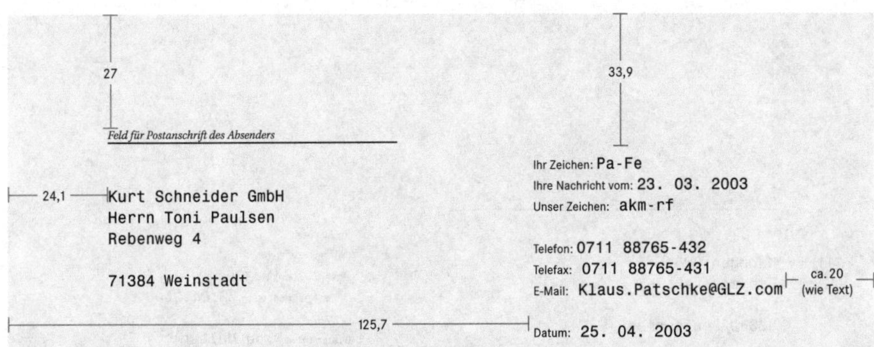

Ihr Zeichen: Pa-Fe
Ihre Nachricht vom: 23. 03. 2003
Unser Zeichen: akm-rf

Kurt Schneider GmbH
Herrn Toni Paulsen
Rebenweg 4

71384 Weinstadt

Telefon: 0711 88765-432
Telefax: 0711 88765-431
E-Mail: Klaus.Patschke@GLZ.com

Datum: 25. 04. 2003

Unsere Bestellung vom 19.03.2003
5 Kartons 1994er Michelstaler Spätlese

Sehr geehrter Herr Paulsen,

am 23.03.2003 haben Sie unseren Auftrag schriftlich bestätigt und die Lieferung der 5 Kartons Spätlese für den 05.04.2003 zugesichert.

ca. 20 (mind. 8,1, höchstens 46,2)

Wir haben Ihnen schriftlich am 11.04.2003 eine Nachfrist zur Lieferung gesetzt. Die Ware ist bis heute nicht bei uns eingetroffen.

Da uns wegen des Lieferverzugs erhebliche Nachteile entstanden sind, treten wir von unserer Bestellung zurück.

Mit freundlichen Grüßen

Feld für Geschäftsangaben

Briefkopf (Form B nach DIN 676) mit Infoblock

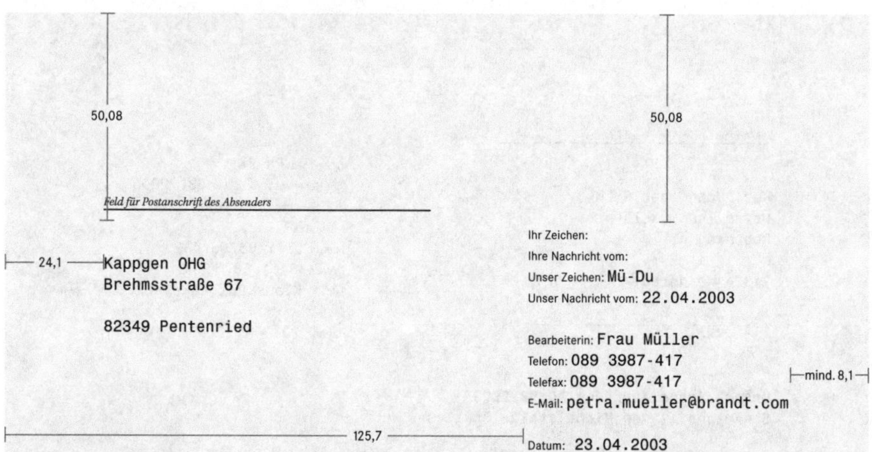

50,08 50,08

Feld für Postanschrift des Absenders

24,1

Kappgen OHG
Brehmsstraße 67

82349 Pentenried

Ihr Zeichen:
Ihre Nachricht vom:
Unser Zeichen: Mü-Du
Unser Nachricht vom: 22.04.2003

Bearbeiterin: Frau Müller
Telefon: 089 3987-417
Telefax: 089 3987-417
E-Mail: petra.mueller@brandt.com

mind. 8,1

125,7

Datum: 23.04.2003

Unsere Bestellung vom 22.04.2003
Auftrag Nr. 4/12 über Adressaufkleber und Fensterumschläge

Sehr geehrte Damen und Herren,

eben habe ich Ihren Mitrbeiter, Herrn Reußer, telefonisch darüber informiert, dass wir die o.g. Bestellung stornieren müssen. Wir haben von ihm die Zusage erhalten, dass die Bestellung aufgehoben ist. Ihr Entgegenkommen ist sehr freundlich – vielen Dank.

Bitte bestätigen Sie mir die Aufhebung noch schriftlich.

Mit freundlichen Grüßen

Feld für Geschäftsangaben

Zur Neuregelung der deutschen Rechtschreibung

Seit dem 1. August 1998 gelten in den deutschsprachigen Ländern neue Rechtschreibregeln. Das Ziel der 1996 verabschiedeten Reform ist, die Regeln zu vereinfachen und sie leichter erlernbar und anwendbar zu machen. Zugleich soll jedoch in das vertraute Schriftbild, in historisch gewachsene Schreibkonventionen nur in geringem Umfang und so behutsam wie möglich eingegriffen werden.

Die folgende Zusammenstellung gibt einen Überblick über die wichtigsten Veränderungen.

1. Der Buchstabe ß

Der Buchstabe ß, der in der Schweiz generell durch ss abgelöst ist, bleibt in Deutschland und Österreich erhalten, wird aber nur noch nach langem Selbstlaut (Vokal; wie in *Fuß, Füße*) und nach Doppellaut (Diphthong; wie in *Strauß, Sträuße*) geschrieben.

> *Fluß, Baß, keß, läßt, Nußknacker* → jetzt: *Fluss, Bass, kess, lässt, Nussknacker*

2. Eigenschaftswörter, die zu Hauptwörtern geworden sind

Zu Hauptwörtern gewordene Eigenschaftswörter schreibt man auch in festen Wortgruppen groß.

> *sein Schäfchen ins trockene bringen, im trüben fischen, im allgemeinen* → jetzt: *sein Schäfchen ins Trockene bringen, im Trüben fischen, im Allgemeinen*

3. Wörter derselben Wortfamilie

In einzelnen Fällen werden die Schreibungen von Wörtern, die derselben Wortfamilie angehören, vereinheitlicht.

> *numerieren, überschwenglich* → jetzt: *nummerieren* (wie *Nummer*), *überschwänglich* (zu *Überschwang*)

4. Zusammentreffen von drei gleichen Mitlauten (Konsonanten)

Wenn bei Zusammensetzungen drei gleiche Mitlaute aufeinander treffen, bleiben auch bei folgendem Selbstlaut alle drei erhalten.

> *Brennessel, Schiffahrt* → jetzt: *Brennnessel, Schifffahrt*
> (Ausnahmen: *dennoch, Drittel, Mittag*)

5. Zusammensetzungen mit Zeitwörtern, Eigenschaftswörtern und Mittelwörtern
Bei Zusammensetzungen mit Zeit-, Eigenschafts- und Mittelwörtern schreibt man häufiger als nach alter Rechtschreibung getrennt.

spazierengehen, radfahren, ernstgemeint, erdölexportierend → jetzt: *spazieren gehen, Rad fahren, ernst gemeint, Erdöl exportierend*

6. Zusammensetzungen mit Zahlen in Ziffern
Zusammensetzungen mit Zahlen in Ziffern schreibt man nach neuer Rechtschreibung mit Bindestrich.

24karätig, 8pfünder → jetzt: *24-karätig, 8-Pfünder*

7. Die Trennung von Wörtern mit »st«
Das st wird wie eine normale Verbindung aus Mitlauten behandelt und ist nicht mehr grundsätzlich untrennbar.

ha-stig, Ki-ste, schön-ste → jetzt: *has-tig, Kis-te, schöns-te*

8. Die Trennung von Wörtern mit »ck«
Die Verbindung ck bleibt bei der Trennung erhalten und kommt auf die neue Zeile.

Bäk-ker, schik-ken → jetzt: *Bä-cker, schi-cken*

9. Die Trennung von Fremdwörtern
Fremdwörter, die heute kaum noch als Zusammensetzungen erkannt werden, darf man ohne Berücksichtigung ihrer ursprünglichen Bestandteile nach Sprechsilben trennen.

He-li-ko-pter (aus griech. hélix und ptéron) → jetzt auch: *He-li-kop-ter*

10. Das Komma vor »und«
Sind zwei vollständige Hauptsätze durch *und* verbunden, braucht man kein Komma zu setzen.

Karl war in Schwierigkeiten, und niemand konnte ihm helfen. → jetzt auch: *Karl war in Schwierigkeiten und niemand konnte ihm helfen.*

11. Das Komma bei Grundformen (Infinitiven) und Mittelformen (Partizipien)

Auch längere Konstruktionen mit Grund- oder Mittelform braucht man nicht mit Komma abzutrennen.

> *Er begann sofort, das neue Buch zu lesen. Ungläubig den Kopf schüttelnd, verließ er das Zimmer.* → jetzt auch: *Er begann sofort das neue Buch zu lesen. Ungläubig den Kopf schüttelnd verließ er das Zimmer.*

Sprachtipps

A

ab **1. Beugung nach *ab*:** Bei einer Raumangabe steht nach *ab* nur der Wemfall: *ab unserem Werk; ab allen deutschen Flughäfen.* Bei einer Zeitangabe oder Mengenangabe kann nach *ab* auch der Wenfall stehen: *ab erstem Mai* oder: *ab ersten Mai; ab Mittwoch, dem 3. April* oder: *ab Mittwoch, den 3. April; ab 50 Exemplaren* oder: *ab 50 Exemplare; ab 12 Jahren* oder: *ab 12 Jahre.* Steht bei einer solchen Zeit- oder Mengenangabe ein Geschlechtswort (Artikel) oder ein Fürwort, dann ist nur der Wemfall richtig: *ab dem 15. Mai; ab meinem 18. Geburtstag.*

2. ab/von – an: Das Verhältniswort (die Präposition) *ab* ist besonders in der Kaufmanns- und Verwaltungssprache gebräuchlich: *ab Hannover; ab 50 Kisten; ab 1. September.* Stilistisch neutral ist *von – an: von Hannover an; von 50 Kisten an; vom 1. September an.*

aber Vor dem Bindewort (der Konjunktion) *aber* steht **immer** ein Komma, gleichgültig ob es Sätze oder nur Satzteile miteinander verknüpft: *Es war gut, aber teuer. Ich habe davon gehört, aber ich glaube es nicht.*

abgenommen Das Mittelwort der Vergangenheit (2. Partizip) *abgenommen* darf man nicht als Beifügung gebrauchen. Man kann also **nicht** sagen: *die abgenommenen Zuschauerzahlen; die abgenommenen Vorräte* u. Ä. Richtig wäre dagegen: *die geringer gewordenen Zuschauerzahlen; die zusammengeschmolzenen Vorräte.*

Abgeordnete, der und die Man beugt das Wort in folgender Weise: *der Abgeordnete, ein Abgeordneter, zwei Abgeordnete, die Abgeordneten, einige Abgeordnete, alle Abgeordneten, solche Abgeordnete* und *solche Abgeordneten, beide Abgeordneten* und seltener auch *beide Abgeordnete, genanntem Abgeordneten, die Versorgung ausscheidender Abgeordneter.*

Als Beisatz (Apposition): *mir (dir, ihm) als Abgeordneten* und: *mir (dir, ihm) als Abgeordnetem; ihr als Abgeordneten* und: *ihr als Abgeordneter.*

In Verbindung mit *Herr* oder *Frau* heißt es: *Ich habe mit Herrn Abgeordneten Meyer gesprochen. Ich habe mit Frau Abgeordneten Meyer* oder: *mit Frau Abgeordneter Meyer gesprochen.*
Ohne *Herr* oder *Frau* muss es heißen: *Ich habe mit Abgeordnetem Schmidt gesprochen. Ich habe mit Abgeordneter Schmidt gesprochen.*

abgesehen davon Nach *abgesehen davon* oder *davon abgesehen* **kann** nach den neuen Regeln ein Komma stehen, um die Gliederung des Satzes deutlich zu machen: *Abgesehen davon[,] gab es keine Störungen. Davon abgesehen[,] gab es keine Störungen.* Folgt ein *dass*, dann kann zwischen *abgesehen davon* und *dass* nach den neuen Regeln ebenfalls ein Komma stehen, wenn man diese Teile der Fügung nicht als Einheit ansieht: *Abgesehen davon[,] dass uns einmal das Benzin ausging, verlief alles gut. Davon abgesehen[,] dass ...*

abhalten Weil das Zeitwort *abhalten* schon verneinenden Sinn hat (= nicht tun lassen), darf man einen von ihm abhängenden Satz nicht zusätzlich verneinen. Also **nicht:** *Sie hielt ihn davon ab, nicht noch mehr zu trinken.* **Richtig** heißt es: *Sie hielt ihn davon ab, noch mehr zu trinken.*

abheften Nach *abheften in* steht gewöhnlich der Wemfall (Frage: wo?): *ein Schriftstück im Ordner abheften.*

Abhilfe An das Hauptwort *Abhilfe* (das zu dem Zeitwort *abhelfen* gehört) kann man die Sache, der abgeholfen werden soll, nicht im Wesfall anschließen. Also **nicht richtig:** *die Abhilfe eines Mangels, eines Fehlers* o. Ä. Man muss ausweichen auf eine andere Formulierung, etwa: *einem Mangel, einem Fehler abhelfen* oder: *die Beseitigung eines Mangels, eines Fehlers, eines Übelstandes.*

Abkürzungen siehe Tabelle.

Abkürzungen

1. Abkürzungen mit Punkt: Der Punkt steht im Allgemeinen nach Abkürzungen, die nur geschrieben, nicht aber gesprochen werden, z. B.: *betr.* (für: *betreffend, betreffs*), *Dr.* (für: *Doktor*), *Ggs.* (für: *Gegensatz*), *i. A.* (für: *im Auftrag*), *Frankfurt a. M.* (für: *Frankfurt am Main*), *a. G.* (für: *als Gast*), *ü. d. M.* (für: *über dem Meeresspiegel*), *usw.* (für: *und so weiter*), *z. T.* (für: *zum Teil*), *Ztr.* (für: *Zentner*). Das gilt auch für die Abkürzungen der Zahlwörter: *Tsd.* (für: *Tausend*), *Mio.* (für: *Millio-n[en]*), *Mrd.* (für: *Milliarde[n]*), ferner für fremdsprachige Abkürzungen, die man heute – vor allem in der Alltagssprache – gewöhnlich nicht mehr im vollen Wortlaut spricht, z. B.: *a. D.* (für: *außer Dienst*), *i. V.* (für: *in Vertretung*), *ppa.* (für: *per procura*), *h. c.* (für: *honoris causa*).

2. Abkürzungen ohne Punkt: Der Punkt steht im Allgemeinen nicht nach Abkürzungen, die als solche auch gesprochen werden: *BGB, AG, Kripo, Akku, UNO.* Abkürzungen für Maß- und Gewichtseinheiten, chemische Grundstoffe, Himmelsrichtungen und die meisten Münzbezeichnungen sind Symbole oder Zeichen und werden – bis auf herkömmliche Einheiten wie *Pfd.* (= Pfund) und *Ztr.* (= Zentner) – ohne Punkt geschrieben: *m, km, kg, l.* Ohne Punkt stehen auch die Zeichen für die Himmelsrichtungen, für die chemischen Elemente und für die meisten Münzbezeichnungen: *SW* (= Südwesten), *Cl* (= Chlor), *EUR* (= EURO) usw. Alle diese Abkürzungen bleiben stets unverändert: *5 m, über 10 000 EUR, die Eigenschaften des Cl.* **Schwankungsfälle:** Bei ausländischen Maß- und Münzbezeichnungen wird im Deutschen gewöhnlich die landesübliche Form der Abkürzung gebraucht: *ft.* (= Foot), *ya.* (= Yard), *Fr.* und *sFr.* (= Schweizer Franken). Es kommen – z. B. im Bankwesen – auch andere Schreibungen vor: *sfr* (= Schweizer Franken). Ein Sonderfall ist die Abkürzung *Co.* (= Compagnie/Kompanie), die heute im Allgemeinen nur [ko:] ausgesprochen wird. Sie kommt fast ausschließlich in Firmennamen vor und kann je nach der Schreibung des Firmennamens mit oder ohne Punkt stehen.

3. Beugung von Abkürzungen, die nicht gesprochen, sondern nur geschrieben werden: Bei diesen Abkürzungen wird die Beugungsendung im Schriftbild oft nicht wiedergegeben: *am 2. Dezember lfd. J.* (= laufenden Jahres); *gegen Ende d. M.* (= dieses Monats). Setzt man die Beugungsendung jedoch, gilt Fol-

Abkürzungen (Fortsetzung)

gendes: Endet eine Abkürzung mit dem letzten Buchstaben der Vollform, hängt man die Endung unmittelbar an: *Hrn.* (= Herrn), *Bde.* (= Bände); sonst steht sie nach dem Abkürzungspunkt: *mehrere Jh.e* (= Jahrhunderte), *B.s* (= Bismarcks) *Reden.* Die Mehrzahl wird gelegentlich durch Buchstabenverdopplung ausgedrückt: *Mss.* (= Manuskripte), *Jgg.* (= Jahrgänge), *ff.* (= folgende).

4. Beugung von Abkürzungen, die als solche gesprochen werden:
Grundsätzlich ist es auch bei diesen Abkürzungen (*Pkw, BGB* usw.) nicht nötig, die Beugungsendung im Schriftbild wiederzugeben: *des Pkw* (seltener: *des Pkws*), *des BGB* (seltener: *des BGBs*). In der Mehrzahl erscheint allerdings häufiger die Endung *-s;* und zwar auch bei solchen Abkürzungen, deren Vollform in der Mehrzahl nicht so ausgeht: *die Pkws* (neben: *die PKW;* **nicht:** *PKWen*), *die MGs* (neben: *die MG;* **nicht:** *die MGe*), *die AGs* (**nicht:** *AGen*), *die THs* (**nicht:** *THen*). Bei weiblichen Abkürzungen sollte in der Mehrzahl immer dann ein *-s* angefügt werden, wenn eine Verwechslung mit der Einzahl möglich ist: *die GmbHs*; (**nicht gut,** da mit der Einzahl übereinstimmend: *die GmbH*). Abkürzungen, die auf Zischlaute enden, bleiben stets unverändert: *50 PS.*

5. Zusammensetzungen mit Abkürzungen:
Zwischen der Abkürzung und dem Grundwort steht immer ein Bindestrich: *Kfz-Papiere, UKW-Sender.* Zusammensetzungen, bei denen das letzte abgekürzte Wort noch einmal ausgeschrieben wird, sind stilistisch unschön (etwa: *ABM-Maßnahme, ISBN-Nummer*). Man sollte in der geschriebenen Sprache entweder nur die Abkürzung verwenden oder die ganze Abkürzung auflösen.

Abneigung Nach *Abneigung* steht das Verhältniswort *gegen.* Es heißt also richtig: *eine Abneigung gegen einen Menschen* (**nicht:** *vor einem Menschen*) *haben.*

abraten Weil das Zeitwort *abraten* schon verneinenden Sinn hat (= jemandem nicht zu etwas raten), darf man einen von ihm abhängenden Satz nicht zusätzlich verneinen. Also **nicht:** *Sie riet ihm davon ab, nicht mit dieser Fluglinie zu fliegen.* **Richtig** heißt es: *Sie riet ihm davon ab, mit dieser Fluglinie zu fliegen.*

abstellen Nach *abstellen auf/in/unter* steht gewöhnlich der Wemfall (Frage: wo?): *das Gepäck auf dem Bahnsteig abstellen; das Auto in der Garage, unter einem Vordach abstellen.*

abtrocknen Es kann sowohl *Nach dem Regen ist es* als auch *hat es rasch wieder abgetrocknet* heißen.

abzüglich Nach *abzüglich* steht üblicherweise der Wesfall: *abzüglich des gewährten Rabatts, abzüglich der genannten Getränke.* Steht aber das Hauptwort, das von *abzüglich* abhängt, allein, also ohne ein Begleitwort, dann bleibt es in der Einzahl im Allgemeinen ungebeugt: *abzüglich Rabatt.* In der Mehrzahl aber weicht man bei allein stehenden Hauptwörtern auf den Wemfall aus, wenn der Wesfall nicht erkennbar ist: *abzüglich Getränken.*

sich in **Acht** nehmen Wenn man die Wendung *sich in Acht nehmen* in Verbindung mit *vor* gebraucht, hat sie die Bedeutung »sich vor etwas hüten«. Sie hat damit verneinenden Sinn und ein von ihr abhängender Satz darf dann nicht auch noch verneint werden. Also **nicht richtig:** *Er nahm sich davor in Acht, nicht zu schnell zu fahren.* Sondern **richtig** nur: *Er nahm sich davor in Acht, zu schnell zu fahren.* Hat die Wendung *sich in Acht nehmen* (ohne *vor*) jedoch die Bedeutung »aufpassen, auf etwas achten«, dann ist die Verneinung des von ihr abhängenden Satzes **richtig:** *Nimm dich in Acht, dass du dich nicht erkältest! Er nahm sich in Acht, dass er keinen Fehler machte.*

AG **Kommasetzung:** Tritt die Abkürzung *AG* in Firmennamen auf, dann ist sie Bestandteil des Namens und wird nicht durch Komma abgetrennt: *Badenwerk AG, Vereinigte Stahlwerke AG.* **Geschlecht:** Steht bei einem solchen Firmennamen ein Geschlechtswort (Artikel), dann richtet sich dieses meistens nicht nach dem Namensbestandteil *AG.* Es heißt also z. B.: *das Badenwerk AG* (**nicht:** *die Badenwerk AG*). Dagegen heißt es *Bilanz der Deutschen Milchhof AG,* weil hier *AG* das Grundwort des Firmennamens bildet. Allerdings sollte man dann die Abkürzung besser ausschreiben: *die Produktion der Dichtungsring-Aktiengesellschaft.*

all **1. Rechtschreibung:** Das Wort *all* schreibt man **immer** und in allen seinen Formen **klein**, außer in der Fügung *mein Ein und Alles.* **2. Beugung von *all:*** **a)** Steht *all* vor einem Hauptwort, dem nicht *der, die, das* beigefügt ist, lauten die Formen im Werfall: *aller Schmerz, alle Freude, alles Gefühl; alle Schmerzen, Freuden, Gefühle.* Im Wesfall lauten die heute üblichen Formen: *die Ursache allen Schmerzes, aller Freude, allen Gefühls.* Bei Hinzutreten eines Eigenschaftswortes sind zwei Formen korrekt: *trotz allen* oder *alles bösen Schmerzes; trotz allen* oder *alles guten Gefühls.* Wird das Hauptwort auf ein Eigenschaftswort zurückgeführt, ist dagegen nur eine Form richtig: *der Urheber alles Bösen.* In der Mehrzahl ist wiederum nur eine Form üblich: *der Urheber aller (bösen) Schmerzen, Freuden, Gefühle.* Im Wemfall lauten die Formen: *bei allem Schmerz, aller Freude, allem Gefühl; bei allen Schmerzen, Freuden, Gefühlen.* Im Wenfall heißt es: *für allen Schmerz, alle Freude, alles Gefühl; für alle Schmerzen, Freuden, Gefühle.* **b)** Nach Fürwörtern beugt man *all* folgendermaßen: *das alles, dieses alles; die alle, diese alle; ihr alle, euer aller Wohl, unser aller Wohl; was alles; welche alle.* Im Wemfall jedoch treten Fälle auf, in denen zwei Formen üblich sind: *dem allem* oder häufiger: *dem allen; diesem allem* oder *diesem allen.*

3. Beugung nach *alle:* a) Die Beugung des folgenden Wortes bereitet oftmals Schwierigkeiten, zumal wenn es sich bei diesem Wort um ein Hauptwort handelt, das auf ein Mittelwort (Partizip) oder Eigenschaftswort zurückzuführen ist wie z. B. *der Anwesende* (auf *anwesend*), *der Verwandte* (auf *verwandt*), *der Abgeordnete* (auf *abgeordnet*), *das Fremde* (auf *fremd*) usw. In den einzelnen Fällen lauten die Formen in der Einzahl folgendermaßen: Werfall: *alles Schöne, Störende;* Wesfall: *die Beseitigung alles Schönen, Störenden;* Wemfall: *bei allem Schönen, Störenden;* Wenfall: *für alles Schöne, Störende.* In der Mehrzahl kommen dagegen für die einzelnen Fälle – außer dem Wemfall – zwei Formen vor, wobei die zweiten Formen allerdings selten sind. Werfall: *alle Abgeordneten*/(selten:) *Abgeordnete;* Wesfall: *die Pässe aller Abgeordneten*/(selten:) *Abgeordneter;* Wemfall: *mit allen Abgeordneten;* Wenfall: *für alle Abgeordneten*/(selten:) *Abgeordnete.* **b)** Probleme bereiten auch die Formen des Eigenschaftswortes oder Mittelwortes, das auf *all* folgt und das sich auf ein folgendes Hauptwort bezieht. Auch hier gibt es neben den üblichen Formen solche, die selten sind *(aller übertriebener Aufwand; die Beteiligung aller interessierter Kreise).* Die üblichen Formen lauten in der Einzahl: Werfall: *aller übertriebene Aufwand;* Wesfall: *die Vermeidung alles übertriebenen Aufwandes;* Wemfall: *mit allem übertriebenen Aufwand;* Wenfall: *für allen übertriebenen Aufwand.* In der Mehrzahl:

Werfall: *alle engen Freunde;* Wesfall: *die Beteiligung aller engen Freunde;* Wemfall: *mit allen engen Freunden;* Wenfall: *für alle engen Freunde.* Tritt zu diesen Formen noch ein Fürwort (z. B.: *alle seine engen Freunde; für alle diese engen Freunde*), erhält es die gleiche Endung wie *alle.*
4. all oder alle: Vor einem Hauptwort, das mit Geschlechtswort *(der, die, das)* oder Fürwort (*mein, dein* usw.) steht, kann sowohl *all* als auch *alle* stehen: *all* oder *alle meine Hoffnungen; das Kreischen all* oder *aller ihrer Fans; all* oder *alle die Leute.* In einigen Fällen ist die Form *all* die üblichere: *mit all seinem Fleiß; bei all dem Ärger; all dieser Arbeit war er überdrüssig.*
5. alles, was: Einen Nebensatz, der mit dem Wort *alles* angekündigt ist, leitet man mit *was* (**nicht** mit *das*) ein: *Sie glaubte alles, was er ihr erzählte.*

als Vor dem Bindewort (der Konjunktion) *als* steht ein Komma, wenn es einen Nebensatz einleitet: *Er kam erst, als die anderen schon gegangen waren. Es dauerte länger, als man erwartet hatte. Er war noch zu klein, als dass er es hätte wissen können. Er tut, als ob er nichts von der Sache wüsste. Hans ist größer, als Andreas im gleichen Alter war.* Nach den neuen Rechtschreibregeln kann man vor *als* ein Komma setzen, wenn es vor einer Wortgruppe mit der Grundform eines Zeitworts (Infinitivgruppe) steht: *Es ist besser zu gehen[,] als noch länger zu warten.* Kein Komma steht vor *als* in den folgenden Fällen: *Hans ist größer als Andreas. Das ist mehr als genug. Hier hilft nichts als geduldiges Warten.* Mit oder ohne Komma kann ein Beisatz (eine Apposition) mit *als* stehen: *Herr Müller als Vertreter der Firma sprach über die Geschäftsentwicklung. Herr Müller, als Vertreter der Firma, sprach über die Geschäftsentwicklung.*

als oder **wie** Nach der ersten Steigerungsstufe (dem Komparativ) eines Eigenschaftswortes steht immer *als,* nicht *wie.* **Richtig** heißt es: *Er ist größer als du. Die Schwierigkeiten waren größer, als wir angenommen hatten.* **Nicht richtig** ist: *Er ist größer wie du. Die Schwierigkeiten waren größer, wie wir angenommen hatten.*
Auch nach *anders, niemand, keiner, nichts* und *umgekehrt* steht *als: Es kam anders als erwartet. Niemand als er kann mir helfen. Ich habe mit keinem Menschen als ihm darüber gesprochen. Das verursacht nichts als Unruhe. Es war umgekehrt, als man es dargestellt hatte.*

als dass Vor *als dass* steht immer ein Komma: *Das Wetter war zu schlecht, als dass man hätte länger spazieren gehen können.*

Als letzter Gruß/ Als letzten Gruß Beide Formulierungen sind richtig. Beschriftungen auf Kranzschleifen sind als verkürzte Sätze aufzufassen. Die vollständigen Sätze könnten also etwa lauten: *Wir bringen diesen Kranz als letzten Gruß* (= Wenfall) oder: *Dieser Kranz ist als letzter Gruß gedacht* (= Werfall).

also Vor *also* steht ein Komma, wenn es ein Eigenschaftswort, das ein vorangehendes anderes Eigenschaftswort näher bestimmt, einleitet: *Das ist ein veraltetes, also ungebräuchliches Wort.* Vor *also* steht auch ein Komma, wenn es einen beigeordneten Satz anschließt: *Sie antwortete, also schien sie interessiert zu sein.* Auch das bekräftigend aus dem Satz herausgehobene *also* wird durch ein Komma abgetrennt: *Also, es bleibt dabei! Also, bis morgen!* In Kommas eingeschlossen wird ein durch *also* beigefügtes Eigenschaftswort, das seinem Hauptwort nachgestellt ist, wenn der Satz weitergeht: *Er hat alle Kinder, also auch die frechen, gern gehabt.*

alters Es heißt entweder *seit alters* oder *von alters her.* Man schreibt also: *Seit alters findet dieses Fest Ende September statt.* Oder aber: *Von alters her findet dieses Fest Ende September statt.* (**Nicht richtig** ist dagegen die Vermischung *seit alters her.*)

am Arbeiten (Feiern, Essen o.Ä.) sein Diese Form gehört der landschaftlichen Umgangssprache an. Standardsprachlich heißt es *beim (beim Arbeiten, Feiern, Essen sein)* oder *im (im Weggehen, Abklingen sein).*

Amtmännin/ Amtfrau Die weibliche Entsprechung zu *Amtmann* lautet entweder *Amtmännin* oder *Amtfrau.* In der Anrede kann man also wahlweise *Frau Amtmännin* oder *Frau Amtfrau* verwenden.

an oder **zu** Der Gebrauch von *an* oder *zu* in Verbindung mit den Namen von Festen ist landschaftlich verschieden. Während man besonders in Süddeutschland *an Ostern, an Pfingsten, an Weihnachten* usw. sagt, ist in Norddeutschland *zu* gebräuchlich: *zu Ostern, zu Pfingsten, zu Weihnachten* usw. Beide Ausdrucksweisen sind richtig.

an die Wenn *an die* so viel bedeutet wie »etwa, ungefähr«, hat es keinen Einfluss auf die Beugung des folgenden Hauptworts. Dies kann man erkennen, wenn man *an die* zur Probe weglässt: *Sie half 50 Kindern,* deshalb: *Sie half an die 50 Kindern. Gemeinden von 10 000 Einwohnern,* deshalb: *Gemeinden von an die 10 000 Einwohnern. Er bereiste 50 Städte,* deshalb: *Er bereiste an die 50 Städte.*

an einem Tag wie jedem anderen/ wie jeder andere Beide Formen sind richtig. Man setzt entweder den fraglichen Ausdruck in unmittelbare Beziehung zu *Tag,* also: *an einem Tag wie jedem anderen.* Beide Glieder stehen dann im Wemfall. Oder man sieht *wie jeder andere* als die Verkürzung eines Nebensatzes an, der vollständig etwa lauten würde: *wie es jeder andere Tag ist.* Beide Glieder stehen dann im Werfall.

an was oder **woran** Vor allem in der gesprochenen Sprache ersetzen viele Sprecher heute *woran* durch *an was: An was denkst du? Ich frage mich, an was du denkst.* Die Verbindung *an was* ist jedoch umgangssprachlich. Stilistisch besser ist *woran: Woran denkst du? Ich frage mich, woran du denkst.*

anbauen Nach *anbauen an* steht überwiegend der Wenfall (Frage: wohin?): *eine Veranda an das Haus anbauen.* Die Verbindung mit dem Wemfall (Frage: wo?) ist auch möglich, sie kommt aber nicht so häufig vor: *eine Veranda an dem Haus anbauen.*

anbei Ein Hauptwort in Verbindung mit *anbei* kann im Werfall stehen: *Anbei gewünschter Verrechnungsscheck* oder im Wenfall: *Anbei gewünschten Verrechnungsscheck.* Das zuletzt genannte Beispiel könnte vollständiger lauten: *Anbei übersenden wir Ihnen den gewünschten Verrechnungsscheck.* Beide Ausdrucksweisen treten besonders im geschäftlichen Briefwechsel und der Amtssprache auf.

anbringen Nach *anbringen an* steht überwiegend der Wemfall (Frage: wo?): *Er brachte das Bücherbrett an der Wand an.* Die Verbindung mit dem Wenfall (Frage: wohin?) ist auch möglich: *Er brachte das Bücherbrett an die Wand an.*

anderer, andere, anderes **1. Rechtschreibung:** Das Wort *anderer* usw. schreibt man im Allgemeinen **klein**: *der andere, eine andere, alles andere, nichts anderes, kein anderer, zum einen – zum andern.* Nach den neuen amtlichen Rechtschreibregeln schreibt man nur in den folgenden Fällen groß: *die Suche nach dem Anderen* (= nach einer neuen Welt); *der Dialog mit dem Anderen* (= dem Gegenüber).

2. Beugung nach *andere:* Ein Eigenschaftswort oder Mittelwort (Partizip), das auf *anderer* usw. folgt, beugt man (auch wenn es als Hauptwort gebraucht wird) in gleicher Weise wie *anderer* usw. selbst: *anderes gedrucktes Material, bei anderer seelischer Verfassung, eine Menge anderer wertvoller Gegenstände; ein anderer Abgeordneter, die anderen Beamten, die Forderungen anderer Betroffener.* Eine Abweichung gibt es im Wemfall, wenn es beispielsweise für *aus anderem wertvollem Material* oder *mit anderem Neuem* häufig auch heißt: *aus anderem wertvollen Material* oder *mit anderem Neuen.*

3. jemand anders/jemand anderer: In Verbindung mit den Wörtern *jemand, niemand* und *wer* gebraucht man üblicherweise die Form *anders: es war jemand anders; wer anders, mit wem anders; sie kennt hier niemand anders.* Daneben tritt besonders im Süddeutschen und im Österreichischen auch die Form *anderer* mit den entsprechenden Beugungsformen auf: *jemand anderer, mit jemand anderem, ich meine wen anderen, ich kenne hier niemand anderen.*

4. nicht viel anders: Nach *nicht viel* wird immer die Form *anders* verwendet: *das ist heute nicht viel anders.*

5. Vergleich: Bei einem Vergleich steht nach *anderer* usw. das Wort *als* (**nicht:** *wie*): *Er war alles andere als schön. Es war ganz anders als beim ersten Mal.*

anderes als Wenn die Angabe nach *anderes als* in der Mehrzahl steht, dann kann das zugehörige Zeitwort in der Einzahl oder in der Mehrzahl stehen, die Mehrzahl wird im Allgemeinen bevorzugt: *Anderes als leere Kartons fand sich nicht,* häufiger: *fanden sich nicht in dem Verschlag.*

anempfehlen Die Formen von Gegenwart und Vergangenheit dieses Zeitwortes sind: *empfiehlt an/empfahl an* und ebenso: *anempfiehlt/anempfahl. Man empfiehlt (empfahl) uns dieses Hotel an.* Oder: *Man anempfiehlt (anempfahl) uns dieses Hotel.*

anerkennen Die Formen von Gegenwart und Vergangenheit dieses Zeitworts sind: *erkennt an/erkannte an.* Seltener, aber auch richtig sind die nicht getrennten Formen: *anerkennt/anerkannte: Er erkennt (erkannte) die Forderungen der Gläubiger an.* Seltener: *Er anerkennt (anerkannte) die Forderungen der Gläubiger.*

anfällig Nach *anfällig* steht meist das Verhältniswort (die Präposition) *für,* seltener *gegen: Er ist anfällig für Erkältungen,* seltener auch: *Er ist anfällig gegen Erkältungen.* Beide Anschlüsse sind richtig.

Anfang/ anfangs Bei dem Hauptwort *Anfang* kann ein Monatsname, eine Jahreszahl oder eine Zeitangabe wie *Jahr, Monat, Woche* stehen: *Anfang Februar, Anfang 1980, Anfang des Jahres.* Das Umstandswort (Adverb) *anfangs* dagegen steht ohne weitere zeitliche Angabe: *Anfangs war alles noch in Ordnung.* Nicht richtig ist die Verbindung von *anfangs* mit einer Zeitangabe, wie sie bisweilen in der Umgangssprache vorkommt (etwa: *Anfangs des Jahres besucht Sie unser Vertreter*).

anfangen **1. Wortstellung:** Bei der Bildung von Sätzen mit dem Zeitwort *anfangen* ergeben sich oft Schwierigkeiten bei der Wortstellung. **Richtig** gebildet sind beispielsweise die Sätze: *Danach fing sie an bitterlich zu weinen* und: *Danach fing sie bitterlich zu weinen an.* **Nicht richtig** hingegen wäre: *Danach fing sie bitterlich an zu weinen.* **Nicht richtig** ist die Stellung auch im folgenden Beispiel: *Man wird uns entdecken, wenn der Hund an zu bellen fängt.* **Richtig** ist: *... wenn der Hund zu bellen anfängt* oder: *... wenn der Hund anfängt zu bellen.*

2. haben oder sein: Standardsprachlich richtig ist nur: *Ich habe bei ihm angefangen.* **Nicht richtig** hingegen ist die landschaftliche Form: *Ich bin bei ihm angefangen.*

3. Komma: Wenn das Zeitwort *anfangen* mit einer Wortgruppe, die die Grundform eines anderen Zeitwortes enthält, verbunden ist (Infinitivgruppe), dann kann man ein Komma setzen, um die Gliederung des Satzes deutlich zu machen oder um Missverständnisse auszuschließen: *Er fing sofort an, die Steine zu sortieren* oder *Er fing sofort an die Steine zu sortieren.* Beide Möglichkeiten sind nach den neuen amtlichen Rechtschreibregeln richtig.

anfragen Das Zeitwort *anfragen* steht mit dem Verhältniswort (der Präposition) *bei,* wenn die befragte Person genannt wird. Richtig muss es also heißen: *Sie fragte telefonisch bei ihm wegen der Bücher an.* (**Nicht:** *Sie fragte ihn telefonisch wegen der Bücher an.*)

Anführungszeichen siehe Tabelle.

Anführungszeichen

1. Formen:
Im deutschen Schriftsatz werden im Allgemeinen die Anführungszeichen „…" und »…« sowie ihre einfachen Formen ‚…' und ›…‹ verwendet. Sie stehen ohne Zwischenraum vor und nach den eingeschlossenen Textabschnitten, Wörtern u. a. Einfache (oder: halbe) Anführungszeichen stehen innerhalb eines Textes, der bereits in Anführungsstrichen steht:
„Meine Damen, Sie sehen nun das Modell ‚Abendwolke'."

2. Gebrauch:
a) Anführungszeichen stehen bei der wörtlichen Rede, bei wörtlich wiedergegebenen Gedanken und Textstellen (= Zitaten):

„Es ist unbegreiflich", sagte er zu mir.
„So – das war also Paris", dachte sie.
„Der Mensch", so heißt es dort, „ist ein Gemeinschaftswesen."

b) Anführungszeichen dienen der Hervorhebung einzelner Wörter, Namen, Fügungen, Titel von Büchern, Zeitungen, Fernsehsendungen usw.:
Das Wort „Schifffahrt" wird mit drei „f" geschrieben.
Mit seinem Motto „Abwarten und Tee trinken" kommt er hier nicht weit.
Um wie viel Uhr kommt heute der Film „Manche mögen's heiß" im Fernsehen?
Der Umfang des Magazins „Der Spiegel" hat zugenommen.
(Aber: *der Umfang des „Spiegels"*)
Man braucht aber keine Anführungszeichen zu setzen, wenn durch den Textzusammenhang die Bedeutung klar ist *(das Hotel Bahamas, das Segelschiff Gorch Fock, der Film Casablanca)* oder wenn die hervorzuhebenden Teile bereits auf andere Weise kenntlich gemacht sind:
das Wort *Lebensstandard.*
Hast du *Vom Winde verweht* gesehen?
Eine besondere Art der Hervorhebung liegt z. B. vor in:

Der „treue" Freund verriet sie als Erster.
Auf der Landwirtschaftsschau gab es allerhand „Schweinereien" zu sehen.

Die Anführungszeichen verdeutlichen hier ein Wortspiel, eine ironisch gedachte Ausdrucksweise.

3. Zusammentreffen von Anführungszeichen und anderen Zeichen:
a) Anführungszeichen und Punkt:
Der Punkt steht vor dem schließenden Anführungszeichen, wenn er zur wörtlichen Rede bzw. zum Zitat gehört:

Er erwiderte: „Das muss jeder selbst entscheiden."

Der Punkt steht hinter dem schließenden Anführungszeichen,

Anführungszeichen (Fortsetzung)	
wenn er nicht zu der Anführung gehört: *Nach Konrad Adenauer herrschte in der Bundesrepublik „ein Abgrund von Landesverrat".* *Ich lese gerade „Es muss nicht immer Kaviar sein".* *Wir fuhren mit dem Luxusdampfer „Bremen".* **b)** Anführungszeichen und Komma: Das Komma steht nach den neuen amtlichen Rechtschreibregeln immer hinter dem schließenden Anführungszeichen, wenn nach der wörtlichen Rede oder der angeführten Textstelle der übergeordnete Satz folgt oder weitergeführt wird: *„Wir lassen uns nicht entmutigen", so betonte der Minister.* *„Es ist möglich", sagte er, „dass wir noch heute abreisen."*	*Als er mich fragte: „Weshalb darf ich das nicht?", war ich sehr verlegen.* *„Du bist ein Schuft!", rief sie.* *„Kommst du mit?", fragte er.* **c)** Anführungszeichen und Ausrufe- oder Fragezeichen: Das Ausrufezeichen (bzw. Fragezeichen) steht vor dem schließenden Anführungszeichen, wenn es zur Anführung gehört. *„Komm mir nicht wieder unter die Augen!", rief sie.* *„Wer kommt denn nun alles?", fragte sie.* Das Ausrufe- bzw. Fragezeichen steht hinter dem schließenden Anführungszeichen, wenn es nicht zur Anführung gehört: *Sing doch nicht immer nur „Hänschen klein"!* *Kennst du auch „Asterix und Kleopatra"?*

Angebot Das Wort hat mehrere Bedeutungen, nach denen jeweils andere Verhältniswörter (Präpositionen) folgen. In der Bedeutung »angebotene Warenmenge« verbindet man es mit *von* oder *an: Das Angebot von Gemüse* oder *an Gemüse war gering.* Hat es die Bedeutung »Offerte, Kaufangebot«, dann kann es mit *über* oder *für* stehen: *Wir bitten Sie um Ihr Angebot über die Lieferung von ...* oder *für die Lieferung von ...* Im Sinne von »Anerbieten, Preisvorschlag« schließlich kann *Angebot* die Verhältniswörter *auf,* seltener auch *für* nach sich haben: *Er hat ein günstiges Angebot auf das Haus* oder auch *für das Haus erhalten.*

Angehörige, der und die Man beugt das Wort in folgender Weise: *der Angehörige, ein Angehöriger, zwei Angehörige, die Angehörigen, einige Angehörige, alle Angehörigen, solche Angehörige* und *solche Angehörigen,*

beide Angehörigen und seltener auch *beide Angehörige; genanntem Angehörigen, die Teilnahme ehemaliger Angehöriger.*
Als Beisatz (Apposition): *mir (dir, ihm) als Angehörigen* und *mir (dir, ihm) als Angehörigem; ihr als Angehörigen* und *ihr als Angehöriger.*

Angeklagte, der und die

1. Beugung: Man beugt das Wort in folgender Weise: *der Angeklagte, ein Angeklagter, zwei Angeklagte, die Angeklagten, einige Angeklagte, alle Angeklagten, solche Angeklagte* und *solche Angeklagten, beide Angeklagten* und seltener auch *beide Angeklagte; genanntem Angeklagten, die Verurteilung jugendlicher Angeklagter.*
Als Beisatz (Apposition): *mir (dir, ihm) als Angeklagten* und *mir (dir, ihm) als Angeklagtem; ihr als Angeklagten* und *ihr als Angeklagter.*
2. Komma: Man kann sowohl schreiben: *Das hat der Angeklagte A. Schmidt gesagt* als auch: *Das hat der Angeklagte, A. Schmidt, gesagt.* Nach den neuen amtlichen Rechtschreibregeln ist beides richtig.

angenehm enttäuscht

Diese meist scherzhaft gemeinte Fügung (an Stelle von *angenehm überrascht*), bei der der negative Sinn von *enttäuscht* bewusst außer Acht gelassen wird, soll ausdrücken, dass das Ausbleiben einer bereits erwarteten Enttäuschung als angenehm, erfreulich empfunden wird. Diese Fügung ist umgangssprachlich.

angenommen

Vor und nach *angenommen* steht **immer** ein Komma: *Können wir, angenommen, er kommt, die Angelegenheit gleich klären?* Nach den neuen amtlichen Rechtschreibregeln kann in der Fügung *angenommen dass* vor dem *dass* ein Komma stehen; wird die Fügung aber als Einheit verstanden, kann das Komma auch entfallen: *Wohin wollen wir fahren, angenommen[,] dass morgen schönes Wetter ist?*

Angestellte, der und die

Man beugt das Wort in folgender Weise: *der Angestellte, ein Angestellter, zwei Angestellte, die Angestellten, einige Angestellte, alle Angestellten, solche Angestellte* und *solche Angestellten, beide Angestellten* und seltener auch *beide Angestellte; besagtem Angestellten, die Aufgabe leitender Angestellter.*
Als Beisatz (Apposition): *mir (dir, ihm) als Angestellten* und *mir (dir, ihm) als Angestelltem; ihr als Angestellten* und *ihr als Angestellter.*

Angriff Nach dem Wort *Angriff* im Sinne von »das Angreifen, Beginnen eines Kampfes« kann in vielen Fällen *auf* oder *gegen* stehen: *Sie flogen Angriffe auf* oder *gegen Nachschubwege.* In bestimmten Zusammenhängen wird jedoch die eine oder die andere Möglichkeit bevorzugt: *Der Angriff auf* (selten auch: *gegen*) *die feindlichen Stellungen brach zusammen.* Oder: *Der Gegner plante einen Angriff gegen* (selten auch: *auf*) *die Befestigungen am Kanal.* Gebraucht man *Angriff* in der Bedeutung »heftige Kritik, Anfeindung«, dann ist nur *gegen* üblich: *Das sind massive Angriffe gegen das Fernsehen.* Oder: *Sie richteten Angriffe gegen die Opposition.*

anheften Nach *anheften an* kann sowohl der Wenfall stehen (Frage: wohin?) als auch der Wemfall (Frage: wo?): *Sie wollte eine Schleife an das Kleid* oder *an dem Kleid anheften.*

anklagen, sich Bei *sich anklagen als* steht das Hauptwort, das dem *als* folgt, gewöhnlich im Werfall: *Er klagte sich als der eigentliche Schuldige an.* Der Wenfall *(Er klagte sich als den eigentlichen Schuldigen an)* kommt seltener vor, ist aber auch richtig.

ankleben Nach *ankleben an* kann sowohl der Wenfall stehen (Frage: wohin?) als auch der Wemfall (Frage: wo?): *Er klebte einen Zettel an die Tür* oder *an der Tür an.*

ankommen In Sätzen wie *Es kommt ganz auf das Wetter an. Auf dich allein kommt es jetzt an* o. ä. fügen viele Sprecher fälschlich *darauf* oder *drauf* hinzu. (**Nicht richtig** also: *Es kommt ganz auf das Wetter darauf an* oder: *Auf dich allein kommt es jetzt drauf an.*)

Anlage **1. als Anlage/in der Anlage:** Beide Formulierungen, die im geschäftlichen Briefwechsel häufig vorkommen, sind richtig: *Als Anlage übersende ich Ihnen* oder *In der Anlage übersende ich Ihnen zwei Gutachten.*

2. Anlage 1 und 2 enthält/enthalten alles Wichtige: Bei Formulierungen dieser Art kann das Zeitwort in der Einzahl oder in der Mehrzahl stehen, beides ist richtig. Entsprechend also auch: *Anlage 1 bis 3* (oder *Anlage 1 bis Anlage 3*) *enthält* oder *enthalten alles Wichtige.* Dagegen aber: *Die Anlagen 1 und 2 enthalten alles Wichtige.* In diesem Fall ist nur die Mehrzahl möglich, weil *Anlagen* auch in der Mehrzahl steht.

anlässlich Das Verhältniswort (die Präposition) *anlässlich* ist besonders in der Amts- und Verwaltungssprache gebräuchlich und steht mit dem Wesfall: *anlässlich seines Besuches, anlässlich des Jahrestages, anlässlich ihres Jubiläums.* Andere Möglichkeiten, die stilistisch besser sind, sind *bei, zu* und *aus Anlass,* die je nach Zusammenhang an die Stelle von *anlässlich* treten können: *Er sprach bei seinem Besuch auch mit dem Oppositionsführer. Zum Jahrestag der Befreiung waren alle Gebäude beflaggt. Aus Anlass ihres Jubiläums erhielt sie ein Geschenk.*
Nicht richtig ist eine Vermischung zweier Möglichkeiten: *die uns anlässlich zu unserer Hochzeit übermittelten Glückwünsche.* **Richtig** ist nur: *anlässlich unserer Hochzeit* oder besser noch: *zu unserer Hochzeit.*

anlegen Nach *anlegen an* steht im Allgemeinen der Wemfall (Frage: wo?): *Das Boot legte am Ufer an.* Die Verbindung mit dem Wenfall (Frage: wohin?) ist auch möglich, sie kommt aber nicht so häufig vor: *Das Boot legte ans Ufer an.* Nach *anlegen in* im Sinne von »investieren« kann nur der Wemfall stehen: *Er legte sein Geld in Wertpapieren* (**nicht:** *Wertpapiere*) *an.*

anleimen Nach *anleimen an* kann sowohl der Wenfall stehen (Frage: wohin?) als auch der Wemfall (Frage: wo?): *Er leimte das abgebrochene Stück an den Lampenschirm* oder auch *an dem Lampenschirm wieder an.*

anliegend Die Formel *Anliegend übersenden wir Ihnen ...* ist besonders im geschäftlichen Briefwechsel üblich. Man kann sie leicht missverstehen. Daher weicht man besser auf die eindeutigeren Formulierungen *als Anlage, in der Anlage* oder *anbei* aus.

anlöten Nach *anlöten an* kann sowohl der Wemfall (Frage: wo?) als auch der Wenfall (Frage: wohin?) stehen: *Er lötete den Draht an der Fassung* oder *an die Fassung an.*

anmontieren Nach *anmontieren an* kann sowohl der Wemfall (Frage: wo?) als auch der Wenfall (Frage: wohin?) stehen: *Er wollte eine Halterung an der Wand* oder *an die Wand anmontieren.*

anrufen Richtig ist in der Standardsprache die Verbindung mit dem Wenfall: *Ich rufe dich später an.* Die Verbindung mit dem Wemfall *(Ich* *rufe dir später an)* gehört der landschaftlichen Umgangssprache, besonders der Schweiz und Südwestdeutschlands, an.

anscheinend/ scheinbar Auf den Bedeutungsunterschied zwischen den beiden Wörtern achten viele Sprecher in der Umgangssprache oft nicht und gebrauchen *scheinbar* fälschlich im Sinne von *anscheinend.* Das Eigenschaftswort *scheinbar* sagt aus, dass etwas nur dem äußeren Eindruck nach, nicht aber in Wirklichkeit so ist, wie es sich darstellt: *Die Zeit stand scheinbar still. Der Widerspruch ist nur scheinbar.* Mit *anscheinend* hingegen drückt man die Vermutung aus, dass etwas so ist, wie es erscheint: *Er ist anscheinend krank. Anscheinend ist niemand im Haus.* Will man eine Vermutung zum Ausdruck bringen, dann ist der Gebrauch von *scheinbar* falsch: *Du hast mich scheinbar* (statt richtig: *anscheinend*) *vergessen. In diesem Gehege sind scheinbar* (statt richtig: *anscheinend*) *Mufflons.*

anschließen Nach *anschließen an* in der Bedeutung »anbringen, verbinden« steht der Wenfall (Frage: wohin?), seltener auch der Wemfall (Frage: wo?): *den Schlauch an die Wasserleitung,* seltener *an der Wasserleitung anschließen.* In manchen Fällen ist nur der Wenfall üblich: *Das Haus wurde an die Fernheizung angeschlossen.*

anschweißen Nach *anschweißen an* kann sowohl der Wemfall (Frage: wo?) als auch der Wenfall (Frage: wohin?) stehen: *Wir müssen einen Flansch an dem Rohr* oder *an das Rohr anschweißen.*

ansehen, sich Bei *sich ansehen als* steht das Hauptwort, das auf *als* folgt, gewöhnlich im Werfall: *Er sieht sich als guter Kollege an.* Der Wenfall *(Er sieht sich als guten Kollegen an)* ist weniger gebräuchlich, aber auch richtig.

Ansehen Nach Ausdrucksweisen wie *das Ansehen des Kunsterziehers, des Unternehmers; das Ansehen von Kunsterzieher Müller, von Direktor Meyer* steht gelegentlich eine Ergänzung mit *als: das Ansehen des Kunsterziehers als Lehrer; das Ansehen von Kunsterzieher Müller als Lehrer.* Dabei ist Folgendes zu beachten:

Das Ansehen des Kunsterziehers als ...: Folgt nach *als* eine Ergänzung mit *der, die, das, ein, eine* usw., setzt man diese üblicherweise in den gleichen Fall wie das Wort, auf das sie sich bezieht (hier: *des Kunsterziehers;* Wesfall): *Das schadet dem Ansehen des*

Kunsterziehers als des beliebtesten Lehrers der Schule. Folgt jedoch die Ergänzung nach *als* ohne *der, die* usw., ist es heute üblich, den Werfall zu verwenden: *Das schadet dem Ansehen des Kunsterziehers als beliebtester Lehrer der Schule.* Das Gleiche gilt für Beispiele mit Fürwort: *Das ist der Kunsterzieher seinem Ansehen als beliebtester Lehrer schuldig.*
Das Ansehen von Kunsterzieher Müller als …: In solchen Sätzen bezieht man die auf *als* folgende Ergänzung üblicherweise auf *von* und setzt sie deshalb in den Wemfall (Frage: von wem?): *das Ansehen von Kunsterzieher Müller als dem beliebtesten Lehrer/als beliebtestem Lehrer der Schule.* Es ist jedoch auch möglich, die Ergänzung in den Werfall zu setzen: *das Ansehen von Kunsterzieher Müller als beliebtester Lehrer der Schule. Das schadet dem Ansehen von Direktor Meyer als erfolgreicher Unternehmer.*

anstatt

1. Beugung: Das Wort *anstatt* kann entweder Verhältniswort (Präposition) oder Bindewort (Konjunktion) sein. Als Verhältniswort bedeutet es so viel wie »anstelle« und hat nach sich den Wesfall: *Anstatt des Geldes gab sie ihm ihren Schmuck. Anstatt einer Krawatte trug er eine Fliege.* Eine Ausnahme macht man jedoch bei den Hauptwörtern, die im Wesfall genauso aussehen wie im Werfall *([die] Worte – [der] Worte).* Statt des Wesfalles verwendet man dann den Wemfall: *Anstatt Worten will ich Taten sehen.*
Anstatt lässt sich jedoch auch als Bindewort verwenden. Es hat dann die Bedeutung »und nicht«. In dieser Bedeutung hat *anstatt* **keinen** Einfluss auf das folgende Wort und seine Beugung: *Er half ihr anstatt ihrem Begleiter* (= und nicht ihrem Begleiter). *Man zeichnete sie anstatt ihn* (= und nicht ihn) *aus.*
In manchen Sätzen kann man *anstatt* sowohl als Verhältniswort wie auch als Bindewort verwenden. Deshalb sind im folgenden Beispielsatz beide Formen richtig: *Er traf den Pfahl anstatt der Konservendose* (= anstelle der Konservendose). *Er traf den Pfahl anstatt die Konservendose* (= und nicht die Konservendose).
2. Komma: Einen mit *anstatt dass* eingeleiteten Satz trennt man immer durch Komma ab: *Sie lobte ihn, anstatt dass sie ihn tadelte. Anstatt dass der Minister kam, erschien sein Staatssekretär.* Eine Fügung mit *anstatt zu* kann nach den neuen amtlichen Rechtschreibregeln durch ein Komma abgetrennt werden, muss aber nicht: *Er spielte[,] anstatt zu arbeiten. Anstatt sich zu beeilen[,] bummelte sie.*

Antrag Das Hauptwort *Antrag* steht mit dem Verhältniswort (der Präposition) *auf* (**nicht** mit *um* oder *nach*): *Er stellte einen Antrag auf Fahrpreisermäßigung.*

anvertrauen Die Formen von Gegenwart und Vergangenheit dieses Zeitworts sind: *vertraut an/vertraute an.* Seltener, aber auch richtig sind die nicht getrennten Formen: *anvertraut/anvertraute: Er vertraut (vertraute) uns seine Sachen an.* Seltener: *Er anvertraut (anvertraute) uns seine Sachen.*

Anwesende, der und die Man beugt das Wort in folgender Weise: *der Anwesende, ein Anwesender, zwei Anwesende, die Anwesenden, einige Anwesende, alle Anwesenden, solche Anwesende* und *solche Anwesenden, beide Anwesenden* und seltener auch *beide Anwesende; besagtem Anwesenden, die Mehrheit stimmberechtigter Anwesender.*

Als Beisatz (Apposition): *mir (dir, ihm) als Anwesenden* und: *mir (dir, ihm) als Anwesendem; ihr als Anwesenden* und: *ihr als Anwesender.*

In der Anrede: *Verehrte Anwesende!* (nicht: *Anwesenden*), aber: *Meine verehrten Anwesenden!*

Anzahl **1. Eine Anzahl Tippfehler fand/fanden sich in dem Brief:** Im Allgemeinen bezieht man das Zeitwort auf *Anzahl* und setzt es in die Einzahl: *Eine Anzahl Tippfehler fand sich in dem Brief. Bei dem Einbruch wurde eine Anzahl kostbarer Gemälde gestohlen. Eine Anzahl Studenten demonstrierte vor dem Gebäude.* Gelegentlich bezieht man das Zeitwort aber nicht auf *Anzahl,* sondern auf das Gezählte und setzt es in die Mehrzahl (d.h., man konstruiert nach dem Sinn): *Eine Anzahl Tippfehler fanden sich in dem Brief. Bei dem Einbruch wurden eine Anzahl kostbarer Gemälde gestohlen. Eine Anzahl Studenten demonstrierten vor dem Gebäude.* Beide Möglichkeiten sind richtig.

2. eine Anzahl hübscher/hübsche Sachen: Üblicherweise steht nach *Anzahl* die folgende Angabe im Wesfall: *eine Anzahl hübscher Sachen; für eine Anzahl Abgeordneter; mit einer Anzahl Schafe, kleiner Kinder.* Es ist jedoch auch möglich, die Angabe, die dem Mengenbegriff *Anzahl* folgt, in den gleichen Fall zu setzen wie *Anzahl: eine Anzahl hübsche Sachen; für eine Anzahl Abgeordnete; mit einer Anzahl Schafen, kleinen Kindern.* Beide Möglichkeiten sind richtig.

Anzahl oder **Zahl** Die alte Unterscheidung, dass *Zahl* die Gesamtzahl, die Gesamtmenge ausdrückt, *Anzahl* dagegen einen Teil davon, ist auch im heutigen Sprachgebrauch noch nicht verloren gegangen: *Eine größere Anzahl Mitglieder ist ausgetreten. Die Zahl der verbliebenen Mitglieder beträgt 3497.* Den Unterschied sollte man überall da beachten, wo es auf eine genaue Aussage ankommt.

Architekt Das Hauptwort *Architekt* erhält – außer im Werfall – die Endung *-en: der Architekt, des Architekten* (**nicht:** *des Architekts*), *dem Architekten* (**nicht:** *dem Architekt*), *den Architekten* (**nicht:** *den Architekt*), Mehrzahl: *die Architekten.* In der Anschrift ist auch die ungebeugte Form *Architekt* zulässig: *[An] Herrn Architekt Meyer* neben *[An] Herrn Architekten Meyer.*

Art **1. eine Art Salats/Salat/von Salat:** Eine Ergänzung, die sich der Fügung *eine Art …* anschließt, kann folgendermaßen aussehen: *eine Art Salats, eine Art Salat, eine Art von Salat.* Alle drei Formen sind richtig. Die erste Form klingt allerdings gehoben und tritt selten auf. Steht bei dem Hauptwort (hier: *Salat*) eine Beifügung, heißt es: *eine Art italienischen Salats, eine Art italienischer Salat, eine Art von italienischem Salat.* Im Wemfall: *Der Wirt kam mit einer Art italienischen Salats, mit einer Art italienischem Salat, mit einer Art von italienischem Salat.* Ist die Ergänzung jedoch nicht (wie *der Salat*) männlich oder sächlich, sondern weiblich (z. B. *die Glasur*), lauten die Formen: *eine Art Glasur, eine Art von Glasur.* Mit Beifügung: *eine Art blauer Glasur, eine Art von blauer Glasur.* Im Wemfall: *mit einer Art blauer Glasur, mit einer Art von blauer Glasur.* Neben *mit einer Art blauer Glasur* ist auch *mit einer Art blauen Glasur* richtig.

2. Diese Art Übungen ist/sind zu absolvieren: Im Allgemeinen bezieht man das Zeitwort auf *Art* und setzt es in die Einzahl: *Diese Art Übungen ist zu absolvieren. Welche Art Übungen wird absolviert?* Gelegentlich wird das Zeitwort aber nicht auf *Art,* sondern auf das Gezählte bezogen und in die Mehrzahl gesetzt (d. h., man konstruiert nach dem Sinn): *Diese Art Übungen sind zu absolvieren. Welche Art Übungen werden absolviert?* Beide Möglichkeiten sind richtig.

auch wenn Einen mit *auch wenn* eingeleiteten Satz trennt man immer durch Komma ab: *Er freut sich über jede Nachricht, auch wenn du ihm nur eine Karte schreibst. Auch wenn sie hervorragende Zeugnisse* *gehabt hätte, hätte sie die Stelle nicht bekommen.* Bildet jedoch *auch wenn* keine Einheit, sondern leitet nur *wenn* den Nebensatz ein, während *auch* zum Hauptsatz gehört, steht das Komma zwischen *auch* und *wenn: Er freut sich auch, wenn du ihm nur eine Karte schreibst.*

auf

1. Rechtschreibung: Richtig ist *auf und ab gehen,* aber: *auf- und absteigen.* Die unterschiedliche Schreibweise hat folgenden Grund: Im ersten Beispiel ist *auf und ab* ein zusammengehörendes Wortpaar in der Bedeutung »ohne bestimmtes Ziel«. Im zweiten Beispiel handelt es sich um zwei unabhängige Zusammensetzungen, nämlich *aufsteigen* und *absteigen.* Beim ersten Wort ersetzt nun der Bindestrich *-steigen: auf-* (= aufsteigen). Die Zusammensetzung *absteigen* schließt sich an.
2. auf oder in: Bei Inselnamen steht *auf: auf Sylt, auf der Mainau, auf Capri.* Ist dieser Name jedoch auch Ländername (z.B. bei Jamaika), ist *auf* und *in* richtig: *auf Jamaika* oder *in Jamaika.*

auf was oder **worauf**

Vor allem in der gesprochenen Sprache ersetzen viele Sprecher heute *worauf* durch *auf was: Auf was stützt sich Ihre Annahme? Ich weiß nicht, auf was sich Ihre Annahme stützt.* Die Verbindung *auf was* ist jedoch umgangssprachlich. Stilistisch besser ist *worauf: Worauf stützt sich Ihre Annahme? Ich weiß nicht, worauf sich Ihre Annahme stützt.*

auffallend oder **auffällig**

Das Eigenschaftswort *auffällig* wird meist dann verwendet, wenn man etwas Ungünstiges, Unerfreuliches, Negatives ausdrücken möchte. *Sie trug auffällige* (d.h. kräftige, grelle) *Farben. Er benimmt sich auffällig* (d.h. merkwürdig).
Dagegen lässt sich *auffallend* gut mit Günstigem, Erfreulichem, Positivem verbinden: *eine Frau von auffallender Schönheit; ein auffallend intelligentes Kind.* Man sagt aber auch: *auffallend hässlich sein.*

aufführen, sich

Bei *sich aufführen wie* oder *als* steht das folgende Hauptwort heute im Werfall. **Richtig** ist also: *Er führte sich wie ein Narr auf. Er führt sich als großer Herr auf.*

aufgrund/ durch/ wegen

Diese Wörter werden oft falsch angewendet oder man verwechselt sie. Will man das richtige Wort wählen, so muss man die inhaltlichen Unterschiede beachten. *Aufgrund* gibt den Ausgangspunkt oder die Grundlage für ein bestimmtes Handeln an: *Aufgrund bestimmter Aussagen wurde er verhaftet. Sie wurde aufgrund meines Vorschlags beauftragt.* Dagegen nennt *durch* das Mittel oder Werkzeug: *Durch den Blitzschlag wurde das Haus zerstört* (**nicht**: *Aufgrund des Blitzschlags …*). *Wir haben durch die Zeitung von dem Unglück erfahren.* Jedoch **nicht**: *Durch den Kälteeinbruch haben sich die Arbeiten verschoben.* Sondern: *Wegen des Kälteeinbruchs haben sich die Arbeiten verschoben.* Denn hier fragt man nicht nach dem Mittel, sondern nach der Ursache, und *wegen* drückt diese Ursache aus: *Wegen Umbau ist das Geschäft geschlossen. Sie fehlte wegen Krankheit.*

aufhängen Die Formen von *aufhängen* lauten: *hängte auf, hat aufgehängt.* Es muss also heißen: *Ich hängte* (**nicht**: *hing*) *die Wäsche auf. Ich habe die Wäsche aufgehängt* (**nicht**: *aufgehangen*). Bitte lesen Sie dazu auch unter »hängen« nach.

Aufnahmeprüfung Bei Formulierungen wie *die Aufnahmeprüfung in die Schauspielschule* macht man fälschlicherweise *in die Schauspielschule* von *-prüfung* abhängig statt von *Aufnahme.* Richtig muss es heißen: *die Prüfung zur Aufnahme in die Schauspielschule* oder *die Aufnahmeprüfung für die Schauspielschule.*

aufnehmen Nach *jemanden* oder *etwas aufnehmen in/unter/auf …* kann sowohl der Wenfall (Frage: wohin?) als auch der Wemfall (Frage: wo?) stehen; der Wenfall ist häufiger: *Ich werde das Gedicht in meine* (seltener: *in meiner*) *Sammlung aufnehmen. In die Frachtbriefe* (seltener: *In den Frachtbriefen*) *ist folgender Vermerk aufzunehmen.* Häufig ist jedoch nur einer der beiden Fälle möglich. Während der Wenfall im Allgemeinen eine enge Verbindung ausdrückt, bezeichnet der Wemfall eine weniger enge Bindung. Man vergleiche: *Ich nahm den jungen Mann als Schwiegersohn in meine Familie auf.* **Aber**: *Ich nahm ihn als Feriengast in meiner Familie auf.* In beiden Beispielen sind die Fälle nicht austauschbar. Beispiele für den Wenfall: *jemanden in die eigenen Reihen, in einen Chor, unter die Heiligen, in den Schoß der Familie aufnehmen; Angaben in ein Adressbuch, in eine Liste, in einen Text, in ein Stenogramm, in die Ladepapiere aufnehmen; ein Theaterstück in das Repertoire aufnehmen; etwas in seinen Plan aufnehmen; etwas auf [ein Ton]band aufnehmen.* Beispiele für den Wemfall: *in keinem Krankenhaus aufgenommen werden; einen Flüchtling in der Woh-*

nung, im Haus aufnehmen; Tote in einem Gemeinschaftsgrab aufnehmen. Ich werde zu so später Stunde in keinem Hotel mehr aufgenommen.

Aufprall; aufprallen Nach *Aufprall auf* ist sowohl der Wemfall (Frage: wo?) als auch der Wenfall (Frage: wohin?) richtig. Der Wemfall kommt allerdings seltener vor: *Die Maschine explodierte beim Aufprall auf das Wasser,* seltener: *auf dem Wasser. Der Mann war beim Aufprall auf das Pflaster,* seltener: *auf dem Pflaster sofort tot.*
Für *aufprallen auf* gilt das Gleiche: *Das Flugzeug prallte auf das Wasser,* seltener: *auf dem Wasser auf und zerschellte.*

aufschlagen **1. hat aufgeschlagen oder ist aufgeschlagen:** In der Bedeutung »sich erhöhen« verbindet sich das Zeitwort *aufschlagen* meist mit *haben,* seltener mit *sein.* Es heißt also: *Die Preise haben aufgeschlagen* oder seltener: *sind aufgeschlagen.* Beides ist richtig.
2. auf dem oder auf das Pflaster aufschlagen: Nach *aufschlagen auf* in der Bedeutung »hart auftreffen, aufprallen« kann der Wemfall (Frage: wo?) und ebenso der Wenfall (Frage: wohin?) stehen. Es kann also heißen: *Er ist bei dem Sturz auf der Bordkante aufgeschlagen.* Oder: *Er ist bei dem Sturz auf die Bordkante aufgeschlagen.*

aufspielen, sich Bei *sich aufspielen als* steht das Hauptwort, das auf *als* folgt, heute im Werfall, nicht im Wenfall. **Richtig** ist also nur: *Er spielte sich als großer Held auf.* **Nicht:** *Er spielte sich als großen Helden auf.*

aufstützen Nach *aufstützen auf* steht heute gewöhnlich der Wenfall (Frage: wohin?), seltener der Wemfall (Frage: wo?): *Sie hatte die Ellenbogen auf den Tisch aufgestützt.* Oder seltener: *Sie hatte die Ellenbogen auf dem Tisch aufgestützt.* Beides ist richtig.

auftragen Nach *auftragen auf* steht gewöhnlich der Wenfall (Frage: wohin?), seltener der Wemfall (Frage: wo?). *Man trägt die Farbe auf den nassen Untergrund auf.* Oder seltener: *Man trägt die Farbe auf dem nassen Untergrund auf.* Beides ist richtig.

aus oder **von** Länder- und Städtenamen stehen mit dem Verhältniswort (der Präposition) *aus,* wenn sie der Angabe des Lebensbereiches oder des Geburtsortes eines Menschen dienen: *Ich komme aus Berlin, die Familie stammt aus Ostpreußen, er ist aus Schwaben.* Das Verhältniswort *von* anstelle von *aus* ist nicht standardsprachlich, sondern nur landschaftlich üblich. Nennt man jedoch eine Stadt oder ein Land als Ausgangspunkt einer Reise o. Ä., dann kann man den Orts- oder Ländernamen sowohl mit *aus* wie mit *von* verbinden: *Die Maschine kommt aus Stuttgart. Wir kommen gerade von Stuttgart.*

aus aller Herren Länder oder **Ländern** Die heute gebräuchliche Form lautet: *aus aller Herren Länder.*

aus was oder **woraus** Vor allem in der gesprochenen Sprache ersetzen viele Sprecher heute *woraus* durch *aus was: Aus was schließt du das? Aus was wird dieser Kuchen hergestellt?* Die Verbindung *aus was* ist jedoch umgangssprachlich. Stilistisch besser ist *woraus: Woraus schließt du das? Woraus wird dieser Kuchen hergestellt?*

Ausbildungsplatz Will man dieses Wort z. B. in einem Bewerbungsschreiben verwenden, dann kann man auf verschiedene Weise formulieren: *Ich bewerbe mich um/suche einen Ausbildungsplatz zur Erlernung des Friseurhandwerks, ... einen Ausbildungsplatz für den Beruf des Friseurs, ... einen Ausbildungsplatz für Friseure.*

ausbleiben Wenn man das Zeitwort *ausbleiben* verneint gebraucht *(Es konnte nicht ausbleiben, dass ..., es blieb nicht aus, dass ...),* dann darf der ihm folgende Nebensatz nicht mehr verneint werden. **Nicht richtig** ist darum: *Es konnte nicht ausbleiben, dass er sich nicht erkältete.* **Richtig** ist: *Es konnte nicht ausbleiben, dass er sich erkältete.*

ausbreiten Nach *ausbreiten auf* steht der Wemfall (Frage: wo?): *Sie breitete die Decke auf dem Tisch aus.* Nach *sich ausbreiten über* kann sowohl der Wemfall (Frage: wo?) als auch der Wenfall (Frage: wohin?) stehen: *Nebel breitete sich über dem Land aus.* Auch: *Nebel breitete sich über das Land aus.*

ausführen oder **durchführen** Die beiden Zeitwörter sind in ihrer Bedeutung zwar ähnlich, doch nicht gleich. Sie sind in den meisten Fällen nicht gegeneinander austauschbar. Das Zeitwort *ausführen* bedeutet »etwas (nach Plan, nach einer Weisung) in die Tat umsetzen, verwirklichen«. Man kann beispielsweise *Reparaturen, bestimmte Arbeiten, einen Befehl, eine Bestellung, einen Auftrag ausführen.* Das Zeitwort *durchführen* bedeutet ebenfalls »etwas in die Tat umsetzen«. Im Gegensatz zu *ausführen* betont *durchführen* den Vorgang, den Ablauf oder das Organisatorische bei der Handlung, die in die Tat umgesetzt wird/werden soll. Man kann beispielsweise *Wahlen, eine Volkszählung, eine Werbeaktion, eine Messung durchführen.* Das Zeitwort *ausführen* spricht dagegen nur an, dass tatsächlich eine Handlung in die Tat umgesetzt wird. In den aufgezählten Beispielen lassen sich beide Wörter deshalb nicht gegeneinander austauschen.

ausgenommen Das Hauptwort oder Fürwort (Pronomen) vor *ausgenommen* steht meist im Wenfall: *Ich muss dem ganzen Buch widersprechen, den Schluss ausgenommen.* Es steht im Werfall, wenn das Wort, auf das es sich bezieht, ebenfalls im Werfall steht: *Alle waren gekommen, ihr Bruder ausgenommen.* (Das Bezugswort ist hier *alle.*) Steht ein Hauptwort oder Fürwort hinter *ausgenommen,* hängt seine Beugung von dem Zeitwort des Satzes ab: *Seinen Freunden hatte er nichts davon gesagt, ausgenommen einem einzigen.* (Das Zeitwort *sagen* hat den Wemfall bei sich: *jemandem etwas sagen.* Nach *ausgenommen* steht darum hier der Wemfall: *einem einzigen.*) *Er hatte alle Teilnehmer begrüßt, ausgenommen einen, der zu spät gekommen war.* (Das Zeitwort *begrüßen* hat den Wenfall bei sich. Nach *ausgenommen* steht darum hier der Wenfall: *ausgenommen einen.*)

ausklingen In der Bedeutung »aufhören zu klingen« lassen sich die zusammengesetzten Vergangenheitsformen von *ausklingen* mit *haben* oder mit *sein* bilden: *Die Glocken hatten ausgeklungen* oder: *Die Glocken waren ausgeklungen.* In der übertragenen Bedeutung »in bestimmter Weise ausgehen, enden« hingegen kann man diese Vergangenheitsformen nur mit *sein* bilden. *Die Feier war harmonisch ausgeklungen.*

Auslassungszeichen (Apostroph)

Auslassungszeichen (Apostroph)	
Das Auslassungszeichen deutet an, dass Laute, die gewöhnlich zu sprechen oder zu schreiben sind, ausgelassen werden: *Sie hat 'ne (=eine) Menge erlebt; ein'ge Leute, wen'ge Stunden.*	Nach den neuen amtlichen Rechtschreibregeln steht kein Auslassungszeichen für das ausgelassene Schluss-*e* bei Hauptwörtern und bestimmten Formen der Zeitwörter:

Auslassungszeichen (Fortsetzung)	
Der Wahn ist kurz, die Reu ist lang; ich lass das nicht zu; könnt er das nur erreichen!; führ den Hund aus! Es steht ebenfalls kein Auslassungszeichen bei den mit *r-* anfangenden Kürzungen *ran, rauf, raus* usw.; bei allgemein üblichen Verschmelzungen *ans, aufs, durchs, fürs, beim, zum* usw.; bei ungebeugt verwendeten Eigenschaftswörtern und Fürwörtern (Pronomen), z. B. *groß Geschrei, solch Glück, manch schöne Stunde;* bei üblichen verkürzten (Neben)formen von Eigenschaftswörtern und Umstandswörtern (Adverbien) wie *blöd, bös, gern, heut* usw.; bei Wörtern, bei denen ein unbetontes *-e-* im Wortinnern ausgefallen ist, z. B.: *ich wechsle, ich lindre; wir sehn, stehn; Reglung, Englein; wacklig, wässrig; finstre Gestalten, edle Menschen, trocknes Laub.* Es steht kein Auslassungszeichen bei Jahreszahlen, z. B.: *Ende 02, Mai 68* usw. oder bei Abkürzungen: *des Jh.s, die Lkws, die Pkws.* Nach den neuen amtlichen Rechtschreibregeln kann man das Auslassungszeichen auch zur Verdeutlichung in folgenden Fällen verwenden:	bei umgangssprachlichen oder mundartlichen Verschmelzungen wie *Wir gehn in' Zirkus* und bei der schriftlichen Wiedergabe gesprochener Sprache, z. B. *„So 'n Blödsinn!“.* Für das ausgelassene *-i-* der Endung *-isch* bei Eigennamen muss kein Auslassungszeichen eingesetzt werden: *grimmsche Märchen, bismarcksche Politik, mozartsche Oper.* Nach den neuen amtlichen Rechtschreibregeln kann aber gelegentlich ein Auslassungszeichen stehen, um die Grundform des Namens vor der Endung *-sch* zu verdeutlichen; man schreibt dann groß: *die Grimm'schen Märchen.* Vor *-s* bei Namen im Wesfall steht gewöhnlich kein Auslassungszeichen: *Hamburgs Hafen, Peters Bierbar, Edwards Hochzeit, de Gaulles Politik, Meyers Lexikon.* Nach den neuen amtlichen Rechtschreibregeln kann ein Auslassungszeichen gesetzt werden, um die Grundform des Namens zu verdeutlichen: *Andrea's Blumenecke.* Endet ein Name auf *-s, -ss, -ß, -tz, -z, -x,* dann steht zur Kennzeichnung des Wesfalls immer das Auslassungszeichen: *Aristoteles' Schriften, Grass' Romane, Bordeaux' Umgebung.*

Ausrufe-zeichen

Ausrufezeichen

1. Das Ausrufezeichen nach Aufforderungs- und Wunschsätzen:
Ein Ausrufezeichen steht nach Sätzen und Satzstücken, die einen Wunsch, eine Aufforderung, einen Befehl oder ein Verbot ausdrücken:

Komm sofort zurück! Nehmen Sie doch bitte Platz! Wäre ich doch schon fertig! Rauchen verboten! Ruhe! Guten Appetit! Vorsicht, bissiger Hund!

Ein Ausrufezeichen steht nicht, wenn man Aufforderungssätze ohne besonderen Nachdruck spricht:

Geben Sie mir bitte das Buch.

2. Das Ausrufezeichen nach Ausrufen und Ausrufesätzen:
Ein Ausrufezeichen steht nach Ausrufen, die die Form eines vollständigen oder eines verkürzten Satzes (auch eines Fragesatzes) haben oder nur aus einem Wort bestehen:

Das ist ja großartig! So ein Unsinn! Was erlauben Sie sich! Kein Kommentar! Gesperrt!

3. Das Ausrufezeichen nach Grußformeln:
Grußformeln sind stark verkürzte Sätze, nach ihnen steht ein Ausrufezeichen:

Guten Tag! Frohe Feiertage! Auf Wiedersehen!

4. Das Ausrufezeichen nach Ausrufewörtern und Ausrufelauten:
Nach Ausrufewörtern und Ausrufelauten steht ein Ausrufezeichen:

Ach! Oh! Au! Hallo! Pfui! Pst!

Stehen mehrere Ausrufewörter nebeneinander, die nicht besonders betont sind, dann steht zwischen ihnen ein Komma. Das Ausrufezeichen steht erst nach dem letzten Ausrufewort:

Nein, nein, nein! Doch, doch!

5. Das Ausrufezeichen nach der Briefanrede:
Nach der Anrede in Briefen kann ein Ausrufezeichen stehen. (Im Brieftext schreibt man danach groß.) Anstelle des Ausrufezeichens ist heute jedoch ein Komma üblich. (Der Brieftext beginnt klein.)

Sehr geehrter Herr Schmidt!
Gestern erhielt ich Ihren Brief ...
Sehr geehrter Herr Schmidt,
gestern erhielt ich Ihren Brief ...

Ausrufezeichen (Fortsetzung)	
6. Ausrufezeichen und Fragezeichen: Stellt eine Frage zugleich einen Ausruf dar, dann kann man hinter das Fragezeichen noch ein Ausrufezeichen setzen: *Warum denn nicht?!*	**7. Ausrufezeichen in Klammern:** Gelegentlich kann man nach Angaben, die man bezweifeln oder hervorheben möchte, ein eingeklammertes Ausrufezeichen setzen: *Der Einbrecher hatte früher als Schweißer(!) gearbeitet.*

ausschließlich **1. Falsche Steigerung:** Das Eigenschaftswort *ausschließlich* (= alleinig) ist nicht steigerbar. **Nicht richtig** ist also: *das ausschließlichste Recht, die ausschließlichste Verwendung.*

2. Beugung: Das Verhältniswort (die Präposition) *ausschließlich* (= ohne) steht mit dem Wesfall, wenn vor dem Hauptwort, das auf *ausschließlich* folgt, noch ein weiteres Wort steht. Es heißt also: *die Kosten ausschließlich des genannten Betrages, die Miete ausschließlich der Heizungskosten.* Steht das Hauptwort, das auf *ausschließlich* folgt, in der Einzahl allein, dann hat es keine Beugungsendung. Es heißt dann: *der Preis ausschließlich Porto.* Steht das Hauptwort, das auf *ausschließlich* folgt, in der Mehrzahl allein, dann muss es im Wemfall stehen. Es heißt dann: *der Preis ausschließlich Getränken.*

außer **1. Verhältniswort oder Bindewort:** Man kann *außer* in der Bedeutung »ausgenommen« als Verhältniswort (Präposition) oder als Bindewort (Konjunktion) auffassen. Sieht man es als Verhältniswort an, dann steht danach der Wemfall: *Er besaß nichts mehr außer einem Koffer mit Kleidern. Niemand konnte es wissen außer mir.* Sieht man *außer* dagegen als Bindewort an, dann steht danach immer derjenige Fall, den das Bezugswort hat. Es kann also auch heißen: Wenfall: *Er besaß nichts mehr außer einen Koffer mit Kleidern.* Werfall: *Niemand konnte es wissen außer ich.* Und im Wesfall: *Ich entsinne mich all dieser Vorfälle nicht mehr außer eines einzigen.*

2. Ich geriet außer mir/außer mich: In der Fügung *außer sich geraten* kann das Fürwort (Pronomen) im Wemfall oder im Wenfall stehen: *Ich geriet außer mir vor Freude.* Oder: *Ich geriet außer mich vor Freude.* Beides ist richtig.

3. Komma: Wenn *außer* eine (nachgetragene) Einschränkung anschließt, trennt man diese durch ein Komma ab: *Niemand kann mir helfen, außer ich selbst.* Ohne Komma wird der Ausdruck mit *außer* in den Satz einbezogen: *Niemand außer mir selbst kann mir helfen.* Manchmal ist beides möglich: *Sie können mich(,) außer in der Mittagszeit(,) immer erreichen.*

austeilen Nach *austeilen unter* steht gewöhnlich der Wenfall. *Sie teilten Lebensmittel unter die Flüchtlinge aus.* Der Wemfall ist seltener: *Sie teilten Lebensmittel unter den Flüchtlingen aus.*

ausweisen, sich Bei *sich ausweisen als* steht das Hauptwort, das auf *als* folgt, gewöhnlich im Werfall: *Er wies sich als tüchtiger Fachmann aus. Er wies sich als Angestellter der Firma X aus.* Der Wenfall *(Er wies sich als tüchtigen Fachmann/als Angestellten der Firma X aus)* ist auch richtig, kommt aber selten vor.

auszeichnen, sich Bei *sich auszeichnen als* steht das Hauptwort, das auf *als* folgt, heute im Werfall: *Er zeichnete sich als umsichtiger Mitarbeiter aus.*

Automat Das Hauptwort *Automat* erhält – außer im Werfall – immer die Endung *-en: der Automat, des Automaten* (**nicht:** *des Automats*), *dem Automaten* (**nicht:** *dem Automat*), *den Automaten* (**nicht:** *den Automat*), Mehrzahl: *die Automaten.* Es heißt also z. B.: *Er holte sich Zigaretten am Automaten. Sie mussten den Automaten reparieren.*

Autor Das Hauptwort *Autor* beugt man in folgender Weise: *der Autor, des Autors* (**nicht:** *des Autoren*), *dem Autor* (**nicht:** *dem Autoren*), *den Autor* (**nicht:** *den Autoren*). In der Mehrzahl hat das Wort immer die Endung *-en.*

B

Bad Die von Ortsnamen mit *Bad* (z. B. *Bad Hersfeld*) gebildeten Formen auf *-er* kann man nach den neuen amtlichen Rechtschreibregeln mit oder ohne Bindestrich schreiben: *Bad Hersfelder Festspiele* oder *Bad-Hersfelder Festspiele.* Bei Benennungen wie *Bad-Ems-Straße* wird mit Bindestrichen durchgekoppelt.

bald **1. Steigerung:** Das Umstandswort (Adverb) *bald* lässt sich steigern. Die Formen sind unregelmäßig und lauten: *bald – eher – am ehesten.*
2. Komma: Bei *bald … bald …* (das Satzteile oder Sätze verbindet) steht vor dem zweiten *bald* (und auch vor jedem weiteren) immer ein Komma: *Bald ist er hier, bald dort. Bald lachte das Kind, bald weinte es, bald schrie es erbärmlich.*

baldmöglichst Dieses Wort, das aus der Fügung *so bald wie möglich* zusammengezogen ist, wird hauptsächlich in der Amtssprache verwendet. Stilistisch besser ist *möglichst bald: Antworten Sie bitte möglichst bald.*

Bank Zusammengesetzte Wörter wie *Blutbank, Organbank* oder auch *Datenbank* (die Aufbewahrungsstellen für bestimmte auf Abruf verfügbare Dinge bezeichnen) schließen sich bei der Bildung der Mehrzahl an *Bank* im Sinne von »Geldinstitut« (also *Banken*) an, nicht an *Bank* im Sinne von »Sitzgelegenheit« *(Bänke).* Also: *Blutbanken, Organbanken, Datenbanken.* Dagegen aber: *Muschelbänke, Sandbänke, Austernbänke.*

bausparen Das Zeitwort *bausparen* kommt meist nur in der Grundform (im Infinitiv) vor *(Wir wollen bausparen)* oder als Hauptwort *(Wir haben uns zum Bausparen entschlossen).* Andere Formen kommen z. B. in der Sprache der Werbung vor: *Wer bauspart, ist klug.*

bayerisch, bayrisch oder **bairisch** Das Eigenschaftswort zu *Bayern* lautet *bayerisch* oder *bayrisch.* Die Form mit *-e-* kommt standardsprachlich häufiger vor: *der Bayerische Wald; Bayerisch Eisenstein;* Ausnahme: *Bayrischzell.* Das Eigenschaftswort schreibt man mit *-i- (bairisch),* wenn man damit die Sprache des Dialektraumes in Bayern und Österreich bezeichnet.

Beamte Man beugt das Wort in folgender Weise: *der Beamte, ein Beamter, zwei Beamte, die Beamten, einige Beamte, alle Beamten, solche Beamte* und *solche Beamten, beide Beamten* und seltener auch *beide Beamte; genanntem Beamten, die Versorgung ausscheidender Beamter.*
Als Beisatz (Apposition): *mir (dir, ihm) als Beamten* und: *mir (dir, ihm) als Beamtem.*

Beantwortung Im amtlichen und kaufmännischen Bereich steht am Briefanfang häufig die Formulierung *in Beantwortung Ihres Schreibens.* Dieser Ausdruck ist stilistisch unschön und meist auch überflüssig, denn der Bezug ist ja bei solchen Schreiben in der Regel bereits angegeben. Will man trotzdem noch einen Bezug formulieren, dann besser in der Form: *Auf Ihr Schreiben ...* oder: *Zu Ihrem Schreiben vom ... teilen wir Ihnen mit ...*

Bedarf Es heißt richtig *Bedarf an* (**nicht:** *für*) *etwas: Der Bedarf an Arbeitskräften ist gestiegen. Wir haben keinen Bedarf an Getränken.* In der Kaufmannssprache wird auch mit *in* angeschlossen: *Bedarf in Kohlen haben.*

bedeuten Steht das Hauptwort, das auf *bedeuten* folgt, mit einem Geschlechtswort (Artikel), kann es nur im Wenfall stehen: *Dieser Roman bedeutete für ihn den ersten* (**nicht:** *der erste*) *Erfolg. Das bedeutet einen* (**nicht:** *ein*) *Eingriff in meine Rechte.* In Sätzen ohne *der, die, das, ein, eine* usw. kommt auch der Werfall vor (der Wenfall ist jedoch üblicher): *Mord bedeutet elektrischer* (Wenfall: *elektrischen*) *Stuhl. Abitur bedeutet nicht reiner* (Wenfall: *reinen*) *Zeitverlust.* Verwendet man den Werfall, drückt *bedeuten* im Sinne von »so viel sein wie« eine Gleichsetzung aus.

bedeutend oder **bedeutsam** Das Wort *bedeutend* drückt aus, dass jemand oder etwas bemerkenswert, hervorragend ist: *Sie ist eine bedeutende Wissenschaftlerin. Dies war ein bedeutendes Ereignis.* Das Wort *bedeutsam* drückt dagegen aus, dass etwas wichtig, von großer Tragweite ist. Es wird in der Regel nicht auf Personen bezogen: *Das ist eine bedeutsame Entdeckung. Die Rede des Präsidenten war für uns alle bedeutsam.*

Bedeutung Nach Ausdrucksweisen wie *die Bedeutung des Lehrers, der Sportlerin; die Bedeutung von Lehrer Müller, von Dr. Meyer* steht gelegentlich eine Ergänzung mit *als: die Bedeutung des Lehrers als Erzieher; die Bedeutung von Lehrer Müller als Erzieher.* Dabei ist Folgendes zu beachten:

Die Bedeutung des Lehrers als ...: Folgt nach *als* eine Ergänzung mit *der, die, das, ein, eine* usw., setzt man diese in den gleichen Fall wie das Wort, auf das sie sich bezieht (hier: *des Lehrers;* Wesfall): *Er erkannte die Bedeutung des Lehrers als eines einflussreichen Erziehers seiner Kinder. Sie unterschätzte die Bedeutung der Krebsvorsorge als einer sozialen Maßnahme.* Folgt jedoch die Ergänzung nach *als* ohne *der, die* usw., ist es üblich, den Werfall zu verwenden: *Er erkannte die Bedeutung des Lehrers als einflussreicher Erzieher seiner Kinder. Sie unterschätzte die Bedeutung der Krebsvorsorge als soziale Maßnahme.* Auch richtig, allerdings seltener ist hier der Wesfall: *Er erkannte die Bedeutung des Lehrers als einflussreichen Erziehers seiner Kinder. Sie unterschätzte die Bedeutung der Krebsvorsorge als sozialer Maßnahme.* Mit Fürwort (Pronomen) ist Werfall üblich: *Er erkannte seine Bedeutung als einflussreicher Lehrer der Kinder. Sie unterschätzte ihre Bedeutung als soziale Maßnahme.*

Die Bedeutung von Lehrer Müller als ...: In solchen Sätzen bezieht man die Ergänzung, die auf *als* folgt, üblicherweise auf *von* und setzt sie deshalb in den Wemfall (Frage: von wem?): *die Bedeutung von Lehrer Müller als einem einflussreichen/als einflussreichem Erzieher der Kinder.* Es ist jedoch auch möglich, die Ergänzung in den Werfall zu setzen: *die Bedeutung von Lehrer Müller als einflussreicher Erzieher der Kinder. Die Bedeutung von Frau Dr. Meyer als großer Kunstmäzenin wurde besonders gewürdigt.*

bedienen, sich

1. sich jemandes, einer Sache bedienen: In Sätzen wie *Er bediente sich seines Bruders als Dolmetscher* oder *Er bediente sich der Wiese als Flugplatz* steht das Hauptwort, das dem *als* folgt, nur dann im Werfall *(Dolmetscher; Flugplatz),* wenn es keine Beifügung bei sich hat. Erhält es jedoch einen Zusatz (in Form von *der, die, das, ein, eine* oder in Form eines Eigenschaftswortes), steht der ganze Ausdruck im Wesfall: *Er bediente sich seines Bruders als geschickten Dolmetschers. Er bediente sich der Wiese als eines Flugplatzes.*

2. sich bedienen lassen: Bei *sich bedienen lassen wie* steht das Hauptwort, das dem *wie* folgt, gewöhnlich im Werfall: *Er lässt sich bedienen wie ein Fürst.*

Bedienstete, der und die
Man beugt das Wort in folgender Weise: *der Bedienstete, ein Bediensteter, zwei Bedienstete, die Bediensteten, einige Bedienstete, alle Bediensteten, solche Bedienstete* und *solche Bediensteten, beide Bediensteten* und seltener auch *beide Bedienstete; tüchtigem Bediensteten, die Einstellung verheirateter Bediensteter.*
Als Beisatz (Apposition): *mir (dir, ihm) als Bediensteten* und: *mir (dir, ihm) als Bedienstetem, ihr als Bediensteten* und: *ihr als Bediensteter.*

befallen
Das Mittelwort der Vergangenheit (2. Partizip) von *befallen* (es lautet ebenfalls *befallen*) kann nur unter bestimmten Voraussetzungen als Beifügung eines Hauptwortes stehen. **Richtig** ist: *Die [von der Seuche] befallenen Schweine wurden geschlachtet.* **Falsch** dagegen ist: *die das Kind befallene Krankheit.* Das erste Beispiel ist richtig, denn man kann auflösen: *die befallenen Schweine = Schweine, die befallen worden sind.* Wendet man dieses Schema im zweiten Beispiel an *(die befallene Krankheit = Krankheit, die befallen worden ist),* wird der inhaltliche Fehler deutlich. Der Bezug ist hier nicht richtig. Statt *die das Kind befallene Krankheit* heißt es richtig: *die Krankheit, die das Kind befallen hat.*

befassen
Neben *sich mit etwas befassen* kommt heute auch *jemanden* oder *etwas mit etwas befassen* vor: *Er befasste die Gerichte mit Anklagen. Ein junger Beamter wurde mit dieser Aufgabe befasst.* Diese Verwendungsweise ist besonders amtssprachlich.

befestigen
Nach *befestigen an* und *befestigen auf* steht heute der Wemfall (Frage: wo?): *Sie befestigte die Girlande an der Wand. Die Ski müssen sorgfältig auf dem Gepäckträger befestigt werden.*

befindlich
Das Eigenschaftswort *befindlich* gehört zwar zu *sich befinden,* man darf es aber nicht mit *sich* verbinden: *der in der Auslage befindliche Schmuck* oder (stilistisch weniger schön): *der sich in der Auslage befindende Schmuck.* **Nicht richtig** ist die Vermischung: *der sich in der Auslage befindliche Schmuck.*

beginnen
1. Gebrauch des Mittelworts: Das Mittelwort der Vergangenheit (2. Partizip) von *beginnen* (es lautet *begonnen*) lässt sich nur unter bestimmten Voraussetzungen als Beifügung eines Hauptwortes verwenden. **Richtig** ist: *Sie hat die begonnene Arbeit fortgesetzt.* **Falsch** dagegen ist: *Der im April begonnene Konjunkturauf-*

schwung hat sich nicht fortgesetzt. Das erste Beispiel ist richtig, denn man kann auflösen: *die begonnene Arbeit = Arbeit, die begonnen worden ist.* Wendet man dieses Schema im zweiten Beispiel an *(der begonnene Konjunkturaufschwung = der Konjunkturaufschwung, der begonnen worden ist),* wird der inhaltliche Fehler deutlich: Der *Konjunkturaufschwung* ist nämlich nicht begonnen worden, sondern er hat begonnen. Deshalb kann es nur heißen: *Der Konjunkturaufschwung, der im April begonnen hat, hat sich nicht fortgesetzt.* Richtig ist auch: *Der im April beginnende Konjunkturaufschwung hat sich nicht fortgesetzt.*
2. Komma: Wenn das Zeitwort *beginnen* mit einer Wortgruppe, die die Grundform eines anderen Zeitworts enthält, verbunden ist (Infinitivgruppe), dann kann man ein Komma setzen, um die Gliederung des Satzes deutlich zu machen oder um Missverständnisse auszuschließen: *Er begann sofort[,] ein Loch zu bohren* oder *Er begann[,] sofort ein Loch zu bohren.* Beide Möglichkeiten sind nach den neuen amtlichen Rechtschreibregeln richtig.

behängen Die Formen lauten: *behängte, hat behängt.* Es heißt also richtig: *Sie behängte* (**nicht**: *behing*) *den Christbaum mit Schmuck. Sie hat den Christbaum mit Schmuck behängt* (**nicht**: *behangen*). Bitte lesen Sie dazu auch unter »hängen« nach.

beharren Nach *beharren auf* steht der Wemfall. Es muss also heißen: *Ich beharre auf meinem* (**nicht**: *auf meinen*) *Anspruch.*

beheizen oder **heizen** Die Verwendung von *beheizen* oder *heizen* ist folgendermaßen geregelt: Verwendet man das Zeitwort ohne eine Ergänzung, muss es immer *heizen* heißen: *Wir heizen elektrisch. Bei uns wird ab 15. September geheizt.* Die Verwendung von *beheizen* ist dann üblich, wenn man angeben will, womit oder auf welche Art geheizt wird, oder wenn ausgedrückt werden soll, dass etwas mit Wärmeenergie versorgt wird. Es gehört also vor allem der technischen und der Verwaltungssprache an: *Der Kessel kann mit Öl oder Kohle beheizt werden. Die Stadtwerke beheizen über 5000 Wohnungen. Es waren 13 Räume zu beheizen. Man beheizte das Haus durch Fernheizung.* Sonst ist *heizen* auch in Sätzen, die eine Ergänzung haben, gebräuchlich: *Der Vater heizt den Ofen. Der Saal war schlecht geheizt.*

behindern/ hindern/ verhindern Manchmal ist es schwierig, diese Wörter richtig zu gebrauchen. Das Zeitwort *behindern* bedeutet »hemmen; störend aufhalten«; es drückt aus, dass etwas erschwert wird, aber nicht, dass es unmöglich gemacht wird: *Der Betrunkene behinderte den Verkehr. Die Spielerinnen behinderten sich gegenseitig.* Das Wort *verhindern* bedeutet dagegen »bewirken, dass etwas nicht geschieht oder getan wird«. Wer etwas verhindert, macht es unmöglich: *Sie verhinderte ein Unglück. Der Torwart verhinderte einen Rückstand.* Das einfache *hindern* schließlich kann sowohl im Sinne von »behindern« als auch im Sinne von »verhindern« stehen: *Der Verband hinderte sie sehr bei der Hausarbeit. Der Nebel hinderte ihn, schneller zu fahren.* In Verbindung mit *an* hat *hindern* immer die Bedeutung »verhindern«: *Der Lärm hinderte mich am Einschlafen. Niemand kann mich daran hindern, abzureisen.*

behindert Die Formen des Eigenschaftswortes, die eine körperliche oder geistige Behinderung als einen medizinischen Tatbestand ausdrücken, werden unterschiedlich geschrieben. *Geistig behindert* und *körperlich behindert* schreibt man immer getrennt. *Schwerbehindert* wird zusammengeschrieben, wenn es die Bedeutung »durch schwere körperliche Behinderung dauernd geschädigt« hat und *schwer* nicht gesteigert oder erweitert ist: *Seit dem Unfall ist sie schwerbehindert.* Aber: *Besonders schwer behinderte Kinder bedürfen einer individuellen Förderung.* Immer zusammen schreibt man dagegen *körperbehindert* und *mehrfachbehindert.* In Verbindung mit *nicht* wird nach der neuen amtlichen Rechtschreibung in der Regel getrennt geschrieben: *ein nicht behindertes Kind; Diese Kinder sind nicht behindert.* Die Zusammenschreibung ist aber auch zulässig: *ein nichtbehindertes Kind.*

bei **1. Wemfall:** Nach *bei* steht der Wemfall: *Bei dir fühle ich mich wohl. Sie beschwerte sich bei der Geschäftsführerin.* Standardsprachlich **nicht richtig** sind landschaftlich gebräuchliche Formen (mit dem Wenfall) wie: *Die Fliegen gehen bei die Wurst. Heute gehen wir bei Oma.* Statt *bei* muss hier *an* beziehungsweise *zu* stehen: *Die Fliegen gehen an die Wurst. Heute gehen wir zu Oma.*

2. bei was oder wobei: Vor allem in der gesprochenen Sprache ersetzen viele Sprecher heute *wobei* durch *bei was: Bei was hast du dich verletzt? Ich weiß nicht, bei was er sich verletzt hat.* Die Verbindung *bei was* ist jedoch umgangssprachlich. Stilistisch besser ist *wobei: Wobei hast du dich verletzt? Ich weiß nicht, wobei er sich verletzt hat.*

beide

1. Rechtschreibung: Das Wort *beide* wird immer und in allen seinen Formen kleingeschrieben: *Einer von den beiden war es. Es kamen beide.*

Schwierigkeiten der Beugung bei *beide*

2. Beugung von *beide:*

a) In Verbindung mit persönlichen Fürwörtern (Personalpronomen) beugt man folgendermaßen:

(Werfall:) *Sie beide kamen.*
(Wesfall:) *Das ist unser (euer, ihrer) beider Eigentum.*
(Wemfall:) Er kennt uns (euch, sie) beide.

b) wir beiden/wir beide; ihr beiden, ihr beide

In Verbindung mit *wir* und *ihr* sind im Wemfall zwei Formen üblich: Neben *wir beide* gibt es auch die seltenere, aber ebenfalls richtige Form *wir beiden.*
Nach *ihr* heißt es meist, zumal es als Anrede herausgehoben ist, *hr beiden:*

Ihr beiden, seid ihr wieder versöhnt?
Seid ihr beiden/(aber auch:) *ihr beide wieder versöhnt?*

Steht *beide* zwischen *wir (ihr)* und einem Hauptwort, beugt man es wie ein gewöhnliches Eigenschaftswort:

wir beiden Anfänger
ihr beiden Diebe.

In Verbindung mit Fürwörtern (Pronomen) anderer Art beugt man *beide* folgendermaßen:

Dies[es] beides/alles beides gefällt mir.
Alle beide kamen.

Jedoch: *Diese (jene) beiden kamen. Man bedarf aller beider.*
Jedoch: *Man bedarf dieser (jener) beiden. Sie hilft allen (diesen, jenen) beiden. Er kennt alle (diese, jene) beiden.*

3. Beugung des Eigenschaftsworts nach *beide:*

Steht beide vor einem Eigenschaftswort, dem noch ein Hauptwort folgt, beugt man dieses Eigenschaftswort in der Regel schwach, d. h. es endet auf *-en:*

(Werfall:) *beide großen Parteien*
(Wesfall:) *die Mitglieder beider großen Parteien*
(Wemfall:) *mit beiden großen Parteien*

Die starke Beugung:

(Werfall:) *beide großen Parteien*
(Wesfall:) *die Mitglieder beider großer Parteien*

ist ebenfalls richtig, allerdings seltener.

4. a) beide oder die beiden: Sowohl *beide* als auch *die beiden* bezieht sich auf zwei schon bekannte oder genannte Wesen oder Dinge. Die Form *beide* ist im Satz besonders betont und drückt aus, dass die Aussage die zwei Wesen oder Dinge in gleicher Weise betrifft: *Beide Brüder* (= nicht nur einer) *sind gefasst worden.* Die Form *die beiden* ist weniger betont: *Die beiden Brüder sind gefasst worden* (= sie sind nicht mehr frei). **b) die zwei beiden:** Da *zwei* und *beide* das Gleiche bedeuten, sind Fügungen wie *die zwei beiden* und *wir zwei beide* (oder *wir zwei beiden*) nicht standardsprachlich. Sie finden sich manchmal verstärkend oder scherzhaft in der nord- und mitteldeutschen Umgangssprache.
5. beide oder beides: Statt *beide* kann in bestimmten Fällen auch *beides* stehen, wenn es allein steht und sich auf Dinge und nicht auf Personen bezieht: *Das Werk und die Aufführung, beides gab den Kritikern Rätsel auf* neben: *... beide gaben den Kritikern Rätsel auf.*
6. die beiden Ersten oder die ersten beiden: Die Fügung *die beiden Ersten* bezieht sich jeweils auf das erste Glied zweier verschiedener Größen: *Die beiden Ersten der zwei Vorläufe liefen die gleiche Zeit.* Im Gegensatz dazu bezieht sich *die ersten beiden* auf das erste und das zweite Glied einer einzigen Größe: *Die ersten beiden jedes Vorlaufs kommen weiter.*

beige

Diese Farbbezeichnung beugt man standardsprachlich nicht, d.h., sie bleibt unverändert: *ein beige Kostüm, in einem beige Kleid.* Wer diese Form umgehen will, kann ausweichen auf die Zusammensetzung mit *-farben: ein beigefarbenes Kostüm, in einem beigefarbenen Kleid.*

Beisatz (Apposition)

Unter einem Beisatz versteht man ein Hauptwort oder eine Wortgruppe, die einem anderen Hauptwort erklärend beigefügt ist.
1. Komma: Der Beisatz wird meist nachgestellt und in Kommas eingeschlossen: *Klaus, dem besten Schüler, wurde ein Buchpreis überreicht. Der Tod dieses Gelehrten, des Begründers der Strahlenheilkunde, ist ein großer Verlust für die Wissenschaft.* Nach den neuen amtlichen Rechtschreibregeln ist das Komma nach dem letzten Bestandteil eines Beisatzes (wenn der Text danach weitergeht) freigestellt, da man mehrteilige Angaben als Aufzählung oder Beisatz verstehen kann. Dies gilt in den folgenden Fällen: Nach einer mehrteiligen Wohnungsangabe *(Herr Meier ist von Bonn, Königstr. 20[,] nach Köln umgezogen),* nach mehrteiligen

Stellenangaben aus Büchern o. Ä. *(Die Regeln sind im Duden, Rechtschreibung, S. 10[,] erschienen),* nach mehrteiligen Datums- oder Zeitangaben *(Sie kommt am Samstag, dem 10. Oktober, 15 Uhr[,] in Bonn an).* Wenn der Name dem Beisatz folgt, können beide Kommas entfallen: *Dem besten Schüler[,] Klaus[,] wurde ein Buchpreis überreicht.*

2. Beugung: Üblicherweise stehen der Beisatz und das Hauptwort, zu dem er gehört, im gleichen Fall. Es gibt aber auch Fälle, in denen der Beisatz im Werfall steht, obwohl das Bezugswort im Wesfall steht: *das Wirken dieses Mannes, Vorkämpfer* (selten: *Vorkämpfers) für die Rassengleichheit; der Tod dieses Gelehrten, Begründer* (selten: *Begründers) der Strahlenheilkunde.*

Falsch hingegen ist es, den Beisatz in den Wemfall zu setzen, obwohl das Bezugswort in einem anderen Fall steht. Richtig muss es heißen: *Der Preis für Brot, das* (**nicht:** *dem) Grundnahrungsmittel der Bevölkerung, ist gestiegen. Dies lässt sich am besten am Beispiel Brasiliens, des größten Landes* (**nicht:** *dem größten Land) Südamerikas, zeigen.*

3. Anschluss mit als/wie: Beisätze kann man auch mit *als* oder *wie* anschließen: *Unternehmungen wie einen Ausflug oder eine Wanderung schätzt er nicht besonders. Ihm als dem Leiter dieser Schule war so etwas noch nicht begegnet. Für Sie als leitenden Angestellten kommt das nicht in Betracht.*

Steht das Bezugswort im Werfall, Wemfall oder Wenfall, dann müssen diese Beisätze im Fall übereinstimmen, also: *mir als Verantwortlichem* (**nicht:** *als Verantwortlicher*).

Nur bei einem Bezugswort im Wesfall kann der Beisatz unter bestimmten Umständen auch im Werfall stehen: *Die Bedeutung des Passes als wichtige* (auch: *wichtiger) Handelsstraße hat sich abgeschwächt.* **Aber nur:** *die Würdigung Georges als eines großen Schauspielers. Das schadete dem Ansehen des Kunsterziehers als des beliebtesten Lehrers der Schule.*

beißen Nennt man nach *beißen* die betroffene Person und den betroffenen Körperteil, dann kann die Person im Wemfall oder auch im Wenfall stehen: *Der Hund hat ihr ins Bein gebissen.* Oder: *Der Hund hat sie ins Bein gebissen.* Der Wemfall *(ihr)* ist üblicher. Nach *beißen* in der Bedeutung »brennen, ätzen« heißt es: *Der Rauch beißt in den* oder *in die Augen. Der Rauch biss mir,* selten: *mich in die Augen.*

bekannt wegen/für/durch Nach *bekannt* kann man mit den Verhältniswörtern *wegen, für* oder *durch* anschließen: *Das Restaurant ist wegen seiner guten Küche bekannt. Sie ist für ihre Freigebigkeit bekannt. Er ist durch seine Auftritte im Fernsehen bekannt geworden.* Zu beachten ist, dass *durch* nur dann stehen darf, wenn ein Vorgang, nicht wenn ein Zustand angesprochen ist. **Nicht möglich:** *Das Restaurant ist durch seine gute Küche bekannt.*

Bekannte, der und die Man beugt das Wort in folgender Weise: *der Bekannte, ein Bekannter, zwei Bekannte, die Bekannten, einige Bekannte, alle Bekannten, solche Bekannte* und *solche Bekannten, beide Bekannte* und seltener auch *beide Bekannten; erwähntem Bekannten, der Besuch alter Bekannter.*

Als Beisatz (Apposition): *mir (dir, ihm) als Bekannten* und: *mir (dir, ihm) als Bekanntem; ihr als Bekannten* und: *ihr als Bekannter.*

beleuchten oder **erleuchten** Das Zeitwort *beleuchten* verwechseln manche Sprecher mit *erleuchten: Die Fenster des Hauses waren noch beleuchtet* (statt richtig: ... *erleuchtet*). Das Zeitwort *beleuchten* bedeutet »[von außen] Licht auf etwas werfen« *(Die Bühne wird mit Scheinwerfern beleuchtet)* oder »etwas mit Licht versehen« *(ein Fahrzeug beleuchten).* Dagegen ist *erleuchten* zu verwenden, wenn man sagen will, dass etwas innen oder von innen mit Licht erfüllt wird: *Der Saal war festlich erleuchtet.* Im Unterschied zu *beleuchten* kann man bei *erleuchten* nicht den Menschen, sondern nur die Lichtquelle als Verursacher nennen: **Falsch** ist: *Der Mann erleuchtete das Zimmer.* **Richtig** ist: *Viele Kerzen erleuchteten das Zimmer.*

bereits schon Die beiden Wörter *bereits* und *schon* bedeuten das Gleiche. Man kann darum nicht beide nebeneinander stellen. Es genügt, zu sagen: *Ich bin schon fertig* oder: *Ich bin bereits fertig.* **Nicht:** *Ich bin bereits schon fertig.*

bergsteigen Von dem Zeitwort *bergsteigen* gebraucht man im Allgemeinen nur die Grundform (den Infinitiv) und das Mittelwort der Vergangenheit (das 2. Partizip): *Sie wollen im Urlaub bergsteigen. Ich bin* oder *ich habe in meiner Jugend berggestiegen.* Vereinzelt kommen auch andere Formen vor: *Wer bergsteigt, muss über bestimmte Kenntnisse verfügen.*

berichten über oder **berichten von** Der Unterschied in der Bedeutung der beiden Verhältniswörter (Präpositionen) ist nur gering. Man kann sagen, dass *über jemanden, über etwas berichten* einen umfassenden, eingehenden Bericht meint, während *von jemandem, von etwas berichten* sich mehr auf Einzelheiten bezieht.

berühmt wegen/für/durch Nach *berühmt* können die Verhältniswörter (Präpositionen) *wegen, für* oder *durch* stehen: *Das Restaurant ist wegen seiner guten Küche berühmt. Er war für seine Schlagfertigkeit berühmt. Sie ist durch ihre Moderationen im Fernsehen berühmt geworden.* Zu beachten ist, dass *durch* nur dann stehen darf, wenn man einen Vorgang, nicht wenn man einen Zustand anspricht. **Nicht möglich:** *Das Restaurant ist durch seine gute Küche berühmt.*

besagt Das Wort *besagt* ist wie ein gewöhnliches Eigenschaftswort zu behandeln. Folgt auf *besagt* ein weiteres Eigenschaftswort, dann erhalten beide Wörter die gleichen Endungen, z. B.: *die besagten neuen Bücher; die Umschläge besagter neuer* (**nicht:** *neuen*) *Bücher; besagtes neues* (**nicht:** *neue*) *Buch; besagtem neuem* (aus lautlichen Gründen auch noch: *neuen*) *Buch.* Dieses Eigenschaftswort ist besonders in der Amtssprache üblich.

Beschuldigte, der und die **1. Beugung:** Man beugt das Wort in folgender Weise: *der Beschuldigte, ein Beschuldigter, zwei Beschuldigte, die Beschuldigten, einige Beschuldigte, alle Beschuldigten, solche Beschuldigte* und *solche Beschuldigten, beide Beschuldigten* und seltener auch *beide Beschuldigte; genanntem Beschuldigten, die Anwälte besagter Beschuldigter.*

Als Beisatz (Apposition): *mir (dir, ihm) als Beschuldigten* und *mir (dir, ihm) als Beschuldigtem; ihr als Beschuldigten* und *ihr als Beschuldigter.*

2. Komma: Man kann sowohl schreiben: *Das hat der Beschuldigte Fritz Müller gesagt* als auch: *Das hat der Beschuldigte, Fritz Müller, gesagt.* Nach den neuen amtlichen Rechtschreibregeln ist beides richtig.

beschweren, sich Im Unterschied zu dem Hauptwort *die Beschwerde* schreibt man die Beugungsformen des Zeitwortes *sich beschweren* mit *-t: er beschwert sich, ihr beschwert euch, er hat sich beschwert, er beschwerte sich.*

besitzen **1. Gebrauch des Mittelworts:** Das Mittelwort der Vergangenheit (2. Partizip) von *besitzen* (es lautet *besessen*) ist nicht als Beifügung eines Hauptwortes zu verwenden. Also **nicht:** *Er verkaufte das zwanzig Jahre besessene Haus,* sondern: *Er verkaufte das Haus, das er zwanzig Jahre lang besessen hatte.*

2. besitzen oder haben: Das Zeitwort *besitzen* bezieht sich auf alles, was man als materiellen oder geistigen Besitz erwerben und zu Eigen haben kann und worüber man mehr oder minder frei verfügen kann. Dazu gehören auch Eigenschaften meist positiver, aber auch negativer Art, sofern sie nur fest mit dem betreffenden Menschen verbunden sind und ihn für die Dauer oder wenigstens für eine gewisse Zeit charakterisieren: *viele Bücher, ein Auto, die Mittel besitzen, Talent, Fantasie, jemandes Vertrauen, die Frechheit besitzen.* Das Zeitwort *haben* stellt zunächst nur ein Vorhandensein fest und sagt über den Besitz als solchen nichts aus: *Er hat Geld bei sich* (= dabei), aber: *Er besitzt viel Geld* (= er ist reich). Es tritt überall dort auf, wo die Vorstellung eines Besitzes (gleich welcher Art) nicht zutreffend ist. So sagt man **nicht:** *Er besitzt einen guten Posten,* sondern: *Er hat einen guten Posten.* **Nicht:** *Er besitzt eine nette Frau,* sondern: *Er hat eine nette Frau.* Nicht richtig ist es, *besitzen* statt *haben* zu verwenden, wenn die Vorstellung des Besitzes offensichtlich sinnwidrig erscheint oder wo nur ein zufälliges oder einmaliges Vorhandensein ausgedrückt werden soll, das nicht wesensmäßig zur Person oder Sache gehört. Man kann also **nicht** sagen: *Er besaß Schulden. Er besitzt blaue Augen. Er besitzt Feinde,* sondern: *Er hat Schulden. Er hat blaue Augen. Er hat Feinde.*

besonders Vor *besonders* steht ein Komma, wenn es einen Zusatz einleitet. *Äpfel und Nüsse, besonders aber Feigen isst er gern.* Der Zusatz *besonders aber Feigen* ist ein Aufzählungsglied. Als Zusatz kann jedoch auch eine nähere Erläuterung zum Vorangehenden stehen: *Alkohol, besonders aber Rotwein, verträgt er nicht.* Hier ist der Zusatz *besonders aber Rotwein* kein Aufzählungsglied, sondern eine nähere Bestimmung, ein Beisatz von *Alkohol.* Diese Bestimmung ist ein Einschub, der durch Kommas vom übrigen Satz abgetrennt wird. (**Ausnahme:** *Ausländische, besonders aber holländische und belgische Firmen traten als Bewerber auf.* Man setzt kein schließendes Komma, um den Zusammenhang der Fügung nicht zu stören.) Tritt zu diesem *besonders* noch ein *wenn* (*als, weil* o. Ä.), dann kann nach den neuen amtlichen Rechtschreibregeln zwischen *besonders* und *wenn* ein Komma stehen: *Er geht gern spazieren, besonders[,] wenn die Sonne scheint.*

Bestätigung Nach Formulierungen wie *die Bestätigung des Fraktionsführers; die Bestätigung von Fraktionsführer Müller* steht gelegentlich eine Ergänzung mit *als: die Bestätigung des Fraktionsführers als Präsident; die Bestätigung von Fraktionsführer Müller als Präsident.* Dabei ist Folgendes zu beachten:
Die Bestätigung des Fraktionsführers als ...: Folgt nach *als* eine Ergänzung mit *der, die, das, ein, eine* usw., setzt man diese üblicherweise in den gleichen Fall wie das Wort, auf das sie sich bezieht (hier: *des Fraktionsführers;* Wesfall): *Er konnte die Bestätigung des Fraktionsführers als des neuen Präsidenten nicht verhindern.* Folgt jedoch die Ergänzung nach *als* ohne *der, die* usw., ist es heute üblich, den Werfall zu verwenden: *Er konnte die Bestätigung des Fraktionsführers als neuer Präsident nicht verhindern.* Das Gleiche gilt für Beispiele mit Fürwort (Pronomen): *Er konnte dessen Bestätigung als neuer Präsident nicht verhindern.*
Die Bestätigung von Fraktionsführer Müller als ...: In solchen Sätzen bezieht man die Ergänzung, die auf *als* folgt, üblicherweise auf *von* und setzt sie deshalb in den Wemfall (Frage: von **wem?**): *die Bestätigung von Fraktionsführer Müller als dem neuen Präsidenten/als neuem Präsidenten.* Es ist jedoch auch möglich, die Ergänzung in den Werfall zu setzen: *die Bestätigung von Fraktionsführer Müller als neuer Präsident.*

bestbezahlt Da das Eigenschaftswort *bestbezahlt* bereits eine höchste Steigerungsstufe *(best...)* enthält, ist es nicht noch einmal steigerbar: *der bestbezahlte* (**nicht:** *bestbezahlteste) Job.*

bestehen Das Mittelwort der Vergangenheit (2. Partizip) von *bestehen* (es lautet *bestanden*) kann man nur unter bestimmten Voraussetzungen als Beifügung eines Hauptwortes verwenden.
1. die bestandene Prüfung: **Richtig** ist: *Wir feierten die bestandene Prüfung.* **Falsch** dagegen ist: *der bestandene Prüfling* oder *der 50 Jahre bestandene Verein.* Das erste Beispiel ist richtig, denn man kann auflösen: *die bestandene Prüfung = die Prüfung, die bestanden worden ist.* Wendet man dieses Muster bei den anderen beiden Beispielen an *(der bestandene Prüfling = der Prüfling, der bestanden worden ist; der 50 Jahre bestandene Verein = der Verein, der 50 Jahre bestanden worden ist),* wird der inhaltliche Fehler

deutlich. Hier kann es nur heißen: *der Prüfling, der bestanden hat; der Verein, der 50 Jahre lang bestanden hat.*
2. der bestandene Platz: Richtig sind auch Formen wie *der mit Bäumen bestandene Platz; das mit Schilf bestandene Ufer.* Hier gehört *bestanden* zu einer sonst nicht mehr gebräuchlichen Verwendungsweise von *bestehen.*

Bestellung Das Wort *Bestellung* steht mit *auf, über, von,* seltener mit *für. Für* darf man nicht verwenden, wenn vor dem Bestellten eine Zahlenangabe steht: *Wir bestätigen Ihre Bestellung von 5 000 Exemplaren. Wir haben eine Bestellung auf* oder *über 3 000 Liter Heizöl erhalten* (**nicht:** *für 3 000 Liter*). Aber ohne Zahlenangabe: *Es sind viele Bestellungen für Bücher eingegangen.*

bestmöglich Da das Eigenschaftswort *bestmöglich* bereits eine höchste Steigerungsstufe *(best...)* enthält, ist es nicht noch einmal steigerbar: *die bestmögliche* (**nicht:** *bestmöglichste*) *Methode.*

Bestrafung Nach Formulierungen wie *die Bestrafung des Generals; die Bestrafung von General Gomez* steht gelegentlich eine Ergänzung mit *als: die Bestrafung des Generals als Drahtzieher der Verschwörung; die Bestrafung von General Gomez als Verschwörer.* Dabei ist Folgendes zu beachten: *Die Bestrafung des Generals als ...:* Folgt nach *als* eine Ergänzung mit *der, die, das, ein, eine* usw., setzt man diese üblicherweise in den gleichen Fall wie das Wort, auf das sie sich bezieht (hier: *des Generals;* Wesfall): *Er forderte die Bestrafung des Generals als des eigentlichen Drahtziehers der Verschwörung.* Folgt jedoch die Ergänzung nach *als* ohne *der, die* usw., ist es heute üblich, den Werfall zu verwenden: *Er forderte die Bestrafung des Generals als eigentlicher Drahtzieher der Verschwörung.* Das Gleiche gilt für Beispiele mit Fürwort (Pronomen): *Er forderte dessen Bestrafung als eigentlicher Drahtzieher der Verschwörung.*
Die Bestrafung von General Gomez als ...: In solchen Sätzen bezieht man die Ergänzung, die auf *als* folgt, üblicherweise auf *von* und setzt sie deshalb in den Wemfall (Frage: von **wem?**): *die Bestrafung von General Gomez als dem eigentlichen/als eigentlichem Drahtzieher der Verschwörung.* Es ist jedoch manchmal auch möglich, die Ergänzung in den Werfall zu setzen: *die Bestrafung von General Gomez als eigentlicher Drahtzieher der Verschwörung.*

bestreiten Weil das Zeitwort *bestreiten* schon verneinenden Sinn hat (= etwas für nicht zutreffend erklären), kann man einen von ihm abhängende Satz nicht verneinen. **Nicht richtig** ist darum: *Sie bestritt immer wieder, diese Äußerung nicht getan zu haben.* **Richtig** ist: *Sie bestritt immer wieder, diese Äußerung getan zu haben.*

Beteiligte, der und die — Man beugt das Wort in folgender Weise: *der Beteiligte, ein Beteiligter, zwei Beteiligte, die Beteiligten, einige Beteiligte, alle Beteiligten, solche Beteiligte* und *solche Beteiligten, beide Beteiligten* und seltener auch *beide Beteiligte; genanntem Beteiligten, die Vernehmung besagter Beteiligter.*
Als Beisatz (Apposition): *mir (dir, ihm) als Beteiligten* und: *mir (dir, ihm) als Beteiligtem; ihr als Beteiligten* und: *ihr als Beteiligter.*

betrachten, sich — Bei *sich betrachten als* steht das Hauptwort, das dem *als* folgt, gewöhnlich im Werfall: *Ich betrachte mich als dein Kamerad.* Der Wenfall *(Ich betrachte mich als deinen Kameraden)* kommt seltener vor, ist aber auch richtig.

Betrag — Es heißt richtig *ein Betrag von* (**nicht:** *über) 200,– EUR.* Wohl aber kann man sagen *ein Scheck über 200,– EUR.*

betreffend — **1. Wortstellung:** Das Wort, das von *betreffend* abhängt, steht im Wenfall. Dieses Wort kann *betreffend* vorangestellt sein, es kann aber auch nachfolgen: *Unser letztes Schreiben den Vertragsbruch betreffend…* oder: *Unser letztes Schreiben betreffend den Vertragsbruch…*
2. Komma: Diese Fügungen mit *betreffend* **kann** man nach den neuen amtlichen Rechtschreibregeln durch Komma abtrennen, um die Gliederung des Satzes deutlich zu machen: *Unser letztes Schreiben[,] den Vertragsbruch betreffend[,] ist…* und: *Unser letztes Schreiben[,] betreffend den Vertragsbruch[,] ist…*

betreffs — Dieses Wort der Amts- und Kaufmannssprache steht, falls man es verwenden will, mit dem Wesfall: *Betreffs Ihrer Forderung…* Stilistisch besser ist: *Was Ihre Forderung [an]betrifft,…* oder: *Wegen Ihrer Forderung…*

betroffen — Wenn *betroffen* zu der heute nicht mehr üblichen Verwendungsweise von *betreffen* im Sinne von »widerfahren, heimsuchen« gehört, kann man es nur unter bestimmten Voraussetzungen als Beifügung eines Hauptwortes verwenden. **Richtig** ist: *In den vom Erdbeben betroffenen Gebieten droht Seuchengefahr.* **Falsch** dagegen ist: *das die Familie betroffene Unglück.* Das erste Beispiel ist richtig, denn man kann auflösen: *die betroffenen Gebiete = die Gebiete, die betroffen worden sind.* Wendet man dieses Muster im zweiten Beispiel an *(das betroffene Unglück = das Unglück, das betroffen worden ist),* wird der inhaltliche Fehler deutlich. Der Bezug ist hier nicht richtig. Statt *das die Familie betroffene Unglück* kann es nur heißen: *das Unglück, das die Familie betroffen hat.*

Betroffene, der und die

Man beugt das Wort in folgender Weise: *der Betroffene, ein Betroffener, zwei Betroffene, die Betroffenen, einige Betroffene, alle Betroffenen, solche Betroffene* und *solche Betroffenen, beide Betroffenen* und seltener auch *beide Betroffene; besagtem Betroffenen, die Einsprüche enttäuschter Betroffener.*
Als Beisatz (Apposition): *mir (dir, ihm) als Betroffenen* und: *mir (dir, ihm) als Betroffenem, ihr als Betroffenen* und: *ihr als Betroffener.*

Bevollmächtigte, der und die

Man beugt das Wort in folgender Weise: *der Bevollmächtigte, ein Bevollmächtigter, zwei Bevollmächtigte, die Bevollmächtigten, einige Bevollmächtigte, alle Bevollmächtigten, solche Bevollmächtigte* und *solche Bevollmächtigten, beide Bevollmächtigten* und seltener auch *beide Bevollmächtigte; besagtem Bevollmächtigten, die Maßnahmen erfahrener Bevollmächtigter.*
Als Beisatz (Apposition): *mir (dir, ihm) als Bevollmächtigten* und: *mir (dir, ihm) als Bevollmächtigtem; ihr als Bevollmächtigten* und: *ihr als Bevollmächtigter.*

bevor

1. Verneinung: Das Bindewort (die Konjunktion) *bevor* leitet einen Nebensatz ein. Dieser Nebensatz kann dem Hauptsatz vorangehen, er kann ihm aber auch folgen. Ist der vorangehende Hauptsatz verneint, kann in dem Nebensatz, der mit *bevor* eingeleitet ist, keine Verneinung stehen. Verneinungen drückt man mit *nicht, kein, nie* usw. aus. Also heißt es **richtig:** *Ich treffe keine Entscheidung, bevor ich mit ihm gesprochen habe.* **Nicht:** *..., bevor ich nicht mit ihm gesprochen habe.* Steht jedoch der Nebensatz vor dem Hauptsatz (und drückt er außer der zeitlichen Aussage auch eine Bedingung aus), setzt man die Verneinung: *Bevor du nicht unterschrieben hast, lasse ich dich nicht fort.*
2. Komma: Einen Nebensatz, der mit *bevor* eingeleitet ist, trennt man immer durch Komma vom Hauptsatz. Schwierigkeiten können jedoch auftreten, wenn zu *bevor* eine weitere Bestimmung tritt. Diese bildet mit *bevor* im Allgemeinen eine Einheit, die man

auch nach der neuen amtlichen Rechtschreibung nicht durch Komma trennt: *Sie rief mich an, schon bevor du kamst. Denn bevor er schreiben konnte, musste er sich erst Papier suchen.* Zu unterscheiden sind jedoch die beiden folgenden Sätze: *Drei Wochen bevor der Sohn zurückkehrte, starb die Mutter. Ein ganzes Jahr, bevor ich die Rente bekam, habe ich von meinen Ersparnissen gelebt.* Im ersten Satz gehört die Zeitangabe *drei Wochen* nicht zum Hauptsatz (**nicht:** *Die Mutter starb drei Wochen, bevor ...*), sondern zum Nebensatz *(Die Mutter starb, drei Wochen bevor der Sohn ...).* Hier bilden Zeitangabe und *bevor* eine Einheit, die man nicht durch ein Komma trennt. Im zweiten Satz dagegen gehört die Zeitangabe *ein ganzes Jahr* zum Hauptsatz *(Ein ganzes Jahr habe ich von meinen Ersparnissen gelebt),* der Nebensatz lautet allein *bevor ich die Rente bekam.* Dieser Nebensatz ist in den Hauptsatz eingeschoben und muss durch Kommas abgetrennt werden.

bewahren Weil das Zeitwort *bewahren* schon verneinenden Sinn hat (= nicht zulassen), darf man einen von ihm abhängenden Satz nicht zusätzlich verneinen. **Nicht richtig** ist darum: *Sie bewahrte ihn davor, keinen falschen Schritt zu tun.* **Richtig** ist: *Sie bewahrte ihn davor, einen falschen Schritt zu tun.*

bewähren, sich Bei *sich bewähren als* steht das Hauptwort, das dem *als* folgt, heute im Werfall: *Er hat sich als treuer Gefährte bewährt.* Der Wenfall *(Er hat sich als treuen Gefährten bewährt)* ist veraltet.

bezeichnen, sich Nach *sich bezeichnen* kann nur *als,* nicht *für* stehen: *Sie bezeichnete sich als* (**nicht:** *für*) *zuständig.* Bei *sich bezeichnen als* steht das Hauptwort, das dem *als* folgt, gewöhnlich im Werfall: *Er bezeichnete sich als Präsident aller Bürger.* Der Wenfall *(Er bezeichnete sich als Präsidenten aller Bürger)* kommt seltener vor, ist aber auch richtig.

beziehungsweise Für *beziehungsweise* (auch für die Abkürzung *bzw.*) gelten die gleichen Kommaregeln wie für *oder,* wobei Änderungen nach den neuen amtlichen Rechtschreibregeln zu beachten sind. Bitte vergleichen Sie die Angaben unter »oder«.

bezüglich Dieses Wort ist besonders in der Amtssprache üblich. Man kann es oft durch *wegen, in, über, nach, von* usw. ersetzen. Falls man es verwenden will, steht es in der Regel mit dem Wesfall: *Ihre An-*

frage bezüglich der Bücher. Bezüglich dieser Angelegenheit können wir nichts sagen. In der Mehrzahl weicht man jedoch auf den Wemfall aus, wenn der Wesfall nicht eindeutig erkennbar ist (sondern mit dem Werfall und dem Wenfall übereinstimmt): *bezüglich Geschäften* (**nicht:** *Geschäfte*), *bezüglich fünf Büchern* (**nicht:** *Bücher*).

Bindestrich

Bindestrich

1. Bindestrich zur Ergänzung:
Der Bindestrich steht als Ergänzungsbindestrich bei zusammengesetzten Wörtern, wenn ein gemeinsamer Bestandteil nur einmal genannt wird:
Feld- und Gartenfrüchte,
Hin- und Rückfahrt,
ab- und zunehmen,
ein- bis zweimal.
Vermeiden sollte man dagegen Formen wie
Bekannt- und Freundschaften,
Klar- und Wahrheit.
Der Bindestrich ersetzt hier keine Wörter, sondern nur Silben.

2. Bindestrich zur Verdeutlichung:
Im Allgemeinen schreibt man zusammengesetzte Wörter nicht mit Bindestrich:
Fahrkartenschalter, Ichsucht, Diplomingenieur, Fußballbundestrainer.
Dies gilt nach den neuen amtlichen Rechtschreibregeln auch für Wörter aus dem Englischen:
Happyend, Cornedbeef.
Ein Bindestrich kann nach den neuen amtlichen Rechtschreibregeln in den folgenden Fällen gesetzt werden:
Bei unübersichtlichen Zusammensetzungen:
Stadtverwaltungs-Oberinspektorin, Gemeindegrundsteuer-Veranlagung;
bei Zusammensetzungen aus zwei Hauptwörtern, wenn durch die Zusammenfügung drei gleiche Buchstaben aufeinander treffen:
Tee-Ernte, Schiff-Fahrt;
bei Zusammensetzungen, bei denen der Autor Wortteile besonders hervorheben will:
Ich-Sucht;
bei Zusammensetzungen aus gleichrangigen Eigenschaftswörtern:
süß-sauer, blau-weiß-rot.
Ein Bindestrich steht dagegen immer bei Zusammensetzungen mit einzelnen Buchstaben, Ziffern, Abkürzungen und Zeichen:
A-Dur, x-beliebig, 3-Tonner, 5-mal, 17-jährig, km-Zahl, Tbc-krank, Bestell-Nr., 5%-Klausel, 3:2-Sieg.

Bindestrich (Fortsetzung)

3. Bindestrich bei Namen:
Im Allgemeinen schreibt man eine Zusammensetzung, die aus einem Namen und einem einfachen Wort besteht, ohne Bindestrich:

Dieselmotor, Litfaßsäule, Goethehaus, lutherfeindlich usw.

Man kann jedoch auch, um den Namen hervorzuheben, einen Bindestrich setzen, besonders auch bei unübersichtlichen Zusammensetzungen:

Schiller-Museum, Beethoven-Festhalle.

Dies gilt nach den neuen amtlichen Rechtschreibregeln auch für entsprechende Eigenschaftswörter:

Moskau-freundlich, Napoleon-treu.

Bei den Eigenschaftswörtern steht nach den neuen amtlichen Regeln in den folgenden Fällen immer ein Bindestrich:

bei Eigenschaftswörtern, die aus mehrteiligen Eigennamen abgeleitet sind:

heinrich-mannsche Romane, von-bülowsche Zeichnungen;

bei Ableitungen aus nicht amtlichen Zusätzen:

alt-heidelbergische Romantik.

Eine Ausnahme sind Ableitungen auf *-er,* die man mit oder ohne Bindestrich schreiben kann:

Sankt Galler Zeitung
oder
Sankt-Galler Zeitung.

Auch bei geographischen Bezeichnungen, die aus gleichrangigen Eigenschaftswörtern bestehen, kann ein Bindestrich stehen, muss aber nicht:

deutsch-amerikanisches Fest oder deutschamerikanisches Fest.

4. mehrere Bindestriche:
In den folgenden Fügungen muss man zwei oder mehr Bindestriche setzen. Diese Fügungen bestehen nämlich zum einen aus einem Grundwort (das Grundwort ist das letzte Wort einer Zusammensetzung, es braucht kein Hauptwort zu sein, es kann z. B. auch ein Eigenschaftswort sein). Zum anderen gehen dem Grundwort mehrere Wörter (oder auch Buchstaben, Ziffern, Abkürzungen, Zeichen) voran:

September-Oktober-Heft, Rhein-Main-Halle, Goethe-Schiller-Denkmal, Do-it-yourself-Bewegung, Mitte-links-Regierung, Frage-und-Antwort-Spiel, Hals-Nasen-Ohren-Arzt, Ad-hoc-Bildung, Sankt-Josefs-Kirche, DIN-A4-Blatt, A-Dur-Tonleiter, K.-o.-Schlag, Blitz-K.-o., Vitamin-C-haltig, Max-Planck-Gesellschaft, Johannes-Gutenberg-Universität, Goethe- und-Schiller-Gedenkstunde, Sankt-(St.-)Marien-Kirche,

Bindestrich (Fortsetzung)	
Dortmund-Ems-Kanal, Rhein-Main-Flughafen, Rio-de-la-Plata-Bucht, Sankt-(St.-)Gotthard-Gruppe, König-Christian-IX.-Land, 2-kg-Dose, 40-PS-Motor, 1.-Klasse-Kabine, Formel-1-Rennwagen, 400-m-Lauf, 4×100-m-Staffel, 5-km-Gehen, 3/4-Liter-Flasche, das In-den-April-Schicken,	*das Auf-die-lange-Bank-Schieben, das Ins-Blaue-Fahren, das Für-sich-haben-Wollen.* Eine Ausnahme sind Fügungen, in denen die Wörter, die dem Grundwort vorangehen, durch Anführungszeichen zu einer Einheit verbunden sind. Hier steht nur ein Bindestrich zwischen dieser Gruppe und dem Grundwort: »25 Jahre ZDF«-Feier.

bis

1. Zeichen: Statt *bis* auszuschreiben, wird häufig das *bis*-Zeichen (ein Strich: –) verwendet: *Er hat 4–5-mal angerufen. Sprechstunde 8–10, 15–17 Uhr.* Das *bis*-Zeichen ist jedoch nicht zulässig, wenn *bis* in Verbindung mit *von* die Erstreckung eines **Zeitraumes** bezeichnet: *Sprechstunde von 8 bis 10 Uhr* (**nicht:** *von 8–10 Uhr*). Ausschreiben muss man auch, wenn der *bis*-Strich an das Ende oder an den Anfang einer Zeile zu stehen käme.

2. Orts- und Zeitangaben: Keine Schwierigkeiten bereiten Ortsangaben wie *bis Berlin, bis hierher* oder Zeitbestimmungen wie *bis heute, bis Sonntag* usw. Es gibt jedoch auch längere Angaben, die in einen bestimmten Fall zu setzen sind. Gewöhnlich stehen diese Angaben im Wenfall: *bis kommenden Sonntag, bis nächste Woche, bis dritten April; bis Dienstag, den dritten April; vom 1. (ersten) bis 15. (fünfzehnten) April.* Manchmal wird jedoch der Wemfall vorgezogen *(bis 1990, dem Jahr seines Todes),* besonders bei Ortsnamen: *Wir fahren bis Mannheim, dem Zentrum der Kurpfalz.*

3. von 1 000 bis 5 000 Einwohnern: Keinerlei Einfluss übt *bis* auf die Wahl des Falles aus in Beispielen wie: *Gemeinden von 1 000 bis 5 000 Einwohnern; in zwei bis drei Stunden; mit 20 bis 30 Jahren.* Der Wemfall ist hier abhängig von *von, in, mit.* Auch in Beispielen wie *Dichter des 17. bis 19. Jahrhunderts; Artikel 22, erster bis dritter Absatz* ist *bis* ohne Einfluss auf die Beugung der nachfolgenden Wörter.

4. bis zu: Nach der Verbindung *bis zu* und einer Zahlenangabe steht das folgende Hauptwort gewöhnlich im Wemfall, der von *zu*

abhängig ist: *Dies gilt für Gemeinden bis zu 10 000 Einwohnern. Jugendlichen bis zu 18 Jahren ist der Zutritt verboten. Darauf steht Gefängnis bis zu zehn Jahren.* Lässt man das *zu* weg – was besonders in der gesprochenen Sprache häufig vorkommt –, steht nach *bis* der Wenfall: *Kinder bis 12 Jahre zahlen die Hälfte.* Es kommen jedoch auch Sätze vor, in denen *bis zu* keinen Einfluss auf die Beugung des folgenden Wortes ausübt; allein das Zeitwort bestimmt dann den Fall: *Der Vorstand kann bis zu 8 Mitglieder umfassen.* Dass *bis zu* hier keinen Einfluss hat, erkennt man daran, dass man es ohne weiteres weglassen könnte; der Satz bliebe trotzdem vollständig erhalten: *Der Vorstand kann 8 Mitglieder umfassen.* Weitere Beispiele: *(Bis zu) sechs Kinder schlafen in einem Zimmer.*
5. bis [einschließlich] 19. Juli: Bei Zeitangaben ist es heute allgemein üblich, *bis* einschließend zu verstehen: *Urlaub bis [zum] 19. Juli* (der 19. Juli ist der letzte Urlaubstag). *Die Ausstellung ist noch bis Oktober geöffnet* (im Oktober ist sie noch geöffnet). Man kann hier mit einem zusätzlichen *einschließlich* den Sachverhalt verdeutlichen: *Urlaub bis einschließlich 19. Juli.*
6. Verneinung: Das Wort *bis* kann die Aufgabe haben, einen Nebensatz einzuleiten: *Warte nicht, bis ich komme.* Neben der zeitlichen Aussage kann der *bis*-Nebensatz nach einem verneinten Hauptsatz jedoch auch eine Bedingung zum Ausdruck bringen. Nur in diesem Fall ist es zulässig, aber nicht notwendig, auch den *bis*-Satz zu verneinen: *Du darfst nicht gehen, bis [nicht] die Arbeit gemacht ist.* Steht in dem vorangehenden Hauptsatz ein Wort in der zweiten Steigerungsstufe, das außerdem verneint ist, dann tritt bei der Einleitung des Nebensatzes noch *als* vor *bis*: *Das Kind hörte nicht eher zu weinen auf, als bis es vor Müdigkeit einschlief.*

bitte

1. Komma: Das Wort *bitte,* das am Anfang, in der Mitte oder auch am Ende eines Satzes stehen kann, trennt man durch ein Komma ab oder schließt es in Kommas ein, wenn man ihm Nachdruck verleihen möchte: *Bitte, kommen Sie einmal herüber. Legen Sie, bitte, einige Entwürfe vor. Unterschreiben Sie, bitte!* Gebraucht man *bitte* aber als reine Höflichkeitsform, dann steht es ohne Komma: *Bitte kommen Sie einmal herüber. Legen Sie bitte einige Entwürfe vor. Unterschreiben Sie bitte!* Beide Möglichkeiten sind also richtig.
2. Bitte Tür schließen: In Sätzen dieser Art, in denen *bitte* formelhaft in Verbindung mit der Grundform (dem Infinitiv) eines Zeitworts steht, setzt man kein *zu.* (Also **nicht**: *Bitte Tür zu schließen.* Dagegen aber: *Ich bitte Sie, die Tür zu schließen.*) Weitere Beispiele

für die richtige Form ohne *zu: Bitte Rückseite beachten. Bitte nicht rauchen. Beim Verlassen der Kabine bitte die Tür offen lassen.*

bitten **1. Komma:** Wenn das Zeitwort *bitten* mit einer Wortgruppe, die die Grundform eines anderen Zeitwortes enthält, (Infinitivgruppe) verbunden ist, dann kann man ein Komma setzen, um die Gliederung des Satzes deutlich zu machen oder um Missverständnisse auszuschließen: *Er bittet sie die Türen zu schließen* oder *Er bittet sie, die Türen zu schließen.* Beide Möglichkeiten sind nach den neuen amtlichen Rechtschreibregeln richtig.
2. Alle werden gebeten, pünktlich zu erscheinen: In einem solchen Satz darf man *werden* nicht durch *sind* ersetzen (also **nicht:** *Alle sind gebeten ...*).

Blatt **1. Blatt oder Blätter:** Steht *Blatt* als Mengenangabe, besonders in Verbindung mit Zahlen, so bleibt es in der Mehrzahl ungebeugt, d. h. unverändert: *100 Blatt Papier.* Sonst lautet die Mehrzahl *die Blätter.*
2. Beugung nach *Blatt*: Nach *Blatt* als Mengenangabe steht das, was als Menge angegeben wird (z. B. *Papier*), meist im selben Fall wie die Mengenangabe *Blatt* selbst: *100 Blatt [holzfreies] Papier, mit 100 Blatt holzfreiem Papier, für 100 Blatt holzfreies Papier.* Gelegentlich in gehobener Ausdrucksweise auch mit dem Wesfall: *100 Blatt holzfreien Papiers, mit 100 Blatt holzfreien Papiers.* Steht die Mengenangabe *Blatt* selbst im Wesfall, so heißt es: *der Preis eines Blattes Papier* oder *der Preis eines Blatt Papiers,* aber (mit einem beigefügten Eigenschaftswort) nur: *der Preis eines Blattes holzfreien Papiers.*

blaurot oder **blaurot** Farbbezeichnungen dieser Art kann man nach den neuen amtlichen Rechtschreibregeln mit oder ohne Bindestrich schreiben. Die Schreibung ist in diesen Fällen unabhängig von der Bedeutung der Farbbezeichnung: *ein blauroter* oder *blau-roter Stoff* (»ein Stoff in dem Farben blau und rot« oder »ein Stoff, der einen roten Farbton besitzt, der ins blaue spielt«.

boxen Nennt man in Verbindung mit dem Zeitwort *boxen* Person und Körperteil, auf die sich *boxen* bezieht, dann kann die Person im Wemfall oder auch im Wenfall stehen: *Er hat seinem Gegner in den Magen geboxt.* Oder: *Er hat seinen Gegner in den Magen geboxt.* Der Wemfall *(seinem Gegner)* ist üblicher.

brauchen **1. Du brauchst nicht zu kommen:** In Sätzen dieser Art lassen die Sprecher das *zu* häufig weg: *Du brauchst nicht kommen.* Sie verhalten sich dabei, als hätten sie statt *brauchen* Wörter wie *müssen, sollen, können* oder *dürfen* verwendet, die in entsprechenden Fällen ohne *zu* stehen: *Du musst nicht kommen, sollst nicht kommen, kannst nicht kommen, darfst nicht kommen.* Im Gegensatz zu der gesprochenen Alltagssprache, wo die Verwendung von *brauchen* ohne *zu* sehr verbreitet ist (und in gewisser Weise auch als gerechtfertigt erscheint), wird in der geschriebenen Sprache *brauchen* jedoch noch mit *zu* verwendet. Also: *Du brauchst nicht zu kommen. Er braucht erst morgen anzufangen.*

2. brauchen oder gebraucht: Das Mittelwort der Vergangenheit (2. Partizip) von *brauchen* heißt *gebraucht: Sie haben das Geld nicht gebraucht. Ich habe dazu zwei Stunden gebraucht.* Steht aber vor *brauchen* noch ein weiteres Zeitwort in der Grundform (im Infinitiv), so steht nicht *gebraucht,* sondern *brauchen.* Es stehen dann beide Zeitwörter in der Grundform, also **nicht:** *Das hätte er nicht zu tun gebraucht,* sondern richtig nur: *Das hätte er nicht zu tun brauchen.*

3. ich brauchte, du brauchtest, er brauchte: Die Möglichkeitsform (der Konjunktiv) von *brauchen* in Sätzen wie *Er tat, als ob er sie nicht brauchte* hat keinen Umlaut (also **nicht:** *ich bräuchte, du bräuchtest* usw., wie es besonders in Süddeutschland oft heißt).

brennen Bei dem Zeitwort *brennen* im Sinne von »schmerzen« steht bei Verwendungsweisen wie *die Augen, die Füße brennen* die betroffene Person im Wemfall (nicht im Wenfall): *Die Füße brennen mir* (**nicht:** *mich*). *Ihm* (**nicht:** *ihn*) *brannten die Augen.*

Auch bei Verwendungsweisen wie *der Pfeffer, die scharfe Soße brennt,* bei der gewöhnlich Person und Körperteil genannt werden, auf die sich *brennen* bezieht, steht die Person im Wemfall: *Der Pfeffer brannte ihm entsetzlich in den Augen. Die scharfe Soße brannte mir wie Feuer im Hals.*

Bruchzahlen **1. ein Viertel des Weges/ein viertel Zentner: Groß** schreibt man, wenn man die Bruchzahl als Hauptwort gebraucht: *ein Drittel, drei Fünftel, ein Zwanzigstel, drei Hundertstel, ein Achtel des Betrages, ein Viertel des Weges, drei Tausendstel von dieser Summe* usw. **Klein** schreibt man, wenn die Bruchzahl vor Maß- und Gewichtsbezeichnungen als Beifügung gebraucht wird: *ein viertel Zentner Mehl, ein achtel Kilo, drei tausendstel Sekunden* usw.

2. drei achtel Liter/drei Achtelliter: Zusammen schreibt man, wenn Bruchzahlen vor allgemein gebräuchliche feste Maßbezeichnungen getreten sind: *ein Viertelpfund, drei Achtelliter, eine Viertelstunde, drei Zehntelsekunden* usw. Die Getrenntschreibung bleibt trotzdem immer möglich, wenn man einzelne Bruchteile zählen will: *drei achtel Liter; zwei viertel Zentner.*

Bund Nach *Bund* als Mengenbezeichnung (z. B. *drei Bund*) steht das, was als Menge angegeben wird (z. B. *Stroh, Radieschen*), meist im selben Fall wie die Mengenbezeichnung *Bund* selbst: *drei Bund [trockenes] Stroh, mit drei Bund trockenem Stroh.* Gelegentlich in gehobener Ausdrucksweise auch mit dem Wesfall: *drei Bund trockenen Strohs, mit drei Bund trockenen Strohs.* Nur wenn das, was als Menge angegeben wird, in der Mehrzahl steht, wird häufiger auch der Wesfall gebraucht, also: *drei Bund frische Radieschen* neben: *drei Bund frischer Radieschen.*
Steht die Mengenbezeichnung *Bund* selbst im Wesfall, so heißt es: *das Gewicht eines Bundes Stroh* oder *das Gewicht eines Bund Strohs,* aber (mit einem hinzugefügten Eigenschaftswort) nur: *das Gewicht eines Bundes trockenen Strohs.*

Bündel Für *Bündel* als Mengenbezeichnung und für das, was als Menge nach *Bündel* steht, gelten die bei *Bund* gemachten Angaben. Bitte lesen Sie unter diesem Stichwort nach.

C

Cent **1. Mehrzahl:** In Verbindung mit Zahlwörtern bleibt *Cent* häufig ungebeugt, d. h. unverändert: *Das kostet 20 Cent.* Es wird aber gebeugt, wenn die einzelnen Münzen gemeint sind: *Es sind nur dreißig einzelne Cent im Sparschwein.*
2. Achtzig Cent reicht/reichen nicht: Von diesen beiden Formen ist standardsprachlich die Mehrzahl vorzuziehen: *Achtzig Cent reichen nicht, sind zu wenig, wurden noch abgezogen.* (In der Umgangssprache besteht allerdings die Neigung, das Zeitwort in die Einzahl zu setzen: *Achtzig Cent reicht nicht.*)

Chemie Die Wörter *Chemie, chemisch, Chemiker, Chemikalien* usw. spricht man in der Standardsprache nicht (wie in manchen Landschaften üblich) mit »k«, sondern mit dem so genannten Ichlaut (dem Laut, wie er in dem Wort *ich* gesprochen wird).

chic/schick In den ungebeugten Formen sind beide Schreibungen möglich: *Der Mantel ist sehr chic* oder *ist sehr schick.* In den gebeugten Formen *(ein schicker Mantel, die Farbe eines schicken Kleides)* ist jedoch die Schreibung *chic* nicht möglich.

China Die Wörter *China, chinesisch, Chinese* usw. spricht man in der Standardsprache nicht (wie in manchen Landschaften üblich) mit »k«, sondern mit dem so genannten Ichlaut (dem Laut, wie er in dem Wort *ich* gesprochen wird).

creme Diese Farbbezeichnung beugt man standardsprachlich nicht, also: *ein creme Kostüm, mit einem creme Hut.* Wer diese Form nicht verwenden will, kann ausweichen auf die Zusammensetzung mit *-farben: ein cremefarbenes Kostüm, mit einem cremefarbenen Hut.*

D

da **1. Komma:** Einen mit *da* eingeleiteten Nebensatz muss man **immer** durch Komma abtrennen: *Er konnte nicht laufen, da er sich verletzt hatte. Jetzt, da er alles verloren hat, kümmert sich niemand um ihn. Da er schon älter war, wollte ihn niemand einstellen.* Das Bindewort *da* tritt auch in Fügungen wie *besonders da* auf. Nach den neuen amtlichen Rechtschreibregeln kann man hier auch zwischen *besonders* und *da* ein Komma setzen, wenn *besonders* und *da* nicht als Einheit empfunden werden: *Er konnte nicht laufen, besonders[,] da er sich verletzt hatte.*

2. Abtrennung von *da* bei zusammengesetzten Wörtern wie *dabei, dafür, davon* usw.: Besonders in der norddeutschen Umgangssprache kommt diese Trennung häufig vor. Sie ist standardsprachlich nicht richtig. Es muss also heißen: *Dabei habe ich mir nichts gedacht* (**nicht:** *Da habe ich mir nichts bei gedacht*). *Dafür kann ich nichts* (**nicht:** *Da kann ich nichts für*). *Davon habe ich noch nichts gehört* (**nicht:** *Da habe ich noch nichts von gehört*). *Dagegen habe ich nichts* (**nicht:** *Da habe ich nichts gegen*).

3. da oder weil: Die beiden Wörter stimmen in ihrer Bedeutung weitgehend überein. Ein feiner Unterschied im Gebrauch ergibt sich jedoch aus der unterschiedlichen Aussagekräftigkeit. Man gebraucht eher *da,* wenn in dem Nebensatz, den es einleitet, etwas weniger Wichtiges, etwas bereits Bekanntes steht (dieser Nebensatz steht dann meist auch **vor** dem Hauptsatz): *Da heute ja Freitag ist, können wir früher nach Hause gehen. Da du ohnehin zur Post gehst, kannst du auch meinen Brief einwerfen.* Wenn in dem Nebensatz etwas verhältnismäßig Wichtiges, etwas Neues steht, dann verwendet man überwiegend *weil* (der Nebensatz steht dann meist **nach** dem Hauptsatz): *Mein Sohn konnte gestern nicht am Unterricht teilnehmen, weil er eine Magenverstimmung hatte.* Wenn im Hauptsatz durch Wörter wie *deswegen, deshalb, darum, besonders* o. Ä. verstärkt auf die Bedeutung des Grundes hingewiesen wird, dann steht nur *weil: Wir können deshalb früher nach Hause gehen, weil heute Freitag ist.*

dank

Das Verhältniswort (die Präposition) *dank* kann den Wemfall oder den Wesfall nach sich haben: *dank seinem Fleiß* oder *dank seines Fleißes.* In der Mehrzahl steht jedoch überwiegend der Wesfall: *dank besonderer Verfahren; dank der Fortschritte moderner Hygiene.* In der Mehrzahl weicht man dann auf den Wemfall aus, wenn der Wesfall nicht eindeutig erkennbar ist, sondern mit dem Werfall und dem Wenfall übereinstimmt. Dies ist immer dann der Fall, wenn vor dem Hauptwort kein Begleitwort steht: *Dank Regalen habe ich mehr Platz* aber *Dank neuer Regale habe ich mehr Platz.*

danke/Danke schön oder **Dankeschön**

Man schreibt die Dankesformel getrennt in Sätzen wie: *Du musst danke schön,* (nach neuer Rechtschreibung auch möglich:) *Danke schön sagen. Ich möchte ihr nur danke schön,* (nach neuer Rechtschreibung auch möglich:) *Danke schön sagen. Er sagte: »Danke schön!«* Groß und zusammen schreibt man, wenn die Formel zu einem Hauptwort geworden ist in Fällen wie: *Er sagte ein herzliches Dankeschön. Richte an deinen Bruder ein Dankeschön für seine Hilfe aus.*

dann oder **denn**

Besonders in der norddeutschen Umgangssprache setzen viele Sprecher in Sätzen wie: *Na, dann geht es eben nicht* oder: *Dann bis morgen* statt *dann* fälschlicherweise *denn.* Sätze wie: *Na, denn geht es eben nicht. Denn bis morgen* sind standardsprachlich nicht richtig.

darüber hinaus Die Fügung *darüber hinaus* schreibt man immer getrennt: *Sie haben darüber hinaus noch manches erlebt.* Diese Getrenntschreibung gilt auch, wenn *hinaus* mit einem Zeitwort zusammengeschrieben wird: *Er ist noch darüber hinausgegangen. Alles, was darüber hinausführt.* Nach den neuen amtlichen Rechtschreibregeln wird *hinaus* nur mit dem Zeitwort *sein* nicht zusammengeschrieben: *Er wird darüber hinaus sein.*

darunter Ein mit *darunter* gebildeter Satz kann lauten: *Dies geschah in vielen Ländern, darunter der Bundesrepublik* (Wemfall) oder *darunter die Bundesrepublik* (Werfall). Welchen Fall man wählt, hängt nicht von *darunter* ab, sondern davon, ob und wie man den Satz im Stillen ergänzt. Wiederholt man nach *darunter* im Stillen ein *in,* dann lautet der Satz: *Dies geschah in vielen Ländern, darunter [in] der Bundesrepublik.* Ergänzt man aber nach *darunter* etwa *befindet sich,* dann heißt es: *Dies geschah in vielen Ländern, darunter [befindet sich] die Bundesrepublik.* Beide Satzbildungen sind richtig. Ähnlich ist es in folgenden Fällen: *Er suchte mehrere Läden auf, darunter einen Antiquitätenladen* oder *darunter [war auch] ein Antiquitätenladen. Mehreren Schülern, darunter zwei Zehnjährigen* oder *darunter [befanden sich auch] zwei Zehnjährige, wurden Buchpreise verliehen.*

das oder **dass** Die beiden Wörter *das* und *dass* verwechseln viele Sprecher, obwohl sie ganz unterschiedliche Aufgaben in einem Satz erfüllen. Wer unsicher ist bei der Schreibung, der sollte sich eine einfache Regel merken: Lässt sich für das Wort auch *dieses* oder *welches* einsetzen, dann handelt es sich um das nur mit einem »s« zu schreibende *das.* Ergibt diese Einsetzprobe keinen Sinn, so muss es sich um das mit Doppel-s zu schreibende *dass* handeln. Auf diese Weise lässt sich beispielsweise eindeutig feststellen, dass in Sätzen wie *Was glaubst du, dass sie gesagt hat? Was ratet ihr, dass ich tun soll?* nur *dass* richtig sein kann. Ähnlich verhält es sich bei der Redensart: *Was du nicht willst, dass(!) man dir tu, das* (= dieses) *füg auch keinem andern zu.*

das oder **was** Es heißt richtig: *Das Boot, das* (**nicht:** *was*) *gekentert ist. Das Kleine, das* (**nicht:** *was*) *ich im Arm hielt. Das Hoheitsvolle, das* (**nicht:** *was*) *von ihrer Gestalt ausging.* Dagegen aber heißt es: *All das Schöne, was* (**nicht:** *das*) *wir gesehen haben. Es ist das Tollste, was* (**nicht:** *das*) *ich je erlebt habe. Es gibt vieles, was* (**nicht:** *das*) *mich interessiert.* Man gebraucht also *das,* wenn es sich auf eine bestimmte Person oder Sache, auf etwas Einzelnes bezieht, hingegen gebraucht man *was,* wenn es sich auf eine Gesamtheit, auf etwas Allgemeines, Unbestimmtes bezieht.

das gleiche/ dasselbe Bitte lesen Sie unter »der gleiche/derselbe« nach.

das heißt (d.h.) **Vor** *das heißt* steht **immer** ein Komma: *Es war nur ein schwacher, d.h. untauglicher Versuch. Wir werden den Vorfall nicht weitermelden, d.h. keine Strafanzeige erstatten.* Unmittelbar **nach** *das heißt* kann ein zweites Komma stehen, aber nur dann, wenn ein ganzer Satz folgt: *Am frühen Abend, d.h., sobald die Büros geschlossen haben, ist der Verkehr am stärksten. Wir werden den Fall nicht weitermelden, d.h., wir haben kein Interesse an einer Strafanzeige.* Das zweite Komma **kann** nach den neuen amtlichen Rechtschreibregeln auch stehen, wenn anstelle des ganzen Satzes nach *das heißt* eine Wortgruppe mit der Grundform eines Zeitwortes (Infinitivgruppe) steht: *Er versuchte den Ball zu passen, d.h.[,] ihn seinem Nebenmann zuzuspielen.*

dasjenige, was Einen Nebensatz, der mit dem hinweisenden Wort *dasjenige* angekündigt ist, leitet man mit *was* ein (**nicht** mit *das*): *Dasjenige, was sie am liebsten tun, ist ihnen verboten.*

dass

Ein mit *dass* eingeleiteter Nebensatz muss **immer** durch Komma abgetrennt werden: *Die Hauptsache ist, dass du kommst. Die Nachricht, dass er zugestimmt hat, kam schon gestern. Dass du so schnell kommst, hätte ich nicht gedacht.*

Vor Fügungen mit *dass* (z.B. *auch dass, sodass, als dass*) muss ein Komma stehen: *Ich bin zu müde, als dass ich dies noch erledigen könnte.* Werden die Teile dieser Fügungen nicht als feste Einheit gesehen, kann vor dem *dass* ein zusätzliches Komma stehen: *Ich habe alles gesehen, auch[,] dass er das Geld eingesteckt hat.* Bitte lesen Sie für alle anderen Fälle dazu unter dem entsprechenden Stichwort nach.

dasselbe Bitte lesen Sie unter »derselbe, dieselbe, dasselbe« nach.

Datum

Datumsangaben

1. die reine Datumsangabe:
Die reine Datumsangabe kann folgende Form haben:

04. 08. 2002
04. 08. 02
2002-08-24
02-08-24
4. August 2002
4. Aug. 2002

2. Datumsangabe in Briefen in Verbindung mit dem Ortsnamen:
Handelt es sich um eine gewöhnliche Datumsangabe, d. h., soll der betreffende Tag nur als gewöhnlicher Kalendertag genannt werden, wählt man im Allgemeinen die Zeitangabe mit *den* oder die bloße Zeitangabe:

Berlin, den 04. 08. 2002
Berlin, den 4. August 2002
Berlin, 4. August 02
Berlin, 04. 08. 2002
Berlin, 4. Aug. 2002

Soll dagegen der betreffende Tag als ein bedeutsamer, aus dem zeitlichen Ablauf herausgehobener Tag genannt werden, dann bevorzugt man die Zeitangabe mit *am.* Datumsangaben mit *am* verleihen einem Tag gewissermaßen etwas Bedeutsames und finden sich daher in Urkunden, Dokumenten, feierlichen Anzeigen und dergleichen:

Berlin, am 04.08.2002

In Werbebriefen wird häufig auf die Angabe des genauen Datums verzichtet, stattdessen wird nur der Monat genannt, eingeleitet durch *im:*

Berlin, im August 2002

Grammatisch nicht korrekt ist der Anschluss *Berlin, dem ...*

3. Am Montag (Dienstag, Mittwoch usw.) dem/den:
Beide Formen sind richtig. Man kann sagen *Die Konferenz findet am Montag, dem 1. März 2002[,] statt* oder: *Die Konferenz findet am Montag, den 1. März 2002 statt.* Im ersten Beispielsatz ist *dem 1. März 2002* ein Beisatz (Apposition), im zweiten Beispielsatz dagegen ist *den 1. März 2002* eine Aufzählung im Wenfall.

4. Das Datum in Verbindung mit dem Wochentag:
Werden Monat und Wochentag genannt, gelten nach neuer Rechtschreibung folgende Varianten als korrekt:

Sie kommt Montag, den 4. Juli[,] an

oder

Sie kommt am Montag, den 4. Juli an

oder

Sie kommt am Montag, dem 4. Juli[,] an.

Im ersten und letzten Beispiel kann der Schreiber entscheiden, ob er das zweite Komma setzen will, im zweiten Beispiel steht immer nur ein Komma.

Datumsangaben (Fortsetzung)

In Verbindung mit *bis zu* kann es heißen: *bis zum Freitag, dem 15. Oktober* oder *bis zum Freitag, den 15. Oktober.* Beide Formen sind richtig.

5. Das Datum in Verbindung mit dem Wochentag, einer Zeitangabe und einer Ortsangabe:
Die Versammlung findet [am] Montag, den 4. Juli, [um] 11 Uhr[,] im Gemeindehaus statt. Folgt auf das Datum noch die Angabe einer Uhrzeit, dann steht vor dieser Angabe ein Komma. Nach der Angabe der Uhrzeit kann nach den neuen amtlichen Rechtschreibregeln ein Komma stehen, wenn der Satz weitergeführt wird.

davon, dass Bei der Verbindung *davon, dass* steht nach *davon* immer ein Komma: *Das hast du nun davon, dass du so lange weggeblieben bist. Davon, dass du schreist, wird es auch nicht besser.* Zu dem Ausdruck *abgesehen davon, dass* lesen Sie bitte unter »abgesehen davon« nach.

dein, deine Das besitzanzeigende Fürwort (Possessivpronomen) *dein, deine* schreibt man üblicherweise klein: *dein Buch, deine Geigen.* Klein schreibt man es nach den neuen amtlichen Rechtschreibregeln auch dann, wenn es bei der Anrede gebraucht wird und dabei eine Person unmittelbar angesprochen wird wie in Briefen, aber auch in Wahlaufrufen, Erlassen, Grabinschriften, Widmungen, Mitteilungen eines Lehrers unter Klassenarbeiten, auf Fragebogen, in schriftlichen Prüfungsaufgaben usw.: Brief: *Vielen Dank für deine Nachricht.* Bemerkung des Lehrers unter einem Aufsatz: *Du hast auf deine Arbeit viel Mühe verwendet.* Fragebogen: *Was sind deine Berufswünsche?*
Groß schreibt man *dein, deine,* wenn es zum Hauptwort geworden ist in Fällen wie: *das Dein und das Mein, Mein und Dein verwechseln, ein Streit über Mein und Dein.* Nach den neuen amtlichen Rechtschreibregeln kann man *dein, deine* (entsprechend auch *deinig*), wenn es zum Hauptwort geworden ist, groß- oder kleinschreiben: *Du musst das dein[ig]e* oder *das Dein[ig]e tun; Grüße die dein[ig]en* oder *die Dein[ig]en.* Immer klein schreibt man dagegen, wenn sich *dein, deine* auf ein vorangehendes Hauptwort bezieht: *Wessen Bücher sind das? Sind es die deinen?*

deinerseits, deines gleichen, deinethalben, deinetwegen, deinetwillen Diese Wörter schreibt man nach den neuen amtlichen Rechtschreibregeln in der Anrede **immer** klein. Bitte lesen Sie dazu unter »dein« nach.

deines Vaters Haus/ deinem Vater sein Haus Für Formulierungen wie *deines Vaters Haus* oder *das Haus deines Vaters* heißt es umgangssprachlich oft auch *deinem Vater sein Haus.* Diese Ausdrucksweise ist **nicht richtig.**

deinetwegen oder **wegen dir** In der Umgangssprache verwenden viele Sprecher statt *deinetwegen wegen dir: Das habe ich nur wegen dir getan.* Hochsprachlich richtig ist: *Das habe ich nur deinetwegen getan.*

dem oder **den** Man kann sowohl sagen *Die Konferenz findet am Montag, dem 1. März 2002, statt* als auch: *Die Konferenz findet am Montag, den 1. März 2002 statt.* Ein Unterschied besteht nach den neuen amtlichen Rechtschreibregeln nur darin, dass bei der Fügung mit *dem* das zweite Komma auch entfallen kann: *Die Konferenz findet am Montag, dem 1. März 2002[,] statt,* während bei dem zweiten Beispiel nie ein zweites Komma steht. Wird der Satz noch um eine Angabe der Uhrzeit erweitert, wird diese jedoch in beiden Fällen durch Komma abgetrennt: *Die Konferenz findet am Montag, dem* oder *den 1. März 2002, um 11 Uhr[,] statt.* Nach den neuen amtlichen Rechtschreibregeln kann hinter der Uhrzeit ebenfalls ein Komma stehen.

der oder **er** Es gilt als umgangssprachlich, gelegentlich auch als unhöflich, wenn man in bestimmten Zusammenhängen in Bezug auf eine männliche Person *der* gebraucht und nicht *er,* wie es standardsprachlich wäre. **Richtig** also: *Das muss er doch selber wissen.* **Nicht:** *Das muss der doch selber wissen.* **Richtig:** *Mein Vater ist sehr altmodisch, mit ihm kann ich nicht darüber sprechen.* **Nicht:** *... mit dem kann ich nicht darüber sprechen.*

derartig Ein Eigenschaftswort oder Mittelwort (Partizip), das auf *derartig* folgt, beugt man (auch wenn es als Hauptwort gebraucht wird) in gleicher Weise wie *derartig* selbst: *derartiges gedrucktes Material, bei derartiger seelischer Verfassung, mit derartigem frechem Betra-*

gen (die Form *mit derartigem frechen Betragen* ist heute nicht mehr üblich), *derartige schlimme Fehler, die Vermeidung derartiger persönlicher Beschuldigungen; ein derartiger Abgeordneter, derartige Kranke, die Meinung derartiger Betroffener.*
Oft steht *derartig* auch unverändert vor einem Eigenschaftswort: *mit einem derartig frechen Betragen.* Diese Form ist ebenfalls richtig.

der gleiche/ derselbe

Besonders in der gesprochenen Umgangssprache verwechseln viele Sprecher *der gleiche (die gleiche, das gleiche)* mit *derselbe (dieselbe, dasselbe).* Zwischen beiden Ausdrücken besteht aber ein feiner Unterschied. *Derselbe* (entsprechend auch *dieselbe, dasselbe*) bedeutet *der nämliche* und zeigt eine völlige Übereinstimmung an: *Er trägt denselben Anzug wie gestern,* d. h., er trägt diesen einen und keinen anderen Anzug. Andere typische Beispiele für *derselbe (dieselbe, dasselbe)* sind: *Sie stammt aus demselben Dorf wie ich. Es war ein und derselbe Schauspieler. Es war dieselbe Stadt wie damals.*
Der gleiche (die gleiche, das gleiche) bedeutet eine Übereinstimmung in allen Merkmalen oder eine Vergleichbarkeit: *Er fordert das gleiche Recht für alle,* d. h. ein merkmalsgleiches Recht für alle. Als Beispiel für die Bedeutung der Vergleichbarkeit kann folgender Satz dienen: *Sie hat die gleiche Figur wie ihre Schwester,* d. h., sie hat eine vergleichbare Figur. Ein anderes typisches Beispiel für *der gleiche (die gleiche, das gleiche)* ist: *Sie trug beim Ball das gleiche Kleid wie ihre Freundin.*
Wenn man in der Umgangssprache beide Ausdrücke vertauscht, kann es zu Missverständnissen kommen. Man sollte deshalb in der Standardsprache den Unterschied zwischen *derselbe (dieselbe, dasselbe)* und *der gleiche (die gleiche, das gleiche)* berücksichtigen: *Die Monteure der Firma fahren den gleichen Wagen* bedeutet, dass sie einen Wagen desselben Fabrikats benutzen. *Die Monteure der Firma fahren denselben Wagen* bedeutet, dass sie den einen Firmenwagen gemeinsam bzw. abwechselnd benutzen. Oft ergibt sich allerdings auch aus dem Zusammenhang, wie eine Aussage gemeint ist.

deren

1. Beugung nach *deren:* Ein Eigenschaftswort oder Mittelwort (Partizip), das auf *deren* folgt, beugt man (auch wenn es als Hauptwort gebraucht wird) stark: *Ich sprach mit Maria und deren nettem* (**nicht**: *netten*) *Mann. Das ist nur für Mitglieder und deren*

Angehörige (**nicht:** *Angehörigen*). *Mit Ausnahme unserer Mitarbeiter und deren Angehöriger* (**nicht:** *Angehörigen*) ...

2. Falsch gebildete Form *derem*: Eine Form, die *derem* lautet, gibt es nicht, denn man kann *deren* nicht in den Wemfall setzen. Es heißt also **richtig** nur: *Sie sprach mit Maria und deren* (**nicht:** *derem*) *Mann. In Bezug auf die Wirtschaft, in deren* (**nicht:** *derem*) *Rahmen ...*

3. deren oder derer: Die Formen *deren* und *derer* werden oft verwechselt. Bei Rückweisung heißt es immer *deren: Die Frau, deren* (**nicht:** *derer*) *er sich annahm. Die Taten, deren* (**nicht:** *derer*) *sie sich rühmen. Die Beweise, aufgrund deren* (**nicht:** *derer*) *er verurteilt wurde. Punkte, anhand deren* (**nicht:** *derer*) *er sich orientierte.* Die Form *derer* kommt nur als Hinweis auf etwas Folgendes und nur noch als Form der Mehrzahl vor: *Sie erinnerte sich derer* (**nicht:** *deren*), *die ihr früher so nahe gestanden hatten.*

derselbe, dieselbe, dasselbe

1. Anstelle von *er, sie, es*: Es ist stilistisch unschön, *derselbe* usw. anstelle des persönlichen Fürworts (Personalpronomens) zu gebrauchen, also etwa: *Nachdem die Äpfel geerntet worden waren, wurden dieselben auf Horden gelagert.* Dafür **besser:** ... *wurden sie auf Horden gelagert.*

2. anstelle von *sein, ihr*: Ebenso unschön ist es, *derselbe* usw. anstelle von *sein, ihr* zu gebrauchen: *Das höchste Bauwerk in der Gegend ist ein alter Turm. Die Höhe desselben ist etwa 100 Meter.* Dafür **besser:** ... *Seine Höhe ist etwa 100 Meter.*

dessen

1. Beugung nach *dessen*: Ein Eigenschaftswort oder Mittelwort (Partizip), das auf *dessen* folgt, beugt man (auch wenn es als Hauptwort gebraucht wird) stark: *Ich sprach mit Hans und dessen nettem* (**nicht:** *netten*) *Freund. Vor dem Denkmal und dessen breitem* (**nicht:** *breiten*) *Sockel ... Für den Kranken und dessen Angehörige* (**nicht:** *Angehörigen*) ... *Mit Ausnahme des Kranken und dessen Angehöriger* (**nicht:** *Angehörigen*) ...

2. Falsch gebildete Form *dessem*: Eine Form, die *dessem* lautet, gibt es nicht, denn man kann *dessen* nicht in den Wemfall setzen. Es heißt also **richtig** nur: *Sie sprach mit Hans und dessen* (**nicht:** *dessem*) *Freund. Im Hinblick auf den Wirtschaftsplan, in dessen* (**nicht:** *dessem*) *Rahmen ...*

die oder **sie**

Es gilt als umgangssprachlich, gelegentlich auch als unhöflich, wenn man in bestimmten Zusammenhängen in Bezug auf eine weibliche Person *die* gebraucht und nicht *sie*, wie es standardsprachlich wäre: **Richtig** also: *Das muss sie doch selber wissen.* **Nicht:** *Das muss die doch selber wissen.* **Richtig:** *Meine Mutter ist sehr altmodisch, mit ihr kann ich nicht darüber sprechen.* **Nicht:** *... mit der kann ich nicht darüber sprechen.*

die gleiche/ dieselbe Bitte lesen Sie unter »der gleiche/derselbe« nach.

Dienstagabend Nach den neuen amtlichen Rechtschreibregeln ist nur noch die Schreibweise *Dienstagabend* richtig: *Am nächsten Dienstagabend treffen wir uns. Meine Dienstagabende sind alle belegt.* Man kann für *Dienstag* selbstverständlich alle anderen Wochentage einsetzen. Ebenso wie *Abend* wird auch *Morgen, Mittag, Vormittag, Nachmittag* und *Nacht* behandelt: *Ich hatte Dienstagnacht einen Autounfall. Am Dienstagvormittag hat er einen Arzttermin.* Das nachgetragene *früh* schreibt man dagegen nur getrennt: *[am] Dienstag früh.*

dienstagabends oder **dienstags abends** Beide Schreibweisen sind nach den neuen amtlichen Rechtschreibregeln richtig und bedeuten »an jedem wiederkehrenden Dienstag zur Abendzeit«. Ebenso wie *Dienstag* werden alle anderen Wochentage behandelt; statt *abends* kann es auch *morgens, nachmittags* usw. heißen.

dieselbe Bitte lesen Sie unter »derselbe, dieselbe, dasselbe« nach.

dieser, diese, dieses **1. Anfang dieses Jahres:** Es heißt richtig: *Anfang dieses* (**nicht:** *diesen) Jahres; am 10. dieses Monats; ein Gerät dieses Typs.*

2. dies/dieses: Anstatt *dieses* kann man auch das ungebeugte *dies* in gleicher Bedeutung gebrauchen, vor allem wenn man es allein stehend verwendet: *Dies ist richtig. Dies alberne Geschwätz widert mich an.*

3. mit diesem seinem Buch: Folgt auf *dieser* usw. ein besitzanzeigendes Fürwort (*mein, dein, sein* usw.), erhält es die gleiche Endung wie *dieser* usw.: *mit diesem seinem Buch, von diesem deinem Freund, von dieser seiner Schöpfung.* Andere Endungen haben jedoch Eigenschaftswörter, die zusätzlich hinzugefügt werden: *von dieser seiner neuesten Schöpfung; von diesem deinem engen Freund; mit diesem seinem besten Buch.*

Diplomat Das Hauptwort *Diplomat* erhält – außer im Werfall – die Endung *-en: der Diplomat, des Diplomaten* (**nicht:** *des Diplomats*), *dem Diplomaten* (**nicht:** *dem Diplomat*), *den Diplomaten* (**nicht:** *den Diplomat*), Mehrzahl: *die Diplomaten.*

Dirigent Das Hauptwort *Dirigent* erhält – außer im Werfall – die Endung *-en: der Dirigent, des Dirigenten* (**nicht:** *des Dirigents*), *dem Dirigenten* (**nicht:** *dem Dirigent*), *den Dirigenten* (**nicht:** *den Dirigent*), Mehrzahl: *die Dirigenten.*

doch Vor *doch* steht ein Komma, wenn es Zusätze einleitet: *Er probierte es oft, doch vergebens.* Es steht auch ein Komma, wenn *doch* Sätze einleitet: *Sie versprach, mir zu helfen, doch sie kam nicht.*

Doktor **1. Anschrift und Anrede:** In der **Anschrift** verbindet man den Doktortitel immer mit dem Namen, d. h., man schreibt in die erste Zeile *Herrn* bzw. *Frau,* in die nächste Zeile *Dr.* und Namen. Ist eine Person Inhaber mehrerer Doktortitel, dann führt man diese ohne Komma hintereinander auf: *Frau Prof. Dr. phil. Dr. med. Helga Schulz.* Bei mehr als drei Titeln kann man sich mit *Dr. mult.* (= doctor multiplex »mehrfacher Doktor«) helfen. Schreibt man mehrere Doktoren gemeinsam an, setzt man in der Anschrift die Abkürzung Dres. (= doctores), z. B. *Dres. R. Müller und H. Otto* (auf die nächste Zeile:) *Rechtsanwälte.*
Auch in der **Anrede** kürzt man den Doktortitel gewöhnlich ab. Nur wer sehr höflich sein will, lässt den Namen weg, er muss dann aber *Doktor* ausschreiben: *Sehr geehrter Herr Doktor!* Ist der Angeschriebene Träger mehrerer akademischer Titel, wird nur in der Anrede nur einer – im Zweifelsfall der ranghöchste – genannt. Die Anrede für die oben genannte Frau Prof. Dr. phil. Dr. med. Helga Schulz wäre also *Sehr geehrte Frau Professor* bzw. *Sehr geehrte Frau Professor Schulz.* Auch die Bezeichnung , in welchem Bereich der Doktortitel erworben wurde (phil., theol., rer. pol. usw.), wird in der Anrede weggelassen.
2. Beugung: Steht das Wort *Doktor* (oder die Abkürzung *Dr.*) in Verbindung mit einem Familiennamen, dann bleibt es – im Gegensatz zum Namen – ungebeugt, d. h., es wird nicht verändert: *der Bericht [Herrn] Doktor Schulzes; die Praxis Dr. Müllers; die Villa des Doktor Meier.*

Donnerstagabend Bitte lesen Sie unter »Dienstagabend« nach.

Doppelpunkt

Doppelpunkt

1. Der Doppelpunkt bei der direkten Rede:
Der Doppelpunkt steht vor der direkten Rede, wenn diese vorher angekündigt ist:

Der Präsident sagte: „Ich werde meinem Land treu dienen."
Der Vater verkündete: „Morgen machen wir einen Ausflug."

Der Doppelpunkt steht auch dann, wenn der ankündigende Satz nach der direkten Rede weitergeführt wird:

Er fragte mich: „Weshalb darf ich das nicht?", und begann zu schimpfen.
(Die wörtliche Rede beginnt nach dem Doppelpunkt immer mit großem Anfangsbuchstaben.)

2. Der Doppelpunkt bei Aufzählungen:
Der Doppelpunkt steht vor angekündigten Aufzählungen. Das erste Wort schreibt man nur dann groß, wenn es ein Hauptwort ist:

Sie hat schon mehrere Länder besucht: Frankreich, Spanien, Polen, Ungarn.
Die üblichen Leistungsnoten in der Schule lauten: sehr gut, gut, befriedigend, ausreichend, mangelhaft, ungenügend.
Folgende Teile werden nachgeliefert: gebogene Rohre, Muffen, Schlauchklemmen und Dichtungen.

Der Doppelpunkt steht nicht, wenn einer Aufzählung Wörter wie *nämlich, d. h., d. i., z. B.* vorausgehen.
In diesen Fällen steht ein Komma:

Der Teilnehmerkreis setzt sich aus verschiedenen Gruppen zusammen, nämlich Arbeitern, Angestellten und Unternehmern.
Wir werden Ihnen alle durch die Dienstreise entstehenden Kosten, d. h. Fahrgeld, Auslagen für Übernachtung und Verpflegung, ersetzen.

3. Der Doppelpunkt bei Sätzen, Satzstücken, Einzelwörtern:
Der Doppelpunkt steht vor vollständigen Sätzen, Satzstücken oder einzelnen Wörtern, die ausdrücklich angekündigt sind. Dabei schreibt man das erste Wort eines vollständigen Satzes nach den neuen amtlichen Rechtschreibregeln immer groß, das Einzelwort bzw. das erste Wort des Satzstücks jedoch nur dann groß, wenn es ein Hauptwort ist:

Das Sprichwort lautet:
Der Apfel fällt nicht weit vom Stamm.
Haus und Hof, Geld und Gut:
Alles ist verloren.
Rechnen: sehr gut.
Nächste TÜV-Untersuchung:
30. 9. 2002.

Auch nach den Angaben in Firmenbriefköpfen wie

Doppelpunkt (Fortsetzung)

Ihr Zeichen, Ihre Nachricht vom, Unser Zeichen, Tag, Datum, Betreff/Betr., Bankkonto, Telefon u. a.

kann, wenn die folgende Mitteilung in die gleiche Zeile kommt, ein Doppelpunkt gesetzt werden. Dasselbe gilt für Hinweise auf Vordrucken und Formularen wie

Erfüllungsort: ...; Lieferadresse: ...; Der Direktor: ...; Die Erziehungsberechtigten: ...

4. Doppelpunkt und Ziffernschreibung:

In der Mathematik verwendet man den Doppelpunkt bei Teilungsaufgaben:

16:4 = 4; 1:2 = 0,5.

Bei der Angabe von Sport- und Wahlergebnissen, kartographischen Angaben u. a. drückt der Doppelpunkt ein (Zahlen)verhältnis aus:

Hamburger SV - Bayern München 2:2.

Ein klarer 5:1-Sieg. Der deutsche Tennismeister schlug den Spanier in drei Sätzen 6:2, 6:3, 7:5.

Die Erfolgsaussichten stehen 50:50. Die Wahlprognosen zeigen ein Verhältnis von 60:40 für die Kandidatin der konservativen Partei.

Die Karte ist im Maßstab 1:5 000 000 angelegt.

Schließlich steht der Doppelpunkt als Gliederungszeichen zwischen Stunden, Minuten und Sekunden bei genauen Zeitangaben (Sekunden und Zehntelsekunden trennt man durch ein Komma):

Die Zeit des Siegers im Marathonlauf beträgt 2:35:30,2 Stunden

(= 2 Stunden, 35 Minuten, 30,2 Sekunden).

Mit 8:41,7 Minuten (= 8 Minuten, 41,7 Sekunden) stellte sie einen neuen Rekord auf.

(Anstelle des Doppelpunktes steht hier gelegentlich auch nur ein Punkt: 13.58 Minuten; 4.25.30,9 Stunden; aber nicht: 4:25.30,9 Stunden.)

Dozent Das Hauptwort *Dozent* erhält – außer im Werfall – die Endung *-en: der Dozent, des Dozenten* (**nicht:** *des Dozents*), *dem Dozenten* (**nicht:** *dem Dozent*), *den Dozenten* (**nicht:** *den Dozent*), Mehrzahl: *die Dozenten.* In der Anschrift ist jedoch auch die ungebeugte Form *Dozent* zulässig: *[An] Herrn Dozent Meyer* neben *[An] Herrn Dozenten Meyer.*

drei viertel **1. Rechtschreibung:** Nach den neuen amtlichen Rechtschreibregeln schreibt man *drei viertel* immer getrennt: *eine drei viertel*

Stunde (oder: *eine Dreiviertelstunde*), *ein drei viertel Liter* (oder: *ein Dreiviertelliter*), *in drei Viertel der Länge.* Getrennt schreibt man schon immer, wenn eindeutig *viertel* (oder: *Viertel*) gezählt wird: *in drei viertel Stunden* (oder: *in drei Viertelstunden* = dreimal einer Viertelstunde), *ein Viertel des Kuchens und drei Viertel des Kuchens.* Auch bei Uhrzeitangaben wird getrennt geschrieben: *Es ist drei viertel zwölf.*

2. Groß-/Kleinschreibung: Klein schreibt man *drei viertel* immer, wenn Maßangaben folgen: *ein drei viertel Kilo, in einer drei viertel Stunde.* Außerdem schreibt man es in Uhrzeitangaben vor einer Zahl klein: *um drei viertel fünf.* Groß schreibt man *drei Viertel* in allen anderen Fällen: *um drei Viertel größer, ein drei Viertel des Umsatzes, um drei Viertel vor fünf.*

3. drei Viertel der Einwohner sind katholisch: Folgt auf die Bruchzahl ein Hauptwort im Wesfall (*der Einwohner, der Bevölkerung, des Weges* usw.), steht das Zeitwort gewöhnlich in der Mehrzahl: *Abgestimmt haben drei Viertel der Bevölkerung. Drei Viertel der Bauern sind unzufrieden. In diesem Monat werden drei Viertel der Autobahn fertig. Drei Viertel aller Mitglieder erschienen.* Steht das Hauptwort nach *drei Viertel* in der Einzahl, ist manchmal auch das Zeitwort in der Einzahl: *Drei Viertel des Weges ist zurückgelegt.*

Drittel

1. Beugung: Steht *Drittel* im Wemfall der Mehrzahl, dann verwendet man heute meist die gebeugte Form *Dritteln,* wenn das Gemessene nicht folgt oder ein Artikel vor der Maßzahl steht: *zu zwei Dritteln fertig sein; mit den zwei Dritteln musst du auskommen.* Folgt das Gemessene, ist die ungebeugte Form üblicher: *mit zwei Drittel der Summe.*

2. Ein Drittel der Schüler ist/sind krank: Folgt der Angabe *ein Drittel* ein Hauptwort in der Einzahl, dann steht auch das Zeitwort in der Einzahl: *Ein Drittel der Klasse ist krank.* Folgt auf *ein Drittel* ein Hauptwort in der Mehrzahl, dann steht das Zeitwort üblicherweise in der Einzahl, es kann jedoch auch in der Mehrzahl stehen: *Ein Drittel der Schüler ist krank,* seltener: *Ein Drittel der Schüler sind krank.* Wenn die Bruchzahl in der Mehrzahl steht *(zwei Drittel),* verwendet man beim Zeitwort meistens die Mehrzahl, und zwar unabhängig davon, ob das Hauptwort, das der Bruchzahl folgt, in der Mehrzahl oder in der Einzahl steht: *Zwei Drittel der Klasse/der Schüler sind krank.* Steht das Hauptwort nach der Bruchzahl in der Einzahl, steht manchmal auch das Zeitwort in der Einzahl: *Zwei Drittel der Klasse ist krank.*

drohen Die Kommasetzung bei dem Zeitwort *drohen* ist nach den neuen amtlichen Rechtschreibregeln grundsätzlich unabhängig von der Bedeutung des Zeitwortes geregelt. Wenn *drohen* mit einer Wortgruppe, die die Grundform eines anderen Zeitwortes enthält, verbunden ist (Infinitivgruppe), kann man ein Komma setzen oder es weglassen: *Der Kranke drohte[,] sich ein Leid anzutun.* Da das Komma gesetzt werden kann, um Missverständnisse auszuschließen, ist im folgenden Beispiel das Komma z.B. weniger sinnvoll: *Der Kranke drohte zu ersticken.*

drücken **1. etwas drückt jemandem/jemanden auf die Schulter:** Nennt man im Zusammenhang mit dem Zeitwort *drücken* sowohl eine Person als auch ein Körperteil, auf die sich *drücken* bezieht, dann kann die Person im Wemfall oder auch im Wenfall stehen. Der Wemfall ist jedoch üblicher: *Die Kiste drückte ihm auf die Schulter.* Seltener: *Die Kiste drückte ihn auf der Schulter.*

2. *vor* oder *von*: Im Sinne von »etwas nicht mitmachen, nicht tun wollen« wird *sich drücken* in der Regel mit *vor* verwendet: *Er drückt sich vor der Arbeit.*

du Das persönliche Fürwort *du* (und auch *deiner, dir, dich*) wird nach den neuen amtlichen Rechtschreibregeln immer **kleingeschrieben,** auch wenn es in der Anrede gebraucht wird. Dies ist der Fall in Briefen, Wahlaufrufen, Erlassen, Grabinschriften, Widmungen, Mitteilungen eines Lehrers unter Klassenarbeiten, auf Fragebögen, in schriftlichen Prüfungsaufgaben usw. Brief: *Wie geht es dir? Ich harre deiner.* Bemerkungen des Lehrers unter einem Aufsatz: *Mir scheint, du hast dir wirklich Mühe gegeben.* Fragebogen: *Womit beschäftigst du dich am liebsten?*

du oder **dich** In dem Satz *Wenn ich du wäre, ...* ist nur *du* (**nicht:** *dich*) richtig.

du oder **wir** *Du oder wir haben* (**nicht:** *hast*) *das getan.*

du und er *Du und er* (= ihr) *habt euch gefreut.* **Nicht:** *Du und er haben sich gefreut.*

du und ich *Du und ich* (= wir) *haben uns* (**nicht:** *sich*) *sehr gefreut.*

du und sie *Du und sie* (= ihr) *habt euch gefreut.* **Nicht:** *Du und sie haben sich gefreut.*

du und wir *Du und wir* (= wir) haben uns (**nicht:** *sich*) *sehr gefreut.*

durch was oder wodurch Vor allem in der gesprochenen Sprache ersetzen viele Sprecher heute *wodurch* durch *durch was: Durch was ist sie berühmt geworden? Weißt du, durch was sie berühmt geworden ist?* Die Verbindung *durch was* ist jedoch umgangssprachlich. Stilistisch besser ist *wodurch: Wodurch ist sie berühmt geworden? Weißt du, wodurch sie berühmt geworden ist?*

dürfen **1. dürfen oder gedurft:** Das Mittelwort der Vergangenheit (2. Partizip) von *dürfen* heißt *gedurft: Er hat es nicht gedurft.* Steht aber vor dem Zeitwort *dürfen* noch ein zweites Zeitwort, und zwar in der Grundform (im Infinitiv), dann steht nicht *gedurft,* sondern *dürfen: Sie hat mitkommen dürfen.* **2. doppelte Ausdrucksweise:** Man sollte vermeiden, *dürfen* zusammen mit anderen Wörtern, die eine Erlaubnis ausdrücken, zu gebrauchen. Also **nicht:** *Ich bitte um die Erlaubnis, das tun zu dürfen.* **Sondern:** *... die Erlaubnis, das zu tun.*

Dutzend **1. Groß- oder Kleinschreibung:** Das Wort *Dutzend* kann nach den neuen amtlichen Rechtschreibregeln bei Angaben unbestimmter Mengen groß- oder kleingeschrieben werden: *Es gab Dutzende* oder *dutzende von Reklamationen.*

2. Getrennt- oder Zusammenschreibung in Verbindung mit *Mal/-mal:* *Dutzend* ist vom folgenden Wort *Mal* getrennt zu schreiben, wenn *Mal* auf irgendeine Weise (besonders durch die Beugung seiner Beiwörter) als Hauptwort erkennbar ist: *zwei Dutzend Mal; viele Dutzend/dutzend Male.* Wird *dutzendmal* als Adverb verwendet, muss dagegen zusammengeschrieben werden: *Das habe ich dir doch schon dutzendmal* (= sehr oft) *gesagt.*
3. Beugung von *Dutzend*: Hat *Dutzend* die Bedeutung »12 Stück«, bleibt es in der Mehrzahl ungebeugt, d.h., es verändert sich nicht: *mit zwei Dutzend frischen Eiern.* Bezeichnet es dagegen eine unbestimmte Menge, wird es gebeugt, d.h. verändert: *Dutzende* (oder: *dutzende*) *von Fehlern; zu Dutzenden* (oder: *dutzenden*). Eine Ausnahme ist, wenn ein beigefügtes Wort durch seine gebeugte Form bereits die Mehrzahl und den entsprechenden Fall anzeigt; dann bleibt *Dutzend* wiederum ungebeugt: *einige Dutzend* (oder: *dutzend*) *Fehler.*

4. Beugung nach *Dutzend:* Nach *Dutzend* steht das Gezählte im gleichen Fall wie *Dutzend: ein/zwei Dutzend frische Eier, der Preis* *eines Dutzends/zweier Dutzend frischer Eier, mit einem/zwei Dutzend frischen Eiern, für ein/zwei Dutzend frische Eier.* Steht *Dutzend* im Wemfall *(mit einem Dutzend...),* wird das Gezählte häufig auch in den Wesfall oder auch in den Werfall gesetzt: *mit zwei Dutzend frischer Eier* oder: *mit zwei Dutzend frische Eier.* Bei der Bedeutung »unbestimmte Menge« wird das Gezählte heute meist mit *von* angeschlossen: *Dutzende* (oder: *dutzende*) *von kleinen Fahnen.* Ohne das Verhältniswort *von* setzt man das Gezählte meist ebenfalls in den gleichen Fall wie *Dutzende: mit Dutzenden* (oder: *dutzenden*) *kleinen Fahnen.* Richtig, wenn auch seltener ist der Wesfall: *mit Dutzenden* (oder: *dutzenden*) *kleiner Fahnen.* **5. Ein Dutzend Eier kostet/kosten:** Im Allgemeinen bezieht man das Zeitwort auf *Dutzend* und setzt es in die Einzahl. *Ein Dutzend Eier kostet 1,99 €, war zerbrochen, wird verschenkt, ist abzuholen.* Gelegentlich wird das Zeitwort aber nicht auf *Dutzend,* sondern auf das Gezählte bezogen und in die Mehrzahl gesetzt (d. h., man konstruiert nach dem Sinn): *Ein Dutzend Eier kosten 1,99 €, waren zerbrochen, werden verschenkt, sind abzuholen.* Beide Möglichkeiten sind richtig. Steht *Dutzend* aber in der Mehrzahl (*zwei Dutzend, drei Dutzend* usw.), muss auch das Zeitwort in der Mehrzahl stehen: *5 Dutzend Eier kosten 9,95 €.*

E

ebensolcher, ebensolche, ebensolches Ein Eigenschaftswort oder Mittelwort (Partizip), das auf *ebensolcher* usw. folgt, beugt man (auch wenn es als Hauptwort gebraucht wird) im Allgemeinen in gleicher Weise wie *ebensolcher* usw. selbst, d. h., es erhält die gleichen Endungen: *mit ebensolchem verbogenem Fahrrad, nach ebensolcher exakter Zeitnahme, zu ebensolchem Schönem; ebensolche Beamte; ebensolche schöne Dinge.*

ehe **1. Verneinung:** Das Bindewort (die Konjunktion) *ehe* leitet einen Nebensatz ein. Dieser Nebensatz kann dem Hauptsatz vorangehen, er kann ihm aber auch folgen. Ist ein vorangehender Hauptsatz verneint, darf in dem *ehe*-Nebensatz keine Verneinung stehen. Verneinungen drückt man durch Wörter wie *nicht, kein, nie* usw aus. Also heißt es **richtig:** *Man darf die Wagentür nie öffnen, ehe man sich umgesehen hat.* **Nicht:** *... ehe man sich nicht umgese-*

hen hat. Steht jedoch der Nebensatz vor dem Hauptsatz (und bringt er außer der zeitlichen Aussage auch eine Bedingung zum Ausdruck), setzt man die Verneinung: *Ehe ihr nicht still seid, kann ich euch das Märchen nicht vorlesen.*

2. Komma: Einen *ehe*-Nebensatz trennt man immer durch Komma vom Hauptsatz. Schwierigkeiten können jedoch auftreten, wenn zu *ehe* eine weitere Bestimmung hinzutritt. Diese bildet mit *ehe* im Allgemeinen eine Einheit, die nicht durch Komma getrennt wird: *Er überschaute alle Möglichkeiten des Spiels, noch ehe der Gegner einen Zug tat. Mein Zug fuhr ab, eine halbe Stunde ehe der ihre kam.* Die Zeitangabe *eine halbe Stunde* gehört hier nicht zum Hauptsatz, sondern zum Nebensatz, sie bildet mit *ehe* eine Einheit.

Eigenschaft In der Fügung *in seiner Eigenschaft als* steht nach *als* immer der Werfall: *Ich sprach mit ihm in seiner Eigenschaft als Vorsitzender* (**nicht:** *als Vorsitzendem*).

Eigenschaftswort **Beugung (Deklination) des Eigenschaftswortes:** Man unterscheidet die starke, schwache und gemischte Beugung des Eigenschaftswortes. Die drei Beugungsarten sind gekennzeichnet durch unterschiedliche Endungen, die in den einzelnen Fällen an das Eigenschaftswort treten. Dabei unterscheiden sich zusätzlich die Endungen in der Einzahl je nachdem, ob es sich um eine männliche, weibliche oder sächliche Form handelt.

		männlich	weiblich	sächlich
Singular	Werfall	weich-er Stoff	warm-e Speise	hart-es Metall
	Wesfall	(statt) weich-en Stoff[e]s	(statt) warm-er Speise	(statt) hart-en Metalls
	Wemfall	(aus) weich-em Stoff	(mit) warm-er Speise	(aus) hart-em Metall
	Wenfall	(für) weich-en Stoff	(für) warm-e Speise	(für) hart-es Metall
Plural	Werfall	weich-e Stoffe	warm-e Speisen	hart-e Metalle
	Wesfall	(statt) weich-er Stoffe	(statt) warm-er Speisen	(statt) hart-er Metalle
	Wemfall	(aus) weich-en Stoffen	(mit) warm-en Speisen	(aus) hart-en Metallen
	Wenfall	(für) weich-e Stoffe	(für) warm-e Speisen	(für) hart-e Metalle

Die **schwache** Beugung:

		männlich	weiblich	sächlich
Singular	Werfall	der schnell-e Wagen	die schnell-e Läuferin	das schnell-e Auto
	Wesfall	des schnell-en Wagens	der schnell-en Läuferin	des schnell-en Autos
	Wemfall	dem schnell-en Wagen	der schnell-en Läuferin	dem schnell-en Auto
	Wenfall	den schnell-en Wagen	die schnell-e Läuferin	das schnell-e Auto
Plural	Werfall	die schnell-en Wagen	schnell-en Läuferinnen	schnell-en Autos
	Wesfall	der		
	Wemfall	den		
	Wenfall	die		

Die **gemischte** Beugung:

		männlich	weiblich	sächlich
Singular	Werfall	kein schnell-er Wagen	keine schnell-e Läuferin	kein schnell-es Auto
	Wesfall	keines schnell-en Wagens	keiner schnell-en Läuferin	keines schnell-en Autos
	Wemfall	keinem schnell-en Wagen	keiner schnell-en Läuferin	keinem schnell-en Auto
	Wenfall	keinen schnell-en Wagen	keine schnell-e Läuferin	kein schnell-es Auto
Plural	Werfall	keine schnell-en Wagen	schnell-en Läuferinnen	schnell-en Autos
	Wesfall	keiner		
	Wemfall	keinen		
	Wenfall	keine		

Im Unterschied zum Hauptwort ist jedes beigefügte Eigenschaftswort nach Bedarf stark oder schwach oder gemischt beugbar. Wenn ein Geschlechtswort (Artikel) oder ein stark gebeugtes Fürwort (Pronomen) deutlich macht, in welchem Fall das Hauptwort steht, dann wird das Eigenschaftswort schwach gebeugt: *der junge Mann, des jungen Mannes; mit diesem kleinen Kind.* Steht aber das Eigenschaftswort allein oder hat das vorangehende Begleitwort keine starke Endung, so wird das Eigenschaftswort stark gebeugt: *lieber Freund; ein junger Mann; unser kleines Kätzchen.* Steht vor dem Eigenschaftswort *ein, kein* oder ein besitzanzeigendes Fürwort *(mein, dein, sein),* dann wird es gemischt gebeugt: *ein schnelles Auto, kein guter Schüler, seine neue Freundin.* Stehen bei einem Hauptwort zwei oder mehrere Eigenschaftswörter, dann beugt man sie im Allgemeinen in gleicher Weise: *ein breiter, tiefer Graben; mit dunklem bayrischem Bier; nach langem, schwerem Leiden.* Die frühere Regel, nach der das zweite Eigenschaftswort im Wemfall der Einzahl schwach gebeugt werden müsse *(mit dunklem bayrischen Bier),* gilt nicht mehr, wird aber aus lautlichen Gründen häufig doch noch befolgt *(mit tief angesetztem, weiten Rock).*

einer, eine, eines **1. der Besuch eines unserer Vertreter:** Der Wesfall heißt *eines,* wenn es sich auf ein männliches (oder sächliches) Hauptwort bezieht: *der Besuch eines unserer Vertreter* (**nicht:** *einer unserer Vertreter*); *die Rückkehr eines meiner Mitarbeiter* (**nicht:** *einer meiner Mitarbeiter*); *durch den Ausfall des Abteilungsleiters sowie eines von drei Sachbearbeitern. Ein neuer Bestseller steht auf dem Programm eines der erfolgreichsten Verleger der Welt.* Es heißt aber *einer,* wenn es sich auf ein weibliches Hauptwort bezieht: *der Besuch einer unserer Vertreterinnen; die Rückkehr einer meiner Mitarbeiterinnen* usw.

2. durch den Ausfall des Abteilungsleiters sowie eines von drei Sachbearbeitern: Fälschlicherweise verwenden einige Sprecher hier statt der Fortführung des Wesfalls *(sowie* ***eines****)* den Wemfall *(sowie einem).* Dies ist **nicht richtig.**

3. einer der schönsten Filme, die …: Wird ein Einzelner oder ein Einzelnes in dieser Weise aus einer Gesamtheit herausgehoben, dann steht im nachfolgenden Nebensatz das Fürwort (Pronomen) in der Mehrzahl, nicht in der Einzahl: *Es ist einer der schönsten Filme, die ich gesehen habe* (**nicht:** *…, den ich gesehen habe*). *Er ist einer der ersten Menschen, die im Weltraum waren* (**nicht:** *…, der im Weltraum war*). *Frankfurt ist eine der wenigen Großstädte, in denen es eine solche Einrichtung gibt* (**nicht:** *…, in der es eine solche Einrichtung gibt*).

einander oder **gegenseitig** Es kann entweder heißen *Sie schaden einander* oder *Sie schaden sich gegenseitig* (aber **nicht:** *Sie schaden einander gegenseitig*).

einbauen Nach *einbauen in* steht überwiegend der Wenfall (Frage: wohin?): *Er baute einen Schrank in die Wand ein.* Die Verbindung mit dem Wemfall (Frage: wo?) ist auch möglich, sie kommt aber seltener vor: *Ein Schrank ist in der Wand eingebaut.*

einbegriffen **1. der/den Attentäter einbegriffen:** Das Wort *einbegriffen* (auch *inbegriffen*) steht nach dem Wort, das die Person oder Sache, die eingeschlossen werden soll, bezeichnet. Dieses Wort steht im

Werfall (z. B. *der Attentäter*), wenn es an ein Wort anschließt, das ebenfalls im Werfall steht: *Alle Menschen, der Attentäter einbegriffen, kamen ums Leben.* In allen übrigen Fällen steht *einbegriffen* mit dem Wenfall: *Er nahm sich der Verletzten an, den Attentäter einbegriffen. Er misstraute der Mannschaft, den späteren Attentäter einbegriffen. Er kannte alle, den Attentäter einbegriffen.* **2. einbegriffen in:** Nach *einbegriffen in* ist sowohl der Wemfall als auch der Wenfall richtig: *Alle Extras sind in diesem Preis* oder *in diesen Preis einbegriffen.* Häufiger ist allerdings der Wemfall: *Bedienung ist im Preis einbegriffen.*

einbrechen Nach *einbrechen in* kann sowohl der Wenfall (Frage: wohin?) als auch der Wemfall (Frage: wo?) stehen: *Sie wollen in die Bank* oder *in der Bank einbrechen.* Zu beachten ist, dass beim Wenfall die Vergangenheitsformen mit *sein (Er ist in die Fabrik eingebrochen. Sie waren in das Zimmer eingebrochen)* zu bilden sind. Beim Wemfall jedoch kann man nur *haben* verwenden: *Diebe haben in dem Appartement eingebrochen. Ein paar Jugendliche hatten in der Firma eingebrochen.*

eindeutig oder **unzweideutig** Bei der Verwendung der beiden Eigenschaftswörter ist folgender Bedeutungsunterschied zu beachten: Das Wort *eindeutig* bedeutet »völlig klar, unmissverständlich«. Es drückt aus, dass keine andere Deutung möglich ist: *Die Sachlage war eindeutig. Wir erhielten eine eindeutige Anordnung.* Hier steht *eindeutig* im Gegensatz zu »unklar, missverständlich«. Dagegen steht *unzweideutig* im Gegensatz zu »zweideutig«; es setzt die Möglichkeit einer anderen Deutung voraus, verneint sie aber ausdrücklich: *Gib mir bitte eine unzweideutige Antwort. Das war endlich eine unzweideutige Stellungnahme.*

einem oder **einen** Da man das unbestimmte Fürwort (Indefinitpronomen) *man* nicht beugen kann, wird es im Wemfall durch *einem,* im Wenfall durch *einen* ersetzt: *Je älter man ist, umso rätselhafter ist einem das Leben. Das kann einen doch ärgern!* **Nicht richtig** ist, im Wenfall statt *einen* die Form *einem* zu verwenden. Es heißt also: *Das kann einen* (**nicht:** *einem) doch ärgern!*

einer oder **man** Bitte lesen Sie unter »man« nach.

einerseits – andererseits Die Entsprechung von *einerseits* ist *andererseits* (auch richtig: *andrerseits, anderseits*), aber **nicht**: *im anderen Fall.* Das Wort *einerseits* kann allerdings auch fehlen. Zwischen *einerseits – andererseits* steht immer ein Komma, gleichgültig ob nur Satzglieder oder ob vollständige Sätze miteinander verbunden werden: *Er war [einerseits] sehr fleißig, andererseits auch verspielt. Sie wollte sich einerseits nicht binden, hatte aber andererseits großes Interesse an einem schnellen Abschluss der Verhandlungen.* Vollständige Sätze kann man auch durch einen Punkt trennen: *Einerseits wollte sie sich nicht binden. Andererseits aber hatte sie großes Interesse an…*

einesteils – andernteils Bitte lesen Sie zur Zeichensetzung unter »einerseits – andererseits« nach.

einführen Nach *einführen in* kann sowohl der Wenfall (Frage: wohin?) als auch der Wemfall (Frage: wo?) stehen. Hat man die Vorstellung, dass etwas oder jemand irgendwohin gebracht oder mitgebracht wird, dann gebraucht man den Wenfall: *Waren, Rohstoffe in ein Land einführen; jemanden in eine Gesellschaft einführen, in ein neues Amt einführen. Der Arzt führt eine Sonde in den Magen ein.* Will man aber den Ort nennen, wo etwas oder jemand eingeführt wird, wo etwas Neues üblich wird, so steht nach *einführen in* der Wemfall: *In diesem Land wurde eine neue Währung eingeführt. Du hast dich im Klub sehr geschickt eingeführt.*

eingeschlossen Nach *eingeschlossen in* ist sowohl der Wemfall als auch der Wenfall richtig: *Alle Extras sind in diesem Preis* oder *in diesen Preis eingeschlossen.* Häufiger ist der Wemfall.

einheften Nach *einheften in* oder *zwischen* kann sowohl der Wenfall (Frage: wohin?) als auch der Wemfall (Frage: wo?) stehen: *Sie heftete die Akte in den Ordner* oder *in dem Ordner ein. Sie heftete die Unterlagen zwischen andere* oder *zwischen anderen ab.*

einhundert oder **hundert** Soweit es nicht auf besondere Genauigkeit ankommt, lässt man bei der Wiedergabe der Zahlen von 100 bis 199 das *ein-* gewöhnlich weg: *183 = hundertdreiundachtzig.* Steht aber eine größere Einheit davor, muss *ein-* mitgesprochen und mitgeschrieben werden: *3 183 = dreitausendeinhundertdreiundachtzig.* Entsprechendes gilt für *eintausend* und *tausend.*

einiger, einige, einiges Das Eigenschaftswort, das auf *einiger* usw. folgt, erhält in der Mehrzahl gewöhnlich die gleichen Endungen wie das Wort *einiger* usw. selbst: *einige gute Menschen, einiger guter Menschen* (gelegentlich auch: *einiger guten Menschen*), *einigen guten Menschen.* Die Beugung in der Einzahl dagegen schwankt: Werfall: *einiger poetischer Geist, einiges poetische Verständnis* und seltener: *einiges poetisches Verständnis; einige poetische Begabung.* Wesfall: *einigen poetischen Geistes/Verständnisses; das Vorhandensein einiger poetischer Begabung.* Wemfall: *bei einigem poetischen Geist/Verständnis; bei einiger poetischer Begabung.* Wenfall: *für einigen poetischen Geist; für einiges poetische Verständnis* und seltener: *für einiges poetisches Verständnis; für einige poetische Begabung.* Folgt auf *einiger* usw. ein Hauptwort, das auf ein Eigenschaftswort oder Mittelwort (Partizip) zurückgeht, beugt man es wie ein beigefügtes Eigenschaftswort: *einiges Neue* (gelegentlich: *einiges Neues*), *mit einigem Neuen, einige Angestellte, die Entlassung einiger Angestellter* (gelegentlich auch: *einiger Angestellten*).

einiges, was Einen Nebensatz, der mit dem Wort *einiges* angekündigt wird, leitet man mit *was* ein (**nicht** mit *das*): *Sie hat einiges, was ich unbedingt kaufen möchte.*

einkehren Nach *einkehren in* steht überwiegend der Wemfall (Frage: wo?): *Wir kehrten im »Roten Ochsen« ein.* Die Verbindung mit dem Wenfall (Frage: wohin?) ist auch möglich: *Wir kehrten in den »Roten Ochsen« ein.*

einliefern Nach *einliefern in* steht immer der Wenfall (Frage: wohin?): *Der Verletzte wurde ins Krankenhaus eingeliefert. Man lieferte ihn ins Gefängnis ein.*

einordnen Nach *einordnen in* oder *hinter* u. Ä. kann sowohl der Wenfall (Frage: wohin?) als auch der Wemfall (Frage: wo?) stehen: *Sie hat die Bücher in einen Schrank* oder *in einem Schrank eingeordnet. Die Kopie bitte hinter die Seite 10* oder *hinter der Seite 10 einordnen.*

einschließlich **1. Beugung nach *einschließlich:*** Nach *einschließlich* steht der Wesfall, wenn das Hauptwort, das von *einschließlich* abhängt, ein Begleitwort aufweist: *die Aufwendungen einschließlich aller Reparaturen; einschließlich des Portos; einschließlich täglicher Spesen.*

Das gilt auch, wenn Orts- oder Ländernamen folgen: *Europa einschließlich Englands.* Steht das abhängige Hauptwort jedoch ohne Begleitwort, bleibt es in der Einzahl im Allgemeinen ungebeugt, d.h. unverändert: *einschließlich Porto; einschließlich Helga; einschließlich Auf- und Abladen. Das Buch hat 700 Seiten, einschließlich Vorwort.* In der Mehrzahl weicht man dagegen auf den Wemfall aus: *einschließlich Tischen und Stühlen; einschließlich Gläsern.* Die Verbindung von *einschließlich* mit einem persönlichen Fürwort (z.B. *einschließlich deiner*) kann man vermeiden; z.B.: *Alle meine Freunde, du eingeschlossen, waren verreist.* Oder: *Alle meine Freunde, auch du, waren verreist.*

2. einschließlich oder zuzüglich: Die zwei Wörter stehen sich insofern nahe, als beide etwas anschließen, was nicht als selbstverständliches Zubehör empfunden wird. Deshalb sind Sätze denkbar, in denen beide Wörter gegeneinander austauschbar sind, ohne dass sich der Sinn des Satzes ändert: *Er beansprucht den Ersatz seiner Aufwendungen, einschließlich* oder *zuzüglich der Fahrtkosten.* Ein Beispiel wie *eine Summe von 10 Euro zuzüglich Portokosten* zeigt aber, dass bei bestimmten, festgelegten Beträgen und Leistungen die beiden Wörter nicht austauschbar sind. Denn bei *zuzüglich* muss man noch einen Betrag hinzurechnen, während er bei *einschließlich* bereits enthalten ist.

einstecken Richtig ist: *Ich habe kein Geld eingesteckt.* Die Form *Ich habe kein Geld einstecken* kommt gelegentlich in der gesprochenen Umgangssprache vor.

einstellen Nach *einstellen in* kann sowohl der Wenfall (Frage: wohin?) als auch der Wemfall (Frage: wo?) stehen: *Wir müssen die Bücher in dieses* oder *in diesem Regal einstellen. Wir stellen Sie ab 1. September 2002 in unserem* (seltener: *in unseren*) *Betrieb ein.*

eintragen Nach *eintragen in* steht überwiegend der Wenfall (Frage: wohin?): *Die Hypothek wurde in das Grundbuch eingetragen.* Die Verbindung mit dem Wemfall (Frage: wo?) ist seltener: *Die Hypothek wurde in dem Grundbuch eingetragen.*

einwandern Nach *einwandern in* vor einem Ländernamen mit Geschlechtswort (Artikel) steht im Allgemeinen der Wenfall (Frage: wohin?): *Sie sind in die Schweiz, in den Sudan eingewandert.* Die Verbindung mit dem Wemfall (Frage: wo?) ist selten: *Sie sind in der*

Schweiz, im Sudan eingewandert. Steht ein Ländername mit Geschlechtswort und einer Beifügung, so kann man zwischen beiden Möglichkeiten wählen, je nachdem, ob man mehr den Ort (Frage: wo?) oder mehr die Richtung (Frage: wohin?) hervorheben will: *Sie sind im südlichen Kanada* oder *in das südliche Kanada eingewandert.*

einzeln Ein Eigenschaftswort oder Mittelwort (Partizip), das auf *einzeln* folgt, erhält (auch wenn es als Hauptwort gebraucht wird) die gleichen Endungen wie *einzeln* selbst: *einzelnes gedrucktes Material, bei einzelnem geglücktem Versuch, einzelne mittlere Betriebe; die Anstrengungen einzelner mittlerer Betriebe; einzelnes Gutes, die einzelnen Abgeordneten, die Forderungen einzelner Abgeordneter.*

einzig Um besonders zu betonen, dass etwas wirklich nur einmal und nicht mehrfach vorhanden ist, wird häufig fälschlicherweise die Form *einzigste* (als Steigerung von *einzig*) gebraucht. Das Wort *einzig* ist aber nicht steigerbar. **Falsch** also: *die einzigste Möglichkeit;* oder: *das Einzigste, was du tun kannst...* **Richtig** nur: *die einzige Möglichkeit;* oder: *das Einzige, was du tun kannst...*

Elefant Das Hauptwort *Elefant* erhält – außer im Werfall – die Endung *-en: der Elefant, des Elefanten* (**nicht:** *des Elefants*), *dem Elefanten* (**nicht:** *dem Elefant*), *den Elefanten* (**nicht:** *den Elefant*), Mehrzahl: *die Elefanten.*

empfehlen Bei *sich empfehlen als* steht das Hauptwort, das dem *als* folgt, gewöhnlich im Werfall: *Er empfahl sich als geeigneter Mann, ... als der geeignete Mann.* Der Wenfall *(Er empfahl sich als geeigneten Mann, ... als den geeigneten Mann)* kommt seltener vor, ist aber auch richtig.

enteisen oder **enteisenen** Die beiden Wörter sollte man nicht miteinander verwechseln. Das Zeitwort *enteisen* bedeutet »von Eis befreien«: *eine enteiste Windschutzscheibe.* Dagegen bedeutet *enteisenen* »vom Eisengehalt befreien«: *enteisentes Mineralwasser.*

Entgelt Das Hauptwort *Entgelt* hat weder etwas mit *Ende* noch mit *Geld* zu tun, es hängt vielmehr mit dem Wort *entgelten* (= vergüten, entschädigen) zusammen und wird daher wie dieses zweimal mit *t* geschrieben.

enthalten, sich Wenn man *sich enthalten* in der verneinten Verbindung *sich nicht enthalten können* gebraucht, darf man die davon abhängende Aussage nicht auch noch verneinen. Also **nicht richtig:** *Sie konnte sich nicht enthalten, nicht darüber zu spotten.* Sondern **richtig** nur: *Sie konnte sich nicht enthalten, darüber zu spotten.*

entladen, sich **1. sich entladen über:** Nach *sich entladen über* im Sinne von »heftig zum Ausbruch kommen« steht der Wemfall (Frage: wo?): *Das Gewitter entlud sich über dem See. Das Unglück entlud sich über diesen Arglosen.* Wird *sich entladen über* in übertragenem Sinn, z.B. in Bezug auf eine Gemütsbewegung gebraucht, dann steht meist der Wenfall (Frage: wohin?): *Sein Zorn entlud sich über die Kinder.* Die Verbindung mit dem Wemfall ist hier auch möglich, aber seltener: *Sein Zorn entlud sich über den Kindern.*
2. sich entladen auf: Nach *sich entladen auf* steht **immer** der Wenfall: *Sein Zorn entlud sich auf die Kinder.*
3. sich entladen in: Nach *sich entladen in* steht **immer** der Wemfall: *Die Begeisterung der Zuschauer entlud sich in stürmischem Beifall.*

sich entscheiden oder sich entschließen Es heißt zwar richtig: *sich entschließen zu etwas,* aber *sich entscheiden für etwas.* Fälschlicherweise verbinden manche Sprecher *sich entscheiden* bisweilen mit *zu* statt mit *für.* Also **richtig** nur: *Ich entscheide mich für diese* (**nicht:** *zu dieser*) *Möglichkeit.*
Sich entscheiden kann auf Personen, Sachen und Handlungen bezogen werden: *Er entschied sich für diesen Kandidaten, für dieses Buch, für sofortigen Aufbruch.* Dagegen kann man *sich entschließen* nicht auf Personen und Sachen, sondern nur auf Handlungen beziehen. **Richtig** ist also: *Er entschloss sich zu sofortigem Aufbruch.* Oder auch: *Er entschloss sich zum Studium, zur Scheidung.* **Nicht richtig** hingegen: *Er entschloss sich zu diesem Kandidaten, zu diesem Buch.*

entschuldigen Die häufig gebrauchte Entschuldigungsformel *Entschuldigen Sie vielmals* ist im Grunde unsinnig. Man kann zwar jemanden vielmals bitten, etwas zu entschuldigen, aber man kann nicht von ihm verlangen, dass er etwas vielmals (also mehr als nur einmal) entschuldigt. Also richtig: *Ich bitte vielmals um Entschuldigung.*

entweder – oder **1. Entweder er oder sie hat Schuld:** In solchen mit *entweder – oder* gebildeten Sätzen steht das Zeitwort in der Einzahl, nicht in der Mehrzahl. (Also **nicht richtig:** *Entweder er oder sie haben Schuld.*) In der Person richtet sich das Zeitwort dabei nach der Person des Satzgegenstandes, die ihm am nächsten steht. Also: *Entweder er oder ich gebe* (**nicht:** *gibt*) *klein bei. Entweder gehst du oder wir zuerst* (**nicht:** *gehen du oder wir zuerst*).

2. Komma: Wenn *entweder – oder* ganze Sätze verbindet, dann **kann** nach den neuen amtlichen Rechtschreibregeln vor *oder* ein Komma stehen, muss aber nicht: *Entweder schläft er schon[,] oder er ist ausgegangen. Sie liest entweder ein Buch[,] oder sie hört Musik[,] oder sie träumt.* Kein Komma steht dagegen, wenn *entweder – oder* nur Satzteile verbindet: *Er sagt jetzt entweder ja oder nein. Sie liest entweder ein Buch oder eine Zeitschrift.*

er oder ich *Er oder ich habe* (**nicht:** *hat* oder *haben*) *das getan.*

er und du *Er und du* (= ihr) *habt euch* (**nicht:** *haben sich*) *gefreut.*

er und ich *Er und ich* (= wir) *haben uns* (**nicht:** *haben sich*) *gefreut.*

er und ihr *Er und ihr* (= ihr) *habt euch* (**nicht:** *haben sich*) *gefreut.*

er und wir *Er und wir* (= wir) *haben uns* (**nicht:** *haben sich*) *gefreut.*

Erachten Die beiden Fügungen *meines Erachtens* und *meinem Erachten nach* (oder *nach meinem Erachten*) vermischen manche Sprecher fälschlicherweise miteinander zu *meines Erachtens nach.* **Richtig** also nur: *Meines Erachtens hatte er Angst. Meinem Erachten nach hatte er Angst.* (Oder: *Nach meinem Erachten hatte er Angst.*) Aber **nicht richtig:** *Meines Erachtens nach hatte er Angst.*

erinnern In der Hochsprache heißt es: *Ich erinnere mich an diesen Vorfall* (in gehobener Sprache auch: *Ich erinnere mich dieses Vorfalls*). Die Verwendung von *erinnern* mit dem Wenfall *(Ich erinnere diesen Vorfall)* gehört der Umgangssprache an und kommt besonders in Norddeutschland vor. Standardsprachlich also: *Erinnerst du dich daran?* (oder in gehobener Sprache: *Erinnerst du dich dessen?*), aber **nicht:** *Erinnerst du das?*

erkennen Bei *sich zu erkennen geben als* steht das Hauptwort, das dem *als* folgt, gewöhnlich im Werfall: *Er gab sich als Deutscher zu erkennen.* Der Wenfall *(Er gab sich als Deutschen zu erkennen)* ist zwar nicht falsch, aber er wird heute kaum noch gebraucht.

erklären, sich

Bei *sich erklären als* steht das Hauptwort, das dem *als* folgt, gewöhnlich im Werfall: *Er erklärte sich als der eigentliche Schuldige.* Der Wenfall *(Er erklärte sich als den eigentlichen Schuldigen)* kommt seltener vor, ist aber auch richtig.

Ermessen

Richtig ist nur die Fügung *nach meinem Ermessen.* **Nicht möglich** dagegen ist die Formulierung *meines Ermessens* oder gar *meines Ermessens nach.*

ersterer – letzterer, erstere – letztere, ersteres – letzteres

Das Wortpaar *ersterer – letzterer* usw. kann man inhaltlich nur auf zwei Personen oder Sachen beziehen (ähnlich wie bei dem Wortpaar *dieser – jener* usw.). Es kann, wie Eigenschaftswörter, bei zwei Hauptwörtern stehen, dann schreibt man klein: *Die erstere Bedeutung des Wortes ist allgemein bekannt, die letztere Bedeutung nicht.* Nach den neuen amtlichen Rechtschreibregeln schreibt man *ersterer* usw. bzw. *letzterer* usw. groß, wenn sie wie ein Hauptwort verwendet werden: *Er sagte, er sei zu Hause gewesen und habe keinen Alkohol getrunken. Ersteres konnte ich bezeugen, Letzteres leider nicht.*
Nicht richtig ist es, *letzterer* usw. einfach im Sinne von *dieser* usw. zu verwenden: *Die lange vermissten Akten waren in einem zugestaubten Schrank eingeschlossen; Letzterer* (**richtig:** *dieser*) *stand in einem kleinen, dunklen Raum.*

erweisen, sich

1. sich erweisen als: Bei *sich erweisen als* steht das Hauptwort, das dem *als* folgt, heute immer im Werfall: *Er erwies sich als hilfsbereiter Kollege.*
2. Gebrauch des Mittelworts: Das Mittelwort der Vergangenheit (2. Partizip) von *sich erweisen* (es lautet *erwiesen*) kann man nicht als Beifügung eines Hauptwortes verwenden. Also **nicht:** *die sich als dringend erwiesene Maßnahme,* sondern: *die Maßnahme, die sich als dringend erwiesen hat.*

Erwerb oder **Erwerbung**

Die beiden Wörter unterscheiden sich teilweise in der Bedeutung. So kann man für »Tätigkeit, durch die man seinen Lebensunterhalt verdient« nur *Erwerb* sagen: *Er geht keinem geregelten Erwerb nach.* Auch im Sinne von »Lohn, Verdienst« ist nur *Erwerb* möglich. *Er kann von seinem Erwerb kaum leben.* Dagegen ist die Verwendung von *Erwerb* in der Bedeutung »erworbenes Stück« veraltet. Es heißt heute: *Er zeigte ihm seine neuen Erwerbungen* (**nicht:** *Erwerbe*). Austauschbar sind die beiden Wörter im Sinne von »das Erwerben, Sichaneignen, Kaufen«: *der Erwerb* oder *die Erwerbung eines Grundstücks; der Erwerb* oder *die Erwerbung von Fertigkeiten.*

es Nach Verhältniswörtern (Präpositionen wie *auf, über, durch, neben* usw.) sollte nicht *es* stehen. Besser ist, stattdessen *darauf, darüber, dadurch, daneben* usw. zu verwenden: *Das Unglück ist jetzt passiert. Ich habe schon lange darauf* (**nicht**: *auf es*) *gewartet.* Es können jedoch Sätze vorkommen, in denen man die Konstruktion Verhältniswort + *es* nicht auf diese Weise umgehen kann – z. B., wenn *es* eine Person vertritt oder bei *es* in Verbindung mit *ohne.* Hier sollte man versuchen, die unschöne Konstruktion auf andere Weise zu umgehen: *Ein Kind saß auf der Bank; eine Frau setzte sich neben das Kind* (**statt**: *neben es*). *Sie wartete immer noch auf das Mädchen; sie wollte nicht ohne die Kleine* oder *ohne das Kind* (**statt**: *ohne es*) *gehen.*

Es gibt nichts Besseres als ein/einen Krimi Beide Formen sind richtig. Man setzt entweder den fraglichen Ausdruck in unmittelbare Beziehung zu *nichts Besseres.* Dann heißt es: *Es gibt nichts Besseres als einen Krimi.* Beide Glieder stehen dann im Wenfall. Oder man sieht *als ein Krimi* als die Verkürzung eines Nebensatzes an, der vollständig etwa lauten würde: *als ein Krimi ist.*

Es ist/sind zwei Jahre her Beide Formen sind richtig. Häufiger ist heute: *Es ist zwei Jahre her, dass er geschrieben hat.*

Es werden acht Stunden dazu benötigt Dies ist die richtige Form. **Nicht** richtig ist: *Es wird acht Stunden dazu benötigt.*

Esslöffel Das Hauptwort *Esslöffel* kann man als Maßbezeichnung verwenden: *fünf Esslöffel Schlagsahne.* Auch in dieser Verwendung wird es gebeugt, d. h. verändert: *mit fünf Esslöffeln Schlagsahne.*

Etikett oder **Etikette** Die weibliche Form *die Etikette* ist die ältere; sie ist seit dem 17./18. Jh. bezeugt. Die sächliche Form *das Etikett* erscheint erst im 19. Jh., und zwar ausschließlich in der Bedeutung »aufgeklebtes Schildchen, Zettel mit [Preis]aufschrift«. Seitdem hat man auch *die Etikette* in dieser Bedeutung gebraucht. Heute besteht jedoch die Tendenz, die weibliche Form nur noch in der Bedeutung »Gesamtheit guter gesellschaftlicher Umgangsformen« zu verwenden. Die sächliche Form *das Etikett* hat drei Mehrzahlformen: *die Etikette, die Etiketten* und *die Etiketts.*

etlicher, etliche, etliches In der Mehrzahl erhält das Wort, das auf *etlicher* usw. folgt, in der Regel die gleichen Endungen wie *etlicher* usw. selbst: *etliche erfolgreiche Abschlüsse, mit etlichen Verletzten.* Im Wesfall gibt es zwei Formen: *die Behebung etlicher kleiner Mängel* oder selten: *... etlicher kleinen Mängel.* Auch in der Einzahl gilt meist gleiche Beugung: *etlicher politischer Zündstoff.*

etwas, was Einen Nebensatz, der mit dem hinweisenden Wort *etwas* angekündigt ist, leitet man in der Regel mit *was* ein: *Er tat etwas, was man ihm nicht zugetraut hatte.* Gelegentlich wird auch *das* gesetzt: *Ich habe etwas von ihr gehört, das ich einfach nicht glauben kann.*

euer **1. Rechtschreibung:** Das besitzanzeigende Fürwort *euer* wird üblicherweise kleingeschrieben: *Achtet auf eure Fahrräder! Wann beendet ihr endlich euren Streit?* Nach den neuen amtlichen Rechtschreibregeln schreibt man es auch klein, wenn es bei der Anrede gebraucht wird wie in Briefen, feierlichen Aufrufen, Erlassen, Grabinschriften, Widmungen o. Ä.
Brief: *Mit herzlichen Grüßen eure Inge.*
Aufruf: *Denkt an eure Zukunft!*
Groß schreibt man *euer* aber in Titeln: *Euer Hochwürden, Euer (Ew.) Exzellenz.* Groß oder klein schreibt man *euer* (entsprechend auch *eurig*), wenn es zum Hauptwort geworden ist in Fällen wie: *Ihr müsst das Eure* (oder: *das eure*) oder *das Eurige* (oder: *das eurige*) *tun. Grüßt die Euern/Euren* (oder: *die euern/die euren*) oder *die Eurigen* (oder: *die eurigen*) (= eure Angehörigen)! Jedoch schreibt man immer klein, wenn es sich auf ein Hauptwort bezieht: *Wessen Bücher sind das? Sind es die euren?*
2. Beugung: Nach *euer* erhält das folgende Eigenschaftswort oder Mittelwort (Partizip) in der Regel die gleichen Endungen wie *euer* selbst: *euer netter* (**nicht:** *nette*) *Brief; für euren von mir selbst abgeschickten Bericht.*

euretwegen oder **wegen euch** In gutem Deutsch sagt man *euretwegen: Das habe ich nur euretwegen getan.* In der Umgangssprache findet sich statt *euretwegen* häufig *wegen euch: Das habe ich nur wegen euch getan.*

Euro Die internationale Abkürzung für Euro in Verbindung mit Zahlen ist *EUR: 250 EUR.* Anstatt der Abkürzung kann man stets auch das Eurozeichen setzen: *250€.* Die Währungseinheit ist im Allgemeinen nach dem Betrag zu schreiben, weil sie auch erst nach der Zahl gesprochen wird. Man schreibt also in fortlaufenden Texten, Geschäftsbriefen usw. *3,45 EUR* oder *3,45€.* In Aufstellungen und im Zahlungsverkehr kann man Abkürzung oder Währungszeichen aus Gründen der besseren Übersichtlichkeit auch voranstellen: *EUR 3,45* oder *€ 3,45.* Ohne Zahlenangaben wird meist die ausgeschriebene Form Euro bevorzugt.

F

f oder **ph** Die eindeutschende *f-/F-*Schreibung für *ph-/Ph-* ist nach den neuen amtlichen Rechtschreibregeln besonders in allgemein gebräuchlichen Wörtern mit den Wortbestandteilen »fon«, »fot« und »graf« zulässig: *Mikrofon, Fotograf, Geografie.* Auch in einigen anderen Wörtern ist die eingedeutschte Schreibung jetzt neben der nicht eingedeutschten möglich wie z. B. bei *Delfin* (auch *Delphin*).

Fabrikant Das Hauptwort *Fabrikant* erhält – außer im Werfall – die Endung *-en: der Fabrikant, des Fabrikanten* (**nicht:** *des Fabrikants*), *dem Fabrikanten* (**nicht:** *dem Fabrikant*), *den Fabrikanten* (**nicht:** *den Fabrikant*), Mehrzahl: *die Fabrikanten.*

falls Nebensätze, die mit *falls* beginnen und unvollständig sind (z. B. *falls möglich* für vollständig: *falls es möglich ist*), kann man durch Komma abtrennen. Also: *Ich werde falls nötig selbst kommen.* Oder: *Ich werde, falls nötig, selbst kommen.*

Farbbezeichnungen **1. Beugung:** Neben den Bezeichnungen für die Grundfarben (*rot, grün* usw.) gibt es mehrere Farbbezeichnungen, die fast alle aus Substantiven hervorgegangen sind und aus anderen Sprachen stammen: *rosa, lila, orange, beige, bleu, creme, chamois, oliv, ocker, pensee, reseda, cognac, türkis* usw. Diese Adjektive können nicht gesteigert werden und dürfen standardsprachlich nicht gebeugt werden: *ein rosa* (**nicht:** *rosa[n]es*) *Kleid, die lila Hüte, ein orange Chiffontuch, die beige Schuhe* usw. Wer diese Formen nicht verwenden will, kann ausweichen auf die Zusammensetzung mit *-farben* oder *-farbig: ein orange[n]farbenes/orange[n]farbiges Kleid, die cremefarbigen/cremefarbenen Hüte, ein beigefarbenes Kleid* usw.

2. blaurot oder blau-rot: Farbbezeichnungen dieser Art kann man nach den neuen Rechtschreibregeln mit oder ohne Bindestrich schreiben. Die Schreibung ist in diesen Fällen unabhängig von der Bedeutung der Farbbezeichnung: *ein blaugrünes Kleid* (»ein Kleid in den Farben blau und grün« oder »ein Kleid, das einen grünen Farbton besitzt, der ins Blaue spielt«).

3. Groß- und Kleinschreibung: **Klein** schreibt man die Farbbezeichnung, wenn sie als Eigenschaftswort verwendet wird: *ein blaues/grünes/rotes Kleid, den Stoff blau/rot färben/streichen, der Stoff ist rot gestreift, der Stoff ist rot/blau/grün, Augenfarbe: blau, grau in grau, schwarz auf weiß, er ist mir nicht grün* (= nicht gewogen). **Groß** schreibt man als Hauptwörter verwendete Substantive und solche, die Teil eines Namens sind: *ins Blaue reden, Fahrt ins Blaue, die Farbe Blau, mit Blau bemalt, Stoffe in Blau, das Blau des Himmels, die/der Blonde* (= Person), *die Farben Gelb und Rot, bei Gelb ist die Kreuzung zu räumen, dasselbe in Grün, ins Grüne fahren, bei Grün darf man die Straße überqueren, die Ampel steht auf/zeigt Grün/Gelb/Rot, das erste Grün, er spielt Rot aus, bei Rot ist das Überqueren der Straße verboten, Rot auflegen, aus Schwarz Weiß machen wollen; die Blaue Grotte von Capri, das Rote Kreuz, das Schwarze Meer.* In einigen Fällen ist sowohl **Groß- als auch Kleinschreibung** möglich: *Die Farben der italienischen Flagge sind Grün, Weiß, Rot/grün, weiß, rot. Seine Lieblingsfarbe ist Gelb/gelb.*

farbig oder **farblich**

Das Eigenschaftswort *farblich* lässt sich im Sinne von »die Farbe betreffend« verwenden: *Die Dekorationen müssen farblich aufeinander abgestimmt werden. Die Sachen passen farblich nicht zusammen.* Dagegen bedeutet *farbig* sowohl »bunt« als auch »Farbe aufweisend, nicht schwarz-weiß«: *farbige Abbildungen, farbige Flecke; ein farbiger Einband.* An den zuletzt genannten Wortgebrauch schließt sich die Verwendung von *-farbig* in Zusammensetzungen an: *orangefarbig, cremefarbig* usw. Für Zusammensetzungen wird heute aber im Allgemeinen *-farben* gewählt: *orangefarben, beigefarben, fliederfarben, türkisfarben* usw.

Fass

1. Fass oder Fässer: Als Maßbezeichnung bleibt *Fass* in der Mehrzahl häufig ungebeugt, d. h. unverändert: *3 Fass Bier* oder *3 Fässer Bier.*

2. Beugung nach *Fass:* Nach *Fass* als Maßangabe steht in der Regel das, was gemessen wird, im selben Fall wie die Maßangabe *Fass* selbst. Dabei kann das Gemessene entweder Einzahl (z. B. *ein Fass Wein*) oder Mehrzahl (z. B. *ein Fass Heringe*) sein. Das Gemessene in der Einzahl: *ein Fass Wein* (**nicht**: *Wein[e]s*), *ein Fass französischer Wein; der Preis eines Fasses Wein* oder *eines Fass Wein[e]s,* aber: *der Preis eines Fasses französischen Wein[e]s; mit einem Fass französischem Wein; für ein Fass französischen Wein.* Gelegentlich in gehobener Ausdrucksweise auch mit dem Wesfall: *ein Fass französischen Wein[e]s; mit einem Fass französischen Wein[e]s.* Das Gemessene in der Mehrzahl: *ein Fass grüne Heringe,* selten: *grüner Heringe; der Preis eines Fasses grüner Heringe; mit einem Fass grüner Heringe* oder *grüne Heringe,* selten: *grünen Heringen; für ein Fass grüne Heringe,* selten: *grüner Heringe.*

fassen Es heißt üblicherweise: *Ich fasse mir* (**seltener** auch: *mich*) *an den Kopf.*

Feindschaft Richtig heißt es *Feindschaft gegen* (**nicht:** *für* oder *zu*): *Ihre Feindschaft gegen ihn rührte wohl daher, dass …*

fingerbreit oder **einen Finger breit** oder **einen Fingerbreit** Alle drei Schreibweisen sind möglich. **Zusammen** und **klein** schreibt man, wenn es sich um ein Eigenschaftswort handelt: *Das ist ein fingerbreiter Saum. Der Saum ist fingerbreit. Die Tür steht fingerbreit offen.* **Getrennt** schreibt man, wenn *breit* näher bestimmt wird durch *Finger,* dem wiederum ein Zahlwort, ein Geschlechtswort (Artikel) o. Ä. vorangestellt ist: *Der Saum ist zwei Finger breit. Das ist ein einen Finger breiter Saum. Die Tür stand kaum einen Finger breit offen.* **Zusammen** und **groß** schreibt man, wenn man **Fingerbreit** als Maßangabe versteht: *Die Tür stand einen Fingerbreit offen. Es ist nur zwei Fingerbreit, keinen Fingerbreit entfernt.*

Flasche Nach *Flasche* als Maßbezeichnung steht in der Regel das, was gemessen wird, im selben Fall wie die Maßangabe *Flasche* selbst: *eine Flasche Wein, eine Flasche spanischer Wein; der Preis einer Flasche spanischen Wein[e]s; mit einer Flasche spanischem Wein; für eine Flasche spanischen Wein.* Richtig, aber gehoben ist die Ausdrucksweise: *eine Flasche spanischen Wein[e]s; mit einer Flasche spanischen Wein[e]s.*

folgend

1. Rechtschreibung: Nach den neuen amtlichen Rechtschreibregeln schreibt man *folgend* nur dann klein, wenn es als Eigenschaftswort auftritt: *die folgenden Seiten, folgendes politisches Bekenntnis.* In allen anderen Fällen schreibt man groß: *Wir möchten Ihnen Folgendes mitteilen. Alle Folgenden werden nicht mehr abgefertigt. Mit Folgendem teilen wir Ihnen mit, dass ...; alles Folgende; aus/in/mit/nach/von/zu Folgendem; in Folgendem/in Folgenden. Die Folgenden wichen zurück. Wir konnten das Folgende nicht voraussehen.*

2. Beugung nach *folgend*: Nach *folgend* beugt man ein Eigenschaftswort oder ein Mittelwort (Partizip) – auch wenn es zum Hauptwort geworden ist wie *Angestellte, Abgeordnete* usw. – meist auf diese Weise: (in der Einzahl:) Werfall: *folgender wichtige Gedanke, folgendes wichtige Prinzip, folgende wichtige Erfahrung;* Wesfall: *die Ablehnung folgenden wichtigen Gedankens/Prinzips, folgender wichtiger Erfahrung;* Wemfall: *bei folgendem wichtigen Gedanken/Prinzip, folgender wichtiger Erfahrung;* Wenfall: *für folgenden wichtigen Gedanken, folgendes wichtige Prinzip, folgende wichtige Erfahrung.* In der Mehrzahl erhält das Eigenschaftswort nach *folgend* überwiegend die gleichen Endungen wie *folgend* selbst: *folgende wichtige Ereignisse, wegen folgender wichtiger Ereignisse, bei folgenden wichtigen Ereignissen, für folgende wichtige Ereignisse.* Es kommen jedoch auch andere Formen vor: *folgende wichtigen Ereignisse, wegen folgender Abgeordneten, wegen folgender wichtigen Ereignisse.*

Forderung an/gegen/nach

Das, was man fordert, schließt man mit *nach* an: *die Forderung nach Selbstbestimmung* (**nicht:** *die Forderung der Selbstbestimmung*). Die Person oder die Institution, an die die Forderung gerichtet ist, schließt man gewöhnlich mit *an* an: *Forderungen an die Gläubiger, an die Atommächte, ans Leben.* Der juristische Sprachgebrauch verwendet statt *an* auch *gegen,* wodurch eine Rechtsbeziehung deutlicher ausgedrückt werden soll und das Ziel, die Richtung auf eine andere Partei stärker betont wird: *Forderungen gegen die Gläubiger.*

Forschung

An das Hauptwort *Forschung,* das zu dem Zeitwort *forschen* gebildet ist, darf man das, wonach geforscht werden soll, nicht im Wesfall anschließen. Also **nicht richtig:** *die Forschung der Wahrheit.* Möglich ist in diesem Fall nur ein Anschluss mit *nach: die Forschung nach der Wahrheit.*

fragen Die Formen des regelmäßigen Verbs lauten *fragen, fragte, gefragt.* Die ursprünglich niederdeutsche Form *frug,* die im 19. Jahrhundert vorübergehend auch in der Literatur häufiger auftrat, ist heute nur noch selten – vor allem landschaftlich – in Gebrauch. Dasselbe gilt für die Formen *frägst* und *frägt:* Auch sie sind standardsprachlich nicht richtig.

Fragezeichen

Fragezeichen:

1. a) Das Fragezeichen kennzeichnet einen Satz als Frage.

Was gibt es zu essen? Wann? Warum?

»Weshalb darf ich das denn nicht?«, fragte sie.

Kommt er bald nach Hause?

Sie heißen auch Meier?

b) Es kann auch nach frei stehenden Zeilen, z. B. nach einer Überschrift, stehen.

Wer hat Angst vor Virginia Woolf?

2. Aneinander gereihte Fragen oder Fragewörter können mit Komma verbunden werden. Das Fragezeichen steht dann nur am Ende der Aneinanderreihung.

Was höre ich, wie viele Mitglieder sind aus dem Verein ausgetreten? (Oder: Was höre ich? Wie viele Mitglieder sind aus dem Verein ausgetreten?)

Wie denn, wo denn, was denn? (Oder: Wie denn? Wo denn? Was denn?)

Soll man sich ärgern, soll man sich den Tag verderben lassen? (Oder: Soll man sich ärgern? Soll man sich den Tag verderben lassen?)

Frau **1. Frau + Name:** In der Verbindung *Frau* + Name beugt man im Wesfall den Namen (d. h., er erhält die Endung *-s*): *Frau Meyers Tochter, Frau Müllers Schreiben* usw. Nicht gebeugt wird er, wenn ein Geschlechtswort (Artikel) vorangestellt ist: *die Tochter der Frau Meyer, das Schreiben einer gewissen Frau Müller* usw. Auch bei *seitens,* das vor allem in der Amtssprache gebräuchlich ist, bleibt der Name in der Regel ungebeugt: *Seitens Frau Meyer wurden keine Bedenken erhoben.*

2. Frau Rechtsanwalt oder Frau Rechtsanwältin usw.: Bei akademischen Graden und bei Berufsbezeichnungen sind in der Anrede heute meist noch die männlichen Bezeichnungen üblich, obwohl es oft auch die weiblichen Formen gibt: *Frau Doktor* (seltener: *Frau Doktorin*), *Frau Professor* (seltener: *Frau Professorin*). Bei Titeln, bestimmten Funktions- oder Berufsbezeichnungen besteht dagegen die Neigung, die weiblichen Formen zu benutzen, da dies von vielen Frauen selbst so gewünscht wird (z. B. *Frau Bundesministerin, Frau Staatssekretärin, Frau Rechtsanwältin*). Manchmal sind nur die weiblichen Formen üblich (z. B. *Frau Kammersängerin*). Es ist heute nicht nur ein Gebot der Höflichkeit, sondern auch der Gleichbehandlung von Mann und Frau, Frauen mit den weiblichen Formen anzusprechen.

Frau, Gattin, Gemahlin Bitte lesen Sie zur richtigen Verwendung der Ausdrücke *Frau, Gattin, Gemahlin* oder *Frau Gemahlin* unter »Mann, Gatte, Gemahl« nach.

Fräulein **1. Gebrauch:** Bei der Anrede für eine erwachsene weibliche Person ist heute *Fräulein* unabhängig vom Familienstand oder dem Alter unüblich. Man sollte daher immer die Anrede *Frau* verwenden, auch z. B. für Jugendliche in der Ausbildung.

2. Beugung: Steht *Fräulein* in Verbindung mit *Tochter, Schwester, Braut* bleibt (das veraltete) *Fräulein* ungebeugt, d. h., es wird nicht verändert: *die Adresse Ihres Fräulein Tochter.* Steht *Fräulein* in Verbindung mit einem Namen, bleibt es ebenfalls ungebeugt; allerdings wird der Name gebeugt: *Fräulein Müllers Abschlusszeugnis.* Bei vorangehendem Fürwort (Pronomen) oder Geschlechtswort (Artikel) wird weder *Fräulein* noch der Name gebeugt: *die Anschuldigung jenes Fräulein Müller; das Schreiben des Fräulein Meyer.*

3. Geschlecht: Da (das veraltete) *Fräulein* ein sächliches Hauptwort ist, werden dementsprechend auch bei den Fürwörtern und Eigenschaftswörtern die sächlichen Formen verwendet: *Sehr geehrtes* (**nicht:** *geehrte*) *Fräulein Müller.* Nur bei größerem Abstand zwischen *Fräulein* und dazugehörigem Fürwort steht entsprechend dem natürlichen Geschlecht die weibliche Form des Fürwortes *(sie, ihr): Haben Sie Fräulein Meyer gesehen? – Ja, sie* (**nicht:** *es) und ihren Bruder.*

Freitagabend Bitte lesen Sie unter »Dienstagabend« nach.

fremdsprachig oder **fremdsprachlich** Das Eigenschaftswort *fremdsprachig* bedeutet »sich in einer fremden Sprache bewegend«: *fremdsprachige Bevölkerungsteile, Literatur, Wörterbücher.* Das Eigenschaftswort *fremdsprachlich* bedeutet »eine fremde Sprache betreffend«: *Der muttersprachliche Unterricht findet im Raum 106 statt, der fremdsprachliche im Sprachlabor.* Außerdem gebraucht man *fremdsprachlich* im Sinne von »zu einer fremden Sprache gehörend, daraus stammend«: *fremdsprachliche Wörter und Wendungen im Deutschen; Bewahrung der fremdsprachlichen Schreibung eines Wortes.*

froh Standardsprachlich heißt es: *Sie ist frohen* (**nicht:** *frohes*) *Mutes, frohen Sinnes; froh sein über* (**nicht:** *um*) *etwas.*

fühlen **1. sich fühlen als:** Bei *sich fühlen als* (oder *wie*) steht das Hauptwort, das dem *als* (oder *wie*) folgt, heute im Werfall: *Er fühlt sich als Held. Sie fühlte sich wie ein Fisch im Wasser.*
2. fühlen oder gefühlt: Nach der Grundform (dem Infinitiv) eines anderen Zeitwortes können heute sowohl *fühlen* als auch *gefühlt* stehen: *Er hat sein Ende kommen fühlen* oder *kommen gefühlt.*

Fülle Im Allgemeinen bezieht man das Zeitwort auf *Fülle* und setzt es in die Einzahl: *Eine Fülle von Modellen ist zu besichtigen, wurde angeboten, befand sich noch im Lager.* Gelegentlich wird das Zeitwort aber nicht auf *Fülle,* sondern auf das Gezählte bezogen und in die Mehrzahl gesetzt (d.h., man konstruiert nach dem Sinn): *Eine Fülle von Modellen sind zu besichtigen, wurden angeboten, befanden sich noch im Lager.* Beide Möglichkeiten sind richtig.

Füll- oder Flickwörter Zu einem stilistisch guten Satz gehört, dass er nicht durch so genannte Füll- oder Flickwörter aufgebläht ist. Als solche Füll- oder Flickwörter können besonders Wörter auftreten, deren eigentliche Funktion darin besteht, eine Aussage abzutönen. Sie sind besonders für die gesprochene Sprache kennzeichnend, in der sie zumeist sinnvoll sind. Der Sprechende kann mit ihrer Hilfe einem Gedanken eine bestimmte Färbung geben, etwas besonders betonen oder auch eine bestimmte Gefühlsbeteiligung in der Rede zeigen. In geschriebenen Texten wirken solche Wörter häufig störender. Sie bekommen dann, besonders in gehäufter Verwendung, den Charakter von bloßen Füllseln. Solche Wörter und ganze Fügungen sind zum Beispiel: *aber, also, an sich, an und für sich, auch, bekanntlich, doch, durchaus, eben, einfach, einmal, etwa, förmlich, freilich, gewissermaßen, gleichsam, in der Tat, irgendwie, mehr oder weniger, nämlich, nun, praktisch, quasi, unzweifelhaft, voll und ganz, wohl, zweifellos.*
In einem Beispiel liest sich das so: *Man sollte diese Wörter also jedenfalls darum auch vermeiden.* Ohne Füllwörter lautete dieser Satz: *Man sollte diese Wörter darum vermeiden.* Bitte lesen Sie

hierzu auch in der Einleitung unter »Von Floskeln, Füll- und Papierwörtern« nach.

Fünftel **1. Beugung:** Steht *Fünftel* im Wemfall der Mehrzahl, verwendet man heute meist die gebeugte Form *Fünfteln,* wenn das Gemessene nicht folgt oder ein Geschlechtswort vor der Maßzahl steht: *zu vier Fünfteln fertig sein; mit den drei Fünfteln musst du auskommen.* Folgt das Gemessene, ist die ungebeugte Form üblicher: *mit zwei Fünftel der Summe.*

2. Ein Fünftel der Schüler ist/sind krank: Folgt der Angabe *ein Fünftel* ein Hauptwort in der Einzahl, steht auch das Zeitwort in der Einzahl: *Ein Fünftel der Klasse ist krank.* Folgt auf *ein Fünftel* ein Hauptwort in der Mehrzahl, steht das Zeitwort üblicherweise in der Einzahl, es kann jedoch auch in der Mehrzahl stehen: *Ein Fünftel der Schüler ist krank,* seltener: *Ein Fünftel der Schüler sind krank.* Wenn die Bruchzahl in der Mehrzahl steht *(zwei, drei, vier Fünftel),* verwendet man beim Zeitwort meistens die Mehrzahl, und zwar unabhängig davon, ob das Hauptwort, das der Bruchzahl folgt, in der Mehrzahl oder in der Einzahl steht: *Drei Fünftel der Klasse/der Schüler sind krank.* Steht das Hauptwort nach der Bruchzahl in der Einzahl, steht manchmal auch das Zeitwort in der Einzahl: *Zwei Fünftel der Klasse ist krank.*

Funktionsverbgefüge Bitte lesen Sie unter »Hauptwortstil« sowie »gelangen« nach.

für oder **gegen** Die Verwendung von *für* in Beispielen wie *ein Mittel für den Husten* ist heute umgangssprachlich. Standardsprachlich verwendet man *gegen: Ich brauche ein Mittel gegen den Husten.*

für was oder **wofür** Vor allem in der gesprochenen Sprache ersetzen viele Sprecher heute *wofür* durch *für was: Für was hast du dich entschieden? Ich weiß nicht, für was er sich entschieden hat.* Die Verbindung *für was* ist jedoch umgangssprachlich. Stilistisch besser ist *wofür: Wofür hast du dich entschieden? Ich weiß nicht, wofür er sich entschieden hat.*

Für 25 Jahre treue Mitarbeit/treuer Mitarbeit Beide Formulierungen sind richtig. Die zweite Form *(... treuer Mitarbeit)* klingt gehobener als die erste.

fürchten

Wenn das Zeitwort *fürchten* mit einer Wortgruppe, die die Grundform eines anderen Zeitwortes enthält, verbunden ist (Infinitivgruppe), dann kann man ein Komma setzen, um die Gliederung des Satzes deutlich zu machen oder um Missverständnisse auszuschließen: *Er fürchtete sehr den Arbeitsplatz zu verlieren* oder *Er fürchtete sehr, den Arbeitsplatz zu verlieren.* Beide Möglichkeiten sind nach den neuen amtlichen Rechtschreibregeln richtig.

G

gäbe oder **gebe**

Beide Formen sind Möglichkeitsformen (Konjunktive) des Zeitwortes *geben.* Die Form *gebe* steht vor allem in der indirekten Rede: *Sie sagte, es gebe keine andere Möglichkeit. Sie fragte, was es zu essen gebe.* Auch *gäbe* kann in der indirekten Rede auftreten, z. B., wenn die Form *gebe* nicht eindeutig als Möglichkeitsform erkennbar ist: *Er sagte, sie gäben* (für nicht eindeutiges *geben*) *ein Fest.* Oder auch, wenn der Sprecher das, was er berichtet, für zweifelhaft hält: *Sie sagte zwar, es gäbe keine andere Möglichkeit [, aber ich glaube es nicht].* Sonst steht *gäbe* vor allem in Bedingungssätzen: *Wenn es eine andere Möglichkeit gäbe, wäre ich sofort bereit. Gäben meine Eltern mir das Geld, könnte ich verreisen.*

ganz

1. als Ganzes: Um etwas in seiner Gesamtheit, um die natürliche Einheit einer Sache auszudrücken, verwendet man heute das Hauptwort *das Ganze.* Es heißt also: *die Schule als Ganzes* (**nicht:** *die Schule als ganze,* unvollständig für: ... *als ganze Schule*). Hierbei richtet sich *das Ganze* in der Beugung nach seinem Bezugswort, sodass es z. B. im Wemfall heißen muss: *von der Schule als Ganzem* (**nicht:** *als Ganzes*).

2. die ganzen/alle Kinder: In der gesprochenen Sprache verwenden viele Sprecher *ganze* anstelle von *alle* (*die ganzen Kinder, Bewohner, Fußgänger* usw.). **Richtig** ist: *alle Kinder, Bewohner, Fußgänger* usw.

gären

Es heißt richtig: *Der Wein ist* oder *hat bereits gegoren.*

geben

Bei *sich geben als* steht das Hauptwort, das dem *als* folgt, heute im Werfall: *Er gab sich als Experte für Barockmusik.*

geboren **1. Komma:** Den Geburtsnamen (Mädchennamen), der dem Familiennamen eines Ehepartners mit der Abkürzung *geb.* hinzugefügt wird, fasst man heute gewöhnlich als Bestandteil des Namens auf und schließt ihn ohne Komma an. Er kann aber auch als nachgestellter Beisatz (Apposition) behandelt und mit Komma abgetrennt werden: *Frau Martha Schneider geb. Kühn wurde als Zeugin vernommen.* Oder: *Frau Martha Schneider, geb. Kühn, wurde als…* Auf gleiche Weise sind die mit *verh.* (= verheiratet[e]), *verw.* (= verwitwet[e]), *gesch.* (= geschieden[e]) angeschlossenen Zusätze zu behandeln. Zwei oder mehrere nachgestellte Namen trennt man immer mit Komma ab: *Frau Martha Schneider, geb. Kühn, verw. Schulz, wurde als Zeugin vernommen.*

2. ich bin/wurde geboren: Beide Formen sind möglich: In (ausführlichen) Lebensläufen verwendet man gewöhnlich *ich wurde geboren,* weil damit außer der Angabe des Ortes auch noch andere Angaben gemacht werden können. *Am 1. Juni 1960 wurde ich als zweites Kind der Eheleute… in Berlin geboren.* Dagegen kann man bei *ich bin geboren* nur den Ort angeben, also: *Ich bin in Berlin geboren,* aber **nicht:** *Ich bin am 1. Juni 1960 in Berlin geboren* oder: *Ich bin als zweites Kind der Eheleute… geboren.*

3. geboren oder gebürtig: Es heißt: *geboren in München,* aber *gebürtig aus München,* wobei *gebürtig* die Bedeutung »stammend aus« hat. Wer also in München lebt und auch dort geboren ist, ist im Unterschied zu dem in München lebenden, aber dort nicht geborenen Münchner ein **geborener** Münchner. Wer in München geboren ist, aber nicht mehr dort lebt, ist ein **gebürtiger** Münchner.

gebrauchen oder **brauchen** In richtigem Deutsch hat *gebrauchen* ausschließlich die Bedeutung »verwenden, benutzen«: *einen Hammer gebrauchen; ein gebrauchtes Auto.* Auch das Wort *brauchen* kann in dieser Bedeutung vorkommen: *seine Ellenbogen, seinen Verstand brauchen.* Das Zeitwort *brauchen* kann aber auch »nötig haben« bedeuten. Diese Bedeutung hat *gebrauchen* nicht. Es kann also nur heißen: *Ich brauche* (**nicht:** *gebrauche*) *noch etwas Geld zum Ankauf des Grundstückes. Ich brauche* (**nicht:** *gebrauche*) *einen neuen Wintermantel.* In Verbindung mit *können* lassen sich beide Wörter unterschiedslos verwenden: *Das kann ich gut gebrauchen* oder *brauchen.*

Geburtstag Das Wort *Geburtstag* bedeutet (abgesehen von der seltenen Verwendung in der Verwaltungssprache) nicht »Tag der Geburt«, sondern »Gedenktag der Geburt«. Seinen ersten Geburtstag feiert man also, wenn man ein Jahr alt wird. Der Tag, an dem jemand 50 Jahre alt wird, ist dessen 50. Geburtstag.

Gedankenstrich

Gedankenstrich:	
Der einfache Gedankenstrich **1.** Ein Gedankenstrich kündigt etwas Folgendes, oft etwas Unerwartetes an. (Gelegentlich kann an dieser Stelle auch ein Doppelpunkt oder ein Komma stehen.) *Hier hilft nur noch eins – sofort operieren!* *Plötzlich – ein gellender Aufschrei!* Auch möglich: *Plötzlich: ein gellender Aufschrei!* Oder: *Plötzlich, ein gellender Aufschrei!* *Du kannst das Auto haben – und zwar geschenkt!* Auch möglich: *Du kannst das Auto haben, und zwar geschenkt!* **2.** Zwischen Sätzen kann der Gedankenstrich den Wechsel des Themas oder des Sprechers anzeigen. *Wir sprachen in der letzten Sitzung über die Frage der Neustrukturierung unserer Abteilung. – Ist übrigens heute schon die Post gekommen?* *»Mein Sohn, was birgst du so bang dein Gesicht?« – »Siehst, Vater, du den Erlkönig nicht?«*	**Der doppelte (paarige) Gedankenstrich** **1.** Mit Gedankenstrichen kann man Zusätze oder Nachträge deutlich vom übrigen Text abgrenzen. (Meist können an den entsprechenden Stellen auch Kommas oder Klammern stehen.) *Dieses Bild – es ist das letzte und bekannteste der Künstlerin – wurde vor einigen Jahren nach Amerika verkauft.* Auch möglich: *Dieses Bild, es ist das letzte und bekannteste der Künstlerin, wurde …* Oder: *Dieses Bild (es ist das letzte und bekannteste der Künstlerin) wurde …* **2. a)** Ausrufe- oder Fragezeichen, die zu einem eingeschobenen Zusatz oder Nachtrag gehören, stehen vor dem zweiten Gedankenstrich. Zum umschließenden Text gehörende Satzzeichen dürfen nicht weggelassen werden. *Sie verschweigt – leider! –, wen sie mit ihrem Vorwurf gemeint hat.* **b)** Es steht jedoch kein Punkt oder Komma vor dem zweiten Gedankenstrich. *Philipp verließ – im Gegensatz zu seinem Vater, der 40 weite Reisen unternommen hatte – Spanien nicht mehr.*

gedenken Wenn das Zeitwort *gedenken* mit einer Wortgruppe, die die Grundform eines anderen Zeitwortes enthält, verbunden ist (Infinitivgruppe), dann kann man ein Komma setzen, um die Gliederung des Satzes deutlich zu machen oder um Missverständnisse auszuschließen: *Sie gedachte ein Wollgeschäft zu eröffnen.* Oder: *Sie gedachte, ein Wollgeschäft zu eröffnen.* Beide Möglichkeiten sind nach den neuen amtlichen Rechtschreibregeln richtig.

Gefreite Man beugt das Wort in folgender Weise: *der Gefreite, ein Gefreiter, zwei Gefreite, die Gefreiten, einige Gefreite, alle Gefreiten, solche Gefreite* und *solche Gefreiten, beide Gefreiten* und seltener auch *beide Gefreite; besagtem Gefreiten, die Beförderung erfahrener Gefreiter.*

Als Beisatz (Apposition): *mir (dir, ihm) als Gefreiten* und: *mir (dir, ihm) als Gefreitem.* In Verbindung mit Namen: *Ich habe mit Gefreitem/dem Gefreiten Schmidt gesprochen. Der Sonderurlaub des Gefreiten Schmidt.*

gegen was oder **wogegen** Vor allem in der gesprochenen Sprache ersetzen viele Sprecher heute *wogegen* durch *gegen was: Gegen was wendest du dich? Ich weiß nicht, gegen was du dich wendest.* Die Verbindung *gegen was* ist jedoch umgangssprachlich. Stilistisch besser ist *wogegen: Wogegen wendest du dich? Ich weiß nicht, wogegen du dich wendest.*

gehabt Die drei Vergangenheitsformen des Zeitwortes *haben* lauten: *ich hatte; ich habe gehabt; ich hatte gehabt,* so z. B.: *Ich hatte Kopfschmerzen; ich habe Kopfschmerzen gehabt; ich hatte Kopfschmerzen gehabt.*

In der gesprochenen Sprache verwenden manche Sprecher (besonders im süddeutschen Sprachraum) aber *gehabt* auch in Verbindung mit anderen Zeitwörtern: *Ich habe gegessen gehabt. Ich hatte geschlafen gehabt.* Diese Verwendung ist standardsprachlich **nicht richtig.** Stattdessen muss es heißen: *Ich hatte gegessen. Als er eingetreten war, hatte ich bereits gegessen.*

Gehalt *Gehalt* in der Bedeutung »Arbeitsentgelt, Besoldung« ist ein sächliches Hauptwort: *das Gehalt,* Mehrzahl: *die Gehälter.* In der Bedeutung »Inhalt, Wert« ist *Gehalt* ein männliches Hauptwort: *der Gehalt,* Mehrzahl: *die Gehalte.*

geherrscht Das Mittelwort der Vergangenheit (2. Partizip) von *herrschen* (es lautet *geherrscht*) ist nicht als Beifügung eines Hauptwortes zu verwenden. Also **nicht:** *die geherrschte Seuche,* sondern: *die Seuche, die geherrscht hat.*

gehörend oder **gehörig** In richtigem Deutsch sind diese beiden Wörter nicht austauschbar. Das Wort *gehörend* ist das Mittelwort der Gegenwart (1. Partizip) zu *gehören: die mir gehörenden* (**nicht:** *gehörigen*) *Bücher; die in den Schrank gehörende* (**nicht:** *gehörige*) *Wäsche.* Dagegen ist *gehörig* ein Eigenschaftswort und bedeutet entweder »gebührend« *(jemandem den gehörigen Respekt erweisen)* oder »beträchtlich« *(eine gehörige Portion Sahne).*

Geistliche Man beugt das Wort in folgender Weise: *der Geistliche, ein Geistlicher, zwei Geistliche, die Geistlichen, einige Geistliche, alle Geistlichen, solche Geistliche* und *solche Geistlichen, beide Geistlichen* und seltener auch *beide Geistliche; besagtem Geistlichen, die Verhaftung katholischer Geistlicher.*
Als Beisatz (Apposition): *mir (dir, ihm) als Geistlichen* und *mir (dir, ihm) als Geistlichem.*

gelangen Die Konstruktion *gelangen* + *zu* + Hauptwort verwendet man zur Umschreibung der Leideform (des Passivs): *Die Lebensmittel gelangten zur Verteilung* (= wurden verteilt). *Die Beschlüsse gelangten zur Ausführung* (= wurden ausgeführt). *Das Geld soll in den nächsten Tagen zur Auszahlung gelangen* (= ausgezahlt werden). Diese Fügungen kommen hauptsächlich im Amts- und Geschäftsdeutsch und in der Zeitungssprache vor. Sie sind manchmal berechtigt, wenn sie der besonderen Verstärkung einer Aussage dienen. Lediglich als Ersatz für die Leideform sind sie stilistisch unschön: *Dieser Punkt ist noch nicht zur Erörterung gelangt.* Besser: *Dieser Punkt wurde noch nicht erörtert.* Bitte lesen Sie auch unter »Hauptwortstil« nach.

gelbgrün oder **gelb-grün** Farbbezeichnungen dieser Art kann man nach den neuen amtlichen Rechtschreibregeln mit oder ohne Bindestrich schreiben. Die Schreibung ist in diesen Fällen unabhängig von der Bedeutung der Farbbezeichnung: *ein gelbgrünes Kleid* (»ein Kleid in den Farben gelb und grün« oder »ein Kleid, das einen grünen Farbton besitzt, der ins Gelbe spielt«).

Geliebte, der und die

Man beugt das Wort in folgender Weise: *der Geliebte, ein Geliebter, zwei Geliebte, die Geliebten, einige Geliebte, alle Geliebten, solche Geliebte* und *solche Geliebten, beide Geliebten* und seltener auch *beide Geliebte; treulosem Geliebten; die Bilder treuloser Geliebter.*
Als Beisatz (Apposition): *mir (dir, ihm) als Geliebten* und: *mir (dir, ihm) als Geliebtem; ihr als Geliebten* und: *ihr als Geliebter.*

genannt

Ein Eigenschaftswort, das auf *genannt* folgt, erhält die gleichen Endungen wie *genannt* selbst: *die genannten neuen Bücher; genanntes neues Buch; mit genannter weiblicher Person; bei genanntem älterem* (hier auch möglich: *älteren*) *Kollegen.*

gesalzen oder **gesalzt**

In der Bedeutung »mit Salz versehen« sind beide Formen richtig. Die Form *gesalzt* ist allerdings selten: *Die Suppe ist stark gesalzen* oder selten: *gesalzt. Gesalzenes* oder selten: *gesalztes Fleisch.* In der Bedeutung »sehr hoch; grob« ist nur *gesalzen* möglich: *eine gesalzene Ohrfeige. Die Preise waren gesalzen.*

Gesandte

Man beugt das Wort in folgender Weise: *der Gesandte, ein Gesandter, zwei Gesandte, die Gesandten, einige Gesandte, alle Gesandten, solche Gesandte* und *solche Gesandten, beide Gesandten* und seltener auch *beide Gesandte; besagtem Gesandten, die Entführung deutscher Gesandter.*
Als Beisatz (Apposition): *mir (dir, ihm) als Gesandten* und: *mir (dir, ihm) als Gesandtem.*

Geschädigte, der und die

Man beugt das Wort in folgender Weise: *der Geschädigte, ein Geschädigter, zwei Geschädigte, die Geschädigten, einige Geschädigte, alle Geschädigten, solche Geschädigte* und *solche Geschädigten, beide Geschädigten* und seltener auch *beide Geschädigte; besagtem Geschädigten; die Forderung besagter Geschädigter.*
Als Beisatz (Apposition): *mir (dir, ihm) als Geschädigten* und: *mir (dir, ihm) als Geschädigtem; ihr als Geschädigten* und: *ihr als Geschädigter.*

geschäftig oder **geschäftlich**

Das Eigenschaftswort *geschäftig* bedeutet »unentwegt tätig«: *geschäftiges Treiben; geschäftig hin und her laufen.* Dagegen gebraucht man *geschäftlich* im Sinne von »das Geschäft betreffend, dienstlich«: *geschäftlich unterwegs sein. Sie hat geschäftlich hier zu tun.*

gespalten oder **gespaltet** Bei *spalten* im wörtlichen Sinn »in zwei oder mehrere Teile zerteilen« kann das Mittelwort der Vergangenheit (2. Partizip) *gespalten* oder *gespaltet* lauten. Beide Formen sind richtig, die Form *gespaltet* ist allerdings seltener: *Der Blitz hat den Baum gespalten,* auch: *gespaltet. Ein gespaltener,* selten auch: *gespalteter Fels.* Bei *spalten* in der übertragenen Bedeutung »bewirken, dass etwas seine Einheit verliert« ist das Mittelwort der Vergangenheit nur in der Form *gespalten* üblich: *eine gespaltene Partei einen. Der Bürgerkrieg hat das Land in zwei feindliche Lager gespalten.*

getagt Das Mittelwort der Vergangenheit (2. Partizip) von *tagen* (es lautet *getagt*) ist nicht als Beifügung eines Hauptwortes zu verwenden. Also **nicht:** *die im April getagte Versammlung,* sondern: *die Versammlung, die im April getagt hat.*

getrauen, sich Das Hauptwort oder das Pronomen, das von *sich getrauen* abhängt, kann sowohl im Wenfall *(ich getraue mich)* als auch im Wemfall *(ich getraue mir)* stehen: *Ich getraue mich* oder *mir, das große Auto zu fahren.* Häufiger ist heute der Wenfall.

Gewähr leisten oder **gewährleisten** Beide Formen sind heute im Allgemeinen ohne Bedeutungsunterschied gebräuchlich. Ein Unterschied besteht allerdings in der Konstruktion. Bei *Gewähr leisten* wird mit *für* angeschlossen: *Ich leiste Gewähr für Ihre Sicherheit. Man leistet Gewähr dafür, dass ...* Demgegenüber steht *gewährleisten* ohne *für: Ich gewährleiste Ihre Sicherheit. Man gewährleistet, dass ...*

gewesen Die drei Vergangenheitsformen des Zeitwortes *sein* lauten: *ich war; ich bin gewesen; ich war gewesen,* so z. B.: *Ich war krank; ich bin krank gewesen; ich war krank gewesen.*
In der gesprochenen Sprache verwenden manche Sprecher (besonders im süddeutschen Sprachraum) aber *gewesen* auch in Verbindung mit Zeitwörtern: *Ich bin eingeschlafen gewesen. Ich war eingeschlafen gewesen.* Diese Verwendung ist standardsprachlich **nicht richtig.** Stattdessen muss es heißen: *Ich war eingeschlafen. Als es geklingelt hatte, war ich schon längst eingeschlafen.*

gewiss Ein Eigenschaftswort oder Mittelwort (Partizip), das auf *gewiss* folgt, erhält (auch wenn es zum Hauptwort geworden ist) die gleichen Endungen wie *gewiss* selbst: *gewisse notwendige Einrichtungen, die Wünsche gewisser Kranker, bei gewissen national gesinnten Kreisen.*

gewohnt oder **gewöhnt**

Man muss unterscheiden zwischen den Fügungen: *etwas gewohnt sein* und *an etwas gewöhnt sein.* Die Fügung *etwas gewohnt sein* bedeutet »eine bestimmte Gewohnheit haben«: *Ich bin gewohnt, früh aufzustehen.* Die Fügung *an etwas gewöhnt sein* hat die Bedeutung »mit etwas Bestimmtem durch Gewöhnung vertraut sein«: *Ich bin an das frühe Aufstehen gewöhnt. Ich bin daran gewöhnt, dass er immer zu spät kommt.*

Glas

1. Glas oder Gläser: Als Maßbezeichnung bleibt *Glas* in der Mehrzahl meist ungebeugt, d.h. unverändert: *Zwei Glas Sekt bitte!* Aber auch noch: *Zwei Gläser Sekt bitte!*

2. Beugung nach *Glas:* Nach *Glas* als Maßangabe steht in der Regel das, was gemessen wird, im selben Fall wie die Maßangabe *Glas* selbst: *ein Glas Bier, ein Glas bayrisches Bier; der Preis eines Glases Bier* oder *eines Glas Bier[e]s,* aber: *der Preis eines Glases bayrischen Bier[e]s; mit einem Glas bayrischem Bier; für ein Glas bayrisches Bier.* Gelegentlich in gehobener Ausdrucksweise auch mit dem Wesfall: *ein Glas bayrischen Bier[e]s; mit einem Glas bayrischen Bier[e]s.*

glauben

Wenn das Zeitwort *glauben* mit einer Wortgruppe, die die Grundform eines anderen Zeitwortes enthält, verbunden ist (Infinitivgruppe), dann kann man ein Komma setzen, um die Gliederung des Satzes deutlich zu machen oder um Missverständnisse auszuschließen: *Ich glaube fast den Mann zu kennen.* Oder: *Ich glaube fast, den Mann zu kennen.* Beide Möglichkeiten sind nach den neuen amtlichen Rechtschreibregeln richtig.

gleichzeitig oder **zugleich**

Das Eigenschaftswort *gleichzeitig* bedeutet eigentlich nur »zur gleichen Zeit« *(Sie redeten gleichzeitig),* während *zugleich* darüber hinaus – ohne zeitliche Komponente – »in gleicher Weise, ebenso, auch noch« bedeutet: *Diesen Teller können Sie zugleich als Untersatz verwenden.* Im heutigen Sprachgebrauch findet sich aber auch *gleichzeitig* öfter in dieser nichtzeitlichen Bedeutung: *Das Rauchertischchen ist gleichzeitig ein Schachspiel.* Stilistisch besser ist jedoch: *Das Rauchertischchen ist zugleich ein Schachspiel.*

GmbH

1. Beugung: Grundsätzlich ist es nicht notwendig, die Abkürzung *GmbH* mit Beugungsendungen zu versehen. Es empfiehlt sich aber, ein *-s* in der Mehrzahl anzufügen, wenn eine Verwechslung mit der Einzahl möglich ist: *das Stammkapital der GmbH* (Einzahl) und *das Stammkapital der GmbHs* (Mehrzahl).

2. *GmbH* in Firmennamen: Tritt *GmbH* in Firmennamen auf, dann ist die Abkürzung Bestandteil des Namens und wird **nicht** durch ein Komma abgetrennt. Steht bei einem solchen Firmennamen ein Geschlechtswort (Artikel), dann richtet sich dieses meistens nicht nach dem Namensbestandteil *GmbH.* Es heißt also z. B.: *das deutsche Reiseunternehmen GmbH; mit den Vereinigten Stahlwerken GmbH.* Dagegen heißt es *Bilanz der Vereinigten Stahlwerke GmbH,* weil hier *GmbH* das Grundwort des Firmennamens ist. Allerdings sollte man dann die Abkürzung besser ausschreiben: *Bilanz der Vereinigten Stahlwerke-Gesellschaft mbH.*

Gramm

1. Mehrzahl: In Verbindung mit Zahlwörtern bleibt *Gramm* in der Mehrzahl ungebeugt, d. h. unverändert: *Zwei Gramm dieses Pulvers genügen. Der Brief wiegt 20 Gramm.*
2. Beugung nach *Gramm:* Nach *Gramm* steht in der Regel das, was gewogen wird, im selben Fall wie *Gramm* selbst. Dabei kann das Gewogene entweder Einzahl (z. B. *zehn Gramm Heroin*) oder aber Mehrzahl (z. B. *zehn Gramm Kristalle*) sein. Das Gewogene in der Einzahl: *ein Gramm reines Heroin; der Preis eines Gramms Heroin* oder *eines Gramm Heroins,* aber: *der Preis eines Gramms reinen Heroins; mit einem Gramm reinem Heroin; für ein Gramm reines Heroin/mild gewürzten Tabak.* Gelegentlich in gehobener Ausdrucksweise auch mit dem Wesfall: *ein Gramm reinen Heroins.* Das Gewogene in der Mehrzahl: *zehn Gramm pulverisierte Kristalle,* selten: *pulverisierter Kristalle; der Verlust eines Gramms pulverisierter Kristalle; mit zehn Gramm pulverisierter Kristalle* oder *pulverisierte Kristalle,* selten: *pulverisierten Kristallen; für zehn Gramm pulverisierte Kristalle,* selten: *pulverisierter Kristalle.*
3. 100 Gramm Speck kostet/kosten ...: Üblicherweise steht das Zeitwort hier in der Mehrzahl (die Einzahl wäre jedoch nicht falsch): *100 Gramm Speck kosten 0,99 Euro, werden in Würfel geschnitten, sind zu wenig.* Steht *Gramm* in der Mehrzahl ohne Angabe des Gewogenen, ist das Zeitwort nur in der Mehrzahl richtig, Einzahl ist hier nicht möglich: *100 Gramm sind* (**nicht:** *ist*) *zu wenig.*

Groll

Die Person, gegen die sich der Groll richtet, schließt man mit *gegen* oder mit *auf* an; dies hängt vom jeweiligen Zeitwort ab: *Groll auf jemanden haben; Groll gegen jemanden hegen.* Üblich ist auch *über: der Groll über die Schüler.*
Die Sache, gegen die sich der Groll richtet, schließt man mit *über* an: *sein Groll über ihre Vergesslichkeit.*

größt-möglich Da das Eigenschaftswort *größtmöglich* bereits eine höchste Steigerungsstufe *(größt...)* enthält, ist es nicht noch einmal steigerbar: *in größtmöglicher* (**nicht**: *größtmöglichster*) *Eile.*

grünblau oder **grün-blau** Farbbezeichnungen dieser Art kann man nach den neuen amtlichen Rechtschreibregeln mit oder ohne Bindestrich schreiben. Die Schreibung ist in diesen Fällen unabhängig von der Bedeutung der Farbbezeichnung: *ein grünblaues* oder *grün-blaues Hemd* (»ein Hemd in den Farben grün und blau« oder »ein Hemd, das einen blauen Farbton besitzt, der ins Grüne spielt«).

grundsätz-lich Das Eigenschaftswort *grundsätzlich* hat zwei Bedeutungen: 1. Bedeutung: »einem Grundsatz entsprechend, ihn betreffend; ohne Ausnahme«: *Es ist grundsätzlich* (= ohne Ausnahme) *verboten, auf dem Schulhof zu rauchen.* 2. Bedeutung: »im Großen und Ganzen, meist, eigentlich, im Allgemeinen« (oft in Verbindung mit einschränkendem *aber*): *Ich habe grundsätzlich [zwar] nichts dagegen, möchte aber darauf hinweisen, dass ... Ich bin grundsätzlich auch dafür, will aber nicht verschweigen, dass Schwierigkeiten zu überwinden sind. Dagegen ist grundsätzlich nichts zu sagen, wenn die anderen einverstanden sind.* Eine Rolle spielt im Übrigen auch die Betonung des Wortes: *Ich habe grundsätzlich nichts dagegen* kann heißen »Ich habe im Großen und Ganzen nichts dagegen, gewisse Vorbehalte sind jedoch nicht ausgeschlossen« (Betonung: *grụndsätzlich*). Es kann aber auch bedeuten »Ich habe prinzipiell, aus Grundsatz nichts dagegen, z. B. um mir keinen Ärger zu machen« (Betonung: *grundsạ̈tzlich*).

Gruppe **1. Eine Gruppe Kinder stand/standen dort:** Im Allgemeinen bezieht man das Zeitwort auf *Gruppe* und setzt es in die Einzahl: *Eine Gruppe Kinder stand dort, wurde empfangen, ist abgereist, hat sich abgesetzt.* Gelegentlich wird das Zeitwort aber nicht auf *Gruppe,* sondern auf das Gezählte bezogen und in die Mehrzahl gesetzt (d. h., man konstruiert nach dem Sinn). *Eine Gruppe Kinder standen dort, wurden empfangen, sind abgereist, haben sich abgesetzt.* Beide Möglichkeiten sind richtig.

2. eine Gruppe netter/nette Leute: Üblicherweise steht nach *Gruppe* die folgende Angabe im Wesfall: *eine Gruppe netter Leute; für eine Gruppe Abgeordneter; mit einer Gruppe Studenten, kleiner Kinder.* Es ist jedoch auch möglich, die Angabe, die dem Mengenbegriff *Gruppe* folgt, in den gleichen Fall zu setzen wie *Gruppe.*

Dies kommt jedoch selten vor: *eine Gruppe nette Leute; für eine Gruppe Abgeordnete; bei einer Gruppe jungen Studenten, kleinen Kindern.* Beide Möglichkeiten sind richtig.

gut **1. gut für/gegen:** Die Verwendung von *für (Das Mittel ist gut für den Husten)* gehört heute der Umgangssprache an. Standardsprachlich verwendet man *gegen: Das Mittel ist gut gegen den Husten.*
2. Seien Sie so gut: Diese Höflichkeitsformel ist **richtig. Falsch** ist: *Sind Sie so gut und …*

gutschreiben Nach *gutschreiben auf* kann sowohl der Wenfall (Frage wohin?) als auch der Wemfall (Frage: wo?) stehen. Der Wemfall ist seltener: *Wir werden den Betrag auf Ihr,* seltener: *auf Ihrem Konto gutschreiben.*

habe oder **hätte** Beide Formen sind Möglichkeitsformen (Konjunktive) des Zeitwortes *haben.* Die Form *habe* steht vor allem in der indirekten Rede: *Sie sagte, sie habe wenig Zeit. Sie fragte, ob er schon gegessen habe.* Auch *hätte* kann in der indirekten Rede stehen. Dies ist zum einen dann der Fall, wenn *habe* nicht eindeutig als Möglichkeitsform erkennbar ist, d. h., wenn es in dem jeweiligen Satz mit der Wirklichkeitsform (dem Indikativ) übereinstimmt: *Ich sagte, ich hätte* (für nicht eindeutiges *habe*) *ihn nicht gesehen.* Zum anderen steht *hätte* statt *habe,* wenn der Sprecher ausdrücken will, dass ihm das, was er berichtet, nicht glaubhaft erscheint: *Sie sagte, sie hätte wenig Zeit.* Sonst steht *hätte* vor allem in Bedingungssätzen: *Wenn ich das gewusst hätte, wäre ich früher gekommen. Hätte er das gesehen, wäre er sicher wütend geworden.*

halbjährig oder **halbjährlich** Das Eigenschaftswort *halbjährig* bedeutet entweder »ein halbes Jahr alt« oder »ein halbes Jahr dauernd«. Eine *halbjährige Kündigung* ist also eine Kündigungsfrist, die auf ein halbes Jahr festgesetzt ist. *Halbjährlich* bedeutet dagegen »alle halbe Jahre wiederkehrend, stattfindend«. Demnach besagt *halbjährliche Kündigung,* dass sich die Möglichkeit der Kündigung jedes halbe Jahr ergibt.

Hälfte

1. Bedeutung: Obwohl *Hälfte,* rein logisch betrachtet, nur die zwei gleich großen Teile eines Ganzen bezeichnen kann, verwenden es viele Sprecher in der Umgangssprache als Bezeichnung für den nicht genau halben Teil eines Ganzen, also im Sinne von »Teil, Stück« (wenn es sich um zwei Teile, zwei Stücke handelt): *die größere, kleinere Hälfte; zwei ungefähr gleiche Hälften* usw.
2. Die Hälfte der Bücher lag/lagen auf dem Boden: Im Allgemeinen bezieht man das Zeitwort auf *Hälfte* und setzt es in die Einzahl: *Die Hälfte der Bücher lag auf dem Boden, wurde verkauft, ist zerfleddert.* Gelegentlich wird das Zeitwort aber nicht auf *Hälfte,* sondern auf das Gezählte bezogen und in die Mehrzahl gesetzt (d.h., man konstruiert nach dem Sinn): *Die Hälfte der Bücher lagen auf dem Boden, wurden verkauft, sind zerfleddert.* Beide Möglichkeiten sind richtig.

Hand

1. zu Händen von: Heute wird in Briefanschriften meist auf die Wendung *zu Händen von/z. Hd.* verzichtet, weil sie als überflüssig empfunden wird. Man schreibt also lediglich: Stadtverwaltung ... (nächste Zeile:) Frau Petra Kämpfer.
2. an die oder an der Hand nehmen: Üblich ist nur der Wenfall *(jemanden an die Hand nehmen).* Es kann auch heißen *jemanden bei der Hand nehmen,* unüblich ist aber der Wemfall nach *an* (**nicht:** *jemanden an der Hand nehmen*).

handbreit/ eine Hand breit/eine Handbreit

Alle drei Schreibweisen sind möglich. **Zusammen** und **klein** schreibt man, wenn es sich um ein Eigenschaftswort handelt: *ein handbreiter Spalt. Die Tür steht handbreit offen.* **Getrennt** schreibt man, wenn *breit* näher bestimmt wird durch *Hand,* dem wiederum ein Zahlwort, ein Geschlechtswort (Artikel) o.Ä. vorangestellt ist: *ein eine Hand breiter Spalt. Der Saum ist zwei Hand breit. Die Tür stand kaum eine Hand breit offen.* **Zusammen** und **groß** schreibt man, wenn man *Handbreit* als Maßangabe versteht: *Die Tür stand nur eine Handbreit offen. Es ist keine Handbreit, nur zwei Handbreit entfernt.*

Handel, handeln

Nach dem Hauptwort *Handel* schließt man ebenso wie nach dem Zeitwort *handeln* gewöhnlich mit dem Verhältniswort (der Präposition) *mit* an: *der Handel mit Textilien; handeln mit Textilien.* In der Kaufmannssprache steht manchmal auch das Verhältniswort *in: der Handel in Textilien; handeln in Textilien.*

hängen Die Vergangenheitsformen des regelmäßigen Zeitwortes *hängen* (= *hängte, gehängt*) und des unregelmäßigen Zeitwortes (= *hing, gehangen*) sollte man nicht miteinander verwechseln. Hat *hängen* eine Ergänzung im Wenfall bei sich, gelten die regelmäßigen Formen: *Er hängte seinen Anzug auf einen Bügel. Du hattest deinen Mantel in den Schrank gehängt.* Steht *hängen* jedoch ohne eine Ergänzung im Wenfall, dann sind die unregelmäßigen Formen anzuwenden: *Ein Bild hat über der Couch gehangen. Schmutz hing an seinen Schuhen. Im Zimmer hing noch der Zigarettenrauch vom Vortage.*

hauen Nennt man in Verbindung mit dem Zeitwort *hauen* Person und Körperteil, auf die sich *hauen* bezieht, dann steht die Person in der Regel im Wemfall: *Er haute seinem Kumpel auf die Schulter.* Der Wenfall ist auch richtig, aber selten: *Er haute seinen Kumpel auf die Schulter.*

Haufen **1. Ein Haufen Kartoffeln lag/lagen dort:** Im Allgemeinen bezieht man das Zeitwort auf *Haufen* und setzt es in die Einzahl: *Ein Haufen Kartoffeln lag dort, wurde weggeworfen, ist verfault* usw. Gelegentlich wird das Zeitwort aber nicht auf *Haufen,* sondern auf das Gezählte bezogen und in die Mehrzahl gesetzt (d. h., man konstruiert nach dem Sinn): *Ein Haufen Kartoffeln lagen dort, wurden weggeworfen, sind verfault.* Beide Möglichkeiten sind richtig.

2. ein Haufen neugieriger/neugierige Nachbarn: Üblicherweise steht nach *Haufen* die folgende Angabe im Wesfall: *ein Haufen neugieriger Nachbarn; gegen einen Haufen Jugendlicher; mit einem Haufen Kinder, randalierender Halbstarker.* Es ist jedoch auch möglich, die Angabe, die dem Mengenbegriff *Haufen* folgt, in den gleichen Fall zu setzen wie *Haufen: ein Haufen neugierige Nachbarn; gegen einen Haufen johlende Jugendliche; mit einem Haufen randalierenden Halbstarken.* Beide Möglichkeiten sind richtig.

Hauptwortstil (Nominalstil) Unter Hauptwortstil versteht man eine Ausdrucksweise, die übermäßig viele Hauptwörter verwendet. Diese übermäßige Häufung macht den Stil eintönig und den Inhalt des Satzes schwer verständlich. So lautet z. B. der Satz *Zur Wiederholung der Aufführung dieses Stückes ist von unserer Seite keine Veranlassung gegeben* einfacher und lebendiger etwa so: *Wir sehen uns nicht veranlasst, das Stück noch einmal aufzuführen.* Hier sind auch die vielen

Hauptwörter auf *-ung* aufgelöst, die man leicht auf das zugrunde liegende Zeitwort zurückführen kann. Stilistisch unschön ist ebenso, wenn man übermäßig viele schwerfällige Bildungen wie z. B. *Inanspruchnahme, Nichtbefolgung, Hintansetzung* gebraucht. Der Satz *Wegen Außerachtlassung aller Sicherheitsmaßnahmen und Nichtbefolgung der Betriebsvorschriften wurden bei der Tieferlegung der Rohre drei Arbeiter verletzt* kann besser etwa so lauten: *Drei Arbeiter wurden verletzt, als sie die Rohre tiefer legten. Sie hatten die Sicherheitsmaßnahmen außer Acht gelassen und die Betriebsvorschriften nicht befolgt.* Auch die so genannten Streckformen (Funktionsverbgefüge) sind für den Hauptwortstil typisch. Sie werden besonders mithilfe der Zeitwörter *bringen, erfolgen, gelangen, kommen* u. a. gebildet. Beispiele hierfür sind:

in Anrechnung bringen statt *anrechnen*
in Vorschlag bringen statt *vorschlagen*
zur Ausführung gelangen statt *ausgeführt werden*
zur Verteilung gelangen statt *verteilt werden*
in Wegfall kommen statt *wegfallen*
zum Versand kommen statt *versendet werden*

Formen dieser Art sollte man vermeiden, denn sie sind umständlich und steif. Stilistisch besser sind in den meisten Fällen die einfachen Zeitwörter.

Heer

1. Ein Heer von Polizisten stand/standen bereit: Im Allgemeinen bezieht man das Zeitwort auf *Heer* und setzt es in die Einzahl: *Ein Heer von Polizisten stand bereit, war aufgeboten, hat den Transport überwacht.* Gelegentlich wird das Zeitwort aber nicht auf *Heer,* sondern auf das Gezählte bezogen und in die Mehrzahl gesetzt (d. h., man konstruiert nach dem Sinn): *Ein Heer von Polizisten standen bereit, waren aufgeboten, haben den Transport überwacht.* Beide Möglichkeiten sind richtig.

2. ein Heer grünlicher/grünliche Fliegen: Üblicherweise steht nach *Heer* die folgende Angabe im Wesfall: *ein Heer grünlicher Fliegen; für ein Heer Bediensteter; mit einem Heer sonnenhungriger Touristen.* Es ist jedoch auch möglich, die Angabe, die dem Mengenbegriff *Heer* folgt, in den gleichen Fall zu setzen wie *Heer: ein Heer grünliche Fliegen; für ein Heer Bedienstete; mit einem Heer sonnenhungrigen Touristen.* Beide Möglichkeiten sind richtig.

heißen

1. geheißen oder gehießen: Die Form *gehießen* gehört der landschaftlichen Umgangssprache an. Standardsprachlich verwendet

man *geheißen: Man hat ihn das geheißen. Früher hatte sie Meyer geheißen.*
2. geheißen oder heißen: Nach der Grundform (dem Infinitiv) eines anderen Zeitwortes verwendet man im gehobenen Stil heute überwiegend *heißen: Sie hat mich kommen heißen.* Richtig, wenn auch seltener ist *geheißen: Sie hat mich kommen geheißen.*
3. Er hieß ihn einen anständigen Menschen/ein anständiger Mensch werden: Beide Formen sind richtig und gehören dem gehobenen Stil an. Üblicher ist ... *ein anständiger Mensch werden.* Die Form ... *einen anständigen Menschen werden* veraltet allmählich.

Held Das Hauptwort *Held* erhält – außer im Werfall – die Endung *-en: der Held, des Helden* (**nicht:** *des Helds*), dem Helden (**nicht:** *dem Held*), *den Helden,* (**nicht:** *den Held*), Mehrzahl: *die Helden.*

helfen **1. helfen oder geholfen:** Steht vor dem Zeitwort *helfen* ein anderes Zeitwort, und zwar in der Grundform (im Infinitiv), dann kann man sowohl *helfen* als auch *geholfen* verwenden: *Ich habe ihm das Auto waschen helfen* oder *waschen geholfen.*
2. Gebrauch des Mittelworts: Das Mittelwort der Vergangenheit (2. Partizip) von *helfen* (es lautet *geholfen*) ist nicht als Beifügung eines Hauptwortes zu verwenden. Also **nicht:** *ein geholfenes Waisenkind,* sondern: *ein Waisenkind, dem geholfen wurde.*
3. etwas tun oder zu tun helfen: Ein Zeitwort, das ohne irgendeinen Zusatz auf *helfen* folgt, schließt man ohne *zu* an: *Sie hilft ihm aufräumen.* Tritt zu diesem Zeitwort eine Ergänzung, dann kann *zu* stehen, es muss aber nicht stehen: *Sie hilft ihm die Spielsachen aufräumen.* Oder: *Sie hilft ihm die Spielsachen aufzuräumen.* Treten mehrere Glieder zu dem Zeitwort, dann steht im Allgemeinen *zu: Sie hilft ihm, die in der ganzen Wohnung verstreuten Spielsachen und Kleidungsstücke aufzuräumen.*
4. Komma: Wenn das Zeitwort *helfen* mit einer Wortgruppe, die die Grundform eines anderen Zeitwortes enthält, verbunden ist (Infinitivgruppe), dann kann man ein Komma setzen, um die Gliederung des Satzes deutlich zu machen oder um Missverständnisse auszuschließen: *Sie hilft mir die Spielsachen aufzuräumen.* Oder: *Sie hilft mir, die Spielsachen aufzuräumen.* Beide Möglichkeiten sind nach den neuen amtlichen Rechtschreibregeln richtig.

Herr

Schwierigkeiten der Beugung bei *Herr*

1. Beugung von *Herr:*
In der **Einzahl** lauten die Formen
(Werfall:) *der Herr*
(Wesfall:) *des Herrn*
(Wemfall:) *dem Herrn*
(Wenfall:) *den Herrn*
(**nicht:** *Herren*)
Mehrzahl:
(Werfall:) *die Herren*
(Wesfall:) *der Herren*
(Wemfall:) *den Herren*
(Wenfall:) *die Herren*
(**nicht:** *Herrn*).

2. Beugung nach *Herr:*
Herr wird vor Namen und Titeln immer gebeugt:
Ich werde Herrn Müller anrufen.
An Herrn Erwin Meyer.

a) *Herr* + Name:
Der Name erhält im Wesfall die Endung *-s:*
Herrn Müllers Besuch
Herrn Meyers Geburtstag
Steht jedoch vor *Herr* noch *des, eines* oder ein Fürwort (Pronomen), dann bleibt der Name unverändert:
der Besuch des Herrn Müller,
eines gewissen Herrn Müller
der Geburtstag jenes Herrn Meyer

Steht statt des Namens eine Verwandtschaftsbezeichnung, wird diese jedoch gebeugt:
zum Tode Ihres Herrn Vaters
(**nicht:** *Vater*).

b) *Herr* + Titel + Name:
Der Name, jedoch nicht der Titel erhält im Wesfall die Endung *-s*
Herrn Professor Müllers Besuch
Herrn Regierungsrat Meyers Geburtstag
Steht jedoch vor *Herr* noch *des, eines* oder ein Fürwort, erhält meist der Titel eine Beugungsendung, der Name jedoch nicht:
die Rede des Herrn Ministers Müller
die Ausführungen eines gewissen Herrn Rechtsanwaltes Dr. Meyer (*Doktor* bleibt ungebeugt!).
Als Beisatz (Apposition) jedoch:
die Rede des Herrn Präsidenten, Professor Müller oder Müllers.

c) *Herr* + Titel:
Folgt kein Name, erhält der Titel die Beugungsendung:
im Namen des Herrn Oberbürgermeisters
die Anschrift des Herrn Intendanten
die Arbeit mit dem Herrn Diplomaten

herrschen Das Mittelwort der Vergangenheit (2. Partizip) von *herrschen* (es lautet *geherrscht*) ist nicht als Beifügung eines Hauptwortes zu verwenden. Also **nicht:** *die geherrschte Seuche,* sondern: *die Seuche, die geherrscht hat.*

herum oder umher Eine genaue Unterscheidung zwischen *herum* und *umher* ist nicht immer möglich; *herum* bedeutet »rundherum, im Kreise, ringsum«: *Um das Lager herum stellten sie Posten auf. Ich lief um den Baum herum.* Dagegen bedeutet *umher* »kreuz und quer, dahin und dorthin, nach dieser und jener Richtung«: *Sie irrten im Walde umher. Er lief ein bisschen in dem Städtchen umher.* Viele Sprecher halten an dieser Unterscheidung nicht fest und gebrauchen *herum* statt *umher: Sie tollte auf der Wiese herum. Er fuchtelte vor meinem Gesicht herum.* Wenn es sich um eine erfolglose oder unnütze, aber anhaltende Beschäftigung handelt, gebraucht man heute nur noch *herum: Sie kramte in ihrer Tasche herum.*

hindern Weil das Zeitwort *hindern* schon verneinenden Sinn hat (= nicht tun lassen), darf man einen von ihm abhängenden Satz nicht verneinen. **Nicht richtig** ist darum: *Ich hindere ihn daran, nicht noch mehr zu trinken.* **Richtig** ist: *Ich hindere ihn daran, noch mehr zu trinken.*

hinsichtlich Das Verhältniswort (die Präposition) *hinsichtlich* steht üblicherweise mit dem Wesfall: *hinsichtlich seines Briefes, hinsichtlich des Angebotes, der Preise.* Nur in der Mehrzahl weicht man bei allein stehenden Hauptwörtern auf den Wemfall aus: *hinsichtlich Angeboten und Preisen.* Aber: *hinsichtlich der Angebote, hinsichtlich Ihrer Preise.*

hinstellen **1. sich hinstellen als:** Bei *sich hinstellen als* steht das Hauptwort, das dem *als* folgt, gewöhnlich im Werfall: *Wer stellt sich schon gern als kleiner Beamter hin?* Der Wenfall *(Wer stellt sich schon gern als kleinen Beamten hin?)* kommt seltener vor, ist aber auch richtig.
2. hinstellen vor: Bei *hinstellen vor* und *sich hinstellen vor* steht in der Regel der Wenfall (Frage: vor wen oder was?): *Ich stellte die Schüssel vor den Mann hin. Der Polizist stellt sich vor mich hin.*

höchstens Man kann sagen: *Das trifft in höchstens drei Fällen zu* oder: *Das trifft höchstens in drei Fällen zu.* Im ersten Satz liegt die Betonung stärker auf der Anzahl *(höchstens drei)* als im zweiten Satz. Beide Sätze sind richtig.

höchstens nur Die Verwendung von *höchstens nur* ist **nicht** richtig. Da die Wörter *höchstens* und *nur* – trotz inhaltlicher Berührungen – Unterschiedliches ausdrücken, ist jeweils nur eines von beiden richtig in einem Satz: Je nachdem, was man zum Ausdruck bringen will, kann es also heißen: *Es waren höchstens* (= keinesfalls mehr als) *10 Leute gekommen.* Oder: *Es waren nur* (= bedauerlicherweise nicht mehr als) *10 Leute gekommen.* Aber **nicht:** *Es waren höchstens nur 10 Leute gekommen.* Auch in einem Zusammenhang, in dem die beiden Wörter sich inhaltlich stärker gleichen oder dieselbe Bedeutung haben, darf nur eines von beiden stehen: *Er geht nicht aus, nur gelegentlich ins Kino.* Oder: *... höchstens gelegentlich ins Kino.* Aber **nicht:** *... höchstens nur ins Kino.*

höchstmöglich Da das Eigenschaftswort *höchstmöglich* bereits eine höchste Steigerungsstufe *(höchst...)* enthält, ist es nicht noch einmal steigerbar: *die höchstmögliche* (**nicht:** *höchstmöglichste*) *Punktzahl.*

hoffen Wenn das Zeitwort *hoffen* mit einer Wortgruppe, die die Grundform eines anderen Zeitwortes enthält, verbunden ist (Infinitivgruppe), dann kann man ein Komma setzen, um die Gliederung des Satzes deutlich zu machen oder um Missverständnisse auszuschließen: *Wir hoffen sehr die Kinder am Montag zu sehen.* Oder: *Wir hoffen sehr, die Kinder am Montag zu sehen.* Beide Möglichkeiten sind nach den neuen amtlichen Rechtschreibregeln richtig.

Horde **1. Eine Horde Kinder lief/liefen durch die Straßen:** Im Allgemeinen bezieht man das Zeitwort auf *Horde* und setzt es in die Einzahl: *Eine Horde Kinder lief durch die Straßen. Eine Horde Halbstarker demolierte das Gebäude.* Gelegentlich wird das Zeitwort aber nicht auf *Horde,* sondern auf das Gezählte bezogen und in die Mehrzahl gesetzt (d. h., man konstruiert nach dem Sinn): *Eine Horde Kinder liefen durch die Straßen. Eine Horde Halbstarker demolierten das Gebäude.* Beide Möglichkeiten sind richtig.
2. eine Horde Halbstarker/Halbstarke: Üblicherweise steht nach *Horde* die folgende Angabe im Wesfall: *eine Horde Halbstarker; eine Horde lärmender Kinder.* Es ist jedoch auch möglich, die Angabe nach *Horde* in den gleichen Fall zu setzen, den *Horde* selbst aufweist, also: *eine Horde Halbstarke; eine Horde lärmende Kinder; mit einer Horde lärmenden Kindern.* Beide Möglichkeiten sind richtig.

hören Steht vor *hören* die Grundform (der Infinitiv) eines anderen Zeitwortes, dann kann man sowohl die Form *hören* als auch die Form *gehört* verwenden: *Ich habe sie nicht kommen hören* oder *kommen gehört.*

hundert[und]-einte oder hundert[und]-erste Standardsprachlich heißt es: *hunderterste* oder *hundertunderste.* Die Formen *hunderteinte* und *hundertundeinte* sind landschaftlich.

hüten, sich Weil das Zeitwort *sich (vor etwas) hüten* in der Bedeutung »etwas vermeiden, etwas mit Bedacht nicht tun« schon verneinenden Sinn hat, darf man einen von ihm abhängenden Satz nicht zusätzlich verneinen. **Nicht richtig** ist darum: *Sie hütete sich (davor), nicht zu schnell zu fahren.* Oder: *Sie hütete sich (davor), dass sie nicht zu schnell fuhr.* **Richtig** ist: *Sie hütete sich (davor), zu schnell zu fahren.* Oder: *Sie hütete sich (davor), dass sie zu schnell fuhr.* Hat *sich hüten* jedoch die Bedeutung »auf etwas achten, sich vorsehen, aufpassen«, dann wird ein von ihm abhängender Satz verneint: *Hüte dich, dass du keinen Fehler machst. Hüte dich, dass man dich nicht übervorteilt.*

I

I (im Wortinnern) Die abgekürzte Schreibweise für *Mitarbeiter und Mitarbeiterinnen* mit einem großen *I* im Wortinnern *(MitarbeiterInnen)* widerspricht der geltenden amtlichen Rechtschreibung, die Großbuchstaben im Wortinnern nicht zulässt (Schreibungen wie *InterCity* sind bewusste Abweichungen und haben grafisch-gestalterische Gründe). Unschön ist bei dieser Schreibweise auch, dass geschriebene und gesprochene Sprache nicht im Einklang sind. Bei Pluralformen funktioniert das große *I* nicht immer: *Sekretäre* und *Sekretärinnen* können wegen der unterschiedlichen Mehrzahlendung nicht zu *SekretärInnen* kombiniert werden. Weitere Probleme treten in der Einzahl auf: Heißt es *der* oder *die Mitarbeiterin?* Heißt es *der* oder *die MitarbeiterIn, der* oder *die zur Versetzung vorgeschlagen wird?* Und wie soll das zugehörige Eigenschaftswort gebeugt werden: *langjährige* oder *langjähriger MitarbeiterIn?*

Eine Patentlösung dieses Problems gibt es leider nicht. Will man der Gleichstellung der Frauen gerecht werden, kann man nur auf Doppelnennungen oder zulässige Verkürzungen zurückgreifen. Es kann also heißen: *Die Mitarbeiterin und der Mitarbeiter, die/der zur Versetzung vorgeschlagen wurde* oder *Der/Die Mitarbeiter/-in, der/die zur Versetzung vorgeschlagen wurde* oder *Der/Die Mitarbeiter(in), der/die zur Versetzung vorgeschlagen wurde.* In der Mehrzahl bieten sich neben Verkürzungen manchmal auch neutrale Bezeichnungen an: *Die Student(inn)en besuchten die Vorlesung* oder *Die Studierenden besuchten die Vorlesung.*

maskuline Form	feminine Form	Kurzform mit Schrägstrich	Kurzform mit Klammern
Arbeitnehmer	Arbeitnehmerinnen	Arbeitnehmer/-innen	Arbeitnehmer(innen)
Ärzte	Ärztinnen	–	von Ärzt(inn)en
Autoren	Autorinnen	–	Autor(inn)en
Bauherren	Bauherrinnen	–	Bauherr(inn)en
Beamte	Beamtinnen	–	die Beamt(inn)en; von Beamt(inn)en
Bischöfe	Bischöfinnen	–	von Bischöf(inn)en
Dozenten	Dozentinnen	–	Dozent(inn)en
Kollegen	Kolleginnen	–	Kolleg(inn)en
Lehrer	Lehrerinnen	Lehrer/-innen	Lehrer(innen)
Mandanten	Mandantinnen	–	Mandant(inn)en
Mieter	Mieterinnen	Mieter/-innen	Mieter(innen)
Mitarbeiter	Mitarbeiterinnen	Mitarbeiter/-innen	Mitarbeiter(innen)
Patienten	Patientinnen	–	Patient(inn)en
Professoren	Professorinnen	–	Professor(inn)en
Rechtsanwälte	Rechtsanwältinnen	–	von Rechtsanwält(inn)en
Schüler	Schülerinnen	Schüler/-innen	Schüler(innen)
Sprecher	Sprecherinnen	Sprecher/-innen	Sprecher(innen)
Studenten	Studentinnen	–	Student(inn)en

Bitte lesen Sie hierzu auch in der Einleitung unter »Die richtige Anrede – kein Problem« nach.

i. A. oder **I. A.** Die Abkürzung für *im Auftrag* schreibt man mit kleinem *i*, wenn sie der Bezeichnung einer Behörde, Firma u. dgl. folgt:

Der Oberbürgermeister
i. A. Meyer

Sie wird mit großem *I* geschrieben, wenn sie nach einem abgeschlossenen Text (allein vor einer Unterschrift) steht:

Ihre Unterlagen erhalten Sie mit
gleicher Post zurück.
I. A. Meyer

Zur Frage »i. A.« oder »i. V.« lesen Sie bitte im Kapitel »Der geschäftliche Bereich« nach.

ich, der ich mich oder **ich, der sich ...** Beide Formen sind möglich und grammatisch richtig: *Ich, der ich mich immer um ein gutes Verhältnis bemüht habe ...* Oder: *Ich, der sich immer um ein gutes Verhältnis bemüht hat ... Ich, die ich mich immer um ein gutes Verhältnis bemüht habe ...* Oder: *Ich, die sich immer um ein gutes Verhältnis bemüht hat ...*

ich würde sagen, ich möchte sagen Diese Floskeln, die besonders in Diskussionen o. Ä. (also in der gesprochenen Sprache) auftreten, sind vielfach inhaltlich entbehrlich und stilistisch blass. Da sie eine Äußerung entgegenkommender und weniger selbstsicher erscheinen lassen, sind sie jedoch nicht immer überflüssig.

ich oder du *Ich oder du musst das machen.* **Nicht:** *Ich oder du muss das machen.* Ebenso **nicht:** *Ich oder du müssen das machen.*

ich oder er *Ich oder er wird daran teilnehmen.* **Nicht:** *Ich oder er werde daran teilnehmen.* Ebenso **nicht:** *Ich oder er werden daran teilnehmen.*

ich und du *Ich und du* (= wir) *haben uns sehr gefreut.* Oder: *Ich und du, wir haben uns sehr gefreut.* **Nicht:** *Ich und du haben sich sehr gefreut.*

ich und er *Ich und er* (= wir) *haben uns sehr gefreut.* Oder: *Ich und er, wir haben uns sehr gefreut.* **Nicht:** *Ich und er haben sich sehr gefreut.*

ich und ihr *Ich und ihr* (= wir) *haben uns sehr gefreut.* Oder: *Ich und ihr, wir haben uns sehr gefreut.* **Nicht:** *Ich und ihr haben sich sehr gefreut.* Ebenso **nicht:** *Ich und ihr habt euch sehr gefreut.*

ich und sie *Ich und sie* (= wir) *haben uns sehr gefreut.* Oder: *Ich und sie, wir haben uns sehr gefreut.* **Nicht:** *Ich und sie haben sich sehr gefreut.*

ideal oder **ideell** Die beiden Wörter sollte man nicht verwechseln. Das Eigenschaftswort *ideal* bedeutet »vollkommen, musterhaft«: *ein idealer Partner, ideale Voraussetzungen, die ideale Waschmaschine. Diese Waschmaschine ist ideal.* Das Eigenschaftswort *ideell* bedeutet dagegen »auf einer Idee beruhend, geistig«: *ideelle Ziele, Bedürfnisse, die ideelle Grundlegung eines Systems. Es geht hier um ideelle, nicht um materielle Werte.*

ihr oder **Ihr**

Klein- und Großschreibung von ihr/Ihr

1. Kleinschreibung:
Das Anredefürwort *ihr* (= 2. Person Mehrzahl), mit dem eine Gruppe von Personen angeredet wird, schreibt man nach den neuen amtlichen Rechtschreibregeln immer klein – auch wenn es in Briefen, Widmungen, in der Wiedergabe von Reden oder in der wörtlichen Rede steht:

(Brief:) *Liebe Familie Brunner! Wann besucht ihr uns einmal?*
(Fragebogen:) *Wohin möchtet ihr am liebsten reisen?*
(wörtliche Rede, z. B. in Lehrbüchern:) *Mit diesem Bleistift könnt ihr gut zeichnen!).*

Außerdem wird das besitzanzeigende Fürwort (Possessivpronomen) *ihr* üblicherweise kleingeschrieben:

Hast du ihr neues Auto schon gesehen?

2. Großschreibung:
Das besitzanzeigende Fürwort (Possessivpronomen) *ihr* wird immer (nicht nur in Briefen!) großgeschrieben, wenn es sich auf die Höflichkeitsanrede *Sie* bezieht:

Würden Sie mir bitte Ihren Namen sagen?
Ich habe Sie mit Ihrem Hund spazieren gehen sehen.
Wie lautet Ihre Adresse?

ihr oder sie *Ihr oder sie haben das getan.* **Nicht:** *Ihr oder sie habt das getan.*

ihr und er *Ihr und er* (= ihr) *habt das getan.* Oder: *Ihr und er, ihr habt das getan.* **Nicht:** *Ihr und er haben das getan.*

ihr und ich *Ihr und ich* (= wir) *haben uns sehr gefreut.* Oder: *Ihr und ich, wir haben uns sehr gefreut.* **Nicht:** *Ihr und ich haben sich sehr gefreut.*

ihr und sie *Ihr und sie* (= ihr) *habt euch gefreut.* Oder: *Ihr und sie, ihr habt euch gefreut.* **Nicht:** *Ihr und sie haben sich gefreut.*

ihre Das besitzanzeigende Fürwort (Possessivpronomen) *ihre* schreibt man üblicherweise klein: *ihre Augen, ihre Autos.* Man schreibt auch klein, wenn es sich auf ein vorangehendes Hauptwort bezieht: *Das ist nicht mein Problem, sondern das ihre* (= ihr Problem). Bezieht sich *ihr* auf die Höflichkeitsanrede *Sie,* wird es dagegen großgeschrieben: *Ich habe Ihre Nachricht erhalten.* Nach den neuen amtlichen Rechtschreibregeln kann man *ihre* (entsprechend auch *ihrige*), wenn es zum Hauptwort geworden ist, groß- oder kleinschreiben: *Grüßen Sie die Ihr[ig]en* oder *die ihr[ig]en. Sie hatte das Ihr[ig]e* oder *das ihr[ig]e getan.*

ihrerseits, ihresgleichen, ihrethalben, ihretwegen, ihretwillen Beziehen sich diese Wörter auf eine mit *Sie* anzuredende Person, dann werden sie großgeschrieben: *Sie Ihrerseits dürften das nicht tun. Wir teilen Ihnen mit, dass wir die Bücher Ihrethalben nicht verkauft haben. Für Ihresgleichen müsste das eine Kleinigkeit sein.*

Ihretwegen oder **wegen Ihnen** In der Umgangssprache ersetzen viele Sprecher *Ihretwegen* durch *wegen Ihnen. Ich habe das nur wegen Ihnen getan.* Standardsprachlich heißt es jedoch: *Ich habe das nur Ihretwegen getan.*

ihrige Bitte lesen Sie unter »ihre« nach.

Illustrierte Man beugt das Wort in folgender Weise: *die Illustrierte, eine Illustrierte, zwei Illustrierte* oder *zwei Illustrierten; die Aufmachung verschiedener Illustrierten* oder auch *verschiedener Illustrierter; mit aufgeschlagener Illustrierten* oder auch *Illustrierter; einige Illustrierte, alle Illustrierten, solche Illustrierte* oder auch *solche Illustrierten, beide Illustrierten* und seltener auch *beide Illustrierte.*

Als Beisatz (Apposition): *Sie hat diesem Blatt als einziger Illustrierten* (seltener auch: *als einziger Illustrierter*) *den Vorabdruck gestattet.*

im Falle, dass/ im Falle dass Bei diesen Wortverbindungen kann die Kommasetzung unterschiedlich sein: *Ich komme nur, im Falle dass ich eingeladen werde.* Oder: *Ich komme nur im Falle, dass ich eingeladen werde.*

in **1. in Blau usw.:** Eine Farbbezeichnung in Verbindung mit *in* schreibt man groß: *in Blau, in Grün,* ebenso: *in Hell, in Matt.*

in — **2. in 2002:** Diese Form *in* + Jahreszahl stammt aus dem Englischen. Im Deutschen steht die Jahreszahl ohne vorangehendes *in* oder aber in der Fügung *im Jahre* + Jahreszahl. *Wir wollen 2002* (oder: *im Jahre 2002*) *dieses Ziel erreichen.*

in einem Fall wie diesem/ wie dieser — Beide Formulierungen sind richtig. Entweder man bezieht das Wort *dieser* unmittelbar auf das Wort *Fall,* und beide stehen im Wemfall: *in einem Fall wie diesem.* Oder man sieht *wie dieser* als Verkürzung eines Nebensatzes an, der vollständig etwa lauten würde: *wie dieser es ist.*

in etwa — Die Fügung *in etwa* im Sinne von »ungefähr« kann nicht (wie *ungefähr* selbst) bei Zahlenangaben stehen. Also **nicht:** *Das Gespräch dauerte in etwa drei Stunden. Sie waren in etwa 40 km vom nächsten Ort entfernt.* In diesen Fällen ist nur *ungefähr* oder ein einfaches *etwa* möglich. Dagegen ist die Fügung *in etwa* in Verbindung mit entsprechenden Zeitwörtern richtig. Sie hat die Bedeutung »ungefähr, mehr oder weniger, in gewisser Hinsicht« und drückt stärker als *ungefähr* oder *etwa* eine Einschränkung, einen Vorbehalt aus: *Die Angaben der Zeugen stimmten in etwa überein. Das ist in etwa das, was ich auch sagen wollte.*

in Gänze, zur Gänze — Die beiden Fügungen sind besonders in gehobener Sprache üblich. Sie lassen sich in den meisten Fällen durch einfaches *ganz* oder *gänzlich* ersetzen.

in was oder **worin/ worein** — Vor allem in der gesprochenen Sprache ersetzen viele Sprecher heute *worin* und *worein* durch *in was: In was besteht der Unterschied? Ich frage mich, in was du den Wein aufbewahren, in was du den Wein füllen willst.* Die Verbindung *in was* ist jedoch umgangssprachlich. Stilistisch besser sind *worin* und *worein: Worin besteht der Unterschied? Ich frage mich, worin du den Wein aufbewahren, worein du den Wein füllen willst.*

indem — **1. Komma:** *Indem* leitet einen Nebensatz ein, der **immer** durch Komma abgetrennt wird: *Indem er sprach, öffnete sich die Tür. Er trat zurück, indem er erblasste. Er ordnete, indem er das sagte, die Blumen.*

2. indem/dadurch[,] dass/weil: Man kann *indem* im Sinne von »dadurch[,] dass« gebrauchen (man darf dabei nur nicht den Fehler machen, wie es in der Umgangssprache öfter geschieht, *in-*

dem[,] dass zu sagen). Richtig ist also: *Man ehrte die Autorin, indem man sie in die Akademie aufnahm.* Dagegen kann man *indem* nicht für *weil* einsetzen: *Weil* (**nicht:** *indem*) *er eine Magenverstimmung hatte, konnte er nicht teilnehmen.*

inklusive Anstelle von *einschließlich* findet sich im geschäftlichen Bereich häufig *inklusive,* und wie nach *einschließlich* steht auch nach *inklusive* normalerweise der Wesfall: *inklusive aller Versandkosten, inklusive des Portos, inklusive der erwähnten Gläser.* Steht aber das abhängige Hauptwort allein, also ohne ein Begleitwort, dann bleibt es in der Einzahl im Allgemeinen ungebeugt: *inklusive Porto, inklusive Behälter.* In der Mehrzahl aber weicht man bei allein stehenden Hauptwörtern auf den Wemfall aus: *inklusive Gläsern, inklusive Behältern.*

insofern **1. insofern – als:** Richtig ist nur *insofern – als* und **nicht,** wie es besonders in der gesprochenen Sprache häufig heißt, *insofern – dass* oder *insofern – weil: Er hatte insofern einen richtigen Instinkt bewiesen, als* (**nicht:** *dass*) *er schon zwei Tage vorher darauf hinwies. Er hat insofern unklug gehandelt, als* (**nicht:** *weil*) *er zu voreilig war.*
2. Komma: Nach den neuen amtlichen Rechtschreibregeln kann zwischen *insofern* und *als* ein Komma stehen, wenn *insofern – als* nicht als Einheit angesehen wird: *Er hatte einen richtigen Instinkt bewiesen, insofern, als er schon zwei Tage vorher darauf hinwies.* Das Komma muss aber nicht stehen, wenn *insofern* und *als* als Einheit empfunden werden: *Er hat unklug gehandelt, insofern als er zu voreilig war.* Wenn *als* ganz wegfällt, was auch möglich ist, leitet *insofern* den Nebensatz ein, der durch Komma abgetrennt wird: *Er hat unklug gehandelt, insofern er zu voreilig war.*

insoweit Bitte lesen Sie unter »insofern« nach.

Interesse Es heißt **richtig:** *Interesse an* oder *Interesse für* (**nicht:** *Interesse nach* oder *Interesse auf*). Also: *Bei Interesse an diesen Artikeln fordern Sie bitte Prospekte an.* Oder: *Bei Interesse für diese Artikel ...* (**aber nicht:** *Bei Interesse nach diesen Artikeln ...* oder: *Bei Interesse auf diese Artikel ...*).

investieren Nach *investieren in* kann sowohl der Wenfall als auch der Wemfall stehen. Wenfall: *Er hat sein Geld in das Unternehmen investiert.* Hier bedeutet *investieren* »sein Geld in das Unternehmen hineinstecken«. Mit Wemfall: *Er hat sein Geld in dem Unternehmen investiert.* In diesem Fall hat *investieren* die Bedeutung »sein Geld in dem Unternehmen anlegen«. In der übertragenen Bedeutung »etwas auf jemanden oder auf etwas verwenden« wird *investieren in* nur mit dem Wenfall verbunden: *Er hat sein ganzes Gefühl in diese* (**nicht:** *dieser*) *Beziehung investiert. In die* (**nicht:** *der*) *Karriere investierte er seine ganze Kraft.*

irgendwelcher, irgendwelche, irgendwelches Ein Eigenschaftswort oder Mittelwort (Partizip), das auf *irgendwelcher* usw. folgt, kann man (auch wenn es als Hauptwort gebraucht wird) auf zweierlei Weise beugen: *irgendwelcher alter* oder *alte Plunder, irgendwelches dummes* oder *dumme Zeug, mit irgendwelchem altem* oder *alten Plunder, von irgendwelcher tierischer* oder *tierischen Herkunft, irgendwelche kluge* oder *klugen Leute, die Meinung irgendwelcher kluger* oder *klugen Leute; irgendwelches Gutes* oder *Gute, irgendwelche Abgeordnete* oder *Abgeordneten, die Meinung irgendwelcher Angestellter* oder *Angestellten.*

Israeli, Israelit Die beiden Bezeichnungen sollte man nicht miteinander verwechseln. Das Wort *der Israeli* (Wesfall: *des Israeli* oder *des Israelis,* Mehrzahl: *die Israelis*) bezeichnet den männlichen Einwohner des heutigen Staates Israel. Die entsprechende weibliche Form lautet: *die Israeli* (Wesfall: *der Israeli,* Mehrzahl: *die Israeli* oder *die Israelis*) und das dazugehörende Eigenschaftswort *israelisch.* Demgegenüber bezeichnet der *Israelit* den Angehörigen des Volkes Israel im Alten Testament (weibliche Form: *die Israelitin*), und das Eigenschaftswort *israelitisch* hat die Bedeutung »die Israeliten, ihre Religion und Geschichte betreffend, jüdisch«.

i. V. oder **I. V.** Diese Abkürzung für »in Vertretung« oder »in Vollmacht« schreibt man mit kleinem *i,* wenn sie der Bezeichnung einer Behörde, Firma u. dgl. folgt:

Mit freundlichen Grüßen
Karl Meyer GmbH
i. V. Schneider
Der Oberbürgermeister
i. V. Schneider

Sie wird mit großem *I* geschrieben, wenn sie nach einem abgeschlossenen Text (allein vor einer Unterschrift) steht:

Herr Müller wird Sie
nach seiner Rückkehr sofort anrufen.
I. V. Schneider

Zur Frage »i. V.« oder »i. A.« lesen Sie bitte im Kapitel »Das kleine 1×1 des Briefeschreibens« nach.

J

je

1. Beugung nach *je*: Nach dem Verhältniswort (der Präposition) *je* mit der Bedeutung »für, pro« steht der Wenfall: *Die Kosten betragen 15 EUR je beschäftigten Arbeiter.* Gelegentlich wird *je* auch wie ein Umstandswort (Adverb) gebraucht und hat dann keinen Einfluss auf die Beugung anderer Wörter: *Die Kosten betragen 15 EUR je beschäftigter Arbeiter.*
2. je ein: Bei Sätzen mit der Verbindung *je ein* darf das Zeitwort nur in der Einzahl stehen: *Je ein Exemplar wurde* (**nicht:** *wurden*) *an die Buchhandlungen geschickt.*
3. Komma bei *je – desto, je – umso* und *je – je:* Zwischen den mit *je* und *desto,* mit *je* und *umso* oder mit *je* und *je* verbundenen Sätzen oder Satzteilen steht **immer** ein Komma: *Je länger er sie kennt, desto mehr schätzt er sie. Er wird umso bescheidener, je älter er wird.* Bei Sätzen dieser Art steht *je – je* nur noch selten. Geläufig ist es nur noch in kurzen Verbindungen: *je länger, je lieber. Wir sind je länger, je mehr von seiner Ehrlichkeit überzeugt.*

je nachdem

Nach den neuen amtlichen Rechtschreibregeln kann zwischen *je nachdem* und *ob* bzw. *wie* ein Komma stehen, wenn diese Fügungen nicht als Einheit gesehen werden, es muss aber keins stehen: *Wir entscheiden uns, je nachdem[,] ob er kommt. Das geschieht, je nachdem[,] wie du willst.* Steht vor *je nachdem* kein Komma, dann muss vor *ob* bzw. *wie* ein Komma stehen: *Er ruft an je nachdem, ob er Zeit hat oder nicht. Das Ausflugsprogramm läuft je nachdem, wie ihr wollt.*

jeder, jede, jedes

1. jedes Monats/jeden Monats: Beide Formen des Wesfalls (in der Einzahl bei männlichen und sächlichen Hauptwörtern) sind richtig: *am 10. jedes* oder *jeden Monats, bar jedes* oder *jeden Einflusses, jedes* oder *jeden Tieres.* Steht aber vor *jeder* das unbestimmte Geschlechtswort (der unbestimmte Artikel) *ein,* dann heißt es nur *jeden: am 10. eines jeden Monats.* Folgt hingegen auf *jeder* noch ein Eigenschaftswort, dann darf es nur *jedes* heißen: *am 10. jedes neuen Monats.*

2. Beugung nach *jeder, jede, jedes:* Ein Eigenschaftswort oder Mittelwort (Partizip), das auf *jeder* usw. folgt, hat (auch wenn es als Hauptwort gebraucht wird) in allen Fällen, außer im Werfall, die Endung *-n* oder *-en: jeder weitere Versuch, die Rinde jedes alten Baumes, bei jedem schönen Buch; jeder Angestellte, ein jedes Seiende, die Meinung jedes Betroffenen, bei jedem Abgeordneten.*
3. jeder, der: Einen Nebensatz, der auf *jeder* bezogen ist, leitet man **nicht** mit *wer,* sondern mit *der* ein: *Jeder, der* (**nicht:** *wer*) *hierher kommt ...* Entsprechend auch: *Jedes Messer, das* (**nicht:** *was*) *sie in die Hand nimmt ...*
4. Jedes Haus und jeder Baum war/waren ihm vertraut: Bei Sätzen dieser Art steht das Zeitwort meist in der Einzahl: *Jeder Junge und jedes Mädchen bekommt einen Luftballon.* Die Mehrzahl ist jedoch auch möglich, aber seltener: *Jeder Junge und jedes Mädchen bekommen einen Luftballon.*

jeher Es heißt richtig *von jeher* oder *seit je.* Eine Vermischung der beiden Fügungen ist nicht zulässig. Also **nicht:** *seit jeher.* Richtig ist nur: *Das haben wir von jeher so gemacht.* Oder: *Das haben wir seit je so gemacht.*

jemand **1. Beugung:** Der Wesfall von *jemand* lautet *jemandes* oder *jemands.* Der Wemfall und der Wenfall können ungebeugt sein: *jemand* oder gebeugt, Wemfall: *jemandem,* Wenfall: *jemanden: Es war nichts, was jemand* oder *jemandem etwas bedeuten könnte.* Im Wenfall wird die ungebeugte Form oft vorgezogen: *Haben Sie jemand* (seltener: *jemanden*) *getroffen?*
2. jemand anders, jemand Fremdes: In Fügungen wie diesen (also *jemand* in Verbindung mit *anders* oder mit einem Eigenschaftswort, das als Hauptwort gebraucht wird) bleibt *jemand* meist ungebeugt: *Sie sprach von jemand* (selten: *jemandem*) *anders. Sie sprach mit jemand* (selten: *jemandem*) *Fremdes.* Die Fügungen können als Ganzes in allen Fällen unverändert stehen: *von jemand anders, an jemand anders, von jemand Fremdes, an jemand Fremdes.* Das Eigenschaftswort, das als Hauptwort gebraucht wird, ist in solchen Fällen jedoch häufiger gebeugt: *mit jemand Fremdem, an jemand Fremden.* Bitte lesen Sie hierzu auch bei »andere« (3. jemand anders/jemand anderer) nach.
3. jemand, der: Schließt sich an *jemand* ein Nebensatz an, der mit einem bezüglichen Fürwort (mit einem Relativpronomen) beginnt, dann wählt man standardsprachlich immer *der,* und zwar

unabhängig davon, ob männliche oder weibliche Personen gemeint sind: *Ich kenne jemanden, der Friseuse ist. Sie ist jemand, der gut rechnen kann.*

jener, jene, jenes

1. Beugung von *jener, jene, jenes:* Das Fürwort (Pronomen) *jener, jene, jenes* beugt man immer stark, d. h., es hat dieselben Endungen wie die Beugungsformen von *der, die, das: an jenem Tag* (wie: *an dem Tag*), *die Mutter jenes Kindes* (wie: *des Kindes*), *wegen jener Frau* (wie: *wegen der Frau*). Es heißt demnach: *Ich erinnere mich jenes Tages* (**nicht:** *jenen Tages*). *Die Form jenes Tisches* (**nicht:** *jenen Tisches*).
2. Beugung nach *jener, jene, jenes:* Das Eigenschaftswort, das auf *jener* usw. folgt, beugt man immer schwach, d. h., es hat in der Regel die Endung *-en: jenes alten Hutes, jenem alten* (**nicht:** *altem*) *Hut, von jenem schönen Buch, jenes hübsche Kleid, wegen jenes hübschen Kleides, jene hübschen Kleider.*

Jubiläum

Im Grunde ist es falsch, von einem z. B. *vierzigjährigen Jubiläum* zu sprechen, weil damit eigentlich ausgedrückt wird, das Jubiläum sei vierzig Jahre alt. Diese Fügung hat sich jedoch so sehr eingebürgert, dass viele Sprecher sie nicht mehr als falsch empfinden. Besser ist es aber, stattdessen zu sagen: *das Jubiläum der vierzigjährigen Zugehörigkeit, des fünfundzwanzigjährigen Bestehens* u. Ä.

jucken

Bei dem Zeitwort *jucken* (= einen Juckreiz verursachen) steht bei der Verwendungsweise *es juckt* die betroffene Person im Wenfall: *Es juckt mich [am Arm].* Nennt man anstelle von *es* ein Körperteil, so kann die betroffene Person im Wemfall oder im Wenfall stehen: *Die Hand juckt mir* oder *mich.* Beide Formen sind richtig. Das gilt auch für den übertragenen Gebrauch: *Es juckt mir* oder *mich in den Fingern, dir eine Ohrfeige zu geben.* Nennt man aber in solchen Fällen nur die Person, dann muss sie im Wenfall stehen: *Was juckt mich das?*

Jugendliche bis zu 18 Jahren/ bis 18 Jahre

Nach der Verbindung *bis zu* und einer Zahlenangabe steht das folgende Hauptwort gewöhnlich im Wemfall, der von *zu* abhängig ist: *Jugendlichen bis zu 18 Jahren ist der Zutritt verboten.* Lässt man das *zu* weg – was besonders in der gesprochenen Sprache häufig vorkommt –, steht nach *bis* der Wenfall: *Jugendlichen bis 18 Jahre ist der Zutritt verboten.*

Juli Die Form *Julei* kann man verdeutlichend beim Sprechen gebrauchen, um einer Hörverwechslung zwischen *Juli* und *Juni* vorzubeugen. In geschriebenem Text ist sie sinnlos.

Juni Die Form *Juno* kann man verdeutlichend beim Sprechen gebrauchen, um einer Hörverwechslung zwischen *Juni* und *Juli* vorzubeugen. In geschriebenem Text ist sie sinnlos.

K

Kaiser Folgt auf *Kaiser* noch ein Name, dann bereitet besonders die Beugung im Wesfall Schwierigkeiten. Richtig ist: *der Sieg Kaiser Karls des Großen.* Der Titel *Kaiser* ist hier ungebeugt, der Name in seiner Gesamtheit dagegen gebeugt.
Steht *Kaiser* jedoch mit Geschlechtswort (Artikel) oder Fürwort, heißt es: *der Sieg des Kaisers Karl des Großen.* Der Titel *Kaiser* ist hier gebeugt, *Karl* bleibt unverändert, die Beifügung *der Große* ist wiederum gebeugt *(des Großen).*

Kamerad Das Hauptwort *Kamerad* erhält – außer im Werfall – die Endung *-en: der Kamerad, des Kameraden* (**nicht:** *des Kamerads*), *dem Kameraden* (**nicht:** *dem Kamerad*), *den Kameraden* (**nicht:** *den Kamerad*), Mehrzahl: *die Kameraden.*

Kanne Nach *Kanne* als Maßbezeichnung steht in der Regel das, was gemessen wird, im selben Fall wie die Maßangabe *Kanne* selbst: *eine Kanne Kaffee, eine Kanne duftender Kaffee; der letzte Rest einer Kanne duftenden Kaffees; mit einer Kanne duftendem Kaffee, für eine Kanne duftenden Kaffee.* Gelegentlich in gehobener Ausdrucksweise auch mit dem Wesfall: *eine Kanne duftenden Kaffees, mit einer Kanne duftenden Kaffees.*

Karton **1. Karton oder Kartons:** Als Maßbezeichnung bleibt *Karton* in der Mehrzahl häufig ungebeugt, d. h. unverändert: *3 Karton Seife* oder *3 Kartons Seife.*
2. Beugung nach *Karton:* Nach *Karton* als Maßangabe steht in der Regel das, was gemessen wird, im selben Fall wie die Maßangabe *Karton* selbst: *ein Karton Wein, ein Karton badischer Wein; der Preis eines Kartons Wein* oder *eines Karton Wein[e]s,* aber: *der*

Preis eines Kartons badischen Wein[e]s; mit einem Karton badischem Wein; für einen Karton badischen Wein. Gelegentlich in gehobener Ausdrucksweise auch mit dem Wesfall: *ein Karton badischen Wein[e]s; mit einem Karton badischen Wein[e]s.*

kassieren Im Sinne von »Geld einziehen, einnehmen« steht *kassieren* mit dem Wenfall. Dabei kann es sich jedoch nur um Dinge, Sachen, nicht um Personen handeln: *Beträge, Miete o.Ä. kassieren.* Die Verbindung *jemanden kassieren* für *jemanden abkassieren* ist umgangssprachlich und sollte deshalb in der Standardsprache vermieden werden.

Kasten Nach *Kasten* als Maßbezeichnung steht in der Regel das, was gemessen wird, im selben Fall wie die Maßangabe *Kasten* selbst: *ein Kasten Bier, ein Kasten bayrisches Bier; der Preis eines Kastens Bier* oder *eines Kasten Bier[e]s,* aber: *der Preis eines Kastens bayrischen Bier[e]s; mit einem Kasten bayrischem Bier; für einen Kasten bayrisches Bier.* In gehobener Ausdrucksweise steht *Kasten* gelegentlich auch mit dem Wesfall: *ein Kasten bayrischen Bier[e]s; mit einem Kasten bayrischen Bier[e]s.*

kaufen Die Formen *du käufst, er käuft* sind nicht standardsprachlich. **Richtig** ist: *du kaufst, er kauft.*

Kauffrau/ Kaufmann Die weibliche Entsprechung zu *Kaufmann* lautet offiziell *Kauffrau.* In der Mehrzahl heißen mehrere Kauffrauen und Kaufmänner *Kaufleute.*

kaum dass/ kaum, dass Die Fügung *kaum dass* leitet einen untergeordneten Nebensatz ein, der durch Komma abzutrennen ist. Nach den neuen amtlichen Rechtschreibregeln kann zwischen *kaum* und *dass* ein Komma stehen, wenn die Fügung nicht als Einheit verstanden wird, es muss aber keins stehen: *Ich habe alle Namen vergessen, kaum[,] dass ich mich noch an die Landschaft erinnere.* Von Sätzen mit der Fügung *kaum dass* zu unterscheiden sind Beispiele, in denen *dass* einen Nebensatz einleitet und *kaum* zum Hauptsatz gehört: *Ich glaube kaum, dass sie noch kommt* (zur Probe: *Ich kann es kaum glauben, dass sie noch kommt*).

kein, keine/ keiner, keine, keines **1. Beugung:** Nach einer gebeugten Form von *kein, keine* (z.B. *keines* usw.) erhält das folgende Eigenschaftswort (auch wenn es zum Hauptwort geworden ist) in der Regel die Endung *-en* bzw.

-n: keines bösen Gedankens fähig, mit keiner guten Absicht, keine schönen Bilder, bei keinem Bekannten, Fremden, Verliebten.
2. keiner, der: Richtig heißt es: *Da war keiner, der* (**nicht:** *welcher*) *ihm half. Es gab keine, die* (**nicht:** *welche*) *in Betracht kam.*
3. kein + als: Als Vergleichswort nach *kein* steht *als,* **nicht** *wie: Es kommt kein [anderes] Haus in Betracht als dieses.*
4. in keiner Weise: Dies ist die standardsprachlich richtige Form. Das in der Umgangssprache gelegentlich scherzhaft gebrauchte *in keinster Weise* ist nicht richtig, da *kein* nicht steigerbar ist.

Kenntnis Es muss heißen *Kenntnisse in* (**nicht:** *über* oder *für*): *Sie hat gute Kenntnisse in diesem Fach. Kenntnisse in Statistik werden vorausgesetzt.*

Kilogramm **1. Beugung nach *Kilogramm:*** Nach *Kilogramm* steht in der Regel das, was gewogen wird, im selben Fall wie *Kilogramm* selbst: *5 kg neue Kartoffeln* (selten und gehoben: *neuer Kartoffeln*); *der Preis eines Kilogramms neuer Kartoffeln;* aber im Wemfall: *bei 5 kg neuer Kartoffeln* oder *neue Kartoffeln,* selten: *neuen Kartoffeln; für 5 kg neue Kartoffeln* (selten und gehoben: *neuer Kartoffeln*).
2. 1 kg Äpfel kostet/kosten ...: Folgt der Angabe *1 kg* (die Mengenangabe ist hier Einzahl) ein Hauptwort ebenfalls in der Einzahl, steht auch das Zeitwort in der Einzahl: *1 kg Fleisch kostet 4,98 €.* Folgt auf *1 kg* ein Hauptwort in der Mehrzahl, steht das Zeitwort üblicherweise in der Einzahl, es kann jedoch auch in der Mehrzahl stehen: *1 kg Äpfel kostet 1,50 €,* seltener: *1 kg Äpfel kosten 1,50 €.* Wenn allerdings die Mengenangabe selbst in der Mehrzahl steht (*2 kg, 3 kg* usw.), verwendet man auch beim Zeitwort die Mehrzahl, wenn das, was als Menge angegeben wird, ebenfalls in der Mehrzahl steht: *2 kg Äpfel kosten 3 €.* Steht dagegen das, was als Menge angegeben wird, in der Einzahl *(3 kg Fleisch),* richtet sich das Zeitwort im Allgemeinen nach der Mengenangabe *(3 kg)* und steht deswegen meist in der Mehrzahl: *3 kg Fleisch kosten,* (selten:) *kostet 13,94 €.*

Kilometer **1. Geschlecht:** Im Unterschied zu *der* und *das Meter* heißt es bei *Kilometer* nur *der Kilometer.*
2. Beugung: Ist *Kilometer* Mehrzahl *(2, 3, 4* usw. *Kilometer),* heißt es im Wemfall: *ein Stau von 10 Kilometern.* Folgt aber auf die Längenangabe noch die Angabe des Gemessenen, wird die ungebeugte, häufiger auch die gebeugte Form verwendet: *Ein Stau von 10 Kilometer Länge/ein Stau von 10 Kilometern Länge.* Unabhän-

gig davon, ob das Gemessene angegeben ist oder nicht, steht bei vorangestelltem Geschlechtswort (Artikel) die gebeugte Form *Kilometern* (im Wemfall): *Nach den 10 Kilometern [Stau] ging es wieder zügig weiter.*

Kiste Nach *Kiste* als Maßbezeichnung steht in der Regel das, was gemessen wird, im selben Fall wie die Maßangabe *Kiste* selbst. Dabei kann das Gemessene entweder Einzahl (z. B. *eine Kiste Wein*) oder Mehrzahl (z. B. *eine Kiste Zigarren*) sein. Das Gemessene in der Einzahl: *eine Kiste Wein, eine Kiste italienischer Wein; der Preis einer Kiste italienischen Wein[e]s; mit einer Kiste italienischem Wein; für eine Kiste italienischen Wein.* Gelegentlich in gehobener Ausdrucksweise auch mit dem Wesfall: *eine Kiste italienischen Wein[e]s; mit einer Kiste italienischen Wein[e]s.* Das Gemessene in der Mehrzahl: *eine Kiste gute Zigarren,* selten: *guter Zigarren; der Preis einer Kiste guter Zigarren; mit einer Kiste guter Zigarren* oder *gute Zigarren,* selten: *guten Zigarren; für eine Kiste gute Zigarren,* selten: *guter Zigarren.*

klasse oder **Klasse** Das umgangssprachlich häufig verwendete Wort *klasse/Klasse* kann sowohl als Eigenschaftswort als auch als Hauptwort gebraucht werden. Um das kleinzuschreibende Eigenschaftswort handelt es sich, wenn es als nähere Bestimmung zu einem Substantiv tritt: *Das ist ein klasse Auto!* Ebenfalls kleinzuschreiben ist es, wenn es als Umstandswort verwendet wird: *Sie hat klasse gespielt. Der Film ist klasse gemacht.* Wird *Klasse* jedoch durch eine Beifügung (z. B. *groß, einsam, absolut*) näher bestimmt, muss man es großschreiben: *Der Film war einsame Klasse.* Auch in Verbindung mit Zeitwörtern wie *sein, werden* und *bleiben* ist nach den neuen amtlichen Rechtschreibregeln nur die Großschreibung richtig: *Das ist/wird Klasse!*

kleiden **1. kleiden in:** In der Verbindung *jemanden in etwas kleiden* steht nach *in* der Wenfall, nicht der Wemfall: *Sie waren in herrliche neue Gewänder gekleidet* (**nicht:** *in herrlichen neuen Gewändern*).
2. etwas kleidet jemanden: Auch in der Bedeutung »etwas steht jemandem, passt zu jemandem« steht *kleiden* mit dem Wenfall: *Das Kostüm kleidet sie* (**nicht:** *ihr*) *gut. Der Hut kleidet den Mann* (**nicht:** *dem Mann*) *gar nicht.*

klopfen **1. Er klopfte mir/mich auf die Schulter:** Nennt man in Verbindung mit dem Zeitwort *klopfen* Person und Körperteil, auf die sich *klopfen* bezieht, dann kann die Person im Wemfall oder auch im Wenfall stehen: *Er klopfte dem Freund auf die Schulter.* Oder: *Er klopfte den Freund auf die Schulter.* Üblicher ist der Wemfall *(dem Freund).*

2. klopfen an: Nach *klopfen an* steht gewöhnlich der Wenfall (Frage: wohin?): *an die Wand, an das Fenster klopfen.* Die Verbindung mit dem Wemfall (Frage: wo?) ist auch möglich: *an der Wand, an dem Fenster klopfen.* Nicht möglich ist der Wemfall, wenn mit dem Geschehen eine Absicht verbunden ist, z. B. bei *an die Tür klopfen* (im Sinne von »Einlass begehren«) oder *an sein Glas klopfen* (um eine Rede zu halten). Hier ist nur der Wenfall richtig. **Aber** bei *es* heißt es wiederum nur: *Es klopft an der Tür* (**nicht:** *an die Tür*).

kneifen Nennt man in Verbindung mit dem Zeitwort *kneifen* Person und Körperteil, auf die sich *kneifen* bezieht, dann kann die Person im Wemfall oder auch im Wenfall stehen: *Er kniff seinem Bruder in den Arm.* Oder: *Er kniff seinen Bruder in den Arm.* Üblicher ist der Wemfall *(seinem Bruder).*

Komet Das Hauptwort *Komet* erhält – außer im Werfall – immer die Endung *-en: der Komet, des Kometen* (**nicht:** *des Komets*), *dem Kometen* (**nicht:** *dem Komet*), *den Kometen* (**nicht:** *den Komet*), Mehrzahl: *die Kometen.*

Komma

Komma

1. Komma bei Aufzählungen: Die einzelnen Glieder einer Aufzählung trennt man durch Komma, wenn sie unverbunden nebeneinander stehen:

Feuer, Wasser, Luft, Erde.
Wir fanden eine herrlich gelegene, gar nicht teure Wohnung mit großem, sonnigem Balkon.

Ebenso trennt man sie durch Komma, wenn sie durch Bindewörter wie *aber, sondern, und zwar, jedoch, bald – bald, teils – teils, nicht nur – sondern auch* u. Ä. verbunden sind:

Er ist intelligent, aber faul.
Nicht mein, sondern sein Vorschlag wurde angenommen.

Auch Ort und Datum trennt man durch Komma. Nach den neuen amtlichen Rechtschreibregeln kann nach dem letzten Bestandteil (bei weitergeführtem Satz) ein Komma stehen:

Komma (Fortsetzung)

Mannheim, den 8. Mai 2002; München, im Juli 2002; am Mittwoch, den 23. November 2002, 20 Uhr[,] findet die Sitzung statt.

Ebenso trennt man Orts- und Wohnungsangaben (mit Ausnahme von eng zusammengehörenden Bezeichnungen) durch Komma. Nach den neuen amtlichen Rechtschreibregeln kann auch hier nach dem letzten Bestandteil (bei weitergeführtem Satz) ein Komma stehen:

Weidendamm 4, Hof rechts, 1 Treppe links bei Müller; Herr Franz Meier wohnt in 68167 Mannheim, Feldbergstraße 21, VI. Stock, Wohnung 28[,] in einer 3-Zimmer-Wohnung.

2. Aufzählungen ohne Komma:

Kein Komma steht, wenn die einzelnen Glieder einer Aufzählung durch die Bindewörter *und, oder, als, wie, sowie, sowohl – als auch, entweder – oder, weder – noch* verbunden sind:

Heute oder morgen wird er dich besuchen. Die Kinder essen sowohl Fleisch als auch Obst gerne. Weder mir noch ihm ist das Experiment gelungen.

Folgen jedoch weitere Aufzählungsglieder, dann trennt man diese durch Komma ab:

Ich weiß weder seinen Namen noch seinen Vornamen, noch sein Alter, noch seine Anschrift.

Kein Komma steht, wenn von zwei oder mehr aufgezählten Eigenschaftswörtern das letzte mit dem zugehörigen Hauptwort einen Gesamtbegriff bildet:

ein Glas dunkles bayrisches Bier (= das bayrische Bier ist dunkel, nicht: das Bier ist dunkel und bayrisch); *wichtige wissenschaftliche Versuche; ich wünsche Dir ein glückliches, gesegnetes* (= glückliches und gesegnetes) *Weihnachtsfest,* aber: *ich wünsche Dir ein glückliches neues Jahr.*

3. Komma bei Einschüben und Zusätzen:

Den nachgetragenen Beisatz trennt man durch Komma ab:

Gutenberg, der Erfinder der Buchdruckerkunst, wurde in Mainz geboren.

Beide Kommas können entfallen, wenn der Name dem Beisatz folgt:

Der Vorsitzende[,] Herr Direktor Meyer[,] hielt einen Vortrag.

Nachgetragene genauere Bestimmungen und Einschübe trennt man ebenfalls durch Komma ab, besonders solche, die durch *und zwar, und das, nämlich, namentlich, besonders, insbesondere* u. a. eingeleitet sind:

Komma (Fortsetzung)

Das Flugzeug fliegt wöchentlich einmal, und zwar samstags.
Er liebte die Musik, namentlich die Lieder Schuberts.
Sie können mich immer, außer in der Mittagszeit, im Büro erreichen.

Vor Fügungen wie *d. h.* oder *z. B.* steht immer ein Komma; nach ihnen kann es nur dann stehen, wenn ein Satz folgt:

Ich sehe sie oft auf der Straße, z. B. beim Einkaufen.
Aber: *Ich sehe sie oft auf der Straße, z. B., wenn sie einkaufen geht.*

4. Komma bei Anreden und Empfindungswörtern (Interjektionen):

Anrede und Empfindungswort trennt man durch Komma ab:

Du, hör mal zu! Was halten Sie davon, Frau Schmidt? Ach, das ist schade! Ja, daran ist nicht zu zweifeln.

Das Gleiche gilt auch für einen herausgehobenen Satzteil, der durch ein Fürwort oder Umstandswort erneut aufgenommen wird:

Deinen Vater, den habe ich gut gekannt. Ihr sollt ihn nicht ärgern, den armen Kerl!
Am Anfang, da glaubte ich noch ...

5. Komma bei Zeitwörtern mit *zu:*

Die Grundform (den Infinitiv) mit *zu* kann man nach den neuen amtlichen Rechtschreibregeln durch Komma abtrennen, um die Gliederung des Satzes deutlich zu machen oder um Missverständnisse auszuschließen:

Sie folgte[,] ohne zu murren.
Etwas Schlimmeres[,] als seine Kinder zu verlieren[,] konnte ihm nicht passieren.
Die Frau versprach[,] zu helfen.
Ich riet[,] ihm zu folgen.
Oder: *Ich riet ihm[,] zu folgen.*

Ein Komma ist aber in den folgenden Fällen nicht sinnvoll:

Wenn die Grundform mit *zu* mit dem Hauptsatz verschränkt ist *(Diesen Vorgang wollen wir zu erklären versuchen.* Hauptsatz: *Wir wollen versuchen ...).* Wenn ein Glied der Grundform mit *zu* an den Anfang des Satzes tritt und der Hauptsatz dadurch von der Grundform mit *zu* eingeschlossen wird *(Diesen Betrag bitten wir auf unser Konto zu überweisen.* Hauptsatz: *Wir bitten ...).* Wenn die Grundform mit *zu* auf die Zeitwörter *sein, haben, brauchen, pflegen, scheinen* folgt *(Die Spur war deutlich zu sehen. Sie haben nichts zu verlieren. Er braucht nicht zu kommen. Sie pflegt Pfeife zu rauchen. Er scheint geschwächt zu sein).*

Komma (Fortsetzung)

Kommas müssen nach den neuen amtlichen Rechtschreibregeln nur in folgendem Fall stehen:
Wenn ein hinweisendes Wort (oder eine hinweisende Wortgruppe) auf die Grundform mit *zu* zielt *(Zu tanzen, das ist ihre größte Freude. Seine Absicht ist es, zu kündigen. Und dieser Gedanke, bald zu gehen, ließ ihn nicht in Ruhe.).*

6. Komma zwischen Sätzen:
Hauptsätze trennt man nach der neuen amtlichen Rechtschreibung in der Regel nicht durch ein Komma, wenn sie durch die Bindewörter *und, oder, beziehungsweise, weder – noch, entweder – oder* verbunden sind. Man kann in diesen Fällen aber auch ein Komma setzen, wenn man die Gliederung der Satzverbindung verdeutlichen will:

Sie machten es sich bequem, die Kerzen wurden angezündet[,] und der Gastgeber versorgte sie mit Getränken.
Schreibe den Brief sofort[,] und bringe ihn zur Post!
Fährst du heute[,] oder bleibst du noch einen Tag?
Sie bestiegen den Wagen[,] und sie fuhren nach Hause.

Diese Regel gilt jetzt auch für Fälle, in denen mit *und* oder *oder* ein Satzgefüge anschließt, das mit einem Nebensatz oder einer Grundform (einem Infinitiv) mit *zu* beginnt:

Ich habe ihn oft besucht[,] und wenn er gute Laune hatte, saßen wir lange zusammen.
Es waren schlechte Zeiten[,] und um zu überleben, nahm man es oft nicht so genau.

7. Komma zwischen Haupt- und Nebensätzen:
Haupt- und Nebensätze trennt man immer durch Komma:

Wenn es möglich ist, erledigen wir den Auftrag. Hunde, die bellen, beißen nicht. Ich weiß, dass er unschuldig ist.

Ein Nebensatz, der mit *und* an eine Aufzählung angeschlossen ist, wird nach den neuen amtlichen Rechtschreibregeln nur am Ende des Nebensatzes durch ein Komma getrennt, wenn der Hauptsatz danach weitergeht:

Sie hatte ihrer Nichte ein Buch, einen Füller und was sie sonst für die Schule brauchte, gekauft.

Nebensätze, die nicht durch *und* oder *oder* verbunden sind, trennt man durch Komma voneinander:

Er war zu klug, als dass er in die Falle gegangen wäre, die man ihm gestellt hatte.

Nach den neuen amtlichen Rechtschreibregeln trennt man Nebensätze, die durch *und, oder, beziehungsweise, weder – noch, entweder – oder* verbunden sind, im Allgemeinen nicht durch ein Komma.

Komma (Fortsetzung)	
Man kann aber in diesen Fällen auch ein Komma setzen, wenn man die Gliederung der Satzverbindung deutlich machen will: *Du kannst mir glauben, dass ich deinen Vorschlag ernst nehme[,] und dass ich ihn sicher verwirkliche.* *Er sagte, er wisse es[,] und der Vorgang sei ihm völlig klar.* *Er wusste nicht, wer angerufen hatte[,] und was der Kunde wollte.* **8. Komma bei einfachen Mittelwörtern (Partizipien):** Einfache Mittelwörter trennt man im Allgemeinen nicht durch Komma ab: *Lachend stand er in der Tür.*	Nach den neuen amtlichen Rechtschreibregeln kann man eine Wortgruppe um ein Mittelwort (Partizip) durch Komma abtrennen, um die Gliederung des Satzes deutlich zu machen oder um Missverständnisse auszuschließen: *Er kam[,] aus vollem Halse lachend[,] auf mich zu.* *Seinem Vorschlag entsprechend[,] ist das Haus verkauft worden.* *Seit mehreren Jahren kränklich (seiend)[,] hat er sich ganz zurückgezogen.*

Kommandant Das Hauptwort *Kommandant* erhält – außer im Werfall – die Endung *-en: der Kommandant, des Kommandanten* (**nicht:** *des Kommandants*), *dem Kommandanten* (**nicht:** *dem Kommandant*), *den Kommandanten* (**nicht:** *den Kommandant*), Mehrzahl: *die Kommandanten.* In der Anschrift ist jedoch auch die ungebeugte Form *Kommandant* zulässig: *[An] Herrn Kommandant Bülow* neben: *[An] Herrn Kommandanten Bülow.*

König **1. Aussprache:** In den Formen der Einzahl *(der König, des Königs, dem König, den König)* spricht man standardsprachlich das *g* wie das *ch* in *ich* aus.

2. in Verbindung mit einem Namen: Folgt auf den Titel *König* ein Name, dann ist besonders die Beugung im Wesfall schwierig. **Richtig** ist: *der Sieg König Ludwigs des Heiligen.* Der Titel *König* ist hier ungebeugt, der Name in seiner Gesamtheit dagegen gebeugt *(Ludwigs des Heiligen).* Steht *König* jedoch mit Geschlechtswort (Artikel) oder Fürwort (Pronomen), dann heißt es: *der Sieg des Königs Ludwig des Heiligen.* Der Titel *König* ist hier gebeugt, der Name *(Ludwig)* bleibt ohne Beugungsendung, die Beifügung *(der Heilige)* ist wiederum gebeugt.

können **1. nichts dafür können:** Es heißt: *nichts dafür können,* **nicht:** *nichts dazu können: Sie kann nichts dafür, dass die Vase umgefallen ist.*

2. können oder gekonnt: Das Mittelwort der Vergangenheit (2. Partizip) von *können* heißt *gekonnt: Sie haben die Aufgabe nicht gekonnt.* Steht aber vor dem Zeitwort *können* noch ein weiteres Zeitwort, und zwar in der Grundform (im Infinitiv), so steht nicht *gekonnt,* sondern *können.* Es stehen dann beide Zeitwörter in der Grundform, also **nicht:** *Er hat die Aufgabe nicht lösen gekonnt,* sondern **nur:** *Er hat die Aufgabe nicht lösen können.*

Konsument Das Hauptwort *Konsument* erhält – außer im Werfall – immer die Endung *-en: der Konsument, des Konsumenten* (**nicht:** *des Konsuments*), dem Konsumenten (**nicht:** *dem Konsument*), *den Konsumenten* (**nicht:** *den Konsument*), Mehrzahl: *die Konsumenten.*

Korb **1. Korb oder Körbe:** Als Maßbezeichnung bleibt *Korb* in der Mehrzahl häufig ungebeugt, d. h. unverändert: *zwei Korb* oder *zwei Körbe Äpfel.*

2. Beugung nach *Korb:* Nach *Korb* als Maßbezeichnung steht in der Regel das, was gemessen wird, im gleichen Fall wie die Maßbezeichnung *Korb* selbst: *ein Korb Holz, ein Korb trockenes Holz; mit drei Körben trockenem Holz.* Gelegentlich in gehobener Ausdrucksweise mit dem Wesfall: *ein Korb trockenen Holzes; mit drei Körben trockenen Holzes.* Steht das, was gemessen wird, in der Mehrzahl, dann wird im Wemfall in folgender Weise gebeugt: *mit einem Korb reifer Äpfel* oder *mit einem Korb reife Äpfel,* seltener auch: *mit einem Korb reifen Äpfeln.*

kosten Hat *kosten* die Bedeutung »einen bestimmten Preis haben«, dann steht eine genannte Person im Wenfall: *Die Renovierung der Wohnung kostete den Vermieter 6 000 €, kostet dich nicht viel, hat meinen Nachbarn einiges gekostet.* Hat *kosten* die Bedeutung »von jemandem etwas Bestimmtes verlangen«, dann steht die genannte Person ebenfalls im Wenfall: *Das kostet den Minister nur einen Anruf. Es kostet dich keine fünf Minuten. Es kostet meinen Sohn große Überwindung.* Hat *kosten* hingegen die Bedeutung »jemanden um etwas Bestimmtes bringen«, dann kann die genannte Person im Wenfall, aber auch im Wemfall stehen: *Der Sturz kostete die alte Frau* oder *der alten Frau das Leben. Das kann ihn* oder *ihm die Freiheit kosten.* Auch in der Wendung *sich eine Sache etwas kosten lassen* sind beide Fälle richtig: *Ich lasse mich,* auch: *mir die Sache etwas kosten.*

Kranke, der und die

Man beugt das Wort in folgender Weise: *der Kranke, ein Kranker, zwei Kranke, die Kranken, einige Kranke, alle Kranken, solche Kranke* und *solche Kranken, beide Kranken* und seltener *beide Kranke; genanntem Kranken; die Versorgung bettlägeriger Kranker.* Als Beisatz (Apposition): *mir (dir, ihm) als Kranken* und: *mir (dir, ihm) als Krankem; ihr als Kranken* und *ihr als Kranker.*

kündigen

In der Standardsprache steht *kündigen* mit dem Wemfall: *Der Betrieb, der Vermieter hat ihm gekündigt. Ihm ist gekündigt worden.* In der Umgangssprache kommt häufiger der Wenfall vor: *Der Betrieb hat ihn, hat sie gekündigt.* Umgangssprachlich ist auch der Gebrauch des Mittelworts der Vergangenheit (des 2. Partizips) *gekündigt* in Bezug auf Personen: *die gekündigten Mitarbeiter.*

kürzlich

Das Umstandswort (Adverb) *kürzlich* darf nicht wie ein Eigenschaftswort bei einem Hauptwort stehen. **Nicht richtig** ist also: *die kürzliche Vereinbarung, der kürzliche Besuch.* Richtig ist nur: *die Vereinbarung, die kürzlich getroffen wurde; der Besuch, der kürzlich stattfand.*

L

lang, lange

Das Eigenschaftswort heißt *lang: Der lange Rock ist schön. Ihr Haar ist lang. Sein Vortrag war zu lang.* Das Umstandswort (Adverb) heißt *lange: Er hat lange gewartet. Er war lange krank.* In der Umgangssprache, besonders in Süd- und Südwestdeutschland, verwenden manche Sprecher die Form *lang* auch als Umstandswort. *Er hat lang gewartet. Er war lang krank.*

längs

Das Verhältniswort (die Präposition) *längs* hat den Wesfall nach sich, seltener auch den Wemfall: *längs des Ufers, längs dem Waldrand.* Beides ist richtig. Der Wemfall ist vorzuziehen, wenn dem abhängigen Hauptwort noch ein Hauptwort im Wesfall folgt oder vorausgeht. Statt *längs des Ufers des Sees* besser: *längs dem Ufer des Sees.*

lassen

1. lassen oder gelassen: Steht vor *lassen* die Grundform (der Infinitiv) eines anderen Zeitwortes, dann heißt es richtig: *Er hat sich nicht erwischen lassen* (**nicht:** *gelassen*). *Du hast dich ausfragen*

lassen (**nicht:** *gelassen*). *Warum hast du dich wegschicken lassen* (**nicht:** *gelassen*)? Bei den folgenden Verbindungen aus zwei Zeitwörtern sind beide Formen *(lassen* oder *gelassen)* richtig; z. B. bei *liegen lassen, fallen lassen, stecken lassen, stehen lassen: Er hat alles auf dem Boden liegen lassen* oder *liegen gelassen. Er hat seinen Plan fallen lassen* oder *fallen gelassen. Warum hast du sie an der Tür stehen lassen* oder *stehen gelassen?* In Formulierungen wie der folgenden steht *lassen* immer am Ende: *... weil sie sich haben bestechen lassen* (**nicht:** *... weil sie sich bestechen lassen haben*).
2. jemanden etwas sehen, fühlen, merken, wissen usw. lassen: Diese Verbindungen bildet man immer mit dem Wenfall: *Ich werde dich mein neues Kleid sehen lassen. Er hat sie seinen Ärger fühlen lassen. Er hat sie nicht merken lassen, wie enttäuscht er war. Kannst du mich wissen lassen, wann du gehst?*

laut

1. Bedeutung: Das Verhältniswort (die Präposition) *laut* hat die Bedeutung »dem Wortlaut von etwas oder jemandem entsprechend«. Durch die Angabe *laut* macht man deutlich, dass im Satz Gesprochenes oder Geschriebenes vermittelt wird. *Laut* steht deshalb oft mit Wörtern wie *Mitteilung, Bericht, Gesetz,* aber auch mit Personennamen: *laut amtlicher Mitteilung, laut Schröder.* **Nicht möglich** ist: *laut Abbildung, laut Muster* usw.
2. laut unseres Schreibens, laut unserem Schreiben: Das Verhältniswort *laut* kann den Wesfall und auch den Wemfall nach sich haben: *laut unseres Schreibens* und *laut unserem Schreiben, laut ärztlichen Gutachtens* und *laut ärztlichem Gutachten.* Steht das abhängige Hauptwort allein, also ohne Begleitwort, dann ist es in der Einzahl ungebeugt: *laut Vertrag, laut Clinton.* In der Mehrzahl weicht man auf den Wemfall aus: *laut Verträgen, laut Befehlen.* Der Wemfall steht auch dann, wenn noch ein Hauptwort im Wesfall folgt oder vorausgeht: *laut dem Bericht des Ministers, laut des Ministers neuestem Bericht.*

lauten

Das Zeitwort *(auf etwas) lauten* hat den Wenfall nach sich: *Der Vertrag lautet auf den Namen seiner Frau. Das Urteil lautet auf fünf Jahre.*

lediglich nur

Die beiden Wörter *lediglich* und *nur* bedeuten das Gleiche. Man soll darum nicht beide nebeneinander stellen. Eine solche Häufung von sinngleichen Wörtern ist stilistisch unschön. Es genügt zu sagen: *Er verlangt lediglich sein Recht.* Oder: *Er verlangt nur sein Recht.* **Nicht:** *Er verlangt lediglich nur sein Recht.*

lehren **1. lehren oder gelehrt:** Steht vor dem Zeitwort *lehren* die Grundform (der Infinitiv) eines anderen Zeitworts, dann hat *lehren* heute gewöhnlich die Form des Mittelworts der Vergangenheit (des 2. Partizips) *gelehrt: Er hat die Kinder schreiben gelehrt* (**nicht:** *Er hat die Kinder schreiben lehren.*).

2. Er lehrte die Kinder/den Kindern die französische Sprache: Nach *lehren* stehen heute gewöhnlich die genannte Person und die genannte Sache im Wenfall: *Er lehrte die Kinder die französische Sprache.* Der seltenere Wemfall ist ebenfalls richtig: *Er lehrte den Kindern die französische Sprache.*

3. Er lehrte die Kinder schreiben/zu schreiben: Es heißt: *Er lehrte die Kinder schreiben.* Treten zu der Grundform *schreiben* jedoch noch weitere Angaben, dann geht ihr häufiger ein *zu* voraus. *Er lehrte die Kinder leserlich schreiben.* Oder: *Er lehrte die Kinder, leserlich zu schreiben.* Je umfangreicher die Erweiterung der Grundform ist, umso fester wird der Gebrauch von *zu* vor der Grundform: *Er lehrte die Kinder, immer deutlich und leserlich zu schreiben* (**nicht:** *schreiben*).

4. lehren oder lernen: Das Zeitwort *lehren* »jemanden in einem bestimmten Fach unterrichten« darf man nicht mit dem Zeitwort *lernen* »sich bestimmte Kenntnisse aneignen« verwechseln. Es darf deshalb nur heißen: *Er hat die Kinder schreiben gelehrt* (**nicht:** *gelernt*).

Lehrstelle Lesen Sie bitte zu Formulierungen mit dem Wort *Lehrstelle* (z. B. in einem Bewerbungsschreiben) unter *Ausbildungsplatz* nach.

Leideform (Passiv) Man kann im Deutschen ein Geschehen oftmals aus zwei Blickrichtungen beschreiben: *Das Erdbeben überraschte uns im Schlaf* (Tatform = Aktiv) und: *Wir wurden von dem Erdbeben im Schlaf überrascht* (Leideform = Passiv). Die Leideform kann durchaus ein Mittel sein, einen Text abwechslungsreicher zu gestalten. Sie bietet zudem die Möglichkeit, den Handelnden nicht zu nennen: *Es wird angeordnet* (Wer hat angeordnet?). *Sie wurde ausgelacht* (Wer hat sie ausgelacht?). Es kann jedoch vorkommen, dass ein Text bei übermäßiger Verwendung der Leideform unlebendig und schwerfällig wird. Er ähnelt dann der unpersönlichen Verwaltungssprache oder der sachlichen Wissenschaftssprache, wo diese Konstruktionen sehr häufig sind. Will man dies vermeiden, sollte man nicht nur die Leideform, sondern auch die Tatform verwenden. Statt: *Der Plan wird durchgeführt* besser: *Wir führen* *den Plan durch.* Statt: *Es wird darauf hingewiesen* besser: *Wir weisen darauf hin.* Statt: *Von Herrn Meyer wurde ausgeführt* besser: *Herr Meyer führte aus.*

Leopard Das Hauptwort *Leopard* erhält – außer im Werfall – immer die Endung *-en: der Leopard, des Leoparden* (**nicht:** *des Leopards*), *dem Leoparden* (**nicht:** *dem Leopard*), *den Leoparden* (**nicht:** *den Leopard*), Mehrzahl: *die Leoparden.*

lernen Wenn bei *lernen* ein anderes Zeitwort in der Grundform (im Infinitiv) steht, die nicht durch irgendeinen Zusatz erweitert ist, dann steht dieses andere Zeitwort ohne *zu: Das Kind lernt laufen. Er lernt jetzt lesen.* (Dazu gehören auch Fälle wie: *Sie lernt Klavier spielen. Sie lernt Schlittschuh laufen.*) Ist die Grundform dieses Zeitwortes aber erweitert, so kann sie mit oder ohne *zu* stehen: *Ich lernte die Maschinen bedienen.* Oder: *Ich lernte, die Maschinen zu bedienen.* Je umfangreicher die Erweiterung ist, desto fester ist der Gebrauch mit *zu: Ich lernte, die neuen Maschinen richtig zu bedienen und zu warten.*

letzterer, letztere, letzteres Ein Eigenschaftswort oder Mittelwort (Partizip), das auf *letzterer* usw. folgt, beugt man (auch wenn es als Hauptwort gebraucht wird) in gleicher Weise wie *letzterer* selbst: *letzteres modernes Hörspiel, bei letzterer persönlicher Beschuldigung, letztere schlimme Fehler, die letzteren gemeinsamen Freunde; letzterer Abgeordneter, die Meinung letzterer Betroffener.*
Bitte lesen Sie dazu auch unter »ersterer – letzterer« usw. nach.

leugnen Weil das Zeitwort *leugnen* bereits verneinenden Sinn hat (= nicht gelten lassen, für nicht zutreffend erklären), darf man den davon abhängenden Satz nicht auch noch verneinen. Also **nicht richtig:** *Er leugnete, dies nicht getan zu haben.* Sondern **richtig** nur: *Er leugnete, dies getan zu haben.*

Liebe Nach dem Hauptwort *Liebe* schließt man mit dem Verhältniswort (der Präposition) *zu*, nicht *für* an: *Seine Liebe zu dieser* (**nicht:** *für diese*) *Frau wuchs. Es war nur ihre Liebe zur* (**nicht:** *für die*) *Heimat.*

Lieferant Das Hauptwort *Lieferant* erhält – außer im Werfall – die Endung *-en: der Lieferant, des Lieferanten* (**nicht:** *des Lieferants*), *dem Lie-*

feranten (**nicht:** *dem Lieferant*), *den Lieferanten* (**nicht:** *den Lieferant*), Mehrzahl: *die Lieferanten.*

liegen Die zusammengesetzten Vergangenheitsformen von *liegen* bildet man heute im Allgemeinen mit *haben: Die Akten haben auf dem Boden gelegen. Um 10 Uhr hatte ich bereits im Bett gelegen.* Im süddeutschen Sprachgebiet (auch in Österreich und in der Schweiz) ist die Bildung dieser Vergangenheitsformen mit *sein* üblich: *Die Akten sind auf dem Boden gelegen. Um 10 Uhr war ich bereits im Bett gelegen.*

lila Diese Farbbezeichnung beugt man standardsprachlich nicht, also: *ein lila Vorhang, in einem lila Kleid.* Wer diese Form nicht verwenden will, kann ausweichen auf die Zusammensetzung mit *-farben: ein lilafarbener Vorhang, in einem lilafarbenen Kleid.*

Linksunterzeichnete oder **links Unterzeichnete,** der und die Man kann in der Amtssprache sowohl *der* oder *die Linksunterzeichnete* als auch *der* oder *die links Unterzeichnete* schreiben. Beide Schreibungen sind richtig. **Nicht** zulässig aber ist die Form *der links Unterzeichner.* Bitte lesen Sie dazu auch unter »Unterzeichneter« nach.

Liter **1. Beugung nach *Liter:*** Nach der Maßbezeichnung *Liter* steht das, was gemessen wird, meist im selben Fall wie die Maßbezeichnung *Liter* selbst: *drei Liter [spanischer] Rotwein, mit drei Litern spanischem Rotwein, für drei Liter spanischen Rotwein.* Gelegentlich in gehobener Ausdrucksweise auch mit dem Wesfall: *drei Liter spanischen Rotweins, mit drei Litern spanischen Rotweins, für drei Liter spanischen Rotweins.* Steht die Maßbezeichnung *Liter* selbst im Wesfall, so heißt es: *der Preis eines Liters Rotwein* oder *der Preis eines Liter Rotweins,* aber (mit einem beigefügten Eigenschaftswort) nur: *der Preis eines Liters spanischen Rotweins.*
2. Drei Liter Wein kostet/kosten nicht viel: Von diesen beiden Formen, die beide richtig sind, bevorzugt man im Allgemeinen die Mehrzahl: *Drei Liter Wein kosten nicht viel, reichen gut aus, sind zu wenig.* Steht *Liter* in der Mehrzahl ohne Angabe des Gemessenen, dann muss auch das Zeitwort in der Mehrzahl stehen. Die Einzahl ist hier falsch: *Drei Liter kosten* (**nicht:** *kostet*) *nicht viel.*
3. mit drei Liter/Litern: Wenn *Liter* in der Mehrzahl steht *(2, 3, 4* usw. *Liter),* dann heißt es im Wemfall: *Mit drei Litern kommen*

wir aus. Ist dabei das Gemessene (z. B. *Wein*) angegeben, steht *Liter* oft auch in der ungebeugten Form: *Mit drei Liter Wein kommen wir aus.* Geht jedoch der Maßbezeichnung *Liter* das Geschlechtswort (der Artikel) voraus, dann wird immer die gebeugte Form *(Litern)* verwendet, unabhängig davon, ob das Gemessene *(Wein)* angegeben ist oder nicht: *Mit den drei Litern [Wein] kommen wir aus.*

M

machen Steht vor dem Zeitwort *machen* ein anderes Zeitwort, und zwar in der Grundform (im Infinitiv), dann verwendet man überwiegend die Form *gemacht Sie hat viel von sich reden gemacht.* Die ebenfalls richtige Form *machen* tritt hier nur noch selten auf: *Sie hat viel von sich reden machen.*

Mädchen Da *Mädchen* ein sächliches Hauptwort ist, muss man bei den Fürwörtern (Pronomen) und Eigenschaftswörtern, die sich auf *Mädchen* beziehen, entsprechend auch die sächlichen Formen verwenden: *Ein bei uns beschäftigtes Mädchen hat seinen* (**nicht:** *ihren*) *Arbeitsplatz aufgegeben. Das Mädchen, das* (**nicht:** *die*) *ihm die Blumen überreichte, war ganz unbefangen.* Nur bei größerem Abstand zwischen *Mädchen* und dazugehörendem Fürwort kann man entsprechend dem natürlichen Geschlecht die weibliche Form des Fürwortes *(sie, ihr)* wählen: *Das bei allen beliebte Mädchen wird jetzt einige Wochen bei uns mitarbeiten. Danach wird* **sie** *erst einmal* **ihren** *Urlaub nehmen.*

mal/Mal

Schwierigkeiten der Rechtschreibung bei *mal/Mal*	
1. Groß- oder Kleinschreibung: **Groß** schreibt man, wenn es sich um das Hauptwort *das Mal* handelt: *dieses Mal* *das erste, das zweite Mal* *das andere, das nächste* *das letzte Mal* *das vorige Mal, das eine Mal*	*ein einziges Mal* *beim ersten Mal* *von Mal zu Mal* *ein Mal über das and[e]re* *ein um das and[e]re Mal* *manches liebe Mal* *einige, mehrere, viele Male* *ein paar Dutzend Male* *drei Millionen Male*

Schwierigkeiten der Rechtschreibung bei *mal/Mal*

zu verschiedenen, wiederholten Malen
zum soundsovielten, zum x-ten Mal usw.

Klein schreibt man, wenn es sich um die Angabe beim Multiplizieren handelt:

Zwei mal drei ist sechs.

Klein schreibt man auch, wenn es sich um die umgangssprachlich verkürzte Form von *einmal* handelt:

Wenn das mal gut geht.
Das ist nun mal so.
Komm mal her!
Sag das noch mal!

2. Getrennt- oder Zusammenschreibung:

Getrennt schreibt man, wenn *Mal* auf irgendeine Weise (besonders durch die Beugung der beistehenden Wörter) als Substantiv erkennbar ist:

das eine Mal
diese zwei Mal
ein erstes Mal, ein jedes Mal
kein einziges Mal
dieses Mal, manches Mal, nächstes Mal, voriges Mal, ein anderes Mal, ein letztes Mal
ein oder das andere Mal
ein ums andere Mal
von Mal zu Mal
beim ersten, zweiten, x-ten, soundsovielten, letzten Male
mit einem Male
zum ersten, dritten, letzten Male
einige, etliche, mehrere, unzählige, viele Male
ein paar Male
ein für alle Male
wie viele Male
viele tausend Male
drei Millionen Male
einige Dutzend Male
zu wiederholten Malen.

Die **Zusammenschreibung** tritt dann ein, wenn *Mal* mit einem seiner beistehenden Wörter zu einem neuen Begriff, einem Adverb verschmolzen ist. Die ursprüngliche Wortart, die Wortform oder die Bedeutung der einzelnen Bestandteile ist dann nicht mehr erkennbar und das neue Wort wird kleingeschrieben:

ein andermal (aber: ein and[e]res Mal)
diesmal
dreimal
einmal
auf einmal
hundertmal
keinmal
manchmal
vielmal
vieltausendmal.

Sind jedoch beide Wörter betont, so **kann** auch hier **getrennt geschrieben werden:**

Kein Mal
Sie hat ihn zwei Mal versetzt.
Wir haben nur ein Mal gewonnen.

Schwierigkeiten der Rechtschreibung bei *mal/Mal* (Forts.)	
Nach den neuen amtlichen Rechtschreibregeln wird dagegen in den folgenden Fällen **immer getrennt geschrieben:** *beide Mal* *drei Millionen Mal* *ein Dutzend Mal* *(aber: dutzendmal)* *einige, mehrere Mal* *hunderte Mal* *jedes Mal* *unzählige, verschiedene Mal*	*ein für alle Mal* *mit einem Mal* *ein paar Mal* *ein paar Dutzend Mal* *ein halbes hundert Mal* Hierbei spielt es keine Rolle mehr, ob es im Singular *Mal* oder *Male* heißt: *beide Mal* oder *beide Male* *einige Mal* oder *Male* *ein Dutzend Mal* oder *Male* usw.

man oder **einer**

Das unbestimmte Fürwort (Indefinitpronomen) *man* ist nicht beugbar. Es wird daher im Wemfall durch *einem,* im Wenfall durch *einen* ersetzt: *Man kann nicht immer so handeln, wie einem zumute ist. Wenn man mit diesem Buch anfängt, lässt es einen nicht mehr los.* Die Ersetzung von *man* durch *einer* im Werfall, wie sie gelegentlich in der Umgangssprache vorkommt, ist dagegen **nicht richtig:** *Das soll einer* (richtig: *man*) *nun wissen.*

manch/ mancher, manche, manches

Das Wort *manch* kann ungebeugt (also stets in der Form *manch*) auftreten, oder es kann in seinen gebeugten Formen *mancher, manche, manches* auftreten. Entsprechend unterschiedlich ist dann die Beugung der Wörter, die von ihm abhängen. Ein Eigenschaftswort oder Mittelwort (Partizip), das auf das ungebeugte *manch* folgt, hat (auch wenn es als Hauptwort gebraucht wird) folgende Beugung: *manch wunderbares Geschenk, der Duft manch schöner Blume, in manch schwierigem Fall, manch bittere Erfahrungen, die Ansicht manch gelehrter Männer, für manch ältere Leute; manch Kranker, mit manch Abgeordnetem, manch bedeutende Gelehrte, der Zustand manch älterer Kranker.* Nach den gebeugten Formen *mancher, manche, manches* dagegen beugt man die Wörter, die von ihnen abhängen, wie folgt. In der Einzahl: *manches wunderbare Geschenk, der Duft mancher schönen Blume, in manchem schwierigen Fall, manchen schwierigen Fall lösen; mancher Kranke, mit manchem Abgeordneten.* In der Mehrzahl: *manche bittere* oder *bitteren Erfahrungen, die Ansicht man-*

cher gelehrter oder *gelehrten Männer, für manche ältere* oder *älteren Leute, manche bedeutende Gelehrte* oder *bedeutenden Gelehrten, der Zustand mancher älterer Kranker* oder *älteren Kranken.*

mangels

1. Beugung nach *mangels:* Nach *mangels* steht üblicherweise der Wesfall. Es heißt also: *mangels eines Beweises* (**nicht**: *mangels einem Beweis*), *mangels der notwendigen Geldmittel* (**nicht**: *mangels den notwendigen Geldmitteln*). Steht aber das Hauptwort, das von *mangels* abhängt, allein, also ohne ein Begleitwort, dann bleibt es in der Einzahl häufig ungebeugt, d.h. unverändert: *mangels Geld.* In der Mehrzahl aber weicht man bei allein stehenden Hauptwörtern auf den Wemfall aus: *mangels Beweisen, mangels Geldmitteln.* Da *mangels* in der Amtssprache zwar üblich, aber stilistisch unschön ist, nimmt man im allgemeinen Sprachgebrauch besser andere Formulierungen, etwa: *da wir keinen Beweis haben, weil die notwendigen Geldmittel fehlen* o. Ä.

2. mangels oder aus Mangel an: Anstelle von *mangels* kann man auch die Formulierung *aus Mangel an* gebrauchen: *aus Mangel an notwendigen Geldmitteln.* **Nicht richtig** aber ist eine Vermischung von beiden zu der Formulierung *mangels an.* (**Falsch** also: *mangels an notwendigen Geldmitteln.*)

Mann, Gatte, Gemahl

Spricht man von dem eigenen Ehemann, dann heißt es *mein Mann,* nicht *mein Gatte* oder *mein Gemahl.* Das Wort *Gatte* gehört der gehobenen Stilschicht an und ist **nur** auf den Ehemann einer anderen Frau, nicht auf den eigenen anwendbar, aber auch nur dann, wenn man sich besonders höflich ausdrücken will: *Sie erschien ohne ihren Gatten. Grüßen Sie Ihren Gatten.* Das Wort *Gemahl* klingt gehoben und wird besonders in der geschriebenen Sprache verwendet. Im Unterschied zu *Gatte* wird *Gemahl* oder *Herr Gemahl* im Allgemeinen nur auf den Ehemann einer Gesprächspartnerin, nicht auf den Ehemann einer abwesenden Dritten angewandt: *Ist Ihr Gemahl wieder wohlauf? Grüßen Sie bitte Ihren Herrn Gemahl.*

Maß

Nach dem Hauptwort *Maß* im Sinne von »rechte Menge, Ausmaß« können die Verhältniswörter (Präpositionen) *an* und *von* stehen: *jemandem ein hohes Maß an* oder *von Vertrauen entgegenbringen.*

-mäßig-Bildungen Wortbildungen mit *-mäßig* sind heute äußerst beliebt. Man verwendet *-mäßig* im Sinne von »in der Art von, wie; entsprechend, gemäß; in Bezug auf, hinsichtlich«. Der heute häufige Gebrauch von *-mäßig* für »in Bezug auf; hinsichtlich« ist in stilistischer Hinsicht oft fragwürdig. Meist lässt er sich leicht vermeiden: **Nicht:** *Die technische Einrichtung ist sicherheitsmäßig zu beanstanden,* **sondern:** *Die technischen Einrichtungen sind hinsichtlich der Sicherheit zu beanstanden.* **Nicht:** *Das Verfahren A ist das organisationsmäßig bessere,* **sondern:** *Das Verfahren A ist das organisatorisch bessere.* **Nicht:** *Die farbenmäßige Zusammenstellung gefällt mir nicht,* **sondern:** *Die Farbzusammenstellung gefällt mir nicht.* **Nicht:** *Der Urlaub hat erholungsmäßig nichts gebracht,* **sondern:** *Erholt haben wir uns im Urlaub nicht.* **Nicht:** *Der Fall XY hat pressemäßig viel Staub aufgewirbelt,* **sondern:** *Der Fall XY hat in der Presse viel Staub aufgewirbelt.*

mehr als Wenn die Angabe nach *mehr als* in der Mehrzahl steht, dann kann das zugehörige Zeitwort in der Einzahl oder in der Mehrzahl stehen, die Mehrzahl wird im Allgemeinen bevorzugt: *Mehr als alte Lumpen fand sich nicht,* häufiger: *fanden sich nicht.*

mehrere Ein Eigenschaftswort oder Mittelwort (Partizip), das auf *mehrere* folgt, beugt man (auch wenn es als Hauptwort gebraucht wird) fast immer in gleicher Weise wie *mehrere* selbst: *mehrere dunkle Kleider, mehrere Anwesende, an mehreren blühenden Apfelbäumen, von mehreren Beamten.* Nur im Wesfall gibt es zwei Möglichkeiten: *in Begleitung mehrerer bewaffneter Helfer* oder auch: *in Begleitung mehrerer bewaffneten Helfer; das Talent mehrerer Mitwirkender* oder: *das Talent mehrerer Mitwirkenden.*

Mehrheit *Die Mehrheit der Abgeordneten stimmte/stimmten zu:* Von diesen beiden Formen, die beide richtig sind, wählt man im Allgemeinen die Einzahl: *Die Mehrheit der Abgeordneten stimmte zu, war nicht anwesend, blieb sitzen.* Gelegentlich verwendet man auch die Mehrzahl (man konstruiert dann nach dem Sinn): *Die Mehrheit der Abgeordneten stimmten zu, waren nicht anwesend, blieben sitzen.* Beide Möglichkeiten sind richtig.

Mehrzahl Für Sätze wie *Die Mehrzahl der Abgeordneten stimmte/stimmten zu* lesen Sie bitte unter »Mehrheit« nach.

meines Vaters Auto/ meinem Vater sein Auto Für Formulierungen wie *meines Vaters Auto* oder *das Auto meines Vaters* heißt es umgangssprachlich oft *meinem Vater sein Auto.* Diese Ausdrucksweise ist **nicht richtig.**

meinetwegen/ wegen mir In der Umgangssprache wird statt *meinetwegen* häufig *wegen mir* gebraucht: *Bist du wegen mir abgereist?* Hochsprachlich richtig ist: *Bist du meinetwegen abgereist?*

Menge **1. Eine Menge haben sich ...:** Wenn *Menge* »Anzahl von Menschen, Menschenmenge« bedeutet, steht das Zeitwort in der Einzahl: *Die Menge stürmte das Rathaus.* Wenn *Menge* jedoch »viele; viele Leute« bedeutet – in dieser Bedeutung ist das Wort allerdings umgangssprachlich –, steht dagegen die Mehrzahl: *Eine Menge haben sich gemeldet.*

2. Eine Menge Äpfel war/waren faul: Im Allgemeinen bezieht man das Zeitwort auf *Menge* und setzt es in die Einzahl: *Eine Menge Äpfel war faul, wurde gepflückt, ist zu verkaufen* usw. Gelegentlich wird das Zeitwort aber nicht auf *Menge,* sondern auf die genannten Dinge bezogen und in die Mehrzahl gesetzt (d. h., man konstruiert nach dem Sinn): *Eine Menge Äpfel waren faul, wurden gepflückt, sind zu verkaufen.* Beide Möglichkeiten sind richtig.

3. eine Menge hübsche/hübscher Sachen: Üblicherweise steht nach *Menge* die folgende Angabe im Wesfall: *eine Menge hübscher Sachen; für eine Menge Abgeordneter; bei einer Menge Bäume, mit einer Menge netter Leute.* Es ist jedoch auch möglich, die Angabe, die auf *Menge* folgt, in den gleichen Fall zu setzen wie *Menge* selbst: *eine Menge hübsche Sachen; für eine Menge Abgeordnete; bei einer Menge Bäumen; mit einer Menge netten Leuten.* Beide Möglichkeiten sind richtig.

Mensch Das männliche Hauptwort *Mensch* erhält – außer im Werfall – die Endung *-en: der Mensch, des Menschen, dem Menschen* (**nicht:** *dem Mensch*), *den Menschen* (**nicht:** *den Mensch*), Mehrzahl: *die Menschen.* Wenn dem Hauptwort *Mensch* weder ein Eigenschaftswort noch ein Geschlechtswort (Artikel) vorangeht, kann die Endung auch entfallen: *der Unterschied zwischen Mensch und Affe* (**nicht:** *zwischen Menschen und Affe*).

Meter **1. Geschlecht:** Es heißt *der* oder *das Meter: Sie ist ein Meter siebzig* oder *einen Meter siebzig groß.*

2. Beugung von *Meter:* Ist *Meter* Mehrzahl *(2, 3, 4* usw. *Meter),* heißt es im Wemfall: *eine Länge von drei Metern.* Folgt aber auf die Längenangabe die Angabe des Gemessenen, ist überwiegend die ungebeugte Form *Meter* üblich: *Mit zwei Meter Stoff kommen wir aus.* Unabhängig davon, ob das Gemessene angegeben ist oder nicht, steht bei vorangestelltem Geschlechtswort (Artikel) die gebeugte Form *Metern* (im Wemfall): *Mit den zwei Metern [Stoff] kommen wir nicht aus.*
3. Beugung nach *Meter:* Nach der Maßbezeichnung *Meter* steht in der Regel das, was gemessen wird, im selben Fall wie die Maßbezeichnung *Meter* selbst: *ein Meter englisches Tuch; der Preis eines Meters Tuch* oder *eines Meter Tuchs,* aber: *der Preis eines Meters englischen Tuchs; aus einem Meter englischem Tuch; für ein[en] Meter englisches Tuch.* Gelegentlich in gehobener Ausdrucksweise auch mit dem Wesfall: *ein Meter englischen Tuchs; aus einem Meter englischen Tuchs.*
4. Ein Meter Stoff reicht aus: Nach der Angabe *ein Meter* (die Mengenangabe ist hier Einzahl) steht das Zeitwort in der Einzahl: *Ein Meter Stoff reicht aus.* Wenn jedoch die Maßangabe in der Mehrzahl steht *(2, 3, 4* usw. *Meter),* verwendet man auch beim Zeitwort gewöhnlich die Mehrzahl: *Drei Meter Stoff reichen aus, werden benötigt, sind zu wenig, haben nicht gereicht* usw.

Million

1. Rechtschreibung: Das Wort *Million* (Abkürzung: *Mill.* oder *Mio.*) ist ein Hauptwort und muss großgeschrieben werden: *eindreiviertel Millionen, eine Million dreihunderttausend, drei Millionen Mal.*
2. Beugung nach *Million:* Nach *Million* kann die folgende Angabe, das Gezählte, entweder im Wesfall stehen oder im selben Fall wie *Million* selbst: *eine Million neu erbauter Häuser* oder *neu erbaute Häuser; bei Millionen hungernder Kinder* oder *hungernden Kindern.* Man kann jedoch statt der Mehrzahl *Millionen* + Wesfall, auch die Konstruktion mit *von* und dem Wemfall verwenden: *Millionen von hungernden Kindern.*
3. Eine Million Londoner war/waren auf den Beinen: Im Allgemeinen bezieht man das Zeitwort auf *eine Million* und setzt es in die Einzahl, da *Million* der Form nach Einzahl ist: *Eine Million Londoner war auf den Beinen, hat sich vergnügt, ist davon betroffen* usw. Gelegentlich steht aber das Zeitwort in der Mehrzahl (d.h., man konstruiert nach dem Sinn): *Eine Million Londoner waren auf den Beinen, haben sich vergnügt, sind davon betroffen.* Beide Möglichkeiten sind richtig.

minus

1. Beugung: In der Kaufmannssprache hat *minus* die Bedeutung »abzüglich«. Nach *minus* steht der Wesfall, wenn das Hauptwort, das von *minus* abhängt, ein Begleitwort aufweist: *der Betrag minus der üblichen Abzüge.* Steht das abhängige Hauptwort jedoch ohne Begleitwort, bleibt es in der Einzahl im Allgemeinen ungebeugt, d. h. unverändert: *der Betrag minus Rabatt.* In der Mehrzahl weicht man dagegen auf den Wemfall aus, wenn der Wesfall nicht eindeutig erkennbar ist, sondern mit dem Werfall und dem Wenfall übereinstimmt: *der Betrag minus Abzügen* (**nicht:** *Abzüge*).
2. Fünf minus drei ist zwei: Bei dieser Art von Rechenaufgaben steht das Zeitwort in der Einzahl: *Fünf minus drei ist/macht/gibt zwei* (**nicht:** *sind/geben/machen*).

missen oder **vermissen**

Bei der Verwendung von *missen* und *vermissen* ist Folgendes zu beachten: Das Zeitwort *missen* bedeutet »entbehren« und wird fast nur in Verbindung mit *können, mögen, sollen, dürfen, wollen, müssen* verwendet: *Meinen Geschirrspüler möchte ich nicht mehr missen. Willst du etwa diese Annehmlichkeiten missen?* Dagegen bedeutet *vermissen* »die Abwesenheit einer Person, das Fehlen einer Sache bemerken« und kann zusätzlich noch ausdrücken, dass man die fehlende Person oder Sache herbeiwünscht: *Ich vermisse dich sehr. Sie vermisst die vertraute Umgebung. Die Einrichtung lässt jeden Geschmack vermissen.*

Misstrauen

Nach *Misstrauen* schließt man mit dem Verhältniswort (der Präposition) *gegen* (nicht mit *für*) an: *Ich hegte Misstrauen gegen die neue Kollegin. Unser Misstrauen gegen ihn schwand.*

mit

1. Beugung: Das Verhältniswort (die Präposition) *mit* steht mit dem Wemfall: *mit Deckeln, mit Brettern, mit Kindern.*
2. mit und ohne sie: Da nach *mit* der Wemfall, nach *ohne* aber der Wenfall steht, müsste es streng genommen heißen: *mit Kindern und ohne Kinder; mit ihr und ohne sie.* Dies wirkt jedoch schwerfällig. Deshalb hat es sich weitgehend durchgesetzt, das erste abhängige Wort zu ersparen. Richtig ist: *mit und ohne Kinder; mit und ohne sie.*
3. *bis* statt *mit:* Landschaftlich gebräuchlich ist die Ausdrucksweise *15. Mai mit 15. Juni.* Dies ist hochsprachlich nicht richtig. Richtig muss es heißen: *15. Mai bis 15. Juni.*
4. Zusammen- oder Getrenntschreibung: Wenn durch die Verbindung *mit* + Zeitwort ein neuer Begriff entsteht, wird zusammenge-

schrieben: *mit* + *teilen* = *mitteilen* (= sagen). Zusammengeschrieben wird auch, wenn *mit* eine dauernde Vereinigung oder Teilnahme ausdrückt. Dies ist daran erkennbar, dass nur *mit* betont ist: *mitarbeiten, mitbestimmen, mitfahren, mitnehmen, mitreden, mitspielen, mitwirken* usw. Wenn jedoch beide Wörter betont sind, schreibt man getrennt: *Alle anderen Arbeiten werden wir mit übernehmen. Das ist mit zu berücksichtigen. Das kann ich nicht mit ansehen.*

mit was oder **womit**

Vor allem in der gesprochenen Sprache ersetzen viele Sprecher heute *womit* durch *mit was: Mit was beschäftigst du dich gerade? Ich weiß nicht, mit was er sich beschäftigt.* Die Verbindung *mit was* ist jedoch umgangssprachlich. Stilistisch besser ist *womit: Womit beschäftigst du dich gerade? Ich weiß nicht, womit er sich beschäftigt.*

Mitarbeit

Sowohl die Formulierung *für 25 Jahre treue Mitarbeit* als auch *für 25 Jahre treuer Mitarbeit* ist richtig. Die zweite Form *(... treuer Mitarbeit)* klingt gehobener als die erste.

Mittel

Standardsprachlich steht nach *Mittel* im Sinne von »Heilmittel, Medikament« das Verhältniswort (die Präposition) *gegen* (in der Bedeutung »zur Bekämpfung von«): *Ich brauche ein Mittel gegen den Husten.* Die Verwendung von *für* statt *gegen* ist umgangssprachlich.

mittels, mittelst

Beide Formen sind richtig, sie stehen mit dem Wesfall: *mittels* oder *mittelst elektrischer Energie, mittels* oder *mittelst eines Drahtes.* Allerdings sind beide veraltend. Stilistisch besser sind *mit, mithilfe von, durch: mit* oder *mithilfe von* oder *durch elektrische[r] Energie.*

Mittwochabend

Bitte lesen Sie hierzu unter »Dienstagabend« nach.

mögen

1. mögen oder gemocht: Das Mittelwort der Vergangenheit (2. Partizip) von *mögen* heißt *gemocht: Er hat die Suppe nicht gemocht.* Steht vor dem Zeitwort *mögen* jedoch noch ein anderes Zeitwort, und zwar in der Grundform (im Infinitiv), dann steht nicht *gemocht,* sondern *mögen: Er hat die Suppe nicht essen mögen.*
2. ich möge/ich möchte: Es gibt zwei Möglichkeitsformen (Konjunktivformen): *Ich möge, du mögest, er möge* usw. und *ich möchte, du möchtest, er möchte* usw. Die erste Möglichkeitsform

ist besonders in Wunschsätzen üblich: *Möge sie glücklich werden!* Die zweite Möglichkeitsform dient u. a. zur Kennzeichnung eines Wunsches, der nicht erfüllbar ist: *Möchte er es doch endlich einsehen!* Die Formen *ich möchte, du möchtest* usw. treten auch als höfliche Ausdrucksweise anstelle von *wollen* auf: *Ich möchte noch ein Bier. Sie möchte, dass er ihr hilft.*

möglich

1. Steigerung: Das Wort *möglich* ist üblicherweise nicht steigerbar. Als Ausdruck der Steigerung kann man aber bestimmte Wörter voranstellen: *Morgen wäre es eher/besser/leichter möglich* (**nicht:** *Morgen wäre es möglicher*). *Morgen wäre es am ehesten/am besten/am leichtesten möglich.* Auch die Zusammensetzungen *größtmöglich, bestmöglich, schnellstmöglich* darf man nicht steigern (**nicht:** *größtmöglichst* usw.). Hier ist der höchste Steigerungsgrad bereits durch *größt-, best-, schnellst-* ausgedrückt.
2. möglichst: Das Wort *möglichst* steht als Mittel der Steigerung vor steigerungsfähigen Eigenschaftswörtern: *möglichst groß, möglichst tief, möglichst schnell* usw. (= so groß, tief, schnell usw. wie möglich). Daneben hat *möglichst* die Bedeutung »nach Möglichkeit, wenn es möglich ist«: *Ich wollte mich möglichst zurückhalten. Die Sendung soll möglichst noch heute zur Post.* In Sätzen wie *Wir suchen für diese Arbeit möglichst junge Leute* ist unklar, ob *möglichst junge Leute* so viel wie »Leute, die so jung wie möglich sind« bedeutet oder ob gemeint ist »Leute, die nach Möglichkeit jung sein sollen«. In diesem Fall ist es besser, *nach Möglichkeit* oder *wenn möglich* statt *möglichst* zu verwenden.
3. Es ist möglich: Richtig ist entweder *Es ist möglich* oder *Es kann sein.* Die Vermischung aus diesen beiden Ausdrücken *(Es kann möglich sein)* sollte man vermeiden.

Möglichkeitsform (Konjunktiv)

Man unterscheidet eine erste Möglichkeitsform (Konjunktiv I) und eine zweite Möglichkeitsform (Konjunktiv II). Die erste Möglichkeitsform erscheint vor allem in der indirekten Rede (die für das Protokoll wichtig ist). Die zweite Möglichkeitsform dient besonders der Kennzeichnung des nur Vorgestellten, Gedachten, der Irrealität, wie es häufig in Bedingungssätzen vorkommt.
1. indirekte Rede: In der indirekten Rede verwendet man die erste Möglichkeitsform: *Sie sagte, sie habe Hunger. Darauf erwiderte er, dass das Essen noch nicht fertig sei. Sie fragte deshalb, ob sie ihm helfen solle. Das könne sie wohl, meinte er.* Hängt von einem Nebensatz, der in der indirekten Rede steht, ein weiterer Ne-

bensatz ab, steht auch dieser in der ersten Möglichkeitsform: *Sie sagte, sie habe Hunger, weil sie seit heute Morgen nichts gegessen habe.* Von der Grundregel, dass man für die indirekte Rede die erste Möglichkeitsform verwendet, gibt es folgende Ausnahme: Statt der ersten Möglichkeitsform wird des Öfteren die zweite Möglichkeitsform gebraucht: *Sie sagte, sie hätte Hunger. Darauf erwiderte er, dass das Essen noch nicht fertig wäre. Sie fragte deshalb, ob sie ihm helfen sollte. Das könnte sie wohl, meinte er.* Diese zweite Möglichkeitsform ist dann berechtigt, wenn der Sprecher die gemachten Aussagen selbst für zweifelhaft hält, sie skeptisch beurteilt und dies dem Leser klarmachen will. Sie ist auch dann richtig, wenn die Formen der ersten Möglichkeitsform nicht eindeutig als Möglichkeitsform erkennbar sind, sondern mit der Wirklichkeitsform übereinstimmen. Also z. B. bei *Die Kinder sagten, sie haben Hunger.* Die Form *sie haben* kann die erste Möglichkeitsform oder aber die Wirklichkeitsform sein. Deshalb besser: *Die Kinder sagten, sie hätten Hunger.*

2. Bedingungssatz: Die zweite Möglichkeitsform verwendet man vorwiegend im Bedingungssatz: *Wenn sie käme, wäre ich sehr froh. Hätte ich mehr Geld, könnte ich mir vielleicht eine Eigentumswohnung leisten.* Die zweite Möglichkeitsform ist unter bestimmten Bedingungen auch durch *würde* + Grundform (Infinitiv) des entsprechenden Zeitwortes ersetzbar. Zum Beispiel wenn die Formen der zweiten Möglichkeitsform mit der Wirklichkeitsform übereinstimmen und deshalb nicht deutlich genug sind, sollte man sie durch die Umschreibung mit *würde* ersetzen: *Sonst* **wohnten** *wir dort nicht*/(deutlicher:) **würden** *wir dort nicht* **wohnen.** *Wenn sie mich* **riefen, käme** *ich sofort*/(deutlicher:) *Wenn Sie mich* **rufen würden,** *käme ich sofort.* Auch anstelle altertümlich wirkender Möglichkeitsformen kann die *würde*-Umschreibung gebraucht werden: *Ich* **würde** *helfen* (für: **hülfe**), *wenn ... Wenn dies doch jetzt noch* **gelten würde** (für: **gälte/gölte**)! *Wenn sie das Buch* **kennen würden** (für: **kennten**), *könnten sie es beurteilen.*

Montagabend Bitte lesen Sie hierzu unter »Dienstagabend« nach.

montieren Nach *montieren auf* oder *an* kann sowohl der Wemfall (Frage: wo?) als auch der Wenfall (Frage: wohin?) stehen: *Er montierte die Antenne auf dem Dach* oder *auf das Dach. Das Schild wurde an der Vorderseite* oder *an die Vorderseite montiert.*

Morgen Die Mehrzahl von *der Morgen* heißt *die Morgen* (**nicht**: *die Morgende*).

münden Nach *münden in* mit der Bedeutung »fließen in« steht der Wenfall: *Der Fluss mündet in den See, in die Donau.* Nach *münden in* oder *auf* im Sinne von »enden, auslaufen« kann sowohl der Wenfall (Frage: wohin?) als auch der Wemfall (Frage: wo?) stehen: *Der Gang mündet in eine* oder *in einer großen Halle. Die Straßen münden alle auf diesen* oder *auf diesem Platz.*

müssen Das Mittelwort der Vergangenheit (2. Partizip) von *müssen* heißt *gemusst: Er hat das nicht mehr gemusst.* Steht aber vor dem Zeitwort *müssen* ein anderes Zeitwort, und zwar in der Grundform (im Infinitiv), dann verwendet man die Form *müssen* und **nicht** *gemusst: Er hat kommen müssen.*

N

nach langem, schwerem Leiden Bitte lesen Sie hierzu unter »Eigenschaftswort« nach.

nach was oder **wonach** Vor allem in der gesprochenen Sprache ersetzen viele Sprecher heute *wonach* durch *nach was: Nach was hat er gefragt? Ich weiß nicht, nach was ich mich richten soll.* Die Verbindung *nach was* ist jedoch umgangssprachlich. Stilistisch besser ist *wonach: Wonach hat er gefragt? Ich weiß nicht, wonach ich mich richten soll.*

nachdem Einen Nebensatz, der mit *nachdem* eingeleitet ist, trennt man immer durch ein Komma vom Hauptsatz ab. *Er kam, nachdem er sich telefonisch angemeldet hatte.* Man kann *nachdem* mit einer weiteren Zeitangabe verbinden: *sofort nachdem, drei Wochen nachdem, einige Zeit nachdem* usw. In diesen Fällen steht das Komma vor der hinzugetretenen Zeitangabe: *Wir begannen mit der Arbeit, sofort nachdem wir uns geeinigt hatten. Wir begannen mit der Arbeit, drei Wochen nachdem wir uns geeinigt hatten. Wir begannen mit der Arbeit, einige Zeit nachdem wir uns geeinigt hatten.*

nächster, nächste, nächstes Steht *nächster, nächste, nächstes* in Verbindung mit einer Zeitangabe, die einen periodisch wiederkehrenden Zeitpunkt oder Zeitraum nennt (z. B. *Tag, Jahr, Monat, Winter* usw.), dann entsteht leicht Unklarheit darüber, welcher Zeitpunkt oder Zeitraum gemeint ist. Meint z. B. die Angabe *nächsten Donnerstag* den unmittelbar bevorstehenden Donnerstag oder erst den Donnerstag der folgenden Woche? Eindeutig sind Angaben dieser Art, wenn man anstelle von *nächster* usw. das hinweisende Fürwort *dieser* usw. oder das Eigenschaftswort *kommend* verwendet: *Ich fahre diesen Donnerstag* oder *Ich fahre kommenden Donnerstag.* Eindeutig sind ebenfalls die Formulierungen: *Ich fahre am Donnerstag dieser* bzw. *am Donnerstag nächster Woche.*

nächstliegend Da das Eigenschaftswort *nächstliegend* bereits eine höchste Steigerungsstufe *(nächst...)* enthält, ist es nicht noch einmal steigerbar: *der nächstliegende* (**nicht**: *nächstliegendste*) *Gedanke.*

nachtragen Nach *nachtragen in* kann sowohl der Wemfall (Frage: wo?) als auch der Wenfall (Frage wohin?) stehen: *Wir bitten Sie, den Namen in der Liste* oder *in die Liste auf Seite 5 nachzutragen.*

namentlich Vor *namentlich* steht ein Komma, wenn es einen Zusatz einleitet: *Sie ist sehr gut in der Schule, namentlich im Rechnen. Wein, namentlich Rotwein, wird hierzu gern getrunken.* Hat *namentlich* noch ein Bindewort (eine Konjunktion) wie *wenn, weil, als* bei sich *(namentlich wenn, namentlich weil, namentlich als),* dann steht zwischen diesen Wörtern im Allgemeinen kein Komma, weil beide als Einheit empfunden werden: *Er kommt, namentlich wenn auch Gabi kommt.* Nach den neuen amtlichen Rechtschreibregeln kann jedoch auch hier ein Komma stehen, wenn man die Teile der Fügung nicht als Einheit ansieht: *Er kommt, namentlich, wenn auch Gabi kommt.*

nämlich Vor *nämlich* steht ein Komma, wenn es einen Zusatz einleitet: *Dass er nur einen anderen schützen wollte, nämlich die Frau des Angeklagten, ist offenkundig. Ich fahre später, nämlich erst nach Abschluss der Verhandlungen.* Hat *nämlich* noch ein Bindewort (eine Konjunktion) wie *dass* oder *wenn* bei sich *(nämlich dass, nämlich wenn),* dann steht im Allgemeinen kein Komma zwischen diesen Wörtern, weil beide als eine Einheit empfunden werden: *Die Unfälle häufen sich in diesem Waldstück, nämlich wenn*

Nebel auftritt. Nach den neuen amtlichen Rechtschreibregeln kann jedoch auch hier ein Komma stehen, wenn man die Teile der Fügung nicht als Einheit ansieht: *Die Unfälle häufen sich in diesem Waldstück, nämlich, wenn Nebel auftritt.*

neben was oder **woneben** Vor allem in der gesprochenen Sprache ersetzen viele Sprecher heute *woneben* durch *neben was: Neben was hast du das Buch gestellt? Ich weiß nicht mehr, neben was ich es gestellt habe.* Die Verbindung *neben was* ist jedoch umgangssprachlich. Stilistisch besser ist *woneben: Woneben hast du das Buch gestellt? Ich weiß nicht mehr, woneben ich es gestellt habe.*

Neigung Nach dem Hauptwort *Neigung* steht das Verhältniswort (die Präposition) *zu,* nicht *für: Er fasste Neigung zu diesem* (**nicht:** *für dieses*) *Mädchen. Sie hat Neigung zur* (**nicht:** *für die*) *Mathematik.*

nennen Nach *nennen* in der Bedeutung »als jemanden oder etwas bezeichnen« stehen die genannte Person oder Sache und das über sie Ausgesagte im Wenfall, nicht im Werfall. Es heißt also richtig: *Sie nannte ihn ihren besten Freund* (**nicht:** *ihr bester Freund*).

neu renoviert In dem Fremdwort *renovieren* (= erneuern) steckt schon der Sinn von *neu.* Es ist also überflüssig, das Eigenschaftswort *neu* noch dazuzusetzen. Also **nicht:** *Die Fassade ist neu renoviert.* **Sondern:** *Die Fassade ist renoviert.*

nicht nur – sondern auch **1. Komma:** Bei *nicht nur – sondern auch* steht vor *sondern* **immer** ein Komma: *Alexander spielt nicht nur gut Fußball, sondern ist auch ein hervorragender Tennisspieler. Er spielt nicht nur morgen, sondern auch übermorgen.*

2. Einzahl oder Mehrzahl: Es heißt: *Nicht nur er, sondern auch seine Frau war eingeladen.* Nach *nicht nur – sondern auch* steht das Zeitwort im Allgemeinen in der Einzahl, wenn die Hauptwörter oder Fürwörter (Pronomen), die nach *nicht nur* und *sondern auch* folgen, in der Einzahl stehen. Steht das Hauptwort oder Fürwort, das nach *sondern auch* folgt, in der Mehrzahl, dann muss auch das Zeitwort in der Mehrzahl stehen: *Nicht nur er, sondern auch seine Kinder waren eingeladen.*

nichts **1. als oder wie:** Es heißt **richtig:** *Mit ihm hat man nichts als Ärger.* **Nicht richtig** ist: *... nichts wie Ärger.*

2. Einzahl oder Mehrzahl nach *nichts als:* Steht nach *nichts als* ein Hauptwort oder Fürwort (Pronomen) in der Mehrzahl, dann kann das zugehörige Zeitwort in der Einzahl oder auch in der Mehrzahl stehen, die Mehrzahl wird im Allgemeinen bevorzugt: *In dem Raum waren nichts als alte Akten.* Seltener: *In dem Raum war nichts als alte Akten.*

niederlassen, sich Nach *sich niederlassen* kann sowohl der Wemfall (Frage: wo?) als auch der Wenfall (Frage: wohin?) stehen: *Sie hatten sich auf der Bank niedergelassen.* Oder: *Sie hatten sich auf die Bank niedergelassen.*

niemand **1. als oder wie:** Es heißt **richtig:** *Niemand weiß das besser als du.* **Nicht richtig** ist: ... *wie du.*
2. Beugung: Der Wesfall von *niemand* lautet *niemandes* oder *niemands.* Wemfall oder Wenfall können ungebeugt sein, also: *niemand* oder gebeugt: Wemfall: *niemandem* (**nicht:** *niemanden*) und Wenfall: *niemanden. Wir haben mit niemand* (oder: *mit niemandem) gesprochen.* Im Wenfall wird die ungebeugte Form oft vorgezogen: *Ich habe niemand* (oder: *niemanden) gesehen.*
3. niemand anders, niemand Bekanntes: In Verbindung mit *anders* oder mit einem Eigenschaftswort, das als Hauptwort gebraucht wird (z. B. *der Fremde*), bleibt *niemand* meist ungebeugt: *Sie sah niemand anders, niemand Fremdes* oder *niemand Fremden. Sie hatte mit niemand anders* (selten: *mit niemandem anders) gesprochen. Sie hatte mit niemand Bekanntem* (selten: *mit niemandem Bekanntes) gesprochen.* Bitte lesen Sie hierzu auch unter »anderer« usw. (3. jemand anders/jemand anderer) nach.
4. niemand, der: Schließt sich an *niemand* ein Nebensatz an, der mit einem bezüglichen Fürwort (mit einem Relativpronomen) beginnt, dann wählt man standardsprachlich immer *der,* und zwar unabhängig davon, ob männliche oder weibliche Personen gemeint sind: *Ich kenne niemanden, der Bankkauffrau ist. Sie ist niemand, dem ich vertrauen würde.*

niesen Das Mittelwort der Vergangenheit (2. Partizip) von *niesen* heißt *geniest,* nicht *genossen: Er hat mehrmals geniest.*

Nominalstil Bitte lesen Sie hierzu unter »Hauptwortstil« nach.

notieren Nach *notieren in* und *notieren auf* kann sowohl der Wemfall (Frage: wo?) als auch der Wenfall (Frage: wohin?) stehen: *Er* *notierte die Adresse in seinem Notizbuch* oder *in sein Notizbuch. Er notierte die Zahlen auf einem Zettel* oder *auf einen Zettel.*

nötig oder **notwendig** Von diesen beiden sinnverwandten Eigenschaftswörtern verbindet sich *nötig* mit *haben* zu der Fügung *etwas nötig haben* (»brauchen, bedürfen, benötigen«): *Sie hat einen Erholungsurlaub dringend nötig* (**nicht:** *notwendig*). *Er hat es nötig* (**nicht:** *notwendig*), *mit seinem Können zu prahlen.* In Verbindung mit *sein* sind *nötig* und *notwendig* häufig austauschbar, allerdings ist *notwendig* nachdrücklicher: *Ist es nötig* (= muss es denn sein), *dass wir so früh aufbrechen? Ist es notwendig* (= ist es gar nicht anders möglich, unbedingt erforderlich), *dass wir so früh aufbrechen?* Oder: *Es ist nicht nötig, dass Sie mich begleiten* (= Sie brauchen mich nicht zu begleiten). *Es ist nicht notwendig* (= ist nicht unbedingt erforderlich, nicht unumgänglich), *dass Sie mich begleiten.* Aber nur: *Es wäre nicht nötig gewesen, dass ... Alles, was zum Leben nötig ist, haben wir.* Auch in Verbindung mit anderen Zeitwörtern ist ein Austausch häufig möglich: *Man hielt es nicht für nötig* oder *notwendig, Vorkehrungen zu treffen. Änderungen haben sich nicht als notwendig* oder *nötig erwiesen.* Im Sinne von »zwangsläufig« lässt sich *nötig* nicht anstelle von *notwendig* gebrauchen: *Das ist die notwendige* (**nicht:** *nötige*) *Folge. Der Versuch musste notwendig* (**nicht:** *nötig*) *misslingen.*

null Gibt man einen Zahlenwert unter eins an, z. B. *null Komma eins* (in Ziffern: *0,1*), dann steht das zugehörige Hauptwort in der Mehrzahl, nicht in der Einzahl: *Es waren nur 0,1 Sekunden* (**nicht:** *Sekunde*). *Er lag 0,1 Punkte* (**nicht:** *Punkt*) *über dem Durchschnitt. Der Abstand betrug knapp null Sekunden* (**nicht:** *Sekunde*).

Nummer Vor Zahlen steht das Hauptwort *Nummer* in der Mehrzahl, wenn ihm ein Geschlechtswort (Artikel) vorangeht *(die Nummern)*, es steht in der Einzahl, wenn kein Geschlechtswort vorangeht *(Nummer)*. Es heißt also: *Nummer 1–5, Nummer 1, 3 und 5,* aber: *die Nummern 1–5, die Nummern 1, 3 und 5.*

nutzen, nützen **1. Gebrauch:** Die beiden Zeitwörter sind gleichbedeutend. Während *nutzen* in Norddeutschland gebräuchlicher ist, ist *nützen* im süddeutschen Raum gebräuchlicher.
2. mir oder mich: Es heißt richtig: *Das nutzt* oder *nützt mir nichts.* Der Wenfall *(Das nutzt* oder *nützt mich nichts)* kommt in der landschaftlichen Umgangssprache vor.

O

ob Das Bindewort (die Konjunktion) *ob* leitet einen untergeordneten Nebensatz ein, den man durch Komma abtrennt: *Ob er kommt, ist nicht bekannt. Es ist nicht bekannt, ob er kommt. Auf die Frage, ob er komme, wusste niemand eine Antwort.* Zu *ob* kann ein weiteres Bindewort wie *denn, aber, und* hinzutreten *(denn ob, aber ob, und ob): Denn ob er kommt, ist nicht bekannt. Aber ob er kommt, ist nicht bekannt. Und ob er kommt, ist nicht bekannt.* Vor *ob* steht in diesen Fällen kein Komma.

ob – ob Das mehrgliedrige Bindewort (die Konjunktion) *ob – ob* verbindet aufgezählte Sätze oder Satzteile, die man immer durch Komma abtrennt: *Alle kamen, ob Jung, ob Alt. Ob Jung, ob Alt, alle kamen. Alle, ob sie jung waren, ob sie alt waren, kamen.*

obig Ein Eigenschaftswort, das auf *obig* folgt, beugt man (auch wenn es als Hauptwort gebraucht wird) in gleicher Weise wie *obig* selbst: *obiger interessanter Bericht, obige spezielle Angaben, wegen obiger genauer Aufzählung, in obigem ausführlichem Text, in dem obigen ausführlichen Text.* Das Wort *obig* ist besonders amtssprachlich üblich und stilistisch unschön.

Obmännin/Obfrau Die weibliche Entsprechung zu *Obmann* lautet entweder *Obmännin* oder *Obfrau: Sie ist zur Obmännin, zur Obfrau des Ausschusses XY gewählt worden.*

obwohl Das Bindewort (die Konjunktion) *obwohl* leitet wie *obgleich* und *obschon* einen Nebensatz ein, der eine Einräumung, einen Gegengrund zu dem Geschehen oder Sachverhalt im Hauptsatz angibt. Er wird durch Komma abgetrennt: *Sie kam sofort, obwohl sie nicht viel Zeit hatte. Der Schüler, obwohl er gesund war, erschien nicht zum Unterricht.* Zu *obwohl* kann ein weiteres Bindewort wie *denn, aber, und* hinzutreten *(denn obwohl, aber obwohl, und obwohl).* Vor *ob* steht in diesen Fällen kein Komma: *Aber obwohl sie nicht viel Zeit hatte, kam sie sofort. Und obwohl das Stück komisch war, konnte sie nicht lachen.*

oder

1. Kommasetzung bei *oder*

Vor *oder* steht in der Regel kein Komma, doch man kann es setzen, um die Gliederung der Satzverbindung deutlich zu machen: **a)** Wenn *oder* selbstständige gleichrangige Sätze verbindet: *Ich gehe ins Theater[,] oder ich besuche ein Konzert.* *Hast du dir weh getan[,] oder ist es nicht weiter schlimm?* **b)** Wenn *oder* gleichrangige Nebensätze verbindet: *Sie fragte, ob ich mitkommen wolle[,] oder ob ich lieber dabliebe.* *Ich vermute, dass er unehrlich war[,] oder dass er zumindest flunkerte.*	Ein Komma kann nach den neuen amtlichen Rechtschreibregeln gesetzt werden, wenn *oder* einen Nebensatz einleitet, der von dem nachfolgenden Hauptsatz abhängt: *Wir spielten Tennis[,] oder wenn es regnete, gingen wir ins Hallenbad.* Vor *oder* muss ein Komma stehen, wenn davor ein Einschub steht: *Karl, ein patenter Bursche, oder sie selbst soll mir helfen.* *Wir liefern die Ware nach Europa, insbesondere nach England und Frankreich, oder nach Amerika.*

2. Der Vater oder die Mutter weiß es: Verbindet das Wort *oder* zwei Glieder in der Einzahl, steht das Zeitwort im Allgemeinen ebenfalls in der Einzahl: *Der Vater oder die Mutter weiß es, ist immer zu sprechen.* Es gibt jedoch auch Fälle, wo das Zeitwort in der Mehrzahl steht, und zwar meist dann, wenn der Ausdruck mit *oder* vor dem Zeitwort steht: *Der Bäcker oder der Konditor haben doch bestimmt die nötige Fachkenntnis.* Ist eines der Glieder Mehrzahl, richtet sich das Zeitwort nach dem Glied, das ihm am nächsten steht: *Der Vater oder seine Töchter kommen,* aber: *Die Töchter oder ihr Vater kommt.* Man kann das Problem, wie das Zeitwort zu beugen ist, umgehen, wenn man ein gemeinsames Zeitwort für beide durch *oder* verbundenen Ausdrücke vermeidet und stattdessen ein unbestimmtes Fürwort einfügt: *Der Bäcker oder der Konditor, einer hat doch bestimmt die nötige Fachkenntnis. Auf alle Fälle muss einer nachgeben, entweder wir oder er.*

3. Er oder ich komme: In diesem Satz verbindet *oder* zwei Glieder, die in der Person nicht übereinstimmen (*er* = 3. Person Einzahl; *ich* = 1. Person Einzahl). In solchen Fällen richtet sich das Zeitwort nach dem Glied, das ihm am nächsten steht: *Er oder ich komme,* aber: *Ich oder er kommt. Deine Freunde oder du selbst solltest dich entschuldigen,* aber: *Du selbst oder deine Freunde sollten sich entschuldigen.* Auch in diesen Fällen kann man durch das Einfügen eines Fürwortes das Problem umgehen, wie das Zeitwort zu beugen ist: *Er oder ich, einer kommt. Deine Freunde oder du selbst, einer sollte sich entschuldigen.*

offenbaren, sich — Bei *sich offenbaren als* steht das Hauptwort, das dem *als* folgt, gewöhnlich im Werfall: *Er offenbarte sich als Sympathisant.* Der Wenfall *(Er offenbarte sich als Sympathisanten)* kommt seltener vor, ist aber auch richtig.

ohne — Nach *ohne* steht der Wenfall. Ein Satz wie *mit und ohne Kinder* müsste streng genommen *mit Kindern und ohne Kinder* lauten; denn *mit* steht mit dem Wemfall. Dies wirkt jedoch schwerfällig. Deshalb hat es sich weitgehend durchgesetzt, das erste abhängige Wort zu ersparen. Also: *mit und ohne Kinder, mit und ohne ihn.*

ohne dass — Einen Nebensatz, der mit *ohne dass* eingeleitet ist, trennt man durch Komma ab. Nach den neuen amtlichen Rechtschreibregeln kann zwischen *ohne* und *dass* ein Komma stehen, wenn die Teile der Fügung nicht als Einheit angesehen werden; es muss aber kein Komma stehen: *Sie hat mir geholfen, ohne[,] dass sie es wusste.*

Ombudsfrau — Die weibliche Entsprechung zu *Ombudsmann* lautet *Ombudsfrau: Sie hat sich als Ombudsfrau dafür eingesetzt.*

opponieren — Nach *opponieren* schließt man heute gewöhnlich mit dem Verhältniswort (der Präposition) *gegen* an: *gegen den Regierungschef, gegen einen Beschluss opponieren.*

orange — Diese Farbbezeichnung beugt man standardsprachlich nicht, d.h., sie bleibt unverändert: *ein orange Kleid, aus einem orange Stoff.* Wer diese Form umgehen will, kann ausweichen auf die Zusammensetzung mit *-farben: ein orangefarbenes Kleid, aus einem orangefarbenen Stoff.*

original — In Verbindung mit einem Hauptwort schreibt man *original* in der Regel mit dem Hauptwort zusammen: *Originalaufnahme, Origi-*

nalausgabe, Originaldruck, Originalfassung, Originalgemälde, Originaltitel, Originalton. In Verbindung mit einem Eigenschaftswort steht *original* heute als Beifügung, und zwar endungslos: *original französischer Sekt, original Schweizer Uhren.*

Ostern

1. Geschlecht: Heute fasst man *Ostern* im Allgemeinen als ein sächliches Hauptwort in der Einzahl auf: *Hast du ein schönes Ostern gehabt?* Es wird jedoch vorwiegend ohne Geschlechtswort (Artikel) gebraucht: *Ostern ist längst vorbei.* Neben der sächlichen Form in der Einzahl treten zwar noch andere Formen auf; diese sind aber landschaftlich begrenzt. In bestimmten formelhaften Wendungen ist die Mehrzahl allgemein verbreitet: *Fröhliche Ostern! Weiße Ostern sind zu erwarten.*
2. an/zu Ostern: Der Gebrauch von *an* oder *zu* ist landschaftlich verschieden. Während man besonders in Süddeutschland *an Ostern* sagt, ist in Norddeutschland *zu Ostern* gebräuchlich. Beide Ausdrucksweisen sind richtig.

P

Paar

1. Ein Paar Turnschuhe kostet/kosten mindestens 20 €: Im Allgemeinen bezieht man das Zeitwort auf *Paar* und setzt es in die Einzahl: *Ein Paar Turnschuhe kostet mindestens 20 €, ist verloren gegangen, wurde gefunden* usw. Gelegentlich wird das Zeitwort aber nicht auf *Paar,* sondern auf das Gezählte bezogen und in die Mehrzahl gesetzt (d.h., man konstruiert nach dem Sinn): *Ein Paar Turnschuhe kosten mindestens 20 €, sind verloren gegangen, wurden gefunden.* Beide Möglichkeiten sind richtig.
2. ein Paar neue Schuhe/neuer Schuhe: Üblicherweise steht nach *Paar* die folgende Angabe im gleichen Fall wie *Paar* selbst: *ein Paar neue Schuhe; mit einem Paar neuen Schuhen.* Es ist jedoch auch möglich, die Angabe, die auf *Paar* folgt, in den Wesfall zu setzen: *ein Paar neuer Schuhe; mit einem Paar neuer Schuhe.* Der Wesfall klingt jedoch gehoben und wird seltener gebraucht.

paar oder **Paar**

Das kleingeschriebene *ein paar* bedeutet »einige wenige«: *ein paar Blumen; mit ein paar Pfennigen in der Tasche.* Das großgeschriebene *Paar* bezeichnet dagegen eine Zweiheit, zwei gleiche oder entsprechende Wesen oder Dinge: *ein Paar Strümpfe, zwei Paar Schuhe; ein unzertrennliches Paar.*

Paragraph **1. Beugung:** Das Hauptwort *Paragraph* erhält – außer im Werfall – die Endung *-en: der Paragraph, des Paragraphen* (nicht: *des Paragraphs*), *dem Paragraphen* (**nicht**: *dem Paragraph*), *den Paragraphen* (**nicht**: *den Paragraph*), Mehrzahl: *die Paragraphen.* Die Endung *-en* kann man aber weglassen, wenn eine Zahl folgt: *der Wortlaut des Paragraph 21. Sie hat gegen Paragraph 4 verstoßen.*
2. Einzahl oder Mehrzahl: Das Hauptwort *Paragraph* vor Zahlen steht in der Mehrzahl, wenn ihm ein Geschlechtswort (Artikel) vorangeht *(die Paragraphen),* es steht in der Einzahl, wenn kein Geschlechtswort vorangeht *(Paragraph).* Es heißt also: *Paragraph 1–5; Paragraph 1, 3 und 5,* aber: *die Paragraphen 1–5; die Paragraphen 1, 3 und 5.*

parallel Nach *parallel* schließt man heute gewöhnlich mit dem Verhältniswort (der Präposition) *zu* an: *Die Straße verläuft parallel zum Fluss.* Das Anschließen mit dem Verhältniswort *mit* ist auch möglich: *Die Straße verläuft parallel mit dem Fluss.* Im übertragenen Gebrauch kommt daneben auch noch der Anschluss mit dem Wemfall (ohne ein Verhältniswort) vor: *Ihre Wünsche liefen unseren Interessen parallel.*

Passant Das Hauptwort *Passant* erhält – außer im Werfall – immer die Endung *-en: der Passant, des Passanten* (**nicht**: *des Passants*), *dem Passanten* (**nicht**: *dem Passant*), *den Passanten* (**nicht**: *den Passant*), Mehrzahl: *die Passanten.*

Patient Das Hauptwort *Patient* erhält immer – außer im Werfall – die Endung *-en: der Patient, des Patienten* (**nicht**: *des Patients*), *dem Patienten* (**nicht**: *dem Patient*), *den Patienten* (**nicht**: *den Patient*), Mehrzahl: *die Patienten.*

per Nach dem Verhältniswort (der Präposition) *per* steht der Wenfall: *per ersten Januar, per Boten.* Da diese Formulierung besonders in der Behörden- und Kaufmannssprache auftritt, sollte man *per* in der Allgemeinsprache durch andere Verhältniswörter ersetzen: *per ersten Januar,* besser: *für ersten* oder *zum ersten Januar; per Eilboten,* besser: *durch Eilboten; per Schiff,* besser: *mit dem Schiff.*

Pfingsten **1. Geschlecht:** Heute fasst man *Pfingsten* im Allgemeinen als ein sächliches Hauptwort in der Einzahl auf: *Hast du ein schönes Pfingsten gehabt?* Es wird jedoch vorwiegend ohne Geschlechtswort (Artikel) gebraucht: *Pfingsten ist längst vorbei.* Neben der sächlichen Form in der Einzahl treten zwar noch andere Formen auf; diese sind aber landschaftlich begrenzt. In bestimmten formelhaften Wendungen ist allerdings die Mehrzahl allgemein verbreitet: *Schöne Pfingsten!* **2. an/zu Pfingsten:** Der Gebrauch von *an* oder *zu* ist landschaftlich verschieden. Während man besonders in Süddeutschland *an Pfingsten* sagt, ist in Norddeutschland *zu Pfingsten* gebräuchlich. Beide Ausdrucksweisen sind richtig.

pflegen Bitte lesen Sie zur Kommasetzung nach dem Zeitwort *pflegen* unter »Komma. 5.« nach.

Pfund **1. Mehrzahl:** In Verbindung mit Zahlwörtern bleibt *Pfund* in der Mehrzahl ungebeugt, d.h. unverändert: *Zwei Pfund Äpfel genügen. Er hat dreißig Pfund Übergewicht.* **Aber:** *Sie hat einige überflüssige Pfunde verloren.*

2. Beugung nach *Pfund*: Nach *Pfund* steht in der Regel das, was gewogen wird, im selben Fall wie die Mengenbezeichnung *Pfund* selbst. Dabei kann das Gewogene entweder Einzahl (z.B. *ein Pfund Schinken*) oder aber Mehrzahl (z.B. *ein Pfund Krabben*) sein. Das Gewogene in der Einzahl: *ein Pfund gekochter Schinken; der Preis eines Pfundes [gekochter] Schinken* oder *eines Pfund [gekochten] Schinkens; mit einem Pfund gekochtem Schinken; für ein Pfund gekochten Schinken.* Gelegentlich in gehobener Ausdrucksweise auch mit dem Wesfall: *ein Pfund gekochten Schinkens; mit einem Pfund gekochten Schinkens.* Das Gewogene in der Mehrzahl: *ein Pfund frische Krabben,* selten: *frischer Krabben; der Preis eines Pfundes frischer Krabben; aus einem Pfund frische Krabben* oder *frischer Krabben,* selten: *frischen Krabben; für ein Pfund frische Krabben,* selten: *frischer Krabben.*

3. Ein Pfund Erdbeeren kostet/kosten ...: Folgt der Angabe *ein Pfund* (die Mengenangabe ist hier Einzahl) ein Hauptwort ebenfalls in der Einzahl, steht auch das Zeitwort in der Einzahl: *Ein Pfund Schinken kostet 3,50€.* Folgt auf *ein Pfund* ein Hauptwort in der Mehrzahl, steht das Zeitwort üblicherweise in der Einzahl, es kann jedoch auch in der Mehrzahl stehen: *Ein Pfund Erdbeeren kostet 2€,* seltener: *Ein Pfund Erdbeeren kosten 2€.* Wenn allerdings die Mengenangabe selbst in der Mehrzahl steht *(2, 3, 4* usw. *Pfund),* verwendet man auch beim Zeitwort die Mehrzahl, wenn das, was als Menge angegeben wird, ebenfalls in der Mehrzahl steht: *Drei Pfund Erdbeeren kosten 6€.* Steht dagegen das, was als

Menge angegeben wird, in der Einzahl *(drei Pfund Schinken)*, richtet sich das Zeitwort im Allgemeinen nach der Mengenangabe *(drei Pfund)* und steht deswegen meist in der Mehrzahl: *Drei Pfund Schinken kosten/*(selten:) *kostet 10,50 €.*

Pizza Die Mehrzahl des Hauptwortes *Pizza* heißt *die Pizzas* oder *die Pizzen.*

Planet Das Hauptwort *Planet* erhält – außer im Werfall – die Endung *-en: der Planet, des Planeten* (**nicht:** *des Planets*), *dem Planeten* (**nicht:** *dem Planet*), *den Planeten* (**nicht:** *den Planet*), Mehrzahl: *die Planeten.*

plus **1. Verhältniswort oder Bindewort:** Man kann *plus* als Verhältniswort (Präposition) oder als Bindewort (Konjunktion) auffassen. Das Verhältniswort gehört vor allem der Kaufmannssprache an und bedeutet »zuzüglich«. Nach diesem Verhältniswort steht der Wesfall, wenn das Hauptwort, das von *plus* abhängt, ein Begleitwort aufweist: *der Betrag plus der üblichen Sondervergütungen.* Steht das abhängige Hauptwort jedoch ohne Begleitwort, bleibt es in der Einzahl im Allgemeinen ungebeugt, d. h. unverändert: *der Betrag plus Porto.* In der Mehrzahl weicht man dagegen auf den Wemfall aus, wenn der Wesfall nicht eindeutig erkennbar ist, sondern mit dem Werfall und dem Wenfall übereinstimmt: *der Betrag plus Ein*künften (**nicht:** *Einkünfte*) *aus Grundbesitz.*
Sieht man *plus* als Bindewort an, dann steht danach immer derjenige Fall, den das Bezugswort hat. Es kann also heißen: *Seine Nahrung besteht aus Pflanzen plus Tieren. Auf der Party trat ein Zauberer plus seine Assistentin auf.*
2. Drei plus zwei ist fünf: Bei dieser Art von Rechenaufgaben steht das Zeitwort in der Einzahl: *Drei plus zwei ist/macht/gibt fünf* (**nicht:** *sind/geben/machen*).

Polizist Das Hauptwort *Polizist* erhält – außer im Werfall – die Endung *-en: der Polizist, des Polizisten* (**nicht:** *des Polizists*), *dem Polizisten* (**nicht:** *dem Polizist*), *den Polizisten* (**nicht:** *den Polizist*), Mehrzahl: *die Polizisten.*

prämiensparen Das Zeitwort *prämiensparen* kommt meist nur in der Grundform (im Infinitiv) vor: *Wollen Sie prämiensparen?* Oder es wird als Hauptwort *(das Prämiensparen)* gebraucht. Andere Formen sind selten, z. B. in der Sprache der Werbung: *Wer prämienspart, spart spielend!*

Präsident Das Hauptwort *Präsident* erhält – außer im Werfall – die Endung *-en: der Präsident, des Präsidenten* (**nicht:** *des Präsidents), dem Präsidenten* (**nicht:** *dem Präsident*), *den Präsidenten* (**nicht:** *den Präsident*), Mehrzahl: *die Präsidenten.* In der Anschrift ist jedoch auch die ungebeugte Form *Präsident* zulässig: *[An] Herrn Präsident Meyer* neben *[An] Herrn Präsidenten Meyer.*

preisen, sich Bei *sich preisen als* steht das Hauptwort, das dem *als* folgt, gewöhnlich im Werfall: *Er pries sich als guter Architekt.* Der Wenfall *(Er pries sich als guten Architekten)* kommt seltener vor, ist aber auch richtig.

pro **1. Beugung:** Das Verhältniswort (die Präposition) *pro* verbindet man in Analogie zu *für* im Allgemeinen mit dem Wenfall. Dies wird deutlich, wenn ein Begleitwort (z. B. ein Eigenschaftswort) vor dem Hauptwort steht: *pro berufstätige Frau, pro männlichen Angestellten, pro antiquarischen Band.* Hauptwörter, die ohne Begleitwort nach *pro* stehen, lassen oftmals keinen Fall erkennen: *pro Stück, pro Band.* Eine Ausnahme sind Hauptwörter, die aus einem Eigenschaftswort (z. B. *die Kranke*) oder einem Mittelwort (Partizip, z. B. *der Angestellte*) gebildet sind. Wenn sie ohne Begleitwort nach *pro* stehen, erhalten sie standardsprachlich immer eine Beugungsendung: *pro Kranker, pro Angestellten.*

2. *pro* und eine Zeitangabe: In Verbindung mit Zeitangaben wird *pro* – hauptsächlich in der Kaufmannssprache und Umgangssprache – im Sinne von »je, jeweils« verwendet: *Ich muss mich pro Tag* (stilistisch besser: *Ich muss mich jeden Tag*) *einmal rasieren. Die Besprechung der Abteilungsleiter findet zweimal pro Woche* (stilistisch besser: *zweimal in der Woche, jeweils zweimal die Woche, jede Woche zweimal*) *statt.*

probeweise Das Umstandswort (Adverb) *probeweise* steht manchmal als Beifügung eines Hauptwortes (z. B. *die probeweise Einführung*). Richtig ist dieser Gebrauch jedoch nur dann, wenn das betreffende Hauptwort ein Geschehen ausdrückt: *die probeweise Einführung* (zu: *probeweise einführen*); *eine probeweise Einstellung* (zu: *probeweise einstellen*). **Nicht richtig** sind daher Formulierungen wie *eine probeweise Gleitzeit.*

Produzent Das Hauptwort *Produzent* erhält – außer im Wenfall – die Endung *-en: der Produzent, des Produzenten* (**nicht:** *des Produzents*), *dem*

Produzenten (**nicht:** *dem Produzent*), *den Produzenten* (**nicht:** *den Produzent*), Mehrzahl: *die Produzenten.*

Prokurist Das Hauptwort *Prokurist* erhält – außer im Werfall – die Endung *-en: der Prokurist, des Prokuristen* (**nicht:** *des Prokurists*), *dem Prokuristen* (**nicht:** *dem Prokurist*), *den Prokuristen* (**nicht:** *den Prokurist*), Mehrzahl: *die Prokuristen.* In der Anschrift ist jedoch auch die ungebeugte Form *Prokurist* zulässig: *[An] Herrn Prokurist Meyer* neben *[An] Herrn Prokuristen Meyer.*

Prozent **1. Mehrzahl:** In Verbindung mit Zahlwörtern bleibt *Prozent* in der Mehrzahl ungebeugt, d. h. unverändert: *Die Bank zahlt 4½ Prozent Zinsen. Der Cognac enthält 43 Prozent Alkohol.*

2. Dreißig Prozent der Mitglieder stimmten nicht ab: Im Allgemeinen richtet sich das Zeitwort nach der Prozentangabe. Das bedeutet: Steht *Prozent* in der Einzahl *(ein Prozent),* dann steht auch das Zeitwort in der Einzahl: *Ein Prozent der Versuche war misslungen.* Steht aber *Prozent* in der Mehrzahl *(zwei, drei* usw. *Prozent),* steht auch das Zeitwort in der Mehrzahl: *Zehn Prozent der Versuche waren misslungen.* Das Hauptwort, das von *Prozent* abhängt und das in der Einzahl oder in der Mehrzahl stehen kann, hat dabei keinen Einfluss auf die Beugung des Zeitwortes: *Ein Prozent der Bevölkerung/der Einwohner lebt in Armut. Zehn Prozent der Bevölkerung/der Einwohner leben in Armut.* Eine Ausnahme ist jedoch gegeben, wenn auf *Prozent* ein Hauptwort, das in der Einzahl steht, im Werfall folgt (z. B. *zehn Prozent Energie*). Hiernach kann das Zeitwort auch in der Einzahl stehen: *Zehn Prozent Energie gehen verloren* oder *geht verloren.*

Punkt

Punkt	
1. Der Punkt ist das neutrale Satzschlusszeichen. Er steht nach einem abgeschlossenen [auch mehrteiligen] Ganzsatz (sofern dieser nicht durch ein Fragezeichen als Frage oder durch ein Ausrufezeichen als besonders nachdrücklich gekennzeichnet ist). *Es wird Frühling.* *Wir freuen uns auf euren Besuch.*	*Wenn du willst, kannst du mitkommen.* *Das geht nicht.* (Als Frage: *Das geht nicht?* Mit Nachdruck: *Das geht nicht!*) **2.** Der Punkt steht nicht nach frei stehenden (vom übrigen Text deutlich abgehobenen) Zeilen. Das gilt z. B. für:

Punkt (Fortsetzung)	
Überschriften, Buch- und Zeitungstitel, Anschriften in Briefen und auf Umschlägen, Datumszeilen, Grußzeilen, Unterschriften. *Der Frieden ist gesichert* *Nach schwierigen Verhandlungen zwischen den Vertragspartnern ...* *Jedermann* *Das Spiel vom Sterben des reichen Mannes* *Die Aktion* *Wochenschrift für Politik, Literatur, Kunst*	*Herrn* *K. Meier* *Rüdesheimer Straße 29* *65197 Wiesbaden* *Mannheim, den 1. 4. 2002* *Mit herzlichem Gruß* *dein Peter* **3.** Der Punkt steht nach Zahlen, um sie als Ordnungszahlen zu kennzeichnen. Steht eine Ordnungszahl mit Punkt am Satzende, so wird kein zusätzlicher Schlusspunkt gesetzt *Sonntag, den 15. April* *Friedrich II., König von Preußen* *Katharina von Aragonien war die erste Frau Heinrichs VIII.*

Q

Quarzuhr oder **Quartzuhr**

Im Unterschied zum Englischen schreibt man im Deutschen das Mineral *Quarz* nur mit einfachem *z*, nicht mit *tz*. **Richtig** ist daher nur die Schreibung *Quarzuhr.*

R

rational oder **rationell**

Die beiden Wörter haben eine unterschiedliche Bedeutung, die man nicht verwechseln sollte. Das Eigenschaftswort *rational* bedeutet »von der Vernunft bestimmt, vernunftgemäß«: *etwas rational betrachten; sich etwas rational erklären können.* Dagegen hat *rationell* die Bedeutung »auf Wirtschaftlichkeit bedacht, zweckmäßig«: *ein rationeller Umgang mit der Energie, mit den Vorräten; rationell mit etwas verfahren.*

real oder **reell** Die beiden Wörter bedeuten Verschiedenes. Man sollte sie deshalb auch in bestimmten Bereichen nicht verwechseln. Das Wort *real* bedeutet »in der Wirklichkeit vorhanden, wirklich existierend; den tatsächlichen Verhältnissen entsprechend«: *reale Werte, die reale Welt, ein real denkender Politiker.* Demgegenüber hat *reell* die Bedeutung »ehrlich und anständig, ordentlich und solide; von Anständigkeit, Gediegenheit, Solidität zeugend«: *ein reelles Geschäft; die Firma, der Kaufmann ist reell.* In Verwendungen wie *eine reelle Chance* hat *reell* die Bedeutung »solide und wirklichen Erfolg versprechend«.

Rechtschreibung Eine kurze Darstellung der amtlichen Neuregelung der Rechtschreibung finden sie auf den Seiten 315 ff.

Rechtsunterzeichnete oder **rechts Unterzeichnete,** der und die Man kann in der Amtssprache sowohl *der* oder *die Rechtsunterzeichnete* als auch *der* oder *die rechts Unterzeichnete* schreiben. Beide Schreibungen sind richtig. **Nicht zulässig** ist die Form: *der rechts Unterzeichner.* Bitte vergleichen Sie dazu auch die Angaben bei »Unterzeichneter«.

Referent Das Hauptwort *Referent* erhält – außer im Werfall – die Endung *-en: der Referent, des Referenten* (**nicht:** *des Referents*), *dem Referenten* (**nicht:** *dem Referent*), *den Referenten* (**nicht:** *den Referent*), Mehrzahl: *die Referenten.* In der Anschrift ist jedoch auch die ungebeugte Form *Referent* zulässig. *[An] Herrn Referent Meyer* neben *[An] Herrn Referenten Meyer.*

Reihe **1. Eine Reihe Abgeordneter verließ/verließen den Saal:** Im Allgemeinen bezieht man das Zeitwort auf *Reihe* und setzt es in die Einzahl: *Eine Reihe Abgeordneter verließ den Saal. Bei dem Einbruch wurde eine Reihe kostbarer Gemälde gestohlen. Eine Reihe Studenten demonstrierte vor dem Gebäude.* Gelegentlich wird das Zeitwort aber nicht auf *Reihe,* sondern auf das Gezählte bezogen und in die Mehrzahl gesetzt (d. h., man konstruiert nach dem Sinn): *Eine Reihe Abgeordneter verließen den Saal. Bei dem Einbruch wurden eine Reihe kostbarer Gemälde gestohlen. Eine Reihe Studenten demonstrierten vor dem Gebäude.* Beide Möglichkeiten sind richtig.

2. eine Reihe Abgeordneter/Abgeordnete: Üblicherweise steht nach *Reihe* die folgende Angabe im Wesfall: *eine Reihe Abgeordne-*

ter; eine Reihe anstehender Fragen. Es ist jedoch auch möglich, die Angabe, die nach *Reihe* steht, in den gleichen Fall zu setzen, den *Reihe* selbst aufweist, also: *eine Reihe Abgeordnete, eine Reihe anstehende Fragen; von einer Reihe anstehenden Fragen.* Beide Möglichkeiten sind richtig.

Reisende, der und die

Man beugt das Wort in folgender Weise: *der Reisende, ein Reisender, zwei Reisende, die Reisenden, einige Reisende, alle Reisenden, solche Reisende* und *solche Reisenden, beide Reisenden* und seltener auch *beide Reisende; genanntem Reisenden, die Entschädigung zu Schaden gekommener Reisender.*
Als Beisatz (Apposition): *mir (dir, ihm) als Reisenden* und *mir (dir, ihm) als Reisendem; ihr als Reisenden* und *ihr als Reisender.*

retten

Nach *retten* steht heute gewöhnlich das Verhältniswort (die Präposition) *vor: Er konnte sie gerade noch vor dem Absturz retten.* Der Anschluss mit *von* ist veraltet.

Rolle

Verwendet man *Rolle* als Mengenbezeichnung, dann beugt man das als Menge Genannte in folgender Weise: *eine Rolle Draht* (**nicht:** *eine Rolle Drahtes*), *eine Rolle verzinkter Draht,* (in gehobener Ausdrucksweise:) *eine Rolle verzinkten Drahtes, mit einer Rolle verzinktem Draht,* (in gehobener Ausdrucksweise:) *mit einer Rolle verzinkten Drahtes, sie brauchten eine Rolle verzinkten Draht,* (in gehobener Ausdrucksweise:) *eine Rolle verzinkten Drahtes.*

rosa

Diese Farbbezeichnung beugt man standardsprachlich nicht, also: *ein rosa Kleid, in einem rosa Overall.* Wer diese Formen nicht verwenden will, kann ausweichen auf die Zusammensetzung mit *-farben: ein rosafarbenes Kleid, in einem rosafarbenen Overall.*

rotbraun oder **rot-braun**

Farbbezeichnungen dieser Art kann man nach den neuen amtlichen Rechtschreibregeln mit oder ohne Bindestrich schreiben. Die Schreibung ist in diesen Fällen unabhängig von der Bedeutung der Farbbezeichnung: *ein rotbraunes* oder *ein rot-braunes Muster* (»ein Muster in den Farben rot und braun« oder »ein Muster, das einen braunen Farbton besitzt, der ins Rote spielt«).

rücksichtslos, rücksichtsvoll

Die beiden Eigenschaftswörter stehen mit den Verhältniswörtern (den Präpositionen) *gegen* und *gegenüber,* nicht mit *zu: Er konnte sehr rücksichtslos gegen sie* oder *ihr gegenüber* (**nicht:** *zu ihr*) *sein.*

Sie war immer sehr rücksichtsvoll gegen ihn oder *ihm gegenüber* (**nicht:** *zu ihm*).

Ruf Nach Ausdrucksweisen wie *der Ruf des Unternehmens; der Ruf von Bürgermeister Meyer* steht gelegentlich eine Ergänzung, die mit *als* angeschlossen wird: *der Ruf des Unternehmens als Lieferant; der Ruf von Bürgermeister Meyer als Vermittler* usw. Dabei ist Folgendes zu beachten:
Der Ruf des Unternehmens als ...: Folgt nach *als* eine Ergänzung mit *der, die, das, ein, eine* usw., dann setzt man diese Ergänzung üblicherweise in den gleichen Fall wie das Wort, auf das sie sich bezieht, also in den Wesfall: *der Ruf des Unternehmens als eines Lieferanten der Bundeswehr.* Folgt die Ergänzung nach *als* ohne vorangehendes *der, die, das* usw., dann steht sie heute üblicherweise im Werfall: *der Ruf des Unternehmens als Lieferant der Bundeswehr; sein Ruf als Lieferant der Bundeswehr.*
Der Ruf von Bürgermeister Meyer als ...: Ist das Hauptwort, das auf *Ruf* folgt, mit *von* angeschlossen, dann setzt man die mit *als* angeschlossene Ergänzung üblicherweise in den Wemfall: *der Ruf von Bürgermeister Meyer als bedeutendem Kommunalpolitiker/als einem bedeutenden Kommunalpolitiker.* Es ist jedoch auch möglich, diese Ergänzung in den Werfall zu setzen: *der Ruf von Bürgermeister Meyer als bedeutender Kommunalpolitiker.*

rufen Das Zeitwort *rufen* in der Bedeutung »rufend nach jemandem verlangen« verbinden manche Sprecher des Süddeutschen und Schweizerischen in der Umgangssprache mit dem Wemfall: *Wer hat mir gerufen? Sie rief ihrem Hund.* Dieser Gebrauch des Wemfalls anstelle des Wenfalls *(Wer hat mich gerufen? Sie rief ihren Hund.)* ist hochsprachlich nicht richtig.

rühmen, sich Bei *sich rühmen als* steht das Hauptwort, das dem *als* folgt, gewöhnlich im Werfall: *Er rühmte sich als großer Schachspieler.* Der Wenfall *(Er rühmte sich als großen Schachspieler)* ist nicht mehr sehr gebräuchlich.

S

Sachverständige, der und die

Man beugt das Wort in folgender Weise: *der Sachverständige, ein Sachverständiger, zwei Sachverständige, die Sachverständigen, einige Sachverständige, alle Sachverständigen, solche Sachverständige* und *solche Sachverständigen, beide Sachverständigen* und seltener auch *beide Sachverständige; genanntem Sachverständigen, die Anhörung kompetenter Sachverständiger.*
Als Beisatz (Apposition): *mir (dir, ihm) als Sachverständigen* und *mir (dir, ihm) als Sachverständigem; ihr als Sachverständigen* und *ihr als Sachverständiger.*

Sack

1. Sack oder Säcke: Als Maßbezeichnung bleibt *Sack* in der Mehrzahl häufig ungebeugt, d.h. unverändert: *zwei Sack* neben *zwei Säcke Kartoffeln.*
2. Beugung nach *Sack*: Nach *Sack* als Maßbezeichnung steht in der Regel das, was gemessen wird, im gleichen Fall wie die Maßbezeichnung *Sack* selbst: *ein Sack Holz* (**nicht**: *ein Sack Holzes*), *ein Sack trockenes Holz, mit einem Sack trockenem Holz.* Gelegentlich in gehobener Ausdrucksweise auch mit dem Wesfall: *ein Sack trockenen Holzes, mit einem Sack trockenen Holzes.* Steht das, was gemessen wird, in der Mehrzahl, dann beugt man im Wemfall in folgender Weise: *mit einem Sack reifer Äpfel* oder *mit einem Sack reife Äpfel,* seltener auch: *mit einem Sack reifen Äpfeln.*

salzen

Bitte lesen Sie zum Gebrauch der beiden Formen des Mittelwortes der Vergangenheit (des 2. Partizips) unter »gesalzen oder gesalzt« nach.

Samstag oder **Sonnabend**

Samstag und *Sonnabend* halten sich in ihrer räumlichen Verbreitung etwa die Waage: *Samstag* gehört in den Süden, *Sonnabend* in den Norden des deutschen Sprachgebiets. Allerdings setzt sich *Samstag* auch im Westen und Norden mehr und mehr durch, unterstützt vor allem durch den amtlichen Sprachgebrauch von Bahn und Post, wo *Samstag* statt *Sonnabend* zur besseren Unterscheidung von *Sonntag* eingeführt wurde.

Samstagabend

Bitte lesen Sie hierzu unter »Dienstagabend« nach.

sämtlicher, sämtliche, sämtliches

Schwierigkeiten der Beugung bei *sämtliche*	
Ein Eigenschaftswort oder Mittelwort der Vergangenheit (2. Partizip), das auf *sämtlicher* usw. folgt, beugt man – auch wenn es als Hauptwort gebraucht wird – in der **Einzahl** in folgender Weise: **Werfall:** *sämtlicher aufgehäufte Sand* *sämtliche frische Butter* *sämtliches neue Geschirr* Im **Wesfall** und im **Wemfall** ist die Beugungsendung *-n* oder *-en:* *der Verbleib sämtlicher frischen Butter* *sämtlichen neuen Geschirrs* *mit sämtlicher frischen Butter* *mit sämtlichem Gebrauchten*	**Wenfall:** *sämtliche frische Butter verbrauchen* *sämtlichen aufgehäuften Sand durchsieben* In der **Mehrzahl** kann die Beugung unterschiedlich sein: **Werfall:** *sämtliche neuen Bücher,* auch: *sämtliche neue Bücher* **Wesfall:** *sämtlicher neuen Bücher,* auch: *sämtlicher neuer Bücher* **Wemfall:** *mit sämtlichen neuen Büchern* **Wenfall:** *sämtliche neuen Bücher,* auch: *sämtliche neue Bücher*

Sankt

In Heiligennamen und in Ortsnamen steht *Sankt* (abgekürzt: *St.*) ohne Bindestrich vor dem Namen: *Sankt Martin, Sankt Anna, Sankt Gallen.* Die Bezeichnung der Einwohner (bei Ortsnamen mit dem Bestandteil *Sankt*) kann man nach den neuen amtlichen Rechtschreibregeln mit oder ohne Bindestrich schreiben: *Sankt Galler* oder *Sankt-Galler.* Auch die von Ortsnamen gebildeten Formen auf *-er* schreibt man neu mit oder ohne Bindestrich, z. B.: *Sankt Galler Spitzen* oder *Sankt-Galler Spitzen.* Bindestriche müssen aber stehen, wenn ein Heiligenname oder ein Ortsname mit *Sankt* Bestandteil einer Aneinanderreihung ist, z. B.: *Sankt-Marien-Kirche, St.-Marien-Kirche, Sankt-Gotthard-Tunnel.*

Satellit

Das Hauptwort *Satellit* erhält immer – außer im Werfall – die Endung *-en: der Satellit, des Satelliten* (**nicht:** *des Satellits*), *dem Satelliten* (**nicht:** *dem Satellit*), *den Satelliten* (**nicht:** *den Satellit*), Mehrzahl: *die Satelliten.*

Satz

1. Satz oder Sätze: Als Mengenbezeichnung bleibt *Satz* in der Mehrzahl häufig ungebeugt, d. h. unverändert: *drei Satz Schüsseln* neben *drei Sätze Schüsseln.*

2. Beugung nach *Satz:* Gebraucht man *Satz* als Mengenbezeichnung, dann wird das, was gezählt wird, in folgender Weise gebeugt: *ein Satz flache Schüsseln.* Gelegentlich in gehobener Ausdrucksweise auch mit dem Wesfall: *ein Satz flacher Schüsseln; der Preis eines Satzes flacher Schüsseln.* Im Wemfall kann es heißen: *mit einem Satz flacher Schüsseln* oder *mit einem Satz flache Schüsseln,* seltener auch: *flachen Schüsseln.*

Schachtelsätze, Treppensätze, überlange Sätze

Sehr lange Sätze oder umfangreiche Satzgefüge erschweren oft das Verständnis. Der Leser kann nicht alles aufnehmen; er weiß am Ende eines Satzgefüges nicht mehr, worum es eigentlich am Anfang ging und was die Hauptaussage des Satzes ist. Überlange Sätze und Satzgefüge sollte man deshalb vermeiden. Dazu ist es nötig, Hauptaussagen von anderen Aussagen zu trennen. Die Hauptaussagen sollten im Mittelpunkt eines Satzes oder Satzgefüges stehen. Aus den anderen Aussagen können Nebensätze, aber auch Hauptsätze geformt werden. Diese sollten nicht zu lang und geschickt mit den anderen Hauptsätzen verbunden sein. Ein Beispiel: *Die Gemeinderatssitzung am 1. März 2002, nachmittags ab 14 Uhr, zum Thema Parkhaus am Luisenring dauerte aufgrund der vielen Wortmeldungen der Gemeinderatsmitglieder und langer Diskussionen wegen der verschiedenen noch ungeklärten Fragen z. B. in Bezug auf Lärmbelästigung der Anwohner, Dauer der Bauarbeiten, Kosten usw. bis in die Nacht hinein.* Dieser Satz ist mit Informationen überladen. Der Leser muss ihn, um sämtliche Informationen aufnehmen zu können, ein zweites oder sogar drittes Mal lesen. Dies ist vermeidbar, indem man in mehrere kurze Sätze umformt: *Am 1. März 2002 fand ab 14 Uhr eine Gemeinderatssitzung statt, Thema: Parkhaus am Luisenring. Da es viele Wortmeldungen der Gemeinderatsmitglieder gab und lange Diskussionen geführt wurden, dauerte die Sitzung bis in die Nacht hinein. Verschiedene Fragen waren nämlich noch ungeklärt, z. B. die Frage der Kosten, der Lärmbelästigung für die Anwohner, der Dauer der Bauarbeiten usw.*

Andere lange Sätze sind unverständlich, weil sie zu viele Nebensätze enthalten. Dabei können diese Sätze ineinander geschachtelt sein (Schachtelsätze) oder aber so gestaltet sein, dass der eine Nebensatz vom vorangehenden abhängt (Treppensätze). Ein Beispiel für einen Schachtelsatz: *Derjenige, der den Wellensittich, der auf den Baum, welcher vor dem Haus steht, geflogen ist, einfängt, kriegt eine Belohnung.* Als Treppensatz: *Derjenige kriegt eine Be-*

lohnung, der den Wellensittich einfängt, der auf den Baum geflogen ist, welcher vor dem Haus steht. Solche Satzgefüge kann man entzerren, indem man mehrere Hauptsätze bildet: *Unser Wellensittich ist entflogen. Er sitzt auf dem Baum vor dem Haus. Wer ihn einfängt, erhält eine Belohnung.*

schämen, sich

Nach *sich schämen* steht das Verhältniswort (Präposition) *wegen* oder *für: Er schämte sich wegen seines Versagens* oder auch *für sein Versagen, wegen seiner Freundin* oder auch *für seine Freundin.* Das Anschließen ohne Verhältniswort, nur mit dem Wesfall, ist auch üblich, klingt aber gehoben: *Er schämte sich seines Versagens, seiner Freundin.* Zu beachten ist, dass sich beim Anschließen mit *für* zwei unterschiedliche Aussagen ergeben können, wenn dabei eine Person genannt wird: *Er schämte sich für seine Freundin* kann bedeuten, dass sich der Betreffende wegen der Freundin, aber auch, dass er sich an ihrer Stelle, also stellvertretend für sie schämt.

Schar

1. Eine Schar Kinder stand/standen um ihn herum: Im Allgemeinen bezieht man das Zeitwort auf *Schar* und setzt es in die Einzahl: *Eine Schar Kinder stand um ihn herum, hatte im Hof gespielt, ist versammelt, wird von ihr beaufsichtigt* usw. Gelegentlich wird das Zeitwort aber nicht auf *Schar,* sondern auf das Gezählte bezogen und in die Mehrzahl gesetzt (d. h., man konstruiert nach dem Sinn): *Eine Schar Kinder standen um ihn herum, hatten im Hof gespielt, sind versammelt, werden von ihr beaufsichtigt.* Beide Möglichkeiten sind richtig.
2. eine Schar fröhlicher/fröhliche Kinder: Üblicherweise steht nach *Schar* die folgende Angabe im Wesfall: *eine Schar fröhlicher Kinder; für eine Schar Jugendlicher; mit einer Schar Leute, johlender Zuschauer.* Es ist jedoch auch möglich, die Angabe, die dem Mengenbegriff *Schar* folgt, in den gleichen Fall zu setzen wie *Schar: eine Schar fröhliche Kinder; für eine Schar Jugendliche; mit einer Schar Leuten, johlenden Zuschauern.* Beide Möglichkeiten sind richtig.

schauen oder **sehen**

Das Wort *schauen* verwenden besonders süddeutsche und österreichische Sprecher anstelle von *sehen: Er schaute* (statt: *sah*) *auf die Uhr. Schau* (statt: *sieh*) *einmal! Du musst schauen* (statt: *sehen*), *dass du bald fertig wirst.* Im Sinn von »wahrnehmen« sagen auch die Süddeutschen und Österreicher *sehen: Ich habe deine Schwester gesehen* (**nicht:** *geschaut*).

scheinen **1. Formen:** Das Wort *scheinen* ist ein Zeitwort, dessen Formen unregelmäßig sind: *scheinen, schien, geschienen.* Es muss also heißen: *Die Sonne hat geschienen* (**nicht:** *gescheint*).
2. Komma nach *scheinen:* Bitte lesen Sie zur Kommasetzung nach dem Zeitwort *scheinen* unter »Komma. 5.« nach.

schießen Nennt man in Verbindung mit dem Zeitwort *schießen* Person und Körperteil, auf die sich *schießen* bezieht, dann kann die Person im Wemfall oder auch im Wenfall stehen: *Der Polizist schoss dem Fliehenden ins Bein.* Oder: *Der Polizist schoss den Fliehenden ins Bein.* Der Wemfall *(dem Fliehenden)* ist üblicher.
Verwendet man *schießen* dagegen in der Bedeutung »sich schnell irgendwohin bewegen«, dann kann die Person nur im Wemfall stehen: *Die Tränen schossen dem Jungen aus den Augen. Ein Gedanke schoss ihr durch den Kopf.*

schimpfen **1. jemanden schimpfen:** In der Bedeutung »heißen, nennen« steht nach *schimpfen* der Wenfall: *Man schimpfte mich einen Streber.*
2. mit/auf/über jemanden schimpfen: In der Bedeutung »zurechtweisen« steht *schimpfen* standardsprachlich mit den Verhältniswörtern (Präpositionen) *mit, auf* oder *über.* Man verwendet *mit (schimpfen mit jemandem),* wenn sich der Schimpfende direkt an die betreffende Person wendet: *Schimpf doch nicht mit mir!* Dagegen verwendet man *auf* oder *über,* wenn sich der Schimpfende nicht direkt an die betreffende Person wendet: *Er kam schlecht gelaunt nach Hause und fing an, auf seinen Vorgesetzten* oder *über seinen Vorgesetzten zu schimpfen.* Bezieht sich *schimpfen* jedoch nicht auf eine Person, sondern auf eine Sache, verwendet man meist *über* oder seltener *auf: Sie schimpfte über ihr schlechtes Ergebnis. Er schimpfte lauthals auf das Fernsehprogramm.*

schlagen Nennt man in Verbindung mit dem Zeitwort *schlagen* Person und Körperteil, auf die sich *schlagen* bezieht, dann kann die Person im Wemfall oder auch im Wenfall stehen: *Er schlug dem Freund* oder auch *den Freund auf die Schulter. Ich schlug mir,* seltener auch: *mich an die Stirn.* Der Wemfall ist üblicher. Wenn als Verursacher nicht eine Person, sondern eine Sache genannt wird, dann ist nur der Wemfall üblich: *Die Zweige schlugen mir* (**nicht:** *mich*) *ins Gesicht.*

schmerzen Ist ein Körperteil auslösender Faktor *(die Schulter schmerzt; die Füße schmerzen),* dann steht, falls eine Person genannt ist, diese im Wemfall oder im Wenfall: *Die Schulter schmerzte den* oder *dem Bergsteiger sehr. Die Füße schmerzten die* oder *der Verkäuferin vom langen Stehen.* Bezieht sich *schmerzen* jedoch auf den seelischen Bereich, dann steht die betroffene Person nur im Wenfall: *Der Gedanke an die alte Heimat schmerzte den* (**nicht**: *dem*) *Auswanderer nicht mehr.*

schneiden Nennt man in Verbindung mit dem Zeitwort *schneiden* Person und Körperteil, auf die sich *schneiden* bezieht, dann kann die Person im Wemfall oder auch im Wenfall stehen: *Der Friseur hat dem Kunden versehentlich ins Ohr geschnitten.* Oder: *Der Friseur hat den Kunden versehentlich ins Ohr geschnitten.* Der Wemfall *(dem Kunden)* ist üblicher.

schnellstmöglich Da das Eigenschaftswort *schnellstmöglich* bereits eine höchste Steigerungsstufe enthält, ist es nicht noch einmal steigerbar: *Ich bitte um schnellstmögliche* (**nicht**: *schnellstmöglichste*) *Nachricht.*

Schrägstrich

Schrägstrich

1. Der Schrägstrich kann zur Angabe von Größen- oder Zahlenverhältnissen im Sinne von »je« oder »pro« gebraucht werden.

Wir fuhren durchschnittlich 120 km/h.
100 Ew./km² (= 100 Einwohner je Quadratkilometer)

2. Der Schrägstrich fasst Wörter oder Zahlen zusammen. Das gilt vor allem für

a) die Angabe mehrerer Möglichkeiten,

für Männer und/oder Frauen
die Kolleginnen/Kollegen vom Betriebsrat
unsere Mitarbeiter/-innen
Bestellungen über 50/100/200 Stück

b) die Verbindung von Personen, Institutionen, Orten u. a.,

Die Pressekonferenz der CDU/CSU wurde mit Spannung erwartet.
In dieser Bootsklasse siegte die Renngemeinschaft Ratzeburg/Kiel.

c) Jahreszahlen oder andere kalendarische Angaben.

der Katalog für Herbst/Winter 2002
der Herbst/Winter-Katalog, auch: *Herbst-Winter-Katalog*
der Beitrag für März/April/Mai

3. Der Schrägstrich gliedert Akten- oder Diktatzeichen o. Ä.

M/III/47
Dr. Dr/Ko
Rechn.-Nr. 1427/98

schreiben Nach *schreiben auf* kann sowohl der Wemfall (Frage: wo?) als auch der Wenfall (Frage: wohin?) stehen. *Sie schrieb auf blauem Papier* oder *auf blaues Papier.* Wenn aber in dem Satz zusätzlich die Angabe enthalten ist, was geschrieben wird, dann kann nur der Wenfall stehen: *Sie schrieb ihre Adresse auf blaues* (**nicht:** *blauem*) *Papier.*

Schritt Als Maßbezeichnung bleibt *Schritt* in Verbindung mit Zahlwörtern in der Mehrzahl häufig ungebeugt, d.h. unverändert: *drei Schritt breit.* Bei der Angabe größerer Entfernungen ist die Mehrzahl üblicher: *Der Baum war 50 Schritte entfernt.*

Schuss **1. Mehrzahl:** Als Maß- bzw. Mengenbezeichnung bleibt *Schuss* in Verbindung mit Zahlwörtern in der Mehrzahl gewöhnlich ungebeugt, d.h. unverändert: *mit drei Schuss Whisky, 50 Schuss Pistolenmunition.*

2. Beugung nach *Schuss:* Nach *Schuss* als Maßbezeichnung steht in der Regel das, was bezeichnet wird, im selben Fall wie die Maßbezeichnung *Schuss* selbst: *ein Schuss Whisky* (**nicht:** *Whiskys*), *ein Schuss schottischer Whisky; unter Beigabe eines Schusses Whisky* oder *eines Schuss Whiskys,* aber: *unter Beigabe eines Schusses schottischen Whiskys; mit einem Schuss schottischem Whisky; für einen Schuss schottischen Whisky.* Richtig, aber gehoben ist die Ausdrucksweise: *ein Schuss schottischen Whiskys; mit einem Schuss schottischen Whiskys.*

schützen Nach *schützen* im Sinne von »Schutz gewähren, vor etwas bewahren« können die Verhältniswörter (Präpositionen) *vor* und *gegen* stehen: *etwas vor* oder *gegen Nässe schützen; das Eigentum vor Übergriffen* oder *gegen Übergriffe schützen.*

Schwarm **1. Ein Schwarm Kinder folgte/folgten ihm:** Im Allgemeinen bezieht man das Zeitwort auf *Schwarm* und setzt es in die Einzahl: *Ein Schwarm Kinder folgte ihm, ist durch das Dorf gezogen, wird gerade fotografiert* usw. Gelegentlich wird das Zeitwort aber nicht auf *Schwarm,* sondern auf das Gezählte bezogen und in die Mehrzahl gesetzt (d.h., man konstruiert nach dem Sinn): *Ein Schwarm Kinder folgten ihm, sind durch das Dorf gezogen, werden gerade fotografiert.* Beide Möglichkeiten sind richtig.

2. ein Schwarm junger/junge Mädchen: Üblicherweise steht nach *Schwarm* die folgende Angabe im Wesfall: *ein Schwarm jun-*

ger Mädchen; für einen Schwarm Halbwüchsiger; mit einem Schwarm Heringe, wilder Tauben. Es ist jedoch auch möglich, die Angabe, die dem Mengenbegriff *Schwarm* folgt, in den gleichen Fall zu setzen wie *Schwarm: ein Schwarm junge Mädchen; für einen Schwarm Halbwüchsige; mit einem Schwarm Heringen, wilden Tauben.* Beide Möglichkeiten sind richtig.

schwarzbraun oder **schwarz-braun** Farbbezeichnungen dieser Art kann man nach den neuen amtlichen Rechtschreibregeln mit oder ohne Bindestrich schreiben. Die Schreibung ist in diesen Fällen unabhängig von der Bedeutung der Farbbezeichnung: *eine schwarzbraune* oder *eine schwarz-braune Jacke* (»eine Jacke, in den Farben schwarz und braun« oder »eine Jacke, die einen braunen Farbton besitzt, der ins Schwarze spielt«).

Schweizer, schweizerisch Das Wort *Schweizer* ist zum einen Hauptwort und bedeutet »Einwohner der Schweiz«. Zum anderen ist es ein Eigenschaftswort und bedeutet »aus der Schweiz stammend; die Schweiz betreffend«. Es wird immer großgeschrieben: *die Schweizer Uhrenindustrie; Schweizer Banken.* Das Eigenschaftswort *schweizerisch* schreibt man dagegen klein: *die schweizerische Uhrenindustrie; schweizerische Banken.* Nur in Namen wird *schweizerisch* großgeschrieben: *die Schweizerische Eidgenossenschaft.*

Schwerbeschädigte, der und die Man beugt das Wort in folgender Weise: *der Schwerbeschädigte, ein Schwerbeschädigter, zwei Schwerbeschädigte, die Schwerbeschädigten, einige Schwerbeschädigte, alle Schwerbeschädigten, solche Schwerbeschädigte* und *solche Schwerbeschädigten, beide Schwerbeschädigten* und seltener auch *beide Schwerbeschädigte; stellungslosem Schwerbeschädigten, die Einstellung junger Schwerbeschädigter.*
Als Beisatz (Apposition): *mir (dir, ihm) als Schwerbeschädigten* und: *mir (dir, ihm) als Schwerbeschädigtem; ihr als Schwerbeschädigten* und *ihr als Schwerbeschädigter.*

schwer tun, sich Bei dem Zeitwort *sich schwer tun* kann *sich* als ein Wort im Wenfall oder auch im Wemfall aufgefasst werden: *Ich habe mich,* seltener: *mir dabei nicht schwer getan.*

seelsorgerisch Die drei Wörter bedeuten etwa das Gleiche, sie sind aber in der Sehweise unterschieden. Das Eigenschaftswort *seelsorgerisch* ist oder **seelsorgerlich** oder **seelsorglich** von *Seelsorger* abgeleitet und hat die Bedeutung »wie ein Seelsorger, entsprechend der Aufgabe eines Seelsorgers«. Es bezieht sich also auf das Verhalten des Geistlichen oder einer in ähnlicher Funktion tätigen Person. Das Eigenschaftswort *seelsorglich* ist dagegen von *Seelsorge* abgeleitet und hat die Bedeutung »von der Seelsorge ausgehend, hinsichtlich der Seelsorge«, bezieht sich also mehr auf den Vorgang selbst. Statt *seelsorgerisch* wird in der theologischen Fachsprache oft auch *seelsorgerlich* gebraucht.

sehen **1. sich sehen als:** Bei *sich sehen als* steht das Hauptwort, das dem *als* folgt, gewöhnlich im Werfall: *Er sieht sich schon als künftiger Präsident.*
2. sehen oder gesehen: Steht vor dem Zeitwort *sehen* ein anderes Zeitwort in der Grundform (im Infinitiv), dann verwendet man meist die Form *sehen,* selten auch *gesehen: Ich habe das Unglück kommen sehen,* selten: *kommen gesehen.*

sei oder **wäre** Beide Formen sind Möglichkeitsformen (Konjunktive). Die Form *sei* steht vor allem in der indirekten Rede: *Sie sagte, sie sei verreist gewesen. Sie fragte, ob er schon in Urlaub sei.* Auch *wäre* kann in der indirekten Rede stehen, und zwar dann, wenn der Sprecher ausdrücken will, dass ihm das, was er berichtet, nicht glaubhaft erscheint: *Sie sagte, sie wäre verreist gewesen.* Sonst steht *wäre* vor allem in Bedingungssätzen: *Wenn ich früher hier gewesen wäre, wäre ein Treffen noch möglich gewesen.*

seid oder **seit** Die Form *seid* kommt von *sein: Ihr seid wohl neu hier? Seid pünktlich!* Das Wort *seit* dagegen leitet entweder einen Nebensatz ein *(Seit er die Abteilung leitet, sind alle zufrieden. Seit ich hier bin, geht alles schief.)* oder es gibt einen Zeitpunkt an, an dem etwas begonnen hat: *Ich bin seit gestern krank. Sie ist seit kurzem wieder hier.*

Seien Sie so gut und ... Diese Höflichkeitsformel ist **richtig. Falsch** ist: *Sind Sie so gut und...*

seine Das besitzanzeigende Fürwort (Possessivpronomen) *seine* schreibt man üblicherweise klein: *seine Freundin, seine Autos.* Man schreibt auch klein, wenn es sich auf ein vorangehendes Hauptwort bezieht: *Das ist nicht mein Problem, sondern das seine* (= sein Problem). Nach den neuen amtlichen Rechtschreibregeln kann man *seine* (entsprechend auch *seinige*), wenn es zum Hauptwort geworden ist, groß- oder kleinschreiben: *Er soll bitte die*

Sein[ig]en oder *die sein[ig]en grüßen. Er hatte das Sein[ig]e* oder *das sein[ig]e getan.*

seinetwegen oder **wegen ihm** In der Umgangssprache wird statt *seinetwegen* häufig *wegen ihm* gebraucht: *Sie hat wegen ihm ihren Beruf aufgegeben.* Hochsprachlich richtig ist: *Sie hat seinetwegen ihren Beruf aufgegeben.*

seinige Bitte lesen Sie zur Schreibweise von *seinige* unter »seine« nach.

seit Wenn *seit* einen Nebensatz einleitet, trennt man diesen immer durch Komma vom Hauptsatz ab: *Ich fühle mich viel besser, seit ich die Kur gemacht habe.*

Seite **1. Einzahl oder Mehrzahl:** Das Hauptwort *Seite* vor Zahlen steht in der Mehrzahl, wenn ihm ein Geschlechtswort (Artikel) vorangeht *(die Seiten),* es steht in der Einzahl, wenn kein Geschlechtswort vorangeht *(Seite).* Es heißt also: *Seite 1–5; Seite 1, 3 und 5,* aber: *die Seiten 1–5; die Seiten 1, 3 und 5.*

2. Beugung nach *Seite:* Nach dem Wort *Seite* steht das Hauptwort, das von ihm abhängt, im selben Fall wie *Seite* selbst: *30 Seiten bunt bebilderte Angebote; mit 30 Seiten bunt bebilderten Angeboten.* Richtig, aber kaum gebräuchlich ist eine Angabe im Wesfall *(30 Seiten bunt bebilderter Angebote).*

seitens Das (amtssprachliche) Wort *seitens* steht mit dem Wesfall: *seitens des Betriebes, seitens seiner Familie.* In Verbindung mit *Herr/ Frau* + Name bleibt der Name in der Regel ungebeugt, d. h. unverändert; *Herr* bleibt jedoch nicht unverändert: *seitens Frau Meyer,* **aber:** *seitens Herrn Meyer.*

In den meisten Fällen kann man aber das stilistisch unschöne *seitens* durch *von* ersetzen: *Von dem Betrieb, von seiner Familie wurden ihm Schwierigkeiten gemacht. Von Frau Meyer wurden keine Einwände erhoben.* Oftmals ist es noch besser, die Sätze umzuwandeln: *Der Betrieb, seine Familie machte ihm Schwierigkeiten. Frau Meyer erhob keine Einwände.*

selber oder **selbst** Beide Formen kann man verwenden: *Du hast es doch selbst so gewollt* oder *Du hast es doch selber so gewollt.* Standardsprachlich wird *selbst* bevorzugt.

selbst wenn Einen Nebensatz, der mit *selbst wenn* eingeleitet ist, trennt man immer durch Komma ab. *Ich tue dies, selbst wenn ich dafür be-*

straft werde. Selbst wenn das zuträfe, würde ich bei meiner Meinung bleiben. Nach den neuen amtlichen Rechtschreibregeln kann in der Fügung *selbst wenn* vor dem *wenn* ein zusätzliches Komma stehen, wenn die Teile der Fügung nicht als Einheit angesehen werden: *Ich tue dies, selbst[,] wenn ich dafür bestraft würde.*

selten Der Satz *Das Wetter war selten schön* ist doppeldeutig, denn *selten* kann hier sowohl »nicht oft« als auch »besonders« bedeuten: Das Wetter war meist schlecht. Und: Das Wetter war besonders schön. Diese Doppeldeutigkeit kann man durch eine andere Wortwahl oder eine andere Wortstellung vermeiden: *Selten* (= nicht oft) *war das Wetter schön.* Dagegen: *Es herrschte ein selten* (= besonders) *schönes Wetter.*

Semikolon

Semikolon

Das Semikolon kann zwischen gleichrangigen Sätzen oder Wortgruppen stehen, wo der Punkt zu stark, das Komma zu schwach trennen würde. Es kann auch verwendet werden, um zusammengehörige Gruppen in Aufzählungen zu markieren.

Man kann nicht jede Frage nur mit Ja oder Nein beantworten; oft muss man etwas weiter ausholen. (Hier könnte statt des Semikolons auch ein Punkt oder ein Komma stehen.)

Unser Proviant bestand aus gedörrtem Fleisch, Speck und Rauchschinken; Ei- und Milchpulver; Reis, Nudeln und Grieß. (Hier könnten statt der Semikolons auch Kommas stehen.)

senden Das Zeitwort *senden* hat die Vergangenheitsformen *sendete, hat gesendet* und *sandte, hat gesandt.* In der Bedeutung »schicken« sind beide Formen gebräuchlich, aber die Formen *sandte, hat gesandt* treten häufiger auf: *Ich sandte,* auch: *sendete ihr einen Brief. Ich habe ihr einen Brief gesandt,* auch: *gesendet.* Gleiches gilt für die zusammengesetzten Zeitwörter *absenden, entsenden, übersenden, versenden, zurücksenden* u.a. In der Bedeutung »ausstrahlen« sind (außer in der Schweiz) nur die Formen *sendete, hat gesendet* gebräuchlich: *Die Funker sendeten Peilzeichen. Das Hörspiel wurde gestern gesendet.*

sich **1. Rechtschreibung:** Auch in Verbindung mit der (großgeschriebenen) Höflichkeitsanrede *Sie* im Brief schreibt man *sich* immer klein: *Wir hoffen, Sie haben sich gut erholt.*

2. sich oder einander: Im heutigen Sprachgebrauch drückt man die wechselseitige Beziehung meist durch *sich* aus. *Einander* wirkt fast immer gehoben. Also z.B.: *Sie lieben sich* (seltener: *einander*) *sehr.*

3. falsches *sich* statt *uns*: Es heißt: *Meine Frau und ich würden uns* (**nicht:** *sich*) *freuen. Du und ich haben uns* (**nicht:** *sich*) *gut unterhalten.* Erkennbar wird dies, wenn man *wir* hinzufügt: *Meine Frau und ich, wir haben uns gefreut. Du und ich, wir haben uns gut unterhalten.*

4. Er sah die Frau auf sich zustürzen: In Sätzen dieser Art verwendet man in der Regel *sich,* wenn sich das Zeitwort auf die handelnde oder sprechende Person bezieht und ein Verhältniswort (*auf, an, über, nach, mit* usw.) dem fraglichen Fürwort vorangeht: *Er sah die Frau auf sich* (**nicht:** *auf ihn*) *zustürzen.* Geht dagegen kein Verhältniswort (keine Präposition) voran, steht im Wemfall *ihm/ihr/ihnen: Der Polizist sah die Frau ihm* (**nicht:** *sich*) *zulächeln.* Diese Beispiele zeigen, dass es im heutigen Deutsch oftmals nicht möglich ist, unmissverständliche Bezüge herzustellen. In dem Satz *Der Polizist sah die Frau ihm zulächeln* könnte sich *ihm* nicht nur auf das Wort *Polizist,* sondern auch auf eine dritte (männliche) Person beziehen. Das Gleiche gilt für *sich* in einem Satz wie *Er ließ den Bauern für sich arbeiten.* Hier kann der Sinn erst aus dem Textzusammenhang deutlich werden.

Sie
Das Anredefürwort *Sie* (und auch *Ihrer, Ihnen*) schreibt man als Höflichkeitsanrede **immer** groß: *Bleiben Sie alle gesund! Wie geht es Ihnen? Ich harre Ihrer, mein Herr.*

sie (Einzahl) **oder du**
Sie oder du wirst (**nicht:** *wird* oder *werden*) *daran teilnehmen.*

sie (Mehrzahl) **und du**
Sie und du (= ihr) *habt euch gefreut.* **Nicht:** *Sie und du haben sich gefreut.*

sie (Mehrzahl) **und ich**
Sie und ich (= wir) *haben uns* (**nicht:** *sich*) *gefreut.*

sie (Mehrzahl) **und ihr**
Sie und ihr (= ihr) *habt euch gefreut.* **Nicht:** *Sie und ihr haben sich gefreut.*

sie (Mehrzahl) **und wir**
Sie und wir (= wir) *haben uns* (**nicht:** *sich*) *gefreut.*

siehe Nach dem Wort *siehe,* das bei Hinweisen auf Textstellen u. Ä. verwendet wird, kann nur der Wenfall stehen: *Siehe beiliegenden* (**nicht:** *beiliegender) Prospekt.*

Silbentrennung Bitte lesen Sie hierzu unter dem Stichwort »Worttrennung« nach.

sitzen Die zusammengesetzten Vergangenheitsformen von *sitzen* bildet man heute im Allgemeinen mit *haben: Wir haben auf der Bank gesessen. Die Kleine hatte auf ihrem Schoß gesessen.* Im Unterschied dazu ist im süddeutschen Sprachgebiet (auch in Österreich und in der Schweiz) die Bildung dieser Vergangenheitsformen mit *sein* üblich: *Wir sind auf der Bank gesessen. Die Kleine war auf ihrem Schoß gesessen.*

sobald Einen Nebensatz, der mit *sobald* eingeleitet wird, trennt man immer durch Komma vom Hauptsatz ab: *Sobald sie nach Hause kommt, wollen wir essen. Wir gehen, sobald der Redner fertig ist.*

so bald wie oder **so bald als** Nach *so bald* kann *wie* oder *als* stehen. Beides ist richtig. Der Anschluss mit *wie* ist aber häufiger: *Schreibe so bald wie möglich,* seltener: *... als möglich.*

sodass, so dass **1. Rechtschreibung:** *Sodass* leitet Nebensätze ein und kann nach den neuen amtlichen Rechtschreibregeln zusammengeschrieben oder getrennt geschrieben werden: *Sie war erkrankt, sodass* oder *so dass sie den Vortrag absagen musste.*
2. Komma: Einen Nebensatz, der mit *sodass (so dass)* eingeleitet ist, trennt man immer durch Komma ab; auch *so dass* gilt dabei als Einheit: *Es regnete stark, sodass (so dass) wir die Wanderung absagten.* Bei *so dass* steht aber ein Komma zwischen *so* und *dass,* wenn diese beiden Wörter keine Einheit bilden; *so* bezieht sich dann auf das Zeitwort des Hauptsatzes und das Komma verdeutlicht, dass nur *dass* als Einleitung des Nebensatzes zu verstehen ist: *Es regnete so, dass wir die Wanderung absagen mussten.*

so genannt Ein Eigenschaftswort oder Mittelwort (Partizip), das auf *so genannt* folgt, erhält gewöhnlich die gleichen Endungen wie *so genannt* selbst: *ein so genannter freischaffender Künstler; die so genannten freiwilligen Helfer.* Im Wemfall sind in der Einzahl zwei Formen möglich, wovon die eine Form jedoch selten vorkommt:

mit so genanntem freischaffendem, selten: *freischaffenden Künstler.*

solang, solange Beide Formen sind richtig. Einen Nebensatz, der mit diesem Bindewort (dieser Konjunktion) eingeleitet wird, trennt man immer durch Komma vom Hauptsatz ab: *Du kannst bleiben, solang du magst. Solange ich noch nicht vollkommen gesund bin, gehe ich nicht zur Arbeit.*

solcher, solche, solches

Schwierigkeiten der Beugung bei *solche*

1. Beugung von *solche* nach einem bestimmten oder unbestimmten Zahlwort:
Nach einem bestimmten oder unbestimmten Zahlwort (*zwei, drei* usw.; *viele, wenige* o. Ä.) behandelt man *solcher* usw. wie ein Eigenschaftswort:

zwei solche Fehler
(wie z. B.: *zwei kleine Fehler*)
mit zwei solchen Fehlern
(wie z. B.: *mit zwei kleinen Fehlern*)

Richtig, aber selten ist, *solcher* usw. in den Wesfall zu setzen:

noch zwei solcher Fehler

Nach ein und *kein* in der Einzahl behandelt man *solcher* usw. ebenfalls wie ein Eigenschaftswort:

ein oder *kein solcher Fehler*
wegen eines oder *keines solchen Fehlers*
mit einem oder *keinem solchen Fehler*
für einen oder *keinen solchen Fehler*

Bei *kein* sind in der Mehrzahl z. T. für die einzelnen Fälle zwei Formen möglich:

(Werfall:) *keine solchen* oder *solche Pläne*
(Wesfall:) *wegen keinen solchen Plänen*
(Wemfall:) *mit keinen solchen Plänen*
(Wenfall:) *für keine solchen* oder *solche Pläne*

2. Beugung nach *solche:*
a) Die Beugung des auf *solche* folgenden Wortes bereitet oftmals Schwierigkeiten, besonders wenn es sich bei diesem Wort um ein Hauptwort handelt, das auf ein Mittelwort (Partizip) oder Eigenschaftswort zurückzuführen ist wie z. B. *der* oder *die Angestellte* (auf *angestellt*), *das Schöne* (auf *schön*) usw.
In den einzelnen Fällen lauten die Formen in der **Einzahl** folgendermaßen:

Werfall:
solcher Angestellter
solche Angestellte
solches Schöne

Wesfall:
die Entlassung solches Angestellten

Schwierigkeiten der Beugung bei *solche* (Fortsetzung)	
die Beschäftigung solcher Angestellten *die Beseitigung solches Schönen* Wemfall: *mit solchem Angestellten* *mit solcher Angestellten* *mit solchem Schönen* Wenfall: *für solchen Angestellten* *für solche Angestellte* *für solches Schöne* In der **Mehrzahl** kommen dagegen für die einzelnen Fälle z. T. zwei Formen vor: (Werfall:) *solche Angestellte* oder *Angestellten* (Wesfall:) *die Entlassung solcher Angestellten* (Wemfall:) *mit solchen Angestellten* (Wenfall:) *für solche Angestellte* oder *Angestellten* **b)** Probleme bereiten auch die Formen des Eigenschaftswortes oder Mittelwortes, das nach *solcher* usw. folgt und sich auf ein folgendes Hauptwort bezieht. Auch hier treten in manchen Fällen zwei Formen auf.	In der **Einzahl:** Werfall: *solcher nette Mann* *solche nette Frau* *solches nette Kind* Wesfall: *die Freundschaft solchen netten Mannes* *solcher netten* oder *netter Frau* *solchen netten Kindes* Wemfall: *mit solchem netten* oder *nettem Mann* *mit solcher netten* oder *netter Frau* *mit solchem netten* oder *nettem Kind* Wenfall: *für solchen netten Mann* *für solche nette Frau* *für solches nette Kind* In der **Mehrzahl:** (Werfall:) *solche netten* (auch: *nette*) *Männer, Frauen, Kinder* (Wesfall:) *die Meinung solcher netten* (auch: *netter*) *Männer, Frauen, Kinder* (Wemfall:) *mit solchen netten Männern, Frauen, Kindern* (Wenfall:) *für solche netten* (auch: *nette*) *Männer, Frauen, Kinder*

sollen

1. sollen oder gesollt: Steht vor dem Zeitwort *sollen* ein anderes Zeitwort in der Grundform (im Infinitiv), dann verwendet man die Form *sollen* und nicht *gesollt: Er hat kommen sollen* (**nicht:** *gesollt*). **2. doppelte Ausdrucksweise:** Man sollte vermeiden, *sollen* zusammen mit anderen Wörtern, die eine Aufforderung ausdrücken, zu gebrauchen. Man sagt also **nicht:** *die Aufforderung, sich in Marsch setzen zu sollen,* **sondern:** *die Aufforderung, sich in Marsch zu setzen.* Auch das Bindewort (die Konjunktion) *damit* zeigt in bestimmten Sätzen bereits an, dass die Aussage eine Aufforderung enthält. Es ist dann überflüssig, noch zusätzlich *sollen* zu verwenden. Also **nicht:** *Sie gab ihm das Geld, damit er seine Schulden bezahlen sollte,* **sondern:** *..., damit er seine Schulden bezahlt.*

sondern Vor *sondern* steht immer ein Komma. Es spielt dabei keine Rolle, ob *sondern* zwischen Sätzen oder zwischen Satzteilen steht: *Sie kommt nicht heute, sondern morgen. Er zahlte nicht in bar, sondern [er] überwies den Betrag.* Was für *sondern* gilt, gilt auch für *nicht nur ..., sondern auch: Sie wollen nicht nur heute, sondern auch morgen ausgehen.*

Sonnabendabend Bitte lesen Sie hierzu unter »Dienstagabend« nach.

Sonntagabend Bitte lesen Sie hierzu unter »Dienstagabend« nach.

sonstig Ein Eigenschaftswort oder Mittelwort (Partizip), das auf *sonstig* folgt, erhält gewöhnlich die gleichen Endungen wie das Wort *sonstig* selbst: *sonstiges überflüssiges Gepäck, sonstiger angenehmer Zeitvertreib.* Es gibt jedoch Ausnahmen. Im Wemfall der Einzahl: *mit sonstigem neuem,* auch: *neuen Material.* Im Wesfall der Mehrzahl: *die Ausnutzung sonstiger freier,* auch: *freien Tage.*

sooft Einen Nebensatz, der mit *sooft* eingeleitet wird, trennt man immer durch Komma vom Hauptsatz ab: *Ich freute mich, sooft ich sie sah. Er übernachtete, sooft er hier war, immer bei uns. Sooft ich auch anrief, es war immer besetzt.*

sosehr Einen Nebensatz, der mit *sosehr* eingeleitet wird, trennt man immer durch Komma vom Hauptsatz ab: *Ich schaffte es nicht, sosehr ich mich bemühte. Er wollte die CD, sosehr sie ihm auch gefiel, wieder umtauschen. Sosehr er auch gekränkt war, er ließ sich nichts anmerken.*

soviel Einen Nebensatz, der mit *soviel* eingeleitet wird, trennt man immer durch Komma ab: *Soviel ich weiß, kommt er morgen. Sie wollen, soviel mir bekannt ist, bauen. Es ging ihr gut, soviel er sah.*

soweit Einen Nebensatz, der mit *soweit* eingeleitet wird, trennt man immer durch Komma ab: *Soweit ich es beurteilen kann, geht sie bald. Er wird einen Beitrag leisten, soweit ihm dies finanziell möglich ist.*

sowie **1. Komma:** Im Sinne von »sobald« leitet *sowie* einen Nebensatz ein, der immer durch Komma abgetrennt werden muss: *Sowie er wieder gesund ist, kommt er zu uns zurück. Er kommt, sowie er wieder gesund ist, zu uns zurück.* In der Bedeutung »und, und auch, und außerdem« verbindet *sowie* Glieder einer Aufzählung. Vor *sowie* steht in diesem Fall (ähnlich wie bei *und*) kein Komma: *Zeichnungen und Fotos sowie Fotoalben. Seine Eltern und Geschwister waren gekommen sowie die Eltern seiner Frau.*
2. Der Direktor sowie sein Stellvertreter war/waren anwesend: Bei Sätzen dieser Art steht das Zeitwort üblicherweise in der Mehrzahl. Die Einzahl ist jedoch auch möglich und richtig: *Der Direktor sowie sein Stellvertreter waren anwesend,* seltener auch: *war anwesend.* (Das Zeitwort steht aber immer in der Mehrzahl, wenn eines der Hauptwörter in der Mehrzahl steht: *Der Direktor sowie seine Stellvertreter waren anwesend.*)

sowohl – als auch **1. Komma:** Wenn *sowohl – als auch* Satzteile verbindet, dann steht vor *als* kein Komma: *Sowohl die Eltern als auch die Kinder waren krank. Die Rede überzeugte sowohl seine Freunde als auch seine Feinde als auch alle anderen Anwesenden.* Ein Komma vor *als auch* setzt man dann, wenn ein Nebensatz vorausgeht: *Er behauptet sowohl, dass er ein guter Stürmer sei, als auch, dass er das Tor hüten könne. Diese Bestimmung gilt sowohl, wenn Gärten neu angelegt, als auch, wenn vorhandene Gärten erweitert werden.*
2. Sowohl seine Frau als auch sein Freund hatte/hatten ihn verlassen: Bei Sätzen dieser Art steht das Zeitwort üblicherweise in der Mehrzahl. Die Einzahl ist jedoch auch möglich und richtig: *Sowohl seine Frau als auch sein Freund hatten ihn verlassen,* seltener auch: *hatte ihn verlassen.* (Das Zeitwort steht aber immer in der Mehrzahl, wenn eines der Hauptwörter in der Mehrzahl steht: *Sowohl seine Frau als auch seine Freunde hatten ihn verlassen.*)

spalten Bitte lesen Sie zum Gebrauch der beiden Formen des Mittelwortes der Vergangenheit (des 2. Partizips) unter »gespalten oder gespaltet« nach.

spotten Das Zeitwort *spotten* steht gewöhnlich mit dem Verhältniswort (der Präposition) *über: Sie spotteten über ihn, über sein Missgeschick.* Der Anschluss ohne Verhältniswort nur mit dem Wesfall ist veraltet.

ss oder **ß** Die Regel lautet: Anstelle von *ß* dürfen nicht generell zwei *s* geschrieben werden. Eine Ausnahme von dieser Regel gibt es nur als Notbehelf, z. B. für den Fall, dass eine Schreibmaschine kein ß-Zeichen hat.

Treffen in einem solchen Fall bei einem Wort 3 s-Buchstaben zusammen, dann darf man keinen von ihnen auslassen: *Reissschiene* (für: *Reißschiene*), *Massstab* (für: *Maßstab*). In solchen Fällen darf man aber nach den neuen amtlichen Rechtschreibregeln einen Bindestrich einfügen, um die Lesbarkeit zu verbessern: *Reiss-Schiene, Mass-Stab.* Trennt man ein Wort, das ersatzweise mit Doppel-s geschrieben ist, dann wird nach den neuen amtlichen Rechtschreibregeln zwischen den beiden *s* getrennt: *Grüs-se, heis-sen.*

Wird ein Wort nur in Großbuchstaben geschrieben, dann tritt das Doppel-s an die Stelle von *ß*, weil ein *ß* als Großbuchstabe nicht existiert: *STRASSE, MASSE* (für: *Maße*).

In Dokumenten kann man bei Namen aus Gründen der Eindeutigkeit auch *ß* verwenden: *HEINZ GROßE.*

Treffen in einem solchen Fall in einem Wort 3 *S* zusammen, dann kann man einen Bindestrich setzen: *SCHLOSS-STRASSE* statt: *SCHLOSSSTRASSE.*

statt Bitte lesen Sie zur Beugung nach *statt* und zur Kommasetzung bei *statt* unter »anstatt« nach.

stattfinden Das Mittelwort der Vergangenheit (2. Partizip) von *stattfinden* (es lautet *stattgefunden*) ist nicht als Beifügung eines Hauptwortes zu verwenden. Also **nicht:** *die stattgefundene Versammlung,* sondern: *die Versammlung, die stattgefunden hat.*

stechen Nennt man nach *stechen* Person und Körperteil, auf die sich *stechen* bezieht, dann kann die Person im Wemfall oder im Wenfall stehen. Der Wemfall ist üblicher: *Die Wespe stach dem Kind in den Arm,* auch: *stach das Kind in den Arm.* Ebenso bei *sich stechen: Ich habe mir in den Finger gestochen,* auch: *mich in den Finger gestochen.* Bei der Wendung *in die Augen stechen* ist nur der Wemfall möglich: *Die schöne alte Uhr stach ihm* (**nicht**: *ihn*) *gleich in die Augen.*

stehen Die zusammengesetzten Vergangenheitsformen von *stehen* bildet man heute im Allgemeinen mit *haben: Der Wagen hat in der Garage gestanden. Wir hatten unter einem Baum gestanden.* Im Unterschied dazu ist im süddeutschen Sprachgebiet (auch in Österreich und in der Schweiz) die Bildung dieser Vergangenheitsformen mit *sein* üblich: *Der Wagen ist in der Garage gestanden. Wir waren unter einem Baum gestanden.*

Stellung Wenn nach Formulierungen wie *die Stellung des Landes, die Stellung dieses Mannes, die Stellung von Direktor Meyer* eine Beifügung mit *als* folgt (*die Stellung des Landes als Handelspartner, die Stellung dieses Mannes als Politiker* usw.), dann ist zur Beugung dieser Beifügung Folgendes zu beachten:

Die Stellung des Landes als ...: Folgt nach *als* eine Beifügung mit *der, die, das, ein* usw., dann setzt man diese üblicherweise in den gleichen Fall wie das Wort, auf das sie sich bezieht (hier: *des Landes,* also Wesfall): *Das schadet der Stellung des Landes als des wichtigsten Handelspartners.* Folgt aber die Beifügung nach *als* ohne *der, die, das* usw., so steht sie heute üblicherweise im Werfall: *Das schadet der Stellung des Landes als wichtigster Handelspartner.*

Die Stellung von Direktor Meyer als ...: Ist das Hauptwort, das auf *Stellung* folgt, mit *von* angeschlossen, dann setzt man die auf *als* folgende Beifügung üblicherweise in den Wemfall: *Das gefährdet die Stellung von Direktor Meyer als handelndem Partner/als dem handelnden Partner nicht.* Aber auch hier kann die Beifügung nach *als* gelegentlich im Werfall folgen: *Das gefährdet die Stellung von Direktor Meyer als handelnder Partner nicht.*

stempeln In der Bedeutung »jemanden als etwas Bestimmtes kennzeichnen, ihn in eine bestimmte Kategorie einordnen« wird *stempeln* nur mit *zu* (nicht mit *als*) verbunden: *Man hat ihn zum Lügner* (**nicht**: *als Lügner*) *gestempelt.* (Bei *jemanden abstempeln* gibt es allerdings beide Möglichkeiten: *Man hat ihn als Lügner* oder: *zum Lügner abgestempelt.*)

Stock Der erste Stock eines Gebäudes ist üblicherweise das Geschoss über dem Erdgeschoss. In manchen Landschaften, besonders in Süddeutschland, beginnt dagegen die Zählung der Stockwerke im Erdgeschoss, sodass dort der erste Stock dem Erdgeschoss und der zweite dem ersten Stock entspricht. Dieselbe Uneindeutigkeit besteht bei *einstöckig, zweistöckig, fünfstöckig* usw. Unmissverständlich sind dagegen Bildungen mit *-geschossig* (*eingeschossig, dreigeschossig* usw.), weil *Geschoss* allgemein auch das Parterre und den Keller bezeichnet *(Erd-, Kellergeschoss).*

stolz Nach *stolz* steht das Verhältniswort (die Präposition) *auf,* nicht *über: Er war stolz auf* (**nicht:** *über*) *sie, seinen Besitz.*

stoßen Nennt man in Verbindung mit dem Zeitwort *stoßen* Person und Körperteil, auf die sich *stoßen* bezieht, dann kann die Person im Wemfall oder im Wenfall stehen. Der Wemfall steht vor allem dann, wenn ein unbeabsichtigter Stoß gemeint ist: *Er stieß mir gegen die Hüfte.* Der Wenfall wird eher gewählt, um einen absichtlichen Stoß zu kennzeichnen: *Er stieß seinen Freund in die Seite.* Wenn als Verursacher nicht eine Person, sondern eine Sache genannt wird, dann ist nur der Wemfall üblich: *Die Deichsel stieß ihm gegen die Brust.*

Straßennamen

Rechtschreibung von Straßennamen

1. Großschreibung:	**2. Zusammenschreibung:**
Das erste Wort eines Straßennamens schreibt man groß: *Breite Straße* *Lange Gasse* Ebenso schreibt man Eigenschaftswörter und Zahlwörter als Teil von Straßennamen groß, Geschlechtswörter (Artikel) und Verhältniswörter (Präpositionen) jedoch nur, wenn sie am Anfang stehen: *In der Mittleren Holdergasse* *Am Warmen Damm* *An den Drei Pfählen* *Weg beim Jäger*	Zusammen schreibt man Straßennamen aus einem Hauptwort (auch einem Namen) und einem für Straßennamen typischen Wort wie *Straße, Gasse, Weg, Platz, Allee, Ring, Chaussee, Damm, Promenade, Ufer* u. a.: *Schlossstraße* *Seilergasse* *Bismarckplatz* Zusammen schreibt man auch Straßennamen, bei denen der erste Wortbestandteil ein Ortsname, ein Völkername oder ein

Rechtschreibung von Straßennamen (Fortsetzung)	
Personenname ist, der auf *-er* ausgeht: *Marienwerderstraße* (nach der Stadt Marienwerder) *Römerwall* (nach dem Volk der Römer) *Herderplatz* (nach dem Dichter und Philosophen J. G. Herder) aber: *Berliner Platz* (vgl. Punkt 3, Getrenntschreibung) Wenn der erste Wortbestandteil des Straßennamens aus einem ungebeugten Eigenschaftswort besteht, schreibt man ebenfalls zusammen: *Altmarkt* *Neumarkt* *Hochstraße*	**3. Getrenntschreibung:** Man schreibt getrennt, wenn es sich bei dem ersten Wortbestandteil des Straßennamens um die Ableitung eines Orts- oder Ländernamens auf *-er* handelt: *Berliner Straße* *Kalk-Deutzer-Straße* aber: *Herderstraße* (vgl. Punkt 2, Zusammenschreibung) **4. Schreibung mit Bindestrich:** Bei einem Straßennamen, dessen erster Bestandteil aus mehreren Wörtern besteht, koppelt man alle Wörter durch Bindestriche durch: *Albrecht-Dürer-Straße* *John-F.-Kennedy-Platz* *Bad-Kissingen-Straße* *La-Valeto-Straße*

Strauß Nach dem Wort *Strauß* steht die Angabe dessen, woraus der Strauß besteht (z. B. *Rosen, Flieder*), meist im selben Fall wie das Wort *Strauß* selbst: *ein Strauß [weißer] Flieder, mit drei Sträußen weißem Flieder.* Gelegentlich in gehobener Ausdrucksweise auch mit dem Wesfall: *ein Strauß weißen Flieders, mit drei Sträußen weißen Flieders.* Nur wenn die Angabe dessen, woraus der Strauß besteht, in der Mehrzahl steht, kann man häufiger auch den Wesfall gebrauchen: *ein Strauß rote Rosen* neben: *ein Strauß roter Rosen.* Im Wemfall der Mehrzahl gibt es sogar drei Möglichkeiten: *von einem Strauß roter Rosen* oder *von einem Strauß rote Rosen,* seltener auch: *von einem Strauß roten Rosen.*

Streckformen Bitte lesen Sie hierzu unter »Hauptwortstil« nach.

Stück

1. Stück oder Stücke: Gebraucht man *Stück* als Mengenangabe, so bleibt es (besonders in Verbindung mit Zahlen) in der Mehrzahl oft ungebeugt: *drei Stück* oder *Stücke Zucker; fünf Stück* oder *Stücke Seife.* Die Mehrzahlform *die Stücker* ist landschaftlich und umgangssprachlich. Auch die Ausdrucksweise *Stücker zehn* für »ungefähr zehn« gehört der Umgangssprache an.

2. Beugung nach *Stück:* Nach *Stück* als Mengenangabe (z. B. *drei Stück*) steht das, was als Menge angegeben wird (z. B. *Kuchen, Seife*), meist im selben Fall wie die Mengenangabe *Stück* selbst: *ein Stück [frischer] Kuchen, bei einem Stück frischem Kuchen, für ein Stück frischen Kuchen.* Gelegentlich in gehobener Ausdrucksweise auch mit dem Wesfall: *ein Stück frischen Kuchens, bei einem Stück frischen Kuchens, für ein Stück frischen Kuchens* usw. Steht die Mengenangabe *Stück* selbst im Wesfall, so heißt es: *der Preis eines Stücks Kuchen* oder *der Preis eines Stück Kuchens,* aber (mit einem beigefügten Eigenschaftswort): *der Preis eines Stücks frischen Kuchens.*

suchen

Wenn das Zeitwort *suchen,* das im gehobenen Sprachstil in der Bedeutung von »versuchen« verwendet wird, mit einer Wortgruppe, die die Grundform eines anderen Zeitwortes enthält, verbunden ist (Infinitivgruppe, z. B. *zu gefallen*), dann ist ein Komma nicht sinnvoll: *Sie sucht zu gefallen.* Tritt zu *suchen* eine nähere Bestimmung, dann kann man nach den neuen amtlichen Rechtschreibregeln ein Komma setzen, um die Gliederung des Satzes deutlich zu machen. Man kann aber auch hier auf das Komma verzichten: *Sie suchten vergeblich[,] mir zu gefallen.*

T

tadeln

Nach *tadeln* stehen gewöhnlich die Verhältniswörter (Präpositionen) *wegen* oder *für,* selten auch *um ... willen: Man tadelte ihn wegen seiner Faulheit* oder *für seine Faulheit,* selten auch: *um seiner Faulheit willen.*

tagen

Das Mittelwort der Vergangenheit (2. Partizip) von *tagen* (es lautet *getagt*) kann man nicht als Beifügung eines Hauptwortes verwenden. Also **nicht**: *die im April getagte Versammlung,* sondern: *die Versammlung, die im April getagt hat.*

Tasse Nach *Tasse* als Mengenangabe steht das, was als Menge angegeben wird (z. B. *Kaffee*), meist im selben Fall wie die Mengenangabe *Tasse* selbst: *eine Tasse [starker] Kaffee, mit einer Tasse starkem Kaffee, für eine Tasse starken Kaffee.* Möglich ist auch eine Angabe im Wesfall (*eine Tasse starken Kaffees, mit einer Tasse starken Kaffees* usw.). Dieser Wesfall klingt jedoch gehoben und wird seltener gebraucht.

Teil Von den beiden Sätzen *ein Teil Äpfel lag auf der Erde* oder *lagen auf der Erde* bevorzugt man im Allgemeinen den zweiten mit der Einzahl des Zeitworts (man bezieht es auf *Teil*): *Ein Teil Äpfel lag auf der Erde, ist schon verfault, wurde verkauft.* Gelegentlich bezieht man jedoch das Zeitwort nicht auf *Teil,* sondern auf die genannten Dinge und setzt es in die Mehrzahl (d. h., man konstruiert nach dem Sinn): *Ein Teil [der] Äpfel lagen auf der Erde, sind schon verfault, wurden verkauft.* Beide Möglichkeiten sind richtig.

teilnehmen Das Mittelwort der Vergangenheit (2. Partizip) von *teilnehmen* (es lautet *teilgenommen*) kann man nicht als Beifügung eines Hauptwortes verwenden. Also **nicht:** *das an der Versammlung teilgenommene Mitglied,* sondern: *das Mitglied, das an der Versammlung teilgenommen hat.*

teils – teils **1. Komma:** Vor dem zweiten *teils* steht **immer** ein Komma, gleichgültig, ob *teils – teils* Satzteile oder Sätze miteinander verbindet: *Sie verbrachten ihre Ferien teils in Frankreich, teils in Italien. Die Schüler waren teils Einheimische, teils kamen sie als Fahrschüler aus den Nachbarorten.*

2. Teils seine Herkunft, teils sein Einfluss hatte/hatten ihm seine Stellung verschafft: Bei Sätzen dieser Art steht das Zeitwort gewöhnlich in der Einzahl, die Mehrzahl ist aber auch möglich: *Teils seine Herkunft, teils sein Einfluss hatte,* selten auch: *hatten ihm seine Stellung verschafft.* (Das Zeitwort steht aber immer in der Mehrzahl, wenn eines der Hauptwörter in der Mehrzahl steht: *Teils seine Herkunft, teils seine Beziehungen hatten ihm seine Stellung verschafft.*)

titulieren Ein Hauptwort, das mit dem Zeitwort *titulieren* unmittelbar oder durch die Verhältniswörter (Präpositionen) *mit* oder *als* verbunden ist, bleibt ungebeugt, d. h. unverändert: *Die Schüler mussten ihn Herr Doktor, mit Herr Doktor titulieren. Sie hat mich »Schurke«, als »Schurke«, mit »Schurke« tituliert.*

Tonne Gebraucht man *Tonne* als Maßbezeichnung, dann beugt man die darauf folgende Angabe, wenn sie in der Einzahl steht, in folgender Weise: *eine Tonne Teer* (nicht: *eine Tonne Teers*), wenn ein Eigenschaftswort dabeisteht: *eine Tonne flüssiger Teer, mit drei Tonnen flüssigem Teer.* Gelegentlich in gehobener Ausdrucksweise auch mit dem Wesfall: *eine Tonne flüssigen Teers, mit drei Tonnen flüssigen Teers.* Steht die Angabe dessen, was als Menge genannt wird, in der Mehrzahl, dann kann sie, wenn *Tonne* im Wemfall steht, in folgender Weise gebeugt sein: *mit einer Tonne gesalzener Heringe* oder *gesalzene Heringe,* seltener: *gesalzenen Heringen.*

treten Nennt man nach *treten* in der Bedeutung »mit dem Fuß treffen« die betroffene Person und den betroffenen Körperteil, dann kann die Person im Wemfall oder auch im Wenfall stehen: *Er hat mir auf den Fuß getreten.* Oder: *Er hat mich auf den Fuß getreten.* Der Wemfall *(mir)* ist üblicher. Es kann neben *Er hat mir auf den Fuß getreten* auch heißen: *Er ist mir auf den Fuß getreten.* Dabei bildet man die Vergangenheit mit *hat,* wenn das Treten absichtlich geschieht: *Er hat auf die brennenden Zweige getreten;* mit *ist* und seltener mit *hat* bildet man die Vergangenheit, wenn das Treten unabsichtlich, durch ein Missgeschick o. Ä. geschieht: *Er ist* (selten: *hat*) *in eine Pfütze getreten.*

Tropfen Steht das Hauptwort *Tropfen* als Maßbezeichnung, dann setzt man die Angabe dessen, was gemessen wird, gewöhnlich in den gleichen Fall wie *Tropfen* selbst: *zwei Tropfen Öl* (**nicht:** *zwei Tropfen Öls*), *zwei Tropfen reines Öl, mit zwei Tropfen reinem Öl.* Steht ein Eigenschaftswort dabei *(reines Öl),* dann kann in gehobener Ausdrucksweise auch der Wesfall stehen: *zwei Tropfen reinen Öls, mit zwei Tropfen reinen Öls.*

trotz Nach *trotz* steht heute gewöhnlich der Wesfall: *Sie gingen trotz des Regens spazieren; er war trotz aller gegenteiligen Behauptungen unschuldig.* In Süddeutschland, Österreich und der Schweiz verbinden viele Sprecher *trotz* mit dem Wemfall: *Sie gingen trotz dem Regen spazieren.* Der Wemfall anstelle des Wesfalls ist auch noch dann in Gebrauch, wenn das Hauptwort, das auf *trotz* folgt, kein *der, die* oder *das* bei sich hat: *trotz vielem Abfall* neben: *trotz vielen Abfalls.* Ebenfalls steht der Wemfall, wenn sich der Wesfall eines Hauptworts in der Mehrzahl nicht vom Werfall und Wenfall unterscheidet. Es heißt dann: *trotz Beweisen* (statt: *trotz Beweise*), *trotz Büchern* (statt: *trotz Bücher*).

Trupp **1. Ein Trupp Soldaten zog/zogen durch die Straßen:** Nach dem Hauptwort *Trupp* steht das folgende Zeitwort gewöhnlich in der Einzahl: *Ein Trupp Soldaten zog durch die Straßen.* Auch die Mehrzahl des Zeitworts ist richtig, sie ist jedoch weniger üblich: *Ein Trupp Soldaten zogen durch die Straßen.*

2. ein Trupp junger Soldaten/junge Soldaten: Üblicherweise steht die Angabe, die nach *Trupp* folgt, im Wesfall: *ein Trupp junger Soldaten.* Es ist jedoch auch möglich, diese Angabe in den gleichen Fall zu setzen, den das Wort *Trupp* selbst aufweist: *ein Trupp junge Soldaten; die Letzten eines Trupps wandernder Jugendlicher; sie gingen mit einem Trupp Gefangenen.* Beide Möglichkeiten sind richtig.

tun *Sie tut gerade schreiben. Wir tun das noch bezahlen.* Sätze dieser Art, in die das Zeitwort *tun* zusätzlich zum eigentlichen Zeitwort *(schreiben, bezahlen)* eingebaut ist, gehören der Umgangssprache an. Sie sind **nicht richtig.** Richtig ist nur: *Sie schreibt gerade. Wir bezahlen das noch.*

über **1. Kinder über 10 Jahre:** Nach *über* steht in den folgenden Beispielen der Wenfall: *Der Gesundheitszustand der Kinder über 10 Jahre* (**nicht:** *über 10 Jahren) war im Allgemeinen gut. Die Steuern von Gemeinden über 10 000 Einwohner* (**nicht:** *über 10 000 Einwohnern) werden erhöht.* Wenn man *über* nicht als Verhältniswort (Präposition), sondern als Umstandswort (Adverb) im Sinne von »mehr als« gebraucht, hat es keinen Einfluss auf die Beugung des folgenden Hauptworts *(Jahre, Einwohner, Teilnehmer).* Dies kann man daran erkennen, dass man das *über* weglassen kann ohne den Satz ungrammatisch zu machen: *Wir rechnen mit über* (= mehr als) *100 Teilnehmern.*

2. Gemeinden von über 10 000 Einwohnern: Bei der Konstruktion *von über + Zahl* steht das darauf folgende Hauptwort **immer** im Wemfall (der von dem Verhältniswort *von* abhängt): *Gemeinden von über 10 000 Einwohnern* (**nicht:** *von über 10 000 Einwohner*).

über was oder worüber Vor allem in der gesprochenen Sprache ersetzen viele Sprecher heute *worüber* durch *über was: Über was hat er gesprochen? Ich weiß nicht, über was sie gestolpert ist.* Die Verbindung *über was* ist jedoch umgangssprachlich. Stilistisch besser ist *worüber: Worüber hat er gesprochen? Ich weiß nicht, worüber sie gestolpert ist.*

überdrüssig Die Verbindung *überdrüssig sein* steht gewöhnlich mit dem Wesfall einer Person oder Sache: *Sie war seiner, des Lebens, ihrer Lügen überdrüssig.* Weniger gehoben klingend, aber seltener im Gebrauch ist die Verbindung mit dem Wenfall, der heute auch richtig ist: *Sie war ihn, das Leben, ihre Lügen überdrüssig.*

überlange Zusammensetzungen Vor allem in der Amtssprache und in der Sprache der Technik besteht die Neigung, einen Sachverhalt mit möglichst wenig Worten wiederzugeben. Das führt dann dazu, dass man längere Fügungen in einem Wort zusammenfasst. Dabei entstehen bisweilen überlange Zusammensetzungen, die nur schwer zu überblicken und kaum zu verstehen sind. Solche Bildungen kann man vermeiden, indem man sie auflöst: *Treibstoffstandschauzeichen* (**besser:** *Schauzeichen für den Treibstoffstand*), *Geräteunterhaltungsnachweis* (**besser:** *Nachweis für die Geräteunterhaltung*) usw.

um was oder **worum** Vor allem in der gesprochenen Sprache ersetzen viele Sprecher heute *worum* durch *um was: Um was handelt es sich? Ich frage mich, um was sie streiten.* Die Verbindung *um was* ist jedoch umgangssprachlich. Stilistisch besser ist *worum: Worum handelt es sich? Ich frage mich, worum sie streiten.*

um zu **1. Komma:** Nach den neuen amtlichen Rechtschreibregeln ist ein Komma vor *um zu* nicht nötig. Eine Grundform (ein Infinitiv), die man mit *um zu* anschließt, kann aber durch Komma abgetrennt werden, wenn man die Gliederung des Satzes deutlich machen will: *Er kam[,] um aufzuräumen. Er kam[,] um bei der Arbeit zu helfen. Er redet[,] um zu gefallen.*

2. Falscher Anschluss nach *um zu*: Eine Aussage, die mit *um zu* an einen Hauptsatz angeschlossen ist, sollte sich immer auf den Satzgegenstand (das Subjekt) dieses Hauptsatzes beziehen. Dies beachten viele Sprecher nicht. Es entstehen dann stilistisch unschöne Sätze, die oft auch missverständlich oder von unfreiwilliger Komik sind. Nicht möglich ist etwa folgender Satz: *Die Ernährung der Kühe ist nicht gut genug, um ausreichend Milch zu geben.* Der Satzgegenstand des Hauptsatzes, auf den sich die Aussage mit *um zu* beziehen soll, ist hier *die Ernährung (der Kühe),* gemeint sind aber natürlich *die Kühe* selbst; also muss man anders formulieren, etwa in folgender Weise: *Die Kühe werden nicht gut genug ernährt, um ausreichend Milch zu geben.* Nun ist das Hauptwort *die Kühe* der Satzgegenstand, und die Aussage mit *um zu* bezieht sich inhaltlich darauf. Ein anderes Beispiel: *Der Boden ist nicht gut genug, um gutes Tennis zu spielen.* In diesem Fall könnte die Aussage mit *um zu* so geändert werden, dass sie sich auf den Satzgegenstand des Hauptsatzes bezieht, etwa so: *Der Boden ist nicht gut genug, um gutes Tennisspielen zu ermöglichen.* Ähnlich verhält es sich bei folgendem Beispiel: *Er gab den Kindern reichlich zu essen, um satt zu werden.* Der Satz könnte richtig etwa lauten: *Er gab den Kindern reichlich zu essen, um sie zu sättigen.* Oft ist es auch ratsam, die Konstruktion mit *um zu* aufzugeben und anders zu formulieren: *Er gab den Kindern reichlich zu essen, damit sie satt wurden* oder: *sodass sie satt wurden.* Besondere Vorsicht ist dann geboten, wenn Missverständnisse entstehen können. Ein Satz wie: *Der Vater schickte seinen Sohn, um den Streit zu schlichten* lässt zwei Deutungen zu. Die entsprechenden eindeutigen Formulierungen könnten sein: *Der Vater schickte seinen Sohn, um durch ihn den Streit schlichten zu lassen.* Oder: *Der Vater schickte seinen Sohn, um dadurch den Streit zu schlichten.* Im ersten Fall schlichtet der Sohn, im zweiten der Vater den Streit.

und

1. ... und danken wir Ihnen herzlich: Besonders in der Amtssprache und in der Kaufmannssprache ist die Umstellung von Satzaussage (Prädikat) und Satzgegenstand (Subjekt) nach *und* gebräuchlich gewesen. Heute ist sie nicht mehr üblich. Also **nicht:** *Wir senden die uns von Ihnen zur Verfügung gestellten Unterlagen zurück, und danken wir Ihnen herzlich.* **Richtig:** *..., und wir danken Ihnen herzlich.* Oder: *... und danken Ihnen herzlich.*

2. Vater und Mutter gingen/ging spazieren: Verbindet das *und* Hauptwörter in der Einzahl, dann steht das folgende Zeitwort in der Mehrzahl: *Vater und Mutter gingen* (**nicht:** *ging*) *spazieren. Das Haus, die Scheune und der Stall waren* (**nicht:** *war*) *ein Raub der Flammen.* Bei formelhaften Fügungen wie: *Grund und Boden, Zeit und Geld, Freund und Feind* kann das Zeitwort jedoch sowohl in der Einzahl wie auch in der Mehrzahl stehen: *Grund und Boden durfte* (auch: *durften*) *nicht verkauft werden. Zeit und Geld fehlt* (auch: *fehlen*) *ihm,* ebenso: *Es fehlt* (auch: *fehlen*) *ihm Zeit und Geld.* Bei zwei oder mehr durch *und* verbundenen Grundformen (Infinitiven) setzt man das Zeitwort gewöhnlich in die Einzahl: *Lautes Singen und Lachen war zu hören.* Ist den Hauptwörtern, die durch *und* verbunden sind, *kein, jeder* oder *mancher* vorangestellt, dann steht das Zeitwort gewöhnlich in der Einzahl (die Mehrzahl ist jedoch auch richtig): *Jeder Mann und jede Frau sollte* (seltener: *sollten*) *das wissen. Mancher Lehrer und mancher Schüler lehnt* (seltener: *lehnen*) *das ab.*

3. Kommasetzung bei *und*	
Vor *und* steht in der Regel kein Komma, doch man kann es setzen, um die Gliederung der Satzverbindung deutlich zu machen: **a)** Wenn *und* selbstständige gleichrangige Sätze verbindet: *Es dauert nur eine halbe Stunde[,] und wir können anfangen.* *Wie geht es Anna[,] und wofür hast du dich jetzt entschieden?* **b)** Wenn *und* gleichrangige Nebensätze verbindet: *Er sagt, dass er kommen wolle[,] und dass sie wohl auch dabei sei.* *Sie war verspätet, weil das Auto streikte[,] und weil die Straßenbahn Verspätung hatte.*	Ein Komma kann nach den neuen amtlichen Rechtschreibungen gesetzt werden, wenn *und* einen Nebensatz einleitet, der von dem nachfolgenden Hauptsatz abhängt: *Wir spielten Tennis[,] und wenn es regnete, gingen wir ins Hallenbad.* Vor *und* muss ein Komma stehen, wenn davor ein Einschub steht: *Claudia, die Älteste, und einer ihrer Brüder war gekommen.* *Wir mussten das Auto stehen lassen, weil die Achse gebrochen war, und zu Fuß nach Hause gehen.*

und zwar Eine genauere Bestimmung, die mit *und zwar* angekündigt wird, trennt man immer durch Komma ab: *Ich werde kommen, und zwar am Samstag. Er war verletzt, und zwar schwer. Ich werde am Sonntag, und zwar schon sehr früh, von hier wegfahren.*

unentgeltlich Dieses Eigenschaftswort ist nicht von *Geld,* sondern von *Entgelt* abgeleitet. Man schreibt es daher mit *t: unentgeltlich.*

uni Diese Farbbezeichnung kann man standardsprachlich nicht beugen, also: *ein uni Kleid, aus einem uni Stoff.* Wer diese Form nicht verwenden will, kann ausweichen auf die Zusammensetzung mit *-farben: ein unifarbenes Kleid, aus einem unifarbenen Stoff.*

Unkosten Bei dem Hauptwort *Unkosten* hat die Vorsilbe *Un-* nicht, wie manche Sprecher fälschlicherweise annehmen, verneinenden Sinn (wie etwa bei den Wörtern *Undank, Unvermögen, Untreue, Ungehorsam*). Die Vorsilbe *Un-* hat hier vielmehr verstärkende Funktion (ähnlich wie bei den Wörtern *Unmenge, Unzahl* u. Ä.). Früher bedeutete *Unkosten* so viel wie »ärgerliche, belastende Kosten«. Heute ist der Bedeutungsunterschied zu *Kosten* nicht mehr sehr groß. Man gebraucht das Wort *Unkosten* jedoch vorwiegend dann, wenn es sich um unvorhergesehene Geldausgaben handelt, die neben den normalen Lebenshaltungskosten entstehen: *Durch seinen Unfall sind ihm erhebliche Unkosten entstanden. Sie hat sich für das Geschenk sehr in Unkosten gestürzt.* In der Geschäftspraxis bezeichnet man oft die Aufwendungen, die zu den Betriebskosten im engeren Sinn hinzukommen, als *Unkosten: Die Reparatur der Büromöbel hat größere Unkosten verursacht. Die Unkosten, die durch den Arbeitsausfall entstanden sind, übernehmen wir.* In der Fachsprache der Betriebswirtschaftslehre ist der Ausdruck *Unkosten* jedoch nicht zulässig, dort gibt es nur *Kosten* (Gemeinkosten).

unter **1. Kinder unter 10 Jahren oder unter 10 Jahre:** Nach *unter* steht in den folgenden Beispielen der Wemfall: *Es waren Kinder unter 10 Jahren* (**nicht:** *unter 10 Jahre*). *Der Gesundheitszustand der Kinder unter 10 Jahren* (**nicht:** *unter 10 Jahre*) *war im Allgemeinen gut. Die Steuern von Gemeinden unter 10 000 Einwohnern* (**nicht:** *unter 10 000 Einwohner*) *werden gesenkt.* Anders verhält es sich in Sätzen wie diesen: *Wir rechnen mit unter* (= weniger als) *25 Teilnehmern.* Das Wort *unter* in der Bedeutung »weniger als« ist hier nicht Verhältniswort (Präposition), sondern Umstandswort (Adverb). Es hat daher keinen Einfluss auf die Beugung des folgenden Hauptworts *(Jahre, Einwohner, Teilnehmer).* Dies kann man daran erkennen, dass man das *unter* weglassen kann ohne den Satz zu zerstören.

2. Gemeinden von unter 10 000 Einwohnern: Bei der Konstruktion *von unter* + Zahl steht das darauf folgende Hauptwort immer im Wemfall (der von dem Verhältniswort *von* abhängt): *Gemeinden von unter 10 000 Einwohnern* (**nicht:** *von unter 10 000 Einwohner*).

unter was oder **worunter** Vor allem in der gesprochenen Sprache ersetzen viele Sprecher heute *worunter* durch *unter was: Unter was hast du die Briefe gelegt? Er wusste nicht, unter was er suchen sollte.* Die Verbindung *unter was* ist jedoch umgangssprachlich. Stilistisch besser ist *worunter: Worunter hast du die Briefe gelegt? Er wusste nicht, worunter er suchen sollte.*

untersagen Weil das Zeitwort *untersagen* schon verneinenden Sinn hat (= nicht erlauben), darf man einen von ihm abhängenden Satz nicht zusätzlich verneinen. **Nicht richtig** ist darum: *Der Arzt untersagte ihm, keine Zigaretten zu rauchen.* **Richtig:** *Der Arzt untersagte ihm, Zigaretten zu rauchen.*

Unterschied Die Fügungen *im Unterschied zu* und *zum Unterschied von* sind beide richtig. **Nicht richtig** ist eine Vermischung beider: *im Unterschied von* oder *zum Unterschied zu.* Es heißt also: *Zum Unterschied von/im Unterschied zu ihrer Schwester bevorzugt sie dunkle Kleider.*

unterzeichnen Nach *sich unterzeichnen als* steht das folgende Hauptwort im Werfall: *Er unterzeichnete sich als Regierender Bürgermeister.* Die Verbindung mit dem Wenfall ist veraltet. Also **nicht:** *Er unterzeichnete sich als Regierenden Bürgermeister.*

Unterzeichnete, der und die Derjenige, der einen Geschäftsbrief unterzeichnet hat, ist der *Unterzeichnete,* (als Frau:) *die Unterzeichnete* oder *der Unterzeichner (die Unterzeichnerin).* **Nicht richtig** ist: *der* oder *die Unterzeichnende.* Zu den Zusammensetzungen lesen Sie bitte unter »Rechtsunterzeichneter« und »Linksunterzeichneter« nach.

Untiefe Das Hauptwort *Untiefe* hat zwei Bedeutungen (entsprechend den zwei Bedeutungen der Silbe *un-*). Einmal bedeutet es »flache Stelle im Wasser« (die Silbe *un-* hat hier verneinenden Sinn wie bei den Wörtern *unhöflich, unecht, Unruhe*). Zum anderen hat es die Bedeutung »sehr große Tiefe« (hier hat *un-* verstärkenden Sinn wie bei den Wörtern *Unmenge, Unmasse, Unkosten*).

unzählig Ein Eigenschaftswort oder Mittelwort (Partizip), das auf *unzählig* folgt, beugt man (auch wenn es als Hauptwort gebraucht wird) in gleicher Weise wie *unzählig* selbst: *unzählige kleine Fehler, unzählige Angestellte, unzählige kleine Mücken; das Leid unzähliger*

V

Kranker, das Summen unzähliger kleiner Mücken; mit unzähligen kleinen Mücken.

verbieten Weil das Zeitwort *verbieten* schon verneinenden Sinn hat (= nicht tun lassen, für nicht erlaubt erklären), darf man einen von ihm abhängenden Satz nicht zusätzlich verneinen. Also **nicht**: *Wir verboten den Kindern, nicht auf der Straße zu spielen.* **Richtig** heißt es: *Wir verboten den Kindern, auf der Straße zu spielen.*

verbieten oder **verbitten** Es heißt *etwas verbieten,* aber: *sich etwas verbitten.* **Richtig** ist darum nur: *Ich verbitte mir* (**nicht**: *ich verbiete mir*) *das. Ich habe mir diesen Ton verbeten* (**nicht**: *verboten*).

verdienen Wenn das Zeitwort *verdienen* mit einer Wortgruppe, die die Grundform eines anderen Zeitwortes enthält, verbunden ist (Infinitivgruppe), dann kann man ein Komma setzen, um die Gliederung des Satzes deutlich zu machen oder um Missverständnisse auszuschließen: *Das verdient wirklich[,] hier erwähnt zu werden* oder *Das verdient[,] wirklich hier erwähnt zu werden.* Beide Möglichkeiten sind nach den neuen amtlichen Rechtschreibregeln richtig.

Verdienst **1. der Verdienst und das Verdienst:** Man muss zwischen *Verdienst* als männlichem und als sächlichem Wort unterscheiden. So bedeutet *der Verdienst* »durch eine Tätigkeit erworbenes Einkommen«: *Er ist derzeit ohne irgendeinen Verdienst.* Dagegen bedeutet *das Verdienst* »Leistung, die Anerkennung verdient«: *Ihre Rettung war das Verdienst des Sanitäters.*

2. seine Verdienste als ...: Folgt auf *Verdienste* in der Bedeutung »Leistungen, die Anerkennung verdienen« eine Ergänzung, die mit *als* angeschlossen wird, dann steht diese heute üblicherweise im Werfall: *für seine Verdienste als selbstloser Helfer.* Ist ein Hauptwort, das auf *Verdienste* folgt, mit *von* angeschlossen *(die Verdienste von Doktor Meyer ...),* dann setzt man die *als*-Ergänzung üblicherweise in den Wemfall: *die Verdienste von Doktor Meyer als selbstlosem Helfer* oder *als einem selbstlosen Helfer.* Es ist jedoch auch möglich, diese Ergänzung in den Werfall zu setzen: *die Verdienste von Doktor Meyer als selbstloser Helfer.*

vereinzelt Ein Eigenschaftswort oder Mittelwort (Partizip), das auf *vereinzelt* folgt, beugt man (auch wenn es als Hauptwort gebraucht wird) im Allgemeinen in gleicher Weise wie *vereinzelt* selbst: *vereinzelte Geschädigte, vereinzelte alte Gebäude, die Wände vereinzelter alter Gebäude, der Protest vereinzelter Geschädigter* (auch noch: *vereinzelter Geschädigten*), *von vereinzelten Geschädigten, an vereinzelten beschädigten Gebäuden.*

vergewissern, sich An *sich vergewissern* im Sinne von »sich über jemanden oder etwas Sicherheit, Gewissheit verschaffen« schließt man das abhängige Hauptwort oder Fürwort (Pronomen) gewöhnlich mit dem Wesfall an: *Er wollte sich ihrer, seines Bruders, ihrer Sympathie vergewissern.* Der Anschluss mit dem Verhältniswort (der Präposition) *über* ist auch möglich, aber selten: *Er wollte sich über sie, über seinen Bruder, über ihre Sympathie vergewissern.* Der Anschluss mit *von* ist nicht richtig. Also **nicht:** *Er wollte sich von ihr vergewissern.*

verhindern Weil das Zeitwort *verhindern* schon verneinenden Sinn hat (= nicht geschehen lassen), darf man einen von ihm abhängenden Satz nicht zusätzlich verneinen. **Nicht richtig** ist darum: *Sie verhinderte, dass er nicht noch mehr trank.* **Richtig** ist: *Sie verhinderte, dass er noch mehr trank.*

verhüten Weil das Zeitwort *verhüten* schon verneinenden Sinn hat (= nicht Erwünschtes verhindern), darf man einen von ihm abhängenden Satz nicht zusätzlich verneinen. **Nicht richtig** ist darum: *Er verhütete gerade noch, dass kein Unglück geschah.* **Richtig** ist: *Er verhütete gerade noch, dass ein Unglück geschah.*

verkaufen Die Formen *du verkäufst, er verkäuft* sind nicht standardsprachlich, sondern landschaftlich. **Richtig** ist: *du verkaufst, er verkauft.*

verlangen Wenn das Zeitwort *verlangen* mit einer Wortgruppe, die die Grundform eines anderen Zeitwortes enthält, verbunden ist (Infinitivgruppe), dann kann man ein Komma setzen, um die Gliederung des Satzes deutlich zu machen oder um Missverständnisse auszuschließen: *Sie verlangte ihren Bruder zu sprechen* oder *Sie verlangte, ihren Bruder zu sprechen.* Beide Möglichkeiten sind nach den neuen amtlichen Rechtschreibregeln richtig.

vermittels, vermittelst Beide Formen sind richtig; sie stehen mit dem Wesfall: *vermittels* oder *vermittelst eines Rundschreibens.* Das Wort kommt vor allem in der Amtssprache vor, es besagt nicht mehr als das einfache *mittels.* Beide Ausdrücke kann man stattdessen durch *mit, mit Hilfe von* oder *durch* ersetzen.

verschieden Wenn man *verschieden* im Sinne von »mehrere, manche« gebraucht, dann erhält das folgende Eigenschaftswort oder Mittelwort (Partizip) – auch wenn es zum Hauptwort geworden ist – in der Regel die gleichen Endungen wie *verschieden* selbst: *verschiedene neue Bücher, verschiedene zwischen den Parteien bestehende Streitpunkte; als Folge verschiedener übereilter privater* (**nicht:** *privaten*) *Vorstöße; mit verschiedenen Delegierten; verschiedenes Bekanntes.* Im Wesfall (Mehrzahl) tritt jedoch bei Mittelwörtern (Partizipien), die als Hauptwort gebraucht werden, neben dieser Beugungsart auch die Beugung mit *-en* auf: *der Einspruch verschiedener Abgeordneter* oder *Abgeordneten.*

verschließen Nach *verschließen in* steht überwiegend der Wemfall (Frage: wo?): *Er verschloss das Geschenk sorgfältig in seinem Schreibtisch.* Die Verbindung mit dem Wenfall (Frage: wohin?) ist auch möglich: *Er verschloss das Geschenk sorgfältig in seinen Schreibtisch.*

versprechen Die Kommasetzung bei dem Zeitwort *versprechen* ist nach den neuen amtlichen Rechtschreibregeln grundsätzlich unabhängig von der Bedeutung des Zeitwortes geregelt. Wenn *versprechen* mit einer Wortgruppe, die die Grundform eines anderen Zeitwortes enthält (Infinitivgruppe), verbunden ist, kann man ein Komma setzen oder es weglassen: *Sie hat versprochen[,] pünktlich zu sein.* In manchen Sätzen kann es sinnvoll sein, das Komma wegzulassen, um Missverständnisse auszuschließen: *Das Unternehmen verspricht prächtig zu gedeihen.*

verstauen Nach *verstauen in, auf, unter* usw. steht überwiegend der Wemfall (Frage: wo?): *Sie verstaute das Geschirr in den zwei Kisten.* Die Verbindung mit dem Wenfall (Frage: wohin?) ist auch möglich: *Sie verstaute das Geschirr in die zwei Kisten.*

versuchen Wenn das Zeitwort *versuchen* mit einer Wortgruppe, die die Grundform eines anderen Zeitwortes enthält, verbunden ist (Infinitivgruppe), dann kann man ein Komma setzen, um die Gliederung des Satzes deutlich zu machen oder um Missverständnisse auszuschließen: *Er versuchte mehrfach mir zu helfen* oder *er versuchte mehrfach, mir zu helfen.* Beide Möglichkeiten sind nach den neuen amtlichen Rechtschreibregeln richtig.

Vertrauen An das Hauptwort *Vertrauen* kann man mit den Verhältniswörtern (Präpositionen) *auf, in* oder *zu* anschließen (der Anschluss mit *gegen* kommt gelegentlich vor, ist aber nicht üblich): *Sein Vertrauen auf sie, auf ihre Begabung* oder *in sie, in ihre Begabung* oder *zu ihr, zu ihrer Begabung war sehr groß.* Bei der Verbindung *Vertrauen setzen* schließt man nur mit *auf* oder *in* an: *Er setzte sein ganzes Vertrauen auf sie, auf ihre Aussage* oder *in sie, in ihre Aussage.* Bei der Verbindung *Vertrauen haben* schließt man fast nur mit *zu* an: *Er hatte großes Vertrauen zu ihr, zu ihren Fähigkeiten.*

Verwandte, der und die Man beugt das Wort in folgender Weise: *der Verwandte, ein Verwandter, zwei Verwandte, die Verwandten, einige Verwandte, alle Verwandten, solche Verwandte* und *solche Verwandten, beide Verwandten* und seltener auch *beide Verwandte; besagtem Verwandten, die Namen entfernter Verwandter.*
Als Beisatz (Apposition): *mir (dir, ihm) als Verwandten* und *mir (dir, ihm) als Verwandtem; ihr als Verwandten* und *ihr als Verwandter.*

verwehren Weil das Zeitwort *verwehren* schon verneinenden Sinn hat (= nicht zu tun erlauben), darf man einen von ihm abhängenden Satz nicht zusätzlich verneinen. Also **nicht:** *Er verwehrte es ihr, nicht in das Zimmer einzutreten.* **Richtig** heißt es: *Er verwehrte es ihr, in das Zimmer einzutreten.*

verweigern Weil das Zeitwort *verweigern* schon verneinenden Sinn hat (= nicht gewähren, nicht gestatten), darf man einen von ihm abhängenden Satz nicht zusätzlich verneinen. Also **nicht:** *Er verweigerte mir, nicht an der Sitzung teilzunehmen.* **Richtig** heißt es: *Er verweigerte mir, an der Sitzung teilzunehmen.*

via Das Verhältniswort (die Präposition) *via* hat die Bedeutung *über, auf dem Weg über.* Mit ihr gibt man also nicht ein Reiseziel unmittelbar an, sondern nennt nur eine Station auf dem Weg dorthin. Richtig heißt es deshalb: *Er ist via München nach Wien gereist.* Das Verhältniswort kann auch in übertragener Bedeutung stehen: *Er hat uns das via Telefon mitgeteilt.*

viel, viele/ vieler, viele, vieles

1. Rechtschreibung: Das Wort *viel* usw. schreibt man **immer** und in allen seinen Formen **klein**: *Das sagen viele; in vielem übereinstimmen; um vieles mehr.* Einzige Ausnahme ist nach den neuen amtlichen Rechtschreibregeln der Ausdruck *die Vielen,* den man klein- oder großschreiben kann: *das Lob der vielen* oder *der Vielen* (= der breiten Masse).
2. viel oder viele: Vor einem Hauptwort, das keine Beifügung hat, heißt es in der Einzahl meistens nur *viel: viel Geld, mit viel Geld.* Auch in der Mehrzahl kommt *viel* häufig vor: *mit viel* oder *mit vielen Fehlern; ohne viel* oder *viele Worte zu verlieren ...* Aber im Wesfall **nur**: *der Lohn vieler Mühen.*
3. Beugung nach *viel* usw.: a) Die Beugung des folgenden Wortes bereitet oftmals dann Schwierigkeiten, wenn es sich bei diesem Wort um ein Hauptwort handelt, das auf ein Eigenschaftswort oder Mittelwort (Partizip) zurückzuführen ist wie z. B. *das Fremde* (auf *fremd*), *der Verwandte* (auf *verwandt*) usw. In der Einzahl beugt man folgendermaßen: *vieles Fremde, die Vielfalt vieles Fremden, mit vielem Fremden.* In der Mehrzahl treten z. T. zwei Formen auf: *viele Verwandte,* selten: *Verwandten, für viele Verwandte,* selten: *Verwandten.* **b)** Probleme bereiten auch die Formen des Eigenschaftswortes, das nach *viel* (in seiner gebeugten Form, also: *viele, vieles* usw.) folgt und das sich auf ein folgendes Hauptwort bezieht. Überwiegend erhält dieses Eigenschaftswort die gleichen Endungen wie *viel* usw. selbst: *vieler unnötiger Ärger, mit vieler natürlicher Anmut, vielen guten Willen zeigen; viele nette Freunde, mit vielen freundlichen Grüßen.* Ausnahmen gibt es jedoch in der Einzahl, wenn im Wer- oder im Wenfall ein sächliches Hauptwort folgt oder wenn im Wemfall ein männliches oder ein sächliches Hauptwort folgt. Hier lauten die Formen: *vieles überflüssige Zögern* (Wer- und Wenfall); *mit vielem guten Willen; mit vielem überflüssigen Zögern.* In der Mehrzahl stellt der Wesfall eine Ausnahme dar. Hier treten zwei Formen auf: *das Überprüfen vieler freundlicher,* seltener: *freundlichen Zuschriften.* Verwendet man jedoch statt gebeugtem *viele, vieles* usw. die endungslose Form *viel,* hat *viel* keinen Einfluss auf die Beugung des folgenden Eigenschaftswortes: *Viel gutes Reden nutzte nichts (Gutes Reden ...). Viel schöner Schmuck wurde getragen (Schöner Schmuck ...). Mit viel gutem Rat begann er die schwere Aufgabe (Mit gutem Rat ...).*

vieles, was

Ein Nebensatz, der mit dem Wort *vieles* angekündigt ist, wird mit *was* eingeleitet (**nicht** mit *das* oder *welches*): *Es gibt noch vieles,* *was besprochen werden sollte. Vieles wurde besprochen, was nicht nötig gewesen wäre.*

Viertel

1. Beugung: Steht dieses Wort im Wemfall (Mehrzahl), dann kann man sowohl die gebeugte *(Vierteln)* als auch die ungebeugte Form *(Viertel)* verwenden: *Die Leistung wurde von drei Vierteln* oder *von drei Viertel der Beschäftigten erbracht.*
2. Ein Viertel der Schüler ist/sind krank: Folgt der Angabe *ein Viertel* ein Hauptwort in der Einzahl, dann steht auch das Zeitwort in der Einzahl: *Ein Viertel der Klasse ist krank.* Folgt auf *ein Viertel* ein Hauptwort in der Mehrzahl, dann steht das Zeitwort üblicherweise in der Einzahl, es kann jedoch auch in der Mehrzahl stehen: *Ein Viertel der Schüler ist krank,* seltener: *Ein Viertel der Schüler sind krank.* Wenn allerdings die Bruchzahl in der Mehrzahl steht *(drei Viertel),* verwendet man beim Zeitwort gewöhnlich ebenfalls die Mehrzahl, und zwar unabhängig davon, ob das Hauptwort, das der Bruchzahl folgt, in der Mehrzahl oder in der Einzahl steht: *Drei Viertel der Klasse/der Schüler sind krank.*

vierteljährig oder **vierteljährlich**

Das Eigenschaftswort *vierteljährig* drückt eine Zeitdauer aus: *eine vierteljährige* (= drei Monate dauernde) *Reise.* Das Eigenschaftswort *vierteljährlich* drückt eine regelmäßige Wiederholung aus: *seine vierteljährlichen* (= alle drei Monate stattfindenden) *Besuche.*

vierzehntägig oder **vierzehntäglich**

Das Eigenschaftswort *vierzehntägig* drückt eine Zeitdauer aus: *ein vierzehntägiger* (= 14 Tage dauernder) *Urlaub.* Das Eigenschaftswort *vierzehntäglich* drückt dagegen eine regelmäßige Wiederholung aus: *unsere vierzehntäglichen* (= alle 14 Tage stattfindenden) *Zusammenkünfte.* Statt *vierzehntäglich* sagt man auch *zweiwöchentlich.*

voll

1. voll Menschen/voll von Menschen: Ein Hauptwort, das auf *voll* folgt, kann man auf mehrfache Weise anschließen. Man kann den Wesfall verwenden: *voll der Menschen, voll des Staunens, voll des Weines.* Diese Ausdrucksweise ist jedoch gehoben. Das Hauptwort kann man auch unmittelbar und unverändert an *voll* anschließen: *voll Menschen, voll Geldscheine; voll Staunen, voll Wein.* Am häufigsten ist jedoch der Anschluss mit *von* und dem Wemfall, wobei gelegentlich *von* weggelassen wird: *voll von Menschen, voll von Geldscheinen, voll Geldscheinen; voll von Staunen, voll [von] gutem Wein.*

2. voller Geldscheine: Manche Sprecher verwenden auch die erstarrte Form *voller.* Ein folgendes Hauptwort schließt man unverändert an: *voller Geldscheine, voller Misstrauen, voller Wein.* Tritt eine Beifügung hinzu, verwendet man eher den Wesfall: *voller zerknitterter Geldscheine, voller tiefen Misstrauens.*

3. ein Fass voll guten Weines/voll gutem Wein: Ist *voll* als nachgestellte Beifügung verwendet, steht das folgende Hauptwort im Wesfall oder im Wemfall: *ein Fass voll guten Weines* (Wesfall) oder: *ein Fass voll gutem Wein* (Wemfall). Will man hier mit *von* anschließen, muss man ein Komma setzen: *ein Fass, voll von gutem Wein.*

4. Steigerung: Das Wort *voll* gehört zu den Eigenschaftswörtern, die bereits einen höchsten Grad ausdrücken und deswegen eigentlich nicht mehr steigerbar sind. Trotzdem wird es gelegentlich gesteigert: *vollste Diskretion; zu meiner vollsten Zufriedenheit.* Diese Form sollte man jedoch dann vermeiden, wenn sie den bereits höchsten Grad *voll* nur noch verstärkt. Die Steigerungsformen *(voller, vollste)* sind aber dann zu akzeptieren, wenn der Sprecher die Ausgangsform *voll* nicht als höchsten, sondern nur als einen relativ hohen Grad ansieht. Ein Beispiel: *Das Kino ist heute voller als gestern.* Der Satz besagt, dass gestern das Kino zwar voll war, aber nicht voll bis auf den letzten Platz, sondern dass einige Plätze leer geblieben waren. Man sieht *voll* hier also nicht als höchste Stufe an, sondern als Stufe, die noch eine Steigerung zulässt. Das Gleiche gilt oft auch für Ausdrucksweisen wie *zu meiner vollsten Zufriedenheit* (z. B. in Zeugnissen). Man will dadurch ausdrücken, dass *zu meiner vollsten Zufriedenheit* der absolut höchste Grad ist, während *zu meiner vollen Zufriedenheit* dann nur einen relativ hohen Grad bezeichnet.

von

1. in Namen: Den Namenzusatz (Adelsprädikat) *von* schreibt man am Satzanfang und in Aneinanderreihungen wie *Von-Humboldt-Straße* groß. Ist *von* jedoch abgekürzt, dann schreibt man es am Satzanfang und in Aneinanderreihungen klein: *v.-Humboldt-Straße. v. Humboldts Leistungen wurden überall anerkannt.*

2. von – an: Anstelle der Verbindung *von – an* gebrauchen manche *von – ab.* In gutem Deutsch sollte man das vermeiden. Also: *von da an* (**nicht:** *ab*), *von Montag an, von frühester Jugend an.*

3. von – bis: Bezeichnet man mit der Verbindung *von – bis* die Erstreckung eines Zeitraumes *(Sprechstunde von 8 bis 10 Uhr),* muss *bis* ausgeschrieben werden. Es kann hier **nicht** das *bis*-Zeichen *(von 8–10 Uhr)* verwendet werden.

4. Beugung nach *von:* Nach dem Verhältniswort (der Präposition) *von* steht der Wemfall. Hauptwörter in der Mehrzahl, die von diesem Verhältniswort abhängen, haben daher die Endung *-n* (ausgenommen bei *s*-Plural: *von den Autos*): *Verkauf von Möbeln, Einsatz von Landesmitteln; das Verzinken von Drähten.*
5. mehrere Verhältniswörter: Das Nebeneinanderstellen mehrerer Verhältniswörter (Präpositionen) sollte man aus stilistischen Gründen nach Möglichkeit vermeiden, besonders dann, wenn es mehr als zwei sind. Denn die verschiedenen ineinander geschachtelten Bezüge erschweren das Verständnis. Außerdem klingen solche Konstruktionen unschön: *der Lärm von mit Eisenstangen beladenen Lkws; das Auftreten von durch Frost verursachten Rissen.* Während man Fügungen mit zwei Verhältniswörtern noch hinnehmen kann, ist das Nebeneinander von drei Verhältniswörtern stilistisch schlecht: *Die Straße wird viel von mit durch Fachkräfte verstautem Baumaterial beladenen Lkws befahren.* Man umschreibt in diesen Fällen besser: *Die Straße wird viel von Lkws befahren, die mit Baumaterial beladen sind, das durch Fachkräfte verstaut wurde.* Üblich sind dagegen die Verbindungen *von über* und *von unter: ein Weg von über zwei Stunden; Städte von unter 100 000 Einwohnern.* Der Wemfall *(Stunden; Einwohnern)* ist von dem Wort *von* abhängig, *über* bzw. *unter* übt keinen Einfluss aus.
6. *von* oder Wesfall: Viele Sprecher verwenden anstelle eines Hauptwortes im Wesfall eine Konstruktion mit dem Verhältniswort *von* (in Verbindung mit einem Hauptwort im Wemfall). Es sind dies Fälle wie: *die Hälfte meines Vermögens* oder *10 % des Gewinns.* Dafür sagt man heute auch: *die Hälfte von meinem Vermögen, 10 % vom Gewinn.* Noch häufiger ersetzt man den Wesfall durch *von* mit dem Wemfall in Fällen wie: *eine Frau noblen Charakters.* Da dies gehoben klingt, sagt man lieber: *eine Frau von noblem Charakter.* Die Neigung, den Wesfall auch dann durch *von* mit dem Wemfall zu ersetzen, wenn durch den Wesfall ein Besitzverhältnis ausgedrückt wird, ist besonders in der Umgangssprache sehr groß. Dies sollte man aber in der Standardsprache vermeiden. In diesen Fällen heißt es richtig: *das Haus meiner Eltern,* **nicht:** *das Haus von meinen Eltern;* richtig: *das Gefieder der Vögel,* **nicht:** *das Gefieder von den Vögeln.* In einigen Fällen ist aber auch hier die Konstruktion mit *von* üblich und notwendig, nämlich in Verbindung mit einem Zahlwort oder einem Namen: *der Preis von sechs Häusern; die Museen von München* (statt: *Münchens Museen* oder *die Museen Münchens*); *das Auto von Frau*

Müller (statt: *Frau Müllers Auto*). Auf die Konstruktion mit *von* weicht man besonders auch dann aus, wenn man die Aneinanderreihung mehrerer voneinander abhängender Hauptwörter im Wesfall vermeiden will: *das Jahr des Todes meines Vaters,* besser: *das Jahr von meines Vaters Tod.*

von was oder **wovon** Vor allem in der gesprochenen Sprache ersetzen viele Sprecher heute *wovon* durch *von was: Von was lebt er? Ich weiß nicht, von was er lebt.* Die Verbindung *von was* ist jedoch umgangssprachlich. Stilistisch besser ist *wovon: Wovon lebt er? Ich weiß nicht, wovon er lebt.*

vorausgesetzt Wird ein Nebensatz mit *vorausgesetzt* angekündigt, dann steht vor und hinter *vorausgesetzt* ein Komma: *Wir wollen baden gehen, vorausgesetzt, die Sonne scheint.* Nach den neuen amtlichen Rechtschreibregeln kann in der Fügung *vorausgesetzt dass* vor dem *dass* ein Komma stehen; wird die Fügung aber als Einheit verstanden, kann das Komma auch entfallen: *Wir wollen baden gehen, vorausgesetzt[,] dass die Sonne scheint.*

Vorbeugung An das Hauptwort *Vorbeugung,* das zu dem Zeitwort *vorbeugen* gebildet ist, kann man die Sache, der vorgebeugt werden soll, nicht im Wesfall anschließen. Also **nicht richtig:** *die Vorbeugung einer Gefahr, einer Krankheit* usw. Möglich ist in solchen Fällen nur ein Anschluss mit *gegen: die Vorbeugung gegen eine Gefahr, gegen eine Krankheit* usw.

wagen Wenn das Zeitwort *wagen* mit einer Wortgruppe, die die Grundform eines anderen Zeitwortes enthält, verbunden ist (Infinitivgruppe), dann kann man ein Komma setzen, um die Gliederung des Satzes deutlich zu machen: *Sie wagte ihn anzusprechen* oder: *Sie wagte, ihn anzusprechen.* Beides ist nach den neuen amtlichen Rechtschreibregeln richtig.

ward oder **wart** Die Form *ward* gehört zu *werden,* die Form *wart* dagegen zu *sein.* Die Form *ward (ich ward; er, sie, es ward)* ist kaum noch gebräuchlich, man sagt dafür heute *ich wurde; er, sie, es wurde.* Davon zu unterscheiden ist *ihr wart: Wart ihr gestern im Kino? Während ihr beim Training wart, habe ich eingekauft.*

warnen

Weil das Zeitwort *warnen* schon verneinenden Sinn hat (= raten, etwas nicht zu tun), darf man eine von ihm abhängende Grundform nicht zusätzlich verneinen. **Nicht richtig** ist darum: *Er warnte ihn, nicht zu schnell zu fahren.* **Richtig** ist: *Er warnte ihn, zu schnell zu fahren.*

was für ein oder **welcher**

In Fragesätzen sind *was für ein* und *welcher* nicht austauschbar, weil man damit nach Unterschiedlichem fragt. Mit *was für ein* wird nach der Beschaffenheit, nach der Art oder dem Merkmal eines Wesens oder Dings gefragt (als kleine Hilfe: Man antwortet auf eine solche Frage mit *ein*): *Was für einen Rock hast du gekauft? Einen schwarzen. – Was für ein Buch willst du ihm schenken? Einen Krimi. – Was für eine Schule ist das? Eine Grundschule.* In der Mehrzahl heißt es nur *was für* (ohne *ein*): *Was für Blumen sind das? Das sind Lilien* (Antwort ohne *ein*). Auch bei Stoffbezeichnungen heißt es meist nur *was für* (ohne *ein*): *Mit was für Papier arbeitet er? Was für Wein trinkt er am liebsten?* Dagegen fragt *welcher* nach einem einzelnen Wesen oder Ding aus einer jeweiligen Menge; es hat also aussondernden Sinn (als kleine Hilfe: Eine Antwort mit *der, die, das* usw. ist bildbar): *Welches Kleid* (= welches von den Kleidern) *ziehst du an? Das grüne. – Welches Urlaubsziel habt ihr? [Das Urlaubsziel] Tirol.* Die Form *was für welchen* statt *was für einen (Er trinkt Wein. Was für welchen?)* ist landschaftlich und sollte deshalb vermieden werden. **Richtig** ist: *Er trinkt Wein. Was für einen?*

weder – noch

1. Komma: Vor *noch* steht kein Komma, wenn *weder – noch* nur Satzteile verbindet: *Weder er noch sie können schwimmen.* Verbindet *weder – noch* Sätze, kann nach den neuen Regeln ein Komma gesetzt werden, muss aber nicht: *Er hat ihm weder beruflich geholfen[,] noch hat er seine künstlerischen Anlagen gefördert.* Wird ein Teil der Fügung zwei- oder mehrmals genannt (z. B. *weder er noch sie noch ihre Schwester*), steht zwischen *noch … noch …* kein Komma.

2. Weder er noch seine Schwester kann/können schwimmen: Beide Formen sind richtig. Nach *weder – noch* kann das Zeitwort sowohl in der Einzahl als auch in der Mehrzahl stehen, wenn Hauptwörter oder Fürwörter, die nach *weder* und *noch* folgen, in der Einzahl stehen. Steht dieses Hauptwort oder Fürwort in der Mehrzahl, dann hat auch das Zeitwort die Form der Mehrzahl: *Weder er noch seine Schwestern können schwimmen.*

wegen

1. Beugung nach *wegen:* Nach *wegen* steht standardsprachlich der Wesfall, umgangssprachlich auch der Wemfall, wenn das Hauptwort, das von *wegen* abhängt, ein Begleitwort aufweist: *wegen des schlechten Wetters, wegen eines Unfalls; wegen dringender Geschäfte.* Selten wird *wegen* auch nachgestellt: *des Kindes wegen; der Leute wegen,* wobei dann immer der Wesfall steht. Steht das abhängige Hauptwort ohne ein Begleitwort, bleibt es in der Einzahl im Allgemeinen ungebeugt, d. h. unverändert: *wegen Umbau* (statt: *wegen Umbaus*), *wegen Karin, wegen Motorschaden.* In der Mehrzahl weicht man dann auf den Wemfall aus, wenn der Wesfall nicht eindeutig erkennbar ist, sondern mit dem Werfall und dem Wenfall übereinstimmt: *wegen Geschäften* (**nicht:** *Geschäfte;* aber: *wegen dringender Geschäfte*). Den Wemfall setzt man auch dann, wenn man dadurch das Nebeneinanderstehen zweier Hauptwörter im Wesfall vermeiden kann: *wegen meines Bruders neuen Balls, wegen des neuen Balls meines Bruders.* Dafür: *wegen meines Bruders neuem Ball.*
2. wegen mir oder meinetwegen: Standardsprachlich sagt man heute *meinetwegen: Habt ihr meinetwegen gewartet?* Die Fügung *wegen mir* ist umgangssprachlich.
3. wegen was oder weswegen: Vor allem in der Umgangssprache ersetzen manche Sprecher heute *weswegen* durch *wegen was: Wegen was regst du dich denn so auf?* Diese Verwendungsweise ist stilistisch unschön. Besser ist *weswegen: Weswegen regst du dich denn so auf?*

Weibliche Titel und Berufsbezeichnungen

Bei den meisten Berufsbezeichnungen und auch bei vielen Titeln für Frauen haben sich die weiblichen Bezeichnungen weitgehend durchgesetzt: *Meine Schwester ist Ärztin. Die Rektorin kam in die Klasse. Sie ist Direktorin. Du als Prokuristin einer großen Firma weißt ... Ich will Kauffrau werden. Sie ist Referentin für Jugendfragen.* Auch: *Sie ist Professorin* (neben: *Professor*) *an der Musikhochschule, Staatssekretärin* (neben: *Staatssekretär*) *im Familienministerium. Die Bundesministerin für das Gesundheitswesen, Frau Dr. Müller, eröffnete die Ausstellung. Die neue Ministerpräsidentin des Landes sprach vor dem Kongress.* Nur noch gelegentlich stellt man zur besonderen Kennzeichnung des Geschlechts einem Titel oder einer Berufsbezeichnung die nähere Bestimmung *weiblich* voran: *Sie war der erste weibliche Minister, der erste weibliche Ministerpräsident ihres Landes.* In der Anrede gebraucht man mehr und mehr die weiblichen Bezeichnungen neben den männlichen: *Frau Ministerin* (neben: *Frau Minister*), *Frau Professorin* (neben: *Frau Professor*), *Frau Rechtsanwältin* (neben: *Frau Rechtsanwalt*) usw. Nur üblich ist die weibliche Bezeichnung *Frau Kammersängerin.* Im Zweifelsfall sollte man sich nach dem Anredewunsch der Angeredeten richten.

Zur abgekürzten Schreibweise von weiblichen Titeln und Berufsbezeichnungen *(Mitarbeiter/-in)* lesen Sie bitte unter »I« (im Wortinnern) nach.

Weihnachten **1. Geschlecht:** Das endungslose Hauptwort *die Weihnacht* tritt gelegentlich neben der üblichen Form *Weihnachten* auf, und zwar vor allem in der religiösen Sprache. Im Allgemeinen fasst man *Weihnachten* heute als ein sächliches Hauptwort in der Einzahl auf: *Hast du ein schönes Weihnachten gehabt?* Es wird jedoch vorwiegend ohne Geschlechtswort (Artikel) verwendet: *Weihnachten ist längst vorbei.* Neben der sächlichen Form in der Einzahl treten zwar noch andere Formen auf, diese sind aber landschaftlich begrenzt. In bestimmten formelhaften Wendungen ist allerdings die Mehrzahl allgemein verbreitet: *Fröhliche Weihnachten! Weiße Weihnachten sind zu erwarten.*

2. an/zu Weihnachten: Der Gebrauch von *an* oder *zu* ist landschaftlich verschieden. Während man besonders in Süddeutschland *an Weihnachten* sagt, ist in Norddeutschland und Österreich *zu Weihnachten* gebräuchlich. Beide Ausdrucksweisen sind richtig.

weil **1. Komma:** Einen Nebensatz, der mit *weil* eingeleitet ist, muss man immer durch Komma abtrennen: *Ich helfe ihm, weil er mich braucht. Weil sie sich nicht gemeldet hatte, rief ich bei ihr an.* Ist *weil* Teil einer als Einheit empfundenen Fügung (z. B. *aber weil*), steht das Komma nicht direkt vor *weil*, sondern vor dem ersten Wort der Fügung: *Ich hätte gerne daran teilgenommen, aber weil ich krank war, ging es nicht. Ich möchte mich bedanken, besonders weil ihr so fair wart.* Nach den neuen amtlichen Rechtschreibregeln kann vor *weil* ein zusätzliches Komma gesetzt werden, wenn die Teile der Fügung nicht als Einheit gesehen werden: *Sie hatte schon wieder Hunger, vor allem[,] weil das Frühstück so karg gewesen war.*

2. Stellung des Zeitwortes: Die mit *weil* eingeleiteten Sätze sind Nebensätze. Deshalb muss das Zeitwort wie bei allen mit einem Bindewort (einer Konjunktion) eingeleiteten Nebensätzen am Ende stehen: *Ich kann nicht kommen, weil ich keine Zeit habe. Sie war ärgerlich, weil er nicht gekommen war.* Besonders in der gesprochenen Sprache kommt bei nachgestellten *weil*-Sätzen auch die Voranstellung des Zeitwortes vor *(Ich kann nicht kommen, weil ich habe keine Zeit. Sie war ärgerlich, weil er war nicht gekommen.).* Es handelt sich hier meist um Begründungssätze, die sich in der Satzstellung an entsprechende *denn*-Sätze anlehnen *(Ich kann nicht kommen, denn ich habe keine Zeit.).* Standardsprachlich ist die Voranstellung des Zeitwortes in *weil*-Sätzen dennoch nicht richtig.

weiterer, weitere, weiteres

Ein Eigenschaftswort oder Mittelwort (Partizip), das auf *weiterer* usw. folgt, erhält (auch wenn es als Hauptwort gebraucht wird) die gleichen Endungen wie *weiterer* usw. selbst: *weitere intensive Versuche, die Entlassung weiterer [leitender] Angestellter, weitere Reisende, weiteres wichtiges Material.*

welcher, welche, welches

1. welches oder welchen: Es heißt im Wesfall *welches,* wenn das folgende Hauptwort die Endung *-[e]n* hat: *Die Aussage welches Zeugen? Die Unterschrift welches Fürsten?* Hat das Hauptwort im Wesfall jedoch die Endung *-[e]s,* kann es sowohl *welches* als auch *welchen* heißen: *Die politischen Verhältnisse welches* oder *welchen Staates? Welches* oder *welchen Kindes Spielzeug?*

2. der oder welcher: Im Allgemeinen wirkt es schwerfällig zu sagen: *die Frau, welche ich getroffen habe...; das Kind, mit welchem ich sprach...* In gutem Deutsch verwendet man besser *der, die, das* usw.: *die Frau, die ich getroffen habe...; das Kind, mit dem ich sprach.* Auf *welcher* usw. weicht man aber dann aus, wenn im Satz sofort das gleich lautende Geschlechtswort (der gleich lautende Artikel) folgt: *das Kind, welches das Spielzeug...* **nicht:** *das Kind, das das Spielzeug...*)

wenig

1. Rechtschreibung: Das Wort *wenig* schreibt man **immer** und in allen seinen Formen **klein:** *dies wenige; einige wenige; weniges genügt; das wenigste, die wenigsten.* Nach den neuen Regeln kann großgeschrieben werden, wenn hervorgehoben werden soll, dass nicht das unbestimmte Zahlwort gemeint ist, z. B.: *Sie freute sich auch über das wenige,* (auch:) *das Wenige* (die wenigen Geschenke).

2. wenig oder wenige: Vor einem Hauptwort, das keine Beifügung hat, heißt es in der Einzahl meistens nur *wenig: wenig Geld, mit wenig Hoffnung.* Auch in der Mehrzahl kommt *wenig* häufig vor: *mit wenig/mit wenigen Aussichten.* Aber im Wesfall der Mehrzahl nur: *das Werk weniger Augenblicke.*

3. Beugung nach *wenig:* Ein Eigenschaftswort oder Mittelwort (Partizip), das auf *wenig* (in seiner gebeugten Form, also: *wenige, weniges* usw.) folgt, erhält (auch wenn es als Hauptwort gebraucht wird) meist die gleichen Endungen wie *wenig* selbst: *weniger echter Schmuck, weniges erlesenes Silber, die Abwesenheit weniger leitender Beamter, wenige Tote.* Eine Ausnahme ist der Wemfall. Folgt hier ein männliches oder sächliches Hauptwort in der Einzahl, lautet die Endung des Eigenschaftswortes nicht *-m,* sondern *-n: mit wenigem guten Willen, nach wenigem kurzen Beraten.* Verwendet man jedoch statt gebeugtem *wenige, weniges* usw. die endungslose Form *wenig,* hat *wenig* keinen Einfluss auf die Beugung des folgenden Eigenschaftswortes: *wenig gutes Essen* (wie: *gutes Essen*); *mit wenig gutem Willen* (wie: *mit gutem Willen*); *wenig treue Freunde* (wie: *treue Freunde*). Mit der endungslosen Form und der Form mit Endung kann man unterschiedliche Aussagen machen: In dem Satz *Er hat wenig erfahrene Mitarbeiter* kann *wenig* eine Beifügung zu *erfahren* sein und bedeutet dann »nicht sehr, in geringem Maße«. Heißt es aber *Er hat wenige erfahrene Mitarbeiter,* dann ist *wenige* eine Beifügung zu *Mitarbeiter.* Es sagt in diesem Fall etwas über die Zahl der Mitarbeiter aus.

weniger als Wenn die Angabe nach *weniger als* in der Mehrzahl steht, dann kann das zugehörige Zeitwort in der Einzahl oder in der Mehrzahl stehen; die Mehrzahl wird im Allgemeinen bevorzugt: *In dem riesigen Werk wird,* häufiger: *werden weniger als 300 Autos produziert.*

weniges, was Einen Nebensatz, der mit dem Wort *weniges* angekündigt wird, leitet man mit *was* ein (nicht mit *das*): *Auf der Ausstellung gab es nur weniges zu sehen, was bei den Besuchern größeres Interesse fand.*

wenn Einen Nebensatz, der mit *wenn* eingeleitet ist, trennt man durch Komma ab: *Ich komme, wenn du mich brauchst. Wenn du mich brauchst, komme ich. Ich komme, wenn du mich brauchst, sofort zu dir.* Unvollständige Nebensätze aber, die mit *wenn* eingeleitet sind, wirken oft formelhaft und brauchen dann nicht durch

Komma abgetrennt zu werden: *Ich werde wenn möglich kommen. Ich werde wenn nötig eingreifen.* Es ist aber nicht falsch, in diesen Fällen ein Komma zu setzen: *Ich werde, wenn nötig, eingreifen.*

werde oder **würde** Beide Formen sind Möglichkeitsformen (Konjunktive) zu dem Zeitwort *werden.* Die Form *werde* steht vor allem in der indirekten Rede: *Sie sagte, sie werde morgen kommen. Sie fragte, ob er morgen kommen werde.* Auch *würde* kann in der indirekten Rede stehen, einmal, wenn *werde* nicht eindeutig als Möglichkeitsform erkennbar ist, d. h., wenn es in dem jeweiligen Satz mit der Wirklichkeitsform (dem Indikativ) übereinstimmt: *Ich sagte, ich würde* (für nicht eindeutiges *werde*) *bald fertig.* Zum andern steht *würde* statt *werde,* wenn dem Sprecher das, was er berichtet, nicht glaubhaft erscheint: *Sie sagte, sie würde morgen kommen.* Sonst steht *würde* vor allem in Bedingungssätzen: *Wenn sie ihn rufen würden, käme er sofort.*

werden oder **sein** Es heißt richtig: *Die Mitglieder werden* (**nicht:** *sind*) *gebeten, pünktlich zu erscheinen.*

wert Nach der Verbindung *wert sein* kann das abhängende Hauptwort oder Fürwort (Pronomen) im Wenfall oder im Wesfall stehen. Es ergeben sich dabei unterschiedliche Bedeutungen: Der Wenfall steht, wenn man ausdrücken will, dass etwas einen bestimmten Wert hat, dass sich etwas lohnt: *Das Auto ist diesen Preis wert. Die Veranstaltung ist diesen Aufwand nicht wert.* Der Wesfall steht dann, wenn man *wert* in der Bedeutung »würdig« gebraucht: *Das Thema wäre einer näheren Betrachtung wert. Das ist nicht der Erwähnung wert.*

wider oder **wieder** Die Wörter *wider* und *wieder* sollte man nicht miteinander verwechseln. So ist *wider* ein Verhältniswort (eine Präposition) und bedeutet »gegen«. Nach diesem Verhältniswort folgt ein Hauptwort im Wenfall: *wider besseres Wissen, wider alle Vernunft, wider die Gesetze handeln, wider Erwarten.* Demgegenüber ist *wieder* ein Umstandswort (Adverb) und bedeutet »nochmals« oder »zurück zum früheren Zustand«. *Wir fahren wieder nach Italien. Er stand sofort wieder auf.*

widerhallen Die Formen von Gegenwart und Vergangenheit dieses Zeitwortes sind: *hallt wider, hallte wider* und seltener ebenso: *widerhallt, wi-*

derhallte. Ihre Schritte hallen, hallten in dem leeren Raum wider. Oder: *Ihre Schritte widerhallen, widerhallten in dem leeren Raum.*

widerspiegeln Die Formen von Gegenwart und Vergangenheit dieses Zeitwortes sind: *spiegelt wider, spiegelte wider* und seltener ebenso: *widerspiegelt, widerspiegelte: Sein Gesicht spiegelt, spiegelte die Freude wider.* Oder: *Sein Gesicht widerspiegelt, widerspiegelte die Freude.*

wie **1. Komma:** Vor *wie* steht kein Komma, wenn nur Wörter miteinander verbunden sind: *Michael ist nicht so stark wie Thomas. Ich bin nicht so begeistert wie er.* Man **kann** jedoch ein Komma setzen, wenn nach *wie* mehrere Erläuterungen folgen: *In anderen Ländern, wie Chile, Bolivien und Venezuela, ist von dieser Entwicklung noch nichts zu merken.* Oder: *In anderen Ländern wie Chile, Bolivien und Venezuela ist von …* Vor *wie* **muss** ein Komma stehen, wenn nach *wie* ein vollständiger Satz folgt: *Es kam alles so, wie ich es vorausgesagt hatte. Das klingt, wie eine Harfe klingt.* Folgt jedoch ein unvollständiger (oft schon formelhaft wirkender) Nebensatz, braucht man kein Komma zu setzen: *Ich habe wie gesagt keine Zeit.* Oder: *Ich habe, wie gesagt, keine Zeit* (= wie ich schon gesagt habe). Ähnliche Beispiele: *Seine Darlegungen endeten wie folgt: … Er ging wie gewöhnlich um 10 Uhr ins Bett.* Es ist aber nicht falsch, in diesen Fällen ein Komma zu setzen: *Er ging, wie immer, nach dem Essen spazieren.*

2. jemanden wie ein Schurke/einen Schurken behandeln: In einem Satz wie *Er behandelte seinen Gegner wie ein Schurke* steht *Schurke* im gleichen Fall wie *er;* das Wort, auf das sich *Schurke* bezieht, ist hier also *er.* Lautet der Satz aber *Er behandelte seinen Gegner wie einen Schurken,* steht *Schurke* im gleichen Fall wie *sein Gegner;* das Wort, auf das sich *Schurke* bezieht, ist hier also *Gegner.* Welche Form die richtige ist, hängt davon ab, welchen Bezug man herstellen will.

3. an einem Tag wie jedem anderen/wie jeder andere: Das Satzglied, das nach *wie* folgt, kann entweder im gleichen Fall stehen wie sein Bezugswort: *an einem Tag wie jedem anderen; in Zeiten wie den heutigen* (beide Glieder im Wemfall). Oder aber man sieht dieses Satzglied als eine Verkürzung eines Nebensatzes an, der vollständig etwa lauten würde: *an einem Tag, wie es jeder andere ist; in Zeiten, wie es die heutigen sind.* Deswegen ist auch der Werfall *(wie jeder andere; wie die heutigen)* richtig. Der Werfall muss sogar stehen, wenn das Bezugswort im Wesfall steht und das

Glied, das mit *wie* angeschlossen ist, ein persönliches Fürwort (Personalpronomen) oder ein Eigenname ist: *die Verdienste eines Politikers wie er; die Anteilnahme guter Bekannter wie Sie; Ausstellungen großer Maler wie Picasso* (**nicht:** *Picassos*).

wieder

Zusammen mit einem folgenden Zeitwort schreibt man *wieder*, wenn es die Bedeutung »zurück« hat: *jemandem geborgtes Geld wiedergeben; an einen Ort wiederkommen.* Man schreibt auch zusammen, wenn das Zeitwort allein im gegebenen Zusammenhang unüblich wäre: *etwas wiederkäuen, jährlich wiederkehren.* **Getrennt** schreibt man, wenn *wieder* die Bedeutung »erneut, nochmals« hat und das Zeitwort seine eigentliche Bedeutung behält: *Sie hat den Korb wieder aufgenommen. Er hat seine Geschichte wieder erzählt.* Eine zusätzliche Hilfe bei Unsicherheiten, ob man nun zusammen- oder getrennt schreiben muss, kann die Betonung sein. Wird nur *wieder* oder nur das Zeitwort betont, ist Zusammenschreibung angezeigt, bei gleichmäßiger Betonung beider Teile aber Getrenntschreibung: *ein Fernsehspiel wiederholen; seine Bücher wiederholen* (= zurückholen). – **Aber:** *Man musste die Polizei wieder* (= nochmals) *holen. Seine Gesundheit ist wiederhergestellt. – Ich habe den Aschenbecher wieder hergestellt. – Es dauerte lange, bis er sein Geld wiederbekam* (= zurückbekam). – *Sie wusste, dass sie die Grippe jedes Jahr wieder bekam* (= erneut bekam).

wie viel/ wie viele

1. Rechtschreibung: Nach den neuen amtlichen Rechtschreibregeln schreibt man *wie viel* immer getrennt: *Wie viel kostet das? Ich weiß nicht, wie viel er hat.* Immer getrennt schreibt man auch die gebeugten (d. h. veränderten) Formen *wie viele, wie vieles* usw.: *Mit wie vielen Teilnehmern rechnest du?* Einzige Ausnahme ist die Form *wievielte*, die man zusammenschreibt: *Zum wievielten Mal habe ich das heute schon gesagt?* Das Hauptwort hierzu wird groß- und zusammengeschrieben: *Den Wievielten haben wir heute?*

2. Gebrauch: Man verwendet eher dann die Form *wie viele* (und nicht *wie viel*), wenn man als Antwort eine größere Anzahl erwartet: *Wie viele Autos verlassen täglich das Werk?*

winken

Es heißt richtig: *Ich habe gewinkt* (**nicht:** *gewunken*). Die Form *gewunken* ist landschaftlich und gilt standardsprachlich als falsch.

Wir hoffen, Ihnen damit gedient zu haben, und verbleiben ... Nach den neuen amtlichen Rechtschreibregeln kann man beide Kommas in diesem Satz auch weglassen: *Wir hoffen Ihnen damit gedient zu haben und verbleiben…* Man darf allerdings nicht nur das Komma vor dem *und* weglassen; wenn man sich für ein Komma nach *hoffen* entscheidet, muss auch vor dem *und* eines stehen.

wir oder du *Wir oder du hast* (**nicht:** *haben*) *das getan.*

wir und du *Wir und du* (= wir) *haben uns* (**nicht:** *sich*) *gefreut.*

wir und er *Wir und er* (= wir) *haben uns* (**nicht:** *sich*) *gefreut.*

wir und ihr *Wir und ihr* (= wir) *haben uns gefreut.* **Nicht:** *Wir und ihr haben sich gefreut* oder *Wir und ihr habt euch gefreut.*

wir und sie (Mehrzahl) *Wir und sie* (= wir) *haben uns* (**nicht:** *sich*) *gefreut.*

wissen **1. Komma:** Wenn das Zeitwort *wissen* mit einer Wortgruppe, die die Grundform eines anderen Zeitwortes enthält, verbunden ist (Infinitivgruppe), dann ist ein Komma nicht sinnvoll: *Sie weiß sich zu beherrschen.* Tritt zu *wissen* eine nähere Bestimmung, dann kann man nach den neuen amtlichen Rechtschreibregeln ein Komma setzen, um die Gliederung des Satzes deutlich zu machen. Man kann aber auch hier auf das Komma verzichten: *Sie weiß wohl[,] sich zu beherrschen.*
2. wissen von/wissen um: Beide Formen sind richtig. Man kann sowohl sagen: *Ich weiß von den Schwierigkeiten* als auch: *Ich weiß um die Schwierigkeiten.* Der Anschluss mit *um* wirkt jedoch gehoben.

Wissen Die beiden Fügungen *meines Wissens* und *meinem Wissen nach* (oder: *nach meinem Wissen*) vermischen viele Sprecher fälschlicherweise miteinander zu *meines Wissens nach.* **Richtig** ist aber nur: *Der Fall verhält sich meines Wissens anders. Der Fall verhält sich meinem Wissen nach anders.* (Oder: *Der Fall verhält sich nach meinem Wissen anders.*) Aber **nicht richtig:** *Der Fall verhält sich meines Wissens nach anders.*

wo **1. Komma:** Einen Nebensatz, der mit *wo* eingeleitet ist, trennt man durch Komma ab: *Er wusste nicht, wo es lag. Wo er war,*

konnte er nur ahnen. Unvollständige Nebensätze aber, die mit *wo* eingeleitet sind, wirken gelegentlich formelhaft, und man braucht sie dann nicht durch Komma abzutrennen: *Er wird uns wo möglich* (= wo es möglich ist) *helfen. Die Bilder sind wo nötig mit Erläuterungen versehen.* Es ist aber nicht falsch, in diesen Fällen ein Komma zu setzen: *Er wird uns, wo möglich, helfen.*
2. Abtrennung von *wo* bei zusammengesetzten Wörtern wie *wobei, wofür, wovon* usw.: Besonders in der norddeutschen Umgangssprache kommt diese Trennung häufig vor. Sie ist standardsprachlich **falsch**. Es muss also heißen: *Es war etwas, wobei er sich nichts gedacht hatte* (**nicht:** *... wo er sich nichts bei gedacht hatte*). *Etwas, wofür er nichts konnte* (**nicht:** *... wo er nichts für konnte*). *Etwas, wonach er sich sehnt* (**nicht:** *... wo er sich nach sehnt*).
3. Der Raum, wo ..., der Augenblick, wo ...: Mit *wo,* das einen Nebensatz einleitet, stellt man meist einen räumlichen Bezug her: *Das war der Raum, das Haus, die Stadt, wo er ihm zum ersten Mal begegnet war. Dort, wo er zu Hause ist, kennt man dies nicht.* Mit *wo* in dieser Funktion kann man aber auch einen zeitlichen Bezug herstellen: *Es geschah in dem Augenblick, wo er sich umdrehte.* Nicht möglich hingegen ist ein Anschluss mit *wo,* wenn man einen unmittelbaren Bezug zu Personen oder Dingen herstellen will: Also **nicht:** *der Mann, wo ...,* sondern nur: *der Mann, der vorhin vorbeiging.* **Nicht:** *das Geld, wo ...,* sondern nur: *das Geld, das auf der Bank liegt.*
4. Falsches *wo* anstelle von *als:* In landschaftlicher Umgangssprache ersetzen viele Sprecher bei zeitlichem Bezug *als* durch *wo.* Dieser Gebrauch von *wo* ist **nicht richtig.** Es muss also heißen: *Das hat er nur getan, als* (**nicht:** *wo*) *er noch klein war. Es war damals, als* (**nicht:** *wo*) *wir gerade in Urlaub fahren wollten.*

wollen

1. wollen oder gewollt: Das Mittelwort der Vergangenheit (2. Partizip) von *wollen* heißt *gewollt: Er hat es nicht gewollt. Er hat nur das Beste gewollt.* Wenn aber das Zeitwort *wollen* in Verbindung mit einem anderen Zeitwort auftritt, das in der Grundform (im Infinitiv) steht, so verwendet man nicht *gewollt,* sondern *wollen: Er hat es nicht nehmen wollen.* **Nicht:** *Er hat es nicht nehmen gewollt.*
2. Doppelte Ausdrucksweise: Man sollte vermeiden, *wollen* in Verbindung mit anderen Wörtern zu gebrauchen, die (ebenso wie *wollen* selbst) einen Wunsch, eine Absicht o. Ä. ausdrücken. Es heißt also **nicht:** *Er hatte den Wunsch, dorthin reisen zu wollen.* Sondern **richtig:** *Er hatte den Wunsch, dorthin zu reisen.* (Oder auch: *Er wollte gern dorthin reisen.*)

Worttrennung (Silbentrennung)

Die Regeln der Worttrennung im Einzelnen

1. Heimische Wörter:
Trennung nach Sprechsilben liegt z. B. vor bei
Freun-de
Win-ter
Re-gen
Bes-se-rung
Be-zie-hung
Ge-sund-heit

Bei den **Mitlauten** ist dagegen Folgendes zu beachten:

a) Einen einzelnen Mitlaut setzt man immer auf die neue Zeile:
tre-ten
ge-hen
rei-zen
bo-xen
bei-ßen

b) *ch, sch* und nach den neuen amtlichen Rechtschreibregeln auch *ck* gelten als **ein** Laut. Sie bleiben immer zusammen und werden auf die neue Zeile gesetzt:
wa-schen
Bü-cher
ba-cken

c) Steht *ss* als Ersatz für *ß* (z. B. weil auf einer Schreibmaschine das *ß* fehlt), dann trennt man nach den neuen amtlichen Rechtschreibregeln zwischen den beiden *s:*
Grüs-se
heis-sen

d) Von mehreren aufeinander folgenden Mitlauten kommt nur der letzte auf die neue Zeile. Dies gilt nach den neuen amtlichen Rechtschreibregeln auch für *st:*
kämp-fen
neb-lig
neh-men
Städ-te
Knos-pe
Kas-ten
Er-näh-rung

Bei den **Selbstlauten** gilt es, Folgendes zu beachten:

a) Nach den neuen amtlichen Rechtschreibregeln kann man einen einzelnen Selbstlaut am Wortanfang abtrennen:
A-der
U-hu
o-der

b) Zwei gleiche Selbstlaute (die wie ein Laut gesprochen werden) und ebenso die Doppellaute *au, ei, eu* usw. darf man nicht trennen:
Waa-ge
See-le
die-ser
Eu-le
Ei-fel

2. Fremdwörter
Die grundsätzliche Trennung nach Sprechsilben gilt auch für Fremdwörter:
Hys-te-rie
Re-mi-nis-zenz
Na-ti-on
po-e-tisch
In-di-vi-du-a-list
Gu-a-te-ma-la

Die Regeln der Worttrennung im Einzelnen (Fortsetzung)	
Nach den neuen amtlichen Rechtschreibregeln kann man die folgenden Buchstabengruppen nach Sprechsilben trennen, sie können aber auch ungetrennt bleiben: *bl, pl, fl, cl, kl, phl; br, pr, dr, tr, fr, vr, gr, cr, kr, phr, str, thr; gn, kn:* *Pub-li-kum,* auch *Pu-bli-kum* *Per-sif-la-ge,* auch *Per-si-fla-ge* *Zyk-lus,* auch *Zy-klus* usw. Die folgenden Verbindungen aus Mitlauten bleiben dagegen auch in Fremdwörtern immer ungetrennt: *ch, ck, sch, ph, rh, sh und th:* *Ma-che-te* *Pro-phet* *Myr-rhe* *Ca-shew-nuss* *ka-tho-lisch*	**3. Besondere Erleichterungen durch die neuen amtlichen Rechtschreibregeln:** Bislang machte die Trennung solcher Wörter wie *daran, woran, worauf, heran, hinauf* und *warum* besondere Schwierigkeiten. Dies ist nach den neuen amtlichen Rechtschreibregeln nun nicht mehr der Fall, da man auch hier jetzt nach Sprechsilben trennen kann: *da-ran* *wo-ran* *wo-rauf* *he-ran* *hi-nauf* *wa-rum* usw.

wünschen Wenn das Zeitwort *wünschen* mit einer Wortgruppe, die die Grundform eines anderen Zeitwortes enthält, verbunden ist (Infinitivgruppe), dann kann man ein Komma setzen, um die Gliederung des Satzes deutlich zu machen oder um Missverständnisse auszuschließen: *Er wünscht sehnlichst an der Fahrt teilzunehmen.* Oder: *Er wünscht sehnlichst, an der Fahrt teilzunehmen.* Beide Möglichkeiten sind nach den neuen amtlichen Rechtschreibregeln richtig.

Z

Zahl Bitte lesen Sie zu Formulierungen wie *eine Zahl Studenten stand/standen dort* und *eine Zahl hübscher/hübsche Sachen* unter »Anzahl« nach.

Zahl oder **Ziffer** Im allgemeinen Sprachgebrauch verwenden viele Sprecher *Zahl* und *Ziffer* häufig unterschiedslos, obwohl die Wörter verschiedene

Bedeutung haben. Die Ziffern sind die grafischen Zeichen zur schriftlichen Fixierung der Zahleninhalte, d. h. der durch die Zahlen *1, 2, ... 9* und *0* ausgedrückten Werte. Dabei werden die Ziffern *1, 2, ... 9* im Textzusammenhang gleichzeitig zu den Zahlen *1, 2, ... 9.* Höhere Zahlen gibt man schriftlich durch Aneinanderreihung mehrerer Ziffern wieder. Die Jahreszahl *1965* etwa ist eine Zahl aus den Ziffern *1, 9, 6* und *5.* Bei einer Adresse bedeutet die Hausnummer *386* eine Zahl aus den Ziffern *3, 8* und *6.* Es gibt jedoch Bildungen, wie z. B. *Sterblichkeitsziffer, Kennziffer, Zifferblatt, sich beziffern auf,* denen *Ziffer* in der Bedeutung »Zahl« zugrunde liegt.

Zahlen und **Ziffern**

1. Schreibung von Zahlen in Ziffern oder in Buchstaben: Grundsätzlich kann man Zahlen sowohl in Ziffern als auch in Buchstaben schreiben: *Sie haben 4* (oder: *vier*) *Kinder. Er kommt um 4* (oder: *vier*) *Uhr.* In bestimmten Bereichen ist es jedoch üblich, die Schreibung von Zahlen in Ziffern zu verwenden, so zum Beispiel in Statistiken, in technischen und wissenschaftlichen Texten u. a., in Zusammenhängen also, in denen es darauf ankommt, dass die jeweilige Zahl leicht ins Auge springt.

2. Zahlen in Verbindung mit Zeichen und Abkürzungen: In Verbindung mit Zeichen und Abkürzungen von Maßen, Gewichten, Geldsorten u. a. schreibt man die Zahl als Ziffer: *3 km, 3,5 kg, 6 EUR* oder *6€.* Ist die jeweilige Maß-, Gewichts- oder Münzbezeichnung ausgeschrieben, dann kann man die dazugehörende Zahl sowohl in Ziffern wie in Buchstaben schreiben: *3* (oder: *drei*) *Kilometer, 3,5* (oder: *dreieinhalb,* auch: *drei Komma fünf*) *Kilo, 6* (oder: *sechs*) *Euro.*

3. Schreibung in Ziffern

Ganze Zahlen, die aus mehr als drei Ziffern bestehen, zerlegt man von der Endziffer aus in dreistellige Gruppen, die durch einen Zwischenraum voneinander abgesetzt werden:

3 560 kg

Geldbeträge sollten aus Sicherheitsgründen mit dem Punkt gegliedert werden:

846.382 EUR

Bei Zahlen, die eine Nummer darstellen, teilt man jedoch meistens keine Gruppen ab:

Nr. 33590.

Abweichend hiervon werden **Telefon- und Telefaxnummern** funktionsbezogen durch je ein Leerzeichen gegliedert (Anbieter, Landesvorwahl, Ortsnetzkennzahl, Einzelanschluss bzw. Durchwahlnummer). Vor der Durchwahl-

3. Schreibung in Ziffern (Fortsetzung)	
nummer steht ein Bindestrich. Um die Nummern übersichtlicher zu gestalten, dürfen Teile von Telefon- oder Telefaxnummern durch Fettschrift oder Farbe hervorgehoben werden Telefonnummern Einzelanschluss ohne Durchwahl: *14 28* *1 14 23* *17 09 14* Durchwahlnummer: *234-01 (Zentralnummer)* *23 45-693* Telefonnummer mit Vorwahlnummer und Netzkennzahl: *06281 4391* *0172* ***3701458*** Servicerufnummern: *0180 2556 78* *0800 678 90* International: *+49 6151 89-0* Telefaxnummern Einzelanschluss: *06281 4392* Durchwahlanschluss: *02345-695* International: *+49 123456-0* Postfachnummern gliedert man von der letzten Ziffer ausgehend in Zweiergruppen *17 09 14*	Kontonummern kann man von der Endziffer aus in Dreiergruppen gliedern: *8 582 404* oder *8582404* Bankleitzahlen gliedert man dagegen von links nach rechts in zwei Dreier- und eine Zweiergruppe: *770 960 05* Postleitzahlen gliedert man nie: *68167 Mannheim* Dezimalstellen trennt man von den ganzen Zahlen durch ein Komma und gliedert sie vom Komma ausgehend durch einen Zwischenraum in Dreiergruppen: *52,36 m* *4,654 32 m* Bei Rechnungen wird die Zahl der Cents nur durch ein Komma, nicht durch einen Punkt abgetrennt: *3,45 €* (in der Schweiz dagegen steht zwischen Franken- und Rappenzahl immer ein Punkt: *sFr. 4.20*) Bei der Zeitangabe wird die Zahl der Minuten von der Stundenzahl durch einen Punkt oder durch Hochstellung abgehoben: *6.30 Uhr oder* 6^{30} Nach DIN 5008 soll mit dem Doppelpunkt gegliedert werden; jede Zeiteinheit ist dann zweistellig anzugeben: *07:00 Uhr, 23:14:47 Uhr.*

4. Zusammen- oder Getrenntschreibung oder Bindestrich: In Wörtern angegebene Zahlen, die unter einer Million liegen, schreibt man zusammen; Angaben über einer Million schreibt man dagegen getrennt: *neunzehnhundertfünfundsechzig,* (aber:) *zwei Millionen dreitausendvierhundertneunzehn.* Zusammen schreibt man Ableitungen, die eine Zahl enthalten, unabhängig davon, ob die Zahl in Buchstaben oder in Ziffern geschrieben ist: *achtfach* oder *8fach, ein neunundfünfziger* oder *59er-Wein, 131er, ver307fachen.* Nach den neuen amtlichen Rechtschreibregeln schreibt man Zusammensetzungen, die eine Zahl enthalten, mit Bindestrich: *8-Tonner* oder *Achttonner, 4-Kanteisen, 14-karätig.* Aneinanderreihungen von Wörtern mit Zahlen (in Ziffern) werden durch Bindestriche verbunden: *56-Cent-Briefmarke, ¾-Liter-Flasche, 2-kg-Dose, 70-PS-Motor, 5000-m-Lauf, 3-Meter-Brett, 4×100-m-Staffel.* Dagegen schreibt man zusammen, wenn die Zahlen in Buchstaben geschrieben werden: *Dreikaiserbündnis, Zehncentmarke.*

zahllos Ein Eigenschaftswort oder Mittelwort (Partizip), das auf *zahllos* folgt, beugt man (auch wenn es als Hauptwort gebraucht wird) in gleicher Weise wie *zahllos* selbst: *zahllose wertvolle Gegenstände, zahllose Abgeordnete, in zahllosen grafischen Darstellungen, mit zahllosen Angestellten.* Nur im Wesfall ist gelegentlich noch eine zweite Form gebräuchlich: *die Herstellung zahlloser grafischer Darstellungen,* selten auch: *die Herstellung zahlloser grafischen Darstellungen; die Reaktion zahlloser Angestellter,* selten auch: *die Reaktion zahlloser Angestellten.*

zahlreich Bitte lesen Sie zur Beugung nach *zahlreich* unter »zahllos« nach.

zeigen, sich **1. sich zeigen als:** Bei *sich zeigen als* steht das Hauptwort, das dem *als* folgt, heute gewöhnlich im Werfall: *Er zeigte sich als genialer Regisseur.* Der Wenfall *(Er zeigte sich als genialen Regisseur)* ist veraltet.

2. Gebrauch des Mittelworts: Das Mittelwort der Vergangenheit (2. Partizip) von *sich zeigen* (es lautet *gezeigt*) ist nicht als Beifügung eines Hauptwortes zu verwenden. Also **nicht:** *die sich als Künstlerin gezeigte Frau,* **sondern:** *die Frau, die sich als Künstlerin gezeigt hat.*

Zentimeter **1. Beugung nach *Zentimeter:*** Nach der Maßangabe *Zentimeter* steht das, was gemessen wird, meist im selben Fall wie die Maßangabe *Zentimeter* selbst: *drei Zentimeter [dünner] Golddraht; mit drei Zentimetern dünnem Golddraht.* Gelegentlich in gehobener

Ausdrucksweise auch mit dem Wesfall: *drei Zentimeter dünnen Golddrahts, mit drei Zentimetern dünnen Golddrahts.* Steht die Maßangabe *Zentimeter* selbst im Wesfall, so heißt es: *der Preis eines Zentimeters Golddraht* oder auch: *der Preis eines Zentimeter Golddrahts,* aber (mit einem beigefügten Eigenschaftswort) nur: *der Preis eines Zentimeters dünnen Golddrahts.*

2. Drei Zentimeter Golddraht reicht/reichen für diesen Zweck: Von diesen beiden Formen, die beide richtig sind, bevorzugt man im Allgemeinen die Mehrzahl: *Drei Zentimeter Golddraht reichen gut aus, sind zu wenig, kosten nicht viel.* Steht *Zentimeter* in der Mehrzahl ohne Angabe des Gemessenen, dann muss das Zeitwort in der Mehrzahl stehen. Die Einzahl ist hier nicht richtig: *Drei Zentimeter reichen* (**nicht:** *reicht) für diesen Zweck.*

3. mit drei Zentimeter/Zentimetern: Wenn *Zentimeter* in der Mehrzahl steht *(2, 3, 4 Zentimeter),* dann heißt es im Wemfall: *Mit drei Zentimetern kommen wir aus.* Wenn man dabei das Gemessene (z. B. *Golddraht*) angibt, steht *Zentimeter* oft auch in der ungebeugten Form: *Mit drei Zentimeter Golddraht kommen wir aus.* Geht jedoch der Maßangabe *Zentimeter* das Geschlechtswort (der Artikel) voraus, dann verwendet man immer die gebeugte Form *(Zentimetern),* unabhängig davon, ob das Gemessene *(Golddraht)* angegeben ist oder nicht: *Mit den drei Zentimetern [Golddraht] kommen wir aus.*

Zentner

1. Beugung nach *Zentner:* Nach der Mengenangabe *Zentner* steht das, was als Menge angegeben wird, meist im selben Fall wie die Mengenangabe *Zentner* selbst: *ein Zentner [kanadischer] Weizen, aus einem Zentner kanadischem Weizen, für einen Zentner kanadischen Weizen.* Gelegentlich in gehobener Ausdrucksweise auch mit dem Wesfall: *ein Zentner kanadischen Weizens, aus einem Zentner kanadischen Weizens, für einen Zentner kanadischen Weizens.* Nur wenn das, was als Menge angegeben wird, in der Mehrzahl steht, steht häufiger auch der Wesfall: *ein Zentner neue Kartoffeln* neben: *ein Zentner neuer Kartoffeln.* Im Wemfall der Mehrzahl gibt es sogar drei Möglichkeiten: *von einem Zentner neuer Kartoffeln* oder *von einem Zentner neue Kartoffeln,* seltener auch: *von einem Zentner neuen Kartoffeln.* Steht die Mengenangabe *Zentner* selbst im Wesfall, so heißt es: *der Preis eines Zentners Weizen* oder auch *der Preis eines Zentner Weizens,* aber (mit einem beigefügten Eigenschaftswort) nur: *der Preis eines Zentners kanadischen Weizens.*

2. Ein Zentner Kartoffeln wird/werden benötigt: Folgt der Angabe *ein Zentner* (die Mengenangabe steht hier in der Einzahl) das, was als Menge angegeben wird, ebenfalls in der Einzahl, so steht auch das Zeitwort in der Einzahl: *Ein Zentner Weizen reicht aus.* Folgt der Angabe *ein Zentner* das, was als Menge angegeben wird, in der Mehrzahl, so kann das Zeitwort gelegentlich auch in der Mehrzahl stehen: *Ein Zentner Kartoffeln reicht aus,* seltener: *Ein Zentner Kartoffeln reichen aus.* Wenn Mengenangabe und das, was als Menge angegeben wird, in der Mehrzahl stehen *(drei Zentner Kartoffeln),* dann steht auch das Zeitwort in der Mehrzahl: *Drei Zentner Kartoffeln reichen aus.* Steht dagegen das, was als Menge angegeben wird, in der Einzahl *(drei Zentner Weizen),* so steht das Zeitwort nur gelegentlich auch in der Einzahl: *Drei Zentner Weizen reichen aus,* selten: *Drei Zentner Weizen reicht aus.*

3. mit drei Zentner/Zentnern: Wenn *Zentner* in der Mehrzahl steht *(2, 3, 4* usw. *Zentner),* dann heißt es im Wemfall: *Mit drei Zentnern kommen wir aus.* Wenn man dabei das Gemessene (z. B. *Weizen*) nennt, dann steht *Zentner* oft auch in der ungebeugten Form: *Mit drei Zentner Weizen kommen wir aus.* Geht jedoch der Mengenangabe *Zentner* das Geschlechtswort (der Artikel) voraus, dann verwendet man immer die gebeugte Form *(Zentnern),* unabhängig davon, ob das Gemessene *(Weizen)* angegeben wird oder nicht. *Mit den drei Zentnern [Weizen] kommen wir aus. Von den 10 Zentnern [Kartoffeln] ist nicht mehr viel übrig.*

Zorn

Ein Hauptwort oder Fürwort (Pronomen), das von *Zorn* abhängt, kann man mit den Verhältniswörtern (Präpositionen) *auf* oder *gegen* (**nicht** mit *für* oder *zu*) anschließen: *Ihr Zorn auf* oder *gegen ihn* (**nicht:** *für ihn* oder *zu ihm*) *war verraucht.*

zornig

An das Eigenschaftswort *zornig* kann man ein Hauptwort oder Fürwort (Pronomen) mit den Verhältniswörtern (Präpositionen) *auf* oder *über* anschließen. Dabei gebraucht man *auf,* wenn eine Person als Ziel des Zorns genannt wird, und *über,* wenn allgemein vom Grund des Zorns gesprochen wird: *Der Vater war zornig auf seinen Sohn. Der Vater war zornig über das Zeugnis seines Sohnes.*

zu

1. Schreibung von zusammengesetzten Zeitwörtern in der mit *zu* erweiterten Grundform: Wenn die Grundform (der Infinitiv) von zusammengesetzten Zeitwörtern wie *einkaufen, zurückkom-*

men oder auch *zumuten, zusehen* usw. durch *zu* erweitert wird, dann schreibt man diese erweiterte Form auch in einem Wort: *einzukaufen, zurückzukommen* und auch *zuzumuten, zuzuschauen* usw. Also: *Ich bitte Sie, für ihn einzukaufen. Das ist ihm nicht zuzumuten* usw. Zu beachten ist, dass eine Fügung, die nicht zusammengeschrieben wird (z. B. *jemand mit jemandem bekannt machen*), auch nicht bei der Erweiterung mit *zu* zusammengeschrieben werden darf: *Er bat mich, ihn mit ihr bekannt zu machen. Er forderte mich auf, mit ihm spazieren zu gehen.* **2. Falsch gebildete Formen von *zu*:** Das Wort *zu* in der Bedeutung »geschlossen, nicht geöffnet« kann man nicht wie ein Eigenschaftswort brauchen oder beugen, es ist unveränderbar. Gebeugte Formen wie *die zue* oder *zune Flasche, ein zues* oder *zunes Fenster* sind umgangssprachlich und standardsprachlich **falsch**.

zu was oder **wozu**

Vor allem in der gesprochenen Sprache ersetzen viele Sprecher heute *wozu* durch *zu was: Zu was brauchst du das Geld? Er fragt sich, zu was das taugt.* Die Verbindung *zu was* ist jedoch umgangssprachlich. Stilistisch besser ist *wozu: Wozu brauchst du das Geld? Er fragt sich, wozu das taugt.*

zu zweien, zu zweit

Man kann sowohl *zu zweien (zu dreien, zu vieren)* als auch *zu zweit (zu dritt, zu viert)* sagen. Allerdings unterscheiden sich beide Formen meist in der Bedeutung. Gewöhnlich gebraucht man *zu zweien,* wenn von einer Einteilung einer größeren Anzahl in Gruppen zu je zwei die Rede ist: *Ihr müsst euch zu zweien aufstellen.* Soll dagegen nur die Gesamtzahl genannt werden, so gebraucht man gewöhnlich *zu zweit: Allein geht es nicht, aber zu zweit oder zu dritt schafft man es leicht.*

zugunsten, zu Gunsten

1. Rechtschreibung: Nach den neuen amtlichen Rechtschreibregeln kann man *zugunsten* auch auseinander schreiben: *zu Gunsten.*

2. Beugung: Das Verhältniswort (die Präposition) *zugunsten* kann vor oder nach dem Hauptwort oder Fürwort (Pronomen) stehen. Bei Voranstellung steht es mit dem Wesfall: *zugunsten bedürftiger Kinder.* Ist *zugunsten* nachgestellt, dann steht es mit dem Wemfall. Diese Nachstellung ist jedoch selten: *bedürftigen Kindern zugunsten.* Als Umstandswort (Adverb) steht *zugunsten* mit *von* und dem Wemfall: *zugunsten von bedürftigen Kindern.*

zum Beispiel (z. B.) Die Fügung *zum Beispiel* kann ohne Komma in den Ablauf eines Satzes einbezogen sein oder auch an dessen Spitze stehen: *Ich sehe sie zum Beispiel oft auf der Straße beim Einkaufen.* Oder: *Zum Beispiel sehe ich sie oft auf der Straße beim Einkaufen.* Wenn aber *zum Beispiel* eine nachgestellte nähere Bestimmung einleitet, dann steht **vor** *zum Beispiel* **immer** ein Komma: *Ich sehe sie oft auf der Straße, z. B. beim Einkaufen. Ich sehe sie oft, z. B. beim Einkaufen, auf der Straße. Er hat die Rolle schon überall, z. B. in Paris und in New York, gespielt und gesungen. Manches stört mich an ihm, z. B. hat er schlechte Manieren.* Wenn in solchen Fällen *zum Beispiel* in Verbindung mit einem Bindewort (einer Konjunktion wie *als, dass, wenn* o. Ä.) einen Nebensatz einleitet, dann steht unmittelbar nach *zum Beispiel* gewöhnlich auch ein Komma, es muss aber nicht stehen: *Ich sehe sie oft auf der Straße, z. B., wenn sie einkaufen geht.* Oder als einheitliche Fügung ohne Komma: *Ich sehe sie oft auf der Straße, z. B. wenn sie einkaufen geht.*

zumal Wenn *zumal* einen Zusatz (sei es ein Satzteil oder ein ganzer Satz) einleitet, so trennt man diesen Zusatz durch Komma ab: *Er isst sehr gerne Obst, zumal Äpfel. Er isst Obst, zumal Äpfel, sehr gerne. Er isst Obst sehr gerne, zumal Äpfel liebt er besonders.* Gelegentlich kann die Kommasetzung bei einem Satzteil, der mit *zumal* eingeleitet ist, unterbleiben, nämlich wenn dieser Satzteil in den Ablauf des Satzes einbezogen werden kann und nicht als Zusatz aufgefasst wird. Als Zusatz mit Kommasetzung: *Er isst Obst, zumal am Abend, sehr gerne.* In den Ablauf des Satzes einbezogen ohne Kommasetzung: *Er isst Obst zumal am Abend sehr gerne.*
Mit *da* und *wenn* bildet *zumal* Fügungen, die als Einheit empfunden werden können. Zwischen *zumal* und *da* bzw. *zumal* und *wenn* steht dann kein Komma. Nach den neuen amtlichen Rechtschreibregeln kann aber auch nach *zumal* und vor *da* oder *wenn* ein Komma stehen. Die mit *zumal da* oder *zumal wenn* eingeleiteten Nebensätze trennt man stets durch Komma ab: *Sie kann ihn nicht ausstehen, zumal[,] wenn er betrunken ist. Ich kann es ihm nicht abschlagen, zumal[,] da er immer so gefällig ist.* (Bei solchen Sätzen kann man *da* im Unterschied zu *wenn* auch weglassen: *Ich kann es ihm nicht abschlagen, zumal er immer so gefällig ist.*)

zumindest/ mindestens/ zum Mindesten Im Sinne von »wenigstens« kann man sowohl *zumindest* als auch *mindestens,* seltener auch *zum Mindesten* gebrauchen: *Du hättest mir die Sache zumindest* oder *mindestens* oder auch *zum Mindes-*

ten andeuten müssen. **Falsch** hingegen ist die Form *zumindestens,* die durch eine Vermischung von *zumindest* und *mindestens* entstanden ist.

Zusammentreffen von drei gleichen Buchstaben Treffen in einem zusammengesetzten Wort drei gleiche Buchstaben zusammen, dann darf nach den neuen amtlichen Rechtschreibregeln keiner von ihnen wegfallen: *Kaffeeersatz, Brennnessel, Balletttruppe.* Zur besseren Lesbarkeit kann in allen diesen Fällen ein Bindestrich gesetzt werden: *Kaffee-Ersatz, Brenn-Nessel, Ballett-Truppe.* Treffen beim behelfsmäßigen Ersatz von *ß* durch *ss* drei s-Buchstaben zusammen, dann darf man von diesen drei *s* in keinem Falle eines auslassen: *MASSSACHEN, MASSSTAB.* Der größeren Übersichtlichkeit wegen kann man auch diese Zusammensetzungen mit Bindestrich schreiben: *MASS-SACHEN, MASS-STAB.*

zuungunsten Bitte lesen Sie zum Verhältniswort (zur Präposition) *zuungunsten* unter »zugunsten« nach.

zuzüglich Nach *zuzüglich* steht üblicherweise der Wesfall: *zuzüglich aller Versandkosten, zuzüglich des Portos, zuzüglich der erwähnten Gläser.* Steht aber das Hauptwort, das von *zuzüglich* abhängt, allein, also ohne ein Begleitwort, dann bleibt es in der Einzahl im Allgemeinen ungebeugt, d. h. unverändert: *zuzüglich Porto.* In der Mehrzahl aber weicht man bei allein stehenden Hauptwörtern auf den Wemfall aus: *zuzüglich Gläsern.*

zwecks Das Verhältniswort (die Präposition) *zwecks* ist besonders in der Amtssprache gebräuchlich und stilistisch unschön. Es steht im Allgemeinen anstelle von *zu* oder *für* und wird in der Regel mit dem Wesfall verbunden: *zwecks eines Handels, zwecks Zahlungsaufschubs.* In der Mehrzahl weicht man jedoch auf den Wemfall aus, wenn der Wesfall nicht eindeutig erkennbar ist: *zwecks Geschäften* (**nicht:** *Geschäfte*).

zwischen **1. Kinder zwischen 10 und 12 Jahren, Gemeinden zwischen 50 000 und 100 000 Einwohnern:** Nach dem Verhältniswort (der Präposition) *zwischen* steht in solchen Fällen **immer** der Wemfall: *Das Buch ist besonders für Kinder zwischen 10 und 12 Jahren geeignet. Es waren Kinder zwischen 10 und 12 Jahren. Es geht um den Gesundheitszustand der Kinder zwischen 10 und 12 Jahren. Es wa-*

ren die Steuern von Gemeinden zwischen 50000 und 100000 Einwohnern. Anders verhält es sich bei Sätzen wie: *Die Kinder waren zwischen 10 und 12 Jahre alt. Es waren die Steuern von Gemeinden, die zwischen 50000 und 100000 Einwohner haben.* Hier ist *zwischen* kein Verhältniswort, sondern Umstandswort (Adverb). Es hat daher keinen Einfluss auf die Beugung des folgenden Hauptworts *Jahre* bzw. *Einwohner.* Diese Hauptwörter sind hier nicht von *zwischen* abhängig, sondern von *alt sein* und *haben.*

2. Gegensätze zwischen den Arbeitgebern und zwischen den Arbeitnehmern: Die Wiederholung von *zwischen* (nach *und*) kann bei solchen Aussagen völlig den Sinn verändern und zu Missverständnissen führen. Richtig und sinnvoll ist ein solcher Ausdruck nur, wenn man hier Gegensätze sowohl innerhalb des Arbeitgeberlagers als auch innerhalb des Arbeitnehmerlagers ansprechen will und nicht Gegensätze zwischen diesen beiden Lagern. Sonst dürfte *zwischen* nicht wiederholt werden, und es müsste heißen: *Die Gegensätze zwischen den Arbeitgebern und den Arbeitnehmern sollen abgebaut werden.* Ganz und gar sinnlos ist die Wiederholung von *zwischen* in Fällen wie: *der Abstand zwischen diesem Haus und zwischen dem Nachbarhaus* oder: *das Spiel zwischen dem 1. FCK und zwischen dem HSV.* Richtig ist hier nur: *der Abstand zwischen diesem Haus und dem Nachbarhaus* und: *das Spiel zwischen dem 1. FCK und dem HSV.*

zwischenzeitlich Das Wort *zwischenzeitlich* tritt hauptsächlich im geschäftlichen Briefverkehr sowie in der Amtssprache auf und ist stilistisch unschön. Man ersetzt es besser durch *inzwischen* oder *in der Zwischenzeit.*

Wörterverzeichnis mit Formulierungshilfen

Erläuterungen zum Wörterverzeichnis

Zeichenerklärung

Im Wörterverzeichnis werden die folgenden Zeichen mit besonderer Bedeutung verwendet:

<table>
<tr><th>Zeichen</th><th>Erläuterungen</th><th>Beispiele</th></tr>
<tr><td>.</td><td>Der untergesetzte Punkt kennzeichnet eine kurze betonte Silbe.</td><td>bestẹllen</td></tr>
<tr><td>_</td><td>Der untergesetzte Strich kennzeichnet eine lange betonte Silbe.</td><td>verschli̲e̲ßen</td></tr>
<tr><td>|</td><td>Der senkrechte Strich dient zur Angabe der möglichen Worttrennungen am Zeilenende.</td><td>Be|strah|lung</td></tr>
<tr><td>®</td><td>Als Warenzeichen geschützte Wörter sind durch das Zeichen ® kenntlich gemacht. Etwaiges Fehlen dieses Zeichens bietet keine Gewähr dafür, dass es sich hier um ein Wort handelt, das von jedermann frei benutzt werden darf.</td><td>Diolen ®</td></tr>
<tr><td>-</td><td>Der waagerechte Strich steht stellvertretend für das Stichwort.</td><td>ab; - und zu;
Allerlei, das;
-s, -s; Leipziger -</td></tr>
<tr><td>...</td><td>Drei Punkte stehen, wenn Teile eines Wortes ausgelassen werden.</td><td>A|d|op|ti|on
[...zio̲n]</td></tr>
<tr><td>‿</td><td>Der Bogen steht innerhalb einer Ableitung oder Zusammensetzung, um anzuzeigen, dass der vor ihm stehende Wortteil bei den folgenden Wörtern anstelle der drei Punkte zu setzen ist.</td><td>Bi̲ber‿pelz,
...schwanz</td></tr>
<tr><td>[ ]</td><td>Die eckigen Klammern schließen Aussprachebezeichnungen, Zusätze zu Erklärungen in runden Klammern und beliebige Auslassungen ein.</td><td>A|ga̲|ve [...v^e];
mạ-xi (Mode: knöchellang [von Röcken, Kleidern oder Mänteln])
abschnitt[s]weise;
Wissbegier[de]</td></tr>
<tr><td>( )</td><td>Die runden Klammern schließen Erklärungen, Verdeutschungen und Hinweise zum heutigen Sprachgebrauch ein. Sie enthalten außerdem grammatische Angaben bei Ableitungen und Zusammensetzungen innerhalb von Wortgruppen.</td><td>auserkoren
(auserwählt)</td></tr>
</table>

Anordnung und Behandlung der Stichwörter

Die Stichwörter sind nach dem Abc angeordnet. Die Umlaute ä, ö, ü, äu werden wie die Selbstlaute a, o, u, au behandelt, der Buchstabe ß wie ss.

Zeitwörter
Bei den starken und unregelmäßigen Zeitwörtern werden neben der Grundform auch die 3. Person Einzahl der Vergangenheit und das Mittelwort der Vergangenheit angegeben:

liegen; lag, gelegen.

Dies gilt nicht für zusammengesetzte oder mit einer Vorsilbe gebildete Zeitwörter. Die entsprechenden Formen sind immer beim einfachen Zeitwort nachzuschlagen,

also *vorziehen* bei *ziehen*
oder *eintreffen* bei *treffen.*

Hauptwörter
Bei einfachen Hauptwörtern sind das zugehörige Geschlechtswort und zwei Beugungsformen angegeben, nämlich der Wesfall der Einzahl und der Werfall der Mehrzahl:

Knabe, der; -n, -n
(das bedeutet: *der Knabe, des Knaben, die Knaben*).

Hauptwörter, die nur in der Mehrzahl vorkommen, werden durch ein nachgestelltes *Mehrz.* gekennzeichnet:

Leute, die *(Mehrz.).*

Die Angabe des Geschlechtswortes und der Beugung fehlt meistens bei abgeleiteten Hauptwörtern, die mit einer der folgenden Silben gebildet sind:

Endsilbe	Beispiel	Hierzu ist zu ergänzen
-chen	Mädchen	*das;* -s, -
-lein	Englein	*das;* -s, -
-ei	Bäckerei	*die;* -, -en
-er	Lehrer	*der;* -s, -
-heit	Freiheit	*die;* -, -en
-in	Lehrerin	*die;* -, -nen
-keit	Ähnlichkeit	*die;* -, -en
-ling	Jüngling	*der;* -s, -e
-schaft	Landschaft	*die;* -, -en
-tum	Reichtum	*der;* -s, …tümer
-ung	Prüfung	*die;* -, -en

Für zusammengesetzte Hauptwörter findet man die entsprechenden Angaben beim jeweiligen Grundwort,

also für *Eisenbahn* bei *Bahn*
oder für *Fruchtsaft* bei *Saft*.

Eigenschaftswörter
Bei Eigenschaftswörtern werden unregelmäßige Steigerungsformen angegeben:

gut; besser, beste.

Ausspracheangaben

Aussprachebezeichnungen stehen bei Fremdwörtern und einigen deutschen Wörtern, deren Aussprache von der sonst üblichen abweicht. Die folgenden besonderen Zeichen ergänzen hierbei das Abc:

Zeichen	Erläuterungen	Beispiele
å	ist ein fast wie ein o gesprochenes a	Trawler [*trå*...]
ch	ist der Ichlaut wie in heimli*ch*	Chemie [*che*...]
~~*ch*~~	ist der Achlaut wie in Ba*ch*	Don Juan [*don* ~~*ch*~~*uan*]
e	ist das unbetonte e wie in Has*e*	Blamage [...*ma*~~*sch*~~*e*]
~~*ng*~~	bedeutet, dass der vorangehende Selbstlaut durch die Nase gesprochen wird	Terrain [...*rä*~~*ng*~~]
r	st das nur angedeutete r wie in He*r*d	Girl [*göʳl*]
i	ist ein i, das nur angedeutet, nicht voll gesprochen wird	Lady [*leⁱdi*]
s	ist das stimmhafte (weiche) s wie in Ra*s*en	Friseuse [...*sös*e]
ß	ist das stimmlose (scharfe) s wie in e*ss*en	Police [...*liß*e]
~~*sch*~~	ist ein stimmhaftes (weiches) sch	Genie [~~*sch*~~*e*...]
~~*th*~~	ist ein mit der Zungenspitze hinter den oberen Vorderzähnen erzeugter stimmloser Reibelaut (eine Art gelispeltes *ß*)	Thriller [~~*th*~~*ril*er]
u	ist ein u, das nur angedeutet, nicht voll gesprochen wird	Go-Kart [*go*u...]
	Die Ausspracheangaben stehen hinter dem Stichwort in eckigen Klammern. Vorangehende oder nachgestellte Punkte (...) zeigen an, dass der erste oder letzte Teil des Wortes wie im Deutschen ausgesprochen wird.	Abonnement [*abon*(e)*ma*~~*ng*~~, schweiz. auch: ...*mänt*]
	Ein unter den Selbstlaut gesetzter Punkt gibt betonte Kürze an, ein Strich betonte Länge. Sollen bei schwieriger auszusprechenden Fremdwörtern zusätzlich unbetonte Längen gekennzeichnet werden, dann wird die Betonung durch einen Akzent angegeben.	Beefsteak [*bífßtek*]

Im Wörterverzeichnis verwendete Abkürzungen

Abkürzungen, bei denen nur die Nachsilbe *-isch* zu ergänzen ist, sind nicht aufgeführt (z. B. arab. = arabisch). Für die Nachsilbe *-lich* ist die Abkürzung *…l.* (z. B. ähnl. = ähnlich); in Zusammensetzungen werden die Wörter *-sprache* und *-sprachlich* mit *…spr.* abgekürzt (z. B. hochspr. = hochsprachlich; Ausspr. = Aussprache).

A

Abk.	Abkürzung
afrik.	afrikanisch
allg.	allgemein
amerik.	amerikanisch
Amtsspr.	Amtssprache
Anm.	Anmerkung
Astron.	Astronomie
A. T.	Altes Testament

B

Bankw.	Bankwesen
Bauw.	Bauwesen
Bd./Bde.	Band/Bände
Bem.	Bemerkung
Bergw.	Bergwesen
berl.	berlinerisch
bes.	besonders
best.	bestimmt
Bez.	Bezeichnung
Bindew.	Bindewort
Biol.	Biologie
Bot.	Botanik

C

chin.	chinesisch

D

Druckw.	Druckwesen
dt.	deutsch

E

ehem.	ehemals
Eigenn.	Eigenname
eigtl.	eigentlich
Einz.	Einzahl
etw.	etwa/etwas
ev.	evangelisch

F

Flugw.	Flugwesen
Forstw.	Forstwesen
fotogr.	fotografisch
fr.	französisch

G

gebr.	gebräuchlich
geh.	gehoben
Geogr.	Geographie

Geol.	Geologie
germ.	germanisch
Ggs.	Gegensatz
gr.	griechisch
H	
hist.	historisch
hl.	heilig
I	
i. d.	in der
idg.	indogermanisch
insbes.	insbesondere
it.	italienisch
J	
Jh.	Jahrhundert
jmd.	jemand
jmdm.	jemandem
jmdn.	jemanden
jmds.	jemandes
K	
kath.	katholisch
Kochk.	Kochkunst
Kurzbez.	Kurzbezeichnung
Kurzw.	Kurzwort
L	
landsch.	landschaftlich
Landw.	Landwirtschaft
lat.	lateinisch
M	
m.	männlich
MA.	Mittelalter
math.	mathematisch
Math.	Mathematik
mdal.	mundartlich
Med.	Medizin
Mehrz.	Mehrzahl
Meteor.	Meteorologie
milit.	militärisch
Milit.	Militär
mitteld.	mitteldeutsch
N	
nationalsoz.	nationalsozialistisch
niederl.	niederländisch
nordamerik.	nordamerikanisch
nordd.	norddeutsch
N. T.	Neues Testament
O	
o. ä.	oder ähnlich
o. Ä.	oder Ähnliches
od.	oder
ostd.	ostdeutsch
österr.	österreichisch

ostmitteld.	ostmitteldeutsch
ostpr.	ostpreußisch

P

Päd.	Pädagogik
Philos.	Philosophie
Prof.	Professor
Psych.	Psychologie

R

Rechtsw.	Rechtswissenschaft
rel.	religiös
Rel.	Religion

S

Sammelbez.	Sammelbezeichnung
scherzh.	scherzhaft
schweiz.	schweizerisch
Sprachw.	Sprachwissenschaft
südd.	süddeutsch
südwestd.	südwestdeutsch
svw.	so viel wie

T

Textilw.	Textilwesen
Theol.	Theologie
Trenn.	Trennung

U

u.	und
u. a.	und andere
u. Ä.	und Ähnliches
übertr.	übertragen
ugs.	umgangssprachlich
Umstandsw.	Umstandswort
ung.	ungarisch
urspr.	ursprünglich
usw.	und so weiter

V

veralt.	veraltet
Verhältnisw.	Verhältniswort
Verkehrsw.	Verkehrswesen
vgl./vgl. d.	vergleiche/ vergleiche dies

W

w.	weiblich
Wemf.	Wemfall
Wenf.	Wenfall
Wesf.	Wesfall
westd.	westdeutsch
westmitteld.	westmitteldeutsch
Wirtsch.	Wirtschaft

Z

z. B.	zum Beispiel
Zeitungsw.	Zeitungswesen
Zool.	Zoologie
z. T.	zum Teil

Aa

A (Buchstabe); das A; des A, die A; aber: das a in Bach
a, A, *das;* -, - (Tonbezeichnung)den, (auch:) Anders
A, α = Alpha
à (bes. Kaufmannsspr.: zu [je]); 3 Stück à 10 Cent, dafür besser: ... zu [je] 10 Cent
Aa, *das;* - (Kinderspr.: Kot); - machen
Aal, *der;* -[e]s, -e; aber: Älchen (vgl. d.); **aa|len,** sich (ugs. für: behaglich ausgestreckt; sich ausruhen); **aal|glatt**
Aar, *der;* -[e]s, -e (geh. für: Adler)
Aas, *das;* -es, (für: Tierleichen:) -e u. (als Schimpfwort:) Ä|ser; **aa|sen** (ugs. für: verschwenderisch umgehen); **Aas|gei|er**
ab; *Umstandsw.:* ab sein (ugs.); - und zu, (landsch.:) - und an (von Zeit zu Zeit); *Verhältnisw.* mit *Wemf.:* - Bremen, - [unserem] Werk; - erstem März
ab|än|dern; Ab|än|de|rung; Ab|än|de|rungs|vor|schlag
ab|ar|bei|ten
Ab|art; ab|ar|tig
ab|as|ten, sich (ugs. für: sich abplagen)
Ab|bau, *der;* -[e]s, (Bergmannsspr.: Abbaustellen *Mehrz.:*) -e u. (landsch. für: abseits gelegenes Anwesen *Mehrz.:*) -ten; **ab|bau|en**
Ab|bé [*abe*], *der;* -s, -s (kath. Kirche: Titel der niederen Weltgeistlichen in Frankreich)
ab|be|ru|fen; Ab|be|ru|fung
ab|be|stel|len; Ab|be|stel|lung
ab|bie|gen
Ab|bild; ab|bil|den; Ab|bil|dung
Ab|bit|te; - leisten, tun
ab|bla|sen
ab|blät|tern
ab|blen|den; Ab|blend|licht (*Mehrz.* ...lichter)
ab|blit|zen; jmdn. - lassen (ugs. für: jmdn. abweisen)
ab|blo|cken (Sportspr.: abwehren)
ab|bre|chen
ab|brem|sen; Ab|brem|sung
ab|brin|gen; jmdn. von etwas -
ab|brö|ckeln; Ab|brö|ckelung, Ab|bröck|lung
Ab|bruch, *der;* -[e]s, ...brüche; einer Sache [keinen] - tun
ab|bürs|ten
Abc, *das;* -, -; **Abc-Buch** (Fibel)
ab|che|cken [*...tschäkᵉn*] (ugs. für: überprüfen)
Abc-Schüt|ze; ABC-Waf|fen, *die* (*Mehrz.;* atomare, biologische u. chemische Waffen); **ABC-Waf|fen-frei;** -e Zone
Ab|dampf (Technik); **ab|damp|fen** (Dampf abgeben; als Dampf abgeschieden werden; ugs. für: abfahren); **ab|dämp|fen** ([in seiner Wirkung] mildern); **Ab|dampf|wär|me** (Technik)
ab|dan|ken; Ab|dan|kung (schweiz. auch für: Trauerfeier)
ab|de|cken; Ab|de|cker (jmd., der Tierkadaver beseitigt); **Ab|de|cke|rei; Ab|de|ckung**
ab|dich|ten; Ab|dich|tung
ab|dros|seln
Ab|druck, *der;* -[e]s, ...drücke (in Gips u. a.) u. (Druckw.:) ...drucke; **ab|dru|cken;** ein Buch -; **ab|drü|cken;** das Gewehr -
A|bend, *der;* -s, -e; zu Abend essen; Guten (auch: guten) Abend sagen; gestern, heute, morgen Abend; [am] Dienstagabend; [um] 8 Uhr abends; dienstagabends, (auch:) dienstags abends; **A|bend‿es|sen, ...land** (das; -[e]s); **a|bend|lich; A|bend|mahl** (*Mehrz.* ...mahle); **A|bend|mahls|brot; A|bend‿rot** od. **...rö|te; a|bends;** vgl. Abend; **A|bend|ver|kauf**
A|ben|teu|er, *das;* -s, -; **A|ben|teu|e|rin; a|ben|teu|er|lich; A|ben|teu|rer; A|ben|teu|re|rin**
a|ber; *Bindew.:* er sah sie, aber ([je]doch) er hörte sie nicht. *Umstandsw.* in Fügungen wie: aber und abermals (wieder und wiederum); tausend und abertausend, (auch:) Tausend und Abertausend; **A|ber,** *das;* -s, -; es ist ein - dabei; viele Wenn und - vorbringen
A|ber|glau|be; a|ber|gläu|bisch
ab|er|ken|nen; ich erkenne ab, (selten:) ich aberkenne; ich erkannte ab, (selten:) ich aberkannte; jmdm. etwas -; **Ab|er|ken|nung**
a|ber|ma|lig; a|ber|mals
ab|es|sen
ab|fah|ren; Ab|fahrt; Ab|fahrt[s]|gleis; Ab|fahrts‿lauf, ...ren|nen; Ab|fahrt[s]|si|g|nal; Ab|fahrt[s]|zeit
Ab|fall, *der;* **Ab|fall‿auf|be|rei|tung, ...ei|mer; ab|fal|len; ab|fäl|lig; Ab|fall|wirt|schaft**
ab|fan|gen
ab|fas|sen; Ab|fas|sung

ạb|fer|ti|gen; Ạb|fer|ti|gung
ạb|fin|den; Ạb|fin|dung
ạb|fla|chen; sich -
ạb|flau|en
ạb|flie|gen
ạb|flie|ßen
Ạb|flug
Ạb|fluss; Ạb|fluss|hahn
ạb|fra|gen (auch Postwesen, EDV); jmdn. od. jmdm. etwas -
Ạb|fuhr, *die;* -, -en; **ạb|füh|ren; Ạb|führ|mit|tel; Ạb|füh|rung**
Ạb|ga|be (für: Steuer usw. meist *Mehrz.*); **ạb|ga|ben|pflich|tig; Ạb|ga|be|ter|min**
Ạb|gang, *der;* **Ạb|gän|ger** (Amtsspr.: von der Schule Abgehender); **ạb|gän|gig; Ạb|gangs|zeug|nis**
Ạb|gas; Ạb|gas|un|ter|su|chung (Abk.: AU)
ạb|ge|ar|bei|tet
ạb|ge|ben
ạb|ge|blasst
ạb|ge|brannt (ugs. für: ohne Geldmittel)
ạb|ge|brüht (ugs. für: [sittlich] abgestumpft, unempfindlich)
ạb|ge|dro|schen (ugs. für: phrasenhaft); -e Redensart
ạb|ge|feimt (durchtrieben)
ạb|ge|här|tet
ạb|ge|hen
ạb|ge|kar|tet (ugs.); eine -e Sache
ạb|ge|klärt
ạb|ge|le|gen
ạb|ge|lei|ert; -e (ugs. für: [zu] oft gebrauchte, platte) Worte
ạb|ge|macht (ugs.); -e Sache
ạb|ge|mer|gelt (erschöpft; abgemagert); vgl. abmergeln
ạb|ge|neigt
Ạb|ge|ord|ne|te, *der* u. *die;* -n, -n
ạb|ge|ris|sen; -e (zerlumpte) Kleidung
ạb|ge|sagt; ein -er (geh. für: erklärter) Feind des Nikotins
Ạb|ge|sand|te, *der* u. *die;* -n, -n
Ạb|ge|sang
ạb|ge|schie|den (geh. für: einsam [gelegen]; verstorben); **Ạb|ge|schie|de|ne,** *der* u. *die;* -n, -n (geh.); **Ạb|ge|schie|den|heit**
ạb|ge|schlafft (ugs. für: müde, erschöpft); vgl. abschlaffen
ạb|ge|schla|gen; Ạb|ge|schla|gen|heit
ạb|ge|schmackt; -e (platte) Worte
ạb|ge|se|hen; abgesehen von ...
ạb|ge|spannt
ạb|ge|ta|kelt (ugs. für: heruntergekommen, ausgedient)
ạb|ge|tan; eine -e (erledigte) Sache
ạb|ge|wetzt
ạb|ge|wo|gen
ạb|ge|wöh|nen
ạb|ge|zehrt
ạb|ge|zo|gen; -er (geh. für: abstrakter) Begriff
Ạb|gott, *der;* -[e]s, Abgötter; **ạb|göt|tisch**
ạb|gra|ben; jmdm. das Wasser -
ạb|gren|zen; Ạb|gren|zung
Ạb|grund; ạb|grün|dig
ạb|gu|cken (ugs.); [von od. bei] jmdm. etwas -
Ạb|guss
ạb|ha|ben (ugs.)
ạb|ha|cken
ạb|ha|ken
ạb|hal|ten; Ạb|hal|tung
ạb|han|deln; ein Thema -
ab|hạn|den; - kommen (verloren gehen)
Ạb|hand|lung
Ạb|hang; [1]ạb|hän|gen; hing ab, abgehangen; **[2]ạb|hän|gen;** hängte ab, abgehängt; **ạb|hän|gig;** -e (indirekte) Rede; **Ạb|hän|gig|keit**
ạb|här|ten; Ạb|här|tung, *die;* -
ạb|hau|en (ugs. auch für: davonlaufen); ich hieb den Ast ab; wir hauten ab
ạb|he|ben
ạb|hel|fen; einem Mangel -
ạb|het|zen; sich -
Ạb|hil|fe
ạb|hold; jmdm., einer Sache - sein
ạb|ho|len; Ạb|ho|ler
ạb|hö|ren; jmdn. od. jmdm. etwas -; **Ạb|hör|ge|rät**
A|b|i|tu̲r, *das;* -s, (selten:) -e (Reifeprüfung); **A|b|i|tu|ri|ẹnt,** *der;* -en, -en (Reifeprüfling); **A|b|i|tu|ri|ẹn|tin**
ạb|kan|zeln (ugs. für: scharf tadeln)
ạb|kap|seln; ich kaps[e]le ab
Ạb|kehr, *die;* -
ạb|klap|pern (ugs. für: suchend, fragend ablaufen)
ạb|klin|gen
ạb|knal|len (ugs. für: niederschießen)
ạb|knap|sen; jmdm. etwas - (ugs. für: wegnehmen)
ạb|kni|cken
ạb|knöp|fen; jmdm. Geld - (ugs. für: abnehmen)
Ạb|kom|men, *das;* -s, -; **ạb|kömm|lich; Ạb|kömm|ling**
ạb|kön|nen (nordd. ugs. für: aushalten, vertragen); du weißt doch, dass ich das nicht abkann
ạb|kop|peln
ạb|krat|zen (derb auch für: sterben)
ạb|küh|len; Ạb|küh|lung
Ạb|kunft, *die;* -
ạb|kür|zen; Ạb|kür|zung
ạb|la|chen (ugs. für: ausgiebig, herzhaft lachen)
ạb|la|den; vgl. [1]laden; **Ạb|la|de|platz; Ạb|la|dung**
Ạb|la|ge; ạb|la|gern; Ạb|la|ge|rung
Ạb|lass, *der;* -es, Ablässe; **Ạb|lass|brief; ạb|las|sen**
Ạb|lauf; ạb|lau|fen
Ạb|laut (Sprachw.: gesetzmäßiger Selbstlautwechsel in der Stammsilbe etymologisch verwandter Wörter, z. B. »singen, sang, gesungen«)
Ạb|le|ben, *das;* -s (geh. für: Tod)
ạb|le|cken
ạb|le|gen; Ạb|le|ger (Pflanzentrieb; ugs. scherzh. für: Sohn oder Tochter)
ạb|leh|nen; einen Vorschlag -; **Ạb|leh|nung**
ạb|leis|ten; Ạb|leis|tung

ạb|lei|ten; Ạb|lei|tung
ạb|len|ken; Ạb|len|kung
ạb|le|sen; Ạb|le|ser
ạb|leug|nen
ạb|lich|ten; Ạb|lich|tung
ạb|lie|fern; Ạb|lie|fe|rung
ạb|lie|gen; weit -
ạb|lis|ten; jmdm. etwas -
ạb|lö|sen; Ạb|lö|se|sum|me; Ạb|lö|sung; Ạb|lö|sungs|sum|me
ạb|luch|sen (ugs.); jmdm. etwas -
ABM = Arbeitsbeschaffungsmaßnahme
ạb|ma|chen; Ạb|ma|chung
ạb|ma|gern; Ạb|ma|ge|rung
ạb|ma|len; ein Bild -
Ạb|marsch, *der;* **ạb|mar|schie|ren**
ạb|mel|den; Ạb|mel|dung
ạb|mer|geln, sich (ugs. für: sich abmühen); ich merg[e]le mich ab; vgl. abgemergelt
ạb|mes|sen; Ạb|mes|sung
ạb|mon|tie|ren
ABM-Stel|le; vgl. ABM
ạb|mü|hen, sich
ạb|murk|sen (salopp für: umbringen)
ạb|mus|tern (Seemannsspr.: entlassen; den Dienst aufgeben)
ạb|nä|hen; Ạb|nä|her
Ạb|nah|me, *die;* -, -n; **ạb|neh|men; Ạb|neh|mer**
Ạb|nei|gung
ab|nọrm (vom Normalen abweichend; krankhaft); **ab|nor|mal** [auch: ...*mal*] (bes. österr., schweiz. für: nicht normal); **Ab|nor|mi|tät,** *die;* -, -en
ạb|nut|zen, (bes. südd., österr.:) **ạb|nüt|zen**
A|bon|ne|ment [*abon(e)mang*, schweiz. auch: ...*mänt*], *das;* -s, -s (schweiz. auch: -e; Dauerbezug von Zeitungen u. Ä., Dauermiete für Theater u. Ä.); **A|bon|ne|ment[s]|vor|stel|lung; A|bon|nẹnt,** *der;* -en, -en (Inhaber eines Abonnements); **A|bon|nẹn|tin; a|bon|nie|ren;** auf etwas abonniert sein

ạb|ord|nen; Ạb|ord|nung
[1]**A|b|ọrt,** *der;* -[e]s, -e (Toilette)
[2]**A|b|ọrt,** *der;* -s, -e (Med.: Fehlgeburt)
ạb|pa|cken
ạb|pas|sen
ạb|pau|sen; eine Zeichnung -
ạb|pfei|fen; Ạb|pfiff (Sportspr.)
ạb|pflü|cken
ạb|pla|gen, sich
ạb|pral|len; Ạb|pral|ler (Sportspr.)
ạb|put|zen
ạb|qua|li|fi|zie|ren
ạb|ra|ckern, sich (ugs. für: sich abarbeiten)
ạb|ra|ten; jmdm. von etwas -
Ạb|raum, *der;* -[e]s (Bergmannsspr.: Deckschicht über Lagerstätten); **ạb|räu|men**
ạb|re|a|gie|ren; sich -
ạb|rech|nen; Ạb|rech|nung
Ạb|re|de; etwas in - stellen
ạb|rei|ben; Ạb|rei|bung
Ạb|rei|se (*Mehrz.* selten); **ạb|rei|sen**
Ạb|reiß|block (*Mehrz.* ...blocks); **ạb|rei|ßen;** vgl. abgerissen; **Ạb|reiß|ka|len|der**
ạb|rich|ten; Ạb|rich|tung
Ạb|rieb, *der;* -[e]s, (für: abgeriebene Teilchen *Mehrz.*:) -e (Technik); **ạb|rieb|fest**
ạb|rie|geln
Ạb|riss, *der;* -es, -e
Ạb|ruf, *der;* -[e]s; auf -; **ạb|ruf|be|reit;** sich - halten; **ạb|ru|fen**
ạb|run|den; eine Zahl [nach oben, unten] -; **Ạb|run|dung**
a|b|rụpt (zusammenhanglos, plötzlich)
ạb|rüs|ten; Ạb|rüs|tung; Ạb|rüs|tungs|kon|fe|renz
ABS = Antiblockiersystem
ạb|sa|cken (ugs. auch für: [ab]sinken)
Ạb|sa|ge; *die;* -, -n; **ạb|sa|gen**
ạb|sä|gen
ạb|sah|nen
Ạb|satz
ạb|schaf|fen; Ạb|schaf|fung
ạb|schät|zen; ạb|schät|zig

Ạb|schaum, *der;* -[e]s
ạb|sche|ren; den Bart -
Ạb|scheu, *der;* -[e]s (seltener: *die;* -); eine Abscheu erregende, auch: abscheuerregende Tat; aber nur: eine großen Abscheu erregende Tat, eine äußerst abscheuerregende, noch abscheuerregendere Tat; **ab|scheu|lich**
ạb|schi|cken
Ạb|schied, *der;* -[e]s, -e; **Ạb|schieds|be|such**
ạb|schir|men; Ạb|schir|mung
ạb|schlach|ten
ạb|schlaf|fen (ugs. für: schlaff machen, werden)
Ạb|schlag; auf -; **ạb|schla|gen; ạb|schlä|gig** (Amtsspr.); jmdn. od. etwas - bescheiden ([jmdm.] etwas nicht genehmigen); **Ạb|schlags|zah|lung**
ạb|schlep|pen; Ạb|schlepp|seil
ạb|schlie|ßen; Ạb|schlie|ßung; Ạb|schluss; zum - bringen
ạb|schmir|geln
ạb|schnei|den; Ạb|schnitt; ạb|schnitt[s]|wei|se
ạb|schre|cken; ạb|schre|ckend; -e Preise; **Ạb|schre|ckung**
ạb|schrei|ben; Ạb|schrei|bung; Ạb|schrift; ạb|schrift|lich (Amtsspr.)
ạb|schuf|ten, sich (ugs.)
Ạb|schuss; ạb|schüs|sig
ạb|schwä|chen
ạb|seh|bar [auch: ...*se*...]; **ạb|se|hen;** vgl. abgesehen
ạb|sei|len; sich -
ạb sein; vgl. ab
[1]**Ạb|sei|te,** *die;* -, -n (landsch. für: Nebenraum, -bau)
[2]**Ạb|sei|te** (Stoffrückseite); **ạb|sei|tig; Ạb|sei|tig|keit; ạb|seits;** *Verhältnisw.* mit *Wesf.:* - des Ortes; *Umstandsw.:* - stehen, sein; **Ạb|seits,** *das;* -, - (Sportspr.); - pfeifen
ạb|sen|den; Ạb|sen|der
ạb|ser|vie|ren; jmdn. - (ugs. für: seines Einflusses berauben)

ạb|set|zen; sich -; **Ạb|set|zung**
Ạb|sicht, *die;* -, -en; **ạb|sicht|lich** [auch: *...sịcht...*]
ab|so|lut (uneingeschränkt; unbedingt; völlig); **Ab|so|lut|heit,** *die;* -; **Ab|so|lu|ti|on** [*...zion*], *die;* -, -en (Los-, Freisprechung, bes. Sündenvergebung); **Ab|so|lu|tịs|mus,** *der;* - (unbeschränkte Herrschaft eines Monarchen, Willkürherrschaft); **ab|so|lu|tịs|tisch; Ab|sol|vent** [*...wạnt*], *der;* -en, -en (Schulabgänger mit Abschlussprüfung); **Ab|sol|vẹn|tin; ab|sol|vie|ren** (erledigen, ableisten; [Schule] durchlaufen; Absolution erteilen)
ab|sọn|der|lich; ạb|son|dern; sich -; **Ạb|son|de|rung**
ab|sor|bie|ren (aufsaugen; [gänzlich] beanspruchen); **Ab|sorp|ti|on** [*...zion*], *die;* -, -en
ạb|spa|ren, sich; sich etwas vom Munde -
ạb|spei|sen
ạb|spens|tig; jmdm. jmdn. od. etwas - machen
ạb|sper|ren; Ạb|sper|rung
Ạb|spiel, *das;* -[e]s (Sportspr.); **ạb|spie|len**
Ạb|spra|che; ạb|spre|chen
ạb|sprin|gen; Ạb|sprung
ạb|spu|len; ein Tonband -
ạb|spü|len; Geschirr -
ạb|stam|men; Ạb|stam|mung
Ạb|stand; von etwas - nehmen; **Ạb|stand|hal|ter** (am Fahrrad)
ạb|stat|ten; jmdm. einen Besuch - (geh.)
ạb|stau|ben (ugs. auch für: unbemerkt mitnehmen; Sportspr.: mühelos ein Tor erzielen); **Ạb|stau|ber** (Sportspr.: mühelos erzieltes Tor)
Ạb|ste|cher; einen - machen
ạb|ste|hen
ạb|stei|gen; Ạb|stei|ge|quar|tier; Ạb|stei|ger (Sportspr.)
ạb|stel|len; Ạb|stell‿gleis, ...raum; Ạb|stel|lung
ạb|stem|peln
Ạb|stieg, *der;* -[e]s, -e
ạb|stim|men; Ạb|stim|mung
ab|s|ti|nẹnt (enthaltsam, alkohol. Getränke meidend); **Ab|s|ti|nẹnz,** *die;* -; **Ab|s|ti|nẹnz|ler** (enthaltsam lebender Mensch, bes. in Bezug auf Alkohol)
ạb|stop|pen
Ạb|stoß; ạb|sto|ßen; ạb|sto|ßend
ạb|stot|tern (ugs. für: in Raten bezahlen)
ab|s|tra|hie|ren (gedanklich verallgemeinern); **ab|s|trạkt** (begrifflich, nur gedacht); -e (vom Gegenständlichen absehende) Kunst; **Ab|s|trạkt|heit; Ab|s|trak|ti|on** [*...zion*], *die;* -, -en
ạb|strei|chen; Ạb|strei|cher
ạb|strei|ten
Ạb|strich
ab|s|trus (verworren, schwer verständlich)
ạb|stu|fen; Ạb|stu|fung
ạb|stump|fen; Ạb|stump|fung
Ạb|sturz; ạb|stür|zen
ab|sụrd (ungereimt, unvernünftig, sinnlos); **Ab|sur|di|tät,** *die;* -, -en
Ab|s|zẹss, *der;* -es, -e (Med.: eitrige Geschwulst)
Ab|s|zịs|se, *die;* -, -n (Math.: auf der Abszissenachse abgetragene erste Koordinate eines Punktes)
Ạbt, *der;* -[e]s, Äbte (Kloster-, Stiftsvorsteher)
ạb|ta|keln; ein Schiff - (Seemannsspr.: das Takelwerk entfernen [u. das Schiff außer Dienst stellen]); vgl. abgetakelt
ạb|tau|en; einen Kühlschrank -
Ab|tei
Ab|teil [ugs. auch: *ạp...*], *das;* -[e]s, -e; **ạb|tei|len;** [1]**Ạb|tei|lung,** *die;* - (Abtrennung); [2]**Ab|tei|lung** (abgeteilter Raum; Teil eines Unternehmens, einer Behörde o. Ä.)
ạb|tip|pen (ugs. für: mit der Schreibmaschine abschreiben)
Äb|tịs|sin (Kloster-, Stiftsvorsteherin)
Ạb|trag, *der;* -[e]s, Abträge; jmdm. od. einer Sache - tun (geh. für: schaden); **ạb|tra|gen; ạb|träg|lich** (schädlich); jmdm. od. einer Sache - sein (geh.)
Ạb|trans|port; ạb|trans|por|tie|ren
ạb|trei|ben; Ạb|trei|bung; Ạb|trei|bungs‿pa|ra|graph, (auch:) **...pa|ra|graf** (ugs. für: § 218 des Strafgesetzbuches), **...ver|such**
ạb|tren|nen; Ạb|tren|nung
ạb|tre|ten; Ạb|tre|ter; Ạb|tre|tung
Ạb|trift (Seemannsspr., Fliegerspr.: durch Wind od. Strömung hervorgerufene Kursabweichung)
Ạb|tritt (veraltend für: [1]Abort)
ạb|trock|nen
ab|trün|nig; Ạb|trün|nig|keit, *die;* -
ạb|tun; etwas als Scherz -; vgl. abgetan
ạb|ur|tei|len; Ạb|ur|tei|lung
ạb|wä|gen; wägte od. wog ab; abgewogen od. abgewägt
Ạb|wahl; ạb|wäh|len
ạb|wan|deln
ạb|wan|dern; Ab|wan|de|rung
Ạb|wand|lung
Ạb|wär|me (Technik: nicht genutzte Wärmeenergie)
ạb|war|ten
ạb|wärts; abwärts gehen (nach unten gehen; auch für: schlechter werden)
Ạb|wasch, *der;* -[e]s (Geschirrspülen; schmutziges Geschirr); **ạb|wa|schen; Ạb|wasch|was|ser**
Ạb|was|ser (*Mehrz.* ...wässer)
ạb|wech|seln; ạb|wech|selnd; Ạb|wech|se|lung, Ạb|wechs|lung
Ạb|weg (meist *Mehrz.*); **ạb|we|gig**
Ạb|wehr, *die;* -; **ạb|weh|ren**
[1]**ạb|wei|chen;** ein Etikett -
[2]**ạb|wei|chen;** vom Kurs -; **Ạb|wei|chung**
ạb|wei|sen; Ạb|wei|sung
ạb|wen|den; ich wandte od. wendete mich ab, habe

mich abgewandt od. abgewendet; **Ab|wen|dung,** *die;* -
ab|wer|ben; Ab|wer|bung
ab|wer|ten; Ab|wer|tung
ab|we|send; Ab|we|sen|de, *der* u. *die;* -n, -n; **Ab|we|sen|heit,** *die;* -
ab|wi|ckeln; Ab|wi|cke|lung, Ab|wick|lung
ab|wim|meln (ugs. für: mit Ausflüchten abweisen)
ab|wirt|schaf|ten; abgewirtschaftet
ab|wra|cken; ein Schiff - (verschrotten)
Ab|wurf; Ab|wurf|vor|rich|tung
ab|wür|gen
ab|zah|len; ab|zäh|len; Ab|zähl|reim; Ab|zah|lung; Ab|zah|lungs|ge|schäft
ab|zap|peln, sich
Ab|zei|chen; ab|zeich|nen; sich -
Ab|zieh|bild; ab|zie|hen
ab|zir|keln; abgezirkelt
Ab|zug; ab|züg|lich (Kaufmannsspr.); *Verhältnisw.* mit *Wesf.:* - des gewährten Rabatts, aber: - Rabatt; **ab|zugs|fä|hig**
ab|zwa|cken (ugs. für: entziehen)
Ab|zweig (Amtsspr.: Abzweigung); **ab|zwei|gen; Ab|zweig|stel|le; Ab|zwei|gung**
a cap|pel|la [- *ka...*] (Musik: ohne Begleitung von Instrumenten); **A-cap|pel|la-Chor**
ach!; ach so!; ach ja!; ach je!; **Ach,** *das;* -s, -[s]; mit - und Krach; mit - und Weh; Ach und Weh schreien, (auch:) ach und weh schreien
A|chat, *der;* -[e]s, -e (ein Schmuckstein)
a|cheln (landsch. für: essen)
A|chil|les‿fer|se (verwundbare Stelle), **...seh|ne**
Ach|laut, (auch:) **Ach-Laut**
Ach|se, *die;* -, -n
Ach|sel, *die;* -, -n; **Ach|sel‿höh|le, ...klap|pe, ...zu|cken** (*das;* -s); **ach|sel|zu|ckend**
Ach|sen|bruch
acht; acht Schüler; wir sind [unser] acht; wir sind zu acht; [1]**Acht,** *die;* -, -en (Ziffer, Zahl); die Ziffer -; eine arabische, römische -; eine - schreiben; mit den Schlittschuhen eine - fahren; mit der - (ugs. für: [Straßenbahn]linie 8) fahren
[2]**Acht,** *die;* - (veralt. für: Aufmerksamkeit; Fürsorge); [auf jmdn., etwas] Acht geben, haben; gib gut Acht!; sich in Acht nehmen; etwas [ganz] außer Acht lassen; außer aller Acht lassen
[3]**Acht,** *die;* - (früher für: Ächtung); in Acht und Bann tun
acht|bar; Acht|bar|keit, *die;* -
ach|te; der achte Januar; (aber:) der Achte, den ich treffe; jeder Achte; der Achte des Monats; sie wurde Achte im Weitsprung
ach|tel; ein - Zentner; **Ach|tel,** *das;* -s, -; ein - Rotwein; **Ach|tel‿fi|na|le** (Sportspr.), **...li|ter**
ach|ten
äch|ten
Acht|en|der (ein Hirsch mit acht Geweihenden); **ach|tens; Ach|ter** (Ziffer 8; Form einer 8; ein Boot für acht Ruderer); **Ach|ter|bahn; ach|ter|lei**
ach|tern (Seemannsspr.: hinten); nach -
acht|fach
Acht ge|ben, ha|ben; vgl. [2]Acht
acht|hun|dert; acht|jäh|rig (mit Ziffer: 8-jährig); **Acht|kampf** (Sportspr.)
acht|los; Acht|lo|sig|keit
acht|mal (mit Ziffer: 8-mal); (bei besonderer Betonung:) acht Mal; (mit Ziffer: 8 Mal); achtmal so groß wie (seltener: als) ...; acht- bis neunmal; **acht|ma|lig** (mit Ziffer: 8-malig)
acht|sam; Acht|sam|keit
Acht|stun|den|tag; acht|tau|send; Acht|ton|ner; Acht|uhr|zug (mit Ziffer: 8-Uhr-Zug)
Ach|tung, *die;* -; eine Achtung gebietende, (auch:) achtunggebietende Persönlichkeit; Achtung!
Äch|tung
ach|tungs|voll
acht|zehn; im Jahre achtzehn; **Acht|zehn|en|der** (ein Hirsch mit achtzehn Geweihenden)
acht|zig; er ist achtzig Jahre alt; in die achtzig kommen; die beiden sind Mitte achtzig
acht|zi|ger; in den Achtzigerjahren, (auch:) achtziger Jahren [des Jahrhunderts]; ein Mann in den Achtzigerjahren, (auch:) achtziger Jahren, in den Achtzigern (über achtzig Jahre alt); **Acht|zi|ger** (jmd., der [über] 80 Jahre ist)
Acht|zy|lin|der (mit Ziffer: 8-Zylinder; ugs. für: Achtzylindermotor od. damit ausgerüstetes Kraftfahrzeug); **Acht|zy|lin|der|mo|tor**
äch|zen; du ächzt
A|cker, *der;* -s, Äcker; 30 - Land; **A|cker|bau,** *der;* -[e]s; Ackerbau treibend; **Ä|cker|chen; a|ckern**
a con|to [- *konto*] (auf [laufende] Rechnung von ...); vgl. Akontozahlung
Ac|tion [*äkschen*], *die;* - (spannende [Film]handlung)
ad ab|sur|dum; - - führen (das Widersinnige nachweisen)
ad ac|ta; - - legen (als erledigt betrachten)
a|da|gio [*adadseho*] (Musik: langsam, ruhig); **A|da|gio,** *das;* -s, -s (langsames Tonstück)
A|dams‿ap|fel, ...kos|tüm
a|d|ä|quat (angemessen); **A|d|ä|quat|heit,** *die;* -
ad|die|ren (zusammenzählen); **Ad|dier|ma|schi|ne; Ad|di|ti|on** [*...zion*], *die;* -, -en; **ad|di|ti|o|nal** (fachspr. für: zusätzlich)
a|de! (veraltend, noch landsch.) **A|de,** *das;* -s, -s; Ade, (auch:) ade sagen

A̲|de|bar, *der;* -s, -e (bes. nordd. für: Storch)
A̲|del, *der;* -s; **a̲|de|lig,** a̲d|lig; **a̲|deln; A̲|dels|prä|di|kat**
A̲|der, *die;* -, -n; **Ä̲|der|chen; A̲|der|lass,** *der;* -es, ...lässe; **Ä̲|de|rung**
Ad|hä|si|o̲n, *die;* -, -en (fachspr. für: Aneinanderhaften von Stoffen, Körpern)
a|di|eu! [*adjö*] (veraltend, noch landsch. für: lebe [lebt] wohl!); **A|di|eu,** *das;* -s, -s (Lebewohl); jmdm. Adieu, (auch:) adieu sagen
A̱d|jek|tiv [auch: ...*tif*], *das;* -s, -e [...*we*] (Sprachw.: Eigenschaftswort, z. B. »schön«); **a̱d|jek|ti|visch** [auch: ...*ti̱*...]
ad|jus|tie̲|ren ([Werkstücke] zurichten; eichen; fein einstellen); **Ad|jus|tie̲|rung**
Ad|ju|ta̱nt, *der;* -en, -en (beigeordneter Offizier)
A̲d|ler, *der;* -s, -
a̲d|lig; vgl. a|de|lig; **A̲d|li|ge,** *der* u. *die;* -n, -n
Ad|mi|nis|t|ra|ti|on [...*zio̲n*], *die;* -, -en (Verwaltung[sbehörde]); **ad|mi|nis|t|ra|ti̱v** (zur Verwaltung gehörend)
Ad|mi|ra̲l, *der;* -s, -e u. (seltener:) ...äle (Marineoffizier im Generalsrang; ein Schmetterling); **Ad|mi|ra|li|tä̲t; Ad|mi|ra̲ls|rang; Ad|mi|ra̲l|stab** (oberster Führungsstab einer Kriegsmarine)
A|do̲|nis, *der;* -, -se (schöner Jüngling, Mann)
a|d|op|tie̲|ren (als eigenes Kind annehmen); **A|d|op|ti|on** [...*zio̲n*], *die;* -, -en; **A|d|op|ti̱v‿el|tern, ...kind**
A|d|res|sa̱nt, *der;* -en, -en (Absender); **A|d|res|sa̲t,** *der;* -en, -en (Empfänger; [bei Wechseln:] Bezogener); **A|d|re̱ss|buch; A|d|re̱s|se,** *die;* -, -n (Anschrift); **A|d|re̱s|sen|samm|lung; a|d|res|sie̲|ren; A|d|res|sie̲r|ma|schi|ne**
a|d|re̱tt (nett, hübsch, ordentlich, sauber)
ad|sor|bie̲|ren (fachspr. für: [Gase od. gelöste Stoffe an der Oberfläche fester Körper] anlagern); **Ad|sorp|ti|on** [...*zio̲n*], *die;* -, -en
A̲-Dur [auch: *a̲du̲r*], *das;* - (Tonart; Zeichen: A); **A̲-Dur-Ton|lei|ter**
Ad|vent [...*wä̱nt*], *der;* -[e]s, (selten:) -e (Zeit vor Weihnachten); **Ad|ven|ti̱st,** *der;* -en, -en (Angehöriger einer christl. Glaubensgemeinschaft); **Ad|ve̱nts‿kranz, ...sonn|tag, ...zeit**
Ad|verb [...*wä̱rp*], *das;* -s, -ien [...*ien*] (Sprachw.: Umstandswort, z. B. »dort«); **ad|ver|bi|a̲l** (umstandswörtlich); adverbiale Bestimmung; **Ad|ver|bi|a̲l‿be|stim|mung, ...satz; ad|ver|bi|e̱ll** (seltener für: adverbial)
Ad|vo|ka̲t, *der;* -en, -en (veralt.; bes. schweiz. für: [Rechts]anwalt)
A|e|ro‿gra̱mm [*a-ero*...] (Luftpostleichtbrief), **...sol** (das; -s, -e; feinste Verteilung fester od. flüssiger Stoffe in Gas [z. B. Rauch od. Nebel])
Af|fä̲|re, *die;* -, -n (Angelegenheit; [unangenehmer] Vorfall; Streitsache)
Ä̱ff|chen; A̱f|fe, *der;* -n, -n
Af|fe̱kt, *der;* -[e]s, -e (Gemütsbewegung, stärkere Erregung); **af|fek|tie̲rt** (geziert, gekünstelt); **Af|fek|tie̲rt|heit**
ä̱f|fen; a̱f|fen|ar|tig; A̱f|fen|brot|baum (eine afrik. Baumart); **a̱f|fen|geil** (ugs. für: großartig); **A̱f|fen‿hit|ze** (ugs.), **...lie|be** (die; -), **...scha̱n|de** (ugs.); **Af|fe|re̲i** (ugs. abwertend für: eitles Gebaren); **a̱f|fig** (ugs. abwertend für: eitel); **A̱f|fig|keit; Ä̱f|fin; ä̱f|fisch**
a|f|ri|ka̲a̲ns; die -e Sprache; **A|f|ri|ka̲a̲ns,** *das;* - (Sprache der Buren); **A|f|ri|ka̲|ner; A|f|ri|ka̲|ne|rin; a|f|ri|ka̲|nisch**
A̱f|ter, *der;* -s, -
AG = Aktiengesellschaft; Amtsgericht
A|ga̲|ve [...*we*], *die;* -, -n (Pflanze der [Sub]tropen)
A|ge̱nt, *der;* -en, -en (Spion; Vermittler von Engagements); **A|ge̱n|ten‿ring, ...tä|tig|keit; A|ge̱n|tin; A|gen|tu̲r,** *die;* -, -en (Geschäftsstelle, Vertretung)
Ag|gre|ga̲t, *das;* -[e]s, -e (Maschinensatz); **Ag|gre|ga̲t|zu|stand** (Chemie, Physik: Erscheinungsform eines Stoffes)
Ag|gres|si|o̲n, *die;* -, -en (Angriff[sverhalten], Überfall); **Ag|gres|si|o̲ns‿krieg, ...trieb; ag|gres|si̲v** (angreifend; angriffslustig); **Ag|gres|si|vi|tä̲t,** *die;* -, -en; **Ag|gre̱s|sor,** *der;* -s, ...*o̲ren* (Angreifer)
Ä|gi̲|de, *die;* - (Schutz, Obhut); unter der - von ...
a|gie̲|ren (handeln; Theater: eine Rolle spielen); **a|gi̲l** (flink, wendig, beweglich); **A|gi|li|tä̲t,** *die;* -
A|gi|ta|ti|on [...*zio̲n*], *die;* -, -en (politische Hetze; intensive politische Aufklärungs-, Werbetätigkeit); **A|gi|ta̲|tor,** *der;* -s, ...*o̲ren* (jmd., der Agitation betreibt); **a|gi|ta|to̲|risch; a|gi|tie̲|ren; A|git|pro̱p,** *die,* - (Kurzw. aus: Agitation und Propaganda)
à go|go [*agogo̲*] (ugs. für: in Hülle u. Fülle, nach Belieben)
A|g|ra̱f|fe, *die;* -, -n (Schmuckspange; Bauw.: klammerförmige Rundbogenverzierung; Med.: Wundklammer)
A|g|ra̲|ri|er [...*ier*] (Großgrundbesitzer, Landwirt); **a|g|ra̲|risch; A|g|ra̲r‿po|li|tik, ...re|form**
A|g|ree|ment [*egri̲mᵉnt*], *das;* -s, -s (Politik: formlose Übereinkunft im zwischenstaatl. Verkehr); vgl. Gentleman's Agreement; **A|g|ré|ment** [*agremang*], *das;* -s, -s (Politik: Zustimmung zur Ernennung eines diplomat. Vertreters)

A|g|ro|nom, *der;* -en, -en (wissenschaftlich ausgebildeter Landwirt); **A|g|ro|no|mie,** *die;* - (Ackerbaukunde, Landwirtschaftswissenschaft); **a|g|ro|no|misch**

ä|gyp|tisch; eine -e (tiefe) Finsternis; **Ä|gyp|to|lo|ge,** *der;* -n, -n; **Ä|gyp|to|lo|gie,** *die;* - (wissenschaftl. Erforschung des ägypt. Altertums); **Ä|gyp|to|lo|gin**

ah! [auch: *a*]; ah so!; ah was!; **Ah,** *das;* -s, -s; ein lautes - ertönte; **äh!** [auch: *ä*]; **a|ha!** [auch: *aha*]; **A|ha|er|leb|nis, A|ha-Er|leb|nis** [auch: *aha...*] (Psych.)

Ah|le, *die;* -, -n (Pfriem)

Ahn, *der;* -s u. -en, -en (Stammvater, Vorfahr)

ahn|den (geh. für: strafen; rächen); **Ahn|dung**

[1]**Ah|ne,** *der;* -n, -n (geh. Nebenform von: Ahn); [2]**Ah|ne,** *die;* -, -n (Stammmutter, Vorfahrin)

äh|neln

ah|nen

Ah|nen|ta|fel; Ahn‿frau (geh. veraltend), **...herr** (geh. veraltend)

ähn|lich; jmdm. ähnlich sehen; das Ähnliche; Ähnliches und Verschiedenes; etwas, viel, nichts Ähnliches; und Ähnliche[s] (Abk.: u. Ä.); **Ähn|lich|keit**

Ah|nung; ah|nungs|los; Ah|nungs|lo|sig|keit (*die;* -)

a|hoi! [*aheu*] (Seemannsspr.: Anruf [eines Schiffes]); Boot ahoi!

A|horn, *der;* -s, -e (ein Laubbaum)

Äh|re, *die;* -, -n; **Äh|ren|le|se**

Aids [*eⁱts*], *das;* - = **a**cquired **i**mmune **d**eficiency **s**yndrome (erworbenes Immunschwächesyndrom, eine gefährliche Infektionskrankheit); **aids|krank; Aids|kran|ke; Aids|test** (für: HIV-Test)

Air [*är*], *das;* -s (Aussehen, Haltung; Fluidum)

Air|bag [*ärbäk*], *der;* -s, -s (Luftkissen im Auto, das sich bei einem Aufprall automatisch vor dem Armaturenbrett aufbläst); **Air|bus**® [*är...*] (Großraumflugzeug für Kurz- u. Mittelstrecken); **Air|con|di|tio|ning,** (auch:) [*är-kondischᵉning*], *das;* -s, -s (Klimaanlage)

A|ja|tol|lah, *der;* -[s], -s (schiitischer Ehrentitel)

A|ka|de|mie, *die;* -, ...ien (wissenschaftliche Gesellschaft; [Fach]hochschule; österr. auch für: literar. od. musik. Veranstaltung); **A|ka|de|mi|ker** (Person mit Hochschulausbildung); **A|ka|de|mi|ke|rin; a|ka|de|misch;** das -e Viertel

A|ka|zie [*...iᵉ*], *die;* -, -n (trop. Laubbaum od. Strauch)

A|ke|lei, *die;* -, -en (Zierpflanze)

A|ki, *das;* -[s], -[s] (Kurzw. für: Aktualitätenkino)

Ak|kli|ma|ti|sa|ti|on [*...zion*], *die;* -, -en (Anpassung); **ak|kli|ma|ti|sie|ren;** sich -; **Ak|kli|ma|ti|sie|rung**

Ak|kord, *der;* -[e]s, -e (Musik: Zusammenklang; Wirtsch.: Stücklohn; Übereinkommen); **Ak|kord‿ar|beit, ...ar|bei|ter; Ak|kor|de|on,** *das;* -s, -s (Handharmonika)

ak|kre|di|tie|ren (Politik: beglaubigen; bevollmächtigen)

Ak|ku, *der;* -s, -s (Kurzw. für: Akkumulator); **Ak|ku|mu|la|ti|on** [*...zion*], *die;* -, -en (Anhäufung); **Ak|ku|mu|la|tor,** *der;* -s, ...oren (Stromspeicher; Druckwasserbehälter; Kurzw.: Akku); **ak|ku|mu|lie|ren** (anhäufen; sammeln, speichern)

ak|ku|rat (sorgfältig, ordentlich; landsch. für: genau); **Ak|ku|ra|tes|se,** *die;* -

Ak|ku|sa|tiv [auch: *...tif*], *der;* -s, -e [*...wᵉ*] (Sprachw.: Wenfall, 4. Fall); **Ak|ku|sa|tiv|ob|jekt**

Ak|ne, *die;* -, -n (Med.: Hautausschlag)

A|kon|to|zah|lung (Abschlagszahlung); vgl. a conto

Ak|qui|si|teur [*...tör*], *der;* -s, -e (Kunden-, Anzeigenwerber)

A|k|ri|bie, *die;* - (höchste Sorgfalt, Genauigkeit)

A|k|ro|bat, *der;* -en, -en; **A|k|ro|ba|tik,** *die;* -; **A|k|ro|ba|tin; a|k|ro|ba|tisch**

äks! (ugs. für: pfui!)

Akt, *der;* -[e]s, -e (Aufzug eines Theaterstückes; Handlung, Vorgang; Stellung u. künstler. Darstellung des nackten Körpers); vgl. Akte; **Ak|te,** *die;* -, -n, (auch:) Akt, *der;* -[e]s, -e (Schriftstück; Urkunde); **Ak|tei** (Aktensammlung); **ak|ten|kun|dig; Ak|ten‿schrank, ...ta|sche;**

Ak|teur [*aktör*], *der;* -s, -e (Handelnder; [Schau]spieler); **Ak|tie** [*...ziᵉ*], *die;* -, -n (Anteil[schein]); **Ak|ti|en|ge|sell|schaft** (Abk.: AG)

Ak|ti|on [*akzion*], *die;* -, -en (Unternehmung; Handlung); eine konzertierte -; vgl. konzertieren

Ak|ti|o|när [*akzi...*], *der;* -s, -e (Besitzer von Aktien); **Ak|ti|o|nä|rin; Ak|ti|o|närs|ver|samm|lung**

Ak|ti|o|nist [*akzi...*], *der;* -en, -en (Person, die bestrebt ist, die Gesellschaft durch (provozierende, künstlerische) Aktionen zu verändern); **Ak|ti|ons|ra|di|us** (Wirkungsbereich, Reichweite; Fahr-, Flugbereich)

ak|tiv [auch: *aktif*] (tätig, wirksam, im Einsatz; seltener für: aktivisch); -e [*...wᵉ*] Bestechung; -e Bilanz; -er Wortschatz; -es Wahlrecht; [1]**Ak|tiv,** *das;* -s (Sprachw.: Tat-, Tätigkeitsform); [2]**Ak|tiv,** *das;* -s, -s u. (seltener:) -e [*...wᵉ*] (regional: Gruppe von Personen, die gemeinsam an der Lösung bestimmter Aufgaben arbeiten); **Ak|ti|va** [*...wa*], *die* (*Mehrz.;* Summe der Vermögenswerte eines Unternehmens); **ak|ti|vie|ren** [...*wi*...] (in Tätigkeit setzen; Vermögensteile in die Bilanz einsetzen); **ak|ti|visch** (Sprachw.: das [1]Aktiv betreffend); **Ak|ti|vis|mus,** *der;* - (zielstrebiges Handeln; Tätigkeitsdrang); **Ak|ti|vist,** *der;* -en, -en (zielbewusst Handelnder; ehem. DDR: Arbeiter, dessen Leistungen vorbildlich sind); **Ak|ti|vis|tin; Ak|ti|vi|tät,** *die;* -, (für: einzelne Handlungen, Maßnahmen *Mehrz.*:) -en (Tätigkeit[sdrang], Wirksamkeit)

ak|tu|a|li|sie|ren (aktuell machen); **Ak|tu|a|li|tät,** *die;* -, -en (Gegenwartsbezogenheit; Bedeutsamkeit für die unmittelbare Gegenwart); **Ak|tu|a|li|tä|ten|ki|no** (Kurzw.: Aki [vgl. d.]); **ak|tu|ell** (im augenblickl. Interesse liegend, zeitgemäß)

A|ku|pres|sur, *die;* -, -en (Heilbehandlung durch leichten Druck der Fingerkuppen); **A|ku|punk|teur** [...*tör*], *der;* -s, -e; **A|ku|punk|teu|rin** [...*törin*]; **a|ku|punk|tie|ren; A|ku|punk|tur,** *die;* -, -en (Heilbehandlung durch Nadelstiche)

A|kus|tik, *die;* - (Lehre vom Schall, von den Tönen; Klangwirkung); **a|kus|tisch**

a|kut; -e (brennende) Frage; -e (unvermittelt auftretende, heftig verlaufende) Krankheit; **A|kut,** *der;* -[e]s, -e (ein Betonungszeichen: ´, z. B. é)

AKW = Atomkraftwerk; **AKW-Geg|ner**

Ak|zent, *der;* -[e]s, -e (Betonung[szeichen]; Tonfall, Aussprache; Nachdruck); **ak|zent|frei; ak|zent|los; ak|zen|tu|ie|ren** (betonen)

ak|zep|ta|bel (annehmbar); ...able Bedingungen; **ak|zep|tie|ren** (annehmen); **Ak|zep|tie|rung**

à la [*a la*] (im Stile von, nach Art von)

a|laaf! (Karnevalsruf); Kölle -

A|la|bas|ter, *der;* -s (eine Gipsart)

à la carte [*a la kart*] (nach der Speisekarte); - - - essen

A|larm, *der;* -[e]s, -e; **a|larm|be|reit; A|larm|be|reit|schaft; a|lar|mie|ren** (Alarm geben, warnen; beunruhigen)

A|laun, *der;* -s, -e (ein Salz); **A|laun|stein**

a-Laut

Alb, *der;* -[e]s, -en (meist *Mehrz.;* unterird. Naturgeist; auch für: gespenstisches Wesen; Albdrücken); vgl. aber [2]Alp

Al|ba|t|ros, *der;* -, -se (ein Sturmvogel)

Alb|druck, (auch:) Alp|druck, *der;* -[e]s, ...drücke; **Alb|drü|cken,** (auch:) Alp|drü|cken, *das;* -s

Al|be|rei; [1]al|bern; albert nicht so!; **[2]al|bern;** -es Geschwätz; **Al|bern|heit**

Al|bi|nis|mus, *der;* - (Unfähigkeit, Farbstoffe in Haut, Haaren u. Augen zu bilden); **Al|bi|no,** *der;* -s, -s (»Weißling«; Mensch, Tier od. Pflanze mit fehlender Farbstoffbildung); vgl. Kakerlak

Alb|traum, (auch:) Alp|traum

Al|bum, *das;* -s, Alben (Gedenk-, Sammelbuch)

Al|can|ta|ra®**,** *das;* -[s] (ein Velourslederimitat)

Al|che|mie, *die;* - (hist.: Chemie des MA.s; vermeintl. Goldmacherkunst); **Al|che|mist,** *der;* -en, -en (die Alchemie Ausübender); **al|che|mis|tisch**

Äl|chen (kleiner Aal; Zool.: Fadenwurm)

al den|te (Kochk.: bissfest)

Ale [*eⁱl*], *das;* -s (engl. Bier)

a|lert (landsch. für: munter, frisch)

Al|ge, *die;* -, -n (eine blütenlose Wasserpflanze)

Al|ge|b|ra [österr.: ...*gebra*], *die;* -, (für: algebraische Struktur auch *Mehrz.*:) ...e|b|ren (Buchstabenrechnung; Lehre von den math. Gleichungen); **al|ge|b|ra|isch**

A|li|bi, *das;* -s, -s ([Nachweis der] Abwesenheit vom Tatort zur Tatzeit; Ausrede, Rechtfertigung)

A|li|men|te, *die* (*Mehrz.;* Unterhaltsbeiträge, bes. für nichteheliche Kinder)

Al|ka|li [auch: *al*...], *das;* -s, Alkalien [...*iᵉn*] (eine laugenartige chem. Verbindung); **al|ka|lisch** (laugenhaft)

Al|ko|hol [auch: *alkohol*], *der;* -s, -e; **al|ko|hol‿arm, ...frei; Al|ko|ho|li|ka,** *die* (*Mehrz.;* alkohol. Getränke); **Al|ko|ho|li|ker; Al|ko|ho|li|ke|rin; al|ko|ho|lisch; al|ko|ho|li|sie|ren** (mit Alkohol versetzen; scherzh. für: unter Alkohol setzen); **al|ko|ho|li|siert** (betrunken); **Al|ko|ho|li|sie|rung; Al|ko|ho|lis|mus,** *der;* -; **al|ko|hol|krank; Al|ko|hol‿miss|brauch** (*der;* -[e]s), **...sün|der, ...ver|gif|tung**

all; alle, alles; trotz allem; allen Ernstes; aller guten Dinge sind drei; alle beide; sie kamen alle; all[e] die Mühe; alle vier Jahre; alle (ugs. für: zu Ende, aufgebraucht) sein, werden; alles, was; alles in allem; mein Ein und [mein] Alles; alles Gute

All, *das;* -s (Weltall)

all|a|bend|lich; der -e Spaziergang

Al|lah (bes. islam. Rel.: Gott)

all|be|kannt

all|dem, al|le|dem; bei -; aber: sie sagte nichts von all dem, was sie wusste

Al|lee, *die;* -, Alleen

Al|le|go|rie, *die;* -, ...ien (Sinnbild; Gleichnis); **al|le|go|risch; al|le|go|ri|sie|ren** (versinnbildlichen)

al|le|g|ret|to (Musik: mäßig schnell, mäßig lebhaft); **Al|le|g|ret|to,** *das;* -s, -s u. ...tti; **al|le|g|ro** (Musik: lebhaft); **Al|le|g|ro,** *das;* -s, -s u. ...gri

al|lein; - sein, stehen, bleiben; jmdn. - lassen; von allein[e] (ugs.); ich stehe allein; eine allein stehende Frau; eine allein erziehende Mutter; die allein selig machende Kirche (bes. kath. Kirche); **al|lei|ne** (ugs. für: allein); **Al|lein|er|be; al|lein er|zie|hend;** vgl. allein; **al|lein Er|zie|hen|de,** *der* u. *die;* - -n, - -n (auch:), **Al|lein|er|zie|hen|de,** *der* u. *die;* -n, -n; **Al|lein‿gang, ...herr|scher; al|lei|nig; al|lein se|lig ma|chend;** vgl. allein; **al|lein ste|hen,** vgl. allein; **al|lein ste|hend;** vgl. allein; **al|lein Ste|hen|de,** *der* u. *die;* - -n, - -n, (auch:) **Al|lein|ste|hen|de,** *der* u. *die;* -n, -n

al|le|mal (ugs. für: natürlich); aber: ein für alle Mal, ein für alle Male

al|len|falls; vgl. Fall, *der;* **al|lent|hal|ben**

al|ler|al|ler|letz|te; vgl. letzte

al|ler|art (allerlei); allerart Dinge, aber: Dinge aller Art

All|er|bar|mer, *der;* -s (Christus)

al|ler|bes|te; am allerbesten; aber: es ist das Allerbeste, dass ...; vgl. beste

al|ler|dings

al|ler|ers|te; vgl. erste

Al|l|er|gie, *die;* -, ...ien (Med.: Überempfindlichkeit); **al|l|er|gie|ge|tes|tet; Al|l|er|gi|ker; Al|l|er|gi|ke|rin; al|l|er|gisch**

al|ler|größ|te; vgl. groß

al|ler|hand (ugs.); - Neues; - Streiche; er weiß - (ugs. für: viel); das ist ja, doch - (ugs.)

Al|ler|hei|li|gen, *das;* - (kath. Fest zu Ehren aller Heiligen); **Al|ler|hei|li|gen|fest; Al|ler|hei|ligs|te,** *das;* -n

al|ler|höchs|te; allerhöchstens; auf das, aufs Allerhöchste, (auch:) auf das, aufs allerhöchste

al|ler|lei; - Wichtiges; - Farben; **Al|ler|lei,** *das;* -s, -s; Leipziger -

al|ler|letz|te; zuallerletzt; vgl. letzte

al|ler|liebst; Al|ler|liebs|te, *der* u. *die;* -n, -n

al|ler|meis|te; die allermeisten glauben ...

al|ler|min|des|te; das allermindeste, (auch:) Allermindeste wäre ...

al|ler|nächs|te; vgl. nächst

al|ler|neu|es|te, al|ler|neus|te; das Allerneu[e]ste

al|ler|or|ten (veraltend), **al|ler|orts** (geh.)

Al|ler|see|len, *das;* - (kath. Gedächtnistag für die Verstorbenen); **Al|ler|see|len|tag**

al|ler|seits, all|seits

al|ler|spä|tes|te; allerspätestens

al|ler|wärts

Al|ler|welts|kerl (ugs.)

al|ler|we|nigs|te; das allerwenigste, was ...; am allerwenigsten; allerwenigstens

Al|ler|wer|tes|te, *der;* -n, -n (ugs. scherzh. für: Gesäß)

al|les; vgl. all

al|le|samt (ugs.)

Al|les‿bes|ser|wis|ser (abwertend), **...fres|ser, ...kle|ber**

al|le|zeit, all|zeit (veraltend, noch landsch. für: immer)

all|fäl|lig [auch: *...fäl...*] (österr., schweiz. für: etwaig, allenfalls [vorkommend], eventuell)

all|ge|mein; die -e Schul-, Wehrpflicht; -e Geschäfts-, Versicherungsbedingungen; die allgemein bildenden Schulen; die allgemein gültigen Ausführungen; allgemein verständliche Texte; im Allgemeinen (gewöhnlich; Abk.: i. Allg.); er bewegt sich stets nur im Allgemeinen (beachtet nicht das Besondere); **All|ge|mein|be|fin|den; all|ge|mein bil|dend;** vgl. allgemein; **All|ge|mein|bil|dung** (*die;* -), **all|ge|mein gül|tig;** vgl. allgemein; **All|ge|mein|gut; All|ge|mein|heit,** *die;* -; **All|ge|mein‿me|di|zin** (*die;* -), **...me|di|zi|ner, ...me|di|zi|ne|rin, ...platz** (meist *Mehrz.;* abgegriffene Redensart); **all|ge|mein ver|ständ|lich;** vgl. allgemein

All|ge|walt (*die;* -; geh.); **all|ge|wal|tig**

All|heil|mit|tel

Al|li|anz, *die;* -, -en ([Staaten]bündnis)

Al|li|ga|tor, *der;* -s, ...oren (eine Panzerechse)

al|li|ie|ren, sich (sich verbünden); **Al|li|ier|te,** *der* u. *die;* -n, -n

all|jähr|lich

All|macht (*die;* -; geh.); **all|mäch|tig; All|mäch|ti|ge,** *der;* -n (für: Gott); Allmächtiger!

all|mäh|lich

all|mo|nat|lich

all|mor|gend|lich

all|nächt|lich

Al|lon|ge|pe|rü|cke [*alongsch^e...*] (langlockige Perücke des 17. u. 18. Jh.s)

Al|lo|pa|thie, *die;* - (Heilverfahren der Schulmedizin)

Al|lo|t|ria, *die (Mehrz.),* heute meist: das; -s (Unfug)

All|par|tei|en|re|gie|rung

all right! [*ål rait*] (richtig!, in Ordnung!)

All|round‿man ([*ålraund-m^en*], *der;* -s, ...men; jmd., der in vielen Bereichen Bescheid weiß), **...sport|ler** (Sportler, der viele Sportarten beherrscht), **...sport|le|rin**

all|sei|tig; All|sei|tig|keit; all|seits, al|ler|seits

All|strom|ge|rät (für Gleich- u. Wechselstrom)

All|tag; all|täg|lich [auch: *altäk...* (= alltags) od. *altäk...* (= täglich, gewohnt)]; **All|täg|lich|keit; all|tags;** alltags wie feiertags; aber: des Alltags; **All|tags|spra|che** (*die;* -)

all|über|all (geh.)

Al|lü|ren, *die;* -, -n (*meist Mehrz.;* meist abwertend für: auffallendes Benehmen)

all|wis|send; Doktor Allwissend (eine Märchengestalt); **All|wis|sen|heit,** *die;* -
all|wö|chent|lich
all|zeit, al|le|zeit (immer)
all|zu; allzu bald, allzu früh, allzu gern, allzu lang[e], allzu oft, allzu sehr, allzu selten, allzu viel, allzu weit, aber: **all|zu|mal** (veralt. für: alle zusammen; immer)
All|zweck|tuch (*Mehrz.* ...tücher)
Alm, *die;* -, -en (Bergweide)
Al|ma|nach, *der;* -s, -e (Kalender, Jahrbuch)
Al|mo|sen, *das;* -s, - (kleine Gabe; geringes Entgelt)
A|loe [*alo-e*], *die;* -, -n (eine Zier- u. Heilpflanze)
[1]**Alp,** (alte Schreibung für:) Alb
[2]**Alp,** Al|pe, *die;* -, Alpen (landsch., bes. schweiz. für: Alm)
[1]**Al|pa|ka,** *das;* -s, -s (eine Lamaart Südamerikas); [2]**Al|pa|ka,** *das* u. (für Gewebeart) *der;* -s (Wolle vom [1]Alpaka; Reißwolle)
Alp‿druck, (auch:) Alb|druck (*Mehrz.* ...drücke); **Alp|drü|cken,** (auch:) Alb|drü|cken, *das;* -s
Al|pe; vgl. [2]Alp; **Al|pen‿jä|ger, ...veil|chen**
Al|pha, *das;* -[s], -s (gr. Buchstabe: *A, α*); **Al|pha|bet,** *das;* -[e]s, -e (Abc); **al|pha|be|tisch; al|pha|be|ti|sie|ren**
Alp|horn (*Mehrz.* ...hörner)
al|pin (die Alpen, das Hochgebirge betreffend, darin vorkommend); -e Kombination (Skisport); **Al|pi|ni,** *die* (*Mehrz.;* it. Alpenjäger); **Al|pi|nis|mus,** *der;* - (sportl. Bergsteigen); **Al|pi|nist,** *der;* -en, -en (sportl. Bergsteiger im Hochgebirge); **Al|pi|nis|tik,** *die;* - (svw. Alpinismus); **Al|pi|nis|tin; Al|pi|num,** *das;* -s, ...nen (Alpenpflanzenanlage); **Älp|ler** (Alpenbewohner)
Alp|traum, (auch:) Alb|traum
Al|raun, *der;* -[e]s, -e u. **Al|rau|ne,** *die;* -, -n (menschenähnliche Zauberwurzel; Zauberwesen)
als; - ob; sie ist schöner als ihre Freundin, aber (bei Gleichheit): sie ist so schön wie ihre Freundin; **als|bald; als|bal|dig; als|dann; als dass**
al|so
alt; älter; älteste; alte Sprachen; ein alter Mann; er ist immer der Alte (derselbe); Alt und Jung (jedermann); es beim Alten lassen; aus Alt mach Neu; Altes und Neues; Alte und Junge; mein Ältester (ältester Sohn), aber: er ist der ältere, älteste meiner Söhne; der Alte Fritz; das Alte Testament (Abk.: A. T.); die Alte Welt (Europa, Asien u. Afrika)
Alt, *der;* -s, -e (tiefe Frauen- od. Knabenstimme; Sängerin mit dieser Stimme)
Al|tan, *der;* -[e]s, -e (Balkon; Söller)
Al|tar, *der;* -[e]s, ...täre; **Al|tar|bild; Al|tar[s]|sa|k|ra|ment**
alt|ba|cken; -es Brot
Alt|bau (*Mehrz.* ...bauten); **Alt|bau|woh|nung**
alt|be|kannt
alt|be|währt
Alt|bun|des|kanz|ler; Alt|bun|des|prä|si|dent
alt|deutsch; -e Bierstube
Al|te, *der* u. *die;* -n, -n (ugs. für: Vater u. Mutter, Ehemann u. Ehefrau, Chef u. Chefin)
alt|ehr|wür|dig (geh.)
alt|ein|ge|ses|sen
Al|ten‿heim, ...hil|fe (*die;* -), **...pfle|ger, ...pfle|ge|rin, ...teil** *(das)*
Al|ter, *das;* -s, -; eine Frau mittleren Alters, aber: seit alters (geh.), von alters her (geh.)
al|tern; Al|tern, *das;* -s
al|ter|na|tiv (wahlweise; zwischen zwei Möglichkeiten die Wahl lassend; im Gegensatz zum Herkömmlichen stehend); **Al|ter|na|tiv|be|we|gung;** [1]**Al|ter|na|ti|ve** [...*we*], *die;* -, -n (Entscheidung zwischen zwei [oder mehr] Möglichkeiten; die andere, zweite Möglichkeit); [2]**Al|ter|na|ti|ve** [...*we*], *der* u. *die;* -n, -n (jmd.; der einer Alternativbewegung angehört); **al|ter|nie|ren** ([ab]wechseln)
alt|er|probt
al|ters; vgl. Alter; **al|ters|be|dingt; Al|ters‿be|schwer|den** *(Mehrz.),* **...heim, ...ru|he|geld; al|ters|schwach; Al|ters‿teil|zeit, ...ver|sor|gung**
Al|ter|tum, *das;* -s; das klassische -; **Al|ter|tü|me|lei; al|ter|tü|meln** (Stil u. Wesen des Altertums [übertrieben] nachahmen); **Al|ter|tü|mer,** *die* (*Mehrz.;* Gegenstände aus dem Altertum); **al|ter|tüm|lich; Al|ter|tüm|lich|keit** (*die;* -); **Al|ter|tums‿for|scher, ...for|schung** (*die;* -), **...kun|de** (*die;* -; für: Archäologie)
Al|te|rung (Vorgang des Alterns; Veränderung durch Altern)
Äl|tes|te, *der* u. *die;* -n, -n (einer Kirchengemeinde u. a.)
alt|frän|kisch (veraltend für: altmodisch)
alt|ge|dient
alt|ge|wohnt
Alt|glas (*das;* -es); **Alt|glas|con|tai|ner**
Alt|gold
Alt|händ|ler
alt|her|ge|bracht
Alt|her|ren|mann|schaft (Sportspr.)
alt|hoch|deutsch
Al|tis|tin, *die;* -, -nen
alt|jüng|fer|lich
alt|klug; altkluger, altklugste
Alt|last (meist *Mehrz.;* stillgelegte Müllkippe u. Ä.)
ält|lich
Alt|ma|te|ri|al
Alt|meis|ter (als Vorbild geltender Meister in einem

Fachgebiet; Sportspr.: Verein od. Spieler, der früher einen Meistertitel errungen hat)
Alt|me|tall
alt|mo|disch
alt|nor|disch
Alt|pa|pier (*das;* -s)
Alt|phi|lo|lo|ge; Alt|phi|lo|lo|gie (klass. Philologie); **Alt|phi|lo|lo|gin**
Al|t|ru|is|mus, *der;* - (Selbstlosigkeit; Ggs.: Egoismus); **Al|t|ru|ist,** *der;* -en, -en; **al|t|ru|is|tisch**
alt|sprach|lich; -er Zweig
Alt|stim|me (svw. Alt)
alt|tes|ta|men|ta|risch; alt|tes|ta|ment|lich
alt|über|lie|fert
alt|vä|te|risch (altmodisch); **alt|vä|ter|lich** (ehrwürdig)
alt|ver|traut
Alt|wa|ren|händ|ler
Alt|was|ser, *das;* -s, ...wasser (ehemaliger Flussarm)
Alt|wei|ber|som|mer (warme Nachsommertage; vom Wind getragene Spinnweben)
1A|lu, *das;* -s (ugs. Kurzw. für: Aluminium)
2A|lu, *die;* - (ugs. für: Arbeitslosenunterstützung)
A|lu|mi|ni|um, *das;* -s (chem. Element, Metall; Zeichen: Al); **A|lu|mi|ni|um|fo|lie**
am (an dem); - [nächsten] Sonntag, dem (od. den) 27. März; - besten usw.
A|mal|gam, *das;* -s, -e (Quecksilberlegierung); **a|mal|ga|mie|ren** (eine Quecksilberlegierung herstellen; Gold u. Silber mit Quecksilber aus Erzen gewinnen)
A|ma|ryl|lis, *die;* -, ...llen (eine Zierpflanze)
A|ma|teur [...*tör*], *der;* -s, -e ([Kunst-, Sport]liebhaber; Nichtfachmann); **A|ma|teur‿sport, ...sport|ler**
A|ma|ti, *die;* -, -s (von der Geigenbauerfamilie Amati hergestellte Geige)
A|ma|zo|ne, *die;* -, -n (Angehörige eines krieger. Frauenvolkes der gr. Sage; auch für: Turnierreiterin)
Am|bi|en|te, *das;* - (Umwelt, Atmosphäre)
Am|bi|ti|on [...*zion*], *die;* -, -en (Ehrgeiz; hohes Streben); **am|bi|ti|ös** (ehrgeizig)
Am|boss, *der;* -es, -e
Am|b|ro|sia, *die;* - (geh. für: Speise der Götter); **am|b|ro|sisch** (geh. für: himmlisch)
am|bu|lant (nicht ortsgebunden; Med.: nicht stationär); -e Behandlung; -es Gewerbe (Wandergewerbe); **Am|bu|lanz,** *die;* -, -en (bewegliches Lazarett; Krankentransportwagen; Abteilung einer Klinik für ambulante Behandlung); **am|bu|la|to|risch;** -e Behandlung; **Am|bu|la|to|ri|um,** *das;* -s, ...ien [...*i^e n*] (Raum, Abteilung für ambulante Behandlung)
A|mei|se, *die;* -, -n; **A|mei|sen‿bär, ...hau|fen, ...säu|re** (*die;* -)
a|men; in Ewigkeit, amen!; **A|men,** *das;* -s, - (feierliche Bekräftigung); zu allem Ja und Amen, (auch: ja und amen) sagen (ugs.); sein - (Einverständnis) zu etwas geben (ugs.)
A|me|ri|ka|ner; A|me|ri|ka|ne|rin; a|me|ri|ka|nisch; A|me|ri|ka|nisch, *das;* -[s] (amerikanisches Englisch); **A|me|ri|ka|ni|sche,** *das;* -n; **a|me|ri|ka|ni|sie|ren; A|me|ri|ka|ni|sie|rung; A|me|ri|ka|nis|mus,** *der;* -, ...men (Spracheigentümlichkeit des amerik. Englisch; Entlehnung aus dem Amerikanischen); **A|me|ri|ka|nis|tik,** *die;* - (Erforschung der Geschichte, Sprache u. Kultur Amerikas)
A|me|thyst, *der;* -[e]s, -e (ein Schmuckstein)
Am|me, *die;* -, -n; **Am|men|mär|chen**
Am|mer, *die;* -, -n (ein Singvogel)
Am|mo|ni|ak [auch: *am*...], *das;* -s (Chemie: eine gasförmige Verbindung von Stickstoff u. Wasserstoff)
A|m|nes|tie, *die;* -, ...ien (Begnadigung, Straferlass); **a|m|nes|tie|ren**
A|mok [auch: *amok*], *der;* -s; - laufen (mit einer Waffe umherlaufen und blindwütig töten); **A|mok‿lau|fen,** *das;* -s, **...läu|fer**
a-Moll [auch: *amol*], *das;* - (Tonart; Zeichen: a); **a-Moll-Ton|lei|ter**
a|mo|ra|lisch (sich über die Moral hinwegsetzend); **A|mo|ra|li|tät,** *die;* - (amoralische Lebenshaltung)
A|mo|ret|te, *die;* -, -n (Figur eines geflügelten Liebesgottes)
A|mor|ti|sa|ti|on [...*zion*], *die;* -, -en ([allmähliche] Tilgung; Abschreibung, Abtragung [einer Schuld]); **a|mor|ti|sie|ren**
Am|pel, *die;* -, -n (Hängelampe; Hängevase; Verkehrssignal); **Am|pel‿ko|a|li|ti|on** (Koalition aus SPD, FDP u. Grünen), **...männ|chen** (Symbol bei Fußgängerampeln)
Am|pere [...*pär*], *das;* -[s], - (Einheit der elektr. Stromstärke; Zeichen: A)
Amp|fer, *der;* -s, - (eine Pflanze)
Am|phi|bie [*amfibi^e*], *die;* -, -n (meist *Mehrz.;* Lurch); **Am|phi|bi|en|fahr|zeug** (Land-Wasser-Fahrzeug); **am|phi|bisch**
Am|phi|the|a|ter (elliptisches, meist dachloses Theatergebäude mit stufenweise aufsteigenden Sitzen); **am|phi|the|a|t|ra|lisch**
Am|pho|ra, Am|pho|re, *die;* -, ...oren (zweihenkliges Gefäß der Antike)
Am|pul|le, *die;* -, -n (Glasröhrchen [bes. mit sterilen Lösungen zum Einspritzen])
Am|pu|ta|ti|on [...*zion*], *die;* -, -en (operative Abtrennung

einer Gliedmaße); **am|pu|tie|ren**

Am|sel, *die;* -, -n (ein Vogel)

Amt, *das;* -[e]s, Ämter; von Amts wegen; ein - bekleiden; **Ämt|chen; Amt|frau; am|tie|ren; amt|lich; Amt|mann** (*Mehrz.* ...männer u. ...leute); **Amts‿deutsch, ...ge|richt** (Abk.: AG); **amts|hal|ber; Amts‿schim|mel** (*der;* -s; ugs.), **...spra|che, ...weg**

A|mu|lett, *das;* -[e]s, -e (Gegenstand, dem Unheil abwehrende Kraft zugeschrieben wird)

a|mü|sant (unterhaltend, vergnüglich); **A|mü|se|ment** [*amüsᵉmang*], *das;* -s, -s; **a|mü|sie|ren;** sich -

an; *Verhältnisw.* mit *Wemf.* und *Wenf.:* an dem Zaun stehen, aber: an den Zaun stellen; es ist nicht an dem; an [und für] sich (eigentlich, im Grunde); am (an dem; vgl. am); ans (an das; vgl. ans); *Umstandsw.:* Gemeinden von an [die] 1 000 Einwohnern; ab und an (landsch. für: ab und zu); an sein (ugs. für: angeschaltet sein)

A|na|chro|nis|mus [*...kro...*], *der;* -, ...men (falsche zeitliche Einordnung; veraltete Einrichtung); **a|na|chro|nis|tisch**

A|na|gramm, *das;* -s, -e (ein Buchstabenrätsel)

a|na|log (entsprechend); - [zu] diesem Fall; **A|na|lo|gie,** *die;* -, ...ien

An|al|pha|bet [auch: *an...*], *der;* -en, -en (jmd., der nicht lesen und schreiben gelernt hat); **An|al|pha|be|ten|tum** [auch: *an...*], *das;* -s

A|na|ly|se, *die;* -, -n (Zergliederung, Untersuchung); **a|na|ly|sie|ren; a|na|ly|tisch;** -e Geometrie

A|nä|mie, *die;* -, ...ien (Med.: Blutarmut); **a|nä|misch**

A|na|nas, *die;* -, - u. -se

A|n|ar|chie, *die;* -, ...ien (autoritätsloser Zustand; Herrschafts-, Gesetzlosigkeit); **a|nar|chisch; A|nar|chis|mus,** *der;* - (Lehre, die sich gegen jede Autorität richtet u. für unbeschränkte Freiheit des Individuums eintritt); **A|nar|chist,** *der;* -en, -en (Vertreter des Anarchismus); **a|nar|chis|tisch; A|nar|cho|sze|ne**

A|n|äs|the|sie, *die;* -, ...ien (Med.: Schmerzunempfindlichkeit, -betäubung); **A|n|äs|the|sist** (Narkosefacharzt); **A|n|äs|the|sis|tin**

A|na|tom, *der;* -en, -en (»Zergliederer«; Lehrer der Anatomie); **A|na|to|mie,** *die;* -, ...ien (Lehre von Form u. Körperbau der Lebewesen; anatomisches Institut); **a|na|to|misch**

an|bah|nen; An|bah|nung

an|ban|deln (südd., österr. für: anbändeln); **an|bän|deln** (ugs.)

An|bau (*Mehrz.:* -ten); **an|bau|en; An|bau‿flä|che, ...mö|bel, ...schrank**

An|be|ginn (geh.); seit -, von - [an]

an|bei [auch: *anbei*] (Amtsspr.)

an[|be]|lan|gen; was mich an[be]langt, so ...

an|be|rau|men; ich beraum[t]e an, (selten:) ich anberaum[t]e; anberaumt; anzuberaumen; **An|be|rau|mung**

an|be|ten

An|be|tracht; in - dessen, dass ...

an|be|tref|fen; was mich anbetrifft, so ...

an|bie|dern, sich (abwertend); **An|bie|de|rung** (abwertend)

an|bie|ten

an|bin|den; angebunden (vgl. d.)

An|blick; an|bli|cken

an|bre|chen; der Tag bricht an

an|bren|nen

An|bruch, *der;* -[e]s

An|cho|vis [*...chowiß*]; vgl. Anschovis

An|dacht, *die;* -, (für: Gebetsstunde auch *Mehrz.:*) -en; **an|däch|tig; an|dachts|voll** (geh.)

an|dan|te (Musik: mäßig langsam); **An|dan|te,** *das;* -[s], -s

an|dau|ern; an|dau|ernd

An|den|ken, *das;* -s, (für: Erinnerungsgegenstand auch *Mehrz.:*) -

an|de|re, and|re; der, die, das and[e]re; eine, keine, alles and[e]re usw.; und and[e]re, und and[e]res (Abk.: u. a.); und and[e]re mehr, und and[e]res mehr (Abk.: u. a. m.); unter and[e]rem, anderm (Abk.: u. a.); jmdn. eines and[e]ren, andern belehren; sich eines and[e]ren, andern besinnen; ein andermal, aber: ein and[e]res Mal; ein um das and[e]re Mal; ein und das and[e]re Mal; die Suche nach dem and[e]ren (auch:) And[e]ren (nach einer neuen Welt); der Dialog mit dem and[e]ren, (auch:) And[e]ren (dem Gegenüber; Philos.); vgl. anders; **an|de|ren|falls**[1]; **an|de|ren|orts**[1], an|der|orts (geh.); **an|de|ren|tags**[1]; **an|de|ren|teils**[1]; einesteils ... -; **an|de|rer|seits,** an|der|seits, and|rer|seits; einerseits ... -; **an|der|lei** (geh.); **an|der|mal;** ein -

än|dern

an|dern|falls usw. vgl. anderenfalls usw.; **an|der|orts** (geh.), an|de|ren|orts, an|dern|orts

an|ders; jemand, niemand, wer anders (bes. südd., österr. auch: and[e]rer); mit jemand, niemand anders and[e]rem, anderm) reden; anders als ... (nicht: anders wie ...); anders denkend, anders geartet; die anders Denkenden, (auch:) Anders-

[1] Auch: *an|dern|...*

denkenden; **an|ders|ar|tig; an|ders den|kend;** vgl. anders; **an|ders Den|ken|de,** *der* u. *die;* - -n, - -n, (auch:) **An|ders|den|ken|de,** *der* u. *die;* -n, -n
an|der|seits, an|de|rer|seits, and|rer|seits
an|ders ge|ar|tet; vgl. anders; **an|ders|gläu|big; An|ders|gläu|bi|ge,** *der* u. *die;* -n, -n; **an|ders|her|um, an|ders|rum; An|ders|sein; an|ders|wo; an|ders|wo|her; an|ders|wo|hin**
an|dert|halb; in - Stunden; - Pfund; **an|dert|halb|fach; an|dert|halb|mal;** - so groß wie (seltener: als) ...
Än|de|rung
an|der|wär|tig; an|der|wärts; an|der|weit; an|der|wei|tig
an|deu|ten; An|deu|tung; an|deu|tungs|wei|se
an|die|nen (Kaufmannsspr.: [Waren] anbieten)
An|drang, *der;* -[e]s
and|re; vgl. andere
an|dre|hen; jmdm. etwas - (ugs. für: jmdm. etwas Minderwertiges aufschwatzen)
and|rer|seits, an|de|rer|seits, an|der|seits
an|dro|hen; An|dro|hung
an|e|cken (ugs. für: Anstoß erregen)
an|eig|nen, sich; ich eigne mir etwas an; **An|eig|nung**
an|ei|n|an|der; - denken; aneinander fügen; er hat die Teile aneinander gefügt; aneinander geraten (sich streiten); aneinander grenzen, legen, reihen usw.
A|n|ek|do|te, *die;* -, -n (kurze, jmdn. od. etwas [witzig] charakterisierende Geschichte); **a|n|ek|do|ten|haft; a|n|ek|do|tisch**
an|e|keln
A|ne|mo|ne, *die;* -, -n (Windröschen)
an|emp|feh|len (besser das einfache Wort: empfehlen); ich empfehle (empfahl) an u. ich anempfehle (anempfahl); anempfohlen; anzuempfehlen
an|er|bie|ten, sich; ich erbiete mich an; anerboten; anzuerbieten; **An|er|bie|ten,** *das;* -s, -
an|er|kann|ter|ma|ßen; an|er|ken|nen; ich erkenne (erkannte) an, (seltener:) ich anerkenne (anerkannte); anerkannt; anzuerkennen; **an|er|ken|nens|wert; An|er|ken|nung; An|er|ken|nungs|schrei|ben**
an|fah|ren (auch für: heftig anreden); **An|fahrt; An|fahrts|weg**
An|fall, *der;* **an|fal|len; an|fäl|lig; An|fäl|lig|keit**
An|fang, *der;* -[e]s, ...fänge; im -; von - an; zu -; - Januar; Anfang nächsten Jahres; **an|fan|gen; An|fän|ger; An|fän|ge|rin; an|fäng|lich; an|fangs; An|fangs|buch|sta|be, ...ge|halt,** *das,* **...sta|di|um**
an|fas|sen; vgl. fassen
an|fecht|bar; an|fech|ten; das ficht mich nicht an; **An|fech|tung**
an|fein|den; An|fein|dung
an|fer|ti|gen; An|fer|ti|gung
an|feuch|ten
an|feu|ern; An|feu|e|rung
an|flie|gen; An|flug
an|for|dern; An|for|de|rung; An|for|de|rungs|pro|fil (Eigenschaften, Fähigkeiten, die ein Stellenbewerber haben soll)
An|fra|ge; die kleine oder große - [im Parlament]; **an|fra|gen;** bei jmdm. -
an|freun|den, sich
An|fuhr, *die;* -, -en; **an|füh|ren; An|füh|rer; An|füh|rung; An|füh|rungs‿strich, ...zei|chen**
An|ga|be (ugs. [nur *Einz.*] auch für: Prahlerei, Übertreibung)
an|gän|gig (erlaubt)
an|ge|ben; An|ge|ber (ugs.); **An|ge|be|rei** (ugs.); **an|ge|be|risch** (ugs.)
an|geb|lich
an|ge|bo|ren
An|ge|bot
an|ge|bracht
an|ge|bun|den; kurz - (ugs. für: mürrisch, abweisend) sein
an|ge|dei|hen; jmdm. etwas - lassen
an|ge|grif|fen (auch für: erschöpft)
an|ge|hei|ra|tet
an|ge|hei|tert
an|ge|hen; das geht nicht an; es geht mich [nichts] an; jmdn. um etwas - (bitten); **an|ge|hend** (künftig)
an|ge|hö|ren; einem Volk[e] -; **an|ge|hö|rig; An|ge|hö|ri|ge,** *der* u. *die;* -n, -n
An|ge|klag|te, *der* u. *die;* -n, -n
an|ge|krän|kelt
An|gel, *die;* -, -n
an|ge|le|gen; ich lasse mir etwas - sein; **An|ge|le|gen|heit; an|ge|le|gent|lich;** auf das, aufs Angelegenlichste od. auf das, aufs angelegentlichste
an|geln
an|ge|mes|sen; An|ge|mes|sen|heit, *die;* -
an|ge|nehm
an|ge|nom|men; -er Standort; angenommen[,] dass ...
an|ge|passt
An|ger, *der;* -s, - (landsch.)
an|ge|säu|selt (ugs. für: leicht betrunken)
An|ge|schul|dig|te, *der* u. *die;* -n, -n
an|ge|se|hen (geachtet)
An|ge|sicht; an|ge|sichts; *Verhältnisw.* mit *Wesf.:* - des Todes
an|ge|spannt
An|ge|stell|te, *der* u. *die;* -n, -n; **An|ge|stell|ten|ver|si|che|rung**
an|ge|stie|felt; - kommen (ugs.)
an|ge|strengt
an|ge|tan; von jmdm. - sein; es jmdm. - haben
an|ge|trun|ken (leicht betrunken)
an|ge|wandt; -e Kunst; -e

Mathematik, Physik; vgl. anwenden

an|ge|wie|sen; auf eine Person oder eine Sache - sein

an|ge|wöh|nen; ich gewöhne mir etwas an; **An|ge|wohn|heit; An|ge|wöh|nung**

an|ge|wur|zelt; wie - stehen bleiben

An|gi|na [*anggina*], *die;* -, ...nen (Med.: Mandelentzündung); **An|gi|na Pec|to|ris** [- *päk*...], *die;* - - (Med.: Herzkrampf)

Ang|ler

an|g|li|ka|nisch [*anggli*...]; -e Kirche (engl. Staatskirche); **an|g|li|sie|ren** (englisch machen; englisieren); **An|g|list,** *der;* -en, -en (Wissenschaftler auf dem Gebiet der Anglistik); **An|g|lis|tin; An|g|lis|tik,** *die;* - (engl. Sprach- u. Literaturwissenschaft); **An|g|li|zis|mus,** *der;* -, ...men (engl. Spracheigentümlichkeit in einer anderen Sprache); **An|g|lo|a|me|ri|ka|ner** [*angglo*..., auch: *ang*...] (aus England stammender Amerikaner; auch: Sammelname für Engländer u. Amerikaner)

An|go|ra‿kat|ze [*anggora*...], **...wol|le**

an|grei|fen; vgl. angegriffen; **An|grei|fer**

an|gren|zen

An|griff, *der;* -[e]s, -e; in - nehmen; **An|griffs|krieg**

Angst, *die;* -, Ängste; in Angst, in [tausend] Ängsten sein; Angst haben; jmdm. Angst [und Bange] machen; aber: mir ist, wird angst [und bange]; **angst|er|füllt; Angst‿geg|ner** (Sportspr.: Gegner, den man fürchtet), **...ha|se** (ugs.); **ängs|ti|gen;** sich -; **ängst|lich; Ängst|lich|keit,** *die;* -; **angst|voll**

an|ha|ben (ugs.); er friert, weil er nichts anhat; er kann mir nichts -

An|halt (Anhaltspunkt); **an|hal|tend; An|hal|ter** (ugs.); per - fahren (Fahrzeuge anhalten, um mitgenommen zu werden); **An|halts|punkt**

an|hand, *Verhältnisw.* mit *Wesf.:* anhand des Buches, von Unterlagen

An|hang; [1]**an|hän|gen;** er hing einer Sekte an; [2]**an|hän|gen;** sie hängte den Zettel [an die Tür] an; **An|hän|ger; An|hän|ge|rin; An|hän|ger|schaft; an|hän|gig** (Rechtsspr.: beim Gericht zur Entscheidung liegend); eine Klage - machen (Klage erheben); **an|häng|lich** (treu); **An|häng|lich|keit,** *die;* -; **An|häng|sel,** *das;* -s, -; **an|hangs|wei|se**

an|hau|en (ugs. auch für: jmdn. formlos ansprechen, um etwas bitten); wir hauten das Mädchen an

an|häu|fen; An|häu|fung

an|he|ben (geh. auch für: anfangen)

an|hef|ten

an|heim (geh.); in den Fügungen: anheim fallen (zufallen); anheim geben (anvertrauen, überlassen); anheim stellen (überlassen)

an|hei|meln; es heimelt mich an

an|heim fal|len, geben, stel|len; vgl. anheim

an|hei|schig; sich - machen

an|hei|zen; den Ofen -; die Stimmung - (ugs. für: steigern)

an|heu|ern

An|hieb; nur in: auf -

an|him|meln (ugs.)

An|hö|he

an|hö|ren; An|hö|rung

A|ni|lin, *das;* -s (Ausgangsstoff für Farben u. Heilmittel)

a|ni|ma|lisch (tierisch, den Tieren eigentümlich); **a|ni|mie|ren** (beleben, anregen, ermuntern); **A|ni|mo|si|tät;** die; -, -en (Feindseligkeit)

A|nis [*aniß*, auch, österr. nur: *aniß*], *der;* -es, -e (eine Gewürz- u. Heilpflanze); **A|ni|sette** [...*ßät*], *der;* -s, -s (Anislikör)

An|kauf; an|kau|fen

An|ker, *der;* -s, -; vor - gehen, liegen; **an|kern; An|ker|platz**

An|kla|ge; An|kla|ge|bank (*Mehrz.* ...bänke); **an|kla|gen; An|klä|ger; An|klä|ge|rin**

an|klam|mern; sich -

An|klang; - finden

An|klei|de|ka|bi|ne; an|klei|den; sich -; **An|klei|de|raum**

an|kli|cken

an|klop|fen

an|knüp|fen; An|knüp|fung; An|knüp|fungs|punkt

an|koh|len; jmdn. - (ugs. für: zum Spaß belügen)

an|kom|men; mich (veralt.: mir) kommt ein Ekel an; es kommt mir nicht darauf an; **An|kömm|ling**

an|kop|peln

an|krei|den; jmdm. etwas - (ugs. für: zur Last legen)

an|kreu|zen

an|kün|di|gen; An|kün|di|gung

An|kunft, *die;* -; **An|kunfts|zeit**

an|kur|beln

An|la|ge; etw. als - übersenden; **An|la|ge|be|ra|ter** (Wirtsch.)

an|la|gern (Chemie)

an|lan|den; etwas, jmdn. - (an Land bringen)

an|lan|gen; vgl. anbelangen

An|lass, *der;* -es, ...lässe; - geben, nehmen; **an|las|sen; An|las|ser; an|läss|lich** (Amtsspr.); *Verhältnisw.* mit *Wesf.:* - des Festes

an|las|ten (zur Last legen)

An|lauf; an|lau|fen; An|lauf|zeit

An|laut; an|lau|ten (mit einem bestimmten Laut beginnen [von Wörtern, Silben])

an|le|gen; An|le|ge|platz

an|leh|nen; ich lehne mich an die Wand an; **An|leh|nung; an|leh|nungs|be|dürf|tig**

An|lei|he

an|lei|ten; An|lei|tung

An|lern|be|ruf; an|ler|nen; jmdn. -; **An|lern|ling; An|lern|zeit**
an|lie|fern
an|lie|gen; eng am Körper -; vgl. angelegen; **An|lie|gen,** *das;* -s, (Wunsch); **An|lie|ger** (Anwohner); **An|lie|ger|ver|kehr**
an|lo|cken
an|lü|gen
an|ma|chen
an|ma|len
An|marsch, *der;* **An|marsch|weg**
an|ma|ßen, sich; du maßt dir etwas an; **an|ma|ßend; An|ma|ßung**
An|mel|de|for|mu|lar; an|mel|den; An|mel|de|pflicht; an|mel|de|pflich|tig; An|mel|dung
an|mer|ken; ich ließ mir nichts -; **An|mer|kung** (Abk.: Anm.)
an|mie|ten; An|mie|tung
an|mon|tie|ren
an|mus|tern (Seemannsspr.: anwerben; den Dienst aufnehmen)
An|mut, *die;* -; **an|mu|ten;** es mutet mich komisch an; **an|mu|tig; an|mut[s]|voll**
an|nä|hern; sich -; **an|nä|hernd; An|nä|he|rung; An|nä|he|rungs|ver|such; an|nä|he|rungs|wei|se**
An|nah|me, *die;* -, -n; **An|nah|me|ver|wei|ge|rung**
An|na|len, *die (Mehrz.;* [geschichtliche] Jahrbücher)
an|nehm|bar; an|neh|men; vgl. angenommen; **An|nehm|lich|keit**
an|nek|tie|ren (sich [gewaltsam] aneignen); **An|ne|xi|on,** *die;* -, -en ([gewaltsame] Aneignung)
an|no, (auch:) **An|no** (veralt. für: im Jahre; Abk.: a. od. A.); anno, (auch:) Anno 1648; anno, (auch:) Anno dazumal; anno, (auch:) Anno Tobak (ugs. für: in alter Zeit); **An|no Do|mi|ni** (im Jahre des Herrn; Abk.: A. D.); Anno Domini 1648

An|non|ce [*anongße*], *die;* -, -n (Zeitungsanzeige); **An|non|cen|ex|pe|di|ti|on** (Anzeigenvermittlung); **an|non|cie|ren**
an|nul|lie|ren (für ungültig erklären); **An|nul|lie|rung**
A|no|de, *die;* -, -n (Physik: positive Elektrode, Pluspol)
a|n|o|mal [od.: *...mal*] (unregelmäßig, regelwidrig); **A|n|o|ma|lie;** die; -, ...ien
a|n|o|nym (ohne Nennung des Namens, ungenannt); **A|n|o|ny|mi|tät,** *die;* - (Unbekanntheit, Nichtangabe des Namens)
A|no|rak, *der;* -s, -s (Windbluse mit Kapuze)
an|ord|nen; An|ord|nung
an|or|ga|nisch (unbelebt)
a|nor|mal (regelwidrig, ungewöhnlich, krankhaft)
an|pa|cken
An|pad|deln, *das;* -s (jährl. Beginn des Paddelsports)
an|pas|sen; An|pas|sung; an|pas|sungs|fä|hig
an|pei|len
an|pfei|fen (ugs. auch für: heftig tadeln); **An|pfiff**
an|pflan|zen; An|pflan|zung
an|pflau|men (ugs. für: necken, verspotten); **An|pflau|me|rei**
an|pö|beln (ugs. abwertend: in grober Weise belästigen)
An|prall *(der;* -[e]s); **an|pral|len**
an|pran|gern; An|pran|ge|rung
an|prei|sen; An|prei|sung
An|pro|be; an|pro|bie|ren
an|pum|pen; jmdn. - (ugs. für: sich von ihm Geld leihen)
An|rai|ner (Anlieger); **An|rai|ner|staat** (angrenzender Staat)
an|ra|ten; An|ra|ten, *das;* -s; auf - des Arztes
an|rau|en; angeraut
an|rech|nen; das rechne ich dir hoch an; **An|rech|nung**
An|recht
An|re|de; an|re|den; jmdn. mit Sie, Du -

an|re|gen; an|re|gend; An|re|gung; An|re|gungs|mit|tel
an|rei|chern; An|rei|che|rung
an|rei|hen
An|rei|se; an|rei|sen; An|rei|se|tag
an|rei|ßen; An|rei|ßer (Vorzeichner; ugs. für: aufdringlicher Kundenwerber); **an|rei|ße|risch** (marktschreierisch; aufdringlich)
An|reiz; an|rei|zen
an|rem|peln (ugs.)
An|rich|te, *die;* -, -n; **an|rich|ten**
an|rü|chig; An|rü|chig|keit; *die;* -
an|ru|cken (mit einem Ruck anfahren); **an|rü|cken** ([in einer Formation] näher kommen)
An|ru|dern, *das;* -s (jährl. Beginn des Rudersports)
An|ruf; An|ruf|be|ant|wor|ter; an|ru|fen; An|ru|fung
an|rüh|ren
ans (an das); bis - Ende
An|sa|ge, *die;* -, -n; **an|sa|gen**
an|sä|gen
An|sa|ger (kurz für: Fernseh- od. Rundfunkansager); **An|sa|ge|rin**
an|sam|meln; An|samm|lung
an|säs|sig
An|satz; An|satz|punkt
an|säu|seln; ich säus[e]le mir einen an (ugs. für: betrinke mich leicht); vgl. angesäuselt
an|schaf|fen (bayr., österr. auch für: anordnen); vgl. [1]schaffen; **An|schaf|fung; An|schaf|fungs|kos|ten,** *die (Mehrz.)*
an|schau|en; an|schau|lich; An|schau|lich|keit; *die;* -; **An|schau|ung; An|schau|ungs|un|ter|richt**
An|schein, *der;* -[e]s; allem, dem - nach; **an|schei|nend;** vgl. scheinbar
an|schei|ßen (derb für: heftig tadeln)
an|schi|cken, sich
An|schiss, *der;* -es, -e (derb für: heftiger Tadel)
An|schlag; an|schla|gen; das

Essen schlägt an; **Ạn|schlag|säu|le**

[1]ạn|schlei|fen; sie hat das Messer angeschliffen (ein wenig scharf geschliffen); **[2]ạn|schlei|fen;** er hat den Sack angeschleift (ugs. für: schleifend herangezogen)

ạn|schlie|ßen; ạn|schlie|ßend; Ạn|schluss; im - an die Versammlung; **Ạn|schluss|ka|bel; Ạn|schluss|stre|cke,** (auch:) **Ạn|schluss-Stre|cke**

ạn|schmie|gen, sich; **ạn|schmieg|sam; Ạn|schmieg|sam|keit,** *die;* -

ạn|schmie|ren (ugs. auch für: betrügen)

ạn|schnal|len; sich -; **Ạn|schnall|pflicht** (*die;* -)

ạn|schnau|zen (ugs. für: grob tadeln); **Ạn|schnau|zer** (ugs.)

ạn|schnei|den; Ạn|schnitt

An|scho|vis, (auch:) An|cho|vis [...*wiß*], *die;* -, - ([gesalzene] kleine Sardelle)

ạn|schrei|ben; Ạn|schrei|ben; Ạn|schrift

ạn|schul|di|gen; Ạn|schul|di|gung

ạn|schwär|zen (ugs. auch für: verleumden)

ạn|schwei|ßen

[1]ạn|schwel|len; der Strom schwillt an, war angeschwollen; vgl. [1]schwellen; **[2]ạn|schwel|len;** der Regen hat die Flüsse angeschwellt; vgl. [2]schwellen; **Ạn|schwel|lung**

ạn|schwem|men; Ạn|schwem|mung

ạn|schwin|deln (ugs.)

Ạn|se|geln, *das;* -s (jährl. Beginn des Segel[flug]sports)

ạn|se|hen; vgl. angesehen; **Ạn|se|hen,** *das;* -s; ohne - der Person (ganz gleich, um wen es sich handelt); **ạn|sehn|lich; Ạn|sehn|lich|keit,** *die;* -

ạn|sei|len; sich -

ạn sein; vgl. an

ạn|set|zen

Ạn|sicht, *die;* -, -en; meiner - nach (Abk.: m. A. n.); **ạn|sich|tig;** mit *Wesf.:* des Gebirges - werden (geh.); **Ạn|sichts‿kar|te, ...sa|che**

ạn|sie|deln; Ạn|sie|de|lung, An|sied|lung; **Ạn|sied|ler; Ạn|sied|le|rin**

Ạn|sin|nen, *das;* -s, -; ein - an jmdn. stellen

Ạn|sitz (Jägerspr.)

an|sons|ten (im Übrigen, anderenfalls)

ạn|span|nen; Ạn|span|nung

Ạn|spiel, *das;* -[e]s (Sportspr.); **ạn|spie|len; Ạn|spie|lung**

Ạn|sporn, *der;* -[e]s; **ạn|spor|nen**

Ạn|spra|che; ạn|spre|chen; ạn|spre|chend; am -sten

Ạn|spruch; ạn|spruchs|los; Ạn|spruchs|lo|sig|keit, *die;* -; **ạn|spruchs|voll**

ạn|sta|cheln

Ạn|stalt, *die;* -, -en; **Ạn|stalts‿er|zie|hung** (*die;* -), **...lei|ter** *(der)*

Ạn|stand, *der;* -s, ...stände; keinen - an dem Vorhaben nehmen (geh. für: keine Bedenken haben); (Jägerspr.:) auf dem - stehen; **ạn|stän|dig; Ạn|stän|dig|keit,** *die;* -; **ạn|stands‿hal|ber, ...los; Ạn|stands|re|gel**

an|statt; vgl. statt; anstatt dass

ạn|ste|chen; ein Fass - (anzapfen)

ạn|ste|cken; ạn|ste|ckend; Ạn|steck|na|del; Ạn|ste|ckung (*Mehrz.* selten); **Ạn|ste|ckungs|ge|fahr**

ạn|ste|hen; ich stehe nicht an (habe keine Bedenken); es steht mir nicht an (es geziemt sich nicht für mich)

an|stel|le, (auch:) **an Stel|le;** mit *Wesf.:* anstelle, (auch:) an Stelle des Vaters, von Worten

ạn|stel|len; sich -; **An|stel|le|rei; ạn|stel|lig** (geschickt); **Ạn|stel|lig|keit,** *die;* -; **Ạn|stel|lung; Ạn|stel|lungs|ver|trag**

Ạn|stich (eines Fasses [Bier])

Ạn|stieg, *der;* -[e]s, -e

ạn|stif|ten; Ạn|stif|ter; Ạn|stif|tung

ạn|stim|men

Ạn|stoß; - nehmen an etwas; **ạn|sto|ßen; ạn|stö|ßig; Ạn|stö|ßig|keit**

ạn|strah|len; Ạn|strah|lung

ạn|strän|gen; ein Pferd - (anschirren)

ạn|stre|ben; ạn|stre|bens|wert

ạn|strei|chen; Ạn|strei|cher

ạn|stren|gen; sich -; einen Prozess -; **ạn|stren|gend; Ạn|stren|gung**

Ạn|strich

ạn|stü|cken

Ạn|sturm, *der;* -[e]s; **ạn|stür|men**

ạn|su|chen, um etwas - (Amtsspr.: um etwas bitten); **Ạn|su|chen;** *das;* -s, - (Amtsspr.: förmliche Bitte; Gesuch); auf -

An|t|a|go|nis|mus, *der;* -, ...men (Widerstreit; Gegensatz); **An|t|a|go|nist,** *der;* -en, -en (Gegner); **An|t|a|go|nis|tin; an|t|a|go|nis|tisch**

Ạn|teil, *der;* -[e]s, -e; - haben, nehmen; **ạn|tei|lig; Ạn|teil|nah|me,** *die;* -; **Ạn|teil|schein; ạn|teil[s]|mä|ßig**

An|ten|ne, *die;* -, -n (Vorrichtung zum Senden od. Empfangen elektromagnet. Wellen; Fühler der Gliedertiere)

An|tho|lo|gie, *die;* -, ...ien ([Gedicht]sammlung; Auswahl)

An|th|ra|zit, *der;* -s, -e (glänzende Steinkohle)

An|th|ro|po|lo|gie, *die;* - (Wissenschaft vom Menschen u. seiner Entwicklung); **An|th|ro|po|soph,** *der;* -en, -en (Vertreter der Anthroposophie); **An|th|ro|po|so|phie,** *die;* - (Lehre Rudolf Steiners); **an|th|ro|po|so|phisch**

An|ti|al|ko|ho|li|ker [auch: *ạnti...*] (Alkoholgegner)

an|ti|au|to|ri|tär [auch: *ạnti...*]

(autoritäre Normen ablehnend)
An|ti|ba|by|pil|le [*...bebi...*] (ugs.)
An|ti|bi|o|ti|kum, *das;* -s, ...ka (Med.: biologischer Wirkstoff gegen Krankheitserreger)
An|ti|blo|ckier|sys|tem (Abk.: ABS)
An|ti|christ [*...krißt*] (Rel.: der Widerchrist, Teufel:), *der;* -[s] u. (Gegner des Christentums:) *der;* -en, -en; **an|ti|christ|lich**
An|ti|fa|schis|mus [auch: *anti...*] (Gegnerschaft gegen den Faschismus); **An|ti|fa|schist** [auch: *anti...*], *der;* -en, -en (Gegner des Faschismus); **an|ti|fa|schis|tisch** [auch: *anti...*]
an|tik (altertümlich; dem klass. Altertum angehörend); **An|ti|ke** (das klass. Altertum u. seine Kultur:) *die;* - u. (antikes Kunstwerk:) *die;* -, -n (meist *Mehrz.*); **An|ti|ken|samm|lung; an|ti|ki|sie|ren** (nach der Art der Antike gestalten)
An|ti|kör|per, *die* (*Mehrz.;* Med.: Abwehrstoffe im Blut gegen artfremde Eiweiße)
An|ti|lo|pe, *die;* -, -n (ein Huftier)
An|ti|ma|te|rie [auch: *anti...*] (Kernphysik: aus Antiteilchen aufgebaute Materie)
An|ti|pa|thie, *die;* -, ...ien (Abneigung; Widerwille)
An|ti|po|de, *der;* -n, -n (Geogr.: auf dem gegenüberliegenden Punkt der Erde wohnender Mensch; übertr. für: Gegner)
An|ti|qua, *die;* - (Druckw.: Lateinschrift); **An|ti|quar,** *der;* -s, -e (Händler mit Altertümern, mit alten Büchern); **An|ti|qua|ri|at,** *das;* -[e]s, -e (Altbuchhandlung, Altbuchhandel); **an|ti|qua|risch; An|ti|qua|schrift** (Druckw.); **an|ti|quiert** (veraltet; altertümlich); **An|ti|quiert|heit; An|ti|qui|tät,** *die;* -, -en (meist *Mehrz.;* altertümliches Kunstwerk, Möbel u. a.); **An|ti|qui|tä|ten‿han|del, ...händ|ler, ...samm|ler**
An|ti|[ra|ke|ten|]ra|ke|te
An|ti|rau|cher|kam|pa|g|ne
An|ti|se|mit, *der;* -en, -en (Gegner des Judentums); **an|ti|se|mi|tisch; An|ti|se|mi|tis|mus,** *der;* -
an|ti|sep|tisch (keimtötend)
An|ti|the|se [auch: *anti...*] (entgegengesetzte Behauptung); **an|ti|the|tisch**
Ant|litz, *das;* -es, (selten:) -e (geh.)
An|trag, *der;* -[e]s, ...träge; einen - auf etwas stellen; **an|tra|gen; An|trags|for|mu|lar; an|trags|ge|mäß; An|trag|stel|ler; An|trag|stel|le|rin**
an|trei|ben; An|trei|ber; An|trieb; An|triebs|kraft
an|trin|ken; sich einen - (ugs.)
An|tritt; *der;* -[e]s; **An|tritts‿be|such, ...re|de**
an|tun; jmdm. etw. -; sich etw. -
Ant|wort, *die;* -, -en; um [od. Um] - wird gebeten (Abk.: u. [od. U.] A. w. g.); **ant|wor|ten; Ant|wort|schein** (Postw.)
an|ver|trau|en; jmdm. einen Brief -; sich jmdm. -; ich vertrau[t]e an, (seltener:) ich anvertrau[t]e; anvertraut; anzuvertrauen
An|ver|wand|te, *der* u. *die;* -n, -n
an|vi|sie|ren
an|wach|sen
an|wäh|len (Fernsprechwesen)
An|walt, *der;* -[e]s, ...wälte; **An|wäl|tin; An|walts|kam|mer**
an|wan|deln; An|wand|lung
an|wär|men
An|wär|ter; An|wär|te|rin; An|wart|schaft, *die;* -, (selten:) -en
an|wei|sen; Geld -; vgl. angewiesen; **An|wei|sung**
an|wend|bar; An|wend|bar|keit, *die;* -; **an|wen|den;** ich wandte od. wendete die Regel an, habe angewandt od. angewendet; die angewandte od. angewendete Regel; vgl. angewandt; **An|wen|dung**
an|wer|ben; An|wer|bung
an|wer|fen
An|we|sen (Grundstück [mit Wohnhaus, Stall usw.]); **an|we|send; An|we|sen|de,** *der* u. *die;* -n, -n; **An|we|sen|heit,** *die;* -; **An|we|sen|heits|lis|te**
an|wi|dern; es widert mich an
An|woh|ner; An|woh|ne|rin; An|woh|ner|schaft, *die;* -
An|wurf
an|wur|zeln; vgl. angewurzelt
An|zahl, *die;* -; **an|zah|len; An|zah|lung**
an|zap|fen; An|zap|fung
An|zei|chen
an|zeich|nen
An|zei|ge, *die;* -, -n; **an|zei|gen; An|zei|ge[n]|blatt; An|zei|gen|teil; an|zei|ge|pflich|tig;** -e Krankheit; **An|zei|ger**
an|zet|teln (ugs.); **An|zet|te|lung; An|zett|lung**
an|zie|hen; sich -; **an|zie|hend; An|zie|hung; An|zie|hungs|kraft**
An|zug; es ist Gefahr im -; **an|züg|lich; An|züg|lich|keit; An|zugs|kraft; An|zug|stoff**
an|zün|den; An|zün|der
an|zwe|cken
an|zwei|feln; An|zwei|fe|lung, An|zweif|lung
AOK = Allgemeine Ortskrankenkasse
Äon, *der;* -s, -en (meist *Mehrz.;* Zeitraum, Weltalter; Ewigkeit)
A|or|ta, *die;* -, ...ten (Med.: Hauptschlagader)
A|pa|che [*apatsche* u. *apache*], *der;* -n, -n (Angehöriger eines Indianerstammes; [nur: *apache*:] veraltend für: Verbrecher, Zuhälter [in Paris])
a|part (geschmackvoll, reiz-

voll); **A|part|heid,** *die;* - (früher: völlige Trennung zwischen Weißen u. Farbigen in der Republik Südafrika); **A|part|heid|po|li|tik; A|partment** [*epartment*], *das;* -s, -s (kleinere Wohnung); vgl. Appartement; **A|part|menthaus**

A|pa|thie, *die;* - (Teilnahmslosigkeit); **a|pa|thisch**

a|per (südd., schweiz., österr. für: schneefrei); -e Wiesen

A|pe|ri|tif, *der;* -s, -s u. -e (appetitanregendes alkohol. Getränk)

Ap|fel, *der;* -s, Äpfel; **Ap|fel|baum; Äp|fel|chen; Ap|fel|mus; Ap|fel|saft; Ap|fel|si|ne,** *die;* -, -n; **Ap|fel|si|nen|scha|le**

A|phe|lan|d|ra, *die;* -, ...dren (eine Zierpflanze)

A|pho|ris|mus, *der;* -, ...men (geistreicher, knapp formulierter Gedanke); **a|pho|ris|tisch**

A|ph|ro|di|si|a|kum, *das;* -s, ...ka (den Geschlechtstrieb anregendes Mittel)

APO, (auch:) **A|po,** *die;* - (außerparlamentarische Opposition)

a|po|dik|tisch (unwiderleglich; keinen Widerspruch duldend)

A|po|ka|lyp|se, *die;* -, -n (Rel.: Schrift über das Weltende, bes. die Offenbarung des Johannes; Unheil, Grauen); **a|po|ka|lyp|tisch;** die apokalyptischen Reiter

a|po|li|tisch (unpolitisch)

A|pol|lo (Bez. für ein amerik. Raumfahrtprogramm, das die Landung bemannter Raumfahrzeuge auf dem Mond zum Ziel hatte); **A|pol|lo|raum|schiff,** (auch:) **A|pol|lo-Raumschiff**

A|po|lo|get, *der;* -en, -en (Verfechter, Verteidiger); **A|po|lo|ge|tik,** *die;* -, -en (Theol.: Verteidigung der christl. Lehren); **a|po|lo|ge|tisch**

A|pos|tel, *der;* -s, -

a pos|te|ri|o|ri (Philos.: aus der Wahrnehmung gewonnen, aus Erfahrung)

a|pos|to|lisch (nach Art der Apostel; von den Aposteln ausgehend); die -en Väter; den -en Segen erteilen; aber: das Apostolische Glaubensbekenntnis; der Apostolische Nuntius, Stuhl

A|po|s|t|roph, *der;* -s, -e (Auslassungszeichen, z. B. in »wen'ge«); **a|po|s|t|ro|phieren** ([feierlich] anreden; [jmdn.] nachdrücklich bezeichnen); jmdn. als primitiv -; **A|po|s|t|ro|phierung**

A|po|the|ke, *die;* -, -n; **A|pothe|ker; A|po|the|ke|rin**

A|po|the|o|se, *die;* -, -n (Vergöttlichung; Verklärung)

Ap|pa|rat, *der;* -[e]s, -e; **Ap|para|tur,** *die;* -, -en (Gesamtanlage von Apparaten)

Ap|par|te|ment [...*mang*, schweiz.: ...*mänt*], *das;* -s, -s (schweiz. auch: -e; Zimmerflucht in einem Hotel); vgl. Apartment

Ap|pell, *der;* -s, -e (Aufruf; Mahnruf; Milit.: Antreten zum Befehlsempfang usw.); **ap|pel|lie|ren** (sich mahnend, beschwörend an jmdn. wenden); **Ap|pellplatz**

Ap|pen|dix, *die;* -, ...dices [...*zäß*] (alltagsspr. auch: *der,* -, ...dizes) [...*zäß*]; (Med.: Wurmfortsatz des Blinddarms); **Ap|pen|di|zi|tis,** *die;* -, ...itiden (Med.: Entzündung der Appendix)

Ap|pe|tit, *der;* -[e]s, -e; **ap|pe|tit|an|re|gend; ap|pe|tit|lich; ap|pe|tit|los; Ap|pe|tit|lo|sig|keit,** *die;* -; **Ap|pe|tit‿hap|pen, ...züg|ler** (den Appetit zügelndes Medikament)

ap|plau|die|ren (Beifall klatschen); jmdm. -; **Ap|plaus,** *der;* -es, (selten:) -e (Beifall)

Ap|po|si|ti|on [...*zion*], *die;* -, -en (Sprachw.: haupt- od. fürwörtl. Beifügung, meist im gleichen Fall wie das Bezugswort, z. B. der große Forscher, »Mitglied der Akademie ...«; einem Mann wie »ihm«); **ap|po|si|ti|onell**

ap|pre|tie|ren ([Gewebe] zurichten, ausrüsten); **Appre|tur,** *die;* -, -en ([Gewebe]zurichtung, -veredelung)

Ap|pro|ba|ti|on [...*zion*], *die;* -, -en (staatl. Zulassung als Arzt od. Apotheker); **ap|pro|bie|ren;** approbierter Arzt

ap|pro|xi|ma|tiv (annähernd)

A|p|rès-Ski [*apräschi*], *das;* - (bequeme Kleidung, die man nach dem Skilaufen trägt); **A|p|rès-Ski-Klei|dung**

A|p|ri|ko|se, *die;* -, -n; **A|p|ri|ko|sen|mar|me|la|de**

A|p|ril, *der;* -[s], -e (der vierte Monat des Jahres; Abk.: Apr.); **A|p|ril‿scherz, ...wetter**

a pri|o|ri (bes. Philos.: von der Wahrnehmung unabhängig, aus Vernunftgründen; von vornherein)

a|p|ro|pos [*apropo*] (nebenbei bemerkt; übrigens)

Ap|sis, *die;* -, ...siden (Archit.: halbrunde, auch vieleckige Altarnische; [halbrunde] Nische im Zelt zur Aufnahme von Gepäck u. a.)

A|quä|dukt, der, (auch: das); -[e]s, -e (über eine Brücke geführte antike Wasserleitung); **A|qua|ma|rin,** *der;* -s, -e (ein Edelstein); **A|quanaut,** *der;* -en, -en (Unterwasserforscher); **A|qua|nautin; A|qua|pla|ning** [auch: ...*pleining*], *das;* -[s] (das Rutschen der Reifen eines Kraftfahrzeugs auf aufgestautem Wasser bei regennasser Straße); **A|qua|rell,** *das;* -s, -e (mit Wasserfarben gemaltes Bild); in - (Wasserfarben) malen; **a|qua|rel|lie|ren** (in Wasserfarben malen); **A|qua|ri|um,** *das;* -s, ...ien [...*ien*] (Behälter zur Pflege und Züchtung von Wassertieren und -pflanzen; Gebäude für diese Zwecke)

Ä|qua|tor, *der;* -s (größter Breitenkreis der Erde); **Ä|qua|tor|tau|fe**

A|qua|vit [*akwawit*], *der;* -s, -e (ein Branntwein)

Ä|qui|va|lent [*...iwa...*], *das;* -[e]s, -e (Gegenwert; Ausgleich)

Ar, *das* (auch: *der*); -s, -e (ein Flächenmaß; Zeichen: a); drei -

Ä|ra, *die;* -, (selten:) Ären (Zeitalter, Epoche)

A|ra|bes|ke, *die;* -, -n (Pflanzenornament); **a|ra|bisch;** -es Vollblut; -e Ziffern; aber: Arabische Republik Ägypten; Arabische Liga; **a|ra|bi|sie|ren; A|ra|bist,** *der;* -en, -en (Wissenschaftler auf dem Gebiet der Arabistik); **A|ra|bis|tik,** *die;* - (Erforschung der arabischen Sprache u. Literatur); **A|ra|bis|tin**

A|ra|lie [*...i*[e]], *die;* -, -n (trop. Pflanzengattung; Zierpflanze)

Ar|beit, *die;* -, -en; Arbeit suchende Menschen; die Arbeit Suchenden, (auch:) Arbeitsuchenden; **ar|bei|ten; Ar|bei|ter; Ar|bei|te|rin; Ar|bei|ter|schaft,** *die;* -; **Ar|beit‿ge|ber, ...neh|mer, ...neh|me|rin; ar|beit|sam; Ar|beits‿amt, ...be|schaf|fung; Ar|beits|be|schaf|fungs|maß|nah|me** (Abk.: ABM); **Ar|beits|es|sen** (bes. Politik); **ar|beits|fä|hig; Ar|beits‿fä|hig|keit** (*die;* -), **...ge|richt, ...kraft, ...lohn; ar|beits|los; Ar|beits|lo|se,** *der* u. *die;* -n, -n; **Ar|beits|lo|sen|un|ter|stüt|zung; Ar|beits|lo|sen|ver|si|che|rung,** *die;* -; **Ar|beits|lo|sig|keit,** *die;* -; **Ar|beits|platz; ar|beits|su|chend, Ar|beits|su|chen|de,** *der* u. *die;* -n, -n; **Ar|beits|tag; Ar|beits|tei|lung; Ar|beit su|chend;** vgl. Arbeit; **Ar|beit Su|chen|de,** *der* u. *die;* - -n, - -n, (auch:) **Ar|beit|su|chen|de,** *der* u. *die;* -n, -n; **Ar|beits|zeit; Ar|beits|zeit|kon|to; Ar|beits|zeit|ver|kür|zung**

ar|cha|isch (aus sehr früher Zeit [stammend], altertümlich); **ar|cha|i|sie|ren** (archaische Formen verwenden; altertümeln); **Ar|cha|is|mus,** *der;* -, ...men (altertümliche Ausdrucksform, veraltetes Wort)

Ar|chä|o|lo|ge, *der;* -n, -n (Wissenschaftler auf dem Gebiet der Archäologie); **Ar|chä|o|lo|gie,** *die;* - (Altertumskunde); **Ar|chä|o|lo|gin; ar|chä|o|lo|gisch**

Ar|che, *die;* -, -n; - Noah

Ar|chi|pel, *der;* -s, -e (Inselmeer, -gruppe); **Ar|chi|tekt,** *der;* -en, -en; **Ar|chi|tek|ten|bü|ro; Ar|chi|tek|tin; Ar|chi|tek|to|nik,** *die;* -, -en (Wissenschaft der Baukunst [nur *Einz.*]; Bauart; planmäßiger Aufbau); **ar|chi|tek|to|nisch** (baulich; baukünstlerisch); **Ar|chi|tek|tur,** *die;* -, -en (Baukunst; Baustil); **Ar|chi|tek|tur|bü|ro**

Ar|chiv, *das;* -s, -e [*...w*[e]] (Urkundensammlung; Titel wissenschaftlicher Zeitschriften); **Ar|chi|va|li|en** [*...wali*[e]*n*], *die* (*Mehrz.;* Aktenstücke [aus einem Archiv]); **ar|chi|va|lisch** (urkundlich); **Ar|chi|var,** *der;* -s, -e (Archivbeamter); **Ar|chi|va|rin; ar|chi|vie|ren** (in ein Archiv aufnehmen)

A|re|al, *das;* -s, -e ([Boden]fläche, Gelände)

Ä|ren (*Mehrz.* von: Ära)

A|re|na, *die;* -, ...nen ([sandbestreuter] Kampfplatz; Sportplatz; Manege im Zirkus)

arg; ärger; ärgste; ein -es Schicksal; aber: im Argen liegen; vor dem Ärgsten bewahren; das Ärgste verhüten; nichts Arges denken

Är|ger, *der;* -s; **är|ger|lich; är|gern;** sich über etwas -; **Är|ger|nis,** *das;* ...nisses, ...nisse; **Arg|list,** *die;* -; **arg|lis|tig; arg|los; Arg|lo|sig|keit,** *die;* -

Ar|gu|ment, *das;* -[e]s, -e (Beweis[mittel, -grund]); **Ar|gu|men|ta|ti|on** [*...zion*], *die;* -, -en (Beweisführung); **ar|gu|men|tie|ren**

Ar|gus|au|gen, *die* (*Mehrz.;* scharfe, wachsame Augen)

Arg|wohn, *der;* -[e]s (geh.); **arg|wöh|nen** (geh.); ich argwöhne; geargwöhnt; zu -; **arg|wöh|nisch** (geh.)

A|ri|ad|ne|fa|den, *der;* -s

A|rie [*ari*[e]], *die;* -, -n (Sologesangsstück mit Instrumentalbegleitung)

A|ri|er [*...i*[e]*r*], *der;* -s, - (Angehöriger eines der frühgeschichtl. Völker mit idg. Sprache; nationalsoz.: Angehöriger der sog. nord. Rasse); **a|risch; a|ri|sie|ren** (nationalsoz.: jüdisches Eigentum in den Besitz so genannter Arier überführen)

A|ris|to|krat, *der;* -en, -en (Angehöriger des Adels; vornehmer Mensch); **A|ris|to|kra|tie,** *die;* -, ...ien; **a|ris|to|kra|tisch**

A|rith|me|tik [auch: *...tik*], *die;* - (Zahlenlehre, Rechnen mit Zahlen); **A|rith|me|ti|ker; a|rith|me|tisch** (auf die Arithmetik bezüglich); -es Mittel (Durchschnittswert)

Ar|ka|den, *die* (*Mehrz.;* Bogenreihe)

arm; ärmer, ärmste; arme Ritter (eine Süßspeise); Arm und Reich (veraltet für: jedermann)

Arm, *der;* -[e]s, -e; ein Arm voll Reisig

Ar|ma|da, *die;* -, ...den u. -s ([mächtige] Kriegsflotte)

Ar|ma|tur, *die;* -, -en; **Ar|ma|tu|ren|brett**

Arm|band, *das* (*Mehrz.* ...bänder); **Arm|band|uhr; Arm|bin|de**

Arm|brust; die; -, ...brüste, (auch:) -e

Ärm|chen

Ar|me, *der* u. *die;* -n, -n
Ar|mee, *die;* -, Armeen (Heer; Heeresabteilung); **Ar|mee-ein|heit,** (auch:) **Ar|mee-Ein|heit; Ar|mee|korps**
Är|mel, *der;* -s, -; **Är|mes|län-ge;** auf - an jmdn. heran-kommen
ar|mie|ren (Technik: ausrüsten, bestücken, bewehren); **Ar|mie|rung**
ärm|lich; Ärm|lich|keit, *die;* -
Ärm|ling (Ärmel zum Überstreifen)
arm|se|lig; Arm|se|lig|keit, *die;* -
Ar|mut, *die;* -; **Ar|muts|zeug-nis**
Arm voll; vgl. Arm
Ar|ni|ka, *die;* -, -s (eine Heilpflanze); **Ar|ni|ka|tink|tur**
A|rom, *das;* -s, -e (geh. für: Aroma); **A|ro|ma,** *das;* -s, ...men, -s u. (älter:) -ta; **a|ro-ma|tisch; a|ro|ma|ti|sie|ren**
Ar|rak, *der;* -s, -e u. -s (Branntwein aus Reis od. Melasse)
Ar|ran|ge|ment [*arangsch^e-mang*], *das;* -s, -s (Anordnung; Übereinkunft; Einrichtung eines Musikstücks); **Ar|ran|geur** [*arangschör*], *der;* -s, -e (jmd., der ein Musikstück einrichtet, einen Schlager instrumentiert); **ar|ran|gie|ren** [*arangschir^en*]
Ar|rest, *der;* -[e]s, -e (Beschlagnahme; Haft); **Ar-rest|zel|le; ar|re|tie|ren** (Technik: anhalten; sperren; veralt. für: verhaften); **Ar|re-tie|rung** (Sperrvorrichtung)
ar|ri|vie|ren [*...wir^en*] (in der Karriere vorwärts kommen); **ar|ri|viert** (anerkannt, erfolgreich); **Ar|ri|vier|te,** *der* u. *die;* -n, -n (anerkannte[r] Künstler[in]; Emporkömmling)
ar|ro|gant (anmaßend); **Ar|ro-ganz,** *die;* -
Arsch, *der;* -[e]s, Ärsche (derb); **Arsch‿ba|cke** (derb), **...krie|cher** (derb für: übertrieben schmeichlerischer Mensch), **...loch** (derb)
Ar|sen, *das;* -s (chem. Element, Halbmetall; Zeichen: As)
Ar|se|nal, *das;* -s, -e (Geräte-, Waffenlager)
ar|se|nig (arsenikhaltig); **Ar-se|nik,** *das;* -s (eine giftige Arsenverbindung)
Art, *die;* -, -en; **art|ei|gen** (Biol.: einer bestimmten Art entsprechend); **ar|ten;** nach jmdm. -; **Ar|ten|reich|tum,** *der;* -[e]s; **art|er|hal|tend**
Ar|te|rie [*...i^e*], *die;* -, -n (Med.: Schlagader); **ar|te|ri|ell; Ar-te|ri|en|ver|kal|kung; Ar|te-ri|o|skle|ro|se** (Med.: Arterienverkalkung); **ar|te|ri|o-skle|ro|tisch**
Ar|th|ri|tis, *die;* -, ...itiden (Gelenkentzündung); **ar|th-ri|tisch; Ar|th|ro|se,** *die;* -, -n (Med.: chron. Gelenkerkrankung)
ar|tig (gesittet; folgsam); **Ar-tig|keit**
Ar|ti|kel [auch: *...ti...*], *der;* -s, - (Geschlechtswort; Abschnitt eines Gesetzes o. Ä. [Abk.: Art.]; Ware; Aufsatz); **Ar|ti|kel|se|rie** [auch: *...ti...*] (Folge von Artikeln zu einem Thema); **Ar|ti|ku|la|ti-on** [*...zion*], *die;* -, -en (Sprachw.: Lautbildung, Aussprache); **ar|ti|ku|lie|ren** (deutlich aussprechen, formulieren)
Ar|til|le|rie, *die;* -, ...ien; **Ar|til-le|rist,** *der;* -en, -en; **ar|til-le|ris|tisch**
Ar|ti|scho|cke, *die;* -, -n
Ar|tist, *der;* -en, -en; **Ar|tis-tik,** *die;* - (Kunst der Artisten); **Ar|tis|tin; ar|ti|s|tisch**
art|ver|wandt
Arz|nei; Arz|nei‿buch, ...mit-tel; Arz|nei|mit|tel|leh|re; Arzt, *der;* -es, Ärzte; **Ärz|te-schaft,** *die;* -; **Arzt|hel|fe-rin; Ärz|tin; ärzt|lich**
As, (alte Schreibung für:) Ass
As|best, *der;* -[e]s, -e (mineralische Faser); **As|best|plat-te**
Asch|be|cher, A|schen|be-cher; **asch|blond; A|sche,** *die;* -, (Techn.:) -n; **A|sche-ge|halt,** *der;* **A|schen|bahn; A|schen|be|cher,** Asch|becher; **A|schen|brö|del,** *das;* -s, (für: jmd., der ein unscheinbares Leben führt, auch *Mehrz.:*) - (eine Märchengestalt); **A|schen|put-tel,** *das;* -s, - (svw. Aschenbrödel); **A|scher** (ugs. für: Aschenbecher); **A|scher-mitt|woch** (Mittwoch nach Fastnacht); **asch‿fahl, ...grau** (aber: bis ins Aschgraue [bis zum Überdruss])
ä|sen; das Rotwild äst (weidet)
A|sep|sis, *die;* - (Med.: Keimfreiheit); **a|sep|tisch** (keimfrei)
Ä|ser (*Mehrz.* von: Aas)
A|si|at, *der;* -en, -en; **A|si|a-tin; a|si|a|tisch;** -e Grippe
As|ke|se, *die;* - (enthaltsame Lebensweise); **As|ket,** *der;* -en, -en (enthaltsam lebender Mensch); **As|ke|tik,** *die;* -; **as|ke|tisch**
a|so|zi|al [auch: *...al*] (gemeinschaftsschädigend; gemeinschaftsfremd); **A|so|zi|a|le** *der* u. *die;* -n, -n
A|s|pekt, *der;* -[e]s, -e (Ansicht, Gesichtspunkt; Astron.: bestimmte Stellung der Planeten zueinander)
As|phalt [auch: *aß...*], *der;* -[e]s, -e; **as|phal|tie|ren; As-phalt|stra|ße**
As|pik [auch: *aßpik* u. *aßpik*], *der;* -s, -e (Gallert aus Gelatine od. Kalbsknochen)
A|s|pi|rant, *der;* -en, -en (Bewerber; Anwärter); **A|s-pi|ra|ti|on** [*...zion*], *die;* -, -en (meist *Mehrz.;* Bestrebung)
Ass, *das;* -es, -e (Eins [auf Karten]; das od. der bzw. die Beste [z. B. im Sport]; Tennis: für den Gegner unerreichbarer Aufschlagball)
As|sel, *die;* -, -n (ein Krebstier)
As|sess|ment|cen|ter, (auch:) **As|sess|ment-Cen|ter** [*äßäßmentßänt^er*], *das;* -s, -

(psycholog. Eignungstest; Abk.: AC)
As|sẹs|sor, *der;* -s, ...o̱ren (Anwärter der höheren Beamtenlaufbahn; Abk.: Ass.); **As|ses|so̱|rin**
As|si|mi|la|ti|on [*...zio̱n*] *die;* -, -en (Angleichung); **as|si|mi|li̱e|ren; As|si|mi|li̱e|rung**
As|sist [*ᵉßißt*], *der;* -s, -s (Eishockey, Basketball: Zuspiel, das zum Tor od. Korb führt); **As|sis|tẹnt,** *der;* -en, -en; **As|sis|tẹn|tin; As|sis|tẹnz,** *die;* -, -en (Beistand); **As|sis|tẹnz|arzt; as|sis|ti̱e|ren** (zur Hand gehen, bei einer Tätigkeit behilflich sein)
As|so|zi|a|ti|on [*...zio̱n*], *die;* -, -en (Vereinigung; Psych.: Vorstellungsverknüpfung); **as|so|zi|i̱e|ren** (verknüpfen); sich - (sich [genossenschaftlich] zusammenschließen); assoziierte Staaten
Ạst, *der;* -[e]s, Äste
AStA = Allgemeiner Studentenausschuss
Ạ̈st|chen
ạs|ten (ugs. für: sich abmühen); geastet
Ạs|ter, *die;* -, -n (eine Zierpflanze); **Ạs|tern|strauß**
A|s|the|ni̱e, *die;* -, ...i̱en (Med.: allgemeine Körperschwäche); **A|s|the̱|ni|ker** (schmaler, schmächtiger Mensch); **a|s|the̱|nisch**
Äs|the̱t, *der;* -en, -en (Mensch mit ausgeprägtem Schönheitssinn); **Äs|the̱|tik,** *die;* - (Wissenschaft von den Gesetzen der Kunst, bes. vom Schönen); **äs|the̱|tisch** (auch für: überfeinert); **Äs|the|ti|zịs|mus,** *der;* - (das Ästhetische betonende Haltung)
Ạsth|ma, *das;* -s (anfallsweise auftretende Atemnot); **Asth|ma̱|ti|ker,** *der;* -s, -; **Asth|ma̱|ti|ke|rin; asth|ma̱|tisch**
ạst|rein; -es Holz; etwas ist nicht ganz - (ugs. für: ist anrüchig)
As|t|ro|lo̱|ge, *der;* -n, -n (Sterndeuter); **As|t|ro|lo|gi̱e,** *die;* - (Sterndeutung); **As|t|ro|lo|gin; as|t|ro|lo̱|gisch; As|t|ro|na̱ut,** *der;* -en, -en (Weltraumfahrer); **As|t|ro|na̱u|tik,** *die;* - (Wissenschaft von der Raumfahrt; auch für: die Raumfahrt selbst); **As|t|ro|na̱u|tin; as|t|ro|na̱u|tisch; As|t|ro|no̱m,** *der;* -en, -en (Stern-, Himmelsforscher); **As|t|ro|no|mi̱e,** *die;* - (Stern-, Himmelskunde); **As|t|ro̱|no|min; as|t|ro|no̱|misch**
A|sy̱l, *das;* -s, -e (Zufluchtsort, Heim); **A|sy|lạnt,** *der;* -en, -en (Bewerber um politisches Asyl); **A|sy|lạn|tin; A|sy̱l‿be|wer|ber, ...recht** (*das;* -[e]s)
A|sym|me|t|ri̱e, *die;* -, -i̱en (Mangel an Ebenmaß; Ungleichmäßigkeit); **a|sym|me̱|t|risch**
A|ta|vis|mus [*...wịß...*], *der;* -, ...men (Biol.: Wiederauftreten von Merkmalen aus einem früheren entwicklungsgeschichtlichen Stadium); **a|ta|vịs|tisch**
A|te|li|er [*atᵉli̱e*], *das;* -s, -s; **A|te|li|er|fest**
A̱|tem, *der;* -s; - holen; außer - sein; **a̱|tem|be|rau|bend; A̱|tem|be|schwer|den,** *die (Mehrz.);* **A̱|tem|ho|len,** *das;* -s; **a̱|tem|los; A̱|tem|pau|se**
a tẹm|po (ugs. für: sofort, schnell; Musik: im Anfangstempo)
A|the|ịs|mus, *der;* - (Weltanschauung, die die Existenz eines Gottes verneint); **A|the|ịst,** *der;* -en, -en; **a|the|ịs|tisch**
Ä̱|ther, *der;* -s, (für: Betäubungs-, Lösungsmittel auch *Mehrz.:*) - (feiner Urstoff in der griech. Philosophie; geh. für: Himmel); **ä|the̱|risch** (ätherartig; himmlisch; zart); -e Öle
Ath|le̱t, *der;* -en, -en (kräftig gebauter, muskulöser Mann; Wettkämpfer im Sport); **Ath|le̱|tik,** *die;* -; bes. in: Leichtathletik, Schwerathletik; **Ath|le̱|ti|ker,** *der;* -s, - (Mensch von athletischer Konstitution); **Ath|le̱|tin; ath|le̱|tisch**
[1]Ạt|las, *der;* - u. Atlasses, Atlasse u. Atlanten (geographisches Kartenwerk; Bildtafelwerk)
[2]Ạt|las, *der;* - u. Atlasses, Atlasse (ein Seidengewebe)
a̱t|men
At|mo|s|phä̱|re, *die;* -, -n (Lufthülle; Druckmaß; nur *Einz.:* Stimmung, Umwelt); **At|mo|s|phä|ren|ü̱|ber|druck** (*Mehrz.* ...drücke); **at|mo|s|phä̱|risch**
A̱t|mung, *die;* -; **a̱t|mungs|ak|tiv** (Werbespr.)
A|tọll, *das;* -s, -e (ringförmige Koralleninsel)
A|to̱m, *das;* -s, -e (kleinste Einheit eines chem. Elements); **a|to|ma̱r** (das Atom, die Kernenergie, die Atomwaffen betreffend; mit Atomwaffen [versehen]); **A|to̱m|bom|be** (kurz: A-Bombe); **A|to̱m|e|ner|gie** (*die;* -); **A|to̱m|geg|ner; A|to|mi|seur** [*...sö̱r*], *der;* -s, -e (Zerstäuber); **a|to|mi|si̱e|ren** (in Atome auflösen; völlig zerstören); **A|to|mi|si̱e|rung; A|to̱m‿kraft|werk** (Abk.: AKW), **...krieg, ...macht** (Staat, der im Besitz von Atomwaffen ist), **...mei|ler, ...müll, ...phy|sik, ...strom; A|to̱m-U-Boot; A|to̱m|waf|fe** (meist *Mehrz.*); **A|to̱m|waf|fen|spẹrr|ver|trag,** *der;* -[e]s
ạ|to|nal [auch: *atona̱l*] (Musik: an keine Tonart gebunden); -e Musik
ätsch! (ugs.)
At|ta|ché [*atasche̱*], *der;* -s, -s (Anwärter des diplomatischen Dienstes; Auslandsvertretungen zugeteilter Berater); **At|ta|chée,** *die;* -, -n; vgl. Attaché; **At|tạ|cke,** *die;* -, -n ([Reiter]angriff; Med.: Anfall); **at|ta|cki̱e|ren**

At|ten|tat [auch: a...], *das;* -[e]s, -e; **At|ten|tä|ter** [auch: a...], *der;* -s, -

At|test, *das;* -[e]s, -e (ärztl. Bescheinigung; Gutachten; Zeugnis); **at|tes|tie|ren**

At|ti|tü|de, *die;* -, -n (Haltung; [innere] Einstellung; Ballett: eine [Schluss]figur)

At|trak|ti|on [...*zion*], *die;* -, -en; **at|trak|tiv; At|trak|ti|vi|tät** [...*wi*...], *die;* -

At|trap|pe, *die;* -, -n (Nachbildung; Schau-, Blindpackung)

At|tri|but, *das;* -[e]s, -e (Sprachw.: Beifügung; auch für: typisches Merkmal); **at|tri|bu|tiv** (beifügend); **At|tri|but|satz**

ät|zen (beizen); du ätzt; **Ätz|flüs|sig|keit**

au!; au Backe!; auweh! (ugs.)

Au, Aue, *die;* -, Auen (landsch. od geh. für: flaches, saftiges Wiesengelände)

AU = Abgasuntersuchung

Au|ber|gi|ne [*obärsehin*[e]], *die;* -, -n (Pflanze mit gurkenähnlichen Früchten; Eierpflanze)

auch; wenn auch; auch wenn

Au|di|enz, *die;* -, -en (feierl. Empfang; Zulassung zu einer Unterredung); **Au|di|o|vi|si|on,** *die;* - (audiovisuelle Technik); **au|di|o|vi|su|ell** (zugleich hör- und sichtbar, Hören u. Sehen ansprechend); -er Unterricht; **Au|di|to|ri|um,** *das;* -s, ...ien [...*i*[e]*n*] (ein Hörsaal [der Hochschule]; Zuhörerschaft)

Aue vgl. Au; **Au|en|land|schaft**

Au|er|hahn; Au|er|och|se

auf; *Verhältnisw.* mit *Wemf.* u. *Wenf.:* auf dem Tisch liegen, aber: auf den Tisch legen; aufgrund, (auch:) auf Grund (vgl. Grund); aufs, auf das Beste erpicht sein; aber: aufs, auf das Beste od. beste (für: sehr gut) informiert sein (vgl. beste); aufseiten, (auch:) auf Seiten; auf einmal; *Umstandsw.:* auf und ab, auf und nieder; auf und davon; auf sein (ugs. für: geöffnet sein; nicht mehr im Bett sein); das Auf und Nieder, das Auf und Ab

auf|ar|bei|ten; Auf|ar|bei|tung

auf|at|men

auf|bah|ren; Auf|bah|rung

Auf|bau, *der;* -[e]s, (für: Gebäude-, Schiffsteil auch *Mehrz.:*) -ten; **Auf|bau|ar|beit; auf|bau|en;** eine Theorie auf einer Annahme -; jmdn. - (an jmds. Aufstieg arbeiten)

auf|bäu|men, sich

auf|bau|schen (auch für: übertreiben)

auf|be|geh|ren

auf|be|hal|ten; den Hut -

auf|be|kom|men

auf|bes|sern; Auf|bes|se|rung

auf|be|wah|ren; Auf|be|wah|rung

auf|bie|ten; Auf|bie|tung, *die;* -; unter - aller Kräfte

auf|bin|den; jmdm. etwas - (ugs. für: weismachen)

auf|blä|hen; vgl. aufgebläht; **Auf|blä|hung**

auf|bla|sen; vgl. aufgeblasen

auf|blei|ben

auf|blen|den

auf|bli|cken

auf|blin|ken

auf|blit|zen

auf|blü|hen

auf|bo|cken

auf|brau|chen

auf|brau|sen; auf|brau|send

auf|bre|chen

auf|bre|zeln, sich (ugs. für: sich auffällig zurechtmachen)

auf|brin|gen (auch für: kapern); vgl. aufgebracht

Auf|bruch, *der;* -[e]s, ...brüche

auf|brü|hen

auf|brum|men (ugs. für: auferlegen); eine Strafe -

auf|bü|geln

auf|bür|den (geh.)

auf dass (veraltend für: damit)

auf|de|cken; Auf|de|ckung

auf|don|nern, sich (ugs. abwertend für: sich auffällig kleiden u. schminken)

auf|drän|gen; jmdm. etwas -; sich jmdm. -

auf|dre|hen

auf|dring|lich; Auf|dring|lich|keit

auf|drö|seln (landsch. für: etwas Verheddertes, Verwickeltes entwirren)

Auf|druck, *der;* -[e]s, -e; **auf|dru|cken**

auf|drü|cken

auf|ei|n|an|der; aufeinander achten, auffahren, warten; aufeinander beißen, folgen, legen usw.; mit aufeinander gebissenen Zähnen; **Auf|ei|n|an|der|fol|ge,** *die;* -; **auf|ei|n|an|der fol|gen, le|gen, lie|gen, pral|len, pres|sen, sto|ßen, tref|fen** usw.; vgl. aufeinander

Auf|ent|halt, *der;* -[e]s, -e; **Auf|ent|halts|ge|neh|mi|gung**

auf|er|le|gen; ich erlege ihm etwas auf, (seltener:) ich auferlege; auferlegt; aufzuerlegen

auf|er|ste|hen; üblich sind nur ungetrennte Formen, z. B. wenn er auferstünde, er ist auferstanden; **Auf|er|ste|hung,** *die;* -

auf|er|we|cken; vgl. auferstehen; **Auf|er|we|ckung**

auf|es|sen

auf|fah|ren; Auf|fahrt, *die;* -, -en; **Auf|fahr|un|fall**

auf|fal|len; auf fällt, dass ...; **auf|fal|lend; auf|fäl|lig; Auf|fäl|lig|keit**

auf|fan|gen; Auf|fang|la|ger

auf|fas|sen; Auf|fas|sung; Auf|fas|sungs|ga|be

auf|fin|den; Auf|fin|dung

auf|flie|gen

auf|for|dern; Auf|for|de|rung; Auf|for|de|rungs|satz

auf|fors|ten (Wald [wieder] anpflanzen); **Auf|fors|tung**

auf|fres|sen

auf|fri|schen; der Wind frischt auf; **Auf|fri|schung**

auf|füh|ren; Auf|füh|rung; Auf|füh|rungs|recht
auf|fül|len; Auf|fül|lung
Auf|ga|be
auf|ga|beln (ugs. auch für: zufällig treffen u. mitnehmen)
Auf|ga|ben|be|reich, *der;* **Auf|ga|be|stem|pel**
Auf|ga|lopp (Sportspr.: Probegalopp an den Schiedsrichtern vorbei zum Start)
Auf|gang, der
auf|ge|ben
auf|ge|bläht (auch abwertend für: großtuerisch)
auf|ge|bla|sen; ein -er (ugs. abwertend für: eingebildeter) Kerl
Auf|ge|bot; Auf|ge|bots|schein
auf|ge|bracht (erregt, erzürnt)
auf|ge|don|nert; vgl. aufdonnern
auf|ge|dreht (ugs. für: angeregt)
auf|ge|dun|sen
auf|ge|hen; es geht mir auf (es wird mir klar)
auf|ge|klärt
auf|ge|knöpft (ugs. für: mitteilsam)
auf|ge|kratzt; in -er (ugs. für: froher) Stimmung sein
auf|ge|legt (auch für: zu etwas bereit, gelaunt); zum Spazierengehen - sein
auf|ge|passt!
auf|ge|räumt (auch für: gut gelaunt)
auf|ge|regt; Auf|ge|regt|heit
auf|ge|schlos|sen; - (mitteilsam) sein; **Auf|ge|schlos|sen|heit,** *die;* -
auf|ge|schmis|sen; - (ugs. für: hilflos) sein
auf|ge|schos|sen; hoch -
auf|ge|ta|kelt (ugs. abwertend für: auffällig zurechtgemacht)
auf|ge|weckt; ein -er (kluger) Junge, Schüler; **Auf|ge|weckt|heit,** *die;* -
auf|glie|dern; Auf|glie|de|rung
auf|grund, (auch:) **auf Grund;** *Verhältnisw.* mit *Wesf.*: aufgrund, (auch:) auf Grund des Wetters
Auf|guss
auf|ha|ben (ugs.); ..., dass er einen Hut aufhat; für die Schule viel -
auf|hal|sen (ugs. für: aufbürden)
auf|hal|ten; Auf|hal|tung
auf|hän|gen; vgl. [2]hängen; **Auf|hän|ger; Auf|hän|ge|vor|rich|tung**
auf|häu|fen
auf|he|ben; Auf|he|ben, *das;* -s; [ein] großes -, viel -[s] von etwas machen; **Auf|he|bung,** *die;* -
auf|hei|tern; Auf|hei|te|rung
auf|het|zen; Auf|het|zung
auf|hor|chen
auf|hö|ren
auf|hu|cken (ugs. für: auf den Rücken nehmen)
Auf|kauf; auf|kau|fen; Auf|käu|fer
auf|keh|ren (bes. südd.)
auf|kla|ren (sich aufklären [vom Wetter]; Seemannsspr.: aufräumen); **auf|klä|ren** (Klarheit in eine Sache bringen; belehren; sich aufhellen); der Himmel klärt sich auf; **Auf|klä|rer; auf|klä|re|risch; Auf|klä|rung; Auf|klä|rungs|flug|zeug**
auf|kle|ben; Auf|kle|ber
auf|kna|cken
auf|knöp|fen; vgl. aufgeknöpft
auf|knüp|fen
auf|kom|men
auf|krat|zen; vgl. aufgekratzt
auf|krem|peln
auf|krie|gen (ugs.)
auf|kün|den, (älter für:) **auf|kün|di|gen; Auf|kün|di|gung**
auf|la|den; vgl. [1]laden; **Auf|la|de|platz**
Auf|la|ge (Abk.: Aufl.); **Auf|la|ge[n]|hö|he**
auf|las|sen (aufsteigen lassen; Bergmannsspr.: eine Grube stilllegen; Rechtsspr.: Grundeigentum übertragen); **Auf|las|sung**
auf|lau|ern; jmdm. -
Auf|lauf (Ansammlung; Speise); **Auf|lauf|brem|se; auf|lau|fen** (anwachsen [von Schulden]; Seemannsspr.: auf Grund geraten)
auf|leben
auf|le|cken
Auf|le|ge|ma|t|rat|ze; auf|le|gen; vgl. aufgelegt
auf|leh|nen, sich; **Auf|leh|nung**
Auf|lie|fe|rer; auf|lie|fern; Auf|lie|fe|rung
auf|lie|gen (ausliegen); sich - (sich wund liegen)
auf|lis|ten; Auf|lis|tung
auf|lo|ckern; Auf|lo|cke|rung
auf|lo|dern
auf|lö|sen; Auf|lö|sung; Auf|lö|sungs|pro|zess
aufm, (auch:) **auf'm** (ugs. für: auf dem)
auf|ma|chen; auf- und zumachen; **Auf|ma|cher** (wirkungsvoller Titel, eingängige Schlagzeile); **Auf|ma|chung**
Auf|marsch, *der;* **auf|mar|schie|ren**
auf|mer|ken; auf|merk|sam; jmdn. auf etwas - machen; **Auf|merk|sam|keit**
auf|mi|schen (ugs. auch für: verprügeln)
auf|mö|beln (ugs. für: aufmuntern; etw. erneuern)
auf|mu|cken (ugs.)
auf|mun|tern; Auf|mun|te|rung
auf|müp|fig (landsch. für: aufsässig, trotzig); **Auf|müp|fig|keit**
aufn, (auch:) **auf'n** (ugs. für: auf den)
Auf|nah|me; *die;* -, -n; **auf|nah|me|fä|hig; Auf|nah|me|prü|fung; auf|neh|men; Auf|neh|mer** (nordd. für: Scheuerlappen; Kehrichtschaufel)
auf|nö|ti|gen
auf|ok|t|ro|y|ie|ren [...*oktroa-*

jir^{e}n] (aufdrängen, aufzwingen)

auf|op|fern; sich -; **Auf|op|fe|rung,** *die;* -, (selten:) -en; **auf|op|fe|rungs|voll**

auf|pa|cken

auf|päp|peln (ugs.)

auf|pas|sen; Auf|pas|ser

auf|pfrop|fen

auf|pi|cken

auf|plus|tern; sich -

Auf|prall, *der;* -[e]s, (selten:) -e; **auf|pral|len**

auf|put|zen; sich -

auf|quel|len; vgl. [1]quellen

auf|raf|fen; sich -

auf|rap|peln, sich (ugs. für: sich aufraffen)

auf|rau|en

auf|räu|men; vgl. aufgeräumt; **Auf|räu|mung; Auf|räu|mungs|ar|bei|ten,** *die (Mehrz.)*

auf|rech|nen; Auf|rech|nung

auf|recht; - halten, sitzen, stehen, stellen; er kann sich nicht - halten; **auf|recht|er|hal|ten** (weiterhin bestehen lassen); ich erhalte den Kontakt aufrecht, habe ihn aufrechterhalten; um den Kontakt aufrechtzuerhalten; **Auf|recht|er|hal|tung,** *die;* -

auf|re|gen; auf|re|gend; Auf|re|gung

auf|rei|ben; auf|rei|bend

auf|rei|zen; auf|rei|zend

auf|rich|ten; sich -; **auf|rich|tig; Auf|rich|tig|keit,** *die;* -; **Auf|rich|tung,** *die;* -

Auf|riss (Bauzeichnung)

auf|rü|cken

Auf|ruf; auf|ru|fen

Auf|ruhr, *der;* -[e]s; **auf|rüh|ren; Auf|rüh|rer; auf|rüh|re|risch**

auf|run|den (Zahlen nach oben runden); **Auf|run|dung**

auf|rüs|ten; Auf|rüs|tung

auf|rüt|teln

aufs (auf das)

auf|säs|sig; Auf|säs|sig|keit

Auf|satz; Auf|satz|the|ma

auf|schei|nen (österr. für: erscheinen, auftreten, vorkommen)

auf|scheu|chen

auf|schie|ben; Auf|schie|bung

Auf|schlag; auf|schla|gen

auf|schlie|ßen; vgl. aufgeschlossen; **Auf|schluss; auf|schlüs|seln; Auf|schlüs|se|lung; auf|schluss|reich**

auf|schnap|pen

auf|schnei|den; Auf|schnei|der; Auf|schnei|de|rei; auf|schnei|de|risch; Auf|schnitt, *der;* -[e]s; kalter -

[1]**auf|schre|cken;** sie schrak od. schreckte auf; sie war aufgeschreckt; vgl. [1]schrecken; [2]**auf|schre|cken;** ich schreckte ihn auf; sie hatte ihn aufgeschreckt; vgl. [2]schrecken

Auf|schrei; auf|schrei|en

auf|schrei|ben; Auf|schrift

Auf|schub

auf|schwat|zen, (landsch.:) **auf|schwät|zen**

[1]**auf|schwel|len;** der Leib schwoll auf, ist aufgeschwollen; vgl. [1]schwellen; [2]**auf|schwel|len;** der Exkurs schwellte das Buch auf, hat das Buch aufgeschwellt; vgl. [2]schwellen; **Auf|schwel|lung**

auf|schwem|men

auf|schwin|gen, sich; **Auf|schwung**

auf|se|hen; Auf|se|hen, *das;* -s; - erregen; **Auf|se|hen er|re|gend,** (auch:) **auf|se|hen|er|re|gend,** ein Aufsehen erregendes, (auch:) aufsehenerregendes Ereignis; aber nur: ein großes Aufsehen erregendes Ereignis, ein äußerst aufsehenerregendes Ereignis; **Auf|se|her; Auf|se|he|rin**

auf sein; vgl. auf

auf|sei|ten, (auch:) **auf Sei|ten;** mit *Wesf.:* aufseiten, (auch:) auf Seiten der Regierung

auf|set|zen; Auf|set|zer (Sportspr.)

Auf|sicht, *die;* -, -en; der Aufsicht führende Lehrer; **Auf|sicht Füh|ren|de,** *der* u. *die;* - -n, - -n, (auch:) Auf|sicht|füh|ren|de, *der* u. *die;* -n, -n; **Auf|sichts‿be|am|te, ...rat** (*Mehrz.* ...räte); **Auf|sichts|rats|sit|zung**

auf|sit|zen; jmdn. - lassen (ugs. für: jmdn. im Stich lassen); jmdm. - (auf jmdn. hereinfallen)

auf|spie|len; sich -

auf|spie|ßen

auf|split|tern; Auf|split|te|rung

auf|spray|en [*...ßpre^{i}-^{e}n*]

auf|spren|gen; einen Tresor -

auf|spu|len; ein Tonband -

auf|spü|len; Sand -

auf|spü|ren; Auf|spü|rung

auf|sta|cheln

Auf|stand; auf|stän|disch; Auf|stän|di|sche, *der* u. *die;* -n, -n

auf|sta|peln

auf|ste|cken; vgl. [2]stecken

auf|ste|hen

auf|stei|gen; Auf|stei|ger; Auf|stei|ge|rin (auch Sportspr.)

auf|stel|len; Auf|stel|lung

auf|stem|men

Auf|stieg, *der;* -[e]s, -e; **Auf|stiegs‿mög|lich|keit, ...spiel** (Sportspr.)

auf|stö|bern

auf|sto|cken ([um ein Stockwerk] erhöhen)

auf|sto|ßen; mir stößt etwas auf

auf|stre|ben; auf|stre|bend

auf|strei|chen; Auf|strich

auf|ta|keln (Seemannsspr.: mit Takelwerk ausrüsten); sich - (ugs. abwertend für: sich auffällig zurechtmachen); vgl. aufgetakelt

Auf|takt, *der;* -[e]s, -e

auf|tan|ken

auf|tei|len; Auf|tei|lung

auf|ti|schen (auch ugs. abwertend für: etwas erzählen, berichten)

Auf|trag, *der;* -[e]s, ...träge; im -[e] (Abk.: i. A. od. I. A.); **auf|tra|gen; Auf|trag|ge|ber; Auf|trags|be|stä|ti|gung; auf|trags|ge|mäß**

auf|tre|ten; Auf|tre|ten, *das;* -s
Auf|trieb; Auf|triebs|kraft
Auf|tritt; Auf|tritts|ver|bot
auf|trump|fen
auf|tun; sich -
auf|tür|men; sich -
auf und ab; - - - gehen (ohne bestimmtes Ziel); **Auf und Ab,** *das;* - - -[s]
auf und da|von; sich - - - machen (ugs.)
Auf|wand, *der;* -[e]s, ...wände; **auf|wän|dig,** (auch:) auf|wen|dig; **Auf|wands|ent|schä|di|gung**
Auf|war|te|frau; auf|war|ten
auf|wärts; auf- und abwärts; aufwärts gehen (nach oben gehen; auch für: besser werden); mit ihrer Gesundheit ist es aufwärts gegangen; **Auf|wärts|ent|wick|lung**
Auf|war|tung
Auf|wasch, *der;* -[e]s (Geschirrspülen; schmutziges Geschirr)
auf|we|cken; vgl. aufgeweckt
auf|wei|chen; vgl. [1]weichen; **Auf|wei|chung**
auf|wei|sen
auf|wen|den; ich wandte od. wendete viel Zeit auf, habe aufgewandt od. aufgewendet; aufgewandte od. aufgewendete Zeit; **auf|wen|dig,** (auch:) auf|wän|dig; **Auf|wen|dung**
auf|wer|fen; sich zum Richter -
auf|wer|ten; Auf|wer|tung
auf|wi|ckeln
Auf|wie|ge|lei (abwertend); **auf|wie|geln; Auf|wie|ge|lung,** Auf|wieg|lung
auf|wie|gen
Auf|wieg|ler; auf|wieg|le|risch; Auf|wieg|lung; vgl. Aufwiegelung
auf|wi|schen; Auf|wisch|lap|pen
Auf|wuchs
auf|wüh|len
auf|zäh|len; Auf|zäh|lung
auf|zäu|men; das Pferd am od. beim Schwanz - (ugs. für: etwas verkehrt beginnen)
auf|zeich|nen; Auf|zeich|nung
auf|zei|gen (dartun)
auf Zeit (Abk.: a. Z.)
auf|zie|hen; Auf|zucht
Auf|zug; Auf|zug|füh|rer; Auf|zug[s]|schacht
auf|zwin|gen
Aug|ap|fel; Au|ge, *das;* -s, -n; - um -; **Äu|gel|chen,** Äug|lein; **äu|geln** ([verstohlen] blicken; auch für: okulieren); **äu|gen** ([angespannt] blicken); **Au|gen‿arzt, ...bank** (*Mehrz.* ...banken; Med.), **...blick**[1]; **au|gen|blick|lich**[1]; **Au|gen|blicks|sa|che**[1]; **Au|gen|braue; au|gen|fäl|lig; Au|gen‿far|be, ...heil|kun|de, ...pul|ver** (*das;* -s; ugs. für: sehr kleine, die Augen anstrengende Schrift), **...schein** (*der;* -[e]s); **au|gen|schein|lich** [auch: *...schain...*]; **Au|gen‿wei|de** (*die;* -), **...zeu|ge; Au|gen|zeu|gen|be|richt; Au|gen|zwin|kern,** *das;* -s
Au|gi|as|stall (übertr. auch für: korrupte Verhältnisse)
Äug|lein; vgl. Äugelchen
Au|gust, *der;* -[e]s u. -, *Mehrz.:* -e (der achte Monat des Jahres; Abk.: Aug.); **Au|gus|ti|ner,** *der;* -s, - (Angehöriger eines kath. Ordens)
Auk|ti|on [*...zion*], *die;* -, -en (Versteigerung); **Auk|ti|o|na|tor,** *der;* -s, ...oren (Versteigerer); **Auk|ti|o|na|to|rin**
Au|la, *die;* -, Aulen u. -s (Fest-, Versammlungssaal in [Hoch]schulen)
au pair [*o pär*] (ohne Bezahlung; nur gegen Unterkunft, Verpflegung u. Taschengeld); **Au|pair|mäd|chen,** (auch:) **Au-pair-Mäd|chen**
Au|re|o|le, *die;* -, -n (Heiligenschein; Hof [um Sonne und Mond])
Au|ri|kel, *die;* -, -n (eine Zierpflanze)

[1] Auch: *...blik...*

aus; *Verhältnisw.* mit *Wemf.:* - dem Hause; - aller Herren Länder[n]; *Umstandsw.:* aus sein (ugs. für: zu Ende, erloschen, ausgeschaltet sein); auf etwas aus sein (ugs. für: erpicht sein); aus und ein gehen (verkehren); weder aus noch ein wissen; **Aus,** *das;* -, - (Sportspr.: Raum außerhalb des Spielfeldes)
aus|ar|bei|ten; sich -; **Aus|ar|bei|tung**
aus|at|men; Aus|at|mung
aus|ba|den; eine Sache - müssen (ugs.)
aus|ba|lan|cie|ren
aus|bal|do|wern (ugs. für: auskundschaften)
Aus|ball (Sportspr.)
Aus|bau, *der;* -[e]s, (für: Gebäudeteil, abseits gelegenes Anwesen auch *Mehrz.:*) ...bauten; **aus|bau|en; aus|bau|fä|hig; Aus|bau|woh|nung**
aus|be|din|gen; sich etwas -
aus|bes|sern; Aus|bes|se|rung; aus|bes|se|rungs|be|dürf|tig
Aus|beu|te, *die;* -, -n; **aus|beu|ten; Aus|beu|ter; Aus|beu|te|rei; aus|beu|te|risch; Aus|beu|tung**
aus|bil|den; Aus|bil|den|de, *der* u. *die;* -n, -n; **Aus|bil|der; Aus|bil|de|rin; Aus|bil|dung; Aus|bil|dungs‿bei|hil|fe, ...ver|trag**
aus|bit|ten; sich etwas -
[1]**aus|blei|chen** (bleich machen); du bleichtest aus; ausgebleicht; vgl. [1]bleichen; [2]**aus|blei|chen** (bleich werden); es blich aus; ausgeblichen (auch schon: ausgebleicht); vgl. [2]bleichen
Aus|blick
aus|boo|ten
aus|bor|gen; sich etwas von jmdm. -
aus|bre|chen; Aus|bre|cher
aus|brei|ten; Aus|brei|tung
aus|brin|gen; einen Trinkspruch -
Aus|bruch, *der;* -[e]s, ...brüche; **Aus|bruchs|ver|such**

aus|bud|deln (ugs.)
aus|bü|geln
aus|bu|hen (ugs. für: durch Buhrufe sein Missfallen bekunden)
Aus|bund, *der;* -[e]s
aus|bür|gern; Aus|bür|ge|rung
aus|che|cken (Flugw.)
Aus|dau|er; aus|dau|ernd
aus|deh|nen; sich -; **Aus|deh|nung; Aus|deh|nungs|ko|ef|fi|zi|ent** (Physik)
aus|den|ken; sich etwas -
aus|die|nen; vgl. ausgedient
aus|dor|ren; aus|dör|ren
Aus|druck, *der;* -[e]s, ...drücke u. (Druckw.:) ...drucke; **aus|dru|cken; aus|drü|cken;** sich -; **aus|drü|ck|lich** [auch: *...drük..*]; **aus|drucks|voll; Aus|drucks|wei|se**
aus|duns|ten, (häufiger:) **aus|düns|ten**
aus|ei|n|an|der; auseinander sein; auseinander biegen, fallen, laufen; im besten Einvernehmen auseinander gehen; wir haben uns mit diesem Thema auseinander zu setzen; der Lehrer will die Schüler auseinander setzen; **aus|ei|n|an|der hal|ten, aus|ei|n|an|der le|ben** usw.; vgl. auseinander; **Aus|ei|n|an|der|set|zung; aus|ei|n|an|der stie|ben, aus|ei|n|an|der stre|ben, aus|ei|n|an|der trei|ben** usw.
aus|er|ko|ren (auserwählt)
aus|er|le|sen
aus|er|se|hen
aus|er|wäh|len; aus|er|wählt; Aus|er|wähl|te, *der* u. *die;* -n, -n
aus|fahr|bar; aus|fah|ren; Aus|fahrt; Aus|fahrt[s]|er|laub|nis
Aus|fall, *der;* **aus|fal|len;** vgl. ausgefallen; **aus|fäl|len** (Chemie: gelöste Stoffe in Form von Kristallen, Flocken o. Ä. ausscheiden); **aus|fal|lend** od. **aus|fäl|lig** (beleidigend); **Aus|fall[s]|er|schei|nung** (Med.); **Aus|fall|stra|ße**
aus|fech|ten
aus|fin|dig; - machen
aus|flip|pen (ugs. für: sich der Realität durch Drogenkonsum entziehen, sich [bewusst] außerhalb der gesellschaftlichen Normen stellen; außer sich geraten); ausgeflippt
Aus|flucht, *die;* -, ...flüchte (meist *Mehrz.*)
Aus|flug; Aus|flüg|ler; Aus|flugs|ver|kehr
Aus|fluss
aus|fra|gen; Aus|fra|ge|rei (ugs. abwertend)
aus|fran|sen; vgl. ausgefranst
aus|fres|sen; etwas ausgefressen (ugs. für: verbrochen) haben
Aus|fuhr, *die;* -, -en; **aus|füh|ren; Aus|fuhr|land** (*Mehrz.* ...länder); **aus|führ|lich**[1]; **Aus|führ|lich|keit**[1], *die;* -; **Aus|füh|rung; Aus|füh|rungs|be|stim|mung**
aus|fül|len; Aus|fül|lung
Aus|ga|be; Aus|ga|be[n]|buch; Aus|ga|ben|po|li|tik; Aus|ga|be|ter|min
Aus|gang; aus|gangs (Amtsspr.); mit *Wesf.:* - des Tunnels; **Aus|gangs|ba|sis**
aus|ge|ben
aus|ge|bleicht; vgl. [1]ausbleichen; **aus|ge|bli|chen;** vgl. [2]ausbleichen
aus|ge|bucht; ein -es Hotel, Flugzeug
Aus|ge|burt (geh. abwertend)
aus|ge|dient; - haben
aus|ge|fal|len (ungewöhnlich)
aus|ge|feilt
aus|ge|flippt; vgl. ausflippen
aus|ge|franst; eine -e Hose
aus|ge|fuchst (ugs. für: durchtrieben)
aus|ge|gli|chen; Aus|ge|gli|chen|heit, *die;* -
aus|ge|hun|gert (sehr hungrig)
aus|ge|klü|gelt
aus|ge|kocht (ugs. für: durchtrieben); ein -er Kerl

[1] Auch: *...für...*

aus|ge|las|sen (auch für: übermütig); **Aus|ge|las|sen|heit,** *die;* -
aus|ge|las|tet
aus|ge|laugt; -e Böden
aus|ge|lei|ert
aus|ge|lernt; ein -er Schlosser; **Aus|ge|lern|te,** *der* u. *die;* -n, -n
aus|ge|lit|ten; - haben
aus|ge|macht (feststehend); als - gelten; ein -er (ugs. für: großer) Schwindel
aus|ge|mer|gelt
aus|ge|nom|men; alle waren zugegen, er ausgenommen od. ausgenommen er; ausgenommen[,] dass/wenn ...
aus|ge|picht (ugs. für: gerissen)
aus|ge|po|wert [*...pau[e]rt*] (ugs.)
aus|ge|prägt
aus|ge|pumpt (ugs. für: erschöpft)
aus|ge|rech|net
aus|ge|schlos|sen
aus|ge|spro|chen (entschieden, sehr groß); eine -e Abneigung; **aus|ge|spro|che|ner|ma|ßen**
aus|ge|stal|ten; Aus|ge|stal|tung
aus|ge|steu|ert; Aus|ge|steu|er|te, *der* u. *die;* -n, -n
aus|ge|sucht ([aus]erlesen; ausgesprochen)
aus|ge|wach|sen (voll ausgereift)
aus|ge|wo|gen; Aus|ge|wo|gen|heit, *die;* -
aus|ge|zeich|net
aus|gie|big (reichlich)
Aus|gleich, *der;* -[e]s, -e; **aus|glei|chen;** vgl. ausgeglichen; **Aus|gleichs‿ab|ga|be, ...ge|trie|be** (für: Differenzial), **...sport**
aus|gra|ben; Aus|grä|ber; Aus|gra|bung
aus|grei|fen
Aus|guck, *der;* -[e]s, -e
Aus|guss
aus|ha|ben (ugs.)
aus|hal|ten; es ist nicht zum Aushalten

aus|hän|di|gen; Aus|hän|di|gung
Aus|hang; ¹aus|hän|gen; die Verordnung hat ausgehangen; vgl. ¹hängen; **²aus|hän|gen;** ich habe das Fenster ausgehängt; vgl. ²hängen; **Aus|hän|ge|schild,** *das*
aus|har|ren
aus|hau|chen (geh.); sein Leben -
aus|he|ben (herausheben; zum Heeresdienst einberufen); **Aus|he|ber** (Griff beim Ringen)
aus|he|cken (ugs. für: listig ersinnen)
aus|hel|fen; Aus|hel|fer; Aus|hil|fe; Aus|hilfs|kraft, *die;* **aus|hilfs|wei|se**
aus|hol|zen; Aus|hol|zung
aus|hor|chen; Aus|hor|cher
aus|hun|gern; vgl. ausgehungert
aus|i|xen (ugs. für: mit dem Buchstaben x ungültig machen); du ixt aus
aus|käm|men
aus|keh|ren
aus|ken|nen, sich
aus|kip|pen
aus|klam|mern; Aus|klam|me|rung
aus|kla|mü|sern (ugs. für austüfteln)
Aus|klang
aus|klei|den; sich -; **Aus|klei|dung**
aus|klop|fen; Aus|klop|fer
aus|klü|geln
aus|knei|fen (ugs. für: [aus Feigheit] heimlich weglaufen)
aus|knip|sen (ugs.)
aus|kno|beln (ugs. auch für: ausdenken)
aus|kno|cken [...*nokᵉn*] (Boxsport: durch K. o. besiegen)
aus|kom|men; Aus|kom|men, *das;* -s; **aus|kömm|lich**
aus|kos|ten
aus|kot|zen (derb); sich -
aus|kra|men (ugs.)
aus|krat|zen (auch salopp für: ausreißen)
aus|ku|geln (ugs. für: ausrenken)
aus|küh|len; Aus|küh|lung
Aus|kul|ta|ti|on [...*zion*], *die;* -, -en (Med.: das Abhorchen); **aus|kul|tie|ren**
aus|kund|schaf|ten
Aus|kunft, *die;* -, ...künfte; **Aus|kunf|tei; Aus|kunfts|stel|le**
aus|kup|peln
aus|ku|rie|ren
aus|la|chen
¹aus|la|den; Waren -; vgl. ¹laden; **²aus|la|den;** jmdn. -; vgl. ²laden; **aus|la|dend** (nach außen ragend); **Aus|la|dung**
Aus|la|ge
aus|la|gern; Aus|la|ge|rung
Aus|land, *das;* -[e]s; **Aus|län|der; aus|län|der|feind|lich; Aus|län|de|rin; aus|län|disch; Aus|lands‿auf|ent|halt, ...ge|schäft, ...rei|se**
aus|las|sen; vgl. ausgelassen; **Aus|las|sung; Aus|las|sungs|zei|chen** (für: Apostroph)
aus|las|ten; Aus|las|tung
Aus|lauf; Aus|lauf|bahn (Skisport); **aus|lau|fen; Aus|läu|fer**
Aus|laut; aus|lau|ten
aus|le|ben; sich -
aus|lee|ren; Aus|lee|rung
aus|le|gen; Aus|le|ger; Aus|le|ge|wa|re (Teppichmaterial zum Auslegen von Fußböden); **Aus|le|gung**
aus|lei|ern (ugs.)
Aus|lei|he; aus|lei|hen
aus|ler|nen; vgl. ausgelernt
Aus|le|se; Aus|le|se|pro|zess
aus|lie|fern; Aus|lie|fe|rung
aus|lö|schen; er löschte das Licht aus, hat es ausgelöscht
aus|lo|sen
aus|lö|sen; Aus|lö|ser
ausm, (auch:) **aus'm** (ugs. für: aus dem)
aus|ma|chen; eine Sache -; vgl. ausgemacht
aus|mah|len; Korn -
aus|ma|len; ein Bild -
aus|mä|ren, sich (landsch. für: fertig werden, zu trödeln aufhören)
Aus|maß, das
aus|mer|zen (radikal beseitigen); du merzt aus; **Aus|mer|zung**
aus|mes|sen; Aus|mes|sung
aus|mis|ten
aus|mus|tern; Aus|mus|te|rung
Aus|nah|me, *die;* -, -n; **Aus|nah|me‿fall** *(der),* **...zu|stand; aus|nahms‿los, ...wei|se; aus|neh|men;** sich -; vgl. ausgenommen; **aus|neh|mend** (sehr)
aus|nut|zen, (bes. südd., österr.:) **aus|nüt|zen**
aus|pa|cken
aus|peit|schen
Aus|pend|ler (jmd., der zwischen seinem Wohnort u. seinem Arbeitsplatz [im Nachbarland] pendelt)
Au|s|pi|zi|um, *das;* -s, ...ien [...*iᵉn*] (Vorbedeutung); unter jemandes Auspizien, unter den Auspizien (der Schirmherrschaft, Oberhoheit) von ...
aus|plün|dern; Aus|plün|de|rung
aus|po|sau|nen (ugs. für: überall erzählen)
aus|po|wern [...*pau...*] (ugs. für: seine Kräfte vollständig aufbrauchen); total ausgepowert sein; **Aus|po|we|rung**
aus|prä|gen; vgl. ausgeprägt; **Aus|prä|gung**
aus|pro|bie|ren
Aus|puff, *der;* -[e]s, -e; **Aus|puff|flam|me,** (auch:) **Aus|puff-Flam|me**
aus|pum|pen; vgl. ausgepumpt
aus|punk|ten (Boxsport: nach Punkten besiegen)
aus|quar|tie|ren; Aus|quar|tie|rung
aus|quat|schen (ugs.); sich -
aus|quet|schen
aus|ra|die|ren
aus|ran|gie|ren [...*schirᵉn*] (ugs. für: aussondern; ausscheiden)
aus|rau|ben; aus|räu|bern
aus|räu|chern
aus|räu|men

aus|rech|nen; Aus|rech|nung

Aus|re|de; aus|re|den; jmdm. etwas -

aus|rei|chen; aus|rei|chend; er hat [die Note] »ausreichend« erhalten; sie hat mit [der Note] »ausreichend« bestanden

Aus|rei|se; aus|rei|sen; Aus|rei|se|sper|re; aus|rei|se|wil|lig

aus|rei|ßen; Aus|rei|ßer

aus|ren|ken; Aus|ren|kung

aus|rich|ten; etwas -; **Aus|rich|ter** (Sportspr.); **Aus|rich|tung**

aus|rot|ten; Aus|rot|tung

aus|rü|cken ([die Garnison] verlassen; ugs. für: fliehen)

Aus|ruf; aus|ru|fen; Aus|ru|fer; Aus|ru|fe|zei|chen; Aus|ru|fung; Aus|ru|fungs|zei|chen

aus|ru|hen

aus|rüs|ten; Aus|rüs|ter; Aus|rü|s|tung; Aus|rüs|tungs|ge|gen|stand

aus|rut|schen; Aus|rut|scher

Aus|saat; aus|sä|en

Aus|sa|ge, *die;* -, -n; **aus|sa|gen; Aus|sa|ge|wei|se,** *die* (Sprachw.: Modus)

Aus|satz, *der;* -es (eine Krankheit); **aus|sät|zig**

aus|schach|ten; Aus|schach|tung

aus|schal|ten; Aus|schal|tung

Aus|schank

Aus|schau, *die;* -; - halten; **aus|schau|en**

aus|schei|den; Aus|schei|dung; Aus|schei|dungs|spiel

aus|schen|ken (Bier, Wein usw.)

aus|sche|ren (die Linie, Spur verlassen [von Fahrzeugen]); scherte aus; ausgeschert

aus|schil|dern (mit Schildern markieren); **Aus|schil|de|rung**

aus|schlach|ten (ugs. abwertend auch für: etwas ausbeuten)

aus|schla|fen; sich -

Aus|schlag; aus|schla|gen; aus|schlag|ge|bend

aus|schlie|ßen; vgl. ausgeschlossen; **aus|schlie|ßend; aus|schließ|lich**[1]; *Verhältnisw.* mit *Wesf.:* - des Weines; aber: - Porto; - Getränken; **Aus|schließ|lich|keit**[1], *die;* -; **Aus|schlie|ßung; Aus|schluss**

aus|schmü|cken; Aus|schmü|ckung

aus|schnei|den; Aus|schnitt

aus|schöp|fen

aus|schrei|ben; Aus|schrei|bung

aus|schrei|ten; Aus|schrei|tung (meist *Mehrz.*)

Aus|schuss; Aus|schuss|sit|zung

aus|schüt|ten; Aus|schüt|tung

aus|schwei|fen; aus|schwei|fend; Aus|schwei|fung

aus|se|hen; Aus|se|hen, *das;* -s

aus sein; vgl. aus

au|ßen; von - [her]; nach innen und -; nach - [hin]; außen liegen usw.; die außen liegenden Kabinen; die außen Stehenden, (auch:) die Außenstehenden; **Au|ßen,** *der;* -, - (Sportspr.: Außenspieler); er spielt - (als Außenspieler); **Au|ßen|bord|mo|tor; au|ßen|bords** (außerhalb des Schiffes)

aus|sen|den; Aus|sen|dung, *die;* -

Au|ßen‿dienst, ...han|del, au|ßen liegend; vgl. außen; **...mi|nis|ter, ...po|li|tik; au|ßen|po|li|tisch; Au|ßen|sei|te; Au|ßen|sei|ter; Au|ßen|ste|hen|de,** *der* u. *die;* -n, -n; vgl. außen; **Au|ßen‿tem|pe|ra|tur, ...tür, ...wand**

au|ßer; *Bindew.:* - dass/wenn/wo: wir fahren in die Ferien, - [wenn] es regnet; niemand kann diese Schrift lesen - er selbst; *Verhältnisw.* mit *Wemf.:* niemand kann es lesen - ihm selbst; - [dem] Haus[e]; - allem Zweifel; - Dienst (Abk.: a. D.); ich bin - mir (empört); außerstande, (auch:) außer Stande sein; sich außerstande, (auch:) außer Stande sehen; außerstand, (auch:) außer Stand setzen; außer Acht lassen; außer aller Acht lassen; mit *Wenf.* (bei Zeitwörtern der Bewegung): etwas - jeden Zweifel stellen; ich gerate - mich (od. mir) vor Freude; mit *Wesf.* nur in: - Landes gehen, sein; **Au|ßer|ạcht|las|sung; au|ßer|dem; au|ßer|dienst|lich; äu|ße|re; Äu|ße|re,** *das;* ...r[e]n; im Äußer[e]n; sein -s; ein erschreckendes Äußere[s]; Minister des -n; **au|ßer|ge|wöhn|lich; au|ßer|halb;** - von München; *Verhältnisw.* mit *Wesf.:* - des Lagers; - Münchens; **Au|ßer|krạft|set|zung; äu|ßer|lich; Äu|ßer|lich|keit**

äu|ßern; sich -

au|ßer|ọr|dent|lich; -er Professor (Abk.: ao., a. o. Prof.); **au|ßer|par|la|men|ta|risch;** die -e Opposition (Abk.: APO, auch: Apo); **au|ßer|plan|mä|ßig** (Abk.: apl.)

äu|ßerst; mit äußerster Konzentration, aber: das Äußerste befürchten; auf das, aufs Äußerste (auf die schlimmsten Dinge) gefasst sein; auf das, aufs Äußerste, (auch:) auf das, aufs äußerste (sehr) erschrocken sein; es zum Äußersten kommen lassen

au|ßer|stạnd [auch: *au*...], (auch:) **au|ßer Stạnd;** vgl. außer; **au|ßer|stạn|de,** (auch:) **au|ßer Stạn|de;** vgl. außer

äu|ßers|ten|fạlls

Äu|ße|rung

aus|set|zen; Aus|set|zung

Aus|sicht, *die;* -, -en; **aus|sichts|los; Aus|sichts|lo-**

---

[1] Auch: *außschliß...* od. *...schliß...*

sig|keit, *die;* -; **aus|sichts|reich; Aus|sichts|turm**
aus|sie|deln; Aus|sie|de|lung, Aus|sied|lung; **Aus|sied|ler**
aus|söh|nen; sich -; **Aus|söh|nung**
aus|sor|tie|ren
aus|span|nen (ugs. auch für: abspenstig machen)
aus|sper|ren; Aus|sper|rung
aus|spie|len; jmdn. gegen jmdn. -
aus|spi|o|nie|ren
Aus|spra|che; Aus|spra|che|wör|ter|buch; aus|spre|chen; sich -; vgl. ausgesprochen; **Aus|spruch**
aus|spu|cken
aus|staf|fie|ren (ausstatten); **Aus|staf|fie|rung**
Aus|stand, *der;* -[e]s; in den - treten (streiken)
aus|stat|ten; Aus|stat|tung
aus|ste|hen; jmdn. nicht - können; die Rechnung steht noch aus
aus|stei|gen; Aus|stei|ger
aus|stel|len; Aus|stel|ler; Aus|stell|fens|ter (Kfz); **Aus|stel|lung; Aus|stel|lungs|ge|län|de**
Aus|ster|be|e|tat [...*eta*]; nur noch in festen Wendungen wie: auf dem - stehen (ugs. für: keine Bedeutung mehr haben); **aus|ster|ben**
Aus|steu|er, *die;* (*Mehrz.* selten); **aus|steu|ern; Aus|steu|e|rung**
Aus|stieg, *der;* -[e]s, -e
aus|sto|ßen
aus|strah|len; Aus|strah|lung
aus|stre|cken
aus|streu|en; Gerüchte -
aus|su|chen; vgl. ausgesucht
aus|tan|zen (bes. Fußball: den Gegner geschickt u. spektakulär umspielen)
Aus|tausch, *der;* -[e]s; **aus|tau|schen; Aus|tausch|mo|tor**
aus|tei|len; Aus|tei|lung
Aus|ter, *die;* -, -n (essbare Meeresmuschel); **Aus|tern|fi|scher** (ein Watvogel)
aus|to|ben, sich
Aus|trag, *der;* -[e]s; zum - kommen (Amtsspr.: ausgetragen, entschieden werden); **aus|tra|gen; Au|s|trä|ger** (Person, die etwas austrägt); **Aus|tra|gung**
aus|trei|ben; Aus|trei|bung
aus|tre|ten
aus|trick|sen (auch Sportspr.)
Aus|tritt; Aus|tritts|er|klä|rung
aus|trock|nen; Aus|trock|nung
aus|tüf|teln
aus|ü|ben; Aus|ü|bung
Aus|ver|kauf; aus|ver|kau|fen
aus|wach|sen; es ist zum Auswachsen (ugs.); vgl. ausgewachsen
Aus|wahl; aus|wäh|len; Aus|wahl|mög|lich|keit
Aus|wan|de|rer; Aus|wan|de|rer|schiff; aus|wan|dern; Aus|wan|de|rung
aus|wär|tig; -er Dienst; das Auswärtige Amt (Abk.: AA); Minister des Auswärtigen; **aus|wärts;** nach, von -; nach - gehen; auswärts (nicht zu Hause) essen; auswärts gehen, laufen (mit auswärts gerichteten Füßen); **Aus|wärts|spiel**
aus|wech|seln; Aus|wech|se|lung, Aus|wechs|lung
Aus|weg; aus|weg|los; Aus|weg|lo|sig|keit, *die;* -
aus|wei|chen; vgl. ²weichen; **aus|wei|chend; Aus|weich|mög|lich|keit**
Aus|weis, *der;* -es, -e; **aus|wei|sen;** sich -; **Aus|weis|kon|t|rol|le; Aus|wei|sung**
aus|wei|ten; Aus|wei|tung
aus|wen|dig; - lernen, wissen; **Aus|wen|dig|ler|nen,** *das;* -s
aus|wer|fen; Aus|wer|fer (Technik)
aus|wer|ten; Aus|wer|tung
aus|wi|ckeln
aus|wie|gen; vgl. ausgewogen
aus|wir|ken; sich -; **Aus|wir|kung**
aus|wi|schen; jmdm. eins - (ugs. für: schaden)
aus|wrin|gen
Aus|wuchs, *der;* -es, ...wüchse
aus|wuch|ten (bes. Kfz-Technik)
Aus|wurf
aus|zah|len; das zahlt sich nicht aus (ugs. für: das lohnt sich nicht); **Aus|zah|lung; aus|zäh|len**
Aus|zeh|rung, *die;* - (Kräfteverfall)
aus|zeich|nen; sich -; vgl. ausgezeichnet; **Aus|zeich|nung**
aus|zie|hen; Aus|zieh|tisch
Aus|zu|bil|den|de, *der* u. *die;* -n, -n
Aus|zug; Aus|zug[s]|mehl; aus|zugs|wei|se
au|t|ark (sich selbst genügend; wirtschaftlich unabhängig vom Ausland); **Au|t|ar|kie,** *die;* -, ...ien (wirtschaftliche Unabhängigkeit vom Ausland)
au|then|tisch (im Wortlaut verbürgt; echt); **au|then|ti|sie|ren** (Rechtsspr.: glaubwürdig, rechtsgültig machen); **Au|then|ti|zi|tät,** *die;* - (Echtheit; Rechtsgültigkeit)
Au|to, *das;* -s, -s (Kurzw. für: Automobil); Auto fahren; ich bin Auto gefahren; **Au|to|bahn; Au|to|bahn‿drei|eck, ...ge|bühr, ...rast|stät|te**
Au|to|bi|o|gra|fie, (auch:) **Au|to|bi|o|gra|phie,** *die;* -, ...ien (literar. Darstellung des eigenen Lebens); **au|to|bi|o|gra|fisch,** (auch:) **au|to|bi|o|gra|phisch**
Au|to|bus, *der;* ...busses, ...busse
Au|to|cross, (auch:) **Au|to-Cross,** *das;* - (Geländeprüfung für Autosportler)
Au|to|di|dakt, *der;* -en, -en (jmd., der sich sein Wissen durch Selbstunterricht angeeignet hat); **Au|to|di|dak|tin; au|to|di|dak|tisch**
Au|to‿fäh|re, ...fah|ren, *das;* -s, **...fah|rer, ...fried|hof** (ugs.)
au|to|gen (ursprünglich; selbsttätig); -es Training

(Med.: Methode der Selbstentspannung)
Au|to|gramm, *das;* -s, -e (eigenhändig geschriebener Name)
Au|to‿in|dus|t|rie, ...ki|no
Au|to|krat, *der;* -en, -en (Alleinherrscher; selbstherrlicher Mensch); **Au|to|kra|tie,** *die;* -, ...ien (unumschränkte [Allein]herrschaft); **au|to|kra|tisch**
Au|to|mat, *der;* -en, -en; **Au|to|ma|ten|res|tau|rant; Au|to|ma|tik,** *die;* -, -en (Vorrichtung, die einen techn. Vorgang steuert u. regelt); **Au|to|ma|ti|on** [*...zion*], *die;* - (vollautomatische Fabrikation); **au|to|ma|tisch** (selbsttätig; selbstregelnd; unwillkürlich; zwangsläufig); **au|to|ma|ti|sie|ren** (auf vollautomatische Fabrikation umstellen); **Au|to|ma|ti|sie|rung; Au|to|ma|tis|mus,** *der;* -, ...men (sich selbst steuernder, unbewusster Ablauf)
Au|to|me|cha|ni|ker; Au|to|mo|bil, *das;* -s, -e; **Au|to|mo|bil|aus|stel|lung; Au|to|mo|bi|list,** *der;* -en, -en (bes. schweiz. für: Autofahrer); **Au|to|mo|bi|lis|tin**
au|to|nom (selbstständig, unabhängig); -es Nervensystem; **Au|to|no|me,** *der* u. *die;* -n, -n; **Au|to|no|mie,** *die;* -, ...ien (Selbstständigkeit, Unabhängigkeit)
Au|to|pi|lot (automatische Steuerung von Flugzeugen u. Ä.)
Au|t|op|sie, *die;* -, ...ien (Prüfung durch Augenschein; Med.: Leichenöffnung)
Au|tor, *der;* -s, ...oren; **Au|to|ren|le|sung; Au|to|rin; Au|to|ri|sa|ti|on** [*...zion*], *die;* -, -en (Ermächtigung, Vollmacht); **au|to|ri|sie|ren; au|to|ri|siert** ([einzig] berechtigt); **au|to|ri|tär** (unbedingten Gehorsam fordernd; diktatorisch); eine -e Erziehung, ein -es Regime; **Au|to|ri|tät,** *die;* -, -en (Ansehen; bedeutender Vertreter seines Faches; maßgebende Institution); **au|to|ri|ta|tiv** (sich auf echte Autorität stützend, maßgebend); **au|to|ri|täts|gläu|big; Au|tor|schaft,** *die;* -
Au|to‿schlos|ser, ...schlüs|sel, ...skoo|ter
Au|to|sug|ges|ti|on, *die;* -, -en (Selbstbeeinflussung)
Au|to|te|le|fon
autsch!
au|weh!
a|van|cie|ren [*awangßiren*] (befördert werden; aufrücken); **A|vant|gar|de** [*awang..., auch: ...garde*] (die Vorkämpfer für eine Idee); **A|vant|gar|dis|mus; A|vant|gar|dist** (Vorkämpfer); **A|vant|gar|dis|tin; a|vant|gar|dis|tisch**
a|van|ti! [*awanti*] (ugs. für: »vorwärts!«)
A|ve-Ma|ria [*awe...*], *das;* -[s], -[s] (»Gegrüßet seist du, Maria!«; ein kath. Gebet)
A|ve|nue [*awenü*], die, -, ...uen [*...üen*] (Prachtstraße)
A|ver|si|on, *die;* -, -en (Abneigung, Widerwille)
a|vi|sie|ren (ankündigen)
a|xi|al (in der Achsenrichtung); **A|xi|al|ver|schie|bung**
A|xi|om, *das;* -s, -e (keines Beweises bedürfender Grundsatz)
Axt, *die;* -, Äxte
A|ya|tol|lah; vgl. Ajatollah
A|za|lee, (auch:) **A|za|lie** [*...ie*], *die;* -, -n (eine Zierpflanze)
A|zu|bi [auch: *azu...*], *der;* -s, -s u. *die;* -, -s (ugs. für: Auszubildende[r])
A|zur, *der;* -s (geh. für: Himmelsblau); **a|zur|blau; a|zurn** (geh. für: himmelblau); **Az|zu|ri, Az|zu|ris,** *Mehrz.* (»die Blauen«; Bez. für: ital. Sportmannschaften)

Bb

B (Buchstabe); das B; des B, die B; aber: das b in Abend
b, B, *das;* -, - (Tonbezeichnung)
bab|beln (landsch. für: schwatzen)
Ba|bu|sche, Pam|pu|sche [auch: *...usche*], *die;* -, -n (landsch., bes. ostmitteld. für Stoffpantoffel)
Ba|by [*bebi*], *das;* -s, -s (Säugling, Kleinkind)
ba|by|lo|nisch; -e Kunst, Religion; die Babylonische Gefangenschaft; der Babylonische Turm
ba|by|sit|ten (nur in der Grundform gebr.; ugs.); **Ba|by|sit|ter,** *der;* -s, -
Bac|cha|nal [*bachanal*], *das;* -s, -e u. -ien [*...ien*] (altröm. Bacchusfest; wüstes Trinkgelage); **Bac|chant,** *der;* -en, -en (geh. für: weinseliger Trinker); **bac|chan|tisch** (trunken; ausgelassen)
Bach, *der;* -[e]s, Bäche
Ba|che, *die;* -, -n (w. Wildschwein)
Bä|chel|chen, Bäch|lein; Bach|stel|ze (ein Vogel)
Back|bord, *das;* -[e]s, -e (linke Schiffsseite [von hinten gesehen]); **back|bord[s]**
Bäck|chen; Ba|cke, *die;* -, -n u. **Ba|cken,** *der;* -s, - (landsch.)
ba|cken (Brot usw.); du bäckst (auch: backst); er bäckt (auch: backt); du backtest (älter: buk[e]st); du backtest (älter: bükest); gebacken; back[e]!; Beugung in der Bedeutung von »kleben« (vgl. festbacken): der Schnee backt, backte, hat gebackt
Ba|cken|zahn
Bä|cker; Bä|cke|rei; Bä|cke|rin; Bä|cker|la|den; Bä|cker[s]|frau; Back|fisch (veraltend auch für: halbwüchsiges Mädchen)

Back|ground [*bäkgraunt*], *der;* -s, -s (Hintergrund; Berufserfahrung, Kenntnisse)

Back|hand [*bäkhänt*], *die;* -, - (auch: *der;* -[s], -s; Sportspr.: Rückhandschlag)

Back|hen|del, *das;* -s, -n (österr. für: paniertes Hähnchen); **Back|ofen**

Back|pa|cker [*bäkpäker*], *der;* -s, - (Rucksacktourist)

Back|pfei|fe (landsch. für: Ohrfeige); **back|pfei|fen** (landsch.); er backpfeifte ihn, hat ihn gebackpfeift; **Back|pfei|fen|ge|sicht** (salopp abwertend)

Back|pflau|me; Back|stein; Back|stein|bau (*Mehrz.* ...bauten); **Back|wa|re** (meist *Mehrz.*)

Bad, *das;* -[e]s, Bäder; **Ba|de|an|stalt; Ba|de|an|zug; ba|den;** - gehen (salopp auch für: scheitern)

Bad|min|ton [*bädminten*], *das;* - (Federballspiel)

Bae|de|ker® [*bä...*], *der;* -[s], - (ein Reisehandbuch)

baff (ugs. für: verblüfft); - sein

Ba|ga|ge [*bagasche*], *die;* -, -n (veralt. für: Gepäck; ugs. für: Gesindel)

Ba|ga|tel|le, *die;* -, -n (unbedeutende Kleinigkeit; kleines, leichtes Musikstück); **ba|ga|tel|li|sie|ren** (als unbedeutende Kleinigkeit behandeln); **Ba|ga|tell|sa|che**

Bag|ger, *der;* -s, - (Gerät zum Wegschaffen von Erdreich od. Geröll); **bag|gern; Bag|ger|füh|rer**

bah!, pah! (Ausruf der Geringschätzung, des Ekels)

bäh! (Ausruf der Schadenfreude, des Ekels)

Bahn, *die;* -, -en; sich Bahn brechen (ich breche mir Bahn); **bahn|bre|chend;** eine -e Erfindung; **Bahn|bus; bah|nen; Bahn|hof** (Abk.: Bf., Bhf.); **Bahn|hofs|buch|hand|lung; bahn|la|gernd;** -e Sendungen; **Bahn|steig; Bahn|steig‿kan|te, ...kar|te**

Bah|re, *die;* -, -n; **Bahr|tuch** (*Mehrz.* ...tücher)

Bai, *die;* -, -en (Bucht)

Bai|ser [*bäse*], *das;* -s, -s (ein Schaumgebäck)

Ba|ja|de|re, *die;* -, -n (ind. [Tempel]tänzerin)

Ba|jaz|zo, *der;* -s, -s (Possenreißer; auch Titel einer Oper von Leoncavallo)

Ba|jo|nett, *das;* -[e]s, -e (Seitengewehr); **Ba|jo|nett|ver|schluss** (Schnellverbindung von Rohren, Stangen od. Hülsen)

Ba|ke, *die;* -, -n (festes Orientierungszeichen für Seefahrt, Luftfahrt, Straßenverkehr; Vorsignal auf Bahnstrecken)

Bak|ken, *der;* -[s], - (Skisport: Sprungschanze)

Bak|schisch, *das;* -[(e)s], -e (Almosen; Trinkgeld)

Bak|te|rie [*...ie*], *die;* -, -n (Biol., Med.: Spaltpilz); **bak|te|ri|ell; Bak|te|ri|en|trä|ger; Bak|te|ri|o|lo|ge,** *der;* -n, -n (Wissenschaftler auf dem Gebiet der Bakteriologie); **Bak|te|ri|o|lo|gie,** *die;* - (Lehre von Bakterien); **Bak|te|ri|o|lo|gin; bak|te|ri|o|lo|gisch**

Ba|la|lai|ka, *die;* -, -s u. ...ken (ein russ. Saiteninstrument)

Ba|lan|ce [*balangß(e)*], *die;* -, -n (Gleichgewicht); **Ba|lan|ce|akt; ba|lan|cie|ren** [*balangßiren*] (das Gleichgewicht halten, ausgleichen); **Ba|lan|cier|stan|ge**

bal|bie|ren (landsch. veralt. für: rasieren); jmdn. über den Löffel - (auch: barbieren; ugs. für: betrügen)

bald; Steigerung: eher, am ehesten; möglichst -; so - wie, (auch:) als möglich

Bal|da|chin [*baldachin*], *der;* -s, -e (Trag-, Betthimmel)

Bäl|de; nur noch in: in - (Amtsspr.: bald); **bal|dig;** -st; **bald|mög|lichst**

Bal|d|ri|an, *der;* -s, -e (eine Heilpflanze); **Bal|d|ri|an|trop|fen,** *die (Mehrz.)*

1**Balg,** *der;* -[e]s, Bälge (Tierhaut; Luftsack; ausgestopfter Körper einer Puppe); 2**Balg,** *der* od. *das;* -[e]s, Bälger (ugs. für: [unartiges] Kind); **bal|gen,** sich (ugs. für: raufen); **Bal|ge|rei** (ugs.)

Bal|ken, *der;* -s, -; **Bal|ken|kon|s|t|ruk|ti|on; Bal|kon** [*balkong,* (auch, bes. südd., österr. u. schweiz.:) *...kon*], *der;* -s, -s u. (bei nicht nasalierter Ausspr.:) -e

1**Ball,** *der;* -[e]s, Bälle (kugelförmiges Spielzeug, Sportgerät); Ball spielen

2**Ball,** *der;* -[e]s, Bälle (Tanzfest); **Bal|la|de,** *die;* -, -n (episch-dramatisches Gedicht); **bal|la|den|haft; bal|la|desk;** -e Erzählung

Bal|last [auch: *balaßt*], *der;* -[e]s, (selten:) -e (tote Last; Bürde)

Bäll|chen; bal|len; Bal|len, *der;* -s, -

Bal|le|rei (ugs. für: sinnloses, lautes Schießen)

Bal|le|ri|na, Bal|le|ri|ne, *die;* -, ...nen (Balletttänzerin)

bal|lern (ugs. für: knallen, schießen)

Bal|lett, *das;* -[e]s, -e (Bühnentanz[gruppe]; Ballettmusik); **Bal|lett|korps** (Theatertanzgruppe); **Bal|lett|tän|zer,** (auch:) **Bal|lett-Tän|zer; Bal|lett|tän|ze|rin,** (auch:) **Bal|lett-Tän|ze|rin; Bal|lett|trup|pe,** (auch:) **Bal|lett-Trup|pe**

Bal|lis|tik, *die;* - (Lehre von der Bewegung geschleuderter od. geschossener Körper); **bal|lis|tisch;** -e Kurve (Flugbahn)

Bal|lon [*balong,* (auch, bes. südd., österr. u. schweiz.:) *...lon*], *der;* -s, -s u. (bei nicht nasalierter Ausspr.:) -e (auch für: Korbflasche; Glaskolben)

Bal|lung; Bal|lungs|raum

Bal|sam, *der;* -s, -e [*...same*] (Gemisch von Harzen mit

ätherischen Ölen, bes. als Linderungsmittel; geh. auch für: Linderung, Labsal); **bal|sa|mie|ren** (einsalben); **Bal|sa|mie|rung; bal|sa|misch** (würzig; lindernd)
Ba|lus|t|ra|de, *die;* -, -n (Brüstung, Geländer)
Balz, *die;* -, -en (Paarungsspiel und Paarungszeit bestimmter Vögel); **bal|zen** (werben [von bestimmten Vögeln]); **Balz|zeit**
Bam|bi|no, *der;* -s, ...ni u. (ugs.:) -s (ugs. für: kleines Kind, kleiner Junge)
Bam|bus, *der;* ...busses u. -, ...busse (ein trop. Riesengras); **Bam|bus|rohr**
Bam|mel, *der;* -s (ugs. für: Angst); **bam|meln** (ugs. für: baumeln)
ba|nal (alltäglich, fade, flach); **Ba|na|li|tät,** *die;* -, -en
Ba|na|ne, *die;* -, -n (eine trop. Pflanze u. Frucht); **Ba|na|nen‿flan|ke** (Sportspr.), **...ste|cker** (Elektrotechnik)
Ba|nau|se, *der;* -n, -n (unkultivierter Mensch; Spießbürger); **Ba|nau|sen|tum;** *das;* -s; **ba|nau|sisch**
¹**Band,** *der;* -[e]s, Bände (Buch; Abk.: Bd., *Mehrz.:* Bde.); ²**Band,** *das;* -[e]s, -e (meist *Mehrz.;* geh. für: Bindung; Fessel); außer Rand und -; ³**Band,** *das;* -[e]s, Bänder ([Gewebe]streifen; Gelenkband); auf - spielen, sprechen; am laufenden Band
⁴**Band** [*bänt*], *die;* -, -s (Gruppe von Musikern, bes. Tanzkapelle, Jazz- u. Rockband)
Ban|da|ge [*...asche*], *die;* -, -n (Stütz- od. Schutzverband); **ban|da|gie|ren** [*...schiren*] (mit Bandagen versehen)
Bänd|chen, *das;* -s, -
¹**Ban|de,** *die;* -, -n (Einfassung, z. B. Billardbande)
²**Ban|de,** *die;* -, -n (organisierte Gruppe von Verbrechern; abwertend od. scherzh. für: Gruppe von Jugendlichen)
Bän|del, *der* od. *das;* -s, - ([schmales] Band, Schnur)
Ban|de|ril|la [*...rilja*], *die;* -, -s (mit Bändern geschmückter Spieß, den der Banderillero dem Stier in den Nacken stößt); **Ban|de|ril|le|ro** [*...riljero*], *der;* -s, -s (Stierkämpfer, der den Stier mit den Banderillas reizt)
Ban|de|ro|le, *die;* -, -n (Verschlussband [mit Steuervermerk])
bän|di|gen; Bän|di|gung
Ban|dit, *der;* -en, -en ([Straßen]räuber)
Band‿maß *(das),* **...nu|del**
Ban|do|ne|on u. **Ban|do|ni|on,** *das;* -s, -s (ein Musikinstrument)
Band|schei|be (Med.); **Band|schei|ben|scha|den** (Med.); **Band|wurm; Band|wurm|satz** (scherzh. abwertend)
bang, ban|ge; banger u. bänger; am bangsten u. am bängsten; mir ist angst u. bang[e]; aber: er hat keine Bange; nur keine Bange! sie hat mir ganz schön Bange gemacht; jmdm. Angst und Bange machen; Bangemachen (auch: Bange machen) gilt nicht; **Ban|ge,** *die;* - (landsch. für: Angst); vgl. bang, bange; **ban|gen; Ban|gig|keit,** *die;* -; **bäng|lich; Bang|nis,** *die;* -, -se (geh.)
Ban|jo [auch: *bändscho*], *das;* -s, -s (ein Musikinstrument)
¹**Bank,** *die;* -, Bänke (Sitzgelegenheit); ²**Bank,** *die;* -, -en (Kreditanstalt); **Bank‿au|to|mat, ...be|am|te; Bänk|chen**
Bän|kel‿lied, ...sän|ger
Ban|ker [auch: *bängker*] (ugs. für: Bankier, Bankfachmann); **Ban|ke|rin**
Ban|kert, *der;* -s, -e (veraltend, stark abwertend für: nicht eheliches Kind)
¹**Ban|kett,** *das;* -[e]s, -e (Festmahl); ²**Ban|kett,** *das;* -[e]s, -e, (auch:) **Ban|ket|te,** *die;* -, -n ([unfester] Randstreifen neben einer Straße)
Ban|ki|er [*bangkie*], *der;* -s, -s (Inhaber eines Bankhauses); **Bank‿kon|to, ...leit|zahl** (Abk.: BLZ); **Ban|ko|mat,** *der;* -en, -en (bes. österr. für: Geldautomat)
ban|k|rott (zahlungsunfähig; übertr. auch für: am Ende, erledigt); - sein, werden; **Ban|k|rott,** *der;* -[e]s, -e; - machen; Bankrott gehen; **Ban|k|rott|er|klä|rung**
Bann, *der;* -[e]s, -e (Ausschluss [aus einer Gemeinschaft]; geh. für: beherrschender Einfluss, magische Wirkung); **Bann|bul|le,** *die;* **ban|nen**
Ban|ner, *das;* -s, - (Fahne); **Ban|ner|trä|ger**
Bann‿kreis, ...mei|le
Ban|tam|ge|wicht (Körpergewichtsklasse in der Schwerathletik); **Ban|tam|huhn** (Zwerghuhn)
Bap|tis|mus, *der;* - (»Taufe«; Lehre ev. Freikirchen, die nur die Erwachsenentaufe zulässt); **Bap|tist,** *der;* -en, -en (Anhänger des Baptismus); **Bap|tis|te|ri|um,** *das;* -s, ...ien [*...iᵉn*] (Taufbecken; Taufkirche, -kapelle); **Bap|tis|tin**
bar (bloß); aller Ehre[n] -; bares Geld, aber: Bargeld; bar zahlen; in -; gegen -; -er Unsinn
Bar, *die;* -, -s (kleines [Nacht]lokal; Schanktisch)
Bär, *der;* -en, -en
Ba|ra|cke, *die;* -, -n (leichtes, meist eingeschossiges Behelfshaus); **Ba|ra|cken|la|ger** (*Mehrz.:* ...lager)
Bar|bar, *der;* -en, -en (roher Mensch; völlig ungebildeter Mensch); **Bar|ba|rei** (Rohheit); **bar|ba|risch** (roh)
bär|bei|ßig (grimmig; verdrießlich); **Bär|bei|ßig|keit,** *die;* -
Bar|bier, *der;* -s, -e (veralt. für: Herrenfriseur); **bar|bie|ren** (veralt. für: rasieren); vgl. auch: balbieren

Bạr|de, *der;* -n, -n ([altkelt.] Sänger u. Dichter)
Bä̲|ren‿dienst (ugs. für: schlechter Dienst), **...dreck** (südd., österr. ugs. für: Lakritze), **...fang** (*der;* -[e]s; Honiglikör), **...hụn|ger** (ugs. für: großer Hunger), **...na|tur** (robuste, widerstandskräftige körperliche Verfassung; Mensch mit dieser Verfassung); **bä̲|ren|stạrk** (ugs. für: sehr stark; auch für: hervorragend)
Ba|rẹtt, *das;* -[e]s, -e u. (selten:) -s (flache, randlose Kopfbedeckung)
ba̲r|fuß; - gehen; **Ba̲r|fü|ßer,** *der;* -s, - (Angehöriger eines Ordens, dessen Mitglieder urspr. barfuß gingen); **ba̲r|fü|ßig**
Ba̲r|geld, *das;* -[e]s; **ba̲r|geld|los;** -er Zahlungsverkehr
ba̲r|haupt (geh.); **ba̲r|häup|tig** (geh.)
bä̲|rig (landsch. für: bärenhaft, stark; ugs. für: gewaltig, toll)
Ba̲|ri|ton [auch: *bạ...*], *der;* -s, -e (Männerstimme zwischen Tenor u. Bass; Baritonsänger); **Ba|ri|to|nịst,** *der;* -en, -en (Baritonsänger)
Bạrk, *die;* -, -en (ein Segelschiff); **Bar|ka|ro̲|le,** *die;* -, -n (Gondellied); **Bar|kạs|se,** *die;* -, -n (Motorboot; größtes Beiboot auf Kriegsschiffen); **Bạr|ke,** *die;* -, -n (kleines Boot)
bạr|men (nord- u. ostd. abwertend für: klagen); **barm|hẹr|zig** (geh.); **Barm|hẹr|zig|keit,** *die;* - (geh.)
Ba̲r|mi|xer (Getränkemischer in einer Bar)
ba|rọck (im Stil des Barocks; auch für: sonderbar); **Ba|rọck,** *das* od. *der;* -[s] (ein [Kunst]stil); **Ba|rọck‿kir|che, ...stil** (*der;* -[e]s)
Ba|ro|me̲|ter, *das* (österr. u. schweiz. auch *der*); -s, - (Luftdruckmesser); **Ba|ro|me̲|ter|stand**
Ba|ro̲n, *der;* -s, -e (Freiherr); **Ba|ro|nẹss,** *die;* -, -en u. (häufiger:) **Ba|ro|nẹs|se,** *die;* -, -n (Freifräulein); **Ba|ro̲|nin** (Freifrau)
Bạr|ras, *der* (Soldatenspr.: Heerwesen; Militär)
Bạr|re, *die;* -, -n (Bauw.: Schranke aus waagerechten Stangen; Geol.: Sand-, Schlammbank); **Bạr|ren,** *der;* -s, - (Turngerät; Handelsform der Edelmetalle)
Bar|ri|e̲|re, *die;* -, -n (Schranke; Sperre); **Bar|ri|ka̲|de,** *die;* -, -n ([Straßen]sperre, Hindernis)
bạrsch (unfreundlich, rau)
Bạrsch, *der;* -[e]s, -e (ein Fisch)
Ba̲r|schaft
Bạrsch|heit
Ba̲r|sor|ti|ment (Buchhandelsbetrieb zwischen Verlag u. Einzelbuchhandel)
Ba̲rt, *der;* -[e]s, Bärte; **Bä̲rt|chen; Ba̲rt‿flech|te, ...haar; bä̲r|tig; Bä̲r|tig|keit,** *die;* -; **ba̲rt|los; Ba̲rt|lo|sig|keit,** *die;* -
Ba̲r|zah|lung
Ba|sạlt, *der;* -[e]s, -e (vulk. Gestein)
Ba|sa̲r, Ba|za̲r, *der;* -s, -e (oriental. Händlerviertel; Warenverkauf zu Wohltätigkeitszwecken)
Bä̲s|chen; [1]**Ba̲|se,** *die;* -, -n (veralt., noch südd. für: Kusine)
[2]**Ba̲|se,** *die;* -, -n (Chemie: Verbindung, die mit Säuren Salze bildet)
Base|ball [*be̲*^{i}*ßbål*], *der;* -s (amerik. Schlagballspiel)
Ba̲|se|dow|krank|heit, (auch:) **Ba̲|se|dow-Krank|heit,** *die;* - (auf vermehrter Tätigkeit der Schilddrüse beruhende Krankheit)
Ba̲|sen (*Mehrz.* von: Base, Basis)
ba|si̲e̲|ren; etwas basiert auf der Tatsache (beruht auf der Tatsache)
Ba|si̲|li|ka, *die;* -, ...ken (Kirchenbauform mit erhöhtem Mittelschiff)
Ba|si̲|li|kum, *das;* -s, -s u. ...ken (eine Gewürz- u. Heilpflanze)
Ba|si|lịsk, *der;* -en, -en (Fabeltier; trop. Echse), **Ba|si|lịs|ken|blick** (böser, stechender Blick)
Ba̲|sis, *die;* -, Basen (Grundlage; Math.: Grundlinie, -fläche; Grundzahl; Archit.: Sockel; Unterbau; Stütz-, Ausgangspunkt; Politik: Masse des Volkes, der Parteimitglieder); **ba̲|sisch** (Chemie: sich wie eine [2]Base verhaltend); -e Farbstoffe, Salze; -er Stahl; **Ba̲|sis|grup|pe** ([links orientierter] politisch aktiver [Studenten]arbeitskreis)
Bạs|ken|müt|ze
Bạs|ket|ball, *der;* -[e]s (ein Korbball[spiel])
Bas|kü̲|le, *die;* -, -n (Riegelverschluss für Fenster u. Türen); **Bas|kü̲|le|ver|schluss**
Bas|re|li|ef [*bạreliạ̈f*] (Flachrelief)
bạss (veralt., noch scherzh. für: sehr); er war bass erstaunt
Bạss, *der;* -es, Bässe (tiefe Männerstimme; Basssänger; Streichinstrument); **Bạss|gei|ge**
Bas|sin [*baßä̲ng*], *das;* -s, -s (künstliches Wasserbecken)
Bas|sịst, *der;* -en, -en (Basssänger); **Bạss‿schlüs|sel,** (auch:) **Bạss-Schlüs|sel, ...stim|me,** (auch:) **Bạss-Stim|me**
Bạst, *der;* -[e]s, -e (eine Pflanzenfaser; Jägerspr.: Haut am Geweih)
bạs|ta (ugs. für: genug!); [und] damit -!
Bạs|tard, *der;* -[e]s, -e (Mischling; veraltet für: nicht eheliches Kind)
Bas|te̲i̲ (vorspringender Teil an alten Festungsbauten)
Bạs|tel|ar|beit; bạs|teln
bạs|ten (aus Bast); **bạst|far|ben, bạst|far|big**
Bas|til|le [*baßtij*^{e}], *die;* -, -n

(befestigtes Schloss, bes. das 1789 erstürmte Staatsgefängnis in Paris); **Bas|ti|on,** *die;* -, -en (Bollwerk)
Bast|ler
Bas|to|na|de, *die;* -, -n (Prügelstrafe, bes. Schläge auf die Fußsohlen)
Ba|tail|lon [*bataljon*], *das;* -s, -e (Truppenabteilung; Abk.: Bat.)
Ba|tik, *der;* -s, -en, auch: *die;* -, -en (aus Südostasien stammendes Textilfärbeverfahren unter Verwendung von Wachs [nur *Einz.*]; gebatiktes Gewebe); **Ba|tik|druck** (*Mehrz.* ...drucke); **ba|ti|ken;** gebatikt
Ba|tist, *der;* -[e]s, -e (feines Gewebe); **ba|tis|ten** (aus Batist)
Bat|te|rie, *die;* -, ...ien (Milit.: Einheit der Artillerie [Abk.: Batt(r).]; Technik: [aus mehreren Elementen bestehender] Stromspeicher)
Bat|zen, *der;* -s, - (ugs. für: Klumpen; frühere Münze)
Bau, *der;* -[e]s, (für: Tierwohnung u. [Bergmannsspr.:] Stollen *Mehrz.:*) -e u. (für: Gebäude *Mehrz.:*) -ten; sich im od. in - befinden
Bauch, *der;* -[e]s, Bäuche; **Bauch|höh|le; bau|chig, bäu|chig; Bauch‿knei|fen** (*das;* -s; landsch. für: Bauchweh), **...la|den, ...lan|dung; Bäuch|lein; bäuch|lings; bauch|re|den** (meist nur in der Grundform gebr.); **Bauch‿red|ner, ...schmerz** (meist *Mehrz.:*), **...tanz; bauch|tan|zen** (meist nur in der Grundform gebr.); **Bauch|weh** (*das;* -s)
Bau|denk|mal, *das;* -[e]s, ...mäler (geh. auch: ...male); **bau|en; Bau|e|le|ment**
[1]**Bau|er,** *der;* -s, - (Be-, Erbauer)
[2]**Bau|er,** *der;* -n (selten: -s), -n (Landwirt; Schachfigur; Spielkarte)
[3]**Bau|er,** *das* (auch: *der*); -s, - (Vogelkäfig)
Bäu|er|chen; [ein] - machen (ugs. für: aufstoßen [von Säuglingen]); **Bäu|er|lein; Bäu|e|rin; bäu|er|lich; Bau|ern|fän|ger** (abwertend); **Bau|ern|fän|ge|rei** (abwertend); **Bau|ern‿früh|stück** (eine Speise), **...hof; Bau|ern|schaft,** *die;* - (Gesamtheit der Bauern); **Bau|ers|frau**
bau|fäl|lig; Bau|fäl|lig|keit, *die;* -; **Bau‿herr, ...kas|ten, ...klotz;** Bauklötze[r] staunen (ugs.), **...kos|ten,** *die* (*Mehrz.*), **...kos|ten|zu|schuss; bau|lich; Bau|lich|keit** (meist *Mehrz.;* Amtsspr.)
Baum, *der;* -[e]s, Bäume; **Bäum|chen; bau|meln; bäu|men,** sich; **Baum|wol|le; baum|wol|len** (aus Baumwolle)
Bau‿plan; vgl. Plan; **...platz, ...po|li|zei; bau|po|li|zei|lich; bau|reif;** ein -es Grundstück
bäu|risch
Bausch, *der;* -[e]s, -e u. Bäusche; in - und Bogen (ganz und gar); **bau|schen;** sich -; **bau|schig**
bau|spa|ren (fast nur in der Grundform gebr.); bauzusparen; **Bau|spar|kas|se; Bau|ten;** vgl. Bau
bauz!
bay|e|risch, bay|risch
Ba|zar; vgl. Basar
Ba|zil|len|trä|ger; Ba|zil|lus, *der;* -, ...llen (Biol., Med.: Sporen bildender Spaltpilz)
be|ab|sich|ti|gen
be|ach|ten; be|ach|tens|wert; be|acht|lich; Be|ach|tung
Beach|vol|ley|ball, (auch:) **Beach-Vol|ley|ball** [*bitsch...*] (auf Sand von Zweiermannschaften gespielte Art des Volleyballs)
be|ackern (den Acker bestellen; ugs. auch für: gründlich bearbeiten)
be|am|peln; eine beampelte Kreuzung
Be|am|te, *der;* -n, -n; **Be|am|ten|schaft; Be|am|ten|tum,** *das;* -s; **be|am|tet; Be|am|te|te,** *der* u. *die;* -n, -n (Amtsspr.); **Be|am|tin**
be|ängs|ti|gend
be|an|spru|chen; Be|an|spru|chung
be|an|stan|den; Be|an|stan|dung
be|an|tra|gen; beantragt; **Be|an|tra|gung**
be|ant|wor|ten; Be|ant|wor|tung
be|ar|bei|ten; Be|ar|bei|tung
be|arg|wöh|nen (geh.)
Beat [*bit*], *der;* -[s], - (im Jazz: Schlagrhythmus; betonter Taktteil; kurz für: Beatmusik [nur *Einz.*]); **Beat|mu|sik** [*bit...*], *die;* -
be|auf|sich|ti|gen; Be|auf|sich|ti|gung
be|auf|tra|gen; beauftragt; **Be|auf|trag|te,** *der* u. *die;* -n, -n
be|äu|gen; beäugt
Beau|ty|farm, (auch:) **Beau|ty-Farm,** *die;* -, -en (Schönheitsfarm)
be|bau|en; Be|bau|ung
be|ben; Be|ben, *das;* -s, -
be|bil|dern; Be|bil|de|rung
Bé|cha|mel|kar|tof|feln [*bescha...*]
Be|cher, *der;* -s, -; **be|chern** (ugs. scherzh. für: tüchtig trinken)
be|cir|cen [*b^e^zirz^e^n*] (ugs. für: verführen, bezaubern); vgl. bezirzen
Be|cken, *das;* -s, -
Beck|mes|ser (Gestalt aus Wagners »Meistersingern«; abwertend für: kleinlicher Kritiker); **Beck|mes|se|rei; beck|mes|sern** (kleinlich tadeln, kritteln); ich beckmessere u. ...messre; gebeckmessert
Bec|que|rel [*bäk^e^...*], *das;* -s, - (Maßeinheit für die Aktivität ionisierender Strahlung; Zeichen: Bq)
be|dacht; auf eine Sache -

sein; **Be|dacht,** *der;* - [e]s; mit -; auf etwas - nehmen (Amtsspr.); **Be|dach|te,** *der* u. *die;* -n, -n (jmd., dem ein Vermächtnis ausgesetzt worden ist); **be|däch|tig; Be|däch|tig|keit,** *die;* -; **be|dacht|sam; Be|dacht|sam|keit,** *die;* -

be|dan|ken, sich

Be|darf, *der;* -[e]s, (Fachspr. auch *Mehrz.:*) -e; nach -; - an (Kaufmannsspr. auch: in) etwas; bei -; **Be|darfs|fall,** *der;* im -[e]

be|dau|er|lich; be|dau|er|li|cher|wei|se; be|dau|ern; Be|dau|ern, *das;* -s; **be|dau|erns|wert**

be|de|cken; be|deckt; -er Himmel; **Be|de|ckung**

be|den|ken; bedacht (vgl. d.); **Be|den|ken,** *das;* -s, -; **be|den|ken|los; be|denk|lich; Be|denk|lich|keit; Be|denk|zeit**

be|dep|pert (ugs. für: ratlos, gedrückt); - sein

be|deu|ten; be|deu|tend; be|deut|sam; Be|deut|sam|keit, *die;* -; **Be|deu|tung; be|deu|tungs|los; Be|deu|tungs|lo|sig|keit**

be|die|nen; sich eines Kompasses - (geh.); bedient sein (ugs. für: von jmdm., etwas genug haben); **be|diens|tet** (in Dienst stehend); **Be|diens|te|te,** *der* u. *die;* -n, -n; **Be|die|n|te,** *der* u. *die;* -n, -n (veralt. für: Diener[in]); **Be|die|nung; Be|die|nungs‿an|lei|tung, ...feh|ler**

be|din|gen; bedang u. bedingte; bedungen (ausbedungen, ausgemacht, z. B. der bedungene Lohn); vgl. bedingt; **be|dingt** (eingeschränkt, an Bedingungen geknüpft); -er Reflex; **Be|dingt|heit;** *die;* -; **Be|din|gung; be|din|gungs|los**

be|drän|gen; Be|dräng|nis, *die;* -, -se; **Be|dräng|te,** *der* u. *die;* -n, -n; **Be|drän|gung**

be|dripst (nordd. für: kleinlaut)

be|dro|hen; be|droh|lich; Be|dro|hung

be|dru|cken; be|drü|cken; Be|drü|cker; Be|drü|ckung

Be|du|i|ne, *der;* -n, -n (arab. Nomade)

be|dun|gen; vgl. bedingen

be|dür|fen (geh.); des Zuspruchs -; **Be|dürf|nis,** *das;* -ses, -se; **Be|dürf|nis|an|stalt** (Amtsspr.); **be|dürf|nis|los; be|dürf|tig;** mit *Wesf.:* des Trostes -; **Be|dürf|tig|keit**

Beef|steak [*bifßtek*], *das;* -s, -s (Rinds[lenden]stück); deutsches -

be|eh|ren (geh.); sich -

be|ei|len, sich; **Be|ei|lung!** (ugs. für: bitte schnell!)

be|ein|dru|cken; von etwas beeindruckt sein

be|ein|fluss|bar; Be|ein|fluss|bar|keit, *die;* -; **be|ein|flus|sen;** du beeinflusst; **Be|ein|flus|sung**

be|ein|träch|ti|gen; Be|ein|träch|ti|gung

Beel|ze|bub [auch: *beäl...*], *der;* - (Herr der bösen Geister, oberster Teufel im N. T.)

be|en|den; beendet; **be|en|di|gen;** beendigt; **Be|en|di|gung; Be|en|dung**

be|en|gen; Be|engt|heit

Bee|per [*bip*[er]], *der;* -s, - (elektronisches Fernrufgerät)

be|er|ben; jmdn. -; **Be|er|bung**

be|er|di|gen; Be|er|di|gung; Be|er|di|gungs|in|sti|tut

Bee|re, *die;* -, -n; **Bee|ren|obst**

Beet, *das;* -[e]s, -e

Bee|te; vgl. Bete

be|fä|hi|gen; ein befähigter Mensch; **Be|fä|hi|gung; Be|fä|hi|gungs|nach|weis**

be|fah|ren; eine Straße -

Be|fall, *der;* -[e]s; **be|fal|len**

be|fan|gen (schüchtern; voreingenommen); sie war sehr -; **Be|fan|gen|heit,** *die;* -

be|fas|sen; befasst; sich mit etwas -

be|feh|den (geh. für: bekämpfen); sich -; **Be|feh|dung** (geh.)

Be|fehl, *der;* -[e]s, -e; **be|feh|len;** befahl, befohlen; **be|feh|le|risch; be|feh|li|gen; be|fehls|ge|mäß; Be|fehls|ha|ber**

be|fein|den; sich -; **Be|fein|dung**

be|fes|ti|gen; Be|fes|ti|gung

be|feuch|ten; Be|feuch|tung

Beff|chen (Halsbinde mit zwei steifen, schmalen Leinenstreifen vorne am Halsausschnitt bei Amtstrachten, bes. von ev. Geistlichen)

be|fin|den; befunden; den Plan für gut -; sich -; **Be|fin|den,** *das;* -s; **be|find|lich** (vorhanden)

be|flag|gen; ein Schiff -; **Be|flag|gung,** *die;* -

be|fle|cken

be|flei|ßi|gen, sich (geh.); mit *Wesf.:* sich eines guten Stils -; **be|flis|sen** (eifrig bemüht); um Anerkennung -; -e Schüler; **Be|flis|sen|heit,** *die;* -

be|flü|geln (geh.)

be|fol|gen; Be|fol|gung

be|för|dern; Be|för|de|rung; Be|för|de|rungs|be|din|gun|gen

be|fra|gen; befragte, befragt; auf Befragen; **Be|fra|gung**

be|frei|en; sich -; **Be|frei|er; Be|frei|ung**

be|frem|den; es befremdet [mich]; **Be|frem|den,** *das;* -s; **be|frem|dend; be|fremd|lich; Be|frem|dung,** *die;* -

be|freun|den, sich; **be|freun|det**

be|frie|den (Frieden bringen; geh. für: einhegen); befriedet; **be|frie|di|gen** (zufrieden stellen); **be|frie|di|gend;** vgl. ausreichend; **Be|frie|di|gung; Be|frie|dung,** *die;* -

be|fruch|ten; Be|fruch|tung

be|fu|gen; Be|fug|nis, *die;* -, -se; **be|fugt;** - sein

be|fum|meln (ugs. für: betasten, untersuchen)

Be|fund, *der;* -es, -e (Feststellung); nach -; ohne - (Med.; Abk.: o. B.)

be|fürch|ten; Be|fürch|tung
be|für|wor|ten; Be|für|wor|ter; Be|für|wor|tung
be|gabt; Be|gab|te, *der* u. *die;* -n, -n; **Be|ga|bung; Be|ga|bungs|re|ser|ve**
be|gaf|fen (ugs. abwertend)
be|gat|ten, sich -; **Be|gat|tung**
be|ge|ben, sich; **Be|ge|ben|heit**
be|geg|nen; jmdm. -; **Be|geg|nung**
be|ge|hen
be|geh|ren; Be|geh|ren, *das;* -s; **be|geh|rens|wert; be|gehr|lich; Be|gehr|lich|keit**
Be|ge|hung
be|geis|tern; sich -; **Be|geis|te|rung,** *die;* -; **be|geis|te|rungs|fä|hig; Be|geis|te|rungs|sturm**
Be|gier (geh.); **Be|gier|de,** *die;* -, -n; **be|gie|rig**
Be|ginn, *der;* -[e]s; von - an; zu -; **be|gin|nen;** begann, begonnen
be|glau|bi|gen; beglaubigte Abschrift; **Be|glau|bi|gung; Be|glau|bi|gungs|schrei|ben**
be|glei|chen; eine Rechnung -; **Be|glei|chung**
be|glei|ten (mitgehen); begleitet; **Be|glei|ter; Be|gleit|er|schei|nung; Be|glei|tung**
be|glü|cken; be|glück|wün|schen; beglückwünscht
be|gna|det (hoch begabt); **be|gna|di|gen** (jmdm. seine Strafe erlassen); **Be|gna|di|gung; Be|gna|di|gungs|recht,** *das;* -[e]s
be|gnü|gen, sich
Be|go|nie [...i^{e}], *die;* -, -n (eine Zierpflanze)
be|gra|ben; Be|gräb|nis, *das;* -ses, -se; **Be|gräb|nis|kos|ten,** *die* (*Mehrz.*)
be|gra|di|gen ([einen ungeraden Weg od. Wasserlauf] gerade legen, [eine Grenzlinie] ausgleichen); **Be|gra|di|gung**
be|grei|fen; vgl. begriffen; **be|greif|lich; be|greif|li|cher|wei|se**
be|gren|zen; be|grenzt; Be|grenzt|heit; Be|gren|zung
Be|griff, *der;* -[e]s, -e; im Begriff[e] sein; **be|grif|fen;** diese Tierart ist im Aussterben -; **be|griff|lich; be|griffs|stut|zig; Be|griffs|ver|wir|rung**
be|grün|den; Be|grün|der; Be|grün|de|rin; Be|grün|dung
be|grü|nen (mit Grünpflanzen versehen); die Innenstadt -
be|grü|ßen; be|grü|ßens|wert; Be|grü|ßung; Be|grü|ßungs|an|spra|che
be|gu|cken (ugs.)
be|güns|ti|gen; Be|güns|ti|gung
be|gut|ach|ten; begutachtet; **Be|gut|ach|tung**
be|gü|tert
be|gü|ti|gen; Be|gü|ti|gung
be|haart; Be|haa|rung
be|hä|bi|g; Be|hä|big|keit, *die;* -
be|haf|tet; mit etwas - sein
be|ha|gen; Be|ha|gen, *das;* -s; **be|hag|lich; Be|hag|lich|keit**
be|hal|ten; Be|häl|ter; Be|hält|nis, das, -ses, -se
be|hän|de; mit -n Schritten
be|han|deln
Be|hän|dig|keit, *die;* -
Be|hand|lung; Be|hand|lungs|kos|ten, *die* (*Mehrz.*)
be|han|gen; der Baum ist mit Äpfeln -; **be|hän|gen;** vgl. [2]hängen; behängt
be|har|ren; be|harr|lich; Be|harr|lich|keit, *die;* -; **Be|har|rung; Be|har|rungs|ver|mö|gen**
be|hau|en; ich behaute den Stein
be|haup|ten; sich -; **Be|haup|tung**
Be|hau|sung
be|he|ben; Be|he|bung
be|hei|zen; Be|hei|zung, *die;* -
Be|helf, *der;* -[e]s, -e; **be|hel|fen,** sich; ich behelfe mich; **be|helfs|mä|ßig; Be|helfs|un|ter|kunft**
be|hel|li|gen (belästigen)
be|hen|de, (alte Schreibung für:) behände
be|her|ber|gen; Be|her|ber|gung
be|herr|schen; sich -; **be|herrscht; Be|herrsch|te,** *der* u. *die;* -n, -n; **Be|herrscht|heit,** *die;* -; **Be|herr|schung**
be|her|zi|gen; be|her|zi|gens|wert; Be|her|zi|gung; be|herzt (entschlossen); **Be|herzt|heit,** *die;* -
be|hilf|lich
be|hin|dern; be|hin|dert; körperlich, geistig -; **Be|hin|der|te,** *der* u. *die;* -n, -n; die körperlich -n; **Be|hin|de|rung**
be|hor|chen (ugs. für: abhören; belauschen)
Be|hör|de, *die;* -, -n; **Be|hör|den|‿deutsch, ...schrift|ver|kehr; be|hörd|lich; be|hörd|li|cher|seits**
be|hufs (Amtsspr. veralt.); mit *Wesf.:* - des Neubaues
be|hü|ten; behüt' dich Gott!; **be|hut|sam; Be|hut|sam|keit,** *die;* -; **Be|hü|tung**
bei (Abk.: b.); *Verhältnisw.* mit *Wemf.;* bei weitem; bei[m] Abgang des Schauspielers; bei[m] Eintritt in den Saal; bei aller Bescheidenheit
bei|be|hal|ten; Bei|be|hal|tung, *die;* -
bei|brin|gen; jmdm. etwas - (lehren); eine Bescheinigung -; jmdm. eine Wunde -
Beich|te, *die;* -, -n; **beich|ten; Beicht‿ge|heim|nis, ...stuhl, ...va|ter** (der die Beichte hörende Priester)
bei|de; -s; alles -s; - jungen Leute; alle -; wir - (selten: wir -n); beide Mal, beide Male; **bei|der|lei;** - Geschlecht[e]s; **bei|der|sei|tig; bei|der|seits;** *Verhältnisw.* mit *Wesf.:* - des Flusses
bei|dre|hen (Seemannsspr.: die Fahrt verlangsamen)
bei|ei|n|an|der; beieinander sein (ugs. auch für: gesund sein); sie scheint noch gut beieinander zu sein; beiei-

nander haben, sitzen, stehen usw.
Bei|fah|rer; Bei|fah|re|rin; Bei|fah|rer|sitz
Bei|fall, *der;* -[e]s; ein Beifall heischender Blick; **Bei|fall hei|schend;** vgl. Beifall; **bei|fäl|lig; Bei|fall[s]|klat|schen,** *das;* -s; **Bei|falls|kund|ge|bung**
Bei|film
bei|fü|gen; Bei|fü|gung
Bei|fuß, *der;* -es (eine Gewürz- u. Heilpflanze)
Bei|ga|be (Zugabe)
beige [*bäsch*^{e}, auch: *besch*] (sandfarben); ein - (ugs.: -s) Kleid; **Beige,** *das;* -, - (ugs.: -s) (ein Farbton); in -
bei|ge|ben (auch für: sich fügen); klein -
Bei|ge|ord|ne|te, *der* u. *die;* -n, -n
Bei|ge|schmack, *der;* -[e]s
bei|hef|ten; beigeheftet
Bei|hil|fe
bei|kom|men; ihr ist nicht beizukommen (sie ist nicht zu fassen); ihm ist nichts beigekommen (geh. für: nichts eingefallen)
Beil, *das;* -[e]s, -e (ein Werkzeug)
bei|la|den; vgl. [1]laden; **Bei|la|dung**
Bei|la|ge
bei|läu|fig; Bei|läu|fig|keit
bei|le|gen; Bei|le|gung
bei|lei|be; - nicht
Bei|leid; Bei|leids‿be|zei|gung od. **...be|zeu|gung**
bei|lie|gend (Abk.: beil.)
beim (bei dem; Abk.: b.); es - Alten lassen; beim Singen und Spielen
bei|mes|sen
Bein, *das;* -[e]s, -e
bei|nah, bei|na|he [auch: *báina*$^{(e)}$, *baina*$^{(e)}$]
Bei|na|me
Bein|bruch, der
be|in|hal|ten (Amtsspr.: enthalten, umfassen)
Bei|pack|zet|tel
bei|pflich|ten; Bei|pflich|tung (Zustimmung)
Bei|pro|gramm
Bei|rat (*Mehrz.* ...räte)
be|ir|ren; sich nicht - lassen
bei|sam|men; beisammen sein; (auch für: in guter körperlicher u. geistiger Verfassung sein); **Bei|sam|men|sein,** *das;* -s
Bei|satz (für: Apposition)
bei|schie|ßen (einen [Geld]beitrag leisten)
Bei|schlaf (geh., Rechtsw.); **Bei|schlä|fer; Bei|schlä|fe|rin**
Bei|sein, *das;* -s; in seinem Beisein
bei|sei|te; beiseite legen, schaffen, stoßen usw.; **Bei|sei|te|schaf|fung,** *die;* -
bei|set|zen; Bei|set|zung
Bei|sit|zer
Bei|spiel, das, -[e]s, -e; zum - (Abk.: z. B.); **bei|spiel|ge|bend; bei|spiel|los; Bei|spiel|satz; bei|spiels‿hal|ber, ...wei|se**
bei|sprin|gen (geh. für: helfen)
bei|ßen; biss, gebissen; der Hund beißt ihn (auch: ihm) ins Bein; **Bei|ße|rei; beiß|wü|tig; Beiß|zan|ge**
Bei|stand, *der;* -[e]s, Beistände; **Bei|stands|pakt; bei|ste|hen**
bei|steu|ern
bei|stim|men
Bei|strich (für: Komma)
Bei|trag, *der;* -[e]s, ...träge; **bei|tra|gen;** er hat das Seine, sie hat das Ihre dazu beigetragen; **Bei|trags|rück|er|stat|tung**
bei|trei|ben; Schulden -; **Bei|trei|bung**
bei|tre|ten; Bei|tritt; Bei|tritts|er|klä|rung
Bei|wa|gen; Bei|wa|gen|fah|rer
Bei|werk (Zutat, Unwichtiges)
bei|woh|nen (geh.); **Bei|woh|nung**
Bei|wort (Adjektiv; *Mehrz.* ...wörter)
[1]**Bei|ze,** *die;* -, -n (chem. Flüssigkeit zum Färben, Gerben u. Ä.)
[2]**Bei|ze,** *die;* -, -n (Beizjagd)
bei|zei|ten
bei|zen; du beizt
be|ja|hen; eine bejahende Antwort
be|jahrt (geh.)
Be|ja|hung
be|jam|mern; be|jam|merns|wert
be|kämp|fen; Be|kämp|fung
be|kannt; bekannt sein; bekannt geben; er hat die Verfügung bekannt gegeben; bekannt machen (auch für: veröffentlichen); er soll mich mit ihm bekannt machen; sich mit einer Sache bekannt (vertraut) machen; einen Autor bekannt machen; das Gesetz wurde bekannt gemacht (veröffentlicht); bekannt werden (auch für: veröffentlicht werden; in die Öffentlichkeit dringen); die Sache ist bekannt geworden; **Be|kann|te,** *der* u. *die;* -n, -n; liebe -; **Be|kann|ten|kreis; be|kann|ter|ma|ßen; Be|kannt|ga|be,** *die;* -; **be|kannt ge|ben;** vgl. bekannt; **Be|kannt|heit,** *die;* -; **Be|kannt|heits|grad; be|kannt|lich; be|kannt ma|chen;** vgl. bekannt; **Be|kannt|ma|chung; Be|kannt|schaft; be|kannt wer|den;** vgl. bekannt
be|keh|ren; sich -; **Be|keh|rer; Be|kehr|te,** *der* u. *die;* -n, -n; **Be|keh|rung**
be|ken|nen; sich -; **Be|ken|ner|brief** (Brief, in dem sich jmd. zu einem [politischen] Verbrechen bekennt); **Be|kennt|nis,** *das;* ...nisses, ...nisse; **Be|kennt|nis|schu|le** (Schule mit Unterricht im Geiste eines religiösen Bekenntnisses)
be|kla|gen, sich -; **be|kla|gens|wert; Be|klag|te,** *der* u. *die;* -n, -n (jmd., gegen den eine [Zivil]klage erhoben wird)

be|klau|en (ugs. für: bestehlen)
be|kle|ben
be|kle|ckern (ugs. für: beklecksen); sich -; **be|kleck|sen;** sich -; bekleckst
be|klei|den; ein Amt -; **Be|klei|dung; Be|klei|dungs|in|dus|t|rie**
be|klem|men; beklemmt; **be|klem|mend; Be|klem|mung; be|klom|men** (ängstlich, bedrückt); mit -er Stimme; **Be|klom|men|heit,** *die;* -
be|kloppt (ugs. für: blöd)
be|knien; jmdn. - (ugs. für: jmdn. dringend u. ausdauernd bitten)
be|ko|chen; jmdn. - (ugs. für: für jmdn. kochen)
be|kom|men; ich habe es -; es ist mir gut -; **be|kömm|lich;** der Wein ist leicht bekömmlich, ein leicht bekömmlicher Wein
be|kom|pli|men|tie|ren (jmdm. viele Komplimente machen)
be|kös|ti|gen; Be|kös|ti|gung
be|kräf|ti|gen; Be|kräf|ti|gung
be|kreu|zi|gen, sich
be|krie|gen
be|krit|teln (abwertend für: bemängeln, [kleinlich] tadeln)
be|küm|mern; das bekümmert ihn; sich um jmdn. od. etwas -; **Be|küm|mer|nis,** *die;* -, -se (geh.); **Be|küm|mert|heit**
be|kun|den (geh.); sich -; **Be|kun|dung**
be|la|den; vgl. [1]laden; **Be|la|dung**
Be|lag, *der;* -[e]s, ...läge
Be|la|ge|rer; be|la|gern; Be|la|ge|rung; Be|la|ge|rungs|zu|stand
be|läm|mert (ugs. für: betreten, eingeschüchtert; übel)
Be|lang, *der;* -[e]s, -e; von - sein; **be|lan|gen;** jmdn. - (zur Rechenschaft ziehen; verklagen); **be|lang|los; Be|lang|lo|sig|keit**
be|las|sen; Be|las|sung, *die;* -
be|las|ten; be|las|tend
be|läs|ti|gen; Be|läs|ti|gung
Be|las|tung; Be|las|tungs-EKG; Be|las|tungs|zeu|ge
be|lau|fen; sich -; die Kosten haben sich auf ... belaufen
be|le|ben; be|lebt; ein -er Platz; **Be|lebt|heit; Be|le|bung,** *die;* -
Be|leg, *der;* -[e]s, -e (Beweis[stück]); zum -[e]; **be|le|gen; Be|leg|exem|p|lar; Be|leg|schaft; Be|leg|schafts|stär|ke; be|legt; Be|le|gung,** *die;* -
be|leh|nen (früher: in ein Lehen einsetzen); **Be|leh|nung**
be|leh|ren; eines and[e]ren od. andern -; eines Besser[e]n od. Bessren -; **Be|leh|rung**
be|leibt; Be|leibt|heit, *die;* -
be|lei|di|gen; Be|lei|di|ger; be|lei|digt; Be|lei|di|gung; Be|lei|di|gungs|pro|zess
be|leih|bar; be|lei|hen; Be|lei|hung
be|lem|mert, (alte Schreibung für:) belämmert
be|le|sen (unterrichtet; viel wissend); **Be|le|sen|heit,** *die;* -
be|leuch|ten; Be|leuch|tungs|tech|nik
be|leum|det, be|leu|mun|det; er ist gut, übel -
bel|fern (ugs. für: bellen; mit lauter Stimme äußern, schimpfen)
be|lich|ten; Be|lich|tung; Be|lich|tungs‿mes|ser *(der),* **...zeit**
be|lie|ben (geh. für: wünschen); es beliebt (gefällt) mir; **Be|lie|ben,** *das;* -s; nach -; es steht in seinem -; **be|lie|big;** ein -es Beispiel; alles Beliebige; etwas Beliebiges; jeder Beliebige; **be|liebt; Be|liebt|heit,** *die;* -
be|lie|fern; Be|lie|fe|rung, *die;* -
Bel|la|don|na, *die;* -, ...nnen (Tollkirsche)
bel|len
Bel|le|t|rist, *der;* -en, -en (Unterhaltungsschriftsteller); **Bel|le|t|ris|tik,** *die;* - (Unterhaltungsliteratur); **Bel|le|t|ris|tin; bel|le|t|ris|tisch**
Belle|vue [*bälwü*], *das;* -[s], -s (Bez. für: Schloss, Gaststätte o. Ä. mit schöner Aussicht)
be|lo|bi|gen; Be|lo|bi|gung
be|loh|nen; Be|loh|nung
be|lüf|ten; Be|lüf|tung
be|lü|gen
be|lus|ti|gen; sich -; **Be|lus|ti|gung**
Bel|ve|de|re [*...we...*], *das;* -[s], -s (Bez. für: Schloss, Gaststätte o. Ä. mit schöner Aussicht)
Belz|ni|ckel, *der;* -s, - (westmitteld. für: Nikolaus)
be|mäch|ti|gen, sich (geh.); sich des Geldes -; **Be|mäch|ti|gung**
be|mä|keln (ugs. für: bemängeln)
be|ma|len; Be|ma|lung
be|män|geln
be|man|nen; ein Schiff -; **Be|man|nung**
be|män|teln (beschönigen)
be|merk|bar; sich - machen; **be|mer|ken; be|mer|kens|wert; Be|mer|kung** (Abk.: Bem.)
be|mes|sen; sich -; **Be|mes|sung**
be|mit|lei|den; Be|mit|lei|dung
be|mit|telt (wohlhabend)
Bem|me, *die;* -, -n (ostmitteld. für: Brotschnitte mit Belag)
be|mo|geln (ugs. für: betrügen)
be|moost
be|mü|hen; sich -; er ist um sie bemüht; **Be|mü|hung**
be|mü|ßigt; ich sehe mich - (geh., oft iron. für: veranlasst, genötigt)
be|mut|tern; ich ...ere; **Be|mut|te|rung**
be|nach|bart
be|nach|rich|ti|gen; Be|nach|rich|ti|gung

be|nach|tei|li|gen; Be|nach|tei|li|gung
be|na|gen
be|nannt
Ben|del, (alte Schreibung für:) Bändel
be|ne|beln (verwirren, den Verstand trüben); **be|ne|belt** (ugs. für: [durch Alkohol] geistig verwirrt)
be|ne|dei|en (christl. Rel., veralt. für: segnen; selig preisen); gebenedeit (auch: benedeit)
Be|ne|dik|ti|ner, *der;* -s, - (Mönch des Benediktinerordens; auch: Likörsorte)
Be|ne|fiz|vor|stel|lung (Vorstellung zu Ehren eines Künstlers; Wohltätigkeitsvorstellung)
be|neh|men; sich -; vgl. benommen; **Be|neh|men,** *das;* -s; sich mit jmdm. ins - setzen (Amtsspr.: sich mit jmdm. verständigen)
be|nei|den; be|nei|dens|wert
be|nen|nen; Be|nen|nung
be|net|zen (geh.); **Be|net|zung**
ben|ga|lisch; -es Feuer (Buntfeuer); -e Beleuchtung
Ben|gel, *der;* -s, -, ugs.: -s ([ungezogener] Junge; veralt., noch landsch. für: Stock, Prügelholz)
be|nie|sen; etwas -
Be|nimm, *der;* -s (ugs. für: Betragen, Verhalten)
Ben|ja|min, *der;* -s, -e (Jüngster in einer Gruppe, Familie)
be|nom|men (fast betäubt); **Be|nom|men|heit,** *die;* -
be|no|ten; einen Aufsatz -
be|nö|ti|gen
be|num|mern; Be|num|me|rung
be|nut|zen, (bes. südd., österr.:) **be|nüt|zen; Be|nut|zer|kreis; Be|nut|zung,** (bes. südd., österr.:) **Be|nüt|zung; Be|nut|zungs|ge|bühr**
Ben|zin, *das;* -s, -e (Treibstoff; Lösungsmittel); **Ben|zin|ka|nis|ter; Ben|zol,** *das;* -s, -e (Teerdestillat aus Steinkohle; Lösungsmittel)
be|o|bach|ten; Be|o|bach|ter; Be|o|bach|tung; Be|o|bach|tungs|ga|be
be|pa|cken
be|pflan|zen; Be|pflan|zung
be|pflas|tern; Be|pflas|te|rung
be|pin|seln
be|pu|dern; Be|pu|de|rung
be|quat|schen (ugs. für: bereden)
be|quem; be|que|men, sich; **Be|quem|lich|keit**
be|rap|pen (ugs. für: bezahlen)
be|ra|ten; beratende Ingenieurin; **Be|ra|ter; Be|ra|te|rin; be|rat|schla|gen;** beratschlagt; **Be|rat|schla|gung; Be|ra|tung; Be|ra|tungs|stel|le**
be|rau|ben; Be|rau|bung
be|rau|schen; sich [an etwas] -; **be|rau|schend; be|rauscht; Be|rauscht|heit,** *die;* -; **Be|rau|schung,** *die;* -
Ber|be|rit|ze, *die;* -, -n (Sauerdorn, ein Zierstrauch)
be|rech|nen; Be|rech|nung
be|rech|ti|gen; berechtigt; **be|rech|tig|ter|wei|se; Be|rech|ti|gung; Be|rech|ti|gungs|schein**
be|re|den; be|red|sam; Be|red|sam|keit, *die;* -; **be|redt; Be|redt|heit,** *die,*
be|reg|nen; Be|reg|nung; Be|reg|nungs|an|la|ge
Be|reich, *der* (selten: *das*); -[e]s, -e
be|rei|chern; sich -; **Be|rei|che|rung; Be|rei|che|rungs|ver|such**
be|rei|fen (mit Reifen versehen); das Auto ist neu bereift
be|reift (mit Reif bedeckt)
Be|rei|fung
be|rei|ni|gen; Be|rei|ni|gung
be|rei|sen; ein Land -; **Be|rei|sung**
be|reit; zu etwas - sein, sich - erklären, sich - finden; **be|rei|ten** (zubereiten); bereitet; **be|reit|ha|ben;** wir werden alles rechtzeitig bereithaben; **be|reit|hal|ten;** ich habe das Geld bereitgehalten; wir werden uns bereithalten; **be|reit|le|gen;** ich habe das Buch bereitgelegt; **be|reit|lie|gen;** die Bücher werden -; **be|reit|ma|chen;** ich habe alles bereitgemacht; ich habe mich bereitgemacht; **be|reits** (schon); **Be|reit|schaft; Be|reit|schafts|dienst; be|reit|ste|hen;** ich habe bereitgestanden; **be|reit|stel|len;** ich habe das Paket bereitgestellt; **Be|reit|stel|lung; Be|rei|tung; be|reit|wil|lig;** -st; **Be|reit|wil|lig|keit,** *die;* -
be|ren|nen; das Tor - (Sportspr.)
be|ren|ten (Amtsspr.: eine Rente zusprechen)
be|reu|en
Berg, *der;* -[e]s, -e; die Haare stehen einem zu -[e] (ugs.); **berg|ab;** - gehen; **berg|ab|wärts**
Ber|ga|mot|te, *die;* -, -n (eine Birnensorte; eine Zitrusfrucht); **Ber|ga|mott|öl**
berg|an; - gehen; **berg|auf;** - steigen; **berg|auf|wärts; Berg|bau,** *der;* -[e]s; **ber|ge|hoch,** berg|hoch
ber|gen; sich -; barg, geborgen
ber|ge|wei|se (ugs. für: in großen Mengen); **Berg|fried,** *der;* -[e]s, -e (Hauptturm auf Burgen; Wehrturm); **berg|hoch;** vgl. bergehoch; **ber|gig; Berg|mann** (*Mehrz.* ...leute); **berg|män|nisch; Berg|manns|spra|che; Berg‿stei|gen** (*das;* -s), **...stei|ger; ...stei|ge|rin; Berg-und-Tal-Bahn,** *die;* -, -en
Ber|gung; Ber|gungs|mann|schaft
Berg|werk
Be|richt, *der;* -[e]s, -e; - erstatten; **be|rich|ten; Be|rich|ter; Be|richt|er|stat|ter; Be|richt|er|stat|te|rin; Be|richt|er|stat|tung; be|rich|ti|gen; Be|rich|ti|gung; Be|richts‿heft** (Heft für wöchentl. Arbeitsberichte von Auszubildenden); **...jahr**

be|rie|chen; sich - (ugs. für: vorsichtig Kontakte herstellen)
be|rie|seln; Be|rie|se|lung, Be|ries|lung; **Be|rie|se|lungs|an|la|ge**
be|rin|gen ([Vögel u. a.] mit Ringen [am Fuß] versehen)
be|rit|ten; -er Bote; -e Polizei
Ber|li|ner (auch kurz für: Berliner Pfannkuchen); Berliner Bär; Berliner Republik; **ber|li|ne|risch;** vgl. berlinisch; **ber|li|nern** (berlinerisch sprechen); **ber|li|nisch**
Bern|har|di|ner, *der;* -s, - (eine Hunderasse); **Bern|har|di|ner|hund**
Bern|stein (ein fossiles Harz); **bern|stei|ne[r]n** (aus Bernstein)
Ber|ser|ker [auch: *bär...*], *der;* -s, - (wilder Krieger; auch für: blindwütig tobender Mensch); **ber|ser|ker|haft; Ber|ser|ker|wut**
bers|ten; es birst; barst, geborsten
be|rüch|tigt
be|rü|cken (betören); **be|rü|ckend**
be|rück|sich|ti|gen; Be|rück|sich|ti|gung
Be|ruf, *der;* -[e]s, -e; **be|ru|fen;** sich auf jmdn. od. etwas -; **be|ruf|lich; Be|rufs‿auf|bau|schu|le** (Schulform des zweiten Bildungsweges zur Erlangung der Fachschulreife), **...aus|bil|dung, ...be|am|te, ...be|ra|tung, ...be|zeich|nung, ...le|ben, ...prak|ti|kum, ...schu|le; be|rufs|tä|tig; Be|rufs|tä|ti|ge,** *der* u. *die;* -n, -n; **Be|ru|fung; Be|ru|fungs|ver|fah|ren**
be|ru|hen; es beruht auf einem Irrtum; etwas auf sich - lassen; **be|ru|hi|gen;** sich -; **Be|ru|hi|gung; Be|ru|hi|gungs‿mit|tel, ...sprit|ze**
be|rühmt; be|rühmt-be|rüch|tigt; Be|rühmt|heit
be|rüh|ren; sich -; **Be|rüh|rung; Be|rüh|rungs‿angst** (Psych.), **...li|nie, ...punkt**

Be|ryll, *der;* -[e]s, -e (ein Edelstein)
be|sa|gen; das besagt nichts; **be|sagt** (Amtsspr.: erwähnt)
be|sai|ten; besaitet; vgl. zart
be|sa|men; Be|sa|mung (Befruchtung); **Be|sa|mungs|sta|ti|on**
be|sänf|ti|gen; Be|sänf|ti|gung
be|sät; mit etwas - sein
Be|satz, *der;* -es, ...sätze; **Be|sat|zung; Be|sat|zungs|macht**
be|sau|fen, sich (derb für: sich betrinken); besoffen; [1]**Be|säuf|nis,** *das;* -ses, -se od. *die;* -, -se (ugs. für: Sauferei, Zechgelage); [2]**Be|säuf|nis,** *die;* - (ugs. für: Volltrunkenheit)
be|schä|di|gen; Be|schä|di|gung
[1]**be|schaf|fen** (besorgen); vgl. [1]schaffen; [2]**be|schaf|fen** (geartet); mit seiner Gesundheit ist es gut beschaffen; **Be|schaf|fen|heit,** *die;* -; **Be|schaf|fung,** *die;* -
be|schäf|ti|gen; sich -; beschäftigt sein; **Be|schäf|tig|te,** *der* u. *die;* -n, -n; **Be|schäf|ti|gung; be|schäf|ti|gungs|los; Be|schäf|ti|gungs|the|ra|pie**
be|schä|men; be|schä|mend; be|schä|men|der|wei|se; Be|schä|mung
Be|schau, *die;* -; **be|schau|en; Be|schau|er; be|schau|lich; Be|schau|lich|keit,** *die;* -
Be|scheid, *der;* -[e]s, -e; - geben, sagen, tun, wissen; [1]**be|schei|den;** eine -e Frau; [2]**be|schei|den;** beschied, beschieden; einen Antrag abschlägig - (Amtsspr.: ablehnen); jmdn. irgendwohin - (geh. für: kommen lassen); sich - (sich zufrieden geben); **Be|schei|den|heit,** *die;* -
be|schei|nen
be|schei|ni|gen; Be|schei|ni|gung

be|schei|ßen (derb für: betrügen); beschissen
be|schen|ken; Be|schenk|te, *der* u. *die;* -n, -n
[1]**be|sche|ren** (beschneiden); beschoren; vgl. [1]scheren
[2]**be|sche|ren** (schenken); beschert; jmdm. [etwas] -; die Eltern bescheren den Kindern [Spielwaren]; die Kinder [mit Spielzeug] -; **Be|sche|rung** (ugs. auch für: [unangenehme] Überraschung)
be|schich|ten; Be|schich|tung
be|schi|cken; Be|schi|ckung
be|schie|den; das ist ihm beschieden; vgl. [2]bescheiden
be|schie|ßen; Be|schie|ßung
be|schil|dern (mit einem Schild versehen); **Be|schil|de|rung**
be|schimp|fen; Be|schimp|fung
be|schir|men; Be|schir|mung
Be|schiss, *der;* -es (derb für: Betrug); **be|schis|sen** (derb für: sehr schlecht) vgl. bescheißen
be|schlab|bern, sich (sich beim Essen beschmutzen)
Be|schlag, *der;* -[e]s, Beschläge; mit - belegen; in - nehmen, halten; [1]**be|schla|gen;** gut - (bewandert; kenntnisreich) sein; [2]**be|schla|gen;** Pferde -; die Fenster sind -; die Glasscheibe beschlägt [sich] (läuft an); **Be|schla|gen|heit;** vgl. [1]beschlagen; **Be|schlag|nah|me,** *die;* -, -n; **be|schlag|nah|men;** beschlagnahmt; **Be|schlag|nah|mung**
be|schlei|chen
be|schleu|ni|gen; Be|schleu|ni|ger; be|schleu|nigt (schnell); **Be|schleu|ni|gung**
be|schlie|ßen; Be|schlie|ßer (veraltend für: Aufseher, Haushälter); **Be|schlie|ße|rin** (veraltend); **be|schlos|sen; be|schlos|se|ner|ma|ßen; Be|schluss; be|schluss|fä|hig; Be|schluss-**

fä|hig|keit, *die;* -; Be|schlus|fas|sung

be|schmei|ßen (ugs.)

be|schmie|ren

be|schmut|zen; Be|schmut|zung

be|schnei|den; Be|schnei|dung

be|schnei|en; beschneite Dächer

be|schnup|pern

be|schö|ni|gen; Be|schö|ni|gung

be|schot|tern (Fachspr.); eine Straße [frisch] -

be|schrän|ken; sich -; be|schrankt (mit Schranken versehen); -er Bahnübergang; be|schränkt (beengt; geistesarm); Be|schränkt|heit, *die;* -; Be|schrän|kung

be|schrei|ben; Be|schrei|bung

be|schrif|ten; Be|schrif|tung

be|schul|di|gen; eines Verbrechens -; Be|schul|dig|te, *der* u. *die;* -n, -n; Be|schul|di|gung

be|schum|meln (ugs.)

be|schuppt (mit Schuppen bedeckt)

be|schup|sen (ugs. für: betrügen)

Be|schuss, *der;* -es

be|schüt|zen; Be|schüt|zer; Be|schüt|ze|rin

be|schwat|zen (ugs.)

Be|schwer|de, *die;* -, -n; - führen; be|schwer|de|frei; Be|schwer|de|füh|ren|de, *der* u. *die;* -n, -n; Be|schwer|de|füh|rer; be|schwe|ren; sich -; be|schwer|lich; Be|schwer|lich|keit; Be|schwer|nis, *die;* -, -se, (auch:) *das;* -ses, -se (geh.); Be|schwe|rung

be|schwich|ti|gen; Be|schwich|ti|gung

be|schwin|deln

be|schwin|gen (in Schwung bringen); be|schwingt (heiter); Be|schwingt|heit, *die;* -

be|schwipst (ugs.); Be|schwips|te, *der* u. *die;* -n, -n

be|schwö|ren; beschwor, beschworen; Be|schwö|rer; Be|schwö|rung; Be|schwö|rungs|for|mel

be|see|len (geh. für: beleben; mit Seele erfüllen); be|seelt; -e Natur; Be|seelt|heit, *die;* -; Be|see|lung

be|se|hen

be|sei|ti|gen; Be|sei|ti|gung

be|se|li|gen (geh.); ein beseligendes Erlebnis

Be|sen, *der;* -s, -; be|sen|rein; Be|sen|stiel

be|ses|sen; von einer Idee -; Be|ses|se|ne, *der* u. *die;* -n, -n; Be|ses|sen|heit, *die;* -

be|set|zen; besetzt; Be|setzt|zei|chen (Telefon); Be|set|zung

be|sich|ti|gen; Be|sich|ti|gung

be|sie|deln

be|sie|geln

be|sie|gen; Be|sieg|te, *der* u. *die;* -n, -n

be|sin|nen, sich; be|sinn|lich; Be|sinn|lich|keit; *die;* -; Be|sin|nung, *die;* -; be|sin|nungs|los

Be|sitz, *der;* -es; be|sitz|an|zei|gend; -es Fürwort; be|sit|zen; Be|sit|zer; Be|sitz|er|grei|fung; Be|sit|ze|rin; Be|sit|zer|wech|sel; be|sitz|los; Be|sitz|lo|se, *der* u. *die;* -n, -n; Be|sitz|nah|me, *die;* -, -n; Be|sitz|tum, *das;* -s, ...tümer; Be|sit|zung; Be|sitz|wech|sel

be|sof|fen (derb für: betrunken); Be|sof|fen|heit, *die;* -

be|soh|len; Be|soh|lung

be|sol|den; Be|sol|de|te, *der* u. *die;* -n, -n; Be|sol|dung; Be|sol|dungs|grup|pe

be|son|de|re; zur -n Verwendung (Abk.: z. b. V.); das Besond[e]re; etwas, nichts Besond[e]res; im Besonder[e]n, im Besondren; Be|son|der|heit; be|son|ders (Abk.: bes.); besonders[,] wenn

be|son|nen (überlegt, umsichtig); Be|son|nen|heit, *die;* -

be|sor|gen; Be|sorg|nis; *die;* -, -se; Be|sorg|nis er|re|gend, (auch:) be|sorg|nis|er|re|gend; ein Besorgnis erregender, (auch:) besorgniserregender Zustand, aber nur: ein große Besorgnis erregender Zustand, ein höchst besorgniserregender Zustand, ein noch besorgniserregenderer Zustand; be|sorgt; Be|sorgt|heit, *die;* -; Be|sor|gung

be|span|nen; Be|span|nung

be|spickt

be|spie|geln

be|spie|len; eine Schallplatte -

be|spit|zeln (heimlich beobachten und aushorchen); Be|spit|ze|lung, Be|spitz|lung

be|spöt|teln

be|spre|chen; Be|spre|chung

be|spren|gen; mit Wasser -

be|spren|keln

be|sprin|gen (begatten [von Tieren])

be|sprit|zen

be|sprü|hen

be|spu|cken

bes|ser; es ist besser, wenn ..., aber: es ist das Bess[e]re, wenn ...; eines Besser[e]n, (auch:) Bessren belehren; eine Wendung zum Besser[e]n, (auch:) Bessren; mit den neuen Schuhen wirst du besser gehen; dem Kranken wird es bald besser gehen; besser stellen (in eine bessere finanzielle, wirtschaftliche Lage versetzen); bes|ser Ge|stell|te, *der* u. *die;* - -n, - -n, (auch:) Bes|ser|ge|stell|te, *der* u. *die;* -n, -n; bes|sern; ich bessere, (auch:) bessre; sich -; bes|ser stel|len; vgl. besser; Bes|se|rung, (auch:) Bess|rung; bes|ser Ver|die|nen|de, *der* u. *die;* - -n, - -n, (auch:) Bes|ser|ver|die|nen|de, *der* u. *die;* -n, -n; Bes|ser|wis|ser; Bes|ser|wis|se|rei; bes|ser|wis|se|risch; Bess|rung; vgl. Besserung

be|stal|len (Amtsspr.: [förmlich] in ein Amt einsetzen);

wohlbestallt; **Be|stal|lung; Be|stal|lungs|ur|kun|de**

Be|stand, *der;* -[e]s, Bestände; - haben; von - sein; **be|stan|den** (auch für: bewachsen); mit Wald - sein; **be|stän|dig; Be|stän|dig|keit,** *die;* -; **Be|stands|auf|nah|me; Be|stand|teil** *(der)*

be|stär|ken; Be|stär|kung

be|stä|ti|gen; Be|stä|ti|gung

be|stat|ten; Be|stat|tung

be|stau|ben; bestaubt; **be|stäu|ben** (Bot.); **Be|stäu|bung**

best|be|zahlt

bes|te; das beste [Buch] seiner Bücher; dieser Wein ist der beste; es ist am besten, wenn ...; wir fangen am besten gleich an; aber: ich halte es für das Beste, wenn ...; sie ist die Beste in der Klasse; er hat sein Bestes getan; aus etwas das Beste machen; wir verstehen uns aufs, auf das Beste, (auch:) beste; mit ihrer Gesundheit steht es nicht zum Besten (nicht gut); etwas zum Besten geben, jmdn. zum Besten haben, halten; es ist zu deinem Besten; ich will nicht das erste Beste

be|ste|chen; be|stech|lich; Be|stech|lich|keit, *die;* -; **Be|ste|chung; Be|ste|chungs|ver|such**

Be|steck, *das;* -[e]s, -e (ugs.: -s)

be|ste|hen; auf etwas -; ich bestehe auf meiner (heute selten: meine) Forderung; die Verbindung soll bestehen bleiben; wir wollen die Regelung bestehen lassen (beibehalten); **Be|ste|hen,** *das;* -s; seit - der Firma

be|steh|len

be|stei|gen; Be|stei|gung

be|stel|len; Be|stel|ler; Be|stell|block (*Mehrz.* ...blocks); **Be|stell|kar|te; Be|stell|lis|te,** (auch:) **Be|stell-Lis|te,** *die;* -, -n; **Be|stell|num|mer; Be|stel|lung**

bes|ten|falls; bes|tens

be|steu|ern; Be|steu|e|rung

best⁀ge|hasst, ...ge|pflegt

bes|ti|a|lisch (unmenschlich, grausam); **Bes|ti|a|li|tät,** *die;* -, -en (Unmenschlichkeit, grausames Verhalten)

be|sti|cken

Bes|tie [...*i*[e]], *die;* -, -n (wildes Tier; Unmensch)

be|stim|men; be|stimmt; an einem -en Tage; bestimmter Artikel (Sprachw.); **Be|stimmt|heit,** *die;* -; **Be|stim|mung; Be|stim|mungs|bahn|hof; be|stim|mungs|ge|mäß**

Best|leis|tung

best|mög|lich; falsch: bestmöglichst

be|stra|fen; Be|stra|fung

be|strah|len; Be|strah|lung

be|stre|ben, sich; **Be|stre|ben,** *das;* -s; **be|strebt;** - sein; **Be|stre|bung**

be|strei|chen; Be|strei|chung

be|strei|ken; Be|strei|kung; - eines Betriebes

be|strei|ten; Be|strei|tung

best|re|nom|miert; das bestrenommierte Hotel

be|streu|en; Be|streu|ung

be|stri|cken (bezaubern); **be|stri|ckend; Be|stri|ckung**

Best|sel|ler, *der;* -s, - (Ware [bes. Buch] mit bes. großem Absatz)

be|stü|cken (ausstatten, ausrüsten)

be|stuh|len; Be|stuh|lung

be|stür|men; Be|stür|mung

be|stür|zen; be|stür|zend; be|stürzt; - sein; **Be|stürzt|heit,** *die;* -; **Be|stür|zung**

Best⁀wert, ...zeit (Sportspr.)

Be|such, *der;* -[e]s, -e; auf, zu - sein; **be|su|chen; Be|su|cher; Be|su|cher|strom; Be|suchs⁀er|laub|nis, ...zeit**

be|su|deln; Be|su|de|lung, Be|sud|lung

Be|ta, *das;* -[s], -s (gr. Buchstabe: *B, β*)

be|tagt (geh. für: alt)

be|tan|ken

be|tas|ten

be|tä|ti|gen; sich -; **Be|tä|ti|gung; Be|tä|ti|gungs|feld**

be|tat|schen (ugs.)

be|täu|ben; Be|täu|bung; Be|täu|bungs|mit|tel, *das*

Be|te, (landsch. auch:) **Bee|te,** *die;* -, -n (ein Wurzelgemüse; eine Futterpflanze); Rote Bete, (auch:) Beete

be|tei|li|gen; sich -; **Be|tei|lig|te,** *der* u. *die;* -n, -n; **Be|tei|ligt|sein; Be|tei|li|gung**

Be|tel, *der;* -s (Genussmittel aus der Betelnuss); **Be|tel|nuss**

be|ten; Be|ter

be|teu|ern; Be|teu|e|rung

be|ti|teln [auch: ...*tit*...]

be|töl|peln; Be|töl|pe|lung

Be|ton [*betong,* auch, österr. nur: *beton*], *der;* -s, -s, (bei dt. Aussprache:) -e (Baustoff aus der Mischung von Zement, Wasser, Sand usw.); **Be|ton|bau** (*Mehrz.* ...bauten)

be|to|nen

be|to|nie|ren (übertr. auch für: festlegen, unveränderlich machen); **Be|to|nie|rung; Be|ton|kopf** (abwertend für: völlig uneinsichtiger, auf seinen [politischen] Ansichten beharrender Mensch)

be|tont; be|ton|ter|ma|ßen; Be|to|nung

be|tö|ren (geh.); **Be|tö|rung**

Bet|pult (kath. Kirche)

Be|tracht; nur noch in Fügungen wie: in - kommen, ziehen; außer - bleiben; **be|trach|ten;** sich -; **Be|trach|ter; be|trächt|lich;** eine beträchtliche Summe, aber: um ein Beträchtliches [höher]; **Be|trach|tung; Be|trach|tungs|wei|se;** vgl. [2]Weise

Be|trag, *der;* -[e]s, Beträge; **be|tra|gen;** sich -; **Be|tra|gen,** *das;* -s

be|trau|en; mit etwas betraut sein

be|trau|ern

Be|trau|ung

Be|treff, *der;* -[e]s, -e (Amtsspr.; Abk.: Betr.); in Betreff, aber: betreffs (vgl. d.) des Neubaus; **be|tref|fen;** was mich betrifft; vgl. betroffen; **be|tref|fend** (zuständig; sich auf jmdn., etwas beziehend; Abk.: betr.); die -e Behörde; den Bahnbau -; **Be|tref|fen|de,** *der* u. *die;* -n, -n; **be|treffs** (Amtsspr.; Abk.: betr.); *Verhältnisw.* mit *Wesf.:* - des Neubaus (besser: wegen)

be|trei|ben; Be|trei|ben, *das;* -s; auf mein -; **Be|trei|bung**

be|tresst (mit Tressen versehen)

[1]**be|tre|ten** (verlegen); [2]**be|tre|ten;** den Raum -; **Be|tre|ten,** *das;* -s

be|treu|en; Be|treu|er; Be|treu|e|rin; Be|treu|te, *der* u. *die;* -n, -n; **Be|treu|ung,** *die;* -; **Be|treu|ungs|stel|le**

Be|trieb, *der;* -[e]s, -e; in - setzen; die Maschine ist in - (läuft); er ist im - (hält sich an der Arbeitsstelle auf); **be|trieb|lich; be|trieb|sam; Be|trieb|sam|keit,** *die;* -; **Be|triebs‿an|ge|hö|ri|ge, ...an|lei|tung, ...aus|flug, ...nu|del** (ugs. für: betriebsame, unternehmungslustige Person), **...rat** (*Mehrz.* ...räte); **Be|triebs|rats‿mit|glied, ...vor|sit|zen|de; Be|triebs|sys|tem** (EDV)

be|trin|ken, sich; betrunken

be|trof|fen; Be|trof|fe|ne, *der* u. *die;* -n, -n; **Be|trof|fen|heit,** *die;* -

be|trü|ben; be|trüb|lich; be|trüb|li|cher|wei|se; Be|trüb|nis, *die;* -, -se (geh.); **be|trübt; Be|trübt|heit,** *die;* -

Be|trug, *der;* -[e]s; **be|trü|gen; Be|trü|ger; Be|trü|ge|rei; be|trü|ge|risch**

be|trun|ken; Be|trun|ke|ne, *der* u. *die;* -n, -n; **Be|trun|ken|heit,** *die;* -

Bett, *das;* -[e]s, -en; zu - gehen

Bet|tag; vgl. Buß- und Bettag

Bett‿couch, ...de|cke

Bet|tel, *der;* -s (abwertend für: altes, minderwertiges Zeug); **bet|tel|arm; Bet|te|lei; bet|teln**

bet|ten; sich -; **Bet|ten|ma|chen,** *das;* -s; **Bett|ge|stell; bett|lä|ge|rig**

Bett|ler; Bett|le|rin

Bett|tuch, *das;* -[e]s, ...tücher, (auch:) **Bett-Tuch,** *das;* -[e]s, ...-Tücher

Bet|tuch (beim jüdischen Gottesdienst; *Mehrz.* ...tücher)

Bet|tung (Fachspr.: feste Unterlage für Eisenbahngleise, Maschinen)

be|tucht (ugs. für: vermögend, wohlhabend)

be|tu|lich; Be|tu|lich|keit, *die;* -

beu|gen (auch für: flektieren, deklinieren, konjugieren); sich -; **Beu|gung** (auch für: Flexion, Deklination, Konjugation); **Beu|gungs|en|dung** (Sprachw.)

Beu|le, *die;* -, -n; **beu|len;** sich -

be|un|ru|hi|gen; sich -; **Be|un|ru|hi|gung,** *die;* -

be|ur|kun|den; Be|ur|kun|dung

be|ur|lau|ben; Be|ur|lau|bung

be|ur|tei|len; Be|ur|tei|ler; Be|ur|tei|lung; Be|ur|tei|lungs|maß|stab

Beu|te, *die;* - (Erbeutetes); **beu|te|gie|rig; Beu|te|gut**

Beu|tel, *der;* -s, -; **beu|teln;** die Hose beutelt an den Knien; jmdn. tüchtig - (südd., österr. für: schütteln); jmdn. ganz schön - (landsch. für: übervorteilen); **Beu|tel‿schnei|der** (ugs. für: Taschendieb), **...tier**

be|völ|kern; Be|völ|ke|rung; Be|völ|ke|rungs‿dich|te, ...ex|plo|si|on, ...po|li|tik, ...schicht

be|voll|mäch|ti|gen; Be|voll|mäch|tig|te, *der* u. *die;* -n, -n

be|vor

be|vor|mun|den

be|vor|ra|ten (mit einem Vorrat ausstatten); **Be|vor|ra|tung**

be|vor|rech|ti|gen; bevorrechtigt

be|vor|ste|hen

be|vor|zu|gen; Be|vor|zu|gung

be|wa|chen; Be|wa|cher

be|wach|sen

Be|wa|chung

be|waff|nen; Be|waff|ne|te, *der* u. *die;* -n, -n; **Be|waff|nung**

be|wah|ren (hüten); jmdn. vor Schaden -

be|wäh|ren, sich

be|wahr|hei|ten, sich

be|währt; Be|wäh|rung (Erprobung); **Be|wäh|rungs‿frist** (Rechtsspr.), **...hel|fer, ...pro|be, ...zeit**

be|wal|den; be|wal|det

be|wäl|ti|gen

be|wan|dert (erfahren)

Be|wandt|nis, *die;* -, -se

be|wäs|sern; Be|wäs|se|rung, (selten:) Be|wäss|rung

[1]**be|we|gen** (Lage ändern; ergreifen, rühren); bewegte; bewegt; [2]**be|we|gen** (veranlassen); bewog; bewogen; **Be|weg|grund; be|weg|lich; Be|weg|lich|keit,** *die;* -; **be|wegt;** - sein; **Be|we|gung; Be|we|gungs‿ab|lauf, ...frei|heit, ...the|ra|pie**

be|weh|ren (Technik: ausrüsten)

be|wei|ben, sich (veralt., noch scherzhaft für: sich verheiraten)

be|weih|räu|chern (abwertend auch für: übertrieben loben)

be|wei|nen; Be|wei|nung; - Christi

Be|weis, *der;* -es, -e; unter - stellen (Amtsspr.); **be|wei|sen;** bewiesen; **be|weis|kräf|tig; Be|weis|mit|tel**

be|wen|den; nur in: es bei etwas - lassen; **Be|wen|den,** *das;* -s; es hat dabei sein Bewenden (es bleibt dabei)

be|wer|ben, sich; **Be|wer|ber; Be|wer|be|rin; Be|wer|bung; Be|wer|bungs|un|ter|la|gen,** *die (Mehrz.)*

be|wer|fen

be|wẹrk|stel|li|gen
be|we̱r|ten; Be|we̱r|tung
be|wị|ckeln
be|wị̱l|li|gen; Be|wị̱l|li|gung
be|wịll|komm|nen
be|wịr|ken
be|wi̱r|ten; be|wị̱rt|schaf|ten; Be|wi̱r|tung
be|wo̱hn|bar; be|wo̱h|nen; Be|wo̱h|ner; Be|wo̱h|ne|rin
be|wö̱l|ken, sich; **Be|wö̱l|kung,** *die;* -
Be|wu̱chs, *der;* -es
Be|wụn|de|rer; be|wụn|dern; be|wụn|derns‿wert, ...wür|dig; Be|wụn|de|rung; be|wụn|de|rungs‿wert, ...wür|dig; Be|wụnd|rer
be|wụsst; ich bin mir keines Vergehens -; er hat den Fehler bewusst (mit Absicht) gemacht; sie hat mir den Zusammenhang bewusst gemacht (klar gemacht); **Be|wụsst|heit,** *die;* -; **be|wụsst|los; Be|wụsst|lo|sig|keit,** *die;* -; **be|wụsst ma|chen;** vgl. bewusst; **Be|wụsst|sein,** *das;* -s
be|za̱h|len; eine gut bezahlte Stelle; **Be|za̱hl|fern|se|hen** (ugs. für: Pay-TV); **Be|za̱h|lung**
be|zä̱h|men; sich -
be|zau̱|bern; be|zau̱|bernd
be|zei̱ch|nen; be|zei̱ch|nend; Be|zei̱ch|nung (Abk.: Bez.)
be|zei̱|gen (geh. für: zu erkennen geben, bekunden); Beileid, Ehren -; **Be|zei̱|gung**
be|zeu̱|gen (Zeugnis ablegen; bekunden); die Wahrheit -; **Be|zeu̱|gung**
be|zịch|ti|gen; jmdn. eines Verbrechens -; **Be|zịch|ti|gung**
be|zie̱h|bar; be|zie̱|hen; sich auf eine Sache -; **Be|zie̱|her; Be|zie̱|hung**
be|zịf|fern; sich - auf
Be|zịrk, *der;* -[e]s, -e (Abk.: Bez. od. Bz.); **be|zịrk|lich**
be|zịr|zen; vgl. becircen
Be|zu̱g (österr. auch für: Gehalt); in Bezug auf; mit Bezug auf; auf etwas Bezug haben, nehmen (dafür besser: sich auf etwas beziehen); Bezug nehmend auf (dafür besser: mit Bezug auf); **Be|zü̱|ge,** *die* (*Mehrz.;* Einkünfte); **be|zü̱g|lich;** *Verhältnisw.* mit *Wesf.:* - Ihres Briefes; **Be|zu̱gs‿per|son, ...quel|le**
be|zu̱|schus|sen (Amtsspr.); bezuschusste, bezuschusst; **Be|zu̱|schus|sung**
be|zwẹ|cken
be|zwei̱|feln
be|zwịn|gen
BfA = Bundesversicherungsanstalt für Angestellte
BGB = Bürgerliches Gesetzbuch
BGS = Bundesgrenzschutz
BH [*beha̱*], *der;* -[s], -[s] (ugs. für: Büstenhalter)
bi... (*in Zusammensetzungen:* zwei...; doppel[t]...); **Bi...** (Zwei...; Doppel[t]...)
Bi̱|ath|lon, *das;* -s, -s (Kombination aus Skilanglauf u. Scheibenschießen)
bịb|bern (ugs. für: zittern)
Bi̱|bel, *die;* -, -n
[1]**Bi̱|ber,** *der;* -s, - (ein Nagetier; Pelz); [2]**Bi̱|ber,** *der* od. *das;* -s (Rohflanell); **Bi̱|ber‿pelz, ...schwanz** (auch: flacher Dachziegel)
Bi̱|bi, *der;* -s, -s (ugs. für: steifer Hut, Kopfbedeckung)
Bi|b|li|o|gra̱f, (auch:) Bi|b|li|o|gra̱ph, *der;* -en, -en (Bearbeiter einer Bibliografie); **Bi|b|li|o|gra|fi̱e,** (auch:) Bi|b|li|o|gra|phi̱e, *die;* -, ...i̱en (Bücherkunde, -verzeichnis); **bi|b|li|o|gra|fi̱e|ren,** (auch:) bi|b|li|o|gra|phi̱e|ren (den Titel einer Schrift bibliografisch verzeichnen); **Bi|b|li|o|gra̱|fin,** (auch:) Bi|b|li|o|gra̱|phin; **bi|b|li|o|gra̱|fisch,** (auch:) bi|b|li|o|gra̱|phisch (bücherkundlich); **Bi|b|li|o|gra̱ph, Bi|b|li|o|gra|phi̱e** usw. vgl. Bibliograf, Bibliografie usw.; **bi|b|li|o|phi̱l** (schöne od. seltene Bücher liebend); **Bi|b|li|o|phi̱|le,** *der* u. *die;* -n, -n (Bücherliebhaber[in]); **Bi|b|li|o|the̱k,** *die;* -, -en ([wissenschaftliche] Bücherei); **Bi|b|li|o|the|ka̱r,** *der;* -s, -e (Verwalter einer Bibliothek); **Bi|b|li|o|the|ka̱|rin**
bi̱|b|lisch
Bịck|bee|re (nordd. für: Heidelbeere)
Bi|det [*bide̱*], *das;* -s, -s (längliches Sitzbecken für Spülungen)
bie̱|der; Bie̱|der|keit, *die;* -; **Bie̱|der|mann** (*Mehrz.* ...männer); **Bie̱|der|mei|er,** *das;* -[s] ([Kunst]stil in der Zeit des Vormärz [1815 bis 1848])
bie̱|gen; bog, gebogen; auf Biegen oder Brechen (ugs.); **bie̱g|sam**
Bie̱|ne, *die;* -, -n; **Bie̱|nen‿fleiß, ...ho|nig, ...kö|ni|gin, ...korb, ...schwarm, ...spra|che, ...stich** (auch für: eine Kuchenart), **...stock** (*Mehrz.* ...stöcke), **...volk, ...wachs, ...zucht**
Bi|en|na̱|le [*biä...*], *die;* -, -n (zweijährliche Veranstaltung, bes. in der bildenden Kunst u. im Film)
Bie̱r, *das;* -[e]s, -e; **Bie̱r‿de|ckel, ...do|se, ...fass, ...fla|sche, ...glas** (*Mehrz.* ...gläser), **...ru|he** (ugs. für: unerschütterliche Ruhe), **...zei|tung, ...zelt**
Bie̱|se, *die;* -, -n (farbiger Streifen an Uniformen; abgenähtes Zierfältchen an einem Kleidungsstück)
Bie̱st, *das;* -[e]s, -er (ugs. für: Tier; Schimpfwort)
bie̱|ten; bot, geboten
Bi|fo|ka̱l|glas (Brillenglas mit Fern- und Nahteil; *Mehrz.* ...gläser)
Bi|ga|mi̱e, *die;* -, ...i̱en (Doppelehe)
Bịg|band, *die;* -, -s, (auch:) **Bịg Band** [- *bạ̈nd*], *die;* - -, - -s (großes Jazz- od. Tanzorchester)
Bịg Bẹn, *der;* - - (»großer Benjamin«; Stundenglocke der Uhr im Londoner Parla-

mentsgebäude; der Glockenturm desselben)
Big|busi|ness [...*bisnäs*], *das;* -, (auch:) **Big Busi|ness,** *das;* - - (Geschäftswelt der Großunternehmer)
bi|gott (frömmelnd; scheinheilig); **Bi|got|te|rie,** *die;* -, ...ien
Bi|jou|te|rie, *die;* -, ...ien ([billiger] Schmuck; schweiz. auch für: Schmuckwarengeschäft)
Bi|ki|ni, *der;* -s, -s (zweiteiliger Badeanzug)
Bi|lanz, *die;* -, -en (Wirtsch.: Gegenüberstellung von Vermögen u. Schulden für ein Geschäftsjahr; übertr. für: Ergebnis); **Bi|lanz|buch|hal|ter; bi|lan|zie|ren**
bi|la|te|ral [auch: ...*al*] (zweiseitig); -e Verträge
Bild, *das;* -[e]s, -er; **Bild‿bei|la|ge, ...be|richt, ...be|richt|er|stat|ter, ...be|schrei|bung; bil|den;** sich -; **Bil|der‿bo|gen, ...buch, ...rah|men, ...rät|sel; Bild|hau|er; Bild|hau|e|rin; bild|hübsch; bild|kräf|tig; bild|lich; Bild|nis,** *das;* -ses, -se (geh.); **Bild‿re|por|ta|ge, ...re|por|ter, ...röh|re; bild|sam** (geh.); **Bild‿säu|le, ...schirm; Bild|schirm‿scho|ner** (EDV: sich selbst aktivierendes Programm zum Schutz der Bildröhre), **...text** (Abk.: Btx); **bild|schön**
Bil|dung; Bil|dungs‿grad, ...lü|cke, ...po|li|tik, ...rei|se, ...stu|fe, ...ur|laub, ...we|sen (*das;* -s)
Bil|lard [*biljart,* österr.: *bijar*], *das;* -s, -e u. (österr.:) -s (ein Kugelspiel; dazugehörender Tisch)
Bil|lett [*biljät,* österr.: *bije,* auch: *bilät*], *das;* -[e]s, -s u. -e (bes. österr. für: Briefkarte; schweiz. für: Einlasskarte, Fahrkarte)
Bil|li|ar|de, *die;* -, -n (10^{15}; 1 000 Billionen)
bil|lig; bil|li|gen
Bil|li|on, *die;* -, -en (10^{12}; eine Million Millionen od. 1 000 Milliarden)
Bil|sen|kraut, *das;* -[e]s (ein giftiges Kraut)
Bim|bes, *der* od. *das;* - (landsch. für: Geld)
Bim|mel, *die;* -, -n (ugs. für: Glocke); **Bim|mel|bahn** (ugs.); **bim|meln** (ugs.)
bim|sen (ugs. für: drillen; angestrengt lernen); **Bims|stein**
bi|nar, bi|när, bi|na|risch (fachspr. für: aus zwei Einheiten bestehend, Zweistoff...)
Bin|de, *die;* -, -n; **Bin|de|ge|we|be; Bin|de|ge|webs‿ent|zün|dung, ...mas|sa|ge; Bin|de‿glied, ...haut; Bin|de|haut|ent|zün|dung; Bin|de|mit|tel,** *das;* **bin|den;** band, gebunden; **Bin|der; Bin|de‿strich, ...wort** (Konjunktion; *Mehrz.* ...wörter); **Bind|fa|den**
Bin|go [*binggo*], *das;* -[s] (engl. Glücksspiel; eine Art Lotto)
bin|nen; *Verhältnisw.* mit *Wemf.:* - einem Jahre (geh. auch mit *Wesf.:* - eines Jahres); **Bin|nen‿han|del, ...land** (*Mehrz.* ...länder), **...markt, ...meer, ...see**
Bin|se, *die;* -, -n (grasähnliche Pflanze); in die -n gehen (ugs. für: verloren gehen; unbrauchbar werden); **Bin|sen‿wahr|heit** (allgemein bekannte Wahrheit), **...weis|heit**
bi|o... (leben[s]...); **Bi|o...** (Leben[s]...); **Bi|o|che|mie** (Lehre von den chemischen Vorgängen in Lebewesen); **bi|o|dy|na|misch** (nur mit organischer Düngung); **Bi|o|e|thik** (auf biologisch-medizinische Forschung angewandte Ethik); **Bi|o|ge|ne|se,** *die;* -, -n (Entwicklung[sgeschichte] der Lebewesen)
Bi|o|graf, (auch:) Bi|o|graph, *der;* -en, -en (Verfasser einer Lebensbeschreibung); **Bi|o|gra|fie,** (auch:) Bi|o|gra|phie, *die;* -, ...ien (Lebensbeschreibung); **Bi|o|gra|fin,** (auch:) Bi|o|gra|phin; **bi|o|gra|fisch,** (auch:) bi|o|gra|phisch; **Bi|o|graph, Bi|o|gra|phie** usw. vgl. Biograf, Biografie usw.
Bi|o|kost (Kost, die nur aus natürlichen, nicht chemisch behandelten Nahrungsmitteln besteht); **Bi|o|la|den** (Geschäft, das Erzeugnisse aus biologischem Anbau verkauft); **Bi|o|lo|ge,** *der;* -n, -n; **Bi|o|lo|gie,** *die;* - (Lehre von der belebten Natur); **Bi|o|lo|gin; bi|o|lo|gisch; Bi|o‿müll, ...ton|ne**
Bir|cher|mü|es|li (Müsli nach dem Arzt Bircher-Benner)
Bir|ke, *die;* -, -n (ein Laubbaum); **bir|ken** (aus Birkenholz); **Bir|ken‿holz, ...wald; Birk‿hahn, ...huhn**
Birn|baum; Bir|ne, *die;* -, -n; **bir|nen|för|mig**
bis; - [nach] Berlin; - hierher; - wann?; - auf weiteres; - zu 50 %; deutsche Dichter des 10. bis 15. Jahrhunderts; vier- bis fünfmal
Bi|sam, *der;* -s, -e u. -s (Moschus [nur *Einz.*]; Pelz); **Bi|sam|rat|te**
Bi|schof, *der;* -s, Bischöfe; **Bi|schö|fin; bi|schöf|lich; Bi|schofs‿hut** *(der),* **...kon|fe|renz, ...sitz, ...stab**
Bi|se, *die;* -, -n (schweiz. für: Nord[ost]wind)
bi|se|xu|ell [auch: *bi*...] (sowohl hetero- als auch homosexuell)
bis|her (bis jetzt); **bis|he|rig**
Bis|kuit [...*kwit,* auch: ...*kwit*], *das* (auch: *der*); -[e]s, -s, auch: -e (ein leichtes Gebäck)
bis|lang (bis jetzt)
Bis|marck|he|ring
Bi|son, *der;* -s, -s (nordamerik. Büffel)
Biss, *der;* -es, -e; **biss|chen;** das -, ein - (ein wenig); **Biss-**

chen (kleiner Bissen); **bissel,** bis|serl (landsch. für: bisschen); **Bis|sen,** *der;* -s, -; **Biss|gurn,** *die;* -, - (bayr., österr. ugs. für: zänkische Frau); **bis|sig**
Bis|t|ro, *das;* -s, -s (kleines Lokal)
Bis|tum (Amtsbezirk eines kath. Bischofs)
bis|wei|len
Bit, *das;* -[s], -[s] (EDV: Informationseinheit; Zeichen: bit)
Bit|te, *die;* -, -n; **bit|ten;** bat, gebeten
bit|ter; bit|ter|bö|se; bit|terernst; bit|ter|kalt; es ist bitterkalt; ein -er Wind; **Bitter|keit,** *die;* -; **Bit|ter|klee; bit|ter|lich; Bit|ter|ling** (Fisch; Pflanze; Pilz); **Bitter|man|del|öl; Bit|ter|nis,** *die;* -, -se (geh.); **bit|ter|süß,** (auch:) **bit|ter-süß**
Bitt‿gang, ...ge|such, ...schrift; Bitt|stel|ler
Bi|tu|men, *das;* -s, - (auch: ...mina; teerartige [Abdichtungs- u. Isolier]masse)
[1]**bit|zeln** (bes. südd. für: prickeln; [vor Kälte] beißend weh tun)
[2]**bit|zeln** (mitteld. für: in kleine Stückchen schneiden, schnitzeln)
Bi|wak, *das;* -s, -s u. -e (behelfsmäßiges Nachtlager im Freien); **bi|wa|kie|ren**
bi|zarr (seltsam)
Bi|zeps, *der;* -[es], -e (Beugemuskel des Oberarmes)
Bla|bla, *das;* -[s] (ugs. für: Gerede)
Black|box [*bläk...*], *die;* -, -es, (auch:) **Black Box,** *die;* - -, - -es (Flugschreiber); **Blackout,** (auch:) **Black|out** [*bläkaut*], *das* u. *der;* -[s], -s (Erinnerungslücke; Theater: plötzliche Verdunkelung am Szenenschluss; auch: kleiner Sketch; Raumfahrt: Abbrechen des Funkkontakts); **Black|po|w|er,** (auch:) **Black Po|w|er** [*bläkpauer*], *die;* - (Bewegung nordamerik. Schwarzer gegen die Rassendiskriminierung)
blaf|fen, bläf|fen (ugs. für: bellen)
Blag, *das;* -s, -en u. **Bla|ge,** *die;* -, -n (ugs. für: [lästiges] Kind)
blä|hen; sich -; **Blä|hung**
bla|ken (nordd. für: schwelen, rußen)
blä|ken (ugs. abwertend für: schreien)
bla|kig (nordd. für: rußend)
bla|ma|bel (beschämend); **Bla|ma|ge** [*...masche*], *die;* -, -n (Schande; Bloßstellung); **bla|mie|ren;** sich -
blan|chie|ren [*blangschi...*] (Kochk.: abbrühen)
bland (Med.: milde, reizlos [von einer Diät]; ruhig verlaufend [von einer Krankheit])
blank (rein, bloß); blanker, blanks|te; die blank polierte Dose; **blan|ko** (leer, unausgefüllt); **Blan|ko‿scheck, ...voll|macht** (übertr. für: unbeschränkte Vollmacht); **blank|zie|hen;** er hat den Säbel blankgezogen
Bla|se, *die;* -, -n; **Bla|se|balg** (*Mehrz.* ...bälge); **bla|sen;** blies, geblasen; **Bla|sen|leiden; Blä|ser**
bla|siert (abwertend für: hochnäsig, hochmütig); **Blasiert|heit,** *die;* -
Blas‿in|stru|ment, ...mu|sik
Blas|phe|mie, *die;* -, ...ien (Gotteslästerung); **blas|phemisch**
blass; -er (auch: blässer), -este (auch: blässeste); **blass|blau; Bläs|se,** *die;* - (Blassheit); **Bläss|huhn,** Bless|huhn; **bläss|lich**
Blas|tu|la, die; -, ...lae (Biol.: Entwicklungsstadium des Embryos)
Blatt, *das;* -[e]s, Blätter
Blat|tern, *die* (*Mehrz.;* älter für: Pocken)
blät|tern; Blät|ter‿teig, ...wald (scherzh. für: Vielzahl von Zeitungen); **Blatt‿fe|der, ...gold, ...grün, ...laus, ...pflan|ze; blät|rig,** blät|te|rig; **Blattschuss; Blatt|werk,** *das;* -[e]s
blau; -er; -[e]s|te; sein blaues Wunder erleben (ugs. für: staunen); blauer Montag; blauer Brief (ugs. für: Mahnschreiben der Schule an die Eltern; auch für: Kündigungsschreiben); ein blau gestreiftes Hemd; der Blaue Planet (die Erde); **Blau,** *das;* -s, - u. (ugs.:) -s (blaue Farbe); in -; mit - bemalt; **blau|äu|gig; Blau‿bart** (Frauenmörder [im Märchen]), **...bee|re** (ostmitteld. für: Heidelbeere); **Blaue,** *das;* -n; das - vom Himmel [herunter]reden; Fahrt ins -; **Bläue,** *die;* - (Himmel[sblau]); [1]**bläu|en** (blau färben); [2]**bläu|en** (ugs. für: schlagen); **Blau|kraut,** *das;* -[e]s (südd., österr. für: Rotkohl); **bläu|lich;** bläulich grün, bläulich rot; **Blaulicht** (*Mehrz.* ...lichter); **blau|ma|chen** (ugs. für: nicht zur Arbeit, Schule o. Ä. gehen); **Blau‿mei|se, ...säu|re,** (*die;* -); **blau|stichig;** ein -es Farbfoto; **Blaustrumpf** (veraltend, meist abwertend für: intellektuelle Frau)
Bla|zer [*bleser*], *der;* -s, - (Klubjacke, sportl.-elegante Jacke)
Blech, *das;* -[e]s, -e; **Blech‿büch|se, ...do|se; ble|chen** (ugs. für: zahlen); **ble|chern** (aus Blech); **Blech|mu|sik; Blech|ner** (südd. für: Klempner); **Blech|scha|den**
ble|cken; die Zähne -
[1]**Blei,** *das;* -[e]s, -e (chem. Element, Metall; Zeichen: Pb); [2]**Blei,** *der* (auch: *das*); -[e]s, -e (ugs. für: Bleistift)
Blei|be, die; -, -n (Unterkunft); **blei|ben;** blieb, geblieben; bleiben lassen (auch für: unterlassen); er

hat es bleiben lassen (seltener: bleiben gelassen)
bleich; [1]**blei|chen** (bleich machen); bleichte, gebleicht; Wäsche -; [2]**blei|chen** (bleich werden); bleichte, gebleicht; die Vorhänge bleichen in der Sonne; **Bleich‿ge|sicht** (*Mehrz.* ...gesichter), **...sand, ...sucht** (*die;* -)
blei|ern (aus Blei); **blei|frei;** ihr Auto fährt -; **Blei|frei;** *das;* -s; - (bleifreies Benzin) tanken; **Blei|kris|tall; blei|schwer; Blei|stift,** *der*
Blen|de, *die;* -, -n (Optik: lichtabschirmende Scheibe; Mineral; Archit.: blindes Fenster, Nische); **blen|den; blen|dend;** ein blendend weißes Hemd; **Blend|schutz**
Bles|se, *die;* -, -n (weißer [Stirn]fleck; Tier mit weißem Fleck); **Bless|huhn;** vgl. Blässhuhn
bleu [*blö*] (blassblau)
bleu|en, (alte Schreibung für:) bläuen
Blick, *der;* -[e]s, -e; **blick|dicht;** -e Strumpfhosen; **bli|cken**
blind; blind sein; ein blind geborenes Kind; blind fliegen (ohne Sicht); blind schreiben (auf der Schreibmaschine o. Ä.); **Blind|darm; Blind|darm|ent|zün|dung; Blin|de,** *der* u. *die;* -n, -n; **Blin|den|schrift; blind flie|gen;** (fachspr. auch:) **blind|flie|gen;** vgl. blind; **Blind|flug; Blind|gän|ger; blind|lings; Blind|schlei|che,** *die;* -, -n; **blind schrei|ben;** (fachspr. auch:) **blind|schrei|ben;** vgl. blind
blin|ken; Blin|ker; Blink‿feu|er (ein Seezeichen), **...licht** (*Mehrz.* ...lichter)
blin|zeln
Blitz, *der;* -es, -e; **Blitz|ab|lei|ter; blitz|ar|tig; blitz|blank,** (ugs. auch:) **blit|ze|blank; blit|zen** (ugs. auch für: mit Blitzlicht fotografieren); du blitzt; **Blitz‿ge|spräch, ...krieg, ...licht** (*Mehrz.* ...lichter); **blitz|sau|ber; Blitz|schlag; blitz|schnell**
Bliz|zard [*blis*^{e}*rt*], *der;* -s, -s (Schneesturm [in Nordamerika])
Blo|cher (schweiz. für: Bohnerbesen)
Block, *der;* -[e]s, (für: Beton-, Eisen-, Felsblock usw. *Mehrz.:*) Blöcke u. (für: Abreiß-, Brief-, Steno[gramm]-, Zeichenblock usw. u. für: Häuser-, Wohnblock *Mehrz.:*) Blocks od. Blö|cke; (für: Macht-, Wirtschaftsblock u. a. *Mehrz.:*) Blö|cke, (selten:) Blocks;
Blo|cka|de ([See]sperre; Druckw.: durch Blockieren gekennzeichnete Stelle);
Blo|cker (südd. für: Bohnerbesen); **Block‿flö|te, ...haus; blo|ckie|ren** (auch Druckw.: fehlenden Text durch ▮▮ kennzeichnen); **Block‿scho|ko|la|de, ...un|ter|richt**
blöd, blö|de (ugs. für: dumm); **blö|deln** (ugs.); **Blö|di|an,** *der;* -[e]s, -e (ugs. abwertend für: Dummkopf); **Blöd|sinn,** *der;* -[e]s (ugs.)
blö|ken
blond; blond gefärbtes, blond gelocktes Haar; **blond ge|lockt;** vgl. blond; **blon|die|ren** (blond färben); **Blon|di|ne,** *die;* -, -n (blonde Frau)
[1]**bloß** (nur); [2]**bloß** (entblößt); **Blö|ße,** *die;* -, -n; **bloß‿le|gen, ...lie|gen, ...stel|len**
Blou|son [*blusong*], *das* (auch: *der*); -[s], -s (an den Hüften eng anliegende Jacke mit Bund)
blub|bern (nordd. für: glucksen; rasch u. undeutlich sprechen)
Blue|jeans, (auch:) **Blue Jeans** [*bludsehins*], *die (Mehrz.);* -, -; **Blues** [*blus*], *der;* -, - (urspr.: Volkslied der nordamerik. Schwarzen; langsamer Tanz im $^{4}/_{4}$-Takt)
Bluff [auch: *blöf*], *der;* -s, -s (Verblüffung; Täuschung); **bluf|fen** [auch: *blöf*^{e}*n*]
blü|hen; Blu|me, *die;* -, -n
blü|me|rant (ugs. für: übel, flau)
Blu|se, *die;* -, -n
Blut, *das;* -[e]s, (Med. fachspr.:) -e; [1]**blut|arm** (arm an Blut); [2]**blut|arm** (ugs. für: sehr arm); **Blut‿ar|mut, ...bahn, ...bank** (*Mehrz.* ...banken), **...bu|che, ...druck** (*der;* -[e]s); **blut|druck|sen|kend;** -e Präparate
Blü|te, *die;* -, -n
blu|ten; Blu|ter (jmd., der zu schwer stillbaren Blutungen neigt); **Blut‿ge|fäß, ...ge|rinn|sel, ...grup|pe; blu|tig; blut|jung** (ugs. für: sehr jung); **Blut‿pro|be, ...ra|che, ...rausch; blut|rei|ni|gend,** (auch:) **Blut rei|ni|gend;** blutreinigender (auch:) Blut reinigender Tee; der Tee ist, wirkt blutreinigend; **Blut‿schan|de** (*die;* -), **...sen|kung** (Med.), **...spen|der; bluts|ver|wandt; Blut‿ver|gif|tung, ...wä|sche**
BLZ = Bankleitzahl
BND = Bundesnachrichtendienst
Bö, (auch:) Böe, *die;* -, Böen (heftiger Windstoß)
Boa, *die;* -, -s (eine Riesenschlange; langer, schmaler Schal aus Pelz oder Federn)
Bob, *der;* -s, -s (Kurzw. für: Bobsleigh); **Bob|bahn; Bob|sleigh** [*bobßle*], *der;* -s, -s (Rennschlitten; Kurzform: Bob)
Boc|cia [*botscha*], *das* od. *die;* -, -s (ein it. Kugelspiel)
Bock, *der;* -[e]s, Böcke; **bock|bei|nig**
Bock|bier
bo|cken; bo|ckig; Bocks‿beu|tel (bauchige Flasche; Frankenwein in solcher Flasche), **...horn** (*Mehrz.* ...hörner); lass dich nicht ins - jagen (ugs. für: einschüchtern);

Bock‿sprin|gen, ...sprung, ...wurst

Bod|den, *der;* -s, - (nordd. für: Strandsee, [Ostsee]bucht)

Bo|de|ga, *die;* -, -s (span. Weinkeller, -schenke)

Bo|den, *der;* -s, Böden; **Bo|den‿be|lag, ...frost; bo|den|los; Bo|den‿ne|bel, ...per|so|nal; bo|den|stän|dig; Bo|den‿sta|ti|on, ...tur|nen**

Bo|dy|buil|der [*bodibild^{er}*], *der;* -s, - (jmd., der Bodybuilding betreibt); **Bo|dy|buil|ding,** *das;* -[s] (Training[smethode] zur besonderen Ausbildung der Körpermuskulatur); **Bo|dy|check** [*...tschäk*] (erlaubtes Rempeln beim Eishockey)

Böe; vgl. Bö

Boe|ing [*bo^{u}ing*], *die;* -, -s (ein amerik. Flugzeugtyp)

Bo|fist [auch: *bofißt*], Bo|vist [auch: *bowißt*], *der;* -[e]s, -e (ein Pilz)

Bo|gen, *der;* -s, - (bes. südd., österr. u. schweiz. auch: Bögen)

Bo|heme [*boäm,* auch: *bohäm*], *die;* - (unkonventionelles Künstlermilieu); **Bo|he|mi|en** [*boemjäng,* auch: *bohe...*], *der;* -s, -s (Angehöriger der Boheme)

Boh|le, *die;* -, -n (starkes Brett)

böh|misch (ugs. auch für: unverständlich)

Boh|ne, *die;* -, -n; **Boh|nen|kaf|fee**

Boh|ner|be|sen; boh|nern; Boh|ner|wachs

boh|ren; Boh|rer

bö|ig; -er Wind

Boi|ler [*beul^{er}*], *der;* -s, - (Warmwasserbereiter)

Bo|je, *die;* -, -n (Seemannsspr.: [verankerter] Schwimmkörper als Seezeichen od. zum Festmachen)

Bo|le|ro, *der;* -s, -s (Tanz; kurze Jacke)

Bol|le, *die;* -, -n (landsch. für: Zwiebel)

Böl|ler (kleiner Mörser zum Schießen); **bol|lern** (landsch. für: poltern, krachen); **böl|lern**

Boll|werk

Bol|sche|wik, *der;* -en, -i u. (abwertend:) -en (Mitglied der kommunistischen Partei Russlands bzw. der Sowjetunion); **Bol|sche|wis|mus,** *der;* -; **Bol|sche|wist,** *der;* -en, -en

bol|zen (Fußball: systemlos spielen); du bolzt; **Bol|zen,** *der;* -s, -

Bom|bar|de|ment [*...d^{e}mang,* österr.: *bombardmang,* schweiz.: *...bard^{e}mänt*], *das;* -s, -s (schweiz.: -e; Beschießung [mit Bomben]); **bom|bar|die|ren; Bom|bar|die|rung**

bom|bas|tisch (sehr aufwendig)

Bom|be, *die;* -, -n (mit Sprengstoff angefüllter Hohlkörper; ugs. auch für: sehr kräftiger Schuss aufs [Fußball]tor); **bom|ben** (ugs.); **Bom|ben‿an|griff, ...er|folg** (ugs. für: großer Erfolg), **...stim|mung** (ugs.), **...tep|pich, ...ter|ror; Bom|ber**

Bom|mel, *die;* -, -n u. *der;* -s, - (landsch. für: Quaste)

Bon [*bong*], *der;* -s, -s (Gutschein)

Bon|bon [*bongbong*], *der* od. (österr. nur:) *das;* -s, -s (Süßigkeit zum Lutschen); **Bon|bon|ni|e|re,** (auch:) **Bon|bo|ni|e|re** [*bongboniär^{e}*], *die;* -, -n (Pralinenpackung)

Bon|go [*bonggo*], *das;* -[s], -s od. *die;* -, -s (paarweise verwendete [Jazz]trommel)

Bon|mot [*bongmo*], *das;* -s, -s (geistreiche Wendung)

[1]**Bon|sai,** *der;* -[s], -s (jap. Zwergbaum); [2]**Bon|sai,** *das;* - (Kunst des Ziehens von Zwergbäumen)

Bo|nus, *der;* - u. -ses, - u. -se od. ...ni (Vergütung; Rabatt)

Bon|ze, *der;* -n, -n ([buddhistischer] Mönch, Priester; abwertend für: auf seine Vorteile bedachter Funktionär)

Boof|ke, *der;* -s, -s (bes. berlin. für: ungebildeter Mensch, Tölpel)

Boo|gie-Woo|gie [*bugiwugi*], *der;* -[s], -s (Jazzart; ein Tanz)

Boom [*bum*], *der;* -s, -s ([plötzlicher] Wirtschaftsaufschwung, Hausse an der Börse)

Boot, *das;* -[e]s, -e, (landsch. auch:) Böte

[1]**Bord,** *das;* -[e]s, -e ([Bücher-, Wand-]brett); [2]**Bord,** *der;* -[e]s, -e ([Schiffs]rand, -deck, -seite; übertr. für: Schiff, Luftfahrzeug); an - gehen

Bor|dell, *das;* -s, -e

Bord‿funk, ...fun|ker

bor|die|ren (einfassen, besetzen)

Bord‿kan|te, ...stein

Bor|dü|re, *die;* -, -n (Einfassung, [farbiger] Geweberand, Besatz)

bor|gen

Bor|ke, *die;* -, -n (Rinde); **Bor|ken|kä|fer; bor|kig**

Born, *der;* -[e]s, -e (veralt., noch geh. für: Wasserquelle, Brunnen)

bor|niert (unbelehrbar, engstirnig); **Bor|niert|heit**

Bor|retsch, *der;* -[e]s (ein Küchenkraut)

Bör|se, *die;* -, -n (Markt für Wertpapiere u. vertretbare Waren; veraltend für: Portmonee)

Bors|te, *die;* -, -n; **bors|tig**

Bor|te, *die;* -, -n (gemustertes Band als Besatz)

bös; vgl. böse; **bös|ar|tig**

Bö|schung

bö|se; jenseits von gut und böse; im Bösen auseinander gehen; im Guten wie im Bösen; **Bö|se|wicht,** *der;* -[e]s, -er, (auch, österr. nur:) -e; **bos|haft; Bos|haf|tig|keit; Bos|heit**

Bos|koop, Bos|kop, *der;* -s, - (Apfelsorte)

Boss, *der;* -es, -e (Chef; Vorgesetzter)

bos|seln (ugs. für: kleine Arbeiten [peinlich genau] machen)
bös|wil|lig; Bös|wil|lig|keit
Bo|ta|nik, *die;* - (Pflanzenkunde); **Bo|ta|ni|ker; Bo|ta|ni|ke|rin; bo|ta|nisch**
Bo|te, *der;* -n, -n
Bot|schaft; Bot|schaf|ter; Bot|schaf|te|rin
Bött|cher (Bottichmacher); **Bot|tich,** *der;* -[e]s, -e
Bou|c|lé, (auch:) Buk|lee, *der;* -s, -s (Garn mit Knoten u. Schlingen)
Bouil|lon [*buljong,* österr.: *bujong*], *die;* -, -s (Kraft-, Fleischbrühe)
Bou|le|vard [*bul^{e}war,* österr.: *bul...*], *der;* -s, -s (breite [Ring]straße); **Bou|le|vard‿pres|se** (abwertend), **...the|a|ter**
Bou|quet [*buke*], *das;* -s, -s
Bour|bo|ne [*bur...*], *der;* -n, -n (Angehöriger eines fr. Herrschergeschlechtes)
bour|geois [*burschoa,* in beifügender Verwendung: *burschoas...*] (der Bourgeoisie angehörend, entsprechend); **Bour|geois** [*burschoa*], *der;* -, - (abwertend für: wohlhabender, selbstzufriedener Bürger); **Bour|geoi|sie** [*burschoasi*], *die;* -, ...ien ([wohlhabender] Bürgerstand)
Bou|tique [*butik,* österr.: *...tik*], *die;* -, -n [*...k^{e}n*], (seltener:) -s [*...tikß*]
Bow|den|zug [*baud^{e}n...*] (Technik: Drahtkabel zur Übertragung von Zugkräften)
Bow|le [*bol^e*], *die;* -, -n (Getränk aus Wein, Zucker u. Früchten; Gefäß für dieses Getränk)
Bow|ling [*bo^{u}ling*], *das;* -s, -s (amerik. Art des Kegelspiels; engl. Kugelspiel auf glattem Rasen)
Box, *die;* -, -en (Pferdestand; Unterstellraum; Montageplatz bei Autorennen; einfache, kastenförmige Kamera)
bo|xen; du boxt; er boxt ihn (auch: ihm) in den Magen; **Bo|xer,** *der;* -s, - (Faustkämpfer; bes. südd., österr. auch für: Faustschlag; Hunderasse)
Box|kalf [engl. auch: *...kaf*], *das;* -s, -s (Kalbsleder)
Boy [*beu*], *der;* -s, -s ([Hotel]diener, Bote)
Boy|kott [*beu...*], *der;* -[e]s, -s, (auch:) -e (politische, wirtschaftliche od. soziale Ächtung; Nichtbeachten); **boy|kot|tie|ren**
Boy|scout, (auch:) **Boy-Scout** [*beußkaut*], *der;* -[s], -s (engl. Bez. für: Pfadfinder)
brab|beln (ugs. für: undeutlich vor sich hin reden)
brach (unbestellt; unbebaut); **Bra|che,** *die;* -, -n (Brachfeld)
Bra|chi|al|ge|walt, *die;* - (rohe, körperliche Gewalt)
brach|lie|gen (unbebaut liegen)
Bra|cke, *der;* -n, -n, (seltener:) *die;* -, -n (eine Spürhundrasse)
Brack|was|ser, *das;* -s, ...wasser (Gemisch aus Süß- und Salzwasser in den Flussmündungen)
Brä|gen, *der;* -s, - (Nebenform von: Bregen)
Brah|ma|ne, *der;* -n, -n (Angehöriger einer ind. Priesterkaste)
Brain|drain, (auch:) **Brain-Drain** [*bre^{i}ndre^{i}n*], *der;* -s (Abwanderung von Wissenschaftlern)
bra|mar|ba|sie|ren (geh. abwertend für: prahlen)
bram|sig (nordd. ugs. für: protzig)
Bran|che [*brangsch^e*], *die;* -, -n (Wirtschafts-, Geschäftszweig; ugs. für: Fachgebiet)
Brand, *der;* -[e]s, Brände; **brand|ak|tu|ell; brand|marken;** gebrandmarkt; **Brand‿mau|er, ...meis|ter; brand|neu; Brand|sal|be; brand|schat|zen;** du brandschatzt; **Brand‿soh|le, ...stif|ter, ...stif|tung; Brandung; Brand|wun|de; Bran|dy** [*brändi*], *der;* -s, -s (engl. Bezeichnung für: Weinbrand); **Brannt|wein**
[1]**Bra|sil,** *der;* -s, -e u. -s (Tabak; Kaffeesorte); [2]**Bra|sil,** *die;* -, -[s] (Zigarre)
Brät, *das;* -s (fein gehacktes [Bratwurst]fleisch); **Brat|apfel; bra|ten; Bra|ten,** *der;* -s, -; **Brat|hen|del,** *das;* -s, -n (südd., österr. für: Brathähnchen); **Brat‿he|ring, ...kar|tof|feln** (*die; Mehrz.*); **Brat|ling** (gebratener Kloß aus Gemüse, Hülsenfrüchten); **Brät|ling** (Fisch; Pilz); **Brat|pfan|ne**
Brat|sche, *die;* -, -n (ein Streichinstrument)
Brat|wurst
Brauch, *der;* -[e]s, Bräuche; **brauch|bar; brau|chen; Brauch|tum** (*Mehrz.* selten)
Braue, *die;* -, -n
brau|en; Brau|er; Brau|e|rei; Brau|e|rin
braun; eine braun gebrannte Frau; **Braun,** *das;* -s, - u. (ugs.:) -s (braune Farbe); in -; **Bräu|ne,** *die;* - (braune Färbung); **bräu|nen; braun ge|brannt;** vgl. braun; **Braun|koh|le; bräun|lich;** bräunlich gelb
Brau|se, *die;* -, -n; **brau|sen**
Braut, *die;* -, Bräute; **Bräu|tigam,** *der;* -s, -e; **Braut‿jungfer, ...kleid, ...kranz, ...leute; bräut|lich; Braut‿paar, ...schau** (auf - gehen), **...stand** (*der;* -[e]s)
brav [*braf*] (artig; bieder; veraltend für: rechtschaffen); -er, -ste; **bra|vo!** [*...wo*] (gut!); **Bra|vo,** *das;* -s, -s (Beifallsruf); **Bra|vour,** (auch:) Bra|vur [*...wur*], *die;* - (Tapferkeit; meisterhafte Technik); **Bra|vour|a|rie,** (auch:) Bra|vur|a|rie; **bravou|rös,** (auch:) bra|vu|rös (schneidig; meisterhaft); **Bra|vur** usw. vgl. Bravour usw.
break! [*bre^{i}k*] (Trennkommando des Ringrichters

beim Boxkampf); **Breakdance** [*bre̲ⁱkdạnß*], *der;* -[s] (tänzerisch-akrobatische Darbietung zu moderner Popmusik)
brẹch|bar; Brẹch‿boh|ne, ...ei|sen; brẹ|chen; brach, gebrochen; **Brẹch‿mit|tel, ...reiz, ...stan|ge**
Bre|douil|le [*bredu̯lje*], *die;* - (ugs. für: Verlegenheit, Bedrängnis); in der - sein; in die - kommen
Bree|ches [*brịtschẹß*, auch: *bri̲...*], *die* (*Mehrz.;* Sport-, Reithose)
Bre̲|gen, *der;* -s, - (nordd. für: Gehirn [vom Schlachttier]); vgl. Brägen
Bre̲i, *der;* -[e]s, -e; **bre̲i|ig**
bre̲it; des Langen und Breiten (umständlich); sich breit machen (ugs. für: viel [Platz] in Anspruch nehmen); vgl. aber breitschlagen, breittreten; **bre̲it|bei|nig; Bre̲i|te,** *die;* -, -n; **bre̲it ma|chen;** vgl. breit; **bre̲it|schla|gen** (ugs. für: überreden); **bre̲it|schult|rig; Bre̲it|schwanz** (Lammfell); **bre̲it|tre|ten** (ugs. für: weitschweifig darlegen); ein Thema -; **Bre̲it|wand** (im Kino); **Bre̲it|wand|film**
¹**Brẹm|se,** *die;* -, -n
²**Brẹm|se,** *die;* -, -n (ein Insekt)
brẹm|sen; Brẹms‿pe|dal, ...spur; Brẹm|sung; Brẹms|weg
brẹnn|bar; Brẹnn|bar|keit, *die;* -; **brẹn|nen;** brannte, gebrannt; **Bren|ne|re̲i; Brẹnn‿holz** (*das;* -es), **...ma|te|ri|al; Brẹnn|nes|sel,** (auch:) **Brẹnn-Nes|sel,** *(die);* **Brẹnn‿punkt, ...sche|re, ...spi|ri|tus, ...stab** (Kernphysik), **...stoff, ...wei|te; brẹnz|lich** (landsch. für: brenzlig); **brẹnz|lig**
Brẹ|sche, *die;* -, -n (veraltend für: große Lücke); eine - schlagen
Brẹtt, *das;* -[e]s, -er; **Brẹt|ter|bu|de; Brẹttl,** *das;* -s, - (Kleinkunstbühne); **Brẹtt|spiel**
Bre|vi̲er, *das;* -s, -e (Gebetbuch der kath. Geistlichen; Stundengebet)
Bre̲|zel, *die;* -, -n
Bridge [*brịdsch*], *das;* - (ein Kartenspiel)
Bri̲ef, *der;* -[e]s, -e; **Bri̲ef‿be|schwe|rer, ...block** (*Mehrz.* ...blocks), **...bo̲|gen, ...bom|be, ...druck|sa|che, ...kar|te, ...kas|ten** (*Mehrz.* ...kästen), **...kopf; bri̲ef|lich; Bri̲ef‿mar|ke, ...öff|ner, ...pa|pier; Bri̲ef|schaf|ten,** *die (Mehrz.);* **Bri̲ef‿schrei|ber, ...ta|sche, ...trä|ger, ...trä|ge|rin, ...um|schlag, ...wahl, ...wech|sel**
Bri̲e|kä|se
Bri̲es, *das;* -es, -e u. **Bri̲e|sel,** *das;* -s, - (innere Brustdrüse bei Tieren, bes. beim Kalb)
Bri|ga̲|de, *die;* -, -n (größere Truppenabteilung; ehem. DDR: kleinste Arbeitsgruppe in einem Produktionsbetrieb); **Bri|ga|di|er** [*...ie̲* u. bei dt. Ausspr.: *...i̲r*], *der;* -s, -s u. [bei dt. Ausspr.] -e (Befehlshaber einer Truppenabteilung, Brigade; ehem. DDR: Leiter einer Arbeitsbrigade)
Brịgg, *die;* -, -s (zweimastiges Segelschiff)
Bri|kẹtt, *das;* -s, -s u. (selten:) -e (in Form gepresste Braun- od. Steinkohle)
bril|lant [*briljạnt*] (glänzend; fein); **Bril|lạnt,** *der;* -en, -en (geschliffener Diamant)
Brịl|le, *die;* -, -n
bril|lie|ren [*brilji̲rẹn*] (glänzen)
Brim|bo̲|ri|um, *das;* -s (ugs. für: Gerede; Umschweife)
Brịm|sen, *der;* -s, - (österr. für: Schafskäse)
brịn|gen; brachte, gebracht
bri|sạnt (hochexplosiv; sehr aktuell); **Bri|sạnz,** *die;* -, -en (Sprengkraft; nur *Einz.:* brennende Aktualität)
Bri̲|se, *die;* -, -n (leichter Wind)
Broad|way [*bråd̲weⁱ*], *der;* -s (Hauptstraße in New York)
brö|ckeln; Brọ|cken, *der;* -s, - (das Abgebrochene); **brọ̈ck|lig**
bro̲|deln (dampfend aufsteigen, aufwallen; österr. ugs. für: Zeit vertrödeln); **Bro̲|dem,** *der;* -s (geh. für: Qualm, Dampf, Dunst)
Broi|ler [*breu̲lẹr*], *der;* -s, - (landsch. für: Hähnchen zum Grillen)
Bro|ka̲t, *der;* -[e]s, -e (kostbares gemustertes Seidengewebe); **bro|ka̲|ten** (geh.); ein -es Kleid
Brọm|bee|re; Brọm|beer|strauch
bron|chi|a̲l; Bron|chi|a̲l‿asth|ma, ...ka|tarrh, (auch:) **Bron|chi|a̲l|ka|tarr** (Luftröhrenkatarrh); **Brọn|chie** [*...iẹ*], *die;* -, -n (meist *Mehrz.;* Luftröhrenast); **Bron|chi̲|tis,** *die;* -, *...iti̲den* (Bronchialkatarrh)
Bron|ze [*brọngßẹ*], *die;* -, -n (eine Metallmischung; Kunstgegenstand aus Bronze; nur *Einz.:* Farbe); **Bron|ze|zeit,** *die;* - (vorgeschichtl. Kulturzeit)
Bro̲|sa|me, *die;* -, -n (meist *Mehrz.*)
Brọ|sche, *die;* -, -n (Anstecknadel)
bro|schi̲e|ren (Druckbogen in einen Papierumschlag heften od. leimen); **bro|schi̲ert; Bro|schü̲|re,** *die;* -, -n (leicht geheftetes Druckwerk)
Brö̲|sel, *der* (österr.: *das*); -s, - (meist *Mehrz.;* Krümel, Bröckchen); **brö̲|seln** (bröckeln)
Bro̲t, *das;* -[e]s, -e; **Bro̲t‿auf|strich, ...beu|tel; Brö̲t|chen; Brö̲t|chen|ge|ber** (scherzh. für: Arbeitgeber); **Bro̲t‿er|werb, ...korb, ...kru|me, ...laib; bro̲t|los;** -e Künste; **Bro̲t‿stu|di|um, ...zeit** (landsch. für: Zwischenmahlzeit)
Brow|ning [*brau̲n...*], *der;* -s, -s (eine Schusswaffe)

[1]**Bruch,** *der;* -[e]s, Brüche (Brechen; Zerbrochenes; Bruchzahl)
[2]**Bruch** [auch: *bruch*], *der* u. *das;* -[e]s, Brüche, (landsch. auch:) Brücher (Sumpfland)
Bruch‿band (*das; Mehrz.* ...bänder), **...bu|de** (ugs. abwertend für: schlechtes, baufälliges Haus); **brü|chig** (morsch); **Brü|chig|keit; Bruch|lan|dung; bruch|los; Bruch‿rech|nen,** *das;* -s, **...rech|nung** (*die;* -), **...stück; ...teil** *(der),* **...zahl**
Brü|cke, *die;* -, -n; **Brü|cken‿bau** (*Mehrz.* ...bauten), **...bo|gen, ...kopf**
Bru|der, *der;* -s, Brüder; **brü|der|lich; Brü|der|lich|keit,** *die;* -; **Bru|der|schaft** ([rel.] Vereinigung); **Brü|der|schaft** (brüderliches Verhältnis); **Bru|der‿volk, ...zwist**
Brü|he, *die;* -, -n; **brü|hen; Brüh|wür|fel**
brül|len
brum|meln (ugs.); **brum|men; Brum|mer; brum|mig**
Brunch [*brantsch*], *der;* -[e]s, -[e]s u. -e (das Mittagessen ersetzendes, reichhaltiges Frühstück)
brü|nett (braunhaarig, -häutig)
Brunft, *die;* -, Brünfte (Jägerspr.: Brunst beim Wild)
Brun|nen, *der;* -s, -
Brunst, *die;* -, Brünste (Periode der geschlechtl. Erregung u. Paarungsbereitschaft bei einigen Tieren); **bruns|ten; brüns|tig**
brüsk (barsch; schroff); **brüs|kie|ren** (barsch, schroff behandeln); **Brüs|kie|rung**
Brust, *die;* -, Brüste; **brüs|ten,** sich; **Brust‿schwim|men** (*das;* -s), **...stim|me, ...tee; Brüs|tung; Brust|war|ze**
Brut, *die;* -, -en
bru|tal (Jugendspr. auch für: großartig); **bru|ta|li|sie|ren; Bru|ta|li|tät,** *die;* -, -en
brü|ten; ein brütend heißer Tag
brut|to (mit Verpackung; ohne Abzug der [Un]kosten); **Brut|to|ein|kom|men; Brut|to|re|gis|ter|ton|ne** (Abk.: BRT); **Brut|to|so|zi|al|pro|dukt** (Abk.: BSP)
brut|zeln (ugs.)
Bub, *der;* -en, -en (landsch. für: Junge); **Büb|chen; Bu|be,** *der;* -n, -n (eine Spielkarte); **Bu|ben‿streich, ...stück; Bu|bi,** *der;* -s, -s (Koseform von: Bub); **Bu|bi|kopf** (Damenfrisur)
Buch, *das;* -[e]s, Bücher; - führen; die Buch führende Geschäftsstelle; **Buch‿aus|stat|tung, ...bin|der; Buch|bin|de|rei; Buch|dru|cker**
Bu|che, *die;* -, -n (ein Laubbaum); **Buch|e|cker,** *die;* -, -n
bu|chen (in ein Rechnungsbuch eintragen; reservieren lassen)
Bü|che|rei; Bü|cher‿re|gal, ...schrank, ...ver|bren|ung, ...wurm (*der;* scherzh.)
Buch|fink (ein Vogel)
Buch füh|rend; vgl. Buch; **Buch‿füh|rung, ...ge|wer|be** (*das;* -s), **...hal|ter, ...hal|tung, ...han|del, ...händ|ler, ...händ|le|rin, ...hand|lung, ...ma|cher, ...mes|se, ...prü|fer** (jmd., der ein Rechnungsbuch prüft)
Buchs|baum
Buch|se, *die;* -, -n (Steckdose; Hohlzylinder zur Aufnahme eines Zapfens usw.); **Büch|se,** *die;* -, -n (auch für: Feuerwaffe); **Büch|sen‿fleisch, ...licht** (*das;* -[e]s; zum Schießen ausreichende Helligkeit), **...öff|ner**
Buch|sta|be, *der;* -ns (selten: -n), -n; **buch|sta|bie|ren; buch|stäb|lich** (genau nach dem Wortlaut)
Bucht, *die;* -, -en
Buch|wei|zen (eine Nutzpflanze)
Bu|ckel, *der;* -s, -; **bu|ckeln** (ugs. für: einen Buckel machen; auf dem Buckel tragen)
bü|cken, sich
buck|lig
[1]**Bück|ling** (ugs. scherzh. für: tiefe Verbeugung)
[2]**Bück|ling** (geräucherter Hering)
bud|deln (ugs. für: graben)
Bud|dhis|mus, *der;* - (Lehre Buddhas); **Bud|dhist,** *der;* -en, -en
Bu|de, *die;* -, -n
Bud|get [*büdsche*], *das;* -s, -s ([Staats]haushaltsplan, Voranschlag)
Bu|do, *das;* -s (Sammelbegriff für Kampfsportarten)
Bü|fett, *das;* -[e]s, -s u. -e, auch (bes. österr., schweiz.): Buf|fet [*büfe*, schweiz. *büfe*], *das;* -s, -s (Anrichte[tisch]; Geschirrschrank; Theke)
Büf|fel, *der;* -s, -; **büf|feln** (ugs. für: angestrengt lernen)
Buf|fet; vgl. Büfett
Buf|fo, *der;* -s, -s u. Buffi (Sänger komischer Rollen)
Bug, *der;* -s (für: Schiffsvorderteil *Mehrz.:*) -e u. (für: Schulterstück [des Pferdes u. des Rindes] *Mehrz.:*) Büge
Bü|gel, *der;* -s, -; **Bü|gel‿ei|sen, ...fal|te; bü|gel|frei; bü|geln**
bug|sie|ren ([ein Schiff] schleppen, ins Schlepptau nehmen; ugs. für: mühsam an einen Ort befördern)
buh! (Ausruf des Missfallens)
Bu|hei, *das;* -s (landsch. für: Aufheben); großes - [um etwas] machen
Bü|hel, *der;* -s, - u. Bühl, *der;* -[e]s, -e (südd. u. österr. für: Hügel)
bu|hen (ugs. für: durch Buhrufe sein Missfallen ausdrücken)
Bühl vgl. Bühel
buh|len (veralt.); um jmds. Gunst - (geh.)
Buh|mann (ugs. für: böser Mann, Schreckgespenst, Prügelknabe; *Mehrz.* ...männer)
Buh|ne, *die;* -, -n (künstlicher Damm zum Uferschutz)

Bühne, *die;* -, -n (südd., schweiz. auch für: Dachboden)
Bukett, *das;* -[e]s, -s u. -e ([Blumen]strauß; Duft [des Weines]); vgl. Bouquet
Buklee; vgl. Bouclé
Bulette, *die;* -, -n (landsch. für: Frikadelle)
Bulimie, *die;* - (Med.: Ess-Brech-Sucht)
Bullauge (rundes Schiffsfenster)
Bulldogge (eine Hunderasse); **Bulldozer** [*búldoser*], *der;* -s, - (schweres Raupenfahrzeug)
[1]**Bulle,** *der;* -n, -n (Stier, m. Zuchtrind)
[2]**Bulle,** *die;* -, -n (mittelalterl. Urkunde; feierl. päpstl. Erlass)
bullerig, bullrig (landsch. für: aufbrausend)
Bulletin [*bültäng*], *das;* -s, -s (amtliche Bekanntmachung; Krankenbericht)
bullig (gedrungen, massiv, drückend)
bullrig; vgl. bullerig
Bumerang [auch: *bu...*], *der;* -s, -s od. -e (gekrümmtes Wurfholz)
Bummel, *der;* -s, - (ugs. für: Spaziergang); **Bummelant,** *der;* -en, -en; **Bummelei; bummeln** (ugs.); **Bummel‿streik, ...zug** (scherzh.); **bummern** (ugs. für: dröhnend klopfen)
bumsen (ugs. für: dröhnend aufschlagen; salopp für: koitieren); **Bumslokal** (ugs. abwertend für: zweifelhaftes Vergnügungslokal)
[1]**Bund,** *der;* -[e]s, Bünde (Vereinigung; Hosen-, Rockbund); [2]**Bund,** *das;* -[e]s, -e (Gebinde); vier - Stroh
Bündel, *das;* -s, -; **bündeln**
Bundesbürger; bundesdeutsch; Bundes‿gebiet, ...kabinett, ...kanzler, ...lade (jüd. Rel.), **...nachrichtendienst** (Abk.: BND), **...regierung, ...tag, ...wehr** *(die)*
Bundhose; bündig (bindend; Bauw.: in gleicher Fläche liegend); kurz und -;
Bündnis, *das;* -ses, -se
Bungalow [*bunggalo*], *der;* -s, -s
Bungeejumping, (auch:) **Bungee-Jumping** [*bandschidschamping*] *das;* -s (Springen aus großen Höhen, wobei der Springer durch ein starkes Gummiseil gesichert ist)
Bunker, *der;* -s, - (Behälter für Massengut [Kohle, Erz]; Betonunterstand; [Golf:] Sandloch); **bunkern** (Massengüter in den Bunker füllen)
bunt; ein bunter Abend; ein bunt gemischtes Programm; ein bunt gestreiftes Kleid; **Buntfilm; bunt gemischt, bunt gestreift,** vgl. bunt; **Bunt‿specht** (ein Vogel), **...stift** *(der)*
Bürde, *die;* -, -n
Bure, *der;* -n, -n (Nachkomme der niederl. u. dt. Ansiedler in Südafrika)
Burg, *die;* -, -en
Bürge, *der;* -n, -n; **bürgen**
Bürger; Bürger‿begehren (*das;* -s, -), **...initiative, ...krieg; bürgerlich; Bürgermeister** [oft auch: *...maißter*]; **Bürgersteig; Bürgertum,** *das;* -s
Bürgschaft
burlesk (possenhaft)
Burnus, *der;* - u. -ses, -se (Beduinenmantel mit Kapuze)
Büro, *das;* -s, -s; **Bürokrat,** *der;* -en, -en; **Bürokratie,** *die;* -, ...ien; **bürokratisch**
Bursche, *der;* -n, -n; **burschikos** (ungezwungen, formlos)
Bürste, *die;* -, -n; **bürsten; Bürsten‿binder, ...[haar]schnitt**
Bürzel, *der;* -s, - (Schwanz[wurzel], bes. von Vögeln)
Bus, *der;* -ses, -se (Kurzform für: Autobus, Omnibus)
Busch, *der;* -[e]s, Büsche; **buschig**
Busen, *der;* -s, -; **busenfrei; Busenfreund**
Business [*bisniß*], *das;* - (Geschäft[sleben])
Bussard, *der;* -s, -e (ein Greifvogel)
Bußandacht (kath. Kirche); **Buße,** *die;* -, -n (auch für: Geldstrafe); **büßen** (schweiz. auch für: jmdn. mit einer Geldstrafe belegen); **Bußgeld; Bußgeldbescheid; Buß- und Bettag**
Büste, *die;* -, -n; **Büstenhalter** (Abk.: BH)
Butler [*batler*], *der;* -s, - (Diener in vornehmen Häusern)
Bütt, *die;* -, -en (landsch. für: fassförmiges Podium für Karnevalsredner); in die - steigen
Bütten, *das;* -s (eine Papierart)
Büttenrede
Butter, *die;* -; **Butter‿gebäck, ...milch**
Butterflystil [*baterflai...*], *der;* -[e]s (Schwimmsport: Schmetterlingsstil)
Butzenscheibe ([runde] in der Mitte verdickte Glasscheibe)
Büx, *die;* -, Büxen, **Buxe,** *die;* -, Buxen (nordd. für: Hose)
Byte [*bait*], *das;* -[s], -[s] (EDV: Zusammenfassung von acht Bits)

Cc

Vgl. auch **K, Sch** und **Z**

C (Buchstabe); das C; des C, die C; aber: das c in Bach
c, C, *das;* -, - (Tonbezeichnung)
Cabaret [*kabare*]; vgl. Kabarett
Cabriolet [*kabriole*], *das;* -s, -s
Café [*kafe*], *das;* -s, -s (Kaffeehaus, -stube); **Cafeteria**

[*kafeteria*], *die;* -, -s u. ...ien (Café od. Restaurant mit Selbstbedienung)

Cal|ci|um; vgl. Kalzium

Cal|la|ne|tics® [*kälenetikß*] (*Mehrz.;* ein Fitnesstraining)

Call|boy [*kålbeu*], *der;* -s, -s (männl. Gegenstück zum Callgirl); **Call|girl** [*kålgö'l*] (Prostituierte, die auf telefon. Anruf hin kommt od. jmdn. empfängt)

Ca|mem|bert [*kamangbär,* auch: *kamembär*], *der;* -s, -s (ein Weichkäse)

Camp [*kämp*], *das;* -s, -s ([Feld-, Gefangenen]lager); **cam|pen** [*käm...*]; **Cam|per;** **Cam|ping,** *das;* -s (Leben auf Zeltplätzen im Zelt od. Wohnwagen); **Cam|pus** [*ka...;* engl.: *kämpeß*], *der;* -, - (Universitätsgelände, bes. in den USA)

Ca|nas|ta [*ka...*], *das;* -s (ein Kartenspiel)

Can|can [*kangkang*], *der;* -s, -s (ein Tanz)

Cape [*kep*], *das;* -s, -s (ärmelloser Umhang)

Ca|p|ric|cio [*kapritscho*], *das;* -s, -s (scherzhaftes, launiges Musikstück)

Car [*kar*], *der;* -s, -s (schweiz. Kurzform für: Autocar; Reiseomnibus)

Ca|ra|bi|ni|e|re; vgl. Karabiniere

Ca|ra|van [*karawan,* auch: *karawan,* seltener: *käre-wän*], *der;* -s, -s (kombinierter Personen- u. Lastenwagen; Wohnwagen)

Car|bid; vgl. Karbid

care of [*kär* -] (in Briefanschriften usw.: bei ...; Abk.: c/o)

Ca|ri|tas [*ka...*], *die;* - (Kurzbez. für den Deutschen Caritasverband der kath. Kirche)

Car|port [*ka'port*], *der;* -s, -s (überdachter Abstellplatz für Autos)

Car|toon [*ka'tun*], *der* od. *das;* -[s], -s (Karikatur; Witzzeichnung; kurzer Comicstrip)

Ca|sa|no|va [*kasa...*], *der;* -[s], -s (ugs. für: Frauenheld)

Cash|flow [*käschflo*], *der;* -s (Wirtsch.: Überschuss nach Abzug aller Unkosten)

Cas|sa|ta [*ka...*], *die;* -, -s (eine Speiseeisspezialität)

Catch-as-catch-can [*kätscheskätschkän*], *das;* - (Freistilringkampf nordamerik. Herkunft); **cat|chen** [*kätschen*]; **Cat|cher** [*kätscher*] (Freistilringkämpfer)

CD [*zede*], *die;* -, -s (Compactdisc, Kompaktschallplatte); **CD-Lauf|werk** (für CDs od. CD-ROMs); **CD-Play|er,** *der;* -s, - (CD-Spieler); **CD-ROM,** *die;* -, -[s] (Nur-Lese-Speicher auf CD); **CD-Spie|ler** (Plattenspieler für CDs)

CDU = Christlich-Demokratische Union (Deutschlands)

C-Dur [*zedur,* auch: *zedur*], *das;* - (Tonart; Zeichen: C); **C-Dur-Ton|lei|ter** [*ze...*]

Cel|list [*(t)schä...*], *der;* -en, -en (Cellospieler); **Cel|lis|tin;** **Cel|lo,** *das;* -s, -s u. ...lli (Kurzform für: Violoncello)

Cel|lo|phan® [*zälofan*], *das;* -s (glasklare Folie)

Cel|si|us [*zäl...*] (Gradeinheit auf der Celsiusskala; Zeichen: C); 5 °C

Cem|ba|lo [*tschäm...*], *das;* -s, -s u. ...li (ein Tasteninstrument)

Cent [*zänt, ßänt*], *der;* -[s], -[s] (Untereinheit von Dollar [Abk.: c, ct] und Euro)

Cen|ter [*ßänter*], *das;* -s, - ([Geschäfts]zentrum)

Cer|ve|lat [*ßärwela*], *der;* -s, -s (schweiz. für: Brühwurst aus Rindfleisch mit Schwarten und Speck)

Cha-Cha-Cha [*tschatscha-tscha*], *der;* -[s], -s (ein Tanz)

Chai|se [*schäse*], *die;* -, -n (ugs. abwertend für: altes Auto); **Chai|se|longue** [*schäselongg*], *die;* -, -n [*schäse-longgen*] u. -s, ugs. auch: [*...long*] *das;* -s, -s (gepolsterte Liege mit Kopflehne)

Cha|let [*schale, ...lä*], *das;* -s, -s (Sennhütte; Landhaus)

Cha|mä|le|on [*ka...*], *das;* -s, -s (eine Echse)

cha|mois [*schamoa*] (gämsfarben, bräunlich gelb); **Cha|mois,** *das;* -; in -

Cham|pa|g|ner [*schampanjer*] (ein Schaumwein); **Cham|pi|g|non** [*schangpinjong,* meist *schampinjong*], *der;* -s, -s (ein Edelpilz)

Cham|pi|on [*tschämpjen,* auch: *schangpiong*], *der;* -s, -s (Meister in einer Sportart); **Cham|pi|ons League** [*tschämpjens lig*], *die;* - - (Fußball: jährlich ausgetragene Finalrunde im Europapokal der Landesmeister)

Chan|ce [*schangße,* österr.: *schangß*], *die;* -, -n

Change [fr. Ausspr.: *schangsch,* engl. Ausspr.: *tscheindsch*], (bei fr. Ausspr.:) *die;* -, (bei engl. Ausspr.:) *der;* - (frz. u. engl. Bez. für: Tausch, Wechsel, bes. von Geld); **chan|geant** [*schangschang*] (in mehreren Farben schillernd [von Stoffen]); **chan|gie|ren** [*schangschiren*] (schillern [von Stoffen]; Reitsport: vom Rechts- zum Linksgalopp übergehen; Jägerspr.: die Fährte wechseln [vom Jagdhund])

Chan|son [*schangßong*], *das;* -s, -s; **Chan|son|net|te,** (auch:) Chan|so|net|te [*schangßo...*], *die;* -, -n (Chansonsängerin; kleines Chanson); **Chan|son|ni|er,** (auch:) Chan|so|ni|er [*schangßonie*], *der;* -s, -s (Chansonsänger, -dichter); **Chan|son|ni|è|re** (auch:) Chan|so|ni|e|re [*...niere*], *die;* -, -n (Chansonsängerin)

Cha|os [*kaoß*], *das;* -; **Cha|ot** [*ka...*], *der;* -en, -en (polit. Chaos erstrebender Radika-

ler; ugs. für: Wirrkopf); **cha|o|tisch**
Cha|rak|ter [*ka...*], *der;* -s, ...ere; **Cha|rak|ter‿dar|stel|ler, ...ei|gen|schaft, ...feh|ler; cha|rak|ter|fest; cha|rak|te|ri|sie|ren; Cha|rak|te|ris|tik,** *die;* -, -en; **cha|rak|te|ris|tisch; cha|rak|ter|lich; cha|rak|ter|los; Cha|rak|ter|zug**
Char|ge [*scharsche*], *die;* -, -n (Rang; Militär: Dienstgrad; Technik: Ladung, Beschickung [von metallurgischen Öfen]; Theater: [stark ausgeprägte] Nebenrolle)
Cha|ri|té [*scharite*], *die;* -, -s (Name von Krankenhäusern)
Charles|ton [*tschaᵉlßtᵉn*], *der;* -, -s (ein Tanz)
char|mant [*schar...*], (auch:) schar|mant; **Charme** [*scharm*], *der;* -s, (auch:) Scharm; **Char|meur** [*...ör*], *der;* -s, -s od. -e (charmanter Plauderer); **Char|meuse** [*scharmös*], *die;* - (maschenfeste Wirkware)
Char|ter‿flug, ...ma|schi|ne; char|tern [*(t)schar...*] (ein Schiff od. Flugzeug mieten)
Chas|sis [*schaßi*], *das;* - [*...ßi(ß)*], - [*...ßiß*] (Fahrgestell von Kraftfahrzeugen; Montagerahmen [eines Rundfunkgerätes])
Chauf|feur [*schoför*], *der;* -s, -e
Chaus|see [*schoße*], *die;* -, ...sseen (veraltend für: Landstraße)
Chau|vi|nis|mus [*schowi...*], *der;* - (überspitzter Patriotismus; übertriebenes männliches Selbstwertgefühl); **Chau|vi|nist,** *der;* -en, -en
Check [*tschäk*], *der;* -s, -s (Eishockey: Behinderung des Spielverlaufs); **che|cken** [*tschäkᵉn*] (Eishockey: behindern, [an]rempeln; bes. Technik: kontrollieren; ugs. auch für: begreifen)
Chef [*schäf,* österr.: *schef*], *der;* -s, -s; **Che|fin**
Che|mie [*che...,* südd., österr.: *ke...*], *die;* -; **Che|mi|ka|lie,** *die;* -, -n [*...iᵉn*] (meist *Mehrz.*); **Che|mi|ker; Che|mi|ke|rin; che|misch**
Che|mo|the|ra|pie (Heilbehandlung mit aus chemischen Substanzen hergestellten Arzneimitteln)
Cher|ry|bran|dy, (auch:) **Cher|ry-Bran|dy** [*(t)schäribrändi*], *der;* -s, -s (Kirschlikör)
che|va|le|resk [*schᵉwa...*] (ritterlich)
Che|v|reau [*schᵉwro,* auch: *schä...*], *das;* -s (Ziegenleder)
Chi|an|ti [*ki...*], *der;* -[s] (ein it. Rotwein)
chic usw.; vgl. schick usw. (gebeugte Formen nur in deutscher Schreibung)
Chi|co|rée [*schikore,* auch: *...re*], (auch:) Schi|ko|ree, *der;* -s, (auch:) *die;* - (ein Gemüse)
Chif|fon [*schifong,* österr. *...fon*], *der;* -s, -s u. (österr.:) -e (feines Gewebe)
Chif|f|re [*schifre,* auch: *schifᵉr*], *die;* -, -n (Ziffer; Geheimzeichen; Kennwort); **chiff|rie|ren** (in Geheimschrift abfassen)
Chi|mä|re vgl. Schimäre
Chi|nin [*chi...,* südd., österr.: *ki...*], *das;* -s (Alkaloid der Chinarinde als Arznei gegen Fieber)
Chip [*tschip*], *der;* -s, -s (Spielmarke beim Roulette); Elektronik: sehr kleines Halbleiterplättchen mit elektron. Schaltelementen; meist *Mehrz.:* roh in Fett gebackene, dünne Kartoffelscheiben); **Chip|kar|te** (Plastikkarte mit elektronischem Chip als Ausweis, Zahlungsmittel o. Ä.)
Chip|pen|dale [*(t)schipᵉndeⁱl*], *das;* -[s] (ein [Möbel]stil)
Chi|ro|mant [*chi...,* südd., österr.: *ki...*], *der;* -en, -en (Handliniendeuter); **Chi|ro|man|tie,** *die;* -; **Chi|ro|prak|tik,** *die;* - (Heilmethode, Wirbel- u. Bandscheibenverschiebungen durch Massagegriffe zu beseitigen); **Chi|r|urg,** *der;* -en, -en (Facharzt für operative Medizin); **Chi|r|ur|gie,** *die;* -, ...ien; **chi|r|ur|gisch**
Chlor [*klor*], *das;* -s (chem. Element; Zeichen: Cl); **chlo|ren** (mit Chlor keimfrei machen); **Chlo|ro|form,** *das;* -s (ein Betäubungs-, Lösungsmittel); **Chlo|ro|phyll,** *das;* -s (Blattgrün)
Cho|le|ra [*ko...*], *die;* - (Med.: eine Infektionskrankheit); **Cho|le|ri|ker** (leicht erregbarer, jähzorniger Mensch); **cho|le|risch** (jähzornig; aufbrausend); **Cho|les|te|rin,** *das;* -s (Bestandteil der Gallensteine)
Chor [*kor*], *der;* -[e]s, Chöre ([erhöhter] Kirchenraum mit [Haupt]altar; Gemeinschaft von Sängern; Komposition für Gruppengesang); **Cho|ral,** *der;* -s, ...räle (Kirchengesang, -lied); **Cho|re|o|graf** [*k...*], (auch:) Cho|re|o|graph, *der;* -n, -n; **Cho|re|o|gra|fie,** (auch:) Cho|re|o|gra|phie, *die;* -, ...ien (Gestaltung, Einstudierung eines Balletts); **Cho|re|o|gra|fin,** (auch:) Cho|re|o|gra|phin; **Cho|rist,** *der;* -en, -en ([Berufs]chorsänger); **Cho|ris|tin; Chor‿kna|be, ...lei|ter** *(der),* **...sän|ger**
Cho|se [*schosᵉ*], (auch:) Scho|se, *die;* -, -n (ugs. für: Sache, Angelegenheit)
Chow-Chow [*tschau-tschau*], *der;* -s, -s (eine Hunderasse)
Christ [*kr...*], *der;* -en, -en (Anhänger des Christentums); **Christ|baum** (landsch. für: Weihnachtsbaum); **Chris|ten|heit,** *die;* -; **Chris|ten|leh|re,** *die;* - (kirchl. Unterweisung der konfirmierten ev. Jugend; regional für: christl. Religionsunterricht); **Christ|kind; christ|lich;** die Christlich-

Demokratische Union [Deutschlands] (Abk.: CDU), die Christlich-Soziale Union (Abk.: CSU); **Christ|met|te; Chris|tus** (Jesus Christus)

Chrom [*krom*], *das;* -s (chem. Element, Metall; Zeichen: Cr); **Chro|mo|som,** *das;* -s, -en (Biol.: in jedem Zellkern vorhandene, das Erbgut tragende Kernschleife)

Chro|nik [*kro...*], *die;* -, -en (Aufzeichnung geschichtl. Ereignisse nach ihrer Zeitfolge); **chro|nisch** (Med.: langsam verlaufend, langwierig; ugs. für: dauernd); **Chro|nist,** *der;* -en, -en (Verfasser einer Chronik); **Chro|no|lo|gie,** *die;* - ([Lehre von der] Zeitrechnung; zeitliche Folge); **chro|no|lo|gisch** (zeitlich geordnet); **Chro|no|me|ter,** *das* (ugs. auch: *der*); -s, - (genau gehende Uhr; Taktmesser)

Chry|s|an|the|me [*krü...*], *die;* -, -n u. **Chry|s|an|the|mum** [auch: *chrü...*], *das;* -s, -[s] (eine Zierpflanze)

Chuz|pe [*chuzp^{e}*], *die;* - (ugs. abwertend für: Dreistigkeit, Unverschämtheit)

Ci|ne|ast [*ßi...*], *der;* -en, -en (Filmfachmann; Filmfan)

cir|ca; vgl. zirka (Abk.: ca.); **Cir|cu|lus vi|ti|o|sus** [*zir... wiz...*], *der;* - -, ...li ...si (Zirkelschluss; Teufelskreis); **Cir|cus;** vgl. Zirkus

Ci|ty [*ßiti*], *die;* -, -s (Innenstadt)

Clan [*klan,* engl. Ausspr.: *klän*], *der;* -s, -e u. (bei engl. Ausspr.:) -s (Lehns-, Stammesverband; durch gemeinsame Interessen o. Ä. verbundene Gruppe)

cle|ver [*kläw^{e}r*] (klug, gewitzt)

Clinch [*klin(t)sch*], *der;* -[e]s (Umklammerung des Gegners im Boxkampf)

Clip; vgl. Klipp, Klips, Videoclip

Clip|per®, *der;* -s, - (ein amerik. Langstreckenflugzeug)

Cli|que [*klik^{e}*, auch *klik^{e}*] *die;* -, -n (Freundeskreis; Klüngel); **Cli|quen_wirt|schaft** (*die;* -)

Clo|chard [*kloschar*], *der;* -[s], -s (fr. ugs. Bez. für: Landstreicher, Pennbruder)

Clou [*klu*], *der;* -s, -s (Glanzpunkt)

Clown [*klaun*], *der;* -s, -s (Spaßmacher)

Club; vgl. Klub

c-Moll [*zemol,* auch: *zemol*], *das;* - (Tonart; Zeichen: c); **c-Moll-Ton|lei|ter**

Coach [*ko^{u}tsch*], *der;* -[s], -s (Sportlehrer; Trainer u. Betreuer)

Co|cker|spa|ni|el [*kok^{e}rßpänj^{e}l*], *der;* -s, -s (engl. Jagdhundeart)

Cock|pit, *das;* -s, -s (Pilotenkabine; Fahrersitz in einem Rennwagen; vertiefter Sitzraum für die Besatzung von Jachten u. Ä.)

Cock|tail [*kókte^{i}l*], *der;* -s, -s (alkohol. Mischgetränk); **Cock|tail_kleid, ...par|ty, ...schür|ze**

Code; vgl. Kode

Cœur [*kör*], *das;* -[s], -[s] (Herz im Kartenspiel)

Cof|fe|in; vgl. Koffein

Co|g|nac® [*konjak*], *der;* -s, -s (fr. Weinbrand)

Coif|feur [*koaför,* (schweiz.:) *koaför*], *der;* -s, -e (schweiz., sonst geh. für: Friseur)

Co|i|tus; vgl. Koitus

Col|la|ge [*kolasch^{e}*], *die;* -, -n (Kunst: aus buntem Papier od. anderem Material geklebtes Bild)

Col|lege [*kolidsch*], *das;* -[s], -s

Col|li|co® [*ko...*], *der;* -s, -s (zusammenlegbare, bahneigene Transportkiste); **Col|li|co|kis|te**

Col|lie [*koli*], *der;* -s, -s (schott. Schäferhund)

Col|li|er; vgl. Kollier

Colt® [*kolt*], *der;* -s, -s (Revolver)

Com|bo [*kombo*], *die;* -, -s (kleines Jazzmusikensemble)

Come-back, (auch:) **Come|back** [*kambäk*], *das;* -[s], -s (Wiederauftreten einer bekannten Persönlichkeit nach längerer Pause)

Co|mic [*komik*], *der;* -s, -s (kurz für: Comicstrip [*komikßtrip*]; Bildergeschichte [mit Sprechblasentext]); **Co|mic_heft, ...held, ...hel|din; Co|mic|strip,** (auch:) **Co|mic Strip,** *der;* -s, -s

Com|pact|disc, (auch:) **Compact Disc** [*kompaktdißk*], *die;* -, -s (mit Laserstrahl abtastbare kleine Schallplatte; Abk.: CD)

Com|pa|g|nie [*kongpanji*]; vgl. Kompanie

Com|po|ser, *der;* -s, - (Druckw.: elektr. Schreibmaschine mit auswechselbarem Kugelkopf)

Com|pu|ter [*kompjut^{e}r*], *der;* -s, - (elektron. Rechenanlage, Rechner); **com|pu|ter|ge|steu|ert; Com|pu|ter_spiel, ...spra|che**

Con|ci|er|ge [*kongßjärsch*], *der* u. *die;* -, -s (fr. Bez. für: Pförtner[in])

Con|fé|ren|ci|er [*kongferangßie*], *der;* -s, -s (Sprecher, Ansager)

Con|tai|ner [*konte^{i}n^{e}r*], *der;* -s, - (Großbehälter); **Con|tai|ner|schiff**

con|t|ra; vgl. kontra

cool [*kul*] (ugs. für: kühl und lässig; Jugendspr. für: großartig); **Cool|jazz,** *der;* -, (auch:) **Cool Jazz** [*...dschäs*], *der;* - - (Jazzstil der 50er-Jahre)

Co|pi|lot; vgl. Kopilot

Co|py|right [*kopirait*], *das;* -s, -s (Urheberrecht; Zeichen: ©)

Cord, (auch:) Kord, *der;* -[e]s, -e u. -s (geripptes Gewebe); **Cord|an|zug,** (auch:) Kord|an|zug

Cor|don bleu [*kordongblö*],

das; - -, -s -s [...*dongblö*] (mit Käse und gekochtem Schinken gefülltes [Kalbs]schnitzel)
Cor|ned|beef, (auch:) **Cor|ned Beef** [*ko'n(e)dbif*], *das;* - (gepökeltes [Büchsen]rindfleisch)
Corn|flakes [*ko'nfle'kß*], *die* (*Mehrz.;* geröstete Maisflocken)
Corps; vgl. Korps
Cor|pus De|li|c|ti [*ko...* -], *das;* - -, ...pora - (Gegenstand od. Werkzeug eines Verbrechens; Beweisstück)
Cot|tage [*kotidsch*], *das;* -, -s (engl. Bez. für: Landhaus)
Cot|ton [*kot(e)n*], *der* od. *das;* - (engl. Bez. für: Baumwolle)
Couch [*kautsch*], *die;* -, -s u. -en (schweiz. auch:) *der;* -s, -es (Liegesofa)
Cou|leur [*kulör*], *die;* -, -s (fr. Bez. für: Farbe [nur *Einz.*]; Trumpf [im Kartenspiel]; Studentenspr.: Band u. Mütze einer Verbindung)
Cou|lomb [*kulong*], *das;* -s, - (Maßeinheit für die Elektrizitätsmenge; Zeichen: C)
Count-down, (auch:) **Count|down** [*kauntdaun*], *der* u. *das;* -[s], -s (bis zum [Start]zeitpunkt null zurückschreitende Ansage der Zeiteinheiten, oft übertr. gebraucht)
Coup [*ku*], *der;* -s, -s (Schlag; [Hand]streich); **Cou|pé,** (auch:) Ku|pee [*kupe*], *das;* -s, -s (Auto mit sportlicher Karosserie)
Cou|p|let [*kuple*], *das;* -s, -s (Lied [für die Kleinkunstbühne])
Cou|pon; vgl. Kupon
Cou|ra|ge [*kurasche*], *die;* - (Mut); **cou|ra|giert** [*kuraschirt*] (beherzt)
Cou|sin [*kusäng*], *der;* -s, -s (Vetter); **Cou|si|ne** [*kusine*]; vgl Kusine
Cou|vert usw. (alte Schreibung für:) Kuvert usw.
Co|ver|girl [*kawergöerl*] (auf der Titelseite einer Illustrierten abgebildetes Mädchen)
Cow|boy [*kaubeu*], *der;* -s, -s
Cra|cker [*kräker*], *der;* -s, -[s] (*meist Mehrz.;* sprödes Kleingebäck)
Creme [*kräm,* auch: *krem*], *die;* -, -s u. (schweiz. u. österr.:) -n (auch:) Krem, Kre|me (Salbe zur Hautpflege; Süßspeise; Tortenfüllung; gesellschaftl. Oberschicht [nur Einz.]); **creme‿far|ben** od. **...far|big; cre|men;** die Haut -
Creutz|feldt-Ja|kob-Krank|heit, *die;* - (Med.: eine Erkrankung des Nervensystems)
Crew [*kru*], *die;* -, -s ([Schiffs-, Flugzeug]mannschaft)
Cro|m|ar|gan®, *das;* -s (rostfreier Chrom-Nickel-Stahl)
Cro|quet|te; vgl. Krokette
Crou|pi|er [*krupie*], *der;* -s, -s (Angestellter einer Spielbank)
Crux, Krux, *die;* - (Leid, Kummer)
Csar|das, Csár|dás (*tschárdasch*], *der;* -, - (ung. Nationaltanz)
CSU = Christlich-Soziale Union
Cun|ni|lin|gus [*ku...*], *der;* - (Stimulierung der w. Geschlechtsorgane mit der Zunge)
Cup [*kap*], *der;* -s, -s (Pokal; Pokalwettbewerb; Schale des Büstenhalters)
Cu|ra|çao® [*küraßao*], *der;* -[s], -s (ein Likör)
Cur|ling [*kö'ling*], *das;* -s (ein schott. Eisspiel)
Cur|ri|cu|lum [*kurik...*], *das;* -s, ...la (Päd.: Theorie des Lehr- u. Lernablaufs; Lehrplan); **Cur|ri|cu|lum Vi|tae,** *das;* - -, ...la - (Lebenslauf)
Cur|ry [*köri,* selten: *kari*], *der* u. (auch:) *das;* -s (Gewürzpulver); **Cur|ry|wurst**
Cur|sor [*kö'ßer*], *der;* -s, -s (EDV: [blinkendes] Eingabezeichen auf dem Bildschirm)
Cut [*kat,* meist: *köt*] u. **Cu|t|a|way** [*katewe'*, meist: *kötewe'*], *der;* -s, -s (abgerundet geschnittener Herrenschoßrock)
Cut|ter [*kater*], *der;* -s, - (Film, Rundf., Fernsehen: Schnittmeister; Gerät zum Zerkleinern von Fleisch); **Cut|te|rin**
Cy|ber|space [*ßaiberßpe'ß*], *der;* -, -s [...*siz*] (EDV: virtueller Raum)

Dd

D (Buchstabe); das D; des D, die D; aber: das d in Adler
d, D, *das;* -, - (Tonbezeichnung)
da; da sein; weil wir da sind; so etwas ist noch nicht da gewesen (vorgekommen)
da|be|hal|ten (zurückbehalten, nicht weglassen)
da|bei [auch: *da...*]; er ist reich und dabei (trotzdem) nicht eingebildet; dabei sein; weil sie dabei ist, war; wir sind dabei gewesen; **dabei|blei|ben** (bei einer Tätigkeit bleiben); **da|beiha|ben** (ugs. für: bei sich haben; teilnehmen lassen); **da|bei sein;** vgl. dabei; **dabei|sit|zen** (sitzend zugegen sein); **da|bei|ste|hen** (stehend zugegen sein)
da|blei|ben (nicht fortgehen); er ist nach dem Unterricht noch dageblieben; aber: er ist da geblieben, wo es ihm gefiel
da ca|po [- *kapo*] (Musik: noch einmal von Anfang an; Abk.: d. c.)
Dach, *das;* -[e]s, Dächer; **Dach‿bo|den, ...de|cker, ...gar|ten, ...ge|schoss, ...ge|sell|schaft** (Spitzen-, Muttergesellschaft), **...kammer, ...lu|ke, ...or|ga|ni|sati|on, ...pap|pe, ...rin|ne**
Dachs, *der;* -es, -e; **Dachs|bau** (*Mehrz.* -e)

Dach‿scha|den (ugs. für: geistiger Defekt), **...stuhl**
Dach|tel, *die;* -, -n (landsch. für: Ohrfeige)
Da|ckel, *der;* -s - (eine Hunderasse)
Dad|dy [*dädi*], *der;* -s, -s (engl. ugs. Bez. für: Vater)
da|durch [auch: *da*...]
Daff|ke (berl.); nur in: aus - (Trotz)
da|für [auch: *da*...]; er kann unmöglich dafür sein; **dafür|hal|ten,** (auch:) **da|für hal|ten** (meinen); **da|fürkön|nen,** (auch:) **da|für kön|nen; da|für sein;** vgl. dafür; **da|für|spre|chen,** (auch:) **da|für spre|chen;** weil viel dafürspricht, auch: dafür spricht
DAG = Deutsche Angestellten-Gewerkschaft
da|ge|gen [auch: *da*...]; ihre Prüfung war gut, seine - schlecht; **da|ge|gen|hal|ten** (vorhalten, erwidern); **dage|gen|stel|len,** sich (sich widersetzen); es nützt dir nichts, dich dagegenzustellen
da|heim; daheim bleiben, sein, sitzen; **Da|heim,** *das;* -s; **da|heim Ge|blie|be|ne,** *der* u. *die;* - -n, - -n; (auch:) **Da|heim|ge|blie|be|ne,** *der* u. *die;* -n, -n
da|her [auch: *da*...]; **da|herge|lau|fen;** ein -er Kerl; **daher|kom|men; da|her|reden;** dumm -
da|hin [auch: da...]; dahin (an das bezeichnete Ziel) fahren, gehen, kommen; **dahin|däm|mern;** ich dämmere dahin
da|hin|ge|gen [auch: *da*...]
da|hin|ge|hen (geh. für: vergehen); wie schnell sind die Tage dahingegangen; **dahin|ge|stellt;** - bleiben; **dahin|le|ben; da|hin|raf|fen; da|hin|schwin|den** (geh. für: sich vermindern; abnehmen); **da|hin|siechen;** elend -; **da|hin|stehen** (nicht sicher, noch fraglich sein)
da|hin|ten [auch: *da*...]; **dahin|ter** [auch: *da*...]; sie hat sich dahinter gekniet (ugs. auch für: sie hat sich dabei angestrengt); wir werden dahinter kommen (ugs. auch für: es erkennen, erfahren); was wohl dahinter steckt? (ugs. auch für: was es wohl zu bedeuten hat?); er hat dahinter gestanden (auch für: es unterstützt); **da|hin|ter knien, kom|men** usw.; vgl. dahinter
Dah|lie [...i^e], *die;* -, -n (eine Zierpflanze)
da|las|sen; er hat seinen Mantel dagelassen
da|lie|gen (hingestreckt liegen); er hat völlig erschöpft dagelegen
Dal|les, *der;* - (landsch. für: Armut; Not)
dal|li! (ugs. für: schnell!)
da|ma|lig; da|mals
Da|mast, *der;* -[e]s, -e (ein Gewebe)
Da|me, *die;* -, -n
Dä|mel, *der;* -s, - (ugs. für: Dummkopf, alberner Kerl)
Da|men|ein|zel (Sportspr.); **da|men|haft; Da|men‿schnei|der, ...wahl** (beim Tanz); **Da|me‿spiel, ...stein**
Dam|hirsch
da|mit [auch: *da*...]
Däm|lack, *der;* -s, -e u. -s (ugs. für: Dummkopf); **däm|lich** (ugs.)
Damm, *der;* -[e]s, Dämme; **Damm|bruch** *(der);* **dämmen** (auch für: isolieren)
däm|me|rig, dämm|rig; **Dämmer|licht** (*das;* -[e]s); **dämmern;** es dämmert; **Dämmer‿schop|pen, ...stun|de; Däm|me|rung; Däm|merzu|stand; dämm|rig;** vgl. dämmerig
Damm|riss (Med.)
Däm|mung (auch für: Isolierung)
Dä|mon, *der;* -s, ...onen; **dämo|nen|haft; Dä|mo|nie,** *die;* -, ...ien; **dä|mo|nisch**
Dampf, *der;* -[e]s, Dämpfe; **Dampf|bad; damp|fen; dämp|fen; Damp|fer,** *der;* -s, -; **Dämp|fer,** *der;* -s, -; einen - aufsetzen (ugs. für: mäßigen); **Dampf|hei|zung, ...kes|sel, ...koch|topf, ...loko|mo|ti|ve, ...ma|schi|ne, ...nu|del, ...schiff, ...schifffahrt; Dämp|fung; Dampfwal|ze**
Dam|wild
da|nach [auch: *da*...]
Dan|cing [*danßing*], *das;* -s, -s (Tanz[veranstaltung], Tanzlokal)
Dan|dy [*dändi*], *der;* -s, -s (sich übertrieben modisch kleidender Mann)
da|ne|ben [auch: *da*...]; **da|neben|be|neh|men,** sich (ugs. für: sich unpassend benehmen); **da|ne|ben|ge|hen** (ugs. für: misslingen); **dane|ben|grei|fen** (einen Fehlgriff tun); **da|ne|ben|hau|en** (ugs. für: aus der Rolle fallen, sich irren); **da|ne|benschie|ßen** (ugs. für: sich irren)
da|nie|der; da|nie|der|lie|gen (geh.)
dank; *Verhältnisw.* mit *Wemf.* od. *Wesf.*, in der *Mehrz.* meist mit *Wesf.*: - meinem Fleiße; - eures guten Willens; - raffinierter Verfahren; **Dank,** *der;* -[e]s; Gott sei -!; **dank|bar; Dank|barkeit,** *die;* -; **dan|ken;** danke schön!; **dan|kens|wert; Dan|kes|be|zei|gung** (nicht: ...bezeugung); **Dan|keschön,** *das;* -s; **Dank|gebet; dank|sa|gen** u. **Dank sa|gen;** du danksagtest u. du sagtest Dank; **Dank|sagung; Dank|schrei|ben**
dann; - und wann
da|r|an [auch: *dar*...], (ugs.:) dran; **da|ran|ge|ben** (geh. für: opfern); er wollte alles darangeben; **da|r|an|ge|hen** (mit etwas beginnen); **da|ran|hal|ten,** sich (sich

anstrengen, beeilen); **da|r-a̩n|ma|chen,** sich (ugs. für: mit etwas beginnen); **da-ra̩n|set|zen** (etwas einsetzen); sie hat alles darangesetzt, um ihr Ziel zu erreichen; sich - (ugs. für: [eine Arbeit] in Angriff nehmen); die Last stapelt sich, ich werde mich mal -

da|r|auf [auch: *dar...*], (ugs.:) drauf; am darauf folgenden Tag; **da|r|auf|hi̩n** [auch: *dar...*] (demzufolge, danach, darauf, unter diesem Gesichtspunkt)

da|r|aus [auch: *dar...*], (ugs.:) draus

da̩r|ben (geh.)

dar|bie|ten (geh.); **Dar|bie-tung**

dar|brin|gen (geh.); **Dar|brin-gung**

da|r|ein [auch: *dar...*], (ugs.:) drein; **da|r|ein|fin|den** (geh.), (ugs.:) drein|fin|den, sich; er hat sich dareingefunden

da|r|i̩n [auch: *da...*], (ugs.:) dri̩n; **da|r|i̩n|nen** (geh. für: drin|nen)

dar|le|gen; Dar|le|gung

Dar|le|hen, Dar|lehn, *das;* -s, -; **Dar|le|hens⌣kas|se**[1], **...sum|me**[1], **...ver|trag**[1], **...zins**[1]; **Dar|lehn;** vgl. Darlehen

Dar|ling, *der;* -s, -s (Liebling)

Da̩rm, *der;* -[e]s, Därme; **Da̩rm⌣blu|tung, ...ent|lee-rung, ...er|kran|kung, ...flo-ra** (Sammelbez. für die Bakterien im Darm), **...in|fek|ti-on, ...ka|tarrh,** (auch:) **...ka-tarr, ...krebs, ...sai|te, ...tä-tig|keit, ...träg|heit, ...ver-schlin|gung, ...ver|schluss, ...wand**

dar|nach, dar|ne|ben, dar-nie|der (älter für: danach usw.)

dar|rei|chen; Dar|rei|chung

dar|stel|len; Dar|stel|ler; Dar|stel|le|rin; dar|stel|le-risch; Dar|stel|lung; Dar-stel|lungs⌣form, ...kunst, ...mit|tel, ...wei|se

dar|tun (geh. für: zeigen)

da|r|ü|ber [auch: *dar...*], (ugs.:) drüber; sie ist darüber sehr böse; sich darüber machen (ugs. für: mit etwas beginnen); mit der Hand darüber fahren; der Vorwurf stört uns nicht, weil wir darüber stehen (darüber erhaben sind)

da|r|u̩m [auch: *dar...*], (ugs.:) dru̩m; **da|r|u̩m|kom|men** (nicht bekommen); er ist darumgekommen; **da|r|u̩m-le|gen** (um etwas legen); er hat den Verband darumgelegt; **da|r|u̩m|ste|hen** (um etwas stehen)

da|r|u̩n|ter [auch: *dar...*], (ugs.:) dru̩n|ter; darunter fallen (auch für: davon betroffen sein; dem zuzuordnen sein); ihre Schätzungen haben darunter gelegen (waren niedriger)

da̩s

da sein; vgl. da; **Da|sein,** *das;* -s; **Da|seins⌣angst, ...be-rech|ti|gung, ...form, ...freu|de, ...kampf** (*der;* -[e]s)

da̩s hei̱ßt (Abk.: d. h.)

da|sit|zen

da̩s|je|ni|ge; *Wesf.:* desjenigen, *Mehrz.:* diejenigen

da̩ss; so dass od. sodass; ich glaube, dass ...

das|se̩l|be; *Wesf.:* desselben, *Mehrz.:* dieselben

Da̩ss|satz, (auch:) **da̩ss-Satz**

da|ste|hen; fassungslos, steif dastehen; die Firma hat glänzend dagestanden (war wirtschaftl. gesund)

Da|tei (Beleg- u. Dokumentensammlung, bes. in der EDV); **Da|ten,** *die* (*Mehrz.;* Angaben, [Zahlen]werte; *Mehrz.* v. Datum); **Da-ten⌣au|to|bahn** (EDV: Einrichtung zur Übertragung großer Datenmengen); **...bank** (*Mehrz.* ...banken), **...er|fas|sung, ...schutz, ...trä|ger, ...ü|ber|tra|gung; Da|ten ver|ar|bei|tend; Da-ten|ver|ar|bei|tung; da|tie-ren** ([Brief usw.] mit einem Datum versehen); **Da|tie-rung**

Da|tiv, *der;* -s, -e [*...w*ᵉ] (Sprachw.: Wemfall, 3. Fall)

Da̩t|scha, *die;* -, -s od. ...schen (russ. Holzhaus; Sommerhaus); **Da̩t|sche,** *die;* -, -n (regional für: bebautes Wochenendgrundstück)

Da̩t|tel, *die;* -, -n; **Da̩t|tel⌣pal-me, ...pflau|me**

Da|tum, *das;* -s, ...ten; **Da-tums⌣an|ga|be, ...stem|pel**

Dau|be, *die;* -, -n (Seitenbrett eines Fasses; hölzernes Zielstück beim Eisschießen)

Dau|er, *die;* -, (fachspr. gelegentlich:) -n; **Dau|er⌣auf-trag, ...be|las|tung, ...be-schäf|ti|gung, ...ein|rich-tung; dau|er|haft; Dau-er⌣lauf, ...lut|scher;** [1]**dau-ern;** es dauert nicht lange

[2]**dau|ern** (geh. für: Leid tun); es dauert mich

dau|ernd; Dau|er⌣re|gen, ...wel|le, ...wurst, ...zu-stand

Dau|men, *der;* -s, -; **Dau|men-ab|druck; dau|men⌣breit, ...dick**

Dau|ne, *die;* -, -n (Flaumfeder); **Dau|nen⌣bett, ...de-cke, ...fe|der, ...kis|sen**

[1]**Daus** (Teufel); nur noch in: ei der -! (veralt.)

[2]**Daus,** *das;* -es, Däuser, (auch:) -e (zwei Augen im Würfelspiel; Ass in der Spielkarte)

Da|vis|cup, (auch:) **Da-vis-Cup** [*deⁱwißkap*], **Da|vis-po|kal,** (auch:) **Da|vis-Po-kal,** *der;* -s (internationaler Tenniswanderpreis)

da|vo̩n [auch: *da...*]; **da|vo̩n-blei|ben** (nicht anfassen); **da|vo̩n|ge|hen** (weggehen); **da|vo̩n|kom|men** (glücklich entrinnen); er ist noch einmal davongekommen; **da-vo̩n|las|sen;** er soll die Finger davonlassen (sich nicht damit abgeben); **da|vo̩n|lau-**

[1] Auch: *Dar|le|hens|...*

fen (weglaufen); **da|von|ma|chen,** sich (ugs. für: davonlaufen); **da|von|tra|gen** (forttragen); wie er den Sack davontrug; er hat den Sieg davongetragen

da|vor [auch: *da*...]; sie soll einen Vorhang davor hängen; der Teppich hat davor gelegen; er hat schweigend davor gestanden

da|zu [auch: *da*...]; **da|zu|ge|hö|ren** (zu jmdm. od. etwas gehören); **da|zu|ge|hö|rig; da|zu|hal|ten,** sich (landsch. für: sich anstrengen, beeilen); er hat sich dazugehalten; **da|zu|kom|men** (hinzukommen); **da|zu|kön|nen** (ugs. für: dafür können); **da|zu|ler|nen** (zusätzlich, neu lernen); **da|zu|mal;** anno -; **da|zu|rech|nen** (rechnend hinzufügen); **da|zu|tun** (hinzutun); **Da|zu|tun;** in der Fügung: ohne mein - (ohne meine Hilfe, Unterstützung); **da|zu|ver|die|nen** (zusätzlich verdienen)

da|zwi|schen [auch: *da*...]; **da|zwi|schen|fah|ren** (sich in etwas einmischen, Ordnung schaffen); **da|zwi|schen|kom|men** (übertr. auch für: sich in etwas einmischen); **da|zwi|schen|ru|fen; da|zwi|schen|tre|ten** (übertr. auch für: schlichten, ausgleichen)

DDR = Deutsche Demokratische Republik (1949–1990)

Dea|ler [*dil*^{er}], *der;* -s, - (Rauschgifthändler)

De|ba|kel, *das;* -s, - (Zusammenbruch; blamable Niederlage)

De|bat|te, *die;* -, -n (Diskussion, Erörterung); **de|bat|tie|ren**

De|bi|tor, *der;* -s, ...oren (meist *Mehrz.;* Schuldner, der Waren auf Kredit bezogen hat)

De|b|re|czi|ner, De|b|re|zi|ner, *die;* -, - (stark gewürztes Würstchen)

De|büt [*debü*], *das;* -s, -s (erstes Auftreten); **De|bü|tant,** *der;* -en, -en (erstmalig öffentlich auftretender Künstler, Sportler o. Ä.); **De|bü|tan|tin; de|bü|tie|ren**

De|chant [auch, österr. nur: *dech*...], *der;* -en, -en (höherer kath. Geistlicher)

de|chif|f|rie|ren [*deschifrir*^{e}*n*] (entziffern; entschlüsseln); **De|chif|f|rie|rung**

Deck, *das;* -[e]s, -s u. (selten:) -e; **Deck‿a|d|res|se, ...bett, ...blatt; De|cke,** *die;* -, -n; **De|ckel,** *der;* -s, -; **de|ckeln; de|cken; De|cken‿ge|mäl|de, ...kon|struk|ti|on, ...lam|pe, ...ma|le|rei; Deck‿far|be, ...man|tel** (nur *Einz.*), **...na|me; De|ckung; de|ckungs|gleich** (für: kongruent); **Deck‿weiß, ...wort** (*Mehrz.* ...wörter)

de|co|die|ren; vgl. dekodieren

De|di|ka|ti|on [*...zion*], *die;* -, -en (Widmung; Geschenk); **de|di|zie|ren** (widmen; schenken)

De|duk|ti|on [*...zion*], *die;* -, -en (Herleitung des Besonderen aus dem Allgemeinen; Beweis); **de|duk|tiv** [auch: *de*...]; **de|du|zie|ren**

De|es|ka|la|ti|on [*...zion*], *die;* -, -en (stufenweise Abschwächung); **de|es|ka|lie|ren**

de fac|to (tatsächlich [bestehend]); **De-fac|to-An|er|ken|nung**

De|fä|tis|mus, (schweiz. auch:) De|fai|tis|mus [*...fä*...], *der;* - (Schwarzseherei); **De|fä|tist,** (schweiz. auch:) De|fai|tist [*...fä*...], *der;* -en, -en (Schwarzseher); **de|fä|tis|tisch,** (schweiz. auch:) de|fai|tis|tisch [*...fä*...]

de|fekt (schadhaft; fehlerhaft); **De|fekt,** *der;* -[e]s, -e

de|fen|siv (verteidigend); **De|fen|si|ve** [*...w*^{e}], *die;* -, -n (Verteidigung, Abwehr); **De|fen|siv‿krieg, ...spiel** (Sportspr.), **...spie|ler** (Sportspr.), **...stel|lung, ...tak|tik**

De|fi|lee [schweiz. *de*...], *das;* -s, -s u. (auch:) ...leen ([parademäßiger] Vorbeimarsch); **de|fi|lie|ren** (parademäßig od. feierlich vorbeiziehen)

de|fi|nier|bar; de|fi|nie|ren (den Inhalt eines Begriffs bestimmen); **De|fi|ni|ti|on** [*...zion*], *die;* -, -en; **de|fi|ni|tiv** (endgültig, abschließend)

De|fi|zit, *das;* -s, -e (Fehlbetrag; Mangel)

De|fla|ti|on [*...zion*], *die;* -, -en (Wirtsch.: Abnahme des Preisniveaus); **de|fla|ti|o|när** (eine Deflation betreffend, bewirkend)

De|flo|ra|ti|on [*...zion*], *die;* -, -en (Zerstörung des Jungfernhäutchens beim ersten Geschlechtsverkehr); **de|flo|rie|ren; De|flo|rie|rung**

De|for|ma|ti|on [*...zion*], *die;* -, -en (Formänderung; Verunstaltung); **de|for|mie|ren; De|for|mie|rung**

def|tig (kräftig; derb; beträchtlich)

De|gen, *der;* -s, - (eine Stichwaffe)

De|ge|ne|ra|ti|on [*...zion*], *die;* -, -en (Verfall; Rückbildung); **de|ge|ne|rie|ren**

de|gou|tant (geh. für: ekelhaft)

De|gra|die|rung, *die;* -, -en (Rangverlust); **de|gra|die|ren**

dehn|bar; Dehn|bar|keit, *die;* -; **deh|nen; Deh|nung**

Deich, *der;* -[e]s, -e (Damm); **Deich‿fuß** (Grundfläche eines Deiches), **...graf, ...haupt|mann**

Deich|sel, *die;* -, -n (Wagenteil); **deich|seln** (ugs. für: [etwas Schwieriges] zustande bringen)

deik|tisch [auch: *de-ik*...] (hinweisend; auf Beispiele gegründet)

dein (auch in Briefen kleingeschrieben); Mein und Dein

verwechseln; **dei|ne,** deinige; grüße die dein[ig]en od. die Deinigen; **dei|ner|seits; dei|nes|glei|chen; dei|net|we|gen; dei|net|wil|len;** um -

de ju|re (von Rechts wegen); **De-ju|re-An|er|ken|nung**

De|ka, *das;* -[s], - (österr. Kurzform für: Dekagramm); **De|ka|de,** *die;* -, -n (zehn Stück; Zeitraum von zehn Tagen, Wochen, Monaten oder Jahren)

de|ka|dent (im Verfall begriffen); **De|ka|denz,** *die;* - (Verfall, Niedergang)

De|ka|gramm (10 g; Zeichen: Dg [in Österreich: dag])

De|kan, *der;* -s, -e (Vorsteher einer Fakultät; Amtsbezeichnung für Geistliche); **De|ka|nat,** *das;* -[e]s, -e (Amt, Bezirk eines Dekans)

de|kar|tel|li|sie|ren (Wirtsch.: Kartelle entflechten, auflösen)

De|kla|ma|ti|on [*...zion*], *die;* -, -en (künstlerisch vorgetragener Text); **De|kla|ma|tor,** *der;* -s, ...oren; **de|kla|ma|to|risch; de|kla|mie|ren**

De|kla|ra|ti|on [*...zion*], *die;* -, -en ([öffentl.] Erklärung; Steuer-, Zollerklärung; Inhalts-, Wertangabe); **de|kla|rie|ren**

de|klas|sie|ren (herabsetzen)

de|kli|na|bel (veränderlich, beugbar); ...a|b|le Wörter; **De|kli|na|ti|on** [*...zion*], *die;* -, -en (Sprachw.: Beugung des Haupt-, Eigenschafts-, Für- u. Zahlwortes; Geophysik: Abweichung der Richtung einer Magnetnadel von der wahren Nordrichtung; Astron.: Abweichung, Winkelabstand eines Gestirns vom Himmelsäquator); **de|kli|nie|ren** (Sprachw.: [Haupt-, Eigenschafts-, Für- u. Zahlwörter] beugen)

de|ko|die|ren (in der Technik meist:) de|co|die|ren (eine Nachricht entschlüsseln); **De|ko|die|rung**

De|kol|le|tee, (auch:) **De|kol|le|té** [*dekolte*], *das;* -s, -s (tiefer [Kleid]ausschnitt); **de|kol|le|tie|ren; de|kol|le|tiert**

De|kon|zen|t|ra|ti|on [*...zion*], *die;* -, -en (Zerstreuung, Zersplitterung); **de|kon|zen|t|rie|ren**

De|kor, *der* od. *das;* -s, -s u. -e ([farbige] Verzierung, Ausschmückung, Vergoldung); **De|ko|ra|teur** [*...tör*], *der;* -s, -e; **De|ko|ra|teu|rin** [*...törin*]; **De|ko|ra|ti|on** [*...zion*], *die;* -, -en; **de|ko|ra|tiv; de|ko|rie|ren; De|ko|rie|rung** (auch für: Auszeichnung mit Orden u. Ä.)

De|ko|rum, *das;* -s (veraltend für: Anstand, Schicklichkeit)

De|ko|stoff (Kurzform für: Dekorationsstoff)

De|kret, *das;* -[e]s, -e (Beschluss; Verordnung; behördliche, richterliche Verfügung); **de|kre|tie|ren**

de|ku|v|rie|ren (geh. für: entlarven)

De|le|gat, *der;* -en, -en (Bevollmächtigter); **De|le|ga|ti|on** [*...zion*], *die;* -, -en; **De|le|ga|ti|ons‿lei|ter** *(der),* **...mit|glied; de|le|gie|ren; De|le|gier|te,** *der* u. *die;* -n, -n; **De|le|gie|rung**

de|lek|tie|ren (geh. für: ergötzen, erfreuen); sich -

Del|fin, del|fin|schwim|men usw.; vgl. Delphin, delphinschwimmen usw.

de|li|kat (lecker; zart; heikel); **De|li|ka|tes|se,** *die;* -, -n (Leckerbissen; Feinkost; in der *Einz.* auch für: Zartgefühl); **De|li|ka|tes|sen|ge|schäft, De|li|ka|tess|ge|schäft; De|li|ka|tess|senf,** (auch:) **De|li|ka|tess-Senf**

De|likt, *das;* -[e]s, -e (Vergehen; Straftat); **de|lin|quent** (straffällig, verbrecherisch); **De|lin|quent,** *der;* -en, -en (Übeltäter; Angeklagter); **De|lin|quen|tin**

De|li|ri|um, *das;* -s, ...ien [*...i^{e}n*] (Bewusstseinstrübung mit Sinnestäuschungen u. Wahnideen)

de|li|zi|ös (geh. für: köstlich)

Del|le, *die;* -, -n (landsch. für: [leichte] Vertiefung; Beule)

Del|phin, (auch:) Del|fin, *der;* -s, -e (ein Zahnwal); **Del|phi|na|ri|um,** (auch:) Del|fi|na|ri|um, *das;* -s, ...ien [*...i^{e}n*] (Anlage zur Pflege, Züchtung und Dressur von Delphinen); **del|phin|schwim|men,** (auch:) del|fin|schwim|men (im Allg. nur in der Grundform gebr.); er kann nicht -; **Del|phin|schwim|men,** (auch:) Del|fin|schwim|men, *das;* -s; **Del|phin|schwim|mer,** (auch:) Del|fin|schwim|mer

[1]**Del|ta,** *das;* -[s], -s (gr. Buchstabe: Δ, δ); [2]**Del|ta,** *das;* -s, -s u. ...ten (Schwemmland an mehrarmigen Flussmündungen); **del|ta|för|mig; Del|ta|strah|len, δ-Strah|len,** *die (Mehrz.;* beim Durchgang radioaktiver Strahlung durch Materie freigesetzte Elektronenstrahlen)

de luxe [*d^{e}lüx*] (aufs Beste ausgestattet, mit allem Luxus); **De-luxe-Aus|stat|tung**

dem

De|m|a|go|ge, *der;* -n, -n (Volksverführer, -aufwiegler); **De|m|a|go|gie,** *die;* -, ...ien; **de|m|a|go|gisch**

De|mar|che [*demarsch^{e}*], *die;* -, -n (diplomatischer Schritt, mündlich vorgetragener diplomatischer Einspruch)

De|mar|ka|ti|on [*...zion*], *die;* -, -en (Abgrenzung); **De|mar|ka|ti|ons|li|nie; de|mar|kie|ren; De|mar|kie|rung**

de|mas|kie|ren (entlarven); sich - (die Maske abnehmen); **De|mas|kie|rung**

De|men|ti, *das;* -s, -s (offizieller Widerruf; Berichtigung); **de|men|tie|ren** (widerrufen; für unwahr erklären)

dem|ent|spre|chend
dem|ge|gen|ü|ber (anderseits); **dem|ge|mäß**
de|mi|li|ta|ri|sie|ren (entmilitarisieren)
De|mi|mon|de [*d^emimongd^e*], *die;* - (»Halbwelt«)
De|mis|si|on, *die;* -, -en (Rücktritt eines Ministers od. einer Regierung); **de|mis|si|o|nie|ren**
dem|nach; dem|nächst
De|mo [auch: *dä...*], *die;* -, -s (ugs. kurz für: Demonstration)
De|mo|bi|li|sa|ti|on [*...zion*], *die;* -, -en; **de|mo|bi|li|sie|ren; De|mo|bi|li|sie|rung**
De|mo|krat, *der;* -en, -en; **De|mo|kra|tie,** *die;* -, ...ien (Staatsform, in der die vom Volk gewählten Vertreter die Herrschaft ausüben); **de|mo|kra|tisch; de|mo|kra|ti|sie|ren; De|mo|kra|ti|sie|rung**
de|mo|lie|ren (gewaltsam beschädigen)
De|mons|t|rant, *der;* -en, -en; **De|mons|t|ra|ti|on** [*...zion*], *die;* -, -en; **de|mons|t|ra|tiv; De|mons|t|ra|tiv|pro|no|men,** *das;* -s, - (Sprachw.: hinweisendes Fürwort, z. B. »dieser, diese, dieses«); **de|mons|t|rie|ren** (beweisen, vorführen; eine Massenversammlung veranstalten, daran teilnehmen)
De|mon|ta|ge [*demontasch^e*, auch: *...mong...*], *die;* -, -n (Abbau, Abbruch [insbes. von Industrieanlagen]); **de|mon|tie|ren**
de|mo|ra|li|sie|ren (den moralischen Halt nehmen; entmutigen)
De|mo|s|kop, *der;* -en, -en (Meinungsforscher); **De|mo|s|ko|pie,** *die;* -, ...ien (Meinungsumfrage, Meinungsforschung); **de|mo|s|ko|pisch**
De|mut, *die;* -; **de|mü|tig; de|mü|ti|gen; De|mü|ti|gung; De|muts‿ge|bär|de, ...hal|tung; de|mut[s]|voll**
dem|zu|fol|ge (demnach)
den
De|na|tu|ra|li|sa|ti|on [*...zion*], *die;* -, -en (Entlassung aus der bisherigen Staatsangehörigkeit); **de|na|tu|ra|li|sie|ren; de|na|tu|rie|ren** (ungenießbar machen; vergällen); denaturierter Spiritus
de|na|zi|fi|zie|ren (entnazifizieren)
de|nen
Den|gel, *der;* -s, - (Schneide einer Sense o. Ä.); **den|geln** (eine Sense o. Ä. durch Hämmern schärfen)
deng|lisch (abwertend für: deutsch mit [zu] vielen englischen Ausdrücken vermischt); **Deng|lisch,** *das;* -[s] (abwertend)
De|ni|er [*denie*], *das;* -[s], - (Einheit für die Fadenstärke bei Seide u. Chemiefasern; Abk.: den)
Denk‿an|stoß, ...art, ...auf|ga|be; denk|bar; die - günstigsten Bedingungen; **den|ken;** dachte, gedacht; **Den|ken,** *das;* -s; **Den|ker; denk|faul; Denk|mal** (*Mehrz.* ...mäler [geh.: ...male]); **Denk|mal[s]‿kun|de** (*die;* -), **...pfle|ge, ...schutz; Denk‿mo|dell, ...pau|se, ...schrift, ...sport; denks|te!** (ugs. für: das hast du dir so gedacht!); **denk|wür|dig; Denk|zet|tel**
denn; in gehobener Sprache auch für: »als«, z. B. süßer - Honig; es sei -, dass ...; **den|noch**
den|tal (Med.: die Zähne betreffend; Sprachw.: mithilfe der Zähne gebildet); **Den|tist,** *der;* -en, -en (früher für: Zahnarzt ohne Hochschulprüfung); **Den|tis|tin**
De|nun|zi|ant, *der;* -en, -en (jmd., der einen anderen anzeigt); **De|nun|zi|a|ti|on** [*...zion*], *die;* -, -en (Anzeige eines Denunzianten); **de|nun|zie|ren**
Deo, *das;* -s, -s (kurz für: Deodorant; **De|o|do|rant,** *das;* -s, -e u. -s (Mittel gegen Körpergeruch); **de|o|do|rie|ren** ([Körper]geruch hemmen); **De|o‿rol|ler, ...spray**
De|par|te|ment [*depart^(e)mang*, österr.: *departmang*, schweiz.: *depart^emänt*], *das;* -s, -s u. (schweiz.:) -e (Verwaltungsbezirk in Frankreich; Ministerium beim Bund und in einigen Kantonen der Schweiz)
De|pen|dance [*depangdangß*], (schweiz.:) **Dé|pen|dance** [*depangdangß*], *die;* -, -n (Nebengebäude [eines Hotels])
De|pe|sche, *die;* -, -n (veralt. für: Telegramm)
de|pla|ciert [*deplaßirt*], (veraltet für:) **de|plat|ziert** (unangebracht)
De|po|nie, *die;* -, ...ien (zentraler Müllabladeplatz); **de|po|nie|ren**
De|por|ta|ti|on [*...zion*], *die;* -, -en (zwangsweise Verschickung; Verbannung); **de|por|tie|ren**
De|pot [*depo*], *das;* -s, -s (Aufbewahrungsort; Hinterlegtes; Sammelstelle, Lager; Med.: Ablagerung)
Depp, *der;* -en u. -s, -en u. -e (bes. südd., österr. ugs. für: Tölpel, Dummkopf); **dep|pert** (südd., österr. ugs. für: einfältig, dumm)
De|pres|si|on, *die;* -, -en (Niedergeschlagenheit; wirtschaftlicher Rückgang; Med.: Vertiefung; Senkung; Meteor.: Tief); **de|pres|siv** (gedrückt, niedergeschlagen); **de|pri|mie|ren** (niederdrücken; entmutigen); **de|pri|miert** (entmutigt, niedergeschlagen)
De|pu|tat, *das;* -[e]s, -e (regelmäßige Leistungen in Naturalien als Teil des Lohnes; volle Anzahl der Pflichtstunden einer Lehrkraft); **De|pu|ta|ti|on** [*...zion*], *die;* -, -en (Abordnung)
der

de|ran|giert [...*schirt*] (verwirrt, zerzaust)
der|art (so); **der|ar|tig**
derb; Derb|heit
Der|by [*därbi*], *das;* -[s], -s (Pferderennen)
De|re|gu|lie|rung (Beseitigung von Regeln, Vorschriften o. Ä.)
der|einst
de|ren
de|rent|we|gen
de|rer
der|ge|stalt (so)
der|glei|chen
der|je|ni|ge
der|lei (dergleichen)
der|ma|ßen (so)
der|sel|be; es war derselbe Hund
der|weil, der|wei|le[n]
Der|wisch, *der;* -[e]s, -e (Mitglied eines islamischen religiösen Ordens)
der|zeit (augenblicklich, gegenwärtig; veraltend für: früher, damals); **der|zei|tig**
des; des ungeachtet
De|sas|ter, *das;* -s, - (Missgeschick; Zusammenbruch)
de|s|a|vou|ie|ren [...*awuiren*] (nicht anerkennen, in Abrede stellen; bloßstellen)
De|ser|teur [...*tör*], *der;* -s, -e (Fahnenflüchtiger, Überläufer); **de|ser|tie|ren; De|ser|ti|on** [...*zion*], *die;* -, -en (Fahnenflucht)
des|glei|chen
des|halb
De|sign [*disain*], *das;* -s, -s (Entwurf, Muster); **De|si|g|ner** [*disainer*], *der;* -s, - (Formgestalter für Gebrauchs- u. Verbrauchsgüter); **De|si|g|ner|dro|ge** (synthetisch hergestelltes Rauschmittel); **De|si|g|ne|rin; De|si|g|ner|mo|de; de|si|g|nie|ren** (bestimmen, für ein Amt vorsehen)
Des|il|lu|si|on, *die;* -, -en (Enttäuschung; Ernüchterung); **des|il|lu|si|o|nie|ren**
Des|in|fek|ti|on [...*zion*], *die;* -, -en (Vernichtung von Krankheitserregern); **des|in|fi|zie|ren; Des|in|fi|zie|rung**
Des|in|te|r|es|se, *das;* - (Gleichgültigkeit); **des|in|te|r|es|siert**
de|s|k|rip|tiv (beschreibend)
Desk|top|pu|b|li|shing, (auch:) **Desk|top-Pu|b|li|shing** [*-pablisching*], *das;* -[s] (Erstellung von Satz u. Layout am Schreibtisch mithilfe der EDV; Abk.: DTP)
De|s|o|do|rant, *das;* -s, -s (auch: -e); vgl. Deodorant; **de|s|o|do|rie|ren** (geruchlos machen)
de|so|lat (trostlos, traurig)
des|o|ri|en|tiert [auch: *dä...*] (falsch unterrichtet; verwirrt)
de|s|pek|tier|lich (geh. für: geringschätzig, abfällig; respektlos)
De|s|pe|ra|do, *der;* -s, -s ([politischer] Abenteurer; Bandit)
Des|pot, *der;* -en, -en (Gewaltherrscher; herrische Person); **Des|po|tie,** *die;* -, ...ien; **des|po|tisch**
des|sel|ben
des|sen; des|sen un|ge|ach|tet
Des|sert [*däßär* (österr. nur so) od. *däßärt*], *das;* -s, -s (Nachtisch)
Des|sin [*däßäng*], *das;* -s, -s (Zeichnung; Muster)
Des|sous [*däßu*], *das;* - [*däßu* od. *däßuß*], - [*däßuß*] (meist *Mehrz.;* Damenunterwäsche)
De|s|til|le, *die;* -, -n (ugs. veraltend für: Branntweinausschank); **de|s|til|lie|ren;** destilliertes Wasser (chemisch reines Wasser)
des|to; - besser
de|struk|tiv (zersetzend, zerstörend)
des un|ge|ach|tet [auch: *däß un...*]; **des|we|gen; des Wei|te|ren;** vgl. weiter
De|tail [*detaj*], *das;* -s, -s (Einzelheit, Einzelteil); **de|tail|liert;** -e Angaben
De|tek|tei, *die;* -, -en (Detektivbüro); **De|tek|tiv,** *der;* -s, -e [...*we*]; dem, den Detektiv; **De|tek|ti|vin**
de|ter|mi|nie|ren (bestimmen, begrenzen, festlegen)
De|to|na|ti|on [...*zion*], *die;* -, -en (Knall, Explosion); **de|to|nie|ren** (knallen, explodieren)
deu|teln; deu|ten; deut|lich; auf das, aufs Deut|lichs|te od. auf das, aufs deutlichs|te
deutsch/Deutsch *s. Kasten*
[1]**Deut|sche,** *der* u. *die;* -n, -n; wir Deutschen, (auch:) wir Deutsche; alle [guten] Deutschen; [2]**Deut|sche,** *das;* des -n, dem -n (die deutsche Sprache im Allgemeinen); das Deutsche ist eine indogermanische Sprache; etwas aus dem Deutschen, vom Deutschen in Italienische übersetzen; **Deut|schenhass; deutsch‿feind|lich, ...freund|lich; Deutschland; Deutsch|land‿lied** (*das;* -[e]s), **...po|li|tik; deutsch|spra|chig** (in deutscher Sprache abgefasst, vorgetragen); -e Bevölkerung; **deutsch|sprach|lich** (die deutsche Sprache betreffend); -er Unterricht
Deu|tung; Deu|tungs|versuch
De|vi|se [...*wise*], *die;* -, -n (Wahlspruch; meist *Mehrz.* für: Zahlungsmittel in ausländ. Währung); **De|vi|sen‿aus|gleich, ...markt, ...schmug|gel, ...ver|ge|hen**
de|vot [*dewot*] (unterwürfig)
Dez, *der;* -es, -e (landsch. für: Kopf)
De|zem|ber, *der;* -[s], - (der zwölfte Monat des Jahres; Abk.: Dez.)
de|zent (zurückhaltend, taktvoll, unaufdringlich)
De|zer|nat, *das;* -[e]s, -e (Geschäftsbereich eines Dezernenten; Sachgebiet); **De|zer|nent,** *der;* -en, -en (Sachbearbeiter mit Ent-

deutsch/Deutsch

deutsch
- *Abk.* dt.

I. *Kleinschreibung:*
Da das Adjektiv »deutsch« nur in echten Namen und Substantivierungen großgeschrieben wird, gilt z. B. in den folgenden Fällen Kleinschreibung:
- *die deutsche Einheit, aber: der Tag der Deutschen Einheit*
- *die deutsche Sprache*
- *die deutschen Meisterschaften [im Eiskunstlauf]*
- *sie ist deutsche Meisterin [im Eiskunstlauf],* aber (als Titel): *Anita G., Deutsche Meisterin*
- *das deutsche Recht*

Vgl. aber II

Kleinschreibung gilt für »deutsch« auch in Verbindung mit Verben, wenn es mit »wie?« erfragt werden kann:
- *der Redner hat deutsch (nicht englisch) gesprochen*
- *sich deutsch unterhalten*
- *der Brief ist deutsch* (in deutscher Sprache bzw. in deutscher Schreibschrift) *geschrieben*
- *deutsch mit jmdm. reden* (auch ugs. für jmdm. unverblümt die Wahrheit sagen)
- *Staatsangehörigkeit: deutsch* (in Formularen u. Ä.)

(*Vgl. aber* II *u.* Deutsch)

II. *Großschreibung*
Großgeschrieben wird das substantivierte Adjektiv, wenn es im Sinne von »deutsche Sprache« verwendet wird:
- *etwas auf Deutsch sagen*
- *der Brief ist in Deutsch abgefasst; eine Zusammenfassung in Deutsch*
- *auf gut Deutsch gesagt*
- *das heißt auf/zu Deutsch ...*

Vgl. aber I; *vgl. auch* Deutsch

Großgeschrieben wird »deutsch« auch als Bestandteil von Namen und bestimmten namenähnlichen Fügungen:
- *die Deutsche Bucht (Teil der Nordsee)*
- *der Deutsche Bund* (1815–66)
- *der Deutsche Bundestag*
- *Deutsche Bahn* (Abk. *DB*)
- *Deutsche Demokratische Republik* (1949–90; Abk. *DDR*)
- *die Deutsche Dogge*
- *der Tag der Deutschen Einheit* (3. Oktober)
- *Deutscher Fußball-Bund* (Abk. *DFB*)
- *Deutsche Mark* (Abk. *DM*)
- *Deutsches Rotes Kreuz* (Abk. *DRK*)
- *der Deutsche Schäferhund*

Vgl. I, Deutsch *u.* Deutsche, das

Deutsch
das; des Deutsch[s], dem Deutsch
(die deutsche Sprache, sofern sie die Sprache eines Einzelnen oder einer bestimmten Gruppe bezeichnet oder sonst näher bestimmt ist; Kenntnis der deutschen Sprache)
- *mein, dein, sein Deutsch ist schlecht*
- *die Aussprache seines Deutsch[s]*
- *sie kann, lehrt, lernt, schreibt, spricht, versteht [kein, nicht, gut, schlecht] Deutsch*
- *ein Deutsch sprechender Ausländer* (*vgl. aber* deutsch I)
- *[das ist] gutes Deutsch*
- *er spricht gut[es] Deutsch*
- *sie kann kein Wort Deutsch*
- *er hat eine Eins in Deutsch* (im Fach Deutsch)
- *in heutigem Deutsch* od. *im heutigen Deutsch*

Vgl. auch Deutsche, das *u.* deutsch I *u.* II

scheidungsbefugnis [bei Behörden]); **De|zer|nen|tin**

De|zi... (Zehntel...; ein Zehntel einer Einheit); **De|zi|bel,** das; -s, - ($^1/_{10}$ Bel; bes. Maß der relativen Lautstärke)

de|zi|diert (entschieden, energisch)

de|zi|mal (auf die Grundzahl 10 bezogen); **De|zi|mal‿bruch** (*der;* Bruch, dessen Nenner mit einer Potenz von 10 gebildet wird), **...sys|tem** (*das;* -s);

De|zi|me|ter ($^1/_{10}$ m; Zeichen: dm); **de|zi|mie|ren** (stark vermindern); **de|zi|miert**

Dia, *das;* -s, -s (Kurzform für: Diapositiv)

Di|a|be|tes, *der;* - (Harnruhr); - mellitus (Med.: Zuckerkrankheit); **Di|a|be|ti|ker**

Di|a|dem, *das;* -s, -e (kostbarer [Stirn]reif)

Di|a|g|no|se, *die;* -, -n ([Krankheits]erkennung; Zool., Bot.: Bestimmung); **di|a|g|nos|tisch; di|a|g|nos|ti|zie|ren**

di|a|go|nal (schräg laufend); **Di|a|go|na|le,** *die;* -, -n (Gerade, die zwei nicht benachbarte Ecken eines Vielecks miteinander verbindet)

Di|a|gramm, *das;* -s, -e (zeichnerische Darstellung errechneter Werte in einem Koordinatensystem; Stellungsbild beim Schach)

Di|a|kon [österr.: *di̲a...*], *der;*

-s u. -en, -e[n] (kath., anglikan. od. orthodoxer Geistlicher; Krankenpfleger od. Pfarrhelfer in ev. Kirchen); **Di|a|ko|nie,** *die;* - ([berufsmäßige] Sozialtätigkeit [Krankenpflege, Gemeindedienst] in der ev. Kirche); **Di|a|ko|nis|se,** *die;* -, -n u. **Di|a|ko|nis|sin** (ev. Kranken- u. Gemeindeschwester)
Di|a|lekt, *der;* -[e]s, -e (Mundart); **Di|a|lek|tik,** *die;* - (Erforschung der Wahrheit durch Aufweis u. Überwindung von Widersprüchen; Gegensätzlichkeit); **di|a|lek|tisch** (mundartlich; die Dialektik betreffend; auch für: spitzfindig)
Di|a|log, *der;* -[e]s, -e (Zwiegespräch; Wechselrede)
Di|a|ly|se, *die;* -, -n (eine chem. Trennungsmethode; Med.: Blutwäsche)
Di|a|mant, *der;* -en, -en (Edelstein); **di|a|man|ten;** -e Hochzeit (60. Jahrestag der Hochzeit)
di|a|met|ral (entgegengesetzt)
Di|a|po|si|tiv, *das;* -s, -e [...*w*[e]] (durchscheinendes fotografisches Bild; Kurzform: Dia)
Di|ar|rhö, *die;* -, -en (Med.: Durchfall)
Di|as|po|ra, *die;* - (Gebiet, in dem Anhänger einer Konfession in der Minderheit sind; religiöse od. nationale Minderheit)
Di|ät, *die;* -, (Arten:) -en (Krankenkost; Schonkost; spezielle Ernährungsweise); Diät halten, kochen, leben; **Di|ät|as|sis|ten|tin; Di|ä|ten,** *die* (*Mehrz.;* Tagegelder; Aufwandsentschädigung [bes. von Parlamentariern])
dich (auch in Briefen kleingeschrieben)
dicht; eine dicht behaarte Brust; dicht bevölkerte Gebiete; die Menschen standen dicht gedrängt; **dicht be|haart, dicht be|völ|kert;** vgl. dicht; **Dich|te,** *die;* -, (selten:) -n; [1]**dich|ten** (dicht machen)
[2]**dich|ten** (Verse schreiben); **Dich|ter; Dich|te|rin; dich|te|risch**
dicht ge|drängt; vgl. dicht
dicht|hal|ten (ugs. für: nichts verraten)
Dicht|kunst (*die;* -)
dicht|ma|chen (ugs. für: schließen); er hat seinen Laden dichtgemacht
[1]**Dich|tung** (Gedicht)
[2]**Dich|tung** (Vorrichtung zum Dichtmachen); **Dich|tungs‿mit|tel, ...ring**
dick; Dick|darm; di|cken (zähflüssig machen, werden); **di|cke|tun, dick|tun** (ugs. für: sich wichtig machen); sie tut sich dick[e], hat sich dick[e]getan; **dick|fel|lig** (ugs. abwertend); **Dick|häu|ter; Di|ckicht,** *das;* -s, -e; **Dick|kopf; dick|lich; Dick‿milch, ...schä|del** (ugs.); **dick|tun;** vgl. dicketun
Di|dak|tik, *die;* - (Unterrichtslehre)
die
Dieb, *der;* -[e]s, -e; **Die|bes|gut; Die|bin; die|bisch; Dieb|stahl,** *der;* -[e]s, ...stähle; **Dieb|stahl|ver|si|che|rung**
die|je|ni|ge
Die|le, *die;* -, -n
die|nen; Die|ner; Die|ne|rin; die|nern; Die|ner|schaft; dien|lich; Dienst, *der;* -[e]s, -e; der Dienst habende Beamte; die Dienst tuende Ärztin; Dienst leistende Tätigkeiten; **Dienst|ab|teil**
Diens|tag, *der;* -[e]s, -e; [am] Dienstag früh beginnen wir; **Diens|tag|abend** [auch: *dinßtagab*[e]*nt*]; am - hat sie Gesangstunde; am [nächsten] Dienstagabend treffen wir uns; dienstagabends od. dienstags abends spielen wir Skat; **diens|tags**
Dienst‿al|ter, ...äl|tes|te, ...an|tritt; dienst‿be|reit, ...eif|rig, ...fer|tig, ...frei; Dienst‿ge|heim|nis, ...gespräch, ...grad; Dienst ha|bend; vgl. Dienst; **Dienst|ha|ben|de,** *der* u. *die;* -n, -n; **Dienst leis|tend;** vgl. Dienst; **Dienst|leis|tung; Dienst|leis|tungs‿a|bend, ...ge|wer|be; dienst|lich; Dienst‿mann** (*der;* -[e]s, ...männer u. ...leute; veraltend für: Gepäckträger), **...pflicht, ...rang, ...rei|se, ...schluss, ...stel|le; Dienst tu|end;** vgl. Dienst; **dienst|ver|pflich|tet; Dienst‿wa|gen, ...woh|nung**
dies; dies|be|züg|lich
die|sel|be
die|ser; die|ses
die|sig (neblig)
dies|jäh|rig; dies|mal; dies|seits; *Verhältnisw.* mit *Wesf.:* - des Flusses
Diet|rich, *der;* -s, -e (Nachschlüssel)
dif|fa|mie|ren ([übel] verleumden); **Dif|fa|mie|rung**
dif|fe|rent (verschieden, ungleich); **Dif|fe|ren|ti|al;** vgl. Differenzial; **Dif|fe|renz,** *die;* -, -en; **Dif|fe|ren|zi|al,** (auch:) Dif|fe|ren|ti|al, *das;* -s, -e (Math.: unendlich kleine Differenz; Ausgleichsgetriebe); **dif|fe|ren|zie|ren** (trennen; unterscheiden); **Dif|fe|ren|ziert|heit** (Unterschiedlichkeit; Abgestuftsein); **Dif|fe|ren|zie|rung; dif|fe|rie|ren** (verschieden sein; voneinander abweichen)
dif|fi|zil (schwierig, kompliziert)
dif|fus (zerstreut; unklar)
di|gi|tal (Med.: mit dem Finger; Technik: ziffernmäßig; EDV: in Stufen erfolgend); **Di|gi|tal|rech|ner**
Dik|ta|fon; vgl. Diktaphon; **Dik|ta|phon,** (auch:) Dik|ta|fon, *das;* -s, -e (Tonbandgerät zum Diktieren); **Dik|tat,** *das;* -[e]s, -e; **Dik|ta|tor,** *der;* -s, ...oren; **dik|ta|to|risch; Dik|ta|tur,** *die;* -, -en; **dik-**

tie|ren; Dik|tier|ge|rät; Dik|ti|on [...zion], *die;* -, -en (Schreibart; Ausdrucksweise); **Dik|ti|o|när,** *das* u. *der;* -s, -e (veraltend für: Wörterbuch)

Di|lem|ma, *das;* -s, -s u. -ta (Wahl zwischen zwei [unangenehmen] Dingen; Zwangslage)

Di|let|tant, *der;* -en, -en (geh. für [Kunst]liebhaber; Nichtfachmann; Stümper); **di|let|tan|ten|haft, di|let|tan|tisch** (unfachmännisch; stümperhaft)

Dill, *der;* -s, -e (eine Gewürzpflanze)

Di|men|si|on, *die;* -, -en (Ausdehnung; [Aus]maß; Bereich)

Di|ner [*dine*], *das;* -s, -s (geh. für: [festliches] Abend- od. Mittagessen)

Ding, *das;* -[e]s, -e u. (ugs.) -er

ding|fest; nur in: jmdn. - machen (verhaften); **Dings,** *der, die, das;* - u. **Dingsbums,** *der, die, das;* - u. **Dings|da,** *der, die, das;* - (ugs. für: eine unbekannte od. unbenannte Person od. Sache); **Dings|kir|chen** [auch: ...*kirch^{e}n*] (ugs. für: einen unbekannten od. unbenannten Ort); **Dingwort** (für: Substantiv; *Mehrz.* ...wörter)

di|nie|ren (geh. für: [in festlichem Rahmen] essen); **Dinner,** *das;* -s, -[s] (Hauptmahlzeit in Großbritannien)

Di|o|len®, *das;* -[s] (eine synthet. Faser)

Di|o|xid, (nicht fachspr. auch:) Di|o|xyd [auch: ...*üt*], *das;* -s, -e (Oxid, das zwei Sauerstoffatome enthält); **Di|o|xin,** *das;* -s, -e (eine hochgiftige Verbindung von Chlor u. Kohlenwasserstoff); **Di|o|xyd;** vgl. Dioxid

Di|ö|ze|se, *die;* -, -n (Amtsgebiet eines [kath.] Bischofs)

Diph|the|rie, *die;* -, ...ien (Med.: eine Infektionskrankheit)

Di|p|lom, *das;* -[e]s, -e (amtl. Urkunde; akademischer Grad; [Ehren]zeugnis); **Di|p|lom|ar|beit; Di|p|lo|mat,** *der;* -en, -en (beglaubigter Vertreter eines Landes bei einem fremden Staat); **Di|p|lo|ma|ten‿aus|weis, ...koffer, ...lauf|bahn, ...pass; Di|p|lo|ma|tie,** *die;* - (Kunst des [staatsmännischen] Verhandelns; Gesamtheit der Diplomaten; Geschicktheit im Umgang); **di|p|lo|ma|tisch** (staatsmännisch; klug u. geschickt im Umgang); **Di|p|lom|in|ge|ni|eur** (Abk.: Dipl.-Ing.)

dir (auch in Briefen kleingeschrieben)

di|rekt (in gerader Richtung, unmittelbar); **Di|rekt|flug; Di|rekt|heit; Di|rek|ti|on** [...*zion*], *die;* -, -en; **Di|rek|ti|ons‿se|k|re|tä|rin, ...zimmer; Di|rek|ti|ve** [...*w^{e}*], *die;* -, -n (Weisung; Verhaltensregel); **Di|rekt|man|dat; Di|rek|tor,** *der;* -s, ...oren; **Di|rek|to|rin; Di|rek|t|ri|ce** [...*triß^{e}*], *die;* -, -n (leitende Angestellte [bes. in der Bekleidungsindustrie]); **Di|rekt‿sen|dung, ...spiel** (Sportspr.), **...über|tra|gung, ...ver|kauf; Di|rex,** *der;* -, -e (Schülerspr.: Direktor)

Di|ri|gent, *der;* -en, -en; **Di|ri|gen|ten‿pult, ...stab; di|ri|gie|ren** (leiten; lenken); **Di|ri|gis|mus,** *der;* - (staatl. Lenkung der Wirtschaft); **di|ri|gis|tisch**

Dirndl, *das;* -s, - (kurz für: Dirndlkleid; u. bayr., österr. für: junges Mädchen; *Mehrz.:*) -n; **Dirndl|kleid; Dir|ne,** *die;* -, -n (Prostituierte)

Disc|jo|ckey; vgl. Diskjockei

Dis|co; vgl. Disko

Dis|count|ge|schäft [*diß-kaunt...*] (Geschäft, in dem Waren sehr billig, mit hohem Rabatt verkauft werden); **Dis|count|preis**

Di|seur [*disör*], *der;* -s, -e (Sprecher, Vortragskünstler); **Di|seu|se** [*disös^{e}*], *die;* -, -n

Dis|har|mo|nie, *die;* -, ...ien (Missklang; Uneinigkeit); **dis|har|mo|nie|ren; dis|harmo|nisch**

Disk|jo|ckei, (auch:) Disc|jockey [*dißkdsehoke,* engl. Ausspr.: ...*ki; auch:* ...*kai*], *der;* -s, -s (jmd., der Schallplatten und CDs präsentiert)

Dis|ko, (auch:) Dis|co, die; -, -s (mit Licht-, Lautsprecheranlagen u. a. ausgestattete Räumlichkeit, in der zu Musik von CDs, Schallplatten getanzt wird)

Dis|kont, *der;* -s, -e (Bankw.: Zinsvergütung bei noch nicht fälligen Zahlungen); **Dis|kont|satz** (Zinssatz)

Dis|ko|thek, *die;* -, -en (Disko)

dis|kre|di|tie|ren (in Verruf bringen)

Dis|kre|panz, *die;* -, -en (Missverhältnis)

dis|kret (taktvoll; unauffällig; vertraulich); **Dis|kre|ti|on** [...*zion*], *die;* -

dis|kri|mi|nie|ren (herabwürdigen, unterschiedlich behandeln); **Dis|kri|mi|nie|rung**

Dis|kurs, *der;* -es, -e ([eifrige] Erörterung; Abhandlung)

Dis|kus, *der;* - u. -ses, ...ken u. -se (eine Wurfscheibe)

Dis|kus|si|on, *die;* -, -en (Erörterung; Aussprache; Meinungsaustausch)

Dis|kus|wer|fer

dis|ku|ta|bel (erwägenswert; strittig); **dis|ku|tie|ren**

Dis|pens, *der;* -es, -e u. (österr.:) *die;* -, -en (Aufhebung einer Verpflichtung, Befreiung; Ausnahme[bewilligung]); **dis|pen|sie|ren** (von einer Vorschrift befreien, freistellen; Arzneien bereiten u. abgeben)

dis|po|nie|ren (über etwas verfügen, einteilen); **dis|poniert** (auch für: aufgelegt;

empfänglich [für Krankheiten]); **Dis|po|si|ti|on** [...*zion*], *die;* -, -en (Anordnung, Gliederung; Verfügung; Anlage; Empfänglichkeit [für Krankheiten])

Dis|put, *der;* -[e]s, -e (Wortwechsel; Streitgespräch); **dis|pu|tie|ren**

Dis|qua|li|fi|ka|ti|on [...*zion*], *die;* -, -en (Untauglichkeitserklärung; Ausschließung vom sportlichen Wettbewerb); **dis|qua|li|fi|zie|ren**

Dis|ser|ta|ti|on [...*zion*], *die;* -, -en (wissenschaftl. Abhandlung zur Erlangung der Doktorwürde)

Dis|si|dent, *der;* -en, -en (jmd., der außerhalb einer staatlich anerkannten Religionsgemeinschaft steht; jmd., der von einer offiziellen politischen Meinung abweicht)

dis|so|nant (misstönend); **Dis|so|nanz,** *die;* -, -en (Missklang; Unstimmigkeit)

Di|s|tanz, *die;* -, -en (Abstand, Entfernung); **di|s|tan|zie|ren** ([im Wettkampf] überbieten, hinter sich lassen); sich - (von jmdm. od. etwas abrücken)

Di|s|tel, *die;* -, -n

di|s|tin|guiert [*dißtinggirt*] (vornehm); **di|s|tink|tiv** (unterscheidend)

Dis|tri|bu|ti|on [...*zion*], *die;* -, -en (Verteilung; Auflösung; Wirtsch.: Einkommensverteilung, Verteilung von Handelsgütern)

Di|s|t|rikt, *der;* -[e]s, -e (Bezirk, Bereich)

Dis|zi|p|lin, *die;* -, -en (Zucht; Ordnung; Fach einer Wissenschaft; Teilbereich des Sports); **dis|zi|p|li|na|risch** (die [dienstliche] Zucht, Strafgewalt betreffend; streng); **Dis|zi|p|li|nar‿stra|fe, ...ver|fah|ren** (Dienststrafverfahren); **dis|zi|p|li|nie|ren** (zur Ordnung erziehen); **dis|zi|p|li|niert; dis|zi|p|lin|los**

di|to (dasselbe, ebenso)

Di|va [*diwa*], *die;* -, -s u. ...ven [...*wen*] (erste Sängerin, gefeierte Schauspielerin)

Di|ver|genz, *die;* -, -en (Auseinandergehen; Meinungsverschiedenheit); **di|ver|gie|ren**

di|vers [*diwärß*] (verschieden)

Di|vi|dend [...*wi*...], *der;* -en, -en (Bruchrechnung: Zähler); **Di|vi|den|de,** *die;* -, -n (Wirtsch.: der auf eine Aktie entfallende Gewinn[anteil]); **di|vi|die|ren** (teilen); **Di|vi|si|on,** *die;* -, -en (Math.: Teilung; Heeresabteilung; Sportspr.: Spielklasse); **Di|vi|sor,** *der;* -s, ...oren (Bruchrechnung: Nenner)

Di|wan, *der;* -s, -e (veraltend für: ein niedriges Liegesofa)

Di|xie|land [amerik. *dikßiländ*], *der;* -[s] u. **Di|xie|land|jazz** (auch:) Di|xie|land-Jazz (eine nordamerik. Variante des Jazz)

Do|ber|mann, *der;* -s, ...männer (eine Hunderasse)

doch

Docht, *der;* -[e]s, -e

Dock, *das;* -s, -s u. (selten:) -e (Anlage zum Ausbessern von Schiffen); **Do|cker,** *der;* -s, - (Dockarbeiter); **Dock|ha|fen; Do|cking,** *das;* -s, -s (Ankoppelung an ein Raumfahrzeug)

Do|ge [*dosche*; it. Ausspr. *dodsche*], *der;* -n, -n (früher: Titel des Staatsoberhauptes in Venedig u. Genua); **Do|gen|pa|last**

Dog|ge, *die;* -, -n (eine Hunderasse)

Dog|ma, *das;* -s, ...men (Kirchenlehre; [Glaubens]satz; Lehrmeinung); **dog|ma|tisch** (die [Glaubens]lehre betreffend; lehrhaft; streng [an Lehrsätze] gebunden); **Dog|ma|tis|mus,** *der;* - (oft abwertend für: Festhalten an Lehrmeinungen u. Glaubenssätzen)

Doh|le, *die;* -, -n (ein Rabenvogel)

Do-it-your|self-Be|we|gung [*du it juᵣßälf*...] (Bewegung, die sich als eine Art Hobby die eigene Ausführung handwerklicher Arbeiten zum Ziel gesetzt hat)

Dok|tor, *der;* -s, ...oren (höchster akadem. Grad; ugs. auch für: Arzt; Abk.: Dr. [in der *Mehrz.* Dres., wenn mehrere Personen, nicht mehrere Titel einer Person gemeint sind]); **Dok|to|rand,** *der;* -en, -en (Student, der sich auf die Doktorprüfung vorbereitet); **Dok|to|ran|din; Dok|tor‿ar|beit, ...fra|ge** (ugs.: sehr schwierige Frage), **...grad, ...hut** *(der);* **Dok|to|rin** [auch: *dokt*...] (ugs. auch für: Ärztin); **Dok|tor‿in|ge|ni|eur** (Abk.: Dr.-Ing.), **...mut|ter; ...prü|fung, ...ti|tel, ...va|ter, ...wür|de;** **Dok|t|rin,** *die;* -, -en (Lehrsatz; Lehrmeinung); **dok|t|ri|när** (abwertend für: an einer Lehrmeinung starr festhaltend; gedanklich einseitig)

Do|ku|ment, *das;* -[e]s, -e (Urkunde; Schriftstück; Beweis); **Do|ku|men|tar‿auf|nah|me, ...film; do|ku|men|ta|risch** (urkundlich; belegbar); **Do|ku|men|ta|ti|on** [...*zion*], *die;* -, -en (Zusammenstellung, Ordnung u. Nutzbarmachung von Dokumenten u. Materialien jeder Art); **do|ku|men|tie|ren** (bekunden; belegen)

Dolch, *der;* -[e]s, -e; **Dolch|stoß**

Dol|de, *die;* -, -n

Dol|lar, *der;* -[s], -s (Währungseinheit in den USA, in Kanada, Australien u. a.; Zeichen: $); 30 -

dol|met|schen; Dol|met|scher, *der;* -s, - (jmd., der [berufsmäßig] mündlich übersetzt); **Dol|met|sche|rin; Dol|met|scher‿in|sti|tut, ...schu|le**

Dom, *der;* -[e]s, -e; **Do|mä|ne,** *die;* -, -n (Staatsgut, -besitz; Spezialgebiet); **Do|mes|tik,** *der;* -en, -en (veraltend, meist abwertend für: Dienstbote); **Do|mes|ti|ka|ti|on** [*...zion*], *die;* -, -en (Umzüchtung wilder Tiere zu Haustieren); **do|mes|ti|zie|ren; do|mi|nant** (vorherrschend; überlagernd, überdeckend); **Do|mi|nanz,** *die;* -, -en; **do|mi|nie|ren** ([vor]herrschen, beherrschen); **Do|mi|ni|ka|ner,** *der;* -s, - (Angehöriger eines Mönchsordens); **Do|mi|ni|ka|ner‿klos|ter, ...mönch, ...or|den** (*der;* -s); **Do|mi|ni|on** [*dominj^en*], *das;* -s, -s u. ...ien [*...i^en*] (früher: sich selbst regierender Teil des Commonwealth); [1]**Do|mi|no,** *der;* -s, -s (Maskenmantel, -kostüm); [2]**Do|mi|no,** *das;* -s, -s (ein Spiel); **Do|mi|zil,** *das;* -s, -e (Wohnsitz; Bankw.: Zahlungsort [von Wechseln]); **Dom|pfaff,** *der;* -en u. -s, -en (ein Singvogel)

Domp|teur [*...tör*], *der;* -s, -e; **Domp|teu|se** [*...tös^e*], *die;* -, -n

Dön|er|ke|bab, *der;* -[s], -s (eine türk. Fleischspezialität)

Don Ju|an [*don chuan,* auch: *donjuan* od. *dong schuang*], *der;* - -s, - -s (eine span. Sagengestalt; Verführer; Frauenheld)

Don|ner, *der;* -s, -; **don|nern; Don|ners|tag,** *der;* -[e]s, -[e]; vgl. Dienstag; **don|ners|tags; Don|ner|wet|ter,** *das;* -s, -

doof (ugs.); **Doof|heit,** *die;* - (ugs.)

do|pen [auch: *do...*] (Sportspr.: durch [verbotene] Anregungsmittel zu Höchstleistungen bringen); **Do|ping** [auch: *do...*], *das;* -s, -s

Dop|pel, *das;* -s, - (zweite Ausfertigung [einer Schrift]; Tennis: Doppelspiel); **Dop|pel‿ad|ler, ...a|xel** (eine Eislauffigur), **...bett; dop|pel|bö|dig** (hintergründig); **Dop|pel|de|cker** (ein Flugzeugtyp; ugs. für: Omnibus mit Oberdeck); **dop|pel|deu|tig; Dop|pel|fens|ter; Dop|pel|gän|ger; dop|pel|glei|sig; Dop|pel‿hoch|zeit, ...kinn, ...klick** (EDV: zweimaliges Betätigen der Maustaste), **...kopf** (*der;* -[e]s; ein Kartenspiel), **...le|ben** (*das;* -s), **...punkt; dop|pel‿rei|hig, ...sin|nig; dop|pelt;** -e Buchführung; - gemoppelt (ugs. für: unnötigerweise zweimal); **dop|pelt koh|len|sau|er,** (fachspr.:) **dop|pelt|koh|len|sau|er; Dop|pel‿ver|die|ner, ...zent|ner** (100 kg; Zeichen: dz), **...zim|mer; dop|pel|zün|gig** (abwertend); **Dop|pel|zün|gig|keit**

Do|ra|do; vgl. Eldorado

Dorf, *das;* -[e]s, Dörfer; **Dorf|be|woh|ner; dörf|lich; Dorf|schen|ke**

Dorn, *der;* -[e]s, -en (ugs. auch: Dörner) u. (Technik:) -e; **Dor|nen|he|cke,** Dornhe|cke; **Dor|nen|kro|ne; dor|nen|reich; dor|nig; Dorn|rös|chen,** *das;* -[s] (Märchengestalt)

dör|ren (ausdorren); **Dörr‿fleisch, ...ge|mü|se, ...obst**

Dorsch, *der;* -[e]s, -e (ein Fisch)

dort; dort|her [auch: *dorther, dorther*]; **dort|hin** [auch: *dorthin, dorthin*]; **dor|tig**

Do|se, *die;* -, -n (kleine Büchse; selten für: Dosis); **Do|sen** (auch *Mehrz.* von: Dosis)

dö|sen (ugs.)

Do|sen|bier; do|sen|fer|tig; Do|sen‿fleisch, ...milch, ...öff|ner

do|sie|ren (ab-, zumessen)

dö|sig

Do|sis, *die;* -, ...sen (zugemessene [Arznei]gabe, kleine Menge)

Dos|si|er [*doßie*], *das* (veralt.: *der*); -s, -s (Aktenheft, -bündel)

do|tie|ren; Do|tie|rung

Dot|ter, *der* u. *das;* -s, - (Eigelb); **Dot|ter|blu|me; dot|ter|gelb**

dou|beln [*dub^eln*] (Film: als Double spielen); **Dou|b|le** [*dub^el*], *das;* -s, -s (Film: Ersatzspieler [ähnlichen Aussehens]); **Dou|b|lé** [*duble*]; vgl. Dublee

down [*daun*] (ugs. für: zerschlagen, niedergeschlagen); **down|loa|den** [*daunlo^ud^en*] (EDV: herunterladen); ich habe downgeloadet

Do|zent, *der;* -en, -en (Lehrer [an einer Universität od. Hochschule]); **Do|zen|tur,** *die;* -, -en; **do|zie|ren**

Dra|che, *der;* -n, -n (ein Fabeltier); **Dra|chen,** *der;* -s, - (ein Fluggerät; Segelboot; abwertend für: zänkische Frau)

Dra|gee, (auch:) **Dra|gée** [*...sche*], *das;* -s, -s (mit Zucker od. Schokolade überzogene Süßigkeit; Arzneipille)

Dra|go|ner, *der;* -s, - (früher: leichter Reiter; ugs. für: resolute Frau)

Draht, *der;* -[e]s, Drähte; [1]**drah|ten** (mit Draht zusammenflechten; veraltend für: telegrafieren); [2]**drah|ten** (aus Draht); **Draht‿e|sel** (ugs. scherzh. für: Fahrrad), **...ge|flecht; Draht|haar|fox** (eine Hunderasse); **drah|tig; Draht‿kom|mo|de** (ugs. scherzh. für: Klavier), **...korb; draht|los;** -e Telegrafie; **Draht‿rol|le, ...seil, ...seil|bahn, ...ver|hau, ...zaun, ...zie|her** (auch für: jmd., der im Verborgenen andere für seine [polit.] Ziele einsetzt)

Drai|na|ge; vgl. Dränage

Drai|si|ne [*drai...*, auch: *drä...*], *die;* -, -n (Vorläufer des Fahrrades; Eisenbahnfahrzeug zur Streckenkontrolle)

dra|ko|nisch (sehr streng)

drall (derb, stramm); **Drall,** *der;* -[e]s, -e ([Geschoss]drehung; Windung der Züge in Feuerwaffen)

Dra|ma, *das;* -s, ...men (Schauspiel; erregendes od. trauriges Geschehen); **Dra|ma|tik,** *die;* - (dramatische Dichtkunst; erregende Spannung); **Dra|ma|ti|ker,** *der;* -s, - (Dramendichter); **dra|ma|tisch** (in Dramenform; auf das Drama bezüglich; gesteigert lebhaft; erregend, spannend); **dra|ma|ti|sie|ren** (als Schauspiel für die Bühne bearbeiten; als besonders aufregend, schlimm darstellen); **Dra|ma|ti|sie|rung; Dra|ma|turg,** *der;* -en, -en (literarischer Berater bei Theater, Film u. Fernsehen); **Dra|ma|tur|gie,** *die;* -, ...ien (Gestaltung, Bearbeitung eines Dramas; Lehre vom Drama); **dra|ma|tur|gisch**

dran (ugs. für: daran); - sein (ugs. für: an der Reihe sein); - glauben müssen (ugs. für: sterben müssen; einer Gefahr o. Ä. nicht entgehen)

Drä|na|ge, (auch:) Drai|na|ge [*...asche*], *die;* -, -n (Med.: Ableitung von Wundabsonderungen; schweiz., sonst veralt. für: Dränung)

Drang, *der;* -[e]s, (selten:) Dränge

dran|ge|ben (ugs. für: darangeben); **dran|ge|hen** (ugs. für: darangehen)

Drän|ge|lei; drän|geln; drän|gen; Drang|sal, *die;* -, -e (Not, bedrängte Lage); **drang|sa|lie|ren** (quälen)

dran|hal|ten, sich (ugs. für: daranhalten, sich); **dran|kom|men** (ugs. für: an die Reihe kommen); **dran|krie|gen** (ugs.); **dran|ma|chen,** sich; **dran|set|zen** (ugs. für: daransetzen)

Drä|nung, *die;* -, -en (Entwässerung des Bodens durch Rohre)

dra|pie|ren ([mit Stoff] behängen, [aus]schmücken; raffen; in Falten legen); **Dra|pie|rung**

dras|tisch (sehr deutlich; derb)

dräu|en (veralt. für: drohen)

drauf (ugs. für: darauf); - und dran sein (ugs. für: nahe daran sein); [gut/schlecht] drauf sein ([gut/schlecht] gelaunt sein); **Drauf|ga|be** (Handgeld beim Vertrags-, Kaufabschluss; österr. auch für: Zugabe des Künstlers); **Drauf|gän|ger; drauf|gän|ge|risch; Drauf|gän|ger|tum,** *das;* -s; **drauf|ge|ben;** jmdm. eins - (ugs. für: jmdm. einen Schlag versetzen; jmdn. zurechtweisen); **drauf|ge|hen** (ugs. auch für: verbraucht werden, sterben); **drauf|le|gen** (ugs. für: zusätzlich bezahlen); **drauf|schla|gen** (ugs. für: auf etwas schlagen; aufschlagen); **drauf sein;** vgl. drauf; **drauf|zah|len** (drauflegen)

draus (ugs. für: daraus)

drau|ßen

drech|seln; Drechs|ler; Drechs|ler|ar|beit

Dreck, *der;* -[e]s (ugs.); **Dreck‿ar|beit, ...ei|mer** (ugs.), **...fink** (*der;* -en [auch: -s], -en) (ugs.); **...hau|fen** (ugs.); **dre|ckig** (ugs.); **Dreck|nest** (ugs. für: Dorf, Kleinstadt); **Drecks|ar|beit** (ugs.); **Dreck|sau** (derb); **Dreck|schleu|der** (ugs. für: freches Mundwerk; Fabrikanlage o. Ä., die die Luft verschmutzt); **Drecks|kerl** (derb); **Dreck|spatz** (ugs.)

Dreh, *der;* -[e]s, -s od. -e (ugs. für: Einfall, Kunstgriff); **Dreh‿ach|se, ...ar|beit** (meist *Mehrz.;* Film), **...bank** (*Mehrz.* ...bänke); **dreh|bar; Dreh‿be|we|gung, ...blei|stift, ...buch** (Vorlage für Filmaufnahmen); **Dreh|buch|au|tor; Dreh|büh|ne; dre|hen; Dre|her; Dre|he|rei; Dreh|strom|mo|tor; Dreh‿stuhl, ...tür; Dre|hung**

drei, *Wesf.* dreier, *Wemf.* dreien; der Saal war erst drei viertel voll; es ist drei viertel acht; **Drei,** *die;* -, -en; eine Drei würfeln; er hat in Deutsch eine Drei geschrieben; **drei‿ar|mig; ...bän|dig; ...bei|nig; ...di|men|si|o|nal; Drei|eck; drei|eckig; Drei|ecks|ge|schich|te; drei|ein|halb; Drei|ei|nig|keit,** *die;* -; **drei|er|lei; drei|fach; Drei|fal|tig|keit,** *die;* -; **Drei|far|ben|druck** (*Mehrz.* ...drucke); **drei|far|big; drei‿hun|dert; ...jäh|rig; Drei‿kä|se|hoch,** *der;* -s, -[s] (ugs. scherzh.); **...klang; ...klas|sen|wahl|recht,** (*das;* -[e]s; hist.); **...kö|ni|ge** (Dreikönigsfest); an, auf, nach, vor, zu -; **...kö|nigs|fest** (6. Jan.); **drei|mal; Drei|mas|ter,** *der;* -s, - (dreimastiges Schiff); **drei|mas|tig; Drei|me|ter|brett**

drein (ugs. für: darein); **drein|bli|cken;** finster -; **drein|fin|den,** sich (ugs. für: dareinfinden, sich); **drein|re|den** (ugs. für: dareinreden); **drein|schla|gen** (ugs. für: in etwas hineinschlagen)

Drei‿rad, ...satz, ...spitz (früher: dreieckiger Hut); **drei|ßig; drei|ßig|jäh|rig**

dreist; Dreis|tig|keit

drei‿tau|send; ...tei|lig; ...und|ein|halb; ...und|zwan|zig; drei vier|tel; vgl. drei; **Drei‿vier|tel|stun|de; ...vier|tel|takt** [*...fir...*]; **...zack,** *der;* -[e]s, -e; **drei|zehn; Drei|zim|mer|woh|nung**

Dre|sche, *die;* - (ugs. für: Prügel); **dre|schen;** drosch, gedroschen; **Dresch|fle|gel**

Dress, *der;* -[es], -e (österr. auch:) *die;* -, -n ([Sport]kleidung); **dres|sie|ren; Dresseur** [...ßör], *der;* -s, -e (jmd., der Tiere dressiert); **Dres|seu|rin** [...ßörin]; **Dress|man** [dräßmän], *der;* -s, ...men (männl. Person, die Herrenkleidung vorführt); **Dres|sur,** *die;* -, -en; **Dres|sur|rei|ten,** *das,* -s

drib|beln (Sportspr.: den Ball durch kurze Stöße vortreiben); **Dribb|ling,** *das;* -s, -s (das Laufen mit dem Ball [am Fuß])

Drift, *die;* -, -en (Seemannsspr.: Strömung an der Meeresoberfläche; auch svw. Abtrift); **drif|ten** (Seemannsspr.: treiben)

Drill, *der;* -[e]s (Milit.: Einübung); **Drill|boh|rer; drillen** (Milit.: einüben; mit dem Drillbohrer bohren; Landw.: in Reihen säen)

Dril|lich, *der;* -s, -e (ein festes Gewebe); **Dril|ling** (auch für: Jagdgewehr mit drei Läufen)

Drill|ma|schi|ne (Landw.: Maschine, die in Reihen sät)

drin (ugs. für: darin); - sein (ugs. auch für: möglich sein)

drin|gen; drang, gedrungen; **drin|gend; dring|lich; Dring|lich|keit,** *die;* -

Drink, *der;* -[s], -s (alkohol. [Misch]getränk)

drin|nen (ugs. für: darinnen); **drin sein;** vgl. drin; **drin|sitzen** (ugs. für: in der Patsche sitzen); **drin|ste|cken** (ugs. für: viel Arbeit, Schwierigkeiten haben)

drit|te; Friedrich der Dritte; der dritte Stand (der Bürgerstand); die Dritte Welt (die Entwicklungsländer); jeder Dritte; er ist der Dritte in der Reihe; von dreien der Dritte sein; ein Dritter (ein Unbeteiligter); ein Drittes erwähnen; zum Dritten wäre noch dies zu erwähnen; **Drit|tel,** *das* (schweiz. meist: *der*); -s, -; **drit|teln** (in drei Teile teilen); **drittens; Drit|te-Welt-La|den** (Geschäft, in dem Erzeugnisse der Entwicklungsländer verkauft werden); **Drittland** (*Mehrz.* ...länder)

Drive [*draiw*], *der;* -s, -s (Schwung; Tendenz, Neigung; Treibschlag beim Golf u. Tennis; Jazz: treibender Rhythmus)

dro|ben (da oben)

Dro|ge, *die;* -, -n (bes. medizin. verwendeter Rohstoff; auch für: Rauschgift); **drogen|ab|hän|gig; Drogen‿be|ra|tungs|stel|le, ...miss|brauch, ...sucht; Dro|ge|rie,** *die;* -, ...ien; **Drogist,** *der;* -en, -en

Droh|brief; dro|hen

Droh|ne, *die;* -, -n (Bienenmännchen; übertr. für: Nichtstuer)

dröh|nen (ugs. auch für: Rauschgift nehmen)

Dro|hung

drol|lig; Drol|lig|keit

Dro|me|dar [auch: *dro...*], *das;* -s, -e (einhöckeriges Kamel)

Drops, der, (auch:) *das;* -, - (meist *Mehrz.;* Fruchtbonbon)

Drosch|ke, *die;* -, -n (früher für: leichtes Fuhrwerk; veraltend für: Taxi); **Droschken‿gaul** (ugs. abwertend), **...kut|scher**

Dros|sel, *die;* -, -n (ein Singvogel); **Dros|sel|bart;** König - (eine Märchengestalt); **dros|seln; Dros|se|lung, Dross|lung**

drü|ben (auf der anderen Seite); **drü|ber** (ugs. für: darüber)

Druck, *der;* -[e]s, (techn.:) Drücke, (Druckw.:) Drucke u. (Textilw. für bedruckte Stoffe:) -s; **Druck|buch|stabe; Drü|cke|ber|ger; druckemp|find|lich; dru|cken; drü|cken; drü|ckend;** drückend heißes Wetter; es war drückend heiß; **Dru|cker; Drü|cker; Dru|cke|rei; Drucker|schwär|ze; Druck‿er|zeug|nis, ...feh|ler; druck|fer|tig; Druck‿knopf, ...mit|tel** *(das);* **druck|reif; Druck‿sa|che, ...schrift; druck|sen** (ugs. für: nicht recht mit der Sprache herauskommen)

Dru|de, *die;* -, -n (Nachtgeist; Zauberin; Hexe); **Dru|denfuß** (Zeichen gegen Zauberei)

Drug|store [*drágstå^r*], *der;* -s, -s [in den USA] Geschäft für gängige Bedarfsartikel mit Imbissecke)

drum (ugs. für: darum)

Drum [*dram*], *die;* -, -s (engl. Bez. für: Trommel); **Drummer** [*dram^er*], *der;* -s, - (Schlagzeuger in einer [4]Band); **Drums** [*drams*], *die* (*Mehrz.;* Bez. für das Schlagzeug)

Drum und Dran, *das;* - - -

drun|ten (da unten); **drun|ter** (ugs. für: darunter)

Drü|se, *die;* -, -n

dry [*drai*] (herb [von alkohol. Getränken])

Dschun|gel, *der* u. (selten:) *das;* -s, -; **Dschun|gel|krieg**

Dschun|ke, *die;* -, -n (chin. Segelschiff)

du (auch in Briefen kleingeschrieben); **Du,** *das;* -[s], -[s]; jmdm. das Du anbieten; jmdn. mit Du anreden; mit jmdm. auf Du und Du stehen; du, (auch:) Du zueinander sagen; mit jmdm. per du, (auch:) per Du sein

Dü|bel, *der;* -s, - (kleiner Holzkeil, Zapfen); **dü|beln**

du|bi|os (zweifelhaft; unsicher)

Du|b|lee [*...ble*], *das;* -s, -s (Metall mit Edelmetallüberzug; Stoß beim Billardspiel); **Du|b|lee|gold; Du|b|let|te,** *die;* -, -n

du|cken; Duck|mäu|ser, *der;* -s, - (ugs. abwertend für: verängstigter, unterwürfiger Mensch)

Du|de|lei (ugs. abwertend); **du|deln; Du|del|sack** (ein Blasinstrument); **Du|delsack|pfei|fer**

Du|ell, *das;* -s, -e (Zweikampf); **du|el|lie|ren,** sich

Du|ẹtt, *das;* -[e]s, -e (Musikstück für zwei Singstimmen)
Duf|f|le|coat [*dáfᵉlkoᵘt*], *der;* -s, -s (dreiviertellanger Sportmantel)
Dụft, *der;* -[e]s, Düfte
dụf|te (ugs., bes. berl. für: gut, fein)
dụf|ten; dụf|tig; Dụft‿stoff, ...was|ser (*Mehrz.* ...wässer)
Du|ka|ten, *der;* -s, - (frühere Goldmünze)
dụl|den; Dụl|der|mie|ne; dụld|sam; Dụld|sam|keit, *die;* -
Dụlt, *die;* -, -en (bayr. für: Messe, Jahrmarkt)
dụmm; dümmer, dümmste; **Dụmm|bar|tel,** *der;* -s, - (ugs. für: dummer Mensch); **dụmm|dreist; Dum|me|jụn|gen|streich,** *der; Wesf.* des Dumme[n]jungenstreich[e]s, *Mehrz.* die Dumme[n]jungenstreiche; **Dụm|mer|jan,** *der;* -s, -e (ugs. für: dummer Kerl); **dụm|mer|wei|se; Dụmm|heit; Dụmm|kopf** (abwertend); **dụ̈mm|lich**
Dum|my [*dạmi*], *der* (auch für Attrappe, Probeband: *das*); -s, -s od. ...mies (Attrappe; Puppe für Unfalltests; Probeband)
dụ̈m|peln (Seemannsspr.: leicht schlingern)
dụmpf; Dụmpf|ba|cke (ugs. für: törichter, einfältiger Mensch); **Dụmpf|heit,** *die;* -; **dụmp|fig**
Dum|ping [*dạmping*], *das;* -s, (Wirtsch.: Unterbieten der Preise)
dun (nordd. für: betrunken)
Dü|ne, *die;* -, -n; **Dü|nen‿gras, ...sand**
Dụng, *der;* -[e]s; **Dụ̈n|ge|mit|tel,** *das;* **dụ̈n|gen; Dụ̈n|ger,** *der;* -s, -; **Dụng|gru|be; Dụ̈n|gung**
dụn|kel; seine Spuren verloren sich im Dunkeln; im Dunkeln tappen; jmdn. über etwas im Dunkeln lassen; **Dụn|kel,** *das;* -s
Dụ̈n|kel, *der;* -s
Dụn|kel|ar|rest; dụn|kel‿äu|gig, ...blau, ...blond, ...haa|rig
dụ̈n|kel|haft
dụn|kel|häu|tig; Dụn|kel|heit; Dụn|kel‿kam|mer, ...mann (*Mehrz.* ...männer); **dụn|keln; dụn|kel|rot; Dụn|kel|zif|fer** (nicht bekannte Anzahl)
dụ̈n|ken; mich od. mir dünkt
dụ̈nn; Dụ̈nn‿darm, ...druck (*Mehrz.* ...drucke); **Dụ̈nn|druck‿aus|ga|be, ...pa|pier; dụ̈nn|ma|chen,** sich (ugs. für: weglaufen); **dụ̈nn|wan|dig**
Dụnst, *der;* -es, Dünste; **dụns|ten** (Dunst verbreiten); **dụ̈ns|ten** (dunsten; in Dampf gar machen); **Dụnst|glo|cke; dụns|tig; Dụnst‿kreis, ...schicht, ...schlei|er**
Dü|nung, *die;* -, -en (durch Wind hervorgerufener Seegang)
Duo, *das;* -s, -s (Musikstück für zwei Instrumente; auch für: die zwei Ausführenden)
dü|pie|ren (geh. für: täuschen, überlisten)
Du|p|li|kat, *das;* -[e]s, -e; **du|p|li|zie|ren** (verdoppeln); **Du|p|li|zi|tät,** *die;* -, -en (doppeltes Vorkommen, Auftreten)
Dur, *das;* - (Musik: Tongeschlecht mit großer Terz); A-Dur
dụrch; *Verhältnisw.* mit *Wenf.:* - ihn; der Bus muss schon durch sein (ugs. für: durchgekommen sein); es muss schon elf Uhr durch sein (ugs.); bei jmdm. unten durch sein (ugs. für: jmds. Wohlwollen verscherzt haben)
dụrch|a|ckern (ugs. für: sorgsam durcharbeiten)
dụrch|ar|bei|ten (sorgsam bearbeiten; pausenlos arbeiten)
dụrch|at|men
durch|aus [auch: *dụrchauß* u. *dụrch...*]
dụrch|bei|ßen
dụrch|blät|tern, durch|blạ̈t|tern; er hat das Buch dụrchgeblättert od. durchblättert
dụrch|bläu|en (ugs. für: durchprügeln); **dụrch|bleu|en** (alte Schreibung für:) durchbläuen
Dụrch|blick; dụrch|bli|cken (hindurchblicken)
Durch|blu|tung; Durch|blu|tungs|stö|rung
dụrch|boh|ren; er hat ein Loch durchgebohrt; der Wurm hat sich durchgebohrt; **durch|boh|ren;** eine Kugel hat die Tür durchbohrt; von Blicken durchbohrt
dụrch|bo|xen (ugs. für: durchsetzen); sich -
dụrch|bra|ten; das Fleisch war gut dụrchgebraten
dụrch|bre|chen; er ist [durch das Eis] durchgebrochen; er hat den Stock durchgebrochen; **durch|brẹ|chen;** er hat die Schranken, die Schallmauer durchbrochen
dụrch|bren|nen (ugs. auch für: sich heimlich davonmachen)
Dụrch|bruch, *der;* -[e]s, ...brüche
dụrch|den|ken; ich habe die Sache noch einmal durchgedacht; **durch|dẹn|ken;** ein gut durchdachter Plan
dụrch|dis|ku|tie|ren
dụrch|dre|hen; das Fleisch [durch den Wolf] -; ich bin völlig durchgedreht (ugs. für: verwirrt)
dụrch|drin|gen; er ist mit seiner Ansicht nicht durchgedrungen; **durch|drịn|gen;** sie hat das Urwaldgebiet durchdrungen
dụrch|drü|cken; sie hat die Änderung doch noch durchgedrückt (ugs. für: durchgesetzt)
durch|drụn|gen; von etwas - (erfüllt)
durch|ei|n|ạn|der; etwas durcheinander bringen;

alles war durcheinander gegangen; sie waren ziellos durcheinander gelaufen; wenn alle durcheinander reden; **Durch|ei|n|an|der** [auch: *durch...*], *das;* -s; **durch|ei|n|an|der brin|gen, durch|ei|n|an|der ge|hen, durch|ei|n|an|der lau|fen, durch|ei|n|an|der re|den** usw.; vgl. durcheinander
Durch|fahrt; Durch|fahrts-stra|ße
Durch|fall, *der;* -s, ...fälle; **durch|fal|len**
durch|fei|ern; sie haben bis zum Morgen durchgefeiert; **durch|fei|ern;** eine durchfeierte Nacht
durch|fors|ten (den Wald ausholzen; etw. [kritisch] durchsehen)
durch|führ|bar; durch|füh|ren; Durch|füh|rung
Durch|gang; durch|gän|gig; Durch|gangs‿bahn|hof, ...la|ger, ...stra|ße, ...ver|kehr
durch|ge|dreht (ugs. für: verwirrt)
durch|ge|hend
durch|geis|tigt
durch|grei|fen (Ordnung schaffen)
durch|hal|ten (bis zum Ende aushalten); **Durch|hal|te|pa|ro|le**
durch|hau|en, er hat den Ast durchgehauen; er haute den Jungen durch; **durch|hau|en;** er hat den Knoten mit einem Schlag durchhauen
durch|he|cheln (ugs. auch für: boshaft über jmdn. reden); Flachs -
durch|hun|gern, sich; ich habe mich durchgehungert
durch|käm|men; das Haar wurde durchgekämmt; **durch|käm|men;** die Polizei hat den Wald durchkämmt
durch|kom|men
durch|kreu|zen (kreuzweise durchstreichen); **durch|kreu|zen;** man hat seinen Plan durchkreuzt
durch|las|sen; durch|läs|sig
Durch|laucht, *die;* -, -en
Durch|lauf|er|hit|zer
durch|le|sen; ich habe den Brief durchgelesen
durch|leuch|ten; das Licht hat [durch die Vorhänge] durchgeleuchtet; **durch|leuch|ten** (mit Licht, mit Röntgenstrahlen durchdringen); die Brust des Kranken wurde durchleuchtet; **Durch|leuch|tung**
durch|lö|chern; das Brett war von Kugeln durchlöchert
durch|ma|chen (ugs.); die Familie hat viel durchgemacht
Durch|marsch, *der;* **durch|mar|schie|ren**
Durch|mes|ser, *der* (Zeichen: *d* [nur kursiv] od. ∅)
durch|näs|sen; er war völlig durchnässt
durch|neh|men; der Lehrer hat den schwierigen Stoff nochmals durchgenommen
durch|num|me|rie|ren; Durch|num|me|rie|rung
durch|que|ren; sie hat das Land zu Fuß durchquert
Durch|rei|che, *die;* -, -n (Öffnung zum Durchreichen von Speisen)
durchs (durch das)
Durch|sa|ge, *die;* -, -n
durch|schau|bar; durch|schau|en; er hat [durch das Fernrohr] durchgeschaut; **durch|schau|en;** ich habe ihn durchschaut
durch|schei|nen; die Sonne hat durchgeschienen; **durch|schei|nen;** vom Tageslicht durchschienen; **durch|schei|nend**
Durch|schlag|pa|pier; Durch|schlags|kraft, *die;* -
durch|schnei|den; sie hat das Tuch durchgeschnitten; **durch|schnei|den;** von Kanälen durchschnittenes Land; **Durch|schnitt;** im -; **durch|schnitt|lich; Durch|schnitts‿al|ter, ...bür|ger, ...ein|kom|men, ...ge|schwin|dig|keit**
Durch|schrift
durch|set|zen (erreichen); ich habe es durchgesetzt; **durch|set|zen;** das Gestein ist mit Erzen durchsetzt
Durch|sicht, *die;* -; **durch|sich|tig**
durch|sie|ben; sie hat das Mehl durchgesiebt; **durch|sie|ben;** die Tür war von Kugeln durchsiebt
durch|star|ten; der Pilot hat die Maschine durchgestartet
durch|ste|hen; sie hat viel durchgestanden; er hat den Skisprung durchgestanden
Durch|stich
durch|trai|nie|ren; sein Körper ist durchtrainiert
durch|tren|nen, durch|tren|nen; er hat das Kabel durchgetrennt od. durchtrennt
durch|trie|ben (gerissen)
durch|weg [auch: *durchwẹ̈k*]; **durch|wegs** [auch. *durchwẹkß*] (österr. u. schweiz. nur so, sonst ugs. neben: durchweg)
durch|wüh|len; die Maus hat sich durchgewühlt; **durch|wüh|len;** die Diebe haben alles durchwühlt od. durchgewühlt
durch|zäh|len; sie hat durchgezählt
durch|ze|chen; er hat die Nacht durchgezecht; **durch|ze|chen;** durchzechte Nächte
durch|zie|hen; ich habe den Faden durchgezogen; **durch|zie|hen;** wir haben das Land durchzogen; **Durch|zug**
durch|zwän|gen; ich habe mich durchgezwängt
dür|fen; darf, gedurft
dürf|tig
dürr; Dür|re, *die;* -, -n
Durst, *der;* -[e]s; **durs|ten** (geh. für: Durst haben); **dürs|ten** (geh.); mich dürstet, ich dürste; **durs|tig; Durst|stre|cke** (Zeit der Entbehrung)
Du|sche [auch: *du...*], *die;* -,

-n; **duschen** [auch: *du̲...*]; **Dụsch|gel**
Dü̲|se, *die;* -, -n
Du̲|sel, *der;* -s (ugs. für: unverdientes Glück; landsch. für: Schwindel, Rausch)
Dü̲|sen‿an|trieb, ...jä|ger
Dụs|sel, *der;* -s, - (ugs. für: Dummkopf); **dụss|lig; Dụss|lig|keit**
du̲s|ter (landsch. für: düster); **dü̲s|ter; Dü̲s|ter|nis,** *die;* -, -se
Dụtt, *der;* -[e]s, -s od. -e (landsch. für: Haarknoten)
Du|ty|free|shop, (auch:) **Duty-free-Shop** [*dju̲tifri̲schọp*], *der;* -s, -s (Laden, in dem zollfreie Waren verkauft werden)
Dụt|zend, *das;* -s, -e; es gab Dutzende od. dutzende von Reklamationen; [einige, viele] Dutzend[e] od. dutzend[e] Mal[e]; **dụt|zendfach; dụt|zend|mal; Dụtzend‿mensch** (*der;* abwertend), **...wa|re** (*die;* -; abwertend); **dụt|zend|weise**
Du̲z|bru|der; du̲|zen; du duzt
Dy|na̲|mik, *die;* - (Lehre von den Kräften; Schwung, Triebkraft); **dy|na̲|misch** (die Kraft betreffend; voll innerer Kraft; eine Entwicklung aufweisend); **dy|na|misi̲e|ren; Dy|na|mi|si̲e|rung; Dy|na|mi̲t,** *das;* -s (ein Sprengstoff); **Dy|na̲|mo** [oft: *dü̲namo*], *der;* -s, -s (Kurzform für: Dynamomaschine); **Dy|na̲|mo|ma|schine** (ein Stromerzeuger); **Dynas|ti̲e,** *die;* -, ...i̲en (Herrschergeschlecht, -haus); **dynạs|tisch**
D-Zug [*de̲...*] (»Durchgangszug«; Schnellzug)

Ee

E (Buchstabe); das E; des E, die E; aber: das e in Berg
e, E, *das;* -, - (Tonbezeichnung)
Ea|sy|ri|der [*i̲sira̲id^er*], *der;* -s, -[s], (auch:) **Ea|sy Ri|der,** *der;* - -s, - -[s] (Jugendlicher, der ein Motorrad mit hohem Lenker u. hochlehnigem Sattel fährt)
Eau de Co|lo|g|ne [*o̲ d^e kolọnj^e*], *das;* - - - (Kölnischwasser)
Ẹb|be, *die;* -, -n
e̲|ben (flach); **E̲|ben|bild; e̲|ben|bür|tig; e̲|ben|da̲** [auch: *e̲b^endá̲*] (Abk. ebd.); **E̲|be|ne,** *die;* -, -n; **e̲|benfalls**
E̲|ben|holz
E̲|ben|maß, *das;* **e̲|ben|mä|ßig**
e̲|ben|so; wir könnten ihn ebenso gut auch schnell anrufen; wir können ihn ebenso gut leiden wie ihr; es dauert bei ihr ebenso lange wie beim ihm; ich habe den Film ebenso oft gesehen wie du; wir freuen uns ebenso sehr wir ihr; ebenso viel, ebenso wenig
e̲|ben|so|viel|mal, (auch:) **e̲|ben|so viel Mal**
E̲|ber, *der;* -s, -
E̲|ber|e|sche, *die;* -, -n
e̲b|nen
e|chauf|fi̲ert (erhitzt; aufgeregt)
Ẹ|cho, *das;* -s, -s
Ẹch|se, *die;* -, -n
ẹcht; Ẹcht|heit, *die;* -
Ẹck‿ball (Sportspr.), **...bank** (*Mehrz.* ...bänke); **Ẹ|cke,** *die;* -, -n; **Ẹ|cken|ste|her,** *der;* -s, - (ugs. veraltend für: Nichtstuer)
Ẹ|ckern, *die* (*Mehrz.;* Farbe im dt. Kartenspiel)
Ẹck|haus; ẹ|ckig; Ẹck‿lohn, ...pfei|ler, ...stoß (Sportspr.), **...zins**

E|c|lair [*eklä̲r*], *das;* -s, -s (ein Gebäck)
e̲|del; E̲|del‿mann (*Mehrz.* ...leute), **...me|tall, ...mut; e̲|del|mü|tig; E̲|del‿stein, ...tan|ne, ...weiß** (*das;* -[es], -e)
E̲|den, *das;* -s (Paradies im A. T.)
e|di̲e|ren (herausgeben)
E|dịkt, *das;* -[e]s, -e (amtl. Erlass von Kaisern u. Königen)
E|di|ti|on [*...zio̲n*], *die;* -, -en (Ausgabe)
EDV = elektronische Datenverarbeitung
E̲|feu, *der;* -s
Eff|ẹff [auch: *ä̲fä̲f* u. *äfä̲f*] (ugs.); etwas aus dem - (gründlich) verstehen
Ef|fẹkt, *der;* -[e]s, -e (Wirkung, Erfolg; Ergebnis); **Effẹk|ten,** *die* (*Mehrz.;* Wertpapiere); **Ef|fekt|ha|sche|re̲i** (abwertend); **ef|fek|ti̲v** (tatsächlich; wirksam; greifbar); **Ef|fek|ti|vi|tä̲t,** *die;* - (Wirkungskraft); **Ef|fek|ti̲vlohn; ef|fẹkt|voll** (wirkungsvoll)
Ef|fet [*äfe̲* od. *äfä̲*], *der* u. (selten:) *das;* -s, -s (der Drall einer [Billard]kugel, eines Balles)
EG = Europäische Gemeinschaft; vgl. EU
[1]**e|ga̲l** (ugs. für: gleichgültig); das ist mir -; [2]**e̲|gal** (landsch. für: immer [wieder, noch]); er hat - etwas an mir auszusetzen; **e|ga|li|si̲eren** (gleichmachen, ausgleichen); **e|ga|li|tä̲r** (auf Gleichheit gerichtet)
E̲|gel, *der;* -s, - (ein Wurm)
Ẹg|ge, *die;* -, -n (ein Ackergerät); **ẹg|gen**
E̲|go|is|mus, *der;* -, ...men (Selbstsucht; Ggs.: Altruismus); **E̲|go|ịst,** *der;* -en, -en; **E̲|go|ịs|tin; e̲|go|ịs|tisch; E̲|go|zẹn|t|rik,** *die;* - (Ichbezogenheit); **E̲|go|zẹn|t|riker,** *der;* -s, - (ichbezogener Mensch); **E̲|go|zẹn|t|ri|kerin; e̲|go|zẹn|t|risch**

eh (südd., österr. für: sowieso)

E|he, *die;* -, -n; **E|he|be|ra|ter; E|he|be|ra|te|rin; E|he|be|ra|tung; E|he|bett; e|he|bre|chen;** nur in der Grundform u. im Mittelwort der Gegenwart gebr.; sonst: er bricht die Ehe, hat die Ehe gebrochen; die Ehe zu brechen; **E|he|bre|cher; E|he|bre|che|rin; e|he|bre|che|risch; E|he|bruch,** *der*

e|he|dem (vormals)

E|heˬfrau, ...gat|te, ...ge|spons (veralt., noch scherzh.), **...krach** (ugs.), **...leu|te** *(die; Mehrz.);* **e|he|lich; e|he|li|chen** (veraltend, noch scherzh. für: jmdn. heiraten)

e|he|ma|lig; e|he|mals

E|heˬmann (*Mehrz.* ...männer), **...paar, ...part|ner**

e|her; je eher (früher), je lieber

E|heˬring, ...schei|dung, ...schlie|ßung, ...stand (*der;* -[e]s), **...streit, ...ver|spre|chen, ...ver|trag**

Ehr|ab|schnei|der; ehr|bar; Ehr|be|griff; Eh|re, *die;* -, -n; **eh|ren; Eh|ren|amt; eh|ren|amt|lich; Eh|renˬbür|ger, ...dok|tor** (Abk.: Dr. h. c. u. Dr. e. h.), **...gast** (*Mehrz.* ...gäste), **...mann** (*Mehrz.* ...männer); **eh|ren|rüh|rig; Eh|renˬsa|che, ...tri|bü|ne, ...ur|kun|de; eh|renˬvoll, ...wert; Eh|ren|wort** (*Mehrz.* ...worte); **ehr|er|bie|tig; Ehr|er|bie|tung,** *die;* -; **Ehr|furcht** (*die;* -); - gebieten; **Ehr|furcht ge|bie|tend,** (auch: **ehr|furcht|ge|bie|tend;** ein Ehrfurcht gebietendes, (auch:) ehrfurchtgebietendes Schauspiel; **ehr|fürch|tig; Ehrˬge|fühl** (*das;* -[e]s), **...geiz; ehr|gei|zig; ehr|lich; ehr|li|cher|wei|se; Ehr|lich|keit,** *die;* -; **ehr|los; Ehr|lo|sig|keit; Eh|rung; ehr|wür|dig**

Ei, *das;* -[e]s, -er

Ei|be, *die;* -, -n (ein Nadelbaum)

Ei|bisch, *der;* -[e]s, -e (eine Heilpflanze)

Ei|che, *die;* -, -n; **Ei|chel,** *die;* -, -n; **Ei|chel|hä|her** (ein Vogel); **Ei|chel|mast,** *die;* **Ei|cheln,** *die* (*Mehrz.;* Farbe im dt. Kartenspiel); [1]**ei|chen** (aus Eichenholz)

[2]**ei|chen** (das gesetzl. Maß geben; prüfen)

Ei|chenˬholz (*das;* -es); **...laub**

Eichˬhörn|chen, ...kätz|chen od. **...kat|ze**

Eich|maß, *das*

Eid, *der;* -[e]s, -e; an Eides statt

Ei|dech|se, *die;* -, -n

Ei|derˬdau|ne, ...en|te, ...gans

ei|des|statt|lich

Ei|dot|ter (das Gelbe im Ei); **Ei|erˬbri|kett, ...kopf** (Intellektueller; ugs. abwertend od. scherzh. für: eierförmiger Kopf); **...ku|chen, ...li|kör; ei|ern** (ugs. für: ungleichmäßig rotieren); das Rad eiert; **Ei|erˬscha|le, ...schnee, ...stich** (eine Suppeneinlage aus Ei), **...stock** (*Mehrz.* ...stöcke; Med.), **...tanz, ...uhr**

Ei|fer, *der;* -s; **Ei|fe|rer; ei|fern; Ei|fer|sucht;** *die;* -; **ei|fer|süch|tig; eif|rig**

Ei|gelb, *das;* -s, -e (Dotter)

ei|gen; das ist ihr - (ist für sie charakteristisch); **Ei|gen,** *das;* -s; etwas sein Eigen nennen; sich etwas zu Eigen machen (aneignen); **Ei|gen|art; ei|gen|ar|tig; Ei|gen|bröt|ler** (Sonderling); **ei|gen|bröt|le|risch; ei|gen|hän|dig; Ei|gen|heim; Ei|gen|heit; Ei|genˬi|ni|ti|a|ti|ve, ...ka|pi|tal, ...lie|be, ...lob; ei|gen|mäch|tig; ei|gen|nüt|zig; ei|gens; Ei|gen|schaft; Ei|gen|schafts|wort** (für: Adjektiv; *Mehrz.* ...wörter); **ei|gen|sin|nig; ei|gen|stän|dig; ei|gent|lich; Ei|gen|tor,** *das* (Sportspr.)

Ei|gen|tum, *das;* -s; **Ei|gen|tü|mer; ei|gen|tüm|lich**

Ei|gen|wil|le; ei|gen|wil|lig; eig|nen; etwas eignet ihm (geh. für: ist ihm eigen); sich - (geeignet sein); **Eig|nung** (Befähigung); **Eig|nungsˬprü|fung, ...test**

Ei|klar, *das;* -s, - (österr. für: Eiweiß)

Ei|land, *das;* -[e]s, -e (geh. für: Insel)

Eilˬbo|te, ...brief; Ei|le, *die;* -

Ei|lei|ter, *der* (Med.)

ei|len; eil|fer|tig; Eil|gut; ei|lig; Eilˬtem|po, ...zu|stel|lung

Ei|mer, *der;* -s, -

[1]**ein;** es war ein Mann, nicht eine Frau; es war ein Mann, eine Frau, ein Kind [es waren nicht zwei]; zum einen ... zum anderen; ein[e]s will ich dir noch sagen; sie ist sein Ein und [sein] Alles

[2]**ein;** *Umstandsw.:* nicht ein noch aus wissen (ratlos sein); bei jmdm. ein und aus gehen (verkehren)

Ein|ak|ter (Bühnenstück aus nur einem Akt)

ei|n|an|der

ein|ar|bei|ten; Ein|ar|bei|tung

ein|ar|mig

ein|ä|schern

ein|at|men

ein|äu|gig

Ein|bahn|stra|ße

ein|bal|sa|mie|ren

Ein|band, *der;* -[e]s, ...bände

Ein|bau, *der;* -[e]s, (für: eingebautes Teil auch *Mehrz.:*) -ten; **ein|bau|en**

Ein|baum (Boot aus einem ausgehöhlten Baumstamm)

Ein|bauˬschrank, ...teil *(das)*

ein|be|grif|fen; in dem od. den Preis [mit] -; er zahlte die Zeche, den Wein -

ein|be|hal|ten

ein|bei|nig

ein|be|ru|fen; Ein|be|ru|fe|ne, *der* u. *die;* -n, -n; **Ein|be|ru|fung; Ein|be|ru|fungs|be|fehl**

ein|be|zie|hen

ein|bil|den, sich; **Ein|bil|dung; Ein|bil|dungs|kraft** (*die;* -)

ein|bin|den

ein|bläu|en (ugs. für: mit Nachdruck einprägen, einschärfen)

ein|bleu|en, (alte Schreibung für:) einbläuen

Ein|blick

ein|bre|chen; in ein[em] Haus -; **Ein|bre|cher**

ein|bro|cken; sich, jmdm. etwas - (ugs. für: Unannehmlichkeiten bereiten)

Ein|bruch, *der;* -[e]s, ...brüche; **ein|bruch[s]|si|cher**

ein|bür|gern; sich

Ein|bu|ße; ein|bü|ßen

Ein|cent|stück

ein|cre|men, (auch:) einkremen

ein|däm|men; Ein|däm|mung

ein|de|cken; sich -

ein|deu|tig; Ein|deu|tig|keit

ein|dö|sen (ugs. für: einschlafen)

ein|drin|gen; ein|dring|lich; auf das, aufs Eindringlichste od. auf das, aufs eindringlichste; **Ein|dring|ling**

Ein|druck, *der;* -[e]s, ...drücke; **ein|drü|cken; ein|drucks|voll**

ein|dü|beln

ei|ne

ein|eb|nen; Ein|eb|nung

Ein|e|he (Monogamie)

ein|ei|ig; -e Zwillinge

ein|ein|halb

ei|nen (geh. für: einigen)

ein|en|gen; Ein|en|gung

ei|ner; Ei|ner (einsitziges Sportboot); **ei|ner|lei; Ei|ner|lei,** *das;* -s; **ei|ner|seits;** einerseits ... ander[er]seits, andrerseits; **ei|nes; ei|nes|teils;** einesteils ... ander[e]nteils

Ein|euro|stück

ein|fach; das Einfachste wäre, ...; **Ein|fach|heit,** *die;* -; der - halber; **ein|fach|heits|hal|ber**

ein|fä|deln

ein|fah|ren; Ein|fahrt; Ein|fahrt[s]|er|laub|nis

Ein|fall; ein|fal|len; ein|falls|los; ein|fall[s]|reich

Ein|falt, *die;* -; **ein|fäl|tig; Ein|falts|pin|sel** (ugs. abwertend)

ein|fas|sen; Ein|fas|sung

Ein|fluss; Ein|fluss|be|reich, *der;* **ein|fluss|reich**

ein|för|mig; Ein|för|mig|keit

ein|frie|ren; Ein|frie|rung

ein|fros|ten; Ein|fros|tung

ein|fü|gen; sich -; **Ein|fü|gung**

ein|füh|len, sich; **Ein|füh|lung,** *die;* -

Ein|fuhr, *die;* -, -en; **ein|füh|ren; Ein|füh|rung; Ein|füh|rungs|preis; Ein|fuhr|zoll**

Ein|ga|be

Ein|gang; ein|gän|gig; ein|gangs; mit *Wesf.:* - des Briefes

ein|ge|denk; mit *Wesf.:* - des Verdienstes

ein|ge|frie|ren

ein|ge|fuchst (ugs. für: eingearbeitet)

ein|ge|hen; ein|ge|hend; auf das, aufs Eingehendste od. auf das, aufs eingehendste

Ein|ge|mach|te, *das;* -n

ein|ge|sandt

Ein|ge|ständ|nis; ein|ge|ste|hen

Ein|ge|wei|de, *das;* -s, - (meist *Mehrz.*)

Ein|ge|weih|te, *der* u. *die;* -n, -n

ein|ge|wöh|nen; sich -

ein|glie|dern; sich -

ein|gra|ben

ein|gra|vie|ren [...wir^{e}n]

ein|grei|fen; Ein|greif|trup|pe (Sondereinsatztruppe in militär. Krisengebieten)

ein|gren|zen; Ein|gren|zung

Ein|griff

Ein|halt, *der;* -[e]s; - gebieten

ein|hef|ten

ein|hei|misch; Ein|hei|mi|sche, *der* u. *die;* -n, -n

Ein|hei|rat; ein|hei|ra|ten

Ein|heit; Tag der Deutschen - (3. Oktober); **ein|heit|lich; Ein|heit|lich|keit,** *die;* -

ein|hel|lig

ein|ho|len

Ein|horn (*Mehrz.* ...hörner; ein Fabeltier)

ein|hun|dert

ei|nig; [sich] einig sein, werden; **ei|ni|ge;** einige Mal, einige Male; er wusste einiges; bei einigem guten Willen

ei|ni|ge Mal; vgl. einige

ei|ni|gen; sich -; **ei|ni|ger|ma|ßen; Ei|nig|keit,** *die;* -; **Ei|ni|gung**

ein|imp|fen; Ein|imp|fung

ein|ja|gen; jmdm. einen Schrecken -

ein|jäh|rig; [1]Ein|jäh|ri|ge, *der* od. *die;* -n, -n; **[2]Ein|jäh|ri|ge,** *das;* -n (veraltend für: mittlere Reife)

ein|kal|ku|lie|ren (einplanen)

ein|kas|sie|ren; Ein|kas|sie|rung

Ein|kauf; ein|kau|fen; Ein|käu|fer; Ein|käu|fe|rin; Ein|kaufs‿cen|ter; ...zen|t|rum

Ein|kehr, *die;* -, -en; **ein|keh|ren**

ein|kel|lern; Ein|kel|le|rung

ein|ker|ben; Ein|ker|bung

ein|ker|kern (geh.)

ein|kes|seln

ein|klam|mern; Ein|klam|me|rung

Ein|klang; im od. in - stehen

ein|kle|ben

ein|klei|den; Ein|klei|dung

ein|knöp|fen

ein|ko|chen; Ein|koch|topf

ein|kom|men; um etwas - (Amtsspr.: bitten); **Ein|kom|men,** *das;* -s, -; **ein|kom|mens‿los, ...schwach; Ein|kom|men[s]|steu|er,** *die*

ein|krei|sen; Ein|krei|sung

ein|kre|men; vgl. eincremen

Ein|künf|te, *die (Mehrz.)*

ein|kup|peln; langsam -

[1]ein|la|den; Waren -; **[2]ein|la|den;** zum Essen -; **ein|la|dend; Ein|la|dung**

Ein|la|ge

ein|la|gern; Ein|la|ge|rung

Ein|lass, *der;* -es, ...lässe; **ein|las|sen**

Ein|lauf; ein|lau|fen

ein|läu|ten; den Sonntag -

ein|le|ben, sich

Ein|le|ge|ar|beit; ein|le|gen

ein|lei|ten; Ein|lei|tung; Ein|lei|tungs|ka|pi|tel

ein|len|ken; Ein|len|kung

ein|leuch|ten; ein|leuch|tend
Ein|lie|fe|rer; ein|lie|fern; Ein|lie|fe|rung
ein|lo|chen (ugs. für: ins Gefängnis bringen)
ein|lö|sen; Ein|lö|sung
ein|ma|chen
ein|mal; auf -; noch -; ein- bis zweimal; **Ein|mal|eins,** *das;* -; **ein|ma|lig**
Ein|mann|be|trieb
Ein|marsch, *der;* **ein|mar|schie|ren**
Ein|mas|ter; ein|mas|tig
ein|mau|ern; Ein|mau|e|rung
ein|mei|ßeln
ein|mie|ten; sich -
ein|mi|schen, sich
ein|mot|ten
ein|mum|meln (ugs. für: warm einhüllen); sich -
ein|mün|den; Ein|mün|dung
ein|mü|tig; Ein|mü|tig|keit, *die;* -
ein|nä|hen
Ein|nah|me, *die;* -, -n; **Ein|nah|me|quel|le; ein|neh|men; ein|neh|mend**
Ein|ö|de; Ein|öd|hof
ein|ö|len; sich -
ein|ord|nen; sich links, rechts -
ein|pa|cken
ein|par|ken
ein|pas|sen; Ein|pas|sung
ein|pau|ken (ugs.)
ein|pen|nen (ugs. für: einschlafen)
ein|pfer|chen
ein|pflan|zen; Ein|pflan|zung
ein|pla|nen; Ein|pla|nung
ein|pö|keln
ein|po|lig (Elektrotechnik)
ein|prä|gen; ein|präg|sam
ein|pro|gram|mie|ren (EDV)
ein|pu|dern
ein|quar|tie|ren; Ein|quar|tie|rung
ein|rah|men; ein Bild -
ein|ram|men; Pfähle -
ein|räu|men; Ein|räu|mung
ein|re|den
ein|reg|nen; es hat sich eingeregnet
ein|rei|ben; Ein|rei|bung
ein|rei|chen; Ein|rei|chung
ein|rei|hen; Ein|rei|her (Textilw.); **ein|rei|hig;** ein -er Anzug
Ein|rei|se; ein|rei|sen
ein|rei|ßen; Ein|reiß|ha|ken
ein|ren|nen
ein|rich|ten; sich -; **Ein|rich|tung; Ein|rich|tungs|ge|gen|stand**
ein|rol|len
ein|ros|ten
ein|rü|cken
eins; eins u. zwei macht, ist drei; es ist, schlägt eins (ein Uhr); halb eins; Nummer eins; eins (einig) sein, werden; es ist mir alles eins (gleichgültig); **Eins,** *die;* -, -en; er hat mit der Note »Eins« bestanden; sie hat in Latein eine Eins geschrieben; drei Einsen würfeln
ein|sa|gen (landsch.: vorsagen); **Ein|sa|ger**
ein|sal|zen; Ein|sal|zung
ein|sam; Ein|sam|keit, *die;* -
ein|sam|meln; Ein|samm|lung
ein|sar|gen; Ein|sar|gung
Ein|satz, *der;* -[e]s, Einsätze; **Ein|satz|be|fehl; ein|satz|be|reit**
ein|sau|gen
ein|schal|ten; sich -; **Ein|schalt|he|bel; Ein|schal|tung**
ein|schär|fen
ein|schät|zen; Ein|schät|zung
ein|schen|ken; Wein -
ein|sche|ren (Verkehrswesen: sich in die Kolonne einreihen)
ein|schi|cken
ein|schie|ben; Ein|schieb|sel, *das;* -s, -; **Ein|schie|bung**
ein|schif|fen; sich -; **Ein|schif|fung**
ein|schla|fen; ein|schlä|fern; ein|schlä|fernd; Ein|schlä|fe|rung
Ein|schlag; ein|schla|gen; ein|schlä|gig (zu etwas gehörend)
ein|schlei|chen, sich
ein|schlep|pen
ein|schleu|sen
ein|schlie|ßen; ein|schließ|lich; *Verhältnisw.,* meist mit *Wesf.:* - des Kaufpreises; - Porto; - Getränken; **Ein|schlie|ßung**
ein|schmei|cheln, sich
ein|schmel|zen
ein|schmie|ren; sich -
ein|schmug|geln
ein|schnei|den; ein|schnei|dend; Ein|schnitt
ein|schnü|ren; Ein|schnü|rung
ein|schrän|ken; Ein|schrän|kung
ein|schrau|ben
Ein|schreib|brief, Ein|schrei|be|brief; ein|schrei|ben; Ein|schrei|ben, *das,* -s, - (eingeschriebene Postsendung)
ein|schrei|ten
ein|schrump|fen
Ein|schub, *der;* -[e]s, Einschübe
ein|schüch|tern
ein|schu|len; Ein|schu|lung
Ein|schuss; Ein|schuss|stel|le, (auch:) **Ein|schuss-Stel|le**
ein|seg|nen; Ein|seg|nung
ein|se|hen; Ein|se|hen, *das;* -s; ein - haben
ein|sei|fen
ein|sei|tig; Ein|sei|tig|keit
ein|sen|den; Ein|sen|der; Ein|sen|de|rin; Ein|sen|dung
ein|set|zen; Ein|set|zung
Ein|sicht; *die;* -, -en; **ein|sich|tig; Ein|sich|tig|keit; Ein|sicht|nah|me,** *die;* -, -n (Amtsspr.)
Ein|sie|de|lei; Ein|sied|ler; Ein|sied|le|rin; ein|sied|le|risch
ein|sil|big; Ein|sil|big|keit, *die;* -
ein|sin|ken; Ein|sink|tie|fe
ein|sit|zen (im Gefängnis sitzen)
Ein|sit|zer; ein|sit|zig
ein|span|nen
Ein|spän|ner; ein|spän|nig
ein|spa|ren; Ein|spa|rung
ein|sper|ren (ugs.)
ein|spie|len; Ein|spie|lung
ein|spra|chig
ein|sprin|gen
ein|sprit|zen; Ein|sprit|zung

Ein|spruch; - erheben
ein|spu|rig
einst
ein|stamp|fen; Ein|stamp|fung
ein|ste|chen
ein|ste|cken
ein|stei|gen
ein|stell|bar; ein|stel|len; sich -; **Ein|stell|platz; Ein|stel|lung**
Ein|stich; Ein|stich|stel|le
Ein|stieg, *der;* -[e]s, -e
ein|stim|men; sich -
ein|stim|mig; Ein|stim|mig|keit, *die;* -
ein|stö|ckig
ein|strei|chen; das Geld -
ein|strö|men
ein|stu|die|ren; Ein|stu|die|rung
ein|stür|men; alles stürmt auf ihn ein
Ein|sturz; ein|stür|zen
einst|wei|len; einst|wei|lig; -e Verfügung
Ein|tags‿fie|ber, ...flie|ge
ein|tan|zen, sich; **Ein|tän|zer** (in Tanzlokalen angestellter Tanzpartner)
ein|tau|chen; Ein|tau|chung
ein|tau|schen
ein|tau|send
ein|tei|len; Ein|tei|lung
ein|tö|nig; Ein|tö|nig|keit
Ein|topf; Ein|topf|ge|richt
Ein|tracht, *die;* -; **ein|träch|tig**
Ein|trag, *der;* -[e]s, ...träge; **ein|tra|gen; ein|träg|lich**
ein|trän|ken; jmdm. etwas - (ugs. für: heimzahlen)
ein|träu|feln
ein|tref|fen
ein|trei|ben; Ein|trei|bung
ein|tre|ten; in ein Zimmer, eine Verhandlung -; für etwas -
ein|trich|tern (ugs.)
Ein|tritt; Ein|tritts‿geld, ...kar|te
ein|trock|nen
ein|trü|ben; sich -; **Ein|trü|bung**
ein|tru|deln (ugs. für: langsam eintreffen)
ein|üben; sich -; **Ein|übung**
ein|[und|]ein|halb; ein|und|zwan|zig
ein|ver|lei|ben; Ein|ver|lei|bung
Ein|ver|nah|me, *die;* -, -n (österr., schweiz. für: Verhör); **ein|ver|neh|men; Ein|ver|neh|men,** *das;* -s; sich ins - setzen (Amtsspr.)
ein|ver|stan|den; Ein|ver|ständ|nis
Ein|waa|ge, *die;* - (in Dosen eingewogene Menge)
[1]**ein|wach|sen;** ein eingewachsener Nagel
[2]**ein|wach|sen** (mit Wachs einreiben)
Ein|wand, *der;* -[e]s, ...wände
Ein|wan|de|rer; ein|wan|dern; Ein|wan|de|rung
ein|wand|frei
ein|wärts; einwärts gebogene Gitterstäbe
ein|wech|seln
ein|we|cken ([in Weckgläsern] einmachen)
Ein|weg‿fla|sche, ...glas
ein|wei|chen; Ein|wei|chung
ein|wei|hen; Ein|wei|hung
ein|wei|sen; Ein|wei|sung
ein|wen|den; Ein|wen|dung
ein|wer|fen
ein|wer|tig (Chemie); **Ein|wer|tig|keit,** *die;* -
ein|wi|ckeln
ein|wil|li|gen; Ein|wil|li|gung
ein|win|ken (Verkehrswesen)
ein|wir|ken; Ein|wir|kung
Ein|woh|ner; Ein|woh|ner‿mel|de|amt, ...zahl
Ein|wurf
Ein|zahl, *die;* - (für: Singular)
ein|zah|len; Ein|zah|lung; Ein|zah|lungs‿schal|ter, ...schein
ein|zäu|nen; Ein|zäu|nung
ein|zeich|nen; Ein|zeich|nung
ein|zei|lig
Ein|zel, *das;* -s, - (Sportspr.: Einzelspiel); **Ein|zel‿fall** *(der),* **...gän|ger, ...han|del; Ein|zel|heit**
Ein|zel|ler (Biol.: einzelliges Lebewesen); **ein|zel|lig**
ein|zeln; ein einzeln stehender Baum; der, die, das Einzelne; bis ins Einzelne geregelt sein; ins Einzelne gehen; Einzelnes blieb ungeklärt; etwas im Einzelnen erörtern; **Ein|zel‿gän|ger, ...haft, ...han|del, ...kind, ...per|son, ...stück**
ein|ze|men|tie|ren
ein|zie|hen; Ein|zie|hung
ein|zig; der, die, das Einzige; [k]ein Einziger; Karl ist unser Einziger; **ein|zig|ar|tig** [auch: *ainzichartich*]; **Ein|zig|ar|tig|keit**
Ein|zim|mer|woh|nung
Ein|zug; Ein|zugs|be|reich
ei|rund; Ei|rund
Eis, *das;* -es; [drei] - essen; Eis laufen; **Eis‿bahn, ...bär, ...bein** (eine Speise), **...berg, ...beu|tel**
Ei|schnee
Eis‿creme (auch: ...krem, ...kre|me), **...die|le**
Ei|sen, *das;* -s, - (chem. Element, Metall; Zeichen: Fe); die Eisen verarbeitende Industrie; **Ei|sen|bahn; Ei|sen|bah|ner; Ei|sen|stan|ge; Ei|sen ver|ar|bei|tend;** vgl. Eisen; **Ei|sen|zeit,** *die;* -; **ei|sern;** die -e Ration; die -e Lunge; das Eiserne Kreuz (ein Orden)
Ei|ses|käl|te; Eis|flä|che; Eis|hei|li|gen, *die (Mehrz.);* **Eis|ho|ckey; ei|sig; eis|kalt; Eis‿krem, ...kre|me,** vgl. Eiscreme; **...kunst|lauf, ...lauf; Eis lau|fen;** vgl. Eis; **Eis‿schrank, ...sta|di|on, ...tanz, ...vo|gel, ...zap|fen, ...zeit; eis|zeit|lich**
ei|tel; ein eitler Mensch; **Ei|tel|keit**
Ei|ter, *der;* -s; **Ei|ter‿beu|le, ...herd; ei|tern; eit|rig**
Ei|weiß, *das;* -es, -e; **Ei|zel|le**
E|ja|ku|la|ti|on [*...zion*], *die;* -, -en (Med.: Samenerguss)
[1]**E|kel,** *der;* -s; Ekel erregender, (auch:) ekelerregender Geruch; [2]**E|kel,** *das;* -s, - (ugs. für: widerlicher Mensch); **E|kel er|re|gend;** vgl. [1]Ekel; **e|kel|haft; e|keln;** sich -

EKG, Ekg = Elektrokardiogramm

E|k|lat [*ekla*], *der;* -s, -s (Aufsehen erregendes Ereignis); **e|k|la|tant** (Aufsehen erregend; offenkundig)

ek|lig

E|k|lip|tik, *die;* -, -en (scheinbare Sonnenbahn; Erdbahn)

Ek|s|ta|se ([religiöse] Verzückung; höchste Begeisterung); **ek|s|ta|tisch**

Ek|zem, *das;* -s, -e (Med.: eine Entzündung der Haut)

E|la|bo|rat, *das;* -[e]s, -e (schriftl. Ausarbeitung; meist abwertend für: Machwerk)

E|lan [frz. Ausspr.: *elang*], *der;* -s (Schwung; Begeisterung)

e|las|tisch (federnd); **E|las|ti|zi|tät,** *die;* - (Federkraft; Spannkraft)

Elch, *der;* -[e]s, -e (Hirschart)

El|do|ra|do, Do|ra|do, *das;* -s, -s (sagenhaftes Goldland in Südamerika; übertr. für: Paradies)

E|le|fant, *der;* -en, -en; **E|le|fan|ten|hoch|zeit** (ugs. für: Zusammenschluss von mächtigen Unternehmen o. Ä.)

e|le|gant; E|le|ganz, *die;* -

E|le|gie, *die;* -, ...ien (eine Gedichtform; Klagelied); **e|le|gisch**

E|lek|t|ri|fi|ka|ti|on [...*zion*], *die;* -, -en (schweiz. neben: Elektrifizierung); **e|lek|t|ri|fi|zie|ren** (auf elektr. Betrieb umstellen); **E|lek|t|ri|fi|zie|rung; E|lek|t|ri|ker; E|lek|t|ri|ke|rin; e|lek|t|risch;** -e Eisenbahn; -e Lokomotive (Abk.: E-Lok); -er Strom; **E|lek|t|ri|sche,** *die;* -n, -n (ugs. für: elektr. Straßenbahn); **e|lek|t|ri|sie|ren; E|lek|t|ri|zi|tät,** *die;* -; **E|lek|t|ri|zi|täts|werk; E|lek|t|ro|che|mie; E|lek|t|ro|de,** *die;* -, -n (den Stromübergang vermittelnder Leiter); **E|lek|t|ro‿herd, ...in|ge|ni|eur, ...in|s|tal|la|teur; E|lek|t|ro|kar|di|o|gramm** (Abk.: EKG, Ekg); **E|lek|t|ro|ma|g|net; E|lek|t|ro‿me|cha|ni|ker, ...mo|tor**

E|lek|t|ron [auch: *eläk*... od. ...*tron*], *das;* -s, ...onen (negativ geladenes Elementarteilchen); **E|lek|t|ro|nen‿blitz, ...[ge|]hirn, ...mi|k|ro|s|kop, ...rech|ner, ...röh|re; E|lek|t|ro|nik,** *die;* - (Zweig der Elektrotechnik); **e|lek|t|ro|nisch;** -e Musik; -e Datenverarbeitung (Abk.: EDV)

E|lek|t|ro‿o|fen; ...ra|sie|rer, ...smog (von elektr. Leitungen o. Ä. ausgehende elektromagnetische Strahlung); **E|lek|t|ro‿tech|nik** (*die;* -), **...tech|ni|ker**

E|le|ment, *das;* -[e]s, -e (abwertend auch für: verdächtige Person, meist *Mehrz.*); er ist, fühlt sich in seinem -; **e|le|men|tar** (grundlegend; naturhaft; einfach)

e|lend; E|lend, *das,* -[e]s; **E|lends|vier|tel**

E|le|ve [...*w*[e]], *der;* -n, -n (Schauspiel-, Ballettschüler; Land- od. Forstwirt während der prakt. Ausbildung); **E|le|vin**

elf; wir sind zu elfen od. zu elft

[1]**Elf,** *der;* -en, -en (m. Naturgeist)

[2]**Elf,** *die;* -, -en (Zahl; [Fußball]mannschaft)

El|fe, *die;* -, -n (w. Naturgeist)

El|fen|bein, *das;* -[e]s, (selten:) -e; **el|fen|bei|nern** (aus Elfenbein)

Elf|me|ter, *der;* -s, - (Strafstoß beim Fußball); **elft; elf|tau|send; elf|te; elf|tel; Elf|tel,** *das* (schweiz. meist: *der*); -s, -

e|li|mi|nie|ren (beseitigen, ausscheiden); **E|li|mi|nie|rung**

e|li|tär (einer Elite angehörend, auserlesen); **E|li|te** [österr.: ...*lit*], *die;* -, -n (Auslese der Besten)

E|li|xier, *das;* -s, -e (Heil-, Zaubertrank)

Ell|bo|gen, El|len|bo|gen, *der;* -s, ...bogen; **El|le,** *die;* -, -n; drei -n Tuch; **El|len|bo|gen;** vgl. Ellbogen

El|lip|se, *die;* -, -n (Math.: Kegelschnitt); **el|lip|tisch** (ellipsenförmig)

E-Lok, *die;* -, -s (kurz für: elektrische Lokomotive)

Els|ter, *die;* -, -n (ein Vogel)

El|ter, *das* u. *der;* -s, -n (fachspr. für: ein Elternteil); **el|ter|lich;** -e Gewalt; **El|tern,** *die (Mehrz.);* **El|tern‿a|bend, ...haus; el|tern|los**

E-Mail [*ime*[i]*l*], *die;* -, -s (elektron. Daten- u. Nachrichtenaustausch über Computernetze)

E|mail [auch: *emaj*], *das;* -s, -s u. E|mail|le [*emalj*[e], *emaj, emai*], *die;* -, -n (Schmelz[überzug])

E-Mail-A|d|res|se; e|mai|len, (auch:) **e-mai|len;** gemailt

E|mail|le; vgl. Email; **e|mail|lie|ren** [*emaljir*[e]*n, emajir*[e]*n*]; **E|mail|ma|le|rei**

E|man|ze, *die;* -, -n (ugs. abwertend für: emanzipierte Frau); **E|man|zi|pa|ti|on** [...*zion*], *die;* -, -en (Befreiung von Abhängigkeit; Gleichstellung); **e|man|zi|pa|to|risch; e|man|zi|pie|ren;** sich -; **e|man|zi|piert** (unabhängig)

Em|bar|go, *das;* -s, -s (Zurückhalten od. Beschlagnahme [von Schiffen] im Hafen; Ausfuhrverbot)

Em|b|lem [fr. Ausspr.: *angblem*], *das;* -s, -e (Kennzeichen, Hoheitszeichen; Sinnbild)

Em|bo|lie, *die;* -, ...ien (Med.: Verstopfung eines Blutgefäßes)

Em|b|ryo, *der* (österr. auch: *das*); -s, -s u. ...onen (noch nicht geborenes Lebewesen); **em|b|ry|o|nal** (im Anfangsstadium der Entwicklung)

e|me|ri|tie|ren (in den Ruhestand versetzen); **e|me|ri|tiert** (Abk.: em.); -er Professor; **E|me|ri|tie|rung**

E|mi|g|rant, *der;* -en, -en (Auswanderer [bes. aus polit. od. religiösen Gründen]); **E|mi|g|ran|tin; E|mi|g|ra|ti|on** [...*zion*], *die;* -, -en; **e|mi|g|rie|ren**

e|mi|nent (hervorragend; außerordentlich); **E|mi|nenz,** *die;* -, -en (früherer Titel der Kardinäle)

E|mir [auch: ...*ir*], *der;* -s, -e (arab. [Fürsten]titel); **E|mi|rat,** *das;* -[e]s, -e (arab. Fürstentum)

E|mis|si|on, *die;* -, -en (Physik: Ausstrahlung; Technik: Ablassen von Gasen, Ruß u. Ä. in die Luft; Wirtsch.: Ausgabe [von Wertpapieren]; Med.: Entleerung)

Emm|chen (ugs. scherzh. für: Mark); das kostet tausend -

Em|men|ta|ler, *der;* -s, - (Käse)

E|mo|ti|con, *das;* -s, -s (EDV: Zeichenkombination, mit der in einer E-Mail eine Gefühlsäußerung wiedergegeben werden kann); **E|mo|ti|on** [...*zion*], *die;* -, -en (Gemütsbewegung); **e|mo|ti|o|nal** (gefühlsmäßig)

Emp|fang, *der;* -[e]s, ...fänge; **emp|fan|gen; Emp|fän|ger; emp|fäng|lich; Emp|fäng|lich|keit,** *die;* -; **Emp|fäng|nis,** *die;* -, -se; **emp|fäng|nis|ver|hü|tend;** -e Mittel; **Emp|fäng|nis|ver|hü|tung; emp|fangs|be|rech|tigt; Emp|fangs‿chef, ...da|me**

emp|feh|len; empfahl, empfohlen; sich -; **emp|feh|lens|wert; Emp|feh|lung**

emp|fin|den; Emp|fin|den, *das;* -s; **emp|find|lich; Emp|find|lich|keit; Emp|fin|dung**

em|pha|tisch (mit Nachdruck, stark)

Em|pire [*angpir*], *das;* -s u. (fachspr.:) - (Kunststil um 1800)

Em|pi|rie, *die;* - (Erfahrung, Erfahrungswissen[schaft]); **em|pi|risch**

em|por; Em|po|re, *die;* -, -n (erhöhter Sitzraum [in Kirchen]); **em|pö|ren;** sich -; **em|por|kom|men; Em|por|kömm|ling**

em|sig; Em|sig|keit, *die;* -

E|mu, *der;* -s, -s (ein Laufvogel)

E|mul|si|on, *die;* -, -en (feinste Verteilung eines unlösl. nicht kristallinen Stoffes in einer Flüssigkeit; lichtempfindl. Schicht auf fotogr. Platten, Filmen u. Ä.)

En|de, *das;* -s, -n; am -; zu - sein; das dicke - kommt nach (ugs.); letzten Endes (schließlich); **End|ef|fekt;** im -; **en|den;** nicht enden wollender Beifall; **End|er|geb|nis**

en dé|tail [*angdetai*] (im Kleinen; einzeln; im Einzelverkauf; Ggs.: en gros)

end|gül|tig; End|gül|tig|keit

En|di|vie [...*wi*ᵉ], *die;* -, -n (eine Salatpflanze); **En|di|vi|en|sa|lat**

End|la|ger (Lagerplatz für Atommüll); **end|la|gern;** nur in der Grundf. u. als Mittelwort der Vergangenheit gebr.; **end|lich; End|lich|keit,** *die;* -, (selten:) -en; **end|los; End‿punkt, ...run|de, ...sil|be, ...spiel, ...spurt, ...sta|ti|on; En|dung; en|dungs|los**

E|ner|gie, *die;* -, ...ien (Tatkraft; Physik: Fähigkeit, Arbeit zu leisten); **e|ner|gie|arm; E|ner|gie‿be|darf, ...quel|le, ...ver|sor|gung; e|ner|gisch**

En|fant ter|ri|b|le [*angfang täribᵉl*], *das;* - -, -s -s [*angfang täribᵉl*] (jmd., der gegen die geltenden [gesellschaftlichen] Regeln verstößt und dadurch seine Umgebung schockiert)

eng; ein eng anliegendes Kleid; eng befreundete Familien; auf das, aufs Engste od. auf das, aufs engste

En|ga|ge|ment [*anggaschᵉmang*, österr.: ...*gaschmang*], *das;* -s, -s (Verpflichtung, Bindung; [An]stellung, bes. eines Künstlers); **en|ga|gie|ren** [*anggaschirᵉn*] (verpflichten, binden); sich - (sich einsetzen); **en|ga|giert; En|ga|giert|heit,** *die;* -

eng an|lie|gend, be|freun|det; vgl. eng; **eng|brüs|tig;**

En|ge, *die;* -, -n

En|gel, *der;* -s, -; **En|gel|chen; En|gel|ma|che|rin** (ugs. verhüllend für: Kurpfuscherin, die illegale Abtreibungen vornimmt); **En|gels|ge|duld; En|gels|zun|gen,** *die (Mehrz.);* mit [Menschen- und mit] Engelszungen (so eindringlich wie möglich) reden

En|ger|ling (Maikäferlarve)

eng|her|zig

Eng|lein

eng|lisch; die - Krankheit; vgl. deutsch; **Eng|lisch,** *das;* -[s] (eine Sprache); vgl. Deutsch; **Eng|li|sche,** *das;* -n; vgl. Deutsche, *das*

Eng|li|sche Gruß, *der;* -n -es (ein Gebet)

Eng|lisch|horn (*Mehrz.* ...hörner; ein Holzblasinstrument)

eng|ma|schig; Eng|pass

en gros [*anggro*] (im Großen; Ggs.: en détail)

eng|stir|nig (abwertend); **Eng|stir|nig|keit,** *die;* -

[1]**En|kel,** *der;* -s, - (Kindeskind); **En|ke|lin**

[2]**En|kel,** *der;* -s, - (landsch. für: Fußknöchel)

En|kla|ve [...*w*ᵉ], *die;* -, -n (ein fremdstaatl. Gebiet im eigenen Staatsgebiet)

en masse [*angmaß*] (ugs. für: massenhaft; gehäuft)

en mi|ni|a|ture [*angminiatür*] (in kleinem Maßstab, im Kleinen)

e|norm (außerordentlich; ungeheuer)

en pas|sant [*angpaßang*] (im Vorübergehen; beiläufig)

En|sem|b|le [*angßangbᵉl*],

das; -s, -s (ein zusammengehörendes Ganzes; Gruppe von Künstlern)
ent|ạr|ten; ent|ạr|tet; Ent|ạr|tung
ent|bẹh|ren; ein Buch -; des Trostes - (geh.); **ent|bẹhr|lich; Ent|bẹh|rung**
ent|bie|ten (geh.); Grüße -
ent|bịn|den; Ent|bịn|dung
ent|blạ̈t|tern; sich -
ent|blö|den; nur in: sich nicht entblöden (geh. für: sich nicht scheuen)
ent|blö|ßen; sich -; **Ent|blö|ßung**
ent|dẹ|cken; Ent|dẹ|cker; Ent|dẹ|ckung; Ent|dẹ|ckungs|rei|se
Ẹn|te, *die;* -, -n; kalte - (ein Getränk)
ent|ẹh|ren; Ent|ẹh|rung
ent|eig|nen; Ent|eig|nung
ent|ei|sen (von Eis befreien)
ent|ei|se|nen (von Eisengehalt befreien), enteisentes Mineralwasser
Ẹn|ten‿bra|ten, ...ei, ...kü|ken
En|tente [*angtangt*], *die;* -, -n (Staatenbündnis)
ent|ẹr|ben; Ent|ẹr|bung
Ẹn|te|rich, *der;* -s, -e (m. Ente)
ẹn|tern (auf etwas klettern); ein Schiff - (mit Enterhaken festhalten und erobern)
En|ter|tai|ner [*änt*^{e}*rte*^{i}*n*^{er}], *der;* -s, - (Unterhalter)
ent|fạ|chen (geh.); **Ent|fạ|chung**
ent|fah|ren; ein Fluch entfuhr ihm
ent|fạl|len
ent|fạl|ten; sich -; **Ent|fạl|tung**
ent|fẹr|nen; sich -; **ent|fẹrnt;** nicht im Entferntesten; **Ent|fẹr|nung**
ent|fẹs|seln
ent|fẹt|ten; Ent|fẹt|tung
ent|flạmm|bar; ent|flạm|men (geh.)
ent|flẹch|ten; Ent|flẹch|tung
ent|flie|hen
ent|frẹm|den; sich -; **Ent|frẹm|dung**
ent|füh|ren; Ent|füh|rer; Ent|füh|rung

ent|ge|gen; ent|ge|gen‿brin|gen (jmdm. Vertrauen -), **...fah|ren, ...ge|hen; ent|gẹ|gen|ge|setzt;** die -e Richtung; **ent|ge|gen|kom|men; ent|ge|gen|kom|mend; ent|geg|nen; Ent|geg|nung**
ent|ge|hen; ich lasse mir nichts -
ent|geis|tert (sprachlos; verstört)
Ent|gẹlt, *das;* -[e]s, -e; gegen, ohne -; **ent|gẹl|ten** (geh.)
ent|gịf|ten; Ent|gịf|tung
ent|glei|sen; Ent|glei|sung
ent|grä|ten; entgräteter Fisch
ent|haa|ren; Ent|haa|rung
ent|hạl|ten; sich -; **ent|hạlt|sam; Ent|hạlt|sam|keit;** *die;* -; **Ent|hạl|tung**
ent|hạ̈r|ten; Ent|hạ̈r|tung
ent|haup|ten; Ent|haup|tung
ent|he|ben (geh.)
ent|hẹm|men; Ent|hẹmmt|heit
ent|hül|len; sich -; **Ent|hül|lung**
En|thu|si|ạs|mus, *der;* - (Begeisterung; Leidenschaftlichkeit); **en|thu|si|ạs|tisch**
ent|kạl|ken; Ent|kạl|kung
ent|kei|men; Ent|kei|mung
ent|kẹr|nen
ent|klei|den; sich - (geh.)
ent|kọm|men
ent|kọr|ken
ent|krạ̈f|ten; Ent|krạ̈f|tung
ent|la|den; sich -; **Ent|la|dung**
ent|lạng; den Wald -; - dem Fluss; **ent|lạng|lau|fen**
ent|lạr|ven; sich -; **Ent|lạr|vung**
ent|lạs|sen; Ent|lạs|sung
ent|lạs|ten; Ent|lạs|tung
ent|lau|ben; ent|laubt
ent|lau|fen
ent|lau|sen; Ent|lau|sung
ent|le|di|gen; sich der Aufgabe -
ent|lee|ren; Ent|lee|rung
ent|le|gen
ent|lei|hen; Ent|lei|her
ent|lo|ben, sich; **Ent|lo|bung**
ent|lọ|cken
ent|loh|nen, (schweiz.:) **ent|löh|nen; Ent|loh|nung,** (schweiz.:) **Ent|löh|nung**

ent|lüf|ten; Ent|lüf|ter (für: Exhaustor); **Ent|lüf|tung**
ent|mạch|ten; Ent|mạch|tung
ent|mạn|nen; Ent|mạn|nung
ent|mẹn|schen; ent|mẹnscht
ent|mi|li|ta|ri|sie|ren
ent|mün|di|gen; Ent|mün|di|gung
ent|mu|ti|gen; Ent|mu|ti|gung
Ent|nah|me, *die;* -, -n
ent|na|zi|fi|zie|ren
ent|neh|men; [aus] den Worten -
ent|nẹr|ven [*...f*^{e}*n*]; **ent|nẹrvt**
ent|pflịch|ten; Ent|pflịch|tung
ent|pụp|pen, sich
ent|rah|men
ent|rạ̈t|seln
ent|rẹch|ten; Ent|rẹch|tung
En|t|re|cote [*angtr*^{e}*kot*], *das;* -[s], -s (Rippenstück vom Rind)
En|t|ree [*angtre*], *das;* -s, -s (Eintritt[sgeld], Eingang; Vorspeise; Eröffnungsmusik [bei Balletten])
ent|rei|ßen
ent|rịch|ten; Ent|rịch|tung
ent|rịn|nen; Ent|rịn|nen, *das;* -s
ent|rü|cken
ent|rụm|peln; Ent|rụm|pe|lung
ent|rụs|ten; sich -; **ent|rụs|tet**
ent|sạf|ten; Ent|sạf|ter
ent|sa|gen (geh.); dem Vorhaben -
ent|schä|di|gen; Ent|schä|di|gung
ent|schạ̈r|fen; eine Mine -
Ent|scheid, *der;* -[e]s, -e; **ent|schei|den;** sich -; **ent|schei|dend; Ent|schei|dung; ent|schie|den;** auf das, aufs Entschiedens|te od. auf das, aufs entschiedens|te; **Ent|schie|den|heit,** *die;* -
ent|schlạ|cken; Ent|schlạ|ckung
ent|schla|fen (geh. verhüllend für: sterben)
ent|schlie|ßen, sich; **Ent|schlie|ßung; ent|schlọs|sen; Ent|schlọs|sen|heit,** *die;* -
ent|schlüp|fen
Ent|schlụss

ent|schlụ̈s|seln
ent|schlụss|fä|hig; Ent|schlụss|kraft, *die;* -
ent|schụl|di|gen; sich für etwas, wegen einer Sache -; **Ent|schụl|di|gung**
ent|schwịn|den (geh.)
ent|seelt (geh. für: tot)
ent|sẹn|den; Ent|sẹn|dung
ent|sẹt|zen; sich -; **Ent|sẹt|zen,** *das;* -s; ein Entsetzen erregender, (auch:) entsetzenerregender Anblick; **Ent|sẹt|zens|schrei; ent|sẹtz|lich**
ent|si|chern; das Gewehr -
ent|sịn|nen, sich
ent|spạn|nen; sich -; **ent|spạnnt; Ent|spạn|nung**
ent|spịn|nen, sich
ent|sprẹ|chen; ent|sprẹ|chend
ent|sprie|ßen (geh.)
ent|sprịn|gen
ent|sta|li|ni|sie|ren
ent|stạm|men
ent|ste|hen; Ent|ste|hung; Ent|ste|hungs|ge|schich|te
ent|stei|nen; Kirschen -
ent|stẹl|len; Ent|stẹl|lung
ent|stẹm|peln; die Nummernschilder wurden entstempelt
ent|stö|ren; Ent|stö|rung
ent|tạr|nen; Ent|tạr|nung
ent|täu|schen; Ent|täu|schung
ent|thro|nen; Ent|thro|nung
ent|vọ̈l|kern; Ent|vọ̈l|ke|rung
ent|wạch|sen
ent|wạff|nen; Ent|wạff|nung
ent|wạr|nen; Ent|wạr|nung
ent|wạ̈s|sern; Ent|wạ̈s|se|rung
ent|we|der [auch: *ạnt...*]; entweder – oder
ent|wei|chen; Ent|wei|chung
ent|wei|hen; Ent|wei|hung
ent|wẹn|den; Ent|wẹn|dung
ent|wẹr|fen; Pläne -
ent|wer|ten; Ent|wer|tung
ent|wi|ckeln; sich -; **Ent|wịck|ler; Ent|wịck|lung; Ent|wịck|lungs|hil|fe**
ent|wịn|den
ent|wịr|ren; sich -; **Ent|wịr|rung**
ent|wi|schen (ugs. für: entkommen)
ent|wö̱h|nen; Ent|wö̱h|nung
ent|wür|di|gen; ent|wür|di|gend
Ent|wụrf
ent|wụr|zeln; Ent|wụr|ze|lung
ent|zau|bern; Ent|zau|be|rung
ent|zẹr|ren; Ent|zẹr|rer (Technik)
ent|zie|hen; sich -; **Ent|zie|hung**
ent|zịf|fer|bar; ent|zịf|fern
ent|zụ̈|cken; Ent|zụ̈|cken, *das;* -s; **ent|zụ̈|ckend**
Ent|zug, *der;* -[e]s
ent|zünd|bar; ent|zụ̈n|den; sich -; **ent|zụ̈nd|lich; Ent|zụ̈n|dung; Ent|zụ̈n|dungs|herd**
ent|zwei; - sein; **ent|zwei|bre|chen; ent|zwei|en;** sich -; **ent|zwei|ge|hen; Ent|zwei|ung**
en vogue [*angwọg*] (beliebt; modisch; im Schwange)
Ẹn|zi|an, *der;* -s, -e (eine Alpenpflanze; ein alkohol. Getränk)
En|zy|k|li|ka [auch: *änzü...*], *die;* -, ...ken (päpstl. Rundschreiben)
En|zy|k|lo|pä|die, *die;* -, ...ien (ein Nachschlagewerk); **en|zy|k|lo|pä|disch** (umfassend)
En|zym, *das;* -s, -e (Biochemie: den Stoffwechsel regulierende Verbindung)
E|pau|let|te [*epolạ̈tᵉ*], *die;* -, -n (Schulterstück auf Uniformen)
E|pen (*Mehrz.* von: Epos)
E|pi|de|mie, *die;* -, ...ien (Seuche, Massenerkrankung); **e|pi|de|misch**
E|pi|go|ne, *der;* -n, -n (Nachahmer ohne Schöpferkraft)
E|pi|grạmm, *das;* -s, -e (Sinn-, Spottgedicht)
E|pi|lep|sie, *die;* -, ...ien (Erkrankung mit plötzlich einsetzenden starken Krämpfen u. kurzer Bewusstlosigkeit); **E|pi|lẹp|ti|ker; E|pi|lẹp|ti|ke|rin; e|pi|lẹp|tisch**
E|pi|log, *der;* -s, -e (Nachwort; Nachspiel, Ausklang)
E|pi|pha|ni|as (Fest der »Erscheinung« [des Herrn]; Dreikönigsfest); **E|pi|pha|ni|en|fest** (svw. Epiphanias)
e|pisch (erzählend; das Epos betreffend); -es Theater
e|pi|s|ko|pal (bischöflich); **E|pi|s|ko|pat,** *das* u. (Theol.:) *der;* -[e]s, -e (Gesamtheit der Bischöfe; Bischofswürde)
E|pi|so|de, *die;* -, -n (vorübergehendes, nebensächl. Ereignis)
E|pi|s|tel, *die;* -, -n (Apostelbrief im N. T.; gottesdienstl. Lesung; ugs. für: Brief, Strafpredigt)
E|pọ|che, *die;* -, -n (Zeitabschnitt); eine Epoche machende Erfindung
E|pos, *das;* -, Epen (erzählende Versdichtung; Heldengedicht)
E-Post, *die;* - (E-Mail)
E|quipe [*ekip,* schweiz.: *ekipᵉ*], *die;* -, -n ([Reiter]mannschaft)
er; - kommt; **Er,** *der;* -, -s (ugs. für: Mensch oder Tier m. Geschlechts); ein Er und eine Sie saßen dort
er|ạch|ten; jmdn. od. etwas als od. für etwas -; **Er|ạch|ten,** *das;* -s; meinem - nach, meines -s
er|ạr|bei|ten; Er|ạr|bei|tung
Ẹrb‿an|la|ge, ...an|spruch
er|bạr|men; sich -; **Er|bạr|men,** *das;* -s; **er|bạ̈rm|lich; Er|bạ̈rm|lich|keit; er|bạr|mungs|los**
er|bau|en; sich -; **Er|bau|er; er|bau|lich; Er|bau|ung**
ẹrb|be|rech|tigt; [1]**Ẹr|be,** *der;* -n, -n; der gesetzliche -; [2]**Ẹr|be,** *das;* -s; das kulturelle -
er|be|ben
ẹr|ben; Ẹr|ben|ge|mein|schaft
er|be|ten; ein -er Gast
er|bẹt|teln
er|beu|ten; Er|beu|tung
Ẹr|bin
er|bịt|ten

er|bit|tern; Er|bit|te|rung
Erb|las|ser (der eine Erbschaft Hinterlassende)
er|blei|chen (bleich werden)
erb|lich; Erb|lich|keit, *die;* -
er|bli|cken
er|blin|den; Er|blin|dung
er|blü|hen
Erb|mas|se; erb|mä|ßig
er|bo|sen (erzürnen); sich -
er|bre|chen; sich -; **Er|bre|chen,** *das;* -s
er|brin|gen; den Nachweis -
Erb|schaft; Erb|schaft[s]|steu|er
Erb|se, *die;* -, -n; **erb|sen|groß; Erb|sen|sup|pe**
Erb‿stück, ...sün|de
Erbs|wurst
Erb|teil, *das* u. (BGB:) *der*
Erd|ach|se, *die;* -
er|dacht; eine -e Geschichte
Erd‿ap|fel (landsch. für: Kartoffel), **...ball** (*der;* -[e]s), **...be|ben, ...bee|re, ...be|stat|tung, ...bo|den; Er|de,** *die;* -, (selten:) -n; **er|den** (Elektrotechnik: Verbindung zwischen einem elektr. Gerät und der Erde herstellen)
er|den|ken; er|denk|lich
Erd‿gas, ...geist (*Mehrz.* ...geister), **...ge|schoss**
er|dich|ten ([als Ausrede] erfinden; sich ausdenken)
er|dig; Erd‿kreis (*der;* -es), **...ku|gel, ...kun|de** (*die;* -); **erd|kund|lich; Erd‿nuss, ...ober|flä|che, ...öl;** Erdöl exportierende Länder
er|dol|chen; Er|dol|chung
Erd|öl ex|por|tie|rend; vgl. Erdöl
er|dreis|ten, sich
er|dröh|nen
er|dros|seln
er|drü|cken; er|drü|ckend
Erd‿rutsch, ...teil *(der)*
er|dul|den
Erd|um|krei|sung; Er|dung (das Erden); **Erd‿wall, ...zeit|al|ter**
er|ei|fern, sich; **Er|ei|fe|rung**
er|eig|nen, sich; **Er|eig|nis,** *das;* -ses, -se; **er|eig|nis‿los, ...reich**
er|ei|len (geh.); das Schicksal ereilte ihn
E|rek|ti|on [...*zion*] (Med.: Aufrichtung; Anschwellung [des Penis])
E|re|mit, *der;* -en, -en (Einsiedler; Klausner)
er|fahr|bar; [1]er|fah|ren; etwas Neues -; **[2]er|fah|ren;** -e Fachkräfte; **Er|fah|rung; er|fah|rungs|ge|mäß**
er|fas|sen; erfasst; Er|fas|sung
er|fin|den; Er|fin|der; er|fin|de|risch; Er|fin|dung; Er|fin|dungs|ga|be
er|fle|hen (geh.); erflehte Hilfe
Er|folg, *der;* -[e]s, -e; Erfolg versprechende Maßnahmen, aber: höchst erfolgversprechende Maßnahmen;
er|fol|gen; er|folg‿los, ...reich; Er|folgs‿aus|sicht (meist *Mehrz.*), **...rech|nung** (Wirtsch.); **Er|folg ver|spre|chend;** vgl. Erfolg
er|for|der|lich; er|for|dern; Er|for|der|nis, *das,* -ses, -se
er|for|schen; Er|for|schung
er|fre|chen, sich (geh.)
er|freu|en; sich -; **er|freu|lich**
er|frie|ren; Er|frie|rung
er|fri|schen; er|fri|schend; Er|fri|schung
er|füh|len (geh.)
er|füll|bar; -e Wünsche; **er|fül|len;** sich -; **Er|fül|lung**
er|gän|zen; sich -; **Er|gän|zung**
er|gat|tern (ugs. für: sich auf geschickte Weise verschaffen)
er|gau|nern (ugs. für: sich durch Betrug verschaffen)
[1]er|ge|ben; sich ins Unvermeidliche -; **[2]er|ge|ben;** -er Diener; **Er|ge|ben|heit,** *die;* -; **er|ge|benst; Er|geb|nis,** *das;* -ses, -se; **er|geb|nis|los**
er|ge|hen; sich -
er|gie|big; Er|gie|big|keit, *die;* -
er|gie|ßen; sich -; **Er|gie|ßung**
er|go (folglich, also)
er|göt|zen; sich -; **Er|göt|zen,** *das;* -s; **er|götz|lich**
er|grau|en; ergraut
er|grei|fen; er|grei|fend; Er|grei|fung; er|grif|fen; Er|grif|fen|heit, *die;* -
er|grim|men (geh.)
er|grün|den; Er|grün|dung
Er|guss; Er|guss|ge|stein
er|ha|ben; Er|ha|ben|heit
Er|halt, *der;* -[e]s (Amtsspr.); **er|hal|ten;** - bleiben; **er|hält|lich**
er|hän|gen; sich -; vgl. [2]hängen
er|här|ten; Er|här|tung
er|he|ben; sich -; **er|he|bend** (feierlich); **er|heb|lich; Er|he|bung**
er|hei|ra|ten (durch Heirat erlangen)
er|hei|tern; Er|hei|te|rung
[1]er|hel|len; das Zimmer - (beleuchten); sich - (hell werden); **[2]er|hel|len;** daraus erhellt (wird klar), dass ...; **Er|hel|lung**
er|hit|zen; sich -; **Er|hit|zung**
er|hof|fen
er|hö|hen; Er|hö|hung
er|ho|len, sich; **er|hol|sam; Er|ho|lung; er|ho|lungs|be|dürf|tig**
er|hö|ren; Er|hö|rung
e|ri|gie|ren (Med.: sich aufrichten)
E|ri|ka, *die;* -, ...ken (Heidekraut)
er|in|ner|lich; er|in|nern; sich -; **Er|in|ne|rung; Er|in|ne|rungs‿bild, ...ver|mö|gen** (*das;* -s)
er|ja|gen
er|kal|ten; er|käl|ten, sich; **Er|kal|tung; Er|käl|tung**
er|kämp|fen
er|kau|fen
er|kenn|bar; Er|kenn|bar|keit, *die;* -; **er|ken|nen;** etwas - (deutlich erfassen); auf eine Freiheitsstrafe - (Rechtsspr.); sich zu erkennen geben; **er|kennt|lich;** sich - zeigen; **Er|kennt|nis,** *die;* -, -se; **Er|ken|nungs‿dienst, ...zei|chen**
Er|ker, *der;* -s, -; **Er|ker|fens|ter**

er|klär|bar; er|klä|ren; sich -; **Er|klä|rung**
er|kleck|lich (geh. für: beträchtlich)
er|klim|men; Er|klim|mung
er|klin|gen
er|kran|ken; Er|kran|kung
er|kun|den; er|kun|di|gen, sich; **Er|kun|di|gung; Er|kun|dung**
er|lah|men; Er|lah|mung, *die;* -
er|lan|gen
Er|lass, *der;* -es, -e (österr.: Erlässe); **er|las|sen**
er|lau|ben; sich -; **Er|laub|nis,** *die;* -
er|läu|tern; Er|läu|te|rung; er|läu|te|rungs|wei|se
Er|le, *die;* -, -n (ein Laubbaum)
er|le|ben; Er|le|ben, *das;* -s; **Er|le|bens|fall;** im - (Versicherungswesen); **Er|leb|nis,** *das;* -ses, -se; **er|lebt;** -e Rede
er|le|di|gen; Er|le|di|gung
er|le|gen; Er|le|gung
er|leich|tern; sich -; **er|leich|tert; Er|leich|te|rung**
er|lei|den
er|ler|nen; Er|ler|nung
er|le|sen; ein -es Gericht
er|leuch|ten; Er|leuch|tung
er|lie|gen; zum Erliegen kommen
er|lo|gen; eine -e Geschichte
Er|lös, *der;* -es, -e
er|lö|schen; Er|lö|schen, *das;* -s
er|lö|sen; Er|lö|ser; Er|lö|sung
er|mäch|ti|gen; Er|mäch|ti|gung
er|mah|nen; Er|mah|nung
Er|man|ge|lung, Er|mang|lung, *die;* -; in - eines Besser[e]n
er|man|nen, sich (geh.)
er|mä|ßi|gen; Er|mä|ßi|gung
er|mat|ten; Er|mat|tung
er|mes|sen; Er|mes|sen, *das;* -s; nach meinem -; **Er|mes|sens‿fra|ge, ...frei|heit**
er|mit|teln; Er|mitt|lung; Er|mitt|lungs‿rich|ter, ...ver|fah|ren
er|mög|li|chen
er|mor|den; Er|mor|dung
er|mü|den; Er|mü|dung
er|mun|tern; Er|mun|te|rung
er|mu|ti|gen; Er|mu|ti|gung
er|näh|ren; Er|näh|rer; Er|näh|rung; Er|näh|rungs|stö|rung
er|nen|nen; Er|nen|nung
er|neu|en; er|neu|ern; sich -; **Er|neu|e|rung; er|neut**
er|nied|ri|gen; sich -; **er|nied|ri|gend; Er|nied|ri|gung**
ernst; -er, -es|te; ernst sein, werden, nehmen; die Lage wird -; ein ernst gemeinter Rat; **Ernst,** *der;* -es; im -; - machen; Scherz für - nehmen; es ist mir [vollkommener] - damit; allen -es; **Ernst|fall,** *der;* **ernst gemeint;** vgl. ernst; **ernst|haft; Ernst|haf|tig|keit,** *die;* -; **ernst|lich**
Ern|te, *die;* -, -n; **Ern|te|dank|fest** [auch: *ärn...*]; **ern|ten**
er|nüch|tern; Er|nüch|te|rung
Er|o|be|rer; Er|o|be|rin; er|o|bern; Er|o|be|rung; Er|o|be|rungs|krieg
er|öff|nen; sich -; **Er|öff|nung**
er|ör|tern; Er|ör|te|rung
E|ros [auch: *eroß*], *der;* - (sinnl. Liebe); **E|ros|cen|ter** [auch: *eroß..*] (verhüllend für: Bordell); **E|ro|tik,** *die;* - (sinnliche Liebe); **e|ro|tisch**
Er|pel, *der;* -s, - (Enterich)
er|picht; auf eine Sache - (begierig) sein
er|pres|sen; Er|pres|ser; er|pres|se|risch; Er|pres|sung
er|pro|ben; er|probt
er|qui|cken; er|quick|lich; Er|qui|ckung
er|rat|bar; er|ra|ten
er|rech|nen
er|reg|bar; er|re|gen; Er|re|ger; Er|re|gung
er|reich|bar; er|rei|chen
er|ret|ten (geh.); - von (selten: vor); **Er|ret|ter; Er|ret|tung**
er|rich|ten; Er|rich|tung
er|rin|gen; Er|rin|gung
er|rö|ten; Er|rö|ten, *das;* -s
Er|run|gen|schaft
Er|satz, *der;* -es; **Er|satz‿dienst, ...dro|ge, ...kas|se; er|satz|pflich|tig; Er|satz|teil,** *das* (seltener: *der*)
er|sau|fen (ugs. für: ertrinken); **er|säu|fen** (ertränken)
er|schaf|fen; Er|schaf|fung
er|schal|len (geh.)
er|schei|nen; Er|schei|nung; Er|schei|nungs‿bild, ...form
er|schie|ßen; Er|schie|ßung
er|schlaf|fen; Er|schlaf|fung
er|schla|gen
er|schlei|chen (durch List erringen); **Er|schlei|chung**
er|schlie|ßen
er|schöp|fen; sich -; **er|schöpft; Er|schöp|fung**
[1]**er|schre|cken;** ich bin darüber erschrocken; [2]**er|schre|cken;** sein Aussehen hat mich erschreckt; [3]**er|schre|cken,** sich (ugs.); ich habe mich erschreckt, erschrocken; **er|schre|ckend**
er|schüt|tern; er|schüt|ternd; -s|te; **Er|schüt|te|rung**
er|schwe|ren; Er|schwer|nis, *die;* -, -se; **Er|schwe|rung**
er|schwin|deln
er|schwin|gen; er|schwing|lich
er|se|hen
er|seh|nen (geh.)
er|setz|bar; er|set|zen
er|sicht|lich
er|sit|zen; ersessene Rechte
er|spä|hen (geh.)
er|spa|ren; Er|spar|nis, *die;* -, -se (österr. auch: *das;* -ses, -se)
er|sprieß|lich
erst; - recht
er|star|ken; Er|star|kung
er|star|ren; Er|star|rung
er|stat|ten; Er|stat|tung
Erst|auf|füh|rung
er|stau|nen; Er|stau|nen, *das;* -s; **er|staun|lich**
Erst‿aus|ga|be, ...be|sitz; erst|bes|te; nimm nicht gleich den Erstbesten, den ersten Besten; **Erst|be|stei|gung**
ers|te; das erste Mal; beim, zum ersten Mal; die erste

Geige spielen; die erste Hilfe (bei Unglücksfällen); der Erste, der kam; als Erster durchs Ziel gehen; fürs Erste; mein Erstes war, ihn anzurufen; der Erste des Monats; Otto der Erste; der Erste Mai (Feiertag)

er|ste|chen

er|ste|hen

er|steig|bar; Er|steig|bar|keit, *die;* -; **er|stei|gen; Er|stei|gung**

er|stel|len; Er|stel|lung

ers|te Mal; vgl. erste; *das;* -; **ers|tens**

er|ster|ben (geh.); mit -der Stimme

ers|te|re; erstere Bedeutung von beiden; [die] Erstere kommt nicht in Betracht; Ersteres ist noch zu prüfen; **Ers|te[r]-Klas|se-Ab|teil; Erst|ge|burt**

er|sti|cken; Er|sti|ckung

Erst|kläs|ser (mitteld. für: Erstklässler); **erst|klas|sig; Erst|klass|ler** (landsch., bes. österr.) u. **Erst|kläss|ler** (schweiz. und südd. für: Schüler der ersten Klasse)

erst|ma|lig; erst|mals

er|strah|len

erst|ran|gig

er|stre|ben; er|stre|bens|wert

er|stre|cken, sich; **Er|stre|ckung**

Erst|stim|me; Erst|tags|brief

er|stun|ken (derb für: erdichtet); - und erlogen

er|stür|men; Er|stür|mung

er|su|chen

er|tap|pen; sich bei etwas -

er|tei|len; Er|tei|lung

er|tö|nen

Er|trag, *der;* -[e]s, ...träge; **er|trag|bar; er|tra|gen; er|träg|lich; er|trag‿los, ...reich**

er|trän|ken; Er|trän|kung

er|trin|ken; Er|trin|ken|de, Er|trun|ke|ne, *der* u. *die;* -n, -n

er|tüch|ti|gen

er|üb|ri|gen; Geld, Zeit -; es erübrigt sich (ist überflüssig)[,] zu erwähnen ...

e|ru|ie|ren (herausbringen; ermitteln)

E|rup|ti|on [...*zion*] ([vulkan.] Ausbruch)

er|wa|chen; Er|wa|chen, *das;* -s

er|wach|sen; Er|wach|se|ne, *der* u. *die;* -n, -n; **Er|wach|se|nen|bil|dung,** *die;* -

er|wä|gen; er|wä|gens|wert; Er|wä|gung; in - ziehen

er|wäh|len (geh.)

er|wäh|nen; er|wäh|nens|wert; Er|wäh|nung

er|wan|dern; Er|wan|de|rung

er|wär|men (warm machen); sich - (begeistern) für

er|war|ten; Er|war|ten, *das;* -s; wider -; **Er|war|tung; Er|war|tungs|hal|tung**

er|we|cken

er|wei|chen; Er|wei|chung

er|wei|sen; sich -

er|wei|tern; Er|wei|te|rung

Er|werb, *der;* -[e]s, -e; **er|wer|ben; er|werbs|fä|hig; er|werbs|los; Er|werbs|lo|se,** *der* u. *die;* -n, -n; **er|werbs|tä|tig; Er|werbs|tä|ti|ge,** *der* u. *die;* -n, -n; **Er|wer|bung**

er|wi|dern; Er|wi|de|rung

er|wie|sen; er|wie|se|ner|ma|ßen

er|wir|ken; Er|wir|kung, *die;* -

er|wirt|schaf|ten; Gewinn -

er|wi|schen (ugs. für: ertappen; fassen)

er|wor|ben; -e Rechte

er|wünscht

er|wür|gen; Er|wür|gung

Erz [auch: *ärz*], *das;* -es, -e

er|zäh|len; er|zäh|lens|wert; Er|zäh|ler; er|zäh|le|risch; Er|zäh|lung

Erz|bi|schof; erz|bi|schöf|lich

er|zen [auch: *är...*] (aus Erz)

Erz|en|gel

er|zeu|gen; Er|zeu|ger; Er|zeug|nis, *das;* -ses, -se; **Er|zeu|gung**

Erz|her|zog; Erz|her|zo|gin; Erz|her|zog|tum

er|zieh|bar; er|zie|hen; Er|zie|her; Er|zie|he|rin; er|zie|he|risch; Er|zie|hung, *die;* -; **Er|zie|hungs|be|rech|tig|te,** *der* u. *die;* -n, -n; **Er|zie|hungs|ur|laub**

er|zie|len; Er|zie|lung

er|zit|tern

er|zür|nen; Er|zür|nung

er|zwin|gen; Er|zwin|gung; er|zwun|ge|ner|ma|ßen

es; es sei denn, dass; er ists, (auch:) ist's; er wars, (auch:) war's

E|sche, *die;* -, -n (ein Laubbaum)

E|sel, *der;* -s, -; **E|se|lei; E|se|lin; E|sels|ohr** (ugs.)

Es|ka|la|ti|on [...*zion*], *die;* -, -en; **es|ka|lie|ren** ([sich] stufenweise steigern, verschärfen)

Es|ka|pa|de, *die;* -, -n (geh. für: mutwilliger Streich)

Es|kor|te, *die;* -, -n (Geleit, Schutz; Begleitmannschaft)

Es|pe, *die;* -, -n (Zitterpappel)

Es|pe|ran|to, *das;* -[s] (eine künstl. Weltsprache)

Es|pres|so, *der;* -[s], -s od. ...ssi (in einer Spezialmaschine bereiteter, sehr starker Kaffee); **Es|pres|so|bar,** *die*

Es|p|rit [...*pri*], *der;* -s (Geist, Witz)

Es|say [*äße*[i], auch: *äße*[i], *äße* u. *äße*], *der* od. *das;* -s, -s (kürzere Abhandlung); **Es|say|ist,** *der;* -en, -en (Verfasser von Essays); **Es|say|is|tin**

ess|bar; Ess|bar|keit, *die;* -; **Ess|be|steck**

Es|se, *die;* -, -n (bes. ostmitteld. für: Schornstein)

es|sen; aß; gegessen; zu Mittag -; **Es|sen,** *das;* -s, -; **Es|sen[s]|mar|ke; Es|sens|zeit**

Es|senz, *die;* -, (für: Auszug, Extrakt auch *Mehrz.*:) -en (Wesen, Kern)

Es|sig, *der;* -s, -e; **Es|sig‿es|senz, ...gur|ke; es|sig|sau|er;** essigsaure Tonerde

Ess|löf|fel

Es|ta|b|lish|ment [*ißtäblischm*[e]*nt*], *das;* -s, -s (Schicht der Einflussreichen u. Etablierten)

Es|t|ra|gon, *der;* -s (eine Gewürzpflanze)
Es|t|rich, *der;* -[s], -e (fugenloser Fußboden; schweiz. für: Dachboden, -raum)
Es|zett, *das;* -, - (Buchstabe: »ß«)
e|ta|b|lie|ren (festsetzen; begründen); sich - (sich selbstständig machen; sich niederlassen); **E|ta|b|lis|se|ment** [*...ßemang*, schweiz.: *...mänt*], *das;* -s, -s u. (schweiz.:) -e (geh. für: Betrieb, Niederlassung; [vornehme] Gaststätte; auch für: Bordell)
E|ta|ge [*etasche*, österr.: *etasch*], *die;* -, -n ([Ober]geschoss)
E|tap|pe, *die;* -, -n ([Teil]strecke, Abschnitt; Stufe; Milit.: Versorgungsgebiet hinter der Front)
E|tat [*eta*], *der;* -s, -s ([Staats]haushalt[splan]; Geldmittel)
e|te|pe|te|te (ugs. für: geziert, zimperlich; übertrieben feinfühlig)
E|thik, *die;* -, (selten:) -en (Sittenlehre; Gesamtheit der sittlichen u. moralischen Grundsätze); **e|thisch** (sittlich); **E|thos,** *das;* - (die sittl.-moral. Gesamthaltung)
E|ti|kett, *das;* -[e]s, -e (auch: -s) u. (schweiz., österr., sonst veralt.) [1]**E|ti|ket|te,** *die;* -, -n (Zettel mit [Preis]aufschrift, Schild[chen]; [2]**E|ti|ket|te,** *die;* -, -n (Gesamtheit der herkömmlichen Umgangsformen); **e|ti|ket|tie|ren** (mit einem Etikett versehen)
et|li|che; etliche Tage vergingen; sie war etliche Mal[e] gekommen; ich weiß etliches dazu zu sagen
E|tü|de, *die;* -, -n (Musik: Übungsstück)
E|tui [*ätwi*], *das;* -s, -s (Behälter, [Schutz]hülle)
et|wa; in - (annähernd, ungefähr); **et|wa|ig;** etwaige weitere Kosten; **et|was;** etwas Auffälliges, Derartiges; aber: etwas anderes; **Et|was,** *das;* -, -; ein gewisses -
E|ty|mo|lo|gie, *die;* -, ...ien (Sprachw.: Ursprung u. Geschichte der Wörter; **e|ty|mo|lo|gisch**
euch (auch in Briefen kleingeschrieben)
Eu|cha|ris|tie [*...cha...*], *die;* -, ...ien (kath. Kirche: Abendmahl, Altarsakrament)
[1]**eu|er,** eu[e]re, euer (auch in Briefen kleingeschrieben); euer Haus; [2]**eu|er** (auch in Briefen kleingeschrieben; *Wesf.* von ihr); euer (nicht: eurer) sind drei; ich erinnere mich euer (nicht: eurer); **eu[e]re; eu|er|seits; eu|ers|glei|chen; eu|ert|hal|ben; eu|ert|we|gen; eu|ert|wil|len;** um -
Eu|ka|lyp|tus, *der;* -, ...ten u. - (ein Baum)
Eu|le, *die;* -, -n; **eu|len|äu|gig; Eu|len|flug,** (*der* -[e]s)
Eu|nuch, *der;* -en, -en (kastrierter Mann; Haremswächter)
Eu|pho|rie, *die;* - (Zustand gesteigerten Hochgefühls); **eu|pho|risch**
Eu|ra|tom, *die;* - (Kurzw. für: Europäische Atomgemeinschaft)
eu|re; vgl. eu[e]re; **eu|[r]er|seits; eu|res|glei|chen; eu|ret|hal|ben; eu|ret|we|gen; eu|ret|wil|len;** um -
Eu|ro, *der;* -[s], -s (europ. Währungseinheit; Währungscode: EUR, Zeichen €); **Eu|ro|cent** (Untereinheit des Euros); **Eu|ro|cheque** [*...schäk*], *der;* -s, -s (bei den Banken zahlreicher [europ.] Länder einlösbarer Scheck); **Eu|ro|cheque|kar|te,** (auch:) **Eu|ro|cheque-Kar|te; Eu|ro|ci|ty-Zug** [*...ßiti...*] (europaweit verkehrender Intercityzug; Abk.: EC); **Eu|ro|pä|er,** *der;* -s, -; **eu|ro|pä|isch;** das -e Gleichgewicht; Europäische Gemeinschaft (Abk.: EG); **Eu|ro|land,** -s, (auch:) *das;* -[e]s, (für: einen Staat dieser Gruppe auch *Mehrz.*:) ...länder (an der Europäischen Währungsunion teilnehmende Staatengruppe); **Eu|ro|vi|si|on,** die - (europ. Organisation zur gemeinsamen Veranstaltung von Fernsehsendungen)
Eu|ter, *das* u. (landsch. auch:) *der;* -s, -
Eu|tha|na|sie, *die;* - (Med.: Sterbeerleichterung durch Narkotika; bewusste Herbeiführung des Todes)
e|va|ku|ie|ren [*ewa...*] ([ein Gebiet von Bewohnern] räumen; [Bewohner aus einem Gebiet] aussiedeln); **E|va|ku|ier|te,** *der* u. *die;* -n, -n; **E|va|ku|ie|rung**
e|van|ge|lisch [*ew...*, auch: *ef...*] (auf dem Evangelium fußend; protestantisch); die evangelische Kirche; **e|van|ge|lisch-lu|the|risch; e|van|ge|lisch-re|for|miert; E|van|ge|list,** *der;* -en, -en (Verfasser eines der vier Evangelien; Titel in ev. Freikirchen; Wanderprediger); **E|van|ge|li|um,** *das;* -s, (für: die vier ersten Bücher im N. T. auch *Mehrz.*:) ...ien [*...ien*] (Heilsbotschaft von Jesus Christus)
E|ven|tu|a|li|tät [*ewän...*], *die;* -, -en (Möglichkeit, mögl. Fall); **e|ven|tu|ell** (möglicherweise eintretend; gegebenenfalls)
e|vi|dent [*ewi...*] (offenbar; überzeugend, einleuchtend)
E|vo|lu|ti|on [*ewoluzion*], *die;* -, -en (fortschreitende Entwicklung; Biol.: stammesgeschichtl. Entwicklung der Lebewesen)
e|wig; das -e Leben; der -e Frieden; -er Schnee; das -e Licht; die Ewige Stadt (Rom); **E|wig|keit; E|wig|keits|sonn|tag** (Totensonntag)
ex (ugs. für: aus; tot); - trinken
Ex... (ehemalig, z. B. Exminister)

e|x|ạkt (genau; sorgfältig; pünktlich); **E|x|ạkt|heit**
E|x|a̱|men, *das;* -s, - od. (seltener:) ...mina ([Abschluss]prüfung); **E|x|a̱|mens|ar|beit**
e|x|e|ku|tie̱|ren (vollstrecken); **E|x|e|ku|ti|on** [...*zio̱n*], *die;* -, -en (Vollstreckung [eines Urteils]; Hinrichtung; österr. auch für: Pfändung); **E|x|e|ku|ti̱|ve** [...*w*[e]], *die;* -, -n (vollziehende Gewalt [im Staat])
E|x|ẹm|pel, *das;* -s, - ([warnendes] Beispiel; Aufgabe); **E|x|em|p|la̱r,** *das;* -s, -e ([einzelnes] Stück); **e|x|em|p|la̱|risch** (musterhaft; warnend, abschreckend)
e|x|er|zie̱|ren (üben [meist von Truppen]); **E|x|er|zie̱r|platz**
E|xi̱l, *das;* -s, -e (Verbannung[sort]); **E|xi̱l|re|gie|rung**
e|xis|tẹnt (wirklich, vorhanden); **E|xis|tẹnz,** *die;* -, -en (Dasein; Lebensgrundlage; abwertend für: Mensch); **E|xis|tẹnz|be|rech|ti|gung**
Ẹ|x|i|tus, *der;* - (Med.: Tod)
Ex|kla̱|ve [...*w*[e]], *die;* -, -n (ein eigenstaatl. Gebiet in fremdem Staatsgebiet)
ex|klu|si̱v (nur einem bestimmten Personenkreis zugänglich); **Ex|klu|si|vi|tä̱t,** *die;* - (Ausschließlichkeit, [gesellschaftl.] Abgeschlossenheit)
Ex|kom|mu|ni|ka|ti|on [...*zio̱n*], *die;* -, -en (kath. Kirche: Ausschluss aus der Kirchengemeinschaft); **ex|kom|mu|ni|zie̱|ren**
Ex|kre|mẹnt, *das;* -[e]s, -e (Ausscheidungsprodukt, bes. Kot)
Ex|kụrs, *der;* -es, -e (Erörterung in Form einer Abschweifung); **Ex|kur|si|o̱n,** *die;* -, -en (Gruppenausflug zu wissenschaftlichen o. ä. Zwecken)
Ẹx|mi|nis|ter; Ẹx|mi|nis|te|rin
e|xo̱|tisch (fremdländisch, -artig)
Ex|pạn|der, *der;* -s, - (ein Sportgerät); **ex|pan|die̱|ren** ([sich] ausdehnen); **Ex|pan|si|o̱n,** *die;* -, -en (Ausdehnung; Ausbreitung [eines Staates])
Ex|pe|di|ẹnt, *der;* -en, -en (Abfertigungsbeauftragter in der Versandabteilung einer Firma); **Ex|pe|di|ẹn|tin; ex|pe|die̱|ren** (abfertigen; absenden; befördern); **Ex|pe|di|ti|on** [...*zio̱n*], *die;* -, -en (Forschungsreise; Versand- od. Abfertigungsabteilung)
Ex|pe|ri|mẹnt, *das;* -[e]s, -e; **Ex|pe|ri|men|ta̱l...** (auf Experimenten beruhend, z. B. Experimentalphysik); **ex|pe|ri|men|tẹll** (auf Experimenten beruhend); **ex|pe|ri|men|tie̱|ren; Ex|pẹr|te,** *der;* -n, -n (Sachverständiger, Gutachter)
ex|plo|die̱r|bar; ex|plo|die̱|ren; ex|plo|si̱|bel (explosionsfähig, -gefährlich); **Ex|plo|si|o̱n,** *die;* -, -en; **Ex|plo|si|o̱ns‿ge|fahr, ...mo|tor; ex|plo|si̱v** (leicht explodierend, explosionsartig)
Ex|po|nẹnt, *der;* -en, -en (Hochzahl, bes. in der Wurzel- u. Potenzrechnung; Vertreter [einer Ansicht]); **ex|po|nie̱rt** (gefährdet; [Angriffen] ausgesetzt; herausgehoben)
Ex|pọrt, *der;* -[e]s, -e (Ausfuhr); **Ex|por|teur** [...*tö̱r*], *der;* -s, -e (Ausfuhrhändler od. -firma)
Ex|po|sé; vgl. Exposee; **Ex|po|see,** (auch:) Ex|po|sé [...*se̱*], *das;* -s, -s (Denkschrift, Bericht; Zusammenfassung; Plan, Skizze [für ein Drehbuch])
ex|prẹss (veralt., noch ugs. für: eilig); **Ex|prẹss,** *der;* -es, -e (kurz für: Expresszug); **Ex|prẹss|gut**
Ex|pres|si|o|nịs|mus, *der;* - (Kunstrichtung im frühen 20. Jh., Ausdruckskunst); **Ex|pres|si|o|nịst,** *der;* -en, -en; **Ex|pres|si|o|nịs|tin; ex|pres|si|o|nịs|tisch**
Ex|prẹss|zug
ex|qui|si̱t (ausgesucht, erlesen); **Ex|qui|si̱t|la|den** (ehem. in der DDR)
ex|tem|po|rie̱|ren (aus dem Stegreif reden, schreiben usw.)
ex|ten|si̱v (der Ausdehnung nach; räumlich; nach außen wirkend); -e Wirtschaft (Form der Bodennutzung mit geringem Einsatz von Arbeitskraft u. Kapital)
Ex|te|ri|eur [...*iö̱r*], *das;* -s, -e (Äußeres; Außenseite)
ẹx|t|ra (nebenbei, außerdem, besonders, eigens); **Ẹx|t|ra,** *das;* -s, -s ([nicht serienmäßig mitgeliefertes] Zubehör[teil]); **ẹx|t|ra|fein**
Ex|trạkt, *der* (auch: *das*); -[e]s, -e (Auszug [aus Büchern, Stoffen]; Hauptinhalt; Kern)
ex|t|ra|or|di|nä̱r (veraltend für: außergewöhnlich, außerordentlich)
ex|t|ra|va|gạnt [...*wa*..., auch: *ạk*...] (verstiegen, überspannt); **Ex|t|ra|va|gạnz** [auch: *ạk*...], *die;* -, -en
Ẹx|t|ra|wurst (ugs.)
ex|t|re̱m (»äußerst«; übertrieben); **Ex|t|re̱m,** *das;* -s, -e (höchster Grad, äußerster Standpunkt; Übertreibung); **Ex|t|re|mịst,** *der;* -en, -en; **Ex|t|re|mịs|tin; Ex|t|re|mi|tä̱|ten,** *die* (*Mehrz.;* Gliedmaßen); **Ex|t|re̱m|si|tu|a|ti|on; Ex|t|re̱m|sport** (mit höchster körperlicher Beanspruchung od. mit besonderen Gefahren verbundener Sport)
ex|zel|lẹnt (hervorragend); **Ex|zel|lẹnz,** *die;* -, -en (ein Titel)
ex|zẹn|t|risch (Math., Astron.: außerhalb des Mittelpunktes liegend; geh. für: überspannt)
Ex|zẹss, *der;* -es, -e (Ausschreitung; Ausschweifung)

Ff

F (Buchstabe): das F, des F, die F; aber: das f in Hafen

f, F, *das;* -, - (Tonbezeichnung)

Fa|bel, *die;* -, -n (erdichtete [lehrhafte] Erzählung; Grundhandlung einer Dichtung); **Fa|be|lei; fa|bel|haft; fa|beln; Fa|bel|tier**

Fa|b|rik[1], *die;* -, -en; **Fa|b|ri|kant,** *der;* -en, -en; **Fa|b|rik|ar|bei|ter** (österr.: Fabriksarbeiter); **Fa|b|ri|kat,** *das;* -[e]s, -e; **Fa|b|ri|ka|ti|on** [...*zion*], *die;* -, -en; **Fa|b|ri|ka|ti|ons‿feh|ler, ...pro|zess; Fa|b|rik|be|sit|zer; fa|b|rik‿mä|ßig, ...neu; fa|b|ri|zie|ren**

Fach, *das;* -[e]s, Fächer

...fach (z. B. vierfach [mit Ziffer: 4fach]; aber: n-fach)

Fach‿ar|bei|ter, ...aus|druck, ...be|griff

fä|cheln; Fä|cher, *der;* -s, -; **fä|chern**

Fach‿frau, ...ge|biet; fach|ge|recht; Fach‿ge|schäft, ...han|del, ...i|di|ot (abwertend für: jmd., der nur sein Fachgebiet kennt); **fach|kun|dig; Fach|leh|rer; fach|lich; Fach‿li|te|ra|tur, ...mann** (*Mehrz.* ...männer u. ...leute); **fach|män|nisch; fach|sim|peln** (ugs. für: ausgiebige Fachgespräche führen); **Fach|werk|haus**

Fa|ckel, *die;* -, -n; **fa|ckeln;** nicht lange - (ugs. für: zögern); **Fa|ckel|zug**

fad, fa|de

Fäd|chen; fä|deln (einfädeln); **Fa|den,** *der;* -s, Fäden u. (für Längenmaß:) -; **fa|den|schei|nig**

Fa|gott, *das;* -[e]s, -e (ein Holzblasinstrument)

fä|hig; Fä|hig|keit

fahl; fahl|gelb

fahn|den; Fahn|dung; Fahn|dungs‿buch, ...fo|to, ...lis|te

Fah|ne, *die;* -, -n; **Fah|nen|eid; fah|nen|flüch|tig; Fah|nen|stan|ge; Fähn|lein; Fähn|rich,** *der;* -s, -e

Fahr‿aus|weis (schweiz. auch für: Führerschein), **...bahn; fahr|bar; fahr|be|reit; Fahr|dienst,** *der;* -[e]s; **Fahr|dienst|lei|ter,** *der*

Fäh|re, *die;* -, -n

fah|ren; fuhr, gefahren; Auto fahren; Rad fahren; fahren lassen (ugs. für: aufgeben); er hat sein Vorhaben fahren lassen, (seltener:) fahren gelassen; **fah|rend;** -e Leute; **fah|ren las|sen;** vgl. fahren; **Fah|rer; Fah|re|rei,** *die;* -; **Fah|rer|flucht,** *die;* -; **Fah|re|rin; Fah|rer|sitz; Fahr‿gast** (*Mehrz.* ...gäste), **...geld, ...ge|stell; fah|rig** (zerstreut); **Fahr|kar|te; fahr|läs|sig;** -e Tötung; **Fahr|läs|sig|keit; Fahr|leh|rer**

Fähr|mann (*Mehrz.* ...männer u. ...leute)

Fahr|plan; fahr|plan|mä|ßig; Fahr‿preis, ...rad, ...schu|le, ...stuhl, ...stun|de; Fahrt, *die;* -, -en

Fähr|te, *die;* -, -n (Spur)

Fahr|ten‿buch, ...schrei|ber; Fahrt|kos|ten, *die (Mehrz.);* **Fahr‿tüch|tig|keit, ...zeug**

fair [*fär*]; ein -es Spiel; **Fair|ness** [*fär...*], *die;* -; **Fair|play,** (auch:) **Fair Play** [*färple^i*], *das;* - - (anständiges Spiel od. Verhalten [im Sport])

fä|kal (Med.: kotig); **Fä|ka|li|en** [...*i^en*], *die (Mehrz.;* Med.: Kot)

Fa|kir (österr.: ...*kir*], *der;* -s, -e ([ind.] Büßer; Zauberkünstler)

Fak|si|mi|le, *das;* -s, -s (originalgetreue Nachbildung, z. B. einer alten Handschrift)

fak|tisch (tatsächlich); **Fak|tor,** *der;* -s, ...oren (bestimmender Grund, Umstand; Math.: Vervielfältigungszahl); **Fak|to|tum,** *das;* -s, -s u. ...ten (jmd., der alles besorgt; Mädchen für alles); **Fak|tum,** *das;* -s, ...ta u. ...ten (Tatsache; Ereignis)

Fak|tur, *die;* -, -en u. (österr. u. schweiz.:) **Fak|tu|ra,** *die;* -, ...ren ([Waren]rechnung); **fak|tu|rie|ren** ([Waren] berechnen, Fakturen ausschreiben)

Fa|kul|tät, *die;* -, -en (Abteilung einer Hochschule)

falb; Fal|be, *der;* -n, -n (gelbliches Pferd)

Fal|ke, *der;* -n, -n (ein Greifvogel); **Fal|ken|jagd; Falk|ner**

Fall, *der;* -[e]s, Fälle (auch für: Kasus); für den -, dass ...; von - zu -; zu - bringen; erster (1.) Fall; **Fall|beil; Fal|le,** *die;* -, -n; **fal|len;** fiel, gefallen; fallen lassen; er hat eine Bemerkung fallen lassen, (seltener:) fallen gelassen; **fäl|len; fal|len las|sen;** vgl. fallen; **fäl|lig; Fäl|lig|keit; Fall|obst; Fall|reep,** *das;* -[e]s, - (Seemannsspr.:) äußere Schiffstreppe); **Fall|rück|zie|her** (beim Fußball); **falls; Fall‿schirm, ...tür**

falsch; -este; falsch spielen (betrügerisch spielen); falsch liegen (auch ugs. für: sich irren, falsch verhalten); **fäl|schen; Fäl|scher; Falsch|geld; Falsch|heit; fälsch|lich; fälsch|li|cher|wei|se; falsch lie|gen;** vgl. falsch; **Falsch|mel|dung; falsch spie|len;** vgl. falsch; **Falsch|spie|ler; Fäl|schung**

Fal|sett, *das;* -[e]s, -e (Kopfstimme)

Fält|chen; Fal|te, *die;* -, -n; **fäl|teln; fal|ten;** gefaltet; **fal|ten|los; Fal|ten|rock**

Fal|ter, *der;* -s, -

fal|tig (Falten habend)

...fäl|tig (z. B. vielfältig)

Falz, *der;* -es, -e; **fal|zen**

fa|mi|li|är (die Familie betreffend; vertraut); **Fa|mi|lie** [...*i^e*], *die;* -, -n; **Fa|mi|li-**

[1] Auch: ...*ik*

en‿fei|er, ...na|me, ...stand (*der;* -[e]s), **...va|ter**
fa|mos (ugs. für: großartig)
Fan [*fän*], *der;* -s, -s (begeisterter Anhänger)
Fa|nal, *das;* -s, -e (geh. für: eine Veränderung ankündigendes Zeichen)
Fa|na|ti|ker (blinder, rücksichtsloser Eiferer); **fa|natisch** (sich unbedingt, rücksichtslos einsetzend); **Fa|na|tis|mus,** *der;* -
Fan|be|treu|er [*fän...*]
Fan|fa|re, *die;* -, -n (Trompetensignal; Blasinstrument)
Fang, *der;* -[e]s, Fänge; **fangen;** fing, gefangen; **Fangen,** *das;* -s (Haschen, Nachlaufen); - spielen; **Fänger; Fang‿fra|ge, ...lei|ne, ...netz**
Fan|ta|sie, (auch:) Phan|tasie, *die;* -, ...ien (Vorstellung[skraft], Einbildung[skraft]; Trugbild); **fanta|sie|los,** (auch:) phan|tasie|los; **Fan|ta|sie|lo|sigkeit,** (auch:) Phan|ta|sie|losig|keit; **fan|ta|sie|ren,** (auch:) phan|ta|sie|ren (sich der Einbildungskraft hingeben; wirr reden); **fan|ta|sievoll,** (auch:) phan|ta|sievoll, **Fan|tast,** (auch:) Phantast, *der;* -en, -en (Träumer, Schwärmer); **fan|tas|tisch,** (auch:) phan|tas|tisch (überspannt; unwirklich; ugs. für: großartig)
Far|be, *die;* -, -n; die - Blau; **farb|echt; Fär|be|mit|tel,** *das;* **...far|ben** (z. B. beigefarben); **fär|ben; farben‿blind, ...froh; Farb‿fern|se|her, ...film, ...fil|ter; far|big** (österr. auch: färbig); **...far|big,** (österr.:) **...fär|big** (z. B. einfarbig; österr.: einfärbig); **Far|bi|ge,** *der* u. *die;* -n, -n (Angehöriger einer nichtweißen Bevölkerungsgruppe); **farb|lich; farb|los; Farb|lo|sig|keit,** *die;* -; **Farbton** (*Mehrz.* ...töne); **Färbung**

Farm, *die;* -, -en; **Far|mer,** *der;* -s, -; **Far|mers|frau**
Farn, *der;* -[e]s, -e (eine Sporenpflanze); **Farn|kraut**
Fär|se, *die;* -, -n (Kuh, die noch nicht gekalbt hat)
Fa|san, *der;* -[e]s, -e[n]; **Fa|sane|rie,** *die;* -, ...ien (Fasanengehege)
fa|schie|ren (österr. für: Fleisch durch den Fleischwolf drehen); **Fa|schier|te,** *das;* -n (österr. für: Hackfleisch)
Fa|sching, *der;* -s, -e u. -s
Fa|schis|mus, *der;* - (antidemokratische, nationalistische Staatsauffassung od. Herrschaftsform); **Faschist,** *der;* -en, -en
Fa|se|lei (ugs. abwertend); **fase|lig** (ugs. abwertend); **faseln** (ugs. abwertend); törichtes Zeug reden
Fa|ser, *die;* -, -n; **Fä|ser|chen; fa|se|rig;** vgl. fasrig; **fa|sern**
Fa|shion [*fäschen*], *die;* - (Mode; feine Lebensart)
fas|rig, faserig
Fas|nacht (landsch. u. schweiz. für: Fastnacht)
Fass, *das;* -es, Fässer; zwei Fass Bier
Fas|sa|de, *die;* -, -n (Vorder-, Schauseite; Ansicht)
fass|bar; Fass|bar|keit, *die;* -
Fass|bier; Fäss|chen
fas|sen; fasste, gefasst; **fasslich; Fass|lich|keit,** *die;* -
Fas|son [*faßong*, schweiz. u. österr. meist: *faßon*], *die;* -, -s (schweiz., österr.: -en; Form; Muster; Art; Zuschnitt)
Fas|sung; fas|sungs|los
fast (beinahe)
fas|ten; Fas|ten, *die* (*Mehrz.;* Fasttage)
Fast|food, (auch:) **Fast Food** [*faßtfud*], *das;* - -[s] (schnell verzehrbare kleinere Gerichte)
Fast|nacht, *die;* -
Fas|zi|na|ti|on [*...zion*], *die;* -, -en (fesselnde Wirkung; Anziehungskraft); **fas|zinie|ren**

fa|tal (verhängnisvoll; unangenehm; peinlich); **Fa|ta|lismus,** *der;* - (Schicksalsglaube); **Fa|ta|list,** *der;* -en, -en
Fa|ta Mor|ga|na, *die;* - -, - ...nen u. - -s (durch Luftspiegelung verursachte Täuschung)
Fatz|ke, *der;* -n u. -s, -n u. -s (ugs. abwertend für: eitler Mensch)
fau|chen
faul; Fäu|le, *die;* -; **fau|len; fau|len|zen; Fau|len|zer; Fau|len|ze|rei; Faul|heit,** *die;* -; **fau|lig; Fäul|nis,** *die;* -; **Faul‿pelz** (ugs. abwertend), **...tier**
Faun, *der;* -[e]s, -e (geh. auch für: lüsterner Mensch); **Fauna,** *die;* -, ...nen (Tierwelt)
Faust, *die;* -, Fäuste; **Faustball; Fäust|chen; faustdick;** er hat es - hinter den Ohren
Faux|pas [*fopa*], *der;* - [*...pa(ß)*], - [*...paß*] (Taktlosigkeit; Verstoß gegen die Umgangsformen)
fa|vo|ri|sie|ren (begünstigen; als voraussichtlichen Sieger [im Sportkampf] nennen); **Fa|vo|rit,** *der;* -en, -en (Günstling; Liebling; voraussichtlicher Sieger [im Sportkampf]); **Fa|vo|ri|tin**
Fax, *das,* (schweiz. meist: *der*); -, -e (kurz für: Telefax); **Fax|an|schluss**
Fa|xe, *die;* -, -n (meist *Mehrz.;* Grimasse; dummer Spaß); **Fa|xen|ma|cher** (Grimassenschneider; Spaßmacher)
Fa|zit, *das;* -s, -e u. -s (Ergebnis; Schlussfolgerung)
FDP u. parteiamtl. **F. D. P.** = Freie Demokratische Partei [Deutschlands]
Fea|ture [*fitscher*], *das;* -s, -s (auch: *die;* -, -s; aktuell aufgemachter Dokumentarbericht, bes. für Funk od. Fernsehen)
Fe|b|ru|ar, *der;* -[s] (der zweite Monat des Jahres; Abk.: Febr.)

fẹch|ten; focht, gefochten
Fe̲|der, *die;* -, -n; **Fe̲|der‿ball, ...bett; Fe̲|der|fuch|ser** (abwertend für: Pedant); **fe̲|der|füh|rend; Fe̲|der‿ge|wicht** (Körpergewichtsklasse in der Schwerathletik), **...hal|ter; fe̲|der|le̲icht; Fe̲|der|le|sen,** *das;* -s; nicht viel -[s] (Umstände) machen; **fe̲|dern; Fe̲|de|rung; Fe̲|der|wei|ße,** *der;* -n, -n (gärender Weinmost)
Fe̲e̲, *die;* -, Fe̲en (eine w. Märchengestalt)
Fe̲|ge|feu|er, Fe̲g|feu|er; **fe̲|gen**
Fe̲h|de, *die;* -, -n; **Fe̲h|de|hand|schuh**
fe̲hl; - am Platz; **Fe̲hl,** *der;* nur noch in: ohne -; **Fe̲hl|an|zei|ge; fe̲hl|bar** (schweiz. für: [einer Übertretung] schuldig); **Fe̲hl‿be|trag, ...ein|schät|zung; fe̲h|len; Fe̲h|ler; fe̲h|ler|frei; fe̲h|ler|haft; fe̲h|ler|los; Fe̲h|ler‿quel|le, ...zahl; Fe̲hl‿far|be, ...ge|burt; fe̲hl|ge|hen; Fe̲hl‿pass** (Sportspr.), **...schlag; fe̲hl|schla|gen; Fe̲hl|start** (Sportspr.); **fe̲hl|tre|ten; Fe̲hl‿tritt, ...zün|dung**
fe̲i̲|en (geh. für: [durch vermeintliche Zaubermittel] schützen); gefeit (sicher, geschützt)
Fe̲i̲|er, *die;* -, -n; **Fe̲i̲|er|abend; fe̲i̲|er|lich; Fe̲i̲|er|lich|keit; fe̲i̲|ern; Fe̲i̲|er‿schicht, ...stun|de, ...tag; fe̲i̲|er|tags**
fe̲i̲g, fe̲i̲|ge
Fe̲i̲|ge, *die;* -, -n; **Fe̲i̲|gen|blatt**
Fe̲i̲g|heit; Fe̲i̲g|ling
fe̲i̲l|bie|ten
Fe̲i̲|le, *die;* -, -n; **fe̲i̲|len**
fe̲i̲l|hal|ten; fe̲i̲l|schen
fe̲i̲n; sehr -; fein gemahlenes Mehl; fein gesponnen; sich fein machen; eine -e Nase haben; -e Sitten; **Fe̲i̲n|ar|beit**
Fe̲i̲nd, *der;* -[e]s, -e; jemandes - sein; jemandem Feind sein (veraltend); **Fe̲i̲n|din; fe̲i̲nd|lich; Fe̲i̲nd|schaft; fe̲i̲nd|se|lig; Fe̲i̲nd|se|lig|keit**
fe̲i̲n|füh|lig; Fe̲i̲n|füh|lig|keit, *die;* -; **Fe̲i̲n|ge|fühl,** *das;* -[e]s; **fe̲i̲n ge|mah|len, fe̲i̲n ge|spon|nen;** vgl. fein; **Fe̲i̲n|heit; fe̲i̲n|kör|nig; Fe̲i̲n|kost; fe̲i̲n malen;** sich - -; **Fe̲i̲n|me|cha|ni|ker; fe̲i̲n|ner|vig; Fe̲i̲n|schme|cker; fe̲i̲n|sin|nig; Fe̲i̲n|wasch|mit|tel**
fe̲i̲st
fe̲i̲|xen (ugs. für: grinsen)
Fẹl|chen, *der;* -s, - (ein Fisch)
Fẹld, *das;* -[e]s, -er; elektrisches -; Feld- u. Gartenfrüchte; **Fẹld‿fla|sche, ...herr, ...jä|ger** (Milit.), **...mar|schall, ...maus, ...sa|lat, ...ste|cher** (Fernglas); **Fẹld|we|bel,** *der;* -s, -; **Fẹld‿weg, ...zug**
Fẹl|ge, *die;* -, -n (Radkranz; Reckübung); **Fẹl|gen|brem|se**
Fẹll, *das;* -[e]s, -e
Fel|lạ|che, *der;* -n, -n (Bauer im Vorderen Orient)
Fẹls, *der;* -en, -en ([hartes] Gestein); **Fẹls|block** (*Mehrz.* ...blöcke); **Fẹl|sen,** *der;* -s, - ([aufragende] Gesteinsmasse, Felsblock); **fẹl|sen|fẹst; fẹl|sig; Fẹls|wand**
Fe̲|me, *die;* -, -n (heimliches Gericht, Freigericht); **Fe̲|me|mord**
fe̲|mi|nin [auch: *...ni̲n*] (weiblich; weibisch); **Fe̲|mi|ni|num,** *das;* -s, ...na (Sprachw.: weibliches Hauptwort, z. B. »die Erde«)
Fẹn|chel, *der;* -s (eine Heil- u. Gemüsepflanze); **Fẹn|chel|tee**
Feng|shu̲i, (auch:) **Feng Shu̲i,** *das;* - (chines. Kunst der harmonischen Lebens- und Wohnraumgestaltung)
Fẹns|ter, *das;* -s, -; **Fẹns|ter‿bank** (*Mehrz.* ...bänke), **...la|den** (*Mehrz.* ...läden, selten: ...laden); **fẹns|terln** (südd., österr. für: die Geliebte nachts [am od. durchs Fenster] besuchen); **Fẹns|ter‿platz, ...put|zer, ...rah|men, ...schei|be**
Fe̲|ri|en [*...iᵉn*], *die (Mehrz.);* **Fe̲|ri|en|rei|se**
Fẹr|kel, *das;* -s, -; **Fer|ke|le̲i; fẹr|keln**
Fer|mẹnt, *das;* -s, -e (veraltend für: Enzym)
fẹrn; fern liegen (kaum in Betracht kommen); eine fern liegende Lösung; wir wollten uns von allem fern halten; fern stehen (keine innere Beziehung haben); der Ferne Osten (svw. Ostasien); **fẹrn|ạb** (geh.); **Fẹrn|amt; fẹrn|blei|ben; fẹr|ne** (geh.); von - [her]; **Fẹr|ne,** *die;* -, -n; **fẹr|ner;** des Ferner[e]n darlegen (Amtsspr.); **fẹr|ner|hin** [auch: *fạ̈rnᵉr|hịn*]; **Fẹrn|fah|rer; fẹrn|ge|lenkt; Fẹrn|ge|spräch; fẹrn|ge|steu|ert; Fẹrn|glas; fẹrn hal|ten;** vgl. fern; **Fẹrn‿hei|zung, ...kurs, ...licht; fẹrn lie̲|gen, fẹrn lie̲|gend;** vgl. fern; **Fẹrn|mel|de|amt; fẹrn‿münd|lich** (für: telefonisch); **...ọ̈st|lich; Fẹrn‿ruf, ...schrei|ben, ...schrei|ber; Fẹrn|seh‿an|ten|ne, ...ap|pa|rat; fẹrn|se|hen; Fẹrn|se|hen,** *das;* -s; **Fẹrn|se|her** (ugs. für: Fernsehgerät; Fernsehteilnehmer); **Fẹrn|seh‿ge|rät, ...ka|me|ra, ...pro|gramm, ...sen|der, ...spiel, ...zu|schau|er; Fẹrn|sprech‿amt, ...an|schluss, ...ap|pa|rat; Fẹrn|spre|cher; Fẹrn|sprech‿ge|bühr, ...teil|neh|mer; fẹrn ste̲|hen,** vgl. fern; **Fẹrn‿stu|di|um, ...un|ter|richt, ...ver|kehr**
Fẹr|se, *die;* -, -n (Hacken); **Fẹr|sen|geld;** nur noch in: - geben (scherzh. für: fliehen)
fẹr|tig; sein, werden; fertig bringen (vollbringen); fertig bekommen (ugs. für: fertig bringen); fertig machen (ugs. auch für: zermürben; völlig besiegen); fertig stellen (die Herstellung abschließen); **Fer|tig‿bau** (*Mehrz.* ...bauten), **...bau-**

wei|se; fẹr|tig be|kom|men, fẹr|tig brin|gen; vgl. fertig; **fẹr|ti|gen; Fẹr|tig|haus; Fẹr|tig|keit; fẹr|tig ma|chen, fẹr|tig stel|len;** vgl. fertig

Fẹs, *der;* -[es], -[e] (rote Filzkappe)

fẹsch (ugs. für: flott)

[1]**Fẹs|sel,** *die;* -, -n (Teil des Beines)

[2]**Fẹs|sel,** *die;* -, -n (Band, Kette); **Fẹs|sel|bal|lon; fẹs|sel|frei; fẹs|seln; fẹs|selnd**

fẹst; -e Kosten; -er Wohnsitz; ein fest angestellter Mitarbeiter; fest besoldete Beamte; fest gefügte Anschauungen

Fẹst, *das;* -[e]s, -e; **Fẹst|akt**

fẹst an|ge|stellt; vgl. fest

fẹst|bei|ßen, sich (sich intensiv u. ausdauernd mit etwas beschäftigen)

Fẹst‿bei|trag, ...be|leuch|tung

fẹst be|sol|det; vgl. fest; **fẹst|bin|den** (anbinden); **fẹst|blei|ben** (nicht nachgeben); **Fẹst|brenn|stoff**

Fẹs|te, *die;* -, -n

Fẹst|es|sen

fẹst|fah|ren; sich -; **fẹst ge|fügt;** vgl. fest; **fẹst|ha|ken,** sich -; **fẹst|hal|ten;** sich -; **fes|ti|gen; Fẹs|tig|keit,** *die;* -

Fes|ti|val [*fäßtiwel* u. *fäßtiwal*], *das;* -s, -s (Musikfest, Festspiel)

fẹst|klam|mern; sich -; **fẹst|kle|ben; Fẹst|land** (*Mehrz.* ...länder); **fẹst|län|disch; fẹst|le|gen** (auch für: anordnen); sich - (sich binden)

fẹst|lich; Fẹst|lich|keit

fẹst|ma|chen (auch für: vereinbaren)

Fẹst|mahl

Fẹst|me|ter (alte Maßeinheit für: 1 m^3 fester Holzmasse; Abk.: Fm, fm); **fẹst|na|geln** (ugs. auch für: jmdn. auf etwas festlegen); **fẹst|nä|hen; Fẹst|nah|me,** *die;* -, -n; **fest|neh|men** (verhaften); **Fẹst|plat|te** (EDV), **...preis**

Fẹst‿pro|gramm, ...re|de, ...red|ner

fẹst|sau|gen; sich -; **fẹst|schnal|len; fẹst|schrei|ben** (durch einen Vertrag o. Ä. festlegen)

Fẹst|schrift

fẹst|set|zen (auch für: gefangen setzen); **Fẹst|set|zung; fẹst|sit|zen** (ugs. für: nicht mehr weiterkommen)

Fẹst|spiel; Fẹst|spiel|haus

fẹst|ste|hen; fest steht, dass ...; **fẹst|ste|hend** (sicher, gewiss); **fẹst|stel|len** (ermitteln, [be]merken, nachdrücklich aussprechen); **Fẹst|stel|lung**

Fẹst|tag; fẹst|täg|lich; Fest|tags|klei|dung

Fẹs|tung; Fẹs|tungs|wall

fẹst|ver|zins|lich; -e Wertpapiere

Fẹst‿vor|stel|lung, ...zelt

fẹst|zie|hen

Fẹst|zug

Fe|te [auch: *fät*e], *die;* -, -n (ugs. für: Fest)

Fe|tisch, *der;* -[e]s, -e (magischer Gegenstand; Götzenbild)

fẹtt; -er Boden; fett gedruckt; **Fẹtt,** *das;* -[e]s, -e; **fẹtt|arm; Fẹtt|au|ge, fẹt|ten; Fẹtt|fleck; fẹtt ge|druckt;** vgl. fett; **fẹt|tig; Fẹtt|lei|big|keit,** *die;* -; **Fẹtt|näpf|chen;** [bei jmdm.] ins - treten ([jmds.] Unwillen erregen); **Fẹtt|schicht; fẹtt|trie|fend**

Fe|tus, Fö|tus, *der;* - u. -ses, -se u. ...ten (Med.: Leibesfrucht vom 3. Monat an)

Fẹtz|chen; fẹt|zen; Fẹt|zen, *der;* -s, -; **fẹt|zig** (ugs. für: toll)

feucht; - werden; **feucht|fröh|lich** (fröhlich beim Zechen); **Feuch|tig|keit,** *die;* -; **feucht|kalt, ...warm**

feu|dal (das Lehnswesen betreffend; Lehns...; ugs. für: vornehm; abwertend für: reaktionär); **Feu|dal|herr|schaft; Feu|da|lịs|mus,** *der;* - (feudale Gesellschafts- u. Wirtschaftsordnung)

Feu|del, *der;* -s, - (nordd. für: Scheuerlappen)

Feu|er, *das;* -s, -; offenes -; **feu|er‿be|stän|dig, ...fest, ...ge|fähr|lich; Feu|er‿ha|ken, ...herd, ...holz** (*das;* -es), **...lei|ter** (*die*), **...lö|scher, ...mel|der; feu|ern; feu|er|rot; Feu|ers|brunst; Feu|er‿stuhl** (ugs. für: Motorrad), **...ver|si|che|rung, ...waf|fe, ...wehr; Feu|er|wehr‿au|to, ...mann** (*Mehrz.* ...männer u. ...leute); **Feu|er|werk; Feu|er|werks|kör|per**

Feuil|le|ton [*föj*e*tong*, auch: *föi*e*tong*], *das;* -s, -s (literarischer, kultureller Teil einer Zeitung; Aufsatz im Plauderton); **Feuil|le|to|nịst,** *der;* -en, -en; **feuil|le|to|nịs|tisch**

feu|rig

[1]**Fez** [*feß*]; vgl. Fes

[2]**Fez,** *der;* -es (ugs. für: Spaß, Vergnügen)

Fi|a|ker, *der;* -s, - (österr. für: Pferdedroschke; Kutscher)

Fi|as|ko, *das;* -s, -s (Fehlschlag)

Fi|bel, *die;* -, -n (Abc-Buch; Elementarlehrbuch)

Fi|ber, *die;* -, -n (Faser)

Fịch|te, *die;* -, -n

fịcken (derb für: koitieren)

fi|del (ugs. für: lustig)

Fi|di|bus, *der;* - u. -ses, - u. -se (gefalteter Papierstreifen als [Pfeifen]anzünder)

Fie|ber, *das;* -s, (selten:) -; **Fie|ber|an|fall; fie|ber|frei; fie|ber|haft; fie|bern; fie|ber|sen|kend; Fie|ber|ther|mo|me|ter; fieb|rig**

Fie|del, *die;* -, -n (veraltend für: Geige)

fie|pen (einen leisen, hohen Ton von sich geben)

fies (ugs. für: ekelhaft)

FIFA, Fi|fa, *die;* - (Internationaler Fußballverband)

fif|ty-fif|ty [*fifti fifti*] (ugs. für: halbpart)

figh|ten [*fait*e*n*] (Boxen: hart

u. draufgängerisch kämpfen)
Fi|gur, *die;* -, -en; **Fi|gür|chen; fi|gür|lich**
Fik|ti|on [*...zion*], *die;* -, -en (Erdachtes); **fik|tiv** (erdacht)
Fi|let [*file*], *das;* -s, -s (Netzstoff; Lenden-, Rückenstück); **Fi|let‿ar|beit, ...steak**
Fi|li|a|le, *die;* -, -en (Zweiggeschäft, -stelle)
Fi|li|g|ran, *das;* -s, -e (eine aus feinem Draht geflochtene Zierarbeit); **Fi|li|g|ran|ar|beit**
Fi|li|us, *der;* -, ...usse (scherzh. für: Sohn)
Film, *der;* -[e]s, -e; **Fil|me|ma|cher** (Regisseur [u. Drehbuchautor]); **Film‿fes|ti|val, ...fest|spie|le** (*die; Mehrz.*), **...ka|me|ra, ...pro|du|zent, ...schau|spie|ler, ...schau|spie|le|rin, ...star** (*Mehrz.* ...stars), **...vor|füh|rer**
Fil|ter, *der* od. (Technik meist:) *das;* -s, -; **fil|tern; Fil|ter‿pa|pier, ...zi|ga|ret|te**
Filz, *der;* -es, -e; **fil|zen** (ugs. auch für: nach [verbotenen] Gegenständen durchsuchen; schlafen); **Filz|hut,** *der;* **fil|zig; Filz‿laus, ...pan|tof|fel, ...schrei|ber, ...stift** *(der)*
Fim|mel, *der;* -s, - (ugs. für: Tick)
Fi|na|le, *das;* -s, - (auch: -s; Schlussteil; Musik: Schlussstück, -satz; Sportspr.: Endrunde, Endspiel); **Fi|na|list,** *der;* -en, -en (Endrundenteilnehmer)
Fi|nanz, *die;* -, -en (Geldwesen; Gesamtheit der Geld- und Bankfachleute); **Fi|nanz|amt; Fi|nan|zen,** *die* (*Mehrz.;* Geldwesen; Staatsvermögen; Vermögenslage); **fi|nan|zi|ell; Fi|nan|zi|er** [*finanzie*], *der;* -s, -s (Geldgeber); **fi|nan|zie|ren; Fi|nan|zie|rung; fi|nanz|kräf|tig; Fi|nanz‿kri|se, ...la|ge, ...mi|nis|ter**
fin|den; fand, gefunden; **Fin|der; Fin|der|lohn; fin|dig;** -er Kopf; **Find|ling**
Fi|nes|se, *die;* -, -n (Feinheit; Kniff)
Fin|ger, *der;* -s, -; jmdn. um den kleinen - wickeln (ugs.); lange, krumme - machen (ugs. für: stehlen); **Fin|ger|ab|druck** (*Mehrz.* ...drücke); **fin|ger|dick; Fin|ger‿fer|tig|keit; ...hut** *(der),* **...kup|pe** (Fingerspitze); **Fin|ger|ling; fin|gern; Fin|ger‿na|gel, ...ring; Fin|ger|spit|zen|ge|fühl,** *das;* -[e]s
fin|gie|ren (erdichten; vortäuschen; unterstellen)
Fi|nish [*finisch*], *das;* -s, -s (letzter Schliff; Vollendung; Sportspr.: Endspurt, Endkampf)
Fink, *der;* -en, -en (ein Singvogel)
[1]**Fin|ne,** *die;* -, -n (Jugendform der Bandwürmer; entzündete Pustel); [2]**Fin|ne,** *die;* -, -n (Rückenflosse von Hai u. Wal; zugespitzte Seite des Handhammers)
fin|nisch; finn|län|disch
Finn|wal
fins|ter; finst[e]rer, -ste; im Finstern tappen (auch für: nicht Bescheid wissen); **Fins|ter|nis,** *die;* -, -se
Fin|te, *die;* -, -n (Vorwand, Täuschung; Sportspr.: Scheinangriff); **fin|ten|reich**
Fir|le|fanz, *der;* -es (ugs. für: Unsinn)
firm (fest, sicher, beschlagen)
Fir|ma, *die;* -, ...men
Fir|ma|ment, *das;* -[e]s (geh.)
fir|men (die Firmung erteilen)
Fir|men‿in|ha|ber, ...schild, *(das),* **...zei|chen; fir|mie|ren** (einen bestimmten Geschäfts-, Handelsnamen führen)
Firm|ling (der zu Firmende); **Fir|mung** (kath. Sakrament)
Firn, *der;* -[e]s, -e[n] (Altschnee); **fir|nig**
Fir|nis, *der;* -ses, -se (schnell trocknender Schutzanstrich); **fir|nis|sen**
Firn|schnee
First, *der;* -[e]s, -e; **First|zie|gel**
Fisch, *der;* -[e]s, -e; faule -e (ugs. für: Ausreden); kleine -e (ugs. für: Kleinigkeiten); die Fisch verarbeitende Industrie; **fisch|äu|gig; Fisch‿bein** (*das;* -[e]s), **...be|steck; Fisch|bra|te|rei; Fisch|brat|kü|che** (Gaststätte für Fischgerichte); **fi|schen; Fi|scher; Fi|scher|boot; Fi|sche|rei; Fi|sche|rei‿gren|ze, ...ha|fen, ...we|sen** (*das;* -s); **Fisch|ge|richt; Fisch|grä|ten|mus|ter; Fisch|grün|de,** *die (Mehrz.);* **fi|schig; Fisch‿kut|ter, ...laich; Fisch ver|ar|bei|tend;** vgl. Fisch
Fi|si|ma|ten|ten, *die* (*Mehrz.;* ugs. für: leere Ausflüchte)
fis|ka|lisch (dem Fiskus gehörend; staatlich); **Fis|kus,** *der;* -, (selten:) ...ken u. -se (Staat[skasse])
Fis|tel, *die;* -, -n (Med.: krankhafter od. künstlich angelegter röhrenförmiger Kanal, der ein Organ mit der Körperoberfläche od. einem anderen Organ verbindet); **fis|teln** (mit Kopfstimme sprechen); **Fis|tel|stim|me**
fit (in guter [körperl.] Verfassung; durchtrainiert); **Fit|ness,** *die;* - (gute körperl. Gesamtverfassung); **Fit|ness‿cen|ter, ...trai|ning**
Fit|tich, *der;* -[e]s, -e (geh. für: Flügel)
Fitz|chen (Kleinigkeit)
fix (sicher, fest; ugs. für: gewandt); -e Idee (Zwangsvorstellung; törichte Einbildung); -er Preis (fester Preis); -e Kosten; - und fertig; **Fi|xa|tiv,** *das;* -s, -e [*...w*ᵉ] (Fixiermittel); **fi|xen** (ugs. für: sich Drogen spritzen); **Fi|xer** (ugs. für: jmd., der sich Drogen spritzt); **Fi|xe|rin; Fi|xier|bad; fi|xie|ren; Fi|xie|rung; Fi|xig|keit**

(ugs. für: Gewandtheit); **Fix˯kos|ten** (fixe Kosten), **...stern** (scheinbar unbeweglicher Stern); **Fi|xum,** *das;* -s, ...xa (festes Entgelt)

Fjord, *der;* -[e]s, -e (schmale Meeresbucht mit Steilküsten)

FKK = Freikörperkultur

flach; Flä|che, *die;* -, -n; **flä|chen|haft; Flä|chen|in|halt; flach|fal|len** (ugs. für: nicht stattfinden); **flä|chig; Flach|land** (*Mehrz.* ...länder)

Flachs, *der;* -es (eine Faserpflanze); **flachs|blond; flach|sen** (ugs. für: necken)

Flach|zan|ge

Fla|cker|feu|er; fla|ckern

Fla|den, *der;* -s, - (flacher Kuchen; breiige Masse; Kuhfladen); **Fla|den|brot**

Flag|ge, *die;* -, -n; **flag|gen; Flagg|schiff**

Flair [*flär*], *das;* - (Fluidum, Atmosphäre, gewisses Etwas)

Flak, *die;* -, - (auch: -s; Kurzw. für: Flugzeugabwehrkanone; Flugabwehrartillerie); **Flak|bat|te|rie**

Fla|kon [*flakong*], *der* od. *das;* -s, -s ([Riech]fläschchen)

flam|bie|ren (Speisen mit Alkohol übergießen u. brennend auftragen)

Fla|men|co [*...ko*], *der;* -[s], -s (andalus. [Tanz]lied; Tanz)

Fla|min|go, *der;* -s, -s (ein Wasservogel)

Flämm|chen; Flam|me, *die;* -, -n; **flam|men; Flam|men˯meer, ...tod, ...wer|fer**

Flam|me|ri, *der;* -[s], -s (eine kalte Süßspeise)

Fla|nell, *der;* -s, -e (ein Gewebe); **Fla|nell˯an|zug, ...hemd**

fla|nie|ren (müßig umherschlendern)

Flan|ke, *die;* -, -n; **flan|ken; Flan|ken|an|griff; flan|kie|ren**

Flansch, *der;* -[e]s, -e (Verbindungsansatz an Rohren, Maschinenteilen usw.); **flan|schen** (mit einem Flansch versehen)

Flaps, *der;* -es, -e (ugs. für: Flegel); **flap|sig** (ugs.)

Fläsch|chen; Fla|sche, *die;* -, -n (ugs. auch für: Versager); **Fla|schen˯bier, ...bürs|te; fla|schen|grün; Fla|schen˯hals** (ugs. auch für: Engpass), **...öff|ner, ...post, ...zug**

flat|ter|haft; Flat|ter|haf|tig|keit; flat|te|rig; flat|tern; flatt|rig

flau (ugs. für: schlecht, übel)

Flaum, *der;* -[e]s (weiche Bauchfedern; erster Bartwuchs); **Flaum|fe|der; flau|mig; flaum|weich**

Flausch, *der;* -[e]s, -e (weiches Wollgewebe); **flau|schig;**

Flau|se, *die;* -, -n (meist *Mehrz.*; ugs. für: Ausflucht; törichter Einfall)

Flau|te, *die;* -, -n (Windstille; übertr. für: Unbelebtheit [z. B. im Geschäftsleben])

flä|zen, sich (ugs. für: sich hinlümmeln)

Flech|te, *die;* -, -n (Pflanze; Hautausschlag; geh. für: Zopf); **flech|ten;** flocht, geflochten; **Flech|ter; Flecht|werk**

Fleck, *der;* -[e]s, -e u. [1]**Fle|cken,** *der;* -s, -; der blinde Fleck (im Auge); [2]**Fle|cken,** *der;* -s, - (größeres Dorf); **fle|cken|los; Fle|cken|was|ser; Fle|ckerl,** *das;* -s, -n (österr. für: quadratisch geschnittenes Nudelteigstück als Suppeneinlage); **Fleck|fie|ber,** *das;* -s; **fle|ckig; Fleck|ty|phus**

Fled|de|rer; fled|dern (Gaunerspr.: [Leichen] ausplündern)

Fle|der˯maus, ...wisch

Fleet, *das;* -[e]s, -e (Kanal in Küstenstädten, bes. in Hamburg)

Fle|gel, *der;* -s, -; **Fle|ge|lei; fle|gel|haft; Fle|gel|jah|re,** *die (Mehrz.);* **fle|geln,** sich -

fle|hen; fle|hent|lich

Fleisch, *das;* -[e]s; Fleisch fressende Pflanzen; **Fleisch|brü|he; Flei|scher; Flei|sche|rei; Flei|scher|meis|ter; Flei|sches|lust; Fleisch|ex|trakt; fleisch|far|ben, fleisch|far|big; Fleisch fres|send;** vgl. Fleisch; **Fleisch|ge|richt; Fleisch|hau|er** (österr. für: Fleischer); **Fleisch|haue|rei** (österr. für: Fleischerei); **flei|schig; Fleisch|klöß|chen; fleisch|lich;** -e Lüste (geh.); **fleisch|los; Fleisch˯ma|schi|ne** (österr. für: Fleischwolf), **...sa|lat; Fleisch|wer|dung** (Menschwerdung, Verkörperung); **Fleisch|wun|de, ...wurst**

Fleiß, *der;* -es; **Fleiß|ar|beit; flei|ßig**

flen|nen (ugs. für: weinen)

flet|schen (die Zähne zeigen)

Fleu|rop [auch: *flörop*], *die;* - (internationale Blumengeschenkvermitt-lung)

fle|xi|bel (biegsam, elastisch; sehr anpassungsfähig; Sprachw.: beugbar); ...i|b|le Wörter; **Fle|xi|bi|li|tät,** *die;* - (Biegsamkeit; Anpassungsfähigkeit); **Fle|xi|on** (Med.: Beugung; Sprachw.: Deklination od. Konjugation)

Flick|ar|beit; fli|cken; Fli|cken, *der;* -s, -; **Flick|werk,** *das;* -[e]s

Flie|der, *der;* -s, - (ein Zierstrauch; landsch. für: Holunder); **Flie|der|bee|re; flie|der˯far|ben** od. **...far|big**

Flie|ge, *die;* -, -n; **flie|gen;** flog, geflogen; fliegende Blätter, fliegende Hitze, fliegende Untertasse; Fliegende Fische (Zool.); **Flie|gen˯fens|ter, ...ge|wicht** (Körpergewichtsklasse in der Schwerathletik), **...pilz; Flie|ger; Flie|ger|alarm; flie|ge|risch**

flie|hen; floh, geflohen; **Flieh|kraft** (für: Zentrifugalkraft)

Flie|se, *die;* -, -n (Wand- od. Bodenplatte); **Flie|sen|le|ger**

Flie̱ß|band, *das* (*Mehrz.* ...bänder); **flie̱|ßen;** floss, geflossen
Fli̱m|mer|kis|te (ugs. für: Fernsehgerät); **fli̱m|mern**
fli̱nk; Fli̱nk|heit, *die;* -
Fli̱n|te, *die;* -, -n (Schrotgewehr)
fli̱r|ren (flimmern)
Fli̱rt [*flö̱rt,* auch: *fli̱rt*], *der;* -[e]s, -s (Liebelei; harmloses, kokettes Spiel mit der Liebe); **fli̱r|ten**
Fli̱tt|chen (ugs. abwertend für: leichtlebige w. Person)
Fli̱t|ter, *der;* -s, -; **fli̱t|tern** (glänzen); **Fli̱t|ter‿kram, ...werk, ...wo|chen** (*die; Mehrz.*)
fli̱t|zen (ugs. für: sausen, eilen); **Fli̱t|zer** (ugs. für: kleines, schnelles Fahrzeug)
floa|ten [*flo̱uten*] (Wirtsch.: den Wechselkurs freigeben); **Floa|ting,** *das;* -s (Wirtsch.)
Flo̱|cke, *die;* -, -n; **flo̱|ckig**
Flo̱h, *der;* -[e]s, Flö|he; **flö̱|hen; Flo̱h‿markt** (Trödelmarkt), **...zir|kus**
Flo̱m, *der;* -[e]s u. **Flo̱|men,** *der;* -s (Bauch- u. Nierenfett des Schweines)
Flo̱p, *der;* -s, -s (Misserfolg)
Flo̱r, *der;* -s, -e u. (selten:) Flöre (dünnes Gewebe; samtartige Oberfläche eines Gewebes); **Flo̱|ra,** *die;* -, Floren (Pflanzenwelt [eines Gebietes])
Flo|ren|ti̱|ner (ein Damenstrohhut; ein Gebäck)
Flo|re̱tt, *das;* -[e]s, -e
flo|rie̱|ren (blühen, gedeihen); **Flo|ri̱st,** *der;* -en, -en (Erforscher einer Flora; Blumenbinder); **Flo|ri̱s|tin; flo|ri̱s|tisch; Flo̱s|kel,** *die;* -, -n ([inhaltsarme] Redensart); **flo̱s|kel|haft**
Flo̱ß, *das;* -es, Flöße (Wasserfahrzeug); **flö̱ß|bar; Flo̱s|se,** *die;* -, -n; **flö̱|ßen;** du flößt; **Flö̱|ßer; Flo̱ß|platz**
Flö̱|te, *die;* -, -n; [1]**flö̱|ten;** [2]**flö̱|ten;** nur in: flöten gehen (ugs. für verloren gehen); **Flö̱|ten|blä|ser; Flö̱|ten‿spiel** (*das;* -[e]s), **...ton** (*Mehrz.* ...töne); **Flö|ti̱st,** *der;* -en, -en (Flötenbläser); **Flö|ti̱s|tin**
flo̱tt (leicht; rasch, flink); **Flo̱t|te,** *die;* -, -n; **Flot|ti̱l|le** [auch: *floti̱lje*], *die;* -, -n (Verband kleiner Kriegsschiffe); **flo̱tt|ma|chen;** er hat das Schiff flottgemacht; **flo̱tt|we̱g** (ugs. für: in einem weg; zügig)
Flö̱z, *das* (auch: *der*); -es, -e (abbaubare [Kohle]schicht)
Flu̱ch, *der;* -[e]s, Flüche; **flu̱ch|be|la|den; flu̱|chen; Flu̱|cher**
[1]**Flu̱cht,** *die;* -, -en (Fluchtlinie, Richtung, Gerade)
[2]**Flu̱cht,** *die;* -, -en (das Flüchten); **flu̱cht|ar|tig; flü̱ch|ten;** sich -; **Flu̱cht|hel|fer; flü̱ch|tig; Flü̱ch|tig|keit; Flü̱ch|tig|keits|feh|ler; Flü̱cht|ling**
Flu̱cht|li|nie
flu̱cht|ver|däch|tig; Flu̱chtweg
Flu̱g, *der;* -[e]s, Flüge; im -e (im Nu); **Flu̱g‿ab|wehr, ...bahn; flu̱g|be|reit; Flu̱gblatt; Flü̱|gel,** *der;* -s, -; **flü̱|gel|lahm; Flü̱|gel‿schlag, ...tür; Flu̱g|gast** (*Mehrz.* ...gäste); **flü̱g|ge; Flu̱g‿gesell|schaft, ...ha|fen, ...lehrer, ...loch, ...platz, ...post, ...rei|se; flu̱gs** (schnell, sogleich); **Flu̱g‿ver|kehr, ...zeug** (*das;* -[e]s, -e); **Flu̱gzeug‿bau** (*der;* -[e]s), **...ent|füh|rung, ...füh|rer, ...träger**
Flu̱|i|dum, *das;* -s, ...da (von einer Person od. Sache ausströmende Wirkung); **Fluk|tu|a|ti|on** [...*zio̱n*], *die;* -, -en (Schwanken, Wechsel); **fluk|tu|ie̱|ren**
Flu̱n|der, *die;* -, -n (ein Fisch)
Flun|ke|rei̱ (ugs. für: kleine Lüge); **flu̱n|kern** (ugs. für: schwindeln)
Flu̱nsch, *der;* -[e]s, -e (ugs. für: verdrießlich od. zum Weinen verzogener Mund)
Flu̱|or, *das;* -s (chem. Element, Gas; Zeichen: F); **flu|o|res|zie̱|ren;** fluoreszierender Stoff (Leuchtstoff)
[1]**Flu̱r,** *die;* -, -en (nutzbare Landfläche; Feldflur); [2]**Flu̱r,** *der;* -[e]s, -e (Hausflur); **Flu̱r‿be|rei|ni|gung, ...buch, ...gar|de|ro|be, ...scha|den**
Flu̱|se, *die;* -, -n (landsch. für: Fussel)
Flu̱ss, *der;* -es, Flüsse; **fluss|a̱b[wärts]; Flu̱ss|arm; fluss|au̱f[wärts]; Flu̱ssbett; flü̱s|sig;** -e (verfügbare) Gelder; flüssig machen ([Geld] verfügbar machen); **Flü̱s|sig|keit; flü̱s|sig ma|chen;** vgl. flüssig; **Flu̱ss|lauf; Flü̱ss|lein; Flu̱ss|pferd; Flu̱ss|schifffahrt; Flu̱ss|ufer**
flü̱s|tern; Flü̱s|ter‿pro|pa|gan|da, ...stim|me
Flu̱t, *die;* -, -en; **flu̱|ten; Flu̱tlicht**
flu̱t|schen (ugs. für: gut vorangekommen, -gehen); es flutscht
Flu̱t‿war|nung, ...wel|le, ...zeit
fö|de|ra̱l (föderativ); **Fö|de|ra|li̱s|mus,** *der;* - ([Streben nach] Selbstständigkeit der Länder innerhalb eines Staatsganzen); **fö|de|ra|li̱s|tisch; Fö|de|ra|ti|o̱n** [...*zio̱n*], *die;* -, -en (loser [Staaten]bund); **fö|de|ra|ti̱v** (bundesmäßig); **fö|de|rie̱rt** (verbündet)
fo̱h|len (ein Fohlen zur Welt bringen); **Fo̱h|len,** *das;* -s, -
Fö̱hn, *der;* -[e]s, -e (warmer, trockener Fallwind; auch für: Haartrockner; als ®: Fön); **fö̱h|nen** (föhnig werden; auch für: mit dem Föhn trocknen); **fö̱h|nig**
Fö̱h|re, *die;* -, -n (landsch. für: Kiefer)
Fo̱|kus, *der;* -, -se (Brennpunkt; Med.: Krankheitsherd)
Fo̱l|ge, *die;* -, -n; Folge leisten; zur Folge haben; für die Folge, in der Folge; demzu-

folge; infolge; zufolge; infolgedessen; **Fol|ge|er|schei|nung; fol|gen;** er ist mir gefolgt (nachgekommen); er hat mir gefolgt (Gehorsam geleistet); **fol|gend;** folgende [Seite] (Abk.: f.); folgende [Seiten] (Abk.: ff.); Folgendes, das Folgende (dieses), aus, in, nach, von Folgendem (diesem); **fol|gen|der|ma|ßen; fol|ge|rich|tig; fol|gern; Fol|ge|rung; Fol|ge|zeit; folg|lich; folg|sam**

Fo|li|ant, *der;* -en, -en (Buch in Folio); **Fo|lie** [*...i^e*], *die;* -, -n (dünnes [Metall]blatt; Hintergrund); **Fo|lio,** *das;* -s, Folien [*...i^en*] u. -s (Halbbogengröße [ein Buchformat]); in -; **Fo|lio|band,** der

Folk|lo|re, *die;* - (Volksüberlieferungen; Volkskunde); **folk|lo|ris|tisch**

Fol|ter, *die;* -, -n; **Fol|ter|bank** (*Mehrz.* ...bänke); **Fol|te|rer; Fol|ter|kam|mer; fol|tern; Fol|te|rung**

Fon; vgl. Phon

Fön®; vgl. Föhn

Fond [*fong*], *der;* -s, -s (Hintergrund; Rücksitz im Wagen; Fleischsaft)

Fon|dant [*fongdang*], *der* (österr.: *das*); -s, -s ([Konfekt aus] Zuckermasse)

Fonds [*fong*], *der;* - [*fong(ß)*], - [*fongß*] (Bestand, Geldmittel)

Fon|due [*fongdü*], *das;* -s, -s od. *die;* -, -s (schweiz. Käsegericht)

fö|nen, (alte Schreibung für:) [die Haare] föhnen

Fon|tä|ne, *die;* -, -n ([Spring]brunnen); **Fon|ta|nel|le,** *die;* -, -n (Med.: Knochenlücke am Schädel Neugeborener)

fop|pen; Fop|per; Fop|pe|rei

for|cie|ren [*forßir^en*] (erzwingen; verstärken); **for|ciert** (auch für: gezwungen, unnatürlich)

För|de, *die;* -, -n (nordd. für: schmale, lange Meeresbucht)

För|de|rer; För|de|rin; för|der|lich

for|dern

för|dern; För|der‿schacht, ...turm

For|de|rung

För|de|rung; För|de|rungs|maß|nah|me

Fo|rel|le, *die;* -, -n (ein Fisch); **Fo|rel|len|zucht**

For|ke, *die;* -, -n (nordd. für: Heu-, Mistgabel)

Form, *die;* -, -en; in - sein; **for|mal** (auf die Form bezüglich; nur der Form nach); **For|ma|lie** [*...i^e*], *die;* -, -n (meist *Mehrz.;* formale Einzelheit); **For|ma|lis|mus,** *der;* -, ...men (Überbetonung des rein Formalen); **For|ma|list,** *der;* -en, -en; **for|ma|lis|tisch; For|ma|li|tät,** *die;* -, -en; **for|ma|li|ter** (förmlich); **for|mal|ju|ris|tisch; For|mat,** *das;* -[e]s, -e; **For|ma|ti|on** [*...zion*], *die;* -, -en; **form|bar; Form|bar|keit,** *die;* -; **form|be|stän|dig; For|mel,** *die;* -, -n; **For|mel-1-Wa|gen** [- *ainß* -] (ein Rennwagen); **for|mel|haft; for|mell** (förmlich, die Formen beobachtend; äußerlich); **for|men; For|men|leh|re** (Teil der Sprachlehre u. der Musiklehre); **for|men|reich; For|men|reich|tum,** *der;* -s; **Form‿feh|ler, ...ge|stal|tung; for|mie|ren; Form|kri|se** (Sportspr.); **förm|lich; Förm|lich|keit; form|los; Form|sa|che; form|schön; For|mu|lar,** *das;* -s, -e; **for|mu|lie|ren; For|mung; form|voll|en|det**

forsch (resolut)

for|schen; For|scher; For|schung; For|schungs‿auf|trag, ...be|richt, ...rei|sen|de, ...zen|t|rum

Forst, *der;* -[e]s, -e[n]; **Forst|amt; Förs|ter; forst|lich**

For|sy|thie [*forsüzi^e;* auch: *...ti^e;* österr.: *forsizi^e*], *die;* -, -n (ein Zierstrauch)

fort; - sein; in einem -

Fort [*for*], *das;* -s, -s (Festungswerk)

fort|ab; fort|an

Fort|be|stand, *der;* -[e]s; **fort|be|ste|hen**

fort|be|we|gen; sich -; **Fort|be|we|gung**

fort|bil|den; sich -; **Fort|bil|dung**

fort|blei|ben

fort|brin|gen

Fort|dau|er; fort|dau|ernd

for|te (Musik: stark, laut; Abk.: f); **For|te,** *das;* -s, -s u. ...ti

fort|ent|wi|ckeln; sich -

fort|fah|ren

fort|fal|len

fort|flie|gen

fort|füh|ren; Fort|füh|rung

Fort|gang, *der;* -[e]s; **fort|ge|hen**

fort|ge|schrit|ten; Fort|ge|schrit|te|ne, *der* u. *die;* -n, -n

fort|ge|setzt

for|tis|si|mo (Musik: sehr stark, sehr laut; Abk.: ff); **For|tis|si|mo,** *das;* -s, -s u. ...mi

fort|ja|gen

fort|kom|men; Fort|kom|men, *das;* -s

fort|lau|fen; fort|lau|fend

fort|le|ben

fort|pflan|zen; sich -; **Fort|pflan|zung**

fort|rei|ßen; jmdn. mit sich -

fort|ren|nen

fort|schaf|fen

fort|schi|cken

fort|schrei|ten; Fort|schritt; fort|schritt|lich; Fort|schritt|lich|keit, *die;* -; **fort|schritts|gläu|big**

fort|set|zen; Fort|set|zung

fort|steh|len, sich

fort|wäh|rend

fort|wer|fen

fort|zie|hen

Fo|rum, *das;* -s, ...ren u. ...ra (altröm. Marktplatz; Gerichtsort; Öffentlichkeit; öffentliche Diskussion); **Fo|rums|dis|kus|si|on**

fos|sil (versteinert; vorweltlich); **Fos|sil,** *das;* -s, -ien

[...*i^e^n*] ([versteinerter] Überrest von Tieren od. Pflanzen)

[1]**Fo|to,** *das;* -s, -s (schweiz.: *die;* -, -s; kurz für: Fotografie); [2]**Fo|to,** *der;* -, -s (ugs. kurz für: Fotoapparat); **Foto‿al|bum, ...ap|pa|rat; fo|to|gen,** (auch:) pho|to|gen (zum Fotografieren od. Filmen geeignet, bildwirksam); **Fo|to|graf,** (auch:) Pho|to|graph, *der;* -en, -en; **Fo|to|gra|fie,** (auch:) Pho|to|gra|fie, *die;* -, ...ien; **fo|to|gra|fie|ren; Fo|to|gra|fin,** (auch:) Pho|to|gra|phin; **fo|to|gra|fisch;** (auch:) pho|to|gra|phisch; **Fo|to|ko|pie** (auch:) pho|to|ko|pie; **fo|to|ko|pie|ren;** (auch:) pho|to|ko|pie|ren; **Fo|to‿mo|dell, ...mon|ta|ge** (Zusammenstellung verschiedener Bildausschnitte zu einem Gesamtbild), **...re|por|ter, ...sa|fa|ri**

Fö|tus; vgl. Fetus

foul [*faul*] (Sportspr.: regelwidrig); **Foul,** *das;* -s, -s (Regelverstoß); **fou|len** [*faul^e^n*] (sich regelwidrig verhalten); **Foul|spiel** [*faul...*], *das;* -[e]s (regelwidriges Spielen)

Fox, *der;* -[es], -e (Kurzform für: Foxterrier, Foxtrott); **Fox|ter|ri|er** [...*i^e^r*] (Hunderasse); **Fox|trott,** *der;* -[e]s, -e u. -s (ein Tanz)

Fo|y|er [*foaje*], *das;* -s, -s (Vor-, Wandelhalle [im Theater])

Fracht, *die;* -, -en; **Frachtbrief; Frach|ter** (Frachtschiff); **fracht|frei; Fracht‿gut, ...schiff**

Frack, *der;* -[e]s, Fräcke u. -s; **Frack‿hemd, ...wes|te**

Fra|ge, *die;* -, -n; etwas infrage, (auch:) in Frage stellen; vgl. infrage; **Fra|ge‿bo|gen, ...für|wort; fra|gen;** fragte, gefragt; **Fra|ger; Fra|ge|rei** (abwertend); **Fra|ge‿satz, ...stun|de** (im Parlament); **Fra|ge-und-Antwort-Spiel; Fra|ge|zei|chen; frag|lich; frag|los** (sicher, bestimmt)

Frag|ment, *das;* -[e]s, -e; **frag|men|ta|risch**

frag|wür|dig; Frag|wür|dig|keit

frais[e] [*fräs*] (erdbeerfarben)

Frak|ti|on [...*zion*], *die;* -, -en; **frak|ti|o|nell; Frak|ti|ons‿füh|rer, ...zwang;**

Frak|tur, *die;* -, -en (Med.: Knochenbruch; nur *Einz.:* dt. Schrift, Bruchschrift); **Frak|tur|schrift**

Franc [*frang*], *der;* -, -s [*frang*] (Währungseinheit; Abk.: fr, *Mehrz.* frs)

frank (frei, offen); - und frei

Fran|ken, *der;* -s, - (schweiz. Währungseinheit; Abk.: Fr., sFr.; im dt. Bankwesen: sfr, *Mehrz.* sfrs); vgl. Franc

Frank|fur|ter, *die;* -, - (Frankfurter Würstchen)

fran|kie|ren; Fran|kier|ma|schi|ne; fran|ko (Kaufmannsspr. veraltend: portofrei)

fran|ko|phil (franzosenfreundlich)

Fran|se, *die;* -, -n; **fran|sen; fran|sig**

Franz|brannt|wein

Fran|zis|ka|ner, *der;* -s, - (Angehöriger eines Mönchsordens); **Fran|zis|ka|ne|rin; Fran|zis|ka|ner|or|den,** *der;* -s

fran|zö|sisch; die französische Schweiz; aber: die Französische Republik; die Französische Revolution; vgl. deutsch; **Fran|zö|sisch,** *das;* -[s] (Sprache); vgl. Deutsch; **Fran|zö|si|sche,** *das;* -n; vgl. Deutsch

frap|pant (auffallend)

Frä|se, *die;* -, -n; **frä|sen; Fräs|ma|schi|ne**

Fraß, *der;* -es, -e

Fra|ter, *der;* -s, Fra|t|res ([Ordens]bruder); **fra|ter|ni|sie|ren** (sich verbrüdern); **Fra|t|res** (*Mehrz.* von: Frater)

Fratz, *der;* -es (österr.: -en), -e u. (österr. nur:) -en (ungezogenes Kind; niedliches Kind); **Frat|ze,** *die;* -, -n; **frat|zen|haft**

Frau, *die;* -, -en; **Frau|chen; Frau|en‿arzt, ...be|auf|trag|te** *(die),* **...be|we|gung** *(die;* -), **...eman|zi|pa|ti|on, ...held, ...lei|den; Frau|en|recht|le|rin; Frau|en|schuh,** *der;* -[e]s (eine Orchideenart); **Frau|ens|per|son** (veralt.); **Fräu|lein,** *das;* -s, - (ugs. auch: -s); **frau|lich**

Freak [*frik*], *der;* -s, -s (Aussteiger; jmd., der sich [übertrieben stark] für etw. begeistert)

frech; Frech|dachs; Frechheit

Free|sie [*fresi^e^*], *die;* -, -n (eine Zierpflanze)

Fre|gat|te, *die;* -, -n (ein Kriegsschiff); **Fre|gat|ten|ka|pi|tän**

frei; frei lebende Tiere; -e Marktwirtschaft; -e Berufe; -e Wahlen; -es Geleit; im Freien; ins Freie gehen; frei sein, werden, bleiben; **Frei|bad; frei|be|kom|men;** eine Stunde freibekommen; **frei|be|ruf|lich; Frei|be|trag; Frei|bier,** *das;* -[e]s; **frei|blei|bend** (Kaufmannsspr.: ohne Verbindlichkeit, ohne Verpflichtung); **Frei|brief; Frei|den|ker; frei|den|ke|risch**

frei|en (veralt. für: heiraten); **Frei|er; Frei|ers|fü|ße,** *die (Mehrz.);* nur in: auf -n gehen (scherzh.)

Frei‿e|xem|p|lar, ...frau; frei|ge|ben; frei|ge|big; Frei|ge|big|keit; Frei‿ge|he|ge, ...geist (*Mehrz.* ...geister); **frei‿haben, ...hal|ten; Frei|han|del,** *der;* -s; **frei|hän|dig; Frei|heit; frei|heit|lich; Frei|heits‿be|rau|bung, ...drang, ...ent|zug, ...krieg; frei|heits|lie|bend; Frei|heits|stra|fe; frei|he|raus; Frei|herr; Frei|in** (Freifräulein); **Frei|kar|te; frei|kaufen** (durch ein Lösegeld befreien); **frei|kom|men** (loskommen); **Frei|kör|per|kul|tur** (Abk.: FKK); **frei|las|sen;** Gefangene -; **Frei|las|sung; Frei|lauf; frei|lau|fen,** sich (beim Fußballspiel); **frei le|bend;** vgl. frei; **frei|le|gen** (die deckende Schicht entfernen)

frei|lich

Frei|licht‿büh|ne, ...mu|se|um; frei|ma|chen (Postw.); ein paar Tage - (Urlaub machen); sich - (Zeit nehmen); **Frei|mar|ke; Frei|mau|rer; Frei|mau|re|rei,** *die;* -; **frei|mü|tig; frei|neh|men;** einen Tag -; **Frei|platz; frei|pres|sen** (durch Erpressung jmds. Freilassung erzwingen); **frei|re|li|gi|ös; frei|schaf|fend;** ein freischaffender Künstler; **frei|schwim|men,** sich (die Schwimmprüfung ablegen); **Frei|sprech|an|la|ge, Frei|sprech|ein|rich|tung** (im Auto angebrachte Halterung [mit Anschluss] für das Handy); **frei|spre|chen** (von Schuld); **Frei‿spruch, ...staat** (*Mehrz.* ...staaten), **...statt** od. **...stät|te;** (geh. für: Asyl, Zufluchtsort); **frei|ste|hen;** das soll dir - (gestattet sein); ein frei (für sich) stehendes Haus; **frei|stel|len** (erlauben); jmdm. etwas -; **Frei‿stoß** (beim Fußball; [in]direkter -), **...stun|de**

Frei|tag, *der;* -[e]s, -e; der Stille Freitag (Karfreitag); vgl. Dienstag; **frei|tags**

Frei|tod (Selbstmord); **frei|tra|gend; Frei‿trep|pe, ...übung, ...wild; frei|wil|lig; Frei‿zei|chen, ...zeit; Frei|zeit‿ge|stal|tung, ...park; frei|zü|gig; Frei|zü|gig|keit,** *die;* -

fremd; fremd|ar|tig; [1]**Frem|de,** *der* u. *die;* -n, -n; [2]**Frem|de,** *die;* - (Ausland); in der -; **Frem|den‿füh|rer, ...heim, ...ver|kehr, ...zim|mer; fremd|ge|hen** (ugs. für: untreu sein); **Fremd|heit,** *die;* -; (Fremdsein); **Fremd‿herr|schaft, ...kör|per; fremd|län|disch; Fremd|ling; Fremd|spra|che; fremd|spra|chig** (eine fremde Sprache sprechend); **fremd|sprach|lich** (auf eine fremde Sprache bezüglich); **Fremd|wort** (*Mehrz.* ...wörter); **Fremd|wör|ter|buch**

fre|ne|tisch (rasend); -er Beifall

fre|quen|tie|ren (geh. für: häufig besuchen); **Fre|quenz,** *die;* -, -en (Besucherzahl, Verkehrsdichte; Schwingungszahl)

Fres|ke, *die;* -, -n u. **Fres|ko,** *das;* -s, ...ken (Wandmalerei auf feuchtem Kalkputz)

Fres|sa|li|en [...*i^e^n*], *die* (*Mehrz.;* ugs. scherzh. für: Esswaren); **Fres|se,** *die;* -, -n (derb für: Mund); **fres|sen;** fraß, gefressen; **Fres|sen,** *das;* -s; **Fres|ser**

Freu|de, *die;* -, -n; [in] Freud und Leid; **Freu|den‿fest, ...feu|er, ...haus** (verhüllend für: Bordell), **...mäd|chen** (verhüllend für: Prostituierte); **freu|den|reich; Freu|den‿tanz, ...trä|ne; freu|de|strah|lend; freu|dig;** ein -es Ereignis; **freud|los; freu|en;** sich -

Freund, *der;* -[e]s, -e; jmdm. Freund (geh. für: freundlich gesinnt) sein, bleiben; **Freund|chen** (meist [scherzh.] drohend als Anrede); **Freun|des|kreis; Freun|din; freund|lich; freund|li|cher|wei|se; Freund|lich|keit; Freund|schaft; freund|schaft|lich**

Fre|vel, *der;* -s, -; **fre|vel|haft; fre|veln; Frev|ler; Frev|le|rin; frev|le|risch**

Frie|de, *der;* -ns, -n (geh. für: Frieden); **Frie|den,** *der;* -s, -; **Frie|dens‿for|schung, ...kon|fe|renz, ...lie|be, ...no|bel|preis, ...pfei|fe, ...rich|ter, ...schluss; Frie|den[s]‿stif|ter, ...stö|rer; Frie|dens‿tau|be, ...ver|hand|lun|gen** (*Mehrz.*), **...ver|trag; fried|fer|tig; Fried|hof; fried|lich; fried|lie|bend**

frie|ren; fror, gefroren; ich friere an den Füßen; mich friert an den Füßen (nicht: an die Füße); mir od. (landsch.:) mich frieren die Füße

Fries, *der;* -es, -e (Gesimsstreifen, Verzierung; ein Gewebe)

fri|gid, fri|gi|de (sexuell nicht erregbar, nicht zum Orgasmus fähig [von Frauen]); **Fri|gi|di|tät,** *die;* -

Fri|ka|del|le, *die;* -, -n; **Fri|kan|del|le,** *die;* -, -n (Schnitte aus gedämpftem Fleisch); **Fri|kas|see,** *das;* -s, -s; **fri|kas|sie|ren**

frisch; etwas - halten; sich - machen; der frisch gebackene Kuchen; ein frisch gebackenes Ehepaar (ugs. scherzh.); **frisch|auf!; Fri|sche,** *die;* -; **frisch-fröh|lich; Frisch|ge|mü|se; Frisch|hal|te|pa|ckung; Frisch|kost; Frisch|ling** (junges Wildschwein); **Frisch|milch; frisch|weg; Frisch|zel|le; Frisch|zel|len|the|ra|pie**

Fri|seur [...*sör*], *der;* -s, -e; **Fri|seu|rin** [...*sörin*] (bes. österr. für: Friseuse); **Fri|seur|sa|lon; Fri|seu|se** [...*sös^e^*], *die;* -, -n; **fri|sie|ren; Fri|sör** usw. (eindeutschend für:) Friseur usw.

Frist, *die;* -, -en; **fris|ten; Fris|ten‿lö|sung, ...re|ge|lung; frist‿ge|mäß, ...los** (-e Entlassung)

Fri|sur, *die;* -, -en

Fri|teu|se, (alte Schreibung für:) Fritteuse; **fri|tie|ren** (alte Schreibung für:) frittieren; **Frit|teuse** [...*tös^e^*], *die;* -, -n (elektr. Gerät zum Frittieren); **frit|tie|ren;** Fleisch, Kartoffeln - (in schwimmendem Fett garen); **Frit|tü|re,** *die;* -, -n (heißes Ausbackfett; die

darin gebackene Speise); **Fri|tü|re** (alte Schreibung für:) Frittüre
fri|vol [...*wol*] (leichtfertig; schlüpfrig); **Fri|vo|li|tät,** *die;* -, -en
froh; -en Sinnes; froh gelaunt; ein -es Ereignis, aber: die Frohe Botschaft (Evangelium); **froh|ge|mut; fröh|lich; Fröh|lich|keit,** *die;* -; **froh|lo|cken;** sie hat frohlockt; **Froh|sinn,** *der;* -[e]s; **froh|sin|nig**
fromm; frommer od. frömmer, frommste od. frömmste; **Fröm|me|lei; fröm|meln** (sich fromm zeigen); **Fromm|heit,** *die;* -; **Fröm|mig|keit,** *die;* -; **frömm|le|risch**
Fron, *die;* -, -en (hist. für: dem den [Lehns]herrn zu leistende Arbeit); **Fron‿ar|beit** (schweiz. auch für: unbezahlte Arbeit für Gemeinde, Verein o. Ä.), **...dienst; fro|nen** (Frondienste leisten); **frö|nen** (geh. für: [einer Leidenschaft] huldigen); **Fron|leich|nam,** *der;* -[e]s (»des Herrn Leib«; kath. Fest); **Fron|leich|nams|pro|zes|si|on**
Front, *die;* -, -en; - machen (sich widersetzen); **fron|tal; Fron|tal|an|griff; Front|an|trieb**
Frosch, *der;* -[e]s, Frösche; **Frosch|laich; Frösch|lein; Frosch‿mann** (*Mehrz.* ...männer), **...per|s|pek|ti|ve, ...schen|kel**
Frost, *der;* -[e]s, Fröste; **Frost‿auf|bruch, ...beu|le; frös|te|lig; frös|teln; fros|ten; Fros|ter,** *der;* -s, - (Tiefkühlteil einer Kühlvorrichtung); **Frost|ge|fahr; fros|tig; Frost‿scha|den, ...schutz**
Frot|tee, (auch:) Frot|té, *das* od. *der;* -[s], -s ([Kleider]stoff aus gekräuseltem Zwirn); **frot|tie|ren; Frot|tier|tuch** (*Mehrz.* ...tücher)
frot|zeln (ugs. für: necken)
Frucht, *die;* -, Früchte; **frucht|bar; Frucht|bar|keit,** *die;* -; **Frucht brin|gend,** (auch:) **frucht|brin|gend;** eine Frucht bringende, (auch:) fruchtbringende Tätigkeit; **Frücht|chen; Früch|te|brot,** *das;* -[e]s; **fruch|ten;** es fruchtet (nützt) nichts; **fruch|tig** (z. B. vom Wein); **Frucht|kno|ten** (Bot.); **frucht|los; Frucht|pres|se; Frucht‿saft, ...zu|cker**
fru|gal (mäßig; einfach)
früh; von früh bis spät; immer morgens früh aufstehen; morgen früh, (auch:) morgen Früh; von früh auf; früh verstorben, früh vollendet; **Früh|auf|ste|her; Frü|he,** *die;* -; **frü|her; frü|hest|mög|lich;** zum -en Termin; **Früh‿ge|burt, ...jahr; Früh|jahrs‿an|fang, ...mü|dig|keit; Früh|ling,** *der;* -s, -e; **Früh|lings|an|fang; früh|ling[s]|haft; früh|mor|gens;** vgl. früh; **früh|reif; Früh‿schop|pen, ...sport, ...stück; früh|stü|cken; Früh|stücks‿brot, ...pau|se; früh ver|stor|ben;** vgl. früh; **früh voll|en|det;** vgl. früh; **früh|zei|tig**
Frust, *der;* -[e]s (ugs.); **Frus|t|ra|ti|on** [...*zion*], *die;* -, -en (Psych.: Enttäuschung durch erzwungenen Verzicht od. versagte Befriedigung); **frus|t|rie|ren**
Fuchs, *der;* -es, Füchse; **Fuchs|bau** (*Mehrz.* ...baue); **fuch|sen;** sich - (ugs. für: sich ärgern)
Fuch|sie [...*iᵉ*], *die;* -, -n (eine Zierpflanze)
fuch|sig (fuchsrot; fuchswild); **Füch|sin; Fuchs|jagd; Füchs|lein; Fuchs‿loch, ...pelz; fuchs|rot; Fuchs|schwanz; fuchs|[teu|fels]|wild**
Fuch|tel, *die;* -, -n (früher: breiter Degen; strenge Zucht; landsch. für: zänkische Frau); **fuch|teln**
Fu|der, *das;* -s, - (Wagenladung, Fuhre; Hohlmaß für Wein)
Fuff|zi|ger, *der;* -s, - (landsch. für: Fünfzigpfennigstück); ein falscher - (ugs. für: unaufrichtiger Mensch)
Fug, *der;* nur noch in: mit - und Recht
[1]**Fu|ge,** *die;* -, -n (Furche, Nute)
[2]**Fu|ge,** *die;* -, -n (kontrapunktisches Musikstück)
fu|gen ([Bau]teile verbinden); **fü|gen;** sich -; **Fu|gen-s,** *das;* -, -; **füg|lich; füg|sam; Füg|sam|keit,** *die;* -; **Fu|gung; Fü|gung**
fühl|bar; füh|len; Füh|ler; fühl|los; Füh|lung|nah|me, *die;* -n
Fuh|re, *die;* -, -n
füh|ren; Buch -; **Füh|rer; Füh|re|rin; Füh|rer‿schein, ...stand; Füh|rung; Füh|rungs‿an|spruch, ...spit|ze, ...tor** (Sportspr.), **...zeug|nis**
Fuhr‿un|ter|neh|mer, ...werk; fuhr|wer|ken
Fül|le, *die;* -; **fül|len; Fül|ler; Füll|[fe|der|]hal|ter; fül|lig; Füll|sel,** *das;* -s, -
Full|time|job, (auch:) **Full-Time-Job** [*fultaimdschob*] (Ganztagsbeschäftigung)
Fül|lung
fum|meln (ugs. für: sich an etwas zu schaffen machen)
Fund, *der;* -[e]s, -e
Fun|da|ment, *das;* -[e]s, -e; **fun|da|men|tal** (grundlegend)
Fund‿amt (österr.), **...bü|ro, ...gru|be**
fun|die|ren ([finanziell] sichern; untermauern); **fun|diert**
fün|dig (Bergw., Geol.: ergiebig, reich); - werden; **Fund‿stät|te, ...stel|le**
Fun|dus, *der;* -, - (Grund u. Boden, Grundstück; Grundlage; Bestand)
fünf; die - Sinne; wir sind heute zu fünfen od. zu fünft; fünf gerade sein lassen (ugs. für: etwas nicht so genau nehmen); **Fünf,** *die;* -,

-en (Zahl); eine - würfeln, schreiben; **Fünf|cent|stück; Fünf|eck; Fün|fer; fün|fer|lei; Fün|fer|rei|he;** in -n; **Fünf|fa|che,** *das;* -n; **fünf|hun|dert; Fünf|kampf; Fünf|ling; fünf|mal; fünf|stel|lig; fünft; Fünf|ta|ge|wo|che; fünf|tau|send; fünf|te; fünf|tel; Fünf|tel,** *das* (schweiz. meist: *der*); -s, -; **fünf|tens; fünf|und|zwan|zig; fünf|zehn; fünf|zig; Fünf|zi|ger,** *der;* -s, - (ugs. auch für: Fünfzigpfennigstück); vgl. Achtziger; **Fünf|zig|euro|schein**

fun|gie|ren (eine bestimmte Funktion ausüben)

Funk, *der;* -s; **Funk‿ama|teur, ...aus|stel|lung, ...bild; Fünk|chen; Fun|ke,** *der;* -ns, -n; eine Funken sprühende Lokomotive; **fun|keln; fun|kel|na|gel|neu** (ugs.); **fun|ken** (durch Funk übermitteln; ugs. auch für: funktionieren); **Fun|ken,** *der;* -s, - (häufig übertr. für: Funke); **Fun|ken|flug; Fun|ken sprü|hend;** vgl. Funke; **Fun|ker; Funk‿haus, ...kol|leg, ...mess|ge|rät, ...pei|lung, ...sprech|ver|kehr, ...spruch, ...stil|le, ...stö|rung, ...strei|fe, ...ta|xi, ...tech|nik**

Funk|ti|on [*...zion*], *die;* -, -en (Tätigkeit; Aufgabe; Wirkungsweise); in, außer - (im, außer Dienst, Betrieb); **Funk|ti|o|när,** *der;* -s, -e; **funk|ti|o|nell** (auf die Funktion bezüglich; wirksam); **funk|ti|o|nie|ren; funk|ti|ons|tüch|tig**

Funk‿turm, ...ver|bin|dung

Fun|zel, (selten:) Fun|sel, *die;* -, -n (ugs. für: schlecht brennende Lampe)

für; Verhältnisw. mit *Wenf.;* ein für alle Mal; für und wider, aber: das Für und [das] Wider

Für|bit|te

Fur|che, *die;* -, -n; **fur|chig**

Furcht, *die;* -; Furcht einflößend, erregend; **furcht|bar; Furcht ein|flö|ßend,** (auch:) **furcht|ein|flö|ßend; fürch|ten; fürch|ter|lich; Furcht er|re|gend,** (auch:) **furcht|er|re|gend; furcht|los; Furcht|lo|sig|keit,** *die;* -; **furcht|sam; Furcht|sam|keit,** *die;* -

Fur|chung

für|ei|n|an|der; - einstehen

Fu|rie [*...i^e*], *die;* -, -n (wütende Frau)

Fur|nier, *das;* -s, -e (dünnes Deckblatt aus Holz); **fur|nie|ren**

Fu|ro|re, *die;* - od. *das;* -s (Aufsehen); - machen

fürs (für das); fürs Erste

Für|sor|ge, *die;* -; **Für|sor|ge|er|zie|hung; Für|sor|ger** (Sozialarbeiter); **Für|sor|ge|rin; für|sorg|lich** (liebevoll umsorgend)

Für|spra|che; Für|spre|cher

Fürst, *der;* -en, -en; **Fürst|bi|schof; Fürs|ten|tum; Fürs|tin; fürst|lich**

Furt, *die;* -, -en

Fu|run|kel, *der* (auch: *das*); -s, -; **Fu|run|ku|lo|se,** *die;* -, -n

für|wahr (geh. veraltend)

Für|wort (Pronomen *Mehrz.:* ...wörter); **für|wört|lich**

Furz, *der;* -es, Fürze (derb für: abgehende Blähung); **fur|zen**

Fu|sel, *der;* -s, - (ugs. für: schlechter Branntwein)

fü|si|lie|ren (standrechtlich erschießen)

Fu|si|on, *die;* -, -en (Verschmelzung [großer Unternehmen]); **fu|si|o|nie|ren**

Fuß, *der;* -es, Füße u. (bei Berechnungen:) -; drei - lang; einen - breit; zu - gehen; zu Füßen fallen; **Fuß|ball;** - spielen; **Fuß|bal|ler; Fuß|ball|meis|ter|schaft; Fuß|ball|spie|len,** *das;* -s; **Fuß|ball|spie|ler; Fuß|bo|den; Fuß|breit,** *der;* -, - (Maß); keinen - weichen; **Füß|chen**

Fus|sel, *die;* -, -n (auch:) *der;* -s, -n; **fus|se|lig,** fuss|lig; **fus|seln**

fu|ßen; auf einem Vertrag -; **Fuß‿en|de; ...fall,** *der;* **fuß|fäl|lig; Fuß|gän|ger; Fuß|gän|ger‿über|weg, ...zo|ne; ...fü|ßig** (z. B. vierfüßig)

fuss|lig; vgl. fus|se|lig

Fuß‿marsch *(der),* **...no|te, ...soh|le, ...[s]tap|fen** (*der;* -s, -), **...volk**

Fu|ton, *der;* -s, -s (jap. Matratze)

futsch (ugs. für: weg, verloren)

[1]Fut|ter, *das;* -s (Nahrung [der Tiere])

[2]Fut|ter, *das;* -s, - (Material auf der Innenseite von Kleidungsstücken); **Fut|te|ral,** *das;* -s, -e ([Schutz]hülle)

fut|tern (ugs. scherzh. für: essen); **[1]füt|tern;** Tiere -

[2]füt|tern ([2]Futter einlegen)

Fut|ter|trog; Füt|te|rung

Fu|tur, *das;* -s, -e (Sprachw.: Zukunftsform, Zukunft); **Fu|tu|ris|mus,** *der;* -s (Kunstrichtung des 20. Jh.s); **fu|tu|ris|tisch; Fu|tu|ro|lo|ge,** *der;* -n, -n (Zukunftsforscher); **Fu|tu|ro|lo|gie,** *die;* - (Zukunftsforschung); **fu|tu|ro|lo|gisch**

Fu|zel, *der;* -s, - (österr. ugs. für: Fussel); **fu|zeln** (österr. ugs. für: sehr klein schreiben)

Fuz|zi, *der;* -s, -s (ugs. für: nicht ganz ernst zu nehmender Mensch)

Gg

G (Buchstabe); das G; des G, die G; aber: das g in Lage

g, G, *das;* -, - (Tonbezeichnung)

Ga|bar|dine [*gabardin,* auch: *gabardin*], *das;* -s (auch: *die;* -; ein Gewebe)

Ga|be, *die;* -, -n; **gä|be;** vgl. gang

Ga|bel, *die;* -, -n; **Gä|bel|chen;**

Ga|bel|früh|stück; ga|beln; Ga|bel|stap|ler; Ga|be|lung
Ga|ben|tisch
Ga|cke|lei; ga|ckeln (landsch. für: gackern); **ga|ckern; gack|sen** (landsch. für: gackern; knarren)
Gaf|fel, *die;* -, -n (um den Mast drehbare, schräge Segelstange); **Gaf|fel|se|gel**
gaf|fen (abwertend); **Gaf|fer** (abwertend); **Gaf|fe|rei** (abwertend)
Gag [*gäg*], *der;* -s, -s (witziger Einfall; überraschende Besonderheit)
Ga|ge [*gasch*^{e}], *die;* -, -n (Künstlerhonorar)
gäh|nen; Gäh|ne|rei
Ga|la [auch: *gala*], *die;* - (festliche Kleidung; **Ga|la‿an|zug, ...emp|fang**
ga|lak|tisch (zur Galaxis gehörend, sie betreffend)
Ga|lan, *der;* -s, -e (veraltend für: [vornehm auftretender] Liebhaber); **ga|lant** (höflich, ritterlich); **Ga|lan|te|rie,** *die* -, ...ien (Höflichkeit [gegenüber Frauen])
Ga|la|xis, *die;* -, ...xien (Milchstraße)
Ga|lee|re, *die;* -, -n (Ruderkriegsschiff); **Ga|lee|ren|skla|ve**
Ga|le|rie, *die;* -, ...ien; **Ga|le|rist,** *der;* -en, -en (Galeriebesitzer, -leiter); **Ga|le|ris|tin**
Gal|gen, *der;* -s, -; **Gal|gen‿frist, ...hu|mor** (*der;* -s), **...vo|gel** (ugs. abwertend für: Strolch)
Ga|li|ons|fi|gur
Gall|ap|fel (Bot.: kugelige Wucherung an Blättern o. Ä.)
Gal|le, *die;* -, -n; **gal|le[n]|bit|ter; Gal|len‿bla|se, ...stein**
Gal|lert [auch: *...lärt*], *das;* -[e]s, -e u. (österr. nur:) **Gal|ler|te** [auch: *gal*^{e}*rt*^{e}], *die;* -, -n (durchsichtige, steife Masse aus eingedickten pflanzl. od. tier. Säften); **gal|lert|ar|tig** [auch, österr. nur: *...lärt...*]
gal|lig (gallebitter; verbittert)
Gal|lo|ne, *die;* -, -n (engl.-amerik. Hohlmaß)
Ga|lopp, *der;* -s, -s u. -e; **ga|lop|pie|ren; Ga|lopp|ren|nen**
Ga|lo|sche, *die;* -, -n (Überschuh)
gal|va|ni|sie|ren (durch Elektrolyse mit Metall überziehen)
Ga|ma|sche, *die;* -, -n
Gam|be, *die;* -, -n (Streichinstrument)
Game|boy® [*ge*^{i}*mbeu*], *der;* -[s], -s (ein elektron. Spielgerät)
Gam|ma, *das;* -[s], -s (gr. Buchstabe; Γ, γ); **Gam|ma|strah|len,** γ**-Strah|len,** *die* (*Mehrz.;* radioaktive Strahlen, kurzwellige Röntgenstrahlen)
gam|me|lig (ugs. für: verkommen; verdorben, faulig); **gam|meln** (ugs.); **Gamm|ler; Gamm|le|rin**
Gams, *der* u. *die,* (Jägerspr. u. landsch.:) *das;* -, -en (bes. Jägerspr. u. landsch. für: Gämse); **Gams|bart, Gäms|bart; Gamsbock, Gäms|bock; Gäm|se,** *die;* -, -n
gang; - und gäbe (landsch., bes. schweiz. auch: gäng u. gäbe); **Gang,** *der;* -[e]s, Gänge; im -[e] sein; in - bringen; **Gang|art; gang|bar; Gän|gel|band,** *das;* -[e]s; **gän|geln; gän|gig**
Gang|li|en|zel|le [*...i*^{e}*n...*] (Med.: Nervenzelle)
Gang|schal|tung
Gangs|ter [*gängßt*^{er}], *der;* -s, - (Schwerverbrecher); **Gangs|ter|me|tho|de**
Gang|way [*gängwe*^{i}], *die;* -, -s (Laufgang zum Besteigen eines Schiffes od. Flugzeuges)
Ga|no|ve [*...w*^{e}], *der;* -n, -n (ugs. abwertend für: Gauner, Betrüger); **Ga|no|ven|spra|che**
Gans, *die;* -, Gänse; **Gans|bra|ten** (südd., österr. für: Gänsebraten); **Gäns|chen; Gän|se‿blüm|chen, ...bra|ten, ...füß|chen** (ugs. für: Anführungsstrich), **...haut, ...klein** (*das;* -s); **Gan|ser** (südd., österr. für: Gänserich); **Gän|se|rich,** *der;* -s, -e; **Gän|se|schmalz; Gan|ter** (nordd. für: Gänserich)
ganz; [in] ganz Europa; ganze Zahlen (Math.); ganz und gar; etwas wieder ganz machen; aufs Ganze gehen; als Ganzes gesehen; im Ganzen [gesehen]; im Großen und Ganzen; **Gän|ze,** *die;* nur in Wendungen wie: zur - (ganz, vollständig); **Ganz|heit,** *die;* - (gesamtes Wesen); **ganz|heit|lich; ganz|jäh|rig; ganz|lei|nen** (aus reinem Leinen); **gänz|lich; ganz|tä|gig**
[1]**gar** (fertig gekocht; südd., österr. ugs. für: aufgebraucht); gar kochen; gar gekochtes Fleisch; [2]**gar** (ganz, sehr, sogar); ganz und gar, gar kein, gar nicht, gar nichts; gar sehr
Ga|ra|ge [*garasch*^{e}], *die;* -, -n; **ga|ra|gie|ren** (österr. u. schweiz. für: [Wagen] einstellen)
Ga|rant, *der;* -en, -en; **Ga|ran|tie,** *die;* -, ...ien; **ga|ran|tie|ren; Ga|ran|tie|schein**
Ga|r|aus, *der;* nur in: jmdm. den - machen
Gar|be, *die;* -, -n
Gar|de, *die;* -, -n; **Gar|de|re|gi|ment**
Gar|de|ro|be, *die;* -, -n; **Gar|de|ro|ben|frau; Gar|de|ro|bi|e|re** [*...biär*^{e}], *die;* -, -n (Garderobenfrau)
Gar|di|ne, *die;* -, -n; **Gar|di|nen‿pre|digt** (ugs.), **...stan|ge**
Gar|dist, *der;* -en, -en (Soldat der Garde)
ga|ren (gar kochen)
gä|ren; gor (auch: gärte); gegoren (auch: gegärt)
gar ge|kocht; vgl. [1]gar
gar kein
Garn, *das;* -[e]s, -e
gar nicht; gar nichts; vgl. [2]gar

gar|nie|ren (schmücken, verzieren); **Gar|nie|rung; Gar|ni|son,** *die;* -, -en; **Gar|ni|tur,** *die;* -, -en
Garn|knäu|el
gars|tig; Gars|tig|keit
Gär|stoff
Gar|ten, *der;* -s, Gärten; **Gar|ten‿ar|beit, ...bau** (*der;* -[e]s), **...fest, ...haus, ...lo|kal, ...par|ty, ...zaun; Gärt|lein; Gärt|ner; Gärt|ne|rei; Gärt|ne|rin; gärt|ne|risch; gärt|nern**
Gä|rung; Gä|rungs|pro|zess
Gar|zeit
Gas, *das;* -es, -e; - geben; **Gas|ba|de|ofen; gas|för|mig; Gas‿hahn, ...herd, ...ko|cher, ...mas|ke; Ga|so|me|ter,** *der;* -s, - (veraltend für: Gasbehälter); **Gas‿pe|dal, ...pis|to|le**
Gäss|chen; Gas|se, *die;* -, -n (österr. auch für: Straße); **Gas|sen|jun|ge; Gas|si;** nur in: Gassi gehen (ugs. für: den Hund ausführen)
Gast, *der;* -es, Gäste u. (Seemannsspr. für bestimmte Matrosen:) -en; **Gast|ar|bei|ter; Gäs|te|buch; gast|frei; gast|freund|lich; Gast‿ge|ber, ...haus; gas|tie|ren** (Theater); **gast|lich; Gast|lich|keit; Gast|mahl** (*Mehrz.* ...mähler u. -e; geh.)
Gas|t|ri|tis, *die;* -, ...itiden (Med.: Magenschleimhautentzündung); **Gas|t|ro|nom,** *der;* -en, -en (Gastwirt); **Gas|t|ro|no|mie,** *die;* - (feine Kochkunst); **Gas|t|ro|no|min; gas|t|ro|no|misch**
Gast‿spiel, ...stät|te, ...stu|be, ...wirt, ...wirt|schaft, ...zim|mer
Gas‿ver|gif|tung, ...werk, ...zäh|ler
Gat|te, *der;* -n, -n; **Gat|ten‿lie|be, ...wahl**
Gat|ter, *das;* -s, - (Gitter, [Holz]zaun)
Gat|tin; Gat|tung
Gau, *der* (landsch.: *das*); -[e]s, -e
Gau|di, *die;* - (österr. nur so, auch: *das;* -s; ugs. für: Ausgelassenheit, Spaß)
Gau|ke|lei; gau|keln; Gauk|ler; Gauk|le|rei; Gauk|le|rin; gauk|le|risch
Gaul, *der;* -[e]s, Gäule; **Gäul|chen**
Gau|men, *der;* -s, -; **Gau|men|kit|zel** (geh. für: Leckerbissen)
Gau|ner, *der;* -s, -; **Gau|ner|ban|de; Gau|ne|rei; gau|ne|risch; gau|nern; Gau|ner|spra|che**
Ga|ze [*gaseᵉ*], *die;* -, -n (durchsichtiges Gewebe; Verbandmull)
Ga|zel|le, *die;* -, -n (Antilopenart)
Ga|zet|te [auch: *gasätᵉ*], *die;* -, -n (veralt., noch abwertend für: Zeitung)
Ge|äch|ze, *das;* -s (Stöhnen)
ge|ädert; das Blatt ist schön -
Ge|al|be|re, *das;* -s
ge|ar|tet; das Kind ist gut -
Ge|äst, *das;* -[e]s (Astwerk)
Ge|bäck, *das;* -[e]s, -e
Ge|bal|ge, *das;* -s (Prügelei)
Ge|bälk, *das;* -[e]s
Ge|bär|de, *die;* -, -n; **ge|bär|den,** sich (sich aufsässig verhalten); **ge|ba|ren,** sich (veralt. für: sich gebärden); **Ge|ba|ren,** *das;* -s
ge|bä|ren; gebar, geboren; **Ge|bär|mut|ter,** *die;* -, ...mütter
ge|bauch|pin|selt (ugs. für: geehrt, geschmeichelt)
Ge|bäu|de, *das;* -s, -
Ge|bein, *das;* -[e]s, -e
Ge|bell, *das;* -[e]s u. **Ge|bel|le,** *das;* -s
ge|ben; gab, gegeben; **Ge|ber; Ge|ber|lau|ne;** in -
Ge|bet, *das;* -[e]s, -e; **Ge|bet|buch**
Ge|biet, *das;* -[e]s, -e; **ge|bie|ten; ge|bie|tend; Ge|bie|ter; Ge|bie|te|rin; ge|bie|te|risch**
Ge|bil|de, *das;* -s, -; **ge|bil|det**
Ge|bim|mel, *das;* -s
Ge|bir|ge, *das;* -s, -; **ge|bir|gig; Ge|bir|gig|keit,** *die;* -; **Ge|birg|ler; Ge|birgs|bach**
Ge|biss, *das;* -es, -e
Ge|blä|se, *das;* -s, - (Vorrichtung zum Verdichten u. Bewegen von Gasen)
Ge|blö|del, *das;* -s (ugs.)
ge|blümt, (österr.:) geblumt
Ge|blüt, *das;* -[e]s (geh.)
ge|bo|ren (Abk.: geb.; Zeichen: *); sie ist eine geborene Schulz
ge|bor|gen; hier fühle ich mich -; **Ge|bor|gen|heit,** *die;* -
Ge|bot, *das;* -[e]s, -e; zu -[e] stehen
ge|brannt; -er Kalk
Ge|bräu, *das;* -[e]s, -e
Ge|brauch, *der;* -[e]s, (für: Sitte, Verfahrensweise auch *Mehrz.*:) Gebräuche; **ge|brau|chen** (benutzen); **ge|bräuch|lich; Ge|brauchs|an|wei|sung; ge|brauchs|fer|tig; Ge|braucht|wa|gen**
Ge|braus, Ge|brau|se, *das;* ...ses
ge|bre|chen (geh. für: fehlen, mangeln); es gebricht mir an dem nötigen Geld; **Ge|bre|chen,** *das;* -s, -; **ge|brech|lich; Ge|brech|lich|keit,** *die;* -
Ge|brü|der, *die (Mehrz.)*
Ge|brüll, *das;* -[e]s
Ge|brumm, *das;* -[e]s u. **Ge|brum|me,** *das;* -s
Ge|bühr, *die;* -, -en; nach, über -; **ge|büh|ren;** etwas gebührt ihm (kommt ihm zu); es gebührt sich nicht, dies zu tun; **ge|büh|rend** (angemessen); **ge|büh|ren|frei; Ge|büh|ren|ord|nung; ge|büh|ren|pflich|tig**
ge|bun|den; -e Rede (Verse); **Ge|bun|den|heit,** *die;* -
Ge|burt, *die;* -, -en; **Ge|bur|ten|kon|trol|le; ge|bür|tig; Ge|burts‿hel|fer, ...jahr, ...na|me, ...ort, ...tag**
Ge|büsch, *das;* -[e]s, -e
Geck, *der;* -en, -en (abwertend)
Ge|dächt|nis, *das;* -ses, -se; **Ge|dächt|nis‿fei|er, ...schwund; Ge|dan|ke,** *der;* ...kens, ...ken; **Ge|dan|ken|gang; ge|dan|ken|los;**

Ge|dạn|ken|lo|sig|keit; Ge|dạn|ken|strich; ge|dạn|ken|voll
Ge|dạrm, *das;* -[e]s, -e
Ge|dẹck, *das;* -[e]s, -e
Ge|deih; nur in: auf - und Verderb; **ge|dei|hen;** gedieh, gediehen; **ge|deih|lich**
ge|dẹn|ken; mit *Wesf.:* gedenket unser!; **Ge|dẹn|ken,** *das;* -s
Ge|dịcht, *das;* -[e]s, -e
ge|die|gen; -es (reines) Gold; ein -er (zuverlässiger) Charakter
Ge|dọ̈ns, *das;* -es (landsch. für: Aufheben, Getue); viel - um etwas machen
Ge|drạ̈n|ge, *das;* -s; **Ge|drạ̈n|gel,** *das;* -s (ugs.); **ge|drạ̈ngt**
Ge|drọ̈hn, *das;* -[e]s
ge|drụ̈ckt; seine Stimmung ist -
ge|drụn|gen (untersetzt)
Ge|dụld, *die;* -; **ge|dụl|den,** sich; **ge|dụl|dig; Ge|dụlds‿fa|den;** nur in: jmdm. reißt der Geduldsfaden; **...pro|be; Ge|dụld[s]|spiel**
ge|dụn|sen; ein -es Gesicht
ge|eig|net; die -en Mittel
Geest, *die;* -, -en (hoch gelegenes, trockenes Land im Küstengebiet)
Ge|fahr, *die;* -, -en; - laufen; Ge|fahr bringend; **ge|fähr|den; Ge|fähr|dung,** *die;* -; **Ge|fah|ren|herd; ge|fähr|lich; Ge|fähr|lich|keit; ge|fahr|los**
Ge|fährt, *das;* -[e]s, -e (Wagen); **Ge|fähr|te,** *der;* -n, -n (Begleiter); **Ge|fähr|tin**
ge|fahr|voll
Ge|fạ̈l|le, *das;* -s, -; **ge|fạl|len;** es hat mir -; sich etwas - lassen; [1]**Ge|fạl|len,** *der;* -s, -; jmdm. einen Gefallen, etwas zu Gefallen tun; [2]**Ge|fạl|len,** *das;* -s; [kein] - an etwas finden; **Ge|fạl|le|ne,** *der* u. *die;* -n, -n; **ge|fạ̈l|lig; Ge|fạ̈l|lig|keit; ge|fạ̈l|ligst; ge|fạll|süch|tig**
ge|fạn|gen; gefangen halten, nehmen, setzen; **Ge|fạn|ge|ne,** *der* u. *die;* -n, -n; **Ge|fạn|ge|nen|la|ger; ge|fạn|gen hal|ten;** vgl. gefangen; **Ge|fạn|gen|nah|me,** *die;* -; **ge|fạn|gen neh|men;** vgl. gefangen; **Ge|fạn|gen|schaft,** *die;* -; **ge|fạn|gen set|zen;** vgl. gefangen; **Ge|fạ̈ng|nis,** *das;* -ses, -se
Ge|fa|sel, *das;* -s (ugs. abwertend)
Ge|fäß, *das;* -es, -e
ge|fạsst; auf alles - sein
Ge|fẹcht, *das;* -[e]s, -e; **ge|fẹchts|be|reit; Ge|fẹchts|stand**
Ge|fie|der, *das;* -s, -; **ge|fie|dert**
Ge|fịl|de, *das;* -s, - (geh. für: Gegend; Landschaft)
Ge|flẹcht, *das;* -[e]s, -e
ge|flẹckt; blau gefleckt, rot gefleckt
Ge|flẹn|ne, *das;* -s (ugs. abwertend für: dauerndes Flennen)
ge|flịs|sent|lich
Ge|flü|gel, *das;* -s; **ge|flü|gelt;** -es Wort (oft angeführtes Zitat; *Mehrz.:* -e Worte)
Ge|fọl|ge, *das;* -s, -; im - von
ge|frä|ßig
Ge|frei|te, *der;* -n, -n
Ge|frẹtt, *das;* -s (südd., österr. ugs. für: Ärger, Plage)
ge|frie|ren; Ge|frier|fleisch; ge|frier|ge|trock|net; Ge|frier|punkt|
Ge|fü|ge, *das;* -s, -; **ge|fü|gig**
Ge|fühl, *das;* -[e]s, -e; **ge|fühl|los; ge|fühls‿arm, ...be|tont; Ge|fühls|du|se|lei** (ugs. abwertend); **ge|fühls|mä|ßig; ge|fühl|voll**
ge|füh|rig ([vom Schnee] für das Skilaufen günstig)
ge|ge|ben; im -en Fall; es ist das Gegebene (das Nächstliegende, Beste); **ge|ge|be|nen|falls**
ge|gen; *Verhältnisw.* mit *Wenf.:* er rannte - das Tor; **Ge|gen‿an|griff, ...ar|gu|ment, ...be|such, ...be|weis**
Ge|gend, *die;* -, -en
ge|gen|ei|n|ạn|der; gegeneinander drücken, prallen, stellen, stoßen
Ge|gen‿fahr|bahn, ...ge|wicht; ge|gen|läu|fig; Ge|gen|leis|tung; Ge|gen|licht|auf|nah|me (Fotogr.); **Ge|gen‿mit|tel, ...pol, ...pro|be, ...satz; ge|gen|sätz|lich; Ge|gen|sätz|lich|keit; ge|gen|sei|tig; Ge|gen|sei|tig|keit,** *die;* -; **Ge|gen|spie|ler**
Ge|gen|stand; ge|gen|ständ|lich; ge|gen|stands|los (keiner Berücksichtigung wert)
Ge|gen‿stim|me, ...stück
Ge|gen|teil, *das;* -[e]s, -e; im -; ins - umschlagen; **ge|gen|tei|lig**
ge|gen|ü|ber; *Verhältnisw.* mit *Wemf.:* - dem Haus, (auch:) dem Haus -; **Ge|gen|ü|ber,** *das;* -s, -; **ge|gen|ü|ber‿stel|len, ...tre|ten**
Ge|gen‿ver|kehr, ...vor|schlag
Ge|gen|wart, *die;* -; **ge|gen|wär|tig** [auch: *...wạ̈r...*]; **ge|gen|warts|be|zo|gen; Ge|gen|warts|form; ge|gen|warts‿fremd, ...nah** od. **...na|he**
Ge|gen‿wehr *(die),* **...wind**
ge|gen|zeich|nen ([als Zweiter] mitunterschreiben); **Ge|gen|zug**
Geg|ner; geg|ne|risch; Geg|ner|schaft, *die;* -
ge|go|ren; der Saft ist -
Ge|ha|be, *das;* -s (abwertend; Getue); **Ge|ha|ben,** *das;* -s (Verhalten)
Ge|hạck|te, *das;* -n (Hackfleisch)
[1]**Ge|hạlt,** *das;* -[e]s, Gehälter (Besoldung); [2]**Ge|hạlt,** *der;* -[e]s, -e (Inhalt; Wert); **ge|hạlt|arm; ge|hạl|ten;** - (verpflichtet) sein; **ge|hạlt|los; Ge|hạlts‿emp|fän|ger, ...er|hö|hung; ge|hạlt|voll**
ge|han|di|kapt [*...händikäpt*] (behindert, benachteiligt)
Ge|hän|ge, *das;* -s, -
ge|har|nischt; ein -er (scharfer) Protest
ge|häs|sig; Ge|hạ̈s|sig|keit
Ge|häu|se, *das;* -s, -
geh|be|hin|dert

ge|hef|tet; die Akten sind -

Ge|he|ge, *das;* -s, -

ge|heim; das muss geheim bleiben; im Geheimen; etwas geheim halten; [mit etwas] geheim tun; **Ge|heim‿ab|kom|men, ...bund** *(der);* **...dienst, ...fach; ge|heim hal|ten;** vgl. geheim; **Ge|heim|hal|tung;** *(die;* -); **Ge|heim|nis,** *das;* -ses, -se; **Ge|heim|nis‿krä|mer, ...trä|ger; Ge|heim|nis|tu|e|rei,** *die;* -; **ge|heim|nis|voll; Ge|heim‿po|li|zei, ...schrift, ...sen|der; Ge|heim|tipp, Ge|heim|tu|e|rei,** *die;* -; **ge|heim tun**; vgl. geheim

Ge|heiß, *das;* -es; auf sein -

ge|hemmt

ge|hen; ging, gegangen; geh[e]!; geht's! (südd., österr. Ausdruck der Ablehnung, des Unwillens); baden gehen, schlafen gehen; sich gehen lassen; jmdn. gehen lassen (auch für: in Ruhe lassen); sie haben ihn gehen lassen, (seltener:) gehen gelassen; **Ge|hen,** *das;* -s (Sportart); 20-km-Gehen; **ge|hen las|sen;** vgl. gehen; **Ge|her**

Ge|het|ze, *das;* -s

ge|heu|er; das ist mir nicht -

Ge|heul, *das;* -[e]s

Ge|hil|fe, *der;* -n, -n; **Ge|hil|fen|brief; Ge|hil|fin**

Ge|hirn, *das;* -[e]s, -e; **Ge|hirn‿er|schüt|te|rung, ...schlag**

gehl (landsch. für: gelb)

ge|ho|ben; -e Sprache

Ge|höft, *das;* -[e]s, -e

Ge|hölz, *das;* -es, -e; **Ge|hol|ze,** *das;* -s (Sportspr.: rücksichtsloses u. stümperhaftes Spielen)

Ge|hör, *das;* -[e]s; - finden; **ge|hor|chen;** du musst ihm -; der Not gehorchend; **ge|hö|ren; Ge|hör|gang,** *der;* **ge|hö|rig** (gebührend; beträchtlich); **ge|hör|los**

Ge|hörn, *das;* -[e]s, -e; **ge|hörnt**

ge|hor|sam; Ge|hor|sam, *der;* -s; **Ge|hor|sam|keit,** *die;* -; **Ge|hor|sams|pflicht** (bes. Milit.)

Ge|hör|sinn, *der;* -[e]s

Geh‿rock, ...steig, ...weg

Gei|er, *der;* -s, -

Gei|fer, *der;* -s; **gei|fern**

Gei|ge, *die;* -, -n; **gei|gen; Gei|gen‿bau|er** *(der;* -s, -), **...bo|gen; Gei|ger; Gei|ge|rin**

Gei|ger|zäh|ler (Gerät zum Nachweis radioaktiver Strahlen)

geil (Jugendspr. auch für: großartig, toll); **gei|len; Geil|heit,** *die;* -

Gei|sel, *die;* -, -n; -n stellen; **Gei|sel|nah|me,** *die;* -, -n

Gei|sha [*gescha*], *die;* -, -s (jap. Gesellschafterin)

Geiß, *die;* -, -en (südd., österr., schweiz. für: Ziege); **Geiß|bock**

Gei|ßel, *die;* -, -n (Peitsche; übertr. für: Plage); **gei|ßeln**

Geiß|lein (junge Geiß)

Geist, *der;* -[e]s, (für: Gespenst, kluger Mensch *Mehrz.:*) -er u. (für: Weingeist usw. *Mehrz.:*) -e; **Geis|ter‿bahn, ...fah|rer** (jmd., der auf der Autobahn auf der falschen Seite fährt); **geis|ter|haft; Geis|ter|hand;** wie von -; **geis|tern;** es geistert; **Geis|ter|stun|de; geis|tes|ab|we|send; Geis|tes‿blitz, ...ga|ben** *(Mehrz.),* **...ge|gen|wart; geis|tes|ge|gen|wär|tig; geis|tes|krank; Geis|tes‿krank|heit, ...wis|sen|schaf|ten** *(Mehrz.);* **Geis|tes|zu|stand; geis|tig;** -e Getränke; -es Eigentum; geistig behindert; **geis|tig-see|lisch; geist|lich; Geist|li|che,** *der;* -n, -n; **Geist|lich|keit,** *die;* -; **geist‿los, ...reich, ...voll**

Geiz, *der;* -es; **gei|zen; Geiz|hals; gei|zig; Geiz|kra|gen**

Ge|jam|mer, *das;* -s

Ge|ki|cher, *das;* -s

Ge|kläff, *das;* -[e]s

Ge|klim|per, *das;* -s

Ge|klirr, *das;* -[e]s u. **Ge|klir|re,** *das;* -s

ge|knickt

ge|konnt; sein Spiel war -

Ge|kräch|ze, *das;* -s

Ge|kreisch, *das;* -[e]s u. **Ge|krei|sche,** *das;* -s

Ge|krit|zel, *das;* -s

Ge|krö|se, *das;* -s, - (Innereien)

ge|kün|stelt; ein -es Benehmen

Gel, *das;* -s, -e (gallertartige Substanz; Gelatine)

Ge|la|ber, *das;* -s (landsch. für: seichtes Gerede)

Ge|läch|ter, *das;* -s, -

ge|lack|mei|ert (ugs. für: angeführt); **Ge|lack|mei|er|te,** *der* u. *die;* -n, -n

ge|la|den (ugs. für: wütend)

Ge|la|ge, *das;* -s, -

ge|lähmt; Ge|lähm|te, *der* u. *die;* -n, -n

Ge|län|de, *das;* -s, -; **ge|län|de|gän|gig; Ge|län|de|lauf**

Ge|län|der, *das;* -s, -

Ge|län|de|sport, *der;* -[e]s

ge|lan|gen; in jmds. Hände -

ge|las|sen; etwas - hinnehmen; **Ge|las|sen|heit,** *die;* -

Ge|la|ti|ne [*sche...*], *die;* -

ge|läu|fig

ge|launt; er ist gut gelaunt

Ge|läut, *das;* -[e]s, -e u. **Ge|läu|te,** *das;* -s, -

gelb; Gelbe Rüben (südd. für: Mohrrüben); das gelbe Trikot (des Spitzenreiters im Radsport); die gelbe Karte (bes. Fußball); **Gelb,** *das;* -s, - (ugs.: -s; gelbe Farbe); bei Gelb ist die Kreuzung zu räumen; in Gelb; **gelb|braun; Gel|be,** *das;* -n; **gelb|lich; Gelb|licht,** *das;* -[e]s; **Gelb|sucht,** *die;* -

Geld, *das;* -[e]s, -er; **Geld‿beu|tel, ...bör|se; Geld|ge|ber; geld|gie|rig; Geld‿mit|tel** *(die; Mehrz.),* **...schein, ...schrank, ...stra|fe, ...stück**

ge|leckt; wie - (ugs. für: sehr sauber; überaus gepflegt) aussehen

Ge|lee [*schele*], *das* od. *der;* -s, -s

Ge|le|ge, *das;* -s, - (Gesamtheit der von einem Vogel an einer Stelle abgelegten Eier)

ge|le|gen; das kommt mir sehr -; **Ge|le|gen|heit; Ge|le|gen|heitsˬar|beit, ...kauf; ge|le|gent|lich**

ge|leh|rig; Ge|leh|rig|keit, *die;* -; **ge|lehr|sam; Ge|lehr|sam|keit,** *die;* -; **ge|lehrt; Ge|lehr|te,** *der* u. *die;* -n, -n

Ge|leit, *das;* -[e]s, -e; **ge|lei|ten; Ge|leitˬschutz, ...zug**

Ge|lenk, *das;* -[e]s, -e; **Ge|lenk|ent|zün|dung; ge|len|kig; Ge|len|kig|keit,** *die;* -

ge|lernt; ein -er Maurer

Ge|lich|ter, *das;* -s (abwertend für: Gesindel)

Ge|lieb|te, *der* u. *die;* -n, -n

ge|lie|fert (ugs. für: verloren, ruiniert)

ge|lie|ren [*schelir*^{e}*n*] (zu Gelee werden)

ge|lind, ge|lin|de (geh.)

ge|lin|gen; gelang, gelungen; **Ge|lin|gen,** *das;* -s

gel|len; es gellte; gegellt

ge|lo|ben; jmdm. etwas - (versprechen); **Ge|löb|nis,** *das;* -ses, -se

ge|lockt; sein Haar ist -

ge|löst; Ge|löst|heit, *die;* -

gelt? (bes. südd. u. österr. für: nicht wahr?); **gel|ten;** galt, gegolten; - lassen; geltend machen; **Gel|tung; Gel|tungsˬbe|dürf|nis** (*das;* -ses), **...be|reich** *(der)*

Ge|lüb|de, *das;* -s, -

Ge|lüst, *das;* -[e]s, -e u. **Ge|lüs|te,** *das;* -s, -; **ge|lüs|ten** (geh.); es gelüstet mich

ge|mach; Ge|mach, *das;* -[e]s, ...mächer (geh.); **ge|mäch|lich** [auch: *g*^{e}*-mäch...*]

Ge|mahl, *der;* -[e]s, -e; **Ge|mah|lin**

Ge|mäl|de, *das;* -s, -; **Ge|mäl|deˬaus|stel|lung, ...ga|le|rie**

Ge|mar|kung

ge|ma|sert; -es Holz

ge|mäß; dem Befehl -; **ge|mä|ßigt;** -e Zone

Ge|mäu|er, *das;* -s, -

ge|mein; Ge|mein|be|sitz; Ge|mein|de, *die;* -, -n; **ge|mein|de|ei|gen; Ge|mein|deˬrat** (*Mehrz.* ...räte), **...schwes|ter, ...ver|wal|tung, ...zen|t|rum; ge|meind|lich; Ge|mein|ei|gen|tum; ge|mein|ge|fähr|lich; Ge|mein|gut,** *das;* -[e]s; **Ge|mein|heit; ge|mein|hin; Ge|mein|nutz; ge|mein|nüt|zig; ge|mein|sam; Ge|mein|sam|keit; Ge|mein|schaft; ge|mein|schaft|lich; ge|mein|ver|ständ|lich; Ge|mein|wohl**

Ge|men|ge, *das;* -s, -

ge|mes|sen; -en Schritts

Ge|met|zel, *das;* -s, - (abwertend)

Ge|misch, *das;* -[e]s, -e; **ge|mischt;** aus Sand u. Zement -; -e Gefühle; -es Doppel (Sportspr.); **ge|mischt|spra|chig; Ge|mischt|wa|ren|hand|lung**

Gem|me, *die;* -, -n (Schmuckstein mit eingeschnittenem Bild)

Gem|se usw. (alte Schreibung für:) Gämse usw.

Ge|mur|mel, *das;* -s

Ge|mü|se, *das;* -s, -; **Ge|mü|seˬbeet, ...händ|ler**

Ge|müt, *das;* -[e]s, -er; zu Gemüte führen; **ge|müt|lich; Ge|müt|lich|keit,** *die;* -; **ge|müts|arm; Ge|mütsˬart, ...be|we|gung; ge|müts|krank; Ge|mütsˬmensch, ...ru|he, ...ver|fas|sung, ...zu|stand; ge|müt|voll**

gen (veraltend für: in Richtung); - Himmel

Gen, *das;* -s, -e (meist *Mehrz.;* Träger der Erbanlage)

ge|narbt; -es Leder

ge|nä|schig (geh. für: naschhaft)

ge|nau; genau[e]stens; etwas - nehmen; das ist[,] genau genommen[,] ein ganz anderer Fall; auf das, aufs Genau[e]ste, (auch:) genau[e]ste; nichts Genaues; **Ge|nau|ig|keit; ge|nau|so;** du kannst genauso gut den Bus nehmen; das dauert genauso lang[e]; das stört mich genauso wenig

Gen|darm [*schan...,* auch: *schang...*], *der;* -en, -en; **Gen|dar|me|rie,** *die;* -, ...ien

ge|nehm; jmdm. - sein (geh.); **ge|neh|mi|gen; Ge|neh|mi|gung**

ge|neigt; er ist -, die Stelle anzunehmen; der -e Leser; das Gelände ist leicht -

Ge|ne|ral, *der;* -s, -e u. ...räle; **Ge|ne|ralˬbe|voll|mäch|tig|te, ...di|rek|tor, ...feld|mar|schall; ge|ne|ra|li|sie|ren** (verallgemeinern); **Ge|ne|ralˬkon|su|lat, ...ma|jor, ...pro|be, ...staats|an|walt, ...stab, ...streik; ge|ne|ral|über|ho|len;** nur in der Grundform u. im Mittelwort der Vergangenheit gebr.; der Wagen wurde generalüberholt; **Ge|ne|ral|ver|tre|ter**

Ge|ne|ra|ti|on [*...zion*], *die;* -, -en; **Ge|ne|ra|ti|onsˬkon|flikt, ...wech|sel; Ge|ne|ra|tor,** *der;* -s, ...oren (Gerät zur Strom- od. Gaserzeugung); **ge|ne|rell**

ge|ne|sen; genas, genesen; **Ge|ne|sen|de,** *der* u. *die;* -n, -n; **Ge|ne|sung; Ge|ne|sungs|heim**

Ge|ne|tik, *die;* - (Vererbungslehre); **ge|ne|tisch** (erblich bedingt; die Vererbung betreffend); -er Fingerabdruck (Muster des Erbgutes, das durch Genanalyse gewonnen wird u. zu kriminalistischen Indizienbeweisen herangezogen werden kann)

Ge|ne|ver [*schenew*^{e}*r* od. *gene...*], *der;* -s, - (Wacholderbranntwein)

Gen|for|schung

ge|ni|al; ge|ni|a|lisch (nach Art eines Genies); **Ge|ni|a|li|tät,** *die;* -

Ge|nick, *das;* -[e]s, -e; **Ge|nickˬschuss, ...star|re**

Ge|nie [*sche...*], *das;* -s, -s

ge|nie|ren [*sche...*]; sich -; **ge|nier|lich** (ugs. für: peinlich; schüchtern)

ge|nieß|bar; Ge|nieß|bar|keit,

die; -; **ge|nie|ßen;** genoss, genossen; **Ge|nie|ßer; ge|nie|ße|risch**

Ge|ni|ta|li|en [...*iᵉn*],*die* (*Mehrz.;* Med.: Geschlechtsorgane)

Ge|ni|tiv [auch: *ge... od. genitif*], *der;* -s, -e [...*wᵉ*] (Sprachw.: Wesfall); **Ge|ni|us,** *der;* - (schöpferische Kraft eines Menschen)

Ge|nos|se, *der;* -n, -n; **Ge|nos|sen|schaft; ge|nos|sen|schaft|lich; Ge|nos|sen|schafts|bank** (*Mehrz.* ...banken); **Ge|nos|sin**

Gen|re [*schangrᵉ*], *das;* -s, -s (Art, Gattung; Wesen); **Gen|re|bild** (Bild aus dem täglichen Leben)

Gen|tech|nik (Technik der Erforschung u. Manipulation der Gene)

Gen|t|le|man [*dschäntlmᵉn*], *der;* -s, ...men (Mann von Lebensart u. Charakter); **Gen|t|le|man's** od. **Gen|t|le|men's A|g|ree|ment** [*dschäntlmᵉns ᵉgrimᵉnt*], *das;* - -, - -s (Übereinkunft ohne formalen Vertrag)

ge|nug; - u. übergenug; - Gutes, Gutes -; - des Guten; von etwas - haben; ich habe schon - getan; **Ge|nü|ge,** *die;* -; - tun, leisten; zur -; **ge|nü|gen; ge|nü|gend; ge|nüg|sam** (anspruchslos); **Ge|nüg|sam|keit,** *die;* -; **Ge|nug|tu|ung**

Ge|nus, *das;* -, Genera (Gattung, Art; Sprachw.: grammatisches Geschlecht)

Ge|nuss, *der;* -es, Genüsse; **ge|nuss|freu|dig; ge|nüss|lich; Ge|nuss‿mit|tel; ...sucht,** *die,* -; **ge|nuss‿süch|tig, ...voll**

Ge|o|graph, (auch:) **Ge|o|graf,** *der;* -en, -en; **Ge|o|gra|phie,** (auch:) **Ge|o|grafie** *die;* -; **Ge|o|gra|phin,** (auch:) **Ge|o|gra|fin; ge|o|gra|phisch,** (auch:) **ge|o|gra|fisch; Ge|o|lo|ge,** *der;* -n, -n; **Ge|o|lo|gie,** *die;* - (Lehre von Entstehung u. Bau der Erde); **ge|o|lo|gisch; Ge|o|me|t|rie,** *die;* -, ...ien (ein Zweig der Mathematik); **ge|o|me|t|risch;** -er Ort; -es Mittel

ge|ord|net; in -en Verhältnissen leben

Ge|päck, *das;* -[e]s; **Ge|päck‿ab|fer|ti|gung, ...auf|be|wah|rung, ...netz, ...schal|ter, ...schein, ...wa|gen**

Ge|pard, *der;* -s, -e (ein Raubtier)

ge|pflegt; ein gut gepflegter Rasen; **Ge|pflegt|heit,** *die;* -; **Ge|pflo|gen|heit** (Gewohnheit)

Ge|plän|kel, *das;* -s, -

Ge|plät|scher, *das;* -s

Ge|prä|ge, *das;* -s

Ge|prän|ge, *das;* -s (geh. für: Prunk)

ge|punk|tet; -er Stoff

Ger, *der;* -[e]s, -e (Wurfspieß)

ge|ra|de[1]; eine - Zahl; - (direkt) gegenüber; er hat ihn - (genau) in das Auge getroffen; er hat es - (soeben) getan; gerade biegen, halten, richten, sitzen, stehen usw.; er hat den Stab wieder gerade gebogen; um sich gerade zu halten; er soll [ganz] gerade sitzen, stehen; **Ge|ra|de**[1], *die;* -n, -n (gerade Linie); vier -[n]; **ge|ra|de|aus**[1]; - gehen; **ge|ra|de|bie|gen**[1] (ugs. für: einrenken); vgl. gerade; **ge|ra|de hal|ten,** sich; vgl. gerade; **ge|ra|de|he|r|aus**[1]; etwas - sagen; **ge|ra|de[n]|wegs**[1]; **ge|ra|de rich|ten;** vgl. gerade; **ge|ra|de sit|zen**[1]; vgl. gerade; **ge|ra|de|so**[1]; sie kann es geradeso gut wie er; **ge|ra|de ste|hen**[1] (die Konsequenzen auf sich nehmen); vgl. gerade; **ge|ra|de|wegs**[1]; **ge|ra|de|zu**[1]; - sein; **Ge|rad|heit**[1], *die;* -; **ge|rad|li|nig**[1]

[1] In der Umgangssprache wendet man häufig die verkürzte Form »grad...«, »Grad...« an.

ge|ram|melt; nur in: - voll (ugs. für: übervoll)

Ge|ran|gel, *das;* -s

Ge|ra|nie [...*iᵉ*], *die;* -, -n (Storchschnabel; eine Zierstaude)

Ge|rät, *das;* -[e]s, -e; **ge|ra|ten;** es gerät [mir]; ich gerate außer mir (auch: mich) vor Freude; **Ge|rä|te|schup|pen; Ge|rä|te|tur|nen; Ge|ra|te|wohl** [auch: *gᵉratᵉwol*], *das;* nur in: aufs - (auf gut Glück); **Ge|rät|schaf|ten,** *die (Mehrz.)*

Ge|räu|cher|te, *das;* -n

ge|raum (geh.); -e (längere) Zeit; **ge|räu|mig**

Ge|rau|ne, *das;* -s

Ge|räusch, *das;* -[e]s, -e; **ge|räusch|arm; Ge|rau|sche,** *das;* -s; **ge|räusch|emp|find|lich; Ge|räusch|ku|lis|se; ge|räusch|los; ge|räusch|voll**

ger|ben; Leder -; **Ger|ber**

Ger|be|ra, *die;* -, -s (eine Schnittblume)

Ger|be|rei; Gerb‿säu|re, ...stoff; Ger|bung

ge|recht; jmdm. - werden; **Ge|rech|te,** *der* u. *die;* -n, -n; **Ge|rech|tig|keit,** *die;* -; **Ge|rech|tig|keits|sinn**

Ge|re|de, *das;* -s

ge|rei|chen (geh.); es gereicht mir zur Ehre

ge|reizt; in -er Stimmung; **Ge|reizt|heit,** *die;* -

Ge|ren|ne, *das;* -s

ge|reu|en (geh. veraltend); es gereut mich

Ge|richt, *das;* -[e]s, -e; **ge|richt|lich;** -e Medizin; **Ge|richts‿hof, ...me|di|zin; ge|richts|no|to|risch** (Rechtsspr.: vom Gericht zur Kenntnis genommen); **Ge|richts‿saal, ...voll|zie|her**

ge|rie|ben (ugs. auch für: schlau)

ge|ring; ein Geringes (wenig) tun; nicht im Geringsten (gar nicht); kein Geringerer als ...; eine Gefahr, Person gering achten, schätzen;

ge|ring ach|ten; vgl. gering; **ge|ring|fü|gig; Ge|ring|fü|gig|keit; ge|ring schät|zen;** vgl. gering; **ge|ring|schät|zig; Ge|ring|schät|zung,** *die;* -

ge|rin|nen; Ge|rinn|sel, *das;* -s, -; **Ge|rin|nung,** *die;* -

Ge|rip|pe, *das;* -s, -; **ge|rippt**

ge|ris|sen (durchtrieben, schlau); **Ge|ris|sen|heit,** *die;* -

ger|ma|nisch; -e Kunst; **ger|ma|ni|sie|ren** (eindeutschen); **Ger|ma|nist,** *der;* -en, -en (Wissenschaftler auf dem Gebiet der Germanistik); **Ger|ma|nis|tik,** *die;* - (deutsche [auch: germanische] Sprach- u. Literaturwissenschaft); **Ger|ma|nis|tin; ger|ma|nis|tisch**

gern, ger|ne; lieber, am liebsten; jmdn. - haben, mögen; etwas - tun; gar zu gern; allzu gern; ein gern gesehener Gast; **Ger|ne|groß,** *der;* -, -e (ugs. scherzh.)

Ge|röll, *das;* -[e]s, -e; **Ge|röll|hal|de**

Ge|ron|to|lo|gie, *die;* - (Alternsforschung)

Ge|rös|te|ten, *die* (*Mehrz.;* südd., österr. für: Bratkartoffeln)

Gers|te, *die;* -, (fachspr.:) -n; **Gers|ten‿korn** (*das; Mehrz.* ...körner; auch für: Vereiterung einer Drüse am Augenlid), **...saft** (*der,* -[e]s; scherzh. für: Bier)

Ger|te, *die;* -, -n; **ger|ten|schlank**

Ge|ruch, *der;* -[e]s, Gerüche; **ge|ruch|los; ge|ruch[s]|frei; Ge|ruchs‿or|gan, ...sinn** (*der;* -[e]s)

Ge|rücht, *das;* -[e]s, -e; **ge|rücht|wei|se**

ge|ru|hen (veraltend, noch iron. für: sich bereit finden); **ge|ruh|sam; Ge|ruh|sam|keit,** *die;* -

Ge|rüm|pel, *das;* -s

Ge|rüst, *das;* -[e]s, -e

ge|rüt|telt; ein - Maß; - voll

ge|sal|zen; Ge|sal|ze|ne, *das;* -n

ge|sam|melt; -e Aufmerksamkeit

ge|samt; im Gesamten (veraltend für: insgesamt); **Ge|samt,** *das;* -s; im -; **Ge|samt|aus|ga|be; ge|samt|deutsch;** -e Fragen; **Ge|samt|ein|druck; Ge|samt|heit,** *die;* -; **Ge|samt|schu|le**

Ge|sand|te, *der* u. *die;* -n, -n; **Ge|sand|ten|pos|ten; Ge|sand|tin; Ge|sandt|schaft; Ge|sandt|schafts|rat** (*Mehrz.* ...räte)

Ge|sang, *der;* -[e]s, Gesänge; **Ge|sang|buch; ge|sang|lich; Ge|sang‿un|ter|richt, ...ver|ein**

Ge|säß, *das;* -es, -e; **Ge|säß|ta|sche**

Ge|säu|sel, *das;* -s

Ge|schä|dig|te, *der* u. *die;* -n, -n

Ge|schäft, *das;* -[e]s, -e; geschäftehalber; **Ge|schäf|te|ma|cher** (abwertend); **Ge|schäf|te|ma|che|rei** (abwertend); **ge|schäf|tig; Ge|schäf|tig|keit,** *die;* -; **Ge|schaftl|hu|ber,** *der;* -s, - (bes. südd., österr. für: Wichtigtuer); **ge|schäft|lich; Ge|schäfts‿ab|schluss, ...brief; ge|schäfts|fä|hig; Ge|schäfts‿frau, ...freund; ge|schäfts|füh|rend; Ge|schäfts‿füh|rung, ...in|ha|ber, ...jahr; ge|schäfts|kun|dig; Ge|schäfts‿la|ge, ...lei|tung, ...mann** (*Mehrz.* ...leute u. ...männer); **ge|schäfts|mä|ßig; Ge|schäfts‿ord|nung, ...rei|se, ...stel|le, ...stra|ße; ge|schäfts‿tüch|tig, ...un|fä|hig**

ge|scheckt; ein -es Pferd

ge|sche|hen; geschah; geschehen; **Ge|sche|hen,** *das;* -s, -; **Ge|scheh|nis,** *das;* -ses, -se

ge|scheit; Ge|scheit|heit, *die;* -, -en

Ge|schenk, *das;* -[e]s, -e; **Ge|schenk|ar|ti|kel; ge|schenk|wei|se** (als Geschenk)

ge|schert (bayr., österr. ugs. für: grob, dumm); **Ge|scher|te,** *der;* -n, -n (bayr., österr. ugs. für: Tölpel, Landbewohner)

Ge|schich|te, *die;* -, -n; **Ge|schich|ten|buch** (Buch mit Geschichten); **ge|schicht|lich; Ge|schichts‿buch** (Buch mit Geschichtsdarstellungen), **...for|scher, ...wis|sen|schaft**

Ge|schick, *das;* -[e]s, (für: Schicksal auch *Mehrz.:*) -e; **Ge|schick|lich|keit; ge|schickt;** ein -er Arzt

ge|schie|den; Ge|schie|de|ne, *der* u. *die;* -n, -n

Ge|schimp|fe, *das;* -s

Ge|schirr, *das;* -[e]s, -e; **Ge|schirr‿spül|ma|schi|ne, ...tuch** (*Mehrz.* ...tücher)

ge|schla|gen; eine -e Stunde

ge|schlämmt; -e Kreide

Ge|schlecht, *das;* -[e]s, -er; **Ge|schlech|ter|fol|ge; ge|schlecht|lich;** -e Fortpflanzung; **Ge|schlecht|lich|keit,** *die;* -; **Ge|schlechts‿akt, ...be|stim|mung; ge|schlechts|krank; ge|schlecht[s]|los; Ge|schlechts‿or|gan, ...rei|fe, ...ver|kehr** (*der;* -[e]s), **...wort** (*Mehrz.* ...wörter)

ge|schlif|fen; Ge|schlif|fen|heit

Ge|schlin|ge, *das;* -s, - (Herz, Lunge, Leber bei Schlachttieren)

ge|schlos|sen; -e Gesellschaft; **Ge|schlos|sen|heit,** *die;* -

Ge|schmack, *der;* -[e]s, Geschmäcke u. (scherzh.:) Geschmäcker; **ge|schmack|lich; ge|schmack|los; Ge|schmack|lo|sig|keit; ge|schmacks|bil|dend; Ge|schmack[s]|sa|che; Ge|schmacks|ver|ir|rung; ge|schmack|voll**

Ge|schmei|de, *das;* -s, -; **ge|schmei|dig; Ge|schmei|dig|keit,** *die;* -

Ge|schmeiß, *das;* -es (Ekel

erregendes Ungeziefer; Gesindel)

Ge|schmet|ter, *das;* -s

Ge|schmier, *das,* -[e]s u. **Ge|schmie|re,** *das;* -s

Ge|schnat|ter, *das;* -s

ge|schnie|gelt; - und gebügelt (ugs. scherzh. für: sehr herausgeputzt)

Ge|schöpf, *das;* -[e]s, -e

Ge|schoss, *das;* -es, -e

ge|schraubt (ugs. abwertend für: gekünstelt); **Ge|schraubt|heit,** *die;* -

Ge|schrei, *das;* -s

Ge|schreib|sel, *das;* -s

Ge|schütz, *das;* -es, -e; **Ge|schütz‿feu|er, ...rohr**

Ge|schwa|der, *das;* -s, - (Verband von Kriegsschiffen od. Kampfflugzeugen)

Ge|schwa|fel, *das;* -s (ugs.)

Ge|schwätz, das, -es; **ge|schwät|zig; Ge|schwät|zig|keit,** *die;* -

ge|schweift (gebogen); -e Tischbeine

ge|schwei|ge [denn] (noch viel weniger); geschweige denn[,] dass; geschweige[,] dass

ge|schwind; Ge|schwin|dig|keit; Ge|schwin|dig|keits|be|gren|zung

Ge|schwis|ter, *das;* -s, (im allg. Sprachgebrauch nur *Mehrz.:*) - (fachspr. für: ein Geschwisterteil); **ge|schwis|ter|lich; Ge|schwis|ter|lie|be**

ge|schwol|len; ein -er Stil

ge|schwo|ren; ein -er Feind des Alkohols; **Ge|schwo|re|ne,** *der* u. *die;* -n, -n

Ge|schwulst, *die;* -, Geschwülste

ge|schwun|gen; eine -e Linie

Ge|schwür, *das;* -[e]s, -e; **Ge|schwür|bil|dung; ge|schwü|rig**

Ge|sei|re, *das;* -s (ugs. abwertend für: unnützes Gerede, Gejammer)

Ge|selch|te, *das;* -n (bayr., österr. für: geräuchertes Fleisch)

Ge|sel|le, *der;* -n, -n; **ge|sel|len,** sich -; **ge|sel|lig; Ge|sel|lig|keit,** *die;* -; **Ge|sell|schaft;** - mit beschränkter Haftung (Abk.: GmbH); **Ge|sell|schaf|ter; Ge|sell|schaf|te|rin; ge|sell|schaft|lich; Ge|sell|schafts|an|zug; ge|sell|schafts|fä|hig; Ge|sell|schafts‿form, ...ord|nung**

Ge|setz, *das;* -es, -e; **Ge|set|zes|kraft,** *die;* -; **ge|setz|ge|bend;** -e Gewalt; **Ge|setz|ge|ber; ge|setz|ge|be|risch; Ge|setz|ge|bung; ge|setz|lich; Ge|setz|lich|keit; ge|setz|los; Ge|setz|lo|sig|keit; ge|setz|mä|ßig; Ge|setz|mä|ßig|keit**

ge|setzt; - [,] dass ...; - den Fall[,] [dass]

ge|setz|wid|rig

Ge|sicht, *das;* -[e]s, -er u. (für: Erscheinung *Mehrz.:*) -e; sein - wahren; **Ge|sichts‿aus|druck, ...far|be, ...feld, ...punkt, ...win|kel**

Ge|sims, *das;* -es, -e

Ge|sin|de, *das;* -s, -; **Ge|sin|del,** *das;* -s (abwertend)

ge|sinnt (von einer bestimmten Gesinnung); ein gut gesinnter Mensch; **Ge|sin|nung; Ge|sin|nungs|ge|nos|se; ge|sin|nungs|los; Ge|sin|nungs|lo|sig|keit,** *die;* -; **Ge|sin|nungs|lump** (abwertend); **Ge|sin|nungs|wan|del**

ge|sit|tet; Ge|sit|tung, *die;* -

Ge|socks, *das;* - (derb für: Gesindel)

Ge|söff, *das;* -[e]s, -e (ugs. abwertend für: schlechtes Getränk)

ge|son|dert; - verpacken

ge|son|nen (willens); - sein[,] etwas zu tun; vgl. aber: gesinnt

ge|sot|ten; Ge|sot|te|ne, *das;* -n

ge|spal|ten

Ge|spann, *das,* -[e]s, -e (Zugtiere)

ge|spannt; Ge|spannt|heit, *die;* -

ge|spa|ßig (bayr. u. österr. für: spaßig, lustig)

Ge|spenst, *das;* -[e]s, -er; **Ge|spens|ter|furcht; ge|spens|ter|haft; ge|spens|tern; Ge|spens|ter|stun|de; ge|spens|tig, ge|spens|tisch**

Ge|spie|le, *der;* -n, -n (veraltend für: Spielkamerad); **Ge|spie|lin**

Ge|spinst, *das;* -[e]s, -e

[1]**Ge|spons,** *der,* -es, -e (nur noch scherzh. für: Bräutigam; Gatte); [2]**Ge|spons,** *das;* -es, -e (nur noch scherzh. für: Braut; Gattin)

Ge|spött, *das;* -[e]s

Ge|spräch, *das;* -[e]s, -e; Gespräch am runden Tisch; **ge|sprä|chig; Ge|sprä|chig|keit,** *die;* -; **Ge|sprächs|part|ner; ge|sprächs|wei|se**

ge|spreizt; -e Flügel; -e (gezierte) Reden; **Ge|spreizt|heit**

ge|spren|kelt; ein -es Fell

Ge|spritz|te, *der;* -n, -n (bes. südd. u. österr. für: Wein mit Sprudel)

Ge|spür, *das;* -s

Ge|sta|de, *das,* -s, - (geh.)

Ge|stalt, *die;* -, -en; **ge|stalt|bar; ge|stal|ten; ge|stal|ten|reich; Ge|stal|ter; Ge|stal|te|rin; ge|stal|te|risch; ge|stalt|haft; ...ge|stal|tig** (z. B. vielgestaltig); **ge|stalt|los; Ge|stal|tung; Ge|stal|tungs|kraft**

Ge|stam|mel, *das;* -s

ge|stan|den (erfahren)

ge|stän|dig; Ge|ständ|nis, *das;* -ses, -se

Ge|stän|ge, *das;* -s, -

Ge|stank, *der;* -[e]s

Ge|sta|po, *die;* - = Geheime Staatspolizei (nationalsoz.)

ge|stat|ten

Ges|te [auch. *ge...*], *die;* -, -n

Ge|steck, *das;* -[e]s, -e (bayr., österr. für: Hutschmuck)

ge|ste|hen; Ge|ste|hungs|kos|ten, *die (Mehrz.)*

Ge|stein, *das;* -[e]s, -e; **Ge|steins‿art, ...block** (*Mehrz.* ...blöcke)

Ge|stell, *das;* -[e]s, -e; **Ge|stel|lung** (Amtsspr.: Bereitstellung)

ges|tern; gestern Abend, Morgen; gestern früh, (auch:) Früh; bis -; die Mode von -; **Ges|tern,** *das;* - (die Vergangenheit)
ge|stie|felt; - u. gespornt (ugs. scherzh. für: bereit zum Aufbruch)
Ges|tik [auch: *ge*...], *die;* - (Gesamtheit der Gesten); **ges|ti|ku|lie|ren**
Ge|stirn, *das;* -[e]s, -e; **ge-stirnt;** der -e Himmel
Ge|stö|ber, *das;* -s, -
ge|stockt; -e Milch (südd. u. österr. für: Dickmilch)
Ge|stöhn, *das;* -[e]s u. **Ge-stöh|ne,** *das;* -s
Ge|sträuch, *das;* -[e]s, -e
ge|streckt; -er (schneller) Galopp
ge|streift; das Kleid ist rot -
ge|streng (veraltend)
Ge|strick, *das;* -[e]s, -e (gestrickte Ware)
gest|rig; mein -er Brief
Ge|strüpp; *das;* -[e]s, -e
Ge|stühl, *das;* -[e]s, -e
Ge|stüt, *das;* -[e]s, -e; **Ge-stüt|pferd**
Ge|such, *das;* -[e]s, -e
ge|sucht; eine -e Ausdrucksweise
ge|sund; gesünder (seltener: gesunder), gesündes|te (seltener: gesundes|te); gesund sein, gesund machen (ugs.); jmdn. gesundschreiben; **ge|sund|be|ten;** jmdn. -; **Ge|sund|brun|nen** (Heilquelle); **ge|sun|den; Ge-sund|heit,** *die;* -; **ge|sund-heit|lich; Ge|sund|heits-amt; ge|sund|heits|hal|ber; Ge|sund|heits|pfle|ge,** *die;* -; **ge|sund|heits|schäd|lich; Ge|sund|heits‿we|sen** (*das;* -s), **...zeug|nis, ...zu-stand** (*der;* -[e]s); **ge|sund-schrei|ben; ge|sund|sto-ßen,** sich (ugs. für: sich bereichern); **Ge|sun|dung,** *die;* -
Ge|tä|fel, *das;* -s (Tafelwerk, Täfelung); **ge|tä|felt**
Ge|tier, *das;* -[e]s
ge|ti|gert
Ge|to|se, *das;* -s; **Ge|tö|se,** *das;* -s
ge|tra|gen; eine -e Redeweise
Ge|tram|pel, *das;* -s
Ge|tränk, *das;* -[e]s, -e; **Ge-trän|ke‿au|to|mat, ...kar-te, ...steu|er** *(die)*
ge|trau|en, sich; ich getraue mich (seltener: mir)[,] das zu tun
Ge|trei|de, *das;* -s, -; **Ge|trei-de‿an|bau, ...ern|te, ...han-del**
ge|trennt; - schreiben, - leben; **Ge|trennt|schrei-bung**
ge|treu; Ge|treue, *der* u. *die;* -n, -n; **ge|treu|lich**
Ge|trie|be, *das;* -s, -; **ge|trie-ben;** -e Arbeit; **Ge|trie|be-scha|den**
ge|trost; ge|trös|ten, sich (geh.)
Get|to, (auch:) Ghet|to, *das;* -s, -s (abgesondertes [jüd.] Wohnviertel)
Ge|tue, *das;* -s
Ge|tüm|mel, *das;* -s, -
ge|tüp|felt, ge|tupft
Ge|tu|schel, *das;* -s
ge|übt; Ge|übt|heit, *die;* -
Ge|vat|ter, *der;* -s u. (älter:) -n, -n (veralt., noch scherzh. für: guter Bekannter); **Ge-vat|te|rin** (veralt., noch scherzh.)
Ge|viert, *das;* -[e]s, -e (Viereck, Quadrat); **ge|vier|teilt**
Ge|wächs, *das;* -es, -e; **ge-wach|sen;** jmdm., einer Sache - sein; **Ge|wächs|haus**
ge|wachst (mit Wachs geglättet)
ge|wagt; Ge|wagt|heit
ge|wählt; er drückt sich - aus
ge|wahr; eine[r] Sache - werden
Ge|währ, *die;* - (Sicherheit)
ge|wah|ren (geh.: bemerken, erkennen)
ge|wäh|ren (bewilligen); **ge-währ|leis|ten; Ge|währ-leis|tung**
Ge|wahr|sam, *der;* -s, -e (Haft, Obhut)
Ge|währs|mann (*Mehrz.* ...männer u. ...leute)
Ge|walt, *die;* -, -en; **Ge|walt-an|wen|dung; ge|wal|tig; ge|walt|los; Ge|walt|lo|sig-keit,** *die;* -; **Ge|walt-‿marsch, ...maß|nah|me; ge|walt|sam; Ge|walt-streich; ge|walt|tä|tig; Ge-walt|tä|tig|keit; Ge|walt-ver|zicht**
Ge|wand, *das;* -[e]s, ...wän-der; **Ge|wän|de,** *das;* -s, - (Archit.: seitl. Umgrenzung der Fenster und Türen)
ge|wandt; Ge|wandt|heit, *die;* -
ge|wär|tig; einer Sache -; **ge-wär|ti|gen** (geh.); zu - haben
Ge|wäsch, *das;* -[e]s (ugs. abwertend für: [leeres] Gerede)
Ge|wäs|ser, *das;* -s, -
Ge|we|be, *das;* -s, -; **Ge|webs-trans|plan|ta|ti|on**
ge|weckt (gescheit)
Ge|wehr, *das;* -[e]s, -e; **Ge-wehr|lauf**
Ge|weih, *das;* -[e]s, -e
Ge|wer|be, *das,* -s, -; **Ge|wer-be‿auf|sicht, ...be|trieb, ...frei|heit, ...in|spek|tor, ...ord|nung** (*die;* -), **...schein, ...steu|er** *(die);* **ge|wer|be|trei|bend; Ge-wer|be|trei|ben|de,** *der* u. *die;* -n, -n; **Ge|wer|be-zweig; ge|werb|lich; ge-werbs|mä|ßig**
Ge|werk|schaft; Ge|werk-schaf|ter, Ge|werk|schaft-ler; ge|werk|schaft|lich; Ge|werk|schafts‿bund *(der),* **...funk|ti|o|när, ...mit-glied, ...ver|samm|lung**
Ge|wicht, *das;* -[e]s, -e; **Ge-wicht|he|ber** (Schwerathlet); **ge|wich|tig; Ge|wich-tig|keit,** *die;* -; **Ge|wichts-‿an|ga|be, ...klas|se, ...ver-lust**
ge|wieft (ugs. für: gewitzt)
ge|wiegt (ugs. für: gewitzt)
Ge|wie|her, *das;* -s
ge|willt (gesonnen)
Ge|wim|mel, *das;* -s
Ge|wim|mer, *das;* -s
Ge|win|de, *das;* -s, -; **Ge|win-de‿boh|rer, ...schnei|der**

Ge|winn, *der;* -[e]s, -e; sein Geld Gewinn bringend, (auch:) gewinnbringend anlegen; **Ge|winn‿an|teil, ...be|tei|li|gung; ge|win|nen;** gewann, gewonnen; **ge|win|nend; Ge|win|ner; Ge|win|ne|rin; Ge|winn‿span|ne, ...sucht** (*die;* -); **ge|winn|süch|tig**
Ge|win|sel, *das;* -s
ge|wirkt; -er Stoff
Ge|wirr, *das;* -[e]s
ge|wiss; ein gewisses Etwas
Ge|wis|sen, *das;* -s, -; **ge|wis|sen|haft; Ge|wis|sen|haf|tig|keit,** *die;* -; **ge|wis|sen|los; Ge|wis|sen|lo|sig|keit,** *die;* -; **Ge|wis|sens|biss** (meist *Mehrz.*); **Ge|wis|sens‿ent|schei|dung, ...fra|ge, ...frei|heit** (*die;* -), **...kon|flikt; ge|wis|ser|ma|ßen; Ge|wiss|heit; ge|wiss|lich**
Ge|wit|ter, *das;* -s, -; **ge|wit|tern;** es gewittert; **Ge|wit|ter‿re|gen, ...wol|ke; ge|witt|rig**
ge|wit|zigt (klug geworden); **ge|witzt** (schlau); **Ge|witzt|heit,** *die;* -
Ge|wo|ge, *das;* -s
ge|wo|gen (zugetan); sie ist mir -; **Ge|wo|gen|heit,** *die;* -
ge|wöh|nen; sich an etw. od. jmdn. -; **Ge|wohn|heit; ge|wohn|heits|mä|ßig; Ge|wohn|heits‿mensch** *(der),* **...recht; ge|wöhn|lich;** für - (meist); **ge|wohnt;** ich bin schwere Arbeit -; die -e Arbeit; **ge|wöhnt;** ich habe mich an diese Arbeit -; **Ge|wöh|nung**
Ge|wöl|be, *das;* -s, -; **Ge|wöl|be‿bo|gen, ...pfei|ler**
Ge|wölk, *das;* -[e]s
Ge|wöl|le, *das;* -s, - (von Greifvögeln herausgewürgte unverdauliche Nahrungsreste)
Ge|wühl, *das;* -[e]s
ge|wür|felt; -e Stoffe
Ge|würm, *das;* -[e]s, -e
Ge|würz, *das;* -es, -e; **ge|wür|zig; Ge|würz‿gur|ke, ...nel|ke**
Gey|sir [*gai...*], *der;* -s, -e (in bestimmten Abständen eine Wasserfontäne ausstoßende heiße Quelle)
ge|zackt
ge|zahnt, ge|zähnt; -e Blätter
Ge|zänk, *das;* -[e]s
ge|zeich|net
Ge|zei|ten, *die* (*Mehrz.;* Wechsel von Ebbe u. Flut)
ge|zielt; -e Werbung; - fragen
ge|zie|men, sich (veraltend); es geziemt sich für ihn; **ge|zie|mend**
ge|ziert; Ge|ziert|heit
Ge|zirp, *das;* -[e]s
Ge|zisch, Ge|zi|sche, *das;* ...sch[e]s; **Ge|zi|schel,** *das;* -s
Ge|zücht, *das;* -[e]s, -e (veralt. für: Brut, Gesindel)
Ge|zweig, *das;* -[e]s
Ge|zwit|scher, *das;* -s
ge|zwun|ge|ner|ma|ßen
GG = Grundgesetz
Ghet|to; vgl. Getto
Ghost|wri|ter [*go^u ßtrait^er*], *der;* -s, - (jmd., der für eine andere Person schreibt und nicht als Verfasser[in] genannt wird)
Gib|bon, *der;* -s, -s (ein Affe)
Gicht, *die;* -; **Gicht|an|fall; gich|tig, gich|tisch; Gicht|kno|ten; gicht|krank**
Gi|ckel, *der;* -s, - (landsch. für: Hahn)
gicks (ugs.); weder - noch gacks sagen
Gie|bel, *der;* -s, -; **Gie|bel‿dach, ...fens|ter, ...wand**
gie|pern (bes. nordd. für: gieren); nach etwas -; **giep|rig**
Gier, *die;* -; **gie|ren** (heftig begehren); **gie|rig; Gie|rig|keit,** *die;* -
Gieß|bach; gie|ßen; goss, gegossen; **Gie|ßer; Gie|ße|rei; Gieß‿form, ...kan|ne**
Gift, *das;* -[e]s, -e; **gif|ten** (ugs. für: gehässig reden); sich - (sich ärgern); **gift‿fest, ...frei; Gift|gas; gift|grün; gif|tig; Gif|tig|keit,** *die;* -; **Gift‿mi|sche|rin, ...mord, ...nu|del** (ugs. abwertend für: boshafter Mensch), **...pflan|ze, ...schlan|ge, ...schrank, ...zahn**
[1]**Gig,** *das;* -s, -s (leichter Einspänner)
[2]**Gig,** *die;* -, s u. (seltener:) *das;* -s, -s (Sportruderboot; leichtes Beiboot)
Gi|gant, *der;* -en, -en (Riese); **gi|gan|tisch**
Gi|gerl, *der* (auch: *das*); -s, -n (bes. österr. für: Modegeck); **gi|gerl|haft**
Gi|go|lo [*schi...*, auch: *schi...*], *der;* -s, -s (ugs. für: Hausfreund, ausgehaltener Mann)
Gil|de, *die;* -, -n; **Gil|de|haus**
Gim|pel, *der;* -s, - (ein Singvogel; ugs. für: einfältiger Mensch)
Gin [*dschin*], *der;* -s, -s (Wacholderbranntwein)
Gink|go, (auch:) **Gin|ko** [*gingko*], *der;* -s, -s (in Japan u. China heimischer Zierbaum)
Gin|seng [auch: *schin...*], *der;* -s, -s (ostasiat. Pflanze mit heilkräftiger Wurzel)
Gins|ter, *der;* -s, - (ein Strauch)
Gip|fel, *der;* -s, - (schweiz. auch für: Hörnchen); **Gip|fel‿kon|fe|renz, ...kreuz; gip|feln; Gip|fel‿punkt, ...tref|fen**
Gips, *der;* -es, -e; **Gips‿ab|druck** (*Mehrz.* ...abdrücke), **...büs|te; gip|sen; Gip|ser; gip|sern** (aus Gips); **Gips|ver|band**
Gi|raf|fe [südd., österr.: *schi...*], *die;* -, -n
Girl [*gö^rl*], *das;* -s, -s (scherzh. für: Mädchen; w. Mitglied einer Tanztruppe)
Gir|lan|de, *die;* -, -n
Gir|litz, *der;* -es, -e (ein Singvogel)
Gi|ro [*schiro*], *das;* -s, -s (österr. auch: Giri; Überweisung im bargeldlosen Zahlungsverkehr); **Gi|ro‿bank**

(*Mehrz.* ...banken), **...kas|se, ...kon|to**
gir|ren; die Taube girrt
Gischt, *der,* -[e]s, -e u. *die;* -, -en (Schaum; Sprühwasser, aufschäumende See)
Gi|tar|re, *die;* -, -n; **Gi|tar|ren|spie|ler; Gi|tar|rist,** *der;* -en, -en; **Gi|tar|ris|tin**
Git|ter, *das;* -s, -; **Git|ter‿bett|chen, ...fens|ter, ...stab, ...tor**
Glace [*glaß;* schweiz.: *glaße*], *die;* -, -s [*glaß*], (schweiz.:) -n (Zuckerglasur; Gelee aus Fleischsaft; schweiz. für: Speiseeis); **Gla|cé,** (auch:) **Glacee** [*glaße*], *der;* -[s], -s (glänzendes Gewebe); **Gla|cé|hand|schuh,** (auch:) **Gla|cee|hand|schuh; Gla|cé|le|der,** (auch:) **Gla|cee|le|der**
Gla|di|o|le, *die;* -, -n (ein Schwertliliengewächs)
Gla|mour|girl, (auch:) **Gla|mour-Girl** [*glämergöᵊl*], *das;* -s, -s (Reklame-, Filmschönheit)
Glanz, *der;* -es; **glän|zen; glän|zend;** glänzend schwarze Haare; **Glanz|leis|tung; glanz|los; Glanz‿num|mer, ...punkt** (Höhepunkt); **glanz|voll**
Glas, *das;* -es, Gläser; zwei - Bier; ein - voll; **Glas|au|ge; Gläs|chen; Gla|ser; Gla|se|rei; glä|sern** (aus Glas); **Glas|fa|ser; glas|hart; Glas|haus; gla|sie|ren** (mit Glasur versehen); **gla|sig; glas|klar**
Glas|nost, *die;* - ([polit.] Offenheit)
Glas‿per|le, ...schei|be, ...split|ter; Gla|sur, *die;* -, -en (glasiger Überzug, Zuckerguss); **Glas|wol|le**
glatt; -er (auch: glätter), -es|te (auch: glättes|te); glatt hobeln, kämmen, legen, streichen, ziehen; glatt gehen (ugs. für: ohne Komplikationen ablaufen); **Glät|te,** *die;* -, -n; **Glatt|eis; glät|ten; glatt|ma|chen** (ugs. für: bezahlen); **glatt|weg; glatt zie|hen;** vgl. glatt
Glat|ze, *die;* -, -n; **Glatz|kopf**
Glau|be, *der;* -ns, (selten:) -n; **glau|ben; Glau|ben,** *der;* -s, (selten:) - (seltener für: Glaube); **Glau|bens‿be|kennt|nis, ...sa|che; glaub|haft; gläu|big; Gläu|bi|ge,** *der* u. *die;* -n, -n; **Gläu|bi|ger,** *der;* -s, - (jmd., der berechtigt ist, von einem Schuldner Geld zu fordern); **Gläu|bi|ger‿an|spruch, ...ver|samm|lung; glaub|lich;** kaum -; **glaub|wür|dig**
Glau|kom, *das;* -s, -e (Med.: grüner Star [eine Augenkrankheit])
gleich; das Gleiche (dasselbe) tun; Gleiches mit Gleichem vergelten; es kommt aufs Gleiche hinaus; ins Gleiche (in Ordnung) bringen; Gleich und Gleich gesellt sich gern; die Kinder waren gleich groß; die Wörter werden gleich geschrieben; sie sind einander [völlig] gleich geblieben; gleich geartete, gleich beschaffene Verhältnisse; ein völlig gleich gelagerter Fall; gleich gesinnte Menschen; gleich gestimmte Seelen; er soll gleich (sofort) kommen; **gleich|al|te|rig, gleich|alt|rig; Gleich|be|rech|ti|gung,** *die;* -; **gleich beschaffen; gleich blei|ben;** vgl. gleich; **glei|chen;** glich, geglichen (gleich sein); **glei|cher|ma|ßen; gleich|falls; gleich|för|mig; gleich ge|ar|tet; gleich ge|la|gert; gleich ge|sinnt; gleich ge|stimmt;** vgl. gleich; **Gleich|ge|wicht,** *das;* -[e]s, -e; **Gleich|ge|wichts|sinn; gleich|gül|tig; Gleich|heit; Gleich|heits‿prin|zip, ...zei|chen; gleich|kom|men** (entsprechen); das war einer Kampfansage gleichgekommen; **gleich|ma|chen** (angleichen); dem Erdboden -; **Gleich|ma|che|rei; gleich|mä|ßig; Gleich|mut,** *der;* -[e]s u. (selten:) *die;* -; **Gleich|nis,** *das;* -ses, -se; **gleich|sam; gleich|schal|ten** (auf eine einheitliche Linie bringen); **gleich|schenk|lig; Gleich|schritt; gleich|se|hen** (ähneln); **gleich|sei|tig; gleich|set|zen; Gleich|stand,** *der;* -[e]s; **gleich‿ste|hen** (gleich sein), **...stel|len** (auf die gleiche Stufe stellen); **Gleich|stel|lung; Gleich|strom; gleich|tun** (nacheifern); es jmdm. -; **Glei|chung; gleich|viel;** gleichviel[,] ob/wann/wo; **gleich|wer|tig; gleich|wie; gleich|wink|lig; gleich|wohl; gleich|zei|tig; Gleich|zei|tig|keit; gleich|zie|hen** (auf den gleichen Leistungsstand kommen)
Gleis, das, -es, -e u. Ge|lei|se, *das;* -s, -; **Gleis|an|schluss**
glei|ßen (glänzen, glitzern)
Gleit‿bahn, ...boot; glei|ten; glitt, geglitten; **Gleit‿flug, ...schutz; gleit|si|cher**
Glen|check [*gläntschäk*], *der;* -[s], -s (ein Gewebe)
Glet|scher, *der;* -s, -; **Glet|scher‿bach, ...brand** (*der;* -[e]s), **...feld, ...spal|te, ...zun|ge**
Glied, *das;* -[e]s, -er; **glie|dern; Glie|der‿pup|pe, ...schmerz; Glie|de|rung; Glied|ma|ße,** *die;* -, -n (meist *Mehrz.*)
glim|men; es glomm (auch: glimmte), geglommen (auch: geglimmt); **Glim|mer,** *der;* -s, - (ein Mineral); **glim|mern; Glimm|stän|gel** (scherzh. für: Zigarette)
glimpf|lich
glit|schig, glitsch|rig (ugs.)
Glit|zer, *der;* -s, -; **glit|zern**
glo|bal (auf die gesamte Erde bezüglich; umfassend; allgemein); **Glo|bal|pla|yer** [*gloubel pleier*], *der;* -s, -s (auch:) **Glo|bal Pla|yer** *der;* --s, --s (Unternehmen, Unternehmer o. Ä. mit welt-

weitem Wirkungskreis); **Glo|be|trot|ter** [*glob^etr...*, auch: glo̲btr...], *der;* -s, - (Weltenbummler); **Glo̲|bus,** *der;* - u. ...busses, ...ben u. (bereits häufiger:) ...busse (Nachbildung der Himmelskörper, bes. der Erde)

Glọ̈ck|chen; Glọ|cke, *die;* -, -n; **Glọ|cken|blu|me; glọ|cken|för|mig; Glọ|cken‿ge|läut, ...gie|ße|rei, ...guss; glọ|cken|hell; Glọ|cken‿klang, ...rock, ...spiel, ...turm; glọ|ckig**

[1]**Glo̲|ria** (meist iron. für: Ruhm, Ehre); mit Glanz und -; [2]**Glo̲|ria,** *das;* -s (Lobgesang in der kath. Messe); **Glo̲|ri|en|schein; glo|ri|fi|zie̲|ren; Glo|ri|fi|zie̲|rung; Glo|ri|o̲|le,** *die;* -, -n (Heiligenschein)

glo̲|sen (landsch. für: glühen, glimmen)

Glọs|se, *die;* -, -n ([Rand]bemerkung; Kommentar); **glos|sie̲|ren**

Glọtz|au|ge (ugs.); **glọtz|äu|gig** (ugs.); **glọt|zen** (ugs.)

Glụ̈ck, *das;* -[e]s; eine Glück bringende, (auch:) glückbringende, Glück verheißende, (auch:) glückverheißende Nachricht; **Glụ̈ck au̲f!** (Bergmannsgruß); **Glụ̈ck brin|gend,** (auch:) **glụ̈ck|brin|gend**; vgl. Glück

Glụ|cke, *die;* -, -n; **glụ|cken**

glụ̈|cken

glụ|ckern

glụ̈ck|haft; glụ̈ck|lich; glụ̈ck|li|cher|wei̲|se; Glụ̈ck|sa|che (seltener für: Glückssache); **glụ̈ck|se̲|lig; Glụ̈ck|se̲|lig|keit,** *die;* -, (selten:) -en

glụck|sen

Glụ̈cks‿fall *(der),* **...kind, ...pfen|nig, ...pilz, ...sa|che** (*die;* -), **...spiel, ...stern** (*der;* -s); **glụ̈ck|strah|lend; Glụ̈cks|zahl; Glụ̈ck ver|hei|ßend,** (auch:) **glụ̈ck|ver|hei|ßend;** vgl. Glück; **Glụ̈ck|wunsch; Glụ̈ck zu̲!; Glụ̈ck|zu̲,** *das;* -

Glü̲h|bir|ne; glü̲|hen; glü̲h|he̲iß; Glü̲h‿lam|pe, ...wein, ...würm|chen

Glu|ko|se (chem. fachspr.: Glu|co|se [*...ko̲...*]), *die;* - (Traubenzucker)

Glụpsch|au|gen, *die* (*Mehrz.;* nordd.); **glụp|schen** (nordd. für: mit großen Augen dreinblicken)

Glu̲t, *die;* -, -en; **glu̲t|äu|gig** (geh.); **Glu̲t|hit|ze**

Gly|ze|ri̲n (chem. fachspr.: Gly|ce|ri̲n [*...ze...*]), *das;* -s (dreiwertiger Alkohol); **Gly|zi̲|nie** [*...i^e*], *die;* -, -n (ein Kletterstrauch)

Gna̲|de, *die;* -, -n; **Gna̲|den‿akt, ...brot** (*das;* -[e]s), **...frist, ...ge|such; gna̲|den|los; Gna̲|den|weg; gnä̲|dig**

Gne̲is, *der;* -es, -e (ein Gestein)

Gno̲m, *der;* -en, -en (Kobold; Zwerg); **gno̲|men|haft**

Gnu̲, *das;* -s, -s (ein Steppenhuftier)

Goal [*go̲l*], *das;* -s, -s (österr. u. schweiz. für: Tor [beim Fußball])

Go|be|lin [*...lä̲ng*], *der;* -s, -s (Wandteppich mit eingewirkten Bildern)

Gọ|ckel, *der;* -s, - (bes. südd. für: Hahn)

goe|thesch, goe|thisch [*gö̲...*] (nach Art Goethes; nach Goethe benannt); goethesche od. goethische Dramen (Dramen von Goethe)

Go-go-Girl [*go̲gogö^rl*], *das;* -s, -s (Vortänzerin in Tanzlokalen)

Go-in [*go^uịn*], *das;* -s, -s (unbefugtes Eindringen demonstrierender Gruppen, meist um eine Diskussion zu erzwingen)

Go|kart [*go̲^u...*], *der;* -[s], -s (niedriger, unverkleideter kleiner Sportrennwagen)

Gọld, *das;* -[e]s (chem. Element, Edelmetall; Zeichen: Au); **gọld|äh|lich; Gọld‿am|mer** (ein Singvogel), **...am|sel, ...bar|ren, ...barsch; gọld|blond; gọl|den; gọld‿far|ben, ...far|big; Gọld‿fa|san, ...fisch; gọld|gelb; Gọld‿grä|ber, ...gru|be; gọl|dig; Gọld‿klum|pen, ...le|gie|rung, ...me|dail|le, ...mi|ne, ...mün|ze, ...pa|pier, ...par|mä|ne** (*die;* -, -n; eine Apfelsorte), **...re|gen** (ein Strauch, Baum), **...re|ser|ve; gọld|ri̲ch|tig** (ugs.); **Gọld‿schmied, ...schmie|din, ...schnitt, ...waa|ge, ...wäh|rung, ...zahn**

[1]**Gọlf,** *der;* -[e]s, -e (größere Meeresbucht)

[2]**Gọlf,** *das;* -s (ein Rasenspiel); - spielen; **Gọl|fer,** *der;* -s, - (Golfspieler); **Gọl|fe|rin; Gọlf‿platz, ...schlä|ger, ...spiel**

Go̲|li|ath, *der;* -s, -s (riesiger Mensch)

Gọn|del, *die;* -, -n (langes venezianisches Ruderboot; Korb am Luftballon; Kabine am Luftschiff); **gọn|deln** (ugs. für: [gemächlich] fahren); **Gon|do|li|e̲|re,** *der;* -, ...ri (Gondelführer)

Gọng, *der* (selten: *das*); -s, -s; **gọn|gen;** es gongt; **Gọng|schlag**

gọ̈n|nen; Gọ̈n|ner; gọ̈n|ner|haft; Gọ̈n|ne|rin; Gọ̈n|ner|mie|ne (abwertend)

Go|no|kọk|kus, *der;* -, ...kken (eine Bakterienart); **Go|nor|rhö̲,** *die;* -, -en (Tripper); **go|nor|rho̲|isch**

Good|will [*gu̲dwịl*], *der;* -s (Ansehen; Wohlwollen)

Gö̲r, *das;* -[e]s, -en u. **Gö̲|re,** *die;* -, -n (nordd. für [kleines] Kind; ungezogenes Mädchen)

Go|rịl|la, *der;* -s, -s

Go̲|sche, Gụ|sche, *die;* -, -n (landsch. meist abwertend für: Mund)

Gọs|se, *die;* -, -n

Go̲|tik, *die;* - (Kunststil vom 12. bis 15. Jh.; Zeit des got. Stils); **go̲|tisch** (im Stil der Gotik)

Gọtt, *der;* -es, Götter; um -es willen; - sei Dank!; weiß -!; Gott[,] der Herr[,] hat ...;

grüß [dich] Gott!; **Gọ̈t|ter|bild; gọt|ter|ge|ben; Gọ̈t|ter|spei|se** (auch für: eine Süßspeise); **Gọt|tes‿acker, ...an|be|te|rin** (eine Heuschreckenart), **...dienst, ...furcht; gọt|tes|fürch|tig; Gọt|tes|haus; gọt|tes|läs|ter|lich; Gọt|tes‿läs|te|rung, ...sohn** (*der;* -[e]s), **...ur|teil; gọtt‿ge|fäl|lig, ...ge|wollt, ...gläu|big; Gọtt|heit; Gọ̈t|tin; gọ̈tt|lich; Gọ̈tt|lich|keit,** *die;* -; **gọtt|los; Gọtt|lo|se,** *der* u. *die;* -n, -n; **Gọtt|lo|sig|keit; gọtts‿er|bạrm|lich** (ugs.), **...jạm|mer|lich** (ugs.); **Gott|va̲|ter,** *der;* -s (meist ohne Geschlechtsw.); **gọtt|ver|lạs|sen; Gọtt|ver|trau|en; gọtt|voll** (auch ugs. für: sehr komisch); **Gọ̈t|ze,** *der;* -n, -n (Abgott); **Gọ̈t|zen|bild**

Gou|da|kä|se [*ga̲u̲da...*]

Gou|ver|nạn|te [*guw...*], *die;* -, -n (veralt. für: Erzieherin); **Gou|ver|neur** [*...nö̲r*], *der;* -s, -e (Statthalter)

Gra̲b, *das;* -[e]s, Gräber; zu -e tragen; **gra̲|ben;** grub, gegraben; **Gra̲|ben,** *der;* -s, Gräben; **Grä̲|ber|feld; Gra̲|bes‿käl|te, ...stil|le; Gra̲b‿ge|sang, ...hü|gel, ...mal** (*Mehrz.* ...mäler, geh.: -e), **...re|de**

grạb|schen, vgl. grapschen

Gra̲b|stät|te, ...stein

Grạcht, *die;* -, -en (Kanal[straße] in niederl. Städten)

Gra̲d, *der;* -[e]s, -e (für Temperatureinheit, auch: *das;* Maßeinheit für Temperaturen u. Winkel; Zeichen: °); es ist heute einige - wärmer; ein Winkel von 30°; einen akademischen - erwerben

gra̲|de (ugs. für: gerade)

Gra̲d|mes|ser, *der;* **gra|du|ẹll** (grad-, stufenweise); **Gra|du|ie̲r|te,** *der* u. *die;* -n, -n (jmd., der einen akademischen Grad besitzt); **Gra|du|ie̲|rung; Gra̲d|un|ter|schied; gra̲d|wei|se**

Gra̲f, *der;* -en, -en; **Gra̲|fen|ti|tel**

Gra̲|fik, (auch:) Gra̲|phik, *die;* -, (für: Einzelblatt auch *Mehrz.*:) -en (Sammelbezeichnung für Holzschnitt, Kupferstich, Lithographie u. Handzeichnung); **Gra̲|fi|ker,** (auch:) Gra̲|phi|ker; **Gra̲|fi|ke|rin,** (auch:) Gra̲|phi|ke|rin;

Grä̲|fin

gra̲|fisch, (auch:) gra̲|phisch

Gra|fi̲t; vgl. Graphit; **gra|fit|grau;** vgl. graphitgrau

Gra|fo|lo̲|ge usw.; vgl. Graphologe usw.

Gra̲f|schaft

Gra̲|ham|brot

gra̲m; jmdm. - sein; **Gra̲m,** *der;* -[e]s; **grä̲|men,** sich; **gra̲m|er|füllt; grä̲m|lich**

Grạmm, *das;* -s, -e (Zeichen: g); 2 -; **Gram|mạ|tik,** *die;* -, -en; **gram|ma|ti|ka̲|lisch; Gram|mạ|ti|ker; gram|mạ|tisch**

Gram|mo|pho̲n®, (auch:) Gram|mo|fo̲n, *das;* -s, -e (Plattenspieler)

gra̲m|voll

Gra|na̲t, *der;* -[e]s, -e (österr.: *der;* -en, -en; ein Halbedelstein); **Gra|na̲t‿ap|fel** (Frucht des Granatbaumes), **...baum** (eine subtrop. Pflanze); **Gra|na̲|te,** *die;* -, -n; **Gra|na̲t‿split|ter, ...trich|ter, ...wer|fer**

Grand [*grang*, ugs. auch *grạng*], *der;* -s, -s (höchstes Spiel im Skat); **Grand|ho|tel** [*grang...*]; **gran|di|o̲s** (großartig, überwältigend); **Grand Prix** [*grang pri̲*], *der;* - -, -s -, (auch:) **Grand|prix,** *der;* -, - (fr. Bez. für: »großer Preis«); **Grand|seig|neur** [*grangßänjö̲r*], *der;* -s, -s u. -e (vornehmer, weltgewandter Mann); **Grand|slam,** *der;* -[s], -s, (auch:) **Grand Slam** [*grä̲ntslä̲m*], *der;* - -[s], - -s (Tennis)

Gra|ni̲t, *der;* -s, -e (ein Gestein); **gra|ni̲t|ar|tig; Gra|ni̲t|block** (*Mehrz.* ...blöcke); **gra|ni|ten** (aus Granit)

Grạn|ne, *die;* -, -n (Ährenborste); **grạn|nig** (mit Grannen; borstig)

grạn|tig (übellaunig)

Gra|nu|la̲t, *das;* -[e]s, -e (Substanz in Körnchenform)

Grape|fruit [*gre̲pfru̲t*], *die;* -, -s (eine Zitrusfrucht)

Gra̲|phik, Gra̲|phi|ker, gra̲|phisch; vgl. Grafik, Grafiker, grafisch; **Gra|phi̲t,** (auch:) Gra|fi̲t, *der;* -s, -e (ein Mineral); **gra|phi̲t|grau,** (auch:) gra|fit|grau; **Gra|pho|lo̲|ge,** (auch:) Gra|fo|lo̲|ge, *der;* -n, -n; **Gra|pho|lo|gi̲e,** (auch:) Gra|fo|lo|gi̲e, *die;* - (Lehre von der Deutung der Handschrift als Ausdruck des Charakters); **Gra|pho|lo̲|gin,** (auch:) Gra|fo|lo̲|gin

grạp|schen, grạb|schen (ugs. für: schnell nach etwas greifen)

Gra̲s, *das;* -es, Gräser; **Gra̲s‿af|fe** (Schimpfwort für: unreifer Mensch), **...flä|che; gra̲s|grü̲n; Gra̲s‿halm, ...hüp|fer, ...mü|cke** (ein Singvogel)

gras|si̲e̲|ren (sich ausbreiten; wüten [von Seuchen])

grạ̈ss|lich; Grạ̈ss|lich|keit

Gra̲t, *der;* -[e]s, -e (Kante; Bergkamm[linie]); **Grä̲|te,** *die;* -, -n (Fischgräte); **grä̲|ten|los**

Gra|ti|fi|ka|ti|o̲n [*...zio̲n*], *die;* -, -en ([freiwillige] Vergütung, [Sonder]zuwendung)

gra̲|tis; - und franko

Grä̲t|sche, *die;* -, -n (eine Turnübung); **grä̲t|schen** ([die Beine] seitwärts spreizen)

Gra|tu|lạnt, *der;* -en, -en; **Gra|tu|lạn|tin; Gra|tu|la|ti|o̲n** [*...zio̲n*], *die;* -, -en; **gra|tu|lie̲|ren**

gra̲u̲; - in - malen (pessimistisch sehen); grau meliert; **Gra̲u̲,** *das;* -s, - u. (ugs.:) -s (graue Farbe); in -; **gra̲u̲|blau; Gra̲u̲|brot**

Gräu|el, *der;* -s, -; **Gräu|el|tat**
[1]**grau|en** (Furcht haben); mir (seltener: mich) graut [es] vor dir
[2]**grau|en** (geh. für: dämmern)
Grau|en, *das;* -s (Schauder, Furcht); **Grau|en er|re|gend,** (auch:) **grau|en|er|re|gend; grau|en|haft; grau|en|voll**
grau|len (ugs. für: sich fürchten); es grault mir; ich graule mich; [1]**gräu|lich** (zu Grauen)
[2]**gräu|lich,** (auch:) grau|lich [zu: grau]; **grau me|liert;** vgl. grau
Grau|pe, *die;* -, -n (meist *Mehrz.;* [Getreide]korn); **Grau|pel,** *die;* -, -n (meist *Mehrz.;* Hagelkorn); **grau|peln; Grau|pel|schau|er; Grau|pen|sup|pe**
Graus, *der;* -es (veralt. für: Schrecken); o -; **grau|sam; Grau|sam|keit; grau|sen** (sich fürchten); mir (mich) grauste; sich -; **Grau|sen,** *das;* -s; **grau|sig; graus|lich** (bes. österr.)
Gra|veur [*...wör*], *der;* -s, -e (Metall-, Steinschneider, Stecher); **Gra|veu|rin; gra|vie|ren** [*...wiren*] ([in Metall, Stein] [ein]schneiden)
gra|vie|rend (schwer wiegend; belastend); **Gra|vi|ta|ti|on** [*...zion*], *die;* - (Schwerkraft, Anziehungskraft); **gra|vi|tä|tisch** (würdevoll)
[1]**Gra|zie** [*...ie*], *die;* - (Anmut)
[2]**Gra|zie** [*...ie*], *die;* -, - (meist *Mehrz.;* eine der 3 röm. Göttinnen der Anmut)
gra|zil (schlank, geschmeidig)
gra|zi|ös (anmutig)
Green|card [*grin...*], *die;* -, -s, (auch:) **Green Card,** *die;* - -, - -s ([un]befristete Aufenthalts- u. Arbeitserlaubnis)
Green|horn [*grin...*], *das;* -s, -s (Anfänger, Neuling)
gre|go|ri|a|nisch (von Gregorius herrührend); der gregorianische Kalender
Greif, *der;* -[e]s u. -en, -en (Fabeltier [Vogel]; auch für: Greifvogel)
greif|bar; grei|fen; griff, gegriffen; um sich -; zum Greifen nahe; **Grei|fer** (Technik); **Greif|vo|gel**
grei|nen (ugs. für: weinen)
Greis, *der;* -es, -e; **Grei|sin**
grell; grellrot usw.
Gre|mi|um, *das;* -s, ...ien [*...ien*] (Ausschuss, Körperschaft)
Gre|na|dier, *der;* -s, -e (Infanterist)
Gren|ze, *die;* -, -n; **gren|zen; gren|zen|los; Grenz|fall,** *der;* **Grenz‿gän|ger, ...ge|biet, ...kon|trol|le, ...über|tritt, ...ver|kehr**
Greu|el usw. (alte Schreibung für:) Gräuel usw.; **greu|lich** (alte Schreibung für:) [1]gräulich
Grie|be, *die;* -, -n (ausgebratener Speckwürfel); **Grie|ben‿fett** (*das;* -[e]s), **...wurst**
grie|chisch
grie|nen (ugs. für: grinsen)
Gries|gram, *der;* -[e]s, -e; **gries|grä|mig**
Grieß, *der;* -es, -e; **Grieß|brei**
Griff, *der;* -[e]s, -e; **griff|be|reit**
Grif|fel, *der;* -s, -
griff|fest; grif|fig
Grill, *der;* -s, -s (Bratrost)
Gril|le, *die;* -, -n (ein Insekt; auch für: sonderbarer Einfall)
gril|len (auf dem Grill braten); **Gril|let|te** [*grilät(e)*], *die;* -, -n (landsch. für: gegrilltes Hacksteak)
Gri|mas|se, *die;* -, -n (Fratze)
Grimm, *der;* -[e]s; **grim|mig; Grim|mig|keit,** *die;* -
Grind, *der;* -[e]s, -e (Schorf)
grin|sen
Grip|pe, *die;* -, -n (eine Infektionskrankheit); **Grip|pe‿e|pi|de|mie, ...vi|rus, ...wel|le**
Grips, *der;* -es, -e (ugs. für: Verstand, Auffassungsgabe)
grob; gröber, gröbs|te; grob gemahlenes Korn; **Grob|heit; Gro|bi|an,** *der;* -[e]s, -e (abwertend für: grober Mensch)
Grog, *der;* -s, -s (heißes alkohol. Getränk); **grog|gy** [*...gi*] (Boxen: schwer angeschlagen; ugs. auch für: zerschlagen, erschöpft)
gröl|len (ugs. für: schreien, lärmen)
Groll, *der;* -[e]s; **grol|len**
Gros [*gro*], *das;* - [*gro(ß)*], - [*groß*] (überwiegender Teil);
Gro|schen, *der;* -s, - (frühere österr. Münze; Abk.: g [100 Groschen = 1 Schilling]; ugs. für: dt. Zehnpfennigstück); **Gro|schen|heft** (abwertend)
groß; größer, größte; großenteils, größer[e]nteils, größtenteils; die großen Ferien; das große Los; etwas Großes; Groß und Klein (jedermann); im Großen und Ganzen; Otto der Große (Abk.: d. Gr.), *Wesf.:* Ottos des Großen; der Große Teich (ugs. für: Atlantischer Ozean); Teamarbeit wird bei uns groß geschrieben (ugs. für: wichtig genommen); aber: ein Wort großschreiben (mit großem Anfangsbuchstaben schreiben); groß gemusterte, groß karierte Bezüge; ein groß angelegter Plan; **groß an|ge|legt;** vgl. groß; **groß|ar|tig; Groß|buch|sta|be; Grö|ße,** *die;* -, -n; **Groß‿el|tern** (*Mehrz.*), **...en|kel; Grö|ßen|wahn; grö|ßen|wahn|sin|nig; grö|ßer;** vgl. groß; **groß ge|mus|tert;** vgl. groß; **Groß‿grund|be|sit|zer, ...han|del, ...händ|ler, ...her|zog, ...hirn, ...in|dus|t|rie, ...in|dus|t|ri|el|le**
Gros|sist (Großhändler)
groß|jäh|rig (veraltend für: volljährig); **groß ka|riert;** vgl. groß; **Groß|kop|fe|te,** (bes. bayr., österr.:) **Groß|kop|fer|te,** *der* u. *die;* -n, -n (ugs. für: einflussreiche Persönlichkeit); **Groß|macht; Groß|manns|sucht,** *die;* -;

Groß|mut, *die;* -; **groß|mü|tig; Groß|mut|ter** (*Mehrz.* ...mütter); **Groß|rei|ne|ma|chen,** *das;* -s; **groß|schrei|ben** (mit großem Anfangsbuchstaben schreiben); Hauptwörter -, aber: Teamarbeit wird bei uns groß geschrieben; vgl. groß; **Groß|schrei|bung; Groß‿stadt, ...städ|ter; größ|te;** vgl. groß; **Groß|teil,** *der;* **größ|ten|teils; größt|mög|lich,** falsch: größtmöglichst; **groß|tun** (prahlen); **Groß‿va|ter, ...ver|an|stal|tung; groß|zie|hen** (aufziehen); **groß|zü|gig**

gro|tesk (wunderlich, grillenhaft; überspannt, verzerrt); **Gro|tes|ke,** *die;* -, -n (fantastische Erzählung)

Grot|te, *die;* -, -n

Grüb|chen; Gru|be, *die;* -, -n

Grü|be|lei; grü|beln

Gru|ben‿ar|bei|ter, ...un|glück

grüb|le|risch

Gruft, *die;* -, Grüfte; **Gruf|ti,** *der;* -s, -s (Jugendspr.: älterer Mensch)

grün; er ist mir nicht grün (ugs. für: gewogen); am grünen Tisch; die grüne Minna (ugs. für: Polizeiauto); **Grün,** *das;* -s, - (ugs.: -s; grüne Farbe); bei Grün die Straße überqueren; in -; dasselbe in Grün (ugs. für: [fast] ganz dasselbe); **Grün|an|la|ge** (meist *Mehrz.*)

Grund, *der;* -[e]s, Gründe; im Grunde; aufgrund, (auch:) auf Grund [dessen, von]; zugrunde, (auch:) zu Grunde legen, liegen, richten; **Grund‿be|sitz, ...buch, ...ei|gen|tum, ...eis; grün|deln** ([von Enten] Nahrung unter Wasser suchen); **grün|den;** gegründet (Abk.: gegr.); **Grün|der; grund|falsch; Grund|ge|setz** (Statut); Grundgesetz für die Bundesrepublik Deutschland vom 23. Mai 1949 (Abk.: GG); **grun|die|ren** (Grundfarbe auftragen); **Grund|la|ge; grund|le|gend; gründ|lich; Gründ|lich|keit,** *die;* -; **grund|los; Grund|nah|rungs|mit|tel**

Grün|don|ners|tag

Grund‿recht, ...satz; grund|sätz|lich; Grund‿schu|le, ...stein, ...stück; Grund und Bo|den; *der;* - - -s; **Grün|dung; Grund‿was|ser** (*das;* -s), **...zahl** (für: Kardinalzahl)

[1]**Grü|ne,** *das;* -n; Fahrt ins -;

[2]**Grü|ne,** *der* u. *die;* -n, -n (Mitglied der Partei Bündnis 90/Die Grünen); **grü|nen; Grün‿flä|che, ...kern, ...kohl** (*der;* -[e]s), **...schna|bel** (ugs. für: unreifer Mensch)

grun|zen

Grün|zeug

Grup|pe, *die;* -, -n; **Grup|pen‿bild, ...füh|rer, ...sex, ...the|ra|pie; grup|pie|ren; Grup|pie|rung**

Grus, *der;* -es, -e (verwittertes Gestein; Kohlenstaub)

gru|se|lig, grus|lig; **Gru|sel|mär|chen; gru|seln;** mir od. mich gruselts; **grus|lig;** vgl. gruselig

Gruß, *der;* -es, Grüße; **grü|ßen**

Grüt|ze, *die;* -, -n

G-Sai|te [*ge...*] (Musik)

gu|cken, ku|cken (ugs.); **Guck|fens|ter; Guck|in|die|luft;** Hans -; **Guck|loch**

Gue|ril|la [*geril(j)a*], *die;* -, -s (Guerillakrieg) u. *der;* -[s], -s (meist *Mehrz.;* Angehöriger einer Einheit, die einen Guerillakrieg führt); **Gue|ril|la|krieg**

Gu|gel|hopf (schweiz. für: Gugelhupf); **Gu|gel|hupf,** *der;* -[e]s, -e (südd., österr. u. seltener schweiz. für: Napfkuchen)

Guil|lo|ti|ne [*giljo...*, auch *gijotine*], *die;* -, -n (Fallbeil)

Gu|lasch, *das* (auch: *der,* österr. u. schweiz. nur: *das*); -[e]s, -e (österr. nur so) u. -s; **Gu|lasch‿ka|no|ne** (scherzh. für: Feldküche), **...sup|pe**

Gul|den, *der;* -s, - (frühere niederl. Währungseinheit; Abk.: hfl)

gül|tig; Gül|tig|keit, *die;* -

Gum|mi, *der* u. *das;* -s, -[s], (Radiergummi:) *der;* -s, -s; **gum|mie|ren** (mit Gummi bestreichen); **Gum|mi‿lö|sung** (ein Klebstoff), **...rei|fen, ...soh|le, ...stie|fel**

Gunst, *die;* -; zu seinen Gunsten, aber: zugunsten, (auch:) zu Gunsten der Armen; **güns|tig; Günst|ling**

Gur|gel, *die;* -, -n; **gur|geln**

Gur|ke, *die;* -, -n; **Gur|ken|sa|lat**

gur|ren; die Taube gurrt

Gurt, *der;* -[e]s, -e; **Gür|tel,** *der;* -s, -; **Gür|tel‿li|nie, ...rei|fen; Gurt|straf|fer,** *der;* -s, -

Gu|sche; vgl. Gosche

Guss, *der;* -es, Güsse; **Guss|ei|sen**

Gus|to, *der;* -s, -s (Appetit; Neigung); das ist nach seinem -

gut; besser (vgl. d.), bes|te (vgl. d.); Guten (auch: guten) Abend sagen; jmdm. etwas im Guten sagen; jenseits von gut und böse; des Guten zuviel tun; etwas Gutes; alles Gute; sie wird es gut haben; es wird alles gut werden; es wird ihr dort gut gehen; die Bücher werden gut gehen (sich gut verkaufen); er hat seine Sache gut gemacht; die Wärme wird dir gut tun; gut aussehend, gut bezahlt, gut gelaunt, gut gemeint, gut situiert, gut unterrichtet; **Gut,** das, -[e]s, Güter; zugute halten; **Gut|ach|ten,** *das;* -s, -; **Gut|ach|ter; gut|ar|tig; gut aus|se|hend; gut be|zahlt;** vgl. gut; **gut|bür|ger|lich; Gut|dün|ken,** *das;* -s; nach [seinem] -; **Gü|te,** *die;* -; **Gu|te|nacht|kuss; Gü|ter‿bahn|hof, ...zug; gut ge|hen;** vgl. gut; **gut ge|launt, ge|meint;** vgl. gut; **gut|gläu|big; gut|ha|ben**

(Kaufmannsspr.: zu fordern haben); du hast bei mir noch 10Euro gut; **Gut|ha|ben,** *das;* -s, -; **gut|hei|ßen** (billigen); **gut|her|zig; gü|tig; güt|lich;** etwas - regeln; sich - tun; **gut|ma|chen** (in Ordnung bringen; erwerben, Vorteil erringen); **Gut|mensch** (oft abwertend für: jmd., der sich besonders für Political Correctness engagiert); **gut|mü|tig; Gut|mü|tig|keit,** *die;* -; **Guts|be|sit|zer; Gut|schein; gut|schrei|ben** (anrechnen); **Gut|schrift** (Eintragung einer Summe als Guthaben); **gut sein** (freundlich gesinnt sein); jmdm. - -; **Gut|sel,** *das;* -s, - (landsch. für: Bonbon); **Guts‿herr, ...hof; gut si|tu|iert;** vgl. gut; **gut tun;** vgl. gut; **gut un|ter|rich|tet;** vgl. gut; **gut wer|den;** vgl. gut; **gut|wil|lig**

Gym|na|si|al|leh|rer; Gym|na|si|ast, *der;* -en, -en (Schüler eines Gymnasiums); **Gym|na|si|um,** *das;* -s, ...ien [...*iᵉn*] (in Deutschland, Österreich u. der Schweiz: Form der höheren Schule); **Gym|nas|tik,** *die;* -

Gy|nä|ko|lo|ge, *der;* -n, -n (Frauenarzt); **Gy|nä|ko|lo|gie,** *die;* - (Frauenheilkunde); **Gy|nä|ko|lo|gin; gy|nä|ko|lo|gisch**

Hh

H (Buchstabe); das H; des H, die H; aber: das h in Bahn

h, H, *das;* -, - (Tonbezeichnung)

ha!; haha!

Haar, *das;* -[e]s, -e; vgl. aber: Härchen; **Haar|aus|fall; haa|ren;** sich -; der Hund hat sich gehaart; **Haa|res|brei|te;** nur in: um -; **Haar|far|be; haar|ge|nau; haar|sträu|bend**

Ha|be, *die;* - (geh.); vgl. Hab und Gut; **ha|ben;** hatte, gehabt; ich habe auf dem Tisch Blumen stehen (nicht: ... zu stehen); **Ha|ben,** *das;* -s, -; [das] Soll und [das] -; **Ha|be|nichts,** *der;* - u. -es, -e; **Ha|ben|sei|te** (eines Kontos); **Hab|gier,** *die;* -; **hab|gie|rig; hab|haft;** des Diebes - werden

Ha|bicht, *der;* -s, -e (ein Greifvogel)

Ha|bi|li|ta|ti|on [...*zion*], *die;* -, -en (Erwerb der Lehrberechtigung an Hochschulen); **ha|bi|li|tie|ren** (die Lehrberechtigung an Hochschulen erwerben, verleihen)

Hab|se|lig|keit, *die;* -, -en (meist *Mehrz.;* Besitztum); **Hab|sucht,** *die;* -; **hab|süch|tig; Hab und Gut,** *das;* - - -[e]s

hach!

Hach|se, (südd.:) Ha|xe, *die;* -, -n (unterer Teil des Beines von Kalb od. Schwein)

Hack‿beil, ...bra|ten

[1]**Ha|cke,** *die;* -, -n u. Ha|cken, *der;* -s, - (Ferse)

[2]**Ha|cke,** *die;* -, -n (ein Werkzeug); **ha|cken** (hauen)

Ha|cken; vgl. [1]Hacke

Ha|cke|pe|ter, *der;* -s, - (landsch. für: angemachtes Hackfleisch); **Hack|fleisch; Häck|sel,** *das* od. *der;* -s (Schnittstroh)

Ha|der, *der;* -s (geh. für: Zank, Streit); **ha|dern** (geh.)

Ha|des, *der;* - (Unterwelt)

Ha|fen, *der;* -s, Häfen (Lande-, Ruheplatz); **Ha|fen‿ar|bei|ter, ...stadt**

Ha|fer, *der;* -s, (fachspr.:) -; **Ha|fer‿brei, ...flo|cken** (*die; Mehrz.*)

Haff, *das;* -[e]s, -s od. -e (durch Nehrungen vom Meer abgetrennte Küstenbucht)

Haft, *die;* - (Gewahrsam); **Haft|be|fehl; haf|ten;** haften blei|ben; **haft|fä|hig; Häft|ling; Haft|pflicht; Haft|pflicht|ver|si|che|rung; Haft‿rei|bung** (*die;* -; Physik), **...rei|fen, ...rich|ter; Haf|tung**

Ha|ge|but|te, *die;* -, -n

Ha|gel, *der;* -s; **ha|geln;** es hagelt

ha|ger; Ha|ger|keit, *die;* -

Ha|ge|stolz, *der;* -es, -e (veralt. für: [alter] Junggeselle)

ha|ha!, ha|ha|ha!

Hä|her, *der;* -s, - (ein Rabenvogel)

Hahn, *der;* -[e]s, Hähne (in der Technik auch: -en); **Hähn|chen; Hah|nen|fuß;** *der;* -es (eine Wiesenblume); **Hahn|rei,** *der;* -[e]s, -e (veralt. für: betrogener Ehemann)

Hai, *der;* -[e]s, -e (ein Raubfisch); **Hai|fisch**

Hain, *der;* -[e]s, -e (geh. für: kleiner Wald); **Hain|bu|che** (ein Laubbaum)

Häk|chen (kleiner Haken); **hä|keln; Hä|kel|na|del; ha|ken; Ha|ken,** *der;* -s, -; **Ha|ken|na|se**

halb *s. Kasten*

halb; vgl. halb; **halb|amt|lich;** eine -e Nachricht; **halb|bit|ter;** vgl. halb; **Halb|dun|kel; Hal|be,** *der, die, das;* -n, -n; **hal|be-hal|be;** [mit jmdm.] - machen (ugs. für: teilen); **hal|ber;** *Verhältnisw.* mit *Wesf.:* gewisser Umstände -; **halb|fer|tig,** (auch:) **halb fer|tig;** vgl. halb; **Halb|fi|na|le** (Sportspr.); **halb|gar,** (auch:) **halb gar;** vgl. halb; **hal|bie|ren; Halb|in|sel; halb|jäh|rig** (ein halbes Jahr alt, ein halbes Jahr dauernd); **halb|jähr|lich** (jedes Halbjahr wiederkehrend, alle halben Jahre); **Halb‿kreis, ...ku|gel; halb leer;** vgl. halb; **halb|links,** (auch:) **halb links;** er spielt halb links; **halb|mast** (als Zeichen der Trauer); [Flagge] - hissen; **Halb|mond; halb nackt, halb of|fen;** vgl. halb; **halb|part;** in: - machen (teilen); **Halb|pen-**

hạlb

I. *Großschreibung:*
- *ein Halbes, einen Halben bestellen*
- *eine Halbe* (bayr. für: *halbe Maß)*
- *nichts Halbes und nichts Ganzes*

II. *Getrennt- oder Zusammenschreibung:*
Getrenntschreibung, wenn »halb« als Gegensatz zu »ganz« aufgefasst wird:
- *er hat mich wohl nur halb verstanden*
- *er war erst halb angezogen*
- *die halb leere Flasche*
- *das halb offene Fenster*
- *ein halb verhungerter Vogel*

Getrenntschreibung auch, wenn »halb« die Bedeutung »teils« hat:
- *sie machte ein halb freundliches, halb ernstes Gesicht*

Zusammenschreibung, wenn »halb« als bedeutungsabschwächender Zusatz aufgefasst wird:
- *ein halbhoher (nicht sehr hoher) Zaun*
- *halbbittere (nicht sehr bittere) Schokolade*

In Zweifelsfällen kann sowohl zusammen- als auch getrennt geschrieben werden:
- *halbgares, auch halb gares Fleisch*
- *halblinks, auch halb links stehen, spielen*

si|on, *die;* - (Unterkunft mit Frühstück u. einer warmen Mahlzeit); **halb|rẹchts** (auch:) **halb rẹchts;** vgl. halb; **hạlb|reif,** (auch:) **hạlb reif;** vgl. halb; **Hạlb‿schlaf, ...schuh, ...schwer|ge|wicht** (Körpergewichtsklasse in der Schwerathletik); **hạlb|staat|lich;** ein -er Betrieb; **Hạlb|star|ke,** *der;* -n, -n; **Hạlb|tags|ar|beit; hạlb tot;** vgl. halb; **hạlb|tro|cken;** ein -er Wein; vgl. halb; **hạlb ver|hun|gert, hạlb voll;** vgl. halb; **Hạlb‿wahr|heit, ...wai|se; hạlb|wegs; Hạlb|wis|sen; Hạlb|wüch|si|ge,** *der* u. *die;* -n, -n; **Hạlb|zeit**

Hạl|de, *die;* -, -n

Hälf|te, *die;* -, -n; die bessere - (scherzh. für: Ehefrau, -mann); **hälf|ten**

[1]**Hạlf|ter,** *der* od. *das;* -s, - (schweiz. auch: *die;* -, -n; Zaum ohne Gebiss)

[2]**Hạlf|ter,** *das;* -s, -, auch: *die;* -, -n (Pistolentasche)

hạlf|tern (den [1]Halfter anlegen)

Hạll, *der;* -[e]s, -e

Hạl|le, *die;* -, -n

hal|le|lu|ja!; Hal|le|lu|ja, *das;* -s, -s (liturg. Freudengesang)

hạl|len (schallen)

Hạl|len‿bad, ...hand|ball

Hạl|lig, *die;* -, -en (kleine Insel im nordfries. Wattenmeer)

Hạl|li|masch, *der;* -[e]s, -e (ein Pilz)

hal|lo! [auch: *hạlo*]; **Hal|lo** [auch: *hạlo*], *das;* -s, -s; mit großem -; Hallo, (auch:) hallo rufen

Hal|lu|zi|na|ti|on [*...zion*], *die;* -, -en (Sinnestäuschung)

Hạlm, *der;* -[e]s, -e

Hạl|ma, *das;* -s (ein Brettspiel)

Hạls, *der;* -es, Hälse; **Hạls‿ab|schnei|der; ...ket|te; Hạls-Na|sen-Oh|ren-Arzt** (Abk.: HNO-Arzt); **Hạls|schlag|ader; hạls|star|rig; Hạls|tuch** (*Mehrz.* ...tücher); **Hạls über Kọpf; Hạls- und Bein|bruch!** (ugs.)

[1]**hạlt** (landsch. u. schweiz. für: eben, wohl, ja, schon)

[2]**hạlt!;** halt!; **Hạlt,** *der;* -[e]s, -e u. -s; Halt, (auch:) halt rufen; keinen Halt finden; Halt machen; **hạlt|bar; Hạlt|bar|keit,** *die;* -; **hạl|ten;** hielt, gehalten; an sich -; **Hạl|te|punkt; Hạl|ter,** *der;* -s, -; **Hạl|te|rung** (Haltevorrichtung); **Hạl|te‿stel|le, ...ver|bot** (amtl.: Haltverbot); **hạlt|los; Hạlt|lo|sig|keit,** *die;* -; **Hạlt ma|chen;** vgl. Halt; **Hạl|tung; Hạlt|ver|bot;** vgl. Halteverbot

Ha|lụn|ke, *der;* -n, -n (abwertend: Schuft)

hä|misch; -ste

Hạm|mel, *der;* -s, - u. Hämmel; **Hạm|mel|bein;** jmdm. die -e lang ziehen (ugs. für: jmdn. heftig tadeln; drillen); **Hạm|mel‿bra|ten, ...sprung** (ein parlamentar. Abstimmungsverfahren)

Hạm|mer, *der;* -s, Hämmer (ein Werkzeug); **Hạ̈m|mer|chen; hạ̈m|mern; Hạm|mer|wer|fen,** *das;* -s

Ham|mond|or|gel [*hạmᵉnd...*] (elektroakustische Orgel)

Hä|mo|glo|bin, *das;* -s (Med.: roter Blutfarbstoff; Zeichen: Hb); **Hä|mor|rho|i|de,** (auch:) **Hä|mor|ri|de,** *die;* -, -n (meist *Mehrz.;* [leicht blutender] Venenknoten des Mastdarms)

Hạm|pel|mann (*Mehrz.* ...männer); **hạm|peln** (zappeln)

Hạms|ter, *der;* -s, - (ein Nagetier); **Hạms|te|rer** (ugs. für: jmd., der Vorräte aufhäuft); **hạms|tern**

Hạnd, *die;* -, Hände; anhand von Unterlagen; das ist nicht von der Hand zu weisen (ist möglich); eine Hand voll Kirschen essen; **Hạnd|ar|beit; hạnd|ar|bei|ten;** gehandarbeitet; vgl. aber: handgearbeitet; **Hạnd|ball; Hạnd|bal|ler** (Handballspieler); **Hạnd|be|we|gung; hạnd|breit;** ein handbreiter Saum; **Hạnd|breit,** *die;* -, -; keine Hạndbreit weichen; **Hạnd|brem|se; Hạ̈nd|chen; Hạnd|cre|me,** (auch:) **Hạnd|krem, Hạnd|kre|me;**

Hän|del‿druck (*Mehrz.* ...drücke), **...klat|schen** (*das;* -s)
[1]**Han|del,** *der;* -s (Kaufgeschäft); - treiben; [2]**Han|del,** *der;* -s, Händel (veraltend für: Streit); **han|deln;** es handelt sich um ...; **Handeln,** *das;* -s; **Han|dels‿ab|kom|men, ...bi|lanz; han|dels‿ei|nig** od. **...eins; Han|dels‿ha|fen, ...kam|mer, ...ma|ri|ne, ...schiff, ...schu|le, ...span|ne; han|dels|üb|lich; Han|dels|ver|trag**
Hän|de|rin|gen, *das;* -s; **hän|de|rin|gend; Hän|de|wa|schen,** *das;* -s; **Hand|fer|tig|keit; hand|fest; Hand‿feu|er|waf|fe, ...flä|che; hand|ge|ar|bei|tet;** ein -es Möbelstück; **Hand‿ge|men|ge, ...ge|päck; hand|ge|schrie|ben; Hand|gra|na|te; hand|greif|lich;** - werden; **Hand|griff; Hand|ha|be,** *die;* -, -n; **hand|ha|ben;** das ist schwer zu handhaben; **Hand|ha|bung**
Han|di|kap, (auch:) Han|di|cap [*händikäp*], *das;* -s, -s (Behinderung; Sportspr.: [Wettkampf mit] Ausgleichsvorgabe); **han|di|ka|pen,** (auch:) han|di|ca|pen [*...käpen*]; gehandikapt, gehandicapt
Hand-in-Hand-Ar|bei|ten, *das;* -s; **Hand‿kä|se** (landsch), **...krem, ...kre|me;** vgl. Handcreme, **...kuss; Hand|lan|ger; Hand|lauf** (an Treppengeländern)
Händ|ler
Hand|le|se|kunst, *die;* -; **hand|lich**
Hand|lung; Hand|lungs‿ab|lauf, ...be|voll|mäch|tig|te, ...rei|sen|de, ...wei|se *(die)*
Hand‿schel|le (meist *Mehrz.;* Fessel), **...schlag, ...schrift; hand|schrift|lich; Hand‿schuh** (ein Paar -e), **...spie|gel, ...streich, ...ta|sche, ...tuch** (*Mehrz.* ...tücher); **Hand|um|dre|hen,** *das;* -s; im - (schnell [u. mühelos]); **Hand voll;** vgl. Hand; **Hand|wa|gen; Hand|werk; Hand|wer|ker; Hand|werks‿be|trieb, ...zeug**
Han|dy [händi], *das;* -s, -s (handliches schnurloses Funktelefon)
Hand‿zei|chen, ...zet|tel
ha|ne|bü|chen (abwertend für: unerhört)
Hanf, *der;* -[e]s (eine Faserpflanze); **Hänf|ling** (eine Finkenart); **Hanf|sa|men**
Hang, *der;* -[e]s, Hänge
Han|gar [auch: *...gar*], *der;* -s, -s ([Flugzeug]halle)
Hän|ge‿bauch, ...brü|cke, ...lam|pe; han|geln (Turnen); **Hän|ge|mat|te;** [1]**hän|gen;** hing, gehangen; der Rock hing an der Wand; mit Hängen und Würgen (ugs. für: mit Müh und Not); an einem Nagel hängen bleiben; von dem Gelernten ist wenig hängen geblieben; hängen lassen (vergessen; ugs. für: [jmdn.] im Stich lassen); [2]**hän|gen;** hängte, gehängt; ich hängte den Rock an die Wand; **hän|gen blei|ben, las|sen;** vgl. [1]hängen; **Hän|ger** (eine Mantelform; auch für: [Fahrzeug]anhänger)
Han|se, *die;* - (mittelalterl. nordd. Kaufmanns- u. Städtebund); **Han|se|at,** *der;* -en, -en (Hansestädter); **han|se|a|tisch**
Hän|se|lei; hän|seln (necken)
Han|se|stadt; han|se|städ|tisch
Hans|wurst [auch: *hanß...*], *der;* -[e]s, -e (scherzh. auch. ...würste)
Han|tel, *die;* -, -n (ein Sportgerät)
han|tie|ren (umgehen mit ...)
ha|pern; es hapert (geht nicht vonstatten; fehlt [an])
Häpp|chen; Hap|pen, *der;* -s, -; **hap|pig** (ugs. für: übertrieben)
Hap|py|end, (auch:) **Hap|py End** [*häpiänd*], *das;* -[s], -s (guter Ausgang)
Här|chen (kleines Haar)
Hard|core [*...kor*], *der;* -s, -s (besonders harte u. aggressive Richtung der Rockmusik); **Hard|rock,** (auch:) **Hard Rock** [*hardd-*], *der;* - -[s] (laute Rockmusik); **Hard|ware** [*hardᵘär*], *die;* -, -s (EDV: die apparativen Bestandteile der Datenverarbeitungsanlage; Ggs.: Software)
Ha|rem, *der;* -s, -s (von Frauen bewohnter Teil des islam. Hauses; die darin wohnenden Frauen
Har|fe, *die;* -, -n; **Har|fe|nist,** *der;* -en, -en; **Har|fe|nis|tin**
Har|ke, *die;* -, -n (nordd. für: Rechen); **har|ken** (rechen)
Har|le|kin [*hạrlekin*], *der;* -s, -e (Hanswurst; Narrengestalt)
Harm, *der;* -[e]s (geh.); **här|men,** sich (geh.); **harm|los; Harm|lo|sig|keit**
Har|mo|nie, *die;* -, ...ien; **har|mo|nie|ren; Har|mo|ni|ka,** *die;* -, -s u. ...ken; **har|mo|nisch; Har|mo|ni|um,** *das;* -s, ...ien [*...ien*] od. -s (ein Tasteninstrument)
Harn, *der;* -[e]s, -e; **Harn|bla|se**
Har|nisch, *der;* -[e]s, -e ([Brust]panzer); jmdn. in - (in Wut) bringen
Har|pu|ne, *die;* -, -n (Wurfspeer für den [Wal]fischfang)
har|ren (geh. für: warten)
Harsch, *der;* -[e]s (hart gefrorener Schnee)
hart; härter, härteste; hart auf hart; ein hart gebrannter Stein; das hart gekochte Ei; **Här|te,** *die;* -, -n; **Här|te‿aus|gleich, ...fall** *(der);* **här|ten;** sich -; **hart ge|brannt, ge|kocht;** vgl. hart; **Hart|geld,** *das;* -[e]s; **hart|ge|sot|ten;** -er Sünder; **hart|her|zig; Hart|kä|se; hart|nä|ckig; Hart|nä|ckig|keit,** *die;* -

Harz, *das;* -es, -e (Stoffwechselprodukt einiger Pflanzen); **har|zen** (Harz ausscheiden)
Hasch, *das;* -s (ugs. für: Haschisch)
Ha|schee, *das;* -s, -s (Gericht aus feinem Hackfleisch)
[1]**ha|schen** (fangen)
[2]**ha|schen** (ugs. für: Haschisch rauchen)
Ha|schen, *das;* -s; - spielen
Häs|chen
Hä|scher (veralt. für: Verfolger, Scherge)
ha|schie|ren (zu Haschee machen)
Ha|schisch, *das,* (auch:) *der;* -[s] (ein Rauschgift)
Ha|se, *der;* -n, -n; falscher - (Hackbraten)
Ha|sel, *die;* -, -n (ein Strauch); **Ha|sel‿busch, ...maus, ...nuss**
Ha|sen‿bra|ten, ...fuß (ugs. abwertend für: überängstliche Person), **...klein** (*das;* -s; [Gericht aus] Innereien u. a. des Hasen), **...pfef|fer** (Hasenklein); **ha|sen|rein; Ha|sen|schar|te** (ugs. für: Lippenspalte)
Hass, *der;* -es; **has|sen; hasser|füllt; häss|lich; Häss-lich|keit; Hass|lie|be**
Hast, *die;* -; **has|ten; has|tig**
hät|scheln
hat|schi!, hat|zi! [auch: *hat...*]
Häub|chen; Hau|be, *die;* -, -n
Hau|bit|ze, *die;* -, -n (Milit.: Flach- u. Steilfeuergeschütz)
Hauch, *der;* -[e]s, (selten:) -e; **hauch|dünn; hau|chen; hauch|zart**
Hau|de|gen (alter, erprobter Krieger)
Haue, *die;* - (ugs. für: Hiebe); - kriegen; **hau|en;** haute (für: »mit dem Säbel, Schwert schlagen, im Kampfe verwunden« u. geh.: hieb), gehauen (landsch.: gehaut); er hat ihm (auch: ihn) ins Gesicht gehauen
Häuf|chen; Hau|fen, *der;* -s, -; zuhauf; **häu|fen;** sich -; **hau|fen|wei|se; häu|fig; Häu|fig|keit,** *die;* -, (selten:) -en
Haupt, *das;* -[e]s, Häupter; **haupt|amt|lich; Haupt‿bahn|hof** (Abk.: Hbf.), **...be|ruf; haupt|be|ruf|lich; Haupt|dar|stel|ler; Haup|tes|län|ge;** um -; **Haupt‿fach, ...film, ...ge|bäu|de; Häupt|ling; Haupt‿mann** (*Mehrz.* ...leute), **...sa|che; haupt|säch|lich; Haupt‿satz, ...schu|le, ...stadt** (Abk.: Hptst.), **...stra|ße, ...teil** *(der);* **Haupt- und Staats|ak|ti|on; Haupt|ver|kehrs|stra|ße; Haupt‿ver|samm|lung, ...wort** (*Mehrz.:* ...wörter)
hau ruck!, ho ruck!; **Hau|ruck,** *das;* -s; mit einem kräftigen -
Haus, *das;* -es, Häuser; Haus halten (vgl. haushalten); er hält Haus, hat Haus gehalten; außer Haus; von zu Haus[e]; nach Hause (auch: Haus), zu Hause (österr. u. schweiz. auch:) nachhause, zuhause; **Haus‿an|ge|stell|te, ...arzt, ...auf|ga|be; haus|ba|cken** (bieder); **Haus‿bau** (*Mehrz.* ...bauten), **...be|set|zer** (jmd., der widerrechtlich in ein leer stehendes Haus einzieht), **...be|set|zung, ...be|sit|zer, ...be|woh|ner; Häus|chen; hau|sen; Häu|ser‿block** (*Mehrz.* ...blocks), **...meer; Haus‿flur** *(der),* **...frau; haus|ge|macht;** -e Nudeln; **Haus|halt,** *der;* -[e]s, -e; **haus|hal|ten;** er haushaltet (veraltend); vgl. auch Haus; **Haus|häl|te|rin; Haus|herr; haus|hoch; hau|sie|ren; Hau|sie|rer; Häus|ler** (Dorfbewohner, der ein kleines Haus ohne Land besitzt); **häus|lich; Haus|ma|cher‿art** (*die;* -; nach -), **...wurst; Haus|manns|kost; Haus‿mar|ke, ...putz, ...rat** (*der;* -[e]s), **...schuh, ...stand** (*der;* -[e]s), **...tier, ...tür**
Haut, *die;* -, Häute; zum Aus-der-Haut-Fahren; **Haut‿arzt, ...aus|schlag; Häut|chen; Haut|creme,** (auch:) Haut|krem, Haut|kre|me; **häu|ten;** sich -; **haut|eng;** -es Kleid; **Haut‿far|be, ...krank|heit; haut|nah**
Ha|xe, *die;* -, -n (südd. für: Hachse)
Ha|zi|en|da, *die;* -, -s (auch ...den; südamerik. Farm)
he!; heda!
Hea|ring [*hiring*], *das;* -[s], -s (öffentliche Anhörung)
Hea|vy|me|tal [*häwimät*[(e)]*l*], *das;* -[s] (auch:) **Hea|vy Me|tal,** *das;* - -[s] (Variante des Hardrocks)
Heb|am|me, *die;* -, -n
He|bel, *der;* -s, -; **He|bel‿arm, ...griff; he|ben;** hob, gehoben
he|brä|isch; -e Schrift
He|chel, *die;* -, -n; **he|cheln**
Hecht, *der;* -[e]s, -e; **hech|ten** (ugs. für: einen Hechtsprung machen); **Hecht|sprung**
Heck, *das;* -[e]s, -e od. -s (hinterster Teil eines Schiffes o. Ä.); **Heck|an|trieb; He|cke,** *die;* -, -n; **He|cken|ro|se**
Heck|meck, *der;* -s (ugs. für: Geschwätz; unnötige Umstände)
Heck|mo|tor
he|da! (veraltend)
Heer, *das;* -[e]s, -e; **Hee|res‿be|richt, ...lei|tung, ...zug,** Heer|zug; **Heer‿füh|rer, ...la|ger** (*Mehrz.* ...lager), **...zug;** vgl. Hee|res|zug
He|fe, *die;* -, -n; **He|fe‿ku|chen, ...teig**
Heft, *das;* -[e]s, -e; **hef|ten;** geheftet (Abk.: geh.); **Hef|ter** (Mappe zum Abheften)
hef|tig; Hef|tig|keit
Heft‿klam|mer, ...pflas|ter
He|ge, *die;* - (Pflege u. Schutz des Wildes)
He|ge|mo|nie, *die;* -, ...ien ([staatliche] Vorherrschaft)
he|gen
Hehl, *das* (auch: *der*); nur in:

[k]ein (auch: [k]einen) - daraus machen (etw. [nicht] verbergen); **heh|len; Heh|ler; Heh|le|rei**
hehr (geh. für: erhaben; heilig)
hei!; hei|a|po|peia!, ei|a|po|peia!
[1]**Hei|de,** *der;* -n, -n (Nichtchrist; auch für: Religionsloser)
[2]**Hei|de,** *die;* -, -n (sandiges, unbebautes Land; Heidekraut); **Hei|de|kraut,** *das;* -[e]s; **Hei|del|bee|re**
Hei|den|tum, *das;* -s
hei|di! [auch: *haidi*] (nordd. für: lustig!; schnell!)
heid|nisch
Heid|schnu|cke, *die;* -, -n (eine Schafrasse)
hei|kel (schwierig; landsch. auch für: wählerisch [beim Essen])
heil; Heil, *das;* -[e]s; Ski -!; **Hei|land,** *der;* -[e]s, -e; **Heil|an|stalt; heil|bar; Heil|butt** (ein Fisch); **hei|len; Heil|er|de; heil|froh; Heil|gym|nas|tik; hei|lig** (Abk.: hl.); das heilige Abendmahl; der Heilige Abend; heilig halten (feiern), heilig sprechen (zum od. zur Heiligen erklären); **Hei|lig|a|bend; Hei|li|ge,** *der* u. *die;* -n, -n; **hei|li|gen; Hei|li|gen˽bild, ...schein; Hei|lig|geist|kir|che; hei|lig hal|ten;** vgl. heilig; **Hei|lig|keit,** *die;* -; Seine - (der Papst); **hei|lig spre|chen;** vgl. heilig; **Hei|lig|tum; heil|kräf|tig; Heil|kun|de,** *die;* -, -n; **heil|kun|dig; heil|los; Heil˽pflan|ze, ...prak|ti|ker; Heils|ar|mee,** *die;* -; **Hei|lung; Hei|lungs|pro|zess**
Heim, *das;* -[e]s, -e; **Heim|ar|beit; Hei|mat,** *die;* -, (selten:) -en; **Hei|mat˽ha|fen, ...kun|de** (*die;* -), **...land** (*Mehrz.* ...länder); **hei|mat|lich; hei|mat|los; Hei|mat˽stadt, ...ver|trie|be|ne; heim|be|ge|ben,** sich; **heim|be|glei|ten; heim|brin|gen; Heim|chen** (eine Grille); **hei|me|lig** (anheimelnd); **heim|fah|ren; Heim|fahrt; heim|füh|ren; Heim|gang,** *der;* -[e]s; **heim|ge|gan|gen; heim|ge|hen; hei|misch; Heim|kehr,** *die;* -; **heim|keh|ren; Heim|keh|rer; Heim|lei|ter,** *der;* **heim|leuch|ten;** jmdm. - (ugs. für: derb abfertigen); **heim|lich;** heimlich tun (geheimnisvoll tun); er hat es heimlich getan; **Heim|lich|keit; Heim|lich|tu|er; heim|lich tun;** vgl. heimlich; **heim˽rei|sen, ...su|chen** (er wurde vom Unglück schwer heimgesucht); **Heim|su|chung; Heim|tü|cke; heim|tü|ckisch; Heim˽weg** (*der;* -[e]s), **...weh** (*das;* -s); **heim|weh|krank; Heim|wer|ker** (jmd., der handwerkliche Arbeiten zu Hause selbst macht; Bastler); **heim|zah|len;** jmdm. etwas -
Hei|ni, *der;* -s, -s (ugs. für: einfältiger Mensch); ein doofer -
Hein|zel|männ|chen (hilfreicher Hausgeist)
Hei|rat, *die;* -, -en; **hei|ra|ten; Hei|rats˽an|trag, ...an|zei|ge, ...schwind|ler, ...ver|mitt|ler**
hei|sa!, hei|ßa!
hei|schen (geh. für: fordern)
hei|ser; Hei|ser|keit, *die;* -, (selten:) -en
heiß; -er, -este; am -esten; jmdm. die Hölle heiß machen (ugs. für: jmdm. heftig zusetzen); ein heißes Eisen (ugs. für: eine schwierige Angelegenheit); heißer Draht (telefon. Direktverbindung für schnelle Entscheidungen); ein heiß begehrter Artikel; der heiß ersehnte Urlaub; ein heiß geliebtes Mädchen; eine heiß umstrittene Frage
hei|ßa!, hei|sa!; **hei|ßas|sa!**
Heiß|be|hand|lung; heiß|blü|tig
hei|ßen (einen Namen tragen; nennen; befehlen); hieß, geheißen
heiß be|gehrt, er|sehnt, ge|liebt; vgl. heiß; **Heiß|hun|ger; heiß|hung|rig; Heiß|man|gel,** *die;* **heiß um|strit|ten;** vgl. heiß
hei|ter; Hei|ter|keit, *die;* -; **Hei|ter|keits|er|folg**
hei|zen; Hei|zer; Heiz˽gas, ...kis|sen, ...kör|per, ...öl; Hei|zung
Hek|t|ar [auch: *häk*...], *das* (auch: *der*); -s, -e (100 Ar; Zeichen: ha)
Hek|tik, *die;* - (fieberhafte Aufregung, nervöses Getriebe); **hek|tisch** (fieberhaft, aufgeregt)
hek|to|gra|phie|ren, (auch:) hek|to|gra|fie|ren (vervielfältigen); **Hek|to|li|ter** [auch: *häk*...] (100 l; Zeichen: hl)
hel|au! (Karnevalsruf)
Held, *der;* -en, -en; **hel|den|haft; Hel|den˽mut, ...tat, ...tod; Hel|den|tum,** *das;* -s; **Hel|din**
hel|fen; half, geholfen; sich zu - wissen; **Hel|fer; Hel|fe|rin; Hel|fers|hel|fer**
He|li|ko|p|ter, *der;* -s, - (Hubschrauber)
He|li|um, *das;* -s (chem. Element, Edelgas; Zeichen: He)
hell; ein hell leuchtender, hell strahlender Stern; hell lodernde Flammen; **hell|auf;** - begeistert; **hell˽blau, ...blond, ...dun|kel; hel|le** (landsch. für: aufgeweckt, gewitzt); [1]**Hel|le,** *die;* - (Helligkeit); [2]**Hel|le,** *das;* -n, -n (ugs. für: [ein Glas] helles Bier); 3 Helle
Hel|ler, *der;* -s, - (ehem. dt. Münze); auf - u. Pfennig
hell|hö|rig (schalldurchlässig); - (stutzig) werden; **Hel|lig|keit,** *die;* -; **hell leuch|tend;** vgl. hell; **hell|licht;** es ist -er Tag; **hell|li|la; hell lo|dernd;** vgl. hell; **hell|se|hen** (nur in der Grundform gebr.); **Hell|se|her; hell**

strah|lend; vgl. hell; **hell-wach**
Helm, *der;* -[e]s, - e (Kopfschutz; Turmdach)
hem!, hm!; **hem, hem!,** hm, hm!
Hemd, *das;* -[e]s, -en; **Hemd-blu|se; Hem|den‿knopf, ...matz** (ugs. für: Kind im Hemd); **Hemds|är|mel** (meist *Mehrz.*); in -n; **hemds|är|me|lig**
He|mi|s|phä|re, *die;* -, -n ([Erd]halbkugel)
hem|men; Hemm|nis, *das;* -ses, -se; **Hemm|schuh; Hem|mung; hem|mungs-los**
Hen|del, *das;* -s, -n (südd., österr. für: [junges] Huhn; Brathuhn)
Hengst, *der;* -es, -e
Hen|kel, *der;* -s, -; **Hen|kel-krug**
hen|ken (veraltend für: durch den Strang hinrichten); **Hen|ker; Hen|kers‿beil, ...mahl[|zeit]** (letzte Mahlzeit)
Hen|ne, *die;* -, -n
He|pa|ti|tis, *die;* -, ...iti|den (Med.: Leberentzündung)
her (Bewegung auf den Sprechenden zu); her zu mir!; hin und her; das muss schon lange her sein, ist lange her gewesen; vgl. hin
he|r|ab; he|r|ab|hän|gen; he-r|ab|las|sen; sich -; **He|r|ab-las|sung; he|r|ab|se|hen;** auf jmdn. -; **he|r|ab|set|zen; He|r|ab|set|zung; he|r|ab-wür|di|gen; He|r|ab|wür|di-gung**
he|r|an; he|r|an|bil|den; he|r-an|fah|ren; he|r|an|ma-chen, sich (ugs. für: sich [mit einer bestimmten Absicht] nähern; beginnen); **he|r|an|rei|fen** (allmählich reif werden); **he|r|an|ta|s-ten,** sich; **he|r|an|wach|sen; He|r|an|wach|sen|de,** *der* u. *die;* -n, -n; **he|r|an|wa|gen,** sich
he|r|auf; he|r|auf|be|schwö-ren; he|r|auf|zie|hen
he|r|aus; heraus sein; **he|r-aus|be|kom|men; he|r|aus-fin|den; he|r|aus|for|dern; He|r|aus|for|de|rung; He|r-aus|ga|be,** *die;* -; **he|r|aus-ge|ben; He|r|aus|ge|ber** (Abk.: Hg. u. Hrsg.); **he|r-aus|ge|ge|ben** (Abk. hg. u. hrsg.); - von; **he|r|aus|ge-hen;** du musst mehr aus dir -; **he|r|aus|ha|ben** (ugs. für: etw. begriffen haben; etw. gelöst haben); **he|r|aus|hal-ten;** sich -; [1]**he|r|aus|hän-gen;** vgl. [1]hängen; [2]**he|r-aus|hän|gen;** vgl. [2]hängen; **he|r|aus|kom|men;** es wird nichts dabei herauskommen (ugs.); **he|r|aus|neh-men;** sich etwas -; **he|r|aus-rei|ßen; he|r|aus|rü|cken;** mit der Sprache - (ugs.); **he-r|aus sein; he|r|aus|stel-len;** es hat sich herausgestellt, dass ...; **he|r|aus-wach|sen**
herb
her|bei; her|bei|las|sen, sich; **her|bei|zi|tie|ren**
her|be|mü|hen; sich -
Her|ber|ge, *die;* -, -n
Herb|heit, *die;* -
her|bit|ten; er hat ihn hergebeten
her|brin|gen
Herbst, *der;* -[e]s, -e; **Herbst‿an|fang, ...blu|me; herbs|teln** (österr. nur so), **herbs|ten** (landsch. auch für: Trauben ernten); **Herbst|fe|ri|en,** *die (Mehrz.);* **herbst|lich; Herbst|ling** (ein Pilz); **Herbst‿ne|bel, ...sturm, ...tag; Herbst|zeit|lo|se,** *die;* -, -n
Herd, *der;* -[e]s, -e
Her|de, *die;* -, -n; **Her|den-‿tier, ...trieb** (*der;* -[e]s)
Herd‿feu|er, ...plat|te
he|r|ein; »Herein!« rufen; **he-r|ein|bre|chen; he|r|ein-brin|gen; he|r|ein|fah|ren; he|r|ein|fal|len; he|r|ein-kom|men; he|r|ein|las|sen; he|r|ein|le|gen; he|r|ein-plat|zen; he|r|ein|schlei-chen;** sich -; **he|r|ein-schnei|en** (ugs. für: unvermutet hereinkommen); **he-r|ein|spa|zie|ren** (ugs.)
her|fah|ren; Her|fahrt
her|fal|len; über jmdn. -
Her|gang
her|ge|ben; sich -
her|ge|hen; hinter jmdm. -; es ist hoch hergegangen (ugs. für: laut zugegangen)
her|ge|hö|ren
her|ge|lau|fen; Her|ge|lau|fe-ne, *der* u. *die;* -n, -n
her|ha|ben (ugs.)
her|hal|ten
her|ho|len; das ist weit hergeholt
her|hö|ren; alle mal -!
He|ring, *der;* -s, -e (ein Fisch; Zeltpflock); **He|rings‿fi|let, ...sa|lat**
her|kom|men; her|kömm|lich
Her|kunft, *die;* -, (selten:) ...künfte
her|lau|fen; hinter jmdm. -
her|lei|ten; sich -
her|ma|chen (ugs.); sich über etwas -
[1]**Her|me|lin,** *das;* -s, -e (großes Wiesel); [2]**Her|me|lin,** *der;* -s, -e (ein Pelz)
her|me|tisch ([luft- u. wasser]dicht)
her|neh|men (ugs.)
her|nie|der
He|ro|in, *das;* -s (ein Rauschgift); **he|ro|isch** (heldenmütig, erhaben); **He|ro|is|mus,** *der;* -
Herr, *der;* -n, -en; **Herr|chen**
Her|rei|se
Her|ren‿a|bend, ...aus|stat-ter, ...dop|pel (Sportspr.), **...ein|zel** (Sportspr.); **her-ren|los; Herr|gott,** *der;* -s; **Herr|gotts|frü|he,** *die;* -; in aller -
her|rich|ten; etwas - lassen
Her|rin; her|risch; herr|je!, herr|je|mi|ne!; herr|lich; Herr|lich|keit; Herr|schaft; herr|schaft|lich; Herr-schafts‿an|spruch, ...form; herr|schen; Herr|scher; Herrsch|sucht, *die;* -; **herrsch|süch|tig**

her|rüh|ren
her|schau|en (ugs.); da schau her!
her sein; vgl. her
her|stel|len; Her|stel|ler; Her|stel|ler|fir|ma; Her|stel|lung
he|r|ü|ber
he|r|um; he|r|um|är|gern, sich (ugs.); **he|r|um|drü|cken,** sich (ugs.); **he|r|um|kom|men;** nicht darum - (ugs.); **he|r|um|krie|gen** (ugs. für: umstimmen); **he|r|um|lau|fen; he|r|um|lun|gern** (ugs.); **he|r|um|schla|gen,** sich (ugs.); **he|r|um|sit|zen** (ugs.); **he|r|um|stö|bern** (ugs.); **he|r|um|trei|ben,** sich (ugs.)
he|r|un|ter; herunter sein (ugs. für abgearbeitet, elend sein); **he|r|un|ter|ge|kom|men** (ugs. für: armselig; verkommen); **he|r|un|ter|hän|gen;** vgl. [1]hängen; **he|r|un|ter|krem|peln;** die Ärmel -; **he|r|un|ter|las|sen; he|r|un|ter|ma|chen** (ugs. für: abwerten, schlecht machen; ausschelten); **he|r|un|ter sein;** vgl. herunter; **he|r|un|ter|spie|len** (ugs. für: nicht so wichtig nehmen)
her|vor; her|vor|bre|chen; her|vor|ge|hen; her|vor|he|ben; her|vor|keh|ren; her|vor|ra|gend; her|vor|tun, sich
Her|weg
Herz, *das;* -ens, *Wemf.* -en, *Mehrz.* -en; von -en kommen; **herz|al|ler|liebst; Herz‿al|ler|liebs|te, ...an|fall, ...blut; Herz|chen; Her|zens|be|dürf|nis; Her|zens|bre|cher; her|zens|gut; Her|zens‿gü|te, ...lust** (nach -), **...wunsch; herz|er|freu|end; herz|er|grei|fend; Herz|feh|ler; herz|för|mig; herz|haft; Herz|haf|tig|keit,** *die;* -
her|zie|hen; er ist über ihn hergezogen (ugs. für: hat schlecht von ihm gesprochen)
her|zig; Herz‿in|farkt, ...kam|mer, ...kir|sche; Herz|klap|pen|feh|ler; Herz|klop|fen, *das;* -s; **herz|krank; Herz|kranz|ge|fäß; herz|lich;** aufs, auf das Herzlichste, (auch:) herzlichste; **Herz|lich|keit; herz|los; Herz|lo|sig|keit; Herz‿mas|sa|ge, ...mit|tel, ...mus|kel**
Her|zog, *der;* -[e]s, ...zöge (auch: -e); **Her|zo|gin; Her|zog|tum**
Herz‿pa|ti|ent, ...schlag; Herz|schritt|ma|cher; Herz|schwä|che; herz|stär|kend; Herz‿still|stand, ...trans|plan|ta|ti|on
her|zu (geh.)
Herz|ver|pflan|zung; herz|zer|rei|ßend
he|te|ro|gen (anders geartet, ungleichartig, fremdstoffig); **He|te|ro|se|xu|a|li|tät,** *die;* - (auf das andere Geschlecht gerichtetes sexuelles Empfinden); **he|te|ro|se|xu|ell**
Het|ze, *die;* -, -n; **het|zen; Het|zer; Het|ze|rei; Hetz‿jagd, ...re|de**
Heu, *das;* -[e]s; **Heu|bo|den**
Heu|che|lei; heu|cheln; Heuch|ler; Heuch|le|rin; heuch|le|risch; Heuch|ler|mie|ne
heu|er (südd., österr., schweiz. für: in diesem Jahr)
Heu|er, *die;* -, -n (Lohn eines Seemanns; Anmusterungsvertrag)
Heu‿ern|te, ...fie|ber (*das;* -s), **...ga|bel**
Heul|bo|je; heu|len; Heu|ler; Heul‿krampf, ...su|se (Schimpfwort)
Heu|ri|ge, *der;* -n, -n (bes. österr. für: junger Wein)
Heu‿schnup|fen, ...schre|cke, *die;* -, -n (ein Insekt)
heu|te; - Abend, Nacht; die Frau von -; **Heu|te,** *das;* - (die Gegenwart); **heu|tig; heut|zu|ta|ge**
He|xe, *die;* -, -n; **he|xen; He|xen‿jagd, ...kes|sel, ...meis|ter, ...schuss, ...tanz, ...ver|bren|nung; He|xer; He|xe|rei**
Hi|bis|kus, *der;* -, ...ken (Eibisch)
Hick|hack, *der* u. *das;* -s, -s (ugs. für: nutzlose Streiterei)
Hieb, *der;* -[e]s, -e; **hieb|fest;** hieb- und stichfest
hier; - und da; hier behalten (zurückhalten, nicht weglassen); du sollst hier bleiben (nicht weggehen); hier lassen (zurücklassen); er hat das Buch hier gelassen; hier sein (zugegen sein); **hie|ran** [auch: *hiran, hiran*]
Hi|e|r|a|r|chie [*hi-er...*], *die;* -, ...ien (Rangordnung)
hie|r|auf [auch: *hirauf, hirauf*]; **hie|r|aus** [auch: *hiraus, hiraus*]; **hier be|hal|ten;** vgl. hier; **hier|bei** [auch: *hirbai, hirbai*]; **hier blei|ben;** vgl. hier; **hier|durch** [auch: *hirdurch, hirdurch*]; **hier|für** [auch: *hirfür, hirfür*]; **hier|her** [auch: *hirher, hirher*]; **hier|her ge|hö|rend; hier|her ge|hö|rig; hier|her kom|men; hier|hin** [auch: *hirhin, hirhin*]; **hie|rin** [auch: *hirin, hirin*]; **hier las|sen;** vgl. hier; **hier|mit** [auch: *hiermit, hirmit*]
Hi|e|ro|gly|phe, *die;* -, -n (Bilderschriftzeichen; scherzh. für: schwer entzifferbare Schriftzeichen)
hier sein; vgl. hier; **Hier|sein,** *das;* -s; **hie|r|ü|ber** [auch: *hirüb^er, hirüb^er*]; **hie[r] und da; hier|von** [auch: *hirfon, hirfon*]; **hier|zu** [auch: *hirzu, hirzu*]; **hier|zu|lan|de,** (auch:) hier zu Lan|de
hie|sig; Hie|si|ge, *der* u. *die;* -n, -n
hie|ven [*...f^en*] (Seemannsspr. u. ugs. für: eine Last hochziehen; heben)
Hi-Fi [*haifi*] = Highfidelity
high [*hai*] (ugs. für: in gehobener Stimmung [nach dem Genuss von Rauschgift]); **High|fi|de|li|ty** [*haifidäliti*], *die;* -, (auch:) **High Fi|de|li-**

ty, *die;* - - (originalgetreue Wiedergabe bei Schallplatten u. elektroakustischen Geräten); **High|so|ci|e|ty** [*haißeßaieti*], *die;* -, (auch:) **High So|ci|e|ty,** *die;* - - (vornehme Gesellschaft); **Hightech** [*haitäk*], *das;* -[s], (auch:) *die;* -, (auch:) **High Tech,** *das;* - -[s], (auch:) *die;* - - (Spitzentechnologie)
Hi̧l|fe, *die;* -, -n; die erste Hilfe (bei Verletzungen usw.); - leisten, suchen; zu - kommen; sich Hilfe suchend umschauen; **Hi̧l|fe‿leis|tung, ...ruf, ...stel|lung; Hi̧l|fe su|chend;** vgl. Hilfe; **hi̧lf|los; Hi̧lf|lo|sig|keit,** *die;* -; **hi̧lf|reich** (geh.); **Hi̧lfs|ar|bei|ter; hi̧lfs|be|reit; Hi̧lfs‿be|reit|schaft** (*die;* -), **...kraft** *(die)*, **...mit|tel, ...schu|le, ...zeit|wort**
Hi̧m|bee|re; Hi̧m|beer‿geist (*der;* -[e]s; ein Obstschnaps), **...saft** (*der;* -[e]s)
Hi̧m|mel, *der;* -s, -; um [des] -s willen; **hi̧m|mel|a̧ngst;** es ist mir -; **Hi̧m|mel|bett; hi̧m|mel|blau; Hi̧m|mel|do̧n|ner|wȩt|ter!; Hi̧m|mel|fahrt; hi̧m|mel|ho̧ch; Hi̧m|mel|reich; hi̧m|mel|schrei|end; Hi̧m|mels‿kör|per, ...rich|tung; Hi̧m|mel[s]|schlüs|sel,** *der* (auch: *das;* Schlüsselblume); **Hi̧m|mel[s]|stür|mer** (geh.); **hi̧m|mel|wärts; hi̧mm|lisch;** -ste
hi̧n (Bewegung vom Sprechenden weg); bis zur Mauer hin; hin sein
hi|n|a̧b; hi|n|a̧b‿fah|ren, ...stei|gen, ...stür|zen (sich -)
hi̧n|ar|bei|ten; auf eine Sache -
hi|n|a͟uf; hi|n|a͟uf‿ge|hen, ...klet|tern, ...rei|chen, ...stei|gen, ...zie|hen (sich -)
hi|n|a͟us; über ein bestimmtes Alter hinaus sein; **hi|n|a͟us‿beu|gen** (sich), **...ekeln** (ugs.), **...fah|ren, ...ge|hen, ...kom|pli|men|tie|ren, ...lau|fen** (aufs Gleiche -), **...schmei|ßen** (ugs.), **hi|n|a͟us sein;** (vgl. hinaus); **hi|n|a͟us‿wa|gen** (sich), **...wol|len** (zu hoch -), **...zö|gern**
Hi̧n|blick; im, (seltener:) in - auf
hi̧n|brin|gen
hi̧n|der|lich; hi̧n|dern; Hi̧n|der|nis, *das;* -ses, -se; **Hi̧n|der|nis‿lauf, ...ren|nen; Hi̧n|de|rungs|grund**
hi̧n|deu|ten
hin|du̧rch
hi|n|e͟in; hi|n|e͟in‿fal|len, ...flüch|ten (sich -), **...ge|hen, ...ge|ra|ten** (in etwas -), **...re|den, ...schlit|tern** (ugs.), **...stei|gern** (sich), **...ver|set|zen** (sich -)
hi̧n|fah|ren; Hi̧n|fahrt
hi̧n|fal|len; hi̧n|fäl|lig; Hi̧n|fäl|lig|keit, *die;* -
Hi̧n|ga|be, *die;* -; **hi̧n|ga|be|fä|hig; hi̧n|ge|ben; Hi̧n|ge|bung; hi̧n|ge|bungs|voll**
hin|ge͟|gen
hi̧n|ge|hen
hi̧n|ge|hö|ren
hi̧n|ge|ris|sen (begeistert)
hi̧n|ge|zo|gen; sich - fühlen
hi̧n|hän|gen; vgl. [2]hängen
hi̧n|hal|ten; hinhaltend antworten
hi̧n|hau|en (ugs.)
hi̧n|hor|chen
Hi̧n|ke‿bein (ugs.), **...fuß** (ugs.); **hi̧n|ken**
hi̧n|krie|gen (ugs.)
hi̧n|läng|lich
Hi̧n|rei|se; hi̧n|rei|sen
hi̧n|rei|ßen; sich - lassen; **hi̧n|rei|ßend**
hi̧n|rich|ten; Hi̧n|rich|tung
hi̧n|sa|gen; das war nur so hingesagt
hi̧n|schau|en
hi̧n|schi|cken
hi̧n|schla|gen; er ist lang hingeschlagen
hi̧n|schlep|pen; sich -
hi̧n|se|hen
hi̧n sein; vgl. hin
hi̧n|set|zen; sich -
hi̧n|sicht|lich
hi̧n|sie|chen (geh.)
Hi̧n|spiel (Sportspr.)
hi̧n|stel|len; sich -
hint|a̧n|stel|len
hi̧n|ten; hin|ten|dra͟uf (ugs.); **hi̧n|ten|he|rum**
hi̧n|ter
Hi̧n|ter‿ach|se, ...an|sicht, ...aus|gang
Hin|ter|blie͟|be|ne, *der* u. *die;* -n, -n
hin|ter|bri̧n|gen (heimlich melden)
hin|ter|dre͟in (veraltend)
hin|ter|ei|n|a̧n|der; hintereinander schalten
Hi̧n|ter|ein|gang
hi̧n|ter|fot|zig (bayr., österr. ugs., sonst derb für: hinterhältig)
hin|ter|fra͟|gen (nach den Hintergründen von etw. fragen)
Hi̧n|ter|ge|dan|ke
hin|ter|ge͟|hen (täuschen, betrügen); hintergangen
Hi̧n|ter|grund; hi̧n|ter|grün|dig
hi̧n|ter|ha|ken (ugs.)
Hi̧n|ter|halt, *der;* -[e]s, -e; **hi̧n|ter|häl|tig; Hi̧n|ter|häl|tig|keit**
hin|ter|he͟r [auch: *hi̧n...*]
Hi̧n|ter‿hof, ...kopf, ...land (*das;* -[e]s)
hin|ter|la̧s|sen (zurücklassen; vererben); **Hin|ter|la̧s|sen|schaft; Hin|ter|la̧s|sung**
hin|ter|le͟|gen (als Pfand usw.)
Hi̧n|ter|list; hi̧n|ter|lis|tig
Hi̧n|ter|mann (*Mehrz.* ...männer)
Hi̧n|tern, *der;* -s, - (ugs. für: Gesäß)
Hi̧n|ter|rad
hi̧n|ter|rücks
Hi̧n|ter|sinn, *der;* -[e]s (geheime Nebenbedeutung); **hi̧n|ter|sin|nig**
Hi̧n|ter‿teil (*das;* Gesäß), **...tref|fen** (ugs.; ins - kommen, geraten)
hin|ter|tre͟i|ben (vereiteln)
Hi̧n|ter‿trep|pe, ...tür
Hi̧n|ter|wäld|ler
hin|ter|zie͟|hen (unterschlagen)
hi̧n|tre|ten; vor jmdn. -
hi|n|ü|ber; hi|n|ü|ber sein (ugs.)
Hi̧n und He͟r, *das;* - - -[s]

hi|n|un|ter
hin|wärts
hin|weg
Hin|weg
hin|weg-set|zen (sich darüber -), **...täu|schen, ...trösten**
Hin|weis, *der;* -es, -e; **hin|weisen**
hin|wen|den; sich -; **Hin|wendung**
hin|wer|fen; sich -
hin|zie|hen (verzögern)
hin|zie|len; auf Erfolg -
hin|zu; hin|zu-fü|gen, ...kommen
hipp, hipp, hur|ra!
Hip|pie [*hipi*], *der;* -s, -s (Anhänger[in] einer antibürgerlichen, pazifistischen, naturnahen Lebensform)
Hirn, *das;* -[e]s, -e; **Hirn|gespinst; hirn|ris|sig** (ugs. für: unsinnig, verrückt); **hirn|ver|brannt** (ugs. für: unsinnig, verrückt)
Hirsch, *der;* -[e]s, -e; **Hirsch-ge|weih, ...käl|fer, ...kalb, ...kuh**
Hir|se, *die;* -, (fachspr.:) -n
Hirt, *der;* -en, -en; **Hir|ten-amt, ...brief** (bischöfl. Rundschreiben)
his|sen ([Flagge, Segel] hochziehen)
His|tör|chen (Geschichtchen); **His|to|rie** [*...i^e*], *die;* -, -n (veraltend für: [Welt]geschichte; veralt. für: Bericht, Erzählung); **His|to|ri|ker** (Geschichtsforscher); **his|to|risch**
Hit, *der;* -[s], -s (ugs. für: [musikalischer] Verkaufsschlager); **Hit|pa|ra|de**
Hit|ze, *die;* -; **hit|ze-be|ständig, ...frei; Hit|ze|wel|le; hit|zig; Hitz|kopf; hitz|köpfig; Hitz|schlag**
HIV = human immunodeficiency virus (ein Aidserreger); **HIV-ne|ga|tiv; HIV-po|si|tiv**
hm!; hm, hm!
ho!; ho|ho!; ho ruck!
Hob|by, *das;* -s, -s (Steckenpferd)
Ho|bel, *der;* -s, -; **Ho|bel|bank** (*Mehrz.* ...bänke); **ho|beln**
hoch; höher, höchst, hoch achten, hoch schätzen; die Preise hoch/höher schrauben; seine Ziele hoch/höher stecken; hoch begabt, bezahlt, dotiert, empfindlich, geehrt usw.; eine hoch gestellte Persönlichkeit, (aber:) eine hochgestellte Zahl; hoch gesteckte Ziele
Hoch, *das;* -s, -s (Hochruf; Meteor.: Gebiet hohen Luftdrucks)
hoch ach|ten; vgl. hoch; **Hoch|ach|tung; hoch|achtungs|voll; Hoch|adel; hoch|ak|tu|ell; Hoch-al|tar, ...amt; hoch|an|stän|dig; hoch|ar|bei|ten,** sich
Hoch|bau (*Mehrz.* ...bauten); **hoch|be|gabt,** (auch:) **hoch be|gabt; hoch|bei|nig; hoch|be|tagt; Hoch|betrieb,** *der;* -[e]s; **hoch bezahlt;** vgl. hoch; **Hoch|blüte,** *die;* -; **Hoch|burg**
hoch|deutsch; hoch do|siert, hoch do|tiert; vgl. hoch; **Hoch|druck,** *der;* -[e]s, (für: Erzeugnis im Hochdruckverfahren auch *Mehrz.:*) ...drucke
Hoch|e|be|ne; hoch empfind|lich; vgl. hoch; **hoch|erfreut**
hoch|fah|ren; hoch|fein; Hoch|fi|nanz, *die;* -; **hochflie|gen** (in die Höhe fliegen); **hoch|flie|gend**
hoch|ge|bil|det, (auch:) **hoch ge|bil|det; Hoch|ge|bir|ge; hoch ge|ehrt;** vgl. hoch; **Hoch|ge|fühl; hoch|ge|hen** (ugs. auch für: aufbrausen); **hoch|ge|mut** (geh.); **Hochge|nuss; hoch-ge|schlossen, ...ge|spannt;** -e Ströme (Elektrotechnik), aber: hoch gespannte Erwartungen; **hoch ge|steckt;** vgl. hoch; **hoch|ge|stellt;** eine -e Zahl; vgl. hoch; **hoch|gesto|chen** (ugs. für: eingebildet); **hoch|ge|wach|sen,** (auch:) **hoch ge|wach|sen;** vgl. hoch; **hoch|ge|züch|tet; Hoch|glanz; hoch|glänzend; hoch|gra|dig**
hoch|ha|ckig; hoch|hal|ten; Hoch|haus; hoch|he|ben; hoch|herr|schaft|lich; hoch|her|zig
hoch-in|tel|li|gent, ...in|teres|sant
hoch|ja|gen (in die Höhe jagen)
hoch|kant; hoch|ka|rä|tig; hoch|kom|men; Hoch|konjunk|tur; hoch|krem|peln; Hoch|kul|tur
Hoch|land (*Mehrz.* ...länder, auch. ...lande); **hoch|le|ben;** jmdn. - lassen; **hoch|le|gen; Hoch|leis|tung; Hoch|leistungs-mo|tor, ...sport; hoch|mo|dern; Hoch-moor, ...mut; hoch|mü|tig; Hochmü|tig|keit,** *die;* -
hoch|nä|sig (ugs.); **hoch|nehmen** (ugs. für: übervorteilen; necken)
Hoch|o|fen
hoch|päp|peln (ugs.); **Hochpar|ter|re; hoch|pro|zen|tig**
hoch qua|li|fi|ziert; vgl. hoch
hoch|räd|rig; hoch|rap|peln, sich (ugs.); **Hoch-rechnung; hoch|rot; Hoch|ruf**
Hoch|sai|son; hoch schätzen; vgl. hoch; **Hoch|schätzung,** *die;* -; **hoch|schlagen; hoch schrauben;** vgl. hoch; **Hoch-schu|le, ...schü|ler; Hoch|see|fische|rei; Hoch-sitz** (Jägerspr.), **...som|mer, ...spannung; Hoch|span|nungslei|tung; hoch|spie|len; Hoch|spra|che; hochsprach|lich; Hoch|sprung**
höchst; auf das/aufs Höchste erfreut
Hoch|sta|pe|lei; hoch|stapeln; Hoch|stap|ler
Höchst|bie|ten|de, *der* u. *die;* -n, -n
hoch|ste|cken; das Haar -, aber: seine Ziele hoch stecken; vgl. hoch; **hoch stehend;** eine - -e Persönlichkeit, vgl. hoch
höchs|tens; Höchst-fall

(im -), **...form, ...ge|schwin|dig|keit, ...gren|ze**

Hoch|stim|mung

Höchst‿leis|tung, ...maß *(das);* **höchst|per|sön|lich**

Hoch|stra|ße

höchst|wahr|schein|lich

hoch|tou|rig [*...tur...*]; **hoch|tra|bend; hoch|trei|ben**

hoch|ver|ehrt; Hoch‿ver|rat, ...ver|rä|ter

Hoch‿wald, ...was|ser (*Mehrz.* ...wasser); **hoch|wer|fen; hoch|wer|tig; hoch|wirk|sam; hoch|wohl|ge|bo|ren** (veralt.); **Hoch|wür|den**

[1]**Hoch|zeit** (Feier der Eheschließung); goldene -; [2]**Hoch|zeit** (glänzender Höhepunkt, Hochstand); **Hoch|zeits‿fei|er, ...ge|schenk, ...rei|se, ...tag; hoch|zie|hen**

Ho|cke, *die;* -, -n (eine Turnübung); **ho|cken;** sich -; **Ho|cker** (Schemel)

Hö|cker, *der;* -s, - (Buckel)

Ho|ckey [*hoki*], *das;* -s (eine Sportart)

Ho|de, *der;* -n, -n od. *die;* -, -n u. **Ho|den,** *der;* -s, - (m. Keimdrüse)

Hof, *der;* -[e]s, Höfe; Hof halten; **Hof|da|me; hof|fä|hig**

Hof|fart, *die;* - (veraltend für: Hochmut)

hof|fen; hof|fent|lich; Hoff|nung; hoff|nungs|los; Hoff|nungs|lo|sig|keit, *die;* -; **hoff|nungs|voll**

Hof hal|ten; vgl. Hof; **ho|fie|ren** (den Hof machen); **hö|fisch; Hof|knicks**

höf|lich; Höf|lich|keit; Höf|lich|keits‿be|such, ...flos|kel

Hof‿narr, ...rat (*Mehrz.* ...räte), **...staat** (*der;* -s)

Hof‿tor *(das),* **...tür**

ho|he; die hohe Schule (Reiten); das hohe Haus (Parlament); die Hohe Tatra; der Hohe Priester, des Hohen Priesters, ein Hoher Priester; vgl. Hohepriester; **Hö|he,** *die;* -, -n

Ho|heit; Ho|heits‿ge|biet, ...ge|wäs|ser *(Mehrz.)*

Hö|hen‿an|ga|be, ...flug, ...krank|heit, ...la|ge, ...luft (*die;* -), **...mes|ser** *(der),* **...son|ne** (als ®: Ultraviolettlampe)

Ho|he|pries|ter, des Hohepriesters; bei Beugung des ersten Bestandteils getrennt geschrieben; vgl. hohe

Hö|he|punkt

hö|her; -e Gewalt; jmdn. höher stufen (auf eine höhere Stufe bringen); eine höher gestellte Person

hohl; Höh|le, *die;* -, -n; **Höh|len‿bär, ...be|woh|ner, ...for|scher, ...mensch; Hohl‿ku|gel, ...maß** *(das),* **...raum, ...saum, ...spie|gel; hohl|wan|gig; Hohl|weg**

Hohn, *der;* -[e]s; Hohn lachen, (auch:) hohnlachen; Hohn sprechen, (auch:) hohnsprechen; **höh|nen; höh|nisch; hohn|la|chen;** ich hohnlache; vgl. Hohn; **hohn|spre|chen;** vgl. Hohn

hö|kern

Ho|kus|po|kus, *der;* -

hold

ho|len (abholen); etwas - lassen

Höl|le, *die;* -, (selten:) -n; **Höl|len‿angst, ...fahrt, ...ma|schi|ne, ...spek|ta|kel; höl|lisch**

Holm, *der;* -[e]s, -e (Griffstange des Barrens, Längsstange der Leiter)

holp|rig; Holp|rig|keit

hol|ter|die|pol|ter! (ugs.)

hol|ü|ber! (Ruf an den Fährmann)

Ho|lun|der, *der;* -s, - (ein Strauch)

Holz, *das;* -es, Hölzer; Holz verarbeitendes Gewerbe; **Holz‿ap|fel, ...bein, ...bo|den; hol|zen; höl|zern; Holz|fäl|ler; Holz|haus; hol|zig; Holz‿klotz, ...koh|le, ...pflock, ...scheit, ...schnit|zer, ...schuh, ...sta|pel, ...stoß; Holz ver|ar|bei|tend;** vgl. Holz; **holz|ver|klei|det; Holz‿weg, ...wol|le** (*die;* -), **...wurm**

Ho|mo, *der;* -s, -s (ugs. für: Homosexueller)

ho|mo|fon vgl. homophon usw.

ho|mo|gen (gleichartig, gleichmäßig zusammengesetzt)

Ho|mö|o|pa|thie, *die;* - (ein Heilverfahren); **ho|mö|o|pa|thisch**

ho|mo|phil (homosexuell); **Ho|mo|phi|lie,** *die;* - (Homosexualität); **ho|mo|phon,** (auch:) ho|mo|fon; **Ho|mo|pho|nie,** (auch:) Ho|mo|fo|nie; *die;* - (Kompositionsstil mit nur einer führenden Melodiestimme)

Ho|mo sa|pi|ens [- *...pi-änß*], *der;* - - (wissenschaftl. Bez. für den Menschen)

Ho|mo|se|xu|a|li|tät, *die;* (gleichgeschlechtliche Liebe); **ho|mo|se|xu|ell**

Ho|nig, *der;* -s, (für: Honigsorten *Mehrz.:*) -e; **Ho|nig‿bie|ne, ...ku|chen; ho|nig|süß**

Ho|no|rar, *das;* -s, -e (Vergütung [für Arbeitsleistung in freien Berufen]); **Ho|no|rar|pro|fes|sor; ho|no|rie|ren** (bezahlen; vergüten)

Hoo|li|gan [*hulig^{e}n*], *der;* -s, -s (Randalierer, bes. bei Massenveranstaltungen)

Hop|fen, *der;* -s, - (eine Kletterpflanze; Bierzusatz)

hop|peln; hopp|la!; hops; - (ugs. für: verloren) sein; **hop|sa!; hop|sa|la!, hop|sa|sa!; hop|sen; Hop|ser**

Hör|ap|pa|rat; hör|bar; hor|chen

[1]**Hor|de,** *die;* -, -n (Lattengestell, -rost, zum Lagern [von Obst, Gemüse])

[2]**Hor|de,** *die;* -, -n (wilde Menge, ungeordnete Schar)

hö|ren; Hö|ren|sa|gen, *das;* nur in: er weiß es vom -; **Hö|rer; Hö|re|rin; Hör‿feh|ler, ...funk** (für: Rundfunk), **...ge|rät; Hör|ge|rä|te|a|kus|ti|ker**

hö̱|rig; Hö̱|ri|ge, *der* u. *die;* -n, -n; **Hö̱|rig|keit,** *die;* -

Ho|ri|zo̱nt, *der;* -[e]s, -e; **ho|ri|zon|ta̱l** (waagerecht); **Ho|ri|zon|ta̱|le,** *die;* -, -n

Hor|mo̱n, *das;* -s, -e (Drüsenstoff; körpereigener Wirkstoff); **hor|mo|na̱l, hor|mo|ne̱ll; Hor|mo̱n‿be|hand|lung, ...haus|halt, ...prä|pa|rat**

Ho̱rn, *das;* -[e]s, Hörner u. (für: Hornarten *Mehrz.:*) -e; **Hö̱rn|chen; Ho̱rn|haut; ho̱r|nig**

Hor|ni̱s|se [auch: *ho̱r...*], *die;* -, -n (eine Wespenart)

Ho|ro|sko̱p, *das;* -s, -e

hor|re̱nd (schauderhaft; übermäßig); **hor|ri̱|bel** (furchtbar)

Hö̱r|rohr

Ho̱r|ror, *der;* -s (Schauder, Abscheu); **Ho̱r|ror|trip** (ugs. für: Drogenrausch mit Panikgefühlen)

Hö̱r|saal

Hors|d'œu|v|re [*o̱rdö̱́wr*(e), auch: *o̱r...*], *das;* -s, -s [*o̱rdö̱́wr*(e)] (Vorspeise)

Hö̱r|spiel

Ho̱rst, *der;* -[e]s, -e (Greifvogelnest; Strauchwerk)

Ho̱rt, *der;* -[e]s, -e; **ho̱r|ten** ([Geld usw.] aufhäufen)

Hor|te̱n|sie [*...i*e], *die;* -, -n (ein Zierstrauch)

Hö̱r|wei|te; in -

Hö̱s|chen; Ho̱|se, *die;* -, -n; **Ho̱|sen‿an|zug, ...bund** *(der),* **...matz** (ugs. scherzh.), **...schei|ßer** (derb für: sehr ängstlicher Mensch), **...ta|sche, ...trä|ger**

ho|si|a̱n|na! (Gebets- u. Freudenruf)

Hos|pi|ta̱l, *das;* -s, -e u. ...täler (Krankenhaus); **hos|pi|ti̱e|ren** (als Gast [in Schulen] zuhören); **Hos|pi̱z,** *das;* -es, -e (Beherbergungsbetrieb)

Hos|tess [*ho̱ßtäß* u. *hoßtä̱ß*], *die;* -, -en (Begleiterin, Betreuerin, Führerin [auf [2]Messen, in Hotels o. Ä.]; verhüll. auch für: Prostituierte)

Ho̱s|tie [*...i*e], *die;* -, -n (Abendmahlsbrot)

Ho|te̱l, *das;* -s, -s; **Ho|te̱l gar|ni̱,** *das;* - -, -s -s (Hotel, das nur Frühstück anbietet); **Ho|te̱l|zim|mer**

Hot|line [*hotlain*], *die;* -, -s (Telefonanschluss für rasche Serviceleistungen)

Hu̱b, *der;* -[e]s, Hube (Weglänge eines Kolbens usw.)

hü̱|ben; - und drüben

Hu̱b|raum; Hu̱b|raum|steu|er, *die*

hü̱bsch; Hü̱bsch|heit, *die;* -

Hu̱b|schrau|ber

Hu̱|cke, *die;* -, -n (landsch. für: Rückenlast); **hu̱|cke|pack;** - tragen

Hu|de|le̱i; hu̱|de|lig; hu̱|deln (landsch. für: nachlässig handeln)

Hu̱f, *der;* -[e]s, -e; **Hu̱f‿ei|sen, ...lat|tich** (Wildkraut u. Heilpflanze), **...na|gel, ...schmied**

Hü̱f|te, *die;* -, -n; **Hü̱ft‿ge|lenk, ...gür|tel, ...hal|ter, ...kno|chen, ...lei|den**

Hü̱|gel, *der;* -s, -; **hü̱|ge|lig; Hü̱|gel‿ket|te, ...land** (*Mehrz.* ...länder)

Hu̱hn, *das;* -[e]s, Hühner; **Hü̱hn|chen; Hü̱h|ner‿au|ge, ...brü|he, ...ei, ...fri|kas|see, ...hund**

hui!; aber: im Hui

Hu̱ld, *die;* - (veraltend); **hu̱l|di|gen; Hu̱l|di|gung**

Hü̱l|le, *die;* -, -n; **hü̱l|len|los**

Hü̱l|se, *die;* -, -n (Kapsel[frucht]); **Hü̱l|sen|frucht**

hu|ma̱n (menschlich; menschenfreundlich); **Hu|ma̱n|ge|ne|tik** (Teilgebiet der Genetik); **Hu|ma|ni̱s|mus,** *der;* - (auf das Bildungsideal der gr.-röm. Antike gegründetes Denken u. Handeln); **hu|ma|ni̱s|tisch;** -es Gymnasium; **hu|ma|ni|tä̱r** (menschenfreundlich; wohltätig); **Hu|ma|ni|tä̱t,** *die;* - (Menschlichkeit; humane Gesinnung)

Hu̱m|bug, *der;* -s (ugs. für: Schwindel; Unsinn)

Hu̱m|mel, *die;* -, -n

Hu̱m|mer, *der;* -s, - (ein Krebs)

Hu|mo̱r, *der;* -s, (selten:) -e (heitere Gelassenheit; [gute] Laune); **hu|mo̱|rig** (launig, mit Humor); **Hu|mo|ri̱st,** *der;* -en, -en (jmd., der mit Humor schreibt, vorträgt usw.); **hu|mo|ri̱s|tisch; hu|mo̱r|los; Hu|mo̱r|lo|sig|keit; hu|mo̱r|voll**

hu̱m|peln

Hu̱m|pen, *der;* -s, -

Hu̱|mus, *der;* - (fruchtbarer Bodenbestandteil, organ. Substanz im Boden)

Hu̱nd, *der;* -[e]s, -e (Bergmannsspr. auch: Förderwagen); **Hu̱n|de‿art, ...biss; hu̱n|de|e̱|lend** (ugs. für: sehr elend); **Hu̱n|de|hüt|te; hu̱n|de|kalt** (ugs. für: sehr kalt); **Hu̱n|de‿käl|te** (ugs.), **...ku|chen; hu̱n|de|mü̱|de** (ugs. für: sehr müde)

hu̱n|dert; hundert Menschen; bis hundert zählen; Tempo hundert (für: hundert Stundenkilometer); ein paar hundert od. Hundert; [viele] hunderte od. Hunderte von Menschen; sie kamen zu hunderten od. Hunderten; [1]**Hu̱n|dert,** *das;* -s, -e; [vier] vom Hundert (Abk.: v. H., p. c.; Zeichen: %); [2]**Hu̱n|dert,** *die;* -, -en (Zahl); **Hu̱n|der|ter,** *der;* -s, -; **hu̱n|der|ter|le̱i; Hu̱n|dert|eu̱|ro|schein,** (auch:) **Hu̱n|dert-Eu̱|ro-Schein; hu̱n|dert|fach; Hu̱n|dert|fa|che,** *das;* -n; **hu̱n|dert|jäh|rig;** der hundertjährige, (als Werktitel:) Hundertjährige Kalender; **hu̱n|dert|mal;** viele hundert od. Hundert Mal[e]; viel hundert od. Hundert Male; **Hun|dert|me̱|ter|lauf,** (auch:) **Hun|dert-Me̱|ter-Lauf; hu̱n|dert|pro|zen|tig; Hu̱n|dert|schaft; hu̱n|derts|te; Hu̱n|derts|tel,** *das* (schweiz. meist: *der*); -s, -; **Hu̱n|derts-**

tel|se|kun|de; hun|dert|tau|send; hun|dert|[und]|ein[s]
Hun|de‿sa|lon, ...steu|er *(die),* **...wet|ter** (*das;* -s; ugs. für: sehr schlechtes Wetter), **...zucht; Hün|din; hün|disch; hunds‿föt|tisch** (derb abwertend für: niederträchtig), **...ge|mein** (ugs.), **...mi|se|ra|bel** (ugs.); **Hunds|veil|chen** (duftloses Veilchen)
Hü|ne, *der;* -n, -n; **hü|nen|haft**
Hun|ger, *der;* -s; vor - sterben; **Hun|ger‿kur, ...lohn; hun|gern; Hun|gers|not; Hun|ger|streik; hung|rig**
Hu|pe, *die;* -, -n (Signalhorn); **hu|pen**
hüp|fen; Hüp|fer (kleiner Sprung)
Hup|kon|zert
Hur|de, *die;* -, -n (südwestd. u. schweiz. für: [1]Horde); **Hür|de,** *die;* -, -n; **Hür|den|lauf**
Hu|re, *die;* -, -n (abwertend); **hu|ren** (abwertend); **Hu|ren‿bock** (Schimpfwort), **...sohn** (Schimpfwort); **Hu|re|rei** (abwertend)
hur|ra! [auch: *hu...*]; **Hur|ra** [auch: *hu...*], *das;* -s, -s; Hurra, (auch:) hurra schreien
Hur|ri|kan [engl. Ausspr.: *harikᵉn*], *der;* -s, -e u. (bei engl. Ausspr.:) -s (tropischer Wirbelsturm)
hur|tig; Hur|tig|keit, *die;* -
husch!; hu|schen
hüs|teln; hus|ten; Hus|ten, *der;* -s, (selten:) -; **Hus|ten‿an|fall, ...bon|bon, ...mit|tel, ...reiz**
[1]**Hut,** *der;* -[e]s, Hüte (Kopfbedeckung); [2]**Hut,** *die;* - (geh. für: Schutz, Aufsicht); auf der - sein; **Hü|te|jun|ge,** *der;* **hü|ten;** sich -; **Hü|ter; Hut‿kof|fer, ...krem|pe, ...schach|tel, ...schnur** (das geht über die - [ugs. für: das geht zu weit])
Hüt|te, *die;* -, -n; **Hüt|ten‿ar|bei|ter, ...werk, ...we|sen** (*das;* -s)

hut|ze|lig, hutz|lig (landsch. für: dürr, welk; alt)
Hy|ä|ne, *die;* -, -n (ein Raubtier)
Hy|a|zin|the, *die;* -, -n (eine Zwiebelpflanze)
Hy|d|ra, *die;* -, ...dren (ein Süßwasserpolyp)
Hy|d|rant, *der;* -en, -en (Zapfstelle); **Hy|d|rau|lik,** *die;* - (Lehre von der Bewegung der Flüssigkeiten); **hy|d|rau|lisch** (mit Flüssigkeitsdruck arbeitend)
Hy|d|ro|kul|tur, *die;* - (Wasserkultur; Pflanzenzucht in Nährlösungen ohne Erde)
Hy|gi|e|ne, *die;* - (Gesundheitslehre, -fürsorge, -pflege); **hy|gi|e|nisch**
Hy|g|ro|me|ter, *das;* -s, - (Luftfeuchtigkeitsmesser)
Hym|ne, *die;* -, -n (Festgesang; christl. Lobgesang; Weihelied)
Hy|per|bel, *die;* -, -n (Math.: Kegelschnitt)
hy|per|kor|rekt (überkorrekt); **hy|per|kri|tisch** (übertrieben kritisch); **hy|per|mo|dern** (übermodern, übertrieben neuzeitlich); **hy|per|sen|si|bel**
Hyp|no|se, *die;* -, -n (schlafähnl. Bewusstseinszustand); **Hyp|no|ti|seur** [*...sör*], *der;* -s, -e (die Hypnose Bewirkender); **Hyp|no|ti|seu|rin; hyp|no|ti|sie|ren** (in Hypnose versetzen)
Hy|po|chon|der [*...ch...*], *der;* -s, - (eingebildeter Kranker); **Hy|po|chon|d|rie,** *die;* - (Einbildung, krank zu sein)
Hy|po|thek, *die;* -, -en (im Grundbuch eingetragenes Pfandrecht an einem Grundstück); **Hy|po|the|se,** *die;* -, -n ([unbewiesene] Annahme, Vermutung)
Hys|te|rie, *die;* -, ...ien (nervöse Aufgeregtheit, Überspanntheit); **Hys|te|ri|ker; hys|te|risch**

Ii

I (Buchstabe); das I; des I, die I; aber: das i in Bild; der Punkt auf dem i
ich; Ich, *das;* -[s], -[s]; mein anderes -; **ich|be|zo|gen; Ich‿form** (*die;* -), **...ge|fühl** (*das;* -[e]s), **...sucht** (*die;* -); **ich|süch|tig**
i|de|al (nur in der Vorstellung existierend; der Idee entsprechend; musterhaft, vollkommen); **I|de|al,** *das;* -s, -e (dem Geiste vorschwebendes Muster der Vollkommenheit; Wunschbild); **I|de|al‿bild, ...fall** *(der),* **...fi|gur; i|de|a|li|sie|ren** (der Idee od. dem Ideal annähern; verklären); **I|de|a|lis|mus,** *der;* -, ...men (Überordnung der Gedanken-, Vorstellungswelt über die wirkliche [nur *Einz.*]; Streben nach Verwirklichung von Idealen); **I|de|a|list,** *der;* -en, -en; **i|de|a|lis|tisch; I|de|al‿vor|stel|lung, ...zu|stand; I|dee,** *die;* -, Ideen ([Ur]begriff, Urbild; [Leit-, Grund]gedanke; Einfall, Plan); eine - (auch für: ein bisschen); **i|de|ell** (nur gedacht, geistig); **i|de|en‿los, ...reich; I|de|en|welt**
I|den|ti|fi|ka|ti|on [*...zion*], *die;* -, -en (Gleichsetzung, Feststellung der Identität); **i|den|ti|fi|zie|ren** (einander gleichsetzen; genau wieder erkennen); sich -; **i|den|tisch** ([ein und] derselbe; übereinstimmend; völlig gleich); **I|den|ti|tät,** *die;* - (völlige Gleichheit)
I|de|o|lo|gie, *die;* -, ...ien (System von Weltanschauungen, [polit.] Grundeinstellungen u. Wertungen); **i|de|o|lo|gisch**
I|di|ot, *der;* -en, -en; **i|di|o|ten|haft; I|di|o|ten|hü|gel** (ugs. scherzh. für: Hügel, an dem

sich Anfänger im Skifahren üben); **i|di|o|ten|si|cher** (ugs. für: so, dass niemand etwas falsch machen kann); **i|di|o|tisch**

I|dol, *das;* -s, -e (Publikumsliebling, Schwarm; Götzenbild; Abgott)

I|dyll, *das;* -s, -e (Bereich, Zustand eines friedl. und einfachen, meist ländl. Lebens); **i|dyl|lisch** (das Idyll betreffend; ländlich; friedlich; einfach)

I|gel, *der;* -s, -; **I|gel|fisch**

I|g|lu, *der* od. *das;* -s, -s (runde Schneehütte der Eskimos)

I|g|no|rant, *der;* -en, -en (»Nichtwisser«; Dummkopf); **I|g|no|ranz,** *die;* - (Unwissenheit, Dummheit); **i|g|no|rie|ren** (nicht wissen [wollen], absichtlich übersehen, nicht beachten)

ihm; ihn; ih|nen[1]

ihr[1], **ih|re, ihr;** ihres, ihrem, ihren, ihrer; **ih|re**[1], **ih|ri|ge**[1]; **ih|rer|seits**[1]; **ih|res|glei|chen**[1]; **ih|ret|we|gen**[1]; **ih|ret|wil|len**[1]; um -; **ih|ri|ge**[1]

I|ko|ne, *die;* -, -n (Kultbild der Ostkirche)

il|le|gal [auch: *...al*] (gesetzwidrig); **Il|le|ga|li|tät** [auch: *il...*], *die;* -, -en; **il|le|gi|tim** [auch: *...im*] (unrechtmäßig; unehelich); **Il|le|gi|ti|mi|tät** [auch: *il...*], *die;* -

il|lo|y|al [*iloajal,* auch: *...al*]; (unredlich, untreu; Vereinbarungen nicht einhaltend); **Il|lo|ya|li|tät** [auch: *il...*], *die;* -

il|lu|mi|nie|ren (festlich erleuchten; bunt ausmalen); **Il|lu|mi|nie|rung,** *die;* -, -en (Festbeleuchtung)

Il|lu|si|on, *die;* -, -en (Wunschvorstellungen; Wahn, Sinnestäuschung); **il|lu|si|ons|los; il|lu|so|risch** (trügerisch)

Il|lus|t|ra|ti|on [*...zion*], *die;* -, -en (Erläuterung, Bildbeigabe, Bebilderung); **Il|lus|t|ra|tor,** *der;* -s, ...oren (Künstler, der ein Buch mit Bildern schmückt); **il|lus|t|rie|ren** ([durch Bilder] erläutern; [ein Buch] bebildern); **il|lus|t|riert; Il|lus|t|rier|te,** *die;* -n, -

Il|tis, *der;* Iltisses, Iltisse (ein Raubtier; Pelz desselben)

im (in dem); - Grunde [genommen]

IM = inoffizieller Mitarbeiter (des Staatssicherheitsdienstes der ehem. DDR)

I|mage [*imidsch*], *das;* -[s], -s [*...dschis*] (Vorstellung, Bild von jmdm. od. etw. [in der öffentlichen Meinung]); **i|ma|gi|när** (nur in der Vorstellung bestehend; scheinbar)

im All|ge|mei|nen (Abk.: i. Allg.)

im Auf|trag, im Auf|tra|ge

im Be|griff, im Be|grif|fe; - - sein

im Be|son|de|ren

Im|biss, *der;* -es, -e; **Im|biss-hal|le, ...stand,** (auch:) **Im|biss-Stand, ...stu|be** (auch:) **Im|biss-Stu|be**

im Ein|zel|nen

im Fall od. **Fal|le[,] dass**

im Grun|de; - - genommen

I|mi|ta|ti|on [*...zion*], *die;* -, -en ([minderwertige] Nachahmung); **i|mi|tie|ren; i|mi|tiert** (nachgeahmt, unecht)

im Jah|re (Abk.: i. J.)

Im|ker, *der;* -s, - (Bienenzüchter); **Im|ke|rei** (Bienenzucht; Bienenzüchterei)

Im|ma|t|ri|ku|la|ti|on [*...zion*], *die;* -, -en (Einschreibung an einer Hochschule; schweiz. auch für amtl. Zulassung eines Kraftfahrzeugs); **im|ma|t|ri|ku|lie|ren**

im|mens (unermesslich [groß])

im|mer; - wieder; für -; der immer währende Kalender; **im|mer|fort; im|mer|grün; Im|mer|grün,** *das;* -s, -e (eine Pflanze); **im|mer|hin; im|mer wäh|rend;** vgl. immer; **im|mer|zu** (fortwährend)

Im|mi|g|rant, *der;* -en, -en (Einwanderer); **Im|mi|g|ran|tin; Im|mi|g|ra|ti|on,** *die;* -, -en; **im|mi|g|rie|ren**

Im|mo|bi|lie [*...i^en*], *die;* -, -n (Grundstücke, Grundbesitz); **Im|mo|bi|li|en|händ|ler**

im|mun (unempfänglich [für Krankheit]; unter Rechtsschutz stehend; unempfindlich); **im|mu|ni|sie|ren** (unempfänglich machen [für Krankheit]); **Im|mu|ni|sie|rung,** *die;* -, -en; **Im|mu|ni|tät,** *die;* - (Unempfindlichkeit gegenüber Krankheitserregern; Persönlichkeitsschutz der Abgeordneten in der Öffentlichkeit); **Im|mun|schwä|che; Im|mun|sys|tem**

im Nach|hi|n|ein (nachträglich, hinterher)

Im|pe|ra|tiv [auch: *...tif*], *der;* -s, -e [*...w^e*] (Sprachw.: Befehlsform)

Im|per|fekt [auch: *...fäkt*], *das;* -s, -e (Sprachw.: erste Vergangenheit)

Im|pe|ri|a|lis|mus, *der;* - (das Streben von Großmächten nach wirtschaftl., polit. u. milit. Vorherrschaft); **Im|pe|ri|a|list,** *der;* -en, -en; **im|pe|ri|a|li|s|tisch; Im|pe|ri|um,** *das;* -s, ...ien [*...i^en*] (Kaiser-, Weltreich)

imp|fen; Impf|ling; Impf-pflicht, ...schein, ...stoff; Imp|fung; Impf|zwang (*der;* -[e]s)

im|po|nie|ren (Achtung einflößen, [großen] Eindruck machen)

Im|port, *der;* -[e]s, -e (Einfuhr); **Im|por|teur** [*...tör*], *der;* -s, -e ([Groß]händler, der Waren einführt); **Im|port-ge|schäft, ...han|del; im|por|tie|ren**

im|po|sant (eindrucksvoll; großartig)

---

[1] Als Anrede (entsprechend »Sie«) stets großgeschrieben.

im|po|tent [auch: *...tänt*] (zum Koitus, zur Zeugung nicht fähig); **Im|po|tenz** [auch: *...tänz*], *die;* -, -en

im|prä|g|nie|ren (mit einem Schutzmittel [gegen Feuchtigkeit, Zerfall] durchtränken); **Im|prä|g|nie|rung,** *die;* -, -en

Im|pres|si|on, *die;* -, -en (Eindruck; Empfindung; Sinneswahrnehmung)

Im|pro|vi|sa|ti|on [*...wisazion*], *die;* -, -en (unvorbereitetes Handeln; aus dem Stegreif Dargebotenes); **impro|vi|sie|ren** (etwas aus dem Stegreif tun)

Im|puls, *der;* -es, -e (Antrieb; Anregung; Stromstoß); **impul|siv** (einem Impuls folgend, spontan)

im|stan|de, (auch:) **im Stande;** imstande, (auch:) im Stande sein

im Üb|ri|gen

im Vor|aus [auch: *- forauß*]

[1]**in;** ich gehe in den Garten; im (in dem); ins (in das)

[2]**in;** - sein (ugs. für: dazugehören; zeitgemäß, modern sein)

In|an|griff|nah|me, *die;* -, -n

In|an|spruch|nah|me, *die;* -, -n

In|au|gen|schein|nah|me, *die;* -, -n

in bar

In|be|griff, *der;* -[e]s, -e (absolute Verkörperung; Musterbeispiel); **in|be|grif|fen**

In|be|sitz|nah|me, *die;* -, -n

In|be|trieb‿nah|me (*die;* -, -n), **...set|zung**

in Be|zug

In|brunst, *die;* -; **in|brüns|tig**

In|d|an|th|ren®, *das;* -s, -e (licht- u. waschechter Farbstoff)

in|dem; er diktierte den Brief, indem (während) er im Zimmer umherging

in|des, in|des|sen

In|dex, *der;* -[es], -e u. ...dizes, (auch:) ...dices [*...zeß*] (alphabet. Namen-, Sachverzeichnis; Liste verbotener Bücher; statistische Messziffer)

In|di|a|ner, *der;* -s, - (Angehöriger der Urbevölkerung Amerikas); **In|di|a|ner‿buch, ...ge|schich|te**

In|dienst|stel|lung

in|dif|fe|rent [auch: *...änt*] (gleichgültig; Chemie, Med.: neutral)

In|di|ka|ti|on [*...zion*], *die;* -, -en (Merkmal; Med.: Heilanzeige); **In|di|ka|tiv** [auch: *...tif*], *der;* -s, -e [*...w^{e}*] (Sprachw.: Wirklichkeitsform)

in|di|rekt [auch: *...äkt*] (mittelbar; auf Umwegen); -e Rede (Sprachw.: abhängige Rede)

in|dis|kret [auch: *...kret*] (nicht verschwiegen; taktlos; zudringlich); **In|dis|kre|ti|on** [*...zion,* auch: *in...*], *die;* -, -en (Vertrauensbruch; Taktlosigkeit)

in|dis|ku|ta|bel [auch: *...ab^{e}l*] (nicht der Erörterung wert)

In|di|vi|du|a|lis|mus, *der;* - (Anschauung, die dem Individuum den Vorrang vor der Gemeinschaft gibt); **In|di|vi|du|a|list,** *der;* -en, -en; **in|di|vi|du|a|lis|tisch** (nur das Individuum berücksichtigend; das Besondere, Eigentümliche betonend); **in|di|vi|du|ell** (dem Individuum eigentümlich; vereinzelt; besonders geartet); **In|di|vi|du|um,** *das;* -s, ...duen [*...u^{e}n*] (Einzelwesen, einzelne Person; abwertend für: Kerl, Lump)

In|diz, *das;* -es, -ien [*...i^{e}n*] (Anzeichen; Verdacht erregender Umstand); **In|di|zes** (*Mehrz.* von: Index); **In|di|zi|en‿be|weis** (auf zwingenden Verdachtsmomenten beruhender Beweis), **...ket|te, ...pro|zess**

In|dok|t|ri|na|ti|on [*...zion*], *die;* -, -en (massive [ideologische] Beeinflussung); **in|dok|t|ri|nie|ren**

in|dus|t|ri|a|li|sie|ren (Industrie ansiedeln, einführen); **In|dus|t|ri|a|li|sie|rung,** *die;* -; **In|dus|t|rie,** *die;* -, ...ien; **In|dus|t|rie‿an|la|ge, ...be|trieb, ...er|zeug|nis, ...ge|biet, ...ge|werk|schaft** (Abk.: IG), **...kauf|mann, ...land, ...land|schaft; in|dus|t|ri|ell** (die Industrie betreffend); **In|dus|t|ri|el|le,** *der;* -n, -n (Inhaber[in] eines Industriebetriebes); **In|dus|t|rie‿ma|g|nat, ...pro|dukt, ...staat, ...stadt, ...un|ter|neh|men, ...zweig**

in|ei|n|an|der; ineinander fließen, fügen, greifen usw.; ineinander verschlungen sein

in eins; in eins setzen (gleichsetzen); **In|eins|set|zung** (geh.)

in|fam (niederträchtig); **In|fa|mie,** *die;* -, ...ien

In|fan|te|rie|re|gi|ment (Abk.: IR.); **In|fan|te|rist,** *der;* -en, -en (Fußsoldat); **in|fan|te|ris|tisch; in|fan|til** (kindlich; unentwickelt, unreif); **In|fan|ti|li|tät,** *die;* -, -en

In|farkt, *der;* -[e]s, -e (Med.: Absterben eines Gewebeteils infolge Gefäßverschlusses)

In|fek|ti|on [*...zion*], *die;* -, -en (Ansteckung durch Krankheitserreger); **In|fek|ti|ons‿ge|fahr, ...herd, ...krank|heit**

in|fer|na|lisch (höllisch; teuflisch); **In|fer|no,** *das;* -s (entsetzliches Geschehen)

in|fil|t|rie|ren (eindringen; durchtränken)

in|fi|nit [auch: *...nit*] (Sprachw.: unbestimmt); **In|fi|ni|tiv** [auch: *...tif*], *der;* -s, -e [*...w^{e}*] (Sprachw.: Grundform [des Zeitwortes], z. B. »erwachen«)

in fla|g|ran|ti (auf frischer Tat); - - ertappen

In|fla|ti|on [*...zion*], *die;* -, -en (übermäßige Ausgabe von Zahlungsmitteln; Geldentwertung); **in|fla|ti|o|när, in|fla|to|risch** (Inflation bewirkend)

in|fol|ge; in|fol|ge|des|sen
In|fo|post (Massendrucksachen, z. B. Werbung); **In|for|mand,** *der;* -en, -en (eine Person, die informiert wird); **In|for|mant,** *der;* -en, -en (jmd., der [geheime] Informationen liefert); **In|for|ma|ti|on** [*...zion*], *die;* -, -en (Auskunft; Nachricht); **In|for|ma|ti|ons‿aus|tausch, ...be|dürf|nis, ...bü|ro, ...ge|sell|schaft, ...ma|te|ri|al, ...quel|le; in|for|ma|tiv** (Auskunft gebend; aufschlussreich); **In|for|ma|tor,** *der;* -s, ...oren (jmd., von dem man Informationen bezieht); **in|for|mell** [auch: *...mäl*] (ohne Formalitäten); **in|for|mie|ren** (Auskunft geben; benachrichtigen); sich - (sich unterrichten, Auskünfte, Erkundigungen einziehen); **In|for|miert|heit,** *die;* -; **In|fo|tain|ment** [*infote*^{i}*nm*^{e}*nt*], *das;* -s (Kurzw. aus Information u. Entertainment; unterhaltende Darbietung von Information)
in|fra|ge, (auch:) **in Fra|ge;** infrage, (auch:) in Frage kommen, stehen, stellen
In|f|ra|rot (unsichtbare Wärmestrahlen, die im Spektrum zwischen dem roten Licht u. den kürzesten Radiowellen liegen); **In|f|ra|rot|hei|zung; In|f|ra|struk|tur,** *die;* -, -en (wirtschaftlich-organisatorischer Unterbau einer hoch entwickelten Wirtschaft; Gesamtheit milit. Anlagen)
In|fu|si|on, *die;* -, -en (Zufuhr von Flüssigkeit in den Körper mittels einer Hohlnadel)
In|gang‿hal|tung (*die;* -), **...set|zung** (*die;* -)
In|ge|ni|eur [*inscheniör*], *der;* -s, -e (Abk.: Ing.); **In|ge|ni|eur‿a|ka|de|mie, ...bü|ro; In|ge|ni|eu|rin; In|ge|ni|eur|schu|le**
In|gre|di|enz, *die;* -, -en (meist *Mehrz.;* Zutat; Bestandteil)
In|grimm, *der;* -[e]s (veraltend für: Grimm); **in|grim|mig**
Ing|wer, *der;* -s (eine Gewürzpflanze)
In|ha|ber; In|ha|be|rin
in|haf|tie|ren (in Haft nehmen); **In|haf|tie|rung; In|haft|nah|me,** *die;* -, -n (Amtsspr.)
in|ha|lie|ren ([zerstäubte] Heilmittel einatmen); Tabak o. Ä. über die Lunge rauchen)
In|halt; in|halt|lich; In|halts|an|ga|be; in|halts‿arm, ...los, ...schwer; In|halts‿über|sicht, ...ver|zeich|nis; in|halt[s]|voll
in|hu|man [auch: *...an*] (unmenschlich); **In|hu|ma|ni|tät** [auch: *in...*], *die;* -, -en
I|n|i|ti|a|le [*inizial*$^{(e)}$], *die;* -, -n (großer [meist verzierter] Anfangsbuchstabe); **i|n|i|ti|a|tiv** (Initiative ergreifend, besitzend); - werden; **I|n|i|ti|a|ti|ve** [*...w*^{e}], *die;* - (erste tätige Anregung zu einer Handlung; Entschlusskraft, Unternehmungsgeist; schweiz. auch für: Volksbegehren [auch *Mehrz.:* -n]); die - ergreifen; **I|n|i|ti|a|tor,** *der;* -s, ...oren (Urheber; Anreger; Anstifter)
In|jek|ti|on [*...zion*], *die;* -, -en (Med.: Einspritzung); **in|ji|zie|ren**
In|kauf|nah|me, *die;* -
in|klu|si|ve [*...w*^{e}] (einschließlich; Abk.: inkl.); *Verhältnisw.* mit *Wesf.:* - des Portos; - der Getränke; aber: - Porto; - Getränken
in|ko|g|ni|to (»unerkannt«; unter fremdem Namen); - reisen; **In|ko|g|ni|to,** *das;* -s, -s
in|kom|pe|tent [auch: *...änt*] (nicht sachverständig; nicht zuständig); **In|kom|pe|tenz** [auch: *...änz*], *die;* -, -en
in|kon|se|quent [auch: *...ānt*], (nicht folgerichtig; widersprüchlich); **In|kon|se|quenz** [auch: *...änz*], *die;* -, -en
in|kor|rekt [auch: *...äkt*] (fehlerhaft; unangemessen); **In|kor|rekt|heit** [auch: *...äkt...*]
in Kraft; vgl. Kraft; **In|kraft|set|zung; In-Kraft-Tre|ten,** *das;* -s (eines Gesetzes)
In|ku|ba|ti|ons|zeit [*...zion...*] (Zeit von der Infektion bis zum Ausbruch einer Krankheit)
In|land, *das;* -[e]s; **In|land|eis; In|län|der,** *der;* **In|län|de|rin; In|lands‿markt, ...nach|fra|ge, ...preis, ...rei|se**
In|lett, *das;* -[e]s, -e (Baumwollstoff [für Federbetten u. -kissen])
in|lie|gend; In|lie|gen|de, *das;* -n
In|li|ner [*inlain*^{e}*r*], *der;* -s, - (Rollschuh mit schmalen, in einer Linie hintereinander angeordneten Rädchen)
in|mit|ten (geh.)
in|ne|ha|ben
in|nen; von, nach -; - und außen; **In|nen‿an|ten|ne, ...ar|chi|tekt, ...ar|chi|tek|tin, ...ar|chi|tek|tur, ...auf|nah|me, ...aus|stat|tung, ...hof, ...le|ben, ...mi|nis|ter, ...mi|nis|te|ri|um, ...po|li|tik; in|nen|po|li|tisch; In|nen‿raum, ...stadt**
in|ner‿be|trieb|lich, ...deutsch; in|ne|re; innerste; zuinnerst; die -e Medizin; -e Angelegenheiten eines Staates; **In|ne|re,** *das;* ...r[e]n; das Ministerium des Innern; **In|ne|rei|en,** *die;* (*Mehrz.;* z. B. innere Organe u. Gedärm von Schlachttieren); **in|ner|halb;** - eines Jahres; **in|ner|lich; In|ner|lich|keit,** *die;* -; **in|ner|par|tei|lich; In|ners|te,** *das;* -n
in|ne sein (geh.); **in|ne|wer|den** (geh.); **in|ne|woh|nen** (geh.)
in|nig; In|nig|keit, *die;* -; **in|nig|lich; in|nigst**
In|nung; In|nungs|meis|ter
in|of|fi|zi|ell [auch: *...äl*] (außerdienstlich; nicht in offiziellem Rahmen)

in pet|to; etwas - - (ugs. für: im Sinne, bereit) haben
in punc|to (hinsichtlich)
In|put, *der* (auch *das*); -s, -s (Wirtsch.: von außen bezogene u. im Betrieb eingesetzte Produktionsmittel; EDV: Eingabe)
In|qui|si|ti|on [*...zion*], *die;* -, -en (mittelalterl. kath. Ketzergericht; strenge Untersuchung); **in|qui|si|to|risch**
ins (in das)
In|sas|se, *der;* -n, -n
ins|be|son|de|re, ins|be|sond|re
In|schrift
In|sekt, *das;* -[e]s, -en; Insekten fressende Pflanzen; **In|sek|ten˯be|kämp|fung; ...fres|ser, ...stich, ...ver|til|gungs|mit|tel**
In|sel, *die;* -, -n; **In|sel˯be|woh|ner, ...grup|pe, ...land** (*Mehrz.* ...länder)
In|se|rat, *das;* -[e]s, -e (Anzeige [in Zeitungen usw.]); **In|se|ra|ten|teil,** *der;* **In|se|rent,** *der;* -en, -en (jmd., der ein Inserat aufgibt); **In|se|ren|tin; in|se|rie|ren** (ein Inserat aufgeben)
ins|ge|heim; ins|ge|samt
In|si|der [*inßaid*^{e}*r*], *der;* -s, - (jmd., der interne Kenntnisse von etwas besitzt; Eingeweihter)
In|si|g|ni|en [*...i*^{e}*n*], *die* (*Mehrz.;* Symbole der Macht u. Würde)
in|so|fern
in|sol|vent [auch: *insolwänt*] (zahlungsunfähig); **In|sol|venz** [auch: *insolwänz*], *die;* -, -en
in|so|weit [auch: *insoweit*]
in spe [- *ßpe*] (zukünftig)
In|s|pek|ti|on [*...zion*], *die;* -, (Besichtigung; [regelmäßige] Wartung [eines Kraftfahrzeugs]; Dienststelle); **In|s|pek|ti|ons˯fahrt, ...gang** *(der),* **...rei|se; In|s|pek|tor,** *der;* -s, ...oren (jmd., der etwas inspiziert; Verwaltungsbeamter)
In|s|pi|ra|ti|on [*...zion*], *die;* -, -en (Eingebung; Erleuchtung); **in|s|pi|rie|ren**
in|s|pi|zie|ren (prüfen); **In|s|pi|zie|rung,** *die;* -, -en
In|s|tal|la|teur [*...tör*], *der;* -s, -e (Handwerker für Installationen); **In|s|tal|la|ti|on** [*...zion*], *die;* -, -en (Einrichtung, Einbau, Anlage, Anschluss [von techn. Anlagen]); **in|s|tal|lie|ren**
in|stand, (auch:) **in Stand;** etwas instand, (auch:) in Stand halten, setzen (schweiz.: stellen); ein Haus instand, (auch:) in Stand besetzen (ugs. für: widerrechtlich besetzen u. wieder bewohnbar machen); **In|stand˯be|set|zer** (ugs.); **in|stand hal|ten;** vgl. instand; **In|stand|hal|tung; In|stand|hal|tungs|kos|ten,** *die (Mehrz.)*
in|stän|dig (eindringlich; flehentlich); **In|stän|dig|keit,** *die;* -
in|stand set|zen; vgl. instand; **In|stand|set|zung**
In|s|tanz, *die;* -, -en (zuständige Stelle bei Behörden od. Gerichten)
In|s|tinkt, *der;* -[e]s, -e (angeborene Verhaltensweise [bes. bei Tieren]; auch für sicheres Gefühl); **In|s|tinkt|hand|lung; in|s|tink|tiv** (trieb-, gefühlsmäßig); **in|s|tinkt|los; In|s|tinkt|lo|sig|keit**
In|s|ti|tut, *das;* -[e]s, -e (Unternehmen; Bildungs-, Forschungsanstalt); **In|s|ti|tu|ti|on** [*...zion*], *die;* -, -en (öffentl. Einrichtung)
In|s|truk|ti|on [*...zion*], *die;* -, -en (Anleitung; [Dienst]anweisung); **in|s|truk|tiv** (lehrreich)
In|s|tru|ment, *das;* -[e]s, -e; **In|s|tru|men|tal|mu|sik**
in|sze|nie|ren (eine Bühnenaufführung vorbereiten); **In|sze|nie|rung,** *die;* -, -en
in|takt (unversehrt, unberührt); **In|takt|heit,** *die;* -; **In|takt|sein,** *das;* -s
in|te|ger (unbescholten; unversehrt)
in|te|g|ral (ein Ganzes ausmachend; für sich bestehend); **In|te|g|ral,** *das;* -s, -e (Math.: Zeichen: ∫); **In|te|g|ral˯helm** (Sturzhelm), **...rech|nung; in|te|g|rie|ren** (zusammenschließen [in ein übergeordnetes Ganzes]); **in|te|g|rie|rend** (wesentlich); **In|te|g|ri|tät,** *die;* - (Unbescholtenheit; Unverletzlichkeit)
In|tel|lekt, *der;* -[e]s (Verstand; Erkenntnis-, Denkvermögen); **in|tel|lek|tu|ell** (verstandesmäßig; geistig); **In|tel|lek|tu|el|le,** *der* u. *die;* -n, -n (Verstandesmensch; geistig Geschulte[r]); **in|tel|li|gent** (klug, begabt); **In|tel|li|genz,** *die;* -, -en (besondere geistige Fähigkeit, Klugheit; in der *Einz.* auch für: Schicht der Intellektuellen); **In|tel|li|genz˯grad; ...leis|tung, ...quo|ti|ent** (Maß für die intellektuelle Leistungsfähigkeit; Abk.: IQ), **...test**
In|ten|dant, *der;* -en, -en (Leiter eines Theaters, eines Rundfunk- od. Fernsehsenders)
In|ten|si|tät, *die;* -, (selten:) -en (Stärke, Kraft; Wirksamkeit); **in|ten|siv** (eindringlich; kräftig; gründlich); **in|ten|si|vie|ren** [*...wir*^{e}*n*] (verstärken, steigern); **In|ten|si|vie|rung,** *die;* -, -en; **In|ten|siv˯pfle|ge, ...sta|ti|on**
In|ten|ti|on [*...zion*], *die;* -, -en (Absicht; Vorhaben)
in|ter|ak|tiv (bes. EDV: einen Dialog zwischen Computer u. Benutzer ermöglichend)
In|ter|ci|ty|zug [*...ßiti...*] (schneller, zwischen bestimmten Großstädten eingesetzter Eisenbahnzug; Abk.: IC®)
in|te|r|es|sant; in|te|r|es|san|ter|wei|se; In|te|r|es|se, *das;* -s, -n; - an, für etwas

haben; **in|te|r|es|se|hal|ber; in|te|r|es|se|los; In|te|r|es|se|lo|sig|keit,** *die;* -; **In|te|r|es|sen‿aus|gleich, ...ge|biet, ...ge|mein|schaft** (Zweckverband), **...kon|flikt, ...sphä|re** (Einflussgebiet); **In|te|r|es|sent,** *der;* -en, -en; **In|te|r|es|sen|tin; In|te|r|es|sen‿ver|band, ...ver|tre|tung; in|te|r|es|sie|ren;** sich - für ...; **in|te|r|es|siert; In|te|r|es|siert|heit,** *die;* -

In|te|ri|eur [*ängteriör*], *das;* -s, -s u. -e (Ausstattung eines Innenraumes; einen Innenraum darstellendes Bild)

In|ter|jek|ti|on [*...zion*], *die;* -, -en (Sprachw.: Ausrufe-, Empfindungswort, z. B. »au«, »bäh«)

in|ter|kon|ti|nen|tal (Erdteile verbindend); **In|ter|kon|ti|nen|tal|ra|ke|te**

In|ter|mez|zo, *das;* -s, -s u. ...zzi (Zwischenspiel, -fall)

in|tern (nur die inneren, eigenen Verhältnisse angehend; vertraulich; Med.: die inneren Organe betreffend; im Internat wohnend); **In|ter|nat,** *das;* -[e]s, -e (einer [höheren] Schule angeschlossenes Wohnheim)

in|ter|na|ti|o|nal [*...nazional*] (zwischenstaatlich, nicht national begrenzt); -e Vereinbarung; Internationales Rotes Kreuz; **In|ter|na|ti|o|na|le,** *die;* -, -n

In|ter|net, *das;* -s, -s ([internationales] Computernetzwerk)

in|ter|nie|ren (in staatl. Gewahrsam, in Haft nehmen; Kranke isolieren); **In|ter|nier|te,** *der* u. *die;* -n, -n; **In|ter|nie|rung,** *die;* -, -en; **In|ter|nie|rungs|la|ger; In|ter|nist,** *der;* -en, -en (Facharzt für innere Krankheiten)

In|ter|pret, *der;* -en, -en; **In|ter|pre|ta|ti|on** [*...zion*], *die;* -, -en; **in|ter|pre|tie|ren** (auslegen, deuten; künstlerisch wiedergeben); **In|ter|pre|tin**

In|ter|punk|ti|on [*...zion*], *die;* - (Zeichensetzung); **In|ter|punk|ti|ons‿re|gel, ...zei|chen** (Satzzeichen)

In|ter|vall [*...wal*], *das;* -s, -e (Zeitspanne, Zwischenraum; Abstand [zwischen zwei Tönen])

in|ter|ve|nie|ren (vermitteln; Politik: Protest anmelden; sich einmischen); **In|ter|ven|ti|on** [*...zion*], *die;* -, -en

In|ter|view [*...wju,* auch: *in...*], *das;* -s, -s (Unterredung [von Reportern] mit [führenden] Persönlichkeiten über Tagesfragen usw.; Befragung); **in|ter|vie|w|en** [*...wju...*]; **In|ter|vie|w|er** [*...wju...*], *der;* -s, -

In|thro|ni|sa|ti|on [*...zion*], *die;* -, -en (Thronerhebung, feierliche Einsetzung); **in|thro|ni|sie|ren; In|thro|ni|sie|rung,** *die;* -, -en

in|tim (vertraut; innig, eng verbunden; vertraulich; das Geschlechtsleben betreffend); **In|tim‿be|reich, ...hy|gi|e|ne; In|ti|mi|tät,** *die;* -, -en; **In|tim|s|phä|re,** *die;* - (vertraut-persönlicher Bereich)

in|to|le|rant [auch: *...ant*] (unduldsam); **In|to|le|ranz** [auch: *...anz*], *die;* -, -en

In|to|na|ti|on [*...zion*], *die;* -, -en (Musik: An-, Abstimmen; Sprachw.: Veränderung des Tones nach Höhe u. Stärke beim Sprechen von Silben od. ganzen Sätzen, Tongebung); **in|to|nie|ren** (anstimmen)

in|tran|si|tiv [auch: *...if*] (Sprachw.: nicht zum persönlichen Passiv fähig; nicht zielend)

in|t|ra|ve|nös [*...we...*] (Med.: im Innern, ins Innere der Vene)

In|t|ri|gant, *der;* -en, -en; **In|t|ri|ge,** *die;* -, -n (Ränke[spiel]); **In|t|ri|gen‿spiel, ...wirt|schaft; in|t|ri|gie|ren**

in|t|ro|ver|tiert (nach innen gewandt)

In|tu|i|ti|on [*...zion*], *die;* -, -en (Eingebung, ahnendes Erfassen; unmittelbare Erkenntnis [ohne Reflexion]); **in|tu|i|tiv**

in|tus; nur in: etwas - haben (ugs. für: etwas im Magen haben; etwas begriffen haben)

in|va|lid (österr. nur so), **in|va|li|de** ([durch Verwundung od. Unfall] dienst-, arbeitsunfähig); **In|va|li|de,** *der;* -n, -n; **In|va|li|den‿ren|te, ...ver|si|che|rung** (*die;* -); **in|va|li|di|sie|ren** (jmdn. zum Invaliden erklären); **In|va|li|di|tät,** *die;* - (Erwerbs-, Dienst-, Arbeitsunfähigkeit)

In|va|si|on [*...wa...*], *die;* -, -en ([feindlicher] Einfall)

In|ven|tar [*...wän...*], *das;* -s, -e (Einrichtungsgegenstände eines Unternehmens; Vermögensverzeichnis; Nachlassverzeichnis); **in|ven|ta|ri|sie|ren** (Bestand aufnehmen); **In|ven|ta|ri|sie|rung,** *die;* -, -en; **In|ven|tur,** *die;* -, -en (Wirtsch.: Bestandsaufnahme des Vermögens eines Unternehmens)

in|ves|tie|ren [*...wä...*] ([Kapital] anlegen; in ein Amt einweisen); **In|ves|tie|rung,** *die;* -, -en; **In|ves|ti|ti|on** [*inwäßtizion*], *die;* -, -en (langfristige [Kapital]anlage); **In|ves|ti|ti|ons‿gü|ter,** *die* (*Mehrz.;* Güter, die der Produktion dienen); **...hil|fe; In|vest|ment** [*inwäßt...*], *das;* -s, -s (engl. Bez. für: Investition); **In|vest|ment‿fonds** (Effektenbestand einer Kapitalanlagegesellschaft), **...ge|sell|schaft** (Kapitalverwaltungsgesellschaft), **...pa|pier** od. **...zer|ti|fi|kat**

In-vi|t|ro-Fer|ti|li|sa|ti|on, die; -, -en (Med.: Befruchtung außerhalb des Körpers; Abk.: IVF)

in|wen|dig; in- u. auswendig
in|wie|fern
in|wie|weit
In|zest, *der;* -[e]s, -e (Geschlechtsverkehr zwischen engsten Blutsverwandten); **In|zest|ta|bu; in|zes|tu|ös**
In|zucht, *die;* -
in|zwi|schen
I|on, *das;* -s, -en (elektr. geladenes atomares od. molekulares Teilchen)
i-Punkt, *der;* -[e]s, -e
ir|den (aus gebranntem Ton); -e Ware; **Ir|den‿ge|schirr, ...wa|re; ir|disch**
ir|gend; wenn irgend möglich; irgend so ein Typ; **ir|gend|ein; ir|gend|et|was; ir|gend|je|mand; ir|gend|wann; ir|gend|welch; ir|gend|wer; ir|gend|wie; ir|gend|wo; ir|gend|wo|hin**
[1]**I|ris,** *die;* -, -, auch: Iriden (Regenbogenhaut im Auge)
[2]**I|ris,** *die;* -, - (Schwertlilie)
I|ro|nie, *die;* -, ...ien ([versteckter, feiner] Spott); **i|ro|nisch**
irr, ir|re (vgl. d.)
ir|ra|ti|o|nal [auch. *irazional*] (verstandesmäßig nicht fassbar; vernunftwidrig)
ir|re, irr; irr[e] sein; aber: irrewerden; [1]**Ir|re,** *die;* -; in die - gehen; [2]**Ir|re,** *der* u. *die;* -n, -n
ir|re|al [auch: ...*al*] (unwirklich); **Ir|re|a|li|tät** [auch: *ir...*], *die;* -, -en
ir|re|füh|ren; Ir|re|füh|rung; ir|re|ge|hen
ir|re|gu|lär [auch: ...*är*] (unregelmäßig, ungesetzmäßig)
ir|re|lei|ten
ir|re|le|vant [auch: ...*want*] (unerheblich); **Ir|re|le|vanz** [auch: ...*anz*], *die;* -, -en
ir|re|ma|chen; ir|ren; sich -; **Ir|ren‿an|stalt, ...arzt, ...haus**
ir|re|pa|ra|bel [auch: ...*abel*] (unersetzlich, nicht wieder herstellbar)
ir|re|re|den; ir|re sein; Ir|re|sein, *das;* -s; **ir|re|wer|den;** wenn man irrewird; du bist an dir irregeworden; **Irr‿fahrt, ...gar|ten, ...glau|be[n]; irr|gläu|big; ir|rig; ir|ri|ger|wei|se**
Ir|ri|ta|ti|on [...*zion*], *die;* -, -en (Reiz, Erregung); **ir|ri|tie|ren** ([auf]reizen, verwirren, stören)
Irr‿läu|fer (falsch beförderter Gegenstand), **...leh|re, ...licht** (*Mehrz.* ...lichter), **...sinn** (*der;* -[e]s); **irr|sin|nig; Irr|sin|nig|keit,** *die;* -; **Irr|tum,** *der;* -s, ...tümer; **irr|tüm|lich; irr|tüm|li|cher|wei|se; Irr|weg; irr|wer|den;** vgl. irrewerden; **Irr|wisch** (Irrlicht; sehr lebhafter Mensch); **irr|wit|zig**
I|s|chi|as [*iß-chiaß*[1]], *der* (auch: *das*); - (Hüftschmerz); **I|s|chi|as|nerv**
Is|lam [auch: ...*lam*], *der;* -s (Lehre Mohammeds)
I|so|la|ti|on [...*zion*], *die;* - ([politische u. a.] Absonderung; Getrennthaltung; [Ab]dämmung); **I|so|la|tor,** *der;* -s, ...oren (Stoff, der Elektrizität schlecht od. gar nicht leitet); **I|so|lier|band,** *das* (*Mehrz.* ...bänder); **i|so|lie|ren** (absondern; getrennt halten; abschließen, [ab]dichten, [ab]dämmen; einen Isolator anbringen); **I|so|lier‿ma|te|ri|al, ...schicht, ...sta|ti|on; i|so|liert** (auch für: vereinsamt); **I|so|liert|heit,** *die;* -; **I|so|lie|rung,** *die;* -
Ist|auf|kom|men, (auch:) **Ist-Auf|kom|men,** *das;* -s, - (der tatsächliche [Steuer]ertrag)
i|ta|li|e|nisch; italienischer Salat; **I|ta|lie|nisch,** *das;* -[s] (Sprache)
i-Tüp|fel|chen

[1] Oft auch: *ischias*

Jj

J [*jot,* österr.: *je*] (Buchstabe); das J; des J, die J; aber: das j in Boje
ja; jawohl; Ja, (auch:) ja sagen; mit [einem] Ja antworten; mit Ja stimmen; zu allem Ja und Amen, (auch:) ja und amen sagen (ugs.)
Jacht, (auch:) Yacht, *die;* -, -en; **Jacht|klub**
Ja|cke, *die;* -, -n; **Ja|cken‿kleid, ...ta|sche; Ja|cket|kro|ne** [~~*dsch*~~*äkit...*] (Zahnkronenersatz)
Ja|ckett [~~*scha*~~*...*], *das;* -s, -s u. (seltener:) -e (Jacke von Herrenanzügen); **Ja|ckett|tasche**
Ja|de, *der;* -[s] u. *die;* - (ein Mineral; blassgrüner Schmuckstein); **ja|de|grün**
Jagd, *die;* -, -en; **Jagd|auf|se|her; jagd|bar; Jagd‿beu|te, ...fie|ber, ...flie|ger, ...flin|te, ...flug|zeug, ...ge|wehr, ...grün|de** (*Mehrz.;* die ewigen -), **...horn** (*Mehrz.* ...hörner), **...hund, ...hüt|te; jagd|lich; Jagd‿mes|ser** *(das),* **...re|vier, ...schein, ...schloss, ...wurst, ...zeit; ja|gen; Jä|ger; Jä|ge|rei,** *die;* - (Jagdwesen; Jägerschaft); **Jä|ger‿la|tein, ...meis|ter, ...spra|che**
Ja|gu|ar, *der;* -s, -e (ein Raubtier)
jäh; Jäh|heit, *die;* -; **jäh|lings**
Jahr, *das;* -[e]s, -e; im -[e]; zwei, viele -e lang; **jahr|aus, jahr|ein; Jahr|buch; Jähr|chen; jah|re|lang; jäh|ren,** sich; **Jah|res‿a|bon|ne|ment, ...ab|schluss, ...bei|trag, ...ein|kom|men, ...en|de, ...frist** (innerhalb -), **...ring** (meist *Mehrz.*), **...tag, ...ur|laub, ...wech|sel, ...zahl, ...zeit; jah|res|zeit|lich; Jahr|gang,** *der* (Abk.: Jg.), *Mehrz.* ...gänge

(Abk.: Jgg.); **Jahr|hun|dert,** *das* (Abk.: Jh.); **jahr|hun|der|te_alt, ...lang; Jahr|hun|dert_fei|er, ...wein, ...wen|de; ...jäh|rig** (vierjährig [vier Jahre] dauernd, alt); **jähr|lich** (jedes Jahr wiederkehrend); **...jähr|lich** (z. B. halbjährlich [jedes halbe Jahr] wiederkehrend, stattfindend); **Jahr|markt; Jahr|markts|bu|de; Jahr|mil|li|o|nen,** *die (Mehrz.);* **Jahr|tau|send,** *das;* **Jahr|zehnt,** *das;* -[e]s, -e; **jahr|zehn|te_alt, ...lang**

Jäh|zorn; jäh|zor|nig

Ja|lou|set|te [*schalu...*], *die;* -, -n (Jalousie aus Leichtmetall- od. Kunststofflamellen); **Ja|lou|sie** [*schalu...*], *die;* -, ...ien ([hölzerner] Fensterschutz, Rollladen)

Jam|mer, *der;* -s; **Jam|mer_bild, ...ge|stalt, ...lap|pen** (ugs.); **jäm|mer|lich; Jäm|mer|lich|keit; Jäm|mer|ling; Jam|mer|mie|ne; jam|mern; jam|mer|scha|de; Jam|mer|tal,** *das;* -[e]s; **jam|mer|voll**

Jän|ner, *der;* -[s], - (österr., seltener auch südd., schweiz. für: Januar); **Ja|nu|ar,** *der;* -[s], -e (erster Monat des Jahres; Abk.: Jan.)

jap|sen (ugs. für: nach Luft schnappen); du japst; **Jap|ser**

Jar|gon [*schargong*], *der;* -s, -s ([saloppe] Sondersprache einer Berufsgruppe od. Gesellschaftsschicht)

Ja|sa|ger

Jas|min, *der;* -s, -e (ein Zierstrauch)

jä|ten

Jau|che, *die;* -, -n; **jau|chen; Jau|che[n]_fass, ...gru|be, ...wa|gen**

jauch|zen; Jauch|zer

jau|len (klagend winseln, heulen)

ja|wohl

Ja|wort (*Mehrz.* ...worte)

Jazz [*dschäß,* auch: *jaz;* engl. Ausspr.: *dschäs*], *der;* - (Musikstil, der sich aus der Volksmusik der schwarzen Bevölkerung Amerikas entwickelt hat); **Jazz_band** *(die),* **...fes|ti|val, ...ka|pel|le, ...kel|ler, ...trom|pe|te**

je; seit je; je drei

Jeans; vgl. Bluejeans

je|den|falls; je|der, jede, jedes; jedes Mal; jeder Beliebige; jeder Einzelne; alles und jedes (alles ohne Ausnahme); **je|der|art; je|der|lei; je|der|mann; je|der|zeit** (immer)

je|doch

Jeep® [*dschip*], *der;* -s, -s (kleiner Geländekraftwagen)

jeg|li|cher (veraltend für: jeder)

je|her [auch: *jeher*]; von -

Je|län|ger|je|lie|ber, *das;* -s, - (Geißblatt)

je|mals

je|mand; *Wesf.* -[e]s, *Wemf.* -em (auch: -), *Wenf.* -en (auch: -); irgendjemand; ein gewisser Jemand

je|mi|ne! (ugs.)

je nach|dem; je nachdem[,] ob/wie

je|ner, jene, jenes; jener war es

jen|sei|tig[1]; **Jen|sei|tig|keit**[1], *die;* -; **jen|seits**[1]; **Jen|seits**[1], *das,* -; **Jen|seits|glau|be**[1]

Jer|sey [*dschö͏̈rsi*], *der;* -[s], -s (eine Stoffart; für Trikot des Sportlers: *das;* -s, -s)

Je|su|it, *der;* -en, -en (Mitglied des Jesuitenordens); **je|su|i|tisch; Je|sus Peo|ple** [*dschisᵉß pipl*], *die* (*Mehrz.;* Anhänger einer religiösen Jugendbewegung)

Jet [*dschät*], *der;* -[s], -s (ugs. für: Düsenflugzeug); **Jet|set** [*dschätßät*], *der;* -s (sehr reiche Spitze der Highsociety); **jet|ten** [*dschätᵉn*] (mit dem Jet fliegen)

jet|zig; jetzt; bis -; **Jetzt,** *das;* - (Gegenwart, Neuzeit); **Jetzt_mensch, ...zeit** (*die;* -)

je|wei|lig; je|weils

Jiu-Jit|su [*dschiu-dschitßu*], *das;* -[s] (älter für: Ju-Jutsu [vgl. d.])

Job [*dschob*], *der;* -s, -s ([Gelegenheits]arbeit, Stelle); **jobben** [*dschobᵉn*] (ugs. für: einen Job ausüben); **Job|sha|ring** [*...schäring*], *das;* -[s] (Teilung eines Arbeitsplatzes)

Joch, *das;* -[e]s, -e; **Joch|bein**

Jo|ckei [*dschoke,* engl. Ausspr.: *dschoki,* ugs. auch: *dschokai, jokai*], *der;* -s, -s (berufsmäßiger Rennreiter); **Jo|ckey;** vgl. Jockei

Jod, *das;* -[e]s (chem. Grundstoff; Nichtmetall; Zeichen: J)

jo|deln; Jod|ler

Jod|tink|tur, *die;* - ([Wund]desinfektionsmittel)

Jo|ga, Yoga, *der* od. *das;* -[s] (ind. philosoph. System)

Jog|ging [*dscho...*], *das;* -[s] (Lauftraining in mäßigem Tempo); **Jog|ging|an|zug**

Jo|ghurt, (auch:) **Jo|gurt,** *der* od. *das;* -[s], -[s] (eine Art Dickmilch)

Jo|gi, Yogi, *der;* -s, -s (Anhänger des Joga); **Jo|gin,** Yogin

Jo|gurt; vgl. Joghurt

Jo|han|nis_bee|re, ...feu|er, ...kä|fer, ...tag (24. Juni); **Jo|han|ni|ter,** *der;* -s, - (Angehöriger des Johanniterordens)

joh|len

Joint [*dscheunt*], *der;* -s, -s (Zigarette, deren Tabak Haschisch od. Marihuana enthält); **Joint|ven|ture,** *das;* -[s], -s, (auch:) **Joint Venture** [*-wäntschᵉr*], *das;* - -[s], - -s (Zusammenschluss von Unternehmen, Gemeinschaftsunternehmen)

Jo|ker [auch: *dscho...*], *der;* -s, - (eine Spielkarte)

Jo|kus, *der;* -, -se (ugs. für: Scherz, Spaß)

Jol|le, *die;* -, -n (kleines Boot)

Jon|g|leur [*schongglör*], *der;* -s, -e (Geschicklichkeits-

---
[1] Auch: *jän...*

künstler); **Jon|g|leu|rin; jon|g|lie|ren**

Jop|pe, *die;* -, -n (Jacke)

Jot, *das;* -, - (Buchstabe); **Jo|ta,** *das;* -[s], -s (gr. Buchstabe: ***I, ι***); kein - (nicht das Geringste)

Joule [*dschul*], *das;* -[s], - (Physik: Maßeinheit für die Energie; Zeichen: J)

Jour|nail|le [*schurnalje*], *die;* - (hetzerische Tagespresse); **Jour|nal** [*schurnal*], *das;* -s, -e (Tagebuch in der Buchhaltung; [Mode]zeitschrift); **Jour|na|list,** *der;* -en, -en (jmd., der beruflich für Presse, Rundfunk od. Fernsehen schreibt); **Jour|na|lis|tin; jour|na|lis|tisch; Jour|nal|num|mer** (Nummer eines kaufmänn. od. behördl. Tagebuches)

jo|vi|al [*...wi...*, österr. u. schweiz. auch: *schowi...*] (leutselig, gönnerhaft); **Jo|vi|a|li|tät,** *die;* -

Ju|bel, *der;* -s; **Ju|bel‿fei|er, ...jahr** (alle -e [ugs. für: ganz selten]); **ju|beln; Ju|bel|ruf; Ju|bi|lar,** *der;* -s, -e; **Ju|bi|la|rin; Ju|bi|lä|um,** *das;* -s, ...äen; **Ju|bi|lä|ums‿aus|ga|be, ...fei|er; ju|bi|lie|ren** (jubeln; ein Jubiläum feiern)

juch|he!

Juch|ten, *der* od. *das;* -s (feines, wasserdichtes Leder); **Juch|ten|le|der**

juch|zen (jauchzen); **Juch|zer**

ju|cken; es juckt mich [am Arm]; die Hand juckt mir (auch: mich); es juckt mir (auch: mich) in den Fingern (ugs. für: es drängt mich)[,] ...; **Juck|reiz**

Ju|de, *der;* -n, -n; **Jü|din; jü|disch**

Ju|do [österr. meist: *dsch...*], *das;* -[s] (sportl. Ausübung des Ju|jut|su); **Ju|do|griff; Ju|do|ka,** *der;* -[s], -[s] u. *die;* -, -[s] (Judosportler[in])

Ju|gend, *die;* -; **Ju|gend‿be|kannt|schaft, ...be|we|gung, ...bild, ...er|in|ne|rung; ju|gend|frei** (Prädikat für Filme); **Ju|gend‿freund, ...freun|din, ...für|sor|ge; ju|gend|ge|fähr|dend; Ju|gend‿grup|pe, ...her|ber|ge, ...kri|mi|na|li|tät** (*die;* -); **ju|gend|lich; Ju|gend|li|che,** *der* u. *die;* -n, -n; **Ju|gend|lich|keit,** *die;* -; **Ju|gend‿lie|be, ...li|te|ra|tur, ...or|ga|ni|sa|ti|on, ...pfar|rer, ...rich|ter, ...schutz, ...stil** (*der;* -[e]s), **...sün|de, ...vor|stel|lung, ...zen|t|rum**

Juice [*dschuß*], *der* od. *das;* -, -s [*...ßis*] (Obst- od. Gemüsesaft)

Ju|Jut|su, *das;* -[s] (jap. Technik der Selbstverteidigung ohne Waffen)

Ju|li, *der;* -[s], -s (der siebte Monat des Jahres)

jung; der jüngste meiner Söhne; Jung und Alt (jedermann); mein Jüngster; er ist nicht mehr der Jüngste; **Jung‿a|ka|de|mi|ker, ...brun|nen;** [1]**Jun|ge,** *der;* -n, -n (ugs. auch: Jungs u. -ns); [2]**Jun|ge,** *das;* -n, -n; **Jün|gel|chen** (oft abwertend); **Jun|gen|ge|sicht; jun|gen|haft; Jun|gen|haf|tig|keit,** *die;* -; **Jun|gen‿klas|se, ...schu|le, ...streich; Jün|ger,** *der;* -s, -; **Jung|fer,** *die;* -, -n (veralt.); **jüng|fer|lich; Jung|fern‿fahrt** (erste Fahrt, bes. die eines neu erbauten Schiffes), **...flug; jung|fern|haft; Jung|fern‿häut|chen, ...re|de; Jung|frau; jung|fräu|lich; Jung|fräu|lich|keit,** *die;* -; **Jung|ge|sel|le; Jung|ge|sel|len‿bu|de** (ugs.), **...da|sein, ...woh|nung; Jung|ge|sel|lin; Jung‿holz, ...leh|rer; Jüng|ling; Jüng|lings|al|ter** (*das;* -s); **jüng|ling[s]|haft; Jung|so|zi|a|list** (Angehöriger einer Nachwuchsorganisation der SPD; Kurzw.: Juso); **jüngs|te;** der Jüngste Tag; **Jung‿tier, ...ver|hei|ra|te|te, ...vo|gel, ...wäh|ler**

Ju|ni, *der;* -[s], -s (der sechste Monat des Jahres); **Ju|ni|kä|fer**

ju|ni|or (jünger, hinter Namen: der Jüngere; Abk.: jr. u. jun.); Karl Meyer junior; **Ju|ni|or,** *der;* -s, ...oren (Sohn [im Verhältnis zum Vater]; Mode: Jugendlicher; Sportspr.: Sportler zwischen 18 u. 23 Jahren); **Ju|ni|or|chef,** *der;* -s, -s (Sohn des Geschäftsinhabers); **Ju|ni|o|ren‿meis|ter|schaft, ...ren|nen** (Sportspr.); **Ju|ni|or|part|ner**

Jun|ker, *der;* -s, -

Junk|tim, *das;* -s, -s (Verbindung mehrerer [parlamentar.] Anträge zur gleichzeitigen Erledigung)

Jun|ta [span. Ausspr.: *chunta*], *die;* -, ...ten (Regierungsausschuss, bes. in Südamerika; kurz für: Militärjunta)

Ju|ra (*Mehrz.* von: Jus); **ju|ri|disch** (österr., sonst veraltend für: juristisch); **Ju|rist,** *der;* -en, -en (Rechtskundiger); **Ju|ris|ten|deutsch,** *das;* -[s]; **Ju|ris|te|rei,** *die;* - (veralt., noch scherzh. für: Rechtswissenschaft, Rechtsprechung); **Ju|ris|tin; ju|ris|tisch; Ju|ry** [*schüri,* auch: *schüri;* fr. Ausspr.: *schüri;* engl. Ausspr.: *dschueri*], *die;* -, -s (Preisrichter- bzw. Kampfrichterkollegium); **Jus** [österr.: *juß*], *das;* -, Jura (Recht, Rechtswissenschaft); Jura, österr. u. schweiz.: Jus studieren

Ju|so, *der;* -s, -s (Kurzw. für: Jungsozialist)

just (veraltend für: eben, gerade; recht); **jus|tie|ren** (genau einstellen, einpassen, ausrichten); **Jus|ti|ti|ar,** Jus|ti|zi|ar, *der;* -s, -e (Rechtsbeistand, Syndikus); **Jus|tiz,** *die;* - (Gerechtigkeit; Rechtspflege); **Jus|tiz‿be|am|te, ...be|hör|de; Jus|ti|zi|ar,** Jus|ti|ti|ar, *der;* -s, -e; **Jus|tiz‿irr|tum, ...mi|nis-**

ter, ...mi|nis|te|rin; ...minis|te|ri|um, ...mord (Hinrichtung eines unschuldig Verurteilten)
Ju|te, *die;* - (Faserpflanze u. deren Faser)
[1]**Ju|wel,** *das,* (auch: *der*); -s, -en (ein Edelstein; Schmuckstück); [2]**Ju|wel,** *das;* -s, -e (Person od. Sache, die von jmdm. besonders geschätzt wird); **Ju|we|lendieb|stahl; Ju|we|lier,** *der;* -s, -e (Schmuckhändler; Goldschmied); **Ju|we|lierge|schäft; Ju|we|lie|rin**
Jux, *der;* -es, -e (ugs. für: Scherz, Spaß)

Kk

Vgl. auch C und Z

K (Buchstabe); das K; des K, die K; aber: das k in Haken
Ka|ba|le, *die;* -, -n (veralt. für: Intrige, Ränke)
Ka|ba|rett [österr.: *...re*], *das;* -s, -s od. -e (Kleinkunstbühne); **Ka|ba|ret|tist,** *der;* -en, -en (Künstler an einer Kleinkunstbühne); **Ka|baret|tis|tin; ka|ba|ret|tistisch**
Ka|bäus|chen (westmitteld. für: kleines Haus od. Zimmer)
Kab|be|lei (bes. nordd. für: Zankerei, Streit); **kab|beln,** sich (bes. nordd. für: zanken, streiten)
Ka|bel, *das;* -s, -; **Ka|bel|fernse|hen**
Ka|bel|jau, *der;* -s, -e u. -s (ein Fisch)
ka|beln (veraltend für: [nach Übersee] telegrafieren); **Kabel‿nach|richt, ...schuh** (Elektrotechnik)
Ka|bi|ne, *die;* -, -n; **Ka|bi|nett,** *das;* -s, -e (Gesamtheit der Minister; kleinerer Museumsraum; Qualitätsstufe für Wein); **Ka|bi|netts‿beschluss, ...bil|dung, ...krise, ...sit|zung, ...mit|glied; Ka|bi|nett|wein** (edler Wein)
Ka|b|rio, *das;* -[s], -s (Kurzw. für: Kabriolett); **Ka|b|ri|olett** [österr.: *...le*], *das;* -s, -s (Pkw mit zurückklappbarem Verdeck
Ka|chel, *die;* -, -n; **ka|cheln; Ka|chel|ofen**
Ka|cke, *die;* - (derb für: Kot); **ka|cken** (derb)
Ka|da|ver [*...wᵉr*], *der;* -s, - (toter [Tier]körper, Aas)
Ka|der, *der* (schweiz.: *das*); -s, (erfahrener Stamm [eines Heeres, einer Sportmannschaft])
Ka|dett, *der;* -en, -en (früher: Zögling einer milit. Erziehungsanstalt); **Ka|detten‿an|stalt, ...schu|le**
Ka|di, *der;* -s, -s (ugs. für: Richter)
Kä|fer, *der;* -s, - (ugs. auch für: Volkswagen)
Kaff, *das;* -s, -s u. -e (ugs. abwertend für: kleine Ortschaft; Nest)
Kaf|fee [auch, österr. nur: *kafe*], *der;* -s, -s (Kaffeestrauch, Kaffeebohnen; Getränk); 3 [Tassen] -; **Kaffee‿baum, ...boh|ne; kaffee|braun; Kaf|fee|ern|te;** (auch:) **Kaf|fee-Ern|te; Kaffee|er|satz;** (auch:) **Kaffee-Er|satz; Kaf|fee‿fil|ter, ...haus** (österr. für: Café), **...kan|ne, ...kränz|chen, ...ma|schi|ne, ...müh|le, ...satz, ...ser|vice, ...tan|te** (ugs. scherzh.)
Kaf|fer, *der;* -s, - (ugs. für: dummer, blöder Kerl)
Kä|fig, *der;* -s, -e
kahl; - werden; kahl fressen; kahl scheren; kahl schlagen; **Kahl|kopf; kahl|köp|fig; Kahl|köp|fig|keit,** *die;* -; **Kahl|schlag** (abgeholztes Waldstück); **Kahl|schlag|sanie|rung** (abwertend für: radikale, rücksichtslose Sanierung)
Kahn, *der;* -[e]s, Kähne; **Kahnfahrt**
Kai [österr.: *ke*], *der;* -s, -s (befestigtes Hafenufer); **Kaimau|er**
Kai|ser, *der;* -s, -; **Kai|se|rin; Kai|ser|kro|ne** (auch für: eine Zierpflanze); **kai|serlich; Kai|ser‿reich, ...schmar|ren** (österr., auch südd.: in kleine Stücke gerissener Eierkuchen)
Kai|ser|schnitt (Entbindung durch einen operativen Bauchschnitt)
Kai|ser|tum, *das;* -s
Ka|jak, *der* (seltener: *das*); -s, -s (einsitziges Boot der Eskimos; Sportpaddelboot); **Ka|jak‿ei|ner, ...zwei|er**
Ka|jü|te, *die;* -, -n (Wohn-, Aufenthaltsraum auf Schiffen)
Ka|ka|du [österr.: *...du*], *der;* -s, -s (ein Papagei)
Ka|kao [auch: *...kau*], *der;* -s, (für: Kakaosorten auch *Mehrz.:*) -s (eine tropische Frucht; Getränk); **Kakao‿baum, ...boh|ne, ...pulver**
Ka|ker|lak, *der;* -s, u. -en, -en ([Küchen]schabe)
Ka|ki, (auch:) Khaki, *der;* -[s] (gelbbrauner Stoff [für die Tropenuniform]); **ka|ki|farben,** (auch:) kha|ki|far|ben
Kak|tee, *die;* -, -n u. **Kak|tus,** *der;* - (ugs. auch: -ses), ...teen (ugs. auch: -se; eine [sub]trop. Pflanze)
Ka|la|mi|tät, *die;* -, -en (schlimme Lage)
Ka|lau|er, *der;* -s, - (ugs. für: nicht sehr geistreicher [Wort]witz)
Kalb, *das;* -[e]s, Kälber; **kalben** (ein Kalb werfen); **Kalbfleisch; Kalbs‿bra|ten, ...bries** od. **...bries|chen, ...brust; Kalb[s]|fell** (früher auch für: Trommel); **Kalbs‿fri|kas|see, ...hachse** (vgl. Hachse); **Kalb[s]|leder; Kalbs‿milch** (Brieschen), **...nie|ren|bra|ten, ...nuss** (kugelförmiges Stück der Kalbskeule), **...schnit|zel, ...steak**

Kal|dau|ne, *die;* -, -n (meist *Mehrz.;* nordd., mitteld. für: Kuttel)
Ka|lei|do|s|kop, *das;* -s, -e (optisches Spielzeug)
ka|len|da|risch (nach dem Kalender); **Ka|len|da|ri|um,** *das;* -s, ...ien [...$i^e n$] (Kalender; Verzeichnis kirchl. Fest- u. Gedenktage); **Ka|len|der,** *der;* -s, -; **Ka|len|der‿block** (*Mehrz.* ...blocks), **...jahr, ...mo|nat**
Ka|le|sche, *die;* -, -n (leichte vierrädrige Kutsche)
Ka|li, *das;* -s, -s (Sammelbez. für Kalisalze, Kalidünger)
Ka|li|ber, *das;* -s, - (lichte Weite von Rohren; Durchmesser; ugs. übertr. für: Art, Schlag)
Ka|li|um, *das;* -s (chem. Element, Metall; Zeichen: K)
Kalk, *der;* -[e]s, -e; **Kalk‿boden; kal|ken; Kalk|gru|be; kalk|hal|tig; kal|kig; Kalk‿man|gel, ...stein**
Kal|kül, *das* (auch: *der*); -s, -e ([Be]rechnung, Schätzung); **Kal|ku|la|ti|on** [...*zion*], *die;* -, -en (Ermittlung der Kosten, [Kosten]voranschlag); **kal|ku|lie|ren** ([be]rechnen)
Kalk|was|ser, *das;* -s; **kalk-weiß**
Kal|la, *die;* -, -s (eine Zierpflanze)
Ka|lo|rie, *die;* -, ...ien (früher: physikal. Maßeinheit für die Wärmemenge; auch: Maßeinheit für den Energiewert von Lebensmitteln; Zeichen: cal); **ka|lo|ri|en|arm; Ka|lo|ri|en|ge|halt**
kalt; kalte Ente (ein Getränk); ein kalter (nicht mit Waffen geführter) Krieg, aber: der Kalte Krieg (als historische Epoche); kalt bleiben; die Ereignisse haben sie kalt gelassen (ugs.); den Pudding kalt stellen; den Kühlschrank kälter stellen; er hat uns kalt lächelnd (ugs. für: ohne Mitgefühl, skrupellos) die Tür gewiesen; **Kalt|blü|ter** (Zool.); **kalt-blü|tig; Kalt|blü|tig|keit,** *die;* -; **Käl|te,** *die;* -; **Käl|te‿ein|bruch, ...grad, ...tech|nik, ...wel|le; Kalt-front** (Meteor.); **kalt|her|zig; Kalt|her|zig|keit,** *die;* -; **kalt lä|chelnd;** vgl. kalt; **kalt las|sen,** vgl. kalt; **Kalt-luft** (Meteor.); **kalt|ma|chen;** (ugs. für: ermorden); **Kalt‿mam|sell,** *die;* -s, -en u. -s (Köchin für kalte Speisen), **...scha|le** (kalte süße Suppe); **kalt|schnäu|zig** (ugs.); **Kalt|schnäu|zig|keit,** *die;* - (ugs.); **kalt|stel|len** (ugs. für: [politisch] einflusslos machen); vgl. aber kalt; **Kalt|was|ser,** *das;* -s
Kal|zi|um, (fachspr. nur:) Calcium, *das;* -s (chem. Element, Metall; Zeichen: Ca)
Ka|mel, *das;* -[e]s, -e (ein Huftier); **Ka|mel|haar**
Ka|mel|len, *die (Mehrz.);* olle - (ugs. für: alte Geschichten)
Ka|me|ra, *die;* -, -s
Ka|me|rad, *der;* -en, -en; **Ka|me|ra|den‿dieb|stahl; Ka|me|rad|schaft; ka|me|rad|schaft|lich; Ka|me|rad|schaft|lich|keit,** *die;* -; **Ka|me|rad|schafts|geist**
Ka|me|ra‿ein|stel|lung, ...füh|rung, ...mann (*Mehrz.* ...männer u. ...leute), **...ver|schluss**
Ka|mil|le, *die;* -, -n (eine Heilpflanze)
Ka|min, *der* (schweiz.: *das*); -s, -e (offene Feuerung; landsch. für: Schornstein; Alpinistik: steile, enge Felsenspalte); **Ka|min‿fe|ger** (landsch.), **...feu|er, ...keh|rer** (landsch.), **...kleid** (langes Hauskleid)
Kamm, *der;* -[e]s, Kämme; **käm|men**
Kam|mer, *die;* -, -n; **Kam|mer‿die|ner, ...jä|ger, ...mu|sik, ...or|ches|ter, ...sän|ger, ...spiel** (in einem kleinen Theater aufgeführtes Stück mit wenigen Rollen), **...spie|le** (*Mehrz.;* kleines Theater), **...ton** (*der;* -[e]s; Normalton zum Einstimmen der Instrumente), **...zo|fe**
Kamm|garn; Kamm|garn-spin|ne|rei; Kamm|la|ge
Kam|pa|g|ne [...*panj^e*], *die;* -, -n (Presse-, Wahlfeldzug; polit. Aktion; Wirtsch.: Hauptbetriebszeit)
Kampf, *der;* -[e]s, Kämpfe; **Kampf‿ab|stim|mung, ...an|sa|ge, ...bahn** (für: Stadion); **kämp|fen**
Kamp|fer, *der;* -s (ein Heilmittel)
Kämp|fer (Kämpfender); **Kämp|fe|rin; kämp|fe|risch** (mutig, heldenhaft); **Kämp-fer|na|tur; kampf|fä|hig; Kampf‿fä|hig|keit** (*die;* -), **...flug|zeug, ...grup|pe, ...hahn, ...hand|lung** (meist *Mehrz.*), **...kraft; kampf|los; kampf|lus|tig; Kampf|pau-se, ...platz, ...rich|ter; kampf|un|fä|hig**
kam|pie|ren ([im Freien] lagern; ugs. für: wohnen, hausen)
Ka|na|di|er [...*i^er*], *der;* -s, - (offenes Sportboot)
Ka|nal, *der;* -s, ...näle (*Einz.* auch für: Ärmelkanal); **Ka-nal|bau** (*Mehrz.* ...bauten); **Ka|na|li|sa|ti|on** [...*zion*], *die;* -, -en (Anlage zur Ableitung der Abwässer); **ka|na-li|sie|ren** (eine Kanalisation bauen; schiffbar machen; übertr. für: in eine bestimmte Richtung lenken); **Ka|na|li|sie|rung**
Ka|na|pee [österr. auch: ...*pe*], *das;* -s, -s (veraltend für: Sofa; *Mehrz.* auch für: pikant belegte Weißbrotscheiben)
Kan|da|re, *die;* -, -n (Gebissstange des Pferdes); jmdn. an die - nehmen (jmdn. streng behandeln)
Kan|de|la|ber, *der;* -s, - (Ständer für Kerzen od. Lampen)
Kan|di|dat, *der;* -en, -en (in der Prüfung Stehender; [Amts]bewerber, Anwärter; Abk.: cand.); **Kan|di|da|ten-**

lis|te; Kan|di|da|tin; Kan|di|da|tur, *die;* -, -en (Bewerbung [um ein Amt o. Ä.]); **kan|di|die|ren** (sich [um ein Amt o. Ä.] bewerben)

kan|die|ren ([Früchte] durch Zuckern haltbar machen); **Kan|dis,** *der;* - u. **Kan|dis|zu|cker** (an Fäden auskristallisierter Zucker)

Kän|gu|ru [*kängg...*], *das;* -s, -s (ein Beuteltier)

Ka|nin, *das;* -s, -e (Kaninchenfell); **Ka|nin|chen**

Ka|nis|ter, *der;* -s, -

Kann|be|stim|mung, (auch:) **Kann-Be|stim|mung**

Känn|chen; Kan|ne, *die;* -, -n; **Kan|ne|gie|ßer** (veraltend iron. für: polit. Schwätzer); **kan|ne|gie|ßern** (veraltend iron.); **kan|nen|wei|se;** das Öl wurde - abgegeben

Kan|ni|ba|le, *der;* -n, -n (Menschenfresser; übertr. für: roher, ungesitteter Mensch); **kan|ni|ba|lisch; Kan|ni|ba|lis|mus,** *der;* - (Menschenfresserei; übertr. für: unmenschliche Rohheit; Zool.: das Auffressen von Artgenossen)

Kann|vor|schrift, (auch:) **Kann-Vor|schrift**

Ka|non, *der;* -s, -s (Maßstab, Richtschnur; Regel; Liste der kirchl. anerkannten bibl. Schriften)

Ka|no|na|de, *die;* -, -n ([anhaltendes] Geschützfeuer); **Ka|no|ne,** *die;* -, -n (Geschütz; ugs. für: Pistole, Revolver; Könner); **Ka|no|nen‿boot, ...ku|gel, ...öf|chen, ...rohr, ...schlag** (Feuerwerkskörper), **...schuss; Ka|no|nier,** *der;* -s, -e (Soldat, der ein Geschütz bedient)

Kan|ta|te, *die;* -, -n (mehrteiliges, instrumental begleitetes Gesangsstück für Solo [u. Chor])

Kan|te, *die;* -, -n; **kan|ten** (rechtwinklig behauen; auf die Kante stellen); **Kan|ten,** *der;* -s, - (bes. nordd. für: Brotrinde; Anschnitt od. Endstück eines Brotes); **Kan|ten|ball** (Tischtennis); **Kant|ha|ken** (ein kurzer Eisenhaken); jmdn. beim - kriegen (ugs.); **Kant|holz; kan|tig**

Kan|ti|ne, *die;* -, -n (Speisesaal in Betrieben, Kasernen o. Ä.); **Kan|ti|nen‿es|sen, ...wirt**

Kan|ton, *der;* -s, -e (Schweiz: Bundesland; Abk.: Kt.; Frankr. u. Belgien: Bezirk, Kreis); **kan|to|nal** (den Kanton betreffend); **Kan|tons‿ge|richt, ...rat** (*Mehrz.* ...räte), **...schu|le** (kantonale höhere Schule), **...spi|tal**

Kan|tor, *der;* -s, ...oren (Leiter des Kirchenchores, Organist); **Kan|to|rei,** *die;* -, -en (ev. Kirchenchor; kleine Singgemeinschaft)

Ka|nu [auch, österr. nur: *kanu*], *das;* -s, -s (leichtes Boot der Indianer; Einbaum; zusammenfassende Bez. für: Kajak u. Kanadier)

Ka|nü|le, *die;* -, -n (Röhrchen; Hohlnadel)

Ka|nu|te, *der;* -n, -n (Sportspr.: Kanufahrer); **Ka|nu|tin**

Kan|zel, *die;* -, -n; **Kanz|lei,** *die;* -, -en (Büro eines Anwalts od. einer Behörde); **Kanz|lei‿aus|druck, ...be|am|te, ...spra|che, ...stil** (*der;* -[e]s); **Kanz|ler; Kanz|ler|kan|di|dat; Kanz|ler|schaft,** *die;* -

Kap, *das;* -s, -s (Vorgebirge)

Ka|paun, *der;* -s, -e (kastrierter Masthahn)

Ka|pa|zi|tät, *die;* -, -en (Aufnahmefähigkeit, Fassungsvermögen; hervorragender Fachmann)

Ka|pel|le, *die;* -, -n (kleiner kirchl. Raum; Orchester); **Ka|pell|meis|ter**

Ka|per, *die;* -, -n (meist *Mehrz.;* [in Essig eingelegte] Blütenknospe des Kapernstrauches)

ka|pern; Ka|pe|rung

ka|pie|ren (ugs. für: verstehen)

ka|pi|tal (hauptsächlich; groß, gewaltig); **Ka|pi|tal,** *das;* -s, -e u. -ien [*...i^en*]; **Ka|pi|tal|an|la|ge; Ka|pi|ta|le,** *die;* -, -n (veraltend für: Hauptstadt); **Ka|pi|tal‿er|hö|hung, ...feh|ler** (besonders schwerer Fehler); **ka|pi|ta|li|sie|ren; Ka|pi|ta|li|sie|rung; Ka|pi|ta|lis|mus,** *der;* - (Wirtschafts- u. Gesellschaftsordnung, deren treibende Kraft das Gewinnstreben Einzelner ist); **Ka|pi|ta|list,** *der;* -en, -en (oft abwertend für: Vertreter des Kapitalismus); **ka|pi|ta|lis|tisch; ka|pi|tal|kräf|tig; Ka|pi|tal‿markt, ...ver|bre|chen** (schweres Verbrechen), **...zins** (*Mehrz.* ...zinsen)

Ka|pi|tän, *der;* -s, -e; **Ka|pi|täns‿ka|jü|te, ...pa|tent**

Ka|pi|tel, *das;* -s, - ([Haupt]stück, Abschnitt [Abk.: Kap.]; geistl. Körperschaft [von Domherren, Mönchen])

Ka|pi|tell, *das;* -s, -e (oberer Säulen-, Pfeilerabschluss)

Ka|pi|tel|über|schrift

Ka|pi|tu|la|ti|on [*...zion*], *die;* -, -en (Übergabe [einer Truppe od. einer Festung]); **ka|pi|tu|lie|ren** (sich ergeben)

Ka|p|lan, *der;* -s, ...pläne (kath. Hilfsgeistlicher)

Ka|pok, *der;* -s (Samenfaser des Kapokbaumes, ein Füllmaterial)

ka|po|res (ugs. für: entzwei); - sein, gehen

Ka|pott|hut, *der*

Kap|pa, *das;* -[s], -s (gr. Buchstabe: *K, κ*)

Kap|pe, *die;* -, -n

kap|pen (ab-, beschneiden; abhauen)

Kap|pen|a|bend (ein Faschingsvergnügen)

Kap|pes, *der;* - (westd. für: Weißkohl)

Käp|pi, *das;* -s, -s (kleine, längliche [Uniform]mütze)

Kapp|naht (doppelt genähte Naht)
Ka|p|ri|o|le, *die;* -, -n (närrischer Einfall; Luftsprung; besonderer Sprung im Reitsport)
ka|p|ri|zie|ren, sich (veraltend für: eigensinnig auf etwas bestehen); **ka|p|ri|zi|ös** (launenhaft, eigenwillig)
Kap|sel, *die;* -, -n; **kap|sel|förmig**
ka|putt (ugs. für: entzwei; matt); - sein; **ka|putt|gehen; ka|putt|la|chen,** sich; **ka|putt|ma|chen,** sich; **ka|putt|schla|gen**
Ka|pu|ze, *die;* -, -n (an einen Mantel o. Ä. angearbeitete Kopfbedeckung); **Ka|pu|zi|ner,** *der;* -s, - (Angehöriger eines kath. Ordens); **Ka|pu|zi|ner‿af|fe, ...kres|se, ...mönch, ...or|den** (*der;* -s)
Ka|ra|bi|ner, *der;* -s, - (kurzes Gewehr; österr. auch für: Karabinerhaken); **Ka|ra|bi|ner|ha|ken** (federnder Verschlusshaken); **Ka|ra|bi|ni|e|re,** *der;* -[s], ...ri (it. Gendarm)
Ka|ra|cho [*...eho*], *das;* -; ugs. meist in: mit - (mit großer Geschwindigkeit)
Ka|raf|fe, *die;* -, -n ([geschliffene] bauchige Glasflasche)
Ka|ram|bo|la|ge [*...asche*], *die;* -, -n (ugs. für: Zusammenstoß; Billard: Treffer [durch Karambolieren]); **ka|ram|bo|lie|ren** (ugs. für: zusammenstoßen; Billard: mit dem Spielball die beiden anderen Bälle treffen)
Ka|ra|mell, *der;* -s (gebrannter Zucker); **Ka|ra|mel|le,** *die;* -, -n (Bonbon mit Zusatz aus Milch[produkten]); **ka|ra|mel|li|sie|ren** (Zucker[lösungen] trocken erhitzen; Karamell zusetzen); **Ka|ra|mell|pud|ding**
Ka|ra|o|ke, *das;* -[s] (Veranstaltung, bei der Laien zur Instrumentalmusik eines Schlagers den Text singen)
Ka|rat, *das;* -[e]s, -e (Gewichtseinheit von Edelsteinen; Maß der Feinheit einer Goldlegierung)
Ka|ra|te, *das;* -[s] (Methode der waffenlosen Selbstverteidigung); **Ka|ra|te|ka,** *der;* -[s], -[s] u. *die;* -, -[s] (Karatekämpfer[in])
Ka|ra|wa|ne, *die;* -, -n (durch Wüsten u. Ä. ziehende Gruppe von Reisenden); **Ka|ra|wa|nen‿han|del, ...stra|ße**
Kar|bid, (chem. fachspr.:) Carbid, *das;* -[e]s, -e (eine Verbindung aus Kohlenstoff u. einem Metall od. Bor od. Silicium); **Kar|bid|lam|pe;**
Kar|bo|li|ne|um, *das;* -s (Imprägnierungs- und Schädlingsbekämpfungsmittel); **Kar|bo|na|de,** *die;* -, -n (landsch. für: gebratenes Rippenstück); **Kar|bo|nat,** *das;* -[e]s, -e (Salz der Kohlensäure); **Kar|bun|kel,** *der;* -s, - (Häufung dicht beieinander liegender Furunkel)
Kar|da|mom, *der* od. *das;* -s, -e[n] (scharfes Gewürz)
Kar|dan‿an|trieb, ...ge|lenk (Verbindungsstück zweier Wellen, das Kraftübertragung unter wechselnden Winkeln ermöglicht); **kar|da|nisch;** -e Aufhängung (Vorrichtung, die Schwankungen der aufgehängten Körper ausschließt)
Kar|di|nal, *der;* -s, ...äle (Titel der höchsten kath. Würdenträger nach dem Papst); **Kar|di|nal‿feh|ler, ...fra|ge, ...pro|blem, ...punkt; Kar|di|nals‿hut, ...kol|le|gi|um, ...kon|gre|ga|ti|on** (eine Hauptbehörde der päpstlichen Kurie); **Kar|di|nal‿tu|gend, ...zahl** (Grundzahl)
Ka|renz, *die;* -, -en (Wartezeit, Sperrfrist); **Ka|renz|zeit**
Kar|fi|ol, *der;* -s (südd., österr. für: Blumenkohl)
Kar|frei|tag (Freitag vor Ostern)
Kar|fun|kel, *der;* -s, - (ein Edelstein)
karg; Karg|heit, *die;* -; **kärg|lich; Kärg|lich|keit,** *die;* -
ka|riert (gewürfelt, gekästelt)
Ka|ri|es [*...iäß*], *die;* - (Med.: Zerstörung der harten Zahnsubstanz bzw. von Knochengewebe)
Ka|ri|ka|tur, *die;* -, -en (Zerr-, Spottbild, kritische od. satirische Darstellung); **Ka|ri|ka|tu|rist,** *der;* -en, -en (Karikaturenzeichner); **Ka|ri|ka|tu|ris|tin; ka|ri|ka|tu|ris|tisch; ka|ri|kie|ren**
Ka|ri|tas, *die;* - (Nächstenliebe; Wohltätigkeit); **ka|ri|ta|tiv** (wohltätig)
Kar|me|sin, Kar|min, *das;* -s (roter Farbstoff); **kar|me|sin|rot, kar|min|rot**
Kar|ne|val [*...wal*], *der;* -s, -e u. -s (Fastnacht[szeit], Fasching); **Kar|ne|va|list,** *der;* -en, -en; **kar|ne|va|lis|tisch; Kar|ne|vals‿ge|sell|schaft, ...prinz, ...tru|bel, ...zug**
Kar|ni|ckel, *das;* -s, - (landsch. für: Kaninchen)
Ka|ro, *das;* -s, -s (Raute, [auf der Spitze stehendes] Viereck; eine Spielkartenfarbe)
Ka|ros|se, *die;* -, -n (Prunkwagen; kurz für: Staatskarosse; ugs. für: Karosserie); **Ka|ros|se|rie,** *die;* -, ...ien (Aufbau von Kraftwagen)
Ka|ro|tin, (fachspr. nur:) Carotin, *das;* -s (gelbroter pflanzl. Farbstoff); **Ka|rot|te,** *die;* -, -n (eine Mohrrübenart)
Karp|fen, *der;* -s, - (ein Fisch); **Karp|fen‿teich, ...zucht**
Kar|re, *die;* -, -n u. (österr. nur:) Kar|ren, *der;* -s, -
Kar|ree, *das;* -s, -s (Viereck; bes. österr. für: Rippenstück)
kar|ren (mit einer Karre befördern); **Kar|ren;** vgl. Karre
Kar|ri|e|re [*...iäre*], *die;* -, -n ([bedeutende, erfolgreiche] Laufbahn); **Kar|ri|e|re|frau; Kar|ri|e|re|ma|cher; Kar|ri|e|rist,** *der;* -en, -en (abwer-

tend für: rücksichtsloser Karrieremacher); **kar|ri|e|ris|tisch**

Kar|sams|tag (Samstag vor Ostern)

Karst, *der;* -[e]s, -e (Geol.: durch Wasser ausgelaugte, meist unbewachsene Gebirgslandschaft aus Kalkstein od. Gips); **Karst|höh|le; kars|tig**

Kar|tät|sche, *die;* -, -n (früher: mit Bleikugeln gefülltes Artilleriegeschoss)

Kar|tau|se, *die;* -, -n (Kartäuserkloster); **Kar|täu|ser,** *der;* -s, - (Angehöriger eines kath. Einsiedlerordens; ein Kräuterlikör)

Kärt|chen; Kar|te, *die;* -, -n; **Kar|tei** (Zettelkasten)

Kar|tell, *das;* -s, -e (Interessenvereinigung in der Industrie)

kar|ten (ugs. für: Karten spielen); **Kar|ten‿le|ge|rin, ...schlä|ge|rin** (ugs. für: Kartenlegerin), **...spiel, ...[vor]|ver|kauf**

Kar|tof|fel, *die;* -, -n; **Kar|töf|fel|chen**

Kar|to|graf usw. vgl. Kartograph usw; **Kar|to|graph,** (auch:) Kar|to|graf, *der;* -en, -en (Landkartenzeichner; wissenschaftl. Bearbeiter einer Karte); **Kar|to|gra|phin,** (auch:) Kar|to|gra|fin; **kar|to|gra|phisch,** (auch:) kar|to|gra|fisch

Kar|ton [*...tong,* auch dt. Ausspr.: *...ton*], *der;* -s, -s u. (seltener, bei dt. Ausspr. u. österr. auch:) -e ([leichte] Pappe, Steifpapier; Kasten o. Ä. aus [leichter] Pappe; Vorzeichnung zu einem [Wand]gemälde); **Kar|to|na|gen|fa|brik; kar|to|niert** (in Pappe gebunden)

Ka|rus|sell, *das;* -s, -s u. -e

Kar|wo|che (Woche vor Ostern)

Kar|zer, *der;* -s, - (früher für: [Hoch]schulgefängnis; Arrest)

Kar|zi|nom, *das;* -s, -e (Med.: Krebs[geschwulst]; Abk.: Ca [Carcinoma])

Ka|sack, *der;* -s, -e (dreiviertellange Damenbluse)

Ka|sa|t|schok, *der;* -s, -s (ein russ. Volkstanz)

Ka|schem|me, *die;* -, -n (Lokal mit schlechtem Ruf)

ka|schen (ugs. für: ergreifen, verhaften)

ka|schie|ren (verdecken, verbergen)

Kasch|mir, *das;* -s, -e (eine Art Wolle)

Kä|se, *der;* -s, -; **Kä|se|rei** (Betrieb für Käseherstellung)

Ka|ser|ne, *die;* -, -n; **ka|ser|nie|ren** (in Kasernen unterbringen)

kä|se|weiß (ugs. für: sehr bleich); **kä|sig**

Ka|si|no, *das;* -s, -s (Speiseraum [für Offiziere]; kurz für: Spielkasino)

Kas|ka|de, *die;* -, -n ([künstlicher] stufenförmiger Wasserfall)

Kas|ko|ver|si|che|rung (Versicherung gegen Schäden an Fahrzeugen)

Kas|per, *der;* -s, - (auch ugs. für: alberner Kerl); **Kas|per|le,** *das* od. *der;* -s, -; **Kas|per|le|thea|ter; kas|pern** (ugs. für: albern)

Kas|sa, *die;* -, Kassen (österr. für: Kasse)

Kas|san|dra|ruf (Unheil verkündende Warnung)

Kas|se, *die;* -, -n (Geldkasten, -vorrat; Zahlraum, -schalter; Bargeld); **Kas|sen|sturz** (Feststellung des Kassenbestandes)

Kas|se|rol|le, *die;* -, -n (Schmortopf, -pfanne)

Kas|set|te, *die;* -, -n (Kästchen für Wertsachen; Bauw.: vertieftes Feld [in der Zimmerdecke]; Schutzhülle für Bücher u. a.; Fotogr.: lichtdichter Behälter für Platten u. Filme im Aufnahmegerät; Behälter für Bild- od. Tonaufzeichnungen); **Kas|set|ten|re|kor|der**

Kas|si|ber, *der;* -s, - (Gaunerspr.: heiml. Schreiben zwischen Häftlingen od. von diesen an Außenstehende)

Kas|sier, *der;* -s, -e (österr., südd. häufig für: Kassierer); **kas|sie|ren** (Geld einnehmen; ugs. für: wegnehmen; verhaften); **Kas|sie|rer; Kas|sie|re|rin**

Kas|ta|g|net|te [*kaßtanjät*[e]], *die;* -, -n (Handklapper)

Kas|ta|nie [*...i*[e]], *die;* -, -n (ein Baum u. dessen Frucht)

Kas|te, *die;* -, -n ([ind.] Stand; sich streng abschließende Gesellschaftsschicht)

kas|tei|en; sich - (sich [zur Buße] Entbehrungen auferlegen; sich züchtigen); **Kas|tei|ung**

Kas|tell, *das;* -s, -e (fester Platz, Burg, Schloss)

Kas|ten, *der;* -s, Kästen u. (selten:) - (südd., österr., schweiz. auch für: Schrank)

Kas|ten|geist, *der;* -[e]s (abwertend für: Standesdünkel)

Kas|t|ra|ti|on [*...zion*], *die;* -, -en (Entfernung od. Ausschaltung der Keimdrüsen [Hoden, Eierstöcke]); **kas|t|rie|ren; Kas|t|rie|rung**

Ka|sus, *der;* -, - [*kásuß*] (Fall [auch in der Sprachw.]; Vorkommnis)

Ka|ta|kom|be, *die;* -, -n (meist *Mehrz.;* unterird. Begräbnisstätte)

Ka|ta|log, *der;* -[e]s, -e (Verzeichnis [von Bildern, Büchern, Waren usw.]); **ka|ta|lo|gi|sie|ren** ([nach bestimmten Regeln] in einen Katalog aufnehmen)

Ka|ta|ly|sa|tor, *der;* -s, ...oren (Chemie: Stoff, der eine Reaktion auslöst od. beeinflusst; Kfz-Technik: Gerät zur Abgasreinigung); **ka|ta|ly|sie|ren**

Ka|ta|pult, *das* (auch: *der*); -[e]s, -e (Wurf-, Schleudermaschine); **ka|ta|pul|tie|ren**

Ka|tarrh, (auch:) Ka|tarr, *der;*

-s, -e (Med.: Schleimhautentzündung); **ka|tar|rha|lisch,** (auch:) ka|tar|ra|lisch

Ka|tas|ter, *der* (österr. nur so) od. *das;* -s, - (amtl. Grundstücksverzeichnis)

ka|ta|s|t|ro|phal (entsetzlich); **Ka|ta|s|t|ro|phe,** *die;* -, -n (Unglück[sfall] großen Ausmaßes); **Ka|ta|s|t|ro|phen‿alarm, ...ein|satz, ...schutz, ...tou|ris|mus** (abwertend für: das Anreisen Schaulustiger aus größeren Entfernungen bei Naturkatastrophen o. Ä.)

Ka|te, *die;* -, -n (nordd. für: kleines, ärmliches Bauernhaus)

Ka|te|chet, *der;* -en, -en (Religionslehrer, insbes. für die kirchl. Christenlehre außerhalb der Schule); **Ka|te|chis|mus,** *der;* -, ...men (in Frage u. Antwort abgefasstes Lehrbuch des christl. Glaubens)

Ka|te|go|rie, *die;* -, ...ien (Klasse; Gattung); **ka|te|go|risch** (nachdrücklich; unbedingt gültig)

Ka|ter, *der;* -s, - (m. Katze; ugs. für: Folge übermäßigen Alkoholgenusses)

Ka|the|der, *das* (auch: *der*); -s, - ([Lehrer]pult, Podium); **Ka|the|der|blü|te** (ungewollt komischer Ausdruck eines Lehrers); **Ka|the|d|ra|le,** *die;* -, -n (bischöfl. Hauptkirche)

Ka|the|te, *die;* -, -n (Math.: eine der beiden Seiten im rechtwinkligen Dreieck, die die Schenkel des rechten Winkels bilden)

Ka|the|ter, *der;* -s, - (Med.: röhrenförmiges Instrument)

Ka|tho|de, (fachspr. auch:) Ka|to|de, *die;* -, -n (negative Elektrode, Minuspol)

Ka|tho|lik, *der;* -en, -en (Anhänger der kath. Kirche u. Glaubenslehre); **ka|tho|lisch** (Abk.: kath.); **Ka|tho|li|zis|mus,** *der;* - (Geist u. Lehre des kath. Glaubens)

Ka|to|de; vgl. Kathode

ka|to|nisch; -e Strenge (unnachgiebige Strenge)

Kat|tun, *der;* -s, -e (feinfädiges Gewebe aus Baumwolle od. Chemiefasern); **kat|tu|nen**

katz|bal|gen, sich (ugs.); **Katz|bal|ge|rei; katz|bu|ckeln** (ugs. für: sich unterwürfig zeigen); **Kätz|chen; Kat|ze,** *die;* -, -n; für die Katz (ugs. für: umsonst)

Kat|zel|ma|cher (bes. südd., österr. abwertend für: Italiener)

Kat|zen|au|ge (auch: ein Halbedelstein; ugs. für: Rückstrahler); **kat|zen|freund|lich** (ugs. für: heuchlerisch freundlich); **Kat|zen|zun|gen,** *die* (*Mehrz.;* Schokoladentäfelchen)

Kau|der|welsch, *das;* -[s]; (unverständliches Sprachgemisch)

kau|en

kau|ern (hocken)

Kauf, *der;* -[e]s, Käufe; in - nehmen; **kau|fen; kau|fens|wert; Käu|fer; Käu|fe|rin; Kauf|frau** (Abk.: Kffr.); **Kauf‿haus, ...kraft; käuf|lich; Kauf|mann** (*Mehrz.* ...leute); **kauf|män|nisch**

Kau|gum|mi, *der* (auch: *das*); -s, -[s]

Kaul|quap|pe, *die;* -, -n (Froschlarve)

kaum

kau|sal (ursächlich zusammenhängend; begründend); **Kau|sa|li|tät,** *die;* -, -en (Ursächlichkeit); **Kau|sal‿ket|te, ...zu|sam|men|hang**

Kau|ta|bak

Kau|tel, *die;* -, -en (Rechtsw.: Vorsichtsmaßregel; Vorbehalt)

Kau|ti|on [*...zion*], *die;* -, -en (Bürgschaft, Sicherheit[sleistung]); **Kau|ti|ons|sum|me**

Kau|t|schuk, *der;* -s, -e (Milchsaft des Kautschukbaumes; Rohstoff zur Gummiherstellung)

Kau|werk|zeu|ge, *die (Mehrz.)*

Kauz, *der;* -es, Käuze; **Käuz|chen; kau|zig**

Ka|va|lier [*...wa...*], *der;* -s, -e; **Ka|va|liers|de|likt; Ka|va|lier[s]|start** (scharfes Anfahren mit dem Auto); **Ka|val|le|rie** [auch: *ka...*], *die;* -, ...ien (Milit. früher: Reiterei; Reitertruppe); **Ka|val|le|rist** [auch: *ka...*], *der;* -en, -en

Ka|vi|ar [*...wi...*], *der;* -s, -e (Rogen des Störs); **Ka|vi|ar|bröt|chen**

Ka|zi|ke, *der;* -n, -n (Häuptling bei den süd- u. mittelamerik. Indianern)

Keb|se, *die;* -, -n (früher für: Nebenfrau); **Kebs‿ehe, ...weib**

keck; Keck|heit

Keep|smi|ling [*kipßmail...*], *das;* - ([zur Schau getragene] optimistische Lebensanschauung)

Ke|fir, *der;* -s (Getränk aus gegorener Milch)

Ke|gel, *der;* -s, -; mit Kind und Kegel; Kegel schieben; **Ke|gel|bahn; ke|gel|för|mig; ke|geln; Ke|gel schie|ben;** vgl. Kegel; **Ke|gel|schnitt; Keg|ler**

Kehl|chen; Keh|le, *die;* -, -n; **keh|lig; Kehl|kopf**

Kehr|aus, *der;* -; **Kehr|be|sen**

Keh|re, *die;* -, -n (Wendekurve; turnerische Übung); [1]**keh|ren** (umwenden; ugs. für: sich um etwas kümmern)

[2]**keh|ren** (fegen); **Keh|richt,** *der* (auch: *das*); -s; **Kehr|ma|schi|ne**

Kehr|sei|te; kehrt!; rechtsum kehrt!; **kehrt|ma|chen** (umkehren); **Kehr|wert** (für: reziproker Wert)

kei|fen; Kei|fe|rei

Keil, *der;* -[e]s, -e; **Kei|le,** *die;* - (ugs. für: Prügel); - kriegen; **kei|len** (ugs. für: stoßen; anwerben); sich - (ugs. für: sich prügeln); **Kei|ler** (Eber); **Kei|le|rei** (ugs. für: Prügelei); **Keil‿rie|men, ...schrift**

Keim, *der;* -[e]s, -e; **kei|men; keim|frei; Keim|zel|le**
kein, -e, -, *Mehrz.* -e; -and[e]rer; auf -en Fall; -er, -e, -[e]s von beiden; **kei|ner|lei; kei|nes|falls; kei|nes|wegs; kein|mal**
Keks, *der* od. *das;* - u. -es, - u. -e (österr.: *das;* -, -[e]; kleines, trockenes Dauergebäck)
Kelch, *der;* -[e]s, -e
Ke|lim, *der;* -s, -s (oriental. Teppich)
Kel|le, *die;* -, -n
Kel|ler, *der;* -s, -; **Kel|ler|as|sel; Kel|le|rei; Kel|ler‿ge|schoss, ...kind**
Kell|ner, *der;* -s, -; **Kell|ne|rin**
Kel|te, *der;* -n, -n (Angehöriger eines indogerman. Volkes)
Kel|ter, *die;* -, -n (Weinpresse); **Kel|te|rei; kel|tern**
kel|tisch; Kel|tisch, *das;* -[s]
Ke|me|na|te, *die;* -, -n ([Frauen]gemach einer Burg)
ken|nen; kannte, gekannt; jmdn. kennen lernen; ich habe ihn kennen gelernt; **Ken|ner; Ken|ner‿blick, ...mie|ne; kennt|lich;** - machen; **Kennt|nis,** *die;* -, -se; von etwas - nehmen; **Kenn‿wort** (*Mehrz.* ...wörter), **...zahl, ...zei|chen; kenn|zeich|nen**
Ken|taur; vgl. Zentaur
ken|tern (umkippen [von Schiffen])
Ke|ra|mik, *die;* -, (für: Erzeugnis der [Kunst]töpferei auch *Mehrz.:*) -en ([Kunst]töpferei)
Ker|be, *die;* -, -n (Einschnitt)
Ker|bel, *der;* -s (eine Gewürzpflanze); **Ker|bel|kraut,** *das;* -[e]s
Kerb|holz; in: etwas auf dem - haben (ugs. für: etwas auf dem Gewissen haben)
Ker|ker, *der;* -s, - (früher: sehr festes Gefängnis; österr. früher für: schwere Freiheitsstrafe); **Ker|ker‿meis|ter, ...stra|fe**

Kerl, *der;* -[e]s, -e (landsch., bes. nordd.: -s); **Kerl|chen**
Kern, *der;* -[e]s, -e; **Kern‿ener|gie** (Atomenergie), **...ge|häu|se; kern|ge|sund; ker|nig; Kern|kraft|werk; kern|los; Kern‿obst, ...phy|sik** (Lehre von den Atomkernen u. Atomkernreaktionen), **...waf|fen** *(die; Mehrz.)*
Ker|ze, *die;* -, -n; **ker|zen|ge|ra|de**[1]
kess (ugs. für: frech; flott)
Kes|sel, *der;* -s, -; **Kes|sel‿stein, ...trei|ben**
Kess|heit
Ket|ch|up; vgl. Ketschup; **Ket|sch|up,** (auch:) Ketchup [*kätschap,* engl. Aussprache: *kätschᵉp*], *der* od. *das;* -[s], -s (pikante [Tomaten]soße)
Ket|te, *die;* -, -n (auch Weberei: in der Längsrichtung verlaufende Fäden); **ket|teln** ([kettenähnlich] verbinden); **ket|ten; Ket|ten‿rau|cher, ...re|ak|ti|on**
Ket|zer; Ket|ze|rei; ket|ze|risch; Ket|zer|ver|fol|gung
keu|chen; Keuch|hus|ten
Keu|le, *die;* -, -n; **keu|len|för|mig; Keu|len‿gym|nas|tik, ...schwin|gen** *(das;* -s)
Keusch|heit, *die;* -; **Keusch|heits‿ge|lüb|de, ...gür|tel**
Kfz = Kraftfahrzeug; **Kfz-Fahrer**
Kha|ki, kha|ki|far|ben usw.; vgl. Kaki, kakifarben usw.
Khan, *der;* -[e]s, -e (mong.-türk. Herrschertitel)
Kib|buz, *der;* -, ...uzim od. -e (Gemeinschaftssiedlung in Israel)
Ki|cher|erb|se
ki|chern
Kick, *der;* -[s], -s (ugs. für: Tritt, Stoß [beim Fußball]); Nervenkitzel; **ki|cken** (ugs. für: Fußball spielen); **Ki|cker,** *der;* -s, -[s] (ugs. für: Fußballspieler)

[1] Vgl. die Anmerkung zu »gerade«

kid|nap|pen [*kidnäpᵉn*] (entführen); **Kid|nap|per,** *der;* -s, - (Entführer)
Kie|bitz, *der;* -es, -e (ein Vogel)
kie|bit|zen (ugs. für: beim [Karten-, Schach]spiel zuschauen)
[1]**Kie|fer,** *die;* -, -n (ein Nadelbaum)
[2]**Kie|fer,** *der;* -s, - (ein Schädelknochen); **Kie|fer|höh|le**
Kie|ker; jmdn. auf dem - haben (ugs. für: jmdn. misstrauisch beobachten; jmdn. nicht leiden können)
Kiel, *der;* -[e]s, -e (Grundbalken der Wasserfahrzeuge); **Kiel|boot; kiel|oben;** - liegen
Kie|me, *die;* -, -n (Atmungsorgan im Wasser lebender Tiere); **Kie|men|spal|te**
Kien, *der;* -[e]s (harzreiches [Kiefern]holz); **Kien‿ap|fel, ...span**
Kies, *der;* -es, (für: Geröll auch *Mehrz.:*) -e (ugs. auch für: Geld); **Kie|sel,** *der;* -s, -; **Kie|sel|stein; Kies‿gru|be, ...weg**
kif|fen (Jargon: Haschisch od. Marihuana rauchen); **Kif|fer**
ki|ke|ri|ki!
kil|le|kil|le; - machen (ugs. für: kitzeln)
kil|len (ugs. für: töten); **Kil|ler** (ugs. für: Totschläger, Mörder)
Ki|lo, *das;* -s, -[s] (Kurzw. für: Kilogramm); **Ki|lo|gramm** (1 000 g; Zeichen: kg)
Ki|lo|hertz (1 000 Hertz; Zeichen: kHz)
Ki|lo|ka|lo|rie (1 000 Kalorien; Zeichen: kcal)
Ki|lo|me|ter, *der* (1 000 m; Zeichen: km); 80 Kilometer je Stunde (Abk.: km/h); **Ki|lo|me|ter|geld; ki|lo|me|ter‿lang, ...weit**
Ki|lo|volt (1 000 Volt; Zeichen: kV)
Ki|lo|watt (1 000 Watt; Zeichen: kW)
Kilt, *der;* -[e]s, -s (zur schottischen Tracht der Männer

gehörender knielanger Rock)

Kim|me, *die;* -, -n (Einschnitt; Kerbe; Teil der Visiereinrichtung)

Ki|mo|no [auch: *ki*... od. *ki*...], *der;* -s, -s (weitärmeliges jap. Gewand)

Kind, *das;* -[e]s, -er; **Kind|bett,** *das;* -[e]s; **Kind|chen,** *das;* -s, -; **Kin|de|rei; kin|der|freund|lich; Kin|der˯gar|ten, ...gärt|ne|rin, ...la|den** (auch für: nicht autoritär geleiteter Kindergarten), **...läh|mung; kin|der|leicht; Kin|der|lo|sig|keit,** *die;* -; **kin|der|reich; Kin|der|stu|be; Kin|des|al|ter; Kind|heit,** *die;* -; **kin|disch; kind|lich**

Ki|ne|ma|to|graph, (auch:) Ki|ne|ma|to|graf, *der;* -en, -en (der erste Apparat zur Aufnahme u. Wiedergabe bewegter Bilder; Kurzform: Kino)

Kin|ker|litz|chen, *die* (*Mehrz.;* ugs. für: Nichtigkeiten)

Kinn, *das;* -[e]s, -e; **Kinn|ha|ken**

Ki|no, *das;* -s, -s (Lichtspieltheater); vgl. Kinematograph; **Ki|no˯be|sit|zer, ...pro|gramm; Kin|topp,** *der;* -s, -s u. ...töppe (ugs. für: Kino, Film)

Ki|osk [auch: *...oßk*], *der;* -[e]s, -e (Verkaufshäuschen; oriental. Gartenhaus)

Kip|pe, *die;* -, -n (Turnübung; ugs. für: Zigarettenstummel); **kip|pen; Kipp˯fens|ter, ...schal|ter**

Kir|che, *die;* -, -n; **Kir|chen˯jahr, ...mu|sik, ...staat** (*der;* -[e]s), **...steu|er** *(die);* **Kirch|hof; kirch|lich; Kirch|turm; Kirch|weih,** *die;* -, -en

kir|re (ugs. für: zutraulich, zahm)

Kirsch, *der;* -[e]s, - (ein Branntwein); **Kirsch|baum; Kir|sche,** *die;* -, -n; **kirsch|rot; Kirsch|was|ser,** *das;* -s, - (ein Branntwein)

Kiss|chen; Kis|sen, *das;* -s, -; **Kis|sen|schlacht**

Kis|te, *die;* -, -n; **kis|ten|wei|se**

Kitsch, *der;* -[e]s (als geschmacklos empfundenes Produkt der Kunst, Musik, Literatur; geschmacklos gestalteter Gebrauchsgegenstand); **kit|schig**

Kitt, *der;* -[e]s, -e

Kitt|chen, *das;* -s, - (ugs. für: Gefängnis)

Kit|tel, *der;* -s, -; **Kit|tel|schür|ze**

kit|ten

Kitz, *das;* -es, -e u. **Kit|ze,** *die;* -, -n (Junges von Reh, Gämse, Ziege); **Kitz|chen**

Kit|zel, *der;* -s, -; **kit|ze|lig,** kitz|lig; **kit|zeln; Kitz|ler** (für: Klitoris)

Kla|bau|ter|mann, *der;* -[e]s, ...männer (ein Schiffskobold)

klack!; kla|cken (klack machen); **klacks!; Klacks,** *der;* -es, -e (ugs. für: kleine Menge; klatschendes Geräusch)

Klad|de, *die;* -, -n (landsch. für: Schmierheft; Geschäftsbuch)

Klad|de|ra|datsch [auch: *...datsch*], *der;* -[e]s, -e (ugs. für: Chaos; Skandal, Aufregung)

klaf|fen; kläf|fen; Kläf|fer

Klaf|ter, *der* od. *das;* -s, - (seltener: *die;* -, -n; altes Längen-, Raummaß)

Kla|ge, *die;* -, -n; **kla|gen; Klä|ger; kläg|lich**

Kla|mauk, *der;* -s (ugs. für: Lärm; Ulk)

klamm (feucht; steif [vor Kälte]); **Klam|mer,** *die;* -, -n; **klam|mern; klamm|heim|lich** (ugs.)

Kla|mot|te, *die;* -, -n (ugs. für: [Ziegel]brocken; minderwertiges [Theater]stück; auch für: Kleidungsstücke [meist *Mehrz.*])

Klamp|fe, *die;* -, -n (volkstüml. für: Gitarre)

klang!; kling, klang!; **Klang,** *der;* -[e]s, Klänge

klapp!; Klap|pe, *die;* -, -n (ugs. abwertend auch für Mund[werk]; österr. auch für: Nebenstelle eines Telefonanschlusses, svw. Apparat); **klap|pen; Klap|per,** *die;* -, -n; **klap|pe|rig,** klapprig; **klap|pern; klapp|rig;** vgl. klapperig

Klaps, *der;* -es, -e; **Kläps|chen; klap|sen; Klaps|müh|le** (ugs. für: Nervenheilanstalt)

klar; im Klaren sein; klar machen (deutlich machen), klar sein, werden; mir ist verschiedenes klar geworden; weil ich endlich klar sehe (die Zusammenhänge erkenne, Bescheid weiß)

Klär|an|la|ge; klä|ren; klar|ge|hen (ugs. für: reibungslos ablaufen); **Klar|heit,** *die;* -

Kla|ri|net|te, *die;* -, -n (ein Holzblasinstrument); **Kla|ri|net|tist,** *der;* -en, -en; **Kla|ri|net|tis|tin**

klar|kom|men (ugs. für: zurechtkommen); **klar|le|gen** (erklären); **klar ma|chen;** vgl. klar; **klar|ma|chen** (fahr-, gefechtsbereit machen [von Schiffen]); **Klär|schlamm; klar se|hen;** vgl. klar; **Klar|sicht|fo|lie; klar|stel|len** (Irrtümer beseitigen); **Klar|stel|lung; Klar|text,** *der* (entzifferter [dechiffrierter] Text); **Klä|rung; klar wer|den;** vgl. klar

klas|se (ugs. für: hervorragend, großartig); ein - Auto; er hat - gespielt; **Klas|se,** *die;* -, -n; etwas ist [ganz große] - (ugs. für: etwas ist großartig; Abk.: Kl.); **klas|sen|los;** -e Gesellschaft; **Klas|sen˯lot|te|rie, ...zim|mer; klas|si|fi|zie|ren; Klas|si|fi|zie|rung** (Einteilung, Einordnung [in Klassen]); **Klas|sik,** *die;* - (Epoche kultureller Gipfelleistungen u. ihre mustergültigen Werke); **Klas|si|ker** (maßgebender Künstler od. Schriftsteller [bes. der antiken u. der dt. Klassik]); **klas|sisch** (mustergültig; die Klassik betreffend; typisch, traditionell); **Klas|si|zis|mus,** *der;* - (die Klassik nachahmende Stilrichtung; bes.: Stil um 1800); **klas|si|zis|tisch**

klatsch!; Klatsch, *der;* -[e]s, -e (ugs. auch für: Rederei, Geschwätz); **Klatsch|ba|se; klat|schen; Klatsch|mohn; klatsch|nass** (ugs. für: völlig durchnässt); **Klatsch|sucht,** *die;* -

klau|ben (sondern; mit Mühe heraussuchen; österr. für: pflücken)

Klaue, *die;* -, -n; **klau|en** (ugs. für: stehlen); **Klau|en|seu|che,** *die;* -; Maul- u. Klauenseuche

Klau|se, *die;* -, -n (Klosterzelle, Einsiedelei; Talenge)

Klau|sel, *die;* -, -n (Nebenbestimmung; Einschränkung, Vorbehalt)

Klaus|ner (Bewohner einer Klause, Einsiedler)

Kla|vi|a|tur [...*wi*...], *die;* -, -en (Tasten [eines Klaviers], Tastbrett); **Kla|vier** [...*wir*], *das;* -s, -e; - spielen; **kla|vie|ren** (ugs. für: an etwas herumfingern); **Kla|vier|kon|zert**

kle|ben; kleben bleiben (ugs. auch für: nicht versetzt werden); **Kle|ber; kleb|rig; Kleb|stoff**

kle|ckern (ugs.); **Klecks,** *der;* -es, -e; **kleck|sen**

Klee, *der;* -s; **Klee|blatt**

Kleid, *das;* -[e]s, -er; **Kleid|chen,** *das;* -s, -; **klei|den; Klei|der‿bad, ...schrank; kleid|sam; Klei|dung; Klei|dungs|stück**

Kleie, *die;* -, -n (Abfallprodukt beim Mahlen von Getreide)

klein; ein klein wenig; Groß und Klein; im Kleinen; bis ins Kleinste (sehr eingehend); der Kleine Bär; klein karierte Stoffe; ein klein gedruckter Text; das klein Gedruckte, (auch:) Kleingedruckte lesen; klein beigeben (nachgeben); man muss die Kräuter klein hacken; klein, kleiner machen; Rücksichtnahme wird bei diesen Leuten klein geschrieben (ugs. für: nicht wichtig genommen); **Klein,** *das;* -s (kurz für: Gänseklein o. Ä.); **klein|bür|ger|lich; Klei|ne,** *der, die, das;* -n, -n (kleines Kind); **Klein‿for|mat; klein gedruckt;** vgl. klein; **Klein|ge|druck|te,** *das;* -n; vgl. klein; **Klein|geld,** *das;* -[e]s; **klein|gläu|big; Klein|gläu|big|keit,** *die;* -; **klein ha|cken;** vgl. klein; **klein|her|zig; Klei|nig|keit; klein|ka|riert** (engherzig, -stirnig); aber: klein karierter Stoff; vgl. klein; **Klein‿kind, ...kram** (*der;* -[e]s); **klein|krie|gen** (ugs. für: gefügig machen; aufbrauchen; zerstören); **klein|laut; klein|lich; Klein|lich|keit; klein ma|chen;** vgl. klein; **Klein|mut,** *der;* -[e]s; **klein|mü|tig; Klein|od,** *das;* -[e]s, (für: Kostbarkeit *Mehrz.:*) -e, (für: Schmuckstück *Mehrz.:*) ...odien [...*i^e^n*]; **klein|schrei|ben** (mit kleinem Anfangsbuchstaben schreiben); aber: klein geschrieben; vgl. klein; **Klein‿schrei|bung, ...stadt; kleinst|mög|lich**

Kleis|ter, *der;* -s, -; **kleis|tern; Kleis|ter|topf**

Kle|ma|tis [auch: ...*atiß*], *die;* -, - (Waldrebe, Kletterpflanze)

Kle|men|ti|ne, *die;* -, -n (kernlose Sorte der Mandarine)

Klem|me, *die;* -, -n; **klem|men**

Klemp|ner (Blechschmied); **Klemp|ne|rei; klemp|nern**

Klep|per, *der;* -s, - (ugs. für: ausgemergeltes Pferd)

Klep|to|ma|nie, *die;* - (krankhafter Stehltrieb); **klep|to|ma|nisch**

kle|ri|kal (die Geistlichkeit betreffend; kirchlich); **Kle|ri|ker** (kath. Geistlicher); **Kle|rus,** *der;* - (kath. Geistlichkeit, Priesterschaft)

Klet|te, *die;* -, -n

Klet|te|rei; Klet|te|rer; Klet|ter‿max, *der;* -es, -e od. **...ma|xe,** *der;* -n, -n; (ugs. für: Fassadenkletterer); **klet|tern; Klet|ter‿ro|se, ...stan|ge**

kli|cken

Kli|ent, *der;* -en, -en (Auftraggeber [eines Anwaltes]); **Kli|en|tin**

Kli|ma, *das;* -s, -ta u. (selten:) -s u. (fachspr.:) ...mate (Gesamtheit der meteorol. Erscheinungen in einem best. Gebiet); **Kli|mak|te|ri|um,** *das;* -s (Med.: Wechseljahre der Frau); **kli|ma|ti|sie|ren** (Temperatur u. Luftfeuchtigkeit in geschlossenen Räumen automatisch regeln)

klim|men (klettern); klomm, geklommen; **Klimm|zug** (eine turnerische Übung)

klim|pern (klingen lassen; ugs. für: [schlecht] auf dem Klavier o. Ä. spielen)

kling!

Klin|ge, die, -, -n

Klin|gel, *die;* -, -n; **klin|geln**

klin|gen; klang, geklungen

Kli|nik, *die;* -, -en; **kli|nisch**

Klin|ke, *die;* -, -n; **klin|ken**

Klin|ker, *der;* -s, - (bes. hart gebrannter Ziegel); **Klin|ker|bau** (Bau aus Klinkern; *Mehrz.* ...bauten)

klipp!; klipp u. klar (ugs. für: ganz deutlich)

Klipp, *der;* -s -s (Klemme; [am Ohr zu tragendes] Schmuckstück)

Klip|pe, *die;* -, -n

Klips, *der;* -es, -e ([am Ohr zu tragendes] Schmuckstück)

klir|ren

Kli|schee, *das;* -s, -s (Druck-, Bildstock; Abklatsch); **Kli|schee|vor|stel|lung**

Klis|tier, *das;* -s, -e (Einlauf); **klis|tie|ren** (einen Einlauf geben)
Kli|to|ris, *die;* -, - u. ...orides (Med.: schwellfähiges weibl. Geschlechtsorgan, Kitzler)
klitsch!; Klit|sche (ugs. für: ärmlicher Bauernhof o. Ä.); **klitsch|nass** (ugs. für: völlig durchnässt)
klit|ze|klein (ugs. für: sehr klein)
Klo, *das;* -s, -s (ugs. für: Klosett)
Klo|a|ke, *die;* -, -n ([unterirdischer] Abwasserkanal; Senkgrube)
Klo|ben, *der;* -s, - (Eisenhaken; gespaltenes Holzstück; auch für: unhöflicher Mensch); **klo|big**
klö|nen (nordd. für: gemütlich plaudern; schwatzen)
klop|fen; Klop|fer
Klöp|pel, *der;* -s, -; **Klöp|pe|lei; klöp|peln; Klöpp|le|rin; Klops,** *der;* -es, -e (Fleischkloß)
Klo|sett, *das;* -s, -s (auch: -e)
Kloß, *der;* -es, Klöße; **Kloß|brü|he; Klöß|chen**
Klos|ter, *das;* -s, Klöster; **Klos|ter|bru|der; klös|ter|lich**
Klotz, *der;* -es, Klötze (ugs.: Klötzer); **Klötz|chen; klot|zen;** -, nicht kleckern (ugs. für: ordentlich zupacken, statt sich mit Kleinigkeiten abzugeben); **klot|zig** (ugs. auch für: sehr viel)
Klub, (auch:) Club, *der;* -s, -s ([geschlossene] Vereinigung; auch für: deren Räume); **Klub|gar|ni|tur,** (auch:) Club|gar|ni|tur (Gruppe von [gepolsterten] Sitzmöbeln)
Kluft, *die;* -, -en (ugs. für: [alte] Kleidung; Uniform)
klug; klüger, klügste; es ist das Klügs|te[,] nachzugeben; **Klü|ge|lei; klü|geln; klu|ger|wei|se; Klug|heit,** *die;* -
Klümp|chen; klum|pen; der Pudding klumpt; **Klum|pen,** *der;* -s, -; **Klump|fuß; klump|fü|ßig**
Klün|gel, *der;* -s, - (abwertend für: Gruppe, die Vetternwirtschaft betreibt; Clique)
knab|bern
Kna|be, *der;* -n, -n; **kna|ben|haft; Knäb|lein**
knack!; Knack, *der;* -[e]s, -e (kurzer, harter, heller Ton); **Knä|cke|brot; kna|cken; kna|ckig; knacks!; Knacks,** *der;* -es, -e (ugs. für: Schaden); **Knack|wurst**
Knall, *der;* -[e]s, -e; **knal|len; Knall‿erb|se, ...ef|fekt** (ugs. für: große Überraschung), **...frosch; knall|hart** (ugs. für: sehr hart); **knal|lig**
knapp; - sein; ein knapp sitzender Anzug; jmdn. knapp halten (ugs. für: jdm. wenig geben)
Knap|pe, *der;* -n, -n (Bergmann; früher: Edelknabe)
knapp hal|ten; vgl. knapp; **Knapp|heit,** *die;* -
knap|sen (ugs. für: geizen; eingeschränkt leben)
Knar|re, *die;* -, -n (ein Kinderspielzeug; ugs. für: Gewehr); **knar|ren**
Knast, *der;* -[e]s (ugs. für: Gefängnis; Freiheitsstrafe)
knat|tern
Knäu|el, *der* od. *das;* -s, -
Knauf, *der;* -[e]s, Knäufe
knau|se|rig, knaus|rig (ugs.); **knau|sern** (ugs. für: übertrieben sparsam sein); **knaus|rig;** vgl. knauserig
knaut|schen (knittern); **Knautsch‿lack, ...zo|ne** (Kfz-Technik)
Kne|bel, *der;* -s, -; **kne|beln; Kne|be|lung**
Knecht, *der;* -[e]s, -e; **knech|ten; Knecht Ru|p|recht,** *der;* - -[e]s, - -e; **Knecht|schaft,** *die;* -; **Knech|tung**
knei|fen; kniff, gekniffen; **Kneif|zan|ge**
Knei|pe, *die;* -, -n (ugs. für: [einfaches] Lokal mit Alkoholausschank)
kneip|pen (eine Kneippkur machen); **Kneipp|kur**
Kne|te, *die;* - (ugs. für: Knetmasse; auch für: Geld); **kne|ten; Knet|gum|mi,** *der* u. *das;* -s, -s (Knetmasse); **Knet|mas|se** *die;* - (ugs.)
Knick, *der;* -[e]s, -e (scharfer Falz, Bruch); **Kni|cke|bein** (Eierlikör [als Füllung in Pralinen u. Ä.]); **kni|cken**
Kni|cker|bo|cker [auch in engl. Ausspr.: *nik^e r...*], *die* (*Mehrz.;* halblange Pumphose)
kni|cke|rig, knick|rig (ugs.); **kni|ckern** (ugs. für: geizig sein)
knicks!; Knicks, *der;* -es, -e; **knick|sen**
Knie, *das;* -s, - [*kni^e*, auch: *kni*]; auf den Knien liegen; **Knie|beu|ge; Knie|fall,** *der;* **knie|hoch;** der Schnee liegt -; **knien** [*knin,* auch: *kni^e n*]; kniete, gekniet; **Knie|strumpf**
Kniff, *der;* -[e]s, -e; **Knif|fe|lei** (Schwierigkeit); **knif|fe|lig, kniff|lig**
Knig|ge, *der;* -[s], - (Buch über Umgangsformen)
knips!; Knips, *der;* -es, -e; **knip|sen** (ugs.)
Knirps, *der;* -es, -e (auch®: zusammenschiebbarer Schirm)
knir|schen
knis|tern
Knit|tel|vers (vierhebiger, unregelmäßiger Reimvers)
Knit|ter, *der;* -s, -; **knit|tern**
kno|beln ([aus]losen; würfeln; lange nachdenken)
Knob|lauch [*kno...* u. *kno...*], *der;* -[e]s (eine Gewürz- u. Heilpflanze); **Knob|lauch‿but|ter, ...salz, ...ze|he**
Knö|chel, *der;* -s, -; **Knö|chel|chen; Kno|chen,** *der;* -s, -; **Kno|chen‿bau** (*der;* -[e]s), **...mark** *(das);* **kno|chen|tro|cken** (ugs. für: sehr trocken); **knö|che|rig,** knöcherig (aus Knochen; knochenartig); **knö|chern** (aus Knochen); **knöch|rig;** vgl. knöcherig

Knö|del, *der;* -s, - (südd., österr. für: Kloß)
Knöll|chen; Knol|le, *die;* -, -n u. **Knol|len,** *der;* -s, -; **Knol|len|blät|ter|pilz; knol|len|för|mig; Knol|len|frucht; knol|lig**
Knopf, *der;* -[e]s, Knöpfe (österr. ugs. auch für: Knoten); **Knöpf|chen; knöp|fen; Knopf|loch**
Knor|pel, *der;* -s, -; **knor|pe|lig**
Knösp|chen; Knos|pe, *die;* -, -n; **knos|pen; knos|pig**
Knöt|chen; kno|ten; Kno|ten, *der;* -s, - (auch für: Marke an der Logleine, Seemeile je Stunde [Zeichen: kn]); **Kno|ten|punkt**
Know-how [*nouhau*], *das;* -[s] (Wissen um die praktische Verwirklichung einer Sache)
knül|len (zerknittern); **Knül|ler** (ugs. für: Sensation; tolle Sache)
knüp|fen; Knüpf|tep|pich
Knüp|pel, *der;* -s, -; **knüp|pel|dick** (ugs. für: sehr schlimm); **knüp|peln; Knüp|pel|schal|tung**
knur|ren; knur|rig; ein -er Mensch
knus|pe|rig, knusp|rig; **knus|pern**
Knu|te, *die;* -, -n (Lederpeitsche)
knut|schen (ugs. für: heftig liebkosen)
ko|a|lie|ren; Ko|a|li|ti|on [*...zion*], *die;* -, -en (Vereinigung, Bündnis; Zusammenschluss [von Staaten]); **Ko|a|li|ti|ons|frei|heit**
Ko|balt, *das;* -s (chem. Element, Metall; Zeichen: Co); **ko|balt|blau**
Ko|ben, *der;* -s, - (Verschlag; Käfig; Stall)
Ko|bold, *der;* -[e]s, -e (neckischer Geist); **ko|bold|haft**
Ko|bolz, *der;* nur noch in: - schießen (Purzelbaum schlagen); **ko|bol|zen**
Ko|b|ra, *die;* -, -s (Brillenschlange)
Koch, *der;* -[e]s, Köche; **kochen**

Kö|cher, *der;* -s, - (Behälter für Pfeile)
Kö|chin; Koch|kunst
Kode, (fachspr. meist:) Code [*kod*], *der;* -s, -s (System verabredeter Zeichen; Schlüssel zum Dechiffrieren)
Kö|der, *der;* -s, - (Lockmittel); **kö|dern**
Ko|e|du|ka|ti|on [*...zion*], *die;* - (Gemeinschaftserziehung beider Geschlechter in Schulen o. Ä.)
Ko|e|xis|tenz [auch: *ko...*], *die;* -, -en (gleichzeitiges Vorhandensein unterschiedlicher Dinge; friedl. Nebeneinanderbestehen; **ko|e|xis|tie|ren**
Kof|fe|in, *das;* -s (Wirkstoff von Kaffee u. Tee); **kof|fe|in|frei**
Kof|fer, *der;* -s, -; **Köf|ferchen; Kof|fer‿ra|dio, ...raum**
Ko|g|nak [*konjak*], *der;* -s, -s (ugs. für: Weinbrand)
ko|hä|rent (zusammenhängend); **Ko|hä|renz,** *die;* -
Kohl, *der;* -[e]s, -e (auch ugs. für: Unsinn); **Kohl|dampf,** *der;* -[e]s (ugs. für: Hunger); - schieben
Koh|le, *die;* -, -n; **koh|len** (nicht mit voller Flamme brennen, schwelen); **Kohle[n]|hy|d|rat** (zucker- od. stärkeartige chem. Verbindung); **Koh|len‿säu|re** (*die;* -), **...stoff** (*der;* -[e]s; chem. Element; Zeichen: C); **Köhler**
Kohl|mei|se (ein Vogel)
Kohl|ra|be (für: Kolkrabe); **kohl|ra|ben|schwarz**
Kohl|ra|bi, *der;* -[s], -[s]
Ko|in|zi|denz, *die;* -, -en (Zusammentreffen von Ereignissen)
ko|i|tie|ren (Med.: den Koitus vollziehen); **Ko|i|tus** [*kó-ituß*], *der;* -, - u. -se (Med.: Geschlechtsakt)
Ko|je, *die;* -, -n (Schlafstelle [auf Schiffen]; Ausstellungsstand)

Ko|ka|in, *das;* -s (ein Betäubungsmittel; Rauschgift)
Ko|kar|de, *die;* -, -n (Hoheitszeichen an Uniformmützen)
ko|ken (Koks herstellen); **Ko|ke|rei** (Koksgewinnung, -werk)
ko|kett (eitel, gefallsüchtig); **ko|ket|tie|ren**
Ko|kon [*...kong*, österr.: *...kon*], *der;* -s, -s (Hülle der Insektenpuppen); **Ko|kon|fa|ser**
Ko|kos‿mat|te, ...nuss
Ko|kot|te, *die;* -, -n (veraltend für: Halbweltdame)
Koks, *der;* -es, -e (ein Brennstoff)
Ko|la‿nuss, ...strauch
Kol|ben, *der;* -s, -
Kol|cho|se, *die;* -, -n (landwirtschaftl. Produktionsgenossenschaft in der ehem. Sowjetunion)
Ko|li|b|ri, *der;* -s, -s (ein Vogel)
Ko|lik [auch: *kolik*], *die;* -, -en (Anfall von krampfartigen Leibschmerzen)
Kolk|ra|be
kol|la|bie|ren (Med.: einen Kollaps erleiden)
Kol|la|bo|ra|teur [*...tör*], *der;* -s, -e (jmd., der kollaboriert); **Kol|la|bo|ra|ti|on** [*...zion*], *die;* -, -en; **kol|la|bo|rie|ren** (mit dem Feind zusammenarbeiten)
Kol|laps [auch: *...laps*], *der;* -es, -e (plötzlicher Schwächeanfall durch Kreislaufversagen)
Kol|la|te|ral|scha|den (milit. verhüllend für: bei militärischen Aktionen in Kauf genommener schwer wiegender Schaden, bes. Tod von Zivilisten)
Kol|leg, *das;* -s, -s u. -ien [*...ien*] (akadem. Vorlesung; Bildungseinrichtung); **Kol|le|ge,** *der;* -n, -n; **kol|le|gi|al; Kol|le|gia|li|tät,** *die;* -; **Kol|le|gin; Kol|le|gi|um,** *das;* -s, ...ien [*...ien*] (Gruppe von Personen mit gleichem Amt od. Beruf; Lehrkörper [einer Schule])

Kol|lẹk|te, *die;* -, -n (Sammlung von Geldspenden in der Kirche); **Kol|lek|ti|on** [...*zion*], *die;* -, -en ([Muster]sammlung [von Waren], Auswahl); **kol|lek|ti̲v** (gemeinschaftlich, gruppenweise, umfassend); **Kol|lek|ti̲v,** *das;* -s, -e [...*w*ᵉ], (auch:) -s (Team, Gruppe; Arbeits- u. Produktionsgemeinschaft, bes. in der sozialist. Wirtschaft)

kol|li|di̲e̲|ren (zusammenstoßen; sich überschneiden)

Kol|lier [...*ie*], *das;* -s, -s (Halsschmuck)

Kol|li|si|on, *die;* -, -en (Zusammenstoß)

Kol|lo̲|qui|um [auch: ...*lọ*...], *das;* -s, ...ien [...*i*ᵉ*n*] (wissenschaftl. Gespräch; Zusammenkunft von Wissenschaftlern; österr. für: kleinere Hochschulprüfung)

Kö̲l|nisch|was|ser [auch: ...*waß*ᵉ*r*], *das;* -s

ko|lo|ni|a̲l (die Kolonie[n] betreffend; zu Kolonien gehörend; aus Kolonien stammend); **Ko|lo|ni|a|lịs|mus,** *der;* - (auf Erwerb u. Ausbau von Kolonien ausgerichtete Politik eines Staates); **Ko|lo|ni̲e̲,** *die;* -, ...i̲en (auswärtige, bes. überseeische Besitzung eines Staates)

Ko|lon|na̲|de, *die;* -, -n (Säulengang, -halle); **Ko|lọn|ne,** *die;* -, -n

Ko|lo|ra|tu̲r, *die;* -, -en (virtuose gesangl. Verzierung); **Ko|lo|ra|tu̲r|so|p|ran; ko|lo|ri̲e̲|ren** (färben; aus-, bemalen); **Ko|lo|ri̲e̲|rung; Ko|lo|ri̲t,** [auch: ...*ịt*], *das;* -[e]s, -e (Farb[en]gebung, Farbwirkung)

Ko|lọss, *der;* -es, -e (Riesenstandbild; Riese, Ungetüm); **ko|los|sa̲l** (riesig, gewaltig, Riesen...)

Kol|por|ta̲|ge [...*tasch*ᵉ, österr.: ...*tasch*], *die;* -, -n (Verbreitung von Gerüchten); **Kol|por|teur** [...*tö̲r*], *der;* -s, -e; **kol|por|ti̲e̲|ren**

Ko|lụm|ne, *die;* -, -n (senkrechte Reihe; [Druck]spalte); **Ko|lum|nịst,** *der;* -en, -en (Journalist, dem ständig eine bestimmte Spalte einer Zeitung zur Verfügung steht)

Kọm|bi, *der;* -[s], -s (kurz für: kombinierter Liefer- u. Personenwagen); **Kom|bi|na|ti|on** [...*zion*], *die;* -, -en (berechnende Verbindung; gedankliche Folgerung; Zusammenstellung; Sportspr.: planmäßiges, flüssiges Zusammenspiel); **Kom|bi|na|ti|o̲ns|schloss; kom|bi|ni̲e̲|ren** (vereinigen, zusammenstellen; berechnen; vermuten; Sportspr.: planmäßig zusammenspielen)

Kom|bü̲|se, *die;* -, -n (Seemannsspr.: Schiffsküche)

Ko|me̲t, *der;* -en, -en (Schweifstern)

Kom|fort [*komfo̲r*, auch: *komfọrt*], *der;* -s; **kom|for|ta̲|bel**

Ko̲|mik, *die;* - (erheiternde, Lachen erregende Wirkung); **Ko̲|mi|ker; ko̲|misch** (belustigend, zum Lachen reizend; wunderlich)

Ko|mi|te̲e̲, *das;* -s, -s (leitender Ausschuss)

Kọm|ma, *das;* -s, -s u. -ta (Beistrich)

Kom|man|dạnt, *der;* -en, -en (Befehlshaber einer Festung, eines Schiffes usw.); **Kom|man|dan|tu̲r,** *die;* -, -en (Dienstgebäude eines Kommandanten; Befehlshaberamt); **Kom|man|deur** [...*dö̲r*], *der;* -s, -e (Befehlshaber einer Truppenabteilung); **kom|man|di̲e̲|ren**

Kom|man|di̲t|ge|sell|schaft (bestimmte Form der Handelsgesellschaft; Abk.: KG)

Kom|mạn|do, *das;* -s, -s (österr. auch: ...den)

kọm|men; kam, gekommen; **Kọm|men,** *das;* -s; das - und Gehen

Kom|men|ta̲r, *der;* -s, -e (Erläuterung, Auslegung; ugs. für: Bemerkung); **Kom|men|ta̲|tor,** *der,* -s, ...o̲ren (Verfasser eines Kommentars); **kom|men|ti̲e̲|ren**

Kom|mẹrs, *der;* -es, -e (Verbindungswesen: feierlicher Trinkabend)

Kom|mẹrz, *der;* -es (Wirtschaft, Handel u. Geschäftsverkehr); **kom|mer|zi|a|li|si̲e̲|ren** (kommerziellen Interessen unterordnen)

Kom|mi|li|to̲|ne, *der;* -n, -n (Studienkollege); **Kom|mi|li|to̲|nin**

Kom|mịss, *der;* -es (ugs. für: Militär[dienst]); **Kom|mis|sa̲r,** *der;* -s, -e ([vom Staat] Beauftragter; Dienstbez., z. B. Polizeikommissar); **Kom|mis|sa|ri|a̲t,** *das;* -[e]s, -e (Amt[szimmer] eines Kommissars; österr. für: Polizeidienststelle); **kom|mis|sa̲|risch** (vorübergehend, in Vertretung); **Kom|mis|si|o̲n,** *die;* -, -en (Ausschuss [von Beauftragten]; Wirtsch.: Handel für fremde Rechnung)

Kom|mo̲|de, *die;* -, -n

kom|mu|na̲l (die Gemeinde betreffend, Gemeinde...; gemeindeeigen); **Kom|mu̲|ne,** *die;* -, -n (politische Gemeinde; Wohn- u. Wirtschaftsgemeinschaft); **Kom|mu|ni|kạnt,** *der;* -en, -en (Teilnehmer am Abendmahl); **Kom|mu|ni|ka|ti|on** [...*zion*], *die;* -, -en (Verständigung untereinander; Verbindung, Zusammenhang); **Kom|mu|ni|kee;** vgl. Kommuniqué; **Kom|mu|ni|o̲n,** *die;* -, -en (kath. Kirche: [Teilnahme am] Abendmahl); **Kom|mu|ni|qué** [...*münike̲*, auch: ...*munike̲*], (auch:) Kom|mu|ni|kee, *das;* -s, -s (Denkschrift; [regierungs]amtliche Mitteilung); **Kom|mu|nịs|mus,** *der;* -; **Kom|mu|nịst,** *der;* -en, -en; **kom|mu|nịs|tisch;**

das Kommunistische Manifest
Ko|mö|di|ant, *der;* -en, -en (Schauspieler); **Ko|mö|die** [...*i*ᵉ], *die;* -, -n
Kom|pa|g|non [...*panjong*], *der;* -s, -s (Kaufmannsspr.: [Geschäfts]teilhaber; Mitinhaber)
kom|pakt (gedrungen; dicht; fest); **Kom|pakt|heit,** *die;* -
Kom|pa|nie, *die;* -, ...ien (militärische Einheit [Abk.: Komp.]; Kaufmannsspr. veralt. für: [Handels]gesellschaft; Abk.: in Firmen: Co., seltener: Cie.)
Kom|pa|ra|tiv [auch: ...*tif*], *der;* -s, -e [...*w*ᵉ] (Sprachw.: erste Steigerungsstufe, z. B. »schöner«)
Kom|par|se, *der;* -n, -n (Statist)
Kom|pass, *der;* -es, -e (Gerät zur Bestimmung der Himmelsrichtung)
Kom|pen|di|um, *das;* -s, ...ien [...*i*ᵉ*n*] (Abriss, kurzes Lehrbuch)
Kom|pen|sa|ti|on [...*zion*], *die;* -, -en (Ausgleich, Entschädigung); **kom|pen|sie|ren** (gegeneinander ausgleichen)
kom|pe|tent (sachverständig; zuständig); **Kom|pe|tenz,** *die;* -, -en (Sachverstand; Zuständigkeit)
kom|plett (vollständig, abgeschlossen)
kom|plex (umfassend; vielschichtig); **Kom|plex,** *der;* -es, -e (zusammengefasster Bereich; [Sach-, Gebäude]gruppe; Psych.: seelisch bedrückende, negative Vorstellung [in Bezug auf sich selbst]); **Kom|pli|ka|ti|on** [...*zion*], *die;* -, -en (Verwicklung; Erschwerung)
Kom|pli|ment, *das;* -[e]s, -e (Schmeichelei, Lob; veralt. für: Gruß)
Kom|pli|ze, *der;* -n, -n (abwertend für: Mitschuldiger; Mittäter); **Kom|pli|zen|schaft,** *die;* -
kom|pli|ziert (verwickelt, schwierig, umständlich)
Kom|plott, *das* (ugs. auch: *der*); -[e]s, -e (heimlicher Anschlag, Verschwörung)
Kom|po|nen|te, *die;* -, -n (Bestandteil eines Ganzen); **kom|po|nie|ren** (Musik: [eine Komposition] schaffen; geh. für: [kunstvoll] gestalten); **Kom|po|nist,** *der;* -en, -en (jmd., der komponiert); **Kom|po|nis|tin; Kom|po|si|ti|on** [...*zion*], *die;* -, -en (Zusammensetzung; Aufbau u. Gestaltung eines Kunstwerkes; Musik: das Komponieren; Tonschöpfung); **Kom|post,** *der;* -[e]s, -e (Dünger); **kom|pos|tie|ren** (zu Kompost verarbeiten); **Kom|pott,** *das;* -[e]s, -e (gekochtes Obst)
Kom|pres|se, *die;* -, -n (feuchter Umschlag); **kom|pri|mie|ren** (zusammenpressen; verdichten); **kom|pri|miert**
Kom|pro|miss, *der* (selten: *das*); -es, -e (Übereinkunft, Ausgleich); **kom|pro|mit|tie|ren** (bloßstellen)
Kon|den|sa|ti|on [...*zion*], *die;* -, -en (Verdichtung; Verflüssigung); **Kon|den|sa|tor,** *der;* -s, ...oren (Gerät zum Speichern von Elektrizität od. zum Verflüssigen von Dämpfen); **kon|den|sie|ren** (verdichten; verflüssigen); **Kon|dens‿milch, ...was|ser** (*das;* -s)
Kon|di|ti|on [...*zion*], *die;* -, -en (Bedingung; [Gesamt]zustand); **Kon|di|ti|ons|schwä|che**
Kon|di|tor, *der;* -s, ...oren; **Kon|di|to|rei; Kon|di|tor|meis|ter**
Kon|do|lenz, *die;* -, -en (Beileid[sbezeigung]); **kon|do|lie|ren;** jmdm. -
Kon|fekt, *das;* -[e]s, -e (Pralinen; südd., schweiz., österr. auch für: Teegebäck); **Konfek|ti|on** [...*zion*], *die;* -, -en (industrielle Anfertigung von Kleidern; [Handel mit] Fertigkleidung; Bekleidungsindustrie); **kon|fek|ti|o|nie|ren** (fabrikmäßig herstellen)
Kon|fe|renz, *die;* -, -en; **kon|fe|rie|ren** (eine Konferenz abhalten; als Conférencier sprechen)
Kon|fes|si|on, *die;* -, -en ([Glaubens]bekenntnis; Bekenntnisgruppe); **kon|fes|si|o|nell** (zu einer Konfession gehörend); **Kon|fes|si|ons|schu|le** (Bekenntnisschule)
Kon|fet|ti, *die (Mehrz.),* heute meist: *das;* -[s] (bunte Papierblättchen)
Kon|fir|mand, *der;* -en, -en; **Kon|fir|ma|ti|on** [...zion], *die;* -, -en; **kon|fir|mie|ren**
kon|fis|zie|ren (beschlagnahmen)
Kon|fi|tü|re, *die;* -, -n (Marmelade mit Fruchtstücken)
Kon|flikt, *der;* -[e]s, -e (Zwiespalt, [Wider]streit)
Kon|fö|de|ra|ti|on [...*zion*], *die;* -, -en ([Staaten]bund)
kon|form (einig, übereinstimmend); - gehen (übereinstimmen); **Kon|for|mis|mus,** *der;* - ([Geistes]haltung, die [stets] um Anpassung bemüht ist); **Kon|for|mist,** *der;* -en, -en (Vertreter des Konformismus)
Kon|fron|ta|ti|on [...*zion*], *die;* -, -en (Gegenüberstellung [von Angeklagten u. Zeugen]; Auseinandersetzung); **kon|fron|tie|ren;** mit jmdm., mit etwas konfrontiert werden
kon|fus (verwirrt, verworren); **Kon|fu|si|on,** *die;* -, -en (Verwirrung, Durcheinander)
kon|ge|ni|al (geistesverwandt; geistig ebenbürtig); **Kon|ge|ni|a|li|tät,** *die;* -
Kon|glo|me|rat, *das;* -[e]s, -e (Zusammenballung; Geol.: Sedimentgestein)
Kon|gress, *der;* -es, -e ([größere] fachl. od. polit. Versammlung)

kon|gru|ent (übereinstimmend; Math.: deckungsgleich); **Kon|gru|enz,** *die;* -, (selten:) -en (Übereinstimmung)

Kö|nig, *der;* -s, -e; die Heiligen Drei -e; **Kö|ni|gin; Kö|ni|gin-mut|ter** (*Mehrz.* ...mütter); **kö|nig|lich;** Königliche Hoheit (Anrede eines Fürsten od. Prinzen); **Kö-nigs‿blau, ...ker|ze** (eine Heil- u. Zierpflanze); **Kö-nig|tum**

Kon|ju|ga|ti|on [...*zion*], *die;* -, -en (Sprachw.: Beugung des Zeitwortes); **kon|ju|gie|ren** ([Zeitwort] beugen); **Kon-junk|ti|on** [...*zion*], *die;* -, -en (Sprachw.: Bindewort; Astron.: Stellung zweier Gestirne im gleichen Längengrad); **Kon|junk|tiv** [auch: ...*tif*], *der;* -s, -e [...*w*[e]] (Sprachw.: Möglichkeitsform; Abk.: Konj.); **Kon-junk|tur,** *die;* -, -en (wirtschaftl. Gesamtlage von bestimmter Entwicklungstendenz; wirtschaftl. Aufschwung); **kon|junk|tu|rell**

kon|kav (hohl, vertieft, nach innen gewölbt)

Kon|kla|ve [...*w*[e]], *das;* -s, -n (Versammlung[sort] der Kardinäle zur Papstwahl)

Kon|kor|danz, *die;* -, -en (Übereinstimmung); **Kon-kor|dat,** *das;* -[e]s, -e (Vertrag zwischen Staat u. kath. Kirche; schweiz. für: Vertrag zwischen Kantonen)

kon|kret (gegenständlich, anschaubar, greifbar); **kon-kre|ti|sie|ren** (verdeutlichen; [im Einzelnen] ausführen)

Kon|ku|bi|nat, *das;* -[e]s, -e (Rechtsspr.: ehehähnliche Gemeinschaft ohne Eheschließung); **Kon|ku|bi|ne,** *die;* -, -n (veralt. für: im Konkubinat lebende Frau)

Kon|kur|rent; Kon|kur|ren-tin; Kon|kur|renz, *die;* -, -en (Wettbewerb; Zusammentreffen zweier Tatbestände od. Möglichkeiten); **Kon-kur|renz|kampf; kon|kur-rie|ren** (wetteifern; miteinander in Wettbewerb stehen; zusammentreffen [von mehreren strafrechtl. Tatbeständen]); **Kon|kurs,** *der;* -es, -e (Zahlungseinstellung, -unfähigkeit)

kön|nen; konnte, gekonnt; **Kön|nen,** *das;* -s; **Kön|ner**

Kon|rek|tor, *der;* -s, ...oren (Vertreter des Rektors)

kon|se|quent (folgerichtig; bestimmt; beharrlich, zielbewusst); **Kon|se|quenz,** *die;* -, -en (Folgerichtigkeit; Beharrlichkeit; Folge[rung])

kon|ser|va|tiv; Kon|ser|va|ti-ve [...*iw*[e]], *der* u. *die;* -n, -n (jmd., der am Hergebrachten festhält; Anhänger[in] einer konservativen Partei); **Kon|ser|va|to|ri|um,** *das;* -s, ...ien [...*i*[e]*n*] (Musik[hoch]-schule); **Kon|ser|ve** [...*w*[e]], *die;* -, -n (haltbar gemachtes Nahrungs- od. Genussmittel; Konservenbüchse mit Inhalt; ugs. für: auf Tonband, Schallplatte Festgehaltenes); **Kon|ser|ven-büch|se; kon|ser|vie|ren** (einmachen; haltbar machen; beibehalten); **Kon-ser|vie|rung**

Kon|sis|to|ri|al|rat (*Mehrz.* ...räte; ev. Kirche: ein Amtstitel)

Kon|so|le, *die;* -, -n (Wandbrett; Bauw.: herausragender Mauerteil); **kon|so|li-die|ren** (sichern, festigen); **Kon|so|li|die|rung**

Kon|so|nant, *der;* -en, -en (Sprachw.: Mitlaut, z. B. p, k)

Kon|sor|ten, *die* (*Mehrz.;* abwertend für: Mitbeteiligte, Mittäter)

Kon|spi|ra|ti|on [...*zion*], *die;* -, -en (Verschwörung); **kon-spi|ra|tiv** (verschwörerisch); **kon|spi|rie|ren** (sich verschwören)

kon|stant (unveränderlich; beharrlich); **Kon|stan|te,** *die;* -[n], -n (unveränderbare Größe); **kon|sta|tie|ren** (feststellen)

Kon|s|tel|la|ti|on [...*zion*], *die;* -, -en (Zusammentreffen von Umständen; Astron.: Lage; Stellung der Gestirne zueinander)

kon|s|ter|niert (bestürzt, betroffen)

kon|s|ti|tu|ie|ren ([be]gründen); sich - (zusammentreten [zur Beschlussfassung]); **Kon|s|ti|tu|ti|on** [...*zion*], *die;* - (allgemeine, bes. körperliche Verfassung; Med.: Körperbau; Politik: Verfassung, Satzung)

kon|s|t|ru|ie|ren (gestalten; zeichnen; [künstlich] herstellen); **Kon|s|t|ruk|teur** [...*tör*], *der;* -s, -e (Erbauer, Erfinder, Gestalter); **Kon|s|t-ruk|ti|on** [...*zion*], *die;* -, -en; **kon|s|t|ruk|tiv** (die Konstruktion betreffend; folgerichtig; aufbauend)

Kon|sul, *der;* -s, -n (höchster Beamter der röm. Republik; heute: diplomatischer Vertreter eines Staates zur Wahrnehmung seiner Interessen in einem anderen Staat); **kon|su|la|risch; Kon-su|lat,** *das;* -[e]s, -e (Amts[gebäude] eines Konsuls); **Kon|sul|ta|ti|on** [...*zion*], *die;* -, -en (Befragung, bes. eines Arztes); **kon|sul|tie|ren** ([den Arzt] befragen; zurate ziehen)

Kon|sum, *der;* -s (Verbrauch, Verzehr); **Kon|su|ment,** *der;* -en, -en (Verbraucher; Käufer); **Kon|sum|ge|nos|sen-schaft** (Verbrauchergenossenschaft); **kon|su|mie|ren** (verbrauchen; verzehren)

Kon|takt, *der;* -[e]s, -e (Berührung, Verbindung); **Kon-takt‿ar|mut, ...lin|se**

Kon|ter|ad|mi|ral (Offiziersdienstgrad bei der Marine); **Kon|ter|ban|de,** *die;* - (veralt. für: Schmuggelware); **kon|tern** (schlagfertig erwidern; Sportspr.: den Gegner im Angriff durch gezielte

Gegenschläge abfangen; durch eine Gegenaktion abwehren); **Kon|ter|re|vo|lu|ti|on** (Gegenrevolution)
Kon|ti (*Mehrz.* von: Konto)
Kon|ti|nent [auch: *kon...*], *der;* -[e]s, -e (Festland; Erdteil); **kon|ti|nen|tal**
Kon|tin|gent [*...ngg...*], *das;* -[e]s, -e (anteilig zu erbringende Menge, Leistung, Anzahl); **kon|tin|gen|tie|ren** (das Kontingent festsetzen; [vorsorglich] ein-, zuteilen)
kon|ti|nu|ier|lich (stetig, fortdauernd, durchlaufend); **Kon|ti|nu|i|tät** [*...nui...*], *die;* - (lückenloser Zusammenhang, Stetigkeit, Fortdauer)
Kon|to, *das;* -s, ...ten (auch: -s u. ...ti; Rechnung; Aufstellung über Forderungen u. Schulden); **Kon|tor,** *das;* -s, -e (Handelsniederlassung im Ausland); **Kon|to|rist,** *der;* -en, -en; **Kon|to|ris|tin**
kon|t|ra (gegen, entgegengesetzt); **Kon|t|ra,** *das;* -s, -s (Kartenspiel: Gegenansage); jmdm. - geben; **Kont|ra|bass** (Bassgeige)
Kon|tra|hent, *der;* -en, -en (Rechtsspr.: Vertragspartner; Gegner)
Kon|t|ra|in|di|ka|ti|on [*...zion*], *die;* -, -en (Med.: Gegenanzeige)
Kon|trakt, *der;* -[e]s, -e (Vertrag, Abmachung); **Kon|trak|ti|on** [*...zion*], *die;* -, -en (Med.: Zusammenziehung [von Muskeln]; Physik: Verringerung des Volumens)
kon|t|rär (gegensätzlich; widrig); **Kon|t|rast,** *der;* -[e]s, -e ([starker] Gegensatz; auffallender [Farb]unterschied); **kon|t|ras|tie|ren** (sich unterscheiden, einen [starken] Gegensatz bilden); **kon|t|ras|tiv** (Sprachw.: gegenüberstellend, vergleichend)
Kon|t|rol|le, *die;* -, -n; **Kon|t|rol|leur** [*...lör*], *der;* -s, -e (Aufsichtsbeamter, Prüfer); **kon|t|rol|lie|ren**
kon|t|ro|vers [*...wärß*] (strittig; umstritten); **Kon|t|ro|ver|se,** *die;* -, -n (Meinungsverschiedenheit; [wissenschaftl.] Streit[frage])
Kon|tur, *die;* -, -en (meist *Mehrz.;* Umriss[linie]; andeutende Linie[nführung]); **kon|tu|rie|ren** (die äußeren Umrisse ziehen; andeuten)
Kon|ven|ti|on [*...zion*], *die;* -, -en (Abkommen; meist *Mehrz.:* Herkommen, Brauch, Förmlichkeit); **kon|ven|ti|o|nell** (herkömmlich, üblich; förmlich)
kon|ver|gent [*...wär...*] (sich zuneigend, zusammenlaufend); **Kon|ver|genz,** *die;* -, -en (Annäherung, Übereinstimmung); **kon|ver|gie|ren**
Kon|ver|sa|ti|on [*...wärsazion*], *die;* -, -en (Unterhaltung; Plauderei); **Kon|ver|sa|ti|ons|le|xi|kon**
kon|ver|tie|ren (Rel.: den Glauben, die Konfession wechseln; Wirtsch.: Währung zum Wechselkurs tauschen); **Kon|ver|tit,** *der;* -en, -en (Rel.: jmd., der konvertiert ist)
kon|vex [*...wäkß*] (erhaben, nach außen gewölbt)
Kon|voi [*konweu,* auch: *konweu*], *der;* -s, -s (bes. Milit.: Geleitzug [für Schiffe]; Fahrzeugkolonne)
Kon|zen|t|rat, *das;* -[e]s, -e (angereicherter Stoff, hochprozentige Lösung; hochprozentiger [Pflanzen-, Frucht]auszug); **Kon|zen|t|ra|ti|on** [*...zion*], *die;* -, -en (Zusammenziehung [von Truppen]; [geistige] Sammlung; Chemie: Gehalt einer Lösung); **Kon|zen|t|ra|ti|ons‿la|ger** (Abk.: KZ), **...man|gel, ...schwä|che; kon|zen|t|rie|ren** ([Truppen] zusammenziehen, vereinigen; Chemie: anreichern, gehaltreich machen); sich - (sich [geistig] sammeln); **kon|zen|t|riert** (Chemie: angereichert, gehaltreich; übertr. für: gesammelt, aufmerksam)
Kon|zept, *das;* -[e]s, -e (Entwurf; erste Fassung, grober Plan); **Kon|zep|ti|on** [*...zion*], *die;* - ([künstlerischer] Einfall; Entwurf eines Werkes; Med.: Empfängnis)
Kon|zern, *der;* -[e]s, -e (Zusammenschluss wirtschaftl. Unternehmen)
Kon|zert, *das;* -[e]s, -e; **kon|zer|tie|ren** (ein Konzert geben); konzertierte (gemeinsame, abgestimmte) Aktion
Kon|zes|si|on, *die;* -, -en (Zugeständnis; behördl. Genehmigung)
Kon|zil, *das;* -s, -e u. -ien [*...i^e n*] ([Kirchen]versammlung); **kon|zi|li|ant** (versöhnlich, umgänglich, verbindlich)
kon|zi|pie|ren (verfassen, entwerfen; Med.: schwanger werden)
Ko|o|pe|ra|ti|on [*...zion*], *die;* - (Zusammenarbeit); **ko|o|pe|rie|ren** (zusammenarbeiten)
Ko|or|di|na|ti|on [*...zion*], *die;* -, -en; **ko|or|di|nie|ren** (in ein Gefüge einbauen; aufeinander abstimmen; nebeneinander stellen)
Kö|per, *der;* -s, - (ein Gewebe); **Kö|per|bin|dung**
Kopf, *der;* -[e]s, Köpfe; von Kopf bis Fuß; Kopf stehen (einen Kopfstand machen; ugs. für: völlig verblüfft, verwirrt sein); **Köpf|chen; köp|fen; Kopf‿hö|rer, ...jä|ger, ...rech|nen** (*das;* -s); **Kopf ste|hen;** vgl. Kopf; **Kopf|stein|pflas|ter; kopf|ü|ber; Kopf|zer|bre|chen,** *das;* -s
Ko|pie (österr.: *kopi^e*], *die;* -, ...ien [*...i^e n,* österr.: *kopi^e n*] (Abschrift; Abdruck; Nachbildung; Film: Abzug); **ko|pie|ren** (eine Kopie anfertigen); **Ko|pier|ge|rät**
Ko|pi|lot (zweiter Flugzeugführer; zweiter Fahrer); **Ko|pi|lo|tin**

[1]**Kọp|pel,** *die;* -, -n (eingezäunte Weide; Riemen; durch Riemen verbundene Tiere); [2]**Kọp|pel,** *das;* -s, - u. (österr.:) *die;* -, -n (Gürtel); **kọp|peln** (verbinden)

kopp|heis|ter (nordd. für: kopfüber); - schießen (einen Purzelbaum schlagen)

Ko|pro|duk|ti|on [*...zion*], *die;* -, -en (Gemeinschaftsherstellung); **ko|pro|du|zie|ren**

Ko|pu|la|ti|on [*...zion*], *die;* - (Biol.: Begattung); **ko|pu|lie|ren**

Ko|rạl|le, *die;* -, -n (Nesseltier; Schmuckstein aus dessen Skelett); **Ko|rạl|len|riff**

Kọrb, *der;* -[e]s, Körbe; **Kọrb|ball|spiel; Kọ̈rb|chen**

Kọrd usw.; vgl. Cord usw.

Kọr|del, *die;* -, -n (gedrehte od. geflochtene Schnur)

Kor|don [*...dong*, österr.: *...don*], *der;* -s, -s u. (österr.:) -e (Postenkette, Absperrung; Ordensband)

Ko|ri|ạn|der, *der;* -s, (selten:) - (eine Gewürzpflanze; Samen derselben)

Ko|rịn|the, *die;* -, -n (kleine Rosinenart); **Ko|rịn|then|brot**

Kọrk, *der;* -[e]s, -e (Rinde der Korkeiche; Korken); **Kọr|ken,** *der;* -s, - (Stöpsel aus Kork); **Kọr|ken|zie|her**

Kor|mo|rạn [österr.: *kọr...*], *der;* -s, -e (ein Schwimmvogel)

[1]**Kọrn,** *das;* -[e]s, Körner u. (für: Getreidearten *Mehrz.:*) -e; [2]**Kọrn,** *das;* -[e]s (selten:) -e (Teil der Visiereinrichtung); [3]**Kọrn,** *der;* -[e]s, - (ugs. für: Kornbranntwein); **Kọrn|blu|me; kọrn|blu|men|blau; Kọ̈rn|chen**

Kor|nẹl|kir|sche, *die;* -, -n (ein Zierstrauch)

Kọ̈r|ner, *der;* -s, - (Markierstift)

Kor|nẹtt, *das;* -[e]s, -e u. -s (ein Blechblasinstrument); **Kor|net|tịst,** *der;* -en, -en (Kornettspieler); **Kor|net|tịs|tin**

Ko|ro|na, *die;* -, ...nen (Heiligenschein in der Kunst; Strahlenkranz [um die Sonne]; ugs. für: [fröhliche] Runde; auch für: Horde)

Kọ̈r|per, *der;* -s, -; **Kọ̈r|per|be|hin|der|te,** *der* u. *die;* -n, -n; **kọ̈r|per|lich; Kọ̈r|per|schaft; kọ̈r|per|schaft|lich**

Kor|po|ra|ti|on [*...zion*], *die;* -, -en (Körperschaft; Studentenverbindung); **Korps** [*kor*], *das;* - [*korß*], - [*korß*] (Heeresabteilung; [schlagende] Studentenverbindung); **kor|pu|lẹnt** (beleibt); **Kor|pu|lẹnz,** *die;* - (Beleibtheit); **Kọr|pus,** *der;* -, ...pusse (ugs. scherzh. für: Körper)

kor|rẹkt; kor|rẹk|ter|wei|se; Kor|rẹkt|heit, *die;* -; **Kor|rek|tur,** *die;* -, -en (Berichtigung [des Schriftsatzes], Verbesserung)

Kor|re|la|ti|on [*...zion*], *die;* -, -en (Wechselbeziehung); **kor|re|lie|ren**

kor|re|pe|tie|ren (Musik: mit jmdm. eine Gesangspartie vom Klavier aus einüben); **Kor|re|pe|ti|tor** (Musiker, der korrepetiert)

Kor|re|s|pon|dẹnt, *der;* -en, -en (auswärtiger, fest engagierter [Zeitungs]berichterstatter; Bearbeiter des kaufmänn. Schriftwechsels); **Kor|re|s|pon|dẹn|tin; Kor|re|s|pon|dẹnz,** *die;* -, -en (Briefverkehr, -wechsel; regional für: Berichterstattung; veraltend für: Übereinstimmung); **kor|re|s|pon|die|ren** (im Briefverkehr stehen; übereinstimmen)

Kọr|ri|dor, *der;* -s, -e ([Wohnungs]flur, Gang; schmaler Gebietsstreifen); **Kọr|ri|dor|tür**

kor|ri|gie|ren (berichtigen; verbessern)

kor|ro|die|ren (fachspr. für zersetzen, zerstören; der Korrosion unterliegen); **Kor|ro|si|on** (Zersetzung, Zerstörung); **kor|ro|si|ons|be|stän|dig**

kor|rụpt ([moralisch] verdorben; bestechlich); **Kor|rup|ti|on** [*...zion*], *die;* - (Bestechlichkeit; Bestechung; [Sitten]verfall)

Kor|se|lẹtt, *das;* -s, -s u. -e (bequemes, leichtes Korsett); **Kor|sẹtt,** *das;* -s, -s u. -e (Mieder; Med.: Stützvorrichtung für die Wirbelsäule); **Kor|sett|stan|ge**

Kor|vet|te [*...wät*[e]], *die;* -, -n (leichtes [Segel]kriegsschiff)

Ko|ry|phäe, *die;* -, -n (bedeutende Persönlichkeit, hervorragender Gelehrter, Künstler usw.)

ko|scher (den jüd. Speisegesetzen gemäß; ugs. für: einwandfrei)

ko|sen; Ko|se|na|me

Ko|si|nus, *der;* -, - u. -se (Winkelfunktion im Dreieck; Zeichen: cos)

Kos|me|tik, *die;* - (Körper- u. Schönheitspflege); **Kos|me|ti|ke|rin; Kos|me|ti|kum,** *das;* -s, ...ka (Schönheitsmittel); **kos|me|tisch**

kọs|misch (im Kosmos; das Weltall betreffend; All...); **Kos|mo|lo|gie,** *die;* -, ...ien (Lehre von der Entstehung u. Entwicklung des Weltalls); **Kos|mo|naut,** *der;* -en, -en (Weltraumfahrer); **Kos|mo|nau|tik,** *die;* -; **Kos|mo|nau|tin; Kos|mo|po|lit,** *der;* -en, -en (Weltbürger); **Kọs|mos,** *der;* - (Weltall, Weltraum)

Kọst, *die;* -

kọst|bar; Kọst|bar|keit

[1]**kọs|ten** (schmecken)

[2]**kọs|ten** (wert sein); **Kọs|ten,** *die (Mehrz.);* auf seine -; **kọs|ten‿los, ...pflich|tig; Kọs|ten spa|rend,** (auch:) **kọs|ten|spa|rend**

Kọst‿gän|ger, ...ge|ber; kọ̈st|lich; Kọ̈st|lich|keit; Kọst|pro|be; kọst|spie|lig; Kọst|spie|lig|keit, *die;* -

Kos|tüm, *das;* -s, -e; **kos|tü-**

mie|ren, sich (sich [ver]kleiden)
Kot, *der;* -[e]s, (selten:) -e
Ko|tan|gens, *der;* -, - (Winkelfunktion im Dreieck; Zeichen: cot)
Ko|tau, *der;* -s, -s (demütige Ehrerweisung); - machen
Ko|te|lett, *das;* -s, -s (Rippenstück); **Ko|te|let|ten,** *die* (*Mehrz.;* Backenbart)
Kö|ter, *der;* -s, - (abwertend für: Hund)
Kot|flü|gel; ko|tig
[1]**Kot|ze,** *die;* -, -n (landsch. für: wollene Decke, Wollzeug; wollener Umhang)
[2]**Kot|ze,** *die;* - (derb für: Erbrochenes); **kot|zen** (derb für: sich übergeben); **kotz|ü|bel** (derb)
Krab|be, *die;* -, -n (Krebs; ugs. für: Kind, junges Mädchen); **krab|beln** (ugs.)
krach!; Krach, *der;* -[e]s, Kräche (ugs.); mit Ach und - (mit Müh und Not); **krachen; kra|chig; Krach|le|der|ne,** *die;* -n, -n (bayr. für: kurze Lederhose); **krächzen; Krạ̈ch|zer** (ugs. für: gekrächzter Laut; scherzh. für: Mensch, der heiser, rau spricht)
Krad, *das;* -[e]s, Kräder (Kurzform für: Kraftrad)
kraft; *Verhältnisw.* mit *Wesf.* - meines Amtes; **Kraft,** *die;* -, Kräfte; in - treten; das In-Kraft-Treten; **Kraft‿aus|druck, ...brü|he, ...fah|rer, ...fahr|zeug** (Abk.: Kfz); **kräf|tig; kräf|ti|gen; Kraft‿mei|er** (ugs. für: jmd., der mit seiner Kraft protzt), **...rad** (Kurzform: Krad); **Kraft rau|bend,** (auch:) kraft|rau|bend; **Kraft‿stoff, ...werk**
Krä|gel|chen; Kra|gen, *der;* -s, - (südd., österr. u. schweiz. auch: Krägen)
Krä|he, *die;* -, -n; **krä|hen; Krä|hen|fü|ße,** *die* (*Mehrz.;* ugs. für: Fältchen in den Augenwinkeln; unleserlich gekritzelte Schrift)
Kra|kau|er, *die;* -, - (eine Wurstsorte)
Kra|ke, *der;* -n, -n (Riesentintenfisch)
Kra|keel, *der;* -s (ugs. für: Lärm u. Streit; Unruhe); **kra|kee|len** (ugs.)
Kra|kel, *der;* -s, - (ugs. für: schwer leserliches Schriftzeichen); **Kra|ke|lei** (ugs.); **kra|ke|lig,** krak|lig (ugs.); **kra|keln** (ugs.)
Kral, *der;* -s, -e u. -s (Runddorf afrik. Stämme)
Kral|le, *die;* -, -n; **kral|len** (auch ugs. für: unerlaubt wegnehmen)
Kram, *der;* -[e]s; **kra|men** (ugs. für: [suchend] herumwühlen); **Krä|mer** (veralt., aber noch landsch. für: Kleinhändler); **Kram|la|den** (abwertend für: kleiner Laden)
Kram|mets|vo|gel (landsch. für: Wacholderdrossel)
Kram|pe, *die;* -, -n (u-förmig gebogener Metallhaken)
Krampf, *der;* -[e]s, Krämpfe; **Krampf|ader; kramp|fen;** sich -; **krampf|haft**
Kran, *der;* -[e]s, Kräne (fachspr. auch: Krane; Hebevorrichtung); **Kran|füh|rer**
Kra|nich, *der;* -s, -e (ein Stelzvogel)
krank; kränker, kränkste; - sein, liegen, sich - stellen; **Kran|ke,** *der* u. *die;* -n, -n; **krän|keln; krän|ken** (beleidigen, verletzen); **Kran|ken‿schwes|ter, ...ver|si|che|rung, ...wa|gen; krank|fei|ern** (ugs. für: der Arbeit fernbleiben, ohne ernstlich krank zu sein; landsch. für: arbeitsunfähig sein); er hat gestern krankgefeiert; **krank|haft; Krank|heit; krank|la|chen** (ugs. für: heftig lachen); sich; **kränk|lich; krank|ma|chen** (svw. krankfeiern); **krank|mel|den,** sich; **Krank|mel|dung; krank|schrei|ben;** Sie wurde krankgeschrieben; **Krän|kung**
Kranz, *der;* -es, Kränze; **Kränz|chen; krän|zen** (dafür häufiger: bekränzen); **Kranz|nie|der|le|gung**
Krap|fen, *der;* -s, - (Gebäck)
krass (extrem; außerordentlich; scharf; grell); **Krass|heit**
Kra|ter, *der;* -s, - (Vulkanöffnung; Abgrund); **Kra|ter|land|schaft**
kratz|bürs|tig (widerspenstig); **Krät|ze,** *die;* - (eine Hautkrankheit); **krat|zen; Krat|zer** (ugs. für: Schramme); **Kratz|fuß** (früher für: übertriebene Verbeugung); **krat|zig**
Kraul, *das;* -[s] (ein Schwimmstil); [1]**krau|len** (im Kraulstil schwimmen)
[2]**krau|len** (sanft streicheln)
Krau|ler; Kraul|schwim|men
kraus; Krau|se, *die;* -, -n; **Kräu|sel|krepp; kräu|seln; Kraus|kopf**
Kraut, *das;* -[e]s, Kräuter (südd., österr. *Einz.* auch für: Kohl); **Kräu|ter,** *die* (*Mehrz.;* Gewürz- und Heilpflanzen)
Kra|wall, *der;* -s, -e (Aufruhr; ugs. für: Lärm); **Kra|wall|ma|cher**
Kra|wat|te, *die;* -, -n ([Hals]binde; Schlips); **Kra|wat|ten|na|del**
kra|xeln (ugs. für: klettern)
Kre|a|ti|on [*...zion*], *die;* -, -en (Modeschöpfung; veraltend für: Erschaffung); **kre|a|tiv** (schöpferisch); **Kre|a|ti|vi|tät,** *die;* - (schöpferische Kraft); **Kre|a|tur,** *die;* -, -en (Lebewesen, Geschöpf); **kre|a|tür|lich**
Krebs, *der;* -es, -e (Krebstier; bösartige Geschwulst; eine Krebs erregende, (auch:) krebserregende Chemikalie
kre|den|zen (geh. für: [ein Getränk] feierlich anbieten, einschenken); **Kre|dit,** *der;* -[e]s, -e (befristet zur Verfügung gestellter Geldbetrag; nur *Einz.:* Zahlungsaufschub; Vertrauenswürdig-

keit in Bezug auf Zahlungsfähigkeit u. -bereitschaft; übertr. für: Glaubwürdigkeit); **Kre|dit|kar|te; kre|dit|wür|dig; Kre|do,** *das;* -s, -s (»ich glaube«; Glaubensbekenntnis)

kre|gel (bes. nordd. für: gesund)

Krei|de, *die;* -, -n; **krei|de|bleich; Krei|de|fel|sen**

kre|ie|ren (schaffen, gestalten, erfinden); **Kre|ie|rung**

Kreis, *der;* -es, -e (auch für: Verwaltungsgebiet); **Kreis‿arzt, ...bahn**

krei|schen

Krei|sel, *der;* -s, -; **krei|sen; kreis|frei;** -e Stadt; **Kreis|lauf; Kreis|lauf|stö|rung**

krei|ßen (veraltend für: in Geburtswehen liegen); **Kreiß|saal** (Entbindungsraum im Krankenhaus)

Kreis‿stadt, ...um|fang, ...ver|kehr

Krem, *die;* -, -s, ugs. auch: *der;* -s, -e u. -s (feine [schaumige] Süßspeise; seltener auch für: Hautsalbe); vgl. auch: Creme

Kre|ma|to|ri|um, *das;* -s, ...ien [...i^{e}n] (Anlage für Feuerbestattungen)

Kre|me; vgl. Creme

kre|mig; vgl. Krem

Krem|pe, *die;* -, -n ([Hut]rand); **krem|peln** ([nach oben] umschlagen)

kre|pie|ren (bersten, platzen, zerspringen [von Sprenggeschossen]; derb für: verenden)

Krepp, *der;* -s, -s u. -e (krauses Gewebe); **Krepp|pa|pier,** (auch:) **Krepp-Pa|pier**

Kres|se, *die;* -, -n (Name verschiedener Salat- u. Gewürzpflanzen)

Kre|thi und Ple|thi (*Mehrz.,* auch *Einz.;* alle möglichen Leute; jedermann)

Kre|tin [...*täng*], *der;* -s, -s (Med.: jmd., der an Kretinismus leidet; ugs. abwertend für: Idiot); **Kre|ti|nis|mus,** *der;* - (Med.: mit körperlichen Fehlbildungen verbundener hochgradiger geistiger Defekt)

Kreuz, *das;* -es, -e; das Rote Kreuz; **kreu|zen** (über Kreuz legen; Biol.: paaren; Seemannsspr.: im Zickzackkurs fahren); sich - (sich überschneiden); **Kreu|zer** (ehem. Münze; Kriegsschiff, größere Segeljacht); **Kreu|zes|zei|chen,** Kreuz|zeichen; **Kreuz|fah|rer, ...feu|er; kreuz|fi|del** (ugs.); **Kreuz|gang; kreu|zi|gen; Kreu|zi|gung; Kreuz|ot|ter,** *die;* **kreuz und quer; Kreu|zung; kreu|zungs|frei** (Verkehrsw.); **Kreuz|ver|hör; Kreuz|wort|rät|sel; Kreuz|zei|chen;** vgl. Kreuzeszeichen; **Kreuz|zug**

Kre|vet|te [...*wät*^{e}], (auch:) Cre|vet|te *die;* -, -n (eine Garnelenart)

krib|be|lig, kribb|lig (ugs. für: ungeduldig, gereizt); **krib|beln** (ugs. für: prickeln; jucken; wimmeln)

Kri|ckel|kra|kel, *das;* -s, - (ugs. für: unleserliche Schrift)

Kri|cket, *das;* - (ein Ballspiel)

krie|chen; kroch, gekrochen; **Krie|cher** (abwertend); **krie|che|risch** (abwertend); **Kriech|spur** (Verkehrsw.)

Krieg, *der;* -[e]s, -e; **krie|gen** (ugs. für: erhalten, bekommen); **Krie|ger; Krie|ger|denk|mal** (*Mehrz.* ...mäler); **krie|ge|risch; Kriegs|be|schä|dig|te,** *der* u. *die;* -n, -n; **Kriegs|dienst; Kriegs|dienst|ver|wei|ge|rer; Kriegs‿fuß;** nur in: (auf [dem] - mit jmdm. od. etwas stehen; scherzh. für: mit jmdm. im Streit liegen; etw. nur unzureichend beherrschen), **...ge|fan|ge|ne, ...ge|fan|gen|schaft**

Kri|mi [auch *kri...*], *der;* -[s], -[s] (ugs. für: Kriminalroman, -film); **Kri|mi|nal|be|am|te; Kri|mi|na|le,** *der;* -n, -n (ugs. für: Kriminalbeamte); er ist ein Kriminaler; **kri|mi|na|li|sie|ren** (etwas als kriminell hinstellen); **Kri|mi|na|list,** *der;* -en, -en (Kriminalpolizist); **Kri|mi|na|li|tät,** *die;* -; **Kri|mi|nal|po|li|zei** (Kurzw.: Kripo); **kri|mi|nell; Kri|mi|nel|le,** der u. *die;* -n, -n (straffällig Gewordene[r])

Krims|krams, *der;* -[es] (ugs. für: Plunder, wertloses Zeug)

Krin|gel, *der;* -s, - ([kleiner, gezeichneter] Kreis; auch für: [Zucker]gebäck); **krin|geln** ([sich] zu Kringeln formen); sich - (ugs. für: herzhaft lachen)

Kri|po = Kriminalpolizei

Krip|pe, *die;* -, -n; **Krip|pen|spiel** (Weihnachtsspiel)

Kri|se, Kri|sis, *die;* -, Krisen; **kri|seln;** es kriselt; **Kri|sen|herd; Kri|sis;** vgl. Krise

[1]**Kris|tall,** *der;* -s, -e (fester, regelmäßig geformter, von ebenen Flächen begrenzter Körper); [2]**Kris|tall,** *das;* -s (geschliffenes Glas); **Kris|täll|chen; kris|tal|len** (aus, von Kristall[glas]; kristallklar); **Kris|tall|glas** (*Mehrz.* ...gläser); **kris|tall|klar**

Kri|te|ri|um, *das;* -s, ...ien [...i^{e}n] (Prüfstein; unterscheidendes Merkmal); **Kri|tik,** *die;* -, -en; **Kri|ti|ker; kri|tisch** (streng beurteilend, prüfend, wissenschaftl. verfahrend; oft für: anspruchsvoll; die Wendung [zum Guten od. Schlimmen] bringend; gefährlich, bedenklich); **kri|ti|sie|ren**

Krit|te|lei; krit|teln (mäkelnd urteilen); **Kritt|ler**

Krit|ze|lei (ugs.); **krit|zeln** (ugs.)

Kro|cket [*krok*^{e}*t,* auch: *krokät*], *das;* -s (ein Ballspiel)

Kro|kant, *der;* -s (knusprige Masse aus zerkleinerten Mandeln od. Nüssen)

Kro|ket|te, *die;* -, -n (meist *Mehrz.;* gebackenes längli-

ches Klößchen [aus Kartoffelbrei, Fisch, Fleisch o. Ä.])
Kro|ko|dil, *das;* -s, -e; **Kro|ko|dils|trä|ne** (heuchlerische Träne)
Kro|kus, *der;* -, - u. -se (eine Zierpflanze)
Krön|chen; [1]**Kro|ne,** *die;* -, -n (Kopfschmuck usw.); [2]**Kro|ne** (Währungseinheit in Dänemark, Estland, Island, Norwegen, Schweden, Tschechien u. der Slowakei); **krö|nen; Kro|nen|kor|ken; Kron‿kor|ken, ...leuch|ter, ...prinz; Krö|nung; Kron|zeu|ge** (Hauptzeuge)
Kropf, *der;* -[e]s, Kröpfe; **kropfig; Kropf|tau|be**
kross (nordd. für: knusprig)
Krö|sus, *der;* -, auch: -ses, -se (sehr reicher Mann)
Krö|te, *die;* -, -n; **Krö|ten,** *die (Mehrz.;* ugs. für: Geld)
Krü|cke, *die;* -, -n; **Krück|stock** (*Mehrz.* ...stöcke)
krud, kru|de (grob, unfein)
Krug, *der;* -[e]s, Krüge (auch bes. nordd. für: Schenke)
Kru|me, *die;* -, -n; **Krü|mel,** *der;* -s, - (kleine Krume); **krü|me|lig; krü|meln**
krumm; diese Bemerkung hat er dir krumm genommen (ugs. für: übel genommen); **krumm|bei|nig; krüm|men;** sich -; **Krumm|holz** (von Natur gebogenes Holz); **krumm|la|chen,** sich (ugs. für: heftig lachen); **krumm neh|men;** vgl. krumm
krumpf|echt; krump|fen (einlaufen [von Stoffen]); **krumpf|frei**
Krüp|pel, *der;* -s, -
Krus|te, *die;* -, -n; **Krus|ten|tier**
Kru|zi|fix [auch: *kru...*], *das;* -es, -e (Darstellung des gekreuzigten Christus); **Kru|zi|fi|xus,** *der;* - (Christus am Kreuz)
Kryp|ta, *die;* -, ...ten (Gruft, unterirdischer Kirchen-, Kapellenraum); **Kryp|ton** [auch: *...on*], *das;* -s (chem. Element, Edelgas; Zeichen: Kr)
KSZE = Konferenz über Sicherheit und Zusammenarbeit in Europa; **KSZE-Schluss|ak|te**
Kü|bel, *der;* -s, -; **Kü|bel|wa|gen**
Ku|ben (*Mehrz.* von: Kubus); **Ku|bik|de|zi|me|ter** (Zeichen: dm^3); **Ku|bik|me|ter** (Festmeter; Zeichen: m^3); **Ku|bik|zen|ti|me|ter** (Zeichen: cm^3); **ku|bisch** (würfelförmig; in der dritten Potenz vorliegend); **Ku|bis|mus,** *der;* - (Kunststil, der in kubischen Formen gestaltet); **Ku|bus,** *der;* -, Kuben (Würfel; dritte Potenz)
Kü|che, *die;* -, -n
Ku|chen, *der;* -s, -
Kü|chen‿chef, ...hil|fe, ...la|tein (scherzh. für: schlechtes Latein)
Kü|chen|schel|le, *die;* -, -n (eine Anemone)
Ku|chen|teig
Kü|chen‿zei|le, ...zet|tel
[1]**Küch|lein** (Küken)
[2]**Küch|lein** (kleine Küche)
[3]**Küch|lein** (kleiner Kuchen)
ku|cken (nordd. für: gucken)
Kü|cken (österr. für: [1]Küken)
ku|ckuck; Ku|ckuck, *der;* -s, -e; **Ku|ckucks‿ei, ...uhr**
Kud|del|mud|del, *der* od. *das;* -s (ugs. für: Durcheinander, Wirrwarr)
Ku|fe, *die;* -, -n (Gleitschiene [eines Schlittens])
Kü|fer (südwestd. u. schweiz. für: Böttcher; auch svw. Kellermeister)
Ku|gel, *die;* -, -n; **Ku|gel|blitz; Kü|gel|chen; Ku|gel|ge|lenk; ku|ge|lig,** kug|lig; **Ku|gel|la|ger; ku|geln;** sich -; **Ku|gel‿schrei|ber, ...sto|ßen** (*das;* -s); **kug|lig;** vgl. kugelig
Kuh, *die;* -, Kühe; **Kuh‿han|del** (ugs. für: kleinliches Aushandeln von Vorteilen), **...haut** (das geht auf keine - [ugs. für: das ist unerhört])
kühl; Kühl|an|la|ge
Kuh|le, *die;* -, -n (ugs. für: muldenartige Vertiefung)
Küh|le, *die;* -; **küh|len; Küh|ler** (Kühlvorrichtung); **Küh|ler|hau|be; Kühl‿schrank, ...turm; Küh|lung,** *die;* -
Kuh‿milch, ...mist
kühn; Kühn|heit
ku|jo|nie|ren (ugs. abwertend für: schikanieren)
Kü|ken, (österr.:) Kü|cken, *das;* -s, - (das Junge des Huhnes; ugs. für: kleines Mädchen)
ku|lant (entgegenkommend [im Geschäftsverkehr]); **Ku|lanz,** *die;* -
Ku|li, *der;* -s, -s (Tagelöhner in [Süd]ostasien; abwertend für: rücksichtslos Ausgenutzter)
ku|li|na|risch (auf die [feine] Küche, die Kochkunst bezüglich)
Ku|lis|se, *die;* -, -n (Theater: Teil der Bühnendekoration)
Kul|mi|na|ti|on [*...zion*], *die;* -, -en (Erreichung des Höhe-, Gipfelpunktes); **kul|mi|nie|ren** (den Höhepunkt erreichen; gipfeln)
Kult, *der;* -[e]s, -e u. Kul|tus, *der;* -, Kulte (religiöse Verehrung; auch für: übertriebene Verehrung); **kul|tisch; kul|ti|vie|ren** (urbar machen; bes. pflegen, fördern); **kul|ti|viert** (gesittet; gebildet); **Kul|tur,** *die;* -, -en; **Kul|tur|beu|tel** (Beutel für Toilettensachen); **kul|tu|rell; Kul|tur‿ge|schich|te** (*die;* -), **...re|vo|lu|ti|on** (radikale kulturelle Umgestaltung, bes. in China 1965–69); **Kul|tus;** vgl. Kult; **Kul|tus|mi|nis|te|ri|um**
Küm|mel, *der;* -s, - (Gewürzkraut; Branntwein)
Kum|mer, *der;* -s; **küm|mer|lich; Küm|mer|ling** (schwaches, zurückgebliebenes Geschöpf); **küm|mern** (in der Entwicklung zurückbleiben; sich [um jmdn., etwas] - [für jmdn., etwas] sorgen)

Kum|pan, *der;* -s, -e (ugs. für: Kamerad, Gefährte; abwertend für: Helfershelfer); **Kum|pa|nei; Kum|pel,** *der;* -s, - u. (ugs.:) -s (Bergmann; ugs. auch für: Arbeitskollege, Freund)
Ku|mu|la|ti|on [*...zion*], *die;* -, -en (fachspr. für: Anhäufung); **ku|mu|lie|ren** (anhäufen); sich -
kund; - und zu wissen tun; [1]**Kun|de,** *der;* -n, -n (Käufer; abwertend für: Kerl); [2]**Kunde,** *die;* -, -n (Kenntnis, Lehre; Botschaft); [3]**Kun|de,** *die;* -, -n (österr. für: Kundschaft); **Kund|ga|be,** *die;* -; **kund|ge|ben** (geh.); gab kund, kundgegeben; **Kundge|bung; kun|dig; Kun|dige,** *der* u. *die;* -n, -n; **kün|digen;** jmdm. [etw.] -; **Kün|digung; Kun|din** (Käuferin); **Kund|schaft; Kund|schafter; kund|tun;** tut kund, kundgetan
künf|tig; künf|tig|hin
Kunst, *die;* -, Künste; **Küns|telei; küns|teln; Kunst‿faser, ...ge|schich|te** (*die;* -), **...ge|wer|be** (*das;* -s); **Künst|ler; Künst|le|rin; künst|le|risch; Künst|lerpech** (ugs.); **künst|lich;** -e Niere; **Kunst|stoff; kunststop|fen** (nur in der Grundform u. im 2. Mittelwort gebr.); kunstgestopft; **Kunst‿stück, ...werk**
kun|ter|bunt (vielfarbig; bunt gemischt; ungeordnet); **Kun|ter|bunt,** *das;* -s
Ku|pee; vgl. Coupé
Kup|fer, *das;* -s, (für: Bild auch *Mehrz.:*) - (chem. Element, Metall; Zeichen: Cu); **Kup|fer|mün|ze; kup|fern** (aus Kupfer); **Kup|fer|stich; Kup|fer|stich|ka|bi|nett**
ku|pie|ren (stutzen; beschneiden)
Ku|pon [*...pong*, österr.: *..pon*], (auch:) Cou|pon [*kupong*], *der;* -s, -s (abtrennbarer Zettel; [Stoff]abschnitt; Zinsschein)
Kup|pe, *die;* -, -n
Kup|pel, *die;* -, -n; **Kup|pelbau** (*Mehrz.* ...bauten)
Kup|pe|lei (veraltend abwertend für: Vermittlung einer Heirat durch unlautere Mittel); **kup|peln** (verbinden; veraltend auch für: Kuppelei betreiben)
kup|pen (Zweige o. Ä. stutzen)
Kupp|ler; Kupp|le|rin; Kupplung; Kupp|lungs|pe|dal
Kur, *die;* -, -en (Heilverfahren; [Heil]behandlung, Pflege)
Kür, *die;* -, -en (Wahl; Wahlübung im Sport); Kür laufen
Kü|ras|sier, *der;* -s, -e (früher für: Panzerreiter; schwerer Reiter)
Ku|ra|tor, *der;* -s, ...oren (Verwalter einer Stiftung; Vertreter des Staates in der Universitätsverwaltung; österr. auch für: Treuhänder); **Ku|ra|to|ri|um,** *das;* -s, ...ien [*...i^{e}n*] (Aufsichtsbehörde)
Kur|bel, *die;* -, -n; **kur|beln**
Kür|bis, *der;* -ses, -se
ku|ren (eine Kur machen)
kü|ren (geh. für: wählen); kürte (seltener: kor), gekürt (seltener: gekoren); **Kurfürst; kur|fürst|lich**
Ku|rier, *der;* -s, -e
ku|rie|ren (heilen)
ku|ri|os (seltsam); **Ku|ri|o|sität; Ku|ri|o|sum,** *das;* -s, ...sa
Kur|kon|zert
Kür|lauf; Kür|lau|fen, *das;* -s (Sportspr.)
Kur|mit|tel|haus; Kur|ort, *der;* -[e]s, -e; **Kur|pfu|scher**
Kur|rent|schrift (veralt. für: Schreibschrift; österr. für: deutsche Schreibschrift)
Kurs, *der;* -es, -e; **Kurs|buch**
Kur|schat|ten (ugs. scherzh. für: Person anderen Geschlechts, mit der sich jmd. während seines Kuraufenthaltes anfreundet)
Kürsch|ner (Pelzverarbeiter); **Kürsch|ne|rin**
kur|sie|ren (im Umlauf sein); **kur|siv** (laufend, schräg); **Kur|siv|schrift; kur|sorisch** (fortlaufend, rasch durchlaufend); **Kur|sus,** *der;* -, Kurse (Lehrgang; auch für: Gesamtheit der Lehrgangsteilnehmer)
Kur|ta|xe
Kur|ti|sa|ne, *die;* -, -n (früher für: Geliebte am Fürstenhof)
Kur|ve [*...w^{e}* od. *...f^{e}*], *die;* -, -n (gekrümmte Linie; Bogen[linie]; Straßenbiegung, -krümmung); **kur|ven** [*...w^{e}n* od. *...f^{e}n*]; gekurvt
kurz; kürzer, kürzeste; zu - kommen; - entschlossen; binnen, in, seit, vor kurzem; den Kürzer[e]n ziehen; sich kurz fassen; finanziell kürzer treten (sich schonen) müssen; jmdn. kurz halten (jmdm. wenig Geld od. Essen geben); eine kurz gefasste Erklärung; kurz geschnittenes Haar; **Kurzar|beit,** *die;* -; **kurz|ar|beiten** (aus Betriebsgründen eine kürzere Arbeitszeit einhalten); **Kur|ze,** *der;* -n, -n (ugs. für: kleines Glas Branntwein; Kurzschluss); **Kür|ze,** *die;* -; in -; **Kür|zel,** *das;* -s, - (festgelegtes [kurzschriftl.] Abkürzungszeichen); **kür|zen;** du kürzt; **kur|zer|hand; kurz|fris|tig; kurz ge|fasst, kurz geschnit|ten;** vgl. kurz; **kurz hal|ten;** vgl. kurz; **kürz|lich; kurz|schlie|ßen; Kurz‿schluss, ...schrift** (Stenografie); **kurz|sich|tig; Kurzstre|cken|lauf; kurz treten;** vgl. kurz; **Kurz|wa|renhand|lung; Kurz|weil,** *die;* -; **Kurz|wel|len|sen|der**
kusch! (Befehl an den Hund: leg dich still nieder!); vgl. kuschen; **ku|scheln,** sich (sich anschmiegen); **kuschen** (sich lautlos hinlegen [vom Hund]; ugs. auch für: stillschweigen, den Mund halten)

Ku|si|ne, (auch: Cou|si|ne, *die;* -, -n
Kuss, *der;* -es, Küsse; **Küsschen; küs|sen;** du küsst; **Kuss|hand**
Küs|te, *die;* -, -n; **Küs|ten|fahrer** (ein Schiff)
Küs|ter (Kirchendiener)
Kutsch|bock; Kut|sche, *die;* -, -n; **Kut|scher; kut|schie|ren**
Kut|te, *die;* -, -n
Kut|tel, *die;* -, -n (meist *Mehrz.;* südd., österr., schweiz. für: essbares Stück vom Rindermagen od. -darm)
Kut|ter, *der;* -s, - (ein kleines Fischereifahrzeug)
Ku|vert [*...wär,* auch: *...wärt*], *das;* -s, -s u. (bei dt. Ausspr.:) -[e]s, -e (Briefumschlag; geh. veralt. für: [Tafel]gedeck für eine Person); **Ku|ver|tü|re,** *die;* -, -n ([Schokoladen]überzug)
Ky|ber|ne|tik, *die;* - (wissenschaftl. Forschungsrichtung, die vergleichende Betrachtungen über Steuerungs- u. Regelungsvorgänge in der Technik anstellt); **Ky|ber|ne|ti|ker; ky|ber|ne|tisch**
Ky|rie e|lei|son! [*...rie* -], Kyri|e|leis! (»Herr, erbarme dich!«); **Ky|rie|e|lei|son,** *das;* -s, -s (Bittruf)
ky|ril|lisch [*kü...*]; -e Schrift
KZ = Konzentrationslager

Ll

L (Buchstabe); das L; des L, die L; aber: das l in Schale
Lab, *das;* -[e]s, -e (Enzym im [Kälber]magen)
La|be, *die;* - (geh.); **la|ben;** sich -
la|bern (ugs. für: schwatzen, unaufhörlich u. einfältig reden)
la|bi|al (die Lippen betreffend)
la|bil (nicht stabil; Med.: anfällig; Psych.: nicht in sich gefestigt); **La|bi|li|tät,** *die;* -
Lab|kraut, *das;* -[e]s (eine Pflanzengattung)
La|bor [österr. auch, schweiz. meist: *la...*], *das;* -s, -s (auch: -e; Kurzform für: Laboratorium); **La|bo|rant,** *der;* -en, -en (Laborgehilfe); **La|bo|ran|tin; La|bo|ra|to|rium,** *das;* -s, ...ien [*...ien*] (Arbeitsstätte; [bes. chem.] Versuchsraum; Forschungsstätte); **la|bo|rie|ren** (ugs. für: sich abmühen mit ...; leiden an ...)
Lab|sal, *das;* -[e]s, -e (österr. u. südd. auch: *die;* -, -e)
Labs|kaus, *das;* - (ein seemänn. Eintopfgericht)
La|by|rinth, *das;* -[e]s, -e (Irrgang, -garten; Durcheinander; Med.: Innenohr)
[1]**La|che,** *die;* -, -n (Gelächter)
[2]**La|che** [auch: *la...*], *die;* -, -n (Pfütze)
lä|cheln; la|chen; er hat gut -; **La|chen,** *das;* -s; **lä|cherlich; Lach‿gas, ...mö|we**
Lachs, *der;* -es, -e (ein Fisch)
Lack, *der;* -[e]s, -e
La|ckel, *der;* -s, - (südd., österr. ugs. für: Tölpel)
la|cken (seltener für: lackieren); **la|ckie|ren** (Lack auftragen; ugs. für: anführen; übervorteilen)
Läd|chen (kleine Lade; kleiner Laden); **La|de,** *die;* -, -n
[1]**la|den** (aufladen); lud, geladen
[2]**la|den** (einladen); lud, geladen
La|den, *der;* -s, Läden; **Laden‿hü|ter** (schlecht absetzbare Ware), **...schluss** (*der;* -es), **...schwen|gel** (abwertend für: junger Verkäufer)
La|de|platz; La|der (Auflader)
lä|die|ren (verletzen; beschädigen); **Lä|die|rung**
La|dung
La|dy [*le̲idi*], *die;* -, -s (auch: ...dies) [*le̲idis*] (Titel der engl. adligen Frau; selten für: Dame); **la|dy|like** [*le̲idilaik*] (vornehm)
La|fet|te, *die;* -, -n (Untergestell der Geschütze)
Laf|fe, *der;* -n, -n (ugs für: Geck)
La|ge, *die;* -, -n; in der - sein
La|ger, *das;* -s, - u. (Kaufmannsspr. für: Warenvorräte auch:) Läger; **Lager‿bier, ...feu|er; La|gerist,** *der;* -en, -en (Lagerverwalter); **la|gern;** sich -; **Lager|statt** (geh. für: Bett, Lager)
La|gu|ne, *die;* -, -n (durch einen Landstreifen vom offenen Meer getrennter flacher Meeresteil)
lahm; den Verkehr lahm legen; **lah|men** (lahm gehen); **läh|men** (lahm machen); **lahm le|gen;** vgl. lahm; **Läh|mung**
Laib, *der;* -[e]s, -e; ein - Brot, Käse
Laich, *der;* -[e]s, -e (Eier von Wassertieren); **lai|chen** (Laich absetzen)
Laie, *der;* -n, -n (Nichtpriester; Nichtfachmann); **Laien‿bru|der, ...priester, ...rich|ter**
Lais|ser-al|ler [*läßeale*], *das;* - (das Gewährenlassen; Nichteinmischung); **Laisser-faire** [*...fär*], *das;* - (das Gewähren-, Treibenlassen)
La|kai, *der;* -en, -en (abwertend für: Kriecher; früher für: herrschaftl. Diener [in Livree])
La|ke, *die;* -, -n (Salzlösung zum Einlegen von Fisch, Fleisch)
La|ken, *das;* -s, - (nordd., mitteld. für: Betttuch; Tuch)
la|ko|nisch (auch für: kurz u. treffend)
La|k|rit|ze, *die;* -, -n (eingedickter Süßholzsaft)
la|la (ugs.); es ging ihm so - (einigermaßen)
lal|len
[1]**La|ma,** *das;* -s, -s (südamerik. Kamelart; ein Gewebe)
[2]**La|ma,** *der;* -[s], -s (buddhist.

Priester od. Mönch in Tibet u. der Mongolei)
Lam|ba|da, *die;* -, -s (auch: *der;* -[s], -s; ein Modetanz)
Lamb|da, *das;* -[s], -s (gr. Buchstabe: *Λ, λ*)
la|mé [*lame*], (auch:) lamee (mit Lamé durchwirkt); **La-mé,** (auch:) Lamee, *der;* -s, -s (Gewebe aus Metallfäden, die mit [Kunst]seide übersponnen sind); **La|mel|le,** *die;* -, -n (Streifen, dünnes Blättchen; Blatt unter dem Hut von Blätterpilzen)
la|men|tie|ren (ugs. für: laut klagen, jammern); **La|men-to,** *das;* -s, -s od. (für: Klagelieder) ...ti (ugs. für: Gejammer; Musik: Klagelied)
La|met|ta, *das;* -s (Metallfäden [als Christbaumschmuck]); **La|met|ta|syn-drom** (eine Baumkrankheit)
Lamm, *das;* -[e]s, Lämmer; **Lämm|chen; lam|men** (ein Lamm werfen); **Läm|mer-wol|ke** (meist *Mehrz.*); **lamm|fromm** (ugs.)
Lämp|chen; Lam|pe, *die;* -, -n; **Lam|pen|fie|ber; Lam|pi|on** [*...piong, lampiong,* auch: *lampiong,* österr.: *...jon*], *der* (seltener: *das*); -s, -s
lan|cie|ren [*langßiʳn*] (fördern; zur Anerkennung, Verbreitung verhelfen; gezielt in die Öffentlichkeit dringen lassen)
Land, *das;* -[e]s, Länder u. (geh.:) Lande; außer Landes; hierzulande, (auch:) hier zu Lande; zu Lande u. zu Wasser; bei uns zu Lande (daheim)
Lan|d|au|er (viersitziger Wagen)
land|auf; -, landab (überall)
land|aus; -, landein (überall); **Länd|chen; Lan|de|bahn; lan|den; län|den** (landsch. u. schweiz. für: landen, ans Ufer bringen); **Land|en|ge; Län|de|rei|en,** *die (Mehrz.);* **Län|der‿kampf** (Sportspr.), **...kun|de** (*die;* -), **...spiel** (Sportspr.); **Lan|des‿bank** (*Mehrz.* ...banken), **...bi-schof, ...gren|ze, ...haupt-stadt, ...re|gie|rung; Land-fah|rer; land|fein** (Seemannsspr.); sich - machen; **Land|flucht,** *die;* - (Abwanderung der ländl. Bevölkerung in die [Groß]städte); **Land|frie|dens|bruch,** *der;* **Land‿ge|richt** (Abk.: LG), **...jä|ger** (eine Dauerwurst), **...kar|te, ...kreis; land|läu-fig; Länd|ler** (ländl. Tanz); **länd|lich; Land|nah|me,** *die;* - (früher für: Inbesitznahme von Land durch ein Volk); **Land‿rat** (*Mehrz.* ...räte), **...rat|te** (ugs., oft scherzh., bes. aus der Sicht der Seeleute: Nichtseemann); **Land-schaft; land|schaft|lich; Land|schul|heim; Land|ser** (veraltend für: Soldat); **Land|sitz; Lands|mann** (*Mehrz.* ...leute; Landes-, Heimatgenosse); **Lands-män|nin; lands|män|nisch; Land‿stra|ße, ...strei|cher, ...tag; Land|tags|ab|ge|ord-ne|te; Lan|dung; Land|wirt-schaft; land|wirt|schaft-lich;** -e Nutzfläche
lang; länger, längste; über kurz od. lang; ein Gummiband lang ziehen; jmdm. die Ohren lang ziehen (jmdn. strafen); ein lang gehegter Wunsch; zehn Meter lang; vgl. lange; **lang‿är|me|lig** od. **...ärm|lig; lan|ge,** lang; länger, am längsten; lang anhaltender Beifall; es ist lange her; das Ende der langen Weile; aus langer Weile; vgl. Langeweile; **Län|ge,** *die;* -, -n
lan|gen (ugs. für: ausreichen; [nach etwas] greifen)
län|gen (länger machen); **Län-gen|grad; län|ger|fris|tig**
Lan|get|te, *die;* -, -n (Randstickerei als Abschluss)
Lan|ge|wei|le, Lang|wei|le, *die;* bei Beugung des ersten Bestandteils getrennt geschrieben; vgl. lange; **Lang|fin|ger** (ugs. für: Dieb); **lang|fin|ge|rig; lang-fris|tig; lang ge|hegt;** vgl. lang; **Lang|lauf** (Sportspr.); **lang|le|big; lang|le|gen,** sich (ugs. für: sich zum Ausruhen hinlegen); **läng|lich; Lang|mut,** *die;* - (geh.); **Lang|ohr,** *das;* -[e]s, -en (scherzh. für: Hase; Esel); **längs** (der Länge nach); etwas - trennen; - des Weges
lang|sam; -er Walzer
Lang|spiel|plat|te (Abk.: LP); **längst** (seit langem); **Lang-‿stre|cken|lauf**
Lan|gus|te, *die;* -, -n (ein Krebs)
Lang|wei|le; vgl. Langeweile; **lang|wei|len;** sich -; **Lang-wei|ler** (ugs. abwertend für: langweiliger Mensch); **lang-wei|lig; Lang|wel|le; lang-wie|rig; lang zie|hen;** vgl. lang
Lan|ze, *die;* -, -n; **Lan|zet|te,** *die;* -, -n (chirurg. Instrument); **Lan|zett|fisch; lan-zett|för|mig**
La Q|la, *die;* - -, - -s (Art der Begeisterungsbezeigung in Sportstadien); **La-O|la-Wel-le**
la|pi|dar (einfach; kurz u. bündig); **La|pi|da|ri|um,** *das;* -s, ...ien [*...iᵉn*] (fachspr. für: Sammlung von Steindenkmälern); **La|pis|la|zu|li,** *der;* - (Lasurstein)
Lap|pa|lie [*...iᵉ*], *die;* -, -n (Nichtigkeit); **Läpp|chen; Lap|pen,** *der;* -s, -; **lap|pig** (ugs. für: schlaff; läppisch)
läp|pisch (ugs. abwertend für: kindisch; lächerlich gering)
Lap|sus, *der;* -, - [*lápßuß*] ([geringfügiger] Fehler, Versehen); **Lap|sus Lin|gu|ae** [*-...guä*], *der;* - -, - - (das Sichversprechen)
Lap|top [*läp...*], *der;* -s, -s (kleiner, tragbarer Personalcomputer)
Lär|che, *die;* -, -n (ein Nadelbaum)
lar|go (Musik: breit, langsam);

Lar|go, *das;* -s, -s (auch: ...ghi [...*gi*])
la|ri|fa|ri! (Ausruf der Ablehnung); **La|ri|fa|ri,** *das;* -s (ugs. für: Geschwätz!, Unsinn!)
Lärm, *der;* -s (seltener: -es); **lär|men**
lar|mo|yant [...*moajant*] (geh. für: weinerlich; rührselig)
Lärm|schutz|wall
Lar|ve [*larfe*], *die;* -, -n (Gespenst, Maske; abwertend für: Gesicht; Zool.: Jugendstadium bestimmter Tiere)
lasch (ugs. für: schlaff, lässig)
La|sche, *die;* -, -n
La|ser [meist *leiser*], *der;* -s, - (Physik: Gerät zur Verstärkung von Licht od. zur Erzeugung eines scharf gebündelten Lichtstrahles); **La|ser|strahl**
las|sen; ließ, gelassen; ich habe es gelassen (unterlassen); ich habe dich rufen lassen
läs|sig; Läs|sig|keit; läss|lich (bes. Rel.: verzeihlich); -e Sünde
Las|so, *das* (österr. nur so) od. *der;* -s, -s (Wurfschlinge)
Last, *die;* -, -en; zu meinen -en
las|ten; Las|ten|aus|gleich (Abk.: LA); [1]**Las|ter,** *der;* -s, - (ugs. für: Lastkraftwagen)
[2]**Las|ter,** *das;* -s, -; **las|ter|haft; Las|ter|haf|tig|keit; läs|ter|lich; Läs|ter|maul** (ugs. für: jmd., der viel lästert); **läs|tern**
Las|tex, *das;* - ([Gewebe aus] Gummifäden, die mit Fasern umsponnen sind)
läs|tig; Läs|tig|keit
Last|kraft|wa|gen (Abk.: Lkw, auch: LKW)
last, not least [*laßt not lißt*] (zuletzt der Stelle, aber nicht dem Werte nach; nicht zu vergessen)
Last‿schrift (Buchhaltung), **...wa|gen, ...zug**
La|sur, *die;* -en (durchsichtige Farbschicht); **La|sur|stein**
las|ziv (schlüpfrig, anstößig); **Las|zi|vi|tät** [...*wi*...], *die;* -
La|tein, *das;* -s; **la|tei|nisch;** -e Schrift
la|tent (vorhanden, aber [noch] nicht in Erscheinung tretend); **La|tenz,** *die;* -
la|te|ral (fachspr. für: seitlich)
La|ter|ne, *die;* -, -n; **La|ter|nen|ga|ra|ge** (scherzh.; Dauerparkplatz auf der Straße)
la|ti|ni|sie|ren (in lat. Sprachform bringen); **La|ti|num,** *das;* -s (Prüfung im Lateinischen); das kleine, große -
La|t|ri|ne, *die;* -, -n (Abort, Senkgrube)
Lat|sche, *die;* -, -n (Krummholzkiefer, Legföhre)
lat|schen (ugs.)
Lat|schen|kie|fer, *die*
Lat|te, *die;* -, -n; **Lat|ten|zaun**
Latz, *der;* -es, Lätze (Kleidungsteil [z. B. Brustlatz]); **Lätz|chen; Latz|ho|se**
lau
Laub, *das;* -[e]s; Laub tragende Bäume; **Laub|baum; Lau|be,** *die;* -, -n; **Lau|ben‿gang** *(der),* **...ko|lo|nie; Laub‿frosch, ...sä|ge; Laub tra|gend;** vgl. Laub; **Laub|wald**
Lauch, *der;* -[e]s, -e (eine Zwiebelpflanze)
Lau|da|tio [...*zio*], *die;* -, ...iones (Lob[rede])
Lau|er, *die;* -; auf der - sein, liegen (ugs.); **lau|ern**
Lauf, *der;* -[e]s, Läufe; im Lauf[e] der Zeit; 100-m-Lauf; **Lauf|bahn; lau|fen;** lief, gelaufen; **lau|fend** (Abk.: lfd.); -en Monats; am -en Band; auf dem Laufenden sein, bleiben, halten; **Läu|fer; Lauf|feu|er; läu|fig** (brünstig [von der Hündin]); **Lauf‿ma|sche, ...pass** (nur in ugs.: jmdm. den - geben), **...zet|tel**
Lau|ge, *die;* -, -n (alkal. [wässerige] Lösung; Auszug); **lau|gen**
Lau|ne, *die;* -, -n; **lau|nen|haft; lau|nig** (humorvoll); **lau|nisch** (launenhaft)
Laus, *die;* -, Läuse; **Laus|bub** (ugs.); **laus|bü|bisch**
lau|schen; lau|schig (gemütlich)
Lau|se‿ben|gel od. **...jun|ge; lau|sen;** du laust; **lau|sig** (ugs. für: erbärmlich, schlecht)
[1]**laut;** etwas - werden lassen; [2]**laut** (Abk.: lt.); *Verhältnisw.* mit *Wesfall,* auch *Wemfall;* laut unseres Schreibens, (auch:) unserem Schreiben; laut Befehl; laut Befehlen; **Laut,** *der;* -[e]s, -e
Lau|te, *die;* -, -n (ein Saiteninstrument)
lau|ten; die Antwort lautet ...; **läu|ten;** die Glocken läuten
[1]**lau|ter** (geh. für: rein; ungetrübt); [2]**lau|ter** (nur, nichts als); - Wasser; **läu|tern** (geh. für: reinigen; von Fehlern befreien); **Läu|te|rung** (geh.)
laut|hals (aus voller Kehle); **laut|lich; Laut‿spre|cher, ...stär|ke**
lau|warm
La|va [...*wa*], *die;* -, Laven (feurig-flüssiger Schmelzfluss aus Vulkanen u. das daraus entstandene Gestein); **La|va|strom; La|ven** (*Mehrz.* von: Lava)
La|ven|del [...*wändel*], *der;* -s, - (eine Heil- u. Gewürzpflanze); **La|ven|del|öl**
la|vie|ren [...*wiren*] (mit Geschick Schwierigkeiten überwinden)
La|wi|ne, *die;* -, -n; **La|wi|nen|ge|fahr,** *die;* -
lax (locker, nicht streng); **Lax|heit** (Nachlässigkeit)
La|za|rett, *das;* -[e]s, -e
lea|sen [*lisen*] (mieten, pachten); ein Auto -; **Lea|sing** [*lising*], *das;* -s, -s (Vermietung von [Investitions]gütern [mit Anrechnung der Mietzahlungen bei späterem Kauf])
Le|be|da|me; Le|be|hoch, *das;* -s, -s; **le|ben;** leben und leben lassen; lebend gebä-

rende Tiere; **Le|ben,** *das;* -s, -; **Le|bend|ge|wicht** (*das;* -[e]s); **le|ben|dig; Le|ben|dig|keit,** *die;* -; **Le|bens‿abend, ...en|de** (*das;* -s), **...ge|fahr, ...ge|fähr|te, ...grö|ße; le|bens‿lang** (auf -), **...läng|lich** (zu »lebenslänglich« verurteilt werden); **Le|bens‿lauf, ...mit|tel** (*das;* meist *Mehrz.*); **le|bens|mü|de; Le|bens‿ret|tungs|me|dail|le, ...un|ter|halt, ...ver|si|che|rung, ...wan|del, ...zeit** (auf -)
Le|ber, *die;* -, -n; **Le|ber‿blüm|chen** (eine Anemonenart), **...fleck, ...kä|se** (bes. südd. u. österr.: ein Fleischgericht), **...tran**
Le|be|we|sen; Le|be|wohl, *das;* -[e]s, -e u. -s; jmdm. Lebewohl sagen; **leb|haft; Leb|haf|tig|keit,** *die;* -
Leb|ku|chen
leb|los; Leb|lo|sig|keit, *die;* -
Leb|tag (ugs.); ich denke mein - daran; **Leb|zei|ten,** *die (Mehrz.);* zu seinen -
lech|zen; du lechzt
leck (Seemannsspr.: undicht); **Leck,** *das;* -[e]s, -s (Seemannsspr.: undichte Stelle [bei Schiffen u. a.]); [1]**le|cken** (Seemannsspr.: leck sein)
[2]**le|cken** (mit der Zunge berühren); **le|cker** (wohlschmeckend); **Le|cker|bis|sen; Le|cke|rei** (Leckerbissen); **Le|cker|maul** (ugs. für: jmd., der gern Süßigkeiten isst)
Le|der, *das;* -s, -; **Le|der‿haut** (Schicht der menschlichen u. tierischen Haut), **...ho|se; le|de|rig,** led|rig (lederartig); [1]**le|dern** (mit einem Lederlappen reiben); [2]**le|dern** (aus Leder; zäh; langweilig)
le|dig; - sein; jmdn. seiner Sünden - sprechen; **Le|di|ge,** *der* u. *die;* -n, -n; **le|dig|lich**
led|rig; vgl. lederig
Lee, *die;* - (auch: *das;* -s; Seemannsspr.: die dem Wind abgekehrte Seite; Ggs.: Luv)
leer; eine leer stehende Wohnung; **Lee|re,** *die;* -; **lee|ren** (leer machen); sich -; **Leer|lauf; leer ste|hend;** vgl. leer; **Leer|tas|te** (bei der Schreibmaschine); **Lee|rung**
Lef|ze, *die;* -, -n (Lippe bei Tieren)
le|gal (gesetzlich, gesetzmäßig); **le|ga|li|sie|ren** (gesetzlich machen); **Le|ga|li|tät,** *die;* - (Gesetzlichkeit, Rechtsgültigkeit)
Le|g|as|the|nie, *die;* -, ...ien (Med.: angeborene Lese- u. Schreibschwäche)
le|gen; gelegt; sich -
le|gen|där (legendenhaft; unwahrscheinlich); **Le|gen|de,** *die;* -, -n (religiöse Erzählung; Zeichenerklärung [auf Karten usw.])
le|ger [...*schär*] (ungezwungen)
le|gie|ren (verschmelzen; [Suppen o. Ä.] mit Eigelb, Sahne u. a. eindicken); **Le|gie|rung** ([Metall]mischung, Verschmelzung)
Le|gi|on, *die;* -, -en (röm. Heereseinheit; Freiwilligen-, Söldnerheer; große Menge)
Le|gis|la|ti|ve [...*w*ᵉ], *die;* -, -n (gesetzgebende Versammlung, Gewalt); **Le|gis|la|tur|pe|ri|o|de** (Amtsdauer einer Volksvertretung); **le|gi|tim** (rechtmäßig; als ehelich anerkannt; begründet)
Le|hen, *das;* -s, - (hist.); **Le|hens|we|sen,** Lehns|wesen, *das;* -s (hist.)
Lehm, *der;* -[e]s, -e; **leh|mig**
Leh|ne, *die;* -, -n; **leh|nen;** sich -
Lehns|we|sen; vgl. Lehenswesen
[1]**Leh|re,** *die;* -, -n (Unterricht, Unterweisung); [2]**Leh|re,** *die;* -, -n (Technik: Messwerkzeug); **leh|ren** (unterweisen); jmdn. (veraltend: jmdm.) etwas -; er hat ihn reiten gelehrt; **Leh|rer; Leh|re|rin; Leh|rer‿kol|le|gi|um, ...zim|mer; Lehr‿gang, ...geld; lehr|haft; Lehr|ling; lehr|reich; Lehr‿satz, ...stel|le, ...stuhl**
Leib, *der;* -[e]s, -er (geh. für: Körper; Bauch); **Leib|chen** (österr. u. schweiz. für: Unterhemd; Trikot); **Leib|ei|ge|ne,** *der* u. *die;* -n, -n; **lei|ben;** nur in: wie er leibt u. lebt; **Lei|bes‿er|zie|hung** (Amtsspr.), **...kraft** (aus Leibeskräften); **leib|haf|tig**[1]; **Leib|haf|ti|ge**[1], *der;* -n (Teufel); **leib|lich; Leib‿ren|te** (lebenslängliche Rente), **...wäch|ter**
Lei|che, *die;* -, -n; **Lei|chen‿be|gäng|nis, ...be|schau|er; Lei|chen|bit|ter|mie|ne** (ugs. für: düsterer, trauriger Gesichtsausdruck); **Lei|chen‿fled|de|rer** (Rechtsspr.: jmd., der Tote ausraubt), **...schmaus** (ugs.); **Leich|nam,** *der;* -[e]s, -e
leicht; es ist mir leicht gefallen (hat mich keine Anstrengung gekostet); er hat es sich leicht gemacht (hat sich wenig Mühe gemacht); etwas leicht nehmen (keine Mühe darauf verwenden); ein leicht entzündlicher Stoff; eine leicht verdauliche Speise; leicht verderbliche Waren; leicht verletzte Passagiere; **Leicht|ath|le|tik; leicht fal|len;** vgl. leicht; **leicht|fer|tig; Leicht|fer|tig|keit; leicht|fü|ßig; Leicht|ge|wicht** (Körpergewichtsklasse in der Schwerathletik); **leicht|gläu|big; leicht|her|zig; leicht|hin; Leich|tig|keit; Leicht|in|dus|t|rie; leicht ma|chen, neh|men;** vgl. leicht; **Leicht|sinn,** *der;* -[e]s; **leicht|sin|nig; leicht ver|dau|lich, ver|derb|lich, ver|letzt;** vgl. leicht
leid; leid sein, werden; **Leid,** *das;* -[e]s; es tut mir Leid, die Leid tragende, (auch:) leidtragende Bevölkerung;

[1] Auch: *laip...*

die Leid Tragenden (auch:) Leidtragenden sind die Kranken und Schwachen
Lei|de|form (Passiv); **lei|den;** litt, gelitten; Not -; **Lei|den,** *das;* -s, - (Krankheit); **lei|dend; Lei|den|de,** *der* u. *die;* -n, -n; **Lei|den|schaft; lei|den|schaft|lich; Lei|dens|ge|nos|se**
lei|der; - Gottes
lei|dig (unangenehm)
leid|lich (annehmbar)
Leid tra|gend, (auch:) **leid|tra|gend; Leid Tra|gen|de,** *der* u. *die;* - -n, - -n (auch:) **Leid|tra|gen|de,** *der* u. *die;* -n, -n; **Leid tun;** vgl. leid; **leid|voll** (geh.); **Leid|we|sen,** *das;* -s; zu meinem - (Bedauern)
Lei|er, *die;* -, -n (ein Saiteninstrument); **Lei|er|kas|ten; lei|ern**
lei|hen; lieh, geliehen; **Leih|ga|be; leih|wei|se**
Leim, *der;* -[e]s, -e; **lei|men**
Lein, *der;* -[e]s, -e (Flachs); **Lei|ne,** *die;* -, -n (Strick); **lei|nen** (aus Leinen); **Lei|nen,** *das;* -s, -; **Lei|ne|we|ber,** Lein|we|ber; **Lein‿sa|men, ...tuch** (*Mehrz.* ...tücher; landsch. für: Betttuch), **...wand** (*die;* -); **Lein|we|ber;** vgl. Leineweber
leis; vgl. leise; **lei|se;** leise (geringe) Zweifel; nicht im Leisesten (durchaus nicht) zweifeln; **Lei|se|tre|ter**
Leis|te, *die;* -, -n
leis|ten; Leis|ten, *der;* -s, -
Leis|ten‿beu|ge, ...bruch *(der)*
Leis|tung; leis|tungs|fä|hig; Leis|tungs‿kraft, ...sport, ...ver|mö|gen (*das;* -s)
Leit|ar|ti|kel (Stellungnahme der Zeitung zu aktuellen Fragen); **lei|ten; Lei|ten|de,** *der* u. *die;* -n, -n; [1]**Lei|ter,** *der*
[2]**Lei|ter,** *die;* -, -n (ein Steiggerät); **Lei|ter‿spros|se, ...wa|gen**
Leit‿fa|den (*Mehrz.* ...fäden), **...mo|tiv, ...plan|ke; Lei|tung; Lei|tungs|was|ser,** *das;* -s
Lek|ti|on [*...zion*], *die;* -, -en (Unterricht[sstunde]; Lernabschnitt, Aufgabe; Zurechtweisung [nur *Einz.*]); **Lek|tor,** *der;* -s, ...oren (Lehrer für praktische Übungen [in neueren Sprachen usw.] an einer Hochschule; Mitarbeiter eines Verlages, der die eingehenden Manuskripte prüft u. bearbeitet); **Lek|tü|re,** *die;* -, -n
Len|de, *die;* -, -n; **len|den|lahm**
lenk|bar; len|ken; Len|ker; Lenk|rad; Lenk|rad|schloss
Lenz, *der;* -es, -e (geh. für: Frühling; *Mehrz.* auch für: Jahre)
Le|o|pard, *der;* -en, -en (asiat. u. afrik. Großkatze)
Le|po|rel|lo|al|bum (harmonikaartig gefaltete Bilderreihe)
Le|p|ra, *die;* - (Aussatz); **le|p|ros, le|p|rös** (aussätzig); -e Kranke
lep|to|som (*Med.:* schmal-, schlankwüchsig); **Lep|to|so|me,** *der* u. *die;* -n, -n
Ler|che, *die;* -, -n (ein Vogel)
lern|eif|rig; ler|nen; lesen -; ich habe gelernt; **Lern|mit|tel,** *das* (Hilfsmittel für den Lernenden)
Les|bi|e|rin [*...biᵉ...*]; **les|bisch** ([in Bezug auf Frauen] homosexuell)
Le|se, *die;* -, -n (Weinernte); **Le|se‿buch, ...hun|ger; le|sen;** las, gelesen; **le|sens|wert; Le|ser; Le|se|rat|te** (ugs. für: jmd., der sehr viel liest); **Le|ser‿brief, ...kreis; le|ser|lich; Le|ser|lich|keit,** *die;* -; **Le|se‿saal, ...stoff, ...zei|chen, ...zir|kel; Le|sung**
le|tal (Med.: tödlich)
Le|thar|gie, *die;* - (Schlafsucht; Trägheit, Teilnahms-, Interesselosigkeit); **le|thar|gisch**
Let|kiss, *der;* - (ein Tanz)
Let|ter, *die;* -, -n (Druckbuchstabe)
Lett|ner, *der;* -s, - (Schranke zwischen Chor u. Langhaus in mittelalterl. Kirchen)
letz|te; der letzte Wille (Testament); der Letzte, der kam; er ist der Letzte, den ich wählen würde; das ist das Letzte, was ich tun würde; den Letzten beißen die Hunde; der Letzte des Monats; **letz|tens; letz|te|re;** der letztere (zuletzt genannte) Fall; Letzterer od. der Letztere od. Letzteres kommt nicht in Betracht; **Letzt|ge|nann|te,** *der* u. *die;* -n, -n; **letzt|lich; letzt|mög|lich; letzt|wil|lig;** -e Verfügung
Leu, *der;* -en, -en (geh. für: Löwe)
Leuch|te, *die;* -, -n; **leuch|ten; leuch|tend;** leuchtend blaue Augen; **Leuch|ter; Leucht‿far|be, ...re|kla|me, ...turm**
leug|nen; Leug|ner; Leug|nung
Leu|k|ä|mie, *die;* -, ...ien (Med.: Blutkrebs); **leu|k|ä|misch** (an Leukämie leidend); **Leu|ko|plast®,** *das;* -[e]s, -e (Heftpflaster); **Leu|ko|zyt,** *der;* -en, -en (meist *Mehrz.;* Med.: weißes Blutkörperchen)
Leu|mund, *der;* -[e]s (Ruf); **Leu|munds|zeug|nis**
Leut|chen, *die (Mehrz.);* **Leu|te,** *die (Mehrz.)*
Leut|nant, *der;* -s, -s (selten: -e; unterster Offiziersgrad)
leut|se|lig; Leut|se|lig|keit
Le|vi|ten [*...wi...*]; nur in: jmdm. die - lesen (ugs. für: [ernste] Vorhaltungen machen)
Lev|ko|je [*läf...*], *die;* -, -n (eine Zierpflanze)
Lex, *die;* -, Leges (Gesetz; Gesetzesantrag); - Heinze
Le|xi|ko|graph, (auch:) Lexikograf, *der;* -en, -en (Verfasser eines Wörterbuches); **Le|xi|kon,** *das;* -s, ...ka (auch: ...ken; alphabetisch geordnetes allgemeines

Nachschlagewerk; auch für: Wörterbuch)
Li|ai|son [*liäsong*], *die;* -, -s (veraltend für: Verbindung; Liebesverhältnis)
Li|a|ne, *die;* -, -n (meist *Mehrz.;* eine Schlingpflanze)
Li|bel|le, *die;* -, -n (ein Insekt; Teil der Wasserwaage)
li|be|ral (freiheitlich, den Liberalismus vertretend); **Li|be|ra|le,** *der* u. *die;* -n, -n (Anhänger[in] des Liberalismus); **li|be|ra|li|sie|ren** (von Einschränkungen befreien); **Li|be|ra|lis|mus,** *der;* - (Denkrichtung, die die freie Entfaltung des Individuums fordert u. staatliche Eingriffe auf ein Minimum beschränkt sehen will)
Li|be|ro, *der;* -s, -s (Fußball: freier Verteidiger)
Li|bi|do [auch: ...*bi*...], *die;* - (Geschlechtstrieb)
Li|b|ret|tist, *der;* -en, -en (Verfasser von Librettos); **Li|b|ret|to,** *das;* -s, -s u. ...tti (Text[buch] von Opern, Operetten usw.)
licht; ein lichter Wald; -e Weite (Abstand von Innenwand zu Innenwand bei Rohren o. Ä.); **Licht,** *das;* -[e]s, -er; **Licht‿bild** (Fotografie), **...blick, ...druck** (*Mehrz.* ...drucke); **Lich|te,** *die;* - (Weite); [1]**lich|ten** (licht machen); der Wald wird gelichtet; sein Haar, das Dunkel lichtet sich
[2]**lich|ten** (Seemannsspr.: anheben); den Anker -
Lich|ter|baum (Weihnachtsbaum); **lich|ter|loh; Licht‿ge|schwin|dig|keit** (*die;* -), **...hu|pe, ...jahr** (astron. Längeneinheit); **Licht|mess** (kath. Fest); Mariä Lichtmess; **Licht-schutz|fak|tor; Licht|spiel-the|a|ter** (veraltend für: Kino); **Lich|tung**
Lid, *das;* -[e]s, -er (Augendeckel)
Li|do, *der;* -s, -s (auch: Lidi; Nehrung, bes. die bei Venedig)
lieb; jmdn. lieb haben, lieb gewinnen; eine lieb gewordene Gewohnheit; **lieb|äu|geln;** er hat mit diesem Plan geliebäugelt; **Lieb|chen; Lie|be,** *die;* -, (ugs. für: Liebschaft *Mehrz.:*) -n; **lie|be|die|nern** (unterwürfig schmeicheln); **Lie|be|lei; lie|ben; Lie|ben|de,** *der* u. *die;* -n, -n; **lie|bens‿wert, ...wür|dig; lie|ber;** vgl. gern; **Lie|bes‿dienst, ...müh** od. **...mü|he; lie|be|voll; lieb ge|win|nen, ge|wor|den, ha|ben;** vgl. lieb; **Lieb|ha|ber; Lieb|ha|be|rei; lieb|ko|sen** [auch, österr. nur: ...*ko*...] (geh.); sie hat das Kind liebkost; (auch:) geliebkost; **Lieb|ko|sung** [auch, österr. nur: ...*ko*...]; **lieb|lich; Lieb|ling; lieb|los; Lieb|reiz,** *der;* -es; **lieb|rei|zend; Lieb|schaft; Liebs|te,** *der* u. *die;* -n, -n
Lieb|stö|ckel, *die* od. *der;* -s, - (eine Heil- u. Gewürzpflanze)
Lied, *das;* -[e]s, -er; **Lie|der|a|bend**
Lie|der|jan, *der;* -[e]s, -e (ugs. für: liederlicher Mensch); **lie|der|lich; Lie|der|lich|keit**
Lie|fe|rant, *der;* -en, -en (Lieferer); **Lie|fe|ran|tin; Lie|fe|rer; lie|fern; Lie|fe|rung; Lie|fer|wa|gen**
Lie|ge, *die;* -, -n (ein Möbelstück); **lie|gen;** lag, gelegen; die Brille ist liegen geblieben; den Schlüssel liegen lassen; jmdn. links liegen lassen (vergessen, nicht beachten); **Lie|gen|schaft** (Grundbesitz); **Lie|ge‿statt** (*die;* -, ...stätten), **...stütz** (*der;* -es, -e)
Life|style [*laifßtail*], *der;* -s (Lebensstil)
Lift, *der;* -[e]s, -e u. -s (Fahrstuhl, Aufzug); **Lift|boy** [...*beu*]; **lif|ten** (heben, stemmen)
Li|ga, *die;* -, ...gen (Bund, Bündnis; Sportspr.: Bez. einer Wettkampfklasse); **Li|gist,** *der;* -en, -en (Angehöriger einer Liga)
Li|gus|ter, *der;* -s, - (Ölbaumgewächs mit weißen Blütenrispen)
li|ie|ren (eng verbinden); sich -
Li|kör, *der;* -s, -e (süßer Branntwein)
li|la (fliederblau; ugs. für: mittelmäßig); ein lila Kleid; **Li|la,** *das;* -s, - (ugs.: -s; ein fliederblauer Farbton); in -; **li|la|far|ben; Li|lak,** *der;* -s, -s (span. Flieder)
Li|lie [...*i*[e]], *die;* -, -n (eine [Garten]blume); **li|li|en|weiß**
Li|li|pu|ta|ner (zwergwüchsiger Mensch)
Lim|bur|ger, *der;* -s, - (ein Käse)
Li|me|rick, *der;* -[s], -s (fünfzeiliges Gedicht grotesk-komischen Inhalts)
Li|mit, *das;* -s, -s u. -e (Grenze, Begrenzung; Kaufmannsspr.: Preisgrenze); **li|mi|ted** [*limitid*] (in engl. u. amerik. Firmennamen: »mit beschränkter Haftung«); **li|mi|tie|ren** (im Umfang begrenzen; beschränken)
Li|mo [auch: *li*...], *die* (auch: *das*); -, -[s] (ugs. Kurzw. für: Limonade); **Li|mo|na|de,** *die;* -, -n; **Li|mo|ne,** *die;* -, -n (auch für: Zitrone)
Li|mou|si|ne [...*mu*...], *die;* -, -n (Pkw mit festem Verdeck)
lind; ein -er Regen
Lin|de, *die;* -, -n (ein Laubbaum); **Lin|den|blü|ten|tee**
lin|dern; Lin|de|rung
lind|grün
Lind|wurm (Drache)
Li|ne|al, *das;* -s, -e; **li|ne|ar** (geradlinig)
Lin|gu|is|tik, *die;* - (Sprachwissenschaft)
Li|nie [...*i*[e]], *die;* -, -n; - halten (Druckw.); absteigende, aufsteigende Linie (Genealogie); **Li|ni|en‿flug|zeug, ...rich|ter; li|ni|en|treu**

(abwertend für: einer politischen Ideologie streng folgend); **li|nie|ren** (österr. nur so), **li|ni|ie|ren** (mit Linien versehen); **Li|nie|rung** (österr. nur so), **Li|ni|ie|rung**
link; linker Hand; [1]**Lin|ke,** *der* u. *die;* -n, -n (ugs. für: Angehörige[r] einer links stehenden Partei od. Gruppe); [2]**Lin|ke,** *die;* -n, -n (linke Hand; linke Seite; Politik: Bez. für links stehende Parteien, auch für die links stehende Gruppe einer Partei); **lin|kisch; links;** - von mir; **Links|ab|bie|ger** (Verkehrsw.); **Links|au|ßen,** *der;* -, - (Sportspr.); **Links|ex|t-re|mist; Links|hän|der; links|hän|dig; links|her-um; links|ra|di|kal; links-um** [auch: *linkßum*]; - kehrt! (milit. Kommando)
Lin|nen (veraltet für: Leinen)
Li|n|o|le|um [*...le-um*], *das;* -s (ein Fußbodenbelag); **Li|nol-schnitt** (ein graf. Verfahren u. dessen Ergebnis)
Lin|se, *die;* -, -n; **lin|sen** (ugs. für: schauen, scharf äugen)
Li|piz|za|ner, *der;* -s, - (Pferd einer bestimmten Rasse)
Lip|pe, *die;* -, -n; **Lip|pen‿be-kennt|nis, ...stift** *(der)*
li|quid, li|qui|de (flüssig; fällig; verfügbar); -e Gelder; **Li-qui|da|ti|on** [*...zion*], *die;* -, -en ([Kosten]abrechnung freier Berufe; Tötung [aus polit. Gründen]; Auflösung [eines Geschäftes]); **li|qui-de;** vgl. liquid; **li|qui|die|ren** ([eine Forderung] in Rechnung stellen; [einen Verein o. Ä.] auflösen; Sachwerte in Geld umwandeln; beseitigen, tilgen; [aus polit. Gründen] töten)
Li|ra, *die;* -, Lire (frühere it. Währungseinheit)
lis|peln
List, *die;* -, -en
Lis|te, *die;* -, -n; die schwarze -; **lis|ten** (in Listenform bringen); **Lis|ten‿preis, ...wahl**
lis|tig; Lis|tig|keit, *die;* -
Li|ta|nei, *die;* -, -en (Wechsel-, Bittgebet; eintöniges Gerede; endlose Aufzählung)
Li|ter [auch: *liter*], *der* (schweiz. nur so) od. *das;* -s, - (1 Kubikdezimeter; Zeichen: l)
li|te|ra|risch (schriftstellerisch, die Literatur betreffend); **Li|te|rat,** *der;* -en, -en (oft abwertend für: Schriftsteller); **Li|te|ra|tur,** *die;* -, -en; **Li|te|ra|tur‿ge|schich-te, ...wis|sen|schaft**
Lit|faß|säu|le (Anschlagsäule)
Li|tho|gra|fie, li|tho|gra|fisch, (eindeutschende Schreibung für:) **Li|tho|gra|phie,** *die;* -, ...ien (Steinzeichnung; Herstellung von Platten für den Steindruck [nur *Einz.*]; das Ergebnis dieses Druckes); **li|tho|gra|phisch**
Li|tur|gie, *die;* -, ...ien (die amtliche od. gewohnheitsrechtliche Form des kirchl. Gottesdienstes); **li|tur-gisch;** -e Gewänder
Lit|ze, *die;* -, -n
live [*laif*] (direkt, original [von Rundfunk- u. Fernsehübertragungen]); etwas - übertragen; **Live|sen|dung,** (auch:) **Live-Sen|dung** [*laif...*] (Rundfunk- od. Fernsehsendung, die bei der Aufnahme direkt übertragen wird; Originalübertragung)
Li|v|ree [*...wre*], *die;* -, ...een (uniformartige Dienerkleidung); **li|v|riert** (in Livree [gekleidet])
Li|zenz, *die;* -, -en (Erlaubnis, Genehmigung, bes. zur Nutzung eines Patents od. zur Herausgabe eines Druckwerks); **Li|zen|zie|rung**
Lkw, (auch:) **LKW,** *der;* -[s], -s, (selten: -; = Lastkraftwagen)
Lob, *das;* -[e]s; - spenden
Lob|by [*lobi*], *die;* -, -s (Wandelhalle im [engl. od. amerik.] Parlament; Gesamtheit der Lobbyisten); **Lob|by|ist,** *der;* -en, -en (jmd., der Abgeordnete für seine Interessen zu gewinnen sucht)
lo|ben; lo|bens|wert; Lo|bes-hym|ne; Lob|hu|de|lei (abwertend); **lob|hu|deln** (abwertend für: übertrieben loben); **löb|lich; lob|prei-sen;** lobpreiste und lobpries, gelobpreist u. lobgepriesen; **lob|sin|gen**
Loch, *das;* -[e]s, Löcher; **lo|chen; Lo|cher** (Gerät zum Lochen; Person, die Lochkarten locht); **lö|che-rig,** löch|rig; **Loch|kar|te; löch|rig;** vgl. löcherig; **Loch-sti|cke|rei**
Löck|chen; Lo|cke, *die;* -, -n; [1]**lo|cken** (lockig machen) [2]**lo|cken** (anlocken)
Lo|cken‿kopf, ...wi|ckel od. **...wick|ler**
lo|cker; lo|cker|las|sen (ugs. für: nachgeben); er hat nicht lockergelassen; **lo-cker|ma|chen** (ugs. für: hergeben; er hat viel Geld lockergemacht); **lo|ckern**
lo|ckig
Lock‿mit|tel, ...ruf, ...vo|gel
Lo|den, *der;* -s, - (ein Wollgewebe); **Lo|den|man|tel**
lo|dern
Löf|fel, *der;* -s, -; **löf|feln**
Lo|g|a|rith|men|ta|fel; Lo|g|a-rith|mus, *der;* -, ...men (math. Größe; Zeichen: log)
Log|buch (Schiffstagebuch)
Lo|ge [*losche*], *die;* -, -n (Pförtnerraum; Theaterraum; [geheime] Gesellschaft); **Lo-gen‿bru|der** (Freimaurer)
Log|gia [*lodscha* od. *lodschja*], *die;* -, ...ien [*...ien*] (halb offene Bogenhalle; nach einer Seite offener, überdeckter Raum am Haus)
lo|gie|ren [*loschiren*] ([vorübergehend] wohnen)
Lo|gik, *die;* -
Lo|gis [*loschi*], *das;* - [*loschi(ß)*], - [*loschiß*] (Wohnung, Bleibe)
lo|gisch (folgerichtig; denkrichtig; ugs. für: selbstverständlich)

Lo|he, *die;* -, -n (geh. für: Glut, Flamme)
Lohn, *der;* -[e]s, Löhne; **Lohn|emp|fän|ger; loh|nen;** es lohnt die, der Mühe nicht; sich -; **loh|nens|wert; Lohn‿grup|pe, ...steu|er** *(die);* **Lohn|steu|er|kar|te; Lohn|tü|te**
Lok, *die;* -, -s (Kurzw. von: Lokomotive)
lo|kal (örtlich; örtlich beschränkt); **Lo|kal,** *das;* -[e]s, -e (Örtlichkeit; [Gast]wirtschaft); **Lo|kal ‿a|n|äs|the|sie** (Med.: örtl. Betäubung); **lo|ka|li|sie|ren; Lo|ka|li|tät,** *die;* -, -en (Örtlichkeit; Raum); **Lo|kal‿ko|lo|rit, ...pa|t|ri|o|tis|mus**
Lok|füh|rer (Kurzform von: Lokomotivführer); **Lo|ko|mo|ti|ve** [*...tiwe*, auch: *...tife*], *die;* -, -n (Kurzform: Lok); **Lo|ko|mo|tiv‿füh|rer; Lo|kus,** *der;* - u. -ses, - u. -se (ugs. für: Abort)
Lom|bard [auch: *lombart*], *der* od. *das;* -[e]s, -e (Kredit gegen Verpfändung beweglicher Sachen)
Long|drink, (auch:) **Long Drink** (mit Soda, Eiswasser o. Ä. verlängerter Drink)
Look [*luk*], *der;* -s, -s (bestimmtes Aussehen; Moderichtung)
Loo|ping [*lup...*], *der* (auch: *das*); -s, -s (senkrechter Schleifenflug)
Lor|beer, *der;* -s, -en (ein Baum; ein Gewürz); **Lor|beer|kranz**
Lord, *der;* -s, -s (engl. Adelstitel)
Lo|re, *die;* -, -n (offener Eisenbahngüterwagen, Feldbahnwagen)
Lor|g|net|te [*lornjäte*], *die;* -, -n (Stielbrille); **Lor|g|non** [*lornjong*], *das;* -s, -s (Stieleinglas, -brille)
Lo|ri, *der;* -s, -s (ein Papagei)
los, lo|se; das lose Blatt; eine lose Zunge haben (leichtfertig reden); hier ist nichts los (ugs. für: hier ist es langweilig)
Los, *das;* -es, -e; das große -
los|bre|chen; ein Unwetter brach los
[1]**lö|schen;** einen Brand -
[2]**lö|schen** (Seemannsspr.: ausladen)
Lösch‿fahr|zeug, ...pa|pier
lo|se; vgl. los
Lö|se|geld
los|ei|sen (ugs. für: mit Mühe frei machen; mit Geschick auftreiben); sich -
lo|sen (das Los ziehen); du lost
lö|sen (auch für: befreien)
los|ge|hen (ugs. auch für: anfangen)
los|kom|men; vom Alkohol, von einer Person -
los|las|sen
los|le|gen (ugs. für: ungestüm beginnen)
lös|lich; Lös|lich|keit, *die;* -
los|lö|sen; sich von etwas -
los|ma|chen; mach los! (ugs. für: beeile dich!)
los|rei|ßen; sich von etwas -
Löss, (auch:) **Löß,** *der;* -es, -e (Ablagerung der Eiszeit)
los|sa|gen; sich von etwas, jmdm. -
los|spre|chen (von Schuld)
los|steu|ern; auf ein Ziel -
Lo|sung (Erkennungswort; Wahl-, Leitspruch)
Lö|sung; Lö|sungs|mit|tel, *das*
Lo|sungs|wort, *das* (*Mehrz.* ...worte)
los|wer|den; etwas - (von etwas befreit werden; ugs. für: etwas verkaufen)
los|zie|hen; gegen jmdn. - (ugs. für: gehässig von ihm reden)
Lot, *das;* -[e]s, -e (Vorrichtung zum Messen der Wassertiefe u. zur Bestimmung der Senkrechten; früher: [Münz]gewicht; Hohlmaß); **lo|ten** (senkrechte Richtung bestimmen; Wassertiefe messen)
lö|ten (durch Lötmetall verbinden)
Lo|ti|on [*...zion;* engl. Aussprache: *loușchen*], *die;* -, -en u. (bei engl. Aussprache:) -s (flüssiges Reinigungs-, Pflegemittel für die Haut)
Löt|kol|ben
Lo|tos, *der;* -, - (Wasserrose)
lot|recht; Lot|rech|te, *die;* -n, -n
Lot|se, *der;* -n, -n; **lot|sen;** du lotst
Lot|te|rie, *die;* -, ...ien (Glücksspiel, Verlosung)
lot|te|rig, lott|rig (ugs. für: unordentlich); **Lot|ter|le|ben** (*das;* -s)
Lot|to, *das;* -s, -s (Zahlenlotterie; Gesellschaftsspiel); **Lot|to|zah|len,** *die (Mehrz.)*
lott|rig; vgl. lotterig
Lö|we, *der;* -n, -n; **Lö|wen‿an|teil** (ugs. für: Hauptanteil), **...maul** (*das;* -[e]s; eine Gartenblume), **...zahn** (*der;* -[e]s; eine Wiesenblume); **Lö|win**
lo|y|al [*loajal*] (redlich, [regierungs]treu); **Lo|y|a|li|tät,** *die;* -
LSD = Lysergsäurediäthylamid (ein Rauschgift)
Luchs, *der;* -es, -e (ein Raubtier)
Lü|cke, *die;* -, -n; **Lü|cken|bü|ßer** (ugs. für: Ersatzmann); **lü|cken|haft; lü|cken|los**
Lu|de, *der;* -n, -n (salopp abwertend für: Zuhälter)
Lu|der, *das;* -s, - (Jägerspr.: Köder, Aas [auch als Schimpfwort]); **Lu|der|le|ben,** *das;* -s (abwertend)
Lu|es, *die;* - (Med.: Syphilis)
Luft, *die;* -, Lüfte; **Luft‿bal|lon, ...brü|cke; Lüft|chen; luft|dicht;** - verschließen; **Luft|druck,** *der;* -[e]s; **lüf|ten; Luft‿fahrt, ...fil|ter, ...ge|wehr; luf|tig; Luf|ti|kus,** *der;* -[ses], -se (scherzh. für: oberflächlicher Mensch); **Luft‿kur|ort** (*der;* -[e]s, ...orte), **...li|nie, ...post, ...röh|re, ...schiff, ...schloss, ...schutz; Luft|schutz|kel|ler; Lüf|tung; Luft|ver|schmut|zung**

Lug, *der;* -[e]s (Lüge); [mit] - und Trug; **Lü|ge,** *die;* -, -n; jmdn. Lügen strafen (der Unwahrheit überführen); **lü|gen;** log, gelogen; **Lü|gen|bold,** *der;* -[e]s, -e (abwertend); **Lü|gen‿de|tek|tor; Lüg|ner; lüg|ne|risch**

Lu|ke, *die;* -, -n (kleines Dach- od. Kellerfenster; Öffnung im Deck od. in der Wand des Schiffes)

lu|k|ra|tiv (Gewinn bringend)

lu|kul|lisch (üppig); -es Mahl

Lu|latsch, *der;* -[e]s, -e (ugs. für: sehr großer, schlaksiger Mann)

lul|len (leise singen); das Kind in den Schlaf -

Lüm|mel, *der;* -s, -; **lüm|mel|haft; lüm|meln,** sich (ugs.)

Lump, *der;* -en, -en (schlechter Mensch); **Lum|pa|zi|va|ga|bun|dus** [*...wa...*], *der;* -, -se u. ...di (Landstreicher); **lum|pen;** sich nicht - lassen (ugs. für: freigebig sein; Geld ausgeben); **Lum|pen,** *der;* -s, - (Lappen); **Lum|pen‿pack** (*das;* abwertend), **...samm|ler**

Lunch [*lan(t)sch*], *der;* -[es] od. -, -e[s] od. -e (leichte Mittagsmahlzeit); **lun|chen** [*lan(t)schen*]; **Lunch|zeit**

Lun|ge, *die;* -, -n; eiserne -; **Lun|gen‿ent|zün|dung, ...zug**

lun|gern (ugs.)

Lun|te, *die;* -, -n (Zündmittel; Jägerspr.: Schwanz des Fuchses); - riechen (ugs. für: Gefahr wittern)

Lu|pe, *die;* -, -n (Vergrößerungsglas); **lu|pen|rein** (sehr rein, ganz ohne Mängel [von Edelsteinen]; übertr. für: einwandfrei, hundertprozentig)

Lu|pi|ne, *die;* -, -n (eine Futter-, Zierpflanze)

Lurch, *der;* -[e]s, -e (Amphibie)

Lust, *die;* -, Lüste; - haben

Lüs|ter, *der;* -s, - (Kronleuchter; Glanzüberzug auf Glas-, Ton-, Porzellanwaren; glänzendes Gewebe)

lüs|tern; Lüs|tern|heit

Lust‿ge|winn, ...greis (ugs. abwertend); **lus|tig; Lus|tig|keit,** *die;* -; **Lüst|ling; lust|los; Lust‿mör|der, ...spiel; lust|wan|deln** (veraltend); gelustwandel

lu|the|risch [auch noch: *luterisch*]; -e Kirche; die lutherische Bibelübersetzung

lut|schen (ugs.); **Lut|scher**

Luv [*luf*], *die;* - (Seemannsspr.: die dem Wind zugekehrte Seite; Ggs.: Lee); **Luv|sei|te**

lu|xu|ri|ös; Lu|xus, *der;* - (Verschwendung, Prunksucht); **Lu|xus‿ar|ti|kel, ...steu|er** *(die)*

lym|pha|tisch (Med.: Lymphe, Lymphknoten betreffend); **Lymph|drü|se** (veralt. für: Lymphknoten); **Lym|phe,** *die;* -, -n (Gewebsflüssigkeit; ein Impfstoff); **Lymph|kno|ten**

lyn|chen [*lünchen*, auch: *linchen, lintschen*] (ungesetzliche Volksjustiz ausüben); er wurde gelyncht; **Lynch‿jus|tiz, ...mord**

Ly|ra, *die;* -, ...ren (ein altgr. Saiteninstrument; Leier); **Ly|rik,** *die;* - (lyrische Dichtkunst); **Ly|ri|ker** (lyrischer Dichter); **ly|risch** (der persönlichen Stimmung u. dem Erleben unmittelbaren Ausdruck gebend; gefühl-, stimmungsvoll; liedartig)

Ly|ze|um, *das;* -s, ...een (veralt. für: höhere Schule für Mädchen)

Mm

M (Buchstabe); das M; des M, die M; aber: das m in Wimpel

m = Mikro...; vgl. [2]Mikrometer

Mä|an|der, *der;* -s, - (geschlängelter Flusslauf; bandförmiges Ornament); **mä|and|risch**

Maar, *das;* -[e]s, -e (kraterförmige Senke)

Maat, *der;* -[e]s, -e u. -en (Seemannsspr.: Schiffsmann; Unteroffizier auf Schiffen)

mach|bar; Ma|che, *die;* - (ugs.); **ma|chen;** gemacht; **Ma|chen|schaft,** *die;* -, -en (meist *Mehrz.*); **Ma|cher** (durchsetzungsfähiger Mensch)

Ma|che|te, *die;* -, -n (Buschmesser)

Macht, *die;* -, Mächte; alles in unserer Macht Stehende; **Macht|block** (*Mehrz.* ...blöcke, selten: ...blocks); **Macht|ha|ber; mäch|tig; macht|los; Macht|wort** (*Mehrz.* ...worte)

Mach|werk (abwertend für: minderwertiges [geistiges] Produkt)

Ma|cker (ugs. für: Freund; Kerl)

Ma|dam, *die;* -, -s u. -en (ugs. für: Hausherrin; scherzh. für: [dickliche, behäbige] Frau)

Mäd|chen; mäd|chen|haft; Mäd|chen‿han|del, ...na|me

Ma|de, *die;* -, -n (Insektenlarve)

made in Ger|ma|ny [*meid in dsehörmeni*] (»hergestellt in Deutschland«; ein Warenstempel)

Ma|dei|ra [*...dera*], **Ma|de|ra,** *der;* -s, -s (Süßwein aus Madeira)

ma|dig; jmdm. etwas - machen (ugs. für: verleiden)

Ma|don|na, *die;* -, ...nnen (Maria, die Gottesmutter [nur *Einz.*]; Mariendarstellung [mit Jesuskind])

Ma|d|ri|gal, *das;* -s, -e (mehrstimmiges Gesangstück)

Ma|es|t|ro [*maäß...*], *der;* -s, -s (auch:) ...stri (großer Musiker, Komponist [bes. als Anrede])

Ma|fia, (auch:) **Maf|fia,** *die;* -, -s (erpresserische Geheimorganisation [in Sizilien]);

Ma|fi|o|so, *der;* -[s], ...si (Mitglied der Mafia)
Ma|ga|zin, *das;* -s, -e
Magd, *die;* -, Mägde
Ma|gen, *der;* -s, Mägen od. -; **Ma|gen|bit|ter,** *der;* -s, - (bitterer Kräuterlikör); **Ma|gen‿fahr|plan** (ugs. für: feststehender Küchenzettel für eine bestimmte Zeit), **...ge|schwür, ...schmerz** (meist *Mehrz.*), **...ver|stim|mung**
ma|ger; Ma|ger|sucht, *die;* -
Ma|gie, *die;* - (Zauber-, Geheimkunst); **Ma|gi|er** [*...ier*] (Zauberer); **ma|gisch**
Ma|gis|ter, *der;* -s, - (akadem. Grad); Magister Artium (akadem. Grad; Abk.: M. A.)
Ma|gis|t|rat, *der;* -[e]s, -e (Stadtverwaltung, -behörde)
Ma|g|nat, *der;* -en, -en (Grundbesitzer, Großindustrieller)
Ma|g|net, *der;* -[e]s u. -en, -e[n]; **Ma|g|net‿band** (*das; Mehrz.* ...bänder), **...feld; ma|g|ne|tisch;** -e Feldstärke; -er Pol; **ma|g|ne|ti|sie|ren** (magnetisch machen); **Ma|g|ne|tis|mus,** *der;* - (Gesamtheit der magnetischen Erscheinungen; ein Heilverfahren)
Ma|g|no|lie [*...ie*], *die;* -, -n (ein Zierbaum)
mäh!; mäh schreien
Ma|ha|go|ni, *das;* -s (ein Edelholz); **Ma|ha|go|ni|mö|bel**
Ma|ha|ra|d|scha, *der;* -s, -s (ind. Großfürst)
Mäh|dre|scher; [1]**mä|hen** ([Gras] schneiden)
[2]**mä|hen** (ugs. für: mäh schreien)
Mä|her
Mahl, *das;* -[e]s, Mähler u. -e (Gastmahl)
mah|len (Korn u. a.); **Mahl|zahn**
Mahl|zeit; gesegnete Mahlzeit!
Mäh|ma|schi|ne
Mäh|ne, *die;* -, -n
mah|nen; Mahn‿mal (*Mehrz.* ...male, selten: ...mäler), **...schrei|ben; Mah|nung**
Mahr, *der;* -[e]s, -e (quälendes Nachtgespenst, Alb)
Mäh|re, *die;* -, -n ([altes, abgemagertes] Pferd)
Mai, *der;* -[e]s u. - (geh. gelegentl. noch: -en), -e (der fünfte Monat des Jahres); **Mai‿an|dacht** (kath.), **...baum, ...bow|le, ...de|mons|t|ra|ti|on, ...fei|er, ...glöck|chen** (eine Blume), **...kä|fer**
Mail|box [*meilbox*], *die;* -, -en (EDV: »Briefkasten« für den Austausch von Nachrichten in Computersystemen); **mailen** [*meilen*] (als E-Mail senden); gemailt
Mais, *der;* -es, (für: Maisarten *Mehrz.*:) -e; **Mais‿brei, ...brot**
Maisch, *der;* -[e]s, -e u. **Mai|sche,** *die;* -, -n (Mischung, bes. bei der Bierherstellung)
mais|gelb; Mais|kol|ben
Mai|so|nette, (auch:) **Mai|son|nette** [beide: *mäsonät*], *die;* -, -s (zweistöckige Wohnung)
Ma|jes|tät, *die;* - (als Titel u. Anrede von Kaisern u. Königen auch *Mehrz.*:) -en (Herrlichkeit, Erhabenheit); Seine -; **ma|jes|tä|tisch** (herrlich, erhaben)
Ma|jo|nä|se, (auch:) Ma|yon|nai|se [*majonäse*], *die;* -, -n (kalte, dicke Soße aus Eigelb u. Öl)
Ma|jor, *der;* -s, -e (unterster Stabsoffizier)
Ma|jo|ran [auch: *maj...*], *der;* -s, -e (ein[e] Gewürz[pflanze])
ma|jo|ri|sie|ren (überstimmen, durch Stimmenmehrheit zwingen); **Ma|jo|ri|tät,** *die;* -, -en ([Stimmen]mehrheit)
ma|ka|ber (unheimlich; frivol)
Ma|kel, *der;* -s, - (geh. für: Schande; Fleck); **ma|kel|los; Ma|kel|lo|sig|keit**
ma|keln (Vermittlergeschäfte machen); **mä|keln** (ugs. für: nörgeln)
Make-up [*meik-ap*], *das;* -s, -s (kosmet. Verschönerung; kosmet. Präparat)
Mak|ka|ro|ni, *die* (*Mehrz.*; röhrenförmige Nudeln)
Mak|ler (Geschäftsvermittler)
Ma|ko, *die;* -, -s od. *der* od. *das;* -[s], -s (ägypt. Baumwolle); **Ma|ko|baum|wol|le**
Ma|k|re|le, *die;* -, -n (ein Fisch)
Ma|k|ro|kos|mos [auch: *makro...*], *der;* - (die große Welt; Weltall; Ggs.: Mikrokosmos)
Ma|k|ro|ne, *die;* -, -n (ein Gebäck)
Ma|ku|la|tur, *die;* -, -en (beim Druck schadhaft gewordene u. fehlerhafte Bogen, Fehldruck; Altpapier)
mal; acht mal zwei (mit Ziffern [u. Zeichen]: 8 mal 2, 8 × 2 oder 8 · 2); mal (ugs. für: einmal); komm mal her!; [1]**Mal,** *das;* -[e]s, -e; das erste Mal; das einzige Mal; ein and[e]res Mal; nächstes Mal; zum ersten Mal[e]; ein paar [Dutzend od. dutzend] Male; achtmal (auch, bei besonderer Betonung:) acht Mal; noch einmal; manchmal; unzählige Mal[e]; ein andermal; ein paarmal, (auch, bei besonderer Betonung:) ein paar Mal; auf einmal; [2]**Mal,** *das;* -[e]s, -e u. Mäler (Fleck; Merkmal; geh. für: Denkmal; Sportspr.: Ablaufstelle)
Ma|la|chit [*...chit*], *der;* -s, -e (ein Mineral); **ma|la|chit|grün**
ma|lad, ma|la|de (ugs. für: krank)
Ma|la|ga, *der;* -s, -s (ein Süßwein)
Ma|lai|se, (auch:) Ma|lä|se [*maläse*], *die;* -, -n (Misere; Missstimmung)
Ma|la|ria, *die;* - (eine trop. Infektionskrankheit)
Ma|lä|se; vgl. Malaise
Mal|buch
ma|len (Bilder usw.); **Ma|ler; Ma|le|rei; ma|le|risch**
Mal|heur [*malör*], *das;* -s, -e u.

-s (ugs. für: [kleines] Missgeschick; Unglück)
ma|li|zi|ös (boshaft, hämisch)
mal|neh|men (vervielfachen)
ma|lo|chen (ugs. für: schuften)
mal|t|rä|tie|ren (misshandeln)
Mal|ve [...*w*^e], *die;* -, -n (eine Zier-, Heilpflanze); **mal|ven|far|big**
Malz, *das;* -es; **Malz‿bier, ...bon|bon, ...kaf|fee**
Ma|ma [veraltend u. geh.: *mama*], *die;* -, -s; **Ma|ma|chen**
Mam|bo, *der;* -[s], -s (auch: *die;* -s, -s; ein südamerik. Tanz)
Mam|mon, *der;* -s (abwertend für: Reichtum; Geld)
Mam|mut, *das;* -s, -e u. -s (Elefant einer ausgestorbenen Art); **Mam|mut|baum**
mamp|fen (ugs. für: [mit vollen Backen] essen)
man; *Wemf.* einem, *Wenf.* einen; man kann nicht wissen, was einem zustoßen wird
Ma|nage|ment [*mänidsch*^e*m*^e*nt*], *das;* -s, -s (Leitung eines Unternehmens); **ma|na|gen** [*mänidsch*^e*n*] (ugs. für: leiten, unternehmen; zustande bringen); **Ma|na|ger** [*mänidsch*^e*r*], *der;* -s, - (Leiter eines großen Unternehmens; geschäftlicher Betreuer eines Künstlers, Berufssportlers o. Ä.); **Ma|na|ger|krank|heit**
manch; -er, -e, -es; manches Mal; manch böses Wort, manches böse Wort
man|chen|orts; man|cher|lei; man|cher|orts
Man|ches|ter [*mansch...*], *der;* -s (ein Gewebe)
manch|mal
Man|dant, *der;* -en, -en (Rechtsspr.: Auftraggeber; Vollmachtgeber)
Man|da|rin, *der;* -s, -e (früher: europ. Bez. hoher chin. Beamter); **Man|da|ri|ne,** *die;* -, -n (kleine apfelsinenähnliche Frucht)

Man|dat, *das;* -[e]s, -e (Auftrag, Vollmacht; Sitz im Parlament; in Treuhand von einem Staat verwaltetes Gebiet)
Man|del, *die;* -, -n (Frucht; Gaumenmandel); **man|del|äu|gig; Man|del|ent|zün|dung**
Man|do|li|ne, *die;* -, -n (ein Saiteninstrument)
Ma|ne|ge [*manesch*^e], *die;* -, -n (runde Vorführfläche im Zirkus od. in einer Reitschule)
Man|ge, *die;* -, -n (südd., schweiz. für: [1]Mangel);
[1]**Man|gel,** *die;* -, -n ([Wäsche]rolle)
[2]**Man|gel,** *der;* -s, Mängel (Fehler; nur *Einz.:* das Fehlen); **man|gel|haft; Man|gel|haf|tig|keit,** *die;* -; **Man|gel|krank|heit**
[1]**man|geln** ([Wäsche] rollen)
[2]**man|geln** (nicht [ausreichend] vorhanden sein); **man|gels;** *Verhältnisw.* mit *Wesf.*, in der *Mehrz.* auch mit *Wemf.;* mangels des nötigen Geldes; mangels eindeutiger Beweise; mangels Beweisen
Man|gel|wä|sche
Ma|nie, *die;* -, ...ien (Sucht; Besessenheit)
Ma|nier, *die;* - (Art u. Weise, Eigenart; Unnatur, Künstelei); **Ma|nie|ren,** *die* (*Mehrz.;* Umgangsformen, [gutes] Benehmen); **ma|nier|lich** (gesittet)
ma|ni|fest (offenkundig); **Ma|ni|fest,** *das;* -es, -e (öffentl. Erklärung, Kundgebung); das Kommunistische -; **Ma|ni|fes|ta|ti|on** [*...zion*], *die;* -, -en (Offenbarwerden; Rechtsw.: Offenlegung; Bekundung; Med.: Erkennbarwerden [von Krankheiten]); **ma|ni|fes|tie|ren** (offenbaren; bekunden); sich -
Ma|ni|kü|re, *die;* -, -n (Handpflege; Handpflegerin); **ma|ni|kü|ren;** manikürt

Ma|ni|pu|la|ti|on [*...zion*], *die;* -, -en (Hand-, Kunstgriff; Verfahren; meist *Mehrz.:* Machenschaft); **ma|ni|pu|la|tiv; ma|ni|pu|lier|bar; ma|ni|pu|lie|ren**
ma|nisch (Psych., Med.: an einer Manie erkrankt; abnorm heiter erregt)
Man|ko, *das;* -s, -s (Fehlbetrag; Ausfall; Mangel)
Mann, *der;* -[e]s, Männer u. (früher für: Lehnsleute, ritterl. Dienstleute od. scherzh. *Mehrz.:*) -en; vier - hoch (ugs.); er ist -s genug; **mann|bar; Mann|bar|keit,** *die;* -; **Männ|chen; Män|ne** (Koseform zu: Mann)
Man|ne|quin [*man*^e*käng*], *das* (selten: *der*); -s, -s (Frau, die Modellkleider u. Ä. vorführt)
Män|ner‿chor, ...fang (meist nur in: auf - ausgehen); **Män|ner|treu,** *die;* -, - (Name verschiedener Pflanzen); **mann|haft; Mann|haf|tig|keit,** *die;* -
man|nig|fach; man|nig|fal|tig; Man|nig|fal|tig|keit, *die;* -
männ|lich; -es Hauptwort (für: Maskulinum); **Männ|lich|keit,** *die;* -; **Manns|bild** (ugs.); **Mann|schaft; mann|schaft|lich; Mann|schafts|geist,** *der;* -[e]s; **manns|hoch; Manns‿hö|he, ...leu|te,** *die* (*Mehrz.;* ugs.); **manns|toll** (ugs.)
Ma|no|me|ter, *das;* -s, - (Druckmesser)
Ma|nö|ver [*...w*^e*r*], *das;* -s, - (größere Truppen-, Flottenübung; Bewegung, die mit einem Schiff, Flugzeug usw. ausgeführt wird; Winkelzug); **ma|nö|v|rie|ren** (Manöver vornehmen; geschickt zu Werke gehen)
Man|sar|de, *die;* -, -n (Dachgeschoss, -zimmer); **Man|sar|den‿woh|nung, ...zim|mer**
Mansch, *der;* -[e]s (ugs. für: Schneewasser; breiige

Masse); **man|schen** (ugs. für: mischen; im Wasser planschen)
Man|schet|te, *die;* -, -n (Ärmelaufschlag; Papierkrause für Blumentöpfe; unerlaubter Würgegriff beim Ringkampf); Manschetten haben (ugs. für: Angst haben)
Man|tel, *der;* -s, Mäntel; **Män|tel|chen**
ma|nu|ell (mit der Hand; Hand...); **Ma|nu|fak|tur,** *die;* -, -en ([vorindustrieller] gewerblicher Großbetrieb); **Ma|nu|s|k|ript,** *das;* -[e]s, -e (hand- od. maschinenschriftl. Ausarbeitung; Urschrift; Satzvorlage)
Ma|o|is|mus, *der;* - (kommunist. Ideologie in der chin. Ausprägung von Mao Tse-tung); **Ma|o|ist,** *der;* -en, -en (Anhänger des Maoismus)
Mäpp|chen; Map|pe, *die;* -, -n
Mär, *die;* -, Mären (veralt., noch scherzh. für: Nachricht; Sage)
Ma|ra|bu, *der;* -s, -s (ein Storchvogel)
Ma|ra|thon [auch: *ma...*], *der;* -s, -s (kurz für: Marathonlauf); **Ma|ra|thon|lauf** [auch: *ma...*] (leichtathletischer Wettlauf über 42,2 km)
Mär|chen; mär|chen|haft
Mar|der, *der;* -s, -; **Mar|der|fell**
Mar|ga|ri|ne, *die;* -
Mar|ge [*marsche*], *die;* -, -n (Abstand, Spielraum; Wirtsch.: Spanne zwischen zwei Preisen)
Mar|ge|ri|te, *die;* -, -n (eine Wiesenblume)
Ma|ri|en‿bild, ...kä|fer
Ma|ri|hu|a|na, *das;* -s (ein Rauschgift)
Ma|ril|le, *die;* -, -n (bes. österr. für: Aprikose)
Ma|ri|na|de, *die;* -, -n (Flüssigkeit mit Essig, Kräutern, Gewürzen zum Einlegen von Fleisch, Gurken usw.; Salatsoße; eingelegter Fisch); **Ma|ri|ne,** *die;* -, -n (Seewesen eines Staates; Flottenwesen; Kriegsflotte, Flotte); **ma|ri|ne|blau** (dunkelblau); **ma|ri|nie|ren** (in Marinade einlegen)
Ma|ri|o|net|te, *die;* -, -n (Gliederpuppe; willenloser Mensch als Werkzeug anderer)
ma|ri|tim (das Meer, das Seewesen betreffend); -es Klima
[1]**Mark,** *die;* -, *Mehrz.:* - (ugs. scherzh.: Märker; frühere Währungseinheit; Deutsche Mark; Abk.: DM)
[2]**Mark,** *die;* -, -en (früher für: Grenzland)
[3]**Mark,** *das;* -[e]s (Med., Bot.; übertr. für: das Innerste, Beste)
mar|kant (stark ausgeprägt); **Mar|ke,** *die;* -, -n (Zeichen; Handels-, Waren-, Wertzeichen); **Mar|ken‿ar|ti|kel** (Wirtsch.), **...schutz**
mark|er|schüt|ternd
Mar|ke|ting [*marke...*], *das;* -s (Wirtsch.: Ausrichtung eines Unternehmens auf die Förderung des Absatzes)
mar|kie|ren (be-, kennzeichnen; eine Rolle o. Ä. [bei der Probe] nur andeuten; ugs. für: vortäuschen; Sportspr.: [einen Treffer] erzielen); **Mar|kie|rung**
mar|kig; Mar|kig|keit, *die;* -
mär|kisch (aus der [2]Mark stammend, sie betreffend)
Mar|ki|se, *die;* -, -n ([leinenes] Sonnendach)
Mark|kno|chen
Markt, *der;* -[e]s, Märkte; zu -e tragen; **mark|ten** (feilschen); **Markt|wirt|schaft** (Wirtschaftssystem mit freiem Wettbewerb)
Mar|me|la|de, *die;* -, -n
Mar|mor, *der;* -s, -e (eine Gesteinsart); **Mar|mor|ku|chen; mar|morn** (aus Marmor)
ma|ro|de (ruiniert; veraltend, noch landsch. für: erschöpft)
[1]**Ma|ro|ne,** *die;* -, -n u. ...ni ([geröstete] essbare Kastanie); [2]**Ma|ro|ne,** *die;* -, -n (ein Pilz); **Ma|ro|ni,** *die;* -, - (südd., österr. für: [1]Marone)
Ma|rot|te, *die;* -, -n (schrullige Eigenart)
Mar|quis [*...ki*], *der;* - [*...ki(ß)*], - [*...kiß*] (»Markgraf«; fr. Titel); **Mar|qui|se,** *die;* -, -n (»Markgräfin«; fr. Titel)
marsch!; vorwärts marsch!; [1]**Marsch,** *der;* -[e]s, Märsche
[2]**Marsch,** *die;* -, -en (vor Küsten angeschwemmter fruchtbarer Boden)
Mar|schall, *der;* -s, ...schälle (hoher milit. Dienstgrad)
mar|schie|ren
Marsch|land (*Mehrz.* ...länder; svw. [2]Marsch)
Mar|seil|lai|se [*marßäjäse*], *die;* - (fr. Revolutionslied, dann Nationalhymne)
Mars‿mensch, ...son|de
Mar|ter, *die;* -, -n; **Mar|ter|in|s|t|ru|ment; mar|tern; Mar|ter|pfahl; Mar|te|rung**
mar|ti|a|lisch [*...zi...*] (kriegerisch; grimmig; verwegen)
Mar|tin-Horn®; vgl. Martinshorn
Mar|ti|ni, *das;* - (Martinstag); **Mar|tins‿gans, ...horn** (als ®: Martin-Horn; *Mehrz.* ...hörner), **...tag** (11. Nov.)
Mär|ty|rer, *der;* -s, - (jmd., der wegen seines Glaubens verfolgt od. getötet wird); **Mar|ty|ri|um,** *das;* -s, ...ien [*...ien*] (schweres Leiden [um des Glaubens od. der Überzeugung willen])
Mar|xis|mus, *der;* - (die von Marx u. Engels begründete Theorie des Kommunismus); **Mar|xist,** *der;* -en, -en; **mar|xis|tisch**
März, *der;* -[es] (geh. auch noch: -en), -e (der dritte Monat des Jahres)
Mar|zi|pan [auch, österr. nur: *ma...*], *das* (österr., sonst selten: *der*); -s, -e (süße Masse aus Mandeln u. Zucker)

mạ̈rz|lich; Mạ̈rz‿re|vo|lu|ti|on (1848), **...son|ne**
Mạ|sche, *die;* -, -n (Schlinge; ugs. für: Lösung; Trick); **Mạ|schen|draht** (Drahtgeflecht)
Ma|schi̱|ne, *die;* -, -n; ich schreibe Maschine; ich habe Maschine geschrieben; aber: ein maschine[n]geschriebener Brief; **ma|schi|nẹll** (maschinenmäßig [hergestellt]; **Ma|schi̱|nen‿bau** (*der;* -[e]s), **...ge|wehr** (Abk.: MG); **Ma|schi̱|ne[n]|schrei|ben,** *das;* -s; **Ma|schi|ne|ri̱e,** *die;* -, ...i̱en (maschinelle Einrichtung; Getriebe); **Ma|schi̱|ne schreiben;** vgl. Maschine; **Ma|schi|nịst,** *der;* -en, -en (Maschinenmeister)
ma̱|sern; Ma̱|sern, *die* (*Mehrz.;* eine Kinderkrankheit); **Ma̱|se|rung** (Zeichnung des Holzes)
Mạs|ke, *die;* -, -n (auch für: kostümierte Person); **Mạs|ken|ball; mạs|ken|haft; Mas|ke|ra̱|de,** *die;* -, -n (Verkleidung; Maskenfest); **mas|ki̱e|ren** ([mit einer Maske] unkenntlich machen; verkleiden; verbergen); sich -; **Mas|ki̱e|rung**
Mas|kọtt|chen (Talisman)
mas|ku|li̱n [auch: *mạ...*] (männlich); **Mas|ku|li|num** [auch: *mạ...*], *das;* -s, ...na (Sprachw.: männliches Hauptwort)
[1]**Ma̱ß,** *das;* -es, -e; Maß halten; er hält Maß; eine Maß haltende Forderung; [2]**Ma̱ß,** (bes. bayr. auch:) **Mạss,** *die;* -, -[e] (bayr., österr.; ein Flüssigkeitsmaß); 2 Maß, (auch:) Mass Bier
Mas|sa|ge [*...a̱sche*], *die;* -, -n ([Heil]behandlung durch Streichen o. Ä. des Körpergewebes)
Mas|sa̱|ker, *das;* -s, - (Gemetzel); **mas|sa|k|ri̱e|ren** (niedermetzeln); **Mas|sa|k|ri̱e|rung**
Ma̱|ße, *die;* -, -n (veralt. für: Mäßigkeit; Art u. Weise); noch in: in, mit, ohne Maßen; über die/alle Maßen
Mạs|se, *die;* -, -n
mạs|sen|haft; mạs|sen|wei|se
Mas|seur [*...ßö̱r*], *der;* -s, -e (jmd., der Massagen verabreicht); **Mas|seu|rin** [*...ßö̱rin*], *die;* -, -nen
Ma̱ß|ga|be, *die;* - (Amtsspr.: Bestimmung); **ma̱ß|gebend; ma̱ß|geb|lich; Maß hal|ten;** vgl. [1]Maß
[1]**mas|si̱e|ren** (durch Massage behandeln)
[2]**mas|si̱e|ren** (Truppen zusammenziehen)
mạs|sig
mä̱|ßig; mä̱|ßi|gen; sich -; **Mä̱|ßig|keit,** *die;* -; **Mä̱|ßi|gung**
mas|si̱v (schwer; voll [nicht hohl]; fest, dauerhaft; roh, grob); **Mas|si̱v,** *das;* -s, -e [*...we*] (Gebirgsstock); **Mas|si|vi|tä̱t,** *die;* -
ma̱ß|los; Ma̱ß|lo|sig|keit; Ma̱ß|nah|me, *die;* -, -n; **Ma̱ß|neh|men,** *das;* -s; **Ma̱ß|regel; ma̱ß|re|geln; Ma̱ß|rege|lung, Ma̱ß|reg|lung; Ma̱ß|stab; ma̱ß|stäb|lich; ma̱ß|stab[s]‿ge|recht, ...ge|treu; ma̱ß|voll**
[1]**Mạst,** *der;* -[e]s, -en (auch: -e; Mastbaum)
[2]**Mạst,** *die;* -, -en (Mästung); **Mạst|darm; mạ̈s|ten; Mast|gans**
Mas|tur|ba|ti|on [*...zio̱n*], *die;* -, -en (geschlechtl. Selbstbefriedigung); **mas|tur|bi̱e|ren**
Ma|ta|do̱r, *der;* -s, -e (Hauptkämpfer im Stierkampf; Hauptperson)
Match [*mätsch*], *das* (auch: *der*); -[e]s, -s (auch: -e; Wettkampf, -spiel); **Match|win|ner,** *der;* -s, - (Gewinner eines Matchs)
Ma̱|te, *der;* - (ein Tee)
Ma|te|ri|a̱l, *das;* -s, ...ien [*...iᵉn*]; **ma|te|ri|a|li|si̱e|ren;** sich -; **Ma|te|ri|a|li̱s|mus,** *der;* - (philos. Anschauung, die alles Wirkliche auf Kräfte od. Bedingungen der Materie zurückführt; auf Besitz u. Gewinn ausgerichtete Haltung); **Ma|te|ri|a|li̱st,** *der;* -en, -en; **ma|te|ri|a|li̱s|tisch; Ma|te̱|rie** [*...iᵉ*], *die;* - (für: Stoff; Inhalt; Gegenstand [einer Untersuchung] auch *Mehrz.:*) -n (Philos.: Urstoff; die außerhalb unseres Bewusstseins vorhandene Wirklichkeit); **ma|te|ri|ẹll** (stofflich, wirtschaftlich, finanziell; auf den eigenen Nutzen bedacht)
Ma|the|ma|ti̱k [österr. *...mạtik*], *die;* - (Wissenschaft von den Raum- u. Zahlengrößen)
Ma|ti|ne̱e [auch: *mạ...*], *die;* -, ...e̱en (am Vormittag stattfindende künstlerische Veranstaltung)
Mạt|jes|he|ring (junger Hering)
Ma|t|rạt|ze, *die;* -, -n (Bettpolster); **Ma|t|rạt|zen|la|ger**
Ma|t|ro̱|ne, *die;* -, -n (ältere, ehrwürdige Frau, Greisin; abwertend für: [ältere] korpulente Frau)
Ma|t|ro̱|se, *der;* -n, -n
mạtsch (ugs. für: völlig erschöpft); [1]**Mạtsch,** *der;* -[e]s, -e (gänzlicher Verlust beim Kartenspiel)
[2]**Mạtsch,** *der;* -[e]s (ugs. für: breiiger Schmutz, nasse Erde); **mạt|schig** (ugs.)
mạtt (schwach; glanzlos); jmdn. - setzen (handlungsunfähig machen); Schach und -!; **Mạtt,** *das;* -s, -s
[1]**Mạt|te,** *die;* -, -n (Decke, Unterlage; Bodenbelag)
[2]**Mạt|te,** *die;* -, -n (geh. für: Weide [in den Hochalpen]; schweiz. für: Wiese)
Mạtt|heit, *die;* -; **mat|ti̱e|ren** (matt, glanzlos machen); **Mat|ti̱e|rung; Mạt|tig|keit,** *die;* -; **Mạtt|schei|be;** - haben (ugs. übertr. für: begriffsstutzig, benommen sein)
Mạtz, *der;* -es, -e u. Mätze (scherzh.; meist in Zusam-

mensetzungen, z. B. Hosenmatz); **Mätz|chen;** - machen (ugs. für: Ausflüchte machen, sich sträuben)
Mat|ze, *die;* -, -n u. **Mat|zen,** *der;* -s, - (ungesäuertes Passahbrot der Juden)
mau (ugs. für: schlecht; dürftig); nur in: das ist -; mir ist -
Mau|er, *die;* -, -n; **Mau|er-blüm|chen** (ugs. für: Mädchen, das wenig zum Tanzen aufgefordert wird; Person od. Sache, die wenig beachtet wird); **mau|ern**
Maul, *das;* -[e]s, Mäuler; **Maul|af|fen;** meist in: - feilhalten (ugs. für: mit offenem Mund dastehen u. nichts tun)
Maul|beer|baum; Maul|bee|re
mau|len (ugs. für: murren)
Maul|esel (Kreuzung aus Pferdehengst u. Eselstute)
maul|faul (ugs.); **Maul‿held** (ugs.), **...korb, ...schel|le** (ugs.), **...sper|re** (ugs.), **...tasche** (meist *Mehrz.;* schwäb. Pastetchen aus Nudelteig)
Maul|tier (Kreuzung aus Eselhengst u. Pferdestute)
Maul- und Klau|en|seu|che
Maul|wurf, *der;* -[e]s, ...würfe (auch für: Spion)
Mau|rer
Maus, *die;* -, Mäuse; **Mäuschen; mäus|chen|still; Mau|se|fal|le,** (seltener:) **Mäu|se|fal|le; Mau|se|loch,** (seltener:) **Mäu|se|loch; mau|sen** (ugs. scherzh. für: stehlen; landsch. für: Mäuse fangen)
Mau|ser, *die;* - (jährlicher Wechsel der Federn bei Vögeln); **mau|sern,** sich; **Mau|se|rung**
mau|se|tot (ugs.); **maus|grau**
mau|sig; sich - machen (ugs. für: frech, vorlaut sein)
Maus|klick, *der;* -s, -s (EDV: Betätigen der Maustaste); **Maus|pad** [*...pät*], *das;* -s, -s (EDV: Unterlage, auf der die Computermaus bewegt wird)
Maut, *die;* -, -en (bayr., österr. für: Gebühren für Straßen- u. Brückenbenutzung)
ma|xi (Mode: knöchellang); der Rock ist -; **Ma|xi,** *das;* -s (Mode: knöchellange Kleidung); Maxi tragen; **Ma|xima** (*Mehrz.* von: Maximum); **ma|xi|mal** (sehr groß, größt..., höchst...); **Ma|xi|me,** *die;* -, -n (Leitsatz); **Ma|xi|mum,** *das;* -s, ...ma (Höchstwert, -maß)
Ma|yon|nai|se; vgl. Majonäse
Mä|zen, *der;* -s, -e (vermögender Privatmann, der Künstler od. Sportler mit finanziellen Mitteln fördert)
Me|cha|nik, *die;* -, (für: Getriebe, Trieb-, Räderwerk auch *Mehrz.:*) -en (Lehre von den Kräften u. Bewegungen); **Me|cha|ni|ker; me|cha|nisch** (den Gesetzen der Mechanik entsprechend; maschinenmäßig; unwillkürlich, gewohnheitsmäßig, gedankenlos); **Mecha|nis|mus,** *der;* -, ...men (sich bewegende techn. Einrichtung; [selbsttätiger] Ablauf; Zusammenhang)
Me|cke|rei; Me|cke|rer (ugs. abwertend für: Nörgler u. Besserwisser); **Me|cker|fritze** (ugs. abwertend); **meckern** (ugs.)
Me|dail|le [*...dalje*, österr.: *...dailje*], *die;* -, -n (Gedenk-, Schaumünze; Auszeichnung); **Me|dail|lon** [*...daljong*], *das;* -s, -s (Bildkapsel; Rundbild[chen]; Kunstwiss.: rundes od. ovales Relief; Kochk.: kleine, runde Fleischscheibe zum Braten)
Me|di|en (*Mehrz.;* zusammenfassende Bez. für: Film, Funk, Fernsehen, Presse)
Me|di|ka|ment, *das;* -[e]s, -e (Arzneimittel); **me|di|kamen|tös**
Me|di|ta|ti|on [*...zion*], *die;* -, -en (Nachdenken; sinnende Betrachtung; religiöse Versenkung); **me|di|tie|ren**
Me|di|um, *das;* -s, ...ien [*...ien*] (Mittel[glied]; Mittelsperson [bes. beim Spiritismus]; Kommunikationsmittel)
Me|di|zin, *die;* -, -en (Heilkunde; Arznei); **Me|di|zinball** (großer, schwerer, nicht elastischer Lederball); **Medi|zi|ner** (Arzt); **Me|di|zi|nerin; me|di|zi|nisch** (heilkundlich); **me|di|zinisch-tech|nisch; Me|di|zinmann** (*Mehrz.* ...männer)
Meer, *das;* -[e]s, -e; **Meer|busen; Mee|res‿grund** (*der;* -[e]s), **...spie|gel** (*der;* -s)
Meer|ret|tich (eine Heil- u. Gewürzpflanze)
Meer|schaum, *der;* -[e]s; **Meer|schaum|pfei|fe; Meer|schwein|chen; Meerwas|ser,** *das;* -s
Mee|ting [*mi...*], *das;* -s, -s (Zusammenkunft; Versammlung; Sportveranstaltung)
Me|ga|phon, (auch:) Me|gafon, *das;* -s, -e (Sprachrohr)
Me|ga|ton|ne (das Millionenfache einer Tonne)
Mehl, *das;* -[e]s, (für: Mehlsorten *Mehrz.:*) -e; **Mehlschwit|ze** (Kochk.); **Mehltau,** *der* (eine Pflanzenkrankheit)
mehr; - oder weniger (minder); **Mehr,** *das;* -[s] (auch für: Mehrheit); **meh|re|re** (einige, eine Anzahl); **mehre|res; meh|rer|lei; mehrfach; Mehr|fa|che,** *das;* -n; **Mehr|heit; mehr|heit|lich; mehr|jäh|rig; mehr|ma|lig; mehr|mals; mehr|sil|big; mehr|spra|chig; mehrstim|mig; Meh|rung** (geh.); **Mehr|wert; Mehr|wertsteu|er,** *die;* **mehr|wö|chig; Mehr|zahl** (*die;* -); **Mehrzweck‿ge|rät, ...hal|le**
mei|den
Mei|le, *die;* -, -n (ein Längenmaß); **Mei|len|stein; meilen|weit**
Mei|ler, *der;* -s, - (kurz für: Kohlen-, Atommeiler)
mein; mei|ne

Mein|eid (Falscheid); **mein|ei|dig; Mein|ei|dig|keit,** *die;* -
mei|nen; ich meine es gut mit ihm
mei|ner (*Wesf.* von »ich«); **mei|ner|seits; mei|nes|glei|chen; mei|nes|teils; mei|net|hal|ben; mei|net|we|gen; mei|net|wil|len;** um -; **mei|ni|ge**
Mei|nung; Mei|nungs‿for|schung, ...frei|heit (*die;* -), **...ver|schie|den|heit**
Mei|se, *die;* -, -n (ein Vogel)
Mei|ßel, *der;* -s, -; **mei|ßeln**
meist; meist|bie|tend; Meist|bie|ten|de, *der* u. *die;* -n, -n; **meis|te;** am -en; **meis|tens; meis|ten|teils**
Meis|ter; meis|ter|haft; Meis|ter|haf|tig|keit, *die;* -; **meis|ter|lich; meis|tern; Meis|ter|schaft; Meis|ter|werk**
Meist|ge|bot; meist‿ge|bräuch|lich, ...ge|kauft, ...ge|le|sen
Me|lan|cho|lie [*...langkoli*], *die;* -, ...ien (Schwermut); **Me|lan|cho|li|ker; me|lan|cho|lisch**
Me|las|se, *die;* -, -n (Fachspr.: Rückstand bei der Zuckergewinnung)
Me|la|to|nin, *das;* -s (ein den Stoffwechsel senkendes Hormon)
mel|den; Mel|de|pflicht; polizeiliche -; **mel|de|pflich|tig;** -e Krankheit; **Mel|der; Mel|dung**
me|lie|ren (mischen; sprenkeln); **me|liert** (aus verschiedenen Farben gemischt; leicht ergraut [vom Haar]); grau meliert
Me|lis|se, *die;* -, -n (eine Heil- u. Gewürzpflanze)
mel|ken; Mel|ker; Melk|ma|schi|ne
Me|lo|die, *die;* -, ...ien (sangbare, in sich geschlossene Folge von Tönen); **Me|lo|dik,** *die;* - (Lehre von der Melodie); **me|lo|di|ös; me|lo|disch** (wohlklingend)
Me|lo|ne, *die;* -, -n (großes Kürbisgewächs; ugs. scherzhaft für: runder, steifer Hut)
Mel|tau, *der* (Honigtau)
Mem|b|ran, *die;* -, -en u. **Mem|b|ra|ne,** *die;* -, -n (gespanntes Häutchen; Schwingblatt)
Mem|me, *die;* -, -n (ugs. abwertend für: Feigling)
Me|moi|ren [*...moar^en*], *die* (*Mehrz.;* Lebenserinnerungen); **Me|mo|ran|dum,** *das;* -s, ...den u. ...da (Denkschrift); **me|mo|rie|ren** (veraltend für: auswendig lernen)
Me|na|ge|rie, *die;* -, ...ien (Tierschau, Tiergehege)
Me|ne|te|kel, *das;* -s, - (unheildrohendes Zeichen)
Men|ge, *die;* -, -n
men|gen (mischen)
Men|gen|leh|re, *die;* -; **men|gen|mä|ßig** (für: quantitativ)
Me|nis|kus, *der;* -, ...ken (Med.: Zwischenknorpel im Kniegelenk; Physik: gewölbte Flüssigkeitsoberfläche); **Me|nis|kus|riss** (Med.)
Me|no|pau|se, *die;* -, -n (Med.: Aufhören der Regelblutung in den Wechseljahren der Frau)
Men|sa, *die;* -, -s u. ...sen (restaurantähnliche Einrichtung an Universitäten); **Men|sa|es|sen**
[1]**Mensch,** *der;* -en, -en; [2]**Mensch,** *das;* -[e]s, -er (abwertend für: w. Person); **Men|schen|freund; men|schen|freund|lich; Men|schen‿ge|den|ken** (seit -), **...hand** (von -), **...kennt|nis** (*die;* -), **...le|ben; men|schen|leer; men|schen|mög|lich;** sie hat das Menschenmögliche (alles) getan; **men|schen|scheu; Men|schen‿scheu, ...see|le** (keine -); **Men|schens|kind!** (ugs. Ausruf des Erstaunens, Erschreckens); **men|schen|un|wür|dig; Men|schen|wür|de; men|schen|wür|dig; Mensch|heit,** *die;* -; **mensch|heit|lich; mensch|lich; Mensch|lich|keit,** *die;* -; **Mensch|wer|dung,** *die;* -
Mens|t|ru|a|ti|on [*...zion*], *die;* -, -en (Monatsblutung); **mens|t|ru|ie|ren**
Men|sur, *die;* -, -en (Fechterabstand; studentischer Zweikampf; Zeitmaß der Noten)
men|tal (geistig; gedanklich); **Men|ta|li|tät,** *die;* -, -en (Geistes- u. Gemütsart)
Men|thol, *das;* -s (Bestandteil des Pfefferminzöls)
Men|tor, *der;* -s, ...oren (Erzieher; Ratgeber)
Me|nü, *das;* -s, -s (Speisenfolge; EDV: auf dem Bildschirm angebotene Programmauswahl)
Me|nu|ett, *das;* -[e]s, -e (auch:) -s (ein Tanz)
Me|ri|di|an, *der;* -s, -e (Mittags-, Längenkreis)
Me|ri|no, *der;* -s, -s (Schaf einer best. Rasse)
merk|bar; mer|ken; Mer|ker (ugs. spött. für: jmd., der endlich etw. bemerkt u. versteht); **merk|lich; Merk|mal** (*Mehrz.* ...male); **merk|wür|dig; merk|wür|di|ger|wei|se; Merk|wür|dig|keit,** *die;* -, -en
Me|s|al|li|ance [*mesaljangß*], *die;* -, -n (bes. früher für: nicht standesgemäße Ehe; übertr. für: unglückliche Verbindung)
me|schug|ge (ugs. für: verrückt)
Mes|ner, Mess|ner (landsch. für: Kirchendiener)
Mess|band, *die* (*Mehrz.* ...bänder); **mess|bar; Mess|be|cher**
Mess|die|ner; [1]**Mes|se,** *die;* -, -n (kath. Hauptgottesdienst; Chorwerk); [2]**Mes|se,** *die;* -, -n (Großmarkt, Ausstellung); **Mes|se‿ge|län|de, ...hal|le**
mes|sen; maß, gemessen
[1]**Mes|ser,** *der* (Messender,

Messgerät; nur als 2. Bestandteil in Zusammensetzungen, z. B. in: Fiebermesser)
[2]**Mes|ser,** *das;* -s, - (ein Schneidwerkzeug); **Messer‿bänk|chen, ...held** (abwertend); **mes|ser|scharf; Mes|ser|ste|che|rei; Mes|ser|stich**
Mes|sing, *das;* -s (Kupfer-Zink-Legierung); **Mes|sing|draht; mes|sin|gen** (aus Messing)
Mess|ner; vgl. Mesner; **Mess|op|fer** (kath. Feier der Eucharistie)
Mess|schnur (*Mehrz.* ...schnüre); **Mes|sung; Mess|zy|lin|der**
Mes|ti|ze, *der;* -n, -n (Nachkomme eines weißen u. eines indianischen Elternteils)
Met, *der;* -[e]s (gegorener Honigsaft)
Me|tall, *das;* -s, -e; die Metall verarbeitende Industrie; **me|tal|len** (aus Metall); **Me|tal|ler** (ugs. für: Metallarbeiter); **me|tall|hal|tig; Me|tall|in|dus|t|rie; me|tal|lisch** (metallartig); **me|tal|li|sie|ren** (mit Metall überziehen); **Me|tall|kun|de,** *die;* -; **Me|tall|le|gie|rung,** (auch:) **Me|tall-Le|gie|rung; Me|tall ver|ar|bei|tend;** vgl. Metall
Me|ta|mor|pho|se, *die;* -, -n (meist *Mehrz.;* Umgestaltung, Verwandlung); **Me|ta|pher,** *die;* -, -n (Sprachw.: Wort mit übertragener Bedeutung, bildliche Wendung, z. B. »Haupt der Familie«); **Me|ta|pho|rik,** *die;* - (Verbildlichung, Übertragung in eine Metapher); **me|ta|pho|risch** (bildlich, im übertragenen Sinne [gebraucht]); **Me|ta|phy|sik** (philos. Lehre von den letzten Gründen u. Zusammenhängen des Seins); **Me|ta|s|ta|se,** *die;* -, -n (Med.: Tochtergeschwulst)
Me|te|or, *der* (selten: *das*); -s, -e (Leuchterscheinung beim Eintritt eines Meteoriten in die Erdatmosphäre); **Me|te|o|rit,** *der;* -s, -e (Meteorstein); **Me|te|o|ro|lo|ge,** *der;* -n, -n; **Me|te|o|ro|lo|gie,** *die;* - (Lehre von Wetter u. Klima); **Me|te|o|ro|lo|gin; me|te|o|ro|lo|gisch**
Me|ter, *der* (schweiz. nur so), auch: *das;* -s, - (Längenmaß; Zeichen: m); eine Länge von zehn Metern, (auch:) Meter; **me|ter‿dick, ...hoch, ...lang; Me|ter‿maß** *(das),* **...wa|re; me|ter|wei|se; me|ter|weit**
Me|tho|de, *die;* -, -n (wissenschaftlich planmäßiges u. folgerichtiges Verfahren; Art des Vorgehens); **Me|tho|dik,** *die;* -, -en (Verfahrenslehre, -weise; Vortrags-, Unterrichtslehre); **Me|tho|di|ker** (planmäßig Verfahrender; Begründer einer Methode); **me|tho|disch** (planmäßig; durchdacht); **Me|tho|dist,** *der;* -en, -en (Angehöriger einer ev. Freikirche)
Me|ti|er [*...tie*], *das;* -s, -s (Beruf; Aufgabe)
Me|t|ra, Me|t|ren (*Mehrz.* von: Metrum); **Met|rik,** *die;* -, -en (Verslehre, -kunst; Musik: Lehre vom Takt); **met|risch** (die Metrik betreffend; in Versen abgefasst; nach dem Meter)
Me|t|ro [auch: *me...*], *die;* -, -s (Untergrundbahn, bes. in Paris)
Me|t|ro|nom, *das;* -s, -e (Musik: Taktmesser)
Me|t|ro|po|le, *die;* -, -n (Hauptstadt, Weltstadt)
Me|t|rum, *das;* -s, ...tren u. (älter:) ...tra (Versmaß; Musik: Takt)
Mett, *das;* -[e]s (nordd. für: gehacktes Schweinefleisch)
Met|te, *die;* -, -n (nächtl. Gottesdienst; nächtl. Gebet)
Mett|wurst
Met|ze, *die;* -, -n (veralt. für: Prostituierte)
Met|ze|lei (ugs.); **met|zeln** (landsch. für: schlachten)
Metz|ger (westmitteld., südd., schweiz. für: Fleischer); **Metz|ge|rei** (westmitteld., südd., schweiz.); **Metz|ger|meis|ter**
Meu|chel‿mord, ...mör|der; meu|cheln; Meuch|ler; meuch|le|risch; meuch|lings (geh.)
Meu|te, *die;* -, -n (Jägerspr.: Gruppe von Jagdhunden; übertr. abwertend für: größere Zahl von Menschen); **Meu|te|rei; Meu|te|rer; meu|tern**
Mez|zo|so|p|ran [auch: *...pran*] (Frauenstimme zwischen Sopran u. Alt; Sängerin der mittleren Stimmlage)
mi|au!; mi|au|en
mich (*Wenf.* von »ich«)
Mi|chel, *der;* -s, - (Spottname des Deutschen); deutscher -
mi|cke|rig, mick|rig (ugs. für: schwach, zurückgeblieben)
Mi|cky|maus, *die;* - (eine Comic- u. Trickfilmfigur)
Mi|di... (Mode: bis zu den Waden reichend, halblang)
Mid|life|cri|sis, (auch:) **Mid-life-Cri|sis** [*midlaifkraißiß*], *die;* - (Krise in der Mitte des Lebens)
Mie|der, *das;* -s, -; **Mie|der|wa|ren,** *die* (*Mehrz.*)
Mief, *der;* -[e]s (ugs. für: schlechte Luft); **mie|fen** (ugs.)
Mie|ne, *die;* -, -n (Gesichtsausdruck); **Mie|nen|spiel**
mies (ugs. für: elend; schlecht); mies machen (ugs. für: schlecht machen, herumnörgeln); **Mie|se|pe|ter,** *der;* -s, - (ugs. für: stets unzufriedener Mensch); **mie|se|pe|t[e]|rig** (ugs.); **mies ma|chen;** vgl. mies; **Mies|ma|cher** (ugs. abwertend); **Mies|ma|che|rei** (ugs. abwertend)
Mies|mu|schel
[1]**Mie|te,** *die;* -, -n (gegen Frost gesicherte Grube u. a. zur

Aufbewahrung von Feldfrüchten)
²Mie|te, *die;* -, -n (Preis für Benutzung einer Wohnung u. a.); **mie|ten; Mie|ter; Mie|ter|schutz; miet|frei; Miets‿haus, ...ka|ser|ne** (abwertend für: großes Mietshaus); **Mie|tung**
Mie|ze, *die;* -, -n (ugs. für: Katze; salopp für: junge [attraktive] Frau); **Mie|ze|kat|ze**
Mi|grä|ne, *die;* -, -n ([halb-, einseitiger] heftiger Kopfschmerz
Mi|ka|do, *das;* -s, -s (Geschicklichkeitsspiel mit Holzstäbchen)
Mi|k|ro|be, *die;* -, -n (kleinstes, meist einzelliges Lebewesen); **Mi|k|ro|film; Mi|k|ro|fon,** (auch:) Mi|k|ro|phon, *das;* -s, -e (Gerät, durch das Töne u. Ä. auf Tonband, über Lautsprecher u. Ä. übertragen werden können); **Mi|k|ro|kos|mos** [auch: *mikro...*], *der;* - (Welt im Kleinen; Ggs.: Makrokosmos); **¹Mi|k|ro|me|ter,** *das;* -s, - (Feinmessgerät); **²Mi|k|ro|me|ter,** *das;* -s, - (ein millionstel Meter; Zeichen: μm); **Mi|k|ro|phon;** vgl. Mikrofon; **Mi|k|ro|s|kop,** *das;* -s, -e (optisches Vergrößerungsgerät); **mi|k|ro|s|ko|pie|ren; mi|k|ro|s|ko|pisch** (verschwindend klein)
Mil|be, *die;* -, -n (ein Spinnentier)
Milch, *die;* -, (fachspr.:) -e[n]; **Milch|fla|sche; mil|chig; Milch|ling** (ein Pilz); **Milch|mäd|chen|rech|nung** (ugs. für: auf Trugschlüssen beruhende Rechnung, Erwartung); **Milch|mann** (selten *Mehrz.* ...männer)
mild, mil|de; Mil|de, *die;* -; **mil|dern; Mil|de|rung; mild|tä|tig; Mild|tä|tig|keit,** *die;* -
Mi|li|eu [*...liö*], *das;* -s, -s (Umwelt; bes. schweiz. auch für: Bereich der Prostitution); **mi|li|eu‿be|dingt, ...ge|schä|digt**
mi|li|tant (kämpferisch); **¹Mi|li|tär,** *der;* -s, -s (höherer Offizier); **²Mi|li|tär,** *das;* -s (Soldatenstand; Streitkräfte); **mi|li|tä|risch; mi|li|ta|ri|sie|ren** (milit. Anlagen errichten, Truppen aufstellen); **Mi|li|ta|ris|mus,** *der;* - (Vorherrschen milit. Gesinnung); **Mi|li|ta|rist,** *der;* -en, -en; **mi|li|ta|ris|tisch; Mi|li|tär|pflicht,** *die;* -; **mi|li|tär|pflich|tig; Mi|liz,** *die;* -, -en (kurz ausgebildete Truppen, Bürgerwehr)
Mil|le, *das;* -, - (Tausend; Zeichen: M); **Mil|l|en|ni|um,** *das;* -s, ...ien (Jahrtausend)
Mil|li|ar|där, *der;* -s, -e (Besitzer eines Vermögens von mindestens einer Milliarde); **Mil|li|ar|de,** *die;* -, -n (1 000 Millionen; Abk: Md. u. Mrd.); **Mil|li|ar|den|be|trag; mil|li|ards|te; mil|li|ards|tel; Mil|li|ards|tel,** *das;* -s, -
Mil|li|bar, *das;* -s, -s (alte Maßeinheit für den Luftdruck); **Mil|li|gramm** ($^1/_{1000}$ g; Zeichen: mg); **Mil|li|me|ter** ($^1/_{1000}$ m; Zeichen: mm); **Mil|li|me|ter|pa|pier**
Mil|li|on, *die;* -, -en (1 000 mal 1 000; Abk.: Mill. u. Mio.); **Mil|li|o|när,** *der;* -s, -e (Besitzer eines Vermögens von mindestens einer Million); **mil|li|o|nen|fach; Mil|lio|nen Mal; mil|li|ons|te; mil|li|on[s]|tel; Mil|li|on[s]|tel,** *das;* -s, -
Milz, *die;* -, -en; **Milz|brand,** *der;* -[e]s (eine Infektionskrankheit)
Mi|me, *der;* -n, -n (veraltend für: Schauspieler); **mi|men** (selten für: [schauspielerisch] darstellen; ugs. abwertend für: vortäuschen); **Mi|me|sis,** *die;* -, ...esen (Nachahmung); **Mi|mik,** *die;* - (Gebärden- u. Mienenspiel); **mi|misch** (schauspielerisch; mit Gebärden)
Mi|mo|se, *die;* -, -n (Pflanzengattung; Blüte der Silberakazie; oft abwertend für: überaus empfindsamer Mensch); **mi|mo|sen|haft** (oft abwertend für: überaus empfindlich)
Mi|na|rett, *das;* -s, -e u. -s (Moscheeturm)
min|der; min|der|be|mit|telt; Min|der|be|mit|tel|te, *der* u. *die;* -n, -n; **Min|der|heit; min|der|jäh|rig; Min|der|jäh|ri|ge,** *der* u. *die;* -n, -n; **Min|der|jäh|rig|keit,** *die;* -; **min|dern; Min|de|rung; min|der|wer|tig; Min|der|wer|tig|keit; Min|der|wer|tig|keits‿ge|fühl, ...kom|plex; min|des|te;** zum Mindesten, (auch:) mindesten (wenigstens); **min|des|tens**
Mi|ne, *die;* -, -n (unterird. Gang; Bergwerk; Sprengkörper; Kugelschreiber-, Bleistifteinlage)
Mi|ne|ral, *das;* -s, -e u. ...ien [*...iᵉn*] (anorgan., chem. einheitl. u. natürlich gebildeter Bestandteil der Erdkruste); **mi|ne|ra|lisch; Mi|ne|ral‿öl, ...was|ser** (*Mehrz.* ...wässer)
mi|ni (Mode: sehr kurz); der Rock ist -; **Mi|ni,** *das;* -s (Mode: sehr kurze Kleidung); Mini tragen; **Mi|ni|a|tur,** *die;* -, -en (kleines Bild; [kleine] Illustration); **Mi|ni|golf; Mi|ni|ma** [auch: *mi...*] (*Mehrz.* von: Minimum); **mi|ni|mal** (sehr klein, niedrigst, winzig); **Mi|ni|mum** [auch: *mi...*], *das;* -s, ...ma (Mindestpreis, -maß, -wert); **Mi|ni|rock**
Mi|nis|ter, *der;* -s, - (einen bestimmten Geschäftsbereich leitendes Regierungsmitglied); **Mi|nis|te|ri|al|be|am|te; mi|nis|te|ri|ell** (von einem Minister od. Ministerium ausgehend usw.); **Mi|nis|te|rin; Mi|nis|te|ri|um,** *das;* -s, ...ien [*...iᵉn*] (höchste [Verwaltungs]be-

hörde des Staates mit bestimmtem Aufgabenbereich); **Mi|nis|ter|prä|si|dent**
Min|ne, *die;* - (mittelhochdt. Bez. für: Liebe; heute noch scherzh.); **Min|ne|sang; Min|ne|sän|ger**
Mi|no|ri|tät (Minderzahl, Minderheit); **Mi|nu|end,** *der;* -en, -en (Zahl, von der etwas abgezogen werden soll); **mi|nus** (weniger; Zeichen: – [negativ]); **Mi|nus,** *das;* -, - (Minder-, Fehlbetrag, Verlust); **Mi|nu|te,** *die;* -, -n ($^{1}/_{60}$ Stunde [Zeichen: min; Abk.: Min.]); **mi|nu|ti|ös, mi|nu|zi|ös** (peinlich genau)
Min|ze, *die;* -, -n (Name verschiedener Pflanzenarten)
mir (*Wemf.* von »ich«)
Mi|ra|bel|le, *die;* -, -n (eine kleine, gelbe Pflaume)
Mi|s|anth|rop, *der;* -en, -en (Menschenfeind)
Misch|e|he (Ehe zwischen Angehörigen verschiedener Konfessionen od. Kulturkreise); **mi|schen; Mi|scher; Mi|sche|rei; Misch|far|be; misch|far|ben, misch|far|big; Misch|ling** (jmd., dessen Elternteile verschiedenen Menschentypen angehören; Biol.: Bastard); **Misch|masch,** *der;* -[e]s, -e (ugs. für: Durcheinander); **Mi|schung**
mi|se|ra|bel (ugs. für: erbärmlich; nichtswürdig); ...a|b|ler Kerl; **Mi|se|re,** *die;* -, -n (Notlage)
Mis|pel, *die;* -, -n (Obstgehölz, Frucht)
Miss, *die;* -, -es [*mißis*] (engl. Anrede vor dem Eigenn. = Fräulein; Schönheitskönigin, z. B. Miss Australien)
miss|ach|ten; Miss|ach|tung
miss|be|ha|gen; Miss|be|ha|gen; miss|be|hag|lich
miss|bil|den; Miss|bil|dung
miss|bil|li|gen; Miss|bil|li|gung
Miss|brauch; miss|brau|chen; miss|bräuch|lich
mis|sen
Miss|er|folg
Miss|ern|te
Mis|se˰tat (geh. veraltend), **...tä|ter** (geh. veraltend)
miss|fal|len; Miss|fal|len, *das;* -s
Miss|ge|burt
Miss|ge|schick
miss|glü|cken
miss|gön|nen
Miss|griff
Miss|gunst; miss|güns|tig
miss|han|deln; Miss|hand|lung
Mis|si|on, *die;* -, -en (Sendung; Auftrag, Botschaft; diplomatische Vertretung im Ausland; nur *Einz.:* Glaubensverkündung [unter Andersgläubigen]); **Mis|si|o|nar,** *der;* -s, -e (in der Mission tätiger Geistlicher); **mis|si|o|na|risch; mis|si|o|nie|ren** (eine Glaubenslehre verbreiten); **Mis|si|o|nie|rung**
Miss|klang
Miss|kre|dit, *der;* -[e]s (schlechter Ruf); jmdn. in - bringen
miss|lich (unangenehm); **Miss|lich|keit**
miss|lie|big (unbeliebt); **Miss|lie|big|keit**
miss|lin|gen; es misslang; misslungen; **Miss|lin|gen,** *das;* -s
Miss|mut; miss|mu|tig
miss|ra|ten (schlecht geraten)
Miss|stand, (auch:) **Miss-Stand**
Miss|stim|mung, (auch:) **Miss-Stim|mung**
Miss|ton (*Mehrz.* ...töne)
miss|trau|en; Miss|trau|en, *das;* -s; **miss|trau|isch**
Miss|ver|gnü|gen, *das;* -s; **miss|ver|gnügt**
Miss|ver|hält|nis
miss|ver|ständ|lich; Miss|ver|ständ|nis; miss|ver|ste|hen
Miss|wahl; vgl. Miss
Miss|wirt|schaft
Mist, *der;* -[e]s
Mis|tel, *die;* -, -n (eine immergrüne Schmarotzerpflanze)
mis|ten
Mist|fink, *der;* -en [auch: -s], -en (svw. Mistkerl); **Mist|hau|fen; mis|tig** (schmutzig; salopp für: sehr schlecht); **Mist˰kä|fer, ...kerl** (gemeiner Kerl; Schimpfwort)

mit

Verhältnisw. mit Wemf.: mit herzlichem Dank

Mit dem Verb zusammengeschrieben wird »mit«, wenn es eine dauernde Vereinigung oder Teilnahme ausdrückt:
- vgl. *mitarbeiten, mitbringen, mitfahren, mitreißen, mitteilen* usw.

Gelegentlich sind zwei Schreibweisen zulässig:
- *mitberücksichtigen,* (auch:) *mit berücksichtigen*
- *mitunterzeichnen,* (auch:) *mit unterzeichnen*

Mit|ar|beit; mit|ar|bei|ten; Mit|ar|bei|ter
mit|be|kom|men
mit|be|nut|zen, (bes. südd.:) **mit|be|nüt|zen; Mit|be|nut|zung**
mit|be|rück|sich|ti|gen, (auch:) **mit be|rück|sich|ti|gen;** vgl. mit
Mit|be|stim|mung, *die;* -
mit|brin|gen; Mit|bring|sel, *das;* -s, -
Mit|bür|ger; Mit|bür|ge|rin
mit|ei|n|an|der; Mit|ei|n|an|der [auch: *mit...*], *das;* -[s]
mit|es|sen; Mit|es|ser
mit|fah|ren; Mit|fah|rer
mit|füh|len; mit|füh|lend
mit|füh|ren
mit|ge|ben
Mit|ge|fühl, *das;* -[e]s
mit|ge|hen
mit|ge|nom|men; - aussehen
Mit|gift, *die;* -, -en (veraltend für: Aussteuer); **Mit|gift|jä|ger** (abwertend)
Mit|glied; Mit|glied|schaft, *die;* -, -en; **Mit|glieds|kar|te;**

Mit|glied[s]|staat (*Mehrz.* ...staaten)
mit|ha|ben; alle Sachen -
mit|hal|ten; mit jmdm. -
mit|hel|fen; mit|hil|fe, (auch:) mit Hilfe; mithilfe, (auch:) mit Hilfe einiger Zeugen; **Mit|hil|fe,** *die;* -
mit|hin (somit)
mit|hö|ren; am Telefon -
Mit|in|ha|ber
mit|kom|men
mit|kön|nen (auch für: mithalten können)
mit|krie|gen (ugs.)
mit|lau|fen; Mit|läu|fer
Mit|laut (Konsonant)
Mit|leid, *das;* -[e]s; **Mit|lei|den,** *das;* -s; **Mit|lei|den|schaft;** nur in: etwas od. jmdn. in - ziehen; **mit|lei|dig; mit|leid[s]‿los, ...voll**
mit|ma|chen (ugs.)
Mit|mensch, *der*
mit|mi|schen (ugs. für: sich aktiv an etwas beteiligen)
mit|müs|sen; auf die Wache -
Mit|nah|me, *die;* -; **Mit|nah|me|preis; mit|neh|men**
mit|nich|ten (veraltend)
mit|re|den
mit|rei|sen; Mit|rei|sen|de
mit|rei|ßen; mit|rei|ßend; eine -e Musik
mit|samt; *Verhältnisw.* mit *Wemf.* (gemeinsam mit); - seinem Eigentum
mit|schlei|fen
mit|schlep|pen
mit|schnei|den (vom Rundf. od. Fernsehen Gesendetes auf Tonband aufnehmen); **Mit|schnitt**
mit|schrei|ben
Mit|schuld; mit|schul|dig
Mit|schü|ler
mit|schwin|gen
mit|sin|gen
mit|spie|len; Mit|spie|ler
Mit|spra|che, *die;* -; **Mit|spra|che|recht; mit|spre|chen**
Mit|strei|ter
[1]**Mit|tag,** *der;* -s, -e; [zu] - essen; gestern, heute, morgen Mittag; [2]**Mit|tag,** *das;* -s (ugs. für: Mittagessen); **Mit|tag|es|sen; mit|täg|lich; mit|tags;** 12 Uhr -; **Mit|tag[s]‿schicht, ...schlaf, ...son|ne; Mit|tags|zeit**
Mit|tä|ter; Mit|tä|ter|schaft
Mit|te, *die;* -, -n; - dreißig
mit|tei|len; mit|teil|sam; Mit|tei|lung
Mit|tel, *das;* -s, -
Mit|tel|al|ter, *das;* -s
mit|tel|bar
Mit|tel|ding
mit|tel|eu|ro|pä|isch; -e Zeit (Abk.: MEZ)
Mit|tel|feld (bes. Sport)
Mit|tel|fin|ger
mit|tel|fris|tig
Mit|tel|ge|bir|ge
mit|tel|groß
mit|tel|hoch|deutsch
Mit|tel|klas|se
mit|tel|los
Mit|tel|maß, *das;* -es; **mit|tel|mä|ßig; Mit|tel|mä|ßig|keit**
Mit|tel|ohr, *das;* -[e]s
mit|tel|präch|tig (ugs.; scherzh. für: mittelmäßig)
Mit|tel|punkt
mit|tels; *Verhältnisw.* mit *Wesf.;* in der *Mehrz.* auch mit *Wemf.:* - eines Löffels; - langer Drähte; aber: - Drähten
Mit|tel|schu|le (Realschule)
Mit|tels|mann (*Mehrz.* ...leute od. ...männer; Vermittler)
Mit|tel|stand, *der;* -[e]s; **mit|tel|stän|disch; Mit|tel|ständ|ler**
Mit|tel|wort (Partizip; *Mehrz.* ...wörter)
mit|ten; mitten darin; **mit|ten|drein** (mitten hinein); **mit|ten|drin** (mitten darin); **mit|ten|durch** (mitten hindurch)
Mit|ter|nacht; mit|ter|nächt|lich; mit|ter|nachts
Mitt|ler (geh. für: Vermittler; in der *Einz.* auch für: Christus); **mitt|le|re;** - Reife (Abschluss der Realschule u. der Mittelstufe der höheren Schule); aber: der Mittlere Osten
mitt|ler|wei|le
Mitt|som|mer; Mitt|som|mer|nacht
mit|tun (ugs.); er hat kräftig mitgetan
Mitt|woch, *der;* -[e]s, -e; vgl. Dienstag; **mitt|wochs**
mit|un|ter (zuweilen)
mit|ver|ant|wort|lich; Mit|ver|ant|wor|tung
mit|ver|die|nen; - müssen
Mit|welt, *die;* -
mit|wir|ken; er hat bei diesem Theaterstück mitgewirkt; **Mit|wir|ken|de,** *der* u. *die;* -n, -n; **Mit|wir|kung**
Mit|wis|ser
mit|zäh|len
mit|zie|hen
Mixed|pi|ck|les, (auch:) **Mixed Pi|ck|les** [*mixt pikls*], Mix|pi|ck|les [*mixpikls*], *die* (*Mehrz.;* in Essig eingemachtes Mischgemüse); **mi|xen** ([Getränke] mischen; Film, Funk, Fernsehen: verschiedene Tonaufnahmen zu einem Klangbild vereinigen); **Mi|xer,** *der;* -s, - (Barmixer; Gerät zum Mixen; Film, Funk, Fernsehen: Tonmischer); **Mix|pi|ck|les;** vgl. Mixedpickles; **Mix|tur,** *die;* -, -en (flüssige Arzneimischung; gemischte Stimme der Orgel)
Mob [*mop*], *der;* -s (Pöbel, randalierender Haufen); **mob|ben** (Arbeitskolleg[inn]en ständig schikanieren [mit der Absicht, sie von ihrem Arbeitsplatz zu vertreiben]); **Mob|bing,** *das;* -s
Mö|bel, *das;* -s, - (meist *Mehrz.*); **mo|bil** (beweglich, munter; ugs. für: wohlauf; Milit.: auf Kriegsstand gebracht); **Mo|bi|le,** *das;* -s, -s (hängend zu befestigendes, durch Luftzug bewegtes Gebilde); **Mo|bi|li|ar,** *das;* -s, -e (bewegliche Habe; Hausrat, Möbel); **mo|bi|li|sie|ren** (Milit.: auf Kriegsstand bringen; Geld flüssig machen; in Gang bringen); **Mo|bil|ma|chung; mö|b|lie|ren** ([mit Hausrat] einrichten, ausstatten)

Möch|te|gern, *der;* -[s], -e od. -s (ugs.)
mo|dal (die Art u. Weise bezeichnend); **Mo|da|li|tät,** *die;* -, -en (meist *Mehrz.;* Art u. Weise, Ausführungsart)
Mo|de, *die;* -, -n (als zeitgemäß geltende Art, sich zu kleiden; Tages-, Zeitgeschmack)
Mo|del, *der;* -s, - (Backform; Hohlform für Gusserzeugnisse; erhabene Druckform für Zeugdruck); **Mo|dell,** *das;* -s, -e (Muster; Entwurf; Nachbildung; nur einmal in dieser Art hergestelltes Kleidungsstück; Person od. Sache als Vorbild für ein Kunstwerk; Mannequin); **mo|del|lie|ren** (künstlerisch formen, bilden; ein Modell herstellen); **Mo|dell|kleid**
Mo|de[n]‿haus, ...schau
Mo|der, *der;* -s (Faulendes, Fäulnisstoff)
Mo|de|ra|ti|on [*...zion*], *die;* -, -en (Rundf., Fernsehen: Tätigkeit des Moderators); **Mo|de|ra|tor,** *der;* -s, ...oren (Rundf., Fernsehen: jmd., der eine Sendung moderiert); **Mo|de|ra|to|rin; mo|de|rie|ren** (Rundf., Fernsehen: eine Sendung mit einleitenden Worten u. verbindenden Kommentaren versehen)
mo|de|rig, mod|rig; [1]**mo|dern** (faulen); es modert
[2]**mo|dern** (modisch, der Mode entsprechend; neu[zeitlich]; zeitgemäß); **mo|der|ni|sie|ren** (modisch machen; technisch o. ä. auf einen neuen Stand bringen); **mo|disch** (in od. nach der Mode); **Mo|dis|tin** (Hutmacherin)
mod|rig; vgl. moderig
Mo|dus [auch: *mo...*], *der;* -, Modi (Art u. Weise; Sprachw.: Aussageweise)
Mo|fa, *das;* -s, -s (Kurzw. für: Motorfahrrad)
Mo|ge|lei (ugs.); **mo|geln** (ugs. für: [in kleinen Dingen] unehrlich handeln)
mö|gen; mochte, gemocht
mög|lich; im Rahmen des Möglichen; sein Möglichstes tun; **mög|li|cher|wei|se; Mög|lich|keit;** nach -; **Mög|lich|keits|form** (Konjunktiv); **mög|lichst;** - schnell
Mo|gul, *der;* -s, -n (früher: Beherrscher eines oriental. Reiches)
Mo|här, (auch:) Mo|hair [*...här*], *der;* -s, -e (Wolle der Angoraziege)
Mohn, *der;* -[e]s, -e
Mohr, *der;* -en, -en (veralt. für: dunkelhäutiger Afrikaner)
Möh|re, *die;* -, -n
Moh|ren‿kopf (ein Gebäck), **...wä|sche** (oft scherzh. für: Versuch, einen Schuldigen als unschuldig hinzustellen)
Mohr|rü|be (eine Gemüsepflanze)
Moi|ré [*moare*], *der* od. *das;* -s, -s (Gewebe mit geflammtem Muster)
Mo|kas|sin [auch: *mo...*], *der;* -s, -s u. -e (lederner Halbschuh der nordamerik. Indianer)
mo|kie|ren, sich (sich abfällig od. spöttisch äußern)
Mok|ka, *der;* -s, -s (eine Kaffeesorte; sehr starker Kaffee)
Mo|le, *die;* -, -n (Hafendamm)
Mo|le|kül, *das;* -s, -e (kleinste Einheit einer chem. Verbindung)
Mol|ke, *die;* - (Käsewasser); **Mol|ke|rei**
Moll, *das;* - (Tongeschlecht mit kleiner Terz); a-Moll
mol|lig (ugs. für: behaglich; angenehm warm; rundlich, vollschlank)
Mo|loch [auch: *mo...*], *der;* -s, -e (Macht, die alles verschlingt)
Mo|lo|tow|cock|tail, (auch:) **Mo|lo|tow-Cock|tail** [*...tof...*] (mit Benzin [u. Phosphor] gefüllte Flasche)
[1]**Mo|ment,** *der;* -[e]s, -e (Augenblick; Zeit[punkt]); [2]**Mo|ment,** *das;* -[e]s, -e ([ausschlaggebender] Umstand; Merkmal; Gesichtspunkt); **mo|men|tan** (augenblicklich; vorübergehend)
Mo|n|arch, *der;* -en, -en (gekröntes Staatsoberhaupt); **Mo|n|ar|chie,** *die;* -, ...ien; **Mo|n|ar|chin; Mo|n|ar|chist,** *der;* -en, -en (Anhänger der monarchischen Regierungsform)
Mo|nat, *der;* -[e]s, -e; **mo|na|te|lang; ...mo|na|tig; mo|nat|lich; mo|nat[s]|wei|se**
Mönch, *der;* -[e]s, -e (Angehöriger eines geistl. Ordens); **mön|chisch**
[1]**Mond,** *der;* -[e]s, -e (ein Himmelskörper); [2]**Mond,** *der;* -[e]s, -e (veralt. für: Monat)
mon|dän (betont elegant)
mo|ne|tär (das Geld betreffend, geldlich); **Mo|ne|ten,** *die* (*Mehrz.;* ugs. für: [Bar]geld)
Mon|go|le [*monggol*ᵉ], *der;* -n, -n (Angehöriger einer Völkergruppe in Asien)
mo|nie|ren (beanstanden)
Mo|ni|tor, *der;* -s, ...oren (Kontrollgerät, bes. beim Fernsehen; Strahlennachweis- u. -messgerät)
Mo|no|ga|mie, *die;* - (Einehe)
Mo|no|gramm, *das;* -s, -e (Anfangsbuchstaben von Vor- und Nachnamen)
Mo|n|o|kel, *das;* -s, - (Einglas)
Mo|no|log, *der;* -s, -e (Selbstgespräch)
Mo|no|pol, *das;* -s, -e (Vorrecht bes. auf Alleinhandel u. -verkauf; marktbeherrschendes Unternehmen); **mo|no|po|li|sie|ren** (ein Monopol aufbauen); **Mo|no|pol|stel|lung**
mo|no|ton (eintönig; gleichförmig); **Mo|no|to|nie,** *die;* -, ...ien
Mons|ter, *das;* -s, - (Ungeheuer); **Mons|ter...** (riesig, Riesen...); **Mons|ter‿film, ...schau**
Mons|t|ranz, *die;* -, -en (Gefäß zum Tragen u. Zeigen der geweihten Hostie)

mons|t|rös (Furcht erregend scheußlich; ungeheuer aufwendig); **Mons|t|ro|si|tät,** *die;* -, -en (monströse Beschaffenheit); **Mons|t-rum,** *das;* -s, ...ren u. ...ra (Ungeheuer)

Mon|sun, *der;* -s, -e (jahreszeitlich wechselnder Wind, bes. im Indischen Ozean)

Mon|tag, *der;* -[e]s, -e; vgl. Dienstag

Mon|ta|ge [*montasche*, auch: *mongtasche*], *die;* -, -n (Aufstellen u. Anschließen [einer Maschine], Auf-, Zusammenbau)

mon|tags

mon|tan (Bergbau u. Hüttenwesen betreffend); **Mon-tan‿in|dus|t|rie, ...uni|on** (*die;* -; Europäische Gemeinschaft für Kohle u. Stahl)

Mon|teur [*montör*, auch: *mongtör*], *der;* -s, -e (Montagefacharbeiter); **mon|tie|ren** ([eine Maschine, ein Gerüst u. a.] [auf]bauen, aufstellen, zusammenbauen)

Mon|tur, *die;* -, -en (ugs., oft scherzh. für: zweckbedingte Kleidung; veraltend für: Dienstkleidung, Uniform)

Mo|nu|ment, *das;* -[e]s, -e (Denkmal); **mo|nu|men|tal** (gewaltig)

Moor, *das;* -[e]s, -e; **Moor-bad; moor|ba|den** (nur in der Grundform gebräuchlich); **moo|rig**

[1]**Moos,** *das;* -es, -e u. (für: Sumpf usw. *Mehrz.*:) Möser (eine Pflanze; bayr., österr., schweiz. auch für: Sumpf, Bruch)

[2]**Moos,** *das;* -es (ugs. für: Geld)

Mo|ped [*...ät*, auch: *mópet*], *das;* -s, -s (leichtes Motorrad)

Mopp, *der;* -s, -s (Staubbesen mit langen Fransen)

Mop|pel, *der;* -s, - (ugs. für: kleiner, dicklicher Mensch)

mop|pen (mit dem Mopp reinigen)

Mops, *der;* -es, Möpse (ein Hund); **mop|sen** (ugs. für: stehlen); sich - (ugs. für: sich langweilen; sich ärgern); **mops|fi|del** (ugs. für: sehr fidel); **mop|sig** (ugs. für: langweilig; dick)

Mo|ral, *die;* -, (selten:) -en (Sittlichkeit; Sittenlehre); **mo|ra|lisch** (sittlich); **mo|ra-li|sie|ren** (moralische Betrachtungen anstellen); **Mo|ra|list,** *der;* -en, -en (Sittenlehrer, -prediger); **Mo|ral-pre|digt**

Mo|rä|ne, *die;* -, -n (Geol.: Gletschergeröll)

Mo|rast, *der;* -[e]s, -e u. Moräste (Sumpf[land]; Schlamm); **mo|ras|tig**

Mo|ra|to|ri|um, *das;* -s, ...ien [*...iᵉn*] (befristete Stundung [von Schulden]; Aufschub)

mor|bid (kränklich; brüchig)

Mor|chel, *die;* -, -n (ein Pilz)

Mord, *der;* -[e]s, -e; **mor|den; Mör|der; Mör|der|gru|be;** aus seinem Herzen keine - machen (ugs. für: mit seiner Meinung nicht zurückhalten); **mör|de|risch** (ugs. für: furchtbar, z. B. -e Kälte); **Mord‿fall** *(der)*, **...in|stru-ment; Mords..., mords...** (ugs. für: sehr groß, gewaltig); **Mords|ar|beit; mords-mä|ßig**

Mo|res, *die* (*Mehrz.*; Sitte[n]); nur in: jmdn. - lehren (ugs. für: jmdn. zurechtweisen)

mor|gen (am folgenden Tag); die Technik von - (der nächsten Zukunft); [1]**Mor-gen,** *der;* -s, - (Tageszeit); guten -! (Gruß); [2]**Mor|gen,** *der;* -s, - (ein altes Feldmaß); fünf - Land; [3]**Mor|gen,** *das;* - (die Zukunft); das Heute und das -; **mor|gend|lich** (am Morgen geschehend); **Mor|gen|land,** *das;* -[e]s (veralt. für: Orient); **mor-gens; mor|gig;** der -e Tag

Mo|ri|tat, *die;* -, -en ([zu einer Bildertafel] vorgetragenes Lied über ein schreckliches od. rührendes Ereignis)

Mor|mo|ne, *der;* -n, -n (Angehöriger einer nordamerik. Sekte)

Mor|phi|um, *das;* -s (ein Rauschgift; Schmerzmittel); **mor|phi|um|süch|tig**

morsch

Mor|se|al|pha|bet, (auch:) **Mor|se-Al|pha|bet** (Alphabet für die Telegrafie); **mor-sen** (den Morseapparat bedienen)

Mör|ser, *der;* -s, - (schweres Geschütz; schalenförmiges Gefäß zum Zerkleinern)

Mor|se|zei|chen

Mor|ta|del|la, *die;* -, -s (eine it. Wurstsorte)

Mör|tel, *der;* -s, -; **mör|teln**

Mo|sa|ik, *das;* -s, -en, (auch:) -e

mo|sa|isch (nach Moses benannt; jüdisch); -es Bekenntnis

Mo|schee, *die;* -, ...scheen (islam. Bethaus)

Mo|schus, *der;* - (ein Riechstoff)

Mö|se, *die;* -, -n (derb für: weibl. Scham)

mo|sern (ugs. für: nörgeln)

Mo|ses, *der;* -, - (Seemannsspr.: Beiboot einer Jacht; Schiffsjunge)

Mos|ki|to, *der;* -s, -s (meist *Mehrz.*; eine trop. Stechmücke); **Mos|ki|to|netz**

Mos|lem, *der;* -s, -s (Anhänger des Islams); **Mos|le|min**

Most, *der;* -[e]s, -e (unvergorener Frucht-, bes. Traubensaft); **mos|ten**

Mo|tel [*motᵉl*, auch: *motäl*], *das;* -s, -s (an Autobahnen gelegenes Hotel)

Mo|tet|te, *die;* -, -n (geistl. Chorwerk)

Mo|tiv, *das;* -s, -e [*...wᵉ*] (Beweggrund; Thema einer künstlerischen Darstellung; kleinste Einheit einer Melodie); **Mo|ti|va|ti|on,** *die;* -, -en (Beweggründe); **mo|ti-vie|ren** [*...wirᵉn*] (begründen; anregen, anspornen)

Mo|to|cross, (auch:) **Mo-to-Cross,** *das;* -, -e (Geschwindigkeitsprüfung

im Gelände für Motorradsportler); **Mo|to|drom,** *das;* -s, -e ([ovale] Rennstrecke);
Mo|tor[1], *der;* -s, ...oren (Antriebskraft erzeugende Maschine; übertr. für: vorwärts treibende Kraft); **Mo|tor|boot**[1]; **Mo|to|ren|lärm; mo|to|ri|sie|ren** (mit Kraftmaschinen, -fahrzeugen ausstatten)
Mot|te, *die;* -, -n
Mot|to, *das;* -s, -s (Wahl-, Leitspruch)
mot|zen (ugs. für: schimpfen)
Moun|tain|bike, (auch:) **Moun|tain-Bike** [*maunt^en-baik*], *das;* -s, -s (Geländefahrrad)
Mö|we, *die;* -, -n (ein Vogel)
Moz|za|rel|la, *der;* -s, -s (ein it. Käse aus Büffel- od. Kuhmilch)
Mu|cke, *die;* -, -n (ugs. für: Grille, Laune; südd. für: Mücke); **Mü|cke,** *die;* -, -n
Mu|cke|fuck, *der;* -s (ugs. für: dünner Kaffee; Ersatzkaffee)
mu|cken (ugs. für: leise murren); **Mu|cker** (abwertend für: Duckmäuser; landsch. für: griesgrämiger Mensch); **mu|cke|risch; Mu|cker|tum,** *das;* -s; **Mucks,** *der;* -es, -e, (auch:) Muck|ser, *der;* -s, - (ugs. für: leiser, halb unterdrückter Laut); **muck|sen** (ugs. für: einen Laut geben; eine Bewegung machen); **Muck|ser;** vgl. Mucks; **mucks|mäus|chen|still** (ugs. für: ganz still)
mü|de; eine[r] Sache - (überdrüssig) sein; **Mü|dig|keit,** *die;* -
[1]**Muff,** *der;* -[e]s (nordd. für: Schimmel, Kellerfeuchtigkeit)
[2]**Muff,** *der;* -[e]s (Handwärmer); **Muf|fe,** *die;* -, -n (Rohr-, Ansatzstück); - haben (ugs. für: Angst haben)

[1] Auch Betonung auf der zweiten Silbe: Motor (*der;* -s, -e), Motorboot usw.

Muf|fel, *der;* -s, - (Jägerspr.: kurze Schnauze; ugs. für: mürrischer Mensch); **muf|fe|lig,** muff|lig (nordd. für: mürrisch); **muf|feln** (ugs. für: andauernd kauen; mürrisch sein); [1]**muf|fig** (landsch. für: mürrisch)
[2]**muf|fig** (nach [1]Muff riechend)
muff|lig; vgl. muffelig
Mü|he, *die;* -, -n; mit Müh und Not; **mü|he|los**
mu|hen (muh machen)
mü|hen, sich; **mü|he|voll; Mü|he|wal|tung**
Müh|le, *die;* -, -n; **Müh|len‿rad** od. Mühl|rad, **...stein** od. Mühl|stein; **Müh|le|spiel**
Müh|sal, *die;* -, -e; **müh|sam; Müh|sam|keit,** *die;* -; **müh|se|lig; Müh|se|lig|keit**
Mu|lat|te, *der;* -n, -n (Nachkomme eines weißen u. eines schwarzen Elternteils); **Mu|lat|tin**
Mul|de, *die;* -, -n; **mul|den|för|mig**
Mu|li, *das;* -s, -[s] (Maulesel)
[1]**Mull,** *der;* -[e]s, -e (ein Baumwollgewebe)
[2]**Mull,** *der;* -[e]s, -e (nordd. für: lockerer Humusboden)
Müll, *der;* -[e]s ([Haushalts-, Industrie]abfälle)
Mül|ler; Mül|le|rei
Müll‿kip|pe, ...mann (ugs.; *Mehrz.* ...männer od. Müllleute), **...schlu|cker, ...ton|ne**
mul|mig (ugs. für: bedenklich; unwohl); die Sache ist -; mir ist -
mul|ti|kul|tu|rell (viele Kulturen, Angehörige mehrerer Kulturen umfassend, aufweisend); -e Gesellschaft; **mul|ti|la|te|ral** (mehrseitig); -e Verträge; **Mul|ti|me|dia** (Zusammenwirken, Anwendung verschiedener Medientypen; **mul|ti|me|di|al** (viele Medien betreffend, berücksichtigend; für viele Medien bestimmt); **Mul|ti|mil|li|o|när; mul|ti|na|ti|o|nal** (aus vielen Nationen bestehend; in vielen Staaten vertreten); -e Unternehmen; **mul|ti|pel** (vielfältig); ...i|ple Sklerose (Gehirn- u. Rückenmarkskrankheit); **Mul|ti|plex,** *das;* -[es], -e (großes Kinozentrum); **Mul|ti|pli|kand,** *der;* -en, -en (Zahl, die mit einer anderen multipliziert werden soll); **Mul|ti|pli|ka|ti|on** [*...zion*], *die;* -, -en (Vervielfachung); **Mul|ti|pli|ka|tor,** *der;* -s, ...oren (Zahl, mit der eine vorgegebene Zahl multipliziert werden soll); **mul|ti|pli|zie|ren** (malnehmen, vervielfachen)
Mu|mie [*...i^e*], *die;* -, -n ([durch Einbalsamieren usw.] vor Verwesung geschützter Leichnam)
Mumm, *der;* -s (ugs. für: Mut, Schneid)
Mum|mel|greis (ugs. für: alter [zahnloser] Mann); **Müm|mel|mann,** *der;* -[e]s, ...männer (scherzh. für: Hase); **mum|meln** (landsch. für: murmeln; behaglich kauen); **müm|meln** (fressen [von Hasen, Kaninchen])
Mum|men|schanz, *der;* -es (veraltend für: Maskenfest)
Mum|pitz, *der;* -es (ugs. für: Unsinn; Schwindel)
Mumps, *der* (landsch. auch: *die*); - (eine Infektionskrankheit)
Mund, *der;* -[e]s, Münder (selten auch: Munde u. Münde); einen, zwei, ein paar Mund voll [Brot] nehmen; den Mund zu voll nehmen (großsprecherisch sein); **Mund|art; Mund|art|dich|ter; mund|art|lich** (Abk.: mdal.)
Mün|del, *das* (BGB [für beide Geschlechter]: *der*); -s, - (in der Anwendung auf ein Mädchen selten auch: *die;* -, -n)
mun|den (geh. für: schmecken); **mün|den; mund|faul; Mund|fäu|le** (eitrige Ent-

zündung der Mundschleimhaut u. des Zahnfleisches); **mund|ge|recht; Mund|ge|ruch**
mün|dig; Mün|dig|keit, *die;* -; **mün|dig sprechen**; jmdn. - -
münd|lich; Mund˯raub (*der;* -[e]s), **...stück; mund|tot; Mün|dung; Mund voll;** vgl. Mund; **Mund˯vor|rat, ...was|ser** (*Mehrz.* ...wässer), **...werk,** *das;* -s (ugs.); ein großes Mundwerk haben (großsprecherisch sein)
Mu|ni|ti|on [...*zion*], *die;* -, -en
mun|keln (ugs. für: im Geheimen reden)
Müns|ter, *das* (selten: *der*); -s, - (Stiftskirche, Dom)
mun|ter; Mun|ter|keit, *die;* -
Münz|au|to|mat; Mün|ze, *die;* -, -n (Geldstück; Geldprägestätte); **mün|zen; Mün|zen|samm|lung,** Münz|sammlung; **Münz˯fern|spre|cher, ...samm|lung** od. Mün|zen|samm|lung, **...tank**
Mu|rä|ne, *die;* -, -n (ein Fisch)
mürb, (häufiger:) **mür|be;** -s Gebäck; jmdn. - machen (ugs. für: jmds. Widerstand brechen); **Mür|be,** *die;* -; **Mür|be|teig; Mürb|heit**
Murks, *der;* -es (ugs. abwertend für: fehlerhafte Arbeit); **murk|sen** (ugs. abwertend)
Mur|mel, *die;* -, -n (landsch. für: Spielkügelchen)
mur|meln
Mur|mel|tier (ein Nagetier)
mur|ren; mür|risch
Mus, *das* (landsch.: *der*); -es, -e
Mu|schel, *die;* -, -n; **Mu|schel|bank** (*Mehrz.* ...bänke)
Mu|se, *die;* -, -n (eine der [neun] gr. Göttinnen der Künste); die zehnte - (scherzh. für: Kleinkunst, Kabarett); **mu|se|al** (zum, ins Museum gehörend; Museums...); **Mu|se|en** (*Mehrz.* von: Museum)
Mu|sel|man, *der;* -en, -en (veralt. für: Moslem); **mu|sel|ma|nisch; Mu|sel|mann** (veralt., noch scherzh. für: Muselman; *Mehrz.* ...männer)
Mu|se|um, *das;* -s, ...een; **mu|se|ums|reif**
Mu|si|cal [*mjusikᵉl*], *das;* -s, -s (populäres Musiktheater[stück])
Mu|sik, *die;* -, (für: Komposition, Musikstück *Mehrz.*:) -en (Tonkunst); **mu|si|ka|lisch** (tonkünstlerisch; musikbegabt, Musik liebend); **Mu|si|ka|li|tät,** *die;* - (Begabung für Musik; Wirkung wie Musik); **Mu|si|kant,** *der;* -en, -en (Musiker, der zum Tanz u. dgl. aufspielt); **Mu|si|kan|ten|kno|chen** (ugs. für: schmerzempfindlicher Ellenbogenknochen); **Mu|sik|box** (Schallplattenapparat in Gaststätten); **Mu|sik lie|bend,** (auch:) **mu|sik|lie|bend; mu|sisch** (künstlerisch veranlagt); die schönen Künste betreffend); **mu|si|zie|ren**
Mus|kat, *der;* -[e]s, -e (ein Gewürz); **Mus|ka|tel|ler,** *der;* -s, - (eine Reb- u. Weinsorte); **Mus|kat|nuss**
Mus|kel, *der;* -s, -n; **Mus|kel|ka|ter** (ugs. für: Muskelschmerzen)
Mus|ke|te, *die;* -, -n (früher: schwere Handfeuerwaffe); **Mus|ke|tier,** *der;* -s, -e (früher für: Fußsoldat)
mus|ku|lär (auf die Muskeln bezüglich, sie betreffend); **Mus|ku|la|tur,** *die;* -, -en (Muskelgefüge, starke Muskeln); **mus|ku|lös** (mit starken Muskeln versehen)
Müs|li, *das;* -s, - (ein Rohkostgericht)
Mus|lim, *der;* -[s], -e u. -s (fachspr. für: Moslem)
Muss, *das;* - (Zwang, Notwendigkeit)
Mu|ße, *die;* - (freie Zeit, [innere] Ruhe)
Mus|se|lin, *der;* -s, -e (ein Gewebe)
müs|sen; musste, gemusst
Mu|ße|stun|de
Muss|hei|rat
mü|ßig; - sein, gehen; **mü|ßi|gen** (veranlassen); nur noch in: sich gemüßigt sehen; **Mü|ßig|gang,** *der;* -[e]s; **Mü|ßig|gän|ger**
Mus|tang, *der;* -s, -s (wild lebendes Präriepferd)
Mus|ter, *das;* -s, -; **Mus|ter˯e|xem|p|lar** (meist iron.), **...gat|te** (meist iron.); **mus|ter|gül|tig; Mus|ter|gül|tig|keit,** *die;* -; **mus|ter|haft; Mus|ter|haf|tig|keit,** *die;* -; **Mus|ter˯kna|be** (iron.), **...kof|fer; mus|tern; Mus|ter˯schü|ler, ...stück; Mus|te|rung**
Mut, *der;* -[e]s; guten Mut[e]s sein
Mu|ta|ti|on [...*zion*], *die;* -, -en (Biol.: spontan entstandene od. künstlich erzeugte Veränderung im Erbgefüge; Med.: Stimmwechsel)
Müt|chen; an jmdm. sein - kühlen (an jmdm. seinen Zorn auslassen); **mu|tig; mut|los; Mut|lo|sig|keit**
mut|ma|ßen (vermuten); **mut|maß|lich; Mut|ma|ßung**
Mut|pro|be
Mutt|chen (landsch. Koseform von: [2]Mutter)
[1]**Mut|ter,** *die;* -, -n (Schraubenteil)
[2]**Mut|ter,** *die;* -, Mütter; **Mut|ter|er|de,** *die;* - (besonders fruchtbare Erde); **Mut|ter Got|tes,** *die;* - -, (auch:) **Mut|ter|got|tes,** *die;* -; **Mut|ter˯korn** (*Mehrz.* ...korne), **...ku|chen** (Plazenta), **...land** (*Mehrz.* ...länder); **müt|ter|lich; müt|ter|li|cher|seits; Müt|ter|lich|keit,** *die;* -; **mut|ter|los; Mut|ter|mal** (*Mehrz.* ...male); **Mut|ter|schaft,** *die;* -; **Mut|ter˯schiff, ...schutz; mut|ter|see|len|al|lein; Mut|ter˯söhn|chen** (abwertend), **...spra|che, ...tag, ...tier, ...witz** (*der;* -es);

Mut|ti, *die;* -, -s (Koseform von: [2]Mutter)
Mut|wil|le, *der;* -ns; **mut|wil|lig; Mut|wil|lig|keit**
Müt|ze, *die;* -, -n; **Müt|zen|schirm**
Myr|rhe, (auch:) Myr|re, *die;* -, -n (ein aromat. Harz); **Myr|te,** *die;* -, -n (immergrüner Baum od. Strauch des Mittelmeergebietes u. Südamerikas); **Myr|ten|kranz**
mys|te|ri|ös (geheimnisvoll; rätselhaft); **Mys|te|ri|um,** *das;* -s, ...ien [...i^e^n] (unergründliches Geheimnis [religiöser Art]); **Mys|tik,** *die;* - (relig. Richtung, die den Menschen durch Hingabe u. Versenkung zu persönl. Vereinigung mit Gott zu bringen sucht); **mys|tisch** (geheimnisvoll; unergründlich)
my|thisch (sagenhaft, erdichtet); **My|tho|lo|gie,** *die;* -, ...ien (Gesamtheit der mythischen Überlieferungen; wissenschaftl. Behandlung der Mythen); **My|thos,** (auch:) **My|thus,** *der;* -, ...then (Sage u. Dichtung von Göttern, Helden u. Geistern; Legende)

Nn

N (Buchstabe); das N, des N, die N; aber: das n in Wand
n' (ugs. für: ein, einen)
na!; na, na!; na ja!; na und?
Na|be, *die;* -, -n (Mittelhülse des Rades); **Na|bel,** *der;* -s, -; **Na|bel‿bruch** *(der),* **...schnur** (*Mehrz.* ...schnüre)
Na|bob, *der;* -s, -s (Provinzgouverneur in Indien; reicher Mann)
nach; - und -; - wie vor; *Verhältnisw.* mit *Wemf.:* - ihm; - Haus[e], österr., schweiz. auch: nachhause
nach|äf|fen (ugs.)
nach|ah|men; nach|ah|mens|wert; Nach|ah|mer; Nach|ah|mung; Nach|ah|mungs|trieb
Nach|bar, *der;* -n u. (seltener:) -s, -n; **nach|bar|lich; Nach|ba|rin**
nach|be|han|deln; Nach|be|hand|lung
nach|be|stel|len; Nach|be|stel|lung
nach|be|ten; Nach|be|ter
nach|bil|den; Nach|bil|dung
nach|bli|cken
nach Chris|ti Ge|burt (Abk.: n. Chr. G.); **nach|christ|lich; nach Chris|to, nach Chris|tus** (Abk.: n. Chr.)
nach|da|tie|ren (mit einem früheren, [auch:] späteren Datum versehen); **Nach|da|tie|rung**
nach|dem; je -
nach|den|ken; nach|denk|lich; Nach|denk|lich|keit, *die;* -
Nach|dich|tung
nach|drän|gen
Nach|druck, *der;* -[e]s, (Druckw.) ...drucke; **nach|dru|cken; nach|drück|lich; Nach|drück|lich|keit,** *die;* -
nach|dun|keln
nach|ei|fern; Nach|ei|fe|rung
nach|ei|len
nach|ei|n|an|der
nach|emp|fin|den
Na|chen, *der;* -s, - (landsch. u. geh. für: Kahn)
Nach|er|be, *der*
nach|er|le|ben
Nach|ern|te
nach|er|zäh|len; Nach|er|zäh|lung
Nach|fahr, *der;* -en u. (selten:) -s, -en u. **Nach|fah|re,** *der;* -n, -n (geh. für: Nachkomme)
nach|fas|sen
Nach|fol|ge; nach|fol|gen; nach|fol|gend; im Nachfolgenden (weiter unten); **Nach|fol|gen|de,** *der* u. *die;* -n, -n; **Nach|fol|ger; Nach|fol|ge|rin**
nach|for|dern; Nach|for|de|rung
nach|for|schen; Nach|for|schung
Nach|fra|ge; nach|fra|gen
nach|füh|len; nach|füh|lend
nach|fül|len; Nach|fül|lung
nach|ge|ben
Nach|ge|bühr (z. B. Strafporto)
Nach|ge|burt
nach|ge|hen; einer Sache -
nach|ge|ra|de (allmählich; geradezu)
nach|ge|ra|ten; jmdm. -
Nach|ge|schmack, *der;* -[e]s
nach|gie|big; Nach|gie|big|keit
nach|gie|ßen
nach|gu|cken (ugs.)
Nach|hall; nach|hal|len
nach|hal|tig; Nach|hal|tig|keit, *die;* -
nach|hän|gen
nach Haus od. **Hau|se,** österr., schweiz. auch: **nach|hau|se; Nach|hau|se|weg**
nach|hel|fen
nach|her [auch: *nachher*]
Nach|hil|fe; Nach|hil|fe|stun|de
Nach|hi|n|ein; nur in: im -
Nach|hol|be|darf; nach|ho|len
Nach|hut, *die;* -, -en (Milit.)
nach|ja|gen; dem Glück -
Nach|klang; nach|klin|gen
Nach|kom|me, *der;* -n, -n; **nach|kom|men; Nach|kom|men|schaft; Nach|kömm|ling**
Nach|kriegs|zeit
Nach|kur
Nach|lass, *der;* -es, -e u. ...lässe; **nach|las|sen; nach|läs|sig; Nach|läs|sig|keit; Nach|lass|ver|wal|ter**
nach|lau|fen; Nach|läu|fer
nach|le|gen
Nach|le|se; nach|le|sen
nach|lie|fern; Nach|lie|fe|rung
nach|lö|sen
nach|ma|chen (ugs.)
nach|mes|sen; Nach|mes|sung
Nach|mit|tag; nach|mit|tags
Nach|nah|me, *die;* -, -n
Nach|na|me (Familienname)
nach|plap|pern (ugs.)
nach|prü|fen; Nach|prü|fung
nach|rech|nen

Nach|re|de; üble -; **nach|re|den**
Nach|richt, *die;* -, -en; **nach|richt|lich**
nach|rü|cken
Nach|ruf, *der;* -[e]s, -e; **nach|ru|fen**
nach|sa|gen; jmdm. etwas -
Nach|sai|son
[1]**nach|schaf|fen** (nachgestalten); vgl. [2]schaffen; [2]**nach|schaf|fen** (nacharbeiten); vgl. [1]schaffen
nach|schi|cken
Nach|schlag, *der;* -[e]s, Nachschläge (Musik; ugs. für: zusätzliche Essensportion); **nach|schla|gen;** in einem Buch -; jmdm. - (geh. für: ähnlich werden)
Nach|schlüs|sel
Nach|schrift
Nach|schub, *der;* -[e]s, Nachschübe (Milit.)
Nach|schuss (Wirtsch.: Einzahlung über die Stammeinlage hinaus; Sportspr.: erneuter Schuss auf das Tor)
nach|se|hen; jmdm. etwas -; **Nach|se|hen,** *das;* -s; das - haben
nach|sen|den; Nach|sen|dung
nach|set|zen; jmdm. - (jmdn. verfolgen)
Nach|sicht, *die;* -; **nach|sich|tig**
Nach|sil|be
nach|sit|zen (ugs. für: zur Strafe nach dem Unterricht noch in der Schule bleiben müssen)
Nach|som|mer
Nach|spann (Film, Fernsehen: Angaben über die Mitwirkenden o. Ä. am Ende eines Filmes o. Ä.)
Nach|spei|se
Nach|spiel; nach|spie|len
nach|spi|o|nie|ren (ugs.)
nach|spü|ren (geh.); jmdm., einem Geheimnis -
[1]**nächst;** der nächste Beste; der Nächste, bitte!, das Nächste, was zu tun ist; etwas als Nächstes in Angriff nehmen; [2]**nächst** (hinter, gleich nach); *Verhältnisw.* mit *Wemf.:* - ihm;
nächst|bes|ser; nächst|bes|te; Nächst|bes|te, *der* u. *die* u. *das;* -n, -n; **Nächs|te,** *der;* -n, -n (Mitmensch)
nach|ste|hen; nach|ste|hend; Nachstehendes (Folgendes)
nach|stei|gen (ugs. für: folgen)
nach|stel|len; Nach|stel|lung
Nächs|ten|lie|be; nächs|tens; nächs|tes Mal; nächst|fol|gend; nächst|hö|her; Nächst|hö|he|re, *der* u. *die* u. *das;* -n, -n; **nächst|lie|gend; Nächst|lie|gen|de,** *das;* -n; **nächst|mög|lich;** zum -en Termin
Nacht, *die;* -, Nächte; bei, über -; gestern, heute, morgen Nacht; **Nacht|dienst**
Nach|teil, *der;* **nach|tei|lig**
näch|te|lang; Nacht|es|sen (bes. südd. u. schweiz. für: Abendessen); **Nacht‿eu|le** (ugs. für: jmd., der bis spät in die Nacht hinein aufbleibt), **...frost, ...hemd;**
Nach|ti|gall, *die;* -, -en (ein Singvogel); **näch|ti|gen**
Nach|tisch, *der;* -[e]s
nächt|lich; Nacht|lo|kal
Nach|trag, *der;* -[e]s, ...träge; **nach|tra|gen; nach|träg|lich**
nach|trau|ern
nachts; Nacht|schat|ten|ge|wächs; Nacht|schicht; nacht|schla|fend; zu, bei -er Zeit; **Nacht‿schwär|mer** (scherzh. für: jmd., der sich bis spät in die Nacht hinein vergnügt), **...tisch, ...topf**
nach|tun; es jmdm. -
Nacht‿wa|che, ...wäch|ter; nacht|wan|deln; genachtwandelt; **nacht|wand|le|risch;** mit -er Sicherheit; **Nacht|zeit** (zur -)
nach|voll|zie|hen
Nach|wahl
Nach|we|hen, *die (Mehrz.)*
nach|wei|nen
Nach|weis, *der;* -es, -e; **nach|weis|bar; nach|wei|sen** (beweisen); **nach|weis|lich**
Nach|welt, *die;* -
nach|wer|fen
nach|wie|gen
nach|wir|ken; Nach|wir|kung
Nach|wort (*Mehrz.* ...worte)
Nach|wuchs, *der;* -es
nach|zah|len; Nach|zah|lung; nach|zäh|len; Nach|zäh|lung
Nach|zei|tig|keit, *die;* - (Sprachw.)
nach|zie|hen
nach|zot|teln (ugs. für: langsam hinterherkommen)
Nach|zug; Nach|züg|ler
Na|cke|dei, *der;* -[e]s, -s (scherzh. für: nacktes Kind)
Na|cken, *der;* -s, -
na|ckend (landsch. für: nackt); **na|ckig** (ugs. für: nackt); **nackt; Nackt|ba|den,** *das;* -s; **Nackt|frosch** (scherzh. für: nacktes Kind); **Nackt|heit,** *die;* -; **Nackt|kul|tur,** *die;* -
Na|del, *die;* -, -n; **Na|del‿ar|beit, ...baum, ...holz** (*Mehrz.* ...hölzer), **...kis|sen; na|deln** (Nadeln verlieren [von Tannen u. a.]); **Na|del‿öhr, ...strei|fen** (sehr feiner Streifen in Stoffen), **...wald**
Na|gel, *der;* -s, Nägel; **Na|gel‿bett** (*Mehrz.* ...betten, [seltener: ...bette]), **...fei|le; na|gel|fest;** in: niet- u. nagelfest; **Na|gel|lack; na|geln; na|gel|neu** (ugs.); **Na|gel‿pfle|ge, ...pro|be** (Prüfstein für etwas), **...sche|re**
na|gen; Na|ger; Na|ge|tier
Nah|auf|nah|me; [1]**na|he,** (seltener:) nah; näher, nächst; nah verwandte Personen; nahe bringen (Verständnis erwecken); ihr Tod ist ihm nahe gegangen (hat ihn seelisch ergriffen); sie sind sich menschlich nahe gekommen; sie hat ihm die Erfüllung eurer Bitte nahe gelegt (empfohlen); die Lösung hat nahe gelegen (war leicht zu finden); er weiß, dass ich ihm nahe stehe; ein mir nahe stehender Mensch; jmdm. nahe treten

(befreundet, vertraut werden); ²**na|he;** *Verhältnisw.* mit *Wemf.*: - dem Fluss; **Nä|he,** *die;* -; in der -; **na|he brin|gen, ge|hen, kom|men, le|gen, lie|gen;** vgl. ¹nahe; **na|he lie|gend;** näher liegend; aber: nächstliegend; **na|hen;** sich -
nä|hen
nä|her; Näheres folgt; des Näher[e]n (genauer) auseinander setzen; jmdm. die moderne Kunst näher bringen (leichter verständlich machen); sie werden sich schon näher kommen (verstehen lernen); ... weil es näher liegt zu gehen als zu bleiben; sie hat mir näher gestanden als ihm (war mir vertrauter); er wird diesem Vorschlag näher treten (sich damit befassen)
Nä|he|rei; Nä|he|rin
nä|her brin|gen, kom|men, lie|gen; vgl. näher; **nä|her lie|gend;** vgl. nahe liegend; **nä|hern,** sich; **nä|her ste|hen, tre|ten;** vgl. näher; **Nä|he|rungs|wert; na|he ste|hen;** vgl. ¹nahe; **na|he ste|hend;** näher stehend; aber: nächststehend; **na|he tre|ten;** vgl. ¹nahe; **na|he|zu**
Näh‿fa|den, ...garn
Nah|kampf
Näh‿ma|schi|ne, ...na|del
Nah|ost (Naher Osten); für, in, nach, über -; **nah|öst|lich**
Nähr‿bo|den, ...creme; näh|ren; nahr|haft; Nähr‿krem, ...kre|me, ...mit|tel *(die; Mehrz.)*, **...stof|fe** *(die; Mehrz.)*; **Nah|rung,** *die,* -; **Nah|rungs|mit|tel; Nähr|wert**
Näh|sei|de; Naht, *die;* -, Nähte; **naht|los; Naht|stel|le**
Nah|ver|kehr, *der;* -[e]s; **nah ver|wandt;** vgl. ¹nahe
Näh|zeug
Nah|ziel
na|iv (kindlich; einfältig); **Na|i|ve** [*...w^e*], *die;* -n, -n (Darstellerin naiver Mädchenrollen); **Na|i|vi|tät** [*na-iwi...*], *die;* -; **Na|iv|ling** (ugs. abwertend für: einfältiger Mensch)
na ja!
Na|me, *der;* -ns, -n; **Na|men,** *der;* -s, - (seltener für: Name); **na|men|los; Na|men|lo|se,** *der* u. *die;* -n, -n; **na|mens** (im Namen, im Auftrag [von]; mit Namen); **Na|mens‿schild** (*Mehrz.* ...schilder), **...tag, ...vet|ter; na|ment|lich; nam|haft;** - machen; **näm|lich; näm|li|che;** er ist noch der Nämliche (veraltend: derselbe)
na|nu!
Na|palm®, *das;* -s (hochwirksamer Füllstoff für Benzinbrandbomben); **Na|palm|bom|be**
Napf, *der;* -[e]s, Näpfe; **Napf|ku|chen**
Nap|pa, *das;* -[s], -s (kurz für: Nappaleder); **Nap|pa|le|der**
Nar|be, *die;* -, -n; **nar|ben** (Gerberei: [Leder] mit Narben versehen); **nar|big**
Nar|ko|se, *die;* -, -n (Med.: Betäubung); **Nar|ko|ti|kum,** *das;* -s, ...ka (Rausch-, Betäubungsmittel)
Narr, *der;* -en, -en; **nar|ren; Nar|ren|frei|heit; nar|ren|si|cher; Nar|re|tei; Narr|hal|la|marsch,** *der;* -[e]s; **Narr|heit; När|rin; när|risch**
Nar|ziss, *der;* - u. -es, -e (eitler Selbstbewunderer); **Nar|zis|se,** *die;* -, -n (eine Zwiebelpflanze)
na|sal (durch die Nase gesprochen, genäselt; zur Nase gehörend)
na|schen; du naschst; **Na|sche|rei** (wiederholtes Naschen [nur *Einz.*]; auch für: Näscherei); **Nä|sche|rei** (meist *Mehrz.*; veraltend für: Süßigkeit); **nasch|haft; Nasch|kat|ze**
Na|se, *die;* -, -n; **na|se|lang;** vgl. nasenlang; **nä|seln; Na|sen‿bein, ...blu|ten** *(das;* -s), **...flü|gel; na|sen|lang,** nas[e]|lang (ugs.); alle - (immer wieder, kurz hintereinander); **Na|sen‿län|ge, ...spit|ze, ...stü|ber; na|se|rümp|fend; na|se|weis** (Vorlaut); **Na|se|weis,** *der;* -es, -e (ugs.); **Nas|horn** (*Mehrz.* ...hörner); **nas|lang;** vgl. nasenlang
nass; nasser (auch: nässer), nasseste (auch: nässeste); nass geschwitzt sein; **Nass,** *das;* Nasses (geh. für: Wasser)
Nas|sau|er (ugs. für: jmd; der auf anderer Leute Kosten lebt; scherzh. für: Regenschauer)
Näs|se, *die;* -; **näs|sen;** du nässt; **nass|fest;** -es Papier; **nass|forsch** (ugs. für: bes. forsch); **nass ge|schwitzt;** vgl. nass; **nass|kalt**
Na|tel, *das;* -s, -s (schweiz. neben: Handy)
Na|ti|on [*...zion*], *die;* -, -en; **na|ti|o|nal;** -es Interesse; **Na|ti|o|nal‿be|wusst|sein, ...cha|rak|ter, ...elf** (Fußball), **...fei|er|tag, ...flag|ge, ...held, ...hym|ne; Na|ti|o|na|lis|mus,** *der;* -, ...men (übertriebenes Nationalbewusstsein); **Na|ti|o|na|list,** *der;* -en, -en; **na|ti|o|na|lis|tisch; Na|ti|o|na|li|tät,** *die;* -, -en (Staatsangehörigkeit; nationale Minderheit); **Na|ti|o|na|li|tä|ten|staat** (*Mehrz.* ...staaten; Vielvölkerstaat); **Na|ti|o|nal‿li|te|ra|tur, ...mann|schaft; na|ti|o|nal|so|zi|a|lis|tisch; Na|ti|o|nal|spie|ler** (Sport)
NATO, (auch:) **Nato** = North Atlantic Treaty Organization, *die;* - (westl. Verteidigungsbündnis)
Na|t|ri|um, *das;* -s (chem. Element, Metall; Zeichen: Na); **Na|t|ron,** *das;* -s (ugs. für: doppeltkohlensaures Natrium)
Nat|ter, *die;* -, -n
Na|tur, *die;* -, -en; **Na|tu|ral|be|zü|ge,** *die* (*Mehrz.*; Sachbezüge); **Na|tu|ra|li|en** [*...i^en*], *die* (*Mehrz.*; Natur-, Bodenerzeugnisse); **Na|tu-**

ra|li|sa|ti|on [...zion], **Na|tu|ra|li|sie|rung,** *die;* -, -en (Einbürgerung, Aufnahme in den Staatsverband; allmähl. Anpassung von Pflanzen u. Tieren); **na|tu|ra|li|sie|ren; Na|tur‿a|pos|tel, ...arzt; na|tur|be|las|sen; Na|tur|bur|sche; Na|tu|rell,** *das;* -s, -e (Veranlagung; Wesensart); **Na|tur‿er|eig|nis, ...er|schei|nung; na|tur|far|ben; Na|tur|freund; na|tur‿ge|ge|ben, ...ge|mäß; Na|tur‿ge|schich|te** (*die;* -), **...ge|setz; na|tur|ge|treu; na|tur|haft; Na|tur‿heil|kun|de** (*die;* -), **...ka|ta|s|t|ro|phe, ...kun|de** (*die;* -); **na|tür|lich; na|tur|rein; Na|tur|schutz|ge|biet; na|tur‿trüb** (fachspr.; z. B. naturtrüber Apfelsaft); **...ver|bun|den; Na|tur|wis|sen|schaft** (meist *Mehrz.*)

Na|vel|o|ran|ge, (kurz:) Navel [*neⁱ-wᵉl...*] (kernlose Orange mit nabelförmiger Nebenfrucht)

Na|vi|ga|ti|on [*nawigazion*], *die;* - (Orts- u. Kursbestimmung von Schiffen u. Flugzeugen)

Na|zi, *der;* -s, -s (kurz für: Nationalsozialist); **Na|zi|zeit**

ne, nee (ugs. für: nein)

'ne (ugs. für: eine)

Ne|an|der|ta|ler (vorgeschichtlicher Mensch)

Ne|bel, *der;* -s, -; **ne|bel|grau; ne|bel|haft; Ne|bel|horn** (*Mehrz.* ...hörner); **ne|be|lig,** neb|lig; **ne|beln;** es nebelt; **Ne|bel|wand**

ne|ben; *Verhältnisw.* mit *Wemf.* u. *Wenf.*: - dem Hause stehen, aber: - das Haus stellen; **ne|ben|an; ne|ben|bei; ne|ben|be|ruf|lich; Ne|ben|buh|ler; ne|ben|ei|n|an|der; Ne|ben|ei|n|an|der** [auch: *neb...*], *das;* -s; **Ne|ben‿ein|künf|te** (*die; Mehrz.*), **...fluss; ne|ben|her; ne|ben|her|fah|ren,** (auch:) **ne|ben|her fah|ren; ne|ben|her|ge|hen,** (auch:) **ne|ben|her ge|hen; ne|ben|her|lau|fen,** (auch:) **ne|ben|her lau|fen; ne|ben|hin;** etwas - sagen; **Ne|ben‿kos|ten** (*die; Mehrz.*), **...pro|dukt, ...rol|le, ...sa|che; ne|ben|säch|lich; Ne|ben|säch|lich|keit; Ne|ben|satz** (Sprachw.); **ne|ben|ste|hend; Ne|ben‿stra|ße, ...ver|dienst** (*der*), **...wir|kung**

neb|lig; vgl. nebelig

nebst; *Verhältnisw.* mit *Wemf.*: - seinem Hund

ne|bu|los, ne|bu|lös (unklar, verschwommen)

Ne|ces|saire [*neßäßär*], (auch:) Nes|ses|sär, *das;* -s, -s ([Reise]behältnis für Toilettenutensilien u. a.)

ne|cken; Ne|cke|rei; ne|ckisch

Nef|fe, *der;* -n, -n

ne|ga|tiv[1] (verneinend; ergebnislos; kleiner als null; Fotogr.: in den Farben gegenüber dem Original vertauscht); **Ne|ga|tiv**[1], *das;* -s, -e [...*wᵉ*] (Fotogr.: Gegenbild)

Ne|ger, *der;* -s, - (auch abwertend); **Ne|ger|kuss** (mit Schokolade überzogenes Schaumgebäck)

ne|gie|ren (verneinen, bestreiten)

Ne|g|li|gee, (auch:) Ne|g|li|gé [*...glisehe*], *das;* -s, -s (Hauskleid; Morgenrock)

Ne|g|ro|spi|ri|tu|al [*nigroßpiritjuᵉl*], *das,* (auch:) *der;* -s, -s (geistl. Lied der Schwarzen im Süden der USA)

neh|men; nahm, genommen

Neh|rung (Landzunge)

Neid, *der;* -[e]s; **nei|den; Nei|der; Neid|ham|mel** (ugs. für: neidischer Mensch); **nei|disch; neid|los**

Nei|ge, *die;* -, -n; zur - gehen; **nei|gen; Nei|gung**

nein; das Ja und das Nein; Nein sagen, (auch:) nein sagen; **Nein|stim|me**

[1] Auch: *negatif, neg...* usw.

Ne|k|ro|log, *der;* -[e]s, -e (Nachruf)

Nek|tar, *der;* -s (zuckerhaltige Blütenabsonderung; ewige Jugend spendender Göttertrank)

Nel|ke, *die;* -, -n (eine Blume; ein Gewürz)

'nen (ugs. für: einen)

nen|nen; nannte, genannt; **nen|nens|wert; Nen|ner** (Math.); **Nenn|form** (Grundform, Infinitiv)

Ne|on, *das;* -s (chem. Element, Edelgas; Zeichen: Ne)

Nepp, *der;* -s (das Neppen); **nep|pen** (durch weit überhöhte Preisforderungen übervorteilen)

Nerv [*närf*], *der;* -s, -en; **Ner|ven‿bün|del** [*närfᵉn...*] (auch ugs. für: äußerst nervöser Mensch), **...kli|nik, ...kos|tüm** (*das;* -s; ugs. scherzh. für: Nervensystem im Hinblick auf seine Belastbarkeit), **...sa|che** (ugs.), **...sä|ge** (ugs.), **...zu|sam|men|bruch, ...sys|tem, ner|vig** [*närw...*, auch: *närf...*] (sehnig, kräftig); **nerv|lich** (das Nervensystem betreffend); **ner|vös** [*...wöß*] (nervenschwach; reizbar); **Ner|vo|si|tät,** *die;* -; **nerv|tö|tend**

Nerz, *der;* -es, -e (ein Pelz[tier])

Nes|ca|fé®, *der;* -s, -s (löslicher Kaffee)

¹Nes|sel, *die;* -, -n (Brennnessel); **²Nes|sel,** *der;* -s, - (kurz für: Nesseltuch); **Nes|sel‿fie|ber**

Nes|ses|sär; vgl. Necessaire

Nest, *das;* -[e]s, -er

Nes|tel, *die;* -, -n (landsch. für: Schnur); **nes|teln**

Nest‿flüch|ter, ...häk|chen, ...ho|cker

Ne|ti|quet|te [*...k...*], *die;* - (EDV: Gesamtheit der Regeln für soziales Kommunikationsverhalten im Internet)

nett, net|to (rein, nach Abzug der Verpackung, der Unkosten u. Ä.)

Nẹtz, *das;* -es, -e
neu; neuer, neu[e]ste; es aufs Neue (wieder) versuchen; er ist aufs Neue (auf Neuerungen) erpicht; nichts Neues; eine neu eröffnete Zweigstelle; ein neu bearbeitetes Lexikon; **neu|ar|tig; Neu‿auf|la|ge, ...bau** (*Mehrz.* ...bauten); **neu be|ar|bei|tet;** vgl. neu; **neu|er|dịngs** (kürzlich; südd., österr., schweiz. für: von neuem); **Neu|e|rer; neu|er|lich** (von neuem); **neu er|öff|net;** vgl. neu; **Neu|er|schei|nung; Neu|e|rung; neu|ge|bo|ren; Neu|ge|bo|re|ne,** *das;* -n, -n (Säugling); **Neu|gier; Neu|gier|de,** *die;* -; **neu|gie|rig; Neu|heit; neu|hoch|deutsch; Neu|ig|keit; Neu|jahr** [auch: *neujar*]; **Neu|land,** *das;* -[e]s; **neu|lich; Neu|ling; neu|mo|disch; Neu|mond,** *der;* -[e]s
neun, (ugs.:) neu|ne; alle neun[e]!; wir sind zu neunen od. zu neunt; **Neun,** *die;* -, -en (Ziffer, Zahl); **Neun|au|ge** (ein Fisch); **Neu|ner** (ugs.); einen - schieben; **neu|ner|lei; neun|fach; neun|hụn|dert; neun|mal; neun|mal|klug** (ugs. für: überklug); **neun|tau|send; neun|te; neun|tel; Neun|tel,** *das* (schweiz. meist: *der*); -s, -; **neun|tens; Neun|tö|ter** (ein Vogel); **neun|zehn; neun|zig**
Neu|r|al|gie, *die;* -, ...ien (Med.: in Anfällen auftretender Nervenschmerz); **neu|r|ạl|gisch; Neu|ro|lo|gie,** *die;* - (Lehre von den Nerven und ihren Erkrankungen); **Neu|ro|se,** *die;* -, -n (Med., Psych.: psychische Störung)
Neu‿schnee, ...sil|ber (eine Legierung); **neus|tens,** neu[e]s|tens
Neu|t|ra (*Mehrz.* von: Neutrum); **neu|t|ral; neu|t|ra|li|sie|ren; Neu|t|ra|lị|s|mus,** *der;* - (Grundsatz der Nichteinmischung in fremde Angelegenheiten [vor allem in der Politik]); **Neu|t|ron,** *das;* -s, ...onen (Physik: Elementarteilchen ohne elektrische Ladung); **Neu|t|ro|nen|bom|be; Neu|t|rum,** *das;* -s, ...tra, (auch:) ...tren (Sprachw.: sächliches Hauptwort)
neu|ver|mählt (gerade erst vermählt), aber: neu vermählt (erneut vermählt); **Neu‿wahl, ...wert; neu|wer|tig; Neu|zeit,** *die;* -; **neu|zeit|lich**
New|age, *das;* -, auch: **New Age,** *das;* - - [beide: *nju*] (neues Zeitalter als Inbegriff eines neuen Weltbildes)
New|co|mer [*njukam^er*], *der;* -s, - (Neuling)

nịcht

nicht wahr?; gar nicht

Getrennt- od. Zusammenschreibung in Verbindung mit Adjektiven:
- *nicht berufstätige* od. *nichtberufstätige Frauen:*
- *die Darstellung war nicht amtlich* od. *nichtamtlich; dieses Kind ist nicht ehelich* od., *Rechtsspr. meist nichtehelich* usw.

Getrenntschreibung in Verbindung mit Mittelwörtern:
- *die nicht organisierten Arbeiter*
- *nicht rostende Stähle*

Bei hauptwörtlichem Gebrauch von Adjektiven oder Mittelwörtern ist sowohl Getrennt- als auch Zusammenschreibung möglich:
- *nicht Berufstätige,* (auch:) *Nichtberufstätige*
- *nicht Zutreffendes,* (auch:) *Nichtzutreffendes streichen*

nịcht Be|rufs|tä|ti|ge, *der* u. *die;* - -n, - -n, (auch:) **Nicht|be|rufs|tä|ti|ge,** *der* u. *die;* -n, -n
Nịch|te, *die;* -, -n
Nịcht‿ein|hal|tung, ...ge|fal|len (*das,* -s; bei -)
nịch|tig; null u. -; **Nịch|tig|keit**
Nịcht|me|tall, nịcht or|ga|ni|siert; vgl. nicht; **Nịcht|rau|cher; nịcht ros|tend;** vgl. nicht
nịchts; für -; zu -; gar -; ein nichts sagendes (ausdrucksloses) Gesicht; **Nịchts,** *das;* -, -e
Nịcht|schwim|mer
nichts|des|to|trọtz (ugs.); **nichts|des|to|we|ni|ger**
Nịchts|nutz, *der;* -es, -e; **nịchts|nut|zig; nịchts sa|gend;** vgl. nichts; **Nịchts|tu|er** (ugs.); **Nịchts|tun,** *das;* -s; **nịchts|wür|dig**
Nịcht|tän|zer
Nịcht|ver|fol|ger|land (*Mehrz.* ...länder; Land, in dem keine [polit.] Verfolgung stattfindet)
nịcht Zu|tref|fen|de, *das;* - -n, (auch:) **Nịcht|zu|tref|fen|de,** *das;* -n; vgl. nicht
Nị|ckel, *das;* -s (chem. Element, Metall; Zeichen: Ni)
nị|cken; Nị|cker (ugs. für: Kopfnicken); **Nị|cker|chen** (ugs. für: Schläfchen)
Nị|cki, *der;* -s, -s (Pullover aus samtartigem Baumwollstoff)
nie; nie mehr, nie wieder
nie|der; nieder mit ihm!
nie|der|beu|gen; sich -
nie|der|drü|cken
nie|de|re; das niedere Volk; Hoch und Nieder (jedermann)
Nie|der|gang, *der;* -[e]s; **nie|der|ge|hen**
nie|der|ge|schla|gen (traurig)
nie|der|kni|en; niedergekniet
nie|der|kom|men (geh. veraltend für: gebären); **Nie|der|kunft,** *die;* -, ...künfte
Nie|der|la|ge
nie|der|las|sen; sich -; **Nie|der|las|sung**
nie|der|le|gen
Nie|der|schlag, *der;* -[e]s, ...schläge; **nie|der|schla-**

gen; Nie|der|schlags|menge
nie|der|schmet|tern
nie|der|schrei|ben; Nie|der|schrift
nie|der|set|zen; sich -
nie|ders|te
nie|der|stre|cken (geh.)
Nie|der|tracht, *die;* -; **nie|der|träch|tig; Nie|der|träch|tig|keit**
Nie|de|rung
nie|der|wer|fen
nied|lich; Nied|lich|keit
Nied|na|gel (am Nagel losgelöstes Hautstückchen)
nied|rig; niedrige Beweggründe; Hoch und Niedrig (jedermann)
nie|mals
nie|mand; - anders; **Niemand,** *der;* -[e]s; **Niemands|land,** *das;* -[e]s (Kampfgebiet zwischen feindlichen Linien; unerforschtes, herrenloses Land)
Nie|re, *die;* -, -n; künstliche - (med. Gerät); **nie|ren|förmig; Nie|ren|stein**
nie|seln (ugs. für: leise regnen)
nie|sen; Nies|pul|ver
Nieß|brauch, *der;* -[e]s (Rechtsspr.: Nutzungsrecht)
Nies|wurz, *die;* -, -en (ein Heilkraut)
Niet, *der* (auch: *das*); -[e]s, -e (Fachspr.: [1]Niete); [1]**Nie|te,** *die;* -, -n (Metallbolzen)
[2]**Nie|te,** *die;* -, -n (Los, das nichts gewonnen hat; Reinfall, Versager)
nie|ten; niet- und na|gel|fest
Ni|ko|laus, *der;* -, -e, (ugs. scherzh. auch:) ...läuse (als hl. Nikolaus verkleidete Person; den hl. Nikolaus darstellende Figur); **Ni|ko|laus|tag** (6. Dezember)
Ni|ko|tin, *das;* -s (Alkaloid im Tabak); **ni|ko|tin‿arm, ...frei**
Nim|bus, *der;* -, -se (Ruf, besonderes Ansehen; Kunst: Heiligenschein, Strahlenkranz)
nim|mer (landsch. für: niemals; nicht mehr); nie und -; **Nim|mer|leins|tag** (ugs. scherzh.); am - (niemals); **nim|mer|mehr** (landsch. für: niemals); **Nim|mer|satt,** *der;* - u. -[e]s, -e (abwertend für: jmd., der nicht genug bekommen kann); **Nimmer|wie|der|se|hen,** *das;* -s; auf - (ugs.)
Nip|pel, *der;* -s, - (kurzes Rohrstück mit Gewinde)
nip|pen
Nip|pes [*nip^eß; nip(ß)*], *die* (*Mehrz.;* kleine Ziergegenstände [aus Porzellan]); **Nipp|sa|chen,** die (*Mehrz.;* svw. Nippes)
nir|gend (geh. für: nirgends); **nir|gends; nir|gend|wo; nirgend|wo|hin**
Ni|sche, *die;* -, -n
Nis|se, *die;* -, n, älter: **Niss,** *die;* -, -e (Ei der Laus)
nis|ten; Nist|kas|ten
Ni|veau [*niwo*], *das;* -s, -s (waagerechte Fläche auf einer gewissen Höhenstufe; Höhenlage; Rang, [Bildungs]stand); **ni|vel|lie|ren** (Unterschiede aufheben; ebnen; Höhenunterschiede bestimmen)
Nix, *der;* -es, -e (germ. Wassergeist); **Ni|xe,** *die;* -, -n
no|bel (edel; ugs. für: freigebig)
No|bel|preis
No|b|les|se [*nobläß^e*] *die;* - (vornehmes Benehmen); **nob|lesse o|b|lige** [*nobläß oblisch*] (Adel verpflichtet)
noch; - nicht; - einmal; **nochmals**
No|ckerl, *das;* -s, -n (österr. für: Klößchen; naives Mädchen)
no fu|ture [*no^u fjutsch^er*] (»keine Zukunft«; Schlagwort meist arbeitsloser Jugendlicher); **No|fu|ture|ge|ne|ra|ti|on,** (auch:) **No-Fu|ture-Ge|ne|ra|ti|on,** *die;* -
no i|ron [*no^u air^en*] (nicht bügeln, bügelfrei [Hinweis an Kleidungsstücken])
No|ma|de, *der;* -n, -n (Angehöriger eines Hirten-, Wandervolkes); **No|ma|den|dasein**
No|men, *das;* -s, ...mina od. - (Sprachw.: Nennwort z. B. »Haus«; häufig auch für Eigenschaftswort u. andere deklinierbare Wortarten); **No|men|kla|tur,** *die;* -, -en (Zusammenstellung von Fachausdrücken, bes. in Biologie u. Physik); **No|mina** (*Mehrz.* von: Nomen); **no|mi|nal** (das Nomen betreffend; Wirtsch.: zum Nennwert); **No|mi|na|tiv** [auch: ...*tif*], *der;* -s, -e [...*w^e*] (Sprachw.: Werfall); **no|minell** ([nur] dem Namen nach [bestehend], vorgeblich; Wirtsch.: zum Nennwert); **no|mi|nie|ren** (benennen, bezeichnen)
Non|cha|lance [*nongschalangß*], *die;* - (Lässigkeit, Ungezwungenheit); **noncha|lant** [...*lang,* als Beifügung: ...*ant*] (lässig, ungezwungen)
Non|ne, *die;* -, -n
Non|plus|ul|t|ra , *das;* - (Unübertreffbares, Unvergleichliches)
Non|sens, *der;* - u. -es (Unsinn)
non|stop (ohne Unterbrechung, Pause); - fliegen, spielen; **Non|stop|flug,** (auch:) **Non|stop-Flug,** (auch:) **Non-Stop-Flug** (Flug ohne Zwischenlandung)
Nop|pe, *die;* -, -n (Knoten in Geweben); **nop|pen** (Knoten aus dem Gewebe entfernen)
[1]**Nord** (Himmelsrichtung); Autobahnausfahrt Frankfurt Nord, auch Frankfurt-Nord; [2]**Nord,** *der;* -[e]s, (selten:) -e (geh. für: Nordwind); **Nor|den,** *der;* -s; das Gewitter kommt aus -; gen Norden; **nor|disch** (den Norden betreffend); -e Kälte; **Nord|kap,** *das;* -s

(nördlichster Punkt Europas); **Nord|län|der,** *der;* **nord|län|disch; nörd|lich;** - des Meeres, - vom Meer; **Nord‿licht** (*Mehrz.* ...lichter), **...pol** (*der;* -s), **...sei|te; nord|wärts; Nord|wind**

nör|geln; Nörg|ler

Norm, *die;* -, -en (Richtschnur, Regel; sittliches Gebot oder Verbot als Grundlage der Rechtsordnung; Größenanweisung in der Technik); **nor|mal** (der Norm entsprechend, gewöhnlich, üblich; geistig gesund); **nor|ma|ler|wei|se; nor|ma|li|sie|ren** (wieder normal gestalten); **nor|ma|tiv** (maßgebend, als Richtschnur dienend); **Norm|blatt; nor|men** (einheitlich festsetzen, gestalten; [Größen] regeln); **nor|mie|ren** (normgerecht gestalten); **Nor|mung** (das Normen)

Nos|tal|gie, *die;* -, ...ien ([sehnsuchtsvolle] Rückwendung zu früheren Zeiten u. Erscheinungen); **nos|tal|gisch** (sehnsuchtsvoll)

Not, *die;* -, Nöte; in Not sein; Not leiden; die Not leidende Bevölkerung; Not sein, Not tun, Not werden; (aber:) das ist vonnöten

no|ta|be|ne (übrigens; Abk.: NB); **No|tar,** *der;* -s, -e; **No|ta|ri|at,** *das;* -[e]s, -e (Amt eines Notars); **no|ta|ri|ell** (von einem Notar ausgefertigt und beglaubigt)

Not‿arzt, ...ärz|tin, ...aus|gang, ...be|helf

Not|durft, *die;* - (veraltend); **not|dürf|tig**

No|te, *die;* -, -n

Note|book [*noutbuk*], *das;* -s, -s (Personalcomputer im Buchformat)

No|ten, *die* (*Mehrz.;* ugs. für: Musikalien); **No|ten‿bank** (*Mehrz.* ...banken), **...schlüs|sel, ...stän|der**

Not|fall, *der;* **not|falls; not|ge|drun|gen; Not‿gro|schen, ...hel|fer** (die vierzehn - [kath. Heilige])

no|tie|ren (aufzeichnen; vormerken; Kaufmannsspr.: den Kurs eines Papiers, den Preis einer Ware festsetzen)

nö|tig; nö|ti|gen; nö|ti|gen|falls; Nö|ti|gung

No|tiz, *die;* -, -en; **No|tiz|block** (*Mehrz.* ...blocks od. ...blöcke)

Not|la|ge; not|lan|den; notgelandet; **Not|lan|dung; Not lei|dend;** vgl. Not

no|to|risch (offenkundig, allbekannt; berüchtigt)

not|reif (Landw.); **Not|ruf; not|schlach|ten; Not‿sitz, ...stand; Not|wehr,** *die;* -; **not|wen|dig** [auch: *notwän...*]; **Not|wen|dig|keit** [auch: *notwän...*]; **Not|zucht,** *die;* -; **not|züch|ti|gen**

Nou|gat; vgl. Nugat

No|vel|le [*nowäle*], *die;* -, -n (Prosaerzählung; Nachtragsgesetz); **no|vel|lie|ren** (durch ein Nachtragsgesetz ändern, ergänzen)

No|vem|ber [...*wäm*...], *der;* -[s], - (der elfte Monat des Jahres; Abk.: Nov.); **no|vem|ber|lich**

No|vi|tät [*nowi*...], *die;* -, -en (Neuerscheinung; Neuheit; veraltend für: Neuigkeit); **No|vi|ze,** *der;* -n, -n u. *die;* -, -n (Mönch od. Nonne während der Probezeit; Neuling); **No|vum** [*nowum,* auch: *no*...], *das;* -s, ...va (absolute Neuheit)

Nu, *der* (sehr kurze Zeitspanne); nur in: im -, in einem -

Nu|an|ce [*nüangße*], *die;* -, -n (feiner Unterschied; Feinheit; Kleinigkeit)

nüch|tern; Nüch|tern|heit, *die;* -

Nu|ckel, *der;* -s, - (ugs. für: Schnuller); **nu|ckeln** (ugs. für: saugen)

Nu|del, *die;* -, -n; **nu|del|dick** (ugs. für: sehr dick); **Nu|del|holz; nu|deln**

Nu|dis|mus, *der;* - (Freikörperkultur)

Nu|gat, (auch:) Nou|gat [*nugat*], *der* od. *das;* -s, -s (süße Masse aus Zucker, Kakao u. Nüssen od. Mandeln)

nu|k|le|ar (den Atomkern, Kernwaffen betreffend); -e Waffen (Kernwaffen); **Nu|k|le|ar|me|di|zin** (Teilgebiet der Strahlenmedizin)

null; - und nichtig; - Fehler haben; - Uhr; - Komma eins (0,1); die Stunde null; die Temperatur, Stimmung sinkt unter null; wieder bei null (ganz von vorne) anfangen müssen; in null Komma nichts (ugs. für: sehr schnell); [1]**Null,** *die;* -, -en (Ziffer; Wertloses); die Zahl -; er ist eine reine -; [2]**Null,** *der* (auch: *das*); -[s], -s (Skat: Nullspiel); **null|acht|fünf|zehn,** in Ziffern: 08/15 (ugs. für: wie üblich, Allerwelts...); **Null|lö|sung,** (auch:) **Null-Lö|sung** (Politik); **Null ou|vert** [- *uwär*], *der* (auch: *das*); - -[s], - -s [- *uwärß*] (offenes Nullspiel [beim Skat]); **Null‿punkt** (auf dem -), **...ta|rif**

nu|me|rie|ren, Nu|me|rie|rung, (alte Schreibung für:) nummerieren, Nummerierung; **nu|me|risch** (zahlenmäßig; mit Ziffern [verschlüsselt]); **Nu|me|rus** [auch: *nu*...], *der;* -, ...ri (Sprachw.: Zahlform des Hauptwortes [Einz., Mehrz.]; Math.: die zu logarithmierende Zahl); **Nu|me|rus clau|sus** [auch: *nu*...], *der;* - - (zahlenmäßig beschränkte Zulassung [bes. zum Studium])

Nu|mis|ma|tik, *die;* - (Münzkunde)

Num|mer, *die;* -, -n (Zahl; Abk.: Nr.); - fünf; etwas ist Gesprächsthema - eins; auf - Sicher, (auch:) auf - sicher gehen (ugs. für: nichts tun, ohne sich abzusichern);

num|me|rie|ren (beziffern, [be]nummern); **Num|me|rie|rung; Num|mern-kon|to, ...schild** *(das),* **...ta|fel**
nun; von - an; **nun|mehr**
Nun|ti|us, *der;* -, ...ien [...i^e^n] (ständiger Botschafter des Papstes)
nur; - mehr (landsch. für: nur noch)
nu|scheln (ugs.)
Nuss, *die;* -, Nüsse; **Nuss-baum, ...fül|lung, ...kna|cker, ...scha|le** (auch für: kleines Boot)
Nüs|ter [auch: *nü...*], *die;* -, -n (meist *Mehrz.*)
Nut, *die;* -, -en (in der Technik nur so) u. **Nu|te,** *die;* -, -n (Furche, Fuge)
[1]**Nu|t|ria** , *die;* -, -s (Biberratte); [2]**Nu|t|ria,** *der;* -s, -s (Pelz aus dem Fell der [1]Nutria)
Nut|te, *die;* -, -n (derb für: Prostituierte)
nutz; zu nichts - sein (südd., österr. für: zu nichts nütze sein); **Nutz,** *der* (veralt. für: Nutzen); zu Nutz und Frommen; **nutz|bar;** - machen; **Nutz|bar|ma|chung; nutz|brin|gend; nüt|ze;** [zu] nichts -; **Nutz|ef|fekt** (Nutzleistung, Wirkungsgrad); **nut|zen;** du nutzt; **nüt|zen;** du nützt; es nützt mir nichts; **Nut|zen,** *der;* -s; **nütz|lich; Nütz|lich|keit,** *die;* -; **nutz|los; Nutz|nie|ßer; Nutz|pflan|ze; Nut|zung**
Ny|lon® [*nailon*], *das;* -[s], (für: Strumpf auch *Mehrz.:*) -s (haltbare synthet. Textilfaser); **Ny|lon|strumpf**
Nym|phe, *die;* -, -n (gr. Naturgottheit; Zool.: Entwicklungsstufe [der Libelle]); **nym|phen|haft; Nym|phen|sit|tich** (austral. Papagei); **Nym|pho|ma|nie,** *die;* - (übermäßig gesteigerter Geschlechtstrieb bei der Frau); **Nym|pho|ma|nin; nym|pho|ma|nisch**

Oo

O (Buchstabe); das O; des O, die O; aber: das o in Tor
o; vgl. oh
Ω, ω = Omega
O|a|se, *die;* -, -n
[1]**ob;** das Ob und Wann
[2]**ob;** *Verhältnisw.* mit *Wemf.* (veralt., noch landsch. für: oberhalb, über), z. B. - dem Walde, Rothenburg - der Tauber; mit *Wesf.*, seltener mit *Wemf.* (veraltend für: über, wegen), z. B. ob des Glückes, ob gutem Fang erfreut sein
O|b|acht , *die;* -; - geben
Ob|dach, *das;* -[e]s; **ob|dach|los**
Ob|duk|ti|on [...*zion*], *die;* -, -en (Med.: Leichenöffnung); **ob|du|zie|ren**
O-Bei|ne, die (*Mehrz.*); **o-bei|nig,** (auch:) **O-bei|nig**
O|be|lisk, *der;* -en, -en (frei stehender Spitzpfeiler)
o|ben; nach -; die - erwähnte, genannte, stehende Erklärung; das oben Erwähnte, (auch:) das Obenerwähnte; - ohne (ugs. für: busenfrei); **o|ben|an;** - stehen; **o|ben|auf;** - schwimmen; **o|ben|drauf** (ugs.); - liegen; **o|ben|drein; o|ben|drü|ber** (ugs.); **o|ben|durch; o|ben Er|wähn|te;** vgl. oben; **o|ben|hin** (flüchtig)
o|ber; vgl. obere
O|ber, *der;* -s, - ([Ober]kellner; Spielkarte)
O|ber-arm, ...arzt, ...be|klei|dung, ...bür|ger|meis|ter; o|be|re; -r Stock; die ober[e]n Klassen; [1]**O|be|re,** *das;* -n (Höheres); [2]**O|be|re,** *der* u. *die;* -n, -n (Vorgesetzter, Vorgesetzte); **O|ber|flä|che; o|ber|fläch|lich; o|ber|gä|rig;** -es Bier; **O|ber|ge|schoss; o|ber|halb;** *Verhältnisw.* mit *Wesf.;* - des Dorfes; **O|ber-hand** (*die;* -), **...hemd; O|be|rin; O|ber-kie|fer, ...kör|per, ...lauf** (*der;* -[e]s, ...läufe), **...lip|pe, ...schicht, ...schu|le, ...schü|ler; o|berst;**
O|berst, *der;* -en u. -s, -en (seltener: -e); **o|bers|te;** oberstes Stockwerk; das Oberste zuunterst kehren; **O|bers|te,** *der* u. *die;* -n, -n (Vorgesetzter, Vorgesetzte);
O|ber|stüb|chen; meist in: im - nicht ganz richtig sein (ugs. für: nicht ganz normal sein); **O|ber-stu|fe, ...teil** *(das* od. *der),* **...was|ser** (*das;* -s; - haben, bekommen [ugs. für: im Vorteil sein, in Vorteil kommen])
ob|gleich
Ob|hut, *die;* - (geh.)
o|big; der Obige; im Obigen (Amtsspr.: weiter oben)
Ob|jekt, *das;* -[e]s, -e (Ziel, Gegenstand; Sprachw.: Ergänzung); **ob|jek|tiv** (gegenständlich; tatsächlich; sachlich); **Ob|jek|tiv,** *das;* -s, -e [...w^e^] (bei opt. Instrumenten die dem Gegenstand zugewandte Linse); **ob|jek|ti|vie|ren** (von subjektiven Einflüssen befreien; vergegenständlichen); **Ob|jek|ti|vi|tät,** *die;* - (strenge Sachlichkeit)
O|b|la|te, *die;* -, -n (ungeweihte Hostie; dünnes Gebäck; Unterlage für Konfekt, Lebkuchen)
ob|lie|gen [auch *opli...*]; es liegt mir ob, (od., österr. nur:) es obliegt mir
o|b|li|gat (unerlässlich, unentbehrlich); **o|b|li|ga|to|risch** (verbindlich, Zwangs...)
Ob|mann (*Mehrz.* ...männer u. ...leute); **Ob|män|nin**
O|boe, *die;* -, -n (ein Holzblasinstrument)
O|bo|lus, *der;* -, - u. -se (kleine Geldspende)
Ob|rig|keit; von -s wegen
O|b|rist, *der;* -en, -en (veralt. für: Oberst; auch für: Mitglied einer Militärjunta)
ob|schon

Ob|ser|va|to|ri|um, *das;* -s, ...ien [...*i^e^n*] ([astronom., meteorolog., geophysikal.] Beobachtungsstation); **ob|ser|vie|ren** (auch für: polizeilich überwachen)

ob|s|kur (verdächtig; fragwürdig)

Obst, *das;* -[e]s; **Obst|ler, Öbst|ler** (landsch. für: Obsthändler; aus Obst gebrannter Schnaps)

ob|s|zön (unanständig); **Ob|s|zö|ni|tät**

O|bus, *der;* -ses, -se (Kurzform von: Oberleitungsomnibus)

ob|wohl; ob|zwar (veraltend)

och!

Ochs, *der;* -en, -en (landsch. u. österr. für: Ochse); **Och|se,** *der;* -n, -n; **och|sen** (ugs. für: angestrengt arbeiten); du ochst; **Och|sen‿au|ge** (landsch. auch für: Spiegelei), **...tour** (ugs. für: mühselige Arbeit, Laufbahn)

Öchs|le, *das;* -s, - (Maßeinheit für das spezif. Gewicht des Mostes)

o|cker (gelbbraun); eine - Wand; **O|cker,** *der* od. (österr. nur) *das;* -s, - (zur Farbenherstellung verwendete Tonerde; gelbbraune Farbe); in -

öd, öde

O|de, *die;* -, -n (feierliches Gedicht)

ö|de; Ö|de, *die;* -, -n

O|dem, *der;* -s (geh. für: Atem)

Ö|dem, *das;* -s, -e (Gewebewassersucht)

o|der

O|di|um, *das;* -s (übler Beigeschmack, Makel)

Öd|land, *das;* -[e]s

O|dys|see, *die;* -, (für: Irrfahrt auch *Mehrz.:*) ...sseen (gr. Heldengedicht; übertr. für: Irrfahrt)

Œu|v|re [*öwr^(e)^*], *das;* -, -s [*öwr^(e)^*] ([Gesamt]werk eines Künstlers)

O|fen, *der;* -s, Öfen; **O|fen|bank** (*Mehrz.* ...bänke); **o|fen|frisch** (frisch aus dem Backofen)

Off, *das;* - (Fernsehen: das Unsichtbarbleiben des/der Sprechenden); im, aus dem - sprechen

of|fen; ein offener Wein (vom Fass); Tag der offenen Tür; offen sein; das Fenster muss offen bleiben; diese Frage ist offen geblieben; sie mussten ihre Vermögensverhältnisse offen legen; offen halten, lassen, stehen; offen gesagt (frei herausgesagt)

of|fen|bar [auch: ...*bar*]; **of|fen|ba|ren; Of|fen|ba|rung; Of|fen|ba|rungs|eid; of|fen blei|ben, hal|ten;** vgl. offen; **Of|fen|heit; of|fen|her|zig; of|fen|kun|dig** [auch: ...*kun*...]; **of|fen las|sen, le|gen;** vgl. offen; **of|fen|sicht|lich** [auch: ...*sicht*...]

of|fen|siv (angreifend); **Of|fen|si|ve** [...*w^e^*], *die;* -, -n ([milit.] Angriff)

of|fen ste|hen; vgl. offen; **öf|fent|lich;** die -e Meinung; die -e Hand; **Öf|fent|lich|keit,** *die;* -

of|fe|rie|ren (anbieten); **Of|fer|te,** *die;* -, -n (Kaufangebot)

of|fi|zi|ell (amtlich; verbürgt; förmlich); **Of|fi|zier,** *der;* -s, -e; **Of|fi|ziers|an|wär|ter**

off li|mits! (Eintritt verboten!, Sperrzone!); **off|line** [...*lain*] (EDV: getrennt von der Datenverarbeitungsanlage arbeitend); **Off|line|be|trieb**

öff|nen; sich -; **Öff|nung**

Off|set|druck (Flachdruck[verfahren]; *Mehrz.* ...drucke)

o-för|mig, (auch:) **O-för|mig**

oft; öfter, öftest; **öf|ter;** des Öfter[e]n; **öf|ters** (landsch. für: öfter); **oft|ma|lig; oft|mals**

oh!; oh, das ist schade; ein überraschtes Oh; (in Verbindung mit anderen Wörtern oft auch ohne h geschrieben:) oh ja!, oh nein!, (auch:) o ja!, o nein!; **o|ha!**

O|heim, *der;* -s, -e (veralt. für: Onkel)

Ohm, *das;* -[s], - (Maßeinheit für elektr. Widerstand; Zeichen: Ω)

oh|ne; *Verhältnisw.* mit *Wenf.:* ohne ihren Willen; ohne weiteres; ohne Zögern; oben ohne (ugs. für: busenfrei); **oh|ne|dies; oh|ne|ei|n|an|der;** - auskommen; **oh|ne|glei|chen; oh|ne|hin; oh|ne wei|te|res**

Ohn|macht, *die;* -, -en; **ohn|mäch|tig**

o|ho!

Ohr, *das;* -[e]s, -en; **Öhr,** *das;* -[e]s, -e (Nadelloch); **Öhr|chen** (kleines Ohr, Öhr); **Oh|ren|beich|te; oh|ren|be|täu|bend; Oh|ren‿krie|cher** (Ohrwurm), **...sau|sen** (*das;* -s), **...schmalz, ...schmaus** (ugs. für: Genuss für die Ohren), **...schüt|zer, ...ses|sel, ...zeu|ge; Ohr|fei|ge; ohr|fei|gen; Ohr‿läpp|chen, ...mu|schel, ...ring, ...wurm** (ugs. auch für: leicht eingängige Melodie)

o|je!; o|je|mi|ne!

o|kay [*o^u^ke^i^*] (richtig, in Ordnung); **O|kay,** *das;* -[s], -s; sein - geben

Ok|ka|si|on, *die;* -, -en (Kaufmannsspr.: Gelegenheitskauf)

ok|kult (verborgen; geheim); **Ok|kul|tis|mus,** *der;* - (Lehre vom Übersinnlichen)

Ok|ku|pa|ti|on [...*zion*], *die;* -, -en (Besetzung [fremden Gebietes] mit od. ohne Gewalt)

Ö|ko|lo|gie, *die;* - (Lehre von den Beziehungen der Lebewesen zur Umwelt); **ö|ko|lo|gisch**

Ö|ko|no|mie, *die;* -, ...ien (Wirtschaftlichkeit [nur *Einz.*]; wirtschaftl. Struktur; veraltend für: Wirtschaftswissenschaft [nur *Einz.*]); **ö|ko|no|misch**

Ö|ko|sys|tem (zwischen Lebewesen u. ihrem Lebensraum bestehende Wechselbeziehung)

Ok|ta|ve [...w^e], *die;* -, -n (achter Ton [vom Grundton an]; ein Intervall)

Ok|to|ber, *der;* -[s], - (der zehnte Monat des Jahres; Abk.: Okt.)

ok|t|ro|yie|ren [...*troajir^en*] (aufdrängen, aufzwingen)

o|ku|lie|ren (Pflanzen veredeln)

Ö|ku|me|ne, *die;* - (Geogr.: die bewohnte Erde; Theol.: Gesamtheit der Christen, Bewegung der christl. Kirchen zur Einigung in Glaubensfragen); **ö|ku|me|nisch;** -es Konzil (allgemeine kath. Kirchenversammlung)

Ok|zi|dent [auch: ...*dänt*], *der;* -s (Abendland)

Öl, *das;* -[e]s, -e

Old|ti|mer [*o^uldtaim^er*], *der;* -s, - (altes Modell eines Fahrzeugs [bes. Auto]; auch scherzh. für: langjähriges Mitglied, älterer Mann)

O|le|an|der, *der;* -s, - (immergrüner Strauch od. Baum)

ö|len; Öl‿far|be, ...göt|ze; dastehen, dasitzen wie ein - (ugs. für: teilnahms- u. verständnislos dastehen, dasitzen); **ö|lig**

o|liv (olivenfarben); **O|liv,** *das;* -s, - (ugs.: -s); ein Kleid in -; **O|li|ve** [...*w^e*, österr.: ...*f^e*], *die;* -, -n (Frucht des Ölbaumes); **O|li|ven‿baum, ...ern|te**

Öl|kri|se

Ol|le, *der* u. *die;* -n, -n (landsch. für: Alte)

Öl‿pa|pier, ...pest (Verschmutzung von Meeresküsten durch Rohöl), **...raf|fi|ne|rie, ...sar|di|ne**

O|lymp, *der;* -s (Gebirgsstock in Griechenland; Wohnsitz der Götter; scherzh. für: Galerieplatz im Theater); **O|lym|pi|a|de,** *die;* -, -n (Olympische Spiele); **O|lym|pi|a‿mann|schaft, ...sieg, ...sta|di|on; o|lym|pisch** (göttlich, himmlisch; die Olympischen Spiele betreffend)

Öl‿zeug, ...zweig

O|ma, *die;* -, -s (Großmutter)

Om|buds|mann, *der;* -[e]s, ...männer (selten: ...leute; jmd., der die Rechte des Bürgers gegenüber den Behörden wahrnimmt)

O|me|ga, *das;* -[s], -s (gr. Buchstabe [langes O]: *Ω, ω*)

O|me|lett [*oml...*], *das;* -[e]s, -e u. -s u. **O|me|lette** [*omlät*], *die;* -, -n (Eierkuchen)

O|men, *das;* -s, - u. Omina (Vorzeichen; Vorbedeutung); **o|mi|nös** (unheilvoll; anrüchig)

Om|ni|bus, *der;* -ses, -se (Kurzw.: Bus)

O|na|nie, *die;* - (Selbstbefriedigung); **o|na|nie|ren**

On|dit [*ongdi*], *das;* -, -s (Gerücht); einem - zufolge

On|du|la|ti|on [...*zion*], *die;* -, -en (das Wellen der Haare mit der Brennschere); **on|du|lie|ren**

On|kel, *der;* -s, - (ugs. auch: -s); **on|kel|haft**

on|line [...*lain*] (EDV: in direkter Verbindung mit der Datenverarbeitungsanlage arbeitend); **On|line|be|trieb, ...ban|king, ...shop|ping**

O|nyx, *der;* -[es], -e (ein Schmuckstein)

O|pa, *der;* -s, -s (Großvater)

o|pak (fachspr. für: undurchsichtig, lichtundurchlässig)

O|pal, *der;* -s, -e (ein Schmuckstein); **O|pal|glas** (*Mehrz.* ...gläser)

O|pen|air|kon|zert, (auch:) **O|pen-Air-Kon|zert** [*o^up^en-är...*]

O|per, *die;* -, -n

O|pe|ra|teur [...*tör*], *der;* -s, -e (eine Operation vornehmender Arzt; Kameramann; Filmvorführer); **O|pe|ra|ti|on** [...*zion*], *die;* -, -en (chirurg. Eingriff; [milit.] Unternehmung; Rechenvorgang; Verfahren); **o|pe|ra|tiv** (auf chirurgischem Wege, durch Operation; Milit.: strategisch)

O|pe|ret|te, *die;* -, -n (heiteres musikal. Bühnenwerk)

o|pe|rie|ren (einen chirurgischen Eingriff vornehmen; milit. Operationen durchführen; in bestimmter Weise vorgehen; mit etwas arbeiten)

O|pern‿a|rie, ...glas (*Mehrz.* ...gläser), **...gu|cker** (ugs. für: Opernglas); **o|pern|haft**

Op|fer, *das;* -s, -; **Op|fer|be|reit|schaft; op|fern; Op|fer‿sinn** (*der;* -[e]s), **...stock** (in Kirchen aufgestellter Sammelkasten; *Mehrz.* ...stöcke)

O|pi|at, *das;* -[e]s, -e (opiumhaltiges Arzneimittel); **O|pi|um,** *das;* -s (ein Betäubungsmittel u. Rauschgift)

ÖPNV = öffentlicher Personennahverkehr

O|pos|sum, *das;* -s, -s (Beutelratte; deren Fell)

Op|po|nent, *der;* -en, -en (Gegner [im Redestreit]); **op|po|nie|ren** (widersprechen; sich widersetzen)

op|por|tun (angebracht, zweckmäßig); **Op|por|tu|nis|mus,** *der;* - (Anpassen an die jeweilige Lage, Handeln nach Zweckmäßigkeit); **Op|por|tu|nist,** *der;* -en, -en

Op|po|si|ti|on [...*zion*], *die;* -, -en; **op|po|si|ti|o|nell** (gegensätzlich; gegnerisch; zum Widerspruch neigend)

Op|tik, *die;* -, (selten:) -en (Lehre vom Licht; die Linsen enthaltender Teil eines opt. Gerätes; optischer Eindruck, optische Wirkung); **Op|ti|ker** (Hersteller od. Verkäufer von Brillen u. optischen Geräten)

op|ti|mal (bestmöglich); **Op|ti|mis|mus,** *der;* - (Ggs.: Pessimismus); **Op|ti|mist,** *der;* -en, -en; **op|ti|mis|tisch; Op|ti|mum,** *das;* -s, ...tima

(höchster erreichbarer Wert; Biol.: beste Lebensbedingungen)

op|tisch (die Optik, das Sehen betreffend); -e Täuschung (Augentäuschung)

o|pu|lent (reich[lich], üppig)

O|pus, *das;* -, Opera ([musikal.] Werk)

O|ra|kel, *das;* -s, - (Ort, an dem Seherinnen od. Priester Weissagungen verkünden; auch für: die Weissagung selbst); **o|ra|keln** (weissagen)

o|ral (Med.: den Mund betreffend, durch den Mund)

o|ran|ge [*...angsche*] (goldgelb; orangenfarbig); ein - Band; [1]**O|ran|ge,** *die;* -, -n (Apfelsine); [2]**O|ran|ge,** *das;* -, -, (ugs.:) -s (orange Farbe); in -; **O|ran|gea|de** [*orangschade*], *die;* -, -n (Getränk aus Orangen- u. Zitronensaft); **O|ran|geat** [*orangschat*], *das;* -s, -e (eingezuckerte Apfelsinenschalen); **o|ran|gen** [*orangschen*] (svw. orange); -e Bänder

O|rang-U|tan, *der;* -s, -s (ein Menschenaffe)

O|ra|to|ri|um, *das;* -s, ...ien [*...ien*] (episch-dramat. Komposition für Solostimmen, Chor u. Orchester)

Or|bit, *der;* -s, -s (Umlaufbahn)

Or|ches|ter [*orkäß...*, auch: *orchäß...*], *das;* -s, - (Vereinigung einer größeren Zahl von Instrumentalmusiker[inne]n; vertiefter Raum für die Musizierenden vor der Bühne)

Or|chi|dee [auch: ...de], *die;* -, -n (eine exotische Zierpflanze)

Or|den, *der;* -s, - ([klösterliche] Gemeinschaft mit bestimmten Regeln; Ehrenzeichen); **or|dent|lich;** -es (zuständiges) Gericht; **Or|der,** *die;* -, -s od. -n (Befehl; Kaufmannsspr.: Bestellung, Auftrag); **Or|di|nal|zahl** (Ordnungszahl, z. B. »zweite«); **or|di|när** (gewöhnlich; unfein); **Or|di|na|ri|us,** *der;* -, ...ien [*...ien*] (Inhaber eines Lehrstuhls an einer Hochschule); **ord|nen; Ord|ner; Ord|nung; ord|nungs|ge|mäß; ord|nungs|hal|ber; Ord|nungs‿hü|ter** (scherzh. für: Polizist), **...zahl** (für: Ordinalzahl)

Or|gan, *das;* -s, -e (Körperteil; Sinn; Stimme; Beauftragter; Fach-, Vereinsblatt); **Or|ga|ni|sa|ti|on** [*...zion*], *die;* -, -en (Anlage, Aufbau, planmäßige Gestaltung, Einrichtung, Gliederung [nur *Einz.*]; Gruppe, Verband mit bestimmten Zielen); **Or|ga|ni|sa|tor,** *der;* -s, ...oren; **or|ga|ni|sa|to|risch; or|ga|nisch** (belebt, lebendig; auf ein Organ od. auf den Organismus bezüglich); **or|ga|ni|sie|ren** (ugs. auch für: beschaffen); **or|ga|ni|siert** (einer polit. od. gewerkschaftl. Organisation angehörend); **Or|ga|nis|mus,** *der;* -, ...men (Gefüge; einheitliches, gegliedertes [lebendiges] Ganzes [meist *Einz.*]; Lebewesen); **Or|ga|nist,** *der;* -en, -en (Orgelspieler); **Or|ga|nis|tin**

Or|gas|mus, *der;* -, ...men (Höhepunkt der geschlechtl. Erregung)

Or|gel, *die;* -, -n; **Or|gel|pfei|fe;** wie die -n (scherzh. für: in einer Reihe der Größe nach)

Or|gie [*...ie*], *die;* -, -n (ausschweifendes Gelage; Ausschweifung)

O|ri|ent [*ori-änt*, auch: *oriänt*], *der;* -s (die vorder- u. mittelasiat. Länder; östl. Welt); **o|ri|en|ta|lisch** (den Orient betreffend); **o|ri|en|tie|ren;** sich -; **O|ri|en|tie|rungs|sinn,** *der;* -[e]s

o|ri|gi|nal (ursprünglich, echt; urschriftlich); **O|ri|gi|nal,** *das;* -s, -e (Urschrift; Vorlage; Urtext; eigentümlicher Mensch); **o|ri|gi|nal|ge|treu; O|ri|gi|na|li|tät,** *die;* -, (für: Besonderheit auch *Mehrz.*:) -en (Echtheit); **o|ri|gi|nell** (schöpferisch, einzigartig; sonderbar, komisch)

Or|kan, *der;* -[e]s, -e (stärkster Sturm)

Or|kus, *der;* - (Unterwelt)

Or|na|ment, *das;* -[e]s, -e

Or|nat, *der* (auch: *das*); -[e]s, -e (feierl. Amtstracht)

[1]**Ort,** *der;* -[e]s, -e u. (Seemannsspr. u. Math. fachspr.:) Örter (Ortschaft; Stelle)

[2]**Ort,** *das;* -[e]s, Örter (Bergmannsspr.: Ende einer Strecke, Arbeitsort); vor -

or|ten (die Position, Lage ermitteln, bestimmen)

or|tho|dox (recht-, strenggläubig); **Or|tho|gra|phie,** (auch:) Or|tho|gra|fie, *die;* -, ...ien (Rechtschreibung); **Or|tho|pä|de,** *der;* -n, -n (Facharzt für Orthopädie); **Or|tho|pä|die,** *die;* - (Lehre u. Behandlung von Fehlbildungen u. Erkrankungen der Bewegungsorgane); **Or|tho|pä|din**

ört|lich; Ört|lich|keit; Ort|schaft; Orts|ge|spräch; orts|kun|dig; Orts‿na|me, ...sinn (*der;* -[e]s); **Or|tung;** vgl. orten

Os|car, *der;* -[s], -s (ein amerik. Filmpreis)

Ö|se, *die;* -, -n

Os|si, *der;* -s, -s (ugs. für: Ostdeutscher)

[1]**Ost** (Himmelsrichtung); Autobahnausfahrt Saarbrücken Ost, (auch:) Saarbrücken-Ost; [2]**Ost,** *der;* -[e]s, (selten:) -e (geh. für: Ostwind); **Os|ten,** *der;* -s (Himmelsrichtung); gen Osten

os|ten|ta|tiv (betont; herausfordernd)

Os|ter‿brauch, ...ei, ...fest, ...glo|cke; ...ha|se; ös|ter|lich; Os|ter|marsch, *der;* **Os|tern,** *das;* -, - (Osterfest); - fällt früh; fröhliche -!

ọst|lich; - des Waldes, - vom Wald

Ös|t|ro|gen, *das;* -s, -e (ein Hormon)

ọst|wärts; Ọst|wind

¹Ọt|ter, *der;* -s, - (eine Marderart)

²Ọt|ter, *die;* -, -n (eine Schlange); **Ọt|tern|ge|zücht** (bibl.)

Ọt|to|mo|tor® (Vergasermotor)

out [*aut*] (ugs. für: unzeitgemäß, unmodern); **ou|ten** [*autᵉn*]; jmdn. - (jmds. Homosexualität o. Ä. ohne dessen Zustimmung öffentlich bekannt machen); sich -; **Out|fit** [*autfit*], *das;* -[s], -s (Kleidung; Ausrüstung); **Out|put,** *der* (auch: *das*); -s, -s (Wirtsch.: Produktion[smenge]; EDV: Arbeitsergebnisse einer Datenverarbeitungsanlage, Ausgabe); **Out|si|der** [*autßaidᵉr*], *der;* -s, - (Außenseiter)

Ou|ver|tü|re [*uwär...*], *die;* -, -n (instrumentales Eröffnungsstück)

o|val [*ow...*] (eirund, länglich rund); **O|val,** *das;* -s, -e

O|va|ti|on [*owazion*], *die;* -, -en (Huldigung, Beifallskundgebung)

O|ve|r|all [*oᵘwᵉrål*], *der;* -s, -s (einteiliger [Schutz]anzug)

Ọ|xer, *der;* -s, - (Zaun zwischen Viehweiden; Pferdesport: Hindernis bei Springprüfungen)

O|xid, (nichtfachspr. auch:) O|xyd, *das;* -[e]s, -e (Sauerstoffverbindung); **O|xi|da|ti|on** (nichtfachspr. auch:) O|xy|da|ti|on [*...zion*], (Vorgang, auch Ergebnis des Oxidierens); **o|xi|die|ren,** (nichtfachspr. auch:) o|xy|die|ren ([sich] mit Sauerstoff verbinden; Sauerstoff aufnehmen); **O|xyd** usw., vgl. Oxid usw.

O|ze|an, *der;* -s, -e (Weltmeer); **O|ze|an|damp|fer; o|ze|a|nisch** (Meeres...; zu Ozeanen gehörend)

O|ze|lot [auch: *ọz...*], *der;* -s, -e u. -s (ein Raubtier Nord- u. Südamerikas; dessen Pelz)

O|zon, *der* od. (fachspr.:) *das;* -s (bes. Form des Sauerstoffs); **O|zon|loch**

Pp

P (Buchstabe); das P; des P, die P; aber: das p in hupen

Π, π = ¹Pi; ***π*** = ²Pi

¹paar (einige); ein paarmal (auch, bei besonderer Betonung:) ein paar Mal, ein paar Male; die - Groschen; **²paar** (gleich); -e Zahlen; - oder unpaar; **Paar,** *das;* -[e]s, -e (zwei zusammengehörende Personen od. Dinge); ein glückliches -; ein - Schuhe; **paa|ren;** sich -; **Paar|lauf; paar|lau|fen** (nur in der Grundform u. im 2. Mittelw. gebr.); **paar Mal;** vgl. ¹paar u. ¹Mal; **Paarung; paar|wei|se**

Pạcht, *die;* -, -en; **pạch|ten; Päch|ter; Pạcht|ver|trag**

¹Pạck, *der;* -[e]s, -e u. Päcke (Gepacktes; Bündel); **²Pạck,** *das;* -[e]s (abwertend für: Pöbel); **Päck|chen; Pạck|eis** ([übereinander geschobenes] Schollenneis); **pạ|cken; Pạ|cken,** *der;* -s, -; **Pạ|cker; Pạck‿esel** (ugs. für: jmd., dem alles aufgepackt wird), **...pa|pier; Pạ|ckung; Pạckzet|tel**

Pä|d|a|go|ge, *der;* -n, -n (Erzieher, Lehrer; Erziehungswissenschaftler); **Pä|d|a|go|gik,** *die;* - (Erziehungslehre, -wissenschaft); **pä|d|a|go|gisch** (erzieherisch)

Pạd|del, *das;* -s, -; **Pạd|del|boot; pạd|deln**

Pä|d|e|rạst, *der;* -en, -en (Homosexueller mit bes. auf männl. Jugendliche gerichtetem Sexualempfinden)

Pa|el|la [*paälja*], *die;* -, -s (span. Reisgericht)

pạf|fen (ugs. für: rauchen)

Pa|ge [*pascheᵉ*], *der;* -n, -n (livrierter junger [Hotel]diener; früher: Edelknabe); **Pa|gen|kopf**

Pa|go|de, *die;* -, -n (Tempel in Ostasien)

Pail|let|te [*pajätᵉ*], *die;* -, -n (glitzerndes Metallblättchen für Applikationen)

Pa|ket, *das;* -[e]s, -e; **Pa|ket|kar|te**

Pạkt, *der;* -[e]s, -e (Vertrag, Bündnis); **pak|tie|ren** (Vertrag schließen; gemeinsame Sache machen)

Pa|la|din [auch: *pa...*], *der;* -s, -e (oft spött. für: ergebener Anhänger); **Pa|lais** [*palä*], *das;* - [*paläß*], - [*paläß*] (Palast, Schloss); **Pa|lạst,** *der;* -es, Paläste (Schloss; Prachtbau)

Pa|la|ver [*...wᵉr*], *das;* -s, - (ugs. abwertend für: endloses Gerede u. Verhandeln); **pa|la|vern** (ugs.)

Pa|le|tot [*palᵉto*], *der;* -s, -s (taillierter doppelreihiger Herrenmantel; dreiviertellanger Mantel)

Pa|lẹt|te, *die;* -, -n (Mischbrett für Farben; genormtes Lademittel für Stückgüter [Eisenbahn]; übertr. für: bunte Mischung)

Pa|li|sa|de, *die;* -, -n (aus Pfählen bestehendes Hindernis)

Pa|li|san|der, *der;* -s, - (brasilianisches Edelholz)

Pạlm|art, vgl. Palmenart; **Pal|ma|rum** (Palmsonntag); **Pạlm|blatt,** Pạl|men|blatt; **Pạl|me,** *die;* -, -n; **Pạl|men|art; Pạl|men|blatt;** vgl. Palmblatt; **Pạl|men|hain; Pạl|men|zweig,** Pạlmzweig; **Pạlm‿kätz|chen, ...öl** (*das;* -[e]s); **Palm|sọnn|tag** [auch: *pạlm...*]; **Pạlm|zweig;** vgl. Palmenzweig

Pạmp, *der;* -[e]s (nordd. für: Pamps)

Pạm|pa, *die;* -, -s (meist

Mehrz.; baumlose Grassteppe in Südamerika)

Pam|pe, *die;* - (nordd., mitteld. für: Schlamm, Sand- u. Schmutzbrei)

Pam|pel|mu|se [auch: *pampelmuse*], *die;* -, -n (eine Zitrusfrucht)

Pampf, *der;* -[e]s (südd. für: Pamps)

Pam|ph|let, *das,* -[e]s, -e (Streit-, Schmähschrift)

pam|pig (nordd., mitteld. für: breiig; ugs. für: patzig)

Pamps, *der;* -[e]s (landsch. für: dicker, zäher Brei)

Pa|na|de, *die;* -, -n (Weißbrotbrei zur Bereitung von Füllungen; Mischung aus Ei u. Semmelmehl zum Panieren)

Pa|na|ma|hut, *der*

Pa|nier, *das;* -s, -e (veralt. für: Banner; geh. für: Wahlspruch)

pa|nie|ren (in Ei u. Semmelbröseln wenden); **Pa|nier-mehl**

Pa|nik, *die;* -, -en (übermächtige Angst); **pa|nik|ar|tig; Pa|nik|ma|che** (abwertend); **pa|nisch** (lähmend); -er Schrecken

Pan|ne, *die;* -, -n (technischer Schaden; Missgeschick); **Pan|nen|kurs** (Kfz-Wesen)

Pa|n|op|ti|kum, *das;* -s, ...ken (Kuriositäten-, Wachsfigurenkabinett); **Pa|n|o|ra|ma,** *das;* -s, ...men (Rundblick; Rundgemälde; fotogr. Rundaufnahme); **Pa|n|o|ra|ma‿bus, ...fens|ter, ...spie-gel** (Kfz-Wesen)

pan|schen, pant|schen (ugs. für: mischend verfälschen; planschen); du pan[t]schst; **Pan|scher,** Pant|scher (ugs.); **Pan|sche|rei,** Pant-sche|rei (ugs.).

Pan|sen, *der;* -s, - (Magenteil der Wiederkäuer)

Pan|ter; vgl. Panther

Pan|the|is|mus, *der;* - (Weltanschauung, nach der Gott u. Weltall eins sind); **Pan-the|on,** *das;* -s, -s (früher: Tempel für alle Götter; Ehrentempel)

Pan|ther, (auch:) Pan|ter; *der;* -s, - (svw. Leopard)

Pan|ti|ne, *die;* -, -n (nordd. für: Holzschuh, -pantoffel)

Pan|tof|fel, *der;* -s, -n (Hausschuh); **Pan|tof|fel‿blu|me, ...held** (ugs. für: Mann, der von seiner Frau beherrscht wird), **...ki|no** (ugs. scherzh. für: Fernsehen), **...tier|chen** (Biol.)

Pan|to|let|te, *die;* -, -n (Sommerschuh ohne Fersenteil)

[1]**Pan|to|mi|me,** *die;* -, -n (Darstellung einer Szene nur mit Gebärden u. Mienenspiel); [2]**Pan|to|mi|me,** *der;* -n, -n (Darsteller einer Pantomime); **pan|to|mi|misch**

pant|schen usw.; vgl. panschen usw.

Pan|ty [*pänti*], *die;* -, -s [*päntis*] (Miederhose)

Pan|zer (Kampffahrzeug; feste Hülle; früher: Rüstung, Harnisch); **Pan|zer‿faust, ...glas, ...hemd** (hist.), **...kreu|zer; pan|zern; Pan-zer|schrank**

Pa|pa [veraltend u. geh.: *papa*], *der;* -s, -s

Pa|pa|gal|lo, *der;* -[s], -s u. ...lli (it. [junger] Mann, der erotische Abenteuer mit Touristinnen sucht); **Pa|pa|gei,** *der;* -en u. -s, -en (seltener: -e; ein trop. Vogel)

Pap|chen [auch: *pap...*] (Koseform für: Papa)

Pa|per [*pe^ip^er*], *das;* -s, -s (Schriftstück; schriftl. Unterlage); **Pa|per|back** [*pe^ip^erbäk*], *das;* -s, -s (kartoniertes Buch, bes. Taschenbuch)

Pa|pier, *das;* -s, -e; **Pa|pier-deutsch** (umständliches, geschraubtes Deutsch); **pa-pie|ren** (aus Papier); papier[e]ner Stil; **Pa-pier‿geld** (*das;* -[e]s), **...korb, ...krieg** (ugs.); **Pa-pier|ma|schee,** (auch:) **Pa-pier|ma|ché** [*papiemasché*], *das;* -s, -s (verformbare Papiermasse); **Pa|pier‿schere, ...schnit|zel, ...ser|vi|ette, ...ta|schen|tuch, ...ti|ger** (jmd., etw. nur dem Schein nach Gefährliches)

papp; nicht mehr - sagen können (ugs. für: sehr satt sein)

Papp, *der;* -[e]s, -e (landsch. für: Brei; Kleister); **Papp-band,** *der* (in Pappe gebundenes Buch); **Papp|de|ckel,** Pap|pen|de|ckel; **Pap|pe,** *die;* -, -n (steifes, papierähnliches Material)

Pap|pel, *die;* -, -n (ein Laubbaum)

päp|peln (ugs. für: auffüttern); **pap|pen** (ugs. für: kleben); **Pap|pen|de|ckel,** Papp|de|ckel

Pap|pen|hei|mer; nur in: seine - kennen (die Schwächen anderer genau kennen)

Pap|pen|stiel (ugs. für: Wertloses); keinen - (gar nichts) wert sein

pap|per|la|papp!

pap|pig (ugs. für: klebrigfeucht; schlecht durchbacken); **Papp‿ka|me|rad** (ugs. für: Pappfigur für Schießübungen), **...kar|ton; Papp|ma|schee,** (auch:) **Papp|ma|ché** [*...masche*], vgl. Papiermaschee; **Papp-pla|kat,** (auch:) **Papp-Pla-kat**

Pa|p|ri|ka, *der;* -s, -[s] (ein Gewürz [nur *Einz.*]; ein Gemüse); **Pa|p|ri|ka|scho|te**

Papst, *der;* -[e]s, Päpste (Oberhaupt der kath. Kirche); **päpst|lich**

Pa|ra|bel, *die;* -, -n (Gleichnis[rede]; Math.: Kegelschnittkurve); **pa|ra|bo-lisch** (gleichnisweise; Math.: parabelförmig gekrümmt); **Pa|ra|bol‿an-ten|ne, ...spie|gel**

Pa|ra|de, *die;* -, -n (Truppenschau, prunkvoller Aufmarsch; Reitsport: Zügelhilfe bei Gangartwechsel, Anhalten; Sport: Abwehrbewegung); **pa|ra|die|ren**

(Milit.: in einer Parade vorüberziehen)
Pa|ra|dies, *das;* -es, -e (der Garten Eden [nur *Einz.*]; Ort der Seligkeit; Architektur: Portalvorbau an mittelalterl. Kirchen); **Pa|ra|dies|ap|fel** (Zierapfel; landsch. für: Tomate); **pa|ra|die|sisch; Pa|ra|dies|vo|gel**
pa|ra|dox ([scheinbar] widersinnig; ugs. für: absurd); **Pa|ra|dox,** *das;* -es, -e (etwas, was einen Widerspruch in sich enthält)
Pa|r|af|fin, *das;* -s, -e (wachsähnlicher Stoff)
Pa|ra|graf usw.; vgl. Paragraph usw.; **Pa|ra|graph,** (auch:) **Pa|ra|graf,** *der;* -en, -en ([in Gesetzestexten u. a.] fortlaufend nummerierter Absatz, Abschnitt; Zeichen: §, *Mehrz.:* §§); **Pa|ra|gra|phen|rei|ter,** (auch:) **Pa|ra|gra|fen|rei|ter** (abwertend für: sich pedantisch an Vorschriften haltender Mensch)
pa|r|al|lel (gleich laufend, gleichgerichtet; genau entsprechend); - schalten (nebenschalten); [mit etwas] - laufen; parallel laufende Geraden; **Pa|r|al|le|le,** *die;* -, -n (Gerade, die zu einer anderen Geraden in gleichem Abstand u. ohne Schnittpunkt verläuft; Vergleich, vergleichbarer Fall); vier -[n]; **Pa|r|al|le|li|tät,** *die;* -; **Pa|r|al|le|lo|gramm,** *das;* -s, -e (Viereck mit paarweise parallelen Seiten)
Pa|ra|ly|se, *die;* -, -n (Med.: Lähmung)
pa|ra|mi|li|tä|risch (halbmilitärisch, militärähnlich)
Pa|ra|nuss (Nuss eines trop. Baumes)
pa|ra|phie|ren (mit dem Namenszug versehen); **Pa|ra|phie|rung**
Pa|ra|sit, *der;* -en, -en (Schmarotzer[pflanze, -tier]); **pa|ra|si|tär** (schmarotzerhaft; durch Parasiten hervorgebracht)
pa|rat (bereit; fertig); etwas - haben
Pa|ra|ty|phus (Med.: dem Typhus ähnliche Erkrankung)
par|boiled [*par̲beuld*] (vitaminschonend vorbehandelt [vom Reis])
Pär|chen; vgl. Paar
Par|cours [*parkur*], *der;* - [*...kur(ß)*], - [*...kurß*] (Reitsport; Hindernisbahn für Springturniere)
par|dauz!
Par|don [*...dong*], *der* (auch: *das*); -s (veraltend für: Verzeihung; Gnade; Nachsicht); - geben; Pardon! (landsch. für: Verzeihung!)
Pa|r|en|the|se, *die;* -, -n (Sprachw.: Redeteil, der außerhalb des eigtl. Satzverbandes steht; Einschaltung; Klammer[zeichen])
par ex|cel|lence [*par äkßälangß*] (vorzugsweise, vor allem andern, schlechthin)
Par|fum [*...föng*], *das;* -s, -s, **Par|füm,** *das;* -s, -e u. -s (Duft[stoff]); **Par|fü|me|rie,** *die;* -, ...ien (Betrieb zur Herstellung od. zum Verkauf von Parfümen); **par|fü|mie|ren;** sich -
pa|ri (Bankw.: zum Nennwert; gleich)
[1]**pa|rie|ren** ([einen Hieb] abwehren; Reiten: in eine andere Gangart, zum Stehen bringen)
[2]**pa|rie|ren** (unbedingt gehorchen)
Pa|ri|ser, *der;* -s, - (ugs. für: Präservativ)
Pa|ri|tät, *die;* -, -en (Gleichstellung, -berechtigung; Austauschverhältnis zwischen Währungen); **pa|ri|tä|tisch** (gleichgestellt, -berechtigt)
Park, *der;* -s, -s (seltener -e)
Par|ka, *die;* -, -s od. *der;* -s, -s (knielanger, warmer Anorak mit Kapuze)
Park-and-ride-Sys|tem [*parkendraid...*] (eine Form der Verkehrsregelung); **Park|an|la|ge; park|ar|tig; par|ken; Par|ker; Par|kett,** *das;* -[e]s, -e (im Theater meist vorderer Raum zu ebener Erde; Parkettfußboden); **par|ket|tie|ren** (mit Parkettfußboden versehen); **Par|kett|sitz; Park‿haus, ...licht, ...lü|cke; Par|ko|me|ter,** *das;* (auch:) *der;* -s, - (Parkuhr); **Park‿platz, ...uhr**
Par|la|ment, *das;* -[e]s, -e (Volksvertretung); **Par|la|men|tär,** *der;* -s, -e (Unterhändler); **Par|la|men|ta|ri|er** [*...ier*], *der;* -s, - (Mitglied des Parlamentes); **par|la|men|ta|risch; Par|la|men|ta|ris|mus,** *der;* - (Regierungsform, in der die Regierung dem Parlament verantwortlich ist)
par|lie|ren (veraltend für: Konversation machen; in einer fremden Sprache reden)
Par|me|san|kä|se
Pa|r|o|die , *die;* -, ...ien (komische Umbildung ernster Dichtung; scherzh. Nachahmung); **pa|r|o|die|ren; pa|r|o|dis|tisch**
Pa|r|o|don|to|se, *die;* -, -n (älter:) Pa|ra|den|to|se (Med.: Zahnbetterkrankung mit Lockerung der Zähne)
Pa|ro|le, *die;* -, -n (milit. Kennwort; Losung; auch für: Wahlspruch)
Part, *der;* -s, -s (auch: -e; Anteil; Stimme eines Instrumental- od. Gesangstücks); **Par|tei,** *die;* -, -en; **Par|tei‿freund, ...füh|rer, ...ge|nos|se; par|tei|isch** (nicht neutral, nicht objektiv); **par|tei|lich** (im Sinne einer polit. Partei, eine Partei betreffend); **Par|tei|li|nie; par|tei|los; Par|tei|mit|glied; Par|tei|nah|me,** *die;* -, -n; **Par|tei|po|li|tik; par|tei|po|li|tisch; Par|tei‿tag, ...vor|sit|zen|de**
par|terre [*...tär*] (zu ebener

Erde); **Par|ter|re** [...*täre*], *das;* -s, -s (Erdgeschoss)
Par|tie [...*ti*], *die;* -, ...ien (Teil, Abschnitt; bestimmte Bühnenrolle; Kaufmannsspr.: Posten, größere Menge einer Ware); eine gute - machen (reich heiraten); **par|ti|ell** [*parzi...*] (teilweise [vorhanden]); -e Sonnenfinsternis; [1]**Par|ti|kel,** *die;* -, -n (Sprachw.: unbeugbares Wort, z. B. »dort, in, und«); [2]**Par|ti|kel,** *das;* -s, - (auch: *die;* -, -n; Physik: Elementarteilchen); **par|ti|ku|lar, par|ti|ku|lär** (einen Teil betreffend, einzeln); **Par|ti|ku|la|ris|mus,** *der;* - (Sonderbestrebungen staatl. Teilgebiete); **Par|ti|san,** *der;* -s u. -en, -en (bewaffneter Widerstandskämpfer im feindlich besetzten Hinterland); **Par|ti|tur,** *die;* -, -en (Zusammenstellung aller zu einem Musikstück gehörenden Stimmen); **Par|ti|zip,** *das;* -s, -ien (Sprachw.: Mittelwort); **Par|ti|zi|pa|ti|on** [...*zion*], *die;* -, -en (Teilnahme); **par|ti|zi|pie|ren** (Anteil haben, teilnehmen); **Part|ner,** *der;* -s, -; **Part|ne|rin; Part|ner‿land, ...look** (*der;* -s; Mode), **...staat, ...tausch**
par|tout [...*tu*] (ugs. für: durchaus)
Par|ty [*parti*], *die;* -, -s [*partis*]
Par|ze, *die;* -, -n (meist *Mehrz.;* röm. Schicksalsgöttin)
Par|zel|le, *die;* -, -n (vermessenes Grundstück, Baustelle); **par|zel|lie|ren** (in Parzellen zerlegen)
Pasch, *der;* -[e]s, -e u. Päsche (Wurf mit gleicher Augenzahl auf mehreren Würfeln)
Pa|scha, *der;* -s, -s (früherer oriental. Titel; abwertend für: rücksichtsloser, herrischer Mann, der sich von Frauen bedienen lässt)
Pas de deux [*pa de dö*], *der;* - - -, - - - (Tanz od. Ballett für zwei)
Pa|so do|b|le, *der;* - -, - - (ein Tanz)
Pas|pel, *die;* -, -n (selten: *der;* -s, -; schmaler Nahtbesatz bei Kleidungsstücken); **pas|pe|lie|ren, pas|peln** (mit Paspeln versehen)
Pass, *der;* -es, Pässe (Bergübergang; Ausweis; Ballabgabe beim Fußball); vgl. aber: zupass od. zupasse kommen
pas|sa|bel (annehmbar; leidlich); **Pas|sa|ge** [...*saschE*], *die;* -, -n (Durchfahrt, -gang; schnelle Tonfolge in einem Musikstück; fortlaufender Teil einer Rede od. eines Textes); **Pas|sa|gier** [...*ßaschir*], *der;* -s, -e
Pas|sah, *das;* -s (jüd. Fest); **Pas|sah|fest**
Pass|amt
Pas|sant, *der;* -en, -en (Fußgänger; Vorübergehender)
Pas|sat, *der;* -[e]s, -e (gleichmäßig wehender Tropenwind)
pas|sé [*paße*]; vgl. passee
Pas|se, *die;* -, -n (Schulterstück)
pas|see, (auch:) pas|sé (ugs. für: vorbei, abgetan); das ist -
pas|sen (auch Kartenspiel: auf ein Spiel verzichten; bes. Fußball: den Ball genau zuspielen); **Passe|par|tout** [*paß partu*], *das,* schweiz.: *der;* -s, -s (Umrahmung aus leichter Pappe für Grafiken, Zeichnungen u. a.); **Pass‿form, ...fo|to, ...hö|he; pas|sier|bar** (überschreitbar); **pas|sie|ren** (vorübergehen, -fahren; durch-, überqueren; geschehen; Gastr.: durchseihen)
Pas|si|on, *die;* -, -en (Leidensgeschichte Christi; Leidenschaft); **pas|si|o|niert** (leidenschaftlich, begeistert)
pas|siv [auch: ...*if*] (untätig; teilnahmslos; duldend; seltener für: passivisch); **Pas|siv** [auch: ...*if*], *das;* -s, (selten:) -e [...*we*] (Sprachw.: Leideform); **Pas|si|va** [...*wa*], die (*Mehrz.;* Schulden); **pas|si|visch** [...*iwisch*] (Sprachw.: das Passiv betreffend); **Pas|si|vi|tät,** *die;* - (passives Verhalten)
Pas|te, *die;* -, -n (streichbare Masse); **Pas|tell,** *das;* -[e]s, -e (mit Pastellfarben gemaltes Bild); **pas|tel|len; Pas|tell|far|be; pas|tell|far|ben**
Pas|te|te, *die;* -, -n
Pas|teu|ri|sa|ti|on [...*örisazion*], *die;* -, -en (Entkeimung); **pas|teu|ri|sie|ren**
Pas|til|le, *die;* -, -n (Kügelchen, Plätzchen, Pille)
Pas|tor [auch: ...*or*], *der;* -s, ...oren; **pas|to|ral** (seelsorgerisch; feierlich); **Pas|to|rin**
Pa|te, *der;* -n, -n (Taufzeuge; auch für: Patenkind); **Pa|ten|kind**
pa|tent (ugs. für: praktisch, tüchtig, brauchbar); **Pa|tent,** *das;* -[e]s, -e (Urkunde über die Berechtigung, eine Erfindung allein zu verwerten; Bestallungsurkunde eines [Schiffs]offiziers); **pa|ten|tie|ren** (durch ein Patent schützen)
Pa|ter, *der;* -s, Pa|t|res (ugs. auch: -; kath. Ordensgeistlicher); [1]**Pa|ter|nos|ter,** *das;* -s, - (Vaterunser); [2]**Pa|ter|nos|ter,** *der;* -s, - (umlaufender Aufzug)
pa|the|tisch (voller Pathos; feierlich); **Pa|tho|lo|gie,** *die;* - (allgemeine Lehre von den Krankheiten); **pa|tho|lo|gisch** (die Pathologie betreffend; krankhaft); **Pa|thos,** *das;* - (leidenschaftlich-erregter Gefühlsausdruck)
Pa|ti|ence [*paßiangß*], *die;* -, -n [...*angßen*] (Geduldsspiel mit Karten); **Pa|ti|ent** [*paziänt*], *der;* -en, -en (vom Arzt behandelte od. betreute Person)
Pa|tin
Pa|ti|na, *die;* - (grünlicher

Überzug auf Kupfer, Edelrost)
Pa|t|ri|arch, *der;* -en, -en (Erzvater; Titel einiger Bischöfe); **pa|t|ri|ar|cha|lisch** (altväterlich; männlich-autoritativ); **Pa|t|ri|ot,** *der;* -en, -en (jmd., der vaterländisch gesinnt ist); **pa|t|ri|o|tisch; Pa|t|ri|o|tis|mus,** *der;* -
Pa|t|ri|zi|er [...*i*ᵉ*r*], *der;* -s, - ([bes. im Mittelalter] vornehmer, wohlhabender Bürger); **pa|t|ri|zisch**
Pa|t|ron, *der;* -s, -e (Schutzherr, -heiliger; ugs. für: übler Kerl); **Pa|t|ro|ne,** *die;* -, -n (Geschoss u. Treibladung; Behälter für Tinte, Toner o. Ä.; Kapsel mit Kleinbildfilm)
Pa|t|rouil|le [*patrulj*ᵉ], *die;* -, -n (Spähtrupp, Streife); **Pa|t|rouil|len|boot; pa|t|rouil|lie|ren** [*patruljir*ᵉ*n*]
pat|sche|nass, patsch|nass (ugs. für: sehr nass); **Patsch|hand; patsch|nass**
patt (Schach: zugunfähig); - sein; **Patt,** *das;* -s, -s
Pat|te, *die;* -, -n (Taschenklappe)
pat|zen (ugs. für: kleinere Fehler machen); **Pat|zer** (ugs. für: Stümper; Fehler); **Pat|ze|rei** (ugs.); **pat|zig** (ugs. für: unverschämt)
Pau|ke, *die;* -, -n; auf die - hauen (ugs. für: ausgelassen sein); **pau|ken** (auch: ugs. für: angestrengt lernen); **Pau|ker** (Schülerspr. auch für: Lehrer); **Pau|ke|rei** (ugs.)
Paus|ba|cken, die (*Mehrz.;* landsch. für: dicke Wangen); **paus|ba|ckig, paus|bä|ckig**
pau|schal (alles zusammen; rund); **Pau|scha|le,** *die;* -, -n (geschätzte Summe; Gesamtbetrag); **Pausch|be|trag**
[1]**Pau|se,** *die;* -, -n (Ruhezeit)
[2]**Pau|se,** *die;* -, -n (Durchzeichnung); **pau|sen** (durchzeichnen)
pau|sen|los; Pau|sen|zei|chen; pau|sie|ren (innehalten, ruhen, zeitweilig aufhören)
Paus‿pa|pier, ...zeich|nung
Pa|vi|an [...*wi*...], *der;* -s, -e (ein Affe)
Pa|vil|lon [*pawiljong*, österr.: ...*wijong*], *der;* -s, -s (kleiner, frei stehender, meist runder Bau; Ausstellungsgebäude; Festzelt)
Pay-TV [*pe*ⁱ*tiwi*] (nur gegen Gebühr zu empfangendes Privatfernsehen)
Pa|zi|fik [auch: *pa*...], *der;* -s (Pazifischer Ozean); **pa|zi|fisch;** -e Inseln; **Pa|zi|fis|mus,** *der;* - (Ablehnung des Krieges aus religiösen od. ethischen Gründen); **Pa|zi|fist,** *der;* -en, -en; **pa|zi|fis|tisch**
[1]**PC** [*peze*], *der;* -[s], -[s] (Personalcomputer)
[2]**PC,** *die;* - (Political Correctness)
PDS = Partei des Demokratischen Sozialismus
Pea|nuts [*pinats*] (*Mehrz.;* ugs. für: Kleinigkeiten; unbedeutende Geldsumme)
Pech, *das,* -s (seltener: -es), (für: Pecharten *Mehrz.:*) -e; **pech|schwarz** (ugs.); **Pech‿sträh|ne** (Folge unglücklicher Zufälle), **...vo|gel** (ugs. für: Mensch, der [häufig] Pech hat)
Pe|dal, *das;* -s, -e (Fußhebel; Teil an der Fahrradtretkurbel)
Pe|dant, *der;* -en, -en (übergenauer, kleinlicher Mensch); **Pe|dan|te|rie,** *die;* -, ...ien; **pe|dan|tisch**
Ped|dig|rohr (Rohr zum Flechten von Korbwaren)
Pe|dell, *der;* -s, -e (österr. meist: -en, -en; veraltend für: Hausmeister einer [Hoch]schule)
Pe|di|kü|re, *die;* -, -n (Fußpflege; Fußpflegerin); **pe|di|kü|ren**
Peep|show [*pip*-] (entgeltliche Zurschaustellung einer nackten [weiblichen] Person durch das Guckfenster einer Kabine)
Pe|ga|sus, *der;* - (Dichterross)
Pe|gel, *der;* -s, - (Wasserstandsmesser); **Pe|gel‿hö|he, ...stand**
pei|len (die Richtung, Entfernung, Wassertiefe bestimmen)
Pein, *die;* -; **pei|ni|gen; Pei|ni|ger; Pei|ni|gung; pein|lich; Pein|lich|keit; pein|voll**
Peit|sche, *die;* -, -n; **peit|schen**
Pe|ki|ne|se, *der;* -n, -n (Hund einer chin. Rasse)
pe|ku|ni|är (geldlich; Geld...)
Pe|lar|go|nie [...*i*ᵉ], *die;* -, -n (eine Zierpflanze)
Pe|le|ri|ne, *die;* -, -n ([ärmelloser] Umhang; veraltend für: Regenmantel)
Pe|li|kan [auch: ...*an*], *der;* -s, -e (ein Vogel)
Pel|le, *die;* -, -n (landsch. für: Haut, Schale); jmdm. auf die - rücken (ugs. für: jmdn. bedrängen); **pel|len** (landsch. für: schälen); **Pell|kar|tof|fel**
Pelz, *der;* -es, -e; jmdm. auf den - rücken (ugs. für: jmdn. bedrängen); **pelz|be|setzt; pel|zig; pelz|ge|füt|tert; Pelz‿kra|gen, ...man|tel, ...mär|te,** *der;* -s, -n u. **...mär|tel,** *der;* -s, - (südd. für: Knecht Ruprecht), **...ni|ckel** (vgl. Belznickel), **...tier**
Pe|nal|ty [*pän*ᵉ*lti*], *der;* -[s], -s (Strafstoß [bes. im Eishockey])
PEN-Club, P.E.N.-Club, *der;* -s (internationale Schriftstellervereinigung)
Pen|dant [*pangdang*], *das,* -s, -s (Gegenstück); **Pen|del,** *das,* -s, - (um eine Achse od. einen Punkt frei schwingender Körper); **pen|deln** (schwingen; zwischen Wohnort u. Arbeitsplatz hin- u. herfahren); **Pend|ler; Pend|ler|ver|kehr,** *der;* -s

pe|ne|t|rant (durchdringend); **Pe|ne|t|ranz,** *die;* -, -en (Aufdringlichkeit)

pe|ni|bel (peinlich genau)

Pe|ni|cil|lin; vgl. Penizillin

Pe|nis, *der;* -, -se u. Penes (männl. Glied)

Pe|ni|zil|lin, (fachspr. u. österr.:) Pe|ni|cil|lin, *das;* -s, -e (ein Antibiotikum)

Pen|nä|ler, *der;* -s, - (ugs. für: Schüler); **pen|nä|ler|haft**

Penn|bru|der (svw. Penner); [1]**Pen|ne,** *die,* -, -n (ugs. für: behelfsmäßiges Nachtquartier)

[2]**Pen|ne,** *die;* -, -n (Schülerspr.: Schule)

pen|nen (ugs. für: schlafen); **Pen|ner** (ugs. abwertend für: Stadt-, Landstreicher)

Pen|ny [*päni*], *der;* -s, Pennys [*pänis*] (einzelne Stücke) u. Pence [*pänß*] (Wertangabe; brit. Münze)

Pen|si|on [*pangsion, pangßion*[1]], *die;* -, -en (Ruhestand, -gehalt; kleines Hotel); **Pen|si|o|när**[1], *der;* -s, -e (Ruheständler); **Pen|si|o|nat**[1], *das,* -[e]s, -e (Internat, bes. für Mädchen); **pen|si|o|nie|ren**[1] (in den Ruhestand versetzen); **Pen|si|o|nie|rung**[1]; **Pen|si|ons**[1]**‿al|ter, ...an|spruch; pen|si|ons|be|rech|tigt**[1]

Pen|sum, *das;* -s, ...sen u. ...sa (zugeteilte Arbeit; Lehrstoff)

Pen|ta|gon, *das;* -s (amerik. Verteidigungsministerium)

Pent|house [*pänthauß*], *das;* -, -s [*...sis*] (exklusive Dachterrassenwohnung über einem Etagenhaus)

Pep, *der;* -[s] (Schwung, Elan); **Pe|pe|ro|ni,** die (*Mehrz.;* scharfe, kleine [in Essig eingemachte] Paprikaschoten)

Pe|pi|ta, *der* od. *das;* -s, -s (kariertes Gewebe)

Pep|sin, *das;* -s, -e (Enzym des Magensaftes; ein Arzneimittel)

per; - Adresse (Abk.: p. A.; bei); - Bahn; - Eilboten

per|du [*pärdü*] (ugs. für: verloren, weg)

Pe|res|t|ro|i|ka [*...streu...*], *die;* - (Umbildung, Neugestaltung des polit. u. wirtschaftl. Systems in der ehem. UdSSR)

per|fekt (vollendet, vollkommen; abgemacht); **Per|fekt** [auch: *...fäkt*], *das;* -[e]s, -e (Sprachw.: Vorgegenwart, zweite Vergangenheit); **Per|fek|ti|on** [*...zion*], *die;* - (Vollendung, Vollkommenheit); **per|fek|ti|o|nie|ren; Per|fek|ti|o|nis|mus,** *der;* - (übertriebenes Streben nach Vervollkommnung); **per|fek|ti|o|nis|tisch** (in übertriebener Weise Perfektion anstrebend)

per|fid (österr. nur so), **per|fi|de** (niederträchtig); **Per|fi|die,** *die;* -, ...ien

Per|fo|ra|ti|on [*...zion*], *die;* -, -en (Durchbohrung; Lochung; Reiß-, Trennlinie); **per|fo|rie|ren; Per|fo|rier|ma|schi|ne**

Per|ga|ment, *das,* -[e]s, -e (bearbeitete Tierhaut; alte Handschrift); **per|ga|men|ten** (aus Pergament); **Per|ga|ment|pa|pier**

Pe|ri|o|de, *die;* -, -n (Zeitabschnitt;

Menstruation; Satzgefüge); **pe|ri|o|disch** (regelmäßig auftretend, wiederkehrend); **pe|ri|o|di|sie|ren** (in Zeitabschnitte einteilen)

pe|ri|pher (am Rande befindlich, Rand...); **Pe|ri|phe|rie,** *die;* -, ...ien ([Kreis]umfang; Randgebiet, -zone)

Pe|ri|s|kop, *das;* -s, -e (Fernrohr mit geknicktem Strahlengang); **pe|ri|s|ko|pisch**

Per|le, *die;* -, -n; [1]**per|len** (tropfen; Bläschen bilden); [2]**per|len** (aus Perlen); **per|len‿be|setzt, ...be|stickt; Per|len‿fi|scher, ...ket|te, ...tau|cher; Perl|garn; perl|grau; Perl|huhn; per|lig; Perl|mu|schel; Perl|mutt,** *das;* -s u. **Perl|mut|ter,** *das;* -s od. *die;* - (glänzende Innenschicht von Perlmuschel- u. Seeschneckenschalen); **perl|mut|ter|far|ben; Perl|mut|ter|knopf,** Perlmutt|knopf; **perl|mut|tern** (aus Perlmutter); **Perl|mutt|knopf**

Per|lon®, *das;* -s (eine synthet. Textilfaser); **Per|lon|strumpf**

per|ma|nent (ununterbrochen, ständig); **Per|ma|nenz,** *die;* -

Per|nod® [*...no*], *der;* -[s], -[s] (ein alkohol. Getränk)

per pe|des (zu Fuß)

Per|pen|di|kel, *der* od. *das;* -s, - (Uhrpendel; Senk-, Lotrechte)

Per|pe|tu|um mo|bi|le [*...u-um* -], *das;* - -[s], - -[s] u. ...tua ...bilia (utopische Maschine, die ohne Energieverbrauch dauernd Arbeit leistet)

per|plex (ugs. für: verblüfft)

per sal|do (Kaufmannsspr.: als Rest zum Ausgleich [auf einem Konto])

Per|sen|ning, *die;* - (Gewebe für Segel, Zelte u. a.)

Per|ser (Perserteppich)

Per|si|a|ner (Karakulschafpelz); **Per|si|a|ner|man|tel**

Per|si|f|la|ge [*...flasch*[e]], *die;* -, -n (Verspottung); **per|si|f|lie|ren**

Per|si|ko, *der;* -s, -s (Likör aus Pfirsich- od. Bittermandelkernen)

per|sisch; -er Teppich, aber: der Persische Golf

Per|son, *die;* -, -en; **Per|so|na in|gra|ta,** *die;* - - u. Per|so|na non gra|ta, *die;* - - - (unerwünschte Person; Diplomat, dessen Aufenthalt vom Gastland nicht mehr gewünscht wird); **per|so|nal** (persönlich; Persönlichkeits...); im -en Bereich; **Per|so|nal,** *das;* -s (Beleg-

---

[1] Südd., österr. nur, schweiz. meist: *pänsion* usw.

schaft, alle Angestellten eines Betriebes o. Ä.); **Per|so|nal‿aus|weis, ...bü|ro, ...com|pu|ter** u. **Per|so|nal Com|pu|ter,** *der;* - -s, - - (Abk.: PC); **Per|so|na|li|en** [...*iᵉn*], die (*Mehrz.;* Angaben zur Person); **Per|so|nal‿po|li|tik, ...pro|no|men** (Sprachw.: persönliches Fürwort, z. B. »er, wir«), **...uni|on** (Vereinigung mehrerer Ämter in einer Person); **Per|so|na non gra|ta;** vgl. Persona ingrata; **per|so|nell** (das Personal betreffend); **Per|so|nen‿auf|zug, ...kraft|wa|gen** (Abk.: Pkw, auch: PKW), **...scha|den** (Ggs.: Sachschaden), **...stand** (Familienstand), **...ver|kehr, ...wa|gen, ...zug; per|so|ni|fi|zie|ren; Per|so|ni|fi|zie|rung** (Verkörperung); **per|sön|lich** (in [eigener] Person; selbst); **Per|sön|lich|keit**

Per|s|pek|ti|ve [...*wᵉ*], *die;* -, -n (Darstellung von Raumverhältnissen in der ebenen Fläche; Sicht, Blickwinkel; Aussicht [für die Zukunft]); **per|s|pek|ti|visch;** -e Verkürzung

Pe|rü|cke, *die;* -, -n; **Pe|rü|cken|ma|cher**

per|vers [...*wärß*] (abartig, widernatürlich); **Per|ver|si|on,** *die;* -, -en; **Per|ver|si|tät,** *die;* -, -en; **per|ver|tie|ren** (verfälschen; verfälscht werden)

pe|sen (ugs. für: eilen, rennen); du pest, er pes|te

Pe|se|ta, *die;* -, ...ten (frühere span. Währungseinheit; Abk.: Pta); **Pe|so,** *der;* -[s], -[s] (südamerik. Währungseinheit)

Pes|sar, *das,* -s, -e (Med.: Muttermundverschluss zur Empfängnisverhütung)

Pes|si|mis|mus, *der;* - (seelische Gedrücktheit; Schwarzseherei; Ggs.: Optimismus); **Pes|si|mist,** *der;* -en, -en; **pes|si|mis|tisch**

Pest, *die;* - (eine Seuche); **Pest|beu|le; Pes|ti|lenz,** *die;* -, -en (veralt. für: Pest); **Pes|ti|zid,** *das;* -s, -e (Schädlingsbekämpfungsmittel)

Pe|ter|si|lie [...*iᵉ*], *die;* -, -n (ein Küchenkraut)

Pe|ter|wa|gen (ugs. für: Funkstreifenwagen)

Pe|ti|ti|on [...*zion*], *die;* -, -en (Gesuch); **pe|ti|ti|o|nie|ren**

Pe|t|ro|che|mie (Wissenschaft von der chem. Zusammensetzung der Gesteine); **pe|t|ro|che|misch; Pe|t|ro|l|che|mie** (auf Erdöl u. Erdgas beruhende techn. Rohstoffgewinnung in der chem. Industrie); **Pe|t|ro|le|um** [...*leum*], *das;* -s (Destillationsprodukt des Erdöls); **Pe|t|ro|le|um|lam|pe**

Pet|schaft, *das;* -s, -e (Stempel zum Siegeln); **pet|schie|ren** (mit einem Petschaft versiegeln)

Pet|ti|coat [*pätikoᵘt*], *der;* -s, -s (steifer Taillenunterrock)

Pet|ting, *das;* -s, -s (sexuelles Liebesspiel ohne eigentlichen Geschlechtsverkehr)

pet|to; vgl. in petto

Pe|tu|nie [...*iᵉ*], *die;* -, -n (eine Zierpflanze)

[1]**pet|zen** (Schülerspr.: verraten)

[2]**pet|zen** (landsch. für: zwicken)

peu à peu [*pö a pö*] (ugs. für: nach und nach, allmählich)

Pfad, *der;* -[e]s, -e; **Pfäd|chen; Pfad|fin|der; pfad|los**

Pfaf|fe, *der;* -n, -n (abwertend für: Geistlicher)

Pfahl, *der;* -[e]s, Pfähle; **Pfahl|bau** (*Mehrz.* ...bauten); **pfäh|len**

Pfand, *das;* -[e]s, Pfänder; **pfänd|bar; Pfän|der|spiel; Pfand|haus; Pfand|lei|he; Pfand|schein; Pfän|dung**

Pfan|ne, *die;* -, -n; jmdn. in die - hauen (ugs. für: jmdn. erledigen, ausschalten); **Pfann|ku|chen**

Pfarr|amt; Pfar|rei; Pfar|rer; Pfar|re|rin; Pfarr|haus

Pfau, *der;* -[e]s od. -en, -en (österr. auch: -e; ein Vogel); **Pfau|en‿au|ge, ...fe|der, ...rad**

Pfef|fer, *der;* -s, - (eine Pflanze; ein Gewürz); **Pfef|fer‿ku|chen, ...minz**[1] (Likör: *der;* -es, -e; Plätzchen: *das;* -es, -e), **...min|ze**[1] (*die;* - [eine Heil- u. Gewürzpflanze]); **Pfef|fer|minz|tee**[1]; **pfef|fern; Pfef|fe|ro|ni,** *der;* -, - (österr. für: Peperoni)

Pfei|fe, *die;* -, -n; **pfei|fen;** pfiff, gepfiffen; auf etwas - (ugs. für: an etwas nicht interessiert sein)

Pfeil, *der;* -[e]s, -e

Pfei|ler, *der;* -s, -

Pfen|nig, *der;* -[e]s, -e (frühere Münze; Abk.: Pf.); **Pfen|nig‿ab|satz** (ugs. für: hoher, dünner Absatz bei Damenschuhen), **...be|trag, ...fuch|ser** (ugs. für: Geizhals)

Pferch, *der;* -[e]s, -e (Einhegung, eingezäunte Fläche); **pfer|chen**

Pferd, *das;* -[e]s, -e; zu -e; **Pfer|de‿ap|fel, ...ge|biss** (ugs.), **...schwanz** (auch für: eine Frisur), **...stär|ke** (frühere techn. Maßeinheit; Abk.: PS)

Pfiff, *der;* -[e]s, -e

Pfif|fer|ling (ein Pilz); keinen - wert (ugs. für: wertlos) sein

pfif|fig; Pfif|fig|keit, *die;* -; **Pfif|fi|kus,** *der;* -[ses], -se (ugs. für: schlauer Mensch)

Pfings|ten, *das;* -, -; - fällt früh; fröhliche -!; **Pfingst|fest**

Pfir|sich, *der;* -s, -e (Frucht; Pfirsichbaum)

Pflan|ze, *die;* -, -n; **pflan|zen; Pflan|zen|schutz; Pflan|zer; pflanz|lich; Pflan|zung**

Pflas|ter, *das;* -s, -; ein teures - (ugs. für: Stadt mit teuren Lebensverhältnissen); **pflas|tern**

---

[1] Auch: *...min...*

Pflau|me, *die;* -, -n; **pflau|men** (ugs. für: scherzhafte Bemerkungen machen)
Pfle|ge, *die;* -; **Pfle|ge‿el|tern, ...fall** (der), **...geld, ...heim, ...kind; pfle|ge|leicht; Pfle|ge|mut|ter; pfle|gen; Pfle|ger; Pfle|ge|rin; pfle|ge|risch; Pfle|ge|ver|si|che|rung**
Pflicht, *die;* -, -en; **pflicht|be|wusst; Pflicht‿be|wusst|sein, ...ei|fer; pflicht|eif|rig; pflicht|schul|dig** (wie es der Anstand verlangt); **pflicht|ver|si|chert; Pflicht‿ver|si|che|rung, ...ver|tei|di|ger** (Rechtsspr.); **pflicht|wid|rig**
Pflock, *der;* -[e]s, Pflöcke; **pflö|cken**
pflü|cken, Pflü|cker; Pflü|cke|rin
Pflug, *der;* -[e]s, Pflüge; **pflü|gen; Pflü|ger**
Pfor|te, *die;* -, -n; **Pfört|ner**
Pfos|ten, *der;* -s, -; **Pfos|ten|schuss** (Sportspr.)
Pföt|chen; Pfo|te, *die;* -, -n
Pfriem, *der;* -[e]s, -e (ein Werkzeug)
Pfropf, *der;* -[e]s, -e (etw., was den Durchfluss hindert)
[1]**pfrop|fen** (Pflanzen durch ein Pfropfreis veredeln)
[2]**pfrop|fen** (mit einem Pfropfen verschließen); **Pfrop|fen,** *der;* -s, - (Kork, Stöpsel)
Propf|reis (aufgepfropfter Spross)
Pfrün|de, *die;* -, -n (kath. Kirche: Einkommen durch ein Kirchenamt; scherzh. für: [fast] müheloses Einkommen)
Pfuhl, *der;* -[e]s, -e (große Pfütze; Sumpf; landsch. für: Jauche)
pfui!; - Teufel!; **Pfui|ruf**
Pfund, *das;* -[e]s, -e (Gewichtseinheit; Abk.: Pfd.; Zeichen ℔; Währungseinheit [vgl. - Sterling]); **pfun|dig** (ugs. für: großartig, toll); **Pfund Ster|ling** [- *ßtör...*, auch: - *schtär...*], *das;* - -, - - (brit. Währungseinheit; Zeichen u. Abk.: £)
Pfusch, *der;* -[e]s (Pfuscherei); **pfu|schen** (ugs. abwertend für: liederlich arbeiten; österr. für: schwarzarbeiten); **Pfu|scher** (ugs.); **Pfu|sche|rei** (ugs.)
Pfüt|ze, *die;* -, -n
Pha|lanx, *die;* -, ...langen (geschlossene Front)
phal|lisch; Phal|lus, *der;* -, ...lli u. ...llen (auch: -se; männl. Glied)
Phä|no|men, *das;* -s, -e ([Natur]erscheinung; seltenes Ereignis; Wunder[ding]; Genie); **phä|no|me|nal** (ugs. für: außerordentlich)
Phan|ta|sie usw.; vgl. Fantasie usw.; **Phan|tom,** *das;* -s, -e (Trugbild); **Phan|tom|bild** (Kriminalistik: nach Zeugenaussagen gezeichnetes Porträt eines gesuchten Täters)
Pha|rao, *der;* -s, ...onen (ägypt. König); **Pha|ra|o|nen|grab; pha|ra|o|nisch**
Pha|ri|sä|er (Angehöriger einer altjüd., streng gesetzesfrommen Partei; übertr. für: hochmütiger, selbstgerechter Heuchler); **pha|ri|sä|er|haft; Pha|ri|sä|er|tum,** *das;* -s; **pha|ri|sä|isch**
Phar|ma|zeu|tik, *die;* - (Arzneimittelkunde); **phar|ma|zeu|tisch; Phar|ma|zie,** *die;* - (Arzneimittelkunde)
Pha|se, *die;* -, -n (Abschnitt einer [stetigen] Entwicklung, [Zu]stand; Physik: Schwingungszustand beim Wechselstrom)
Phi|l|an|th|rop, *der;* -en, -en (Menschenfreund)
Phi|l|a|te|lie, *die;* - (Briefmarkenkunde); **Phi|l|a|te|list,** *der;* -en, -en; **phi|l|a|te|lis|tisch**
Phil|har|mo|nie, *die;* -, ...ien (Name von musikal. Gesellschaften, von Orchestern u. ihren Konzertsälen); **Phil|har|mo|ni|ker** (Künstler, der in einem philharmonischen Orchester spielt); **Phil|har|mo|ni|ke|rin; phil|har|mo|nisch**
Phi|lis|ter, *der;* -s, - (abwertend für: Spießbürger)
Phi|lo|den|d|ron, *der* (auch: *das*); -s, ...dren (eine Blattpflanze)
Phi|lo|lo|ge, *der;* -n, -n (Sprach- u. Literaturforscher); **Phi|lo|lo|gie,** *die;* -, ...ien (Sprach- u. Literaturwissenschaft); **phi|lo|lo|gisch**
Phi|lo|soph, *der;* -en, -en; **Phi|lo|so|phie,** *die;* -, ...ien (Streben nach Erkenntnis des Zusammenhanges der Dinge in der Welt; Wissenschaft von dieser Erkenntnis); **phi|lo|so|phisch**
Phi|o|le, *die;* -, -n (bauchiges Glasgefäß mit langem Hals)
Phleg|ma, *das;* -s ([Geistes]trägheit, Schwerfälligkeit); **Phleg|ma|ti|ker** (körperlich träger, geistig wenig regsamer Mensch); **phleg|ma|tisch**
Phlox, *der;* -es, -e (eine Zierpflanze)
Pho|bie, *die;* -, ...ien (Med.: krankhafte Angst)
Phon, (auch:) Fon, *das;* -s, -s (Maßeinheit für die Lautstärke); 50 -
Phö|nix, *der;* -[es], -e (Vogel der altägypt. Sage, der sich im Feuer verjüngt u. als Sinnbild ewiger Erneuerung gilt)
Pho|no|kof|fer, (auch:) **Fo|no|kof|fer** (tragbarer Plattenspieler); **Phon|zahl,** (auch:) **Fon|zahl**
Phos|phat, *das;* -[e]s, -e (Salz der Phosphorsäure); **Phos|phor,** *der;* -s (chem. Element, Nichtmetall; Zeichen: P); **Phos|pho|res|zenz,** *die;* - (Nachleuchten vorher bestrahlter Stoffe); **phos|pho|res|zie|ren; phos|phor|hal|tig**
Pho|to usw.; vgl. Foto usw.
Phra|se, *die;* -, -n (leere Redensart, nichts sagende

Äußerung; Redewendung; Musik: selbstständige Tonfolge); **Phra|sen|dre|sche|rei** (abwertend); **phra|sen|haft** (abwertend); **phra|sie|ren** (Musik: der Gliederung der Motive o. Ä. entsprechend interpretieren); **Phra|sie|rung**

Phy|sik, *die;* - (diejenige Naturwissenschaft, die mit mathematischen Mitteln die Grundgesetze der Natur untersucht); **phy|si|ka|lisch;** -e Maßeinheit; **Phy|si|ker; Phy|si|ke|rin; Phy|si|kum,** *das;* -s (Prüfung im Medizinstudium)

Phy|si|o|g|no|mie, *die;* -, ...ien (äußere Erscheinung eines Lebewesens, bes. Gesichtsausdruck)

Phy|si|o|lo|gie, *die;* - (Lehre von den Lebensvorgängen); **phy|si|o|lo|gisch; Phy|si|o|the|ra|peut** (Spezialist für Physiotherapie); **Phy|si|o|the|ra|peu|tin; Phy|si|o|the|ra|pie** (Heilbehandlung mit Wasser, Wärme, Licht, Luft, Massage); **phy|sisch** (in der Natur begründet; natürlich; körperlich)

[1]**Pi,** *das;* -[s], -s (gr. Buchstabe; ***Π, π***); [2]**Pi,** *das;* -[s] (ludolfsche Zahl, die das Verhältnis von Kreisumfang zu Kreisdurchmesser angibt; $\pi = 3{,}1415...$)

Pi|af|fe, *die;* -, -n (Reitsport: Trab auf der Stelle)

pi|a|nis|si|mo (Musik: sehr leise; Abk.: pp); **Pi|a|nist,** *der;* -en, -en (Klavierspieler, -künstler); **Pi|a|nis|tin; pi|a|no** (Musik: leise; Abk.: p); **Pi|a|no,** *das;* -s, -s (Kurzw. für: Pianoforte); **Pi|a|no|for|te,** *das;* -s, -s (veralt. für: Klavier)

Pi|chel|stei|ner Fleisch, *das;* -[e]s (ein Eintopfgericht)

Pick; vgl. [2]Pik

Pi|cke, *die;* -, -n (Spitzhacke); [1]**Pi|ckel,** *der;* -s, - (Spitzhacke)

[2]**Pi|ckel,** *der;* -s, - (Hautpustel)

Pi|ckel|hau|be (früherer [preuß.] Infanteriehelm)

pi|cke|lig, pick|lig

Pick|nick, *das;* -s, -e u. -s (Essen im Freien); **pick|ni|cken;** gepicknickt

pi|co|bel|lo [*piko...*] (ugs. für: tadellos)

piek‿fein (ugs. für: besonders fein), **...sau|ber** (ugs. für: besonders sauber)

piep!; Piep, *der;* nur in ugs. Wendungen wie: einen - haben (nicht recht bei Verstand sein); **pie|pe, piep|egal** (ugs. für: gleichgültig); das ist mir -; **pie|pen;** es ist zum Piepen (ugs. für: es ist zum Lachen); **Pie|pen,** die (*Mehrz.;* ugs. für: Geld); **pieps** (ugs.); er kann nicht mehr -, (auch:) Pieps sagen; **Pieps,** *der;* -es, -e (ugs.); keinen - von sich geben; **piep|sen; piep|sig** (ugs. für: hoch u. dünn (von der Stimme); winzig

Pier, *der;* -s, -e od. -s (Seemannsspr.: *die;* -, -s; Hafendamm; Landungsbrücke)

pie|sa|cken (ugs. für: quälen)

Pi|e|ta, Pi|e|tà [*pi-eta*], *die;* -, -s (Darstellung der Maria mit dem Leichnam Christi auf dem Schoß); **Pi|e|tät** [*pi-e...*], *die;* - (Respekt, taktvolle Rücksichtnahme); **pi|e|tät|los; Pi|e|tät|lo|sig|keit; pi|e|tät|voll; Pi|e|tis|mus** [*pi-e...*], *der;* - (ev. Erweckungsbewegung; auch für: schwärmerische Frömmigkeit); **Pi|e|tist; pi|e|tis|tisch**

Pig|ment, *das;* -[e]s, -e (Farbstoff, -körper); **Pig|men|ta|ti|on,** *die;* -, -en (Färbung)

[1]**Pik,** *der;* -s, -e u. -s (Bergspitze); [2]**Pik,** *der;* -s, -e; nur in: einen - auf jmdn. haben (ugs. für: einen heimlichen Groll gegen jmd. hegen); [3]**Pik,** *das;* -[s] (Spielkartenfarbe); **pi|kant** (scharf [gewürzt]; leicht frivol); **Pi|kan|te|rie,** *die;* -, ...ien; **pi|kan|ter|wei|se**

Pi|ke, *die;* -, -n (Spieß); von der - auf dienen (ugs. für: im Beruf bei der untersten Stellung anfangen); **Pi|kee,** *der* (österr. auch: das); -s, -s ([Baumwoll]gewebe); **pi|ken,** pik|sen (ugs. für: stechen); **pi|kiert** (ein wenig beleidigt)

[1]**Pik|ko|lo,** *der;* -s, -s (Kellnerlehrling); [2]**Pik|ko|lo,** der (auch: das); -s, -s (svw. Pikkoloflöte); **Pik|ko|lo‿fla|sche** (kleine Sektflasche), **...flö|te** (kleine Querflöte)

pik|sen; vgl. piken

Pil|ger (Wallfahrer; auch für: Wanderer); **Pil|ger‿chor** *(der)*, **...fahrt; pil|gern**

Pil|le, *die;* -, -n (nur Einz. auch kurz für: Antibabypille)

Pi|lot, *der;* -en, -en

Pils, *das;* -, - (ugs. Kurzf. von: Pils[e]ner Bier); **Pil|se|ner, Pils|ner,** *das;* -s, - (Bier)

Pilz, *der;* -es, -e

Pi|ment, *der* od. *das;* -[e]s, -e (Nelkenpfeffer, Küchengewürz)

Pim|mel, *der;* -s, - (ugs. für: Penis)

pin|ge|lig (ugs. für: pedantisch)

Ping|pong [österr.: *...pong*], *das;* -s (veralt. für: Tischtennis)

Pin|gu|in, *der;* -s, -e (ein Vogel der Antarktis)

Pi|nie [*...i*[e]], *die;* -, -n (eine Kiefer)

pink; ein - Kleid; **Pink,** *das;* -s, -s (kräftiges Rosa)

Pin|ke, Pin|ke|pin|ke, *die;* - (ugs. für: Geld)

pin|keln (ugs. für: urinieren)

Pin|ke|pin|ke; vgl. Pinke

Pin|scher, *der;* -s, - (Hunderasse)

Pin|sel, *der;* -s, -; **pin|seln**

Pin|te, *die;* -, -n (ugs. für: Lokal)

Pin-up-Girl [*pinapgö*[r]*l*], *das;* -s, -s (leicht bekleidete Frau auf Illustriertenbildern, die man an die Wand heften kann)

Pin|zet|te, *die;* -, -n (Greif-, Federzange)
Pi|o|nier, *der;* -s, -e (Soldat der techn. Truppe; Wegbereiter)
Pipe|line [*paiplain*], *die;* -, -s (Rohrleitung [für Gas, Erdöl]); **Pi|pet|te,** *die;* -, -n (Saugröhre, Stechheber)
Pi|pi, *das;* -s (Kinderspr.); - machen
Pi|ran|ha [*...nja*], Pi|ra|ya, *der;* -[s], -s (ein Raubfisch)
Pi|rat, *der;* -en, -en (Seeräuber)
Pi|ra|ya; vgl. Piranha
Pi|rol, *der;* -s, -e (ein Singvogel)
Pi|rou|et|te [*...ru...*], *die;* -, -n (Tanz, Eiskunstlauf: schnelle Drehung um die eigene Körperachse; Reiten: Drehung in der hohen Schule)
Pirsch, *die;* -, -en (Schleichjagd); **pir|schen**
Piss, *der;* -es u. **Pis|se,** *die;* - (derb für: Harn); **pis|sen** (derb); **Pis|soir** [*pißoar*], *das;* -s, -e u. -s (öffentl. Toilette für Männer)
Pis|ta|zie [*...i^{e}*], *die;* -, -n (ein Baum; essbarer Samenkern des Baumes)
Pis|te, *die;* -, -n (Ski-, Rad- od. Autorennstrecke; Rollbahn auf Flugplätzen; unbefestigter Verkehrsweg [z. B. durch die Wüste])
Pis|to|le, *die;* -, -n (kurze Handfeuerwaffe); wie aus der - geschossen (ugs. für: spontan, sehr schnell)
pit|to|resk (malerisch)
Piz, *der;* -es, -e (Bergspitze)
Piz|za, *die;* -, -s, (auch:) Pizzen; **Piz|ze|ria,** *die;* -, -s, (auch:) -rien (Lokal, in dem hauptsächlich Pizzas angeboten werden)
Pkw, (auch:) **PKW,** *der;* - (selten: -s), -[s] (Personenkraftwagen)
Pla|cke|rei (ugs.)
plad|dern (nordd. für: heftig, in großen Tropfen regnen)
plä|die|ren; Plä|do|yer [*...doaje*], *das;* -s, -s (zusammenfassende Rede des Strafverteidigers od. Staatsanwaltes vor Gericht)
Pla|ge, *die;* -, -n; **Pla|ge|geist** (*Mehrz.* ...geister); **pla|gen;** sich -
Pla|gi|at, *das;* -[e]s, -e (Diebstahl geistigen Eigentums); **Pla|gi|a|tor,** *der;* -s, ...oren
Plaid [*ple^{i}d*], *das* (älter: *der*); -s, -s (wollene [Reise]decke)
Pla|kat, *das;* -[e]s, -e (großformatiger Aushang, Werbeanschlag); **Pla|kat‿säu|le, ...wer|bung; Pla|ket|te,** *die;* -, -n (Kunst: kleine [meist geprägte] Platte mit einer Reliefdarstellung; [rundes] Schildchen zum Anstecken od. Aufkleben)
plan (flach, eben)
Plan, *der;* -[e]s, Pläne (Grundriss; Vorhaben)
Pla|ne, *die;* -, -n ([Wagen]decke)
pla|nen; Pla|ner
Pla|net, *der;* -en, -en (Wandelstern); **Pla|ne|ta|ri|um,** *das;* -s, ...ien [*...i^{e}n*] (Instrument zur Darstellung der Bewegung, Lage u. Größe der Gestirne; auch Gebäude dafür)
pla|nie|ren ([ein]ebnen); **Pla|nier‿rau|pe; Pla|nie|rung**
Plan|ke, *die;* -, -n (starkes Brett, Bohle)
Plän|ke|lei; plän|keln
Plank|ton, *das;* -s (Biol.: Gesamtheit der im Wasser schwebenden niederen Lebewesen)
plan|los; Plan|lo|sig|keit; plan|mä|ßig; Plan|mä|ßig|keit
Plansch|be|cken, (auch:) Plantsch|be|cken; **plan|schen,** (auch:) plant|schen
Plan|ta|ge [*...tasch^{e}*, österr.: *...tasch*], *die;* -, -n ([An]pflanzung, landwirtsch. Großbetrieb)
Plantsch|be|cken, (auch:) Plansch|be|cken; **plant|schen,** plan|schen
Pla|nung
plap|per|haft (ugs.); **Plap|per‿maul** (ugs.), **...mäul|chen** (ugs.); **plap|pern** (ugs.)
plär|ren (ugs.); **Plär|rer** (ugs.)
Plä|sier, *das;* -s, -e (veraltend, noch landsch. für: Vergnügen)
Plas|ma, *das;* -s, ...men (Biol.: Protoplasma; Med.: flüssiger Bestandteil des Blutes; Physik: leuchtendes, elektrisch leitendes Gasgemisch)
[1]**Plas|tik,** *die;* -, -en (Bildhauerkunst; Bildwerk; Med.: operative Wiederherstellung von Organen, Gewebeteilen); [2]**Plas|tik,** *das;* -s (ein Kunststoff); **Plas|tik‿bom|be, ...ein|band; Plas|ti|lin,** *das;* -s (Knetmasse zum Modellieren); **plas|tisch** (knetbar; körperlich, deutlich hervortretend; anschaulich)
Pla|ta|ne, *die;* -, -n (ein Laubbaum)
Pla|teau [*...to*], *das;* -s, -s (Hochebene; Tafelland)
Pla|tin, *das;* -s (chem. Element, Edelmetall; Zeichen: Pt)
Pla|ti|tü|de, (alte Schreibung für:) Plattitüde
pla|to|nisch (nach Art Platos; geistig, unsinnlich); -e Liebe
platsch!; plat|schen; plät|schern; platsch|nass (ugs.)
platt (flach); da bist du -! (ugs. für: da bist du sprachlos!); **Platt,** *das;* -[s] (das Niederdeutsche); **platt|deutsch; Plat|te,** *die;* -, -n; **Plat|tei** (Fachspr.: Sammlung von Platten für eine Adressiermaschine); **Plätt|ei|sen; plät|ten** (landsch. für: bügeln); **Plat|ten‿ar|chiv, ...spie|ler; Platt‿form, ...fuß**
Plat|ti|tü|de, *die;* -, -n (geh. für: Plattheit, Seichtheit)
Platz, *der;* -es, Plätze; **Platz|angst,** *die;* -; **Platz|an|wei|se|rin; Plätz|chen**
plat|zen; plat|zie|ren (aufstellen, an einen bestimmten Platz stellen); **plat|ziert**

(Sportspr.: genau gezielt); **Plat|zie|rung**

Platz‿kar|te, ...kon|zert

Platz‿pa|t|ro|ne, ...re|gen, ...wun|de

Plau|de|rei; plau|dern; Plau|der‿stünd|chen, ...ta|sche (ugs. scherzh.)

Plausch, *der;* -[e]s, -e (bes. südd., österr. für: Plauderei; schweiz. für: Vergnügen); **plau|schen** (bes. südd., österr. für: plaudern)

plau|si|bel (einleuchtend)

Play-back, (auch:) **Play|back** [*pleⁱ-bäk*], *das;* -, -s (Film u. Fernsehen: zusätzliche synchrone Bild- od. Tonaufnahme); **Play|boy** [*pleⁱbeu*], *der;* -s, -s (Mann, der vor allem seinem Vergnügen lebt)

pla|zie|ren usw. (alte Schreibung für:) platzieren usw.

Plebs [auch: *plepß*], *der;* -es (abwertend für: ungebildete Masse; Pöbel)

plei|te (ugs. für: zahlungsunfähig); - sein; **Plei|te,** *die;* -, -n (ugs.); Pleite gehen, - machen

plem|pern (ugs. für: seine Zeit mit nichtigen Dingen hinbringen)

plem|plem (ugs. für: verrückt)

Ple|nar‿sit|zung (Vollsitzung), **...ver|samm|lung** (Vollversammlung); **Ple|num,** *das;* -s, ...nen (Gesamtheit [des Parlaments, Gerichts u. a.], Vollversammlung)

Pleu|el, *der;* -s, - (Technik: Schubstange); **Pleu|el|stan|ge**

Ple|xi|glas® (ein glasartiger Kunststoff)

Plis|see, *das;* -s, -s (in Fältchen gelegtes Gewebe); **plis|sie|ren**

Plock|wurst (eine Dauerwurst)

Plom|be, *die;* -, -n (Bleisiegel, -verschluss; [Zahn]füllung); **plom|bie|ren; Plom|bie|rung**

plötz|lich; Plötz|lich|keit, *die;* -

Plu|der|ho|se; plu|de|rig, plud|rig; **plu|dern** (sich bauschen); **plud|rig**

Plu|meau [*plümo*], *das;* -s, -s (halblanges Federbett)

plump; plumps!; Plumps, *der;* -es, -e (ugs.); **plump|sen** (ugs. für: dumpf fallen)

Plum|pud|ding [*plampud...*] (engl. Süßspeise)

Plun|der, *der,* -s, -n (ugs. für: altes Zeug; Backwerk aus Blätterteig mit Hefe); **Plün|de|rei; Plün|de|rer; plün|dern; Plün|de|rung**

Plün|nen, *die* (*Mehrz.;* nordd. für: [alte] Kleider)

Plu|ral, *der;* -s, -e (Sprachw.: Mehrzahl; Abk.: pl., Pl., Plur.); **Plu|ra|lis|mus,** *der;* - (Vielgestaltigkeit gesellschaftlicher, politischer u. anderer Phänomene); **plu|ra|lis|tisch;** -e Gesellschaft; **plus** (und; zuzüglich; Zeichen + [positiv]; Ggs.: minus); **Plus,** *das;* -, - (Überschuss, Gewinn; Vorteil)

Plüsch [auch: *plü...*], *der;* -[e]s, -e (Florgewebe); **Plüsch‿au|gen** (*Mehrz.;* ugs.), **...de|cke, ...tier**

Plus‿pol, ...punkt

Plus|quam|per|fekt [auch: *...fäkt*], *das;* -s, -e (Sprachw.: Vorvergangenheit)

plus|tern; die Federn -

Plus|zei|chen (Zusammenzähl-, Additionszeichen; Zeichen: +)

Plu|to|ni|um, *das;* -s (chem. Element, Transuran; Zeichen: Pu)

Pneu, *der;* -s, -s (kurz für: Pneumatik); **Pneu|ma|tik,** *der;* -s, -s (österr.: *die;* -, -en; Luftreifen; Kurzform: Pneu); **pneu|ma|tisch** (die Luft, das Atmen betreffend; durch Luft[druck] bewegt, bewirkt); -e Bremse

Po, *der;* -s, -s (kurz für: Popo)

Pö|bel, *der;* -s (Pack, Gesindel); **Pö|bel|lei; pö|beln**

Poch, *das* (auch: *der*); -[e]s (ein Kartenglücksspiel); **po|chen**

po|chie|ren [*poschirᵉn*] (Kochk.: Speisen, bes. aufgeschlagene Eier, in kochendem Wasser garen)

Po|cke, *die;* -, -n (Impfpustel); **Po|cken,** die (*Mehrz.;* eine Infektionskrankheit); **po|cken|nar|big; Po|cken‿schutz|imp|fung, ...vi|rus**

Po|dest, *das* od. *der;* -[e]s, -e (kleines Podium; [Treppen]absatz)

Po|dex, *der;* -es, -e (scherzh. für: Gesäß)

Po|di|um, *das;* -s, ...ien [*...iᵉn*] (trittartige Erhöhung); **Po|di|ums‿dis|kus|si|on, ...ge|spräch**

Po|e|sie [*po-e...*], *die;* -, ...ien (Dichtung; Dichtkunst; Zauber); **Po|e|sie|al|bum; Po|et,** *der;* -en, -en (meist scherzh. für: Dichter); **Po|e|tik,** *die;* -, -en ([Lehre von der] Dichtkunst); **po|e|tisch** (dichterisch)

Po|g|rom, *der* (auch: *das*); -s, -e (Ausschreitungen gegen nationale, religiöse, rassische Gruppen)

Poin|te [*poängtᵉ*], *die;* -, -n (überraschender Schlusseffekt eines Witzes, einer Erzählung); **poin|tie|ren** [*poängtirᵉn*] (betonen); **poin|tiert** (zugespitzt)

Po|kal, *der;* -s, -e (Trinkgefäß mit Fuß; Sportpreis)

Pö|kel, *der;* -s, - ([Salz]lake); **Pö|kel‿fleisch, ...he|ring; pö|keln**

Po|ker, *das,* -s (ein Kartenglücksspiel); **po|kern**

Pol, *der;* -s, -e (Drehpunkt; Endpunkt der Erdachse; Math.: Bezugspunkt; Elektrotechnik: Aus- u. Eintrittspunkt des Stromes); **po|lar** (am Pol befindlich, die Pole betreffend; entgegengesetzt wirkend); **Po|la|ri|sa|ti|on** [*...zion*], *die;* -, -en (gegensätzliches Verhalten von Substanzen od. Erscheinungen); **po|la|ri|sie|ren** (der Polarisation unterwerfen); **Po|la|ri|sie|rung; Po|lar‿kreis, ...licht**

Po|le|mik, *die;* -, -en (wissenschaftl., literar. Auseinandersetzung; [unsachlicher] Angriff); **Po|le|mi|ker; po|le|misch; po|le|mi|sie|ren**

po|len (an einen elektr. Pol anschließen)

Po|len|te, *die;* - (ugs. für: Polizei)

Po|li|ce [*...liße*], *die;* -, -n (Versicherungsschein)

Po|lier, *der;* -s, -e (Vorarbeiter der Maurer u. Zimmerleute; Bauführer)

po|lie|ren (blank, glänzend reiben); **Po|lie|rer**

Po|li|kli|nik [auch: *poli...*] (Krankenhaus[abteilung] für ambulante Behandlung)

Po|lio [auch: *po...*], *die;* - (kurz für: Poliomyelitis); **Po|li|o|my|e|li|tis,** *die;* -, ...itiden (Med.: Kinderlähmung)

Po|lit|bü|ro (Kurzw. für: Politisches Büro; Führungsorgan einer kommunist. Partei)

Po|li|tes|se, *die;* -, -n (Angestellte einer Gemeinde, die bes. die Einhaltung des Parkverbots kontrolliert)

Po|li|tik, *die;* -, (selten:) -en ([Lehre von der] Staatsführung; zielgerichtetes Verhalten); **Po|li|ti|ker; Po|li|ti|ke|rin; po|li|tisch;** - korrekt (alle diskriminierenden Ausdrucksweisen u. Handlungen ablehnend, vermeidend); **po|li|ti|sie|ren** (von Politik reden; politisch behandeln); **Po|li|to|lo|gie,** *die;* - (Wissenschaft von der Politik)

Po|li|tur, *die;* -, -en (Glätte, Glanz; Poliermittel)

Po|li|zei, *die;* -, (selten:) -en; **Po|li|zei‿ak|ti|on, ...be|am|te; po|li|zei|lich;** -es Führungszeugnis; **po|li|zei|wid|rig; Po|li|zist,** *der;* -en, -en (Schutzmann); **Po|li|zis|tin**

Pol|ka, *die;* -, -s (Rundtanz)

Pol|len, *der;* -s, - (Blütenstaub)

Po|lo, *das;* -s (Ballspiel vom Pferd aus); **Po|lo|hemd** (kurzärmeliges Trikothemd)

Po|lo|nä|se, (auch:) **Po|lo|nai|se,** *die;* -, -n (ein Reihentanz)

Pols|ter, *das* u. (österr.) *der;* -s, - u. (österr.:) Pölster (österr. auch für: Kissen); **Pols|te|rer; pols|tern; Pols|te|rung**

Pol|ter|abend; pol|tern

Po|ly|es|ter, *der;* -s, - (ein Kunststoff)

po|ly|fon; vgl. polyphon

Po|ly|ga|mie, *die;* - (Mehr-, Vielehe)

Po|lyp, *der;* -en, -en (ein Nesseltier mit Fangarmen; Med.: [Nasen]wucherung; ugs. für: Polizeibeamter)

po|ly|phon, (auch:) po|ly|fon (Musik: mehrstimmig, vielstimmig); -er Satz

Po|ly|tech|ni|ker (Besucher des Polytechnikums); **Po|ly|tech|ni|kum** (technische Fachhochschule); **po|ly|tech|nisch** (viele Zweige der Technik umfassend)

Po|ma|de, *die;* -, -n ([Haar]fett); **po|ma|dig** (mit Pomade eingerieben; ugs. für: träge, blasiert)

Po|me|ran|ze, *die;* -, -n (Zitrusfrucht, bittere Apfelsine)

Pommes frites [*pomfrit*], *die* (*Mehrz.;* in Fett gebackene Kartoffelstäbchen)

Pomp, *der;* -[e]s (Prunk); **pomp|haft; Pomp|haf|tig|keit,** *die;* -

Pom|pon [*pongpong* od. *pompong*], *der;* -s, -s (knäuelartige Quaste aus Wolle od. Seide)

pom|pös ([übertrieben] prächtig; prunkhaft)

Pon|cho [*pontscho*], *der;* -s, -s (capeartiger [Indianer]mantel)

Pon|ti|fi|kal|amt, *das;* -[e]s (eine von einem Bischof od. Prälaten gehaltene feierl. Messe)

Pon|ton [*pongtong* od. *pontong,* österr.: *ponton*], *der;* -s, -s (Brückenschiff); **Pon|ton‿brü|cke**

[1]**Po|ny** [*poni,* selten: *poni*] *das;* -s, -s, (kleinwüchsiges Pferd)

[2]**Po|ny** *der;* -s, -s (fransenartig in die Stirn gekämmtes Haar)

Po|panz, *der;* -es, -e (abwertend für: Schreckgestalt; willenloser Mensch)

Pop-Art [*pópart*], *die;* - (eine moderne Kunstrichtung)

Pop|corn, *das;* -s (Puffmais)

Po|pe, *der;* -n, -n (Priester der Ostkirche; abwertend für: Geistlicher)

Po|pel, *der;* -s, - (ugs. für: verhärteter Nasenschleim; landsch. für schmutziger kleiner Junge); **po|pe|lig,** pop|lig (ugs. für: knauserig; schäbig, armselig)

Po|pe|lin [*popelin,* österr.: *poplin*], *der;* -s, -e u. **Po|pe|li|ne,** *der;* -s, - u. *die;* -, - (Sammelbez. für feinere ripsartige Stoffe in Leinenbindung)

po|peln (ugs. für: in der Nase bohren)

Pop|far|be; pop|far|ben; Pop‿fes|ti|val, ...kon|zert, ...mo|de, ...mu|sik

Po|po, *der;* -s, -s (Kinderspr. für: Gesäß)

pop|pig (mit Stilelementen der Popart); ein -es Plakat

po|pu|lär (beliebt; volkstümlich; gemeinverständlich); **po|pu|la|ri|sie|ren** (gemeinverständlich darstellen; in die Öffentlichkeit bringen); **Po|pu|la|ri|tät,** *die;* - (Volkstümlichkeit, Beliebtheit)

Po|re, *die;* -, -n (feine [Haut]öffnung); **po|rig**

Por|no, *der;* -s, -s (Kurzf. für: pornograf. Film, Roman u. Ä.); **Por|no|gra|fie,** (auch:) **Por|no|gra|phie,** *die;* - (einseitig das Sexuelle darstellende Schriften od. Bilder);

por|no|gra|fisch, (auch:) **por|no|gra|phisch; Por|no-heft**
po|rös (durchlässig, löchrig)
Por|ree, *der;* -s, -s (eine Gemüsepflanze)
Por|ta|b|le [*pårtebel*], *der,* (auch:) *das;* -s, -s (tragbares Rundfunk- od. Fernsehgerät)
Por|tal, *das;* -s, -e ([Haupt]eingang, [prunkvolles] Tor)
Porte|feuille [*portföj*], *das;* -s, -s (veralt. für: Brieftasche; Mappe; Politik: Geschäftsbereich eines Ministers); **Porte|mon|naie;** vgl. Port-mo|nee
Port|fo|lio, *das;* -s, -s (Wirtschaft: Wertpapierbestand)
Por|ti|er [*...tie,* österr.: *...tir*], *der;* -s, -s u. (österr.:) -e (Pförtner; Hauswart); **Por-ti|e|re,** *die;* -, -n (Türvorhang); **Por|ti|ers|frau** [*...tieß...*]
Por|ti|on [*...zion*], *die;* -, -en; **Por|ti|ön|chen; por|ti|o|nie-ren** (in Portionen einteilen)
Port|mo|nee, (auch:) Porte-mon|naie [*portmone*], *das;* -s, -s (Geldbeutel)
Por|to, *das;* -s, -s u. ...ti; **por-to|frei; por|to|pflich|tig**
Por|t|rät [*...trä*], *das;* -s, -s (Bildnis); **Por|t|rät|auf|nah-me; por|t|rä|tie|ren; Por|t-rät‿ma|ler, ...stu|die**
Port|wein
Por|zel|lan, *das;* -s, -e; **por|zel-la|nen** (aus Porzellan); **Por-zel|lan|fi|gur**
Po|sau|ne, *die;* -, -n (ein Blechblasinstrument); **po-sau|nen; Po|sau|nen‿blä-ser, ...chor** *(der);* **Po|sau-nist,** *der;* -en, -en
Po|se, *die;* -, -n ([gekünstelte] Stellung, Körperhaltung); **po|sie|ren** (eine Pose einnehmen)
Po|si|ti|on [*...zion*], *die;* -, -en (Posten, Stelle; Stellung, Lage; Einzelposten, Punkt; Standort eines Schiffes od. Flugzeuges; Standpunkt, Einstellung); **Po|si|ti|ons-lam|pe; po|si|tiv**[1] (zustimmend; günstig; bestimmt, gewiss); [1]**Po|si|tiv**[1], *das;* -s, -e [*...we*] (Fotogr.: vom Negativ gewonnenes, seitenrichtiges Bild); [2]**Po|si-tiv**[1], *der;* -s, -e [*...we*] Sprachw.: Grundstufe, ungesteigerte Form); **Po|si-tur,** *die;* -, -en ([herausfordernde] Haltung); sich in - setzen, stellen
Pos|se, *die;* -, -n (derb-komisches Bühnenstück); **Pos-sen,** *der;* -s, - (derber, lustiger Streich); - reißen; **pos-sen|haft; pos|sier|lich** (spaßhaft, drollig)
Post, *die;* -; **pos|ta|lisch** (die Post betreffend, durch die Post); **Post|amt; post|amt-lich; Post‿an|wei|sung, ...bank** (*Mehrz.* ...banken), **...bo|te**
Pöst|chen (kleiner Posten); **Pos|ten,** *der;* -s, - (Amt, Stellung; Wache; Rechnungsbetrag; best. Menge einer Ware)
Pos|ter [auch: *poußter*], *das* (auch: *der*); -s, - u. (bei engl. Ausspr.:) -s (plakatartiges, großformatiges Bild)
Post|fach
post|hum, pos|tum (nach jmds. Tod; nachgelassen)
pos|tie|ren (aufstellen); sich -
Pos|til|li|on [*...tiljon,* auch, österr. nur: *pößtiljon*], *der;* -s, -e (früher für: Postkutscher)
Post|kar|te; post|la|gernd; -e Sendungen; **Post|leit|zahl; Post|ler** (südd. u. österr. ugs. für: Postbeamter, -angestellter); **Post-‿scheck; Post|scheck‿amt** (früher für: Postgiroamt; Abk.: PSchA), **...kon|to; Post‿spar|buch, ...spar-kas|se, ...stem|pel**
Pos|tu|lat, *das;* -[e]s, -e (Forderung); **pos|tu|lie|ren**
pos|tum; vgl. posthum

[1] Auch: *...tif*

post|wen|dend; Post‿wert-zei|chen, ...wurf|sen|dung
Pot, *das;* -s (ugs. für: Marihuana)
po|tent (mächtig, einflussreich; zahlungskräftig; Med.: zeugungsfähig); **Po-ten|ti|al** vgl. Potenzial; **po-ten|ti|ell** vgl. potenziell; **Po-tenz,** *die;* -, -en (Leistungsfähigkeit; Zeugungsfähigkeit; Math.: Produkt aus gleichen Faktoren); **Po|ten-zi|al,** (auch:) Po|ten|ti|al, *das;* -s, -e (Leistungsfähigkeit; Physik: Maß für die Stärke eines Kraftfeldes); **po|ten|zi|ell,** (auch:) po|ten-ti|ell (möglich [im Gegensatz zu wirklich]; der Anlage nach); **po|ten|zie|ren** (erhöhen, steigern; Math.: zur Potenz erheben, mit sich selbst vervielfältigen)
Pot|pour|ri [*potpuri,* österr.: *...ri*], *das;* -s, -s (Allerlei; aus populären Melodien zusammengestelltes Musikstück)
Pott, *der;* -[e]s, Pötte (nordd. ugs. für: Topf; [altes] Schiff)
potz Blitz!; potz|tau|send!
Pou|lar|de [*pularde*], *die;* -, -n (junges, verschnittenes Masthuhn)
pous|sie|ren [*pußiren*] (ugs. veraltend für: flirten)
po|w|ern [*pauern*] (sich voll einsetzen); **Po|w|er|play** [*pauerplei*], *das;* -[s] (anhaltender gemeinsamer Ansturm auf das gegnerische Tor beim Eishockey); **Po|w|er|slide** [*pauerßlaid*], *das;* -[s] (eine Kurvenfahrtechnik bei Autorennen)
Pracht, *die;* -; **präch|tig; Präch|tig|keit,** *die;* -; **pracht|voll**
Prä|des|ti|na|ti|on [*...zion*], *die;* - (Vorherbestimmung); **prä|des|ti|nie|ren; prä|des-ti|niert** (vorherbestimmt; wie geschaffen [für etwas])
Prä|di|kat, *das;* -[e]s, -e (Sprachw.: Satzaussage; [gute] Zensur, Beurteilung); **prä|di|ka|tiv** (aussagend)

prägbar; prälgen; Präge⌣pres|se, ...stät|te, ...stem|pel, ...stock (*der;* -[e]s, ...stöcke)
prag|ma|tisch (auf praktisches Handeln gerichtet; sachbezogen)
prä|g|nant (knapp u. treffend); **Prä|g|nanz,** *die;* -
Prä|gung
prä|his|to|risch [auch, österr. nur: *prä...*] (vorgeschichtlich)
prah|len; Prah|ler; Prah|lerei; prah|le|risch
prak|ti|ka|bel (brauchbar; benutzbar; zweckmäßig); **Prak|ti|kant,** *der;* -en, -en (jmd., der ein Praktikum absolviert); **Prak|ti|kan|tin; Prak|ti|ker,** *der;* -s, - (Mann der prakt. Arbeitsweise und Erfahrung; Ggs.: Theoretiker); **Prak|ti|kum,** *das;* -s, ...ka (praktische Übung an der Hochschule; im Rahmen einer Ausbildung außerhalb der [Hoch]schule abzuleistende praktische Tätigkeit); **prak|tisch** (auf die Praxis bezüglich; zweckmäßig; geschickt; tatsächlich); -er Arzt (nicht spezialisierter Arzt, Arzt für Allgemeinmedizin, Abk.: prakt. Arzt); **prak|ti|zie|ren** (in der Praxis anwenden, in die Praxis umsetzen; bes. als Arzt tätig sein; ein Praktikum durchmachen)
Prä|lat, *der;* -en, -en (geistl. Würdenträger)
Pra|li|ne, *die;* -, -n
prall (voll; stramm); **Prall,** *der;* -[e]s, -e (heftiges Auftreffen); **pral|len; prall|voll** (ugs.)
Prä|lu|di|um, *das,* -s, ...ien [...*ien*] (Musik: Vorspiel)
Prä|mie [...*ie*], *die;* -, -n (Belohnung, Preis; [Zusatz]gewinn; Vergütung; Versicherungsbeitrag); **prämi|en|be|güns|tigt;** -es Sparen; **prä|mi|en|spa|ren;** meist nur in der Grundform gebr.; **Prä|mi|en⌣spa|ren** (*das;* -s), **...spar|ver|trag; prä|mie|ren, prä|mi|ie|ren; Prä|mie|rung, Prä|mi|ierung**
pran|gen
Pran|ger, *der;* -s, - (früher für: Schandpfahl)
Pran|ke, *die;* -, -n (Klaue, Tatze)
Prä|pa|rat, *das;* -[e]s, -e (zubereitete Substanz, z. B. Arzneimittel; Biol., Med.: präparierter Organismus od. Teile davon als Demonstrationsobjekt für Forschung u. Lehre); **prä|pa|rieren;** einen Stoff, ein Kapitel - (vorbereiten); sich - (vorbereiten); Körper- od. Pflanzenteile - (Biol., Med.: dauerhaft, haltbar machen od. sachgerecht zerlegen)
Prä|po|si|ti|on [...*zion*], *die;* -, -en (Sprachw.: Verhältniswort)
Prä|rie, *die;* -, ...ien (Grasebene [in Nordamerika])
Prä|sens, *das;* -, ...sentia od. ...senzien [...*ien*] (Sprachw.: Gegenwart); **prä|sent** (anwesend; gegenwärtig); etwas - haben; **Prä|sent,** *das;* -[e]s, -e (Geschenk); **prä|sen|tie|ren** (überreichen; vorlegen; vorstellen); **Prä|senz,** *die;* - (Gegenwart, Anwesenheit)
Prä|ser|va|tiv, *das;* -s, -e [...*we*] (Gummiüberzug für das m. Glied zur Empfängnisverhütung)
Prä|ses, *der;* -, ...sides u. ...siden (geistl. Vorstand eines kath. kirchl. Vereins; Vorsitzender einer ev. Synode); **Prä|si|dent,** *der;* -en, -en (Vorsitzender; Staatsoberhaupt in einer Republik); **Prä|si|den|tin; prä|si|die|ren** (den Vorsitz führen, leiten); **Prä|si|di|um,** *das;* -s, ...ien [...*ien*] (leitendes Gremium; Vorsitz; Amtsgebäude eines [Polizei]präsidenten)
pras|seln
pras|sen (schlemmen)
prä|ten|ti|ös (anspruchsvoll; anmaßend)
Prä|te|r|i|tum, *das;* -s, ...ta (Sprachw.: Vergangenheit)
Prat|ze, *die;* -, -n (svw. Pranke)
Pra|xis, *die;* -, ...xen (nur Einz.: Tätigkeit, Ausübung, Erfahrung, Ggs.: Theorie; Räumlichkeiten für die Berufsausübung best. Berufsgruppen)
prä|zis (österr. nur so), **prä|zise** (genau); **prä|zi|sie|ren** (genau angeben); **Prä|zi|sierung; Prä|zi|si|on,** *die;* - (Genauigkeit)
pre|di|gen; Pre|di|ger; Predigt, *die;* -, -en
Preis, *der;* -es, -e (auch geh. für: Lob); **Preis|aus|schreiben,** *das;* -s, -; **preis|bewusst**
Prei|sel|bee|re
prei|sen; pries, gepriesen
Preis|fra|ge; Preis|ga|be, *die;* -; **preis|ge|ben; preis|gekrönt; Preis⌣ge|richt, ...lage, ...lis|te; Preis-Lohn-Spira|le** (Wirtsch.); **Preis⌣nach|lass** (für: Rabatt), **...schild** *(das),* **...sen|kung, ...stei|ge|rung, ...trä|ger, ...ver|lei|hung; preis|wert**
pre|kär (misslich, schwierig)
Prell⌣ball (ein dem Faustball ähnliches Mannschaftsspiel), **...bock** (Bremsvorrichtung am Ende eines Gleises; beim Prellball zu überspielender Balken); **prel|len; Prel|lung**
Pre|mi|er [*premie, premie*], *der;* -s, -s (Premierminister); **Pre|mi|e|re,** *die;* -, -n (Erst-, Uraufführung); **Pre|miermi|nis|ter** [*premie..., premie...*]
pre|schen
Press|ball (Sportspr.: von zwei Spielern gleichzeitig getretener Ball)
Pres|se, *die;* -, -n (Druck-, Obst-, Ölpresse usw.; ugs. für: Privatschule, die [schwächere Schüler] auf

Prüfungen vorbereitet; nur *Einz.:* Gesamtheit der period. Druckschriften; Zeitungs-, Zeitschriftenwesen); **Pres|se‿a|gen|tur, ...fo|to|graf, ...frei|heit** (*die;* -), **...kon|fe|renz; pres|sen;** du/er presst; presste, gepresst; press!; **pres|sie|ren** (bes. südd., österr. u. schweiz. für: drängen, eilig sein; sich beeilen); **Pres|si|on,** *die;* -, -en (Druck; Zwang); **Press|luft,** *die;* -; **Press|luft‿boh|rer, ...ham|mer; Pres|sung**

Pres|ti|ge [...*isch*[(e)]], *das;* -s (Ansehen, Geltung)

pri|ckeln, pri|ckelnd

Priel, *der;* -[e]s, -e (schmaler Wasserlauf im Wattenmeer)

Priem, *der;* -[e]s, -e (Stück Kautabak); **prie|men** (Tabak kauen)

Pries|ter, *der;* -s, -; **Pries|te|rin; pries|ter|lich**

pri|ma (ugs. für: ausgezeichnet, großartig); ein prima Kerl; **Pri|ma,** *die;* -, ...men (veraltend: eine der beiden oberen Klassen eines Gymnasiums); **Pri|ma|bal|le|ri|na,** *die;* -, ...nen (erste Tänzerin); **Pri|ma|don|na,** *die;* -, ...nnen (erste Sängerin); **Pri|ma|ner,** *der;* -s, - (Schüler der Prima); **Pri|ma|ne|rin; pri|mär** (die Grundlage bildend; ursprünglich, erst...); [1]**Pri|mat,** *der* od. *das;* -[e]s, -e (Vorrang; [Vor]herrschaft; oberste Kirchengewalt des Papstes); [2]**Pri|mat,** *der;* -en, -en (meist *Mehrz.;* Biol.: Herrentier, höchstentwickeltes Säugetier); **Pri|mel,** *die;* -, -n (eine Frühjahrsblume)

pri|mi|tiv (einfach, dürftig; abwertend für: von geringem geistig-kulturellem Niveau); **Pri|mi|ti|ve** [...*w*[e]], *der* u. *die;* -n, -n (meist *Mehrz.;* Angehörige[r] eines Volkes, das auf einer niedrigen Zivilisationsstufe steht); **Pri|mi|ti|vi|tät; Pri|miz,** *die;* -, -en (erste [feierl.] Messe eines neu geweihten kath. Priesters); **Pri|mus,** *der;* -, ...mi u. ...se (Klassenbester); **Prim|zahl** (nur durch 1 und durch sich selbst teilbare Zahl)

Prin|te, *die;* -, -n (ein Gebäck)

Prinz, *der;* -en, -en; **Prin|zen|paar,** *das;* -[e]s, -e (Prinz u. Prinzessin [im Karneval]); **Prin|zes|sin; Prin|zip,** *das;* -s, -ien [...*i*[e]*n*] (seltener: -e; Grundlage; Grundsatz); **prin|zi|pi|ell** (grundsätzlich)

Pri|or, *der;* -s, Prioren ([Kloster]oberer, -vorsteher); **Pri|o|ri|tät,** *die;* -, -en (Vorrang; nur *Einz.:* zeitl. Vorhergehen; bes. Rechtsspr., Wirtsch.: Vorrecht)

Pri|se, *die,* -, -n (kleine Menge): eine - Salz

Pris|ma, *das;* -s, ...men (Math.: vielflächiger Körper; Optik: Licht brechender Körper)

Prit|sche, *die;* -, -n (flaches Schlagholz; hölzerne Liegestätte; Ladefläche eines Lkw)

pri|vat [...*wat*] (persönlich; nicht öffentlich; vertraulich; vertraut); Verkauf an privat; Kauf von privat; eine privat vesicherte Patientin; **Pri|vat‿an|ge|le|gen|heit, ...be|sitz; pri|va|ti|sie|ren** [...*wa*...] (staatl. Vermögen in Privatvermögen umwandeln; vom eigenen Vermögen leben); **Pri|vat‿le|ben** (*das;* -s), **...pa|ti|ent, ...per|son; pri|vat ver|si|chert;** vgl. privat; **Pri|vat|wirt|schaft**

Pri|vi|leg [...*wi*...], *das;* -[e]s, ...ien [...*i*[e]*n*] (auch: -e; Vor-, Sonderrecht)

pro; *Verhältnisw.* mit *Wenf.* (für; je); - Stück; - männlichen Angestellten; **Pro,** *das;* - (Für); das - und Kontra

Pro|band, *der;* -en, -en (Testperson); **pro|bat** (erprobt; bewährt); **Pro|be,** *die;* -, -n; [einen Wagen] Probe fahren; wir sind Probe gefahren; lassen Sie die Maschine Probe laufen; die Bewerberin musste [eine Seite] Probe schreiben; sie hat bei dem Dirigenten Probe gesungen (vorgesungen); **Pro|be‿alarm, ...e|xem|plar; Pro|be fah|ren;** vgl. Probe; **Pro|be|fahrt; Pro|be lau|fen;** vgl. Probe; **pro|ben; Pro|be schrei|ben; Pro|be sin|gen; pro|be|wei|se; Pro|be|zeit; pro|bie|ren** (versuchen, kosten, prüfen)

Pro|b|lem, *das;* -s, -e (zu lösende Aufgabe; Frage[stellung]; Schwierigkeit); **Pro|b|le|ma|tik,** *die;* - (Gesamtheit von Problemen; Schwierigkeit [etwas zu klären]); **pro|b|le|ma|tisch; Pro|b|lem‿be|wusst|sein, ...müll**

Pro|dukt, *das;* -[e]s, -e (Erzeugnis; Ertrag; Folge, Ergebnis); **Pro|duk|ti|on** [...*zion*], *die;* -, -en (Herstellung, Erzeugung); **Pro|duk|ti|ons‿kos|ten** *(die; Mehrz.),* **...zweig; pro|duk|tiv** (ergiebig; fruchtbar, schöpferisch); **Pro|duk|ti|vi|tät** [...*wi*...], *die;* -; **Pro|du|zent,** *der;* -en, -en (Hersteller, Erzeuger); **pro|du|zie|ren** ([Güter] hervorbringen, erzeugen, schaffen); sich - (die Aufmerksamkeit auf sich lenken)

pro|fan (unheilig, weltlich; alltäglich)

Pro|fes|si|on, *die;* -, -en (veralt. für: Beruf; Gewerbe); **Pro|fes|si|o|nal** [*profäsch*[e]*n*[e]*l*], *der;* -s, -s (Berufssportler); **pro|fes|si|o|nell** (berufsmäßig; fachmännisch); **Pro|fes|sor,** *der;* -s, ...oren; **pro|fes|so|ral** (professorenhaft, würdevoll); **Pro|fes|so|rin** [auch: *profäß*...] (im Titel u. in der Anrede auch: Frau Professor); **Pro|fes|sur,** *die;* -, -en (Lehrstuhl, -amt); **Pro|fi,** *der;* -s, -s (Kurzw. für: Professional; jmd., der etw. fachmännisch betreibt); **Pro|fi|bo|xer**

Pro|fil, *das;* -s, -e (Seitenansicht; Längs- od. Querschnitt; Riffelung bei Gummireifen); **pro|fi|lie|ren** (im Querschnitt darstellen); sich -; **pro|fi|liert** (auch für: gerillt, geformt; scharf umrissen; von ausgeprägter Art); **Pro|fi|lie|rung; pro|fil|los**

Pro|fit, *der;* -[e]s, -e (Nutzen; Gewinn; Vorteil); ein Profit bringendes, (auch:) profitbringendes Geschäft, aber nur: ein äußerst profitbringendes Geschäft; **pro|fi|ta|bel; Pro|fit brin|gend,** (auch:) **pro|fit|brin|gend;** vgl. Profit; **pro|fi|tie|ren** (Nutzen ziehen); **Pro|fit|jä|ger**

pro for|ma (der Form wegen, zum Schein)

pro|fund (tief, gründlich)

Pro|g|no|se, *die;* -, -n (Vorhersage [des Krankheitsverlaufes, des Wetters usw.]); **pro|g|nos|tisch** (vorhersagend); **pro|g|nos|ti|zie|ren; Pro|g|nos|ti|zie|rung**

Pro|gramm, *das;* -s, -e (Plan; Darlegung von Grundsätzen; Ankündigung; Spiel-, Sende-, Fest-, Arbeits-, Vortragsfolge; Tagesordnung; EDV: Folge von Anweisungen für einen Computer); **pro|gram|ma|tisch** (dem Programm gemäß; richtungweisend); **pro|gramm|ge|mäß; pro|gram|mie|ren** ([im Ablauf] festlegen; [einen Computer] mit einem Programm versorgen); **Pro|gram|mie|rer** (Fachmann, der Schaltungen u. Programme für Computer erarbeitet); **Pro|gram|mie|rung**

Pro|gress, *der;* -es, -e (Fortschritt); **Pro|gres|si|on,** *die;* -, -en (Fortschreiten, [Stufen]folge, Steigerung); **pro|gres|siv** (stufenweise fortschreitend, sich entwickelnd; fortschrittlich)

Pro|hi|bi|ti|on [*...zion*], *die;* -, -en (Verbot, bes. von Alkoholherstellung u. -abgabe)

Pro|jekt, *das;* -[e]s, -e (Plan[ung], Entwurf, Vorhaben); **pro|jek|tie|ren; Pro|jek|til,** *das;* -s, -e (Geschoss); **Pro|jek|ti|on** [*...zion*], *die;* -, -en (Darstellung auf einer Fläche; Vorführung mit dem Projektor); **Pro|jek|tor,** *der;* -s, ...oren (Bildwerfer); **pro|ji|zie|ren** (auf einer Fläche darstellen; mit dem Projektor vorführen)

Pro|kla|ma|ti|on [*...zion*], *die;* -, -nen (amtl. Bekanntmachung; Aufruf); **pro|kla|mie|ren**

Pro-Kopf-Ver|brauch

Pro|ku|ra, *die;* -, ...ren (Handlungsvollmacht; Recht, den Geschäftsinhaber zu vertreten); **Pro|ku|rist,** *der;* -en, -en (Inhaber einer Prokura)

Pro|let, *der;* -en, -en (abwertend für: ungebildeter, ungehobelter Mensch); **Pro|le|ta|ri|at,** *das;* -[e]s, -e (Gesamtheit der Proletarier); **Pro|le|ta|ri|er** [*...ier*], *der;* -s, - (Angehöriger der wirtschaftlich unselbstständigen, besitzlosen Klasse); **pro|le|ta|risch**

Pro|log, *der;* -[e]s, -e (Einleitung; Vorwort, -spiel, -rede)

Pro|me|na|de, *die;* -, -n (Spaziergang, -weg); **Pro|me|na|den‿deck, ...mi|schung** (ugs. scherzh. für: nicht reinrassiger Hund); **pro|me|nie|ren** (spazieren gehen)

pro mil|le (für tausend, für das Tausend, vom Tausend; Abk.: p. m., v. T.; Zeichen: ‰); **Pro|mil|le,** *das;* -[s], - (Tausendstel)

pro|mi|nent (bedeutend, maßgebend); **Pro|mi|nen|te,** *der* u. *die;* -n, -n (bekannte Persönlichkeit); **Pro|mi|nenz,** *die;* - (Gesamtheit der Prominenten)

Pro|mo|ter [*...moutər*], *der;* -s, - (Veranstalter von Berufssportwettkämpfen); [1]**Pro|mo|ti|on** [*...zion*], *die;* -, -en (Erlangung, Verleihung der Doktorwürde); [2]**Pro|mo|tion** [*promouschən*], *die;* - (Wirtsch.: Absatzförderung durch gezielte Werbemaßnahmen); **pro|mo|vie|ren** [*...wirən*] (die Doktorwürde erlangen, verleihen)

prompt (unverzüglich)

Pro|no|men, *das;* -s, - u. (älter:) ...mina (Sprachw.: Fürwort)

Pro|pa|gan|da, *die;* - (Werbung für polit. Grundsätze, kulturelle Belange od. wirtschaftl. Zwecke); **Pro|pa|gan|da|film; Pro|pa|gan|dist,** *der;* -en, -en (jmd., der Propaganda treibt); **pro|pa|gan|dis|tisch; pro|pa|gie|ren** (verbreiten, für etwas werben)

Pro|pan, *das;* -s (ein Brenn-, Treibgas); **Pro|pan|gas**

Pro|pel|ler, *der;* -s, - (Antriebsschraube bei Schiffen od. Flugzeugen)

pro|per (sauber; ordentlich)

Pro|phet, *der;* -en, -en; **Pro|phe|tie,** *die;* -, ...ien (Weissagung); **pro|phe|tisch** (seherisch, vorausschauend); **pro|phe|zei|en** (voraussagen); **Pro|phe|zei|ung**

pro|phy|lak|tisch (vorbeugend, verhütend)

Pro|por|ti|on [*...zion*], *die;* -, -en ([Größen]verhältnis); **pro|por|ti|o|nal** (verhältnismäßig; in gleichem Verhältnis stehend; entsprechend); **pro|por|ti|o|niert** (bestimmte Proportionen aufweisend); **Pro|porz,** *der;* -es, -e (Verteilung von Sitzen u. Ämtern nach dem Stimmenverhältnis bzw. dem Verhältnis der Partei- od. Konfessionszugehörigkeit; bes. österr. u. schweiz. für: Verhältniswahlsystem)

Propst, *der;* -[e]s, Pröpste

(Kloster-, Stiftsvorsteher; Superintendent)
Pro|sa, *die;* - (Text in ungebundener Form; übertr. für: Nüchternheit); **Pro|sa|dichtung; pro|sa|isch** (in Prosa [abgefasst]; oft abwertend für: nüchtern)
Pro|sec|co, *der;* -[s], -s (ein it. Schaum-, Perl- od. Weißwein)
pro|sit!, prost! (wohl bekomms!); **Pro|sit,** *das;* -s, -s u. Prost, *das;* -[e]s, -e (Zutrunk)
Pro|s|pekt, *der* (österr. auch: *das*); -[e]s, -e (Werbeschrift; Ansicht [von Gebäuden u. a.])
prost!; vgl. prosit!; **Prost!;** vgl. Prosit
Pro|s|ta|ta, *die;* - (Vorsteherdrüse)
pros|ten
pro|s|ti|tu|ie|ren (herabwürdigen); sich - (sich preisgeben); **Pro|s|ti|tu|ier|te,** *die* u. *der;* -n, -n (jmd., der der Prostitution nachgeht); **Pro|s|ti|tu|ti|on** [...*zion*], *die;* - (gewerbsmäßige Ausübung sexueller Handlungen)
Pro|te|gé [...*tesche*], *der;* -s, -s (Günstling; Schützling); **pro|te|gie|ren** [...*teschir^{e}n*]
Pro|te|in, *das;* -s, -e (einfacher Eiweißkörper)
Pro|tek|ti|on [...*zion*], *die;* -, -en (Förderung; Schutz); **Pro|tek|ti|o|nis|mus,** *der;* - (Politik, die die inländische Wirtschaft begünstigt); **pro|tek|ti|o|nis|tisch; Pro|tek|to|rat,** *das;* -[e]s, -e (Schirmherrschaft; Schutzherrschaft; unter Schutzherrschaft stehendes Gebiet)
Pro|test, *der;* -[e]s, -e (Einspruch, Missfallensbekundung); **Pro|test|ak|ti|on; Pro|tes|tant,** *der;* -en, -en (Angehöriger des Protestantismus); **Pro|tes|tan|tin; pro|tes|tan|tisch** (Abk.: prot.); **Pro|tes|tan|tis|mus,** *der;* - (Gesamtheit der auf die Reformation zurückgehenden ev. Kirchengemeinschaften); **pro|tes|tie|ren** (Einspruch erheben); **Pro|test‿kund|ge|bung, ...song**
Pro|the|se, *die;* -, -n (Ersatzglied; Zahnersatz)
Pro|to|koll, *das;* -s, -e (förml. Niederschrift, Tagungsbericht; Beurkundung einer Aussage, Verhandlung u. a.; Gesamtheit der im diplomat. Verkehr gebräuchl. Formen); **Pro|to|kol|lant,** *der;* -en, -en ([Sitzungs]schriftführer); **Pro|to|kol|lan|tin; pro|to|kol|la|risch; pro|to|kol|lie|ren** (ein Protokoll aufnehmen; beurkunden)
Pro|to|plas|ma, *das;* -s (Biol.: Lebenssubstanz aller pflanzl., tier. u. menschl. Zellen); **Pro|to|typ** [selten: ...*tüp*], *der;* -s, -en (Muster; Urbild; Inbegriff); **pro|to|ty|pisch** (urbildlich)
Protz, *der;* -en u. -es, -e[n] (ugs. für: Angeber); **prot|zen; Prot|ze|rei; prot|zig**
Pro|ve|ni|enz [...*weniänz*], *die;* -, -en (Herkunft, Ursprung)
Pro|vi|ant [...*wi*...], *der;* -s, (selten:) -e ([Mund]vorrat; Wegzehrung; Verpflegung); **Pro|vi|ant|wa|gen**
Pro|vinz [...*winz*], *die;* -, -en (auch abwertend für: [kulturell] rückständige Gegend); **pro|vin|zi|ell** (abwertend für: hinterwälderisch); **Pro|vinz|ler** (abwertend für: Provinzbewohner; [kulturell] rückständiger Mensch)
Pro|vi|si|on [...*wi*...], *die;* -, -en (Vergütung [für Geschäftsbesorgung], [Vermittlungs]gebühr); **pro|vi|so|risch** (vorläufig); **Pro|vi|so|ri|um,** *das;* -s, ...ien [...*i^{e}n*] (vorläufige Einrichtung; Übergangslösung)
pro|vo|kant (herausfordernd); **Pro|vo|ka|teur** [*prowokatör*], *der;* -s, -e (jmd., der provoziert); **Pro|vo|ka|ti|on** [...*zion*], *die;* -, -en (Herausforderung; Aufreizung); **pro|vo|ka|tiv, pro|vo|ka|to|risch** (herausfordernd); **pro|vo|zie|ren** (herausfordern; aufreizen); **Pro|vo|zie|rung**
Pro|ze|dur, *die;* -, -en (Verfahren, [schwierige, unangenehme] Behandlungsweise)
Pro|zent, *das;* -[e]s, -e ([Zinsen, Gewinn] vom Hundert, Hundertstel; Abk.: p. c., v. H.; Zeichen: %); **Pro|zent|satz** (best. Anzahl von Prozenten); **pro|zen|tu|al** (im Verhältnis zum Hundert, in Prozenten ausgedrückt)
Pro|zess, *der;* -es, -e (Vorgang, Ablauf; gerichtl. Durchführung von Rechtsstreitigkeiten); **pro|zes|sie|ren** (einen Prozess führen); **Pro|zes|si|on,** *die;* -, -en ([feierl. kirchl.] Umzug, Bitt- od. Dankgang)
prü|de (zimperlich, spröde [in sexueller Beziehung]); **Prü|de|rie,** *die;* - (Zimperlichkeit, Ziererei)
prü|fen; Prü|fer; Prüf|ling; Prü|fung; Prü|fungs‿fra|ge, ...ter|min
[1]**Prü|gel,** *der;* -s, - (Stock); [2]**Prü|gel,** *die* (*Mehrz.;* ugs. für: Schläge); **Prü|ge|lei** (ugs.); **Prü|gel|kna|be** (jmd., der anstelle des Schuldigen bestraft wird); **prü|geln; Prü|gel|stra|fe**
Prunk, *der;* -[e]s; **prun|ken; prunk‿süch|tig, ...voll**
prus|ten (stark schnauben)
Psalm, *der;* -s, -en; **psal|m|o|die|ren** (Psalmen vortragen; eintönig singen)
pseu|d|o|nym (unter einem Decknamen [verfasst]); **Pseu|d|o|nym,** *das;* -s, -e (Deckname, Künstlername)
Psy|che, *die;* -, -n (Seele); **psy|che|de|lisch** (in einem [durch Rauschmittel hervorgerufenen] euphorischen, tranceartigen Gemütszustand befindlich; Glücksgefühle hervorrufend); **Psy|ch|i|a|ter,** *der;* -s,

- (Facharzt für Psychiatrie); **Psy|ch|i|a|t|rie,** *die;* -, ...ien (Lehre von den seelischen Störungen, von den Geisteskrankheiten); **psy|ch|i|a|t-risch; psy|chisch** (seelisch); **Psy|cho|a|na|ly|se,** *die;* - (Verfahren zur Untersuchung u. Behandlung unbewusster seelischer Vorgänge); **Psy|cho|a|na|ly|ti-ker** (die Psychoanalyse anwendender Psychologe, Arzt); **Psy|cho|a|na|ly|ti|ke-rin; psy|cho|a|na|ly|tisch; Psy|cho|lo|ge,** *der;* -n, -n; **Psy|cho|lo|gie,** *die;* - (Wissenschaft von den psych. Vorgängen); **Psy|cho|lo|gin; psy|cho|lo|gisch; Psy|cho-path,** *der;* -en, -en (jmd., der an Psychopathie leidet); **Psy|cho|pa|thie,** *die;* - (Abweichen des geistig-seel. Verhaltens von der Norm); **psy|cho|pa|thisch; Psy|cho-se,** *die;* -, -n (krankhafte geistig-seelische Störung); **Psy|cho|the|ra|peut,** *der;* -en, -en (Facharzt od. Psychologe, der Psychotherapie anwendet); **Psy|cho|the|ra-peu|tin; psy|cho|the|ra-peu|tisch; Psy|cho|the|ra-pie,** *die;* -, ...ien (seel. Heilbehandlung)

Pub [*pap*], *das* (auch: *der*); -s, -s (Kneipe)

pu|ber|tär (mit der Pubertät zusammenhängend); **Pu-ber|tät,** *die;* - ([Zeit der eintretenden] Geschlechtsreife); **Pu|ber|täts|zeit; pu-ber|tie|ren** (sich in der Pubertät befinden)

Pu|b|li|ci|ty [*pablißiti*], *die;* - (Öffentlichkeit; Reklame, öffentl. Verbreitung); **Pub-lic|re|la|tions,** (auch:) **Pu|b-lic Re|la|tions** [*pablik rileⁱ-schᵉns*], *die* (*Mehrz.;* Öffentlichkeitsarbeit; Kontaktpflege); **pu|b|lik** (öffentlich; allgemein bekannt); **Pu|b|li-ka|ti|on** [*...zion*], *die;* -, -en (Veröffentlichung, Schrift); **Pu|b|li|kum,** *das;* -s; **Pu|b|li-kums‿er|folg, ...ver|kehr; pu|b|li|zie|ren** (veröffentlichen; seltener für: publik machen); **Pu|b|li|zist,** *der;* -en, -en (polit. Schriftsteller; Tagesschriftsteller; Journalist); **Pu|b|li|zis|tik,** *die;* -; **pu|b|li|zis|tisch**

Puck, *der;* -s, -s (Hartgummischeibe beim Eishockey)

Pud|ding, *der;* -s, -e u. -s (eine Süß-, Mehlspeise); **Pud-ding|pul|ver**

Pu|del, *der;* -s, - (ein Hund); **Pu|del|müt|ze; pu|del|wohl** (ugs.); sich - (sehr wohl) fühlen

Pu|der, *der;* -s, -; **pu|dern; Pu-der|zu|cker**

[1]**Puff,** *der* (auch: *das*); -s, -s (ugs. für: Bordell); [2]**Puff,** *der;* -[e]s, Püffe u. (seltener:) Puffe (ugs. für: Stoß); **puf-fen** (bauschen; ugs. für: stoßen); **Puf|fer** (federnde, Druck u. Aufprall abfangende Vorrichtung [an Eisenbahnwagen u. a.]); **Puff‿mut|ter** (*Mehrz.* ...mütter; ugs. für: Leiterin eines Bordells), **...reis** (*der;* -es)

pu|len (nordd. für: bohren, herausklauben)

Pulk, *der;* -[e]s, -s (selten auch: -e; Verband von Kampfflugzeugen od. milit. Kraftfahrzeugen; Anhäufung)

Pul|le, *die;* -, -n (ugs. für: Flasche)

pul|len (nordd. für: rudern)

Pul|li, *der;* -s, -s (ugs. für: Pullover); **Pul|l|o|ver** [*...owᵉr*], *der;* -s, -; **Pul|l|un|der,** *der;* -s, - (kurzer, ärmelloser Pullover, der über Bluse oder Hemd getragen wird)

Puls, *der;* -es, -e (Aderschlag; Pulsader am Handgelenk); **Puls|a|der** (Schlagader); **pul|sen, pul|sie|ren** (schlagen, klopfen; an- u. abschwellen); **Puls|schlag**

Pult, *das;* -[e]s, -e

Pul|ver [*...fᵉr*], *das;* -s, -; **Pül-ver|chen; Pul|ver|fass; pul-ver|fein; pul|ve|rig,** pulvrig; **pul|ve|ri|sie|ren** (zu Pulver zerreiben); **Pul|ver-schnee; pulv|rig;** vgl. pulverig

Pum|mel, *der;* -s, - (ugs. für: rundliches Kind); **Pum|mel-chen; pum|me|lig, pumm-lig** (ugs. für: dicklich)

Pump, *der;* -s, -e (ugs. für: Borg); **Pum|pe,** *die;* -, -n; **pum|pen** (ugs. auch für: borgen)

Pum|per|ni|ckel, *der;* -s, - (ein Schwarzbrot)

Pump|ho|se

Pumps [*pömpß*], *der;* -, - (ausgeschnittener Damenschuh mit höherem Absatz)

Pun|ching|ball [*pantsching...*] (Übungsball für Boxer)

Punk [*pangk*], *der;* -[s], -s (Jugendlicher, der durch sein auffallendes Äußeres eine antibürgerliche Haltung zur Schau trägt; *nur Einz.:* Punkrock); **Pun|ker,** *der;* -s, - (svw. Punk); **Pun-ke|rin; pun|kig; Punk|rock** [*pangk-*] (hektisch-aggressiver [2]Rock der Punks)

Punkt, *der;* -[e]s, -e (Abk.: Pkt.); **Pünkt|chen; punk-ten; punkt|gleich** (Sportspr.); **punk|tie|ren** (mit Punkten versehen, tüpfeln; Med.: eine Punktion ausführen); **Punk|ti|on** [*...zion*], Punk|tur, *die;* -, -en (Med.: Einstich in eine Körperhöhle zur Entnahme von Flüssigkeiten); **pünkt|lich; Pünkt|lich|keit,** *die;* -; **Punkt‿sieg** (Sportspr.), **...spiel** (Sportspr.); **punk|tu-ell** (punktweise; einzelne Punkte betreffend); **Punk-tum;** nur in: und damit -! (und damit Schluss!); **Punk-tur;** vgl. Punktion

Punsch, *der;* -[e]s, -e (auch: Pünsche; ein alkohol. Getränk)

Pu|pil|le, *die;* -, -n

Püpp|chen; Pup|pe, *die;* -, -n; **Pup|pen‿haus, ...wa|gen; pup|pig** (ugs. für: niedlich)

pur (rein, unverfälscht, lauter)
Pü|ree, *das;* -s, -s (Brei); **pü|rie|ren** (zu Püree machen)
pu|ri|ta|nisch (sittenstreng)
Pur|pur, *der;* -s (hochroter Farbstoff; purpurfarbiges, prächtiges Gewand); **pur|purn** (purpurfarben); **pur|pur|rot**
Pur|zel, *der;* -s (kleines Kind); **Pur|zel|baum; pur|zeln**
pus|se|lig, pussllig (ugs. für: Geschicklichkeit verlangend); **pus|seln** (ugs. für: sich mit Kleinigkeiten beschäftigen); **puss|lig,** vgl. pusselig
Pus|te, *die;* - (ugs. für: Atem); **Pus|te|blu|me**
Pus|tel, *die;* -, -n (Eiterbläschen)
pus|ten (landsch.)
Pu|te, *die;* -, -n (Truthenne); **Pu|ter** (Truthahn); **pu|ter|rot**
Putsch, *der;* -[e]s, -e (polit. Handstreich); **put|schen; Put|schist,** *der;* -en, -en
Put|te, *die;* -, -n (bild. Kunst: nackte Kinderfigur [mit Flügeln])
Putz, *der;* -es; **put|zen; Putz|frau**
put|zig (ugs. für: drollig; sonderbar)
Putz‿lap|pen, ...wol|le
puz|zeln [*paßeln*] (Puzzlespiele machen; mühsam zusammensetzen); **Puz|zle** [*paßel*], *das;* -s, -s (Geduldsspiel)
Pyg|mäe, *der;* -n, -n (Angehöriger einer zwergwüchsigen Bevölkerungsgruppe in Afrika)
Py|ja|ma [*pü(d)sch...*, *pi(d)sch...*, auch: *püj...*], *der,* (österr. u. schweiz. auch:) *das;*-s, -s (Schlafanzug)
Py|lon, *der;* -en, -en (torähnlicher, tragender Pfeiler einer Hängebrücke; kegelförmige, bewegliche Absperrmarkierung auf Straßen)
Py|ra|mi|de, *die;* -, -n (ägypt. Grabbau; geometr. Körper); **py|ra|mi|den|för|mig**
Py|ro|ma|ne, *der;* -n, -n (an Pyromanie Leidender); **Py|ro‿ma|nie** (*die;* -; krankhafter Brandstiftungstrieb), **...tech|nik** (*die;* -; Herstellung u. Gebrauch von Feuerwerkskörpern)

Qq

Q [*ku;* österr.: *kwe,* in der Math.: *ku*] (Buchstabe); das Q; des Q, die Q; aber: das q in verquer
quab|be|lig, quabblig (nordd. für: schwabbelig); **quab|beln; quabb|lig;** vgl. quabbelig
Quack|sal|ber (abwertend für: Kurpfuscher); **quack|sal|bern**
Quad|del, *die;* -, -n (juckende Anschwellung)
Qua|der, *der,* -s, - (seltener: *die;* -, -n; ein von sechs Rechtecken begrenzter Körper; behauener [viereckiger] Bruchsteinblock); **Qua|der|stein**
Qua|d|rat, *das;* -[e]s, -e (Viereck mit vier rechten Winkeln u. vier gleichen Seiten; zweite Potenz einer Zahl); **qua|d|ra|tisch; Qua|d|rat‿ki|lo|me|ter** (Zeichen: km^2, älter: qkm), **...lat|schen** (ugs. scherzh. für: große, unförmige Schuhe); **...me|ter** (Zeichen: m^2); **Qua|d|ra|tur,** *die;* -, -en (Verfahren zur Flächenberechnung); **qua|d|rie|ren** (Math.: eine Zahl in die zweite Potenz erheben); **Qua|d|ro|fo|nie** usw.; vgl. Quadrophonie usw.; **Qua|d|ro|pho|nie,** (auch:) **Qua|d|ro|fo|nie,** *die;* - (Vierkanalstereophonie); **qua|d|ro|pho|nisch,** (auch:) **qua|d|ro|fo|nisch**
quak!; qua|ken; quä|ken
Quä|ker, *der;* -s, - (Angehöriger einer Sekte); **quä|ke|risch**
Qual, *die;* -, -en; **quä|len;** sich -; **Quä|le|rei; quä|le|risch; Quäl|geist,** *der;* -[e]s, ...geister (ugs.)
Qua|li|fi|ka|ti|on [*...zion*], *die;* -, -en (Befähigung[snachweis]; Teilnahmeberechtigung); **qua|li|fi|zie|ren** (bezeichnen; befähigen); sich - (sich eignen; sich als geeignet erweisen); **qua|li|fi|ziert; Qua|li|tät,** *die;* -, -en (Beschaffenheit, Güte, Wert); **qua|li|ta|tiv** (dem Wert, der Beschaffenheit nach)
Qual|le, *die;* -, -n (Nesseltier); **qual|lig;** eine -e Masse
Qualm, *der;* -[e]s; **qual|men**
qual|voll
Quant, *das;* -s, -en (Physik: kleinste Energiemenge); **Quänt|chen** (eine kleine Menge); ein - Glück; **Quan|ti|tät,** *die;* -, -en (Menge, Größe); **quan|ti|ta|tiv** (mengenmäßig); **Quan|tum,** *das;* -s, ...ten (bestimmte Menge)
Qua|ran|tä|ne [*karant...*], *die;* -, -n (vorübergehende Isolierung von Personen od. Tieren, die eine ansteckende Krankheit haben [könnten])
Quark, *der;* -s (Weißkäse; ugs. für: Unsinn, Wertloses)
Quart, *die;* -, -en; Quar|te, *die;* -, -n (Musik: vierter Ton [vom Grundton an]; Intervall im Abstand von 4 Stufen); **Quar|ta,** *die;* -, ...ten (veraltend für: dritte Klasse eines Gymnasiums); **Quar|tal,** *das;* -s, -e (Vierteljahr);
Quar|tal[s]‿ab|schluss, ...säu|fer (ugs.); **Quar|ta|ner** (Schüler der Quarta); **Quar|ta|ne|rin; Quar|te;** vgl. Quart; **Quar|tett,** *das;* -[e]s, -e (Musikstück für vier Stimmen od. vier Instrumente; auch für: die vier Ausführenden; ein Kartenspiel); **Quar|tier,** *das;* -s, -e (Unterkunft)

Quarz, *der;* -es, -e (ein Mineral)
qua|si (sozusagen)
Quas|se|lei, *die;* - (ugs. für: [dauerndes] Gerede); **quas|seln** (ugs. für: unaufhörlich reden); **Quas|sel|strip|pe,** *die;* -, -n (ugs. abwertend für: jmd., der ständig quasselt; scherzh. veraltend für: Telefon)
Quas|te, *die;* -, -n (Troddel, Schleife)
Quatsch, *der;* -[e]s (ugs. für: dummes Gerede; Unsinn); **quat|schen** (ugs.); **Quatschkopf** (ugs. abwertend)
queck (landsch. für: quick); **Que|cke,** *die;* -, -n (lästiges Ackerunkraut); **Queck|silber** (chem. Element, Metall; Zeichen: Hg)
Quell, *der;* -[e]s, -e (geh. für: Quelle); **Quel|le,** *die;* -, -n; [1]**quel|len;** quoll, gequollen (aufschwellen; [unter Druck] hervordringen, sprudeln); Wasser quillt; [2]**quel|len;** quellte, gequellt (im Wasser weichen lassen); Bohnen -; **quell|frisch; Quell|ge|biet**
Quen|ge|lei (ugs.); **quen|ge|lig,** queng|lig (ugs.); **quengeln** (ugs. für: weinerlich nörgelnd immer wieder um etwas bitten)
Quent|chen (alte Schreibung für:) Quäntchen
quer; kreuz und -; ihm ist alles quer gegangen (ugs. für: missglückt); sollte sich jemand quer legen, quer stellen (ugs. für: sich widersetzen); einer muss doch immer quer schießen (ugs. für: Schwierigkeiten machen); einen Wechsel quer schreiben (bes. Bankw.: akzeptieren); ein quer gestreifter Pullover; **quer|beet** (ugs.); **quer|durch;** er ist - gelaufen; **Que|re,** *die;* - (ugs.); in die - kommen (ugs.)
Que|re|le, *die;* -, -n (meist *Mehrz.;* Streiterei)
quer|feld|ein; Quer|feld|ein‿lauf, ...ren|nen; Quer‿flö|te, ...for|mat; quer ge|hen, quer gestreift; vgl. quer; **Quer‿kopf** (ugs. für: jmd., der immer anders handelt, sich nicht einordnet); **quer legen;** vgl. quer; **Querpass** (Sportspr.); **quer schie|ßen;** vgl. quer; **Quer|schnitt; quer|schnitt[s]|ge|lähmt; quer schrei|ben;** vgl. quer; **quer stel|len;** vgl. quer; **Quer|trei|ber** (jmd., der etwas zu durchkreuzen sucht)
Que|ru|lant, *der;* -en, -en (starrköpfiger Nörgler)
Quer|ver|bin|dung
Quet|sche, *die;* -, -n (landsch. für: Zwetsche)
quet|schen; Quetsch‿fal|te, ...kom|mo|de (ugs. scherzh. für: Ziehharmonika); **Quetschung**
Queue [*kö*], *das* (auch: *der*); -s, -s (Billardstock)
quick (landsch. für: lebendig, schnell); **quick|le|ben|dig** (ugs.); **Quick|stepp** [*kwikßtäp*], *der;* -s, -s (ein Tanz)
quie|ken, quiek|sen
quiet|schen; quietsch|vergnügt (ugs. für: sehr vergnügt)
Quint, Quin|te, *die;* -, -en (Musik: fünfter Ton [vom Grundton an]; Intervall im Abstand von 5 Stufen); **Quin|ta,** *die;* -, ...ten (veraltend für: zweite Klasse eines Gymnasiums); **Quinta|ner** (Schüler der Quinta); **Quin|ta|ne|rin; Quin|te;** vgl. Quint; **Quint|es|senz,** *die;* -, -en ([als Ergebnis] das Wesentliche einer Sache); **Quin|tett,** *das;* -[e]s, -e (Musikstück für fünf Stimmen od. fünf Instrumente; auch für: die fünf Ausführenden)
Quirl, *der;* -[e]s, -e; **quir|len; quir|lig** (ugs. für: lebhaft, unruhig)
quitt (ausgeglichen, fertig, befreit); wir sind - (ugs.)
Quit|te [österr. auch: *kit*ᵉ], *die;* -, -n (ein Obstbaum; dessen Frucht); **quit|te|gelb** od. **quit|ten|gelb**
quit|tie|ren ([den Empfang] bestätigen; veraltend für: [ein Amt] niederlegen); **Quit|tung** (Empfangsbescheinigung)
Quiz [*kwiß*], *das;* -, - (Frage-und-Antwort-Spiel); **Quizmas|ter,** *der;* -s, -
Quo|te, *die;* -, -n (Anteil [von Personen], der bei Aufteilung eines Ganzen auf den Einzelnen od. eine Einheit entfällt); **Quo|ti|ent** [*...ziänt*], *der;* -en, -en (Zahlenausdruck, bestehend aus Zähler u. Nenner)

Rr

R (Buchstabe); das R; des R, die R; aber: das r in fahren
Ra|batt, *der;* -[e]s, -e (Preisnachlass); **Ra|bat|te,** *die;* -, -n ([Rand]beet); **Ra|battmar|ke**
Ra|batz, *der;* -es (ugs. für: Unruhe, Krach); **Ra|bau|ke,** *der;* -n, -n (ugs. für: Rüpel)
Rab|bi, *der;* -[s], ...inen (auch: -s; Ehrentitel jüd. Gesetzeslehrer u. a.); **Rab|bi|ner,** *der;* -s, - (jüd. Gesetzes-, Religionslehrer, Geistlicher, Prediger)
Ra|be, *der;* -n, -n; **Ra|ben‿aas** (Schimpfwort), **...el|tern, ...mut|ter** (*Mehrz.* ...mütter; abwertend für: lieblose Mutter); **ra|ben|schwarz** (ugs.)
ra|bi|at (wütend; grob, gewalttätig)
Ra|che, *die;* -; **Ra|che|akt**
Ra|chen, *der;* -s, -
rä|chen; sich -
Ra|chen‿man|del, ...put|zer (ugs. scherzh. für: scharfes alkohol. Getränk)

Rä|cher
Ra|chi|tis [*rach...*], *die;* -, ...itiden (durch Mangel an Vitamin D hervorgerufene Krankheit); **ra|chi|tisch**
Rach|sucht, *die;* -; **rach|süchtig**
Ra|cker, *der;* -s, - (Schlingel); **Ra|cke|rei** (ugs.); **ra|ckern** (ugs. für: sich abarbeiten)
Ra|cket, Ra|kett [*räkᵉt*], *das;* -s, -s ([Tennis]schläger)
Rad, *das;* -[e]s, Räder; Rad fahren, ich fahre Rad, sie ist Rad gefahren, um Rad zu fahren; Rad schlagen, ich schlage [ein] Rad, er hat [ein] Rad geschlagen, um Rad zu schlagen
Ra|dar [auch, österr. nur: *ra...*], *der* od. *das;* -s, -e; **Radar‿ge|rät, ...kon|trol|le, ...schirm**
Ra|dau, *der;* -s (ugs. für: Lärm, Krach)
Rad|ball; Räd|chen; Raddamp|fer; ra|de|bre|chen; ra|deln (radfahren); **rä|deln** (mit dem Rädchen [Teig] ausschneiden oder [Schnittmuster] durchdrücken); **Rädels|füh|rer; rä|dern** (früher: durch das Rad hinrichten); **Rad fah|ren;** vgl. Rad; **Rad|fah|ren,** *das;* -s; beim - hinfallen; **Rad|fah|rer**
Ra|di, *der;* -s, - (bayr. u. österr. für: Rettich)
ra|di|al (auf den Radius bezogen; von einem Mittelpunkt ausgehend)
ra|die|ren; Ra|dier‿gum|mi *(der),* **...na|del; Ra|die|rung** (mit einer geätzten Platte gedruckte Grafik)
Ra|dies|chen (eine Pflanze); **ra|di|kal** (politisch, weltanschaulich extrem; gründlich; rücksichtslos); **Ra|dika|le,** *der* u. *die;* -n, -n; **Radi|ka|lins|ki,** *der;* -s, -s (ugs. für: Radikaler); **ra|di|ka|lisie|ren** (radikal machen); **Ra|di|ka|li|sie|rung** (Entwicklung zum Radikalen); **Ra|di|ka|lis|mus,** *der;* -, ...men (radikale [politische, religiöse usw.] Einstellung, Richtung); **Ra|di|ka|list,** *der;* -en, -en; **Ra|di|kal|kur**
Ra|dio, *das;* -s, -s (Rundfunk[gerät]); **ra|di|o|ak|tiv; Ra|di|o|ak|ti|vi|tät,** *die;* - (Eigenschaft der Atomkerne gewisser Isotope, sich ohne äußere Einflüsse umzuwandeln und dabei bestimmte Strahlen auszusenden); **Radi|o|ap|pa|rat; Ra|di|o|logie,** *die;* - (Strahlenkunde); **Ra|di|o|pro|gramm; Ra|dium,** *das;* -s (radioaktives chem. Element, Metall; Zeichen: Ra); **Ra|di|us,** *der;* -, ...ien [...*iᵉn*] (Halbmesser des Kreises; Abk.: *r, R*)
Rad schla|gen; vgl. Rad; **Radschla|gen,** *das;* -s; **Rad‿wech|sel, ...weg**
raf|fen; Raff|gier; raff|gie|rig; raf|fig (landsch. für: raff-, habgierig)
Raf|fi|na|de, *die;* -, -n (gereinigter Zucker); **Raf|fi|nement** [...*finᵉmang*], *das;* -s, -s (Überfeinerung; Raffinesse); **Raf|fi|ne|rie,** *die;* -, ...ien (Anlage zum Reinigen von Zucker od. zur Verarbeitung von Rohöl); **Raf|fines|se,** *die;* -, -n (Durchtriebenheit, Schlauheit); **raf|finie|ren** (Zucker reinigen; Rohöl zu Brenn- od. Treibstoff verarbeiten); **raf|finiert** (gereinigt; durchtrieben, schlau); **Raf|fi|niertheit**
Ra|ge [*rascheᵉ*], *die;* - (ugs. für: Wut)
ra|gen
Ra|g|lan, *der;* -s, -s ([Sport]mantel mit angeschnittenen Ärmeln)
Ra|gout [*ragu*], *das;* -s, -s (Gericht aus kleinen Fleisch- od. Fischstückchen); **Ra|gout fin,** (fachspr.:) **Ra|goût fin** [*ragufäng*], *das;* - -, -s -s [*ragufäng*] (feines Ragout)
Rah, Ra|he, *die;* -, ...hen (Seemannsspr.: Querstange am Mast für das Rahsegel)
Rahm, *der;* -[e]s (Sahne)
rah|men; Rah|men, *der;* -s, -
rah|mig; Rahm|kä|se
Rain, *der;* -[e]s, -e (Ackergrenze)
rä|keln, re|keln, sich
Ra|ke|te, *die;* -, -n (Feuerwerkskörper; Flugkörper); **Ra|ke|ten‿an|trieb, ...start, ...stütz|punkt**
Ra|kett; vgl. Racket
Ral|lye [*rali* od. *räli*] *die;* -, -s (schweiz. auch:) *das;* -s, -s (Autorennen in einer od. mehreren Etappen mit Sonderprüfungen)
ramm|dö|sig (ugs. für: benommen); **Ram|me|lei** (ugs.); **ram|meln** (auch Jägerspr.: belegen, decken [bes. von Hasen u. Kaninchen]); **ram|men** ([mit Wucht] gegen ein Hindernis stoßen); **Ramm|ler** (Männchen von Hasen u. Kaninchen)
Ram|pe, *die;* -, -n (schiefe Ebene zur Überwindung von Höhenunterschieden; Auffahrt; Verladebühne; Theater: Vorbühne); **Rampen|licht,** *das;* -[e]s; **rampo|nie|ren** (ugs. für: stark beschädigen)
[1]**Ramsch,** *der;* -[e]s, (selten:) -e (ugs. für: wertloses Zeug)
[2]**Ramsch,** *der;* -[e]s, -e (Skat: Spiel mit dem Ziel, möglichst wenig Punkte zu bekommen)
[1]**ram|schen** (ugs. für: Ramschware billig aufkaufen)
[2]**ram|schen** (Skat: einen [2]Ramsch spielen)
Ramsch‿la|den (ugs. abwertend), **...wa|re** (ugs. abwertend)
Ranch [*räntsch*], *die;* -, -s (nordamerik. Viehwirtschaft, Farm); **Ran|cher,** *der;* -s, -[s] (nordamerik. Viehzüchter, Farmer)
Rand, *der;* -[e]s, Ränder
ran|da|lie|ren
Rand‿be|mer|kung, ...ge|biet
Rang, *der;* -[e]s, Ränge;

Rang‿ab|zei|chen, ...äl|tes|te
ran|ge|hen (ugs. für: herangehen; etwas energisch anpacken)
ran|geln (für: sich balgen, raufen)
Ran|gier|bahn|hof [*rangschir..., auch: rangschir..., ranschir...*] (Verschiebebahnhof); **ran|gie|ren** (einen Rang innehaben [vor, hinter jmdm.]; Eisenbahnw.: verschieben)
ran|hal|ten, sich (ugs. für: sich beeilen)
rank (geh. für: schlank u. geschmeidig); - und schlank
Ran|ke, *die;* -, -n (Pflanzenteil)
Rän|ke, *die* (*Mehrz.;* veraltend für: Intrigen); - schmieden
ran|ken; sich -
Rän|ke‿schmied (veraltend), **...spiel**
Ran|zen, *der;* -s, - (Schultasche; ugs. für: dicker Bauch)
ran|zig; die Butter ist -
ra|pid, ra|pi|de (überaus schnell); **Ra|pi|di|tät,** *die;* -
Rap|pe, *der;* -n, -n (schwarzes Pferd)
Rap|pel, *der;* -s, - (ugs. für: Wutanfall; Verrücktheit); **rap|pe|lig,** rapp|lig (ugs.); **rap|peln** (klappern)
Rap|pen, *der;* -s, - (schweiz. Münze; Abk.: Rp.)
Rap|port, *der;* -[e]s, -e (Bericht, dienstl. Meldung); **rap|por|tie|ren**
Raps, *der;* -es, für: Rapsarten auch *Mehrz.:*) -e (eine Ölpflanze); **Raps|öl**
Ra|pun|zel, *die;* -, -n (eine Salatpflanze)
rar (selten); **Ra|ri|tät,** *die;* -, -en; **Ra|ri|tä|ten|ka|bi|nett**
ra|sant (sehr flach [von Geschossbahnen]; ugs. für: sehr schnell, schwungvoll); **Ra|sanz,** *die;* -
rasch
ra|scheln
Rasch|heit, *die;* -
ra|sen (wüten, toben; sehr schnell fahren, rennen)
Ra|sen, *der;* -s, -; **Ra|sen|bank** (*Mehrz.* ...bänke)
ra|send (wütend; schnell)
Ra|sen‿flä|che, ...mä|her
Ra|se|rei (ugs.)
Ra|sier|ap|pa|rat; ra|sie|ren; sich -; **Ra|sier‿klin|ge, ...pin|sel**
Rä|son [*...song*], *die;* - (veraltend für: Vernunft, Einsicht); **rä|so|nie|ren** (sich wortreich äußern; ugs. für: ständig schimpfen)
Ras|pel, *die;* -, -n; **ras|peln**
Ras|se, *die;* -, -n; **Ras|se|hund**
Ras|sel, *die;* -, -n (Knarre, Klapper); **Ras|sel|ban|de,** *die;* -, -n (scherzh. für: übermütige Kinderschar); **ras|seln**
Ras|sen|dis|kri|mi|nie|rung; Ras|se|pferd; ras|se|rein; ras|sig (von ausgeprägter Art); -e Erscheinung; **ras|sisch** (der Rasse entsprechend, auf die Rasse bezogen); -e Merkmale; **Ras|sis|mus,** *der;* - (übersteigertes Rassenbewusstsein, Rassenhetze); **Ras|sist,** *der;* -en, -en (Vertreter des Rassismus); **ras|sis|tisch**
Rast, *die;* -, -en; **ras|ten**
[1]**Ras|ter,** *der;* -s, - (Glasplatte mit engem Liniennetz zur Zerlegung eines Bildes in Rasterpunkte)
[2]**Ras|ter,** *das;* -s, - (Fläche des Fernsehbildschirmes, die sich aus Lichtpunkten zusammensetzt); **ras|tern** (ein Bild durch Raster in Rasterpunkte zerlegen)
Rast|haus; rast|los; Rast|lo|sig|keit, *die;* -; **Rast|stät|te**
Ra|sur, *die;* -, -en (das Rasieren; Tilgen von etwas Geschriebenem o. Ä.: durch Radieren u. Schaben mit einer Klinge)
Rat, *der;* -[e]s, (für: Personen, Institutionen) Räte u. (für: Auskünfte u. a.:) Ratschläge; sich - holen; sich Rat suchend an jmd. wenden
Ra|ta|touille [*ratatuj*], *die;* -, -s u. *das;* -s, -s (Kochk.: Gemüse aus Tomaten, Auberginen, Paprika usw.)
Ra|te, *die;* -, -n (Teilzahlung; Teilbetrag)
ra|ten; riet, geraten
Ra|ten‿be|trag, ...kauf
Rä|te‿re|gie|rung, ...re|pu|blik; Rat|ge|ber; Rat|haus
Ra|ti|fi|ka|ti|on [*...zion*], *die;* -, -en (Bestätigung, Anerkennung, bes. von völkerrechtl. Verträgen); **ra|ti|fi|zie|ren; Ra|ti|fi|zie|rung**
Ra|tio [*razio*], *die;* - (Vernunft; logischer Verstand); **Ra|ti|on** [*...zion*], *die;* -, -en (zugeteiltes Maß; täglicher Verpflegungssatz); **ra|ti|o|nal** (vernünftig; begrifflich fassbar); **ra|ti|o|na|li|sie|ren** (zweckmäßiger u. wirtschaftlicher gestalten); **Ra|ti|o|na|li|sie|rung; Ra|ti|o|na|lis|mus,** *der;* - (Geisteshaltung, die das rationale Denken als einzige Erkenntnisquelle ansieht); **Ra|ti|o|na|list,** *der;* -en, -en; **ra|ti|o|na|lis|tisch; ra|ti|o|nell** (zweckmäßig, wirtschaftlich); **ra|ti|o|nie|ren** (einteilen; abgeteilt zumessen); **Ra|ti|o|nie|rung**
rat|los; Rat|lo|sig|keit, *die;* -; **rat|sam; Rat|schlag,** *der;* -[e]s, ...schläge; **rat|schla|gen** (veraltend)
Rät|sel, *das;* -s, -; **rät|sel|haft; rät|seln; rät|sel|voll**
Rat su|chend; vgl. Rat
Rat|te, *die;* -, -n; **Rat|ten‿fal|le, ...fän|ger, ...gift** *(das)*
rat|tern
Rat|ze, *die;* -, -n (ugs. für: Ratte); **rat|ze|kahl** (ugs. für: gänzlich leer)
rau; ein raues Wesen, Klima
Raub, *der;* -[e]s; **Raub|bau,** *der;* -[e]s; - treiben
Rau|bein, *das;* -[e]s, -e (äußerlich grober, aber im Grunde gutmütiger Mensch); **rau|bei|nig**
rau|ben; Räu|ber; Räu|ber|ban|de; Räu|be|rei (ugs.); **räu|be|risch; räu|bern;**

Räu|ber‿pis|to|le (Räubergeschichte), **...zi|vil** (ugs. scherzh. für: nachlässige Kleidung); **Raub‿mord, ...tier, ...über|fall**
Rauch, *der;* -[e]s; **Rauch|abzug; rau|chen; Rau|cher; Rau|che|rin; Räu|cher‿kam|mer, ...ker|ze; räu|chern; Rauch‿fah|ne, ...fang** (österr. für: Schornstein); **rau|chig; Rauch|ver|zeh|rer**
Rauch|wa|re (meist *Mehrz.;* Pelzware)
Rauch|wa|ren, *die* (*Mehrz.;* ugs. für: Tabakwaren)
Räu|de, *die;* -, -n (Krätze); **räu|dig**
rauf (ugs. für: herauf, hinauf)
Rau|fa|ser|ta|pe|te
Rauf|bold, *der;* -[e]s, -e (abwertend); **Rau|fe,** *die;* -, -n (Futterkrippe); **rau|fen; Rau|fe|rei; rauf|lus|tig**
rauh usw. (alte Schreibung für:) rau usw.; **Rau|haar|da|ckel; rau|haa|rig; Rau|heit; Rauh|reif** (alte Schreibung für:) Raureif
Raum, *der;* -[e]s, Räume; **räu|men; Raum‿fahrt, ...for|schung** (*die;* -), **...in|halt, ...kap|sel; räum|lich; Raum‿pfle|ge|rin, ...schiff; Räu|mung; Räu|mungs‿frist, ...kla|ge, ...ver|kauf**
rau|nen (dumpf, leise sprechen; flüstern)
raun|zen (landsch. für: nörgeln; ugs. für: laut u. grob schimpfen)
Rau|pe, *die;* -, -n; **Rau|pen‿bag|ger, ...fahr|zeug, ...schlep|per**
Rau|reif, *der;* -[e]s
raus (ugs. für: heraus, hinaus)
Rausch, *der;* -[e]s, Räusche (Betrunkensein; Zustand der Erregung, Begeisterung); **rau|schen; Rausch|gift,** *das;* **rausch|gift|süch|tig; Rausch|gift|süch|ti|ge,** *der* u. *die;* -n, -n; **Rausch|gold** (dünnes Messingblech)
Räus|pe|rer; räus|pern, sich
Raus|schmei|ßer (ugs. für: jmd., der randalierende Gäste aus dem Lokal entfernt; letzter Tanz); **Raus|schmiss** (ugs. für: Entlassung)
Rau|te, *die;* -, -n (Rhombus)
Rave [*re^iw*], *der* od. *das;* -[s], -s (größere Tanzveranstaltung zu Technomusik)
Ra|vi|o|li [*rawioli*], *die* (*Mehrz.;* kleine it. Pasteten aus Nudelteig)
Raz|zia, *die;* -, ...ien [...*i^en*] u. (seltener:) -s (überraschende örtlich begrenzte Fahndungsaktion der Polizei)
Re|a|genz|glas (*Mehrz.* ...gläser; Prüfglas für [chem.] Versuche); **re|a|gie|ren** (eine Wirkung zeigen; Chemie: eine chem. Reaktion eingeben); **Re|ak|ti|on** [...*zion*], *die;* -, -en (Rück-, Gegenwirkung; chem. Umsetzung; nur *Einz.:* Gesamtheit aller fortschrittsfeindlichen polit. Kräfte); **re|ak|ti|o|när** (Gegenwirkung erstrebend od. ausführend; abwertend für: nicht fortschrittlich); **Re|ak|ti|o|när,** *der;* -s, -e (abwertend für: jmd., der sich jeder fortschrittlichen Bewegung entgegenstellt); **Re|ak|tor,** *der;* -s, ...oren (Vorrichtung, in der eine chemische od. eine Kernreaktion abläuft); **Re|ak|tor|un|fall**
re|al (wirklich, tatsächlich; dinglich, sachlich); **Re|al|gym|na|si|um** (Form der höheren Schule); **re|a|li|sier|bar; re|a|li|sie|ren** (verwirklichen; erkennen, begreifen; Wirtsch.: in Geld umwandeln); **Re|a|li|sie|rung; Re|a|lis|mus,** *der;* - ([nackte] Wirklichkeit; Kunstdarstellung des Wirklichen; Wirklichkeitssinn); **Re|a|list,** *der;* -en, -en; **re|a|lis|tisch; Re|a|li|tät,** *die;* -, -en (Wirklichkeit, Gegebenheit)
Re|a|li|ty-TV [*riälititiwi*], *das;* -[s] (Fernsehprogramm, das tatsächlich Geschehendes [bes. nach Unglücksfällen] live zeigt od. später nachstellt)
Re|al‿le|xi|kon (Sachwörterbuch), **...lohn, ...po|li|tik** (*die,* -; Politik auf realen Grundlagen), **...schu|le** (Schule, die mit der 10. Klasse u. der mittleren Reife abschließt)
Re|be, *die;* -, -n
Re|bell, *der;* -en, -en (Aufrührer, Aufständischer); **re|bel|lie|ren; Re|bel|li|on; re|bel|lisch**
Reb|huhn
Reb|laus (ein Insekt)
Re|bus, *der* od. *das;* -, -se (Bilderrätsel)
Re|chaud [*rescho*], *der* od. *das;* -s, -s (Wärmeplatte)
re|chen (landsch. für: harken); **Re|chen,** *der;* -s, - (landsch. für: Harke)
Re|chen‿auf|ga|be, ...feh|ler, ...ma|schi|ne; Re|chen|schaft, *die;* -; **Re|chen‿schie|ber, ...zen|trum**
Re|cher|che [*reschärsche*], *die;* -, -n (meist *Mehrz.;* Nachforschung, Ermittlung); **re|cher|chie|ren**
rech|nen; rech|ne|risch; Rech|nung
recht; das ist [mir] durchaus, ganz, völlig recht; rechter Hand; es ist recht u. billig; du hast recht daran getan; **Recht,** *das;* -[e]s, -e; mit, ohne Recht; Recht haben, behalten, bekommen; jmdm. Recht geben; **Rech|te,** *die;* -n, -n (rechte Hand; rechte Seite; Politik: Bez. für die rechts stehenden Parteien); **Recht|eck; recht|e|ckig; rech|ten; rech|tens** (zu Recht); die Kündigung war rechtens
recht|fer|ti|gen; Recht|fer|ti|gung
recht|gläu|big
Recht|ha|be|rei, *die;* -; **recht|ha|be|risch**

rẹcht|lich; rẹcht|los; rẹcht-mä|ßig
rẹchts; politisch rechts stehende Parteien; rechts außen spielen (Sportspr.); **Rẹchts|ab|bie|ger** (Verkehrsw.)
Rẹchts|an|walt
Rẹchts|aus|la|ge (Sportspr.); **Rẹchts‿aus|le|ger** (Sportspr.); **rẹchts au̲|ßen;** vgl. rechts; **Rechts|au̲|ßen,** *der;* -, - (Sportspr.)
rẹcht|schaf|fen (veraltend); **Rẹcht|schaf|fen|heit,** *die;* -
rẹcht|schrei|ben; er kann nicht rẹchtschreiben; **Rẹcht|schrei|ben,** *das;* -s; **rẹcht|schreib|lich; Rẹcht-schreib|re|form; Rẹcht-schrei|bung**
Rẹchts|hän|der; rẹchts|hän-dig; rẹchts|he|r|um
rẹchts|kräf|tig; rẹchts|kun-dig; Rẹchts|la|ge; Rẹcht-spre|chung
rẹchts|ra|di|kal
rẹchts|staat|lich
rẹchts ste|hend; vgl. rechts
Rẹchts|streit
rechts|ụm [auch: *rẹchz-ụm*]; vgl. linksum; **Rẹchts|ver-kehr**
Rẹchts|weg; rẹchts|wid|rig; Rẹchts|wis|sen|schaft
rẹcht|wink|lig
rẹcht|zei|tig
Rẹck, *das;* -[e]s, -e (ein Turngerät)
Rẹ|cke, *der;* -n, -n ([Sagen]-held)
rẹ|cken; sich -
Re|cọr|der; vgl. Rekorder
re|cy|celn [*rißa̲ik^e^ln*] (wiederverwenden); **Re|cy|c|ling** [*rißa̲ik...*], *das;* -s (Wiederverwendung bereits benutzter Rohstoffe)
Re|dak|teur [*...tö̲r*], *der;* -s, -e (jmd., der im Verlagswesen, Rundfunk od. Fernsehen Manuskripte be- u. ausarbeitet); **Re|dak|teu|rin** [*...ö̲rin*]; **Re|dak|ti|on** [*...zio̲n*], *die;* -, -en (Tätigkeit des Redakteurs; Gesamtheit der Redakteure u. deren Arbeitsraum); **re-dak|ti|o|nẹll; Re|da̲k|tor,** *der;* -s, ...o̲ren (Herausgeber; schweiz. auch für: Redakteur)
Re̲|de, *die;* -, -n; **re̲|de|ge-wandt; re̲|den; Re̲|dens-art; Re|de|re̲i** (ugs.); **Re̲|de-wen|dung**
re|di|gi̲e|ren (druckfertig machen; abfassen; bearbeiten)
re̲d|lich; Re̲d|lich|keit, *die;* -
Re̲d|ner; Re̲d|ner|tri|bü|ne; re̲d|se|lig; Re̲d|se|lig|keit, *die;* -
re|d|un|da̲nt (überreichlich [vorhanden]; überflüssig)
re|du|zi̲e|ren (zurückführen; herabsetzen, einschränken; vermindern)
Re̲e̲|de, *die;* -, -n (Ankerplatz vor dem Hafen); **Re̲e̲|der** (Schiffseigner); **Ree|de|re̲i** (Geschäft eines Reeders)
re|ẹll (ehrlich; wirklich)
Re|fe|ra̲t, *das;* -[e]s, -e ([gutachtl.] Bericht, Abhandlung; Vortrag; Sachgebiet eines Referenten); **Re|fe-ren|da̲r,** *der;* -s, -e (Anwärter auf die höhere Beamtenlaufbahn nach der ersten Staatsprüfung); **Re|fe|rẹn-dum,** *das;* -s, ...den u. ...da (Volksabstimmung, Volksentscheid); **Re|fe|rẹnt,** *der;* -en, -en (Berichterstatter; Sachbearbeiter); **Re|fe|rẹn-tin; Re|fe|rẹnz,** *die;* -, -en (Beziehung, Empfehlung); **re|fe|ri̲e|ren** (berichten; vortragen)
re|flek|ti̲e|ren ([zu]rückstrahlen, spiegeln; nachdenken; ugs. für: Absichten haben auf etwas); **Re|flẹx,** *der;* -es, -e (Rückstrahlung zerstreuten Lichts; unwillkürliches Ansprechen auf einen Reiz); **Re|flẹx|be|we|gung; Re|fle-xi|o̲n,** *die;* -, -en (Rückstrahlung von Licht, Schall, Wärme u. a.; Betrachtung); **re|fle|xi̲v** (Sprachw.: rückbezüglich)
Re|fọrm, *die;* -, -en (Umgestaltung; Verbesserung des Bestehenden; Neuordnung); **Re|for|ma|ti|on** [*...zio̲n*], *die;* -, -en (Umgestaltung; nur *Einz.:* christl. Glaubensbewegung des 16. Jh.s, die zur Bildung der ev. Kirchen führte); **Re|for-ma|ti|o̲ns|fest; re|fọrm|be-dürf|tig; Re|fọ|mer,** *der;* -s, - (Verbesserer, Erneuerer); **Re|fọrm|haus; re|for|mi̲e-ren; re|for|mi̲ert;** -e Kirche; **Re|fọrm|kom|mu|nis|mus**
Re|f|rain [*r^e^fräng*], *der;* -s, -s (Kehrreim)
Re|ga̲l, *das;* -s, -e ([Bücher-, Waren]gestell mit Fächern)
Re|gạt|ta, *die;* -, ...tten (Bootswettfahrt)
re̲|ge; - sein, werden
Re̲|gel, *die;* -, -n; **re̲|gel|mä-ßig; Re̲|gel|mä|ßig|keit; re̲-geln; re̲|gel|recht; Re̲|ge-lung; re̲|gel|wid|rig**
re̲|gen; sich -; sich - bringt Segen
Re̲|gen, *der;* -s, -; **Re̲|gen|bo-gen; re̲|gen|bo|gen‿far|ben** od. **...far|big; Re̲|gen|bo-gen|pres|se,** *die;* - (vorwiegend Sensationsberichte u. Ä. druckende Wochenzeitschriften); **Re̲|gen|dach**
Re|ge|ne|ra|ti|on [*...zio̲n*], *die;* -, -en (Neubildung [tier. od. pflanzl. Körperteile u. zerstörter menschl. Körpergewebe]); **re|ge|ne|ra|ti|o̲ns-fä|hig; re|ge|ne|ri̲e|ren** (erneuern, neu beleben)
Re̲|gen‿man|tel, ...schirm
Re|gẹnt, *der;* -en, -en (Staatsoberhaupt; Herrscher)
Re̲|gen‿trop|fen, ...wet|ter (*das;* -s), **...wol|ke, ...wurm**
Re|gie [*reschi̲*], *die;* - (Spielleitung; Verwaltung); **re|gi̲e-ren** (lenken; [be]herrschen; Sprachw.: einen bestimmten Fall fordern); **Re|gi̲e-rung; Re|gi̲e|rungs‿be|zirk** (Abk.: Reg.-Bez.), **...chef** (ugs.), **...spre|cher; Re|gime** [*...schi̲m*], *das;* -s, - [*reschi̲m^e^*] (Regierungsform; Herrschaft); **Re|gi|mẹnt,**

das; -[e]s, -e u. (für: Truppeneinheiten *Mehrz.:*) -er (Regierung; Herrschaft; größere Truppeneinheit)
Re|gi|on, *die;* -, -en (Gegend; Bereich); **re|gi|o|nal** (gebietsmäßig, -weise)
Re|gis|seur [*reschißör*], *der;* -s, -e (Spielleiter); **Re|gis|seu|rin**
Re|gis|ter, *das;* -s, - ([alphabet. Verzeichnis von Namen, Begriffen o. Ä.; Stimmenzug bei Orgel u. Harmonium); **re|gis|t|rie|ren** (eintragen; selbsttätig aufzeichnen; übertr. für: bewusst wahrnehmen; bei Orgel u. Harmonium: Register ziehen); **Re|gis|t|rier|kas|se**
Re|g|le|ment [*regl*[e]*mang*], *das;* -s, -s ([Dienst]vorschrift; Geschäftsordnung); **re|g|le|men|tie|ren** (durch Vorschriften regeln); **Reg|ler; reg|los**
reg|nen; reg|ne|risch
Re|gress, *der;* -es, -e (Ersatzanspruch, Rückgriff); **re|gress|pflich|tig**
re|gu|lär (der Regel gemäß; vorschriftsmäßig, üblich); **re|gu|lie|ren** (regeln, ordnen; [ein]stellen)
Re|gung; re|gungs|los
Reh, *das;* -[e]s, -e
Re|ha|bi|li|tand, *der;* -en, -en (behinderte Person, der die Wiedereingliederung in das berufl. u. gesellschaftl. Leben ermöglicht werden soll); **Re|ha|bi|li|ta|ti|on** [*...zion*], *die;* -, -en (Wiedereingliederung einer behinderten Person in das berufl. u. gesellschaftl. Leben); **re|ha|bi|li|tie|ren;** sich - (sein Ansehen wieder herstellen); **Re|ha|bi|li|tie|rung** (Wiedereinsetzung; Ehrenrettung)
Reh‿bock, ...kitz, ...zie|mer (Rehrücken)
Rei|be, *die;* -, -n; **Reib|ei|sen; rei|ben;** rieb, gerieben; **Rei|be|rei** (ugs. für: kleine Zwistigkeit); **Rei|bung; rei|bungs|los**
reich; Arm und Reich (veralt. für: jedermann); ein reich geschmückter Altar; reich verzierte Fassaden; **Reich,** *das;* -[e]s, -e; **Rei|che,** *der* u. *die;* -n, -n
rei|chen (geben; sich erstrecken; auskommen; genügen)
reich ge|schmückt; vgl. reich; **reich ver|ziert;** vgl. reich
reich|hal|tig; reich|lich; Reich|tum, *der;* -s, ...tümer
Reich|wei|te, *die;* -, -n
reif (voll entwickelt; geeignet)
[1]**Reif,** *der;* -[e]s (gefrorener Tau)
[2]**Reif,** *der;* -[e]s, -e (geh. für: Reifen, Diadem, Fingerring)
Rei|fe, *die;* -; **Rei|fe|grad;** [1]**rei|fen** (reif werden)
[2]**rei|fen** ([1]Reif ansetzen)
Rei|fen, *der;* -s, - ([2]Reif); **Rei|fen‿pan|ne, ...wech|sel**
Rei|fe‿prü|fung, ...zeit, ...zeug|nis; reif|lich
Rei|gen, *der;* -s, - (ein Tanz)
Rei|he, *die;* -, -n; **rei|hen** (in Reihen ordnen; lose, vorläufig nähen); **Rei|hen‿fol|ge, ...haus; rei|hen|wei|se**
Rei|her, *der;* -s, - (ein Vogel)
reih|um; es geht -; **Rei|hung**
Reim, *der;* -[e]s, -e; **rei|men;** sich -
[1]**rein** (ugs. für: herein, hinein)
[2]**rein;** - halten, machen; ins Reine bringen, kommen, schreiben; mit jmdm. im Reinen sein; [3]**rein** (ugs. für: durchaus, ganz, gänzlich); er ist - toll
Rei|ne|ma|che|frau, Rein|ma|che|frau; **Rei|ne|ma|chen,** Rein|ma|chen, *das;* -s
Rein‿er|lös, ...er|trag
Rein|fall, *der* (ugs.); **rein|fal|len**
Rein|ge|winn; Rein|hal|tung; Rein|heit, *die;* -; **rei|ni|gen; Rei|ni|gung; Rein|kul|tur; rein|lei|nen, rein lei|nen**
rein|le|gen (ugs.)
Rein|lich|keit, *die;* -; **Rein|ma|che|frau;** vgl. Reinemachefrau; **Rein|ma|chen;** vgl. Reinemachen; **rein|ras|sig; Rein|schrift; rein|sei|den, rein sei|den**
Reis, *der;* -e, (für: Reisarten *Mehrz.:*) -e (Getreide); **Reis|brei**
Rei|se, *die;* -, -n; **Rei|se|bü|ro; rei|se|fer|tig; Rei|se‿füh|rer, ...ge|sell|schaft, ...lei|ter** *(der);* **rei|se|lus|tig; rei|sen; Rei|sen|de,** *der* u. *die;* -n, -n; **Rei|se‿pass, ...scheck, ...ziel**
Rei|sig, *das;* -s; **Rei|sig|be|sen**
Reis|korn (*Mehrz.* ...körner)
Reiß|aus; nur in: - nehmen (ugs. für: davonlaufen); **rei|ßen;** riss, gerissen; **rei|ßend;** -er Strom, -e Schmerzen, -er Absatz; **Rei|ßer** (ugs. für: Erfolgsbuch, -film u. a.); **rei|ße|risch; reiß|fest, Reiß‿lei|ne** (am Fallschirm), **...na|gel, ...ver|schluss, ...wolf** *(der)*
rei|ten; ritt, geritten; **Rei|ter; Rei|te|rei; Rei|te|rin; Reit‿leh|rer, ...pferd, ...schu|le, ...stie|fel**
Reiz, *der;* -es, -e; **reiz|bar; Reiz|bar|keit,** *die;* -; **rei|zen; rei|zend; reiz|los; Rei|zung; reiz|voll; Reiz|wä|sche**
re|ka|pi|tu|lie|ren (wiederholen, zusammenfassen)
re|keln, sich
Re|kla|ma|ti|on [*...zion*], *die;* -, -en (Beanstandung); **Re|kla|me,** *die;* -, -n (Werbung); **re|kla|mie|ren** ([zurück]fordern; beanstanden)
re|kons|t|ru|ie|ren (wieder herstellen od. nachbilden; den Ablauf eines früheren Vorganges oder Erlebnisses wiedergeben), **Re|kons|t|ruk|ti|on,** *die;* -, -en
Re|kon|va|les|zent [*...wa...*], *der;* -en, -en (Genesender)
Re|kord, *der;* -[e]s, -e; **Re|kor|der** (Gerät zur elektromagnet. Speicherung u. Wiedergabe von Bild- u. Tonsignalen)
Re|k|rut, *der;* -en, -en (Soldat in der ersten Ausbildungs-

zeit); **re|k|ru|tie|ren** (Milit. veralt. für: Rekruten mustern); sich - (bildl. für: sich zusammensetzen, sich bilden); **Re|k|ru|tie|rung**

Rek|tor, *der;* -s, ...oren (Leiter einer [Hoch]schule); **Rek|to|rat,** *das;* -[e]s, -e (Amt[szimmer] eines Rektors)

Re|lais [*r*[e]*lä*], *das;* - [*r*[e]*lä(ß)*], - [*r*[e]*läß*] (Elektrotechnik: Schalteinrichtung)

Re|la|ti|on [*...zion*], *die;* -, -en (Beziehung, Verhältnis); **relativ** [auch: *re...*] (verhältnismäßig; vergleichsweise; bedingt); **re|la|ti|vie|ren** [*...wir*[e]*n*] (einschränken); **Re|la|ti|vi|tät,** *die;* -, -en (Bedingtheit)

re|le|vant [*...want*] (erheblich, wichtig); **Re|le|vanz,** *die;* -

Re|li|ef, *das;* -s, -s u. -e (über eine Fläche erhaben hervortretendes Bildwerk)

Re|li|gi|on, *die;* -, -en; **Re|li|gi|ons|ge|mein|schaft; re|li|gi|ös; Re|li|gi|o|si|tät,** *die;* -

Re|likt, *das;* -[e]s, -e (Überbleibsel, Rest)

Re|ling, *die;* -, -s (seltener auch: -e; [Schiffs]geländer, Brüstung)

Re|li|quie [*...i*[e]], *die;* -, -n (Überrest eines Heiligen als Gegenstand religiöser Verehrung)

Re|mi|nis|zenz, *die;* -, -en (Erinnerung; Anklang)

re|mis [*r*[e]*mi*] (unentschieden); **Re|mit|ten|de,** *die;* -, -n (Buchwesen: beschädigtes od. fehlerhaftes Druckerzeugnis, das an den Verlag zurückgeschickt wird)

Rem|mi|dem|mi, *das;* -s (ugs. für: lärmendes Treiben, Trubel)

Re|mou|la|de [*...mu...*], *die;* -, -n (eine Kräutermajonäse)

Rem|pe|lei (ugs.); **rem|peln** (ugs. für: absichtlich stoßen)

Ren [auch: *ren*], *das;* -s, -s u. (bei langer Aussprache:) -e (nordländ. Hirsch)

Re|nais|sance [*r*[e]*näßangß*], *die;* -, -n (nur *Einz.:* auf der Antike aufbauende kulturelle Bewegung vom 14. bis 16. Jh.; erneutes Aufleben)

Ren|dez|vous [*rangdewu*], *das;* [*...wu(ß)*], - [*...wuß*] (Verabredung; Begegnung von Raumfahrzeugen im Weltall)

Ren|di|te, *die;* -, -n (Wirtsch.: Verzinsung, Ertrag)

Re|ne|k|lo|de, *die;* -, -n (Pflaume einer bestimmten Sorte)

Re|net|te, *die;* -, -n (ein Apfel)

re|ni|tent (widerspenstig)

Renn|bahn; ren|nen; rannte, gerannt; **Ren|nen,** *das;* -s, -; **Renn‿fah|rer, ...pferd, ...rad, ...stall, ...stre|cke, ...wa|gen**

Re|nom|mee, *das;* -s, -s ([guter] Ruf, Leumund); **re|nom|mie|ren** (prahlen); **re|nom|miert** (namhaft)

re|no|vie|ren [*...wir*[e]*n*] (erneuern, instand setzen); **Re|no|vie|rung**

ren|ta|bel (zinstragend; einträglich); **Ren|ta|bi|li|tät,** *die;* - (Wirtsch.: Einträglichkeit, Verzinsung[shöhe]); **Ren|te,** *die;* -, -n (regelmäßiges Einkommen [aus Vermögen od. rechtl. Ansprüchen]); **Ren|ten|emp|fän|ger**

Ren|tier (Ren)

ren|tie|ren; sich - (sich lohnen)

Rent|ner; Rent|ne|rin

re|pa|ra|bel (wiederherstellbar); **Re|pa|ra|ti|on** [*...zion*], *die;* -, -en (Wiederherstellung; nur *Mehrz.:* Kriegsentschädigung); **Re|pa|ra|tur,** *die;* -, -en; **re|pa|ra|tur‿an|fäl|lig, ...be|dürf|tig; re|pa|rie|ren**

Re|per|toire [*...toar*], *das;* -s, -s (Vorrat einstudierter Stücke usw., Spielplan)

re|pe|tie|ren (wiederholen); **Re|pe|ti|tor,** *der;* -s, ...oren (jmd., der mit Studierenden den Lehrstoff repetiert)

Re|port, *der,* -[e]s, -e (Bericht, Mitteilung); **Re|por|ta|ge** [*...tasch*[e]], *die;* -, -n (Bericht[erstattung] über ein aktuelles Ereignis); **Re|por|ter,** *der;* -s, - (Zeitungs-, Fernseh-, Rundfunkberichterstatter); **Re|por|te|rin**

Re|prä|sen|tant, *der;* -en, -en (Vertreter, Abgeordneter); **Re|prä|sen|ta|ti|on** [*...zion*], *die;* -, -en ([Stell]vertretung; standesgemäßes Auftreten, gesellschaftl. Aufwand); **re|prä|sen|ta|tiv** (vertretend; typisch; wirkungsvoll); **re|prä|sen|tie|ren**

Re|pres|sa|lie [*...i*[e]], *die;* -, -n (meist *Mehrz.;* Vergeltungsmaßnahme, Druckmittel); **Re|pres|si|on,** *die;* -, -en (Unterdrückung [von Kritik, polit. Bewegungen u. Ä.]); **re|pres|siv** (unterdrückend)

Re|pro|duk|ti|on [*...zion*], *die;* -, -en (Nachbildung; Wiedergabe [durch Druck]; Vervielfältigung); **re|pro|du|zie|ren**

Rep|til, *das;* -s, -ien [*...i*[e]*n*] u. (selten:) -e (Kriechtier); **Rep|ti|li|en|fonds** (spött. für: Geldfonds, über dessen Verwendung Regierungsstellen keine Rechenschaft abzulegen brauchen)

Re|pu|b|lik, *die;* -, -en; **Re|pu|b|li|ka|ner; re|pu|b|li|ka|nisch; Re|pu|b|lik|flucht** (ehem.: Flucht aus der DDR)

Re|pu|ta|ti|on [*...zion*], *die;* - ([guter] Ruf, Ansehen)

Re|qui|em [*...iäm*], *das;* -s, -s (u. österr. ...quien; Totenmesse; Musik: Messe)

re|qui|rie|ren (beschlagnahmen [für milit. Zwecke]); **Re|qui|sit,** *das;* -[e]s, -en (Zubehör, Gegenstand, der für eine Theateraufführung od. eine Filmszene verwendet wird)

Re|ser|vat [*...wat*], *das;* -[e]s, -e (Vorbehalt; Sonderrecht; großes Freigehege für gefährdete Tierarten; auch für: Reservation); **Re|ser|va-**

ti|on [...*zion*], *die;* -, -en (Vorbehalt; den Indianern vorbehaltenes Gebiet in Nordamerika); **Re|sẹr|ve,** *die;* -, -n (Ersatz; Vorrat; Milit.: nicht aktive Wehrpflichtige; nur *Einz.*: Zurückhaltung, Verschlossenheit); **re|ser|vie|ren** (vormerken, vorbestellen, [Platz] freihalten); **re|ser|viert** (auch für: zurückhaltend, kühl); **Re|ser|viert|heit,** *die;* -; **Re|ser|vie|rung; Re|ser|vịst,** *der;* -en, -en (Soldat der Reserve); **Re|ser|voir** [...*woar*], *das;* -s, -e (Sammelbecken, Behälter)

Re|si|dẹnz, *die;* -, -en (Wohnsitz des Staatsoberhauptes, eines Fürsten, eines hohen Geistlichen; Hauptstadt); **re|si|die|ren** (seinen Wohnsitz haben [bes. von regierenden Fürsten])

Re|si|g|na|ti|on [...*zion*], *die;* -, -en (Ergebung in das Schicksal; Verzicht); **re|si|g|nie|ren; re|si|g|niert**

re|so|lut (entschlossen, tatkräftig); **Re|so|lu|ti|on** [...*zion*], *die;* -, -en (Beschluss, Entschließung)

Re|so|nạnz, *die;* -, -en (Mittönen; Anklang, Verständnis); **Re|so|nạnz|bo|den** (Schallboden)

Re|so|zi|a|li|sie|rung (Rechtsw.: schrittweise Wiedereingliederung von Straffälligen in die Gesellschaft)

Re|s|pẹkt, *der;* -[e]s (Achtung; Ehrerbietung); **re|s|pek|ta|bel** (ansehnlich; angesehen); **Re|s|pẹkt ein|flö|ßend,** (auch:) **re|s|pekt|ein|flö|ßend; re|s|pek|tie|ren** (achten, in Ehren halten); **re|s|pẹkt|los; Re|s|pẹkts|per|son; re|s|pẹkt|voll**

Res|sen|ti|ment [*reßangtimang*], *das;* -s, -s (gefühlsmäßige Abneigung)

Res|sort [...*ßor*], *das;* -s, -s (Geschäfts-, Amtsbereich)

Rẹst, *der;* -[e]s, -e u. (Kaufmannsspr., bes. von Schnittwaren:) -er

Re|s|tau|rant [*reßtorang*], *das;* -s, -s; **Re|s|tau|ra|ti|on** [...*taurazion*], *die;* -, -en (Wiederherstellung eines Kunstwerkes; Wiederherstellung der alten Ordnung nach einem Umsturz); **re|s|tau|rie|ren** (wiederherstellen, ausbessern [bes. von Kunstwerken]); **Re|s|tau|rie|rung**

Rẹst|be|trag; rẹst|lich; rẹst|los; Rẹst‿müll, ...pos|ten

Re|sul|tat, *das;* -[e]s, -e (Ergebnis); **re|sul|tie|ren** (sich als Schlussfolgerung ergeben)

Re|tọr|te, *die;* -, -n (Destillationsgefäß)

re|tour [*retur*] (landsch., österr., schweiz., sonst veralt. für: zurück); **Re|tour|kut|sche** (ugs. für: Zurückgeben eines Vorwurfs, einer Beleidigung)

rẹt|ten; Rẹt|ter; Rẹt|te|rin

Rẹt|tich, *der;* -s, -e

Rẹt|tung; Rẹt|tungs|boot; rẹt|tungs|los; Rẹt|tungs|ring

Re|tụ|sche, *die;* -, -n (Nachbesserung [bes. von Lichtbildern]); **re|tu|schie|ren** (nachbessern [bes. Lichtbilder])

Reue, *die;* -; **reu|en;** es reut mich; **reu|e|voll; reu|ig; reu|mü|tig**

Reu|se, *die;* -, -n (Korb zum Fischfang)

Re|van|che [*rewangsche*], *die;* -, -n (Vergeltung; Rache); **re|van|chie|ren** [*rewangschiren*], sich (sich rächen; einen Gegendienst erweisen); **Re|van|chịst,** *der;* -en, -en; **re|van|chịs|tisch**

Re|ve|rẹnz [...*we*...], *die;* -, -en (Ehrerbietung; Verbeugung); vgl. aber: Referenz

Re|vers [*rewär*, auch: *re*...], *das,* (österr.:) *der;* - [*rewär(ß)*], - [*rewärß*] (Umschlag od. Aufschlag an Kleidungsstücken)

re|vi|die|ren (nachsehen, überprüfen)

Re|vier [...*wir*], *das;* -s, -e (Bezirk, Gebiet; Milit.: Krankenstube; Bergw.: großes Gebiet, in dem Bergbau betrieben wird; Forstw.: begrenzter Jagdbezirk; kleinere Polizeidienststelle); **Re|vier|förs|ter**

Re|vi|si|on [...*wi*...], *die;* -, -en (nochmalige Durchsicht; [Nach]prüfung; Änderung [einer Ansicht]; Rechtsw.: Überprüfung eines Urteils); **Re|vi|si|o|nịs|mus,** *der;* - (Streben nach Änderung eines bestehenden Zustandes oder eines Programms); **Re|vi|si|ons|ver|hand|lung**

Re|vol|te [...*wolte*], *die;* -, -n (Empörung, Auflehnung, Aufruhr); **re|vol|tie|ren; Re|vo|lu|ti|on** [...*zion*], *die;* -, -en; **re|vo|lu|ti|o|när** ([staats]umwälzend); **Re|vo|lu|ti|o|när,** *der;* -s, -e; **re|vo|lu|ti|o|nie|ren; Re|vo|lụz|zer,** *der;* -s, - (abwertend für: Revolutionär)

Re|vol|ver [...*wolwer*], *der;* -s, - (kurze Handfeuerwaffe); **Re|vọl|ver‿blatt** (abwertend); **...held** (abwertend)

Re|vue [*rewü*], *die;* -, -n [...*wüen*] (Zeitschrift mit allgemeinen Überblicken; musikal. Ausstattungsstück); - passieren lassen (vor seinem geistigen Auge vorbeiziehen lassen)

Re|zen|sẹnt, *der;* -en, -en (Verfasser einer Rezension); **Re|zen|sẹn|tin; re|zen|sie|ren; Re|zen|si|on,** *die;* -, -en (kritische Besprechung von Büchern, Theateraufführungen u. a.)

Re|zẹpt, *das;* -[e]s, -e ([Arznei-, Koch]vorschrift, Verordnung); **re|zẹpt|frei; Re|zep|ti|on** [...*zion*], *die;* -, -en (Auf-, An-, Übernahme); **re|zẹpt|pflich|tig**

Re|zes|si|on, *die;* -, -en

(Wirtsch.: Rückgang der Konjunktur)
re|zi|p|rok (wechsel-, gegenseitig, aufeinander bezüglich)
Re|zi|ta|ti|on [...*zion*], *die;* -, -en (künstlerischer Vortrag von Dichtungen); **Re|zi|ta|tiv,** *das;* -s, -e [...*w*[e]] (dramat. Sprechgesang); **re|zi|tie|ren**
Re|zy|k|lat, *das;* -[e]s, -e (Produkt eines Recyclingverfahrens)
Rha|bar|ber, *der;* -s
Rhap|so|die, *die;* -, ...ien ([aus Volksweisen zusammengesetztes] Musikstück)
Rhe|sus|fak|tor, *der;* -s (Med.: erbliches Merkmal der roten Blutkörperchen; Abk.: Rh-Faktor; Zeichen: Rh = Rhesusfaktor positiv, rh = Rhesusfaktor negativ)
Rheu|ma, *das;* -s (Kurzform von: Rheumatismus); **Rheu|ma|ti|ker** (an Rheumatismus Leidender); **rheu|ma|tisch; Rheu|ma|tis|mus,** *der;* -, ...men (schmerzhafte Erkrankung der Gelenke, Muskeln, Nerven, Sehnen)
Rhi|no|ze|ros, *das;* - u. -ses, -se (Nashorn)
Rho|do|den|d|ron, *der* (auch: *das*); -s, ...dren (ein Zierstrauch)
rhom|bisch; Rhom|bus, *der;* -, ...ben (Raute; gleichseitiges Parallelogramm)
rhyth|misch (den Rhythmus betreffend, taktmäßig); **Rhyth|mus,** *der;* -, ...men (Gleichmaß; taktmäßige Gliederung)
Richt|an|ten|ne; rich|ten; sich -; **Rich|ter; Rich|te|rin; rich|ter|lich; Richt‿fest, ...geschwin|dig|keit; rich|tig;** das Richtige sein, tun; es wäre das Richtigste, wenn ...; eine richtig gehende Uhr; vgl. aber: richtiggehend; wir haben mit der Schätzung richtig gelegen (ugs.); eine Behauptung richtig stellen; **rich|tig|gehend** (das war eine -e (durchaus so zu nennende) Blamage; **Rich|tig|keit,** *die;* -; **rich|tig lie|gen, stel|len;** vgl. richtig; **Rich|tig|stel|lung** (Berichtigung); **Richt‿kranz, ...li|nie** (meist *Mehrz.*), **...preis, ...schnur** (*Mehrz.* ...schnuren); **Rich|tung; rich|tung|ge|bend; rich|tungs|los; Rich|tungs|wech|sel; rich|tung|wei|send; Richt|wert**
Ri|cke, *die;* -, -n (w. Reh)
rie|chen; roch, gerochen; **Rie|cher** (ugs. für: Nase [bes. im übertr. Sinne]); einen guten - haben (alles gleich merken)
Ried, *das;* -[e]s, -e (Schilf)
Rie|ge, *die;* -, -n (Turnerabteilung)
Rie|gel, *der;* -s, -
Riem|chen; [1]**Rie|men,** *der;* -s, - (Lederstreifen)
[2]**Rie|men,** *der;* -s, - (Ruder)
Rie|se, *der;* -n, -n (außergewöhnl. großer Mensch; auch für: myth. Wesen)
Rie|sel|feld, *das* (Feld, worüber geeignete Abwässer zur Reinigung u. gleichzeitigen landwirtschaftl. Nutzung geleitet werden); **rie|seln**
rie|sen|groß; rie|sen|haft; Rie|sen‿rad, ...sla|lom; rie|sen|stark; rie|sig (gewaltig groß); **Rie|sin**
Ries|ling (eine Reb- u. Weinsorte)
Riff, *das;* -[e]s, -e (Felsenklippe; Sandbank)
rif|feln (aufrauen); **Rif|fe|lung**
Ri|go|ris|mus, *der;* - (übertriebene Strenge; strenges Festhalten an Grundsätzen); **ri|go|ros** ([sehr] streng); **Ri|go|ro|si|tät,** *die;* -
Rik|scha, *die;* -, -s (zweirädriger Wagen, der von einer Person gezogen wird u. zur Beförderung von Personen dient)
Ril|le, *die;* -, -n; **ril|len; ril|lig**
Rind, *das;* -[e]s, -er
Rin|de, *die;* -, -n; **rin|den|los**
Rin|der|bra|ten, Rinds|bra|ten (österr. nur so); **Rin|der‿her|de, ...wahn|sinn** (eine Rinderkrankheit); **Rind|fleisch; Rinds|bra|ten;** vgl. Rinderbraten; **Rind[s]|le|der; rind[s]|le|dern** (aus Rindsleder); **Rind|vieh** (*Mehrz.* ugs.: Rindviecher)
Ring, *der;* -[e]s, -e; **Rin|gel,** *der;* -s, - (kreisförmig Gewundenes); **Rin|gel|chen; rin|ge|lig,** ring|lig; **rin|geln;** sich -; **Rin|gel|piez,** *der;* -[e]s, -e (ugs. scherzh. für: Tanzvergnügen); **Rin|gel‿rei|gen** od. **...rei|hen**
rin|gen; rang, gerungen; **Rin|gen,** *das;* -s; **Rin|ger**
Ring|fin|ger; ring|för|mig
Ring‿kampf, ...kämp|fer, ...rich|ter
rings|he|r|um; rings|um; rings|um|her
Rin|ne, *die;* -, -n; **rin|nen;** rann, geronnen; **Rinn|sal,** *das;* -[e]s, -e; **Rinn|stein**
Ripp|chen; Rip|pe, *die;* -, -n; **rip|pen** (mit Rippen versehen); gerippt; **Rip|pen‿bruch** (*der*), **...fell; Rip|pen|fell|ent|zün|dung; Rip|pen|speer,** *der* od. *das;* -[e]s (gepökeltes Schweinebruststück mit Rippen); **Rip|pen‿stoß, ...stück**
Rips, *der;* -es, -e (geripptes Gewebe)
Ri|si|ko, *das;* -s, -s od. ...ken (österr.: Risken); **ri|si|ko|frei; ri|si|ko|los; ris|kant** (gefährlich, gewagt); **ris|kie|ren** (wagen, aufs Spiel setzen)
Ri|sot|to, *der;* -[s], -s (österr. auch: *das;* -s, -[s]; Reisspeise)
Ris|pe, *die;* -, -n (ein Blütenstand); **Ris|pen|gras**
Riss, *der;* -es, -e; **ris|sig**
Rist, *der;* -es, -e (Fuß-, Handrücken)
Ritt, *der;* -[e]s, -e
Ritt|ber|ger, *der;* -s, - (klassischer Drehsprung im Eiskunstlauf)
Rit|ter; Rit|ter‿burg, ...gut; rit|ter|lich; Rit|ter|lich|keit,

die; -; **Rit|ter|sporn** (*Mehrz.* ...sporne; eine Blume); **Rit|ter|tum,** *das;* -s; **ritt|lings**
Ri|tu|al, *das;* -s, -e u. -ien [...*i*e*n*] (religiöser Brauch; Zeremoniell); **ri|tu|ell** (zum Ritus gehörend; durch den Ritus geboten); **Ri|tus,** *der;* -, ...ten (gottesdienstlicher [Fest]brauch; Zeremoniell)
Ritz, *der;* -es, -e (Kerbe, Kratzer; auch für: Ritze); **Rit|ze,** *die;* -, -n (sehr schmale Spalte od. Vertiefung); **ritzen**
Ri|va|le, *der;* -n, -n (Nebenbuhler, Mitbewerber); **Ri|valin; ri|va|li|sie|ren** (wetteifern); **Ri|va|li|tät**
Ri|ver|boat|shuf|fle, (auch:) **Ri|ver|boat-Shuf|fle** [*riw*e*r-bo*u*tschaf*e*l*], *die;* -, -s (Vergnügungsfahrt auf einem [Fluss]schiff, bei der eine Jazzband spielt)
Roast|beef [roßtbif], *das;* -s, -s (Rostbraten)
Rob|be, *die;* -, -n (Seesäugetier); **rob|ben** (robbenartig kriechen); **Rob|ben‿fang, ...fän|ger**
Ro|be, *die;* -, -n (kostbares, langes [Abend]kleid; Amtstracht, bes. für Richter, Anwälte, Geistliche)
ro|bo|ten (ugs. für: schwer arbeiten); **Ro|bo|ter** (elektronisch gesteuerter Automat); **ro|bo|ter|haft**
ro|bust (stark, widerstandsfähig); **Ro|bust|heit**
Ro|cha|de [*roch*..., auch: *rosch*...], *die;* -, -n (Schach: Doppelzug von König u. Turm)
rö|cheln
ro|chie|ren [*roch*..., auch: *rosch*...] (die Rochade ausführen; die Positionen wechseln)
[1]**Rock,** *der;* -[e]s, Röcke
[2]**Rock,** *der;* -[s] (Stilrichtung der Popmusik); **Rock and Roll,** Rock 'n' Roll [*rok*e*nrol*, engl. Ausspr.: *roknro*u*l*], *der;* - - -[s], - - -[s] (stark synkopierter amerik. Tanz); **ro|cken** ([2]Rock spielen); **Ro|cker,** *der;* -s, - (Angehöriger einer Gruppe von Jugendlichen [mit Lederkleidung u. Motorrad als Statussymbolen]; Rockmusiker); **Rock|mu|sik; Rock 'n' Roll;** vgl. Rock and Roll
Rock‿saum, ...zip|fel
ro|deln; Ro|del|schlit|ten
ro|den; Ro|dung
Ro|gen, *der;* -s, - (Fischeier)
Rog|gen, *der;* -s, (fachspr.:) - (Getreide); **Rog|gen|brot**
roh; Roh|bau (*Mehrz.* ...bauten); **Ro|heit,** (alte Schreibung für:) Rohheit; **Roh|heit; Roh|kost; Roh|ling**
Rohr, *das;* -[e]s, -e; **Röhr|chen; Röh|re,** *die;* -, -n
röh|ren (brüllen [vom Hirsch zur Brunftzeit])
Röh|richt, *das;* -s, -e
Rohr‿spatz; in: schimpfen wie ein - (ugs. für: aufgebracht, laut schimpfen), **...zu|cker**
Roh‿sei|de, ...stahl, ...stoff
Ro|ko|ko [auch: *rokoko*, österr.: ...*ko*], *das;* -s (fachspr. auch: -; [Kunst]stil des 18. Jh.s)
Rolla|den, (alte Schreibung für:) Rollladen; **Rol|le,** *die;* -, -n; **rol|len; Rol|ler; rol|lern; Roll‿feld**
Roll|la|den, *der;* -s, ...läden u. (seltener:) ...laden
Roll|mops (gerollter eingelegter Hering); **Rol|lo** [auch, österr. nur: *rolo*], *das;* -s, -s (aufrollbarer Vorhang); **Roll|schuh;** - laufen; **Roll‿stuhl, ...trep|pe**
ROM, *das;* -[s], -[s] (aus engl. read-only memory; EDV: Informationsspeicher, dessen Inhalt nur abgelesen, aber nicht verändert werden kann)
Ro|man, *der;* -s, -e; **Ro|man|cier** [*romangßie*], *der;* -s, -s (Romanschriftsteller); **Ro|ma|nik,** *die;* - ([Kunst]stil vom 11. bis 13. Jh.); **ro|ma|nisch** (im Stil der Romanik); **Ro|ma|nist,** *der;* -en, -en (Kenner und Erforscher der roman. Sprachen u. Literaturen); **Ro|ma|nis|tik,** *die;* - (Wissenschaft von den romanischen Sprachen u. Literaturen); **Ro|ma|nis|tin**
Ro|man|tik, *die;* - (Kunst- und Literaturrichtung von etwa 1800 bis 1830); **Ro|man|ti|ker** (Anhänger, Dichter usw. der Romantik; abwertend für: Gefühlsschwärmer); **Ro|man|ti|ke|rin; ro|man|tisch** (zur Romantik gehörend; gefühlsbetont; abenteuerlich); **Ro|man|ze,** *die;* -, -n (erzählendes volkstüml. Gedicht; liedartiges Musikstück mit besonderem Stimmungsgehalt; romantisches Liebeserlebnis); **Rö|mer,** *der;* -s, - (bauchiges Kelchglas für Wein); **rö|misch** (auf Rom, auf die Römer bezüglich); -e Ziffern, -es Recht; **rö|misch-ka|tho|lisch** (Abk.: röm.-kath.)
Rom|mee, (auch:) **Rom|mé** [*rome*, auch: *rome*], *das;* -s, -s (ein Kartenspiel)
Ron|dell, Run|dell, *das;* -s, -e (Rundteil; Rundbeet); **Ron|do,** *das;* -s, -s (Musik: Satz mit wiederkehrendem Thema)
rönt|gen [*röntg*e*n*] (mit Röntgenstrahlen durchleuchten); **Rönt|gen‿bild, ...di|a|g|nos|tik**
Roque|fort [*rokfor*, auch: *rok*...], *der;* -s, -s (ein Käse)
ro|sa (blassrot); - Blüten; **Ro|sa,** *das;* -s, - (ugs.: -s); in -; **ro|sa|far|ben, ro|sa|far|big**
rösch (bes. südd., auch schweiz. mdal. für: knusprig)
Rös|chen (kleine Rose); **Ro|se,** *die;* -, -n; **ro|sé** [*rose*] (rosig, zartrosa); ein - Pulli; - Spitzen; [1]**Ro|sé,** *das;* -[s], -[s] (rosé Farbe); in -; [2]**Ro|sé,** *der;* -s, -s (Roséwein)
Ro|see|wein; vgl. Roséwein
Ro|sen‿blatt, ...duft, ...kohl (*der;* -[e]s), **...kranz**

Ro|sen|mon|tag [auch: *ro...*] (Fastnachtsmontag); **Ro|sen|mon|tags|zug**
ro|sen|rot; Ro|set|te, *die;* -, -n (Verzierung in Rosenform; Bandschleife; Edelsteinschliff); **Ro|sé|wein** [*rose...*], (fachspr.:) Ro|see|wein (blassroter Wein); **ro|sig**
Ro|si|ne, *die;* -, -n
Ros|ma|rin [auch: *...rin*], *der;* -s (eine Gewürzpflanze)
Ross, *das;* -es, -e (landsch.: Rösser; südd., österr. u. schweiz., sonst geh. für: Pferd); **Ross‿ap|fel** (landsch. scherzh. für: Pferdekot), **...brei|ten** (*Mehrz.;* windschwache Zone im subtrop. Hochdruckgürtel); **Rös|sel|sprung** (Rätselart); **Ross‿haar, ...kas|ta|nie, ...kur** (ugs. für: Gewaltkur)
[1]**Rost,** *der;* -[e]s, -e ([Heiz]gitter; landsch. für: Stahlmatratze)
[2]**Rost,** *der;* -[e]s (Zersetzungsschicht auf Eisen; Pflanzenkrankheit); **rost|braun; ros|ten** (Rost ansetzen)
rös|ten [auch: *rö...*] (braten; Brot u. a. bräunen; [Erze u. Hüttenprodukte] erhitzen)
rost|far|ben; rost|frei
Rös|ti, *die;* - (schweiz. für: [grob geraspelte] Bratkartoffeln)
ros|tig
Röst|kar|tof|feln [auch: *rößt...*] (*Mehrz.;* landsch. für: Bratkartoffeln)
rost|rot; Rost|schutz
rot; röter, rötes|te (seltener, vor allem übertr.: roter, roteste); die rot glühende Sonne; ein rot gestreiftes Hemd; rot geweinte Augen; das Rote Kreuz; die Rote Armee; Rote Be[e]te; **Rot,** *das;* -s, - (ugs.: -s); in -; die Ampel steht auf -
Ro|ta|ti|on [*...zion*], *die;* -, -en (Drehung, Umlauf); **Ro|ta|ti|ons|druck** (*Mehrz.* ...drucke)
rot‿ba|ckig od. **...bä|ckig; Rot|barsch; Rö|te,** *die;* -; **Rö|teln,** *die* (*Mehrz.;* eine Infektionskrankheit); **Rö|tel|zeich|nung; rö|ten;** sich -; **Rot|fuchs; rot ge|streift; rot ge|weint; rot glü|hend;** vgl. rot; **Rot|grün|blind|heit,** *die;* - (Farbenfehlsichtigkeit, bei der Rot u. Grün verwechselt werden); **Rot‿haut** (scherzh. für: Indianer), **...hirsch**
ro|tie|ren (umlaufen, sich um die eigene Achse drehen)
Rot‿käpp|chen, ...kehl|chen (ein Singvogel), **...kohl, ...kraut** (*das;* -[e]s); **röt|lich; Rot|licht,** *das;* -[e]s
Ro|tor, *der;* -s, ...oren (sich drehender Teil von [elektr.] Maschinen)
Rot‿schwanz od. **...schwänz|chen** (ein Singvogel); **rot|se|hen** (ugs. für: wütend werden)
Rot|te, *die;* -, -n
Rö|tung; rot|wan|gig; Rot‿wein, ...wild, ...wurst (landsch. für: Blutwurst)
Rotz, *der;* -es (derb für: Nasenschleim); **Rotz|na|se** (derb; salopp scherzh. für: naseweises, freches Kind)
Rouge [*rusch*], *das;* -s, -s (rote Schminke)
Rou|la|de [*ru...*], *die;* -, -n (gerollte u. gebratene Fleischscheibe); **Rou|leau** [*rulo*], *das;* -s, -s (ältere Bez. für: Rollo); **Rou|lett** [*ru...*], *das;* -[e]s, -e u. -s od. **Roulette** [*rulät*], *das;* -s, -s
Rou|te [*rute*], *die;* -, -n (festgelegte Wegstrecke); **Rou|ti|ne,** *die;* - ([handwerksmäßige] Gewandtheit; Fertigkeit, Übung); **rou|ti|ne|mä|ßig; Rou|ti|ne|un|ter|su|chung; Rou|ti|ni|er** [*...nie*], *der;* -s, -s (jmd., der Routine hat); **rou|ti|niert** (gerissen, gewandt)
Row|dy [*raudi*], *der;* -s, -s (auch: ...dies [*raúdis*]; [jüngerer] gewalttätiger Mensch); **Row|dy|tum,** *das;* -s
Rü|be, *die;* -, -n
Ru|bel, *der,* -s, - (russ. Währungseinheit; Abk.: Rbl)
rü|ber (ugs. für: herüber, hinüber)
Ru|bin, *der;* -s, -e (ein Edelstein)
Ru|b|rik, *die;* -, -en (Spalte, Kategorie)
ruch|bar (bekannt, offenkundig); das Verbrechen wurde -
ruch|los (geh. für: niedrig, gemein)
Ruck, *der;* -[e]s, -e; **ruck|ar|tig**
rück|be|züg|lich; -es Fürwort (Reflexivpronomen); **Rück‿blen|de, ...blick; rück|bli|ckend**
rü|cken; jmdm. zu Leibe -
Rü|cken, *der;* -s, -; **Rü|cken‿de|ckung, ...la|ge, ...mark** (*das*), **...wind**
Rück‿er|stat|tung, ...fahr|kar|te, ...fahrt, ...fall (*der*); **rück|fäl|lig; rück|fra|gen;** hat noch einmal rückgefragt; **Rück|grat,** *das;* -[e]s, -e; **Rück|halt; rück|halt|los**
Rück|hand, *die;* -
Rück|kehr, *die;* -
Rück|la|ge (zurückgelegter Betrag); **rück|läu|fig**
Ruck|sack
Rück‿schlag, ...sei|te
Rück|sicht, *die;* -, -en; **Rück|sicht|nah|me,** *die;* -; **rück|sichts|los; rück|sichts|voll**
Rück‿sitz, ...spie|gel, ...spiel (Sportspr.), **...spra|che, ...stand** (im - sein, bleiben; in - kommen); **rück|stän|dig**
Rück‿stau, ...stoß, ...tritt
rück|ver|gü|ten (nur in der Grundform u. im 2. Mittelwort gebr.); der Betrag wird rückvergütet
rück|ver|si|chern, sich; **Rück‿wand, ...wan|de|rung**
rück|wär|tig; rück|wärts; eine rückwärts gewandte Politik; **Rück|wärts|gang,** der; **rück|wärts ge|wandt**
ruck|wei|se
rück|wir|kend; Rück|zah|lung; Rück|zie|her; einen - machen (ugs. für: zurückweichen); **Rück|zug; Rück|zugs|ge|fecht**

Ru|co|la, Ru|ko|la, *der;* - (Raukensalat)
rü|de (roh, grob, ungesittet)
Rü|de, *der;* -n, -n (m. Hund)
Ru|del, *das;* -s, -; **ru|del|wei|se**
Ru|der, *das;* -s, -; ans - (ugs. für: in eine leitende Stellung) kommen; **Ru|der|boot; Ru|de|rer; ru|dern**
Ruf, *der;* -[e]s, -e; **ru|fen;** rief, gerufen; **Ru|fer**
Rüf|fel, *der;* -s, - (ugs. für: Verweis); **rüf|feln**
Ruf‿mord (schwere Verleumdung), **...na|me, ...num|mer**
Rug|by [*rạkbi*], *das;* -[s] (ein Ballspiel)
Rü|ge, *die;* -, -n; **rü|gen**
Ru|he, *die;* -; **Ru|he|bank** (*Mehrz.* ...bänke); **ru|he|be|dürf|tig; ru|he|los; ru|hen;** sie hat den Fall ruhen lassen; die Angelegenheit wird ihn nicht ruhen lassen; **Ru|he‿pau|se, ...stand** (*der;* -[e]s); **ru|he|stö|rend; Ru|he‿tag, ...zeit; ru|hig**
Ruhm, *der;* -[e]s; **rüh|men;** sich seines Wissens -; nicht viel Rühmens von einer Sache machen; **rüh|mens|wert; Ruh|mes‿blatt** (kein - [keine große Leistung] sein), **...tat; rühm|lich; ruhm|los**
Ruhr, *die;* -, (selten:) -en (Infektionskrankheit des Darmes)
Rühr|ei; rüh|ren; sich -; **rüh|rend; rüh|rig; rühr|se|lig; Rüh|rung,** *die;* -
Ru|in, *der;* -s (Zusammenbruch, Verfall; Verderb, Verlust [des Vermögens]); **Ru|i|ne,** *die;* -, -n (zerfallen[d]es Bauwerk, Trümmer); **ru|i|nie|ren** (zerstören, verwüsten); sich -; **ru|i|nös** (zum Ruin führend)
Ru|ko|la, vgl. Rucola
rülp|sen (ugs.); **Rülp|ser** (ugs.)
rum (ugs. für: herum)
Rum [südd. u. österr. auch, schweiz. nur: *rum*], *der;* -s, -s (Branntwein [aus Zuckerrohr])
Rum|ba, *die;* -, -s (ugs. auch, österr. nur: *der;* -s, -s; ein Tanz)
rum|krie|gen (ugs. für: zu etwas bewegen; hinter sich bringen)
Rum|mel, *der;* -s (ugs.); **Rum|mel|platz** (ugs.)
ru|mo|ren
Rum|pel|kam|mer (ugs.)
Rumpf, *der;* -[e]s, Rümpfe
rümp|fen; die Nase rümpfen
Rump|steak [*rụmpßtek*], *das;* -s, -s (gebratene Rindfleischscheibe)
Run [rạn], *der;* -s, -s (Ansturm)
rund ([im Sinne von: etwa] Abk.: rd.); **Rund‿bau** (*Mehrz.* ...bauten), **...bo|gen; Run|de,** *die;* -, -n; **run|den** (rund machen); sich -; **rund|er|neu|ert;** -e Reifen; **Rund‿fahrt, ...funk** (*der;* -s); **Rund|funk‿ap|pa|rat, ...ge|bühr, ...hö|rer, ...pro|gramm, ...sen|der; Rund|gang,** *der;* **rund|he|r|aus; rund|he|r|um; Rund|holz; rund|lich; Rund‿rei|se, ...schrei|ben; rund|um; rund|um|her; Run|dung; rund|weg**
Ru|ne, *die;* -, -n (germ. Schriftzeichen)
run|ter (ugs. für: herunter, hinunter)
Run|zel, *die;* -, -n; **run|ze|lig,** runz|lig; **run|zeln,** runz|lig
Rü|pel, *der;* -s, -; **Rü|pe|lei; rü|pel|haft**
rup|fen
Ru|pie [*...ie*], *die;* -, -n (Währungseinheit in Indien, Sri Lanka u. a.)
rup|pig
Rü|sche, *die;* -, -n (gefältelter [Stoff]besatz)
Rush|hour [*rasch-auer*], *die;* -, -s (Hauptverkehrszeit)
Ruß, *der;* -es, (fachspr.:) -e
Rüs|sel, *der;* -s, -
ru|ßen; ru|ßig
rus|sisch; -e Eier, -er Salat; -es Roulett; die Russische Föderation; vgl. deutsch; **Rus|sisch,** *das;* -[s] (Sprache); **Rus|sisch|brot,** *das;* -[e]s (ein Gebäck); **Rus|si|sche,** *das;* -n; **Russ|land**
rüs|ten; sich - (geh.)
Rüs|ter, *die;* -, -n (Ulme)
rüs|tig; Rüs|tig|keit, *die;* -
rus|ti|kal (ländlich, bäuerlich)
Rüs|tung; Rüs|tungs|in|dus|t|rie; Rüst|zeug
Ru|te, *die;* -, -n (Stock; früheres Längenmaß; Jägerspr.: Schwanz; allg. für: m. Glied bei Tieren); **Ru|ten|gän|ger** ([Quellen-, Gestein-, Erz]sucher mit der Wünschelrute)
Rutsch, *der;* -[e]s, -e; **Rutsch|bahn; Rut|sche,** *die;* -, -n (Gleitbahn); **rut|schen; rutsch|fest; rut|schig; Rutsch|par|tie** (ugs.)
rüt|teln

Ss

S (Buchstabe); das S, des S, die S; aber: das s in Hase
Saal, *der;* -[e]s; Säle; **Saal|ord|ner**
Saat, *die;* -, -en; **Saat‿gut, ...korn** (*Mehrz.* ...körner)
Sab|bat, *der;* -s, -e (Samstag, jüd. Feiertag)
sab|bern (ugs.)
Sä|bel, *der;* -s, -; **Sä|bel|fech|ten,** *das;* -s; **sä|beln** (ugs. für: ungeschickt schneiden)
Sa|bo|ta|ge [*...tasche*, österr.: *...tasch*], *die;* -, -n (vorsätzl. Schädigung od. Zerstörung von wirtschaftl. u. milit. Einrichtungen); **Sa|bo|teur** [*...tör*], *der;* -s, -e; **sa|bo|tie|ren**
Sac|cha|rin (fachspr.), **Sa|cha|rin,** *das;* -s (ein Süßstoff)
Sach‿be|ar|bei|ter, ...be|ar|bei|te|rin, ...be|schä|di|gung, ...buch; sach|dien|lich; Sa|che, *die;* -, -n; **Sä|chel|chen**
Sa|cher|tor|te (eine Schokoladentorte)
Sach|ge|biet; sach‿ge|mäß, ...ge|recht; Sach|kennt|nis;

sạch|kun|dig; Sạch˘la|ge, ...leis|tung; sạch|lich (zur Sache gehörend; auch für: objektiv); **säch|lich;** -es Geschlecht; **Sạch|scha|den** (Ggs.: Personenschaden)
säch|seln (sächsisch sprechen); **säch|sisch;** vgl. deutsch
sạcht (leise); **sạch|te** (ugs.)
Sạch|ver|halt, *der;* -[e]s, -e; **sạch|ver|stän|dig; Sạch|ver|stän|di|ge,** *der* u. *die;* -n, -n
Sạck, *der;* -[e]s, Säcke; mit - und Pack; **Säck|chen; Säckel,** *der;* -s, - (landsch. für: Hosentasche; abwertend für: Mann, Mensch); [1]**sạcken** (in Säcke füllen); [2]**sạcken,** sich (sich senken, sinken); **Sạck˘gas|se, ...hüpfen** (*das;* -s)
Sa|dịs|mus, *der;* - (Lust am Quälen, an Grausamkeiten [als abnorme sexuelle Befriedigung]); **Sa|dịst,** *der;* -en, -en; **sa|dịs|tisch; Sa|do|ma|so|chis|mus** [...*ehiß*...], *der;* -, ...men (Verbindung von Sadismus u. Masochismus); **sa|do|ma|so|chịs|tisch**
Sa|fa|ri, *die;* -, -s (Gesellschaftsreise zum Jagen, Fotografieren [in Afrika])
Safe [*ßeif*], *der* (auch: *das*); -s, -s (Geldschrank, Stahlkammer, Sicherheitsfach); **Sa|fer|sex,** *das;* -es, (auch:) **Sa|fer Sex** [*ßeiferßäx*], *der;* - -es (die Gefahr einer Aidsinfektion minderndes Sexualverhalten)
Sạf|fi|an, *der;* -s (feines Ziegenleder); **Sạf|fi|an|le|der**
Sạ|f|ran, *der;* -s, -e (Krokus; Farbstoff; Gewürz); **sạ|f|ran|gelb**
Sạft, *der;* -[e]s, Säfte; **Säftchen; sạf|tig** (ugs. auch für: derb); **Sạft|la|den** (ugs. abwertend für: schlecht funktionierender Betrieb); **sạft|los;** saft- und kraftlos; **Sạft|pres|se**
Sa|ge, *die;* -, -n

Sä|ge, *die;* -, -n; **Sä|ge˘blatt, ...bock, ...mehl**
sa|gen
sä|gen
sa|gen|haft (ugs. auch für: unvorstellbar); **sa|gen|umwo|ben**
Sä|ge˘spä|ne *(Mehrz.),* **...werk**
Sa|go, *der* (österr. meist: *das*); -s (gekörntes Stärkemehl)
Sah|ne, *die;* -; **Sah|ne˘bonbon, ...tor|te; sah|nig**
Sai|son [*ßäsong,* auch: *säsong, säsọng*], *die;* -, -s (österr. meist: ...onen; Hauptbetriebs-, Hauptgeschäfts-, Hauptreisezeit, Theaterspielzeit); **sai|so|nal** [...*sonal*]; **Sai|son|ar|beit; sai|son|be|dingt; Sai|son|be|ginn**
Sai|te, *die;* -, -n (gedrehter Darm, Metall- od. Kunststofffaden zur Bespannung von Musikinstrumenten); **Sai|ten˘in|stru|ment, ...spiel**
Sạk|ko [österr.: ...*ko*], *der* (auch, österr. nur: *das*); -s, -s (Herrenjacket)
sa|k|ral (den Gottesdienst betreffend); **Sa|k|ra|mẹnt,** *das;* -[e]s, -e (eine gottesdienstl. Handlung); **Sa|k|ri|leg,** *das;* -s, -e (Gotteslästerung); **Sa|k|ris|tei,** *die;* -, -en (Kirchenraum für den Geistlichen u. die gottesdienstl. Geräte)
Sa|la|mạn|der, *der;* -s, - (ein Schwanzlurch)
Sa|la|mi, *die;* -, -[s] (schweiz. auch: *der;* -s, -; eine Dauerwurst)
Sa|lat, *der;* -[e]s, -e; **Sa|lat˘bar, ...be|steck, ...gur|ke, ...öl**
Sạl|be, *die;* -, -n
Sạl|bei [auch: ...*bai*], *der;* -s (österr. nur so, sonst auch: *die;* -; eine Heil- u. Gewürzpflanze)
sạl|bungs|voll
Säl|chen (kleiner Saal)
Sạl|chow [...*o*], *der;* -[s], -s (ein Drehsprung beim Eiskunstlauf)
Sạl|do, *der;* -s, ...den u. -s u. ...di (Differenzbetrag der Soll- und Habenseite eines Kontos)
Sä|le (*Mehrz.* von: Saal)
Sa|li|ne, *die;* -, -n
Sạlm, *der;* -[e]s, -e (ein Fisch)
Sal|mi|ạk [auch, österr. nur: *sal...*], *der* (auch: *das*); -s (eine Ammoniakverbindung); **Sal|mi|ạk|geist,** *der;* -[e]s
Sal|mo|nẹl|len, *die* (*Mehrz.;* Darmkrankheiten hervorrufende Bakterien)
Sa|lon [...*long,* auch: ...*lọng,* österr.: ...*lon*], *der;* -s, -s (Empfangszimmer; Friseur-, Mode-, Kosmetikgeschäft; Ausstellung[sraum]); **Sa|lon|da|me** (Theater); **sa|lon|fä|hig; Sa|lon˘lö|we** (abwertend), **...wa|gen** (elegant eingerichteter Eisenbahnwagen)
sa|lọpp (ungezwungen; nachlässig; bequem)
Sal|pe|ter, *der;* -s (Bez. für einige Salze der Salpetersäure)
Sạl|sa, *der;* - (ein Tanz)
Sạl|to, *der;* -s, -s u. ...ti (freier Überschlag); **Sạl|to mor|ta|le,** *der;* - -, - - u. ...ti ...li (meist dreifacher Salto in großer Höhe)
Sa|lut, *der;* -[e]s, -e ([milit.] Ehrengruß); **sa|lu|tie|ren** (milit. grüßen)
Sạl|ve [...*we*], *die;* -, -n (gleichzeitiges Schießen von mehreren Feuerwaffen [auch als Ehrengruß])
Sạlz, *das;* -es, -e; **Sạlz|bre|zel; sạl|zen;** die Preise sind gesalzen; **Sạlz˘fass, ...gurke; sạlz|hal|tig; Sạlz|he|ring; sạl|zig; Sạlz|kar|tof|feln,** *die (Mehrz.);* **sạlz|los; Sạlz|wasser** (*Mehrz.* ...wässer)
Sa|ma|ri|ter ([freiwilliger] Krankenpfleger, -wärter)
Sạm|ba, *die;* -, -s (auch u. österr. nur: *der;* -s, -s; ein Tanz)

Sa|me, *der;* -ns, -n; **Sa|men,** *der;* -s, -; **Sa|men|korn** (*Mehrz.* ...körner); **Sä|me|rei,** *die;* -, -en (meist *Mehrz.*)
sä|mig (dickflüssig)
Säm|ling (aus Samen gezogene Pflanze)
Sam|mel‿an|schluss (Fernsprechwesen), **...band** *(der),* **...be|cken, ...be|stel|lung, ...map|pe; sam|meln; Sam|mel|su|ri|um,** *das;* -s, ...ien [...*i^e^n*] (ugs. für: angesammelte Menge verschiedenartigster Dinge); **Samm|ler; Samm|lung**
Sa|mo|war, *der;* -s, -e (russ. Teemaschine)
Sams|tag, *der;* -[e]s, -e; vgl. Dienstag; **sams|tags**
samt; - und sonders; *Verhältnisw.* mit *Wemf.;* - allem Geld
Samt, *der;* -[e]s, -e (ein Gewebe); **Samt|band** (*das; Mehrz.* ...bänder); **sam|ten** (aus Samt); **Samt|hand|schuh;** jmdn. mit -en anfassen (jmdn. behutsam behandeln); **sam|tig** (samtartig)
sämt|lich; -e Stimmberechtigte[n]
Samt|pföt|chen; samt|weich
Sa|na|to|ri|um, *das;* -s, ...ien [...*i^e^n*] (Heilanstalt; Genesungsheim)
Sanc|tus, *das;* -, - (Lobgesang in der kath. Messe)
Sand, *der;* -[e]s, -e
San|da|le, *die;* -, -n (leichter Sommerschuh); **San|da|let|te,** *die;* -, -n (leichter Sommerschuh für Damen)
Sand|bahn|ren|nen (Sportspr.); **Sand‿bank** (*Mehrz.* ...bänke), **...dorn** (*der;* -[e]s; eine Pflanzengattung)
San|del|holz, *das;* -es (duftendes Holz verschiedener Sandelbaumgewächse)
sand‿far|ben od. **...far|big** (beige); **san|dig; Sand‿kas|ten, ...mann** (*der;* -[e]s; eine Märchengestalt), **...pa|pier, ...sack, ...stein; sand|strah|len;** nur in der Grundform u. im 2. Mittelwort gebr.; gesandstrahlt, (fachspr. auch:) sandgestrahlt; **Sand|strand**
Sand|wich [*säntwitsch*], *das* od. *der;* -[s], -s (zwei zusammengeklappte belegte Brotscheiben)
sanft; Sänf|te, *die;* -, -n (Tragstuhl); **Sanft|mut,** *die;* -; **sanft|mü|tig**
Sän|ger; Sän|ge|rin; sang|los; sang- u. klanglos (ugs. für: unbeachtet, unbemerkt) abtreten
sa|nie|ren; sich - (modernisierend umgestalten; ugs. für: wirtschaftl. gesunden); **Sa|nie|rung; sa|nie|rungs|reif; sa|ni|tär** (gesundheitlich); -e Anlagen; **Sa|ni|tä|ter** (in der ersten Hilfe Ausgebildeter; Krankenpfleger); **Sa|ni|täts|kraft|wa|gen**
sank|ti|o|nie|ren (bestätigen)
Sankt-Nim|mer|leins-Tag, *der;* -[e]s; vgl. Nimmerleinstag
Sa|phir [auch, österr. nur: ...*ir*], *der;* -s, -e (ein Edelstein)
Sar|del|le, *die;* -, -n (ein Fisch)
Sar|di|ne, *die;* -, -n (ein Fisch)
Sarg, *der;* -[e]s, Särge; **Sarg|na|gel** (ugs. auch für: Zigarette)
Sa|ri, *der;* -[s], -s (Gewand der Inderin)
Sar|kas|mus, *der;* -, ...men ([beißender] Spott); **sar|kas|tisch** (spöttisch; höhnisch)
Sar|ko|phag, *der;* -s, -e (meist steinerner Prunksarg)
Sa|tan, *der;* -s, -e; **sa|ta|nisch** (teuflisch)
Sa|tel|lit, *der;* -en, -en (Astron.: Mond der Planeten; künstlicher Erdmond, Raumsonde); **Sa|tel|li|ten‿bild, ...fern|se|hen, ...pro|gramm, ...staat** (von einer Großmacht abhängiger Staat; *Mehrz.* ...staaten), **...stadt** (Trabantenstadt), **...über|tra|gung** (Übertragung über einen Fernsehsatelliten)
Sa|tin [*ßatäng*], *der;* -s, -s (Gewebe in Atlasbindung mit glänzender Oberfläche)
Sa|ti|re, *die;* -, -n (iron.-witzige literar. od. künstler. Darstellung menschlicher Schwächen u. Laster); **sa|ti|risch** (spöttisch, beißend)
satt; ich bin od. habe es - (ugs. für: habe keine Lust mehr); sich an einer Sache - sehen (ugs.); etwas - bekommen, haben (ugs.)
Sat|tel, *der;* -s, Sättel; **Sat|tel|dach; sat|tel|fest** (auch für: kenntnissicher, -reich); **sat|teln; Sat|tel‿schlep|per, ...ta|sche**
Satt|heit, *die;* -; **sät|ti|gen**
Satt|ler; Satt|le|rei
satt|sam (hinlänglich, genug)
Sa|turn|ra|ke|te, (auch:) **Saturn-Ra|ke|te**
Sa|tyr, *der;* -s od. -n, -n (bocksgestaltiger Waldgeist in der gr. Sage); **Sa|tyr|spiel**
Satz, *der;* -es, Sätze; **Satz|aus|sa|ge; Sätz|chen; Satz‿ge|gen|stand, ...glied; Sat|zung; Satz|zei|chen**
Sau, *die;* -, Säue u. (bes. von Wildschweinen:) -en
sau|ber; sauber halten, machen; **Sau|ber|keit,** *die;* -; **säu|ber|lich; sau|ber machen;** vgl. sauber; **säu|bern; Säu|be|rung**
Sau|boh|ne
Sau|ce [*soß^e^*, österr.: *soß*], *die;* -, -n; **Sau|ci|e|re** [*soßiär^e^*, österr.: ...*iär*], *die;* -, -n (Soßenschüssel)
sau|dumm (derb für: sehr dumm)
sau|er; gib ihm Saures! (ugs. für: prügle ihn!); **Sau|er‿amp|fer, ...bra|ten**
Sau|e|rei (derb)
Sau|er‿kir|sche, ...klee, ...kohl (*der;* -[e]s), **...kraut** (*das;* -[e]s); **säu|er|lich; Sau|er|milch; säu|ern** (sauer machen, werden); **Sau|er|stoff,** *der;* -[e]s (chem. Element, Gas; Zei-

chen: O); **Sau|er|stoff|fla|sche; Sau|er|stoff|man|gel,** *der;* -s; **sau|er|süß,** (auch:) **sau|er-süß; Sau|er|teig; sau|er|töp|fisch** (griesgrämig)
sau|fen (derb in Bezug auf Menschen, bes. für: Alkohol trinken); soff, gesoffen; **Säufer** (derb); **Sau|fe|rei** (derb); **Sauf‿ge|la|ge** (derb), **...kum|pan** (derb)
sau|gen; sog, gesogen (auch: gesaugt; Technik nur: saugte, gesaugt); **säu|gen; Säu|ger** (Säugetier); **Säu|ge|tier; Säug|ling; Säug|lings|pfle|ge**
säu|isch (derb für: sehr unanständig); **sau|kalt** (ugs. für: sehr kalt); **Sau|kerl** (derb)
Säu|le, *die;* -, -n; **Säu|len‿hal|le, ...hei|li|ge**
Saum, *der,* -[e]s, Säume (Rand; Besatz)
sau|mä|ßig (derb)
[1]**säu|men** (mit einem Rand versehen)
[2]**säu|men** (geh. für: zögern); **säu|mig; saum|se|lig** (langsam)
Sau|na, *die;* -, -s od. ...nen
Säu|re, *die;* -, -n; **säu|re‿be|stän|dig, ...fest; Sau|re-Gur|ken|zeit,** (auch:) **Sau|re-Gur|ken-Zeit** (scherzh. für: die polit. od. geschäftl. meist ruhige Zeit)
Sau|ri|er [*...ierr*], *der;* -s, - (urweltl. [Riesen]echse)
Saus; nur in: in - und Braus (sorglos prassend) leben; **säu|seln; sau|sen**
Sau‿stall (derb), **...wet|ter** (derb)
Sa|van|ne [*...wa...*], *die;* -, -n (Steppe mit einzeln od. gruppenweise stehenden Bäumen)
Sa|voir-vi|v|re [*ßawoarwiwre*], *das;* - (feine Lebensart, Lebensklugheit)
Sa|xo|fon usw.; vgl. Saxophon usw.; **Sa|xo|phon,** (auch:) Sa|xo|fon, *das;* -s, -e (ein Blasinstrument); **Sa|xo|pho|nist,** (auch:) Sa|xo|fo|nist, *der;* -en, -en (Saxophonbläser); **Sa|xo|pho|nis|tin**
S-Bahn, *die;* -, -en (Schnellbahn)
scan|nen [*ßkä...*] (mit einem Scanner abtasten); **Scanner** [*ßkäner*], *der;* -s, - (ein elektron. Gerät)
[1]**Scha|be,** Schwa|be, *die;* -, -n (ein Insekt); [2]**Scha|be,** *die;* -, -n (ein Werkzeug); **Scha|be|fleisch; scha|ben**
Scha|ber|nack, *der;* -[e]s, -e (übermütiger Streich, Possen)
schä|big (abwertend)
Scha|b|lo|ne, *die;* -, -n (ausgeschnittene Vorlage; Muster; Schema, Klischee)
Schach, *das;* -s, -s (Brettspiel); - spielen, bieten; im od. in - halten (nicht gefährlich werden lassen); **Schach|brett**
scha|chern (abwertend für: feilschen)
Schach|fi|gur; schach|matt
Schacht, *der;* -[e]s, Schächte
Schach|tel, *die;* -, -n; alte - (ugs. abwertend für: ältere Frau); **Schäch|tel|chen**
Schach|tel|halm
schäch|ten (nach religiöser Vorschrift schlachten); **Schäch|ter**
Schach‿tur|nier, ...zug
scha|de; es ist -; **Scha|de,** *der* (veralt. für: Schaden); nur noch in: es soll, wird dein - nicht sein
Schä|del, *der;* -s, -; **Schä|del|bruch**
scha|den; Scha|den, *der;* -s, Schäden; **Scha|den‿er|satz** (BGB: Schadensersatz), **...freu|de; scha|den|froh; schad|haft; schä|di|gen; Schä|di|gung; schäd|lich; Schäd|ling; Schäd|lings|be|kämp|fung,** *die;* -; **schad|los;** sich - halten; **Schad|stoff; schad|stoff|arm; Schad|stoff|be‿las|tung, ...emis|si|on; schad|stoff|frei**
Schaf, *das;* -[e]s, -e; **Schaf|bock; Schäf|chen;** sein Schäfchen ins Trockene bringen, im Trockenen haben; **Schä|fer; Schä|fer|hund; Schaf|fell**
[1]**schaf|fen;** schaffte, geschafft (vollbringen; landsch. für: arbeiten; in [reger] Tätigkeit sein; Seemannsspr.: essen); [2]**schaf|fen;** schuf, geschaffen (schöpferisch, gestaltend hervorbringen); **Schaf|fen,** *das;* -s; **Schaffens|kraft,** *die;* -
Schaff|ner; Schaff|ne|rin; schaff|ner|los
Schaf|gar|be, *die;* -, -n (eine Heilpflanze); **Schaf‿her|de, ...hirt, ...käl|te,** Schafs|kälte (Mitte Juni auftretender Kaltlufteinbruch), **...kä|se;** vgl. Schafskäse, **...kopf,** Schafs|kopf, *der;* -[e]s (ein Kartenspiel)
Scha|fott, *das;* -[e]s, -e (Gerüst für Hinrichtungen)
Schafs‿kälte; vgl. Schafkälte, **...kä|se,** Schaf|käse, **...kopf** (Schimpfwort; vgl. Schafkopf)
Schaft, *der;* -[e]s, Schäfte; **Schaft|stie|fel**
Schaf‿wei|de, ...zucht
Schah, *der;* -s, -s (pers. Herrschertitel)
Scha|kal, *der;* -s, -e (ein hundeartiges Raubtier)
schä|kern (scherzen)
schal
Schal, *der;* -s, -s
Schäl|chen (kleine [Trink]schale); [1]**Scha|le,** *die;* -, -n (südd. u. österr. auch für: Tasse)
[2]**Scha|le,** *die;* -, -n (Hülle); **schä|len**
Scha|len|wild (Rot-, Schwarz-, Steinwild)
Schalk, *der;* -[e]s, -e u. Schälke (Spaßvogel, Schelm); **schalk|haft**
Schall, *der;* -[e]s, (selten:) -e od. Schälle; **Schall|dämp|fer; schall|dicht; schal|len;** schallte (seltener: scholl), geschallt; **Schall‿ge|schwin|dig|keit, ...mau|er** (*die;* -; extrem hoher Luft-

widerstand bei einem die Schallgeschwindigkeit erreichenden Flugobjekt), **...plat|te, ...wel|le** (meist *Mehrz.*)

Schal|mei, *die;* -, -en (ein Holzblasinstrument)

Scha|lot|te, *die;* -, -n (eine kleine Zwiebel)

schal|ten; Schal|ter; Schal|ter‿be|am|te, ...be|am|tin, ...stun|den *(Mehrz.)*

Schal|tier (Muschel; Schnecke)

Schalt‿he|bel, ...jahr, ...knüp|pel, ...tag; Schal|tung

Scha|lung (Bretterverkleidung)

Scha|lup|pe, *die;* -, -n (Küstenfahrzeug; großes [Bei]boot)

Scham, *die;* -

Scha|ma|ne, *der;* -n, -n (Zauberpriester bei [asiat.] Naturvölkern)

schä|men, sich; **Scham|ge|fühl** (*das;* -s); **scham|haft; Scham|haf|tig|keit,** *die;* -; **scham|los; Scham|lo|sig|keit**

Scha|mott, *der;* -s (ugs. für: Kram, Zeug, wertlose Sachen)

Scha|mot|te, *die;* - (feuerfester Ton); **Scha|mot|te|stein**

scham|po|nie|ren, scham|pu|nie|ren (mit Shampoo einschäumen, waschen)

Scham|pus, *der;* - (ugs. für: Champagner)

scham|rot; Scham|rö|te

schand|bar; Schan|de, *die;* -; **schän|den; Schand|fleck; schänd|lich; Schand‿mal** (*Mehrz.* ...male u. ...mäler), **...tat**

Schän|ke, Schen|ke, *die;* -, -n; **Schanktisch, Schänk|tisch,** Schenk|tisch; **Schank|wirt|schaft, Schänk|wirt|schaft,** Schenk|wirt|schaft

Schan|ze, *die;* -, -n (Verteidigungsanlage; Sprungschanze)

Schar, *die;* -, -en (größere Anzahl, Menge, Gruppe)

Scha|ra|de, *die;* -, -n (Ratespiel, bei dem das zu Erratende wortpantomimisch dargestellt wird)

Schä|re, *die;* -, -n (meist *Mehrz.;* kleine, der Küste vorgelagerte Felsinsel)

scha|ren, sich; **scha|ren|wei|se**

scharf; schärfer, schärfste; den Hund scharf machen; **Scharf|blick,** *der;* -[e]s; **Schär|fe,** *die;* -, -n; **schär|fen; scharf|kan|tig; scharf ma|chen;** vgl. scharf; **Scharf‿ma|cher** (bes. Politik, abwertend für: Hetzer, Befürworter scharfer Maßregeln), **...rich|ter, ...schüt|ze; scharf|sich|tig; Scharf|sinn,** *der;* -[e]s; **scharf|sin|nig**

[1]**Schar|lach,** *der* (österr.: *das*); -s (lebhaftes Rot); [2]**Schar|lach,** *der;* -s (eine Infektionskrankheit); **schar|lach|rot**

Schar|la|tan, *der;* -s, -e (Schwindler, der bestimmte Fähigkeiten vortäuscht)

Schar|müt|zel, *das;* -s, - (kurzes, kleines Gefecht, Plänkelei)

Schar|nier, *das;* -s, -e (Drehgelenk [für Türen])

Schär|pe, *die;* -, -n (um Schulter od. Hüften getragenes breites Band)

schar|ren

Schar|te, *die;* -, -n (Einschnitt; [Mauer]lücke; schadhafte Stelle [an einer Schneide])

Schar|te|ke, *die;* -, -n (veraltend abwertend für: wertloses Buch, Schmöker; abwertend für: ältliche, unsympathische Frau)

schar|tig

schar|wen|zeln

Schasch|lik [auch: *...lik*], *der* od. *das;* -s, -s (am Spieß gebratene [Hammel]fleischstückchen)

schas|sen (ugs. für: kurzerhand entlassen, wegjagen); du, er schasst; schasste, geschasst

Schat|ten, *der;* -s, -; ein Schatten spendender Baum; **schat|ten|haft; Schat|ten|ka|bi|nett; schat|ten|los; Schat|ten‿mo|rel|le, ...sei|te; Schat|ten spen|dend;** vgl. Schatten; **schat|tie|ren** ([ab]schatten); **Schat|tie|rung; schat|tig**

Scha|tul|le, *die;* -, -n (Geld-, Schmuckkästchen)

Schatz, *der;* -es, Schätze; **Schätz|chen; schät|zen; schät|zens|wert; Schatz|meis|ter; Schät|zung; schät|zungs|wei|se; Schätz|wert**

Schau, *die;* -, -en (Ausstellung, Überblick; Vorführung); zur - stellen, tragen; jmdm. die - stehlen (ugs. für: ihn um die Beachtung u. Anerkennung der anderen bringen); **Schau‿bild, ...bu|de, ...büh|ne**

Schau|der, *der;* -s, -; **Schau|der er|re|gend,** (auch:) **schau|der|er|re|gend, schau|derhaft; schau|dern**

schau|en

[1]**Schau|er,** *der;* -s, - (Seemannsspr.: Hafen-, Schiffsarbeiter)

[2]**Schau|er,** *der;* -s, - (Schreck; Regenschauer); **Schau|er|ge|schich|te; schau|er|lich**

Schau|er|mann, *der;* -[e]s, ...leute (Seemannsspr.: [1]Schauer)

Schau|er|mär|chen; schau|ern; mir od. mich schauert

Schau|fel, *die;* -, -n; **schau|feln**

Schau|fens|ter; Schau|fens|ter‿bum|mel, ...de|ko|ra|ti|on; Schau‿ge|schäft (*das;* -[e]s), **...kampf, ...kas|ten**

Schau|kel, *die;* -, -n; **schau|keln; Schau|kel‿pferd, ...stuhl**

Schau|lau|fen; nur in der Grundform u. im 2. Mittelwort gebr.; **Schau|lau|fen,** *das;* -s (Eiskunstlauf); **Schau|lus|ti|ge,** *der* u. *die;* -n, -n

Schaum, *der;* -[e]s, Schäume;

Schaum|bad; schäu|men; Schaum|gum|mi; schau|mig; Schaum‿schlä|ger (abwertend auch für: Angeber), **...wein**
Schau‿platz, ...pro|zess
schau|rig; schaurig-schön
Schau|spiel; Schau|spie|ler; Schau|spie|le|rei; Schau|spie|le|rin; schau|spie|le|risch; schau|spie|lern; Schau|spiel‿haus, ...kunst (*die;* -); **Schau|stel|ler**
Schẹck, *der;* -s, -s (seltener: -e; Zahlungsanweisung); **Schẹck|buch**
Schẹ|cke, *der;* -n, -n (scheckiges Pferd od. Rind); **schẹ|ckig**
scheel (ugs. für: missgünstig)
schẹf|feln (ugs. für: zusammenraffen, anhäufen); **schẹf|fel|wei|se**
Scheib|chen; scheib|chen|wei|se; Schei|be, *die;* -, -n; **Schei|ben‿brem|se, ...schie|ßen, ...wasch|an|la|ge, ...wi|scher**
Scheich, *der;* -s, -e u. -s ([Stammes]oberhaupt in arab. Ländern; Jugendspr.: Freund); **Scheich|tum**
Schei|de, *die;* -, -n; **schei|den;** schied, geschieden; **Schei|dung**
Schein, *der;* -[e]s, -e; **Schein|a|sy|lant** (zu Unrecht Asyl Beanspruchender); **schein|bar; schei|nen;** schien, geschienen; **schein|hei|lig; Schein|tod; schein|tot**
Schei|ße, *die;* - (derb); **schei|ßen;** schiss, geschissen (derb)
Scheit, *das;* -[e]s, -e (bes. österr. u. schweiz.: -er)
Schei|tel, *der;* -s, -; **Schei|tel|bein** (ein Schädelknochen); **schei|teln; Schei|tel|punkt**
Schei|ter|hau|fen; schei|tern
Sche|kel, *der;* -s, - (israel. Währungseinheit; Abk.: ILS)
Schẹlf, *der* od. *das;* -s, -e (Festlandsockel)
Schẹl|lack, *der;* -[e]s, -e (ein Harz)
Schẹl|le, *die;* -, -n (Glöckchen; Ohrfeige); **Schẹl|len** (*Mehrz.,* als *Einz.* gebr.; eine Spielkartenfarbe); - sticht; **schẹl|len; Schẹl|len|baum** (Instrument der Militärkapelle)
Schẹll|fisch
Schẹlm, *der;* -[e]s, -e; **schẹl|misch**
Schẹl|te, *die;* -, -n (scharfer Tadel; ernster Vorwurf); **schẹl|ten;** schilt; schalt, gescholten
Sche|ma, *das;* -s, -s u. -ta (auch: Schemen; Muster, Aufriss; Konzept); nach - F; **sche|ma|tisch; sche|ma|ti|sie|ren** (nach einem Schema behandeln; [zu sehr] vereinfachen); **Sche|ma|tịs|mus,** *der;* -, ...men
Sche|mel, *der;* -s, -
Sche|men, *der;* -s, - (Schatten[bild]; landsch. für: Maske); **sche|men|haft**
Schẹn|ke, Schạn|ke, *die;* -, -n
Schẹn|kel, *der;* -s, -
schẹn|ken; Schẹn|kung; Schẹn|kung[s]|steu|er, *die*
schẹp|pern (ugs. für: klappern, klirren)
Schẹr|be, *die;* -, -n (Bruchstück)
Schẹr|ben, *der;* -s, - (südd., österr. für: Scherbe; Blumentopf; Keramik: gebrannter Ton)
Sche|re, *die;* -, -n; [1]**sche|ren** (abschneiden); schor (selten: scherte), geschoren (selten: geschert)
[2]**sche|ren,** sich (ugs. für: sich fortmachen; sich um etwas kümmern)
Sche|re|rei (ugs. für: Unannehmlichkeit)
Schẹrf|lein; sein - beitragen
Schẹr|ge, *der;* -n, -n (abwertend für: Handlanger)
Schẹr|kopf (am elektr. Rasierapparat)
Schẹrz, *der;* -es, -e; aus, im -; **Schẹrz|ar|ti|kel; schẹr|zen; Schẹrz|fra|ge; schẹrz|haft; Scher|zo** [*ßkạrzo*], *das;* -s, -s u. ...zi (heiteres Tonstück); **Schẹrz|wort** (*Mehrz.* ...worte)
scheu; Scheu, *die;* - (Angst, banges Gefühl); ohne -; **Scheu|che,** *die;* -, -n (Schreckbild, -gestalt); **scheu|chen; scheu|en;** sich -
Scheu|er, *die;* -, -n (landsch. für: Scheune)
scheu|ern; Scheu|er‿sand, ...tuch (*Mehrz.* ...tücher)
Scheu|klap|pe (meist *Mehrz.*)
Scheu|ne, *die;* -, -n; **Scheu|nen|tor,** *das*
Scheu|sal, *das;* -s, -e (ugs.: ...säler); **scheuß|lich; Scheuß|lich|keit**
Schi usw.; vgl. Ski usw.
Schịcht, *die;* -, -en (Gesteinsschicht; Überzug; Arbeitszeit, bes. des Bergmanns; Belegschaft); Schicht arbeiten; **Schịcht|ar|beit; schịch|ten; Schịcht‿un|ter|richt, ...wech|sel; schịcht|wei|se**
schịck (modisch u. geschmackvoll); -s|te; **Schịck,** *der;* -[e]s; **schị|cken;** sich -; **Schi|cke|ria,** *die;* - (bes. modebewusste obere Gesellschaftsschicht); **Schi|cki|mi|cki,** *der;* -s, -s (ugs. für: jmd., der sich betont modisch gibt; modischer Kleinkram); **schịck|lich; Schịck|sal,** *das;* -s, -e; **schịck|sal|haft; Schịck|sals‿glau|be, ...schlag**
Schịck|se, *die;* -, -n (ugs. abwertend für: leichtlebige Frau)
Schi|ckung (geh. für: Fügung, Schicksal)
Schie|be‿dach, ...fens|ter; schie|ben; schob, geschoben; **Schie|ber** (Riegel; Maschinenteil; ugs. auch für: gewinnsüchtiger Geschäftemacher); **Schie|be|tür; Schie|bung**
Schieds‿ge|richt, ...mann (*Mehrz.* ...leute u. ...männer), **...rich|ter, ...spruch**
schief; - sein, werden, stehen, halten, ansehen; er hat den Draht schief gewickelt; die Sache ist [total] schief

gegangen (ugs. für: misslungen); die Decke hat schief gelegen; vgl. aber: schieflachen
Schie|fer, *der;* -s, - (ein Gestein); **Schie|fer|dach; schie|fer|grau**
schief ge|hen; vgl. schief; **schief ge|wi|ckelt;** - sein (ugs. für: im Irrtum sein); vgl. schief; **schief|la|chen,** sich (ugs. für: heftig lachen); **schief lie|gen** (ugs. für: einen falschen Standpunkt vertreten)
schiel|äu|gig; schie|len
Schien|bein; Schie|ne, *die;* -, -n; **schie|nen; Schie|nen‿bus, ...fahr|zeug, ...strang, ...weg**
schier (*Umstandsw.:* bald, beinahe, gar; *Eigenschaftsw.:* rein)
Schier|ling (eine Giftpflanze)
Schieß‿be|fehl, ...bu|de; Schieß|bu|den|fi|gur (ugs.); **Schieß|ei|sen** (ugs. für: Schusswaffe); **schie|ßen;** schoss, geschossen; **schießen las|sen** (ugs. für: aufgeben); **Schie|ße|rei; Schieß‿ge|wehr, ...hund** (noch in: aufpassen wie ein - [ugs. für: scharf aufpassen]), **...schei|be, ...sport**
Schiet, *der;* -s (nordd. für: Dreck; Unangenehmes)
Schiff, *das;* -[e]s, -e; **schiffbar; Schiff|bar|keit,** *die;* -; **Schiff|bau** (bes. fachspr.), Schiffs|bau; **Schiff|bruch,** *der;* **schiff|brü|chig; Schiffbrü|chi|ge,** *der* u. *die;* -n, -n; **Schiff|brü|cke; Schiff|chen** (auch für: eine milit. Kopfbedeckung); **schif|fen; Schif|fer; Schif|fe|rin; Schif|fer|kla|vier** (ugs. für: Ziehharmonika); **Schiffahrt** (Verkehr zu Schiff); **Schiff|fahrts‿li|nie, ...straße; Schiffs|arzt; Schiffschau|kel,** Schiffs|schau|kel (eine große Jahrmarktsschaukel); **Schiffs‿eig|ner, ...fracht, ...jun|ge, ...koch, ...schrau|be, ...tau|fe**
Schi|ge|biet usw.; vgl. Skigebiet usw.
Schi|ka|ne, *die,* -, -n; **schi|kanie|ren; schi|ka|nös**
Schi|ko|ree; vgl. Chicorée
Schi|lau|fen usw.; vgl. Skilaufen usw.
[1]**Schild,** *das;* -[e]s, -er (Aushängeschild u. a.); [2]**Schild,** *der;* -[e]s, -e (Schutzwaffe); **Schild|bür|ger** (engstirniger Mensch, Spießer); **Schildbür|ger|streich; Schild|drüse; Schil|der‿haus** od. **...häus|chen; schil|dern; Schil|de|rung; Schil|derwald** (ugs.); **Schild‿krö|te, ...laus, ...patt** (*das;* -[e]s; Hornplatte einer Seeschildkröte)
Schi|leh|rer usw.; vgl. Skilehrer usw.
Schilf, *das;* -[e]s, -e (eine Grasart); **Schilf|rohr**
Schil|ler|lo|cke (Gebäck; geräuchertes Fischstück)
schil|lern
Schil|ling, *der;* -s, -e (österr. Währungseinheit; Abk.: S, öS)
schil|pen, tschil|pen (zwitschern [vom Sperling])
Schi|mä|re, *die;* -, -n (Trugbild, Hirngespinst)
[1]**Schim|mel,** *der;* -s (weißl. Pilzüberzug auf organ. Stoffen); [2]**Schim|mel,** *der;* -s, - (weißes Pferd); **schim|melig,** schimm|lig; **schimmeln; Schim|mel|pilz**
Schim|mer; schim|mern
Schim|pan|se, *der;* -n, -n (ein Affe)
Schimpf, *der;* -[e]s; mit - und Schande; **schimp|fen; schimpf|lich; Schimpf‿name, ...wort** (*Mehrz.* ...worte u. ...wörter)
Schin|del, *die;* -, -n
schin|den; schindete, (seltener:) schund; geschunden; **Schin|der** (abwertend); **Schin|de|rei; Schind|lu|der;** mit jmdm. - treiben (ugs. für: jmdn. schmählich behandeln)
Schin|ken, *der;* -s, -; **Schinken‿brot, ...wurst**
Schi|pis|te usw.; vgl. Skipiste usw.
Schip|pe, *die;* -, -n; **schip|pen; Schip|pen** (*Mehrz.* als *Einz.* gebr.; eine Spielkartenfarbe)
Schi|ri, *der;* -s, -s (ugs. Kurzw. für: Schiedsrichter)
Schirm, *der;* -[e]s, -e; **Schirm‿herr, ...herr|schaft, ...mütze, ...pilz, ...stän|der**
Schi|rok|ko, *der;* -s, -s (warmer Mittelmeerwind)
schir|ren; Schirr|meis|ter
Schiss, *der;* -es (derb für: Kot; ugs. für: Angst)
schi|zo|phren (an Schizophrenie erkrankt); **Schi|zo|phrenie,** *die;* -, ...ien (Med.: Bewusstseinsspaltung)
schlab|be|rig, schlabb|rig; **schlab|bern; schlabb|rig;** vgl. schlabberig
schlach|ten; Schlachten‿bumm|ler (ugs.); **Schlach|ter, Schläch|ter** (nordd. für: Fleischer); **Schlach|te|rei, Schläch|terei** (nordd. für: Fleischerei); **Schlacht‿haus, ...hof; schlacht|reif; Schlacht|vieh**
Schla|cke, *die;* -, -n
schla|ckern (landsch.); mit den Ohren -
Schlack|wurst
Schlaf, *der;* -[e]s; **Schlaf|anzug; Schläf|chen**
Schlä|fe, *die;* -, -n
schla|fen; schlief, geschlafen; **Schla|fens|zeit; Schlä|fer; Schlä|fe|rin**
schlaff; Schlaff|heit, *die;* -
Schlaf|ge|le|gen|heit
Schla|fitt|chen, *das;* jmdn. am od. beim - nehmen (ugs.)
Schlaf|krank|heit, *die;* -; **Schlaf|lo|sig|keit,** *die;* -; **Schlaf‿mit|tel, ...müt|ze; schlaf|müt|zig; Schlaf‿raum; schläf|rig; Schläfrig|keit,** *die;* -; **Schlaf‿saal, ...ta|b|let|te; schlaf|trunken; Schlaf|wa|gen; schlafwan|deln; Schlaf|wand|ler;**

schlaf|wand|le|risch; Schlaf|zim|mer

Schlag, *der;* -[e]s, Schläge; **Schlag‿ab|tausch** (Sportspr.), **...ader, ...an|fall; schlag|ar|tig; Schlag‿ball, ...baum, ...boh|rer; Schlä|gel,** *der;* -s, - (auch für: Trommelschlägel); vgl. Schlegel; **schla|gen;** schlug, geschlagen; **Schla|ger; Schlä|ger; Schlä|ge|rei; Schla|ger|star; schlag|fer|tig; Schlag|fer|tig|keit,** *die;* -; **Schlag|in|s|t|ru|ment; schlag|kräf|tig; Schlag|licht** (*Mehrz.* ...lichter); **schlag|licht|ar|tig; Schlag|loch; Schlag|o|bers** (österr. für: Schlagsahne); **Schlag‿rahm, ...ring, ...sah|ne, ...schat|ten, ...sei|te, ...wort** (*Mehrz.:* ...worte u. (für: Stichwörter eines Schlagwortkatalogs) ...wörter, **...zei|le, ...zeug; Schlag|zeu|ger** (Schlagzeugspieler)

Schlaks, *der;* -es, -e (ugs. für: hoch aufgeschossener, ungeschickter Mensch); **schlak|sig**

Schla|mas|sel, *der* (auch, österr. nur: *das*); -s, - (ugs. für: Unglück)

Schlamm, *der;* -[e]s, -e u. Schlämme; **schläm|men** (von Schlamm reinigen); **schlam|mig; Schlämm|krei|de,** *die;* -

Schlam|pe, *die;* -, -n (ugs. abwertend für: unordentliche Frau); **schlam|pen** (ugs. abwertend für: unordentlich sein); **Schlam|pe|rei** (ugs. abwertend für: Unordentlichkeit); **schlam|pig** (ugs. abwertend für: unordentlich)

Schlan|ge, *die;* -, -n; Schlange stehen; **schlän|geln,** sich; **Schlan|gen‿biss, ...fraß** (ugs. abwertend für: schlechtes Essen), **...li|nie**

schlank; Schlank|heit, *die;* -; **Schlank|heits|kur; schlank|weg**

schlapp (ugs. für: schlaff, müde, abgespannt); **Schlap|pe,** *die;* -, -n ([geringfügige] Niederlage); **schlap|pen** (ugs. für: lose sitzen [vom Schuh]; schlurfend gehen); **Schlap|pen,** *der;* -s, - (ugs. für: bequemer Hausschuh); **Schlapp|heit; schlapp|ma|chen** (ugs. für: nicht durchhalten, am Ende seiner Kräfte sein); **Schlapp|schwanz** (ugs. für: Schwächling)

Schla|raf|fen|land, *das;* -[e]s

schlau; Schlau|ber|ger (ugs. für: schlauer Mensch)

Schlauch, *der;* -[e]s, Schläuche; **Schlauch|boot; schlau|chen** (ugs. für: sehr anstrengend sein); **schlauch|los**

Schläue, *die;* - (Schlauheit)

Schlau|fe, *die;* -, -n (Schleife)

Schlau|heit; Schlau‿kopf (scherzh.), **...mei|er** (scherzh.)

schlecht; im Schlechten und im Guten; es wird ihr sicher schlecht gehen (sie befindet sich in einer üblen Lage); sie hat ihn überall schlecht gemacht (herabgesetzt); ein schlecht bezahlter Job; schlecht gelaunte Gäste; **schlech|ter|dings** (durchaus); **schlecht ge|hen, schlecht ge|launt;** vgl. schlecht; **Schlecht|heit; schlecht|hin** (durchaus); **Schlech|tig|keit; schlecht ma|chen;** vgl. schlecht; **schlecht|weg** (geradezu, einfach); **Schlecht|wet|ter,** *das;* -s

schle|cken; Schle|cke|rei

Schle|gel, *der;* -s, - (ein Werkzeug zum Schlagen; landsch. für: [Kalbs-, Reh]keule); vgl. Schlägel

Schleh|dorn (Strauch; *Mehrz.* ...dorne); **Schle|he,** *die;* -, -n

schlei|chen; schlich, geschlichen; **Schleich‿han|del, ...weg** (auf -en), **...wer|bung**

Schlei|er, *der;* -s, -; **schlei|er|haft** (ugs. für: rätselhaft)

Schlei|fe, *die;* -, -n

[1]**schlei|fen** (schärfen; Soldatenspr.: scharf drillen); schliff, geschliffen; [2]**schlei|fen** (über den Boden ziehen; sich am Boden [hin] bewegen; [eine Festung] dem Erdboden gleichmachen)

Schleif‿lack, ...stein

Schleim, *der;* -[e]s, -e; **schlei|men; Schleim|haut; schlei|mig; Schleim|sup|pe**

schlem|men; Schlem|mer; Schlem|me|rei; Schlem|mer‿mahl, ...mahl|zeit

schlen|dern; Schlen|d|ri|an, *der;* -[e]s (ugs. für: Schlamperei)

Schlen|ker (schlenkernde Bewegung, kurzer Umweg); **schlen|kern**

schlen|zen (Eishockey, Fußball)

Schlepp|damp|fer; Schlep|pe, *die;* -, -n; **schlep|pen; Schlep|per; Schlep|pe|rei** (ugs.); **Schlepp‿kahn, ...netz, ...tau** *(das),* **...zug**

Schleu|der, *die;* -, -n; **Schleu|der‿ball, ...brett** (ein Sportgerät), **...ho|nig; schleu|dern; Schleu|der‿preis, ...sitz** (Flugwesen), **...wa|re**

schleu|nig (schnell); **schleu|nigst** (auf dem schnellsten Wege)

Schleu|se, *die;* -, -n; **schleu|sen; Schleu|sen‿kam|mer, ...tor** *(das)*

Schli|che, *die;* (*Mehrz.,* ugs. für: List, Trick)

schlicht; schlich|ten; Schlich|ter; Schlicht|heit, *die;* -; **Schlich|tung; Schlich|tungs|ver|fah|ren; schlicht|weg**

Schlick, *der;* -[e]s, -e (Schlamm, Schwemmland)

Schlie|re, *die;* -, -n (landsch. für: schleimige Masse; streifige Stelle [im Glas]); **schlie|rig** (landsch. für: schleimig, schlüpfrig)

Schlie|ße, *die;* -, -n; **schlie|ßen;** schloss, geschlossen; **Schlie|ßer; Schließ‿fach,**

...korb; schließ|lich; Schließ|mus|kel

Schliff, *der;* -[e]s, -e (Schleifen; Geschliffensein; ugs. für: gute Umgangsformen)

schlimm; schlimms|ten|falls

Schlin|ge, *die;* -, -n

Schlin|gel, *der;* -s, -

schlin|gen; schlang, geschlungen

schlin|gern (um die Längsachse schwanken [von Schiffen])

Schling|pflan|ze

Schlips, *der;* -es, -e (ugs. für: Krawatte)

Schlit|ten, *der;* -s, -; **Schlit|ten|fahrt; Schlit|ter|bahn; schlit|tern; Schlitt|schuh;** - laufen; **Schlitt|schuh|läu|fer**

Schlitz, *der;* -es, -e; **Schlitz|au|ge; schlitz|äu|gig; schlit|zen; Schlitz|ohr** (ugs. für: gerissene Person)

schloh|weiß (ganz weiß)

Schloss, *das;* -es, Schlösser; **Schlöss|chen**

Schlo|ße, *die;* -, -n (landsch. für: Hagelkorn)

Schlos|ser; Schlos|se|rei; schlos|sern; Schloss‿gar|ten, ...herr, ...hof

schlot|tern

Schlucht, *die;* -, -en

schluch|zen; Schluch|zer; Schluck, *der;* -[e]s, -e u. (seltener:) Schlücke; **Schluck|auf,** *der;* -s (krampfhaftes Aufstoßen); **Schluck|be|schwer|den,** *die (Mehrz.);* **Schlück|chen; schlu|cken; Schlu|cker;** in: armer -; **Schluck|imp|fung; schluck|wei|se**

schlu|de|rig, schlud|rig (ugs. für: nachlässig); **schlu|dern** (ugs.); **schlud|rig** vgl. schluderig

Schlum|mer, *der;* -s; **Schlum|mer|lied; schlum|mern; Schlum|mer|rol|le**

Schlund, *der;* -[e]s, Schlünde

schlüp|fen; Schlüp|fer; Schlupf|loch; schlüpf|rig (auch abwertend für: zweideutig, anstößig); **Schlüpf|rig|keit; Schlupf‿wes|pe, ...win|kel**

schlur|fen (schleppend gehen); **schlür|fen** (hörbar trinken)

Schluss, *der;* -es, Schlüsse; **Schlüs|sel,** *der;* -s, -; **Schlüs|sel‿bein, ...brett, ...bund** (*der* [österr. nur so] od. *das;* -[e]s, -e); **schlüs|sel|fer|tig** (bezugsfertig); **Schlüs|sel‿fi|gur, ...in|dus|t|rie, ...kind, ...loch, ...stel|lung, ...wort** (*Mehrz.* ...wörter); **schluss|end|lich; schluss|fol|gern; Schluss|fol|ge|rung; schlüs|sig;** - sein; [sich] - werden; **Schluss‿ka|pi|tel, ...läu|fer** (Sportspr.), **...licht** (*Mehrz.* ...lichter), **...punkt; Schluss|strich,** (auch:) **Schluss-Strich; Schluss|wort** (*Mehrz.* ...worte)

Schmach, *die;* -

schmach|ten (geh.); **schmäch|tig**

schmach|voll (geh.)

schmack|haft

Schmäh, *der;* -s, -[s] (österr. ugs. für: Trick); **schmä|hen; schmäh|lich; Schmäh|re|de; Schmä|hung; Schmäh|wort** (*Mehrz.* ...worte)

schmal; schmaler u. schmäler, schmalste, auch: schmälste; **schmal|brüs|tig; schmä|lern; Schmal|film; Schmal|fil|mer; Schmal|film|ka|me|ra; Schmal|hans;** bei ihnen ist - Küchenmeister (ugs. für: sie müssen sparsam leben); **schmal|lip|pig; schmal|ran|dig; Schmal|spur|bahn; schmal|spu|rig**

[1]**Schmalz,** *das;* -es, -e;
[2]**Schmalz,** *der;* -es (ugs. abwertend für: Sentimentalität; etw. Sentimentales); **schmal|zen** (Kochk.: mit Schmalz zubereiten); **Schmalz|ge|ba|cke|ne,** *das;* -n; **schmal|zig**

Schman|kerl, *das;* -s, -n (bayr. u. österr. für: eine süße Mehlspeise; Leckerbissen)

schma|rot|zen (auf Kosten anderer leben); **Schma|rot|zer**

Schmar|re, *die;* -, -n (ugs. für: lange Hiebwunde, Narbe)

Schmar|ren, *der;* -s, - (bayr. u. österr. für: eine Mehlspeise; ugs. für: wertloses Zeug; Unsinn)

Schmatz, *der;* -es, -e (ugs. für: [lauter] Kuss); **schmat|zen**

schmau|chen

Schmaus, *der;* -es, Schmäuse (veraltend, noch scherzh. für: reichhaltiges u. gutes Mahl); **schmau|sen**

schme|cken

Schmei|che|lei; schmei|chel|haft; Schmei|chel‿kätz|chen od. **...kat|ze; schmei|cheln; Schmeich|ler; schmeich|le|risch**

schmei|ßen (ugs. für: werfen); schmiss; geschmissen; **Schmeiß|flie|ge**

Schmelz, *der;* -es, -e; **Schmel|ze,** *die;* -, -n; [1]**schmel|zen** (flüssig werden); schmolz, geschmolzen; [2]**schmel|zen** (flüssig machen); schmolz u. schmelzte, geschmolzen u. geschmelzt; **Schmelz‿kä|se, ...punkt, ...was|ser** (*Mehrz.* ...wasser)

Schmer|bauch (ugs.)

Schmerz, *der;* -es, -en; **schmerz|emp|find|lich; schmer|zen; Schmer|zens‿geld, ...laut, ...mut|ter** (*die;* -; Darstellung der trauernden Maria), **...schrei; schmerz|frei; schmerz|haft; schmerz|lich; schmerz|los; Schmerz|schwel|le; schmerz|stil|lend; schmerz|ver|zerrt; schmerz|voll**

Schmet|ter|ling; Schmet|ter|lings‿blüt|ler, ...stil (*der;* -[e]s; ein Schwimmstil)

schmet|tern

Schmied, *der;* -[e]s, -e; **Schmie|de,** *die;* -, -n; **schmie|de|ei|sern; schmie|den**

schmie|gen; sich -; **schmieg-**

sam; Schmieg|sam|keit, *die;* -
[1]**Schmie|re,** *die;* -, -n (abwertend für: schlechtes Theater)
[2]**Schmie|re,** *die;* - (Gaunerspr.: Wache); - stehen
schmie|ren (ugs. auch für: bestechen); **Schmier‿fink** (*der;* -en [auch: -s], -en; ugs. abwertend), **...geld** (meist *Mehrz.*), **...heft; schmie|rig; Schmier‿kä|se, ...öl, ...sei|fe**
Schmin|ke, *die;* -, -n; **schmin|ken**
Schmir|gel, *der;* -s (ein Schleifmittel); **schmir|geln; Schmir|gel|pa|pier**
Schmiss, *der;* -es, -e (ugs.); **schmis|sig** (ugs.)
Schmö|ker, *der;* -s, - (ugs. für: anspruchsloses, aber fesselndes Buch); **schmö|kern**
schmol|len; Schmoll‿mund, ...win|kel
Schmon|zes, *der;* - (ugs. abwertend für: Geschwätz)
Schmor|bra|ten; schmo|ren; Schmor|fleisch
Schmu, *der;* -s (ugs. für: leichter Betrug; betrügerischer Gewinn); - machen
schmuck; Schmuck, *der;* -[e]s; **schmü|cken; Schmuck|käst|chen; schmuck|los; Schmuck|lo|sig|keit,** *die;* -; **Schmuck‿sa|chen** *(Mehrz.)*, **...stück**
Schmud|del, *der;* -s (ugs. für: Unsauberkeit); **schmud|de|lig, schmudd|lig** (ugs. für: unsauber)
Schmug|gel, *der;* -s; **schmug|geln; Schmug|gel|wa|re; Schmugg|ler**
schmun|zeln
schmur|geln (landsch. für: in Fett braten)
Schmus, *der;* -es (ugs. für: leeres Gerede); **schmu|sen** (ugs.); **Schmu|ser,** *der;* -s, - (ugs.)
Schmutz, *der;* -es; **schmut|zen; Schmutz‿fän|ger, ...fink** (*der;* -en [auch: -s], -en; ugs.); **schmut|zig**
Schna|bel, *der;* -s, Schnäbel; **Schnä|bel|chen; schnä|beln** (ugs. für: küssen); sich -; **schna|bu|lie|ren** (ugs. für: mit Behagen essen)
Schnack, *der;* -[e]s, -s u. Schnäcke (nordd.); **schna|cken** (nordd. für: plaudern)
Schna|der|hüp|fe[r]l, *das;* -s, -[n] (bayr. u. österr. für: volkstümliches vierzeiliges Scherzliedchen)
Schna|ke, *die;* -, -n (eine Stechmücke); **Schna|ken|stich**
Schnal|le, *die;* -, -n (österr. auch für: Klinke); **schnal|len;** etwas - (ugs. für: begreifen)
schnal|zen
schnap|pen; Schnapp‿schloss, ...schuss (Fotogr.); **Schnaps,** *der;* -es, Schnäpse; **Schnaps|bren|ne|rei; Schnäps|chen; Schnaps‿glas** (*Mehrz.* ...gläser), **...idee** (ugs. für: seltsame, verrückte Idee), **...zahl** (ugs. scherzh. für: aus gleichen Ziffern bestehende Zahl)
schnar|chen; Schnar|cher
schnar|ren
schnat|tern
schnau|ben
schnau|fen; Schnau|fer; Schnau|ferl, *das;* -s, -[n] (ugs. scherzh. für: altes Auto)
Schnauz|bart; schnauz|bär|tig; Schnau|ze, *die;* -, -n; **schnau|zen; schnäu|zen;** sich -; **Schnau|zer,** *der;* -s, -
Schne|cke, *die;* -, -n (ein Weichtier); **schne|cken|för|mig; Schne|cken‿haus, ...tem|po**
Schnee, *der;* -s; **Schnee|ball; Schnee|ball‿schlacht, ...sys|tem** (*das;* -s; eine Form des Warenabsatzes); **schnee|be|deckt; Schnee|be|sen** (ein Küchengerät); **schnee|blind; Schnee‿blind|heit** (*die;* -), **...de|cke, ...fall** (*der*), **...flo|cke; schnee|frei; Schnee‿ge|stö|ber, ...glöck|chen, ...ket|te, ...mann** (*Mehrz.* ...männer), **...matsch, ...pflug, ...schmel|ze, ...sturm, ...trei|ben** (*das;* -s, -), **...ver|we|hung, ...we|he, schnee|weiß; Schnee|witt|chen,** *das;* -s (eine Märchengestalt)
Schneid, *der;* -[e]s (südd., österr.: *die;* -; ugs. für: Mut; Tatkraft); **Schneid|bren|ner; Schnei|de,** *die;* -, -n; **schnei|den;** schnitt, geschnitten; **Schnei|der; Schnei|de|rei; Schnei|de|rin; schnei|dern; Schnei|der‿pup|pe, ...werk|statt; Schnei|de‿tisch** (Filmwesen), **...zahn; schnei|dig** (mutig, forsch)
schnei|en
Schnei|se, *die;* -, -n ([gerader] Durchhieb [Weg] im Wald)
schnell; Schnell‿bahn, ...boot; Schnel|le, *die;* -, (für: Stromschnelle *Mehrz.:*) -n (Schnelligkeit); **schnel|len; Schnel|ler** (landsch.); **Schnell‿gast|stät|te, ...ge|richt, ...hef|ter; Schnel|lig|keit; Schnell‿im|biss, ...koch|topf, ...kraft** (*die;* -); **Schnell|läu|fer,** (auch:) **Schnell-Läu|fer; schnell|le|big; Schnell|pa|ket; schnells|tens; schnellst|mög|lich; Schnell‿stra|ße, ...ver|fah|ren, ...ver|kehr, ...wä|sche|rei, ...zug**
Schnep|fe, *die;* -, -n (ein Vogel)
schnet|zeln (bes. schweiz. für: [Fleisch] fein zerschneiden)
schneu|zen, (alte Schreibung für:) schnäuzen
schni|cken (landsch. für: schnippen); **Schnick|schnack,** *der;* -[e]s (ugs. für: [törichtes] Gerede)
schnie|geln (ugs. für: übertrieben herausputzen); geschniegelt und gebügelt

Schnịpp|chen; jmdm. ein - schlagen (ugs. für: einen Streich spielen); **Schnịp|pel,** *der* od. *das;* -s, - (ugs. für: Schnipsel); **schnịp|peln** (ugs.); **schnịp|pen**

schnịp|pisch

Schnịp|sel, *der* od. *das;* -s, - (ugs. für: kleines [abgeschnittenes] Stück); **schnịp|seln** (ugs. für: in kleine Stücke zerschneiden)

Schnịtt, *der;* -[e]s, -e; **Schnịtt‿blu|me, ...boh|ne; Schnịt|te,** *die;* -, -n; **Schnịt|ter; Schnịtt|flä|che; schnịt|tig** (auch für: rassig); **Schnịtt‿lauch** (*der;* -[e]s), **...mus|ter, ...punkt, ...stel|le** (EDV: Verbindungsstelle zweier Geräte- od. Anlagenteile), **...wun|de;** [1]**Schnịt|zel,** *das;* -s, - (Rippenstück); [2]**Schnịt|zel,** *das* (österr. nur so) od. *der;* -s, - (ugs. für: abgeschnittenes Stück); **schnịt|zeln; schnịt|zen; Schnịt|zer** (ugs. auch für: Fehler); **Schnit|ze|rei**

schnọd|de|rig, schnọdd|rig (ugs.); **Schnọd|de|rig|keit, Schnọdd|rig|keit** (ugs.)

schnö|de, schnöd

Schnọr|chel, *der;* -s, -; **schnọr|cheln** (mit dem Schnorchel tauchen)

Schnọ̈r|kel, *der;* -s, -

schnọr|ren (ugs. für: betteln); **Schnọr|rer** (ugs. für: Bettler, Landstreicher; Schmarotzer)

Schnö|sel, *der;* -s, - (ugs. für: dummfrecher junger Mensch)

schnụ|cke|lig (ugs. für: nett, süß; appetitlich)

schnụ̈f|feln; Schnụ̈ff|ler

Schnụl|ler (Gummisauger)

Schnụl|ze, *die;* -, -n (ugs. abwertend)

schnụp|fen; Schnụp|fen, *der;* -s, -; **Schnụpf|ta|bak**

schnụp|pe (ugs. für: gleichgültig)

schnụp|pern

Schnur, *die;* -, Schnüre u. (seltener:) Schnuren; **Schnür|chen;** das geht wie am Schnürchen (ugs. für: reibungslos); **schnü|ren** (auch für: langsam laufen [bes. vom Fuchs]); **schnur|ge|ra|de**[1]; **schnur|los;** ein -es Telefon

Schnụrr|bart; schnụrr|bär|tig; Schnur|re, *die;* -, -n (scherzh. Erzählung); **schnụr|ren**

Schnür‿rie|men (Schnürsenkel), **...schuh, ...sen|kel, ...stie|fel; schnur|strạcks; schnụrz** (ugs. für: gleich[gültig])

Schnüt|chen; Schnu|te, *die;* -, -n (ugs.)

Scho|ah, Sho|ah, *die;* - (Verfolgung und Ermordung der Juden zur Zeit des Nationalsozialismus)

Scho|ber, *der;* -s, - (kleine Scheune)

[1]**Schọck,** *das;* -[e]s, -e (60 Stück)

[2]**Schọck,** *der;* -[e]s, -s (selten: -e; plötzliche seelische Erschütterung; Med.: akutes Kreislaufversagen); **schọ|cken** (ugs. für: schockieren); **Schọ|cker,** *der;* -s, - (ugs. für: Schauerroman, -film); **scho|ckie|ren** (in Entrüstung versetzen)

scho|fel, scho|fe|lig (ugs. abwertend für: gemein; geizig); **Scho|fel,** *der;* -s, - (abwertend für: schlechte Ware; Schuft)

Schọ̈f|fe, *der;* -n, -n; **Schọ̈f|fen|ge|richt; Schọ̈f|fin**

Scho|ko|la|de; scho|ko|la|de[n]|braun; Scho|ko|la|de[n]|eis

Schol|le, *die;* -, -n ([Erd-, Eis]klumpen; Heimat[boden]; ein Fisch)

schon

schön; auf das od. aufs Schönste, (auch:) schönste; sich für das Fest schön machen; **Schö|ne,** *die;* -, -n (schöne Frau)

[1] Vgl. die Anmerkung zu »gerade«

scho|nen; sich -

Scho|ner, *der;* -s, - (zweimastiges Segelschiff)

schön|fär|ben (allzu günstig darstellen); **Schön|fär|be|rei**

Schon|frist

Schön|geist (*Mehrz.* ...geister); **schön|geis|tig; Schön|heit; Schön|heits‿feh|ler, ...ide|al, ...kö|ni|gin, ...sinn** (*der;* -[e]s)

Schon|kost (Diät)

Schön|ling (abwertend); **schön|ma|chen** ([vom Hund] Männchen machen), aber: vgl. schön); **schön|re|den** (beschönigen); **Schön|red|ner; schön|schrei|ben** (Schönschrift schreiben); **Schön|schrift,** *die;* -; **schöns|tens; schön|tun** (ugs. für: schmeicheln)

Scho|nung; scho|nungs|be|dürf|tig; scho|nungs|los; Scho|nungs|lo|sig|keit, *die;* -; **Schon|zeit**

Schọpf, *der;* -[e]s, Schöpfe

[1]**schöp|fen** (Flüssigkeit entnehmen, herausschöpfen)

[2]**schọ̈p|fen** (geh. veraltend für: erschaffen); **Schọ̈p|fer** (Erschaffer, Urheber); **schọ̈p|fe|risch; Schọ̈p|fer|kraft**

Schöpf‿kel|le, ...löf|fel

Schọ̈p|fung; Schọ̈p|fungs|ge|schich|te

Schọ̈pp|chen (kleiner Schoppen); **Schọp|pen,** *der;* -s, - (altes Flüssigkeitsmaß [für Bier, Wein]; südd. u. schweiz. auch für: Babyflasche)

Schọrf, *der;* -[e]s, -e; **schọr|fig**

Schọr|le, Schor|le|mọr|le, *die;* -, -n (selten: *das;* -s, -s; Getränk aus Wein od. Apfelsaft u. Mineralwasser)

Schọrn|stein; Schọrn|stein|fe|ger

Scho|se; vgl. Chose

[1]**Schoß,** *der;* -es, Schöße (beim Sitzen durch Oberschenkel u. Unterleib gebildeter Winkel; Teil der Kleidung; geh. für: Mutterleib)

[2]**Schọss,** *der;* -es, -e (junger Trieb)
Schö̱ß|chen (an der Taille eines Frauenkleides angesetzter [gekräuselter] Stoffstreifen); **Scho̱ß‿hund, ...kind**
Schọ̈ss|ling (Ausläufer, Trieb einer Pflanze)
Scho̱|te, *die;* -, -n; **Scho̱|tenfrucht**
Schọt|ter, *der;* -s, -
schọt|tisch
schraf|fie̱|ren (stricheln); **Schraf|fie̱|rung**
schrä̱g; - halten, stehen, stellen; - gegenüber; **Schrä̱|ge,** *die;* -, -n; **Schrä̱g|la|ge; Schrä̱g|strich**
Schrạm|me, *die;* -, -n
Schrạm|mel|mu|sik
schrạm|men
Schrạnk, *der;* -[e]s, Schränke; **Schrạnk|bett; Schrạ̈nkchen; Schrạn|ke,** *die;* -, -n; **schrạn|ken|los; Schrạnken|wär|ter; Schrạnk‿fach, ...wand**
schrạp|pen ([ab]kratzen)
Schräu̱b|chen; Schrau̱|be, *die;* -, -n; **schrau̱|ben; Schrau̱|ben‿mut|ter** (*Mehrz.* ...muttern), **...schlüs|sel, ...zie|her; Schrau̱b‿stock** (*Mehrz.* ...stöcke), **...ver|schluss**
Schre̱|ber|gar|ten
Schrẹck, *der;* -[e]s, -e u. Schre|cken, *der;* -s, -; eine Schrecken erregende, (auch:) schreckenerregende Nachricht; **Schrẹck|bild; schrẹ|cken** (auch Jägerspr.: schreien); **Schrẹ|cken er|regend,** (auch:) **schrẹ|ckener|re|gend;** vgl. Schreck; **schrẹ|ckens|ble̱ich; Schrẹckens‿bot|schaft, ...nachricht; schrẹck|er|füllt; Schrẹck|ge|spenst; schrẹck|haft; schrẹck|lich; Schrẹck‿schuss, ...se|kunde**
Schrẹd|der, *der;* -s, - (Zerkleinerungsmaschine; Anlage zum Verschrotten von Autowracks)

Schre̱i, *der;* -[e]s, -e
Schre̱ib|block (*Mehrz.* ...blocks od. ...blöcke); **Schre̱i|be,** *die;* - (ugs. für: Geschriebenes; Schreibstil); **schre̱i|ben;** schrieb, geschrieben; sage und schreibe (tatsächlich); **Schre̱i|ben,** *das;* -s, - (Schriftstück); **Schre̱i|ber; Schrei|be|re̱i; Schre̱i|berin; schre̱ib|faul; Schre̱ib‿faul|heit, ...feh|ler, ...heft, ...kraft, ...ma|schi|ne, ...pa|pier, ...schrift, ...tisch; Schre̱ib|tisch|täter; Schre̱ib‿wa|ren** *(Mehrz.),* **...wei|se** *(die)*
schre̱i|en; schrie, geschrien; **Schrei|e|re̱i** (ugs.); **Schre̱ihals**
Schre̱i|ner (südd., westd. für: Tischler); **Schrei|ne|re̱i** (südd., westd.); **schre̱i|nern** (südd., westd.)
schre̱i|ten; schritt, geschritten
Schrie̱b, *der;* -s, -e (ugs., oft abwertend für: Brief); **Schrịft,** *die;* -, -en; **Schrịft‿bild, ...füh|rer; schrịftlich; Schrịft‿set|zer, ...spra|che; Schrịft|stel|ler; Schrift|stel|le|re̱i,** *die;* -; **Schrịft|stel|le|rin; schrịftstel|le|risch; schrịft|stellern; Schrịft‿stück, ...verkehr, ...wech|sel**
schrịll; schrịl|len
Schrịmp; vgl. Shrimp
Schrịp|pe, *die;* -, -n
Schrịtt, *der;* -[e]s, -e; 5 - weit; **Schrịtt|ma|cher; Schrịtttem|po,** (auch:) **Schrịtt-Tempo; schrịtt|wei|se**
schrọff; Schrọff|heit
schrọ̈p|fen
Schro̱t, *der* od. *das;* -[e]s, -e; **Schro̱t|brot; schro̱|ten** (grob zerkleinern); **Schro̱t‿flin|te, ...ku|gel; Schrọtt,** *der;* -[e]s, -e (Alteisen); **Schrọtt|händ|ler; schrọtt|reif; Schrọtt|wert**
schrụb|ben (mit einer Bürste o. Ä. reinigen); **Schrụb|ber,** *der;* -s, - ([Stiel]- scheuerbürste)
Schrụl|le, *die;* -, -n; **schrụllen|haft; schrụl|lig**
schrụm|pe|lig, schrụmp|lig; **schrụm|peln; schrụmp|fen; Schrụmpf|kopf** (eine Kopftrophäe); **Schrụmp|fung; schrụmp|lig**
Schrụn|de, *die;* -, -n (Riss, Spalte); **schrụn|dig** (landsch. für: rissig)
Schu̱b, *der;* -[e]s, Schübe
Schu̱|ber, *der;* -s, - (für: [Buch]schutzkarton); **Schu̱b‿fach, ...kar|re[n], ...kas|ten, ...kraft, ...la|de, ...leh|re** (ein Längenmessinstrument); **Schụbs,** *der;* -es, -e (ugs. für: Stoß); **Schu̱b|schiff; schụb|sen** (ugs. für: [an]stoßen); **schu̱b|wei|se**
schụ̈ch|tern; Schụ̈ch|ternheit, *die;* -
schụ|ckeln (ugs. für: schaukeln)
Schụft, *der;* -[e]s, -e (abwertend)
schụf|ten (ugs. für: hart arbeiten); **Schuf|te|re̱i** (ugs.)
schụf|tig; Schụf|tig|keit
Schu̱h, *der;* -[e]s, -e; **Schu̱h‿an|zie|her, ...band** (*das; Mehrz.* ...bänder); **Schü̱h|chen; Schu̱h‿creme,** (auch:) Schu̱h|krem, Schu̱hkre|me, **...grö|ße, ...kar|ton, ...krem, ...kre|me;** vgl. Schuhcreme; **Schu̱h|macher; Schuh|ma|che|re̱i; Schu̱h‿num|mer, ...plattler** (ein Volkstanz), **...sohle, ...werk**
Schu̱|ko|ste|cker (Kurzw. für: Stecker mit besonderem Schutzkontakt)
Schu̱l‿ab|gän|ger, ...abschluss, ...an|fän|ger, ...arbeit (meist *Mehrz.*), **...arzt, ...at|las, ...auf|ga|be** (meist *Mehrz.*), **...bank** (*Mehrz.* ...bänke), **...bil|dung, ...buch, ...bus**
Schụld, *die;* -, -en; **Schụld|bekennt|nis; schụld|be|laden; schụld|be|wusst;**

Schuld|be|wusst|sein; schul|den; schul|den|frei (ohne Schulden); **Schuldfra|ge; schuld|frei** (ohne Schuld); **Schuld|ge|fühl; schuld|haft**
Schul|dienst, *der;* -[e]s
schul|dig; Schul|di|ge, *der* u. *die;* -n, -n; **Schul|dig|keit; Schuld|kom|p|lex; schuldlos; Schuld|ner; Schuld‿spruch, ...ver|schrei|bung**
Schu|le, *die;* -, -n; die hohe Schule (Reiten); **schu|len; schul|ent|las|sen; Schü|ler; Schü|ler|au|s|tausch; schüler|haft; Schü|le|rin; Schüler|lot|se** (Schüler, der als Verkehrshelfer eingesetzt ist); **Schü|ler|mit|ver|waltung** (Abk.: SMV); **Schü|lerschaft; Schul|fe|ri|en,** *die (Mehrz.);* **schul|frei; Schul‿freund, ...funk, ...geld; Schul|geld|frei|heit,** *die;* -; **Schul‿heft, ...hof; schulisch; Schul‿jahr, ...jugend, ...jun|ge** *(der);* **...kame|rad, ...kennt|nis|se** *(Mehrz.),* **...kind, ...klas|se, ...land|heim, ...leh|rer, ...leh|re|rin, ...lei|ter** *(der),* **...lei|te|rin, ...mäd|chen; schul|meis|tern; Schul‿musik, ...pflicht** (*die;* -); **schulpflich|tig; Schul‿ran|zen, ...rei|fe, ...schiff**
Schul|ter, *die;* -, -n; **Schul|terblatt; schul|ter|frei; Schulter|klap|pe; schul|tern**
Schu|lung; Schul‿un|terricht, ...weg, ...zeit, ...zent|rum, ...zeug|nis
schum|meln (ugs. für: betrügen)
schum|me|rig, schumm|rig (ugs. für: dämmerig); **schum|mern** (ugs. für: dämmern)
Schund, *der;* -[e]s (Wertloses); **Schund|li|te|ra|tur** (abwertend)
schun|keln
Schu|po, *der;* -s, -s (veralt. Kurzw. für: Schutzpolizist)
Schup|pe, *die;* -, -n (Haut-, Hornplättchen); **schup|pen** ([Fisch]schuppen entfernen)
Schup|pen, *der;* -s, - (einfacher Bau für Geräte, Materialien u. a.)
Schup|pen‿bil|dung, ...flechte; schup|pig
Schups, *der;* -es, -e (südd. für: Schubs); **schup|sen** (südd. für: schubsen)
Schur, *die;* -, -en (Scheren [der Schafe])
schü|ren
schür|fen; Schür|fung
Schür|ha|ken
schu|ri|geln (ugs. für: schikanieren, quälen)
Schur|ke, *der;* -n, -n (abwertend); **schur|kisch** (abwertend)
Schur|wol|le
Schurz, *der;* -es, -e; **Schür|ze,** *die;* -, -n; **schür|zen; Schürzen|jä|ger** (ugs. abwertend für: Mann, der ständig Frauen umwirbt)
Schuss, *der;* -es, Schüsse; **schuss|be|reit**
Schüs|sel, *die;* -, -n
schus|se|lig, schuss|lig (ugs. für: unkonzentriert, vergesslich); **schus|seln** (ugs. für: unkonzentriert u. unordentlich arbeiten)
Schuss‿fahrt, ...feld, ...li|nie, ...ver|let|zung, ...waf|fe
Schus|ter
Schu|te, *die;* -, -n
Schutt, *der;* -[e]s; **Schutt|abla|de|platz; Schüt|te,** *die;* -, -n (kleiner Behälter; landsch. für: Bund [Stroh]); **Schüt|tel|frost; schüt|teln; Schüt|tel|reim; schüt|ten**
schüt|ter (spärlich; schwach)
Schutt‿hal|de, ...hau|fen
Schutz, *der;* -es; **schutz|bedürf|tig; Schutz|be|foh|lene,** *der* u. *die;* -n, -n; **Schutz‿blech, ...bril|le**
Schüt|ze, *der;* -n, -n
schüt|zen; Schutz|en|gel
Schüt|zen‿gil|de, ...gra|ben, ...haus, ...hil|fe, ...ver|ein
Schüt|zer; Schutz‿far|be, ...fär|bung, ...ge|biet, ...gebühr, ...ge|mein|schaft (Rechtsspr.; Wirtsch.); **...hafen, ...haft, ...hei|li|ge, ...herr|schaft, ...hül|le, ...imp|fung; Schütz|ling; schutz|los; Schutz|lo|sigkeit,** *die;* -; **Schutz‿macht, ...mann** (*Mehrz.* ...männer u. ...leute), **...pa|t|ron, ...poli|zei, ...um|schlag, ...wall**
schwab|be|lig, schwabb|lig (ugs. für: schwammig, fett; wackelnd); **schwab|beln** (ugs. für: wackeln; landsch. für: schwätzen)
Schwa|be; vgl. [1]Schabe
schwä|beln (schwäbisch sprechen); **Schwa|ben‿al|ter** (*das;* -s; scherzh. für: 40. Lebensjahr), **...streich** (scherzh.)
schwach; schwächer, schwächste; schwach begabte Schüler; eine schwach betonte Silbe; eine schwach bevölkerte Gegend; **Schwä|che,** *die;* -, -n; **Schwä|che|an|fall; schwä|chen; Schwach|heit; Schwach|kopf** (abwertend); **schwäch|lich; Schwächling; schwach|sich|tig; Schwach|sich|tig|keit,** *die;* -; **Schwach|sinn,** *der;* -[e]s; **schwach|sin|nig; Schwachstrom,** *der;* -[e]s; **Schwächung**
Schwa|den, *der;* -s, - (Dampf, Dunst; Bergmannsspr.: schlechte [gefährliche] Grubenluft)
Schwa|d|ron, *die;* -, -en; **schwa|d|ro|nie|ren** (prahlerisch schwatzen)
schwa|feln (ugs. abwertend)
Schwa|ger, *der;* -s, Schwäger; **Schwä|ge|rin**
Schwälb|chen; Schwal|be, *die;* -, -n; **Schwal|ben|nest**
Schwall, *der;* -[e]s, -e (Guss [Wasser])
Schwamm, *der;* -[e]s, Schwämme (landsch. u. österr. auch für: Pilz); **Schwämm|chen; Schwammerl,** *der;* -s, -[n] (bayr. u. österr. ugs. für: Pilz); **schwam|mig**

Schwan, *der;* -[e]s, Schwäne
schwa|nen (ugs.); mir schwant (ich ahne) etwas
Schwa|nen‿ge|sang, ...hals
Schwang, *der;* nur in: im -[e] (sehr gebräuchlich) sein
schwan|ger; schwän|gern; Schwan|ger|schaft; Schwan|ger|schafts‿ab|bruch, ...un|ter|bre|chung, ...ur|laub
Schwank, *der;* -[e]s, Schwänke; **schwan|ken; Schwan|kung**
Schwanz, *der;* -es, Schwänze; **Schwänz|chen; schwän|zeln; schwän|zen** (ugs. für: [die Schule u. a.] absichtlich versäumen); **Schwanz‿fe|der, ...flos|se**
schwap|pen (ugs.)
Schwä|re, *die;* -, -n (geh. für: Geschwür); **schwä|ren** (geh. für: eitern)
Schwarm, *der;* -[e]s, Schwärme; **schwär|men; Schwär|mer; Schwär|me|rei; schwär|me|risch**
Schwar|te, *die;* -, -n (dicke Haut; ugs. für: dickes [altes] Buch; zur Verschalung dienendes rohes Brett); **Schwar|ten|ma|gen** (eine Wurstsorte)
schwarz; schwärzer, schwärzeste; das schwarze Brett (Anschlagbrett); schwarzer Peter (Kartenspiel); das Schwarze Meer; ins Schwarze treffen; schwarz sehen (ugs. für: pessimistisch sein); schwarz malen (ugs. für: pessimistisch darstellen); schwarz gerändertes Briefpapier; **Schwarz,** *das;* -[es], - (schwarze Farbe); in -; **Schwarz|ar|beit; schwarz|ar|bei|ten; schwarz|äu|gig; schwarz|braun; Schwarz‿bren|ner, ...brot, ...dorn** (*Mehrz.* ...dorne), **...dros|sel** (Amsel); [1]**Schwar|ze,** *der* u. *die;* -n, -n (dunkelhäutiger, -haariger Mensch); [2]**Schwar|ze,** *das;* -n (schwarze Stelle); ins - treffen; **Schwär|ze,** *die;* - (in der Bedeutung Farbe zum Schwarzmachen auch *Mehrz.:*) -n (das Schwarzsein); **schwär|zen** (schwarz färben); **Schwarz|er|de** (dunkler Humusboden); **schwarz|fah|ren** (ugs. für: ohne Fahrschein ein öffentl. Verkehrsmittel benutzen; ohne Führerschein ein Kraftfahrzeug lenken); **Schwarz|fah|rer; schwarz|ge|hen** (unerlaubt über die Grenze gehen); **schwarz ge|rän|dert;** vgl. schwarz; **schwarz|haa|rig; Schwarz‿han|del, ...händ|ler; schwarz|hö|ren** (Rundfunk; ohne amtl. Genehmigung mithören); **Schwarz‿hö|rer, ...kit|tel** (Wildschwein), **...kon|to** (illegales Konto); **schwärz|lich; schwarz ma|len;** vgl. schwarz; **Schwarz|ma|le|rei** (ugs. für: Pessimismus); **Schwarz‿markt, ...pul|ver** (für Sprengungen, Feuerwerkskörper o. Ä. verwendetes [Schieß]pulver); **schwarz|rot|gol|den,** (auch:) **schwarz-rot-gol|den; schwarz|schlach|ten; Schwarz|schlach|tung; schwarz|se|hen** (ugs. für: ohne amtl. Genehmigung fernsehen); **schwarz se|hen;** vgl. schwarz; **Schwarz|se|he|rei** (ugs. für: Pessimismus); **Schwarz|sen|der; Schwarz|storch**
schwarz-weiß, (auch:) **schwarz|weiß;** schwarz-weiß malen, (auch:) schwarzweiß malen (einseitig positiv od. negativ darstellen); **Schwarz-Weiß-Film,** (auch:) **Schwarz|weiß|film; Schwarz-Weiß-Ma|le|rei,** (auch:) **Schwarz|weiß|ma|le|rei; Schwarz‿wild** (Jägerspr.: Wildschweine), **...wur|zel**
Schwatz, *der;* -es, -e (ugs. für: Geplauder); **Schwatz|ba|se** (ugs. abwertend); **Schwätz|chen; schwat|zen, schwät|zen; Schwät|zer; schwatz|haft**
Schwe|be, *die;* -; **Schwe|be‿bahn, ...bal|ken; schwe|ben**
Schwe|den|plat|te (ein Gericht); **schwe|disch;** hinter -en Gardinen (ugs. für: im Gefängnis)
Schwe|fel, *der;* -s (chem. Element; Zeichen: S); **schwe|fel|gelb; schwe|fel|hal|tig; schwe|feln** (fachspr.); **Schwe|fel|was|ser|stoff**
Schweif, *der;* -[e]s, -e; **schwei|fen**
Schwei|ge‿geld, ...marsch; schwei|gen; schwieg; geschwiegen; **Schwei|gen,** *das;* -s; **Schwei|ge|pflicht; schweig|sam**
Schwein, *das;* -[e]s, -e; - (ugs. für: Glück) haben; kein - (ugs. für: niemand); **Schwei|ne‿bauch, ...bra|ten, ...fleisch, ...hund** (ugs. abwertend für: Lump; der innere - [ugs. für: Feigheit, Bequemlichkeit]); **Schwei|ne|rei** (derb); **Schwei|ne|ripp|chen; Schwei|ner|ne,** *das;* -n (südd., österr. für: Schweinefleisch); **Schwei|ne|stall; schwei|nisch; Schweins‿bra|ten** (südd., österr. u. schweiz.), **...le|der; schweins|le|dern; Schweins|ohr** (ein Gebäck)
Schweiß, *der;* -es, -e; **Schweiß|aus|bruch; schweiß|be|deckt; Schweiß‿bren|ner, ...drü|se; schwei|ßen** (auch Jägerspr.: bluten [vom Wild]); **Schwei|ßer** (Facharbeiter für Schweißarbeiten); **schweiß|ge|ba|det; schwei|ßig; schweiß|trei|bend; schweiß|trie|fend; Schweiß|trop|fen; Schwei|ßung**
Schwei|zer (auch für: Melker; landsch. für: Küster in kath. Kirchen); **Schwei|zer|deutsch,** *das;* -[s] (deutsche Mundart[en] der Schweiz);

Schweilzer|gar|de (päpstliche Garde)
Schwel|brand; schwe|len (langsam flammenlos [ver]brennen; glimmen)
schwel|gen; Schwel|ge|rei; schwel|ge|risch
Schwel|le, *die;* -, -n
[1]**schwel|len;** schwoll, geschwollen (größer, stärker werden, sich ausdehnen); [2]**schwel|len;** schwellte, geschwellt (größer, stärker machen, ausdehnen)
Schwel|len|angst, *die;* - (Psych.: Angst eines potenziellen Interessenten vor dem Betreten öffentlicher Gebäude o. Ä.)
Schwel|lung
Schwem|me, *die;* -, -n (auch landsch. für: einfaches [Bier]lokal); **schwem|men; Schwemm|land,** *das;* -[e]s
Schwen|gel, *der;* -s, -
Schwenk, *der;* -[e]s, -s (selten: -e; Drehung, Richtungsänderung); **schwenkbar; schwen|ken; Schwenker** (Kognakglas)
schwer; diese Aufgabe ist ihr schwer gefallen; es hat schwer gehalten (war schwierig) ihn zu überzeugen; er hat ihr das Leben schwer gemacht; du darfst den Vorwurf nicht so schwer (ernst, zu Herzen) nehmen; ich habe mich, (selten:) mir damit schwer getan (ugs. für: habe Schwierigkeiten damit gehabt); ein schwer erziehbares Kind; schwer verdauliche Speisen; schwer verletzte Opfer; eine schwer verständliche Sprache; ein schwer verträglicher Wein; schwer verwundet; schwer wiegend, schwerer wiegend, am schwersten wiegend; vgl. auch schwerwiegend; **Schwer‿ar|bei|ter, ...athlet, ...ath|le|tik; schwer|behin|dert; Schwer|be|hin|derte,** *der* u. *die;* -n, -n; **schwer|be|schä|digt; Schwer|be|schä|dig|te,** *der* u. *die;* -n, -n; **schwer bewaff|net; schwer Be|waffne|te,** *der* u. *die;* - -n, - -n, (auch:) **Schwer|be|waff|nete,** *der;* **schwer|blü|tig; Schwe|re,** *die* (Gewicht); **schwe|re|los; Schwe|re|losig|keit; schwer er|ziehbar;** vgl. schwer; **schwer Erzieh|ba|re,** *der* u. *die;* - -n, - -n, (auch:) **Schwer|er|ziehba|re,** *der* u. *die;* -n, -n; **schwer fal|len;** vgl. schwer; **schwer|fäl|lig; Schwer‿fällig|keit** (*die;* -), **...ge|wicht** (Körpergewichtsklasse in der Schwerathletik); **schwer|ge|wich|tig; schwer hal|ten;** vgl. schwer; **schwer|hö|rig; Schwer|hö|rig|keit,** *die;* -; **Schwer‿in|dus|t|rie, ...kraft** (*die;* -); **schwer krank; schwer Kran|ke,** (auch:) **Schwer|kran|ke; schwerlich** (kaum); **schwer machen;** vgl. schwer; **Schwerme|tall; Schwer|mut,** *die;* -; **schwer|mü|tig; schwer neh|men;** vgl. schwer; **Schwer|punkt**
Schwert, *das;* -[e]s, -er; **Schwert|li|lie**
schwer tun; vgl. schwer; **Schwer|ver|bre|cher; schwer ver|dau|lich, schwer ver|letzt;** vgl. schwer; **schwer Ver|letz|te,** *der* u. *die;* - -n, - -n, (auch:) **Schwer|ver|letz|te,** *der* u. *die;* -n, -n; **schwer verständ|lich, schwer verträg|lich, schwer ver|wundet;** vgl. schwer; **schwerwie|gend,** schwerwiegendere, schwerwiegendste Bedenken; (auch:) **schwer wie|gend;** vgl. schwer
Schwes|ter, *die;* -, -n; **schwes|ter|lich; Schwestern‿or|den, ...tracht**
Schwie|ger‿el|tern *(Mehrz.)*, **...mut|ter** (*Mehrz.* ...mütter)
Schwie|le, *die;* -, -n; **schwielig**
schwie|rig; Schwie|rig|keit; Schwie|rig|keits|grad
Schwimm‿bad, ...be|cken; schwim|men; schwamm, geschwommen; **Schwimmer; Schwim|me|rin; Schwimm‿flos|se, ...sport, ...wes|te**
Schwin|del, *der;* -s (ugs. auch für: Lüge; Täuschung); **Schwin|del|an|fall; Schwinde|lei** (ugs.); **Schwin|del|erre|gend,** (auch:) **schwindel|er|re|gend; schwin|delfrei; Schwin|del|ge|fühl; schwin|de|lig,** schwind|lig; **schwin|deln; schwin|den;** schwand, geschwunden; **Schwind|ler**
Schwind|sucht, *die;* -; (veralt. für: Lungentuberkulose); **schwind|süch|tig** (veralt.)
Schwin|ge, *die;* -, -n; **schwingen;** schwang, geschwungen; **Schwin|gung**
Schwipp‿schwa|ger (ugs.), **...schwä|ge|rin; Schwips,** *der;* -es, -e (ugs. für: leichter Rausch)
schwir|ren
Schwitz|bad; Schwit|ze, *die;* -, -n; **schwit|zen; schwitzig; Schwitz‿kas|ten, ...kur**
Schwof, *der;* -[e]s, -e (ugs. für: öffentl. Tanzvergnügen); **schwo|fen** (ugs.)
schwö|ren; schwor, geschworen
schwul (ugs. für: homosexuell); **schwül; Schwu|le,** *der;* -n, -n (ugs.); **Schwü|le,** *die;* -; **Schwu|li|tät,** *die;* -, -en (meist *Mehrz.;* ugs. für: Schwierigkeit, peinliche Lage); in -en sein
Schwulst, *der;* -[e]s, Schwülste; **schwuls|tig** (aufgeschwollen, aufgeworfen); **schwüls|tig** (überladen); ein -er Stil
Schwund, *der;* -[e]s
Schwung, *der;* -[e]s, Schwünge; **schwung|haft; Schwung|kraft,** *die;* -; **schwung|los; Schwungrad; schwung|voll**

Schwur, *der;* -[e]s, Schwüre; **Schwur|ge|richt**
Sci|ence-Fic|tion, (auch:) **Science|fic|tion** [*ßaienßfikschen*], *die;* -, -s (wissenschaftlich-utopische Literatur)
Seal [*ßil*], *der* od. *das;* -s, -s (Fell der Pelzrobbe; ein Pelz)
Sé|an|ce [*ßeangße*], *die;* -, -n ([spiritistische] Sitzung)
sechs; wir sind zu sechsen od. zu sechst; **Sechs,** *die;* -, -en (Zahl); **Sechs|eck; sechs|e|ckig; sechs|ein|halb; sechs|fach; Sechs|fa|che,** *das;* -n; **sechs|hun|dert; sechs|mal; sechs|stel|lig; Sechs|ta|ge|ren|nen; sechs|tau|send; sechs|te; sechs|tel; Sechs|tel,** *das;* -s, -; **sechs|tens; sechs|und|ein|halb; Sechs|und|sech|zig,** *das;* - (ein Kartenspiel); **Sechs|zy|lin|der; sech|zehn; sech|zig**
Se|da|tiv, *das;* -s, -e [...*we*] (Med.: Beruhigungsmittel)
[1]**See,** *der;* -s, -n [*seen*] (stehendes Binnengewässer); [2]**See,** *die;* -, (für: [Sturz]welle *Mehrz.:*) -n [*seen*] (Meer); **See‿ad|ler, ...bad; See|e|le|fant,** (auch:) **See-E|le|fant,** *der;* -n, -n (große Robbe); **see|fah|rend; See‿fah|rer, ...fahrt; see|fest; See‿gang** (*der;* -[e]s), **...ha|fen, ...hund, ...i|gel; see‿klar** (Schiffe - machen), **...krank; See|krank|heit,** *die;* -
See|le, *die;* -, -n; **See|len‿kun|de** (*die;* veraltend für: Psychologie), **...le|ben; see|len|los; See|len‿qual, ...ru|he; see|len|ru|hig; See|len‿ver|käu|fer** (ugs. abwertend); **...ver|wandt|schaft; see|len|voll; See|len|wan|de|rung; see|lisch; Seel|sor|ge,** *die;* -; **Seel|sor|ger; seel|sor|ge|risch**
See‿luft, ...mann (*Mehrz.* ...leute); **See|manns|garn,** *das;* -[e]s; **See‿mei|le** (Zeichen: sm), **...not, ...räu|ber, ...rei|se, ...ro|se, ...sack; see|tüch|tig; See‿weg, ...zun|ge** (ein Fisch)
Se|gel, *das;* -s, -; **Se|gel|boot; se|gel|flie|gen** (nur in der Grundform gebr.); **Se|gel‿flie|ger, ...flug|zeug; se|geln; Se|gel‿re|gat|ta, ...schiff, ...sport, ...tuch** (*Mehrz.* ...tuche)
Se|gen, *der;* -s, -; **se|gens|reich; Se|gens|wunsch**
Seg|ler
Seg|ment, *das;* -[e]s, -e (Abschnitt, Teilstück)
seg|nen; Seg|nung
Seh|be|hin|der|te, *der* u. *die;* -n, -n; **se|hen;** sah, gesehen; **se|hens‿wert, ...wür|dig; Se|hens|wür|dig|keit; Seh‿feh|ler, ...kraft** (*die;* -)
Seh|ne, *die;* -, -n
seh|nen, sich
Seh|nen|zer|rung
Seh|nerv
seh|nig
sehn|lich; Sehn|sucht, *die;* -, ...süchte; **sehn|süch|tig; sehn|suchts|voll**
sehr; - fein (Abk.: ff)
Seh‿schär|fe, ...test
seicht; Seicht|heit, Seich|tig|keit
seid (2. Pers. Mehrz. Indikativ Präs. von [2]sein); seid vorsichtig!
Sei|de, *die;* -, -n (Gespinst; Gewebe)
Sei|del, *das;* -s, - (Gefäß; Flüssigkeitsmaß); 3 - Bier
Sei|del|bast (ein Strauch)
sei|den (aus Seide); **Sei|den‿fa|den, ...glanz, ...pa|pier, ...rau|pe; sei|den|weich; sei|dig**
Sei|fe, *die;* -, -n; **Sei|fen|bla|se; Sei|fen|kis|ten|ren|nen; Sei|fen‿lau|ge, ...o|per** (ugs. für: triviale Hörspiel- od. Fernsehspielserie); **...was|ser; sei|fig**
Sei|he, *die;* -, -n (landsch. für: Filter; Filterrückstand); **sei|hen** (durch ein Sieb gießen, filtern); **Sei|her** (Sieb)
Seil, *das;* -[e]s, -e; **Seil|bahn; Sei|ler; Seil|hüp|fen** (*das;* -s); **Seil|schaft** (die durch ein Seil verbundenen Bergsteiger); **Seil‿sprin|gen** (*das;* -s), **...tan|zen** (*das;* -s), **...tän|zer, ...tän|ze|rin, ...win|de**
[1]**sein,** sei|ne, sein; Seine (Abk.: S[e].), Seiner (Abk.: Sr.) Exzellenz; jedem das Seine, (auch:) seine
[2]**sein;** war, gewesen; ich möchte das lieber sein lassen (ugs. für: nicht tun); **Sein,** *das;* -s
sei|ne, sei|ni|ge; **sei|ner|seits; sei|ner|zeit** (damals, dann; Abk.: s. Z.); **sei|ner|zei|tig; sei|nes|glei|chen; sei|net|hal|ben; sei|net|we|gen; sei|ni|ge**
sein las|sen; vgl. [2]sein
Seis|mo|graf; vgl. Seismograph; **Seis|mo|graph,** (auch:) Seismograf, *der;* -en, -en (Gerät zur Aufzeichnung von Erdbeben)
seit; *Verhältniswort* mit *Wemf.:* - dem Zusammenbruch; *Bindew.:* - ich hier bin; **seit|dem;** seitdem ist er gesund; seitdem ich hier bin
Sei|te, *die;* -, -n; **Sei|ten|blick; Sei|ten|hal|bie|ren|de,** *die;* -n, -n (Math.); **Sei|ten|hieb; sei|ten|lang; sei|tens;** *Verhältnisw.* mit *Wesf.:* - des Angeklagten; **Sei|ten‿sprung, ...ste|chen** (*das;* -s), **...stra|ße; sei|ten|ver|kehrt; Sei|ten‿wa|gen** (Beiwagen), **...wind**
seit|her (selten für: seitdem); **seit|he|rig**
seit|lich; seit|wärts
Se|k|ret, *das;* -[e]s, -e (Absonderung); **Se|k|re|tär,** *der;* -s, -e; **Se|k|re|ta|ri|at,** *das;* -[e]s, -e; **Se|k|re|tä|rin**
Sekt, *der;* -[e]s, -e (Schaumwein)
Sek|te, *die;* -, -n (Glaubensgemeinschaft)
Sekt‿fla|sche, ...glas (*Mehrz.* ...gläser)
Sek|tie|rer, *der;* -s, - (jmd., der von einer politischen,

religiösen o. ä. Richtung abweicht); **sek|tie|re|risch**

Sek|ti|on [...*zion*], *die;* -, -en (Abteilung, Gruppe; Med.: Leichenöffnung); **Sek|tor,** *der;* -s, ...toren ([Sach]gebiet, Bezirk; Math.: Ausschnitt); **Sek|to|ren|gren|ze**

Se|kun|da, *die;* -, ...den (veraltend für die 6. u. 7. Klasse eines Gymnasiums); **Se-kun|da|ner,** *der;* -s, - (Schüler einer Sekunda); **Se|kun-da|ne|rin; Se|kun|där|roh-stoff** (Altmaterial); **Se|kun-de,** *die;* -, -n ($^1/_{60}$ Minute, Abk.: Sek. [Zeichen: s, veralt.: sec, sek]; Musik: zweiter Ton vom Grundton aus; Intervall im Abstand von 2 Stufen); **se|kun|den|lang; Se|kun|den‿schnel|le** (in -), **...zei|ger; se|künd|lich**

Se|ku|rit®, *das;* -s (nicht splitterndes Glas)

sel|be; zur -en Zeit; **sel|ber** (meist ugs. für: selbst); **Sel-ber|ma|chen,** *das;* -s (ugs.); **selbst;** eine selbst gemachte Pastete; selbst verdientes Geld; ein selbst gestrickter Pullover; **Selbst,** *das;* -; **Selbst|ach|tung,** *die;* -; **selb|stän|dig,** selbstständig; **Selb|stän|di|ge,** Selbstständige; **Selb|stän|dig-keit,** Selbstständigkeit; **Selbst‿auf|op|fe|rung, ...aus|lö|ser** (Fotogr.), **...be-die|nung** (*Mehrz.* selten); **Selbst|be|die|nungs|la-den; Selbst‿be|frie|di-gung, ...be|herr|schung, ...be|stim|mung, ...be|tei|li-gung** (Versicherungswesen), **...be|trug; selbst|be-wusst; Selbst‿be|wusst-sein, ...bild|nis, ...bi|o|gra-fie,** (auch:) **...bi|o|gra|phie, ...dis|zi|p|lin, ...ein|schät-zung, ...er|hal|tung** (*die;* -); **Selbst|er|hal|tungs|trieb; Selbst‿er|kennt|nis, ...fah-rer; selbst|ge|fäl|lig; Selbst‿ge|fäl|lig|keit** (*die;* -), **...ge|fühl** (*das;* -[e]s); **selbst ge|macht;** vgl. selbst; **selbst‿ge|nüg|sam, ...ge|recht; Selbst|ge-spräch; selbst ge|strickt;** vgl. selbst; **selbst|herr|lich; selbst|klebend; Selbst-kos|ten|preis; Selbst|kri-tik; selbst|kri|tisch; Selbst‿laut** (Vokal), **...lob; selbst|los; Selbst|lo|sig-keit,** *die;* -; **Selbst‿mit|leid, ...mord, ...mör|der, ...por|t-rät; selbst|quä|le|risch; selbst|re|dend** (selbstverständlich); **selbst|si|cher; Selbst|si|cher|heit,** *die;* -; **selbst|stän|dig,** (auch:) selb|stän|dig; sich - machen; **Selbst|stän|di|ge,** (auch:) Selb|stän|di|ge, *der* u. *die;* -n, -n; **Selbst|stän-dig|keit,** (auch:) Selb|ständig|keit, *die;* -; **Selbst-sucht,** *die;* -; **selbst‿süch-tig, ...tä|tig; Selbst‿täu-schung, ...über|schät|zung, ...über|win|dung, ...un|ter-richt; selbst ver|dient;** vgl. selbst; **selbst|ver|ges|sen; Selbst|ver|leug|nung; selbst|ver|ständ|lich; Selbst‿ver|ständ|lich|keit, ...ver|ständ|nis** (*das;* -ses), **...ver|trau|en, ...ver|wal-tung, ...ver|wirk|li|chung; selbst‿zer|stö|re|risch, ...zu|frie|den; Selbst-zweck,** *der;* -[e]s

se|lek|tie|ren (auswählen [für züchterische Zwecke]); **Se-lek|ti|on** [...*zion*], *die;* -, -en (Auswahl; Biol.: Auslese)

Self|made|man [*ßälfmeⁱd-män*], *der;* -s, ...men [...*mᵉn*] (jmd., der sich aus eigener Kraft hochgearbeitet hat)

se|lig; selig preisen; selig sprechen; **Se|li|ge,** *der* u. *die;* -n, -n; **Se|lig|keit; se|lig prei|sen; Se|lig|prei|sung; se|lig spre|chen; Se|lig-spre|chung**

Sel|le|rie [österr. nur: ...*ri*], *der;* -s, -[s] od. *die;* -, - (österr.: ...rien; eine Gemüsepflanze)

sel|ten; Sel|ten|heit; Sel|ten-heits|wert, *der;* -[e]s

Sel|ter[s]|was|ser (*Mehrz.* ...wässer; ein Mineralwasser)

selt|sam; selt|sa|mer|wei|se

Se|mes|ter, *das;* -s, -; **Se|mes-ter|fe|ri|en** (*Mehrz.*)

Se|mi|ko|lon, *das;* -s, -s u. ...la (Strichpunkt)

Se|mi|nar, *das;* -s, -e (Übungskurs an Hochschulen; kirchl. Institut zur Ausbildung von Geistlichen; schweiz. für: Lehrerbildungsanstalt)

Se|mit, *der;* -en, -en (Angehöriger einer Völkergruppe bes. in Vorderasien und Nordafrika); **se|mi|tisch**

Sem|mel, *die;* -, -n; **sem|mel-blond; Sem|mel|brö|sel**

Se|nat, *der;* -[e]s, -e; **Se|na-tor,** *der;* -s, ...oren (Mitglied des Senats; Ratsherr)

Sen|de‿fol|ge, ...ge|biet; sen-den; sandte u. sendete, gesandt u. gesendet; **Sen-de|pau|se; Sen|der; Sen-dung**

Senf, *der;* -[e]s, -e; **Senf‿gur-ke, ...korn** (*Mehrz.* ...körner)

sen|gen

Se|ni|or, *der;* -s, ...oren (Ältester; Sportler etwa zwischen 20 u. 30 Jahren); **Se|ni|o|ren-klas|se** (Sportspr.)

Senk|blei, *das;* **Sen|ke,** *die;* -, -n; **Sen|kel,** *der;* -s, -; **sen-ken; Senk|fuß; senk|recht; Senk|rech|te,** *die;* -n, -n; **Senk|recht|star|ter** (ein Flugzeugtyp; ugs. für: j md., der schnell Karriere macht)

Senn, *der;* -[e]s, -e u. **Sen|ne,** *der;* -n, -n (bayr., österr. und schweiz. für: Bewirtschafter einer Sennhütte, Almhirt); **Sen|ne|rin; Senn|hüt|te**

Sen|sa|ti|on [...*zion*], *die;* -, -en (Aufsehen erregendes Ereignis); **sen|sa|ti|o|nell** (Aufsehen erregend); **sen-sa|ti|ons|lüs|tern**

Sen|se, *die;* -, -n

sen|si|bel (empfindlich, empfindsam; feinfühlig); **Sen|si-**

bi|li|tät, *die;* - (Empfindlichkeit, Empfindsamkeit; Feinfühligkeit); **sen|si|tiv** (sehr empfindlich; leicht reizbar; feinnervig); **Sen|sor,** *der;* -s, ...soren (meist *Mehrz.;* Technik: Messfühler; Berührungsschalter)
Sen|tenz, *die;* -, -en (einprägsamer Ausspruch; Sinnspruch)
sen|ti|men|tal (oft abwertend für: [übertrieben] empfindsam; rührselig); **Sen|ti|men|ta|li|tät,** *die;* -, -en (oft abwertend)
se|pa|rat (abgesondert; einzeln); **Sé|pa|rée,** (auch:) **Se|pa|ree** [...*re*], *das;* -s, -s (Sonderraum, Nische in einem Lokal)
Sep|tem|ber, *der;* -[s], - (der neunte Monat des Jahres; Abk.: Sept.); **Sep|ti|me,** *die;* -, -n (Musik: siebter Ton vom Grundton aus; Intervall im Abstand von 7 Stufen)
Se|quenz, *die;* -, -en ([Aufeinander]folge, Reihe; liturg. Gesang; kleinere filmische Handlungseinheit; EDV: Folge von Befehlen, Daten)
Se|rail [*seraj, serai[l]*], *das;* -s, -s (Palast [eines Sultans])
Se|re|na|de, *die;* -, -n (Abendmusik, -ständchen)
Ser|geant [...*schant,* engl. Ausspr.: *ßadschent*], *der;* -en, -en (bei engl. Ausspr.: *der;* -s, -s; Unteroffizier)
Se|rie [...*ie*], *die;* -, -n (Reihe; Folge; Gruppe); **se|ri|en|mä|ßig; Se|ri|en‿pro|duk|ti|on, ...schal|tung** (Reihenschaltung); **se|ri|en|wei|se**
se|ri|ös (ernsthaft, [vertrauens]würdig); **Se|ri|o|si|tät,** *die;* -
Ser|mon, *der;* -s, -e (veralt. für: Predigt; ugs. für: langweiliges Geschwätz)
Ser|pen|ti|ne, *die;* -, -n (in Schlangenlinie verlaufender Weg an Berghängen; Windung)
Se|rum, *das;* -s, ...ren u. ...ra (Med.: wässriger Bestandteil des Blutes; Impfstoff)
Ser|ve|la, *die* od. *der;* -, -s (landsch. für: Zervelatwurst); **Ser|ve|lat|wurst;** vgl. Zervelatwurst
[1]**Ser|vice** [...*wiß*], *das;* - [...*wiß*] u. -s [...*wiße ß*], - [...*wiß* od. ...*wiße*] ([Tafel]geschirr); [2]**Ser|vice** [*ßörwiß*], *der,* (auch:) *das;* -, -s [...*wiß(iß)*] (Bedienung, Kundenbetreuung; Tennis: Aufschlag[ball]); **ser|vie|ren** [...*wiren*] (bei Tisch bedienen; auftragen; Tennis: den Ball aufschlagen); **Ser|vie|re|rin; Ser|vi|et|te,** *die;* -, -n; **ser|vil** [...*wil*] (unterwürfig); **Ser|vi|li|tät,** *die;* -; **ser|vus!** [...*wuß*] (bes. südd. u. österr. freundschaftl. Gruß)
Ses|sel, *der;* -s, -; **Ses|sel‿leh|ne, ...lift; sess|haft**
Set, *das* od. *der;* -[s], -s (bestimmte Anzahl zusammengehöriger Dinge; Platzdeckchen); **Set|ter,** *der;* -s, - (Hund einer bestimmten Rasse)
set|zen; sich -; **Set|zer** (Schriftsetzer); **Set|ze|rei; Setz|ling** (junge Pflanze zum Auspflanzen; Zuchtfisch)
Seu|che, *die;* -, -n
seuf|zen; Seuf|zer
Se|ve|so|gift, (auch:) **Se|ve|so-Gift** [...*w*...], *das;* -[e]s (Jargon für: Dioxin)
Sex, *der;* -[es] (ugs. für: Geschlecht[lichkeit]; Geschlechtsverkehr; kurz für: Sexappeal); **Sex|ap|peal,** (auch:) **Sex-Ap|peal** [...*epil*], *der;* -s (sexuelle Anziehungskraft); **Sex|bom|be,** *die;* -, -n (ugs.)
Sex|ta, *die;* -, ...ten (veraltend für: erste Klasse eines Gymnasiums); **Sex|ta|ner** (Schüler der Sexta); **Sex|ta|ne|rin; Sex|tett,** *das;* -[e]s, -e (Musikstück für sechs Stimmen od. sechs Instrumente; auch für: die sechs Ausführenden)
Se|xu|al|er|zie|hung; Se|xu|a|li|tät, *die;* - (Geschlechtlichkeit); **Se|xu|al|ver|bre|chen; se|xu|ell** (geschlechtlich); **se|xy** (ugs. für: erotisch-attraktiv)
se|zie|ren (anatomisch zerlegen)
s-för|mig, S-för|mig (in der Form eines S)
Shag [*schäk*], *der;* -s, -s (ein Tabak)
[1]**Shake** [*scheik*], *der;* -s, -s (ein Mischgetränk); [2]**Shake,** *das;* -s, -s (starkes Vibrato im Jazz); **Sha|ker** [*scheiker*], *der;* -s, - (Mixbecher)
Sham|poo [*schampu*] u. **Sham|poon** [*schämpun,* auch: *schampon*], *das;* -s, -s; **sham|poo|nie|ren;** vgl. schamponieren
Shan|ty [*schänti,* auch: *schanti*], *das;* -s, -s (Seemannslied)
Share|ware [*schäruär*], *die;* -, -s (EDV: zu Testzwecken kostengünstig angebotene Software)
Sher|ry [*schäri*], *der;* -s, -s (span. Wein, Jerez)
Shet|land [*schätlant,* engl. Ausspr.: *schätlend*], *der;* -[s], -s (ein grau melierter Wollstoff)
Shil|ling [*schil*...], *der;* -s, -s (frühere Münzeinheit in Großbritannien)
Sho|ah; vgl. Schoah
Shop [*schop*], *der;* -s, -s (Laden, Geschäft); **Shop|ping|cen|ter,** (auch:) **Shop|ping-Cen|ter** [*schopingßänter*], *das;* -s, - (Einkaufszentrum)
Shorts [*schårrz*], *die* (*Mehrz.;* kurze Hose)
Show [*schou*], *die;* -, -s (Vorführung eines bunten Unterhaltungsprogramms); **Show|ge|schäft** [*schou*...]; **Show|mas|ter** [*schou*...], *der;* -s, - (Unterhaltungskünstler); **Show|view**® [*schouwju*], *das;* -s (Videoprogrammierung über in

Programmzeitschriften ausgedruckte Ziffernreihen)
Shred|der; engl. Schreibung von Schredder
Shrimp, Schrimp [*schr...*], *der;* -s, -s (meist *Mehrz.;* kleine Krabbe)
sich
Si|chel, *die;* -, -n; **si|chel|för|mig**
si|cher; auf Nummer Sicher, (auch:) sicher sein (ugs. für: im Gefängnis sein); auf Nummer Sicher, (auch:) sicher gehen (ugs. für: nichts riskieren); ein sicher wirkendes Mittel; **si|cher|ge|hen** (Gewissheit haben); **Si|cher|heit; Si|cher|heits‿ab|stand, ...bin|dung** (Sport), **...glas** (*Mehrz.* ...gläser), **...gurt; si|cher|heits|hal|ber; Si|cher|heits‿na|del, ...schloss, ...vor|keh|rung; si|cher|lich; si|chern; si|cher|stel|len** (sichern; in Gewahrsam geben od. nehmen); **Si|cher|stel|lung; Si|che|rung; si|cher wir|kend;** vgl. sicher
Sicht, *die;* -; **sicht|bar**
[1]**sich|ten** (auswählen, durchsehen)
[2]**sich|ten** (erblicken); **sicht|lich** (offenkundig)
Sicht‿ver|hält|nis|se *(die; Mehrz.),* **...ver|merk, ...wei|te**
si|ckern; Si|cker|was|ser (*Mehrz.:* ...wässer)
Side|board [*ßaidbård*], *das;* -s, -s (Anrichte, Büfett)
sie; [1]**Sie** (Höflichkeitsanrede an eine Person od. mehrere Personen); kommen Sie bitte!; jmdn. mit Sie anreden; [2]**Sie,** *die;* -, -s (ugs. für: Mensch od. Tier w. Geschlechts); es ist eine Sie
Sieb, *das;* -[e]s, -e; **sieb|ar|tig;** [1]**sie|ben** (durchsieben)
[2]**sie|ben** (Ziffer, Zahl); wir sind zu - od. zu siebt; **Sie|ben,** *die;* -, - (auch: -en; Zahl); **sie|ben|ar|mig; sie|ben|ein|halb; Sie|be|ner; Sie|ben|fa|che,** *das;* -n; **sie|ben|hun|dert; sie|ben|jäh|rig; sie|ben|mal; Sie|ben|mei|len|stie|fel,** *die (Mehrz.);* **Sie|ben|mo|nats|kind; Sie|ben|sa|chen,** *die* (*Mehrz.;* ugs. für: Habseligkeiten); **Sie|ben|schlä|fer** (Nagetier); **sie|ben|tau|send; sie|ben|te;** vgl. siebte; **sie|ben|tel;** vgl. siebtel; **Sie|ben|tel;** vgl. Siebtel; **sie|ben|tens;** vgl. sieb|tens; **sie|ben|und|ein|halb,** sie|ben|ein|halb; **sieb|te; sieb|tel; Sieb|tel,** *das;* -s, -; **sieb|tens; sieb|zehn; sieb|zehn|te; sieb|zig**
Siech|tum, *das;* -s
sie|deln
sie|den; sott u. siedete, gesotten u. gesiedet; siedend heiß; **Sie|de|punkt**
Sied|ler; Sied|lung
Sieg, *der;* -[e]s, -e
Sie|gel, *das,* -s, - (Stempelabdruck; [Brief]verschluss); **sie|geln; Sie|gel|ring**
sie|gen; Sie|ger; Sie|ger|eh|rung; Sie|ge|rin; sie|ges‿be|wusst, ...ge|wiss, ...si|cher, ...trun|ken; Sie|ges|zug; sieg|reich
sie|he o|ben! (Abk. s. o.); **sie|he un|ten!** (Abk.: s. u.)
Siel, *der* od. *das;* -[e]s, -e (Abwasserleitung; kleine Deichschleuse)
Si|es|ta, *die;* -, ...sten u. -s (Mittagsruhe)
sie|zen (mit »Sie« anreden)
Sight|see|ing [*ßaitßiing*], *das;* -[s], -s (Besichtigung von Sehenswürdigkeiten)
Si|g|nal [*signal*], *das;* -s, -e (Zeichen mit festgelegter Bedeutung; [Warn]zeichen); - geben; **Si|g|nal|an|la|ge; si|g|na|li|sie|ren** (Signal[e] übermitteln); **Si|g|na|tur,** *die;* -, -en (Namenszeichen, Unterschrift); **si|g|nie|ren** (mit einer Signatur versehen)
si|g|ni|fi|kant (bedeutsam; kennzeichnend)
Sil|be, *die;* -, -n; **Sil|ben|rät|sel**
Sil|ber, *das;* -s (chem. Element, Edelmetall; Zeichen: Ag); **Sil|ber‿blick** (ugs. für: leichtes Schielen), **...fuchs, ...geld; sil|ber|grau; Sil|ber‿hoch|zeit; sil|be|rig,** silbrig; **Sil|ber|me|dail|le; sil|bern** (aus Silber); **Sil|ber‿pa|pier, ...strei|fen** (in: Silberstreifen am Horizont [Zeichen beginnender Besserung]); **silb|rig,** sil|be|rig
Sil|hou|et|te [*siluäte*], *die;* -, -n (Umriss; Schattenriss, Scherenschnitt)
Si|lo, *der* od. *das;* -s, -s (Großspeicher [für Getreide, Erz u. a.]; Gärfutterbehälter)
Sil|ves|ter, *der,* (auch:) *das;* -s, - (letzter Tag des Jahres); **Sil|ves|ter|a|bend**
sim|pel (einfach, einfältig); **sim|p|li|fi|zie|ren** (vereinfachen)
Sims, *der* od. *das;* -es, -e (waagerechter [Wand]vorsprung; Leiste)
Si|mu|lant, *der;* -en, -en (jmd., der eine Krankheit vortäuscht); **si|mu|lie|ren** (vorgeben; sich verstellen; übungshalber im Simulator o. Ä. nachahmen; ugs. auch für: nachsinnen, grübeln)
Sin|fo|nie, Sym|pho|nie [*süm...*], *die;* -, ...ien (groß angelegtes Orchesterwerk in meist vier Sätzen); **Sin|fo|nie|kon|zert,** Sym|pho|nie|kon|zert; **Sin|fo|nie|or|ches|ter,** Sym|pho|nie|or|ches|ter; **Sin|fo|ni|ker,** Sym|pho|ni|ker (Verfasser von Sinfonien; *nur Mehrz.:* Mitglieder eines Sinfonieorchesters); **sin|fo|nisch,** sym|pho|nisch (sinfonieartig); -e Dichtung
sin|gen; sang, gesungen
[1]**Sin|g|le** [*ßinggel*], *das;* -, -[s] ([Tisch]tennis: Einzelspiel); [2]**Sin|g|le** [*ßinggel*], *die;* -, -[s] (kleine Schallplatte); [3]**Sin|g|le** [*ßinggel*], *der;* -[s], -s (allein stehende Person)
Sing|sang, *der;* -[e]s (ugs.); **Sing‿spiel, ...stim|me**

Sin|gu|lar, *der;* -s, -e (Einzahl; Abk.: Sing.)
Sing|vo|gel
sin|ken; sank, gesunken
Sinn, *der;* -[e]s, -e; **Sinn|bild; sinn|bild|lich; sin|nen;** sann, gesonnen; **sin|nen-froh; sinn|ent|stel|lend; Sin|nes‿ein|druck, ...or-gan, ...täu|schung; sinn|ge-mäß; sin|nie|ren** (ugs. für: in Nachdenken versunken sein); **sin|nig; sinn|lich; Sinn|lich|keit,** *die;* -; **sinn-los; Sinn|lo|sig|keit; sinn-‿reich, ...voll**
Sint|flut, *die;* -; vgl. Sündflut
Si|nus, *der;* -, - u. -se (Math.: Winkelfunktion im rechtwinkligen Dreieck; Abk.: sin)
Si|phon [*sifong*], *der;* -s, -s (Geruchsverschluss bei Wasserausgüssen; Getränkegefäß, bei dem die Flüssigkeit durch Kohlensäure herausgedrückt wird)
Sip|pe, *die;* -, -n; **Sipp|schaft** (abwertend)
Sir [*ßör*], *der;* -s, -s (allg. engl. Anrede [ohne Namen]: »Herr«; vor Vornamen: brit. Adelstitel)
Si|re|ne, *die;* -, -n; **Si|re|nen-ge|heul**
sir|ren (hell klingen, surren)
Si|rup, *der;* -s, -e (dickflüssiger Zuckerrüben- od. Obstsaft)
Si|sal, *der;* -s; **Si|sal|hanf**
Sit-in [*ßi...*], *das;* -[s], -s (Sitzstreik)
Sit|te, *die;* -, -n; **sit|ten|los; sit|ten|wid|rig; sitt|lich; Sitt|lich|keit,** *die;* -; **Sitt-lich|keits‿de|likt, ...ver-bre|chen; sitt|sam**
Si|tu|a|ti|on [*...zion*], *die;* -, -en ([Sach]lage, Stellung, Zustand)
Sitz, *der;* -es, -e; **Sitz|bad; sit-zen;** saß, gesessen; sitzen bleiben (ugs. auch für: nicht versetzt, nicht geheiratet werden); auf etwas sitzen bleiben (ugs. auch für: etwas nicht verkaufen können); sitzen lassen (ugs. auch für: nicht versetzen; im Stich lassen); **sit|zen blei|ben;** vgl. sitzen; **Sit-zen|blei|ber; sit|zen las-sen;** vgl. sitzen; **Sitz‿fleisch** (ugs.), **...ge|le|gen|heit, ...platz, ...streik; Sit|zung**
Ska|la, *die;* -, ...len u. -s (Maßeinteilung; Stufenfolge)
Skal|pell, *das;* -s, -e (chirurg. Messer)
skal|pie|ren (die Kopfhaut abziehen)
Skan|dal, *der;* -s, -e; **skan|da-lös** (anstößig; unerhört)
Skat, *der;* -[e]s, -e u. -s (ein Kartenspiel; zwei verdeckt liegende Karten beim Skatspiel)
Skate|board [*ßkeⁱtbård*], *das;* -s, -s (Rollerbrett für Spiel u. Sport)
ska|ten (ugs. für: Skat spielen)
Ske|lett, *das;* -[e]s, -e (Knochengerüst, Gerippe)
Skep|sis, *die;* - (Zweifel, Bedenken); **Skep|ti|ker** (misstrauischer Mensch); **skep|tisch**
Sketch [*ßkätsch*], *der;* -[es], -e[s] od. -s, **Sketsch,** *der;* -[e]s, -e (kurze, effektvolle Bühnenszene im Kabarett od. Varieté)
Ski [*schi*], (auch:) Schi, *der;* -s, -er (auch: -); - fahren, - laufen; Ski u. Eis laufen; **Ski‿ge|biet, ...ge|län|de, ...ha|serl** (*das;* -s, -[n]; ugs. für: junge Anfängerin im Skilaufen), **...lau|fen** (*das;* -s), **...läu|fer, ...leh|rer, ...lift**
Skin, *der;* -s, -s, **Skin|head** [*...häd*], *der;* -s, -s ([zu Gewalttätigkeiten neigender] Jugendlicher mit kahl geschorenem Kopf)
Ski|pis|te
Skiz|ze, *die;* -, -n ([erster] Entwurf; flüchtige Zeichnung; kleine Geschichte); **skiz|zie-ren** (entwerfen; andeuten)
Skla|ve [*...wᵉ*, auch: *...fᵉ*], *der;* -n, -n (unfreier, rechtloser Mensch); **Skla|ve|rei; Skla-vin; skla|visch**
Skle|ro|se, *die;* -, -n (Med.: Verkalkung, krankhafte Verhärtung von Geweben u. Organen)
Skon|to, *der* od. *das;* -s, -s (selten auch: ...ti; [Zahlungs]abzug, Nachlass [bei Barzahlungen])
Skoo|ter [*ßkutᵉr*], *der;* -s, - ([elektr.] Kleinauto auf Jahrmärkten)
Skor|but, *der;* -[e]s (Med.: Krankheit durch Mangel an Vitamin C)
Skor|pi|on, *der;* -s, -e
Skript, *das;* -[e]s, -en u. (für: Drehbuch meist *Mehrz.:*) -s (schriftl. Ausarbeitung; Drehbuch); **Skript|girl** [*...görl*], *das;* -s, -s (Mitarbeiterin eines Filmregisseurs, die die Einstellung für jede Aufnahme einträgt)
Skru|pel, *der;* -s, - (meist *Mehrz.;* Bedenken; Gewissensbiss); **skru|pel|los**
Skulp|tur, *die;* -, -en (Bildhauerkunst [nur *Einz.*]; Bildhauerwerk)
skur|ril (verschroben; drollig)
Sky|line [*ßkailain*], *die;* -, -s (Horizont[linie], Silhouette einer Stadt)
Sla|lom, *der;* -s, -s (Ski- u. Kanusport: Torlauf; übertr. auch für: Zickzacklauf, -fahrt)
Slang [*ßläng*], *der;* -s, -s (saloppe Umgangssprache; Jargon)
Slap|stick [*ßläpßtik*], *der;* -s, -s (grotesk-komischer Gag vor allem im [Stumm]film)
Slip, *der;* -s, -s (Unterhöschen); **Slip|per,** *der;* -s, -[s] (Schlupfschuh mit niedrigem Absatz)
Slo|gan [*ßloᵘgᵉn*], *der;* -s, -s (Schlagwort)
Slow|fox [*ßloᵘ...*], *der;* -[es], -e (ein Tanz)
Slum [*ßlam*], *der;* -s, -s (meist *Mehrz.;* Elendsviertel)
Sma|ragd, *der;* -[e]s, -e (ein Edelstein); **sma|ragd|grün**

smart (modisch elegant; clever)
Smog, *der;* -[s], -s (mit Abgasen, Rauch u. a. gemischter Dunst od. Nebel über Industriestädten)
Smok|ar|beit; smo|ken (Stoff fälteln u. besticken); eine gesmokte Bluse
Smo|king, *der;* -s, -s (Abendanzug mit seidenen Revers für Herren)
Snack|bar [*ßnäk...*], *die;* -, -s (engl. Bez. für: Imbissstube)
Snob [*ßnop*], *der;* -s, -s (vornehm tuender, eingebildeter Mensch); **Sno|bis|mus,** *der;* -, ...men; **sno|bis|tisch**
Snow|board [*ßnoᵘbåʳd*], *das;* -s, -s (als Sportgerät dienendes Brett zum Gleiten auf Schnee)
so; - sein, - werden, - bleiben; so dass (vgl. auch: sodass); die so genannten schnellen Brüter
so|bald; *Bindew.:* sobald er kam; aber *Umstandsw.:* komm so bald wie möglich
So|cke, *die;* -, -n; **So|ckel,** *der;* -s, -; **So|cken,** *der;* -s, - (landsch. für: Socke)
[1]**So|da,** *die;* - u. *das;* -s (Natriumkarbonat); [2]**So|da,** *das;* -s (Sodawasser)
so|dann
so|dass, (auch:) so dass
So|da|was|ser (kohlensäurehaltiges Mineralwasser; *Mehrz.* ...wässer)
Sod|bren|nen, *das;* -s
So|do|mie, *die;* -, ...ien (Geschlechtsverkehr mit Tieren)
so|e|ben (vor einem Augenblick); er kam soeben
So|fa, *das;* -s, -s
so|fern (falls); sofern er Zeit hat, ...
so|fort; so|for|tig
Soft|eis [*ßoft...*], *das;* -es (sahniges, weiches Speiseeis); **Soft|ware** [*ßoftᵘäʳ*], *die;* -, -s (EDV: die nicht apparativen Bestandteile der Anlage; Ggs.: Hardware)
Sog, *der;* -[e]s, -e
so|gar (überdies; mehr noch)
so ge|nannt (Abk.: sog.); vgl. so
so|gleich (sofort)
Soh|le, *die;* -, -n (Einlege-, Fuß-, Talsohle); **soh|len**
Sohn, *der;* -[e]s, Söhne; **Söhnchen; Soh|nes|lie|be**
Soi|ree [*ßoare*], *die;* -, ...reen (Abendgesellschaft)
So|ja, *die;* -, ...jen (eiweiß- u. fetthaltige Nutzpflanze); **So|ja|boh|ne**
so|lang, so|lan|ge (während, währenddessen); solang[e] ich krank war, bist du bei mir geblieben
so|lar (die Sonne betreffend; Sonnen...); **So|lar‿au|to, ...e|ner|gie; So|la|ri|um,** *das;* -s, ...ien [*...iᵉn*] (Anlage für künstliche Sonnenbäder)
Sol|bad
solch; -er, -e, -es
Sold, *der;* -[e]s, -e; **Sol|dat,** *der;* -en, -en; **Sol|da|tin; sol|da|tisch; Sold|buch; Söld|ner**
So|le, *die;* -, -n (kochsalzhaltiges Wasser); **Sol|ei**
so|lid, so|li|de (fest; haltbar; zuverlässig; gediegen); **so|li|da|risch** (gemeinsam, übereinstimmend, eng verbunden); **so|li|da|ri|sie|ren,** sich (sich solidarisch erklären); **So|li|da|ri|tät,** *die;* - (Gefühl der Zusammengehörigkeit, Gemeinsinn); **So|li|dar|pakt** (Politik); **so|li|de; So|li|di|tät,** *die;* - (Festigkeit, Haltbarkeit; Zuverlässigkeit)
So|list, *der;* -en, -en (Einzelsänger, -spieler); **So|lis|tin; so|lis|tisch; So|li|tär,** *der;* -s, -e (einzeln gefasster Edelstein; Brettspiel für eine Person)
Soll, *das;* -[s], -[s]; **sol|len**
Söl|ler, *der;* -s, - (offene Plattform oberer Stockwerke)
so|lo (als Solist; allein); **So|lo,** *das;* -s, -s u. ...li (Einzelvortrag, -spiel, -tanz); **So|lo‿gesang, ...in|stru|ment**
sol|vent (bes. Wirtsch.: zahlungsfähig); **Sol|venz,** *die;* -, -en
Som|b|re|ro, *der;* -s, -s (breitrandiger Strohhut)
so|mit [auch: *so...*] (mithin, also)
Som|mer, *der;* -s, -; **Som|mer‿fahr|plan, ...fe|ri|en** *(Mehrz.),* **...kleid; som|merlich; som|mers; Som|mer|spros|se** (meist *Mehrz.*); **som|mer|spros|sig; Som|mer[s]|zeit,** *die;* -
So|na|te, *die;* -, -n (aus drei od. vier Sätzen bestehendes Musikstück für ein oder mehrere Instrumente); **So|na|ti|ne,** *die;* -, -n (kleinere Sonate)
Son|de, *die;* -, -n
son|der (veralt. für: ohne); *Verhältnisw.* mit *Wenf.:* - allen Zweifel; **Son|der‿ab|schrei|bung** (Wirtsch.), **...an|fer|ti|gung, ...an|ge|bot; son|der|bar; Son|der‿fahrt, ...fall** *(der);* **son|der|glei|chen; son|der|lich; Son|der|ling; son|dern; son|ders;** samt u. -; **Son|der‿schu|le, ...stel|lung**
son|die|ren ([mit der Sonde] untersuchen; ausforschen, vorfühlen); **Son|die|rung**
Song, *der;* -s, -s
Sonn|a|bend, *der;* -s, -e; vgl. Dienstag; **sonn|a|bends; Son|ne,** *die;* -, -n; **son|nen;** sich -; **Son|nen‿auf|gang, ...bad; son|nen|ba|den** (meist nur in der Grundform u. im 2. Mittelw. gebr.); **Son|nen|blu|me; Son|nen|blu|men|kern; Son|nen‿brand, ...bril|le, ...dach, ...deck; son|nen|durch|flu|tet; Son|nen|fins|ter|nis; son|nen|ge|bräunt; son|nen|klar** (ugs.); **Son|nen‿licht** (*das;* -[e]s), **...schein** (*der;* -[e]s), **...schutz, ...strahl, ...un|ter|gang, ...wen|de; son|nig; Sonn|tag;** vgl. Dienstag; **sonn|tä|gig; sonn|täg|lich; sonn|tags; Sonn-**

tags‿ar|beit, ...fah|rer (spött.), **...kind**

sonst; sons|tig; sonst je|mand; sonst was; sonst wer; sonst wie; sonst wo; sonst wo|hin

so|oft; *Bindew.:* - er kam, brachte er Blumen mit

So|p|ran, *der;* -s, -e (höchste Frauen- od. Knabenstimme; Sopransänger[in]); **So|p|ra|nis|tin**

Sor|ge, *die;* -, -n; **sor|gen;** sich -; **sor|gen|frei; Sor|gen|kind; sor|gen|voll; Sor|ge|recht** (Rechtsw.); **Sorg|falt,** *die;* -; **sorg|fäl|tig; sorg|lich; sorg|los; Sorg|lo|sig|keit,** *die;* -; **sorg|sam; Sorg|sam|keit,** *die;* -

Sor|te, *die;* -, -n (Art, Gattung; Wert, Güte); **sor|tie|ren** (sondern, auslesen, sichten); **sor|tiert** (auch für: hochwertig); **Sor|tie|rung; Sor|ti|ment,** *das;* -[e]s, -e (Warenangebot, -auswahl)

so|sehr; *Bindew.:* sosehr ich das auch billige, ...

so|so (ugs. für: nicht [gerade] gut)

So|ße, *die;* -, -n (Brühe, Tunke); **So|ßen|löf|fel**

Sou [*ßu*], *der;* -, -s [*ßu*] (früher: frz. Münze im Wert von 5 Centimes)

Sou|b|ret|te [*ßu...*], *die;* -, -n (Sängerin heiterer Sopranpartien in Oper u. Operette)

Souf|f|lé, (auch:) Souff|lee [*ßufle*], *das;* -s, -s (Kochk.: Eierauflauf); **Souf|f|leu|se** [*ßuflös*^e^], *die;* -, -n; **souf|f|lie|ren** (flüsternd vorsagen)

Soul [*ßo*^u^*l*], *der;* -s (Jazz od. Popmusik mit starker Betonung des Expressiven)

Sound [*ßaund*], *der;* -s, -s (Musik: Klang[wirkung])

so|und|so (ugs. für: unbestimmt wie); soundso viel; [der] Herr Soundso

Sou|per [*ßupe*], *das;* -s, -s (festliches Abendessen); **sou|pie|ren**

Sou|ta|ne [*su...*], *die;* -, -n (Gewand der kath. Geistlichen)

Sou|ter|rain [*suteräng*, auch: *su...*], *das;* -s, -s (Kellergeschoss)

Sou|ve|nir [*suw*^e^*...*], *das;* -s, -s ([kleines Geschenk als] Andenken, Erinnerungsstück)

sou|ve|rän [*suw*^e^*...*] (unumschränkt; selbstständig; überlegen); **Sou|ve|rä|ni|tät,** *die;* -

so wahr; so wahr mir Gott helfe

so was (ugs. für: so etwas)

so|weit; *Bindew.:* - ich es beurteilen kann, wird ...

so|we|nig; *Bindew.:* - ich einsehen kann, dass ...

[1]**so|wie** (sobald); [2]**so|wie** (und, und auch)

so|wie|so

so|w|je|tisch

so|wohl; *Bindew.:* - sie als [auch] od. wie [auch] er

so|zi|al (die Gesellschaft, die Gemeinschaft betreffend, gesellschaftlich; gemeinnützig, wohltätig); **So|zi|al‿ab|ga|ben** *(die; Mehrz.),* **...ar|beit, ...de|mo|krat** (*der;* -en, -en; Mitglied [od. Anhänger] einer sozialdemokratischen Partei), **...de|mo|kra|tin; so|zi|al|de|mo|kra|tisch;** die Sozialdemokratische Partei Deutschlands (Abk.: SPD); **So|zi|al‿ge|richt, ...hil|fe; So|zi|a|li|sa|ti|on** [*...zion*], *die;* - (Prozess der Einordnung des Individuums in die Gesellschaft); **so|zi|a|li|sie|ren** (vergesellschaften, verstaatlichen); **So|zi|a|li|sie|rung** (Verstaatlichung, Vergesellschaftung der Privatwirtschaft); **So|zi|a|list,** *der;* -en, -en; **So|zi|a|lis|tin; so|zi|a|lis|tisch; So|zi|al‿part|ner, ...po|li|tik, ...pres|ti|ge, ...staat** (*Mehrz.* ...staaten), **...ver|si|che|rung; So|zi|o|lo|gie,** *die;* - (Gesellschaftslehre, -wissenschaft); **so|zi|o|lo|gisch; So|zi|us,** *der;* -, -se (auch: ...zii; Wirtsch.: Teilhaber; Beifahrer[sitz]); **So|zi|us|sitz** (Rücksitz auf dem Motorrad)

so|zu|sa|gen (gewissermaßen)

Spach|tel, *der;* -s, - od. *die;* -, -n; **spach|teln** (ugs. auch für: tüchtig essen)

Spa|gat, *der* od. *das;* -[e]s, -e (Turnen, Ballett: Figur, bei der die gespreizten Beine eine Gerade bilden)

Spa|ghet|ti [auch: *sp...*], (auch:) Spa|get|ti, *die (Mehrz.)*

spä|hen; Spä|her

Spa|lier, *das;* -s, -e (Gitterwand; Doppelreihe von Personen als Ehrengasse); **Spa|lier|obst**

Spalt, *der;* -[e]s, -e; **spalt|breit; Spalt|breit,** *der;* -; die Tür einen - öffnen; **Spal|te,** *die;* -, -n; **spal|ten;** gespalten u. gespaltet; **spal|ten|lang**

Span, *der;* -[e]s, Späne

Span|fer|kel

Span|ge, *die;* -, -n

spa|nisch; das kommt mir - (ugs. für: seltsam) vor

Spann, *der;* -[e]s, -e (Rist des menschlichen Fußes); **Spann|be|ton; Span|ne,** *die;* -, -n (altes Längenmaß); **span|nen; span|nend; Span|ner** (ugs. auch für: Voyeur); **Spann|kraft,** *die;* -; **Span|nung**

Span|plat|te (Bauw.)

Spar‿buch, ...büch|se; spa|ren; Spa|rer; Spar|flam|me

Spar|gel, *der;* -s, - (eine Gemüse[pflanze])

Spar‿gro|schen, ...kas|se, ...kon|to; spär|lich

Spar|ren, *der;* -s, -

Spar|ring, *das;* -s (Boxtraining)

spar|sam; Spar|sam|keit, *die;* -

spar|ta|nisch; -e (strenge) Zucht

Spar|te, *die;* -, -n (Abteilung, Fach, Gebiet; Geschäfts-, Wissenszweig; Zeitungsspalte)

Spaß, *der;* -es, Späße; **Späßchen; spaßen; spaßeshalber; spaßhaft; spaßig; Spaß‿macher, ...vogel** (scherzh.)
spastisch
spät; spätabends
Spaten, *der;* -s, -
später; spätestens; Spät‿herbst, ...lese, ...nachmittag (eines -s, aber: eines späten Nachmittags); **spätnachmittags; Spät‿vorstellung, ...werk**
Spatz, *der;* -en (auch: -es), -en; **Spätzchen; Spätzle,** *die* (*Mehrz.;* schwäb. Mehlspeise)
spazieren; spazieren fahren, gehen; **Spazier‿fahrt, ...gang** *(der);* **Spaziergänger; Spazierstock** (*Mehrz.* ...stöcke)
SPD = Sozialdemokratische Partei Deutschlands
Specht, *der;* -[e]s, -e
Speck, *der;* -[e]s, -e; **speckig; Speck‿schwarte, ...seite**
Spediteur [*...tör*], *der;* -s, -e (Transportunternehmer); **Spedition** [*...zion*], *die;* -, -en (Transportunternehmen; Versand[abteilung]); **Speditionsfirma**
Speer, *der;* -[e]s, -e; **Speerwerfen,** *das;* -s
Speiche, *die;* -, -n
Speichel, *der;* -s; **Speicheldrüse; speicheln**
Speicher, *der;* -s, -; **speichern; Speicherung**
speien; spie, gespie[e]n
Speise, *die;* -, -n (auch für: Mörtel); Speis und Trank; **Speise‿brei, ...eis, ...kammer, ...karte; speisen; Speisenkarte; Speise‿röhre, ...wagen** (bei der Eisenbahn)
speiübel (ugs.)
[1]**Spektakel,** *der;* -s, - (ugs. für: Krach, Lärm); [2]**Spektakel,** *das;* -s, - (veralt. für: Schauspiel); **spektakulär** (Aufsehen erregend)
Spektrum, *das;* -s, ...tren u. ...tra (durch Lichtzerlegung entstehendes farbiges Band)
Spekulant, *der;* -en, -en (jmd., der spekuliert); **Spekulation** [*...zion*], *die;* -, -en (auf Mutmaßungen beruhende Erwartung; auf Gewinne aus Preisveränderungen abzielende Geschäftstätigkeit)
Spekulatius, *der;* -, - (ein Gebäck)
spekulieren (Spekulationsgeschäfte machen; mit etwas rechnen)
Spelunke, *die;* -, -n (verrufene Kneipe)
Spelze, *die;* -, -n (Teil des Gräserblütenstandes); **spelzig**
spendabel (ugs. für: freigebig); **Spende,** *die;* -, -n; **spenden; Spender; spendieren** (freigebig für jmdn. bezahlen); **Spendierhose;** nur in: die -n anhaben (ugs. für: freigebig sein)
Spengler (bes. südd., österr., schweiz. für: Klempner)
Spenzer, *der;* -s, - (kurzes, eng anliegendes Jäckchen)
Sperenzchen, Sperenzien [*...i^e^n*], *die* (*Mehrz.;* ugs. für: Umstände, Schwierigkeiten); [keine] - machen
Sperling, *der;* -s, -e
Sperma, *das;* -s, ...men u. -ta (Biol.: m. Samenzellen enthaltende Flüssigkeit)
sperrangelweit (ugs.); **Sperre,** *die;* -, -n; **sperren** (südd., österr. auch für: schließen); sich -; **Sperrholz; sperrig; Sperr‿müll, ...sitz, ...stunde**
Spesen, *die* (*Mehrz.;* [Un]kosten; Auslagen); **spesenfrei**
spezialisieren (gliedern, sondern, einzeln anführen, unterscheiden); sich - (sich [beruflich] auf ein Teilgebiet beschränken); **Spezialisierung; Spezialist,** *der;* -en, -en (Facharbeiter, Fachmann; bes. Facharzt); **Spezialität,** *die;* -, -en (Besonderheit; Fachgebiet; Liebhaberei); **Spezialslalom** (eine Wettbewerbsart im alpinen Skisport); **speziell** (besonders; eigens; hauptsächlich); **Spezies** [*...iäß*], *die;* -, - (besondere Art einer Gattung, Tier- od. Pflanzenart); **Spezifikation** [*...zion*], *die;* -, -en (Einzelaufzählung); **spezifisch** ([art]eigen; kennzeichnend, eigentümlich); **spezifizieren** (einzeln aufführen; zergliedern); **Spezifizierung**
Sphäre, *die;* -, -n ([Gesichts-, Wirkungs]kreis; [Macht]bereich)
Sphinx, *die;* - (geflügelter Löwe mit Frauenkopf in der gr. Sage; Sinnbild des Rätselhaften)
spicken (Kochk.: Fleisch zum Braten mit Speckstreifen durchziehen)
Spickzettel (Schülerspr.: ein zum Abschreiben vorbereiteter Zettel)
Spiegel, *der;* -s, -; **Spiegelbild; spiegelbildlich; Spiegelei; spiegelglatt; spiegeln**
Spiel, *das;* -[e]s, -e; **Spiel‿automat, ...ball, ...bein** (Sportspr., bild. Kunst; Ggs. Standbein); **spielen; Spieler; Spielerei; spielerisch** (ohne Anstrengung); **Spiel‿feld, ...film, ...kamerad, ...kasino, ...leiter** *(der),* **...platz, ...regel, ...sachen** *(die; Mehrz.),* **...uhr, ...verderber, ...waren** *(die; Mehrz.),* **...zeug, ...zimmer**
Spieß, *der;* -es, -e (auch Soldatenspr.: Kompaniefeldwebel); **Spießbürger** (abwertend für: engstirniger Mensch); **spießen; Spießer** (ugs. abwertend); **Spießgeselle** (Mittäter); **spießig** (ugs. abwertend); **Spießrutenlaufen**
Spikes [*ßpaikß*], *die* (*Mehrz.;* Rennschuhe; Autoreifen mit

Spezialstiften); **Spike[s]|reifen**
spi|nal (Med.: die Wirbelsäule, das Rückenmark betreffend); -e Kinderlähmung
Spi|nat, *der;* -[e]s, -e (ein Gemüse)
Spind, *der* u. *das;* -[e]s, -e (einfacher, schmaler [Kleider]schrank)
Spin|del, *die;* -, -n
Spi|nett, *das;* -[e]s, -e (kleines Cembalo)
Spin|ne, *die;* -, -n; **spin|nefeind** (ugs.); jmdm. - sein; **spin|nen;** spann, gesponnen; **Spin|nen‿ge|we|be, ...netz; Spin|ner; Spin|nerin; Spinn‿rad, ...we|be** (*die;* -, -n; landsch.)
spin|ti|sie|ren (ugs. für: grübeln)
Spi|on, *der;* -s, -e (auch für: Spiegel außen am Fenster; Beobachtungsglas in der Tür); **Spi|o|na|ge** [...*asche*], *die;* - (Auskundschaftung von wirtschaftl., polit. u. milit. Geheimnissen, Späh[er]dienst); **Spi|o|nage‿ab|wehr, ...netz; spi|onie|ren; Spi|o|nin**
Spi|ra|le, *die;* -, -n; **Spi|ral|feder; spi|ra|lig** (schrauben-, schneckenförmig)
Spi|ri|tis|mus, *der;* - (Glaube an vermeintl. Erscheinungen von Seelen Verstorbener); **spi|ri|tis|tisch; Spi|ritu|al** [*ßpiritjuel*] (kurz für: Negrospiritual); **Spi|ri|tu|osen,** *die* (*Mehrz.;* alkohol. Getränke); **Spi|ri|tus** [*schp...*], *der;* -, (Sorten:) -se (Weingeist, Alkohol); **Spi|ritus|ko|cher** [*schp...*]
Spi|tal, *das,* (auch:) *der;* -s, ...täler (landsch., bes. schweiz. für: Krankenhaus)
spitz; spitz|be|kom|men svw. spitzkriegen; **Spitz|bu|be; spitz|bü|bisch; spit|ze;** vgl. klasse; **Spit|ze,** *die;* -, -n; **Spit|zel,** *der;* -s, - (Aushorcher, Spion); **spit|zeln; spitzen; Spit|zen‿er|zeug|nis, ...ge|schwin|dig|keit, ...klas|se, ...leis|tung, ...sport|ler, ...tanz; spitzfin|dig; Spitz‿fin|dig|keit, ...ha|cke; spitz|krie|gen** (ugs. für: merken, durchschauen); **Spitz|na|me; spitz|wink|lig**
Spleen [*schplin,* seltener *ßplin*], *der;* -s, -e u. -s (Schrulle; Marotte); **spleenig**
splei|ßen, spliss, gesplissen (landsch. für: fein spalten; Seemannsspr.: Tauenden miteinander verflechten)
Splitt, *der;* -[e]s, -e (zerkleinertes Gestein für den Straßenbau; nordd. für: Span, Schindel); **Split|ter,** *der;* -s, -; **Split|ter|grup|pe; split|terig; split|tern; split|ternackt** (ugs.); **Split|ter|partei**
Spö|ken|kie|ker (nordd. für: Geisterseher, Hellseher)
spon|tan (von selbst; von innen heraus, freiwillig, aus eigenem plötzl. Antrieb); **Spon|ta|ne|i|tät** [...*ne-i*...], seltener: **Spon|ta|ni|tät,** *die;* -, -en
spo|ra|disch (vereinzelt [vorkommend], zerstreut)
Spo|re, *die;* -, -n (ungeschlechtl. Fortpflanzungszelle bestimmter Pflanzen)
Sporn, *der;* -[e]s, Sporen (meist *Mehrz.;* Rädchen am Reitstiefel); **sporn|streichs** (unverzüglich)
Sport, *der;* -[e]s, (selten:) -e (auch für: Liebhaberei); **Sport‿art, ...feld, ...flugzeug, ...hemd; spor|tiv** (sportlich); **Sport|leh|rer; Sport|ler; Sport|le|rin; sport|lich; Sport‿me|di|zin, ...platz; Sports|mann** (*Mehrz.* ...leute, auch: ...männer); **Sport‿ver|ein, ...wa|gen**
Spot, *der;* -s, -s (kurzer Werbefilm, -text)
Spott, *der;* -[e]s; **spott|bil|lig** (ugs.); **Spöt|te|lei; spötteln; spot|ten; Spöt|ter; spöt|tisch; Spott‿lust, ...preis**
Spra|che, *die;* -, -n; **Sprach‿feh|ler, ...gebrauch, ...la|bor, ...leh|re; sprach|lich; sprach|los; Sprach‿rohr, ...schatz, ...wis|sen|schaft**
Spray [*ßpre*[i]], *der* od. *das;* -s, -s (Flüssigkeitszerstäuber; in feinsten Tröpfchen versprühte Flüssigkeit); **spray|en**
Sprech‿an|la|ge, ...bla|se, ...chor *(der);* **spre|chen;** sprach, gesprochen; **Sprecher; spre|che|risch; Sprech‿er|zie|hung, ...kunde** (*die;* -), **...stun|de; Sprech|stun|den|hil|fe; Sprech‿wei|se** (*die;* -, -n), **...zim|mer**
sprei|zen; Spreiz|fuß
Spren|gel, *der;* -s, - (Amtsgebiet [eines Bischofs, Pfarrers])
spren|gen; Spreng‿kör|per, ...la|dung, ...satz, ...stoff; Spren|gung
Spren|kel, *der;* -s, - (Fleck, Punkt, Tupfen); **spren|keln**
Spreu, *die;* -
Sprich|wort (*Mehrz.* ...wörter); **sprich|wört|lich**
sprie|ßen (hervorwachsen); spross, gesprossen
Spring|brun|nen; sprin|gen; sprang, gesprungen; **Springer; Spring‿flut, ...form** (eine Kuchenform), **...seil** (ein Spiel- u. Gymnastikgerät)
Sprink|ler, *der;* -s, - (Berieselungsgerät); **Sprink|ler|anla|ge**
Sprint, *der;* -s, -s (Sportspr.: Kurzstreckenlauf); **sprinten; Sprin|ter,** *der;* -s, -; **Sprin|te|rin**
Sprit, *der;* -[e]s, -e (ugs. für: Treibstoff)
Sprit|ze, *die;* -, -n; **sprit|zen; Sprit|zer; Spritz|ge|ba|ckene,** *das;* -n; **sprit|zig; Spritz|tour** (ugs.)
spröd, sprö|de
Spross, *der;* -es, Sprosse u.

(Jägerspr.:) Sprossen; **Spros|se,** *die;* -, -n (Querholz der Leiter; Hautfleck; auch für: Spross [Geweihteil]); **spros|sen; Spros|sen|wand** (ein Turngerät); **Sprössling** (ugs. scherzh. für: unmittelbarer Nachkomme im Kindesalter)
Sprot|te, *die;* -, -n (ein Fisch)
Spruch, *der;* -[e]s, Sprüche; **Spruch|band,** *das* (*Mehrz.* ...bänder)
Spru|del, *der;* -s, -; **spru|deln**
Sprüh|do|se; sprü|hen; Sprüh‿fla|sche, ...re|gen
Sprung, *der;* -[e]s, Sprünge; **Sprung|bein; sprung|bereit; Sprung‿brett, ...feder; sprung|haft; Sprung‿lauf** (Skisport), **...schan|ze** (Skisport), **...tuch** (*Mehrz.* ...tücher), **...turm**
Spu|cke, *die;* - (ugs. für: Speichel); **spu|cken** (speien); **Spuck|napf**
Spuk, *der;* -[e]s, -e (Gespenst[ererscheinung]); **spu|ken** (gespensterhaftes Unwesen treiben); **Spuk|ge|schich|te**
Spül‿au|to|mat, ...be|cken
Spu|le, *die;* -, -n; **spu|len**
Spü|le, *die;* -, -n; **spü|len; Spül‿ma|schi|ne, ...mit|tel, ...stein** (landsch.), **...tisch; Spü|lung; Spül|was|ser** (*Mehrz.* ...wässer)
[1]**Spund,** *der;* -[e]s, Spünde u. -e (Fassverschluss; Feder)
[2]**Spund,** *der;* -[e]s, -e (ugs. für: junger Kerl)
Spur, *die;* -, -en; **spür|bar; Spur|brei|te; spu|ren; spüren; Spür|hund; spur|los; Spür|na|se** (ugs. übertr.); **Spür|sinn,** *der;* -[e]s
Spurt, *der;* -[e]s, -s u. (selten:) -e (schneller Lauf); **spur|ten**
Spur|wei|te
spu|ten, sich (sich beeilen)
Squaw [*ßkwå*], *die;* -, -s (nordamerik. Indianerfrau)
[1]**Staat,** *der;* -[e]s, -en; Staaten bildende Insekten; [2]**Staat,** *der;* -[e]s (ugs. für: Prunk); **Staa|ten bil|dend;** vgl. [1]Staat; **staa|ten|los; staatlich; Staats‿akt, ...ak|ti|on, ...an|ge|hö|rig|keit, ...anwalt, ...be|gräb|nis, ...besuch, ...bür|ger, ...dienst, ...e|x|a|men, ...ge|heim|nis, ...gren|ze, ...kos|ten** *(die; Mehrz.),* **...mann** (*Mehrz.* ...männer); **staats|männisch; Staats‿o|ber|haupt, ...se|k|re|tär, ...streich**
Stab, *der;* -[e]s, Stäbe; **Stäbchen; Stab|hoch|sprung** (Sportspr.)
sta|bil (beständig, haltbar; kräftig, widerstandsfähig); **sta|bi|li|sie|ren** (stabil machen); **Sta|bi|li|sie|rung; Sta|bi|li|tät,** *die;* -
Stab|lam|pe; Stab|sich|tigkeit, *die;* - (Astigmatismus)
Sta|chel, *der;* -s, -n; **Stachel‿bee|re, ...draht, ...hals|band; sta|che|lig; sta|ch|lig; Sta|chelschwein; stach|lig,** sta|che-lig
Sta|di|on, *das;* -s, ...ien [*...ien*] (Kampfbahn, Sportfeld); **Sta|di|um,** *das;* -s, ...ien [*...ien*]
Stadt, *die;* -, Städte[1]; **stadtbe|kannt; Stadt‿be|völ|kerung, ...bild; Städt|chen**[1]; **Städ|te|bau**[1], *der;* -[e]s (Anlage u. Planung von Städten); **städ|te|bau|lich**[1]; **Städ|ter**[1]; **Stadt‿ge|spräch, ...gue|ril|la; städ|tisch**[1]; **Stadt‿kern, ...mau|er, ...plan, ...rand, ...rat** (*Mehrz.* ...räte), **...staat** (*Mehrz.* ...staaten), **...teil** *(der),* **...vä|ter** *(die; Mehrz.),* **...ver|ord|ne|te** (*der* u. *die;* -n, -n), **...ver|wal|tung, ...vier|tel, ...wer|ke** *(die; Mehrz.),* **...zen|t|rum**
Sta|fet|te, *die;* -, -n (Gruppe von Personen, die, etappenweise wechselnd, etwas schnell übermitteln; Sportspr.: veralt. für: Staffel)
Staf|fa|ge [*...asche*], *die;* - ([schmückendes] Beiwerk; bild. Kunst: Belebung eines Bildes durch Figuren)
Staf|fel, *die;* -, -n; 4×100-m-Staffel od. 4-mal-100-Meter-Staffel; **Staf|fe|lei; staf|feln**
Sta|g|na|ti|on [*...zion*], *die;* -, -en (Stockung, Stillstand); **sta|g|nie|ren**
Stahl, *der;* -[e]s, Stähle u. (selten:) Stahle; **stäh|len; stählern** (aus Stahl); **stahl‿grau, ...hart; Stahl‿helm, ...ross** (scherzh. für: Fahrrad)
stak|sen (ugs. für: mit steifen Beinen gehen)
Sta|lag|mit, *der;* -s u. -en, -e[n] (Tropfstein vom Boden her, Auftropfstein); **Sta|lak|tit,** *der;* -s u. -en, -e[n] (Tropfstein an Decken, Abtropfstein)
Sta|li|nis|mus, *der;* -; **sta|li|nis|tisch**
Stall, *der;* -[e]s, Ställe; **Stall|la|ter|ne,** (auch:) **Stall-La|ter|ne; Ställ|chen; Stallung**
Stamm, *der;* -[e]s, Stämme; **Stamm‿baum, ...buch**
stam|meln
stam|men; Stamm‿form (Sprachw.: Form des Zeitwortes, von der alle anderen Beugungsformen abgeleitet werden können), **...gast** (*Mehrz.* ...gäste); **Stammhal|ter** (scherzh.); **stämmig; Stamm‿knei|pe** (ugs.), **...kun|de** *(der),* **...kundschaft, ...lo|kal, ...platz, ...tisch**
stamp|fen; Stamp|fer; Stampf|kar|tof|feln, *die* (*Mehrz.;* landsch. für: Kartoffelbrei)
Stan|dard, *der;* -s, -s (Maßstab, Richtschnur, Norm; Qualitäts- od. Leistungsniveau); **Stan|dard|aus|rüstung; stan|dar|di|sie|ren** (normen); **Stan|dard‿sprache** (Sprachw.: gesprochene u. geschriebene Form der Hochsprache), **...werk** (mustergültiges Sach- od. Fachbuch)

[1] Auch: *schtä...*

Stan|dar|te, *die;* -, -n (kleine [quadrat.] Fahne [als Hoheitszeichen]; Jägerspr.: Schwanz des Fuchses u. des Wolfes)
Stand‿bein (Sportspr., bild. Kunst; Ggs.: Spielbein), **...bild; Ständ|chen; Stander,** *der;* -s, - (Dienstflagge am Auto; Seemannsspr.: kurze, dreieckige Flagge); **Stän|der,** *der;* -s, -; **Standes‿amt, ...be|am|te; standes|be|wusst; Standes‿be|wusst|sein, ...dünkel; stan|des|ge|mäß; Stan|des|un|ter|schied; stand|fest; Stand‿fes|tigkeit** (*die;* -), **...ge|richt** (Milit.); **stand|haft; Standhaf|tig|keit,** *die;* -; **standhal|ten; stän|dig** (dauernd)
Stan|ding|o|va|tions, (auch:) **Stan|ding O|va|tions** [*ßtändingowe^i-sch^ens*], *die* (*Mehrz.;* Ovationen im Stehen)
stän|disch (die Stände betreffend; nach Ständen gegliedert); **Stand‿licht** (bei Kraftfahrzeugen), **...ort** (*der;* -[e]s, -e; Milit. auch für: Garnison), **...pau|ke** (ugs. für: Strafrede), **...punkt, ...recht** (Kriegsstrafrecht)
Stan|ge, *die;* -, -n; **Stän|gel,** *der;* -s, - (Teil der Pflanze); **stän|gel|los; Stan|gen‿bohne, ...holz, ...spar|gel**
Stän|ker; Stän|ke|rer; stänkern (ugs. abwertend für: für Ärger, Unruhe sorgen; Gestank verbreiten)
Stan|ni|ol, *das;* -s, -e (silberglänzende Zinnfolie; ugs. auch für: Aluminiumfolie); **Stan|ni|ol|pa|pier**
stan|te pe|de (ugs. für: sofort)
Stan|ze, *die;* -, -n (Ausschneidewerkzeug, -maschine für Bleche u. a.; Prägestempel); **stan|zen**
Sta|pel, *der;* -s, -; **Sta|pel|lauf; sta|peln**
Stap|fe, *die;* -, -n u. Stap|fen, *der;* -s, - (Fußspur); **stap|fen**
[1]**Star,** *der;* -[e]s, -e (Augenkrankheit); der graue, grüne Star
[2]**Star,** *der;* -s, -s (berühmte Persönlichkeit [beim Theater, Film]; ein Sportsegelboot)
[3]**Star,** *der;* -[e]s, -e (ein Singvogel)
stark, stärker, stärkste; das -e (männliche) Geschlecht; stark sein; stark erhitzt; **Stär|ke,** *die;* -, -n; **stär|ken; Stark|strom,** *der;* -[e]s; **Stär|kung**
Star|let[t] [*ßta^rlät*], *das;* -s, -s (Nachwuchsfilmschauspielerin)
starr; Star|re, *die;* -; **star|ren;** von od. vor Schmutz -; **Starr|heit,** *die;* -; **Starr|kopf** (abwertend für: eigensinniger Mensch); **starr|köp|fig; Starr‿krampf** (*der;* -[e]s; kurz für: Wundstarrkrampf), **...sinn** (*der;* -[e]s); **starr|sin|nig**
Start, *der;* -[e]s, -s u. (selten:) -e; **start|be|reit; star|ten; Star|ter** (Sportspr.: Person, die das Zeichen zum Start gibt; jmd., der startet; Anlasser eines Motors)
State|ment [*ßte^itm^ent*], *das;* -s, -s (öffentliche Erklärung)
Sta|tik, *die;* - (Lehre von den Kräften im Gleichgewicht)
Sta|ti|on [*...zion*], *die;* -, -en; **sta|ti|o|när** (an einen festen Standort gebunden; unverändert; die Behandlung, den Aufenthalt in einem Krankenhaus betreffend)
sta|tisch (die Statik betreffend; stillstehend, ruhend)
Sta|tist, *der;* -en, -en (Theater u. übertr. für: stumme Person; Nebenfigur); **Sta|tistik,** *die;* -, -en ([vergleichende] zahlenmäßige Erfassung von Massenerscheinungen); **sta|tis|tisch** (zahlenmäßig); **Sta|tiv,** *das;* -s, -e [*...w^e*] (Ständer [für Apparate])
[1]**statt,** an|statt; *Verhältnisw.* mit *Wesf.:* - meiner; - eines Briefes kam ein Anruf;
[2]**statt;** an meiner statt; an Eides, an Kindes statt; **statt|des|sen;** der Kanzler konnte nicht kommen, stattdessen schickte er einen Minister; **Stät|te,** *die;* -, -n; **statt|fin|den;** fand statt, stattgefunden; **stattge|ben;** gab statt, stattgegeben; **statt|ha|ben;** hatte statt, stattgehabt (geh. für: stattfinden); **statt|haft; Statt|hal|ter** (früher für: Stellvertreter)
statt|lich (ansehnlich)
Sta|tue [*...u^e*], *die;* -, -n (Standbild); **sta|tu|ie|ren** (aufstellen; festsetzen; bestimmen); ein Exempel - (ein warnendes Beispiel geben); **Sta|tur,** *die;* -, -en (Gestalt; Wuchs); **Sta|tus,** *der;* -, - [*...tus*] (Zustand, Stand; Lage, Stellung); **Status quo,** *der;* - - (gegenwärtiger Zustand); **Sta|tussym|bol; Sta|tut,** *das;* -[e]s, -en (Satzung, [Grund]gesetz)
Stau, *der;* -[e]s, -s (auch: -e)
Staub, *der;* -[e]s, (Technik:) -e u. Stäube; **staub|be|deckt; stau|ben;** es staubt; **stäuben** (zerstieben); **Staub|gefäß** (Bot.); **stau|big; Staub‿lun|ge, ...man|tel** (leichter Popelinmantel); **staub|sau|gen;** staubsaugte, staubgesaugt; oder: **Staub sau|gen;** saugte Staub, Staub gesaugt; **Staub‿sau|ger, ...tuch** (*Mehrz.* ...tücher), **...we|del, ...wol|ke, ...zu|cker**
stau|chen (gegen etw. stoßen [u. dadurch verbiegen o. Ä.]; ugs. für: heftig zurechtweisen)
Stau|damm
Stau|de, *die;* -, -n
stau|en (fließendes Wasser hemmen; Ladung auf Schiffen unterbringen); das Wasser staut sich
stau|nen; Stau|nen, *das;* -s;

Stau|nen er|re|gend, (auch:) **stau|nen|er|re|gend**
Stau|pe, *die;* -, -n (eine Hundekrankheit)
Stau|see, *der;* **Stau|ung**
Steak [*ßtek*], *das;* -s, -s (gebratene Fleischschnitte)
Ste|a|rin, *das;* -s, -e (Rohstoff für Kerzen)
ste|chen; stach, gestochen; **Ste|chen,** *das;* -s, - (Sportspr.); **Stech‿flie|ge, ...kar|te** (Karte für die Stechuhr), **...mü|cke, ...pal|me, ...uhr** (eine Kontrolluhr)
Steck|brief; steck|brief|lich; jmdn. - suchen; **Steck|do|se;** [1]**ste|cken;** steckte (geh.: stak), gesteckt (sich irgendwo befinden, dort festsitzen); stecken bleiben; der Nagel ist stecken geblieben; er ist während des Vortrags stecken geblieben; stecken lassen; sie hat den Schlüssel stecken lassen, (seltener:) stecken gelassen; [2]**ste|cken;** steckte, gesteckt (etwas in etwas hineinbringen; etwas festheften); **Ste|cken,** *der;* -s, - (Stock); **ste|cken blei|ben, ste|cken las|sen; Ste|cken|pferd; Ste|cker** (elektrischer Anschlussteil); **Steck‿kis|sen, ...kon|takt; Steck|ling** (abgeschnittener Pflanzenteil, der neue Wurzeln bildet); **Steck|na|del**
Steg, *der;* -[e]s, -e
Steg|reif; aus dem - (unvorbereitet); **Steg|reif|ko|mö|die**
Steh|auf|männ|chen; Steh|bier|hal|le; ste|hen; stand, gestanden; zu Diensten, zu Gebote, zur Verfügung -; das wird dich (auch: dir) teuer zu - kommen; auf jmdn., etwas - (ugs. für: für jmdn., etwas eine besondere Vorliebe haben); sie ist einfach dort stehen geblieben, aber: die Uhr ist stehen geblieben; sie hat die Suppe stehen lassen (nicht aufgegessen); er hat seinen Schirm im Büro stehen lassen, (seltener:) stehen gelassen (hat ihn dort vergessen); **ste|hen blei|ben;** vgl. stehen; **ste|hend;** -en Fußes; das -e Heer (Ggs.: Miliz); alles in meiner Macht Stehende; **ste|hen las|sen;** vgl. stehen; **Steh‿gei|ger, ...kon|vent** (scherzh.: mehrere Personen, die sich stehend unterhalten), **...kra|gen, ...lam|pe**
steh|len; stahl, gestohlen
Steh‿platz, ...ver|mö|gen
steif; die Ohren steif halten (sich nicht entmutigen lassen); **Stei|fe,** *die;* -, -n (Steifheit; Stütze); **stei|fen; steif hal|ten;** vgl. steif
Steig, *der;* -[e]s, -e (steiler, schmaler Weg); **Steig|bü|gel; Stei|ge,** *die;* -, -n (steile Fahrstraße; Lattenkiste); **stei|gen;** stieg, gestiegen; **stei|gern;** sich -; **Stei|ge|rung** (auch für: Komparation); **Stei|gung**
steil; Steil‿hang, ...küs|te
Stein, *der;* -[e]s, -e; **Stein|ad|ler; stein|alt** (sehr alt); **Stein‿bock, ...brech** (*der;* -[e]s, -e; eine Pflanze), **...bruch** *(der)*, **...butt** (*der;* -[e]s, -e; ein Fisch); **stei|nern** ([wie] aus Stein); **Stein|gut,** *das;* -[e]s, -e; **stei|nig; stei|ni|gen; Stei|ni|gung; Stein‿koh|le, ...metz** (*der;* -en, -en), **...pilz; stein|reich; Stein‿wurf, ...zeit** (*die;* -)
Steiß, *der;* -es, -e; **Steiß|bein**
Stel|la|ge [*schtälasche*], *die;* -, -n (Gestell, Ständer)
Stell|dich|ein, *das;* -[s], -[s] (veraltend für: Verabredung); **Stel|le,** *die;* -, -n; anstelle, (auch:) an Stelle der Mutter, von Worten; zur Stelle sein; an erster Stelle; **stel|len; Stel|len‿an|ge|bot, ...ge|such; stel|len|wei|se; Stel|len|wert; Stel|lung;** - nehmen; **Stel|lung|nah|me,** *die;* -; **Stel|lungs|be|fehl** (Milit.); **stel|lungs|los; stell|ver|tre|tend;** der -e Vorsitzende; **Stell‿ver|tre|ter, ...ver|tre|te|rin, ...ver|tre|tung, ...werk**
Stelz|bein (ugs.); **Stel|ze,** *die;* -, -n; -n laufen; **stel|zen**
Stemm|ei|sen; stem|men; sich gegen etwas -
Stem|pel, *der;* -s, -; **Stem|pel‿geld** (ugs. für: Arbeitslosenunterstützung), **...kis|sen; stem|peln;** - gehen (ugs. für: Arbeitslosenunterstützung beziehen)
Sten|gel usw. (alte Schreibung für:) Stängel usw.
Ste|no, *die;* - (ugs. Kurzf. für: Stenografie); **Ste|no|graf,** (auch:) Ste|no|graph, *der;* -en, -en; **Ste|no|gra|fie,** (auch:) Ste|no|gra|phie, *die;* -, ...ien (Kurzschrift); **ste|no|gra|fie|ren,** (auch:) ste|no|gra|phie|ren; **Ste|no|gramm,** *das;* -s, -e (Text in Stenografie); **Ste|no|gramm|block** (*Mehrz.* ...blocks u. ...blöcke); **Ste|no|graph, Ste|no|gra|phie;** vgl. Stenograf, Stenografie; **Ste|no|kon|to|ris|tin; Ste|no|ty|pis|tin** (Büroangestellte, die Kurzschrift u. Maschinenschreiben beherrscht)
Step (alte Schreibung für:) **Stepp,** *der;* -s, -s (ein Tanz)
Stepp|de|cke
Step|pe, *die;* -, -n (baumlose, wasserarme Ebene)
[1]**step|pen** (Stofflagen zusammennähen)
[2]**step|pen** (Stepp tanzen); **Step|per** (Stepptänzer); **Step|pe|rin**
Stepp|ke, *der;* -[s], -s (ugs., bes. berlin. für: kleiner Junge)
Stepp|tanz
Ster|be‿bett, ...fall *(der)*, **...geld, ...kas|se; ster|ben;** starb, gestorben; **Ster|ben,** *das;* -s; im - liegen; zum - langweilig (ugs. für: sehr langweilig); **ster|bens|krank; Ster|bens|wort, Ster|bens|wört|chen** (ugs.);

nur in: kein - [sagen]; **Ster|be‿sa|k|ra|ment, ...stun|de, ...ur|kun|de, ...zim|mer; sterb|lich; Sterb|li|che,** *der* u. *die;* -n, -n; **Sterb|lich|keit,** *die;* -; **Sterb|lich|keits|zif|fer**

Ste|reo, *das;* -s, -s (kurz für: Stereotypplatte u. Stereophonie); **Ste|re|o|an|la|ge** (Anlage für den stereophonen Empfang); **ste|re|o|fon, Ste|re|o|fo|nie** usw.; vgl. stereophon, Stereophonie usw.; **ste|re|o|phon,** (auch:) ste|re|o|fon; **Ste|re|o|pho|nie,** (auch:) Ste|re|o|fo|nie, *die;* - (Technik der räuml. wirkenden Tonübertragung); **ste|re|o|pho|nisch,** (auch:) ste|re|o|fo|nisch; **Ste|re|o|plat|te** (stereophonische Schallplatte); **Ste|re|o|s|kop,** *das;* -s, -e (Vorrichtung, durch die man Bilder plastisch sieht); **ste|re|o|typ** ([fest]stehend, unveränderlich; ständig [wiederkehrend], leer, abgedroschen)

ste|ril (unfruchtbar; keimfrei); **Ste|ri|li|sa|ti|on** [*...zion*], *die;* -, -en (Unfruchtbarmachung; Entkeimung); **ste|ri|li|sie|ren** (haltbar machen [von Nahrungsmitteln]; zeugungsunfähig machen); **Ste|ri|li|sie|rung; Ste|ri|li|tät,** *die;* - (Unfruchtbarkeit; Keimfreiheit)

Ster|ling [*ßtär...,* od. *ßtö*^{r}*...,* auch: *schtär...*], *der;* -s, -e (brit. Währungseinheit); Pfund - (Zeichen u. Abk.: £, £Stg); 2 Pfund -

Stern, *der;* -[e]s, -e (Himmelskörper); **Stern‿bild, ...deu|tung; Ster|nen‿ban|ner, ...zelt** (*das;* -[e]s; geh.); **Stern|fahrt** (Rallye); **stern|för|mig; stern|ha|gel|voll** (ugs. für: sehr betrunken); **stern|hell; Stern|him|mel; stern|klar; Stern|kun|de,** *die;* -; **Stern|schnup|pe; Stern|sin|gen,** *das;* -s (Volksbrauch zur Dreikönigszeit); **Stern|sin|ger; Stern|stun|de** (glückliche Schicksalsstunde)

stet (veralt.); -e Vorsicht

Ste|tho|s|kop, *das;* -s, -e (Med.: Hörrohr)

ste|tig; Ste|tig|keit, *die;* -; **stets**

[1]Steu|er, *das;* -s, - (Lenkvorrichtung)

[2]Steu|er, *die;* -, -n (Abgabe); direkte, indirekte -; **Steu|er‿be|ra|ter, ...be|scheid**

Steu|er|bord (*das;* -[e]s, -e; rechte Schiffsseite)

Steu|er|er|klä|rung; steu|er|frei; Steu|er‿gel|der *(die; Mehrz.),* **...hin|ter|zie|hung, ...klas|se**

Steu|er|knüp|pel

steu|er|lich

Steu|er|mann (*Mehrz.* ...männer und ...leute); **steu|ern**

steu|er|pflich|tig; Steu|er|prü|fer

Steu|er‿rad, ...ru|der; Steu|e|rung

Steu|er|zah|ler

Ste|ven [*...w*^{e}*n*], *der;* -s, - (das Schiff vorn u. hinten begrenzender Balken)

Ste|ward [*ßtju*^{e}*rt*], *der;* -s, -s (Betreuer an Bord von Flugzeugen, Schiffen u. a.); **Ste|war|dess** [*ßtju*^{e}*rdäß,* auch: *...däß*], *die;* -, -en

sti|bit|zen (ugs. für: entwenden; sich listig aneignen)

Stich, *der;* -[e]s, -e; im - lassen; **Sti|chel,** *der;* -s, - (ein Werkzeug); **sti|cheln** (auch für: boshafte Anspielungen machen); **stich|fest;** hieb- und stichfest; **Stich|flam|me; stich|hal|tig; Stich|hal|tig|keit,** *die;* -; **Stich|ling** (ein Fisch); **Stich‿pro|be, ...waf|fe, ...wahl, ...wort** (*Mehrz.:* ...wörter: für Wort, das in einem Nachschlagewerk behandelt wird; *Mehrz.:* ...worte: Einsatzwort für den Schauspieler; kurze Aufzeichnung aus einzelnen wichtigen Wörtern)

sti|cken; Sti|cke|rei

sti|ckig; Stick|stoff, *der;* -[e]s (chem. Element, Gas; Zeichen: N)

stie|ben; stob (auch: stiebte), gestoben (auch: gestiebt)

Stie|fel, *der;* -s, - (Fußbekleidung; Trinkglas in Stiefelform); **stie|feln** (ugs. für: gehen, stapfen)

Stief‿kind, ...mut|ter (*Mehrz.* ...mütter), **...müt|ter|chen** (eine Zierpflanze); **stief|müt|ter|lich; Stief|va|ter**

Stie|ge, *die;* -, -n (Treppe; Verschlag, Kiste; Zählmaß [20 Stück])

Stieg|litz, *der;* -es, -e (Distelfink)

Stiel, *der;* -[e]s, -e (Griff; Stängel); mit Stumpf und -; **Stiel|au|ge** (ugs. scherzh. in: -n machen)

stier (starr)

Stier, *der;* -[e]s, -e

stie|ren (starr blicken)

Stier|kampf

[1]Stift, *der;* -[e]s, -e (Bleistift; Nagel)

[2]Stift, *der;* -[e]s, -e (ugs. für: jüngster Lehrling)

[3]Stift, *das;* -[e]s, -e u. (seltener:) -er (fromme Stiftung; veralt. für: Altersheim); **[1]stif|ten**

[2]stif|ten; nur in: stiften gehen (ugs. für: [heimlich] ausreißen, fliehen)

Stif|ter; Stif|tung

Stig|ma, *das;* -s, ...men u. -ta ([Wund-, Brand]mal); **stig|ma|ti|sie|ren**

Stil, *der;* -[e]s, -e (Einheit der Ausdrucksformen [eines Kunstwerkes, eines Menschen, einer Zeit]; Darstellungsweise, Art [Bau-, Schreibart usw.]); **Stil|ge|fühl,** *das;* -[e]s; **stil|ge|recht; sti|li|sie|ren** (nur in den wesentlichen Grundstrukturen darstellen); **Sti|list,** *der;* -en, -en (jmd., der guten Stil beherrscht); **sti|lis|tisch**

still; das stille Örtchen (ugs. scherzh. für: Toilette); im Stillen (unbemerkt); die

Stille Woche (Karwoche); -sein; still (ruhig) sitzen; die Lampe ganz still (ruhig) halten; **Stil|le,** *die;* -; **still|hal|ten** (alles geduldig ertragen); **Still|le|ben,** (auch:) **Still-Le|ben,** *das;* -s, - (Malerei: Darstellung von Gegenständen in künstl. Anordnung); **still|le|gen** (außer Betrieb setzen); die Fabrik wurde stillgelegt; **Still|le|gung,** (auch:) **Still-Le|gung; stil|len; still|lie|gen** (außer Betrieb sein)

stil|los

still|schwei|gen; er hat stillgeschwiegen; **still|schwei|gend; stillsit|zen** (nicht beschäftigt sein); aber: still (ruhig) sitzen; **Still|stand,** *der;* -[e]s; **still|ste|hen** (aufhören); sein Herz hat stillgestanden; **still|ver|gnügt**

Stil|mö|bel; stil‿voll, ...wid|rig

Stimm‿ab|ga|be, ...band (*das; Mehrz.* ...bänder); **stimm|be|rech|tigt; Stimm‿be|zirk, ...bruch** (*der;* -[e]s); **Stim|me,** *die;* -, -n; **stim|men; Stim|men|ge|wirr; Stimm‿ent|hal|tung, ...ga|bel; stimm|ge|wal|tig; stimm|haft** (weich auszusprechen); **stim|mig** ([überein]stimmend); **Stimm|la|ge; stimm|lich; stimm|los** (hart auszusprechen); **Stim|mung; Stim|mungs|bild; stim|mungs|voll; Stimm‿vieh** (abwertend), **...zet|tel**

Sti|mu|lans, *das;* -, ...lantia [...*lanzia*] u. ...lanzien [...*lanzi*^{e}*n*] (Med.: anregendes Mittel, Reizmittel); **sti|mu|lie|ren; Sti|mu|lie|rung** (Erregung, Anregung, Reizung)

Stink|bom|be; Stin|ke|fin|ger (ugs.; obszöne Geste); **stin|ken;** stank, gestunken; **stink|faul** (ugs.); **stin|kig; Stink‿tier, ...wut** (ugs. für: große Wut)

Sti|pen|di|at, *der;* -en, -en (jmd., der ein Stipendium erhält); **Sti|pen|di|a|tin; Sti|pen|di|um,** *das;* -s, ...ien [...*i*^{e}*n*] (Geldbeihilfe für Schüler, Studierende, Gelehrte)

stip|pen (ugs. für: tupfen, tunken); **Stipp|vi|si|te** (ugs. für: kurzer Besuch)

Stirn, *die;* -, ...nen u. (geh.) **Stir|ne,** *die;* -, -n

stö|bern (ugs. für: [wühlend] herumsuchen; Jägerspr.: aufjagen; flockenartig umherfliegen)

sto|chern

[1]**Stock,** *der;* -[e]s, Stöcke (Stab u. Ä.); [2]**Stock,** *der;* -[e]s, - u. Stockwerke (Stockwerk); **stock|dun|kel** (ugs. für: völlig dunkel); **stö|ckeln** (ugs. für: auf hohen Absätzen laufen); **Stö|ckel|schuh** (ugs.); **sto|cken** (nicht vorangehen; bayr. u. österr. auch für: gerinnen); ins Stocken geraten; gestockte Milch (bayr. u. österr. für: Dickmilch); **Stock‿ro|se** (eine Heil- u. Gewürzpflanze), **...schnup|fen; Sto|ckung; Stock|werk**

Stoff, *der;* -[e]s, -e

Stof|fel, *der;* -s, - (ugs. für: Tölpel)

stoff|lich (materiell); **Stoff|wech|sel**

stöh|nen

Sto|i|ker (Vertreter des Stoizismus); **sto|isch** (auch für: unerschütterlich, gleichmütig); **Sto|i|zis|mus,** *der;* - (Lehre der Stoiker; Unerschütterlichkeit, Gleichmut)

Sto|la, *die;* -, ...len (altröm. Ärmelgewand; gottesdienstl. Gewandstück des kath. Geistlichen; langer, schmaler Umhang)

Stol|le, *die;* -, -n od. [1]**Stol|len,** *der;* -s, - (Weihnachtsgebäck); [2]**Stol|len,** *der;* -s, - (Zapfen am Hufeisen, an [Fußball]schuhen; Bergmannsspr.: waagerechter Grubenbau)

stol|pern (straucheln)

stolz; Stolz, *der;* -es; **stol|zie|ren** (stolz einherschreiten)

stop! (halt! [auf Verkehrsschildern]; im Telegrafenverkehr für: Punkt)

stop|fen; Stop|fen, *der;* -s, - (landsch. für: Stöpsel, Korken); **Stopf|na|del**

stopp! (halt!); **Stopp,** *der;* -s, -s

Stop|pel, *die;* -, -n; **Stop|pel‿bart** (ugs.), **...feld; stop|peln**

stop|pen (anhalten; mit der Stoppuhr messen); **Stop|per** (Fußball: Mittelläufer); **Stopp|uhr**

Stöp|sel, *der;* -s, -; **stöp|seln**

Stör, *der;* -[e]s, -e (ein Fisch)

Stör|ak|ti|on

Storch, *der;* -[e]s, Störche; **Stör|chin; Storch|schna|bel** (eine Pflanze)

Store [*ßtor,* schweiz.: *schtor*^{e}], *der;* -s, -s (schweiz.: *die;* -, -n; durchscheinender Fenstervorhang)

stö|ren (hindern, belästigen); **Stö|ren|fried,** *der;* -[e]s, -e (abwertend); **Stör|ma|nö|ver**

stor|nie|ren (Kaufmannsspr.: Buchungsfehler berichtigen; rückgängig machen); **Stor|no,** *der* u. *das;* -s, ...ni (Berichtigung; Rückbuchung)

stör|risch

Stö|rung; stö|rungs|frei; Stö|rungs|stel|le (für Störungen im Fernsprechverkehr zuständige Abteilung)

Sto|ry [*ßtari*], *die;* -, -s ([Kurz]geschichte)

Stoß, *der;* -es, Stöße; **stoß|emp|find|lich; sto|ßen;** stieß, gestoßen; **stoß|fest; Stoß‿ge|bet, ...kraft** (*die;* -), **...seuf|zer, ...stan|ge, ...trupp** (Milit.), **...zeit** (Verkehrswesen)

Stot|te|rer; stot|tern; etwas auf Stottern (ugs. für: auf Raten) kaufen

Stöv|chen (nordd. für: Kohlenbecken; Wärmevorrichtung für Tee od. Kaffee)

stracks (geradeaus; sofort)
Stra|di|va|ri, *die;* -, -[s] (Stradivarigeige); **Stra|di|va|ri|gei|ge**
Straf‿an|stalt, ...an|zei|ge, ...ar|beit; straf|bar; Straf|be|fehl; Stra|fe, *die;* -, -n; **stra|fen; Straf|er|lass**
straff
straf|fäl|lig
straf|fen; sich - (sich recken); **Straff|heit**
straf|frei; Straf‿frei|heit (*die;* -), **...ge|fan|ge|ne, ...ge|setz|buch** (Abk.: StGB), **...kam|mer, ...ko|lo|nie; sträf|lich;** -er Leichtsinn; **Sträf|ling; Sträf|lings|klei|dung; straf|los; Straf‿man|dat, ...por|to, ...raum** (Sportspr.), **...re|gis|ter, ...stoß** (Sportspr.), **...tat, ...ver|fah|ren; straf|ver|set|zen;** nur in der Grundform u. im 2. Mittelwort gebr.; strafversetzt; **Straf‿ver|tei|di|ger, ...voll|zug, ...zet|tel**
Strahl, *der;* -[e]s, -en; **strah|len**
sträh|len (kämmen)
strah|lend; strah|len|för|mig
Sträh|ne, *die;* -, -n; **sträh|nig**
stramm; ein -er Junge; das Seil stramm ziehen, aber: jmdm. den Hosenboden strammziehen; **stramm|ste|hen;** stand stramm, strammgestanden; **stramm|zie|hen;** vgl. stramm
Stram|pel|hös|chen; stram|peln
Strand, *der;* -[e]s, Strände; **Strand|bad; stran|den; Strand‿gut, ...ha|fer, ...korb, ...krab|be**
Strang, *der;* -[e]s, Stränge
Stran|gu|la|ti|on [*...zion*], **stran|gu|lie|ren; Stran|gu|lie|rung,** *die;* -, -en (Erdrosselung; Med.: Abklemmung)
Stra|pa|ze, *die;* -, -n ([große] Anstrengung, Beschwerlichkeit); **stra|pa|zie|ren** (übermäßig anstrengen, in Anspruch nehmen; abnutzen); sich -; **stra|pa|zier|fä|hig; stra|pa|zi|ös** (anstrengend)
Strass, *der;* - u. -es, -e (Edelsteinimitation aus Glas)
straß|auf, straß|ab; Stra|ße; Stra|ßen‿bahn, ...bau (*der;* -[e]s), **...be|leuch|tung, ...e|cke, ...gra|ben, ...kreu|zer** (ugs. für: großer Pkw), **...kreu|zung, ...la|ter|ne, ...the|a|ter**
Stra|te|ge, *der;* -n, -n (jmd., der strategisch vorgeht); **Stra|te|gie,** *die;* -, ...ien (Kriegskunst); **stra|te|gisch**
Stra|to|s|phä|re, *die;* - (die Luftschicht in einer Höhe von etwa 12 bis 80 km)
sträu|ben; sich -; da hilft kein Sträuben
Strauch, *der;* -[e]s, Sträucher; **strauch|ar|tig; Strauch|dieb** (veralt.); **strau|cheln** (geh.)
[1]**Strauß,** *der;* -es, -e (ein Vogel)
[2]**Strauß,** *der;* -es, Sträuße (Blumenstrauß)
[3]**Strauß,** *der;* -[e]s, Sträuße (veraltend für: Auseinandersetzung)
Strau|ßen‿ei, ...farm, ...fe|der
Stre|be, *die;* -, -n (schräge Stütze); **stre|ben; Stre|be|pfei|ler; Stre|ber** (abwertend); **Stre|ber|tum,** *das;* -s (abwertend); **streb|sam**
Stre|cke, *die;* -, -n; zur - bringen (erlegen; [fangen u.] kampfunfähig machen); **stre|cken;** jmdn. zu Boden -; **Stre|cken|wär|ter; stre|cken|wei|se; Stre|ckung; Streck|ver|band**
Street|wor|ker [*stritwö^rk^e*], *der;* -s - (jmd., der in der Sozialarbeit für Drogenabhängige u. a. innerhalb ihres Wohnbereichs od. Milieus zuständig ist)
Streich, *der;* -[e]s, -e; **Strei|chel|ein|heit** (scherzh. für: liebevolle Zuwendung, Lob); **strei|cheln; strei|chen;** strich, gestrichen; **Strei|cher** (Spieler eines Streichinstrumentes); **Streich‿holz, ...in|s|t|ru|ment, ...kä|se, ...or|ches|ter, ...quar|tett; Strei|chung**
Streif|band, *das* (*Mehrz.* ...bänder; Postwesen); **Strei|fe,** *die;* -, -n (zur Kontrolle eingesetzte kleine Militär- od. Polizeieinheit, auch für: Fahrt, Gang einer solchen Einheit); **strei|fen; Strei|fen,** *der;* -s, -; **Strei|fen|wa|gen; strei|fig; Streif‿licht** (*Mehrz.* ...lichter), **...schuss, ...zug**
Streik, *der;* -[e]s, -s; **strei|ken; Strei|ken|de,** *der* u. *die;* -n, -n; **Streik‿pos|ten, ...recht**
Streit, *der;* -[e]s, -e; **Streit|axt; streit|bar; strei|ten;** stritt, gestritten; **Streit‿fall** *(der),* **...fra|ge; strei|tig;** die Sache ist -; jmdm. etwas - machen; **Strei|tig|kei|ten,** *die (Mehrz.);* **Streit‿kraft** *(die;* meist *Mehrz.),* **...macht** (*die;* -), **...ob|jekt, ...sucht** (*die;* -); **streit|süch|tig**
streng; streng sein; du musst das nicht so streng nehmen (genau nehmen); streng genommen; **Stren|ge,** *die;* -; **streng ge|nom|men;** vgl. streng; **streng|gläu|big; streng neh|men;** vgl. streng; **strengs|tens**
Stre|se|mann, *der;* -s (ein Gesellschaftsanzug)
Stress, *der;* -es, -e (Med.: starke körperliche u. seelische Belastung)
Stretch [*ßträtsch*], *der;* -[e]s, -es [*...is*] (ein elastisches Gewebe)
Streu, *die;* -, -en; **streu|en; Streu|er** (Streugefäß)
streu|nen (sich herumtreiben)
Streu|sel, *der* od. *das;* -s, - (meist *Mehrz.*); **Streu|sel|ku|chen**
Strich, *der;* -[e]s, -e (ugs. auch für: Straßenprostitution); auf den - gehen (ugs. für: eine Prostituierte sein); **stri-**

cheln (feine Striche machen)
Strick, *der;* -[e]s, -e (ugs. scherzh. auch für: Spitzbube); **stricken; Strickerei**
Striegel, *der;* -s, - (Gerät mit Zacken; harte Bürste [zur Pflege des Pferdefells]); **striegeln**
Striemen, *der;* -s, -
Striezel, *der;* -s, - (landsch. u. österr. für: feine Gebäckart)
striezen (ugs. für: quälen; nordd. ugs. auch für: stehlen)
strikt (streng; genau); **strikte** (seltener für: strikt)
stringent (bündig, zwingend); **Stringenz,** *die;* -
Strippe, *die;* -, -n (landsch. für: Band; Bindfaden; ugs. scherzh. für: Fernsprechleitung)
strippen [*ßtri...*] (ugs. für: einen Striptease vorführen); **Striptease** [*ßtríptis*], *der* od. *das;* - (Entkleidungsvorführung [in Nachtlokalen])
strittig; die Sache ist -
Stroh, *das;* -[e]s; **Strohfeuer; strohig** (wie Stroh); **Stroh‿mann** (vorgeschobene Person; *Mehrz.* ...männer), **...witwe** (ugs. scherzh.), **...witwer** (ugs. scherzh.)
Strolch, *der;* -[e]s, -e
Strom, *der;* -[e]s, Ströme; der elektrische, magnetische -; es regnet in Strömen; ein Strom führendes Kabel; **stromabwärts; stromaufwärts; strömen**
Stromer (ugs. für: Landstreicher); **stromern**
Strom führend; vgl. Strom; **Strom‿kreis, ...sperre; Strömung; Strom‿versorgung, ...zähler**
Strophe, *die;* -, -n; **strophisch** (in Strophen geteilt)
strotzen; er strotzt vor od. von Energie
strubbelig, strubblig (ugs.); **Strubbelkopf; strubblig**
Strudel, *der;* -s, - ([Wasser]wirbel; bes. südd., österr. für: ein Gebäck)
Struktur, *die;* -, -en ([Sinn]gefüge, Bau; Aufbau, innere Gliederung); **strukturell; strukturieren** (mit einer Struktur versehen)
Strumpf, *der;* -[e]s, Strümpfe; **Strumpfhose**
Strunk, *der;* -[e]s, Strünke
struppig; Struppigkeit, *die;* -
Struwwelkopf (landsch. für: Strubbelkopf); **Struwwelpeter,** *der;* -s, -
Stubben, *der;* -s, - (nordd. für: [Baum]stumpf)
Stube, *die;* -, -n; **Stübchen; Stubenhocker** (ugs. abwertend)
Stuck, *der;* -[e]s (aus einer Gipsmischung hergestellte Ornamentik)
Stück, *das;* -[e]s, -e; 5 - Zucker; [ein] Stücker zehn (ugs. für: ungefähr zehn); **Stückarbeit** (Akkordarbeit)
Stuckateur [*...tör*], *der;* -s, -e (Stuckarbeiter, -künstler); **Stuckator,** *der;* -s, ...oren (Stuckkünstler); **Stuckatur,** *die;* -, -en (Stuckarbeit)
stückeln; stücken (svw. stückeln)
stuckern (nordd. für: holpern)
Stückeschreiber (Schriftsteller, der Theaterstücke o. Ä. verfasst); **Stückgut** (stückweise verkaufte od. als Frachtgut aufgegebene Ware)
stuckieren ([Wände] mit Stuck versehen)
Stücklohn; stückweise; Stück‿werk, ...zahl (Kaufmannsspr.)
Student, *der;* -en, -en (österr. auch für: Schüler einer höheren Schule); **Studentin; studentisch; Studie** [*...iᵉ*], *die;* -, -n (Entwurf, kurze [skizzenhafte] Darstellung; Vorarbeit [zu einem Werk der Wissenschaft od. Kunst]); **studieren;** eine studierte Kollegin; **Studierte,** *der* u. *die;* -n, -n (ugs. für: jmd., der studiert hat); **Studiker** (ugs. scherzh. für: Student); **Studio,** *das;* -s, -s (Atelier; Film u. Rundfunk: Aufnahmeraum; Versuchsbühne); **Studiosus,** *der;* -, ...si (scherzh. für: Student); **Studium,** *das;* -s, ...ien [*...iᵉn*] (wissenschaftl. [Er]forschung; Hochschulbesuch, -ausbildung; [kritisches] Durchlesen, -arbeiten)
Stufe, *die;* -, -n; **stufen**
Stuhl, *der;* -[e]s, Stühle; der Heilige, der Päpstliche -; **Stuhlgang,** *der;* -[e]s
Stukkateur usw. (alte Schreibung für:) Stuckateur usw.
Stulle, *die;* -, -n (bes. berlin. für: Brotschnitte [mit Aufstrich, Belag])
Stulpe, *die;* -, -n (Aufschlag an Ärmeln u. a.); **stülpen; Stulpenstiefel**
stumm; - sein; **Stumme,** *der* u. *die;* -n, -n
Stummel, *der;* -s, -
Stummfilm
Stumpen, *der;* -s, - (Grundform des Filzhutes; Zigarre); **Stümper** (abwertend für: Nichtskönner); **Stümperei** (abwertend); **stümperhaft** (abwertend); **stümpern** (abwertend); **stumpf; Stumpf,** *der;* -[e]s, Stümpfe; mit - und Stiel; **Stumpfsinn,** *der;* -[e]s; **stumpfsinnig**
Stunde, *die;* -, -n; eine halbe -, eine viertel -; von Stund an; **stunden** (Frist zur Zahlung geben); **Stunden‿glas** (Sanduhr), **...kilometer** (Kilometer je Stunde); **stundenlang; Stunden‿lohn, ...plan; stündlich** (jede Stunde); **Stundung**
Stunk, *der;* -s (ugs. für: Zank, Unfrieden); - machen
Stunt [*ßtant*], *der;* -s, -s (gefährliches akrobat. Kunststück [als Film-

szene]); **Stunt|girl,** *das;* -s, -s u. **Stunt|man** [*ßtạntmän*], *der;* -s, ...men (Film: Double für Stunts)
stu|pẹnd (erstaunlich); **stu|pi̱d** (österr. nur so), **stu|pi̱|de** (dumm, stumpfsinnig); **Stu|pi|di|tä̱t,** *die;* -, -en
Stụps, *der;* -es, -e (ugs. für: Stoß); **stụp|sen** (ugs. für: stoßen); **Stụps|na|se** (ugs.)
stu̱r (ugs. für: stier, unbeweglich, hartnäckig); **Stu̱r|heit,** *die;* - (ugs.)
Stụrm, *der;* -[e]s, Stürme; - laufen; - läuten; **stü̦r|men; Stü̦r|mer; stü̦r|misch; Stụrm und Drạng,** *der;* - - -[e]s u. - - -; **Stụrm-und-Drạng-Zeit,** *die;* -
Stụrz, *der;* -es, Stürze u. (für: Träger *Mehrz.:*) Sturze (jäher Fall; Bauw.: Träger); **stü̦r|zen**
Stụss, *der;* -es (ugs. für: Unsinn)
Stu̱|te, *die;* -, -n
Stu̱|ten, *der;* -s, - (landsch. für: [längliches] Weißbrot)
Stü̦tz, *der;* -es, -e (Turnen); **Stü̦tz|bal|ken; Stü̦t|ze,** *die;* -, -n
stụt|zen (erstaunt sein; verkürzen); **Stụt|zen,** *der;* -s, - (kurzes Gewehr; Wadenstrumpf; Ansatzrohrstück)
stü̦t|zen
Stụt|zer (veraltend für: Geck; schweiz. auch für: Stutzen [Gewehr]); **stụt|zer|haft**
stụt|zig
Sty|ling [*ßta̱iling*], *das;* -s, -s (Formgebung; äußere Gestaltung)
Su|a̱|da, Su|a̱|de, *die;* -, ...den (Beredsamkeit; Redeschwall)
sub|al|tẹrn (untergeordnet; unselbstständig)
Sub|jẹkt, *das;* -[e]s, -e (Sprachw.: Satzgegenstand; Philos.: wahrnehmendes, denkendes Wesen; abwertend für: gemeiner Mensch); **sub|jek|ti̱v** (dem Subjekt angehörend, in ihm begründet; persönlich; einseitig, parteiisch, unsachlich); **Sub|jek|ti|vi|tä̱t** [*...wi...*], *die;* - (persönl. Auffassung, Eigenart; Einseitigkeit)
Sụb|kon|ti|nent (geogr. geschlossener Teil eines Kontinents)
Sụb|kul|tur (bes. Kulturgruppierung innerhalb eines übergeordneten Kulturbereichs)
sub|ku|ta̱n (Med.: unter der, unter die Haut)
sub|s|k|ri|bi̱e̱|ren; Sub|s|k|rip|ti|on [*...zio̱n*], *die;* -, -en (Vorausbestellung von erst später erscheinenden Büchern)
sub|s|tan|ti|ẹll; vgl. substanziell; **Sụb|stan|tiv** [auch: *...ti̱v*], *das;* -s, -e [*...w*ᵉ] (Sprachw.: Hauptwort, Dingwort, Nomen); **sub|stan|ti|vie|ren** [*...wi̱rᵉn*] (Sprachw.: zum Hauptwort machen; als Hauptwort gebrauchen, z. B. »das Schöne, das Laufen«); **Sub|stan|ti|vi̱e̱|rung; sụb|stan|ti|visch** [auch: *...i̱wisch*] (hauptwörtlich); **Sub|s|tạnz,** *die;* -, -en (körperl. Masse, Stoff, Bestand[teil]; Philos.: das Dauernde, das Wesentliche; auch für: Materie); **sub|s|tan|zi|ẹll,** (auch:) sub|s|tan|ti|ẹll (wesenhaft, wesentlich; stofflich; materiell; nahrhaft)
Sub|s|ti|tu̱t, *der;* -en, -en (Verkaufsleiter)
sub|su|mi̱e̱|ren (ein-, unterordnen)
sub|ti̱l (zart, fein, sorgsam; spitzfindig, schwierig)
Sub|tra|hẹnd, *der;* -en, -en (abzuziehende Zahl); **sub|tra|hi̱e̱|ren** (Math.: abziehen); **Sub|trak|ti|on** [*...zio̱n*], *die;* -, -en (das Abziehen)
sụb|tro|pisch [auch: *...tro̱...*] (Geogr.: zwischen Tropen u. gemäßigter Zone gelegen)
Sub|ven|ti|on [*...wänzio̱n*], *die;* -, -en (Wirtsch.: zweckgebundene Unterstützung aus öffentl. Mitteln); **sub|ven|ti|o|ni̱e̱|ren**
sub|ver|si̱v [*...wär...*] (zerstörend, umstürzlerisch)
Su̱|che, *die;* -, (Jägerspr.:) -n; auf der - sein; auf die - gehen; **su̱|chen**
Sụcht, *die;* -, Süchte od. Suchten; **sü̦ch|tig; sụcht|krank; Sụcht|kran|ke**
Su̱d, *der;* -[e]s, -e (Flüssigkeit, in der etwas gekocht worden ist)
Sü̱d (Himmelsrichtung); Autobahnausfahrt Frankfurt Süd (auch: Frankfurt-Süd)
su̱|deln (ugs.)
Sü̱|den, *der;* -s (Himmelsrichtung); der Wind kommt aus -; gen -; **Sü̱d|frucht** (meist *Mehrz.*); **sü̱d|län|disch; sü̱d|lich;** -er Breite; - des Waldes; - von München; **Sü̱d-pol** (*der;* -s), **...see** (*die;* -; Pazifischer Ozean, bes. der südl. Teil); **Sü̱d|staa|ten,** *die* (*Mehrz.;* in den USA); **sü̱d|wärts; Sü̱d|wein; Süd|wẹs|ter,** *der;* -s, - (wasserdichter Seemannshut); **Sü̱d|wind**
Sụff, *der;* -[e]s (ugs.); der stille -; **sü̦f|feln** (ugs. für: gern Alkohol trinken); **sü̦f|fig** (ugs. für: gut trinkbar, angenehm schmeckend); ein -er Wein
süf|fi|sạnt (selbstgefällig; spöttisch)
Suf|f|ra|gẹt|te, *die;* -, -n (Frauenrechtlerin)
sug|ge|ri̱e̱|ren (seelisch beeinflussen; etwas einreden); **Sug|ges|ti|o̱n,** *die;* -, -en (seelische Beeinflussung); **sug|ges|ti̱v** (seelisch beeinflussend; verfänglich); **Sug|ges|ti̱v|fra|ge** (Frage, die eine bestimmte Antwort nahe legt)
Su̱h|le, *die;* -, -n (Lache; feuchte Bodenstelle); **su̱h|len,** sich (Jägerspr.: sich in einer Suhle wälzen)
Sü̱h|ne, *die;* -, -n; **sü̱h|nen**
Sui|te [*ßwi̱tᵉ*], *die;* -, -n

(Gefolge [eines Fürsten]; Folge von [Tanz]sätzen)
Su|i|zid, *der* (auch: *das*); -[e]s, -e (Selbstmord)
Su|jet [*ßüsehe*], *das;* -s, -s (Gegenstand künstler. Darstellung; Stoff)
suk|zes|siv (allmählich eintretend); **suk|zes|si|ve** [*...ßiwe*] (*Umstandswort;* allmählich, nach und nach)
Sul|tan, *der;* -s, -e (Titel islam. Herrscher); **Sul|ta|ni|ne,** *die;* -, -n (große kernlose Rosine)
Sül|ze, *die;* -, -n (Fleisch, Fisch u. a. in Gallert); **sülzen** (ugs. auch für: [dummes Zeug] reden)
sum|ma cum lau|de [- *kum* -] (höchstes Prädikat bei Doktorprüfungen); **Sum|mand,** *der;* -en, -en (Math.: hinzuzuzählende Zahl); **sum|marisch** (kurz zusammengefasst); **sum|ma sum|marum** (alles in allem); **Summe,** *die;* -, -n
sum|men (leise brummen; mit geschlossenen Lippen leise singen)
sum|mie|ren (zusammenzählen, vereinigen); sich - (anwachsen)
Summ|ton
Sumpf, *der;* -[e]s, Sümpfe; **Sumpf|dot|ter|blu|me; sump|fen** (ugs. für: liederlich leben; zechen); **sumpfig**
Sums, *der;* -es (nordd. u. mitteld. für: Gerede); [einen] großen - (ugs. für: viel Aufhebens) machen
Sund, *der;* -[e]s, -e (Meerenge [zwischen Ostsee u. Kattegat])
Sün|de, *die;* -, -n; **Sünden‿ba|bel** (*das;* -s; meist scherzh.), **...bock** (ugs.), **...fall** *(der),* **...re|gis|ter** (ugs.); **Sün|der; Sün|de|rin; Sünd|flut** (volksmäßige Umdeutung von: Sintflut); **sünd|haft;** - teuer (ugs. für: überaus teuer); **sün|dig; sün|di|gen**
Sun|nit, *der;* -en, -en (Anhänger der orthodoxen Hauptrichtung des Islams); **sunni|tisch**
su|per (ugs. für: hervorragend, großartig); das war -, eine - Schau; sie haben - gespielt
sü|perb (vorzüglich; prächtig)
su|per|klug (ugs.)
Su|per|la|tiv [auch: *...tif*], *der;* -s, -e [*...we*] (Sprachw.: 2. Steigerungsstufe, Höchststufe, Meiststufe, z. B. »schönste«; übertr. für: etwas, was zum Besten gehört); **su|per|la|ti|visch** [auch: *...tiwisch*]
Su|per|markt; su|per|modern (ugs. für: sehr modern); **Su|per|star** (ugs. für: bes. berühmter Star)
Sup|pe, *die;* -, -n; **Suppen‿grün** (*das;* -s), **...kasper** (ugs. für: ein Kind, das seine Suppe nicht essen will); **sup|pig**
Sup|ple|ment|band, *der* (Ergänzungsband)
Su|re, *die;* -, -n (Kapitel des Korans)
Surf|brett [*ßörf...*]; **sur|fen** (auf dem Surfbrett fahren); **Sur|fing** [*ßörfing*], *das;* -s (Wellenreiten, Brandungsreiten [auf einem Brett])
Sur|re|a|lis|mus [auch: *ßür...*] (Kunst- u. Literaturrichtung, die das Traumhaft-Unbewusste künstlerisch darstellen will); **Sur|re|a|list,** *der;* -en, -en; **sur|re|a|lis|tisch**
sur|ren
Sur|ro|gat, *das;* -[e]s, -e (Ersatz[mittel, -stoff], Behelf; Rechtsw.: Ersatz für einen Gegenstand, Wert)
Su|shi [*ßuschi*], *das;* -s, -s (japan. Gericht aus rohem Fisch u. a. auf einer Unterlage aus Reis)
Su|si|ne, *die;* -, -n (eine it. Pflaume)
su|s|pekt (verdächtig)
sus|pen|die|ren (zeitweilig aufheben; [einstweilen] des Dienstes entheben; Med.: anheben, aufhängen)
süß; Sü|ße, *die;* -; **sü|ßen** (süß machen); **Süß|holzrasp|ler** (ugs. für: Schmeichler); **Sü|ßig|keit; süß|lich; Süß|lich|keit,** *die;* -; **süß|sau|er,** (auch:) **süß-sau|er; Süß|was|ser** (*Mehrz.* ...wasser); **Süß|wasser|fisch**
Süt|ter|lin|schrift, *die;* - (eine alte Schreibschrift)
Sweat|shirt [*ßwätschört*], *das;* -s, -s
Swim|ming|pool, (auch:) **Swim|ming-Pool** [*ßwimingpul*], *der;* -s, -s (Schwimmbecken)
Swing, *der;* -[s] (Stil in der modernen Tanzmusik, bes. im Jazz; Wirtsch.: Kreditgrenze bei bilateralen Handelsverträgen); **swin|gen;** swingte, geswingt
Sym|bi|o|se, *die;* -, -n (Biol.: Zusammenleben ungleicher Lebewesen zu gegenseitigem Nutzen)
Sym|bol [*süm...*], *das;* -s, -e (Wahrzeichen; Sinnbild; Zeichen); **sym|bol|haft; Sym|bo|lik,** *die;* - (sinnbildl. Bedeutung od. Darstellung; Bildersprache; Verwendung von Symbolen); **sym|bolisch** (sinnbildlich); **sym|boli|sie|ren** (sinnbildlich darstellen)
Sym|me|t|rie [*süm...*], *die;* -, ...ien (spiegelbildliche Übereinstimmung); **sym|me|trisch** (spiegelbildlich übereinstimmend)
Sym|pa|thie, *die;* -, ...ien ([Zu]neigung; Wohlgefallen); **Sym|pa|thi|sant,** *der;* -en, -en (jmd., der einer Gruppe od. einer Anschauung wohlwollend gegenübersteht); **Sym|pa|thi|santin; sym|pa|thisch** (anziehend; ansprechend; zusagend); **sym|pa|thi|sie|ren** (gleiche Anschauungen haben); mit jmdm., mit einer Partei -

Sym|pho|nie usw.; vgl. Sinfonie usw.
Sym|po|si|on, Sym|po|si|um [*süm...*], *das;* -s, ...ien [...*iᵉn*] (wissenschaftl. Tagung; Trinkgelage im alten Griechenland)
Sym|p|tom [*süm...*], *das;* -s, -e (Anzeichen; Merkmal; Krankheitszeichen); **sym|p|to|ma|tisch** (anzeigend, warnend; bezeichnend)
Sy|n|a|go|ge [*sün...*], *die;* -, -n (gottesdienstl. Versammlungsort der jüd. Gemeinde)
syn|chron [*sünkron*] (gleichzeitig, zeitgleich, gleichlaufend); **Syn|chro|ni|sa|ti|on** [...*zion*], *die;* -, -en (Zusammenstimmung von Bild, Sprechton u. Musik im Film; bild- und bewegungsechte Übertragung fremdsprachiger Sprechpartien eines Films); **syn|chro|ni|sie|ren**
Syn|di|kat, *das;* -[e]s, -e (Wirtsch.: Verkaufskartell; Bez. für: geschäftlich getarnte Verbrecherorganisation in den USA); **Syn|di|kus,** *der;* -, -se u. ...dizi ([meist angestellter] Rechtsbeistand einer Körperschaft)
Syn|drom [*sün...*], *das;* -s, -e (Med.: Krankheitsbild)
Syn|ko|pe [*sünkopᵉ*], *die;* -, ...open (Musik: Betonung eines unbetonten Taktwertes; Med.: kurze Bewusstlosigkeit; Sprachw.: Ausfall eines unbetonten Selbstlautes zwischen zwei Mitlauten im Wortinnern); **syn|ko|pie|ren; syn|ko|pisch**
sy|n|o|dal (die Synode betreffend); **Sy|n|o|da|le,** *der* od. *die;* -n, -n (Mitglied einer Synode); **Sy|n|o|de,** *die;* -, -n (bes. ev. Kirchenversammlung)
sy|n|o|nym (Sprachw.: sinnverwandt); -e Wörter; **Sy|n|o|nym,** *das;* -s, -e (Sprachw.: sinnverwandtes Wort)
syn|tak|tisch (die Syntax betreffend); -er Fehler (Verstoß gegen die Syntax); **Syn|tax,** *die;* -, -en (Sprachw.: Lehre vom Satzbau, Satzlehre)
Syn|the|se [*sün...*], *die;* -, -n (Zusammenfügung [einzelner Teile zu einem Ganzen]; Philos.: Aufhebung des sich in These u. Antithese Widersprechenden in eine höhere Einheit; Aufbau [einer chem. Verbindung]); **Syn|the|si|zer** [*ßintᵉßaisᵉr* od. *ßinthᵉ*...] (ein elektron. Musikgerät); **Syn|the|tics** [*süntetikß*], *die* (*Mehrz.;* Sammelbez. für synthet. erzeugte Kunstfasern u. Produkte daraus); **Syn|the|tik,** *das;* -s (*meist ohne Geschlechtswort;* [Gewebe aus] Kunstfaser); **syn|the|tisch** (zusammensetzend; Chemie: künstlich hergestellt); -e Edelsteine
Sy|phi|lis [*sü...*], *die;* - (Med.: eine Geschlechtskrankheit); **sy|phi|lis|krank; Sy|phi|li|ti|ker** (an Syphilis Leidender)
Sys|tem [*sü...*], *das;* -s, -e; **Sys|tem‿a|na|ly|se, ...a|na|ly|ti|ker** (Fachmann in der EDV); **Sys|te|ma|tik,** *die;* -, -en (planmäßige Darstellung, einheitl. Gestaltung); **Sys|te|ma|ti|ker** (jmd., der systematisch vorgeht); **sys|te|ma|tisch** (das System betreffend; in ein System gebracht, planmäßig, folgerichtig); **sys|te|ma|ti|sie|ren** (in ein System bringen; in einem System darstellen); **Sys|te|ma|ti|sie|rung; Sys|tem‿bau|wei|se** (*die;* -), **...cha|rak|ter** (*der;* -s), **...feh|ler** (EDV), **...kri|ti|ker; sys|tem|los** (planlos); **Sys|tem|lo|sig|keit,** *die;* -; **Sys|tem‿pro|gram|mie|rer** (EDV), **...zwang**
Sze|na|rio, *das;* -s, -s ([in Szenen gegliederter] Entwurf eines Films); **Sze|ne,** *die;* -, -n (Schauplatz; Auftritt als Unterabteilung des Aktes; Vorgang, Anblick; Zank, Vorhaltungen; charakteristischer Bereich für bestimmte Aktivitäten); **Sze|ne|rie,** *die;* -, ...ien (Bühnenbild, Landschafts[bild]); **sze|nisch** (bühnenmäßig)
Szyl|la [*ßzüla*], *die;* - (eindeutschend für *lat.* Scylla, *gr.* Skylla; bei Homer Seeungeheuer in einem Felsenriff in der Straße von Messina); zwischen - und Charybdis (in einer ausweglosen Lage)

Tt

T (Buchstabe); das T; des T, die T; aber: das t in Rate
Ta|bak [auch: *ta...* u. ...*ak*], *der;* -s, (für: Tabaksorten *Mehrz.:*) -e; **Ta|baks|pfei|fe; Ta|bak|wa|ren,** *die (Mehrz.)*
ta|bel|la|risch (in der Anordnung einer Tabelle); **Ta|bel|le,** *die;* -, -n (listenförmige Zusammenstellung, Übersicht)
Ta|ber|na|kel, *das* (auch, bes. in der kath. Kirche: *der*); -s, - (in der kath. Kirche Aufbewahrungsort der geweihten Hostien [auf dem Altar])
Ta|b|lett, *das;* -[e]s, -s (auch: -e); **Ta|b|let|te,** *die;* -, -n (als kleines, flaches Stück gepresstes Arzneimittel); **Ta|b|let|ten|miss|brauch,** *der;* -[e]s
ta|bu (verboten; unverletzlich, unantastbar); nur in der Satzaussage: das ist - (davon darf nicht gesprochen werden); **Ta|bu,** *das;* -s, -s (Gebot bei [Natur]völkern, bes. geheiligte Personen, Tiere, Pflanzen, Gegenstände zu meiden; allgem. für: etwas, wovon man nicht sprechen darf); ein - verletzen; **ta|bu|ie|ren, ta|bu|i|sie|ren** (zum Tabu machen)

Ta|bu|la ra|sa, *die;* - - (meist übertr. für: unbeschriebenes Blatt); Tabula rasa machen (reinen Tisch machen)
Ta|cho, *der,* (auch:) *das;* -s, -s (ugs. kurz für: Tachometer); **Ta|cho|me|ter,** *der* (auch: *das*); -s, - ([Fahr]geschwindigkeitsmesser; Drehzahlmesser)
Tack|ling [*täk...*], *das;* -s, -s (im Fußball Abwehraktion, wobei der Verteidiger in die Beine des Gegners hineingrätscht, um den Ball wegzutreten)
Ta|del, *der;* -s, -; **ta|del|los; ta|deln; ta|delns|wert**
Ta|fel, *die;* -, -n; **ta|feln** (geh. für: speisen); **tä|feln** (mit Steinplatten, Holztafeln verkleiden); **Ta|fel|obst; Tä|fe|lung**
Taft, *der;* -[e]s, -e ([Kunst]seidengewebe)
Tag, *der;* -[e]s, -e; bei Tage; von - zu -; unter Tage (Bergw.: unter der Erdoberfläche); unter Tags, (österr., schweiz.:) untertags (den Tag über); Guten, (auch:) guten - sagen; vgl. tags; **tag|aus, tag|ein; Ta|ge‿buch, ...dieb** (abwertend); **ta|ge|lang** (mehrere Tage lang); **Ta|ge|löh|ner; ta|gen; Ta|ge|rei|se; Ta|ges‿de|cke, ...kas|se, ...lauf, ...licht** (*das;* -[e]s), **...ord|nung, ...po|li|tik, ...zeit, ...zei|tung; Ta|ge|werk** (früheres Feldmaß; geh. für: tägliche Arbeit, Aufgabe); **tag|hell; täg|lich** (alle Tage); -es Brot; -e Zinsen; -er Bedarf; **tags;** - darauf, - zuvor; **tags|ü|ber; tag|täg|lich; Tag|und|nacht|glei|che,** (auch:) **Tag-und-Nacht-Glei|che,** *die;* -, -n; **Ta|gung**
Tai|fun, *der;* -s, -e (trop. Wirbelsturm in Südostasien)
Tai|ga, *die;* - (sibirischer Waldgürtel)
Tail|le [*talje*, österr.: *tailje*], *die;* -, -n (schmalste Stelle des Rumpfes; Gürtelweite; Kartenspiel: Aufdecken der Blätter für Gewinn oder Verlust); **tail|lie|ren** [*tajiren*]; **tail|liert**
Ta|ke|la|ge [*...asche*], *die;* -, -n (Segelausrüstung eines Schiffes)
[1]**Takt,** *der;* -[e]s, -e (abgemessenes Zeitmaß einer rhythmischen Bewegung, bes. in der Musik; Bewegung der Töne nach einem zählbaren Zeitmaß; Technik: einer von mehreren Arbeitsgängen im Motor, Hub; - halten
[2]**Takt,** *der;* -[e]s (Feingefühl im Umgang mit anderen Menschen)
[1]**tak|tie|ren** (den [1]Takt angeben)
[2]**tak|tie|ren** (taktisch vorgehen); **Tak|tik,** *die;* -, -en (übertr. für: geschicktes Vorgehen, kluges Verhalten, planmäßige Ausnutzung einer Lage; Milit.: Truppenführung); **tak|tisch**
takt|los; Takt|lo|sig|keit; takt|voll
Tal, *das;* -[e]s, Täler; zu -[e] fahren
Ta|lar, *der;* -s, -e (langes Amtskleid)
Ta|lent, *das;* -[e]s, -e (Begabung, Fähigkeit; jmd., der [auf einem bestimmten Gebiet] besonders begabt ist; altgr. Gewichts- u. Geldeinheit); **ta|len|tiert** (begabt)
Ta|ler, *der;* -s, - (ehem. Münze)
Talg, *der;* -[e]s, (für: Talgarten *Mehrz.:*) -e (starres [Rinder-, Hammel]fett); **tal|gig**
Ta|lis|man, *der;* -s, -e (zauberkräftiger, Glück bringender Gegenstand)
Talk, *der;* -[e]s (ein Mineral)
Talk|mas|ter [*tokmaster*], *der;* -s, - (Moderator einer Talkshow); **Talk|show** [*tokschou*], *die;* -, -s (Fernsehsendung, in der sich ein Talkmaster mit bekannten Persönlichkeiten unterhält)
Tal|kum, *das;* -s (feiner weißer Talk als Streupulver)
Tal|mi, *das;* -s (vergoldete [Kupfer-Zink-]Legierung; übertr. für: Unechtes)
Tam|bour [*...bur*], *der;* -s, -e (schweiz.: ...bouren [*...buren*]; veraltend für: Trommler; Technik: Trommel); **Tam|bour|ma|jor** (Leiter eines Spielmannszuges); **Tam|bur,** *der;* -s, -e (Stickrahmen); **Tam|bu|rin** [auch: tam...], *das;* -s, -e (kleine Hand-, Schellentrommel; Stickrahmen)
Tam|pon [fr. Aussprache: *tangpong*], *der;* -s, -s (Med.: [Watte-, Mull]bausch; Druckw.: Einschwärzballen für den Druck gestochener Platten)
Tam|tam [auch: *tamtam*], *das;* -s, -s (chinesisches, mit einem Klöppel geschlagenes Becken; Gong; nur *Einz.* ugs. für: laute, Aufmerksamkeit erregende Betriebsamkeit)
Tand, *der;* -[e]s (wertloses Zeug); **Tän|de|lei; tän|deln**
Tan|dem, *das;* -s, -s (zweisitziges Fahrrad)
Tang, *der;* -[e]s, -e (Bezeichnung mehrerer größerer Arten der Braunalgen)
Tan|gen|te, *die;* -, -n (Gerade, die eine gekrümmte Linie in einem Punkt berührt); **tan|gie|ren** (berühren)
Tan|go [*tanggo*], *der;* -s, -s (ein Tanz)
Tank, *der;* -s, -s (seltener: -e); **tan|ken; Tan|ker** (Tankschiff); **Tank‿stel|le, ...wart**
Tann, *der;* -[e]s, -e (geh. für: [Tannen]wald); im -; **Tan|ne,** *die;* -, -n (ein Nadelbaum); **Tan|nen‿baum, ...na|del, ...zap|fen**
Tan|ta|lus|qua|len, *die (Mehrz.)*
Tan|te, *die;* -, -n
Tan|ti|e|me [*tangtiäme*], *die;* -, -n (Kaufmannsspr.: Gewinnanteil, Vergütung

tausend	
(*als röm. Zahlzeichen* M) **I.** *Kleinschreibung:* - *[acht] von tausend* - *bis tausend zählen* - *tausend Dank, tausend Grüße* - *Land der tausend Seen (Finnland)* **II.** *Klein- oder Großschreibung* bei unbestimmten (d. h. nicht in Ziffern schreibbaren) Mengenangaben: - *ein paar tausend* od. *Tausend; ein paar tausend* od. *Tausend Bäume, Menschen* - *einige, mehrere, viele tausend* od. *Tausend Büroklammern* - *einige, mehrere, viele tausende* od. *Tausende* - *tausende* od. *Tausende von Menschen*	- *die Summe geht in die tausende* od. *Tausende* - *sie strömten zu tausenden* od. *Tausenden herein* - *tausend und abertausend,* auch *Tausend und Abertausend Sterne* - *tausende und abertausende,* auch *Tausende und Abertausende bunter Laternen* (vgl. aber) **III.** *Zusammenschreibung* in Verbindung mit bestimmten Zahlwörtern: - *eintausend, zweitausend [Personen]* - *[ein]tausend[und]eins* - *[ein]tausend[und]achtzig* - *[ein]tausend[und]ein Liter, bei [ein]tausend[und]einem Liter* - *[ein]tausend[und]eine Geschichte*

nach der Höhe des Geschäftsgewinnes)

Tanz, *der;* -es, Tänze; **Tanzbein;** in der Wendung: das - schwingen (ugs. für: tanzen); **tän|zeln; tan|zen; Tänzer; Tän|ze|rin; tän|ze|risch**

ta|pe|rig (nordd. für: unbeholfen, gebrechlich)

Ta|pet, *das;* nur noch in: etwas aufs - (ugs. für: zur Sprache) bringen; **Ta|pe|te,** *die;* -, -n; **Ta|pe|ten|wech|sel** (ugs. für: [vorübergehender] Wechsel der gewohnten Umgebung); **Ta|pe|zier,** *der;* -s, -e (südd. für: Tapezierer); **ta|pe|zie|ren; Ta|pe|zie|rer**

tap|fer; Tap|fer|keit, *die;* -

Ta|pis|se|rie, *die;* -, ...ien (teppichartige Stickerei; Handarbeitsgeschäft)

tap|pen; täp|pisch; tap|rig; vgl. taperig; **tap|sen** (ugs. für: plump auftreten); **tapsig** (ugs.)

Ta|ra, *die;* -, ...ren (Kaufmannsspr.: Verpackung; Gewicht der Verpackung)

Ta|ran|tel, *die;* -, -n (südeurop. Wolfsspinne); **Ta|ran|tel|la,** *die;* -, -s u. ...llen (südit. Volkstanz)

Ta|rif, *der;* -s, -e (planvoll geordnete Zusammenstellung von Güter- od. Leistungspreisen, auch von Steuern u. Gebühren; Preis-, Lohnstaffel; Gebührenordnung); **Ta|rif|ab|schluss; ta|rif|lich; Ta|rif‿lohn, ...run|de, ...ver|trag**

tar|nen; sich -; **Tarn‿far|be, ...kap|pe; Tarn|kap|pen|bom|ber**

Ta|rock, *das* (österr. nur so) od. *der;* -s, -s (ein Kartenspiel)

Ta|sche, *die;* -, -n; **Ta|schen‿lam|pe, ...mes|ser** *(das),* **...tuch** (*Mehrz.* ...tücher), **...uhr**

Tas|se, *die;* -, -n; **Tas|sen|rand**

Tas|ta|tur, *die;* -, -en; **tastbar; Tas|te,** *die;* -, -n; **tas|ten**

Tat, *die;* -, -en; in der -

Ta|tar, *das;* -s, -[s] u. **Ta|tar|beef|steak,** *das;* -s (rohes, geschabtes Rindfleisch mit Ei und Gewürzen)

Tat|be|stand; Ta|ten‿drang, ...durst (geh.); **ta|ten|los; Tä|ter; Tat|form** (Aktiv); **tä|tig; tä|ti|gen** (Kaufmannsspr.); einen Kauf, ein Geschäft - (dafür besser: abschließen); **Tä|tig|keit; Tä|tig|keits|wort** (Verb; *Mehrz.* ...wörter); **Tat|kraft,** *die;* -; **tat|kräf|tig; tät|lich;** - werden; **Tät|lich|kei|ten,** *die (Mehrz.)*

tä|to|wie|ren (Zeichnungen mit Farbstoffen in die Haut einritzen); **Tä|to|wie|rung**

Tat|sa|che; tat|säch|lich [auch: *...säch...*]

tät|scheln

Tat|ter|greis (ugs.); **Tat|te|rich,** *der;* -[e]s (ugs. für: [krankhaftes] Zittern); den - haben; **tat|te|rig,** tatt|rig (ugs.)

Tat|ter|sall, *der;* -s, -s (geschäftl. Unternehmen für Reitsport; Reitbahn, -halle)

tatt|rig (ugs.); vgl. tatterig

Tat|ver|dacht; tat|ver|däch|tig

Tat|ze, *die;* -, -n (Pfote, Fuß der Raubtiere; ugs. für: plumpe Hand)

[1]**Tau,** *der;* -[e]s (Niederschlag)

[2]**Tau,** *das;* -[e]s, -e (starkes [Schiffs]seil)

taub; sich taub stellen (auf etw. nicht eingehen); -e (leere) Nuss; -es Gestein (Bergmannsspr.: Gestein ohne Erzgehalt)

[1]**Tau|be,** *die;* -, -n

[2]**Tau|be,** *der* u. *die;* -n, -n

tau|ben|blau (blaugrau); **tau|ben|grau** (blaugrau); **Tau|ben|schlag**

Taub|heit, *die;* -; **Taub|nes|sel** (eine Heilpflanze); **taubstumm; Taub|stum|me**

tau|chen; Tau|cher; Tau|cher|glo|cke; Tauch|sie|der
tau|en; es taut
Tau|fe, *die;* -, -n; **tau|fen; Täu|fer; Täuf|ling; Tauf|schein**
tau|gen; Tau|ge|nichts, *der;* - u. -es, -e; **taug|lich**
Tau|mel, *der;* -s; **tau|me|lig,** taum|lig; **tau|meln**
Tausch, *der;* -[e]s, -e; **tau|schen; täu|schen; Tausch|han|del; Täu|schung; Täu|schungs|ma|nö|ver**
tau|send *s. Kasten;* [1]**Tau|send,** *die;* -, -en (Zahl); [2]**Tau|send,** *das;* -s, -e (Menge); **tau|send|ein; tau|send|eins; Tau|sen|der; Tau|send‿fü|ßer** od. **...füß|ler; tau|send|jäh|rig;** das Tausendjährige Reich (bibl.; auch iron. für: die Zeit der nationalsozialist. Herrschaft); **Tau|send|sa|sa,** (bes. österr. u. schweiz. auch:) **Tau|send|sas|sa,** *der;* -s, -[s] (vielseitig begabter Mensch); **tau|sends|te; tau|sends|tel; Tau|sends|tel,** *das* (schweiz. meist: *der*); -s, -; **tau|send[|und]|ein;** ein Märchen aus Tausendundeiner Nacht; **tau|send[|und]|eins**
Tau|to|lo|gie, *die;* -, ...ien (Fügung, die einen Sachverhalt doppelt wiedergibt, z. B. »nackt und bloß«, »Schloss und Riegel«; Verbindung sinngleicher od. -ähnlicher Wörter, z. B. »runder Kreis, weißer Schimmel«); **tau|to|lo|gisch**
Tau‿wet|ter (*das;* -s), **...wind**
Tau|zie|hen, *das;* -s (übertr. auch für: Hin und Her)
Ta|ver|ne [*tawärn*[e]], *die;* -, -n (it. Weinschenke, Wirtshaus)
Ta|xa|me|ter, *das* od. *der* (Fahrpreisanzeiger in Taxis; [1]**Ta|xe,** *die;* -, -n ([Wert]schätzung; [amtlich] festgesetzter Preis; Gebühr[enordnung]); [2]**Ta|xe,** *die;* -, -n u. **Ta|xi,** *das* (schweiz. auch: *der*); -s, -s;
ta|xie|ren ([ab]schätzen, den Wert ermitteln)
Tb, Tbc = Tuberkulose; **Tbc-krank, Tb-krank**
Teach-in [*titsch-in*], *das;* -[s], -s (Protestdiskussion)
Teak|holz [*tik...*] (wertvolles Holz des südostasiat. Teakbaumes)
Team [*tim*], *das;* -s, -s (Arbeitsgruppe; Sportspr.: Mannschaft, österr. auch für: Nationalmannschaft); **Team|work** [*tim*[u]*örk*], *das;* -s (Gemeinschaftsarbeit)
Tech|nik, *die;* -, -en (Handhabung, Herstellungsverfahren, Arbeitsweise; Hand-, Kunstfertigkeit; österr. Kurzw. für: techn. Hochschule; nur *Einz.:* Gesamtheit der techn. Verfahren; techn. Ausrüstung); **Tech|ni|ker; Tech|ni|ke|rin; Tech|ni|kum,** *das;* -s, ...ka (auch: ...ken; technische Fachschule); **tech|nisch** (die Technik betreffend); -er Zeichner; [eine] -e Hochschule, Universität; (aber groß in Namen:) die Technische Hochschule Darmstadt; die Technische Universität Berlin; **tech|ni|sie|ren** (für technischen Betrieb einrichten)
Tech|tel|mech|tel, *das;* -s, - (ugs. für: Liebelei)
Tech|no [*täkno*], *das* od. *der;* -[s] (elektron., von bes. schnellem Rhythmus bestimmte Tanzmusik)
Te|ckel, *der;* -s, - (Dackel)
Ted|dy, *der;* -s, -s (Stoffbär als Kinderspielzeug); **Ted|dy|bär**
Te|de|um, *das;* -s, -s (Bez. des altkirchl. Lobgesangs »Te Deum laudamus« = »Dich, Gott, loben wir!«)
Tee, *der;* -s, -s; schwarzer, chinesischer -; **Tee|ei,** (auch:) **Tee-Ei; Tee|ern|te,** (auch:) **Tee-Ern|te**
Tee|n|a|ger [*tine*[i]*dsch*[e]*r*], *der;* -s, - (Junge od. Mädchen im Alter von 13 bis 19 Jahren)
Teer, *der;* -[e]s, -e
Teich, *der;* -[e]s, -e (Gewässer)
Teig, *der;* -[e]s, -e (dickbreiige Masse); den - gehen lassen
Teil, *der* od. *das;* -[e]s, -e; zum -; jedes - (Stück) prüfen; *das* (selten: *der*) bessere -; er hat sein - getan; ein gut -; sein[en] - dazu beitragen; ich für mein[en] -; **teil|bar; Teil|chen; tei|len;** zehn geteilt durch fünf ist, macht, gibt zwei; sich -; **Tei|ler;** größter gemeinsamer -; **teil|ha|ben; Teil|ha|ber; teil|haf|tig;** einer Sache - sein, werden; **Teil|nah|me,** *die;* -; **teil|nah|me|be|rech|tigt; teil|nahms|los; teil|nahms|voll; teil|neh|men; teil|neh|mend; Teil|neh|mer; teils;** - gut, - schlecht; **Tei|lung**
Teint [*täng*], *der;* -s, -s (Gesichtsfarbe; Beschaffenheit der Gesichtshaut)
Te|le|ar|beit, *die;* - (Form der Heimarbeit, wobei der Arbeitnehmer über Datenleitungen mit dem Arbeitgeber verbunden ist)
Te|le|ban|king [*...bängking*], *das;* -s (Abwicklung von Bankgeschäften über Telekommunikation)
Te|le|fax, *das;* -, -[e] (Fernkopie; Fernkopierer)
Te|le|fon, *das;* -s, -e; **Te|le|fon|an|schluss; Te|le|fo|nat,** *das;* -[e]s, -e (Ferngespräch, Anruf); **te|le|fo|nie|ren; te|le|fo|nisch; Te|le|fo|nis|tin; Te|le|fon|kar|te**
Te|le|fo|to|gra|fie, (auch:) Te|le|pho|to|gra|phie (fotograf. Fernaufnahme)
te|le|gen (für Fernsehaufnahmen geeignet)
Te|le|graf, (auch:) Te|le|graph, *der;* -en, -en (Apparat zur Übermittlung von Nachrichten durch vereinbarte Zeichen); **Te|le|gra|fie,** (auch:) Te|le|gra|phie, *die;* - (elektrische Fernübertragung von Nachrichten mit vereinbarten Zeichen);

te|le|gra|fie|ren, (auch:) te|le|gra|phie|ren; **te|le|gra|fisch,** (auch:) te|le|gra|phisch

Te|le|gramm, *das;* -s, -e; **Te|le|gramm|stil;** im -

Te|le|graph usw.; vgl. Telegraf usw.

Te|le|kol|leg (unterrichtende Sendereihe im Fernsehen)

Te|le|kom (kurz für: Deutsche Telekom AG [Unternehmen auf dem Telekommunikationssektor]); **Te|le|kom|mu|ni|ka|ti|on** (Kommunikation mithilfe elektronischer Medien)

Te|le|ob|jek|tiv (Linsenkombination für Fernaufnahmen)

Te|le|pa|thie, *die;* - (Fernfühlen ohne körperliche Vermittlung)

Te|le|phon usw. (alte Schreibung für: Telefon usw.)

Te|le|pho|to|gra|phie; vgl. Telefotografie

Te|le|s|kop, *das;* -s, -e (Fernrohr)

Te|le|tub|bies® [...*tabis*], *die;* (*Mehrz.*: Figuren einer Fernsehserie für kleine Kinder)

Te|le|vi|si|on [engl. Ausspr.: *täliwisch^en*], *die;* - (Fernsehen)

Te|lex, *das* (schweiz.: *der*); -, -e (Kurzw. aus engl. teleprinter exchange; international übl. Bez. für: Fernschreiben; Fernschreiber; nur *Einz.*: Fernschreibnetz); **te|le|xen** (als Fernschreiben übermitteln)

Tel|ler, *der;* -s, -

Tem|pel, *der;* -s, -

Tem|pe|ra‿far|be (Deckfarbe mit Eigelb, Honig, Leim), **...ma|le|rei**

Tem|pe|ra|ment, *das;* -[e]s, -e (Wesens-, Gemütsart; nur *Einz.*: lebhafte Wesensart; Schwung, Feuer); **tem|pe|ra|ment|voll**

Tem|pe|ra|tur, *die;* -, -en (Wärme[grad, -zustand]; [leichtes] Fieber); **tem|pe|rie|ren** (die Temperatur regeln)

Tem|po, *das;* -s, -s u. ...pi (Zeit[maß], Takt; nur *Einz.*: Geschwindigkeit); **tem|po|ral** (zeitlich; das Tempus betreffend); -e Bestimmung (Sprachw.); **tem|po|rär** (zeitweilig, vorübergehend); **Tem|pus,** *das;* -, ...pora (Sprachw.: Zeitform [des Zeitwortes])

Ten|denz, *die;* -, -en (Neigung, Hang, Strömung, Zug, Richtung, Entwicklung[slinie]); **ten|den|zi|ell** (der Tendenz nach, entwicklungsmäßig); **ten|den|zi|ös** (eine politische, weltanschauliche Tendenz erkennen lassend); **ten|die|ren** (zu etwas hinneigen)

Ten|ne, *die;* -, -n

Ten|nis, *das;* - (Ballspiel); - spielen

[1]**Te|nor,** *der;* -s (Haltung, Inhalt, Sinn, Wortlaut); [2]**Te|nor,** *der;* -s, ...nöre (hohe Männerstimme; Tenorsänger)

Tep|pich, *der;* -s, -e; **Tep|pich|bo|den**

Ter|min, *der;* -s, -e (festgesetzter Tag, Zeitpunkt); **Ter|mi|nal** [*tö^rmin^el*], *der* (auch, EDV nur: *das*); -s, -s (Abfertigungshalle für Fluggäste; Zielbahnhof für Containerzüge; EDV: Datenendstation, Abfragestation); **ter|mi|nie|ren** (befristen; zeitlich festlegen); **Ter|min|ka|len|der; ter|min|lich; Ter|mi|nus,** *der;* -, ...ni (Fachwort, -ausdruck)

Ter|mi|te, *die;* -, -n (meist *Mehrz.*; ein Insekt); **Ter|mi|ten‿hü|gel, ...staat** (*Mehrz.* ...staaten)

Ter|pen|tin, *das* (österr. meist: *der*); -s, -e (ein Harz)

Ter|rain [...*räng*], *das;* -s, -s (Gebiet; [Bau]gelände, Grundstück)

Ter|ra|ri|um, *das;* -s, ...ien [...*i^en*] (Behälter für die Haltung kleiner Lurche u. Ä.)

Ter|ras|se, *die;* -, -n; **ter|ras|sen|för|mig**

Ter|ri|er [...*i^er*], *der;* -s, - (kleiner bis mittelgroßer engl. Jagdhund)

Ter|ri|ne, *die;* -, -n ([Suppen]schüssel)

ter|ri|to|ri|al (zu einem Gebiet gehörend, ein Gebiet betreffend); -e Verteidigung; **Ter|ri|to|ri|um,** *das;* -s, ...ien [...*i^en*] (Bezirk; [Staats-, Hoheits]gebiet)

Ter|ror, *der;* -s (Gewaltherrschaft; rücksichtsloses Vorgehen); **ter|ro|ri|sie|ren** (Terror ausüben; ständig belästigen, unter Druck setzen); **Ter|ro|ris|mus,** *der;* - (Ausübung von [polit. motivierten] Gewaltakten); **Ter|ro|rist,** *der;* -en, -en; **Ter|ro|ris|tin; ter|ro|ris|tisch**

Ter|tia [...*zia*], *die;* -, ...ien [...*i^en*] (veraltend für: die vierte [Untertertia] u. fünfte [Obertertia] Klasse eines Gymnasiums); **Ter|ti|a|ner** (Schüler der Tertia); **Ter|ti|a|ne|rin; ter|ti|är** (die dritte Stelle in einer Reihe einnehmend; das Tertiär betreffend); **Ter|ti|är,** *das;* -s (Geol.: der ältere Teil der Erdneuzeit)

Terz, *die;* -, -en (Musik: dritter Ton [vom Grundton aus]; Intervall von drei Tonstufen); **Ter|zett,** *das;* -[e]s, -e (dreistimmiges Gesangstück)

Test, *der;* -[e]s, -s (auch: -e; Probe; Prüfung, psycholog. Experiment; Untersuchung)

Tes|ta|ment, *das;* -[e]s, -e (letztwillige Verfügung; Bund Gottes mit den Menschen, danach das Alte u. das Neue Testament der Bibel); **tes|ta|men|ta|risch** (durch letztwillige Verfügung, letztwillig); **Tes|tat,** *das;* -[e]s, -e (Zeugnis, Bescheinigung)

tes|ten (einem Test unterziehen); **Test|fahrt**

Te|ta|nus [auch: *tä*...], *der;* - (Med.: Wundstarrkrampf)

Tete-a-Tete, (auch:) Tête-à-Tête [*tätatät*], *das;* -, -s (zärtliches Beisammensein)

Te|t|ra|e|der, *das;* -s, - (Vierflächner, dreiseitige Pyramide)

teu|er; ein teures Kleid; das kommt mir od. mich teuer zu stehen; **Teu|e|rung**

Teu|fel, *der;* -s, -; zum - jagen (ugs.); zum -! (ugs.); **Teu|fels‿aus|trei|bung, ...kerl** (ugs.); **teuf|lisch;** ein -er Plan

teu|to|nisch (auch abwertend für: deutsch)

Text, *der;* -[e]s, -e (Wortlaut, Beschriftung; [Bibel]stelle); **tex|ten** (einen [Schlager-, Werbe]text gestalten); **Tex|ter|fas|ser** (jmd., der [berufsmäßig] Texte in eine EDV-Anlage eingibt); **Text|er|fas|se|rin**

tex|til|frei (scherzh. für: nackt); **Tex|ti|li|en** [...*ien*], *die* (*Mehrz.;* Gewebe, Faserstofferzeugnisse [außer Papier]); **Tex|til|in|dus|t|rie**

Text|stel|le; Text|ver|ar|bei|tung (EDV); **Text|ver|ar|bei|tungs|pro|gramm**

T-för|mig [*te*...] (in Form eines lat. T)

The|a|ter, *das;* -s, - (ugs. nur *Einz.:* Aufregung; Vortäuschung); **The|a|ter‿stück, ...vor|stel|lung; the|a|t|ra|lisch** (bühnenmäßig; gespreizt)

The|ke, *die;* -, -n (Schanktisch; auch für: Ladentisch)

The|ma, *das;* -s, ...men u. -ta (Aufgabe, Gegenstand; Gesprächsstoff; Leitgedanke [bes. in der Musik]); **The|ma|tik,** *die;* -, -en (Themenstellung; Ausführung eines Themas); **the|ma|tisch** (dem Thema entsprechend, zum Thema gehörend)

The|o|lo|ge, *der;* -n, -n (jmd., der Theologie studiert hat, auf dem Gebiet der Theologie beruflich tätig ist); **The|o|lo|gie,** *die;* -, ...ien (systematische Auslegung u. Erforschung einer Religion); **The|o|lo|gin; the|o|lo|gisch**

The|o|re|ti|ker (Ggs.: Praktiker); **the|o|re|tisch; the|o|re|ti|sie|ren** (etwas rein theoretisch erwägen); **The|o|rie,** *die;* -, ...ien

The|ra|peut, *der;* -en, -en (behandelnder Arzt, Heilkundiger); **The|ra|peu|tin; the|ra|peu|tisch; The|ra|pie,** *die;* -, ...ien (Krankenbehandlung, Heilbehandlung)

Ther|mal‿bad (Warm[quell]bad), **...quel|le; Ther|me,** *die;* -, -n (warme Quelle); **Ther|mo|me|ter,** *das* (österr., schweiz. auch: *der*); -s, - (Temperaturmessgerät); **Ther|mos|fla|sche®** (Warmhaltegefäß); **Ther|mo|s|tat,** *der;* -[e]s u. -en, -e[n] (Temperaturregler; Apparat zur Herstellung konstanter Temperatur in einem Raum)

The|se, *die;* -, -n (aufgestellter [Leit]|satz, Behauptung)

Thing, *das;* -[e]s, -e (germ. Volks-, Gerichts- u. Heeresversammlung)

Tho|mas|mehl, *das;* -[e]s (ein Düngemittel)

Tho|ra [auch, österr. nur: *tora*], *die;* - (die 5 Bücher Mosis, das mosaische Gesetz)

Thril|ler [*thriler*], *der;* -s, - (Spannung u. Nervenkitzel erzeugender Film, Roman u. Ä.)

Throm|bo|se, *die;* -, -n (Med.: Verstopfung von Blutgefäßen durch Blutgerinnsel)

Thron, *der;* -[e]s, -e; **thro|nen; Thron|fol|ge; Thron|fol|ger; Thron|fol|ge|rin**

Thun|fisch, (auch:) Tun|fisch

Thy|mi|an, *der;* -s, -e (eine Gewürz- u. Heilpflanze)

Ti|a|ra, *die;* -, ...ren (dreifache Krone des Papstes)

Tick, *der;* -[e]s, -s (wunderliche Eigenart, Schrulle)

ti|cken

Ti|cket, *das;* -s, -s (engl. Bez. für: Fahr-, Eintrittskarte)

Ti|de, *die;* -, -n (nordd. für: die regelmäßig wechselnde Bewegung der See; Flut); **Ti|den,** *die* (*Mehrz.;* Gezeiten); **Ti|den|hub** (Wasserstandsunterschied bei den Gezeiten)

Tie|break, (auch:) **Tie-Break** [*tai-brek*], *der* od. *das;* -s, -s (bes. im Tennis besondere Zählweise, wodurch ein Spiel bei unentschiedenem Stand schneller zum Abschluss gebracht wird)

tief; auf das, aufs Tiefste od. auf das, aufs tiefste beklagen; - sein, werden, graben, stehen; ein - ausgeschnittenes Kleid; mit tief bewegter Stimme; tief empfundenes Mitleid; die tief erschütterte Frau; tief gefühlter Schmerz; eine tief greifende Veränderung; eine tief schürfende Abhandlung; eine tief verschneite Landschaft; **Tief,** *das;* -s, -s (Fahrrinne; Meteor.: Tiefdruckgebiet); **Tief‿aus|läu|fer** (Meteor.), **...bau** (*der;* -[e]s); **tief be|wegt;** vgl. tief; **tief|blau; Tief|druck,** *der;* -[e]s, (Druckw.:) -e; **Tief|druck|ge|biet** (Meteor.); **Tie|fe,** *die;* -, -n; **Tief|e|be|ne; tief emp|fun|den;** vgl. tief; **Tie|fen|psy|cho|lo|gie; tief|ernst; tief er|schüt|tert;** vgl. tief; **Tief‿flie|ger** (Flugzeug), **...gang** (*der;* -[e]s), **...ga|ra|ge; tief ge|fühlt;** vgl. tief; **tief|ge|frie|ren** (bei tiefer Temperatur schnell einfrieren); **tief|ge|kühlt;** tiefgekühltes Gemüse od. Obst; das Obst ist -; **tief grei|fend;** vgl. tief; **tief|grün|dig; Tief|kühl‿fach, ...tru|he; Tief‿punkt, ...schlag** ([Box]hieb unterhalb der Gürtellinie); **tief schür|fend;** vgl. tief; **Tief‿see** (*die;* -), **...sinn** (*der;* -[e]s); **tief|sin|nig**

Tie|gel, *der;* -s, -
Tier, *das;* -[e]s, -e; **Tier‿art, ...arzt, ...freund, ...gar|ten; tie|risch** (ugs. auch für: sehr, äußerst); **Tier|kreis** (Astron.); **Tier|kreis|zei|chen; Tier‿kun|de** (für: Zoologie), **...lie|be, ...quä|le|rei, ...reich** (*das;* -[e]s); **Tier|schutz|ver|ein**
Ti|ger, *der;* -s, -; **ti|gern** (streifig machen; ugs. für: irgendwohin gehen)
Til|de, *die;* -, -n (span. u. portug. Aussprachezeichen; [Druckw.:] Wiederholungszeichen: ~)
tilg|bar; til|gen; Til|gung
Till Eu|len|spie|gel (niederd. Schelmengestalt)
Til|sit (Stadt an der Memel); **Til|si|ter,** *der;* -s, - (ein Käse)
Tim|b|re [*tängbr*ᵉ], *das;* -s, -s (Klangfarbe der Gesangsstimme)
Time|sha|ring, (auch:) **Time-Sha|ring** [*taimschäring*], *das;* -s, -s (EDV: Zeitzuteilung bei der gleichzeitigen Benutzung eines Großrechners durch viele Benutzer); **Ti|ming** [*taiming*], *das;* -s, -s (zeitl. Abstimmen von Abläufen)
tin|geln (ugs. für: Tingeltangel spielen; im Tingeltangel auftreten); **Tin|gel|tan|gel,** *der* u. *das;* -s, - (ugs. für: niveaulose Unterhaltungsmusik; Tanzlokal; Varietee)
Tink|tur, *die;* -, -en ([Arznei]auszug)
Tin|nef, *der;* -s (ugs. für: Plunder; Unsinn)
Tin|te, *die;* -, -n; **Tin|ten|fisch**
Tip usw. (frühere Schreibung für:) **Tipp,** *der;* -s, -s (nützlicher Hinweis; Vorhersage bei Lotto u. Toto; ugs. für: ausgefüllter Wettschein)
Tip|pel|bru|der (ugs. für: Landstreicher); **tip|peln** (ugs. für: zu Fuß gehen, wandern)
[1]**tip|pen** (ugs. für: Maschine schreiben; nordd., mitteld. für: leicht berühren; Dreiblatt spielen); er hat ihm (auch: ihn) auf die Schulter getippt
[2]**tip|pen** (wetten); er hat richtig getippt
Tipp|feh|ler (ugs. für: Fehler beim Maschineschreiben); **Tipp|se,** *die;* -, -n (ugs. abwertend für: Maschinenschreiberin); **Tipp|zet|tel** (Wettzettel)
Ti|ra|de, *die;* -, -n (Wortschwall)
ti|ri|lie|ren (pfeifen, singen [von Vögeln])
Tisch, *der;* -[e]s, -e; bei - (beim Essen) sein; am - sitzen; zu - gehen; Gespräch am runden -; **Tisch|de|cke; Tisch|ler; Tisch|le|rei; tisch|lern; Tisch‿ord|nung, ...ten|nis, ...tuch** (*Mehrz.* ...tücher)
[1]**Ti|tan,** *der;* -en, -en (meist *Mehrz.;* einer der riesenhaften, von Zeus gestürzten Götter der gr. Sage; übertr. für: jmd., der durch außergewöhnliche Leistung, Machtfülle o. Ä. beeindruckt); [2]**Ti|tan,** *das;* -s (chem. Element, Metall; Zeichen: Ti)
Ti|tel, *der;* -s, -; **Ti|tel‿bild, ...blatt, ...held, ...sei|te, ...song, ...ver|tei|di|ger, ...ver|tei|di|ge|rin** (Sportspr.)
ti|tu|lie|ren (mit einem Titel anreden; als jmdn., etw. bezeichnen)
Ti|vo|li, *das;* -[s], -s (Vergnügungsort; it. Kugelspiel)
Toast [*toßt*], *der;* -[e]s, -e u. -s (geröstete Weißbrotschnitte; Trinkspruch); **toas|ten** (Weißbrot rösten; einen Trinkspruch ausbringen); **Toas|ter** (elektr. Gerät zum Rösten von Weißbrotscheiben)
To|bak, *der;* -[e]s, -e (veralt. für: Tabak); vgl. anno -
to|ben; To|be|rei; Tob|sucht, *die;* -; **tob|süch|tig; Tob|suchts|an|fall**
Toch|ter, *die;* -, Töchter (schweiz. auch für: Mädchen, Fräulein, Angestellte); **Toch|ter‿ge|schwulst** (Metastase), **...ge|sell|schaft** (Wirtsch.)
Tod, *der;* -[e]s, (selten:) -e; zu -e fallen, hetzen, erschrecken; **tod|brin|gend; tod|ernst** (ugs.); **To|des‿angst, ...an|zei|ge, ...fall, ...kampf, ...kan|di|dat; to|des|mu|tig; To|des‿op|fer, ...stra|fe, ...tag, ...ur|sa|che, ...ur|teil, ...ver|ach|tung; Tod|feind; tod‿krank, ...lang|wei|lig** (ugs.); **töd|lich; tod‿mü|de** (ugs.), **...schick** (ugs. für: sehr schick), **...si|cher** (ugs. für: absolut sicher, gewiss), **...ster|bens|krank** (ugs.); **Tod|sün|de; tod‿trau|rig, ...un|glück|lich**
Tof|fee [*tofi*], *das;* -s, -s (eine Weichkaramelle)
Töff|töff, *das;* -s, -s (Kinderspr.: Kraftfahrzeug)
To|ga, *die;* -, ...gen ([altröm.] Obergewand)
To|hu|wa|bo|hu, *das;* -[s], -s (Wirrwarr, Durcheinander)
To|i|let|te [*toal...*], *die;* -, -n (Frisiertisch; [feine] Kleidung; Ankleideraum; Klosett); - machen (sich [gut] anziehen); **To|i|let|ten|was|ser** (*Mehrz.* ...wässer)
toi, toi, toi! [*teu, teu, teu*] (ugs. für: unberufen!)
Töl|le, *die;* -, -n (ugs. für: Hund, Hündin)
to|le|rant (duldsam; nachsichtig; weitherzig); **To|le|ranz,** *die;* -, (Technik:) -en (Duldung, Duldsamkeit; Technik: zulässige Abweichung vom vorgegebenen Maß); **to|le|rie|ren** (dulden, gewähren lassen)
toll; toll|dreist
Tol|le, *die;* -, -n (ugs. für: Büschel; Haarschopf)
tol|len; Toll|haus; Tol|li|tät, *die;* -, -en (Fastnachtsprinz od. -prinzessin); **toll|kühn**
Toll|patsch, *der;* -[e]s, -e (ugs. für: ungeschickter Mensch); **toll|pat|schig** (ugs.)

Toll|wut
Toll|patsch usw. (frühere Schreibung für: Tollpatsch usw.)
Töl|pel, *der;* -s, - (ugs.)
To|ma|hawk [*tómahak,* auch: ...*hå k*], *der;* -s, -s (Streitaxt der [nordamerik.] Indianer)
To|ma|te, *die;* -, -n; gefüllte -n
Tom|bo|la, *die;* -, -s, (selten:) ...len (Verlosung bei Festen)
[1]**Ton,** *der;* -[e]s, (für: Tonsorten *Mehrz.:*) -e (Verwitterungsrückstand tonerdehaltiger Silikate)
[2]**Ton,** *der;* -[e]s, Töne (Laut usw.); den - angeben; **to|nal** (Musik: auf einen Grundton bezogen); **ton|an|ge|bend; Ton‿art, ...band** (das; *Mehrz.* ...bänder)
[1]**tö|nen** (färben)
[2]**tö|nen** (klingen)
To|ner, *der;* -s, - (Druckfarbe für Kopiergeräte, Drucker u. Ä.)
Ton|er|de; essigsaure -; **tö-nern** (aus [1]Ton); es klingt - (hohl)
Ton|fall (*der;* -[e]s), **...film**
To|ni|ka, *die;* -, ...ken (Musik: Grundton einer Tonleiter, eines Musikstücks; Dreiklang auf der ersten Stufe)
To|ni|kum, *das;* -s, ...ka (Med.: stärkendes Mittel)
Ton‿in|ge|ni|eur, ...lei|ter *(die);* **ton|los;** -e Stimme; **Ton|meis|ter**
Ton|ne, *die;* -, -n (auch Maßeinheit für Masse: 1 000 kg)
Ton|sur, *die;* -, -en (früher: kahl geschorene Stelle auf dem Kopf kath. Geistlicher)
Ton‿ta|fel, ...tau|be (Wurftaube); **Ton|tau|ben|schie-ßen,** *das;* -s
Tö|nung (Art der Farbgebung)
Top, *das;* -s, -s ([ärmelloses] Oberteil)
To|pas, *der;* -es, -e (ein Halbedelstein)
Topf, *der;* -[e]s, Töpfe; **Topf-blu|me; Töp|fer; Töp|fe|rei; töp|fern** (Töpferwaren machen); **Töp|fer|schei|be; Topf|gu|cker**
top|fit [*top-fit*] (in bester körperlicher Verfassung)
Topf‿lap|pen, ...pflan|ze
Top|ma|nage|ment [*topmänidsch̶e̶m̶entnt*] (Wirtsch.; Spitze der Unternehmensleitung); **Top|ma|na|ger**
Top|ten, (auch:) **Top Ten,** *die;* -, -s (Hitparade [aus zehn Titeln, Werken u. a.])
[1]**Tor,** *das;* -[e]s, -e (große Tür; Angriffsziel [beim Fußballspiel u. a.])
[2]**Tor,** *der;* -en, -en (törichter Mensch)
To|re|a|dor, *der;* -s u. -en, -e[n] ([berittener] Stierkämpfer)
To|re|ro, *der;* -[s], -s (nicht berittener Stierkämpfer)
Torf, *der;* -e[s], -e (verfilzte, vermoderte Pflanzenreste); **Torf‿moor, ...mull**
Tor|frau (Sportspr.)
Tor|heit; tö|richt; tö|rich|ter-wei|se
tor|keln (ugs. für: taumeln)
Tor‿lauf (für: Slalom), **...li|nie**
Tor|na|do, *der;* -s, -s (Wirbelsturm in Nordamerika)
Tor|nis|ter, *der;* -s, - ([Fell-, Segeltuch]ranzen)
tor|pe|die|ren (mit Torpedo[s] beschießen, versenken; übertr. für: stören, verhindern); einen Plan -
Tor|schluss, (*der;* -es); vor -; **Tor|schluss|pa|nik**
Tor|so, *der;* -s, -s u. ...si (allein erhalten gebliebener Rumpf einer Statue; Bruchstück)
Tört|chen; Tor|te, *die;* -, -n; **Tor|ten‿bo|den, ...guss**
Tor|tur, *die;* -, -en (Folter, Qual)
Tor‿ver|hält|nis (Sportspr.), **...wart** (Sportspr.), **...weg**
to|sen; der Sturm tos|te
tot; der tote Punkt; ein totes Gleis, ein tot geborenes Kind; sich tot stellen
to|tal (gänzlich, völlig; Gesamt...); **To|tal|aus|ver-kauf; To|ta|li|sa|tor,** *der;* -s, ...oren (amtliche Wettstelle auf Rennplätzen; Kurzw.: Toto); **to|ta|li|tär** (diktatorisch, sich alles unterwerfend [vom Staat]; selten für: ganzheitlich); **To|ta|li|tät,** *die;* -, -en (Gesamtheit, Ganzheit)
tot|är|gern, sich (ugs.); **tot|ar-bei|ten,** sich (ugs.); **To|te,** *der* u. *die;* -n, -n (jmd., der gestorben ist)
To|tem, *das;* -s, -s (bei Naturvölkern das Ahnentier u. Stammeszeichen der Sippe)
tö|ten; to|ten‿blass, ...bleich; To|ten|grä|ber; To|ten|sonn|tag; to|ten-still; To|ten‿stil|le, ...tanz, ...wa|che; tot|fah|ren; er hat sie totgefahren; **tot ge-bo|ren;** vgl. tot; **Tot|ge|burt; tot|la|chen,** sich (ugs. für: heftig lachen); **tot|lau|fen,** sich (ugs. für: von selbst zu Ende gehen); **tot|ma|chen** (ugs. für: töten)
To|to, *das* (auch: *der*); -s, -s (Kurzw. für: Totalisator; Sport-, Fußballtoto)
tot|schie|ßen; Tot|schlag *(der);* **tot|schla|gen;** er wurde [halb] totgeschlagen; er hat seine Zeit totgeschlagen (ugs. für: nutzlos verbracht); **Tot|schlä|ger; tot-schwei|gen; tot stel|len;** vgl. tot; **Tö|tung;** fahrlässige -
Touch [*tatsch*], *der;* -s, -s (Anstrich; Anflug, Hauch); **Touch|screen** [...*ßkrin*], *der;* -s, -s (Computerbildschirm, der auf Berührung reagiert)
Tou|pet [*tupe*], *das;* -s, -s (Halbperücke; Haarersatz); **tou|pie|ren** (Haar mit dem Kamm auf-, hochbauschen)
Tour [*tur*], *die;* -, -en; in einer - (ugs. für: ohne Unterbrechung); auf -en kommen (hohe Geschwindigkeit erreichen; übertr. für: in Schwung kommen); **Tou|ris-mus,** *der;* - (Fremdenverkehr, Reisewesen); **Tou|rist** ([Urlaubs]reisender); **Tou-ris|ten|klas|se,** *die;* - (preiswerte Reiseklasse im Luft- und Seeverkehr); **tou|ris-**

tisch; **Tour|ne|dos** [*turnedo*], *das;* - [*turnedo(ß)*], - [*turnedoß*] (daumendickes, rundes Lendenschnittchen); **Tour|nee,** *die;* -, -s u. ...neen (Gastspielreise von Künstlern)

Tow|er [*tauer*], *der;* -s, - (eines der Wahrzeichen Londons [*Einz.*]; Flughafenkontrollturm)

To|xi|kum, *das;* -s, ...ka (Med.: Gift); **to|xisch**

Trab, *der;* -[e]s; - laufen, rennen, reiten

[1]**Tra|bant,** *der;* -en, -en (früher für: Begleiter; Diener; Leibwächter; Astron.: Mond; Technik: künstl. Erdmond, Satellit); [2]**Tra|bant®,** *der;* -s, -s (Kraftfahrzeug aus der ehem. DDR); **Tra|ban|ten|stadt** (selbstständige Randsiedlung einer Großstadt)

tra|ben; Tra|ber (Pferd)

Tracht, *die;* -, -en; eine - Prügel (ugs.)

trach|ten

träch|tig

tra|die|ren ([mündl.] überliefern); **Tra|di|ti|on** [*...zion*], *die;* -, -en ([mündl.] Überlieferung; Herkommen; Brauch); **tra|di|ti|o|nell** (überliefert, herkömmlich); **tra|di|ti|ons|be|wusst**

Trag|bah|re; trag|bar

trä|ge

tra|gen; trug, getragen; zum Tragen kommen; **Trä|ger; Trä|ge|rin; trag‿fä|hig, Trag|flä|che**

Träg|heit, *die;* -

Tra|gik, *die;* - (Kunst des Trauerspiels; schweres, schicksalhaftes Leid); **tra|gi|ko|misch** [auch: *tra...*] (halb tragisch, halb komisch); **Tra|gi|ko|mö|die** [auch: *tra...*] (Schauspiel, in dem Tragisches u. Komisches miteinander verbunden sind); **tra|gisch** (das Trauerspiel betreffend; erschütternd)

Trag|kraft, *die;* -

Tra|gö|de, *der;* -n, -n (Heldendarsteller); **Tra|gö|die** [*...ie*], *die;* -, -n (Trauerspiel; großes Unglück); **Tra|gö|din**

Trag|wei|te, *die;* -

Trai|nee [*träni*], *der;* -s, -s (jmd., der innerhalb eines Unternehmens auf eine bestimmte Aufgabe vorbereitet wird); **Trai|ner** [*trän...* od. *tren...*], *der;* -s, - (jmd., der Sportler systematisch auf Wettkämpfe vorbereitet; Betreuer von Rennpferden; auch schweiz. Kurzform für: Trainingsanzug); **trai|nie|ren; Trai|ning** [*trän...* od. *tren...*], *das;* -s, -s (systematische Vorbereitung [auf Wettkämpfe]); **Trai|nings‿an|zug, ...la|ger** (*Mehrz.* ...lager)

Tra|keh|ner (ein edles Vollblutpferd)

Trakt, *der;* -[e]s, -e (Gebäudeteil); **Trak|tat,** *das* od. *der;* -[e]s, -e ([wissenschaftliche] Abhandlung; religiöse Schrift); **trak|tie|ren** (schlecht behandeln, quälen; veraltend für: großzügig bewirten); **Trak|tor,** *der;* -s, ...oren (Zugmaschine, Schlepper)

Tram, *die;* -, -s (schweiz.: *das;* -s, -s; bes. schweiz. für: Straßenbahn); **Tram|bahn** (südd. für: Straßenbahn)

Tramp [*trämp*], *der;* -s, -s (Landstreicher, umherziehender Gelegenheitsarbeiter [bes. in den USA]); **Tram|pel,** *der* od. *das;* -s, - (ugs. für: plumper Mensch); **tram|peln** (ugs. für: mit den Füßen heftig aufstampfen); **Tram|pel‿pfad, ...tier** (Kamel; ugs. für: plumper Mensch); **tram|pen** [*trämpen*] (per Anhalter reisen); **Tram|po|lin,** *das;* -s, -e (ein Sprunggerät); - springen

Tran, *der;* -[e]s, (für: Transorten *Mehrz.*:) -e (flüssiges Fett von Seesäugetieren, Fischen)

Tran|ce [*trangß(e)*], *die;* -, -n (schlafähnlicher Zustand [in Hypnose])

tran|chie|ren usw.; vgl. transchieren usw.

Trä|ne, *die;* -, -n; **trä|nen; Trä|nen‿drü|se, ...gas** (*das;* -es)

Tran|fun|zel (ugs. abwertend für: schlecht brennende Lampe; [geistig] schwerfälliger Mensch); **tra|nig** (Tran enthaltend, nach Tran schmeckend; ugs. für langsam, langweilig)

Trank, *der;* -[e]s, Tränke (*Mehrz.* selten; geh. für: Getränk); **Trän|ke,** *die;* -, -n (Stelle an einem Gewässer, wo Tiere getränkt werden); **trän|ken** (Tieren Wasser geben; sich mit einer Flüssigkeit vollsaugen lassen)

Trans|ak|ti|on [*...zion*], *die;* -, -en (größere finanzielle Unternehmung)

tran|schie|ren, (auch:) tranchie|ren [*...schiren*] ([Fleisch, Geflügel, Braten] zerlegen); **Tran|schier|messer,** (auch:) Tran|chier|messer, *das*

Trans|fer, *der;* -s, -s (Wirtsch.: Zahlung ins Ausland in dessen Währung; Sportspr.: Wechsel eines Berufsspielers zu einem anderen Verein; Weitertransport im Reiseverkehr); **trans|fe|rie|ren** (Wirtsch.: einen Transfer durchführen; Sportspr.: einen Berufsspieler gegen eine Ablösesumme übernehmen od. abgeben)

Trans|for|ma|ti|on [*...zion*], *die;* -, -en (Umformung, Umgestaltung); **Trans|for|ma|tor,** *der;* -s, ...oren (Umspanner [elektr. Ströme]); **trans|for|mie|ren** (umformen, umgestalten; umspannen)

Trans|fu|si|on, *die;* -, -en ([Blut]übertragung)

Tran|sis|tor, *der;* -s, ...oren (Elektronik: ein Halbleiterbauelement); **Tran|sis|tor|ra|dio**

Tran|sit [auch: *...it, transit*], *der;* -s, -e (Wirtsch.: Durchfuhr von Waren; Durchreise von Personen); **Tran|sit|han|del**

tran|si|tiv (Sprachw.: eine Wenfallergänzung fordernd u. zur Bildung der persönlichen Leideform fähig; zielend); -es Zeitwort

Tran|sit‿rei|sen|de, ...ver|bot (Durchfahrverbot), **...verkehr**

trans|pa|rent (durchscheinend; durchsichtig; durchschaubar); **Trans|pa|rent,** *das;* -[e]s, -e (durchscheinendes Bild; Spruchband)

Tran|s|pi|ra|ti|on [*...zion*], *die;* - (Schweiß; [Haut]ausdünstung); **tran|spi|rie|ren**

Trans|plan|ta|ti|on [*...zion*], *die;* -, -en (Med.: Überpflanzung von Organen, Gewebeteilen od. lebenden Zellen auf andere Körperstellen od. auf einen anderen Organismus)

Trans|port, *der;* -[e]s, -e (Beförderung); **trans|portie|ren** (befördern); **Transport‿kis|te, ...kos|ten** (*Mehrz.*), **...mit|tel**

Tran|su|se, *die;* -, -n (ugs. abwertend svw. Tranfunzel)

Trans|ves|tit, *der;* -en, -en (Mann, der sich aufgrund seiner sexuellen Veranlagung wie eine Frau kleidet, frisiert, schminkt)

tran|s|zen|dent (übersinnlich, -natürlich); **Tran|s|zen|denz,** *die;* - (das Überschreiten der Grenzen der Erfahrung, des Bewusstseins)

Tra|pez, *das;* -es, -e (Viereck mit zwei parallelen, aber ungleich langen Seiten; Vorrichtung für akrobatische Übungen); **Tra|pez|akt** (am Trapez ausgeführte Zirkusnummer); **tra|pez|för|mig**

trap|sen (ugs. für: sehr laut auftreten)

Tra|ra, *das;* -s (ugs. abwertend für: Lärm; großes Aufsehen, Getue)

Tras|se, *die;* -, -n ([abgesteckter] Verlauf eines Verkehrsweges, einer Versorgungsleitung usw.; Bahnkörper, Bahn-, Straßendamm)

Tratsch, *der;* -[e]s (ugs. für: Geschwätz, Klatsch); **tratschen** (ugs.)

Trau|be, *die;* -, -n; **Trau|benzu|cker**

trau|en; ich traue mich nicht (selten: mir nicht), das zu tun

Trau|er, *die;* -; **Trau|er‿fall** *(der)*, **...kloß** (ugs. scherzh. für: langweiliger, lustloser Mensch); **trau|ern**

Trau|fe, *die;* -, -n; **träu|feln**

trau|lich; - beisammensitzen

Traum, *der;* -[e]s, Träume

Trau|ma, *das;* -s, ...men u. -ta (seelische Erschütterung; Med.: Wunde)

träu|men; ich träumte von meinem Bruder; mir träumte von ihm; es träumte mir (geh.); das hätte ich mir nicht - lassen (ugs. für: hätte ich nie geglaubt); **Träu|mer; Träume|rei; träu|me|risch; traum|haft; Traum‿job, ...mann**

trau|rig; Trau|rig|keit, *die;* -

Trau‿ring, ...schein

traut; ein -es Heim

Trau|te, *die;* - (ugs. für: [Wage]mut); keine - haben

Trau|ung; Trau|zeu|ge

Tra|ves|tie [*...wä...*], *die;* -, ...ien ([scherzhafte] Umgestaltung [eines Gedichtes])

Traw|ler [*trå lᵉr*], *der;* -s, - (Fischdampfer)

Tre|ber, *die* (*Mehrz.;* Rückstände [beim Keltern und Bierbrauen])

Treck, *der;* -s, -s (Zug von Menschen, Flüchtenden [mit Fuhrwerken]); **tre|cken** (ziehen); **Tre|cker** (Traktor); **Tre|cking;** vgl. Trekking

[1]**Treff,** *das;* -s, -s (Kreuz, Eichel [im Kartenspiel])

[2]**Treff,** *der;* -s, -s (ugs. für: Treffen, Zusammenkunft); **tref|fen;** traf, getroffen; **Tref|fen,** *das,* -s, -; **treffend; Tref|fer; treff|lich; Treff|punkt**

trei|ben; trieb, getrieben; **Trei|ber; Trei|be|rei; Treib‿haus; Treib|haus|ef|fekt; Treib|stoff**

trei|deln (früher: einen Lastkahn vom Ufer aus stromaufwärts ziehen); **Trei|delpfad** (Leinpfad)

Trek|king, (auch:) Tre|cking, *das;* -s, -s (mehrtägige Wanderung od. Fahrt [durch ein unwegsames Gebiet])

Tre|ma, *das;* -s, -s u. -ta (Trennpunkte, Trennungszeichen [über einem von zwei getrennt auszusprechenden Selbstlauten, z. B. fr. naïf »naiv«])

tre|mo|lie|ren (mit Tremolo spielen, singen); **Tre|mo|lo,** *das;* -s, -s u. ...li (Musik: bei Instrumenten rasche Wiederholung eines Tons od. Intervalls; (beim Gesang) unnatürlich starkes Bebenlassen der Stimme)

Trench|coat [*träntschkoᵘt*], *der;* -[s], -s (Wettermantel)

Trend, *der;* -s, -s (Grundrichtung einer Entwicklung)

tren|nen; sich -; **Tren|nung**

trepp|ab; trepp|auf; -, treppab laufen; **Trep|pe,** *die;* -, -n; -n steigen; **Trep|pen‿ab|satz, ...witz** (*der;* -es)

Tre|sen, *der;* -s, - (nordd. u. mitteld. für: Laden-, Schanktisch)

Tre|sor [österr. auch: *tre...*], *der;* -s, -e (Panzerschrank; Stahlkammer)

Tres|se, *die;* -, -n (Borte)

Tres|ter, *die* (*Mehrz.;* Rückstände beim Keltern u. Bierbrauen)

tre|ten; trat, getreten; er tritt ihn (auch: ihm) auf den Fuß; beiseite -; **Tre|ter,** *die* (*Mehrz.;* ugs. für: Schuhe); **Tret|müh|le** (ugs. für: gleichförmiger [Berufs]alltag)

treu; zu -en Händen übergeben (vertrauensvoll zur Aufbewahrung übergeben); ein mir treu ergebener Freund; ein treu sorgender Vater; **Treu|bruch,** *der;* **treu|brü|chig; Treue,** *die;* -; auf Treu und Glauben; **Treue|prä|mie; treu er|ge|ben;** vgl. treu; **Treu|hand,** *die;* - (Rechtsspr.: Treuhandgesellschaft); **Treu|hän|der** (Rechtsspr.: zur Treuhandschaft bevollmächtigte Person); **Treu|hand|ge|sell|schaft** (Rechtsspr.: Gesellschaft, die fremde Rechte ausübt); **Treu|hand|schaft** (Ausübung u. Verwaltung fremder Rechte durch eine bevollmächtigte Person); **treu|her|zig; treu|lich** (veraltend für: getreulich); **treu|los; treu sor|gend;** vgl. treu

Tri|an|gel [österr.: *...ang...*], *der;* -s, - (Musik: ein Schlaggerät)

Tri|bu|nal, *das;* -s, -e ([hoher] Gerichtshof); **Tri|bü|ne,** *die;* -, -n ([Redner-, Zuhörer-, Zuschauer]bühne; auch für: Zuhörer-, Zuschauerschaft); **Tri|but,** *der;* -[e]s, -e (Abgabe, Steuer); etwas fordert einen hohen - (hohe Opfer); einer Sache [seinen] - zollen (sie anerkennen); **tri|but|pflich|tig**

Tri|chi|ne, *die;* -, -n (schmarotzender Fadenwurm)

Trich|ter, *der;* -s, -; **trich|ter|för|mig; trich|tern**

Trick, *der;* -s, -e u. -s (Kunstgriff; Kniff; List); **Trick|film; trick|sen** (ugs. für: mit Tricks arbeiten, mit Tricks bewerkstelligen)

Trieb, *der;* -[e]s, -e; **Trieb|fe|der; trieb|haft**

trie|fen; triefte, (geh.:) troff, getrieft (selten noch: getroffen); **trief|nass**

trie|zen (ugs. für: quälen, plagen)

Trift, *die;* -, -en (Weide; Holzflößung; auch svw. Drift)

trif|tig ([zu]treffend); -er Grund

Tri|go|no|me|t|rie, *die;* - (Dreiecksmessung, -berechnung)

Tri|ko|lo|re, *die;* -, -n (dreifarbige [fr.] Fahne)

[1]**Tri|kot** [*...ko,* auch: *triko*], *das;* -s, -s (eng anliegendes Kleidungsstück); [2]**Tri|kot,** *der* (selten: *das*); -s, -s (maschinengestricktes od. gewirktes Gewebe); **Tri|ko|ta|ge** [*...asche*, österr.: *...asch*], *die;* -, -n (Wirkware)

Tril|ler; tril|lern; Tril|ler|pfei|fe

Tri|lo|gie, *die;* -, ...ien (Folge von drei [zusammengehörenden] Dichtwerken, Kompositionen u. a.)

Trimm-dich-Pfad; trim|men (Hunden das Fell scheren; ugs. für: in einen gewünschten Zustand bringen); ein auf alt getrimmter Schrank; sich -; trimm dich durch Sport!

trin|ken; trank, getrunken; **Trin|ker; trink|fest; Trink|lied**

Trio, *das;* -s, -s (Musikstück für drei Instrumente; auch für: die drei Ausführenden; Gruppe von drei Personen); **Tri|o|le,** *die;* -, -n (Musik: Figur von 3 Noten an Stelle von 2 oder 4 gleichwertigen)

Trip, *der;* -s, -s (Ausflug, Reise; Rauschzustand durch Drogeneinwirkung; auch für: die dafür benötigte Dosis)

trip|peln (mit kleinen, schnellen Schritten gehen)

Trip|per, *der;* -s, - (Geschlechtskrankheit)

trist (traurig, öde, trostlos)

Tritt, *der;* -[e]s, -e; - halten; **Tritt‿brett, ...lei|ter** *(die)*

Tri|umph, *der;* -[e]s, -e (großer Sieg, Erfolg; nur *Einz.:* Siegesfreude); **tri|um|phal** (herrlich, sieghaft); **Tri|umph|bo|gen; tri|um|phie|ren** (siegen; jubeln)

tri|vi|al [*...wi...*.] (platt, abgedroschen); **Tri|vi|a|li|tät,** *die;* -, -en (Plattheit); **Tri|vi|al|li|te|ra|tur**

tro|cken; die Kuh hat mehrere Wochen trocken gestanden (hat keine Milch gegeben); sie ließen uns auf der Party trocken sitzen (versorgten uns nicht mit Getränken); im Trock[e]nen (auf trockenem Boden) sein; auf dem Trock[e]nen sein, sitzen (ugs. für: festsitzen; nicht mehr weiterkommen; aus finanziellen Gründen in Verlegenheit sein); sein Schäfchen im Trock[e]nen haben, ins Trock[e]ne bringen (ugs. für: sich wirtschaftlich gesichert haben, sichern); **Tro|cken|hau|be; Tro|cken|heit; tro|cken|le|gen** (entwässern; mit frischen Windeln versehen); **Tro|cken‿milch, ...pe|ri|o|de, ...ra|sie|rer** (ugs.), **...raum; tro|cken sit|zen;** vgl. trocken; **tro|cken ste|hen;** vgl. trocken; **trock|nen**

Trod|del, *die;* -, -n (Quaste)

Trö|del, *der;* -s (ugs.); **Trö|del|kram** (ugs.); **trö|deln** (ugs. für: beim Arbeiten u. Ä. langsam sein; schleudern); **Tröd|ler**

Trog, *der;* -[e]s, Tröge

Troi|ka [*treuka,* auch: *troika*], *die;* -, -s (russ. Dreigespann)

Troll, *der;* -[e]s, -e (Kobold, Dämon); **trol|len,** sich (ugs.)

Trom|mel, *die;* -, -n; **Trom|mel‿fell, ...feu|er; trom|meln; Trom|mel|schlä|gel; - Trom|mel|wir|bel; Tromm|ler**

Trom|pe|te, *die;* -, -n; **trom|pe|ten;** er hat trompetet; **Trom|pe|ter**

Tro|pen, *die (Mehrz.;* heiße Zone zwischen den Wendekreisen); **Tro|pen‿helm, ...krank|heit**

[1]**Tropf,** *der;* -[e]s, Tröpfe (ugs. für: einfältiger Mensch)

[2]**Tropf,** *der;* -[e]s, -e (Med.: Vorrichtung für die Tropfinfusion); **tröp|feln; trop|fen; Trop|fen,** *der;* -s, -; **Trop|fen|fän|ger; trop|fen|wei|se; Tropf|in|fu|si|on** (Med.);

tropf|nass; Tropf|steinhöh|le

Tro|phäe, *die;* -, -n (Siegeszeichen; Jagdbeute [z. B. Geweih])

tro|pisch (zu den Tropen gehörend; südlich, heiß)

Tross, *der;* -es, -e (Milit. früher: der die Truppe mit Verpflegung u. Munition versorgende Wagenpark; übertr. für: Gefolge, Haufen); **Tros|se,** *die;* -, -n (starkes Tau; Drahtseil); **Trossknecht**

Trost, *der;* -es; **trös|ten;** sich -; **Trös|ter; tröst|lich; trostlos; Trost|lo|sig|keit,** *die;* -; **Trost|pflas|ter, ...preis; trost|reich**

Trott, *der;* -[e]s, -e (ugs. für: langweiliger, routinemäßiger [Geschäfts]gang; eingewurzelte Gewohnheit)

Trot|tel, *der;* -s, - (ugs. für: einfältiger Mensch, Dummkopf); **trot|tel|haft; trot|telig**

trot|ten (ugs. für: schwerfällig gehen); **Trot|toir** [*...toar*], *das;* -s, -e u. -s (schweiz., sonst veralt. für: Bürgersteig)

trotz; *Verhältnisw.* mit *Wesf.*, seltener mit *Wemf.:* - des Regens, (seltener:) dem Regen; - Beweisen; **Trotz,** *der;* -es; aus -; dir zum -; **trotz|dem;** - ist es falsch; trotzdem (älter: - dass) du nicht rechtzeitig eingegriffen hast; **trot|zen; trot|zig; Trotz|kopf; trotz|köp|fig**

Trou|ba|dour [*trubadur,* auch: *...dur*], *der;* -s, -e u. -s (provenzal. Minnesänger des 12. u. 13. Jh.s)

trüb, trü|be; im Trüben fischen (ugs. für: unklare Zustände zum eigenen Vorteil ausnutzen); **Trü|be,** *die;* -

Tru|bel, *der;* -s

trü|ben; sich -; **Trüb|sal,** *die;* -, -e; **trüb|se|lig; Trüb|sinn,** *der;* -[e]s; **trüb|sin|nig**

Truch|sess, *der;* -es u. (älter:) -en, -e (im Mittelalter für Küche u. Tafel zuständiger Hofbeamter)

tru|deln (Fliegerspr.: drehend niedergehen od. abstürzen; landsch. auch für: würfeln)

Trüf|fel, *die;* -, -n (ugs. meist: *der;* -s, -; ein Pilz; kugelförmige Praline aus einer bestimmten Masse mit Schokolade); **trüf|feln** (mit Trüffeln zubereiten)

Trug, *der;* -[e]s; Lug und -; **trü|gen;** trog, getrogen; **trüge|risch; Trug|schluss**

Tru|he, *die;* -, -n

Trumm, *das;* -[e]s, Trümmer (landsch. für: großes Stück, Exemplar); **Trüm|mer,** *die* (*Mehrz.;* [Bruch]stücke); **Trüm|mer‿feld, ...hau|fen**

Trumpf, *der;* -[e]s, Trümpfe (eine der [wahlweise] höchsten Karten bei Kartenspielen, mit denen Karten anderer Farbe gestochen werden können); **Trumpf|ass,** (auch:) **Trumpf-Ass; Trumpf|kar|te**

Trunk, *der;* -[e]s, (selten:) Trünke; **trun|ken;** er ist vor Freude -; **Trunk|sucht,** *die;* -

Trupp, *der;* -s, -s; **Trup|pe,** *die;* -, -n; **Trup|pen‿ab|bau, ...pa|ra|de**

Trust [meist engl. Ausspr.: *traßt*], *der;* -[e]s, -e u. -s (Konzern)

Trut‿hahn, ...hen|ne, ...huhn

Tscha|dor, *der;* -s, -s ([von persischen Frauen getragener] langer Schleier)

Tscha|ko, *der;* -s, -s (früher: Kopfbedeckung bei Militär u. Polizei)

Tschar|dasch (alte Schreibung für:) Csárdás

Tsche|chi|en (kurz für: Tschechische Republik)

tschil|pen; vgl. schilpen

tschüs!, (auch:) tschüss! (ugs.)

Tse|tse|flie|ge (Überträger der Schlafkrankheit u. a.)

T-Shirt [*tischö'rt*], *das;* -s, -s ([kurzärmliges] Oberteil aus Trikot)

T-Trä|ger, *der;* -s, -

Tu|ba, *die;* -, ...ben (ein Blechblasinstrument; Med.: Eileiter, Ohrtrompete)

Tu|be, *die;* -, -n (röhrenförmiger Behälter [für Farben u. a.]; Med. auch für: Tuba)

tu|ber|ku|lös (schwindsüchtig); **Tu|ber|ku|lo|se** (eine Infektionskrankheit; Abk.: Tb, Tbc); **tu|ber|ku|lo|sekrank** (Abk.: Tbc-krank od. Tb-krank)

Tuch, *das;* -[e]s, Tücher u. (für: Tucharten *Mehrz.:*) -e; **Tuch‿bahn, ...fa|brik, ...füh|lung** (*die;* -; leichte Berührung zwischen zwei Personen), **...han|del**

tüch|tig; Tüch|tig|keit, *die;* -

Tü|cke, *die;* -, -n

tu|ckern (vom Motor)

tü|ckisch; eine -e Krankheit

Tu|e|rei (ugs. für: das Sichzieren)

Tuff, *der;* -s, -e (ein Gestein)

Tüf|te|lei (ugs.); **tüf|teln** (ugs. für: eine knifflige Aufgabe mit Ausdauer zu lösen suchen)

Tu|gend, *die;* -, -en; **Tu|gendbold,** *der;* -[e]s, -e (iron. für: tugendhafter Mensch); **tugend|haft**

Tu|kan [auch: *...an*], *der;* -s, -e (Pfefferfresser [mittel- u. südamerik. spechtartiger Vogel])

Tüll, *der;* -s, (für: Tüllarten *Mehrz.:*) -e (netzartiges Gewebe)

Tül|le, *die;* -, -n (landsch. für: [Ausguss]röhrchen; kurzes Rohrstück zum Einstecken)

Tul|pe, *die;* -, -n (früh blühendes Zwiebelgewächs); **Tulpen|zwie|bel**

tumb (altertümelnd scherzh. für: einfältig)

tum|meln (bewegen); sich - ([sich be]eilen; auch für: herumtollen); **Tum|melplatz; Tümm|ler** (Delphin; Taube)

Tu|mor, *der;* -s, ...oren (Med.: Geschwulst)

Tüm|pel, *der;* -s, -

Tu|mult, *der;* -[e]s, -e (Lärm; Unruhe; Auflauf; Aufruhr); **tu|mul|tu|a|risch** (lärmend, unruhig, erregt)

tun, tat, getan; ich tue od. tu das gern; **Tun,** *das;* -s; das - und Lassen; das - und Treiben

Tün|che, *die;* -, -n; **tün|chen**

Tun|d|ra, *die;* -, ...dren (baumlose Kältesteppe jenseits der arktischen Waldgrenze)

Tun|fisch; vgl. Thunfisch

Tu|nicht|gut, *der;* - u. -[e]s, -e

Tu|ni|ka, *die;* -, ...ken (altröm. Untergewand)

Tun|ke, *die;* -, -n; **tun|ken**

tun|lich (veraltend für: ratsam, angebracht); tunlichst (möglichst) bald

Tun|nel, *der;* -s, - u. -s

Tun|te, *die;* -, -n (ugs. abwertend für: Frau; Homosexueller); **tun|tig**

Tüp|fel|chen; das - auf dem i; das i-Tüpfelchen; **tüp|feln; tup|fen; Tup|fen,** *der;* -s, - (Punkt; [kreisrunder] Fleck); **Tup|fer**

Tür, *die;* -, -en; von - zu -

Tür|an|gel

Tur|ban, *der;* -s, -e ([moslem.] Kopfbedeckung)

Tur|bi|ne, *die;* -, -n (Technik: eine Kraftmaschine); **tur|bu|lent** (stürmisch, ungestüm); **Tur|bu|lenz,** *die;* -, -en (turbulentes Geschehen; Physik: Auftreten von Wirbeln in einem Luft-, Gas- od. Flüssigkeitsstrom)

Tür‿drü|cker, ...fül|lung, ...griff, ...hü|ter

Tür|ke, *der;* -n, -n (auch für: [nach]gestellte Szene); einen -n bauen (ugs. für: etwas vortäuschen, vorspiegeln); **tür|kis** (türkisfarben); ein - Kleid; **¹Tür|kis,** *der;* -es, -e (ein Edelstein); **²Tür|kis,** *das;* - (türkisfarbener Ton); in -; **tür|kis|far|ben**

Tür|klin|ke

Turm, *der;* -[e]s, Türme

Tur|ma|lin, *der;* -s, -e (ein Edelstein)

Turm|bau (*Mehrz.* ...bauten); **¹tür|men** (aufeinander häufen)

²tür|men (ugs. für: weglaufen)

Tür|mer; Turm‿fal|ke, ...sprin|gen (Sportspr.), **...uhr**

tur|nen; Tur|nen, *das;* -s; **Tur|ner; tur|ne|risch; Tur|ner|schaft; Turn|hal|le**

Tur|nier, *das;* -s, -e (früher ritterlicher, jetzt sportlicher Wettkampf)

Turn‿schuh, ...ü|bung

Tur|nus, *der;* -, -se (Reihenfolge; Wechsel; Umlauf; österr. auch für: Arbeitsschicht); im -

Turn|zeug

Tür‿schloss, ...spalt

tur|teln (girren); **Tur|tel|tau|be**

Tusch, *der;* -[e]s, -e (Musikbegleitung bei einem Hoch); einen - blasen

Tu|sche, *die;* -, -n (Zeichentinte)

tu|scheln (heimlich [zu]flüstern)

tu|schen (mit Tusche zeichnen); **Tusch‿far|be, ...kas|ten**

Tü|te, *die;* -, -n

tu|ten; von Tuten und Blasen keine Ahnung haben (ugs.)

Tu|tor, *der;* -s, ...oren (jmd., der den Studienanfänger betreut)

Tüt|tel|chen (ugs. für: ein Geringstes); kein - preisgeben

Tut|ti|frut|ti, *das;* -[s], -[s] (Gericht aus allen Früchten)

TÜV [*tüf*], *der;* - (Kurzw. für: Technischer Überwachungs-Verein); **TÜV-ge|prüft**

Tu|wort (Verb; *Mehrz.* ...wörter)

Tweed [*twid*], *der;* -s, -s u. -e (ein Gewebe)

Twen, *der;* -[s], -s (junger Mann, junge Frau um die zwanzig)

Twill, *der;* -s, -s u. -e (Baumwollgewebe [Futterstoff]; Seidengewebe)

Twin|set, *das* (auch: *der*); -[s], -s (Pullover u. Jacke von gleicher Farbe u. aus gleichem Material)

¹Twist, *der;* -es, -e (mehrfädiges Baumwoll[stopf]garn); **²Twist,** *der;* -s, -s (ein Tanz); **twis|ten** (²Twist tanzen)

Two|stepp [*tußtäp*], *der;* -s, -s (ein Tanz)

¹Typ, *der;* -s, -en (Philosoph.: nur *Einz.*: Urbild, Beispiel; Psych.: bestimmte psych. Ausprägung; Technik: Gattung, Bauart, Muster, Modell); **²Typ,** *der;* -s u. -en, -en (ugs. für: Mensch, Person); **Ty|pe,** *die;* -, -n (gegossener Druckbuchstabe, Letter; ugs. für: komische Figur; seltener, aber bes. österr. svw. Typ [Technik])

Ty|phus, *der;* - (eine Infektionskrankheit)

ty|pisch (gattungsmäßig; kenn-, bezeichnend; ausgeprägt; eigentümlich, üblich); **Ty|po|gra|fie,** (auch:) **Ty|po|gra|phie,** *die;* -, ...ien (Buchdruckerkunst); **Ty|pus,** *der;* -, Typen (svw. Typ [Philos., Psychol.])

Ty|rann, *der;* -en, -en (Gewaltherrscher; auch: herrschsüchtiger Mensch); **Ty|ran|nei,** *die;* -, -en (Gewaltherrschaft; Willkür[herrschaft]); **ty|ran|nisch** (gewaltsam, willkürlich); **ty|ran|ni|sie|ren** (gewaltsam, willkürlich behandeln; unterdrücken)

Uu

U (Buchstabe); das U; des U, die U; aber: das u in Mut

U-Bahn, *die;* -, -en (kurz für: Untergrundbahn)

ü|bel; Leute mir ist, wird übel; jmdm. etwas übel nehmen, die uns übel wollen (übel gesinnt sind); übel gesinnte Nachbarn; übel riechende Abfälle; **Ü|bel,** *das;* -s, -; das ist von (geh.: vom) -; **ü|bel**

ge|sinnt; vgl. übel; **Ü|bel-keit; ü|bel|lau|nig; ü|bel neh|men, ü|bel rie|chend;** vgl. übel; **Ü|bel|tä|ter; ü|bel wol|len;** vgl. übel
ü|ben; ein Klavierstück -; sich -
ü|ber; *Verhältnisw.* mit *Wemf.* u. *Wenf.:* die Lampe hängt - dem Tisch; die Lampe - den Tisch hängen; - Gebühr; *Umstandsw.:* - und - (sehr; völlig); die ganze Zeit -
ü|ber|all; ü|ber|all|her [auch: ..*alher,* ...*alher*]; **ü|ber|all|hin** [auch: ...*alhin,* ...*alhin*]
ü|ber|al|tert
Ü|ber|an|ge|bot
ü|ber|ängst|lich
ü|ber|an|stren|gen; sich -; ich habe mich überanstrengt
ü|ber|ant|wor|ten (geh. für: übergeben, überlassen); die Gelder wurden ihm überantwortet
ü|ber|ar|bei|ten; sich -; du hast dich völlig überarbeitet; er hat den Aufsatz überarbeitet (nochmals durchgearbeitet)
ü|ber|aus [auch: ...*auß, üb*ᵉ*r-auß*]
ü|ber|ba|cken (Kochk.); das Gemüse wird überbacken
[1]**Ü|ber|bau,** *der;* -[e]s, -e u. -ten (vorragender Bau, Schutzdach; Rechtsspr.: Bau über die Grundstücksgrenze hinaus); [2]**Ü|ber|bau,** *der;* -[e]s, (selten:) -e (Marxismus: die auf den wirtschaftl. u. sozialen Grundlagen basierenden Anschauungen einer Gesellschaft u. die entsprechenden Institutionen)
ü|ber|be|an|spru|chen; er ist überbeansprucht
Ü|ber|bein (verhärtete Sehnengeschwulst an einem [Hand]gelenk)
ü|ber|be|lich|ten (Fotogr.)
Ü|ber|be|schäf|ti|gung
Ü|ber|be|völ|ke|rung
ü|ber|be|wer|ten
Ü|ber|be|zah|lung
ü|ber|bie|ten; sich -; der Rekord wurde überboten
Ü|ber|bleib|sel, *das;* -s, - (Rest)
Ü|ber|blick, *der;* -[e]s, -e; **ü|ber|bli|cken;** er hat die Vorgänge nicht überblickt
ü|ber|brin|gen; er hat die Nachricht überbracht; **Ü|ber|brin|ger**
ü|ber|brü|cken (meist bildl.); er hat den Gegensatz überbrückt; **Ü|ber|brü|ckung**
ü|ber|da|chen; die Veranda wurde überdacht; **Ü|ber|da-chung**
ü|ber|dau|ern; die Altertümer haben Jahrhunderte überdauert
ü|ber|deh|nen ([bis zum Zerreißen] stark auseinander ziehen); das Gummiband ist überdehnt
ü|ber|den|ken; er hat es lange überdacht
ü|ber|deut|lich
ü|ber|dies
ü|ber|di|men|si|o|nal
ü|ber|do|sie|ren; Ü|ber|do-sis; eine - Schlaftabletten
ü|ber|dre|hen; die Uhr ist überdreht
Ü|ber|druck, *der;* -[e]s, (auf Geweben, Papier, Briefmarken u. a.:) ...drucke u. (Technik:) ...drücke (zu starker Druck; nochmaliger Druck);
Ü|ber|druck|ven|til
Ü|ber|druss, *der;* -es; **ü|ber-drüs|sig;** des Lebens, des Liebhabers - sein; seiner - sein
ü|ber|durch|schnitt|lich
ü|ber|eck; - stellen
Ü|ber|ei|fer; ü|ber|eif|rig
ü|ber|eig|nen (zu Eigen geben); das Haus wird ihr übereignet; **Ü|ber|eig|nung**
ü|ber|ei|len; sich -; du hast dich übereilt; **ü|ber|eilt** (verfrüht); ein übereilter Schritt
ü|ber|ei|n|an|der; - (über sich gegenseitig) reden; übereinander legen, schlagen, werfen usw.; wir haben die Kisten übereinander gestellt; übereinander liegende Decken; Kartons übereinander schichten
ü|ber|ein|kom|men; kam überein, übereingekommen; **Ü|ber|ein|kunft,** *die;* -, ...künfte
ü|ber|ein|stim|men; Ü|ber-ein|stim|mung
ü|ber|emp|find|lich; Ü|ber-emp|find|lich|keit
ü|ber|fah|ren; das Kind ist - worden; er hätte mich mit seinem Gerede beinahe - (ugs. für: überrumpelt);
Ü|ber|fahrt
Ü|ber|fall, *der;* **ü|ber|fal|len** (Jägerspr.: ein Hindernis überspringen [vom Schalenwild]); **ü|ber|fal|len;** man hat sie -; **ü|ber|fäl|lig** (zur erwarteten Zeit noch nicht eingetroffen); ein -er (verfallener) Wechsel
ü|ber|flie|gen; das Flugzeug hat die Alpen überflogen; ich habe das Buch überflogen; **Ü|ber|flie|ger** (jmd., der begabter, tüchtiger ist als der Durchschnitt)
ü|ber|flie|ßen; das Wasser ist übergeflossen; er ist von Dankesbezeigungen übergeflossen
ü|ber|flü|geln; jmdn. -
Ü|ber|fluss, *der;* -es; **ü|ber-flüs|sig**
ü|ber|flu|ten; der Strom hat die Dämme überflutet
ü|ber|for|dern (mehr fordern, als jmd. leisten kann); man hat sie überfordert; **Ü|ber-for|de|rung**
ü|ber|fra|gen (Fragen stellen, auf die man nicht antworten kann); **ü|ber|fragt;** ich bin -
ü|ber|frem|den; eine überfremdete Sprache; **Ü|ber-frem|dung**
ü|ber|füh|ren, ü|ber|füh|ren (an einen anderen Ort führen); die Leiche wurde nach ... übergeführt od. überführt; **ü|ber|füh|ren** (einer Schuld); der Mörder wurde überführt; **Ü|ber|füh|rung;**

- der Leiche; - einer Straße; - eines Verbrechers
Ü|ber|fül|le; ü|ber|fül|len; der Raum ist überfüllt
Ü|ber|funk|ti|on; - der Schilddrüse
ü|ber|füt|tern; eine überfütterte Katze; **Ü|ber|füt|te|rung**
Ü|ber|ga|be
Ü|ber|gang, *der* (auch für: Brücke; Besitzwechsel); **Ü|ber|gangs_lö|sung, ...man|tel**
Ü|ber|gar|di|ne (meist *Mehrz.*)
ü|ber|ge|ben; er hat die Festung -; ich habe mich - (erbrochen)
ü|ber|ge|hen; wir gingen zum nächsten Thema über; das Grundstück ist in andere Hände übergegangen; die Augen sind ihm übergegangen (ugs. für: er war überwältigt; geh. für: er hat geweint); **ü|ber|ge|hen** (unbeachtet lassen)
ü|ber|ge|ord|net
Ü|ber|ge|wicht, *das;* -[e]s
ü|ber|glück|lich
ü|ber|grei|fen; das Feuer, die Seuche hat übergegriffen; **Ü|ber|griff**
ü|ber|groß; Ü|ber|grö|ße
ü|ber|ha|ben (ugs. für: satt haben; angezogen haben); er hat die ständigen Vorhaltungen übergehabt; sie hat einen Mantel übergehabt
ü|ber|hand; überhand nehmen; es hat überhand genommen
Ü|ber|hang; - der Felsen; (übertr. auch:) - der Waren; [1]**ü|ber|hän|gen;** die Felsen hingen über; [2]**ü|ber|hän|gen;** sie hat den Mantel übergehängt
ü|ber|häu|fen; er war mit Arbeit überhäuft; der Tisch ist mit Papieren überhäuft; **Ü|ber|häu|fung**
ü|ber|haupt
ü|ber|he|ben; sich -; wir sind der Sorge um ihn überhoben (veraltend für: enthoben); ich werde mich nicht -, das zu behaupten; **ü|ber|heb|lich** (anmaßend); **Ü|ber|heb|lich|keit**
ü|ber|hei|zen (zu stark heizen); das Zimmer ist überheizt
ü|ber|ho|len (hinter sich lassen; übertreffen; ausbessern, wieder herstellen); er hat ihn mit dem Wagen, in der Leistung überholt; diese Anschauung ist überholt; der Motor ist überholt worden; **Ü|ber|hol_ma|nö|ver, ...spur, ...ver|bot**
ü|ber|hö|ren; das möchte ich überhört haben!
ü|ber|ir|disch
ü|ber|kan|di|delt (ugs. für: überspannt)
ü|ber|kle|ben; überklebte Plakate
ü|ber|ko|chen; die Milch ist übergekocht
ü|ber|kom|men; eine überkommene Verpflichtung
ü|ber Kreuz; ü|ber|kreu|zen; sich -
ü|ber|la|den; das Schiff war überladen
ü|ber|la|gern; überlagert; sich -; **Ü|ber|la|ge|rung**
ü|ber|lang; Ü|ber|län|ge
ü|ber|lap|pen; überlappt; **Ü|ber|lap|pung**
ü|ber|las|sen (abtreten; anheimstellen; anvertrauen)
ü|ber|las|ten; ü|ber|las|tet; Ü|ber|las|tung
Ü|ber|lauf (Ablauf für überschüssiges Wasser in Badewannen u. a.); **ü|ber|lau|fen;** die Galle ist ihm übergelaufen; **ü|ber|lau|fen;** es hat mich kalt -; ihre Praxis ist von Patienten überlaufen; **Ü|ber|läu|fer** (Fahnenflüchtiger)
ü|ber|laut
ü|ber|le|ben; er hat seine Frau überlebt; diese Vorstellungen sind überlebt; **ü|ber|le|bens|groß**
ü|ber|le|gen (ugs. für: darüberlegen); sie legte eine Decke über; [1]**ü|ber|le|gen** (bedenken); er hat lange überlegt; ich habe mir das überlegt; [2]**ü|ber|le|gen;** er ist mir -; mit -er Miene; **ü|ber|legt** (auch für: sorgfältig abwägend, durchdacht); **Ü|ber|le|gung;** mit wenig -
ü|ber|lei|ten; diese Sätze leiten schon in das nächste Kapitel über; **Ü|ber|lei|tung**
ü|ber|lie|fern; überlieferte Bräuche, Sitten; **Ü|ber|lie|fe|rung;** schriftliche -
ü|ber|lis|ten; der Feind wurde überlistet; **Ü|ber|lis|tung**
ü|berm (ugs. für: über dem); - Haus
Ü|ber|macht, *die;* -; **ü|ber|mäch|tig**
ü|ber|man|nen; der Schlaf, der Schmerz hat ihn übermannt
Ü|ber|maß, *das;* -es; im -; **ü|ber|mä|ßig**
ü|ber|mit|teln (mit-, zuteilen); Grüße, eine Nachricht -; **Ü|ber|mitt|lung**
ü|ber|mor|gen; - Abend
ü|ber|mü|det; Ü|ber|mü|dung
Ü|ber|mut; ü|ber|mü|tig
ü|ber|nach|ten (über Nacht bleiben); sie haben bei uns übernachtet; **ü|ber|näch|tig** (österr. nur so, sonst häufiger:) **ü|ber|näch|tigt; Ü|ber|nach|tung**
Ü|ber|nah|me, *die;* -, -n
ü|ber|na|tür|lich
ü|ber|neh|men (ugs.; sich über die Schulter[n] hängen); **ü|ber|neh|men;** er hat den Hof übernommen; ich habe mich übernommen
ü|ber|ord|nen; er ist ihm übergeordnet
ü|ber|par|tei|lich
ü|ber|prü|fen
ü|ber|quel|len; der Papierkorb quoll über; überquellende Freude, Dankbarkeit
ü|ber|que|ren; er hat den Platz überquert; **Ü|ber|que|rung**
ü|ber|ra|gen; er hat alle überragt
ü|ber|ra|schen; ü|ber|ra-

schend; Ü|ber|ra|schung; Ü|ber|ra|schungs|ef|fekt

ü|ber|re|den; er hat mich überredet

ü|ber|re|gi|o|nal

ü|ber|rei|chen

ü|ber|reif; Ü|ber|rei|fe

ü|ber|rei|zen; seine Augen sind überreizt; **Ü|ber|reizt|heit,** *die;* -

ü|ber|ren|nen

Ü|ber|rest

ü|ber|rol|len

ü|ber|rum|peln; der Feind wurde überrumpelt

ü|ber|run|den (übertreffen; Sportspr.: mit einer Runde Vorsprung überholen)

ü|ber|sä|en (in großer Anzahl über etw. verteilen); übersät (dicht bedeckt); der Himmel ist mit Sternen übersät

ü|ber|schat|ten

ü|ber|schät|zen

ü|ber|schau|bar; Ü|ber|schau|bar|keit, *die;* -; **ü|ber|schau|en**

ü|ber|schäu|men; der Sekt war übergeschäumt; überschäumende Lebenslust

ü|ber|schla|fen (bis zum nächsten Tag überdenken)

Ü|ber|schlag, *der;* -[e]s, ...schläge; **ü|ber|schla|gen;** die Stimme ist übergeschlagen; [1]**ü|ber|schla|gen;** die Kosten -; er hat sich vor Liebenswürdigkeit -; [2]**ü|ber|schla|gen** (landsch. für: lauwarm)

ü|ber|schnap|pen; die Stimme ist übergeschnappt; du bist wohl übergeschnappt (ugs. für: du hast wohl den Verstand verloren)

ü|ber|schnei|den (teilweise überdecken; zur gleichen Zeit stattfinden); sich -; **Ü|ber|schnei|dung**

ü|ber|schrei|ben; wie ist das Gedicht überschrieben?; das Haus ist auf ihn überschrieben

ü|ber|schrei|en (durch Schreien übertönen)

ü|ber|schrei|ten

Ü|ber|schrift

Ü|ber|schuss; ü|ber|schüs|sig

ü|ber|schüt|ten (über jmdn., etw. schütten u. so bedecken)

Ü|ber|schwang, *der;* -[e]s; im - der Gefühle; **ü|ber|schwäng|lich; Ü|ber|schwäng|lich|keit**

ü|ber|schwap|pen (ugs. für: verschüttet werden, überlaufen); die Suppe ist übergeschwappt

ü|ber|schwem|men; die Uferstraße ist überschwemmt; **Ü|ber|schwem|mung; Ü|ber|schwem|mungs‿ge|biet, ...ka|ta|stro|phe**

ü|ber|schweng|lich (alte Schreibung für:) überschwänglich

Ü|ber|see (die jenseits des Ozeans liegenden Länder; ohne Geschlechtsw.); nach - gehen; Waren von od. aus -; Briefe für -

ü|ber|se|hen; einen Fehler -

ü|ber|sen|den; der Brief wurde ihm übersandt

ü|ber|set|zen (ans andere Ufer befördern, fahren); **ü|ber|set|zen** (in eine andere Sprache übertragen); **Ü|ber|set|zer; Ü|ber|set|ze|rin; Ü|ber|set|zung**

Ü|ber|sicht, *die;* -, -en; **ü|ber|sicht|lich**

ü|ber|sie|deln, (auch:) übersie|deln (den Wohnort wechseln); ich sied[e]le über (auch: ich übersied[e]le); ich bin übergesiedelt (auch: übersiedelt); **Ü|ber|sie|de|lung** [auch: ...*si*...]; **Ü|ber|sied|ler** [auch: ...*si*...]

ü|ber|sinn|lich

Ü|ber|soll

ü|ber|span|nen; den Bogen -; **ü|ber|spannt** (übertrieben; verschroben)

ü|ber|spie|len; sie überspielte die peinliche Situation; er hatte die Deckung überspielt (Sport); er hat die CD auf Kassette überspielt

ü|ber|spit|zen (übertreiben); **ü|ber|spitzt** (übermäßig)

ü|ber|sprin|gen; der Funke ist übergesprungen; **ü|ber|sprin|gen;** ich habe eine Klasse übersprungen

ü|ber|ste|hen; die Gefahr ist überstanden

ü|ber|stei|gen; einen Berg -; das übersteigt meinen Verstand

ü|ber|stei|gern (überhöhen); die Preise sind übersteigert

ü|ber|stel|len (Amtsspr.: einer anderen Stelle übergeben)

ü|ber|steu|ern (Elektrotechnik: einen Verstärker überlasten, sodass der Ton verzerrt wird; Kfz-Technik: zu starke Wirkung des Lenkradeinschlags zeigen); **Ü|ber|steu|e|rung**

ü|ber|stim|men

ü|ber|strö|men; überströmende Herzlichkeit; **ü|ber|strö|men** (überfluten)

ü|ber|stül|pen

Ü|ber|stun|de; -n machen

ü|ber|stür|zen (übereilen); sich -

Ü|ber|teu|e|rung

ü|ber|töl|peln; er wurde übertölpelt

ü|ber|tö|nen

Ü|ber|trag, *der;* -[e]s, ...träge; **ü|ber|trag|bar;** [1]**ü|ber|tra|gen** (eine Aufgabe o. Ä. übergeben; im Rundfunk wiedergeben; übersetzen); die Krankheit, ihre Begeisterung hat sich auf uns übertragen; [2]**ü|ber|tra|gen;** -e Bedeutung

ü|ber|tref|fen

ü|ber|trei|ben; er hat die Sache übertrieben; **Ü|ber|trei|bung**

ü|ber|tre|ten; er ist zur evangelischen Kirche übergetreten; er hat, ist beim Weitsprung übergetreten; **ü|ber|tre|ten;** das Gesetz -; sich den Fuß -; **Ü|ber|tritt**

ü|ber|trump|fen (überbieten)

ü|ber|tün|chen; die Wand -

ü|ber|ver|si|chern; Ü|ber|ver|si|che|rung

ü|ber|vọl|kert; diese Provinz ist -; **Ü|ber|vọ̈l|ke|rung**
ü̲|ber|voll
ü̲|ber|vor|sich|tig
ü|ber|vọr|tei|len; jmdn. -
ü|ber|wạ|chen (beaufsichtigen)
ü|ber|wạch|sen; mit, von Moos -
ü|ber|wạ̈l|ti|gen (bezwingen); **ü|ber|wạ̈l|ti|gend** (ungeheuer groß)
Ü̲|ber|weg
ü|ber|wei̲|sen; Geld, einen Patienten -; **Ü|ber|wei̲|sung**
ü̲|ber|wer|fen; sie hat den Mantel übergeworfen; **ü|ber|wẹr|fen,** sich; wir haben uns überworfen (verfeindet)
ü|ber|wie̲|gen; ü|ber|wie̲|gend [auch: *ü̲b...*]
ü|ber|wịn|den; sich -; **Ü|ber|wịn|dung,** *die;* -
ü|ber|wịn|tern
ü|ber|wu̲|chern
Ü̲|ber|wurf (Umhang; Sportspr.: ein Hebegriff)
Ü̲|ber|zahl; ü̲|ber|zäh|lig
ü|ber|zeu̲|gen; ü|ber|zeu̲|gend; Ü|ber|zeu̲|gung; Ü|ber|zeu̲|gungs|kraft, *die;* -
ü̲|ber|zie|hen; eine Jacke -; **ü|ber|zie̲|hen;** sein Konto -; **Ü̲|ber|zie|her** (leichter Herrenmantel; salopp für: Präservativ); **Ü|ber|zie̲|hungs|kre|dit; Ü̲|ber|zug**
ü̲b|lich; seine Rede enthielt nur das Übliche
U̲-Boot (Unterseeboot); **U̲-Boot-Krieg**
ü̲b|rig; ein Übriges tun (mehr tun, als nötig ist); im Übrigen (sonst, ferner); das, alles Übrige (andere); übrig haben, sein; übrig bleiben, lassen; nichts zu wünschen übrig lassen; **ü̲b|ri|gens**
Ü̲|bung
U̲|fer, *das;* -s, -; **U̲|fer|bö|schung; u̲|fer|los;** seine Pläne gingen ins Uferlose (allzu weit)
U̲hr, *die;* -, -en; es ist zwei - nachts; es schlägt 12 [Uhr]; **U̲hr|ma|cher; U̲hr|zei|ger; U̲hr|zei|ger|sinn,** *der;* -[e]s (Richtung des Uhrzeigers); nur in: im -, entgegen dem -; **U̲hr|zeit**
U̲|hu, *der;* -s, -s (ein Vogel)
U̲|kas, *der;* -ses, -se (scherzh. für: Anordnung, Erlass)
UKW = Ultrakurzwelle
Ụlk, *der;* -s (seltener: -es), -e (Spaß; Unfug); **ụl|ken; ụl|kig** (ugs.)
Ụl|me, *die;* -, -n (ein Laubbaum)
ul|ti|ma|ti̲v (in Form eines Ultimatums; nachdrücklich); **Ul|ti|ma̲|tum,** *das;* -s, ...ten (letzte, äußerste Aufforderung); **ụl|ti|mo** (am Letzten [des Monats]); - März; **Ụl|ti|mo,** *der;* -s, -s (letzter Tag [des Monats])
Ụl|t|ra, *der;* -s, -s (polit. Fanatiker, Rechtsextremist); **ụl|t|ra|kurz; Ul|t|ra|kụrz|wel|le** (elektromagnetische Welle unter 10 m Länge; Abk.: UKW)
ul|t|ra|ma|ri̲n (kornblumenblau); **Ul|t|ra|ma|ri̲n,** *das;* -s; in -
ụl|t|ra|rot (svw. infrarot)
Ụl|t|ra|schall, *der;* -[e]s (mit dem menschlichen Gehör nicht mehr wahrnehmbarer Schall); **Ụl|t|ra|schall‿be|hand|lung, ...di|a|g|nos|tik, ...the|ra|pie**
ụl|t|ra|vi|o|lett [*...wi...*] ([im Sonnenspektrum] über dem violetten Licht; Abk.: UV); -e Strahlen (kurz: UV-Strahlen)
ụm; I. *Verhältnisw.* mit *Wenf.:* einen Tag um den anderen; um ... willen (mit *Wesf.*): um jemandes willen; umso größer, umso mehr, umso weniger. **II.** *Umstandsw.:* um sein (ugs. für: vorüber sein); die Zeit ist um gewesen; es waren um [die] (= etwa) zwanzig Mädchen. **III.** *Bindew.:* um zu (mit Grundform); er kommt, um uns zu helfen
ụm|a|d|res|sie|ren
ụm|än|dern; Ụm|än|de|rung
ụm|ar|bei|ten; der Anzug wurde umgearbeitet; **Ụm|ar|bei|tung**
um|ạr|men; sich -; **Um|ạr|mung**
Ụm|bau, *der;* -[e]s, -e u. -ten; **ụm|bau|en**
ụm|be|nen|nen
ụm|bet|ten; einen Kranken, einen Toten -; **Ụm|bet|tung**
ụm|bie|gen
ụm|bil|den; die Regierung wurde ụmgebildet; **Ụm|bil|dung**
ụm|bin|den
ụm|blät|tern
ụm|bli|cken, sich
um|brẹ|chen (Druckw.: den Drucksatz in Seiten einteilen); er umbricht den Satz; der Satz wird umbrochen, ist noch zu -
ụm|brin|gen
Ụm|bruch, *der;* -[e]s, ...brüche (grundlegende [politische] Änderung; Druckw.: das Umbrẹchen)
ụm|den|ken
ụm|dis|po|nie|ren (seine Pläne ändern)
um|drạ̈n|gen; sie wurde von allen Seiten umdrängt
ụm|dre|hen; sich -; jeden Pfennig -; den Spieß - (ugs. für: seinerseits zum Angriff übergehen); ich habe mich umgedreht; **Um|dre̲|hung**
um|ei|n|ạn|der; sich - kümmern
ụm|fah|ren (fahrend umwerfen; landsch. für: fahrend einen Umweg machen); **um|fa̲h|ren** (um etwas herumfahren)
ụm|fal|len
Ụm|fang; um|fạn|gen; jmdn. - halten; **ụm|fang|reich**
um|fạs|sen (umschließen; enthalten); ich habe ihn umfasst; der Artikel umfasst die wesentlichen Fragen; **um|fạs|send**
ụm|flie|gen (landsch. für: fliegend einen Umweg machen; ugs. für: hinfallen); **um|flie̲-**

gen; er hat die Stadt umflogen
um|flort (geh.); mit -em (von Tränen getrübtem) Blick
um|for|men; er hat den Satz umgeformt
Um|fra|ge; - halten; **um|fragen**
um|fül|len
um|funk|ti|o|nie|ren (die Funktion von etwas ändern; zweckentfremdet einsetzen); **Um|funk|ti|o|nie|rung**
Um|gang, *der;* -[e]s; **um|gäng|lich; Um|gangs‿form** (meist *Mehrz.*), **...spra|che; um|gangs|sprach|lich; Um|gangs|ton**
um|gar|nen; sie hat ihn umgarnt
um|ge|ben; das Haus mit einer Hecke -; von Kindern -; **Um|ge|bung**
um|ge|hen; ein Gespenst geht dort um; er ist umgegangen (landsch. für: hat einen Umweg gemacht); **um|ge|hen;** er hat das Gesetz umgangen; **um|ge|hend;** mit -er (nächster) Post; **Um|ge|hung; Um|ge|hungs|stra|ße**
um|ge|kehrt
um|ge|stal|ten; Um|ge|stal|tung
um|gra|ben
um|grup|pie|ren; Um|grup|pie|rung
um|gu|cken, sich (ugs.)
um|gür|ten; sich -; er hat sich das Schwert umgegürtet
um|hal|sen
Um|hang; um|hän|gen; ich habe mir das Tuch umgehängt; ich habe die Bilder umgehängt (anders gehängt); **Um|hän|ge|ta|sche**
um|hau|en (abschlagen, fällen usw.); er haute (geh.: hieb) den Baum um; das hat mich umgehauen (ugs. für: das hat mich in großes Erstaunen versetzt)
um|her (im Umkreis); **um|her...** (bald hierhin, bald dorthin ...); **um|her‿bli|cken, ...fah|ren, ...flie|gen, ...ge|hen, ...geis|tern, ...ir|ren, ...lau|fen**
um|hö|ren, sich
um|hül|len; Um|hül|lung
um|ju|beln
um|kämp|fen
Um|kehr, *die;* -; **um|keh|ren;** sich -; er ist umgekehrt; sie hat die Tasche umgekehrt
um|kip|pen; mit dem Stuhl -; bei den Verhandlungen - (ugs. für: seinen Standpunkt ändern)
um|klam|mern; Um|klam|me|rung
um|klei|den, sich; ich habe mich umgekleidet (anders gekleidet); **um|klei|den** (umgeben, umhüllen); umkleidet mit, von ...
um|kni|cken; er ist [mit dem Fuß] umgeknickt
um|kom|men (ums Leben kommen); die Hitze ist zum Umkommen (ugs.)
Um|kreis, *der;* -es; **um|krei|sen**
um|krem|peln (ugs. auch für: völlig ändern)
Um|la|ge (Steuer; Beitrag); **um|la|gern** (umgeben, eng umschließen); umlagert von ...
Um|land, *das;* -[e]s (ländliches Gebiet um eine Großstadt)
Um|lauf; in - geben, sein [von Zahlungsmitteln]; **Um|lauf|bahn; um|lau|fen** (laufend umwerfen; weitergegeben werden)
Um|laut (Sprachw.: ä, ö, ü); **um|lau|ten**
um|le|gen (derb auch für: erschießen); **Um|le|ge|ka|len|der**
um|lei|ten; Um|lei|tung
um|ler|nen; er hat umgelernt
um|lie|gend; -e Ortschaften
Um|luft, *die;* - (Technik: aufbereitete, zurückgeleitete Luft
um|mel|den; Um|mel|dung
um|mo|deln
um|nach|tet (geh. für: geisteskrank); **Um|nach|tung** (geh.)
um|ne|beln (benommen)
um|pflü|gen
um|po|len (Physik, Elektrotechnik: Plus- u. Minuspol vertauschen)
um|quar|tie|ren
um|rah|men (mit Rahmen versehen, einrahmen); die Vorträge wurden von musikalischen Darbietungen umrahmt
um|ran|den; sie hat den Artikel mit Rotstift umrandet; **um|rän|dert;** rot umränderte Augen
um|ran|ken; von Rosen umrankt
um|räu|men; wir haben das Zimmer umgeräumt
um|rech|nen; er hat DM in Schweizer Franken umgerechnet
um|rei|ßen (einreißen; zerstören); **um|rei|ßen** (im Umriss zeichnen; andeuten)
um|ren|nen (rennend umstoßen)
um|rin|gen; von Kindern umringt
Um|riss; Um|riss|zeich|nung
um|rüh|ren
um|rüs|ten (für bestimmte Aufgaben technisch verändern); die Maschine wurde umgerüstet
um|sat|teln (ugs. übertr. auch für: einen anderen Beruf ergreifen)
Um|satz; Um|satz‿be|tei|li|gung, ...ein|bu|ße, ...steu|er *(die)*
Um|schau, *die;* -; - halten; **um|schau|en,** sich
um|schich|ten; Heu -; **um|schich|tig** (wechselweise)
Um|schlag (auch für: Umladung); **Um|schlag|bahn|hof; um|schla|gen** (umsetzen; umladen); die Güter wurden umgeschlagen; das Wetter ist (auch: hat) umgeschlagen; **Um|schlag|ha|fen**
um|schlie|ßen; von einer Mauer umschlossen
um|schmei|ßen (ugs.)

ụm|schmel|zen; Altmetall -
ụm|schnal|len
ụm|schrei|ben (neu, anders schreiben; übertragen); den Aufsatz -; die Hypothek -; **um|schrei|ben** (mit anderen Worten ausdrücken); er hat die Aufgabe mit wenigen Worten umschrieben
ụm|schu|len; Ụm|schü|ler; Ụm|schu|lung
ụm|schüt|ten
um|schwạ̈r|men
Ụm|schwei|fe, *die (Mehrz.);* ohne -e (geradeheraus)
ụm|schwen|ken; er ist plötzlich umgeschwenkt
Ụm|schwung, *der;* -s, ...schwünge (schweiz. [nur *Einz.*] auch für: Umgebung des Hauses)
um|se̱|geln; Um|se̱|ge|lung, Um|se̱g|lung
ụm|se|hen, sich; ich habe mich danach umgesehen
ụm sein; vgl. um, II
ụm|sei|tig
ụm|set|zen (an einen anderen Platz setzen; verkaufen)
Ụm|sicht; ụm|sich|tig
ụm|sie|deln
ụm|sin|ken; vor Müdigkeit -
ụm|so; vgl. um, I; **um|so me̱hr[,] als;** vgl. um, I
um|sọnst
um|sọr|gen; von jmdm. umsorgt werden
um|so we̱|ni|ger[,] als; vgl. um, I
ụm|sprin|gen; der Wind ist umgesprungen; er ist übel mit dir umgesprungen
ụm|spu|len; ein Tonband -
um|spü̱|len; von Wellen umspült
Ụm|stand; unter Umständen; in anderen Umständen (verhüllend für: schwanger); mildernde Umstände (Rechtsspr.); keine Umstände machen; **ụm|stän|de|hal|ber; ụm|ständ|lich; Ụm|stands‿be|stim|mung** (Sprachw.), **...krä|mer** (ugs.), **...wort** (für: Adverb; *Mehrz.* ...wörter)
um|ste̱|hen; umstanden von ...; **ụm|ste|hend;** - finden sich die näheren Erläuterungen; im Umstehenden finden sich die näheren Erläuterungen; er soll Umstehendes beachten; die Umstehenden (Zuschauer)
ụm|stei|gen
ụm|stel|len; der Schrank wurde umgestellt; sich -; **um|stẹl|len** (umgeben); die Polizei hat das Haus umstellt
ụm|stim|men; sie hat ihn umgestimmt
ụm|sto|ßen
um|strịt|ten
ụm|struk|tu|rie|ren
ụm|stül|pen
Ụm|sturz (*Mehrz.* ...stürze); **ụm|stür|zen; Ụm|stürz|ler; ụm|stürz|le|risch**
Ụm|tausch, *der;* -[e]s, (selten:) -e; **ụm|tau|schen**
ụm|top|fen; sie hat die Pflanze umgetopft
ụm|trei|ben (planlos herumtreiben); umgetrieben; **Ụm|trie|be,** die (*Mehrz.;* umstürzlerische Aktivitäten)
Ụm|trunk, *der;* -[e]s, Umtrünke
ụm|tun (ugs.); sich -; ich habe mich danach umgetan
Ụm|ver|pa|ckung (Kaufmannsspr.: für Verkauf od. Transport einer Ware entbehrliche Verpackung)
ụm|ver|tei|len; die Lasten sollen umverteilt werden; **Ụm|ver|tei|lung**
um|wạch|sen; mit Gebüsch - sein
ụm|wäl|zen
ụm|wan|deln (verändern); sie war wie umgewandelt
Ụm|weg
Ụm|welt; ụm|welt|be|dingt; Ụm|welt|be|las|tung; ụm|welt|freund|lich; Ụm|welt‿pa|pier (Papier aus Altmaterial), **...po|li|tik, ...schutz, ...ver|schmut|zung; ụm|welt|ver|träg|lich**
ụm|wen|den; er wandte od. wendete die Seite um, hat sie umgewandt od. umgewendet; sich -
um|wẹr|ben; eine viel umworbene Sängerin
ụm|wer|fen; diese Nachricht hat uns umgeworfen (ugs. für: aus der Fassung gebracht); **ụm|wer|fend;** -e Komik
um|wi|ckeln
um|wịt|tern (geh.); von Geheimnissen, Gefahren umwittert
um|wö̱l|ken; seine Stirn war vor Unmut umwölkt
um|zäu̱|nen; Um|zäu̱|nung
ụm|zie|hen; sich -; ich habe mich umgezogen; wir sind umgezogen
um|zịn|geln
un|ab|ạ̈n|der|lich [auch: *ụn*...]; eine -e Entscheidung
un|ab|dịng|bar [auch: *ụn*...]
ụn|ab|hän|gig; Ụn|ab|hän|gig|keit, *die;* -
un|ab|kọ̈mm|lich [auch: *ụn*...]
un|ab|lạ̈s|sig [auch: *ụn*...]
un|ab|se̱h|bar [auch: *ụn*...]; -e Folgen; die Kosten steigen ins Unabsehbare
ụn|ab|sicht|lich
un|ab|wẹnd|bar [auch: *ụn*...]
ụn|acht|sam; Ụn|acht|sam|keit
un|an|fẹcht|bar [auch: *ụn*...]
ụn|an|ge|bracht; eine -e Frage
ụn|an|ge|foch|ten
ụn|an|ge|mel|det
ụn|an|ge|mes|sen
ụn|an|ge|nehm
un|an|gre̱if|bar [auch: *ụn*...]
un|an|ne̱hm|bar [auch: *ụn*...]; **Ụn|an|nehm|lich|keit**
ụn|an|sehn|lich
ụn|an|stän|dig
un|an|tạst|bar [auch: *ụn*...]
ụn|ap|pe|tit|lich
Ụn|art; ụn|ar|tig
ụn|auf|dring|lich
ụn|auf|fäl|lig
un|auf|fịnd|bar [auch: *ụn*...]
ụn|auf|ge|for|dert
un|auf|hạlt|sam [auch: *ụn*...]
un|auf|hö̱r|lich [auch: *ụn*...]
un|auf|lö̱s|bar [auch: *ụn*...]; **un|auf|lö̱s|lich** [auch: *ụn*...]
ụn|auf|merk|sam

ụn|auf|rich|tig
un|auf|schieb|bar [auch: *ụn...*]
un|aus|bleib|lich [auch: *ụn...*]
un|aus|dẹnk|bar [auch: *ụn...*]
ụn|aus|ge|füllt
ụn|aus|ge|gli|chen
ụn|aus|ge|go|ren
ụn|aus|ge|setzt
ụn|aus|ge|spro|chen
un|aus|lọ̈sch|lich [auch: *ụn...*]; ein -er Eindruck
un|aus|rọtt|bar [auch: *ụn...*]; ein -es Vorurteil
un|aus|sprẹch|lich [auch: *ụn...*]
un|aus|steh|lich [auch: *ụn...*]
un|aus|weich|lich [auch: *ụn...*]
ụn|bän|dig; -er Zorn
ụn|bar (bargeldlos)
ụn|barm|her|zig
ụn|be|ab|sich|tigt
ụn|be|ach|tet
ụn|be|ant|wor|tet
ụn|be|dacht; eine -e Äußerung
ụn|be|darft (unerfahren; naiv)
ụn|be|denk|lich
ụn|be|deu|tend
ụn|be|dingt [auch: *...dịngt*]
ụn|be|ein|flusst
ụn|be|fan|gen
ụn|be|fleckt; aber: die Unbefleckte Empfängnis [Mariens]
ụn|be|frie|di|gend; seine Arbeit war -; **ụn|be|frie|digt**
ụn|be|fris|tet
ụn|be|fugt
ụn|be|gabt
un|be|greif|lich [auch: *ụn...*]
ụn|be|grenzt [auch: *...grạ̈nzt*]
ụn|be|grün|det; ein -er Verdacht
Ụn|be|ha|gen; ụn|be|hag|lich
un|be|hẹl|ligt [auch: *ụn...*]
ụn|be|herrscht
ụn|be|hol|fen
un|be|ịrr|bar [auch: *ụn...*]; **un|be|ịrrt** [auch: *ụn...*]
ụn|be|kannt; [nach] - verzogen; Anzeige gegen unbekannt erstatten; der große Unbekannte; eine Gleichung mit mehreren Unbekannten (Math.); **ụn|be|kann|ter|wei|se; Ụn|be|kannt|heit,** *die;* -
ụn|be|klei|det
un|be|kụm|mert [auch: *ụn...*]
ụn|be|lebt; eine -e Straße
un|be|lehr|bar [auch: *ụn...*]
ụn|be|liebt; Ụn|be|liebt|heit, *die;* -
ụn|be|mannt
ụn|be|merkt
ụn|be|mit|telt
un|be|nọm|men [auch: *ụn...*]; es bleibt ihr -
ụn|be|o|bach|tet
ụn|be|quem; Ụn|be|quem|lich|keit
un|be|rẹ|chen|bar [auch: *ụn...*]; **Un|be|re|chen|bar|keit,** *die;* -
ụn|be|rech|tigt
un|be|ru|fen! [auch: *ụn...*]
ụn|be|rührt; Ụn|be|rührt|heit, *die;* -
un|be|scha|det [auch: *ụn...*] (ohne Schaden für ...); mit *Wesf.:* - seines Rechtes od. seines Rechtes -; **ụn|be|schä|digt**
ụn|be|schei|den
ụn|be|schol|ten
ụn|be|schrankt (ohne Schranken); -er Bahnübergang; **un|be|schrạ̈nkt** [auch: *ụn...*] (nicht eingeschränkt); -e Herrschaft
un|be|schreib|lich [auch: *ụn...*]; **ụn|be|schrie|ben**
ụn|be|schwert
un|be|se|hen [auch: *ụn...*]
un|be|sieg|bar [auch: *ụn...*]; **Un|be|sieg|bar|keit,** *die;* -; **un|be|siegt** [auch: *ụn...*]
ụn|be|son|nen; Ụn|be|son|nen|heit
ụn|be|sorgt [auch: *...sọ...*]
ụn|be|stän|dig; Ụn|be|stän|dig|keit
un|be|stạ̈|tigt [auch: *ụn...*]; nach -en Meldungen
un|be|stẹch|lich [auch: *ụn...*]
un|be|stịmm|bar [auch: *ụn...*]; **ụn|be|stimmt;** -es Fürwort (Indefinitpronomen)
un|be|streit|bar [auch: *ụn...*]; -e Verdienste; **ụn|be|strit|ten** [auch: *...schtrị...*]
un|be|teil|ligt [auch: *ụn...*]
un|be|trạ̈cht|lich [auch: *ụn...*]
un|beug|bar [auch: *ụn...*]; **un|beug|sam** [auch: *ụn...*]; -er Wille
ụn|be|wacht
ụn|be|waff|net
ụn|be|wäl|tigt [auch: *...wạ̈l...*]; die -e Vergangenheit
un|be|weg|lich [auch: *...wẹg...*]; **ụn|be|wegt**
un|be|wohn|bar [auch: *ụn...*]
ụn|be|wusst; Ụn|be|wuss|te, *das;* -n
un|be|zahl|bar [auch: *ụn...*]
un|be|zähm|bar [auch: *ụn...*]
un|be|zwịng|bar [auch: *ụn...*]; **un|be|zwịng|lich** [auch: *ụn...*]
Ụn|bil|den, *die* (*Mehrz.;* geh. für: Unannehmlichkeiten); die - der Witterung; **Ụn|bil|dung,** *die;* - (Mangel an Wissen); **Ụn|bill,** *die;* - (geh. für: Unrecht)
ụn|blu|tig; eine -e Revolution
ụn|bot|mä|ßig; Ụn|bot|mä|ßig|keit
ụn|brauch|bar
ụn|bü|ro|kra|tisch
ụn|christ|lich
ụnd; drei - drei ist, macht, gibt sechs; - so weiter; - so fort
Ụn|dank; ụn|dank|bar; Ụn|dank|bar|keit, *die;* -
un|de|fi|nier|bar [auch: *ụn...*]
un|de|mo|kra|tisch [auch: *ụn...*]
un|dẹnk|bar; un|dẹnk|lich
Un|der|ground [*ạnd^e^r-graund*], *der;* -s (Untergrund; avantgardistische künstlerische Protestbewegung)
Un|der|state|ment [*and^e^r-ßte^i^tm^e^nt*], *das;* -s (Untertreibung)
ụn|deut|lich; Ụn|deut|lich|keit
Ụn|ding, *das;* -[e]s, -e (Unmögliches; Unsinniges); das ist ein -
ụn|dis|zi|p|li|niert
ụn|duld|sam; Ụn|duld|sam|keit, *die;* -
ụn|durch|läs|sig
ụn|durch|sich|tig

un|e|ben; Un|e|ben|heit
un|e|he|lich; ein -es Kind
un|eh|ren|haft; un|ehr|er|bie|tig
un|ei|gen|nüt|zig; Un|ei|gen|nüt|zig|keit, *die;* -
un|ein|ge|schränkt [auch: ...*ä*...]
un|ei|nig; Un|ei|nig|keit
un|eins; - sein
un|emp|find|lich
un|end|lich; bis ins Unendliche (unaufhörlich, immerfort); **Un|end|lich|keit,** *die;* -
un|ent|gelt|lich [auch: *un*...]
un|ent|schie|den; Un|ent|schie|den, *das;* -s, - (Sport)
un|ent|schlos|sen; Un|ent|schlos|sen|heit, *die;* -
un|ent|schuld|bar; un|ent|schul|digt
un|ent|wegt [auch: *un*...]
un|er|bitt|lich [auch: *un*...]; **Un|er|bitt|lich|keit,** *die;* -
un|er|fah|ren; Un|er|fah|ren|heit, *die;* -
un|er|find|lich [auch: *un*...] (unbegreiflich); aus -en Gründen
un|er|gie|big; Un|er|gie|big|keit, *die;* -
un|er|hört (unglaublich)
un|er|kannt
un|er|klär|lich [auch: *un*...]
un|er|läss|lich [auch: *un*...] (unbedingt nötig, geboten)
un|er|mess|lich [auch: *un*...]; ins Unermessliche steigen
un|er|müd|lich [auch: *un*...]
un|er|sätt|lich [auch: *un*...]
un|er|schöpf|lich [auch: *un*...]
un|er|schro|cken
un|er|schüt|ter|lich [auch: *un*...]
un|er|setz|lich [auch: *un*...]
un|er|sprieß|lich [auch: *un*...]
un|er|träg|lich [auch: *un*...]
un|er|zo|gen
un|fä|hig; Un|fä|hig|keit
un|fair [...*fär*]; **Un|fair|ness**
Un|fall, *der;* **Un|fall|flucht; un|fall|frei;** -es Fahren; **un|fall|träch|tig;** eine -e Kurve; **Un|fall‿ver|si|che|rung, ...wa|gen** (Wagen, der einen Unfall hatte; Rettungswagen)

un|fass|bar [auch: *un*...]; **un|fass|lich** [auch: *un*...]
un|fehl|bar [auch: *un*...]; **Un|fehl|bar|keit** [auch: *Un*...], *die;* -
Un|flat, *der;* -[e]s (geh. für: widerlicher Schmutz, Dreck); **un|flä|tig**
un|för|mig (ohne schöne Form; sehr groß)
un|fran|kiert (unfrei [Gebühren nicht bezahlt]); ein -er Brief
Un|fug, *der;* -[e]s
un|ge|ach|tet [auch: ...*ach*...] (nicht geachtet); *Verhältnisw.* mit *Wesf.:* - wiederholter Bitten; dessen ungeachtet od. des ungeachtet
un|ge|be|ten; -er Gast
un|ge|büh|rend [auch: ...*bür*...]; **un|ge|bühr|lich** [auch: ...*bür*...]
un|ge|bun|den; ein -es Leben
un|ge|deckt; -er Scheck
un|ge|dient (Milit.: ohne gedient zu haben)
Un|ge|duld; un|ge|dul|dig
un|ge|fähr [auch: ...*fär*]; von - (zufällig); **un|ge|fähr|lich**
un|ge|ges|sen (nicht gegessen; ugs. scherzh. für: ohne gegessen zu haben)
un|ge|hal|ten (ärgerlich)
un|ge|heu|er [auch: ...*heu*...]; eine ungeheure Verschwendung; die Kosten steigen ins Ungeheure; **Un|ge|heu|er,** *das;* -s, -; **un|ge|heu|er|lich** [auch: *un*...]; **Un|ge|heu|er|lich|keit**
un|ge|ho|belt [auch: ...*ho*...] (übertr. auch für: ungebildet; grob)
un|ge|hö|rig; ein -es Benehmen
un|ge|lenk, un|ge|len|kig
un|ge|lernt; ein -er Arbeiter
Un|ge|mach, *das;* -[e]s (geh. für: Unannehmlichkeit)
un|ge|mein [auch: ...*main*]
un|ge|nau; Un|ge|nau|ig|keit
un|ge|niert [...*sche*...] (zwanglos)
un|ge|nieß|bar [auch: ...*ni*...]
Un|ge|nü|gen, *das;* -s (geh.); **un|ge|nü|gend**

un|ge|ra|de; - Zahl (Math.)
un|ge|ra|ten; ein -es Kind
un|ge|reimt (nicht im Reim gebunden; verworren, sinnlos)
un|ge|rupft; er kam - (ugs. für: ohne Schaden) davon
un|ge|sagt; vieles blieb -
un|ge|säu|ert; -es Brot
un|ge|sche|hen; etwas nicht - machen können
Un|ge|schick|lich|keit; un|ge|schickt
un|ge|schlacht (plump, grobschlächtig); ein -er Mensch
un|ge|schmä|lert (ohne Einbuße)
un|ge|schminkt (auch für: rein den Tatsachen entsprechend)
un|ge|stalt (veralt. für: missgestaltet); ein -er Mensch
un|ge|straft
un|ge|stüm (geh. für: schnell, heftig); **Un|ge|stüm,** *das;* -[e]s; mit -
Un|ge|tüm, *das;* -[e]s, -e
un|ge|wiss; im Ungewissen bleiben, lassen, sein; eine Fahrt ins Ungewisse; **Un|ge|wiss|heit**
un|ge|wöhn|lich
un|ge|wollt
Un|ge|zie|fer, *das;* -s
un|ge|zo|gen; Un|ge|zo|gen|heit
un|ge|zu|ckert
un|ge|zü|gelt
un|ge|zwun|gen; ein -es Benehmen
un|gläu|big; ein ungläubiger Thomas (ugs. für: jmd., der an allem zweifelt); **Un|gläu|bi|ge,** *der* u. *die;* -n, -n; **un|glaub|lich** [auch: *un*...]; **un|glaub|wür|dig**
un|gleich; Un|gleich|heit
Un|glück, *das;* -[e]s, -e; **un|glück|lich; un|glück|li|cher|wei|se; un|glück|se|lig; Un|glücks|ra|be** (ugs.)
Un|gna|de, *die;* -; **un|gnä|dig**
un|gül|tig; Un|gül|tig|keit, die; -
Un|gunst; zu seinen Ungunsten; zuungunsten, (auch:)

zu Ungunsten der Angestellten; **un|güns|tig**
un|gut; nichts für -
un|halt|bar [auch: ...*ha*...]; -e Zustände
Un|heil; eine Unheil bringende Entwicklung; Unheil verkündende, (auch:) unheilverkündende Zeichen; **un|heil|bar** [auch: ...*hail*...]; eine -e Krankheit; **Un|heil|stif|ter; un|heil|voll**
un|heim|lich (ugs. auch für: sehr, überaus)
Un|hold, *der;* -[e]s, -e (böser Geist; Wüstling; Sittlichkeitsverbrecher)
un|hy|gi|e|nisch
u|ni [*üni*] (einfarbig, nicht gemustert)
U|ni, *die;* -, -s (kurz für: Universität)
U|ni|form [österr.: *uni*...], *die;* -, -en (einheitl. Dienstkleidung); **U|ni|kum** [auch: *u*...], *das;* -s, ...ka (auch: -s; [in seiner Art] Einziges, Seltenes; Sonderling)
U|ni|on, *die;* -, -en (Bund, Vereinigung [bes. von Staaten])
u|ni|ver|sal [...*wär*...], u|ni|ver|sell (allgemein, gesamt; [die ganze Welt] umfassend); **U|ni|ver|sal‿er|be** *(der),* **...ge|schich|te** *(die;* -; Weltgeschichte); **U|ni|ver|si|tät,** *die;* -, -en (Hochschule; stud. Kurzw.: Uni); **U|ni|ver|sum,** *das;* -s ([Welt]all)
Un|ke, *die;* -, -n (ein Froschlurch); **un|ken** (ugs. für: Unglück prophezeien)
un|kennt|lich; Un|kennt|nis, *die;* -
un|klar; im Unklaren bleiben, lassen, sein; **Un|klar|heit**
un|kon|ven|ti|o|nell
un|kon|zen|t|**riert**
Un|kos|ten, *die (Mehrz.);* sich in - stürzen (ugs.); **Un|kos|ten|bei|trag**
Un|kraut
un|künd|bar [auch: ...*kün*...]
un|lau|ter; -er Wettbewerb
un|leid|lich; Un|leid|lich|keit
un|lieb; un|lieb|sam
un|lös|bar [auch: *un*...]
Un|lust, *die;* -; **un|lus|tig**
Un|maß, *das;* -es (Unzahl, übergroße Menge)
Un|mas|se (sehr große Menge)
Un|men|ge
Un|mensch, *der* (grausamer Mensch); **un|mensch|lich** [auch: *unmänsch*...]; **Un|mensch|lich|keit**
un|merk|lich [auch: *un*...]
un|miss|ver|ständ|lich [auch: ...schtänt...]
un|mit|tel|bar
un|mö|b|liert
un|mög|lich [auch: *unmök*...]
Un|mo|ral; un|mo|ra|lisch
un|mün|dig
Un|mut, *der;* -[e]s
un|nach|gie|big
un|nah|bar [auch: *un*...]
Un|na|tur, *die;* -; **un|na|tür|lich**
un|nütz
UNO, (auch:) **U|no** = United Nations Organization [*junaitid ne*[i]*sch*[e]*ns o*[r]*g*[e]*naisé*[i]*sch*[e]*n*], *die;* - (Organisation der Vereinten Nationen)
un|or|dent|lich
un|or|ga|nisch; un|or|ga|ni|siert
un|par|tei|isch (neutral)
un|pas|send
un|päss|lich ([leicht] krank; unwohl); **Un|päss|lich|keit**
un|per|sön|lich
un|po|pu|lär
un|prak|tisch
un|pünkt|lich
Un|rast, *die;* - (Ruhelosigkeit)
Un|rat, *der;* -[e]s (geh. für: Schmutz)
un|ra|ti|o|nell; ein -er Betrieb
un|re|a|lis|tisch
un|recht; - sein; jmdm. - tun; an den Unrechten kommen; **Un|recht,** *das;* -[e]s; zu Unrecht; es geschieht ihr Unrecht; ihr Unrecht sein; Unrecht bekommen, geben, haben, tun; **un|recht|mä|ßig**
un|red|lich; Un|red|lich|keit
un|re|flek|tiert (ohne Nachdenken [entstanden]; spontan)
un|re|gel|mä|ßig; Un|re|gel|mä|ßig|keit
un|reif; Un|rei|fe
un|rein; ins Unreine schreiben
un|ren|ta|bel
un|rett|bar [auch: *un*...]
un|rich|tig
un|ro|man|tisch
Un|ruh, *die;* -, -en (Teil der Uhr, des Barometers usw.); **Un|ru|he** (fehlende Ruhe); **Un|ru|he‿herd, ...stif|ter; un|ru|hig**
uns
un|sach|ge|mäß; un|sach|lich
un|sag|bar; un|säg|lich
un|sanft
un|sau|ber; Un|sau|ber|keit
un|schäd|lich
un|scharf; Un|schär|fe
un|schätz|bar [auch: *un*...]
un|schein|bar
un|schick|lich (geh. für: unanständig)
un|schlüs|sig
un|schön
Un|schuld, *die;* -; **un|schul|dig; Un|schul|di|ge,** *der* u. *die;* -n, -n; **Un|schulds‿lamm, ...mie|ne**
un|selbst|stän|dig, un|selb|stän|dig; Un|selbst|stän|dig|keit, Un|selb|stän|dig|keit
un|se|lig (geh.)
[1]**un|ser,** uns[e]re, unser *Werf.* (unser Tisch usw.; unser von allen unterschriebener Brief); unseres Wissens (Abk.: u. W.); Unsere Liebe Frau (Maria, Mutter Jesu); [2]**un|ser** (*Wesf.* von »wir«); unser (nicht: unserer) sind drei; erbarme dich unser; **un|se|re,** uns|re, uns|ri|ge; die Unser[e]n, Unsren, Unsrigen od. unser[e]n, unsren, unsrigen; das Uns[e]re, Unsrige od. uns[e]re, unsrige; **un|ser|ei|ner, un|ser|eins; un|se|rer|seits, un|ser|seits; un|sert|we|gen; un|sert|wil|len;** um -
un|si|cher; im Unsichern (zweifelhaft) sein; **Un|si|cher|heit**
un|sicht|bar

Ụn|sinn, *der;* -[e]s; **ụn|sin|nig**
Ụn|sit|te; ụn|sitt|lich; ein -er Antrag; **Ụn|sitt|lich|keit**
ụn|so|zi|al; -es Verhalten
ụn|sport|lich; Ụn|sport|lich-keit
ụns|re; vgl. unsere; **ụns|ri|ge;** vgl. unsere
un|stẹrb|lich; Un|stẹrb|lich-keit, *die;* -
Ụn|stern, *der;* -[e]s (geh. für: Unglück)
ụn|stet; ein -es Leben
un|stịll|bar [auch: *ụn...*]
ụn|stim|mig; Ụn|stim|mig-keit
ụn|strei|tig [auch: *...schtrai...*] (sicher, bestimmt)
Ụn|sum|me (große Summe)
ụn|sym|pa|thisch
ụn|sys|te|ma|tisch; - vorgehen
Ụn|tat (Verbrechen); **ụn|tä-tig; Ụn|tä|tig|keit,** *die;* -
ụn|taug|lich
un|teil|bar [auch: *ụn...*]; -e Zahlen
ụn|ten; von - her; - sein, - liegen, - stehen; bei jmdm. unten durch sein (ugs. für: sich jmds. Wohlwollen verscherzt haben); die unten erwähnten, unten genannten, unten stehenden Fakten; unten Stehendes, (auch:) Untenstehendes ist zu beachten; das unten Stehende, (auch:) Untenstehende gilt auch weiterhin; im unten Stehenden od. Untenstehenden heißt es, dass ...; **un|ten|ạn;** - stehen; **ụn|ten er|wähnt, ụn|ten ge-nannt, ụn|ten ste|hend;** vgl. unten
ụn|ter; *Verhältnisw.* mit *Wemf.* u. *Wenf.:* - dem Strich (in der Zeitung) stehen, - den Strich setzen
Ụn|ter, *der;* -s, - (Spielkarte)
Ụn|ter|arm
ụn|ter|be|lich|tet
ụn|ter|be|wusst; Ụn|ter|be-wusst|sein
un|ter|bie|ten
un|ter|bịn|den; der Handelsverkehr ist unterbunden
un|ter|blei|ben
Ụn|ter|bo|den|schutz (Kfz-Technik)
un|ter|brẹ|chen; Un|ter|brẹ-chung
un|ter|brei|ten (darlegen); er hat ihm einen Vorschlag unterbreitet
ụn|ter|brin|gen; Ụn|ter|brin-gung
un|ter der Hạnd (im Stillen, heimlich)
un|ter|dẹs|sen, (älter:) unter|dẹs
Ụn|ter|druck, *der;* -[e]s, ...drücke; **un|ter|drụ̈|cken; Un|ter|drụ̈|cker,** *der;* -s, -; **Un|ter|drụ̈|ckung**
ụn|te|re; vgl. unterste
un|ter|ei|n|ạn|der
ụn|ter|ent|wi|ckelt
ụn|ter|er|nährt; Ụn|ter|er-näh|rung, *die;* -
ụn|ter|fas|sen (ugs.); sie gehen untergefasst
un|ter|füh|ren; die Straße wird unterführt; **Un|ter|füh-rung**
Ụn|ter|gang, *der;* -[e]s, ...gänge; **Ụn|ter|gangs|stim-mung**
un|ter|ge|ben; Un|ter|ge|be-ne, *der* u. *die;* -n, -n
ụn|ter|ge|hen
Ụn|ter|ge|schoss
Ụn|ter|ge|wicht, *das;* -[e]s; **ụn|ter|ge|wich|tig**
un|ter|gra|ben; die Kritik hat sein Selbstvertrauen untergraben
Ụn|ter|grund, *der;* -[e]s; **Ụn-ter|grund‿bahn** (Kurzform: U-Bahn), **...be|we|gung**
ụn|ter|ha|ken (ugs.); sie hatten sich untergehakt
ụn|ter|halb; - des Dorfes
Ụn|ter|halt, *der;* -[e]s; **un|ter-hạl|ten;** ich habe mich gut -; er wird vom Staat -; **un|ter-hạlt|sam** (fesselnd); **Ụn|ter-halts‿kos|ten** *(Mehrz.),* **...pflicht; Un|ter|hạl|tung; Un|ter|hạl|tungs|mu|sik**
un|ter|hạn|deln (bes. Politik: bei zwischenstaatlichen [militärischen] Konflikten auf eine vorläufige Einigung hinwirken); **Ụn|ter|händ|ler**
Ụn|ter|hemd
Ụn|ter|holz, *das;* -es (niedriges Gehölz im Wald)
Ụn|ter|ho|se
ụn|ter|ir|disch
Ụn|ter|ja|cke
un|ter|jọ|chen
ụn|ter|ju|beln; das hat er ihm untergejubelt (ugs. für: heimlich zugeschoben)
un|ter|kẹl|lern; das Haus wurde nachträglich unterkellert
Ụn|ter|kie|fer, der
Ụn|ter‿kleid, ...klei|dung
ụn|ter|kom|men; gut untergekommen sein
ụn|ter|krie|gen (ugs. für: entmutigen); sich nicht - lassen
Un|ter|kụ̈h|lung
Ụn|ter|kunft, *die;* -, ...künfte
Ụn|ter|la|ge
Ụn|ter|lass, *der;* in: ohne - (ununterbrochen); **un|ter-lạs|sen;** er hat es -; **Un|ter-lạs|sung**
un|ter|lau|fen; es sind [ihm] einige Fehler unterlaufen
ụn|ter|le|gen; man hat dem Text einen anderen Sinn untergelegt; [1]**un|ter|lẹ|gen;** der Musik wurde ein anderer Text unterlegt; [2]**un|ter-lẹ|gen;** vgl. unterliegen; **Un-ter|lẹ|gen|heit,** *die;* -
Ụn|ter|leib; Ụn|ter|leibs|lei-den
un|ter|lie|gen; er ist seinem Gegner unterlegen
Ụn|ter|lip|pe
ụn|term (ugs. für: unter dem)
un|ter|ma|len
un|ter|mau|ern; er hat seine Beweisführung gut untermauert
Ụn|ter|mie|te; zur - wohnen; **Ụn|ter|mie|ter**
un|ter|nẹh|men; er hat viel unternommen; **Un|ter|nẹh-men,** *das;* -s, -; **Un|ter|nẹh-mer; un|ter|nẹh|me|risch; Un|ter|nẹh|mung; Un|ter-nẹh|mungs‿geist** (*der;* -[e]s), **...lust** (*die;* -); **un|ter-nẹh|mungs|lus|tig**

Ụn|ter|of|fi|zier
ụn|ter|ord|nen; er ist ihm untergeordnet; **Ụn|ter|ord|nung**
Ụn|ter|pfand
ụn|ter|pri|vi|le|giert
un|ter|re̲|den, sich; du hast dich mit ihm unterredet; **Un|ter|re̲|dung**
Ụn|ter|richt, *der;* -[e]s, -e; **un|ter|rịch|ten;** gut unterrichtet; sich -; **Ụn|ter|richts‿fach, ...stun|de; Un|ter|rịch|tung**
Ụn|ter|rock
ụn|ters (ugs. für: unter das); - Bett
un|ter|sa̲|gen
Ụn|ter|satz; fahrbarer - (scherzh. für: Auto)
un|ter|schạ̈t|zen; unterschätzt
un|ter|schei̲|den; die Fälle müssen unterschieden werden; sich -; **Un|ter|schei̲|dung; Un|ter|schei̲|dungs‿ver|mö|gen;** *das;* -s
Ụn|ter|schicht
[1]**ụn|ter|schie|ben** (darunter schieben); er hat ihr ein Kissen untergeschoben; [2]**ụn|ter|schie|ben** [auch: *...schi̲...*]; er hat ihm eine schlechte Absicht untergeschoben, (auch:) unterschoben
Ụn|ter|schied, *der;* -[e]s, -e; zum - von; im - zu; **ụn|ter|schied|lich; ụn|ter|schieds|los**
ụn|ter|schla|gen; mit untergeschlagenen Beinen; **un|ter|schla̲|gen** (veruntreuen); **Un|ter|schla̲|gung**
Ụn|ter|schlupf; ụn|ter|schlüp|fen, (südd. ugs.:) ụn|ter|schlup|fen; er ist untergeschlüpft
un|ter|schnei̲|den; den Ball stark - ([Tisch]tennis)
un|ter|schrei̲|ben; ich habe den Brief unterschrieben; **Ụn|ter|schrift; Ụn|ter|schrif|ten‿ak|ti|on, ...samm|lung**
ụn|ter|schwel|lig (unterhalb der Bewusstseinsschwelle [liegend])
Ụn|ter|see|boot (Abk.: U-Boot, U)
Ụn|ter|sei|te
Ụn|ter|set|zer (Schale für Blumentöpfe u. a.); **un|ter|sẹtzt** (von gedrungener Gestalt)
un|ter|spü̲|len; die Fluten hatten den Damm unterspült
ụn|terst; vgl. unterste
Ụn|ter|stand
ụn|ters|te; der unterste Knopf; das Unterste zuoberst kehren
ụn|ter|ste|hen; er hat beim Regen untergestanden; **unter|ste̲|hen;** er unterstand einem strengen Lehrmeister; sich - (wagen); unterstehdich [nicht], das zu tun!
ụn|ter|stel|len; ich habe den Wagen untergestellt; ich habe mich während des Regens untergestellt; **un|ter|stẹl|len;** er ist meinem Befehl unterstellt; man hat ihr etwas unterstellt ([etwas Falsches] über sie behauptet); **Un|ter|stẹl|lung**
un|ter|strei̲|chen; ein Wort -; er hat diese Behauptung nachdrücklich unterstrichen (betont)
Ụn|ter|stu|fe
un|ter|stụ̈t|zen; ich habe ihn mit Geld unterstützt; **Un|ter|stụ̈t|zung**
un|ter|su̲|chen; der Arzt hat mich untersucht; **Un|ter|su̲|chung; Un|ter|su̲|chungs‿aus|schuss, ...haft**
ụn|ter|tan (veraltend für: untergeben); **Ụn|ter|tan,** *der;* -s u. (älter:) -en, (*Mehrz.:*) -en; **ụn|ter|tä|nig** (ergeben)
Ụn|ter|tas|se; fliegende -
ụn|ter|tau|chen; der Schwimmer ist untergetaucht; der Verbrecher war schnell untergetaucht (verschwunden)
Ụn|ter|teil, *das* (auch: *der*); **un|ter|tei̲|len;** die Skala ist in 10 Teile unterteilt; **Un|ter|tei̲|lung**
un|ter|trei̲|ben; er hat untertrieben; **Un|ter|trei̲|bung**
ụn|ter|ver|mie|ten
ụn|ter|ver|si|chern (zu niedrig versichern)
un|ter|wạn|dern (sich als Fremder od. heimlicher Gegner unter eine Gruppe mischen); die Partei wurde von subversiven Kräften unterwandert; **Un|ter|wạn|de|rung**
Ụn|ter|wä|sche, *die;* -
Un|ter|wạs|ser|ka|me|ra
un|ter|we̲gs (auf dem Wege)
un|ter|wei̲|sen; er hat ihn unterwiesen; **Un|ter|wei̲|sung**
Ụn|ter|welt; ụn|ter|welt|lich
un|ter|wẹr|fen; sich -; das Volk wurde unterworfen; **un|ter|wụ̈r|fig** [auch: *ụn...*]; in -er Haltung
un|ter|zei̲ch|nen; er hat den Brief unterzeichnet; sich -; **Un|ter|zei̲ch|ner; Un|ter|zei̲ch|ne|te,** *der* u. *die;* -n, -n (Amtsspr.); **Un|ter|zei̲ch|nung**
Ụn|ter|zeug, *das;* -[e]s (ugs.); **ụn|ter|zie|hen;** ich habe eine wollene Jacke untergezogen; **un|ter|zie̲|hen;** du hast dich diesem Verhör unterzogen
ụn|tief (seicht); **Ụn|tie|fe** (große Tiefe; auch für: seichte Stelle)
Ụn|tier (Ungeheuer)
un|tra̲g|bar [auch: *ụn...*]
ụn|treu; Ụn|treue
un|trö̲st|lich [auch: *ụn...*]
Ụn|tu|gend
ụn|ü|ber|legt; Ụn|ü|ber|legt|heit
un|ü|ber|sicht|lich
un|ü|ber|trẹff|lich [auch: *ụn...*]; **un|ü|ber|trọf|fen** [auch: *ụn...*]
un|ü|ber|wịnd|lich [auch: *ụn...*]
un|um|gạ̈ng|lich [auch: *ụn...*] (unbedingt nötig)
ụn|um|wun|den [auch: *...wụn...*] (offen, freiheraus)

un|un|ter|bro|chen [auch: *...bro...*]
un|ver|ant|wort|lich [auch: *un...*]
un|ver|bes|ser|lich [auch: *un...*]
un|ver|bil|det
un|ver|bind|lich [auch: *...bin...*]
un|ver|blümt [auch: *un...*] (offen; ohne Umschweife)
un|ver|dau|lich [auch: *...dau...*]; **un|ver|daut** [auch: *...daut*]
un|ver|dient [auch: *...dint*]
un|ver|dros|sen [auch: *...dro...*]
un|ver|ein|bar [auch: *un...*]; **Un|ver|ein|bar|keit,** *die;* -
un|ver|fäng|lich [auch: *...fä...*]
un|ver|fro|ren [auch: *...fro...*] (keck; frech)
un|ver|gäng|lich
un|ver|ges|sen; un|ver|gess|lich [auch: *un...*]
un|ver|gleich|bar [auch: *un...*]; **un|ver|gleich|lich** [auch: *un...*]
un|ver|hält|nis|mä|ßig [auch: *...hält...*]
un|ver|hei|ra|tet
un|ver|hofft [auch: *...ho...*]
un|ver|hoh|len [auch: *...ho...*]
un|ver|kenn|bar [auch: *un...*]
un|ver|meid|bar [auch: *un...*]; **un|ver|meid|lich** [auch: *un...*]
un|ver|mit|telt
Un|ver|mö|gen, *das;* -s (das Fehlen einer entsprechenden Fähigkeit)
un|ver|mu|tet
un|ver|schämt; Un|ver|schämt|heit
un|ver|se|hens [auch: *...se...*] (plötzlich)
un|ver|sehrt [auch: *...sert*]
un|ver|söhn|lich [auch: *...sön...*]
Un|ver|stand; un|ver|stan|den; un|ver|stän|dig (unklug); **un|ver|ständ|lich** (undeutlich; unbegreiflich); **Un|ver|ständ|nis**
un|ver|wandt; jmdn. - ansehen
un|ver|wüst|lich [auch: *un...*]
un|ver|zagt
un|ver|zeih|lich [auch: *un...*]
un|ver|züg|lich [auch: *un...*]
un|vor|her|ge|se|hen
un|vor|schrifts|mä|ßig
un|vor|sich|tig; Un|vor|sich|tig|keit
un|vor|teil|haft
un|wäg|bar [auch: *un...*]
un|wahr; Un|wahr|heit; un|wahr|schein|lich
un|weg|sam
un|wei|ger|lich [auch: *un...*]
un|weit; mit *Wesf.* od. mit »von«; - des Flusses od. - von Mannheim
Un|we|sen, *das;* -s; er trieb sein -; **un|we|sent|lich**
Un|wet|ter
un|wich|tig; Un|wich|tig|keit
un|wi|der|ruf|lich [auch: *un...*]
un|wi|der|steh|lich [auch: *un...*]
Un|wil|le[n], *der;* Unwillens; **un|wil|lig; un|will|kom|men; un|will|kür|lich** [auch: *...kür...*]
un|wirk|lich; un|wirk|sam
un|wirsch (unfreundlich)
un|wirt|lich; eine -e Gegend
un|wis|send; Un|wis|sen|heit, *die;* -; **un|wis|sent|lich**
un|wohl; ich bin -; mir ist -; - sein; **Un|wohl|sein,** *das;* -s; wegen -s
Un|zahl, *die;* - (sehr große Zahl); **un|zähl|bar** [auch: *un...*]; **un|zäh|lig** [auch: *un...*] (sehr viel); -e Notleidende; es haben sich Unzählige an der Aktion beteiligt; unzählige Mal, unzählige Male
Un|ze, *die;* -, -n (Gewicht)
un|zeit|ge|mäß
un|zer|reiß|bar [auch: *un...*]
un|zer|trenn|lich [auch: *un...*]
Un|zucht, *die;* -; **un|züch|tig**
un|zu|gäng|lich
un|zu|läng|lich
un|zu|läs|sig
un|zu|rech|nungs|fä|hig; Un|zu|rech|nungs|fä|hig|keit, *die;* -
un|zu|rei|chend
un|zu|tref|fend
un|zu|ver|läs|sig; Un|zu|ver|läs|sig|keit, *die;* -
un|zwei|deu|tig
un|zwei|fel|haft [auch: *...zwai...*]
Up|date [*apdeit*], *das;* -s, -s (EDV: Aktualisierung; aktualisierte [u. verbesserte] Version eines Programms, einer Datei o. Ä.)
üp|pig; Üp|pig|keit
up to date [*ap tu deit*] (zeitgemäß, auf dem neuesten Stand)
Ur, *der;* -[e]s, -e (Auerochs)
Ur|ab|stim|mung
Ur|a|del
Ur‿ahn, ...ah|ne (*der;* Urgroßvater; Vorfahr), **...ah|ne** (*die;* Urgroßmutter)
ur|alt
U|ran, *das;* -s (chem. Element, Metall; Zeichen: U); **U|ran|erz**
Ur|auf|füh|rung
Ur|ba|ni|tät, *die;* - (Bildung; weltmännische Art; städtische Atmosphäre)
ur|bar; - machen
Ur|bild; ur|bild|lich
ur|ei|gen; ur|ei|gen|tüm|lich
Ur|ein|woh|ner
Ur|el|tern, *die (Mehrz.)*
Ur‿en|kel, ...en|ke|lin
ur|ge|müt|lich
Ur|ge|schich|te, *die;* -; **ur|ge|schicht|lich**
Ur|ge|stein
Ur|ge|walt
Ur‿groß|el|tern *(die, Mehrz.)*, **...groß|mut|ter, ...groß|va|ter**
Ur|he|ber; Ur|he|ber|recht
u|rig (urtümlich; originell)
U|rin, *der;* -s, -e (Harn); **u|ri|nie|ren** (Wasser lassen)
ur|ko|misch
Ur|kun|de, *die;* -, -n; **Ur|kun|den|fäl|schung; ur|kund|lich**
Ur|laub, *der;* -[e]s, -e; in od. im - sein; **Ur|lau|ber; Ur|laubs|geld**
Ur|mensch, *der*
Ur|ne, *die;* -, -n ([Aschen]gefäß; Behälter für Stimmzettel)

U|ro|lo|ge, *der;* -n, -n (Arzt für Krankheiten der Harnorgane); **U|ro|lo|gin; U|ro|lo|gie,** *die;* - (Lehre von den Erkrankungen der Harnorgane); **u|ro|lo|gisch**

ur|plötz|lich

Ur|sa|che; ur|säch|lich

Ur|schrift; ur|schrift|lich

Ur|sprung; ur|sprüng|lich [auch: *...schprüng...*]; **Ur|sprungs|land**

Ur|strom|tal

Ur|teil, *das;* -s, -e; **ur|tei|len; Ur|teils|be|grün|dung; ur|teils|fä|hig; Ur|teils‿fin|dung, ...kraft,** (*die;* -), **...spruch, ...ver|kün|dung, ...voll|stre|ckung, ...voll|zug**

Ur|text

Ur|tier|chen (einzelliges tierisches Lebewesen)

Ur|trieb

ur|tüm|lich (ursprünglich; natürlich); **Ur|tüm|lich|keit,** *die;* -

Ur|va|ter (Stammvater); **ur|vä|ter|lich; Ur|vä|ter|zeit;** seit -en

Ur|viech, Ur|vieh (ugs. scherzh. für: origineller Mensch)

Ur‿wahl (Politik), **...wäh|ler**

Ur|wald; Ur|wald|ge|biet

Ur|welt; ur|welt|lich

ur|wüch|sig; Ur|wüch|sig|keit, *die;* -

Ur|zeit; seit -en; **ur|zeit|lich**

Ur|zu|stand; ur|zu|ständ|lich

U|sam|ba|ra|veil|chen [auch: *...ba...*]

U|ser [*jus^e^r*], *der;* -s, - (jmd., der Drogen nimmt; EDV: Benutzer, Anwender)

U|sur|pa|ti|on [*...zion*], *die;* -, -en (widerrechtliche Besitz-, Machtergreifung); **U|sur|pa|tor,** *der;* -s, ...oren (eine Usurpation Erstrebender; Thronräuber)

U|sus, *der;* - (Brauch; Gewohnheit, Sitte)

U|ten|sil, *das;* -s, -ien [*...i^e^n*] (meist *Mehrz.;* [notwendiges] Gerät, Gebrauchsgegenstand)

U|te|rus, *der;* -, ...ri (Med.: Gebärmutter)

U|to|pie, *die;* -, ...ien (als undurchführbar geltender Plan; Idee ohne reale Grundlage); **u|to|pisch** ([noch] nicht durchführbar; fantastisch); **U|to|pist,** *der;* -en, -en (Fantast)

UV-Fil|ter (Fotogr.: Filter zur Dämpfung der ultravioletten Strahlen); **UV-Lam|pe** (Höhensonne)

Uz, *der;* -es, -e (ugs. für: Neckerei); **u|zen** (ugs.); **Uz|na|me** (ugs.)

Vv

V (Buchstabe); das V; des V, die V; aber: das v in Steven

Va|banque, (auch:) **va banque** [*wabangk*] (»es gilt die Bank«); Vabanque, (auch:) va banque spielen (alles aufs Spiel setzen); **Va|banque-spiel,** *das;* -[e]s

vag; vgl. vage; **Va|ga|bund,** *der;* -en, -en (Landstreicher); **va|ga|bun|die|ren** ([arbeitslos] umherziehen, herumstrolchen); **va|ge** [*wag^e^*], vag [*wak*] (unbestimmt; ungewiss)

Va|gi|na [*wa...;* auch: *wa...*], *die;* -, ...nen (Med.: w. Scheide); **va|gi|nal** (die Scheide betreffend)

va|kant [*wa...*] (leer; unbesetzt, offen, frei); **Va|ku|um,** *das;* -s, ...kua od. ...kuen (nahezu luftleerer Raum); **va|ku|um|ver|packt**

Va|len|tins|tag [*wa...*] (14. Febr.)

Va|lu|ta [*wa...*], *die;* -, ...ten (Währungsgeld; [Gegen]-wert)

Vamp [*wämp*], *der;* -s, -s (verführerische, kalt berechnende Frau); **Vam|pir** [*wam...* od. *...pir*], *der;* -s, -e (eine Fledermausart; Volksglauben: Blut saugendes Nachtgespenst; selten für: Wucherer)

Van|da|le usw.; vgl. Wandale usw.

Va|nil|le [*wanil(j)^e^*], *die;* - (trop. Orchideengattung; Gewürz); **Va|nil|le‿eis, ...pud|ding, ...so|ße, ...zucker; Va|nil|lin,** *das;* -s (Riechstoff; Vanilleersatz)

va|ri|a|bel [*wa...*] (veränderlich, [ab]wandelbar, schwankend); ...ab|le Kosten; **Va|ri|a|bi|li|tät** (Veränderlichkeit); **Va|ri|a|b|le,** *die;* -n, -n (Math.: veränderliche Größe); **Va|ri|an|te,** *die;* -, -n (Abweichung, Abwandlung; verschiedene Lesart; Organismus mit abweichender Form, Abart, Spielart); **Va|ri|a|ti|on** [*...zion*] (Abwechs[e]lung; Abänderung; Abwandlung); **Va|ri|e|tee,** (auch:) **Va|ri|e|té** [*wariete*], *das;* -s, -s (Theater, in dem ein buntes künstlerisches u. artistisches Programm gezeigt wird); **Va|ri|e|tee|the|a|ter,** (auch:) **Va|ri|e|té|the|a|ter; va|ri|ie|ren** (verschieden sein; abweichen; abwandeln)

Va|sall [*wa...*], *der;* -en, -en (Lehnsmann)

Va|se [*wa...*], *die;* -, -n ([Zier]gefäß)

Va|se|lin, *das;* -s, -s u. **Va|se|li|ne,** *die;* - [*wa...*] (mineral. Fett; Salbengrundlage)

Va|ter, *der;* -s, Väter; **Vä|ter|chen; Va|ter‿fi|gur, ...land** (*Mehrz.* ...länder); **Va|ter|lands|lie|be; vä|ter|lich;** ein -er Freund; **vä|ter|li|cher|seits; Va|ter|mör|der** (scherzh. auch für: hoher, steifer Kragen); **Va|ter|schaft,** *die;* -; **Va|ter|un|ser,** *das;* -s, -; **Va|ti,** *der;* -s, -s (Koseform von: Vater)

Va|ti|kan [*wa...*], *der;* -s (Residenz des Papstes in Rom; oberste Behörde der kath. Kirche); **Va|ti|kan|stadt,** *die;* -

Ve|ga|ner (Vegetarier, der auch auf Eier u. Milchprodukte verzichtet); **Ve|ga|ne|rin; Ve|ge|ta|ri|er** [*we...i^e^r*] (jmd., der sich vorwiegend von pflanzl. Kost ernährt); **Ve|ge|ta|ri|e|rin; ve|ge|ta|risch** (pflanzlich, Pflanzen...); **Ve|ge|ta|ti|on** [*...zion*], *die;* -, -en (Pflanzenwelt, -wuchs); **ve|ge|ta|tiv** (pflanzlich; ungeschlechtlich; Med.: dem Willen nicht unterliegend, unbewusst); -es Nervensystem; **ve|ge|tie|ren** (kümmerlich, kärglich [dahin]leben)

ve|he|ment [*we...*] (heftig, ungestüm); **Ve|he|menz,** *die;* -

Ve|hi|kel [*we...*], *das;* -s, - (ugs. für: schlechtes, altmodisches Fahrzeug; Hilfsmittel)

Veil|chen; veil|chen|blau; Veil|chen‿duft, ...strauß

Veits|tanz, *der;* -es (ein Nervenleiden)

Vek|tor [*wäk...*], *der;* -s, ...oren (physikal. od. math. Größe, die durch Pfeil dargestellt wird u. durch Angriffspunkt, Richtung und Betrag festgelegt ist)

Ve|lo [*welo*], *das;* -s, -s (schweiz. für: Fahrrad); Velo fahren

[1]**Ve|lours** [*w^e^lur,* auch: *welur*], *der;* -, - (Samt; Gewebe mit gerauter, weicher Oberfläche); [2]**Ve|lours,** *das;* -, (für: Sorten *Mehrz.:*) - (samtartiges Leder); **Ve|lours|le|der**

Ve|ne [*we...*], *die;* -, -n (Blutgefäß, das zum Herzen führt); **Ve|nen|ent|zün|dung** [*we...*]

ve|ne|risch [*we...*] (geschlechtskrank; auf die Geschlechtskrankheiten bezogen); -e Krankheiten

ve|nös [*we...*] (Med.: die Vene[n] betreffend; venenreich)

Ven|til [*wän...*], *das;* -s, -e (Absperrvorrichtung; Luft-, Dampfklappe); **Ven|ti|la|tor,** *der;* -s, ...oren

ver|ab|re|den; Ver|ab|re|dung

ver|ab|rei|chen; Ver|ab|rei|chung

ver|ab|scheu|en; ver|ab|scheu|ungs|wür|dig

ver|ab|schie|den

ver|ach|ten; ver|ächt|lich; Ver|ach|tung, *die;* -

ver|al|bern (ugs.)

ver|all|ge|mei|nern; ich ...ere; **Ver|all|ge|mei|ne|rung**

ver|al|ten

Ve|ran|da [*we...*], *die;* -, ...den (überdachter u. an den Seiten verglaster Anbau, Vorbau)

ver|än|der|lich; Ver|än|der|li|che, *die;* -n, -n (eine mathemat. Größe, deren Wert sich ändern kann); **ver|än|dern;** sich -; **Ver|än|de|rung**

ver|ängs|ti|gen; ver|ängs|tigt

ver|an|kern; Ver|an|ke|rung

ver|an|lagt; Ver|an|la|gung (Einschätzung; Begabung)

ver|an|las|sen; Ver|an|las|sung

ver|an|schla|gen

ver|an|stal|ten; Ver|an|stal|tung

ver|ant|wor|ten; ver|ant|wort|lich; Ver|ant|wor|tung; ver|ant|wor|tungs‿be|wusst, ...los

ver|äp|peln (ugs. für: veralbern)

ver|ar|bei|ten; Ver|ar|bei|tung

ver|är|gern; Ver|är|ge|rung

ver|ar|schen (derb für: veralbern)

ver|arz|ten (ugs. für: [ärztl.] behandeln)

ver|aus|ga|ben (ausgeben); sich - (sich bis zur Erschöpfung anstrengen)

ver|äu|ßer|lich (verkäuflich); **ver|äu|ßern** (verkaufen)

Verb [*wärp*], *das;* -s, -en (Sprachw.: Zeitwort, Tätigkeitswort); **ver|bal** (als Zeitwort gebraucht; wörtlich; mündlich); **Ver|bal|in|ju|rie** [*wärbalinjuri^e^*] (Beleidigung mit Worten)

ver|ball|hor|nen (ugs. für: verschlimmbessern)

Ver|band, *der;* -[e]s, ...bände; **Ver|band[s]‿kas|ten, ...ma|te|ri|al**

ver|ban|nen; Ver|ban|nung

ver|bar|ri|ka|die|ren

ver|bau|en

ver|bei|ßen; die Hunde hatten sich ineinander verbissen; sich den Schmerz -; sich in eine Sache -

ver|ber|gen

ver|bes|sern; Ver|bes|se|rung

ver|beu|gen, sich; **Ver|beu|gung**

ver|beu|len

ver|bie|gen; Ver|bie|gung

ver|bies|tert (landsch. für: verstört, verärgert)

ver|bie|ten

ver|bil|li|gen; Ver|bil|li|gung

ver|bim|sen (ugs. für: verprügeln)

ver|bin|den; ver|bind|lich; eine -e Zusage; **Ver|bind|lich|keit; Ver|bin|dung**

ver|bis|sen

ver|bit|ten; ich habe mir eine solche Antwort verbeten

ver|bit|tern; Ver|bit|te|rung

ver|blas|sen

ver|bläu|en (ugs. für: verprügeln)

Ver|bleib, *der;* -[e]s; **ver|blei|ben**

Ver|blen|dung

ver|bleu|en (alte Schreibung für:) verbläuen

Ver|bli|che|ne, *der* u. *die;* -n, -n (geh. für: Tote)

ver|blüf|fen (bestürzt machen); **ver|blüf|fend; Ver|blüf|fung**

ver|blü|hen

ver|blümt (andeutend)

ver|blu|ten; sich -; **Ver|blu|tung**

ver|bohrt; er ist - (ugs. für: uneinsichtig, starrköpfig)

[1]**ver|bor|gen** (ausleihen)

[2]**ver|bor|gen;** eine -e Gefahr; im Verborgenen (unbemerkt) bleiben

Ver|bot, *das;* -[e]s, -e; **ver|bo|ten; Ver|bots|schild** (*Mehrz.* ...schilder)

ver|brä|men (am Rand verzie-

ren; übertr. für: [eine Aussage] verschleiern, ausschmücken); **Ver|brä|mung**
Ver|brauch, *der;* -[e]s; **ver|brau|chen; Ver|brau|cher; Ver|brau|cher|be|ra|tung**
ver|bre|chen; Ver|bre|chen, *das;* -s, -; **Ver|bre|cher; Ver|bre|cher|al|bum** (veraltend); **ver|bre|che|risch**
ver|brei|ten; ver|brei|tern (breiter machen); **Ver|brei|te|rung; Ver|brei|tung**
ver|bren|nen; Ver|bren|nung
ver|brie|fen ([urkundlich] sicherstellen); ein verbrieftes Recht
ver|brin|gen
ver|brü|dern, sich; ich ...ere mich
ver|brü|hen
ver|bu|chen
ver|bum|meln
ver|bün|den, sich; **Ver|bun|den|heit,** *die;* -; - mit etwas od. jmdm.; **Ver|bün|de|te,** *der* u. *die;* -n, -n
ver|bür|gen; sich -
ver|bü|ßen; eine Strafe -
ver|chro|men [...*kro*...] (mit Chrom überziehen)
Ver|dacht, *der;* -[e]s; **ver|däch|tig; Ver|däch|ti|ge,** *der* u. *die;* -n, -n; **ver|däch|ti|gen; Ver|dachts|mo|ment,** *das;* -[e]s, -e
ver|dam|men; Ver|damm|nis, *die;* -
ver|damp|fen
ver|dan|ken
ver|dat|tert (ugs. für: verwirrt)
ver|dau|en; ver|dau|lich; leicht verdauliche, schwer verdauliche Speisen; **Ver|dau|ung,** die; -
Ver|deck, *das;* -[e]s, -e; **ver|de|cken**
ver|den|ken; jmdm. etwas -
Ver|derb, *der;* -[e]s; auf Gedeih und -; **ver|der|ben,** verdarb, verdorben; **Ver|der|ben,** *das;* -s; **ver|derb|lich;** -e Esswaren
ver|deut|li|chen
ver|dich|ten
ver|die|nen; [1]Ver|dienst, *der;* -[e]s, -e (Erwerb, Lohn, Gewinn); **[2]Ver|dienst,** *das;* -[e]s, -e (Anspruch auf Dank u. Anerkennung); **Ver|dienst|aus|fall**
Ver|dikt [*wär*...], *das;* -[e]s, -e (Urteil)
ver|dop|peln
ver|dor|ben
ver|dor|ren
ver|drän|gen; Ver|drän|gung
ver|dre|hen; ver|dreht (ugs. für: verwirrt; verschroben)
ver|dre|schen (ugs.)
ver|drie|ßen, verdross, verdrossen; **ver|drieß|lich; ver|dros|sen; Ver|dros|sen|heit**
ver|drü|cken (ugs. auch für: etwas essen); sich - (ugs. für: sich heimlich entfernen)
Ver|druss, *der;* -es, -e
ver|duf|ten; sich - (ugs. für: sich unauffällig entfernen)
ver|dum|men; Ver|dum|mung
ver|dun|keln
ver|dün|nen
ver|duns|ten (zu Dunst werden; langsam verdampfen); **Ver|duns|tung**
ver|durs|ten
ver|dutzt (ugs. für: verwirrt); - sein
ver|e|deln
ver|e|he|li|chen; sich -; **Ver|e|he|li|chung**
ver|eh|ren; Ver|eh|rung
ver|ei|di|gen; Ver|ei|di|gung
Ver|ein, *der;* -[e]s, -e; **ver|ein|ba|ren; ver|ei|nen**
ver|ein|fa|chen; Ver|ein|fa|chung
ver|ei|ni|gen; Ver|ei|ni|gung
Ver|eins‿elf *(die),* **...haus, ...lo|kal** (Vereinsraum, -zimmer), **...mann|schaft; Ver|eins|mei|e|rei** (ugs. abwertend)
ver|eist
ver|ei|teln
ver|ei|tern; Ver|ei|te|rung
ver|e|len|den; Ver|e|len|dung
ver|en|den; Ver|en|dung
Ver|er|bung
ver|e|wi|gen; sich -
ver|fah|ren; Ver|fah|ren, *das;* -s, -; **Ver|fah|rens‿fra|ge, ...recht** *(das;* -[e]s)
Ver|fall, *der;* -[e]s; **ver|fal|len; Ver|fall[s]‿tag, ...zeit**
ver|fäl|schen
ver|fan|gen; sich -; **ver|fäng|lich;** eine -e Frage
ver|fär|ben; sich -
ver|fas|sen; sie hat diesen Brief verfasst; **Ver|fas|ser; Ver|fas|se|rin; Ver|fas|sung; Ver|fas|sungs‿än|de|rung, ...be|schwer|de, ...ge|richt, ...kla|ge; ver|fas|sungs|wid|rig**
ver|fech|ten (verteidigen); **Ver|fech|ter**
ver|fein|den; sich mit jmdm. -
ver|fei|nern; Ver|fei|ne|rung
ver|fer|ti|gen; Ver|fer|ti|gung
ver|fes|ti|gen; Ver|fes|ti|gung
ver|fil|men; Ver|fil|mung
ver|fil|zen; Ver|fil|zung
ver|fins|tern; sich -
ver|flech|ten; Ver|flech|tung
ver|flie|gen; sich -
ver|flixt (ugs. für: verflucht; auch für: unangenehm, ärgerlich)
ver|flu|chen; Ver|flu|chung
ver|flüch|ti|gen; sich -
ver|fol|gen; Ver|fol|ger; Ver|fol|gung; Ver|fol|gungs‿jagd, ...ren|nen (Radsport), **...wahn**
ver|for|men; Ver|for|mung
ver|frach|ten
ver|frem|den; Ver|frem|dung
ver|fres|sen (ugs. für: gefräßig)
ver|fro|ren
ver|früht
ver|füg|bar; ver|fü|gen; Ver|fü|gung
ver|füh|ren; ver|füh|re|risch
Ver|ga|be, *die;* -, (selten:) -n
ver|gaf|fen, sich (ugs. für: sich verlieben)
ver|gäl|len
ver|gam|meln (ugs. für: verderben; verwahrlosen)
Ver|gan|gen|heit; ver|gäng|lich
ver|ga|sen; Ver|ga|ser
ver|ge|ben; ver|ge|bens; ver|geb|lich
ver|ge|gen|wär|ti|gen
ver|ge|hen; Ver|ge|hen, *das;* -s, -

ver|gel|ten; Ver|gel|tung; Ver|gel|tungs|maß|nah|me
ver|ge|sell|schaf|ten
ver|ges|sen, vergaß, vergessen; **Ver|ges|sen|heit,** *die;* -; in - geraten; **ver|gess|lich; Ver|gess|lich|keit**
ver|geu|den
ver|ge|wal|ti|gen; Ver|ge|wal|ti|gung
ver|ge|wis|sern, sich
ver|gie|ßen
ver|gif|ten
ver|gil|ben; vergilbte Papiere
Ver|giss|mein|nicht, *das;* -[e]s, -[e] (eine Blume)
ver|gla|sen; ver|glast
Ver|gleich, *der;* -[e]s, -e; im - mit, zu; **ver|gleich|bar; ver|glei|chen; ver|gleichs|wei|se**
ver|glim|men
ver|glü|hen
ver|gnü|gen, sich; **Ver|gnü|gen,** *das;* -s, -; viel -!; **ver|gnüg|lich; ver|gnügt; Ver|gnü|gung** (meist *Mehrz.*); **Ver|gnü|gung[s]|steu|er,** *die*
ver|gol|den; Ver|gol|dung
ver|gön|nen (gewähren)
ver|göt|tern (wie einen Gott verehren); **Ver|göt|te|rung**
ver|gra|ben
ver|grau|len (ugs. für: durch unfreundliches Verhalten vertreiben)
ver|grei|fen; sich an jmdm., an einer Sache -
ver|grif|fen; das Buch ist - (nicht mehr lieferbar)
ver|grö|ßern; Ver|grö|ße|rung; Ver|grö|ße|rungs‿ap|pa|rat, ...glas
ver|gu|cken, sich (ugs. für: sich verlieben)
Ver|güns|ti|gung
ver|gü|ten (auch für: veredeln); **Ver|gü|tung**
ver|hack|stü|cken (ugs. für: bis ins Kleinste besprechen u. kritisieren)
ver|haf|ten; Ver|haf|te|te, *der* u. *die;* -n, -n; **Ver|haf|tung**
ver|ha|geln; das Getreide ist verhagelt
[1]**ver|hal|ten** (stehen bleiben; zurückhalten); [2]**ver|hal|ten;** ein -er (gedämpfter, unterdrückter) Zorn, Trotz; **Ver|hal|ten,** *das;* -s; **Ver|hal|tens‿for|schung, ...wei|se** *(die);* **Ver|hält|nis,** *das;* -ses, -se; geordnete Verhältnisse; **ver|hält|nis|mä|ßig; Ver|hält|nis‿wahl|recht, ...wort** (für: Präposition; *Mehrz.* ...wörter)
ver|han|deln; über etwas -; **Ver|hand|lung**
ver|han|gen; ein -er Himmel; **Ver|häng|nis,** *das;* -ses, -se; **ver|häng|nis|voll**
ver|harm|lo|sen; Ver|harm|lo|sung
ver|härmt
ver|har|ren (geh.); **Ver|har|rung**
ver|har|schen; ver|harscht
ver|här|ten; Ver|här|tung
ver|has|peln; sich - (ugs. für: sich beim Sprechen verwirren)
ver|hasst
ver|hät|scheln (ugs.)
Ver|hau, *der* od. *das;* -[e]s, -e; **ver|hau|en** (ugs. für: durchprügeln; etwas mangelhaft machen); sich - (ugs. für: sich völlig verrechnen, verkalkulieren)
ver|he|ben, sich; ich habe mich verhoben; **Ver|he|bung**
ver|hed|dern (ugs. für: verwirren); sich - (beim Sprechen)
ver|hee|ren; ver|hee|rend; das ist - (ugs. für: sehr unangenehm, furchtbar); **Ver|hee|rung**
ver|heh|len; er hat die Wahrheit verhehlt; vgl. verhohlen
ver|hei|len
ver|heim|li|chen
ver|hei|ra|ten; sich -; **ver|hei|ra|tet** (Abk.: verh.; Zeichen: ⚭); **Ver|hei|ra|tung**
ver|hei|ßen; Ver|hei|ßung; ver|hei|ßungs|voll
ver|hei|zen; Kohlen -; jmdn. - (ugs. für: jmdn. für eigene Zwecke rücksichtslos einsetzen)
ver|hel|fen; jmdm. zu etwas -; er hat mir dazu verholfen
ver|herr|li|chen; Ver|herr|li|chung
ver|het|zen; Ver|het|zung
ver|heult (ugs. für: verweint)
ver|he|xen; das ist wie verhext; **Ver|he|xung**
ver|hin|dern; Ver|hin|de|rung
ver|hoh|len (verborgen); mit kaum verhohlener Schadenfreude
ver|höh|nen; ver|hoh|ne|pi|peln (ugs. für: verspotten)
ver|hö|kern (ugs. für: [billig] verkaufen)
Ver|hör, *das;* -[e]s, -e; **ver|hö|ren**
ver|hül|len; ver|hüllt
ver|hun|gern
ver|hun|zen (ugs. für: verderben; verunstalten)
ver|hü|ten (verhindern)
ver|hüt|ten (Erz auf Hüttenwerken verarbeiten); **Ver|hüt|tung**
Ver|hü|tung; Ver|hü|tungs|mit|tel
ver|hut|zelt (zusammengeschrumpft)
ver|ir|ren, sich; **Ver|ir|rung**
ver|ja|gen
ver|jäh|ren; Ver|jäh|rung
ver|ju|beln (ugs. für: [sein Geld] für Vergnügungen ausgeben)
ver|jün|gen; sich -; die Säule verjüngt sich (wird dünner); **Ver|jün|gung**
ver|ju|xen (ugs. für: vergeuden)
ver|kal|ken (ugs. auch für: alt werden, die geistige Frische verlieren)
ver|kal|ku|lie|ren, sich (sich verrechnen, falsch veranschlagen)
ver|kannt; ein -es Genie
ver|kappt; ein -er Spion
ver|ka|tert (ugs. für: an den Folgen übermäßigen Alkoholgenusses leidend)
Ver|kauf; ver|kau|fen; Ver|käu|fer; Ver|käu|fe|rin; ver|käuf|lich; ver|kaufs|of|fen; -er Samstag; **Ver|kaufs|preis**

Ver|kehr, *der;* -s (seltener: -es), (fachspr.:) -e; **ver|keh|ren; Ver|kehrs‿am|pel, ...cha|os, ...hin|der|nis; ver|kehrs|si|cher; Ver|kehrs‿sün|der** (ugs.), **...teil|neh|mer, ...un|fall, ...ver|ein; ver|kehrs|wid|rig; Ver|kehrs|zei|chen; ver|kehrt;** seine Antwort ist -

ver|ken|nen; er wurde von allen verkannt; **Ver|ken|nung**

ver|ket|ten; Ver|ket|tung

ver|ket|zern (verurteilen, schmähen); **Ver|ket|ze|rung**

ver|kla|gen

ver|klä|ren (ins Überirdische erhöhen); **Ver|klä|rung**

ver|klau|su|lie|ren (schwer verständlich formulieren; mit vielen Vorbehalten versehen)

ver|kle|ben; Ver|kle|bung

ver|klei|den; Ver|klei|dung

ver|klei|nern; Ver|klei|ne|rung

ver|klem|men; ver|klemmt

ver|klin|gen

ver|klop|pen (ugs. für: verprügeln; [unter dem Wert] verkaufen)

ver|kna|cken (ugs. für: verurteilen)

ver|knack|sen (ugs. für: verstauchen)

ver|knal|len, sich (ugs.)

Ver|knap|pung (Knappwerden)

ver|knei|fen (ugs.); das Lachen -; sich etwas - (ugs. für: auf etwas verzichten; etwas unterdrücken); **ver|knif|fen** (verbittert)

ver|knö|chert (ugs. für: alt, geistig unbeweglich)

ver|kno|ten

ver|knüp|fen; Ver|knüp|fung

ver|koh|len (ugs. für: veralbern; scherzhaft belügen)

ver|kom|men; ein -er Mensch

ver|kon|su|mie|ren (ugs. für: aufessen)

ver|kor|ken (mit einem Korken verschließen); **ver|kork|sen** (ugs. für: verderben; verpfuschen)

ver|kör|pern; Ver|kör|pe|rung

ver|kös|ti|gen

ver|kra|chen (ugs. für: zusammenbrechen); sich - (ugs. für: sich entzweien); **ver|kracht** (ugs. für: gescheitert); eine -e Existenz

ver|kraf|ten (ugs. für: ertragen können)

ver|kramp|fen, sich; **ver|krampft**

ver|krat|zen

ver|krie|chen, sich

ver|krü|meln, sich (ugs. für: sich unauffällig entfernen)

ver|krüp|peln

ver|krus|ten; etwas verkrustet

ver|küh|len, sich (landsch. für: sich erkälten)

ver|küm|mern; ver|küm|mert

ver|kün|di|gen (geh.); **Ver|kün|di|gung, Ver|kün|dung**

ver|kup|peln

ver|kür|zen; Ver|kür|zung

ver|la|chen (auslachen)

ver|la|den; vgl. [1]laden; **Ver|la|de|ram|pe**

Ver|lag, *der;* -[e]s, -e (von Büchern usw.); **ver|la|gern; Ver|la|ge|rung; Ver|lags|haus**

ver|lan|den (von Seen usw.)

ver|lan|gen; Ver|lan|gen, *das;* -s, -; auf -

ver|län|gern; Ver|län|ge|rung; Ver|län|ge|rungs‿ka|bel, ...schnur

ver|lang|sa|men; Ver|lang|sa|mung

Ver|lass, *der;* -es; es ist kein - auf ihn; **[1]ver|las|sen;** sich auf etwas, jmdn. -; **[2]ver|las|sen** (vereinsamt); **ver|läss|lich** (zuverlässig)

Ver|laub, *der;* nur noch in: mit -

Ver|lauf; im -; **ver|lau|fen;** die Sache ist gut verlaufen; sich -

ver|lau|ten; wie verlautet; nichts - lassen

ver|le|ben

[1]ver|le|gen; [2]ver|le|gen (befangen); er war -; **Ver|le|gen|heit; Ver|le|ger; Ver|le|ge|rin**

ver|lei|den (jmdm. die Freude an etwas nehmen); es ist mir verleidet

Ver|leih, *der;* -[e]s, -e; **ver|lei|hen;** er hat das Buch verliehen; **Ver|lei|her; Ver|lei|hung**

ver|lei|ten (verführen)

ver|ler|nen

ver|le|sen; er hat den Text verlesen; **Ver|le|sung**

ver|letz|bar; ver|let|zen; er ist verletzt; **ver|let|zend; ver|letz|lich; Ver|letz|te,** *der* u. *die;* -n, -n; **Ver|let|zung**

ver|leug|nen; Ver|leug|nung

ver|leum|den; Ver|leum|der; ver|leum|de|risch; Ver|leum|dung; Ver|leum|dungs|kam|pa|g|ne

ver|lie|ben, sich; **ver|liebt; Ver|lieb|te,** *der* u. *die;* -n, -n; **Ver|liebt|heit**

ver|lie|ren; verlor, verloren; **Ver|lie|rer; Ver|lies,** *das;* -es, -e ([unterird.] Gefängnis, Kerker)

ver|lo|ben; sich -; **Ver|löb|nis,** *das;* -ses, -se; **Ver|lob|te,** *der* u. *die;* -n, -n; **Ver|lo|bung**

ver|lo|cken; Ver|lo|ckung

ver|lo|gen (lügenhaft); **Ver|lo|gen|heit**

ver|lo|ren; der -e Sohn; auf -em Posten stehen; - sein; - geben; sie haben das Spiel verloren gegeben; verloren gehen; mein Pass ist verloren gegangen

ver|lö|schen; die Kerze verlischt

ver|lo|sen; Ver|lo|sung

ver|lot|tern (ugs. für: verkommen)

Ver|lust, *der;* -es, -e; **Ver|lust‿be|trieb, ...ge|schäft**

ver|lus|tie|ren, sich (scherzh. für: sich vergnügen)

ver|ma|chen (vererben); **Ver|mächt|nis,** *das;* -ses, -se

ver|mäh|len; sich -; **ver|mählt** (Abk.: verm.; Zeichen: ⚭); **Ver|mähl|te,** *der* u. *die;* -n, -n; **Ver|mäh|lung; Ver|mäh|lungs|an|zei|ge**

ver|mas|seln (ugs. für: zunichte machen)

ver|meh|ren; Ver|meh|rung
ver|meid|bar; ver|mei|den; er hat diesen Fehler vermieden
ver|mei|nen ([irrtümlich] glauben); **ver|meint|lich**
ver|men|gen; Ver|men|gung
ver|mensch|li|chen; Ver-mensch|li|chung
Ver|merk, *der;* -[e]s, -e; **ver-mer|ken;** etwas am Rande -
[1]**ver|mes|sen;** Land -; [2]**ver-mes|sen;** ein -es (tollkühnes) Unternehmen; **Ver-mes|sen|heit** (Kühnheit); **Ver|mes|sung**
ver|mie|sen (ugs. für: verleiden)
ver|mie|ten; Ver|mie|ter; Ver|mie|te|rin; Ver|mie-tung
ver|min|dern; Ver|min|de-rung
ver|mi|nen (Minen legen; durch Minen versperren); **Ver|mi|nung**
ver|mi|schen; Ver|mi|schung
ver|mis|sen; als vermisst gemeldet; **Ver|miss|te,** *der* u. *die;* -n, -n; **Ver|miss|ten-an|zei|ge**
ver|mit|teln; Ver|mitt|ler; Ver|mitt|lung; Ver|mitt-lungs|ge|bühr
ver|mö|beln (ugs. für: verprügeln)
ver|mo|dern
ver|mö|ge; mit *Wesf.:* - seines Geldes; **ver|mö|gen; Ver-mö|gen,** *das;* -s, -; **ver|mö-gend; Ver|mö|gens‿bil-dung, ...la|ge; Ver|mö-gen[s]|steu|er**
ver|mum|men (fest einhüllen); sich - (durch Verkleidung u. Ä. unkenntlich machen); **Ver|mum|mung**
ver|murk|sen (ugs. für: verderben)
ver|mu|ten; ver|mut|lich; Ver|mu|tung
ver|nach|läs|si|gen
ver|na|geln; ver|na|gelt (ugs. auch für: äußerst begriffsstutzig)
ver|nä|hen; eine Wunde -
ver|nar|ben; Ver|nar|bung
ver|nar|ren; sich -; in jmdn., in etwas vernarrt sein; **Ver-narrt|heit**
ver|na|schen
ver|ne|beln
ver|nehm|bar; ver|neh|men; er hat das Geräusch vernommen; der Angeklagte wurde vernommen; **ver-nehm|lich; Ver|neh|mung** ([gerichtl.] Befragung); **ver-neh|mungs|fä|hig**
ver|nei|gen, sich; **Ver|nei-gung**
ver|nei|nen; eine verneinende Antwort; **Ver|nei|nung**
ver|nich|ten; Ver|nich|tung
ver|nied|li|chen
Ver|nunft, *die;* -; **ver|nunft|be-gabt; ver|nunft|ge|mäß; ver|nünf|tig; ver|nunft|wid-rig**
ver|ö|den; Ver|ö|dung
ver|öf|fent|li|chen; Ver|öf-fent|li|chung
ver|ord|nen; Ver|ord|nung
ver|pach|ten; Ver|pach|tung
ver|pa|cken; Ver|pa|ckung; Ver|pa|ckungs|ma|te|ri|al
[1]**ver|pas|sen** (versäumen); er hat den Zug verpasst; [2]**ver-pas|sen** (ugs. für: geben; schlagen); die Uniform wurde ihm verpasst; dem werde ich eins -
ver|pat|zen (ugs. für: verderben)
ver|pes|ten; Ver|pes|tung
ver|pet|zen (ugs. für: verraten); er hat ihn verpetzt
ver|pfän|den; Ver|pfän|dung
ver|pfei|fen (ugs. für: verraten); er hat ihn verpfiffen
ver|pflan|zen; Ver|pflan|zung
ver|pfle|gen; Ver|pfle|gung
ver|pflich|ten; sich -; er ist mir verpflichtet; **Ver|pflich-tung**
ver|pfu|schen (ugs. für: verderben); ein verpfuschtes Leben
ver|pla|nen (falsch planen; auch für: einplanen)
ver|plap|pern, sich (ugs. für: etwas voreilig u. unüberlegt heraussagen)
ver|plau|dern ([Zeit] mit Plaudern verbringen)
ver|plem|pern (ugs. für: vergeuden); du verplemperst dich; seine Zeit -
ver|pönt (schlecht, verachtenswürdig)
ver|pras|sen; er hat das Geld verprasst
ver|prel|len (verwirren, verärgern)
ver|pro|vi|an|tie|ren [*...wi...*] (mit Proviant versorgen)
ver|prü|geln
ver|puf|fen ([schwach] explodieren; auch für: ohne Wirkung bleiben); **Ver|puf|fung**
ver|pul|vern (ugs. für: unnütz verbrauchen)
ver|pup|pen, sich; **Ver|pup-pung** (Umwandlung der Insektenlarve in die Puppe)
ver|pus|ten (nordd. für: verschnaufen); sich -
Ver|putz (Mauerbewurf); **ver-put|zen** (ugs. auch für: [Geld] durchbringen, vergeuden; [Essen] verzehren); jmdn. nicht - (ugs. für: nicht ausstehen) können
ver|quer; mir geht etwas - (ugs. für: etwas misslingt mir)
ver|qui|cken (in enge Verbindung, engen Zusammenhang bringen)
ver|quir|len (mit einem Quirl o. Ä. verrühren)
ver|quol|len; -e Augen; -es Holz
ver|ram|meln, ver|ram|men
ver|ram|schen (ugs. für: zu Schleuderpreisen verkaufen)
ver|rannt (ugs. für: vernarrt; festgefahren); in jmdn., in etwas - sein
Ver|rat, *der;* -[e]s; **ver|ra|ten;** sich -; **Ver|rä|ter; Ver|rä|te-rei; ver|rä|te|risch**
ver|rau|chen; ver|räu|chern
ver|rech|nen (in Rechnung bringen); sich - (sich beim Rechnen irren; auch für: sich täuschen); **Ver|rech-nung; Ver|rech|nungs‿ein-heit** (Wirtsch.), **...preis, ...scheck**
ver|re|cken (derb für: verenden; elend zugrunde gehen)
ver|reg|nen; verregnet

ver|rei|ben; Ver|rei|bung
ver|rei|sen (auf die Reise gehen); er ist verreist
ver|rei|ßen; er hat das Theaterstück verrissen (ugs. für: vernichtend kritisiert)
ver|ren|ken; sich den Arm -; **Ver|ren|kung**
ver|rich|ten (ausführen); **Ver|rich|tung**
ver|rie|geln
ver|rin|gern; Ver|rin|ge|rung
ver|rin|nen
Ver|riss, *der;* -es, -e (vernichtende Kritik); vgl. verreißen
ver|ro|hen; ver|roht; Ver|ro|hung, *die;* -
ver|ros|ten
ver|rot|ten (verfaulen, modern; zerfallen)
ver|rucht; Ver|rucht|heit, *die;* -
ver|rü|cken; ver|rückt; Ver|rück|te, *der* u. *die;* -n, -n; **Ver|rückt|heit; Ver|rückt|wer|den,** *das;* -s; das ist zum - (ugs.)
Ver|ruf, *der;* nur noch in: in - bringen, geraten, kommen; **ver|ru|fen** (übel, berüchtigt); die Bar ist sehr -
ver|ru|ßen; der Kamin ist verrußt
ver|rut|schen
Vers [*fërß*], *der;* -es, -e
ver|sa|cken (wegsinken; ugs. für: liederlich leben)
ver|sa|gen; er hat ihr keinen Wunsch versagt; das Gewehr hat versagt; menschliches Versagen; **Ver|sa|ger** (nicht fähige Person)
ver|sal|zen (ugs. auch für: verderben, die Freude an etwas nehmen); wir haben ihm das Fest versalzen
ver|sam|meln; Ver|samm|lung; Ver|samm|lungs‿frei|heit (*die;* -), **...lo|kal, ...recht** (*das;* -[e]s)
Ver|sand, *der;* -[e]s; **ver|sand|fer|tig; Ver|sand‿haus, ...kos|ten** *(Mehrz.);* **ver|sandt,** ver|sen|det
ver|sau|en (derb für: verschmutzen; verderben)
ver|sau|ern (sauer werden; ugs. auch für: geistig verkümmern)
ver|sau|fen (derb)
ver|säu|men; Ver|säum|nis, *das;* -ses, -se
ver|scha|chern (ugs. für: verkaufen)
ver|schach|telt; ein -er Satz
ver|schaf|fen; du hast dir Genugtuung verschafft
ver|scha|len (mit Brettern verkleiden); **Ver|scha|lung**
ver|schämt; - tun
ver|schan|deln (ugs. für: verunzieren); **Ver|schan|de|lung, Ver|schand|lung**
ver|schan|zen, sich; du hast dich hinter Ausreden verschanzt
ver|schär|fen
ver|schar|ren
ver|schät|zen, sich
ver|schau|keln (ugs. für: betrügen, hintergehen)
ver|schen|ken
ver|scher|beln (ugs. für: [billig] verkaufen)
ver|scher|zen ([durch Leichtsinn] verlieren); sich etwas -
ver|scheu|chen
ver|scheu|ern (ugs. für: billig veräußern)
ver|schi|cken
ver|schie|ben (ugs. auch für: in gesetzwidriger Weise verkaufen)
[1]**ver|schie|den** (geh. für: gestorben)
[2]**ver|schie|den;** verschieden lang; wenn Verschiedene sagen, dass ...; Verschiedenes war mir unklar; Ähnliches und Verschiedenes; **ver|schie|den|ar|tig; ver|schie|den|far|big; Ver|schie|den|heit; ver|schie|dent|lich**
ver|schif|fen; Ver|schif|fung
ver|schim|meln
[1]**ver|schla|fen;** ich habe [mich] verschlafen; einen Termin -; [2]**ver|schla|fen;** er sieht - aus
Ver|schlag, *der;* -[e]s, Verschläge; [1]**ver|schla|gen;** es verschlägt mir die Sprache;
[2]**ver|schla|gen** ([hinter]listig); ein -er Mensch; **Ver|schla|gen|heit,** *die;* -
ver|schlam|pen (ugs. für: verlegen, verlieren; verkommen lassen)
ver|schlech|tern; sich -; **Ver|schlech|te|rung**
ver|schlei|ern; Ver|schlei|e|rung; Ver|schlei|e|rungs|tak|tik
ver|schlei|men; ver|schleimt
Ver|schleiß, *der;* -es, -e (Abnutzung; österr. auch für: Kleinverkauf, Vertrieb); **ver|schlei|ßen** ([stark] abnutzen); verschliss, verschlissen
ver|schlep|pen; Ver|schlep|pung; Ver|schlep|pungs|tak|tik
ver|schleu|dern
ver|schließ|bar; ver|schlie|ßen
ver|schlimm|bes|sern; er hat alles nur verschlimmbessert; **ver|schlim|mern; Ver|schlim|me|rung**
ver|schlin|gen
ver|schlos|sen (zugesperrt; verschwiegen); **Ver|schlos|sen|heit,** *die;* -
ver|schlu|cken; sich -
Ver|schluss; ver|schlüs|seln
ver|schmach|ten (geh.)
ver|schmä|hen
[1]**ver|schmel|zen** (flüssig werden; ineinander übergehen); vgl. [1]schmelzen; [2]**ver|schmel|zen** (zusammenfließen lassen; ineinander übergehen lassen); vgl. [2]schmelzen; **Ver|schmel|zung**
ver|schmer|zen
ver|schmie|ren
ver|schmitzt (schlau, verschlagen)
ver|schmut|zen
ver|schnau|fen; sich -; **Ver|schnauf|pau|se**
ver|schnei|den (auch für: kastrieren); verschnitten
ver|schneit; -e Wälder
Ver|schnitt, *der;* -[e]s (auch für: Mischung alkohol. Flüssigkeiten)

ver|schnọ̈r|keln; ver|schnọ̈r|kelt
ver|schnụp|fen; ver|schnụpft (einen Schnupfen habend; auch für: gekränkt)
ver|schnü̱|ren; Ver|schnü̱|rung
ver|schọl|len (unauffindbar u. für tot, verloren gehalten)
ver|scho̱|nen; er hat mich mit seinem Besuch verschont; **ver|schö̱|nern; Ver|schö̱|ne|rung**
ver|schọs|sen (ausgebleicht); ein -es Kleid; in jmdn. - (ugs. für: heftig verliebt) sein
ver|schrạm|men; verschrammt
ver|schrạ̈n|ken; mit verschränkten Armen; **Ver|schrạ̈n|kung**
ver|schrau̱|ben
ver|schrẹckt (erschreckt, verstört)
ver|schrei̱|ben (falsch schreiben; gerichtlich übereignen); sich -; **Ver|schrei̱|bung; ver|schrei̱|bungs|pflich|tig**
ver|schri̱en; er ist als Geizhals -
ver|schro̱|ben (seltsam; wunderlich); **Ver|schro̱|ben|heit**
ver|schrọt|ten (zu Schrott machen, als Altmetall verwerten); **Ver|schrọt|tung**
ver|schrụm|peln (ugs.)
ver|schụ̈ch|tert; Ver|schụ̈ch|te|rung
ver|schụl|den; Ver|schụl|den, *das;* -s; ohne [sein] -; **ver|schụl|det; Ver|schụl|dung,** *die;* -
ver|schụ̈t|ten
ver|schụ̈tt ge|hen (ugs. für: verloren gehen)
ver|schwä̱|gert
ver|schwei̱|gen
ver|schwei̱|ßen
ver|schwẹn|den; Ver|schwẹn|der; ver|schwẹn|de|risch; Ver|schwẹn|dung; Ver|schwẹn|dungs|sucht, *die;* -
ver|schwie̱|gen; Ver|schwie̱|gen|heit, *die;* -
ver|schwịn|den; Ver|schwịn|den, *das;* -s
ver|schwị|s|tert (auch für: zusammengehörend)
ver|schwịt|zen (ugs. auch für: vergessen); einen Termin -; verschwitzt
ver|schwọm|men; -e Vorstellungen; **Ver|schwọm|men|heit**
ver|schwö̱|ren, sich; **Ver|schwö̱|rer; Ver|schwö̱|rung**
ver|se̱|hen; er hat seinen Posten treu -; sie hat sich mit Geld - (versorgt); er hat sich - (geirrt); **Ver|se̱|hen,** *das;* -s, - (Irrtum); **ver|se̱|hent|lich** (aus Versehen)
Ver|se̱hr|te, *der* u. *die;* -n, -n (Körperbeschädigte[r])
ver|sẹlbst|stän|di|gen, ver|sẹlb|stän|di|gen, sich
ver|sẹn|den; versandt u. versendet; vgl. senden; **Ver|sẹn|dung**
ver|sẹn|gen
ver|sẹnk|bar; Ver|sẹnk|büh|ne; ver|sẹn|ken (untertauchen, zum Sinken bringen); sich in ein Buch - (vertiefen); **Ver|sẹn|kung**
Vẹrs|e|pos; Vẹr|se|schmied (abwertend)
ver|sẹs|sen (eifrig bedacht, erpicht); **Ver|sẹs|sen|heit,** *die;* -
ver|sẹt|zen; der Schüler wurde versetzt; er hat sie versetzt (ugs. für: vergeblich warten lassen); seine Uhr - (ins Pfandhaus bringen); **Ver|sẹt|zung**
ver|seu̱|chen; Ver|seu̱|chung
ver|si|chern; die Versicherung versichert dich gegen Unfall; ich versichere dich meines Vertrauens; ich versichere dir, dass ...; **Ver|si|cher|te,** *der* u. *die;* -n, -n; **Ver|si|che|rung; ver|si|che|rungs|pflich|tig; Ver|si|che|rungs‿po|li|ce, ...prä|mie**
ver|si|ckern
ver|sie̱|geln
ver|sie̱|gen (austrocknen)
ver|sie̱rt [*wär...*]; in etwas - (erfahren) sein
ver|sịl|bern (ugs. auch für: verkaufen)
ver|sịn|ken; versunken
Ver|si|o̱n [*wär...*], *die;* -, -en (Fassung; Lesart; Ausführung)
ver|skla̱|ven [*...w^en,* auch: *...f^en*]; **Ver|skla̱|vung**
Vẹrs‿leh|re, ...maß *(das)*
ver|snọbt (in der Art eines Snobs, um gesellschaftliche Exklusivität bemüht)
ver|sọf|fen (derb für: trunksüchtig)
ver|so̱h|len (ugs. für: verprügeln)
ver|sö̱h|nen; sich -; **ver|sö̱hn|lich; Ver|sö̱h|nung**
ver|sọn|nen (träumerisch)
ver|sọr|gen; Ver|sọr|gung; Ver|sọr|gungs‿amt, ...an|spruch, ...aus|gleich; ver|sọr|gungs|be|rech|tigt
ver|spä̱|ten, sich; **Ver|spä̱|tung**
ver|spei̱|sen (geh.)
ver|spe|ku|lie̱|ren
ver|spẹr|ren; Ver|spẹr|rung
ver|spie̱|len; ver|spie̱lt
ver|spie̱|ßern (abwertend: zum Spießer werden)
ver|spọt|ten; Ver|spọt|tung
ver|sprẹ|chen; sich - (beim Sprechen einen Fehler machen); **Ver|sprẹ|chen,** *das;* -s, -; **Ver|sprẹ|chung** (meist *Mehrz.*)
ver|sprẹn|gen
ver|sprị|t|zen
ver|sprü̱|hen (zerstäuben)
ver|staa̱t|li|chen; Ver|staa̱t|li|chung
ver|stä̱d|tern (städtisch machen, werden); **Ver|stä̱d|te|rung**
Ver|stạnd, *der;* -[e]s; **ver|stạ̈n|dig** (klug, einsichtig); **ver|stạ̈n|di|gen;** sich mit jmdm. -; **Ver|stạ̈n|di|gung; ver|stạ̈nd|lich; Ver|stạ̈nd|lich|keit,** *die;* -; **Ver|stạ̈nd|nis,** *das;* -ses, (selten:) -se; **ver|stạ̈nd|nis‿los, ...voll**
ver|stạ̈r|ken; in verstärktem Maße; **Ver|stạ̈r|ker; Ver|stạ̈r|ker|röh|re; Ver|stạ̈r|kung**

ver|stau|ben
ver|stau|chen; ich habe mir den Fuß verstaucht; **Ver|stau|chung**
ver|stau|en ([auf relativ engem Raum] unterbringen)
Ver|steck, *das;* -[e]s, -e; **ver|ste|cken;** sich -; **Ver|ste|cken,** *das;* -s; Verstecken spielen
ver|ste|hen; verstanden
ver|stei|fen; sich auf etwas - (auf etwas beharren); **Ver|stei|fung**
ver|stei|gen, sich (auch geh. für: die Vermessenheit haben, etw. Bestimmtes zu tun, denken); vgl. verstiegen
ver|stei|gern; Ver|stei|ge|rung
ver|stei|nern (zu Stein machen, werden); **Ver|stei|ne|rung**
ver|stell|bar; ver|stel|len; verstellt; sich -
ver|ster|ben
ver|steu|ern; Ver|steu|e|rung
ver|stie|gen (überspannt)
ver|stim|men (auch für: verärgern); **ver|stimmt; Ver|stim|mung**
ver|stockt (uneinsichtig, störrisch); **Ver|stockt|heit,** *die;* -
ver|stoh|len (heimlich)
ver|stop|fen; Ver|stop|fung
ver|stor|ben (Zeichen: †); **Ver|stor|be|ne,** *der* u. *die;* -n, -n
ver|stö|ren (verwirren); **ver|stört; Ver|stört|heit,** die; -
Ver|stoß; ver|sto|ßen
ver|stre|ben; Ver|stre|bung
ver|strei|chen; die Zeit ist verstrichen (vergangen)
ver|streu|en
ver|stri|cken; sich [in Widersprüche] -; **Ver|stri|ckung**
ver|stüm|meln; Ver|stüm|me|lung, Ver|stümm|lung
ver|stum|men
Ver|such, *der;* -[e]s, -e; **ver|su|chen; Ver|su|cher; Ver|suchs‿bal|lon, ...ka|nin|chen** (ugs.), **...per|son; ver|suchs|wei|se; Ver|su|chung**
ver|sump|fen (ugs. auch für: moralisch verkommen); **Ver|sump|fung**
ver|sün|di|gen, sich (geh.)
ver|sun|ken; in etwas - sein
ver|sü|ßen; Ver|sü|ßung
ver|ta|gen (aufschieben); **Ver|ta|gung**
ver|tän|deln (nutzlos die Zeit verbringen)
ver|täu|en (mit Tauen festmachen); das Schiff ist vertäut
ver|tausch|bar; ver|tau|schen
ver|tei|di|gen; Ver|tei|di|ger; Ver|tei|di|gung; Ver|tei|di|gungs‿mi|nis|ter, ...pakt
ver|tei|len; Ver|tei|ler; Ver|tei|ler|netz; Ver|tei|lung
ver|teu|ern; sich -; **Ver|teu|e|rung**
ver|teu|feln; jmdn., etwas - (als böse, schlecht hinstellen); **ver|teu|felt** (ugs. für: verzwickt)
ver|tie|fen; sich in eine Sache -; **Ver|tie|fung**
ver|ti|kal [*wär...*] (senkrecht, lotrecht); **Ver|ti|ka|le,** *die;* -, -n
ver|til|gen
ver|tip|pen (ugs. für: falsch tippen); sich -; vertippt
ver|to|nen; das Gedicht wurde vertont; **Ver|to|nung**
ver|trackt (ugs. für: verwickelt; unangenehm, ärgerlich)
Ver|trag, *der;* -[e]s, ...träge; **ver|tra|gen;** er hat den Wein gut -; sich -; **ver|trag|lich** (durch Vertrag); **ver|träg|lich** (friedfertig; bekömmlich); **Ver|träg|lich|keit,** *die;* -; **Ver|trags‿ab|schluss, ...bruch; ver|trags|brü|chig; ver|trags|ge|mäß; Ver|trags‿part|ner, ...text, ...werk|statt**
ver|trau|en; Ver|trau|en, *das;* -s; - erwecken; **Ver|trau|en er|we|ckend;** ein Vertrauen erweckender Verkäufer; **Ver|trau|ens‿arzt, ...be|weis, ...mann** (*Mehrz.* ...männer u. ...leute); **ver|trau|ens‿se|lig, ...voll, ...wür|dig; ver|trau|lich; Ver|trau|lich|keit**
ver|träu|men; ver|träumt
ver|traut; jmdn., sich mit etwas - machen; **Ver|trau|te,** *der* u. *die;* -n, -n
ver|trei|ben; Ver|trei|bung
ver|tret|bar; ver|tre|ten; Ver|tre|ter; Ver|tre|tung; in -; **ver|tre|tungs|wei|se**
Ver|trieb, *der;* -[e]s, -e (Verkauf); **Ver|trie|be|ne,** *der* u. *die;* -n, -n
ver|trin|ken
ver|trock|nen
ver|trö|deln (ugs. abwertend für: [Zeit] vergeuden)
ver|trös|ten; Ver|trös|tung
ver|trot|teln (ugs. für: zum Trottel werden); **ver|trot|telt**
ver|tun (verschwenden); vertan; sich - (ugs. für: sich irren)
ver|tu|schen (ugs. für: verheimlichen); **Ver|tu|schung** (ugs.)
ver|ü|beln (übel nehmen)
ver|ü|ben
ver|ul|ken
ver|un|glimp|fen (schmähen); **Ver|un|glimp|fung**
ver|un|glü|cken; Ver|un|glück|te, *der* u. *die;* -n, -n
ver|un|rei|ni|gen
ver|un|si|chern (unsicher machen); **Ver|un|si|che|rung**
ver|un|stal|ten (entstellen)
ver|un|treu|en (unterschlagen); **Ver|un|treu|ung**
ver|un|zie|ren; Ver|un|zie|rung
ver|ur|sa|chen; Ver|ur|sa|cher; Ver|ur|sa|cher|prin|zip, *das;* -s (Rechtsw.)
ver|ur|tei|len; Ver|ur|tei|lung
ver|viel|fa|chen; ver|viel|fäl|ti|gen; Ver|viel|fäl|ti|gung
ver|voll|komm|nen; sich -
ver|voll|stän|di|gen
verw. = verwitwet
[1]**ver|wach|sen;** die Narbe ist verwachsen; mit etwas - (innig verbunden) sein; [2]**ver|wach|sen** (schief gewachsen, verkrüppelt)

ver|wa̩|ckeln (ugs.); die Aufnahmen sind verwackelt
ver|wa̲h|ren; es ist alles wohl verwahrt; sich gegen etwas - (etwas energisch zurückweisen); **ver|wa̲hr|lo|sen; Ver|wa̲hr|lo|sung,** *die;* -; **Ver|wa̲h|rung**
ver|wa̲i|sen (elternlos werden; einsam werden); **ver|wa̲ist**
ver|wa̩l|ten; Ver|wa̩l|ter; Ver|wa̩l|tung; Ver|wa̩l|tungs‿be|zirk, ...ge|bäu|de
ver|wa̩m|sen (ugs. für: verhauen)
ver|wa̩n|deln; Ver|wa̩nd|lung; ver|wa̩ndt (zur gleichen Familie, Art gehörend); **Ver|wa̩nd|te,** *der* u. *die;* -n, -n; **Ver|wa̩ndt|schaft**
ver|wa̩r|nen; Ver|wa̩r|nung
ver|wa̩|schen
ver|wä̩s|sern
ver|we̩ch|seln; zum Verwechseln ähnlich; **Ver|we̩ch|se|lung, Ver|we̩chs|lung**
ver|we̲|gen; Ver|we̲|gen|heit
ver|we̲|hen; vom Winde verweht
ver|we̲h|ren; jmdm. etwas - (untersagen); **Ver|we̲h|rung**
Ver|we̲|hung
ver|we̲ich|li|chen
ver|we̲i|gern; Ver|we̲i|ge|rung
ver|we̲int
Ver|we̲is, *der;* -es, -e (ernste Zurechtweisung; Hinweis); **ver|we̲i|sen** (geh. auch für: vorhalten; verbieten; tadeln); jmdm. etwas -
ver|we̩l|ken
ver|we̩lt|li|chen (weltlich machen); **Ver|we̩lt|li|chung,** *die;* -
ver|we̩nd|bar; Ver|we̩nd|bar|keit, *die;* -; **ver|we̩n|den;** ich verwandte od. verwendete, habe verwandt od. verwendet; **Ver|we̩n|dung**
ver|we̩r|fen; der Plan wurde verworfen; **ver|we̩rf|lich**
ver|we̲rt|bar; ver|we̲r|ten
ver|we̲|sen (sich zersetzen, in Fäulnis übergehen); **Ver|we̲|sung**
ver|wi̩|ckeln; ver|wi̩|ckelt; Ver|wi̩|cke|lung, Ver|wi̩ck|lung
ver|wi̩l|dern; ver|wi̩l|dert
ver|wi̩n|den (geh. für: über etwas hinwegkommen)
ver|wi̩r|ken; sein Leben -
ver|wi̩rk|li|chen; Ver|wi̩rk|li|chung
ver|wi̩r|ren; ich habe das Garn verwirrt; ich bin ganz verwirrt; **Ver|wi̩r|rung**
ver|wi̩|schen
ver|wi̩t|tern (durch die Witterung angegriffen werden); das Holz ist verwittert; **Ver|wi̩t|te|rung**
ver|wi̩t|wet (Witwe[r] geworden; Abk.: verw.)
ver|wo̲|ben (geh. für: eng verknüpft mit ...)
ver|wö̲h|nen; ver|wö̲hnt
ver|wo̩r|fen (lasterhaft, schlecht); ein verworfenes Gesindel; **Ver|wo̩r|fen|heit,** *die;* -
ver|wo̩r|ren; ein -er Kopf; **Ver|wo̩r|ren|heit,** *die;* -
ver|wu̩nd|bar; ver|wu̩n|den
ver|wu̩n|der|lich; ver|wu̩n|dern; sich -; **Ver|wu̩n|de|rung**
ver|wu̩n|det; Ver|wu̩n|de|te, *der* u. *die;* -n, -n; **Ver|wu̩n|dung**
ver|wu̩n|schen (verzaubert); ein -es Schloss; **ver|wü̩n|schen** (verfluchen; verzaubern); **ver|wü̩nscht** (verflucht); **Ver|wü̩n|schung**
ver|wu̩rs|teln (ugs. für: durcheinander bringen, verwirren)
ver|wü̲s|ten; Ver|wü̲s|tung
ver|za̲|gen; ver|za̲gt
ver|zä̲h|len, sich
ver|za̲h|nen (an-, ineinander fügen); **Ver|za̲h|nung**
ver|za̩p|fen (durch Zapfen verbinden; landsch. für: [vom Fass] ausschenken; ugs. für: etwas [Unsinniges] anstellen, reden)
ver|zä̲r|teln; Ver|zä̲r|te|lung
ver|za̲u|bern; Ver|za̲u|be|rung
Ver|ze̲hr, *der;* -[e]s (das Verzehrte); **ver|ze̲h|ren**
ver|ze̲ich|nen (vermerken; falsch zeichnen); **Ver|ze̲ich|nis,** *das;* -ses, -se
ver|ze̲i|hen; sie hat ihm verziehen; **ver|ze̲ih|lich; Ver|ze̲i|hung,** *die;* -
ver|ze̩r|ren; Ver|ze̩r|rung
ver|ze̩t|teln (vergeuden); sich -
Ver|zi̩cht, *der;* -[e]s, -e; - leisten; **ver|zi̩ch|ten**
ver|zi̲e|hen; die Eltern - ihr Kind; er ist nach Frankfurt verzogen; Rüben -; sich - (ugs. für: still verschwinden)
ver|zi̲e|ren; Ver|zi̲e|rung
ver|zi̩n|sen; Ver|zi̩n|sung
ver|zo̲|gen; ein -er Bengel
ver|zö̲|gern; Ver|zö̲|ge|rung
ver|zo̩l|len; die Ware ist verzollt
ver|zü̩|cken; ver|zü̩ckt; Ver|zü̩|ckung; in - geraten
Ver|zu̲g, *der;* -[e]s; im - sein (im Rückstand sein); in - geraten, kommen
ver|zwe̲i|feln; es ist zum Verzweifeln; **ver|zwe̲i|felt; Ver|zwe̲if|lung; Ver|zwe̲if|lungs|tat**
ver|zwe̲i|gen, sich
ver|zwi̩ckt (ugs. für: verwickelt)
Ves|per [*fä̩ß...*], *die;* -, -n (für Imbiss:) *das;* -s, - (Abendandacht; bes. südd. für: Imbiss [am Nachmittag]); **Ve̩s|per|brot; ve̩s|pern** (südd. für: [Nachmittags]imbiss einnehmen)
Ve|te|ra̲n [*we...*], *der;* -en, -en (altgedienter Soldat; ehem. langjähriger Mitarbeiter)
Ve|te|ri|nä̲r [*we...*], *der;* -s, -e (Tierarzt); **Ve|te|ri|nä̲|rin; Ve|te|ri|nä̲r|me|di|zin** (Tierheilkunde)
Ve|to [*we̲to*], *das;* -s, -s (Einspruch[srecht]); **Ve̲|to|recht**
Vet|tel [*fä̩tᵉl*], *die;* -, -n (abwertend für: unordentliche [alte] Frau)
Ve̩t|ter, *der;* -s, -n; **Ve̩t|tern|wirt|schaft,** *die;* - (abwertend)
Ve|xi̲e̲r|bild [*wä...*]

v-för|mig, V-för|mig (in Form eines V)
vgl. = vergleich[e]!
v. H. = vom Hundert
via [*wia*] ([auf dem Wege] über); - Triest; **Vi|a|dukt** [*wia...*], *der* (auch: *das*); -[e]s, -e (Talbrücke, Überführung)
vi|b|rie|ren [*wi...*] (schwingen; beben, zittern)
Vi|deo [*wi...*], *das;* -s, -s (ugs. kurz für: Videoband, Videofilm); **Vi|de|o_auf|zeich|nung, ...band** (vgl. ³Band), **...clip** (kurzer Videofilm zu einem Popmusikstück), **...film, ...ka|me|ra, ...kas|set|te, ...pro|gramm, ...re|kor|der,** (auch:) ...re|corder; **Vi|de|o|thek,** *die;* -, -en (Sammlung von Videofilmen od. Fernsehaufzeichnungen)
Viech, *das;* -[e]s, -er (ugs. für: Tier; auch Schimpfwort); **Vie|che|rei** (ugs. für: Gemeinheit, Niedertracht; große Anstrengung); **Vieh,** *das;* -[e]s; **Vieh_be|stand, ...fut|ter; vie|hisch; Vieh_zeug** (ugs.), **...zucht**
viel; in vielem, um vieles; wer vieles bringt, ...; ich habe viel[es] erlebt; viele sagen ...; das Lob der vielen, (auch:) Vielen; viel Gutes od. vieles Gute; eine viel beschäftigte Frau; ein viel sagender, (auch:) vielsagender Blick; ein viel diskutierter Fall; ein viel gefragter, viel gekaufter, viel gelesener, viel gepriesener Krimi; ein viel versprechendes, (auch:) vielversprechendes Projekt; ein viel zitiertes Buch; **viel be|schäf|tigt;** vgl. viel; **viel|deu|tig; viel dis|ku|tiert;** vgl. viel; **Viel|eck; vie|ler|lei; viel|fach; Viel|fa|che,** *das;* -n; **Viel|falt,** *die;* -; **viel|fäl|tig; viel|far|big; Viel|fraß,** *der;* -es, -e (Marderart; ugs. für: jmd., der unmäßig isst); **viel ge|fragt, viel ge|kauft, viel ge|le|sen, viel ge|prie|sen;** vgl. viel; **viel|ge|stal|tig; viel|leicht; viel|ma|lig; viel|mals; viel|mehr** [auch. *fil...*]; er ist nicht dumm, weiß vielmehr gut Bescheid; **viel|sa|gend,** (auch:) **viel sa|gend;** vgl. viel; **viel|sei|tig; viel|ver|spre|chend,** (auch:) **viel ver|spre|chend;** vgl. viel; **Viel|wei|be|rei,** *die;* -; **viel zi|tiert;** vgl. viel
vier; alle viere von sich strecken (ugs.); wir sind zu vieren od. zu viert; **Vier,** *die;* -, -en (Zahl); eine Vier würfeln; in Latein eine Vier schreiben; **Vier|eck; vier|eckig; Vie|rer; Vie|rer|bob; vier|fach; Vier|far|ben|druck** (*Mehrz.* ...drucke); **vier|fü|ßig; vier|hän|dig;** - spielen; **vier|hun|dert; Vier|kant|ei|sen; Vier|ling; vier|mal; vier|mo|to|rig; vier|schrö|tig** (stämmig); **Vier|sit|zer; vier|stel|lig; vier|stim|mig** (Musik); **viert;** vgl. vier; **vier|tau|send; vier|te;** - Dimension; **vier|tei|len;** gevierteilt; **vier|tei|lig; vier|tel** [*fir...*]; um [drei] viertel neun; **Vier|tel** [*fir...*], *das* (schweiz. meist: *der*); -s, -; es ist [ein] - vor, nach eins; es hat [ein] - eins geschlagen; es ist fünf Minuten vor drei -; **Vier|tel|fi|na|le** [*fir...*] (Sportspr.); **Vier|tel_jahr** [*fir...*], **...li|ter; vier|teln** [*fir...*] (in vier Teile zerlegen); **Vier|tel_pfund** [*fir...*, auch: *firtᵉlpfunt*], **...stun|de; vier|tens; vier|tü|rig; vier[|und]|ein|halb; vier|und|zwan|zig; vier|zehn** [*fir...*]; **vier|zig** [*fir...*]; **Vier|zig|stun|den|wo|che** (mit Ziffern: 40-Stunden-Woche)
Vi|g|net|te [*winjätᵉ*], *die;* -, -n (kleine Verzierung [in Büchern]; Gebührenmarke für die Autobahnbenutzung)
Vi|kar [*wi...*], *der;* -s, -e (kath. Kirche: Stellvertreter in einem geistl. Amt; ev. Kirche: Theologe nach dem ersten Examen)
Vil|la [*wila*], *die;* -, ...llen (vornehmes Einzelwohnhaus); **Vil|len_vier|tel, ...vor|ort**
Vi|o|la [*wi...*], *die;* -, ...len (Bratsche)
vi|o|lett [*wi...*] (veilchenfarbig); **Vi|o|lett,** *das;* -s, - (ugs.: -s); in -
Vi|o|li|ne [*wi...*], *die;* -, -n (Geige); **Vi|o|lin_kon|zert, ...schlüs|sel**
Vi|per [*wi...*], *die;* -, -n (²Otter)
Vi|ren (*Mehrz.* von: Virus)
vir|tu|os [*wir...*] (meisterhaft, technisch vollkommen); **Vir|tu|o|se,** *der;* -n, -n ([techn.] hervorragender Meister, bes. Musiker)
Vi|rus [*wi...*], *das* (außerhalb der Fachspr. auch: *der*); -, ...ren (kleinster Krankheitserreger); **Vi|rus|krank|heit**
Vi|sa|ge [*wisaschᵉ*], *die;* -, -n (ugs. abwertend für: Gesicht); **vis-a-vis,** (auch:) **vis-à-vis** [*wisawi*] (gegenüber)
Vi|sier [*wi...*], *das;* -s, -e (Zielvorrichtung); **vi|sie|ren** (auf etwas zielen)
Vi|si|on [*wi...*], *die;* -, -en (Erscheinung; Traumbild; Zukunftsentwurf); vi|si|o|när (traumhaft; seherisch)
Vi|si|te [*wi...*], *die;* -, -n (Krankenbesuch des Arztes, der Ärztin im Krankenhaus); **Vi|si|ten|kar|te** (Besuchskarte)
Vi|sum [*wi...*], *das;* -s, ...sa u. ...sen (Ein- od. Ausreiseerlaubnis; Sichtvermerk im Pass); **Vi|sum|zwang**
vi|tal [*wi...*] (lebenskräftig, -wichtig; frisch, munter); **Vi|ta|li|tät,** *die;* - (Lebendigkeit, Lebensfülle, -kraft); **Vi|t|a|min,** *das;* -s, -e; ([lebenswichtiger] Wirkstoff) - C; des Vitamin[s] C; **Vi|t|a|min-B-hal|tig** [*...be...*]; **Vi|t|a|min-B-Man|gel,** *der;* -s; **Vi|t|a|min-B-Man|gel-Krank|heit,** *die;* -, -en; **vi|t|a|min|reich**

Vi|t|ri|ne [*wi...*], *die;* -, -n (gläserner Schauschrank)
Vi|vat [*wiwat*], *das;* -s, -s (Hochruf); ein - ausbringen, rufen
Vi|ze... [*fize*, seltener: *wize*] (stellvertretend); **Vi|zekanz|ler**
Vlies [*fliß*], *das;* -es, -e ([Schaf]fell; Rohwolle des Schafes)
Vo|gel, *der;* -s, Vögel; **Vo|gelbau|er,** *das* (seltener: *der*); -s, - (Käfig); **Vo|gel|beerbaum; Vö|gel|chen; Vo|gelfe|der; vo|gel|frei** (rechtlos); **vö|geln** (derb für: Geschlechtsverkehr ausüben); **Vo|gel‿schau** (*die;* -), **...scheu|che; Vo|gel-Strauß-Po|li|tik,** *die;* -; **Vogel|war|te; Vög|lein**
Vogt, *der;* -[e]s, Vögte (früher für: Verwalter; Richter)
Voice|mail [*weußmeil*], *die;* -, -s ([in ein Telefon integriertes] elektron. Kommunikationssystem, mit dem gesprochene Nachrichten gespeichert u. weitergeleitet werden können)
Vo|ka|bel [*wo...*], *die;* -, -n (österr. auch: *das;* -s, -; [einzelnes] Wort einer Fremdsprache); **Vo|ka|bel|heft**
vo|kal [*...wo...*] (Musik: die Singstimme betreffend, gesangsmäßig); **Vo|kal,** *der;* -s, -e (Sprachw.: Selbstlaut, z. B. a, e)
Vo|lant [*wolang*, schweiz.: *wo...*], *der* (schweiz. meist *das*); -s, -s (Besatz an Kleidungsstücken; veraltend für: Lenkrad, Steuer)
Volk, *das;* -[e]s, Völker; **Völkchen; Völ|ker‿ball** (*der;* -[e]s; Ballspiel), **...kun|de** (*die;* -), **...recht** (*das;* -[e]s); **völ|ker|recht|lich; völkisch; volk|reich; Volks‿ab|stim|mung, ...begeh|ren, ...be|lus|ti|gung, ...brauch, ...bü|che|rei, ...de|mo|kra|tie** (Staatsform kommunist. Länder, bei der die gesamte Staatsmacht in den Händen der Partei liegt), **...deut|sche** (*der* u. *die;* -n, -n); **volks|ei|gen** (ehem. DDR); **Volks‿entscheid, ...fest, ...glaube[n], ...hoch|schu|le, ...kun|de** (*die;* -), **...kunst** (*die;* -), **...lauf, ...lied, ...mär|chen, ...men|ge, ...mund** (*der;* -[e]s), **...musik, ...red|ner, ...schu|le, ...schü|ler, ...schü|le|rin, ...stamm, ...stück, ...tanz, ...tracht, ...trau|er|tag; Volks|tum,** *das;* -s; **volkstüm|lich; volks|ver|bunden; Volks‿ver|mö|gen, ...ver|tre|ter, ...ver|tretung, ...wa|gen®** (Abk.: VW), **...wei|se, ...wirtschaft, ...wirt|schafts|lehre, ...zäh|lung**
voll; voll[er] Angst; der Saal war voll[er] Menschen; zehn Minuten nach voll (ugs. für: nach der vollen Stunde); voll verantwortlich sein; aus dem Vollen schöpfen; ein Wurf in die Vollen (auf 9 Kegel); [ganz] voll gießen, laden, laufen, machen, pfropfen, schreiben, tanken; voll stopfen (ugs.); sich voll essen (ugs.); er hat sich den Bauch voll geschlagen (ugs. für: sehr viel gegessen); ein voll besetzter Bus; jmdn. nicht für voll nehmen (ugs. für: nicht ernst nehmen); den Mund recht voll nehmen (ugs. für: prahlen)
voll|auf [auch: *folauf*]; - genug haben
voll|au|to|ma|tisch
Voll|bart
voll|be|schäf|tigt; Voll|beschäf|ti|gung, *die;* -
voll be|setzt; vgl. voll
Voll|blut, *das;* -[es] (reinrassiges Pferd); **Voll|blut|pferd**
voll|brin|gen (ausführen; vollenden); ich vollbringe; vollbracht; zu -; **Voll|brin|gung**
voll|bu|sig
Voll|dampf, *der;* -[e]s
Völ|le|ge|fühl, *das;* -
vol|l|en|den; ich vollende; vollendet; zu -; **vol|l|ends; Vol|l|en|dung**
vol|ler; vgl. voll
Völ|le|rei
voll es|sen, sich; vgl. voll
Vol|ley|ball [*woli...*], *der;* -[e]s (ein Ballspiel)
voll|füh|ren; ich vollführe; vollführt; zu -; **Voll|füh|rung**
Voll|gas, *das;* -es; - geben
voll ge|pfropft, ge|stopft; vgl. voll
voll gie|ßen; vgl. voll
völ|lig
voll|jäh|rig; Voll|jäh|rig|keit, *die;* -
voll|kli|ma|ti|siert
voll|kom|men [auch: *fol...*]; **Voll|kom|men|heit** [auch: *fol...*]
Voll|korn|brot
voll la|den; vgl. voll
voll lau|fen; vgl. voll
voll ma|chen; vgl. voll
Voll|macht, *die;* -, -en
Voll|milch
Voll|mond; Voll|mond|gesicht (ugs. scherzh. für: rundes Gesicht; *Mehrz.* ...gesichter)
voll|mun|dig; -er Wein
Voll|pen|si|on
voll|reif; Voll|rei|fe
voll schla|gen; vgl. voll
voll|schlank
voll schrei|ben; vgl. voll
voll|stän|dig
voll stop|fen; vgl. voll
voll|stre|cken; ich vollstrecke; vollstreckt; zu -; **Vollstre|cker; Voll|stre|ckung; Voll|stre|ckungs‿be|am|te, ...be|scheid**
voll tan|ken; vgl. voll
Voll|tref|fer
voll|trun|ken; Voll|trun|kenheit
Voll|ver|samm|lung
Voll|wai|se
voll|wer|tig; voll|zäh|lig
voll|zie|hen; ich vollziehe; vollzogen; zu -; **Voll|zug,** *der;* -[e]s; **Voll|zugs|an|stalt** (Gefängnis)
Vo|lon|tär [*wolongtär*, auch: *wolontär*], *der;* -s, -e (ohne od. nur gegen eine kleine

Vergütung zur berufl. Ausbildung Arbeitender); **Vo|lon|ta|ri|at,** *das;* -[e]s, -e (Ausbildungszeit, Stelle eines Volontärs); **vo|lon|tie|ren** (als Volontär arbeiten)
Volt [*wolt*], *das;* - u. -[e]s, - (Einheit der elektr. Spannung; Zeichen: V)
Vo|lu|men [*wo...*], *das;* -s, - u. ...mina (Rauminhalt eines festen, flüssigen od. gasförmigen Körpers; Umfang, Gesamtmenge von etwas); **vo|lu|mi|nös** (umfangreich)
vom (von dem)
von; *Verhältnisw.* mit *Wemf.:* - der Art; - [ganzem] Herzen; - neuem; - nah u. fern; - Haus[e] aus; **von|ei|n|an|der;** etwas voneinander haben, voneinander gehen, wissen
von Rechts we|gen (Abk.: v. R. w.)
von|sei|ten, (auch:) **von Sei|ten;** mit *Wesf.:* vonseiten, (auch:) von Seiten seines Vaters
von|stat|ten; - gehen
von we|gen! (ugs. für: auf keinen Fall!)
vor; *Verhältnisw.* mit *Wemf.* u. *Wenf.:* vor dem Zaun stehen, sich vor den Zaun stellen; vor Zeiten; vor sich gehen; vor sich hin brummen usw.
vor|ab (zunächst, zuerst)
Vor˾abend, ...ah|nung
vo|r|an; der Sohn voran, der Vater hinterdrein; **vo|r|an˾ge|hen, ...kom|men**
Vor˾an|schlag (Wirtsch.), **...an|zei|ge; vor|ar|bei|ten; Vor|ar|bei|ter**
vo|r|auf; er war allen vorauf; **vo|r|auf|ge|hen** (geh.)
vo|r|aus; er war allen voraus; im, zum Voraus [auch: *fo...*]; **vo|r|aus˾be|rech|nen, ...be|zah|len, ...ge|hen; vo|r|aus|ge|setzt[,] dass; Vo|r|aus|sa|ge; vo|r|aus˾sa|gen, ...se|hen, ...set|zen; Vo|r|aus|set|zung; vo|r|aus|sicht|lich; vo|r|aus|zah|len; Vo|r|aus|zah|lung**
Vor|bau (*Mehrz.* ...bauten); **vor|bau|en** (auch für: vorbeugen)
Vor|be|din|gung
Vor|be|halt, *der;* -[e]s, -e (Bedingung); mit, unter, ohne -; **vor|be|hal|ten;** ich behalte es mir vor; **vor|be|halt|los**
vor|bei; vorbei (vorüber) sein; **vor|bei˾be|neh|men,** sich (ugs. für: sich unpassend, ungehörig benehmen), **...fah|ren, ...flie|gen, ...flie|ßen, ...ge|hen, ...kom|men** (bei jmdm. - [ugs. für: jmdn. kurz besuchen])
vor|be|las|tet; erblich - sein
Vor|be|mer|kung
vor|be|rei|ten; Vor|be|rei|tung; Vor|be|rei|tungs|dienst
Vor|be|spre|chung; vor|be|straft
vor|beu|gen
Vor|bild; vor|bild|lich; Vor|bil|dung
Vor|bo|te
vor|brin|gen
vor Chris|ti Ge|burt (Abk.: v. Chr. G.); **vor|christ|lich; vor Chris|tus** (Abk.: v. Chr.)
Vor|der˾ach|se, ...an|sicht; vor|de|re; Vor|der|grund; vor|der|grün|dig
vor|der|hand (einstweilen)
Vor|der˾haus, ...mann (*Mehrz.* ...männer), **...rad**
vor|derst; zuvorderst; der vorderste [Mann]
vor|drän|gen; sich -; **vor|dring|lich** (besonders dringlich)
Vor|druck (*Mehrz.* ...drucke)
vor|e|he|lich
vor|ei|lig; Vor|ei|lig|keit
vor|ei|n|an|der; sich voreinander fürchten
vor|ein|ge|nom|men; Vor|ein|ge|nom|men|heit, *die;* -
vor|ent|hal|ten
Vor|ent|schei|dung
vor|erst [auch: *forerst*]
vor|ex|er|zie|ren (ugs.)
Vor|fahr, *der;* -en, -en; **vor|fah|ren; Vor|fahrt;** [die] - haben, beachten; **vor|fahrt[s]|be|rech|tigt; Vor|fahrt[s]˾re|gel, ...schild** *(das)*
Vor|fall, *der;* **vor|fal|len**
vor|fin|den
Vor|freu|de
Vor|früh|ling
vor|füh|ren; Vor|füh|rer; Vor|führ|raum; Vor|füh|rung
Vor|ga|be (Richtlinie; Sportspr.: Vergünstigung für Schwächere)
Vor|gang; Vor|gän|ger; Vor|gän|ge|rin
Vor|gar|ten
vor|ge|ben; vor|geb|lich (angeblich)
vor|ge|fasst; -e Meinung
vor|ge|fer|tigt; -e Bauteile
vor|ge|hen; Vor|ge|hen, *das;* -s
Vor|ge|schich|te, *die;* -; **vor|ge|schicht|lich**
Vor|ge|schmack, *der;* -[e]s
vor|ge|schrit|ten; in -em Alter
Vor|ge|setz|te, *der* u. *die;* -n, -n
vor|ges|tern; vor|gest|rig
vor|grei|fen; Vor|griff
vor|ha|ben; Vor|ha|ben, *das;* -s, - (Plan, Absicht)
Vor|hal|le
Vor|hal|tung (meist *Mehrz.;* ernste Ermahnung)
Vor|hand, *die;* - (bes. [Tisch]tennis: ein bestimmter Schlag; Kartenspieler, der beim Austeilen die erste Karte erhält); in [der] - sein, sitzen; die - haben
vor|han|den; - sein
Vor|hang; vor|hän|gen; Vor|hän|ge|schloss
vor|her; vorher (früher) gehen; er hätte das vorher (früher:) sagen sollen; **vor|her˾be|stim|men** (vorausbestimmen), **...ge|hen** (vorausgehen); **vor|he|rig** [auch: *for...*]
Vor|herr|schaft; vor|herr|schen
Vor|her|sa|ge, *die;* -, -n; **vor|her|sa|gen** (voraussagen); **vor|her|seh|bar; vor|her|se|hen** (im Voraus erkennen); das war vorherzusehen

vor|hin [auch: ...*hin*]
Vor|hi|n|ein; nur in der Fügung: im Vorhinein (bes. österr. für: im Voraus)
Vor‿hof, ...hut *(die)*
vo|rig; vorigen Jahres
Vor|jahr; vor|jäh|rig
Vor|kaufs|recht
Vor|keh|rung ([sichernde] Maßnahme); -[en] treffen
Vor|kennt|nis (meist *Mehrz.*)
vor|knöp|fen (ugs. für: zurechtweisen); ich knöpfe mir ihn vor
vor|kom|men; etwas kommt vor; **Vor|kom|men,** *das;* -s, -; **Vor|komm|nis,** *das;* -ses, -se
Vor|kriegs‿wa|re, ...zeit
vor|la|den; Vor|la|dung
Vor|la|ge
vor|las|sen
Vor|lauf (zeitl. Vorsprung; Chemie: erstes Destillat; Sportspr.: Ausscheidungslauf); **Vor|läu|fer; vor|läu|fig**
vor|laut
vor|le|gen; Vor|le|ge|be|steck; Vor|le|ger (kleiner Teppich)
Vor|leis|tung
vor|le|sen; Vor|le|sung; Vor|le|sungs|ver|zeich|nis
vor|letzt; zu -; der -e [Mann]
Vor|lie|be, *die;* -, -n; **vor|lieb neh|men;** ich nehme vorlieb; vorlieb genommen
vor|lie|gen; es liegt vor; **vor|lie|gend;** -er Fall; Vorliegendes; das Vorliegende
vor|lü|gen; jmdm. etwas -
vorm (ugs. für: vor dem); - Haus
vor|ma|chen (ugs. für: jmdn. täuschen)
Vor|macht; Vor|macht|stel|lung
vor|ma|lig; vor|mals
Vor|mann (*Mehrz.* ...männer)
Vor|marsch, der
vor|mer|ken; Vor|mer|kung
Vor|mit|tag; heute Vormittag; **vor|mit|tags**
Vor|mund, *der;* -[e]s, -e u. ...münder; **Vor|mund|schaft; Vor|mund|schafts|ge|richt**
vorn, (ugs.:) vor|ne; noch einmal von vorn beginnen
Vor|na|me
vor|nehm; vornehm tun
vor|neh|men; sich etwas -
Vor|nehm|heit, *die;* -; **Vor|nehm|tu|e|rei,** *die;* - (abwertend)
vorn|he|r|ein [auch: *fornhärain*]; von -; **vorn|ü|ber|ge|beugt**[1]
Vor|ort, *der;* -[e]s, ...orte; **Vor|ort[s]‿ver|kehr, ...zug**
Vor‿platz, ...pos|ten
Vor|rang, *der;* -[e]s; **vor|ran|gig; Vor|rang|stel|lung**
Vor|rat, *der;* -[e]s, ...räte; **vor|rä|tig; Vor|rats‿kam|mer, ...raum**
Vor‿raum, ...recht, ...red|ner
vor|rich|ten (landsch. für: herrichten); **Vor|rich|tung**
vor|rü|cken
Vor|run|de (Sportspr.)
vors (ugs. für: vor das); - Haus
vor|sa|gen
Vor|sai|son
Vor|satz, *der;* -es, Vorsätze; **vor|sätz|lich**
Vor|schein; nur noch in: zum - kommen, bringen
vor|schie|ßen (ugs. für: Geld leihen)
Vor|schlag; vor|schla|gen; Vor|schlag|ham|mer
Vor|schluss|run|de (Sportspr.)
vor|schnell; - urteilen
vor|schrei|ben; Vor|schrift; vor|schrifts‿mä|ßig, ...wid|rig
Vor|schub; nur noch in: jmdm. od. einer Sache - leisten (begünstigen, fördern)
Vor|schu|le; Vor|schul|er|zie|hung
Vor|schuss; Vor|schuss|lor|bee|ren; *die* (*Mehrz.;* im Vorhinein erteiltes Lob)
vor|schüt|zen (als Vorwand angeben)
vor|se|hen; Vor|se|hung
vor|set|zen

[1] Ugs.: vorne...

Vor|sicht; -! (Achtung!); **vor|sich|tig; vor|sichts|hal|ber**
vor|sin|gen
vor|sint|flut|lich (ugs. für: längst veraltet, unmodern)
Vor|sitz, *der;* -es; **Vor|sit|zen|de,** *der* u. *die;* -n, -n
Vor|sor|ge, *die;* -; **vor|sor|gen; Vor|sor|ge|un|ter|su|chung; vor|sorg|lich**
Vor|spei|se
vor|spie|geln; Vor|spie|ge|lung, Vor|spieg|lung
Vor|spiel; vor|spie|len
vor|spre|chen
Vor|sprung
Vor|stadt; vor|städ|tisch
Vor|stand, *der;* -[e]s, Vorstände (österr. auch svw. Vorsteher); **Vor|stands|mit|glied**
vor|ste|hen; Vor|ste|her
vor|stell|bar; vor|stel|len; sich etwas -; **Vor|stel|lung**
Vor|stoß; vor|sto|ßen
Vor|stra|fe; Vor|stra|fen|re|gis|ter
Vor|stu|fe
vor|täu|schen; Vor|täu|schung
Vor|teil, *der;* -s, -e; von -; im - sein; **vor|teil|haft**
Vor|trag, *der;* -[e]s, ...träge; **vor|tra|gen; Vor|trags|rei|he**
vor|treff|lich
vor|tre|ten; Vor|tritt, *der;* -[e]s
vo|r|ü|ber; es ist alles vorüber; **vo|r|ü|ber|ge|hen; vo|r|ü|ber|ge|hend**
Vor|ur|teil; vor|ur|teils|frei
Vor|ver|kauf, *der;* -[e]s
Vor|wahl; vor|wäh|len; Vor|wähl|num|mer
Vor|wand, *der;* -[e]s, ...wände (vorgeschützter Grund)
vor|wärts; vor- und rückwärts; vorwärts bringen (auch für: fördern), vorwärts gehen (auch für: besser werden), vorwärts kommen (auch für: Karriere machen) usw.; **Vor|wärts|ver|tei|di|gung** (offensiv geführte Verteidigung)

vor|weg; Vor|weg|nah|me, *die;* -; **vor|weg|neh|men**
vor|weih|nacht|lich
vor|wei|sen
vor|wer|fen
Vor|werk
vor|wie|gend
Vor|wis|sen; ohne mein -
Vor|witz; vor|wit|zig
Vor|wo|che
Vor|wort, *das;* -[e]s,-e (Vorrede in einem Buch)
Vor|wurf; vor|wurfs|voll
Vor|zei|chen; vor|zeich|nen
vor|zei|gen; Vor|zei|ge‿sport|ler (ugs.), **...ver|merk**
Vor|zeit; vor|zei|ten; vor|zei|tig (verfrüht); **vor|zeit|lich** (der Vorzeit angehörend); **Vor|zeit|mensch,** *der*
vor|zie|hen
Vor|zim|mer; Vor|zim|mer|da|me (ugs.)
Vor|zug; vor|züg|lich; Vor|zugs‿ak|tie, ...milch (*die;* -), **...stel|lung**
vo|tie|ren [*wo...*] (sich entscheiden, stimmen für, abstimmen); **Vo|tum,** *das;* -s, ...ten u. ...ta (Urteil; Stimme; Entscheid[ung])
vul|gär [*wul...*] (gewöhnlich; gemein; niedrig)
Vul|kan [*wul...*], *der;* -s, -e (Feuer speiender Berg); **Vul|kan|aus|bruch; vul|ka|nisch** (von Vulkanen herrührend); **vul|ka|ni|sie|ren** (Rohkautschuk zu Gummi verarbeiten); **Vul|ka|nis|mus,** *der;* - (Gesamtheit der vulkan. Erscheinungen)

Ww

W (Buchstabe); das W; des W, die W; aber: das w in Löwe
Waa|ge, *die;* -, -n; **waa|ge|recht,** waag|recht; **Waa|ge|rech|te,** Waag|rech|te, *die;* -n, -n; vier -[n]; **waag|recht** usw.; vgl. waagerecht usw.; **Waag|scha|le**
Wa|be, *die;* -, -n (Zellenbau des Bienenstockes); **Wa|ben|ho|nig**
wach; wach bleiben, sein, werden; die Erinnerung an etwas wachhalten, (auch:) wach halten; sich wach halten, (auch:) wachhalten; **Wach‿ab|lö|sung, ...dienst; Wa|che,** *die;* -, -n; - halten, stehen; **wa|chen;** über jmdn. -; **wach|ha|bend; Wach|ha|ben|de,** *der* u. *die;* -n, -n; **wach hal|ten,** (auch:) wachhalten; vgl. wach; **Wach‿hund, ...mann** (*Mehrz.* ...leute u. ...männer)
Wa|chol|der, *der;* -s, - (eine Pflanze; ein Branntwein)
wach|ru|fen (hervorrufen; wecken); **wach|rüt|teln** (aufrütteln; auch für: wecken)
Wachs, *das;* -es, -e; **Wachs|ab|guss**
wach|sam; Wach|sam|keit, *die;* -
Wachs|bild; wachs|bleich; Wachs‿blu|me, ...boh|ne
[1]**wach|sen** (größer werden); du wächst; wuchs, gewachsen
[2]**wach|sen** (mit Wachs glätten); du wächst; gewachst; **wäch|sern** (aus Wachs); **Wachs|fi|gur**
Wach|stu|be
Wachs|tuch
Wachs|tum, *das;* -s
Wäch|te (alte Schreibung für:) Wechte
Wach|tel, *die;* -, -n (ein Vogel)
Wäch|ter; Wacht‿meis|ter, ...pos|ten; Wach|traum; Wacht|turm, (häufiger:) **Wach|turm; Wach- und Schließ|ge|sell|schaft**
wa|cke|lig, wack|lig; **Wa|ckel|kon|takt** (Elektrotechnik); **wa|ckeln**
wa|cker (veraltend für: redlich; tapfer)
wack|lig; vgl. wackelig
Wa|de, *die;* -, -n; **Wa|den‿bein, ...krampf, ...wi|ckel**
Waf|fe, *die;* -, -n
Waf|fel, *die;* -, -n (ein Gebäck); **Waf|fel|ei|sen**
Waf|fen|em|bar|go; waf|fen|fä|hig (veraltend); **Waf|fen‿gat|tung, ...kam|mer; waf|fen|los; Waf|fen‿ru|he, ...schein, ...still|stand**
wa|ge|hal|sig, wag|hal|sig
Wä|gel|chen
Wa|ge|mut; wa|ge|mu|tig; wa|gen
wä|gen (fachspr., sonst veralt. für: das Gewicht bestimmen; geh. für: prüfend bedenken); wog, gewogen (selten: wägte, gewägt)
Wa|gen, *der;* -s, - (südd. auch: Wägen); **Wa|gen‿he|ber, ...la|dung, ...rad**
Wag|gon, (auch:) Wa|gon [*...gong*, dt. Ausspr.: *...gong;* österr.: *...gon*], *der;* -s, -s (österr. auch: -e; [Eisenbahn]wagen); **wag|gon|wei|se,** (auch:) wa|gon|wei|se
wag|hal|sig, wa|ge|hal|sig; **Wag|nis,** *das;* -ses, -se
Wa|gon usw.; vgl. Waggon usw.
Wahl, *die;* -, -en; **Wahl|al|ter; wähl|bar; Wähl|bar|keit,** *die;* -; **wahl|be|rech|tigt; Wahl‿be|tei|li|gung, ...be|zirk; wäh|len; Wäh|ler; Wäh|ler|geb|nis; Wäh|le|rin; wäh|le|risch; Wahl‿fach, ...kampf, ...kreis, ...lo|kal, ...lo|ko|mo|ti|ve** (Jargon; als zugkräftig angesehener Kandidat einer Partei); **wahl|los; Wahl‿mann** (*Mehrz.* ...männer), **...pla|kat, ...recht** (*das;* -[e]s), **...sieg, ...spruch, ...ur|ne, ...ver|samm|lung; wahl|wei|se**
Wahn, *der;* -[e]s; **wäh|nen; Wahn|sinn,** *der;* -[e]s; **wahn|sin|nig; Wahn‿vor|stel|lung, ...witz** (*der,* -es); **wahn|wit|zig**
wahr (wirklich); nicht wahr?; wahr sein, bleiben, werden; seine Drohungen wahr machen; etwas für wahr halten

wah|ren (bewahren); er hat den Anschein gewahrt
wäh|ren (geh. für: dauern); **wäh|rend;** *Bindew.:* er las, - sie strickte; *Verhältnisw.* mit *Wesf.:* - des Krieges; hochspr. mit *Wemf.*, wenn der *Wesf.* nicht erkennbar ist; - fünf Jahren, aber: - zweier, dreier Jahre; **wäh|rend|dem; wäh|rend|des|sen** (unterdessen)
wahr|ha|ben; er will es nicht - (nicht gelten lassen); **wahr|haft** (Eigenschaftsw.: wahrheitsliebend; *Umstandsw.:* wirklich); **wahr|haf|tig** (wahrhaft; wahrlich); **Wahr|heit; wahr|heits_ge|mäß, ...ge|treu; Wahr|heits|lie|be,** *die;* -; **wahr|lich**
wahr|nehm|bar; wahr|neh|men; Wahr|neh|mung
wahr|sa|gen (prophezeien); du sagtest wahr od. du wahrsagtest; er hat wahrgesagt od. gewahrsagt; **Wahr|sa|ger; Wahr|sa|gung**
wahr|schein|lich [auch: *wa̲r...*]; **Wahr|schein|lich|keit; Wahr|schein|lich|keits|rech|nung,** *die;* -
Wäh|rung (gesetzl. Zahlungsmittel); **Wäh|rungs_block** (*Mehrz.* ...blöcke od. ...blocks), **...ein|heit, ...kri|se, ...re|form, ...re|ser|ve, ...sys|tem, ...u|ni|on**
Wahr|zei|chen
waid..., Waid... (in der Bedeutung »Jagd« vgl. weid..., Weid...)
Wai|se, *die;* -, -n (elternloses Kind); **Wai|sen_geld, ...haus, ...kind, ...kna|be, ...ren|te**
Wal, *der;* -[e]s, -e (ein Meeressäugetier)
Wald, *der;* -[e]s, Wälder; **Wald_a|mei|se, ...ar|bei|ter, ...bo|den, ...brand; Wäld|chen; Wal|des|rand** (geh. für: Waldrand); **Wald_horn** (*Mehrz.* ...hörner), **...hü|ter; wal|dig; Wald_lauf, ...lich|tung; Wald|meis|ter,** *der;* -s (eine Pflanze); **Wald|meis|ter|bow|le; Wald|rand;** vgl. Waldesrand; **wald|reich; Wald|ster|ben; Wal|dung; Wald|weg**
Wal|fang; die Walfang treibenden Nationen; **Wal|fän|ger; Wal|fang_flot|te; Wal|fang trei|bend;** vgl. Walfang; **Wal|fang|ver|bot; Wal|fisch;** vgl. Wal
wal|ken (Textiltechnik: verfilzen; landsch. für: kräftig durchkneten; massieren)
Walk|man® [*ᵘåkmᵉn*], *der;* -s, ...men (kleiner Kassettenrekorder mit Kopfhörern)
Wall, *der;* -[e]s, Wälle (Erdaufschüttung, Mauerwerk usw.)
Wal|lach, *der;* -[e]s, -e (kastrierter Hengst)
wal|len (sprudeln, bewegt fließen; sich [wogend] bewegen)
wall|fah|ren; ich wallfahrte; gewallfahrt; **Wall|fah|rer; Wall|fahrt; wall|fahr|ten** (veraltend für: wallfahren); ich wallfahrtete; gewallfahrtet; **Wall|fahrts|kir|che**
Walm, *der;* -[e]s, -e (Dachfläche); **Walm|dach**
Wal|nuss (ein Baum; dessen Frucht)
Wal|ross, *das;* -es, -e (eine Robbe)
wal|ten (geh. für: gebieten; sich sorgend einer Sache annehmen); Gnade - lassen
Wal|ze, *die;* -, -n; **wal|zen; wäl|zen;** sich -; **wal|zen|för|mig; Wal|zer** (auch für: ein Tanz); **Wäl|zer** (ugs. für: großes, schweres Buch); **Wal|zer|mu|sik; Walz_stahl, ...werk**
Wam|me, *die;* -, -n (vom Hals herabhängende Hautfalte [des Rindes]); **Wam|pe,** *die;* -, -n (svw. Wamme; ugs. auch für: dicker Bauch)
Wams, *das;* -es, Wämser (veralt., noch landsch. für: Jacke); **wam|sen** (landsch. für: verprügeln)
Wand, *die;* -, Wände
Wan|da|le, Van|da|le (zerstörungswütiger Mensch); **Wan|da|lis|mus,** Van|da|lis|mus, *der;* - (Zerstörungswut)
Wand_be|hang, ...brett
Wan|del, *der;* -s; **wan|del|bar; Wan|del_gang** *(der),* **...hal|le; wan|deln;** sich -
Wan|der_aus|stel|lung, ...büh|ne, ...dü|ne; Wan|de|rer; Wan|der|fahrt; Wan|de|rin; Wan|der_kar|te, ...lust (*die;* -); **wan|dern; Wan|der_pre|di|ger, ...preis; Wan|der|schaft,** *die;* -; **Wan|ders|mann** (*Mehrz.* ...leute); **Wan|der|stab; Wan|de|rung; Wan|der_vo|gel, ...zir|kus**
Wand_ge|mäl|de, ...ka|len|der, ...kar|te
Wand|lung; wand|lungs|fä|hig
Wand|ma|le|rei; Wand_schrank, ...uhr, ...zei|tung
Wan|ge, *die;* -, -n
Wan|kel|mo|tor
Wan|kel|mut; wan|kel|mü|tig; wan|ken
wann
Wan|ne, *die;* -, -n (Becken u. a.); **Wan|nen|bad**
Wanst, *der;* -es, Wänste
Wan|ze, *die;* -, -n (Wandlaus)
Wap|pen, *das;* -s, -; **Wap|pen_kun|de** (*die;* -), **...schild** (*der* od. *das*), **...tier; wapp|nen** (geh.); sich - (sich vorbereiten)
Wa|re, *die;* -, -n; **Wa|ren_an|ge|bot, ...haus, ...la|ger, ...pro|be, ...zei|chen**
warm; das Essen warm halten, machen, stellen; sich einen Geschäftsfreund [besonders] warmhalten, (auch:) warm halten (ugs. für: sich seine Gunst erhalten); sich warm laufen, (auch:) warmlaufen (beim Sport); den Motor warm laufen, (auch:) warmlaufen lassen (auf günstige Betriebstemperatur bringen); **Warm|blut,** *das;* -[e]s (Pferd einer bestimmten Rasse); **Warm|duscher** (ugs.

für: Weichling); **Wär|me,** *die;* -, (selten:) -n; **Wär|me|ein|heit; wär|me|hal|tig; wär|me|i|so|lie|rend; wär|men;** sich -; **Wär|me‿reg|ler, ...tech|nik** (*die;* -), **...ver|lust; Wärm|fla|sche; warm|hal|ten,** (auch:) **warm hal|ten;** vgl. warm; **warm|her|zig; warm lau|fen,** (auch:) **warm|lau|fen;** vgl. warm; **Warm|was|ser|hei|zung**

Warn|blink‿an|la|ge, ...leuch|te; Warn|drei|eck; war|nen; Warn‿ruf, ...schuss, ...si|g|nal, ...streik; War|nung

War|te, *die;* -, -n (geh. für: Beobachtungsort); in: von meiner - (meinem Standpunkt) aus; **War|te‿frau, ...hal|le, ...lis|te; war|ten; Wär|ter; War|te‿raum, ...saal, ...zeit, ...zim|mer; War|tung; war|tungs|frei**

wa|r|um [auch: *wa*...]; - nicht?; nach dem Warum fragen

War|ze, *die;* -, -n; **war|zig**

was; was ist los?; was für ein; was für einer; (ugs.:) was Neues, irgendwas; das Schönste, was ich je erlebt habe; nichts, vieles, manches, was ...

wasch|bar; Wasch‿bär, ...be|cken; Wä|sche, *die;* -, -n; **Wä|sche|beu|tel; wasch|echt; Wä|sche‿klam|mer, ...lei|ne; wa|schen;** er wäscht; er wusch, gewaschen; sich -; **Wä|sche|rei; Wä|sche|rin; Wä|sche‿schleu|der, ...schrank; Wasch‿korb, ...kü|che, ...lap|pen** (ugs. abwertend auch für: Feigling), **...ma|schi|ne, ...mit|tel, ...raum, ...schüs|sel; Wa|schung; Wasch‿was|ser** (*das;* -s), **...weib** (ugs. abwertend für: geschwätzige Frau)

Was|ser, *das;* -s, - u. (für: Mineral-, Abwasser u. a. *Mehrz.:*) Wässer; eine Wasser abweisende, (auch:) wasserabweisende Imprägnierung; **Was|ser|ball; Wäs|ser|chen; Was|ser|dampf; was|ser|dicht; Was|ser‿fall** *(der),* **...far|be, ...floh, ...flug|zeug; was|ser|ge|kühlt; Was|ser‿glas, ...hahn; wäs|se|rig,** wässrig; **Was|ser‿jung|fer** (Libelle), **...klo|sett** (Abk.: WC), **...kopf, ...kraft** *(die),* **...lauf; Wäs|ser|lein; Was|ser‿lei|tung, ...müh|le; was|sern** ([von Vögeln, Flugzeugen] auf dem Wasser niedergehen); **wäs|sern** (in Wasser legen; mit Wasser versorgen; Wasser absondern); **Was|ser‿pflan|ze, ...rad, ...rat|te** (ugs. scherzh. auch für: jmd., der sehr gern schwimmt); **was|ser|reich; Was|ser‿re|ser|voir, ...ro|se, ...schei|de; was|ser|scheu; Was|ser‿schi;** vgl. ...ski, **...schlauch, ...schloss, ...ski,** (auch:) schi, **...spie|gel, ...sport, ...spü|lung, ...stand; Was|ser|stoff,** *der;* -[e]s (chem. Element, Gas; Zeichen: H); **was|ser|stoff|blond; Was|ser|stoff|per|oxid,** *das;* -[e]s; **Was|ser‿strahl, ...stra|ße, ...tre|ten** (*das;* -s), **...trop|fen, ...turm, ...waa|ge, ...wer|fer, ...werk, ...zei|chen** (im Papier); **wäss|rig;** vgl. wässerig

wa|ten; durch den Fluss -

Wat|sche [auch: *wat*...], *die;* -, -n u. **Wat|schen,** *die;* -, - (bayr., österr. ugs. für: Ohrfeige)

wat|scheln [auch: *wat*...] (ugs. für: wackelnd gehen)

[1]**Watt,** *das;* -s, - (Einheit der physikal. Leistung; Zeichen: W)

[2]**Watt,** *das;* -[e]s, -en (seichter Küstenstreifen, dessen Meeresboden bei Ebbe nicht überflutet ist)

Wat|te, *die;* -, -n

Wat|ten|meer, *das* (flaches Meer, das bei Flut das [2]Watt bedeckt)

wat|tie|ren (mit Watte füttern)

wau, wau!; Wau|wau [auch: *wauwau*], *der;* -s, -s (Kinderspr.: Hund)

WC [*wezé*], *das;* -[s], -[s] (Wasserklosett)

we|ben; er webte (geh. u. übertr.: wob); gewebt (geh. u. übertr.: gewoben); **We|ber; We|be|rei; We|ber|schiff|chen,** Web|schiffchen; **We|ber|vo|gel; Web‿pelz, ...schiff|chen, ...stuhl**

Wech|sel, *der;* -s, -; **Wech|sel‿bad, ...fäl|le** *(Mehrz.),* **...fäl|schung, ...geld; wech|sel|haft; Wech|sel‿jah|re** *(Mehrz.),* **...kurs; wech|seln; Wech|sel‿rah|men, ...rei|te|rei** (unlautere Wechselausstellung); **wech|sel|sei|tig; Wech|sel‿strom, ...stu|be; wech|sel|voll; Wech|sel|wir|kung**

Wech|te, *die;* -, -n (überhängende Schneemasse; schweiz. auch für: Schneewehe)

Weck, *der;* -[e]s, -e u. **We|cken,** *der;* -s, - (südd., österr. für: Weizenbrötchen)

we|cken; We|cker

We|del, *der;* -s, -; **we|deln**

we|der; - er noch sie haben (auch: hat) davon gewusst

weg; weg da! (fort!); sie ist ganz weg (ugs. für: begeistert, verliebt); er war schon weg, als ...

Weg, *der;* -[e]s, -e; im Weg[e] stehen; wohin des Weg[e]s?

weg|be|kom|men (auch für: sich etw. Unangenehmes zuziehen; abbekommen)

Weg|bie|gung

weg|blei|ben (ugs.)

We|ge|la|ge|rer (abwertend)

we|gen; *Verhältnisw.* mit *Wesf.:* - Diebstahls (auch: - Diebstahl), - des Vaters od. (geh.:) des Vaters -; hochspr. mit *Wemf.,* wenn der *Wesf.*

nicht erkennbar ist: - etwas anderem, - Geschäften
We|ge|rich, *der;* -s, -e (eine Pflanze)
weg|fah|ren; Weg|fahr|sper|re (Kfz-Wesen); **weg|fal|len** (nicht mehr in Betracht kommen)
Weg-ga|be|lung, ...gab|lung
weg-ge|hen, ...ha|ben; einen - (ugs. für: betrunken, nicht ganz bei Verstand); sie hat das weg (ugs. für: beherrschtes); die Ruhe - (ugs. für: sich nicht aus der Fassung bringen lassen), **weg-ja|gen, ...kom|men** (ugs.) bei etw. gut schlecht - (behandelt werden, abschneiden), **...las|sen, ...lau|fen**
weg|los
weg|ma|chen (ugs. für: entfernen); den Schmutz -; **weg|müs|sen** (ugs.); **Weg|nah|me,** *die;* -, -n; **weg|neh|men**
Weg|rand
weg-räu|men, ...rei|ßen, ...ren|nen, ...schaf|fen; weg|sche|ren, sich (ugs. für: weggehen); scher dich weg!; **weg-schmei|ßen** (ugs.), **...schnap|pen** (ugs.), **...steh|len,** sich (sich heimlich entfernen)
Weg-war|te (eine Pflanze), **...wei|ser**
weg|wer|fen; sich -; **weg|zie|hen**
[1]**weh;** er hat einen wehen Finger; es war ihr weh ums Herz; [2]**weh;** vgl. wehe; **Weh,** *das;* -[e]s, -e; mit Ach und -; **we|he,** weh; weh[e] dir!; o weh!; Ach und Weh schreien; **We|he,** *die;* -, -n (meist *Mehrz.;* bei der Geburt)
we|hen
Weh|kla|ge (geh.); **weh|kla|gen;** ich wehklage; gewehklagt; zu -; **weh|lei|dig; Weh|mut,** *die;* -; **weh|mü|tig**
[1]**Wehr,** *die;* -, -en (Befestigung, Verteidigung; kurz für: Feuerwehr); sich zur - setzen; [2]**Wehr,** *das;* -[e]s, -e (Stauwerk); **Wehr-be|auf|trag|te** *(der),* **...dienst; Wehr|dienst|ver|wei|ge|rer; weh|ren;** sich -; **wehr|fä|hig; wehr|haft; wehr|los; Wehr-macht** *(die;* -; früher für: die gesamten [dt.] Streitkräfte), **...pass, ...pflicht** *(die;* -; die allgemeine -); **wehr|pflich|tig**
weh|tun; ich habe mir wehgetan; das braucht nicht wehzutun
Weh|weh [auch: *wewe*], *das;* -s, -s (Kinderspr.: Schmerz; kleine Verletzung)
Weib, *das;* -[e]s, -er; **Weib|chen; Wei|ber|held** (abwertend); **wei|bisch** (abwertend); **weib|lich; Weibs-bild, ...stück** (ugs. abwertend für: Frau)
weich; weich sein, werden, klopfen, kochen; weich machen (auch für: zum Nachgeben bewegen); ein weich gekochtes Ei
[1]**Wei|che,** *die;* -, -n (Umstellvorrichtung bei Gleisen)
[2]**Wei|che,** *die;* -, -n (Flaute)
[1]**wei|chen** (ein-, aufweichen, weich machen, weich werden)
[2]**wei|chen** (zurückgehen; nachgeben); wich, gewichen
Wei|chen-stel|ler, ...wär|ter
weich ge|kocht; vgl. weich; **weich|her|zig; weich|lich; Weich|ling** (abwertend); **weich ma|chen;** vgl. weich; **Weich|tei|le,** *die (Mehrz.)*
[1]**Wei|de,** *die;* -, -n (ein Laubbaum)
[2]**Wei|de,** *die;* -, -n (Grasland); **Wei|de|land** *(Mehrz.* ...länder); **wei|den;** sich an etwas -
Wei|den|kätz|chen
weid|ge|recht; weid|lich (gehörig, tüchtig); **Weid|mann** *(Mehrz.* ...männer); **weid|män|nisch; Weid|manns|heil!; Weid|werk,** *das;* -[e]s
wei|gern, sich; **Wei|ge|rung**
Weih, *der;* -[e]s, -e u. [1]**Wei|he,** *die;* -, -n (ein Greifvogel)
[2]**Wei|he,** *die;* -, -n (Weihung); **Wei|he|akt; wei|hen**
Wei|her, *der;* -s, - (Teich)
Weih|nacht, *die;* -; **weih|nach|ten;** es weihnachtet; **Weih|nach|ten,** *das;* - (Weihnachtsfest); - ist bald vorbei; fröhliche Weihnachten!; **weih|nacht|lich; Weih|nachts-a|bend, ...baum, ...en|gel, ...fe|ri|en** *(die; Mehrz.),* **...fest, ...geschenk, ...gra|ti|fi|ka|ti|on, ...lied, ...mann** *(Mehrz.* ...männer), **...zeit** *(die;* -)
Weih|rauch (duftendes Harz); **Weih|was|ser,** *das;* -s
weil
Weil|chen; Wei|le, *die;* -; **wei|len** (geh. für: sich aufhalten)
Wei|ler, *der;* -s, - (kleines Dorf)
Wein, *der;* -[e]s, -e; **Wein-bau** (der; -[e]s), **...berg; Wein|berg|schne|cke; Wein|brand,** *der;* -s, ...brände
wei|nen; wei|ner|lich; Wei|ner|lich|keit
Wein-es|sig, ...fass, ...fla|sche, ...glas *(Mehrz.* ...gläser), **...gut, ...händ|ler, ...hand|lung, ...kar|te, ...kel|ler, ...le|se, ...lo|kal, ...pro|be, ...re|be; wein-rot, ...se|lig; Wein-stock** *(Mehrz.* ...stöcke), **...stu|be, ...trau|be**
wei|se (klug); [1]**Wei|se,** *der* u. *die;* -n, -n (kluger Mensch)
[2]**Wei|se,** *die;* -, -n (Art; Singweise); auf diese -
wei|sen (zeigen; anordnen); wies, gewiesen; **Weis|heit; Weis|heits|zahn; weis|lich** (veraltend für: wohlweislich); **weis|ma|chen** (ugs. für: Unzutreffendes glauben machen); jmdm. etwas -
weiß (Farbe); etwas schwarz auf weiß (schriftlich) haben; eine weiße Weste haben (ugs. für: unschuldig sein); aus Schwarz Weiß, aus

Weiß Schwarz machen; der Weiße Sonntag (Sonntag nach Ostern); weiß machen, werden; die Wäsche weiß waschen; weiß gekleidete Kinder; **Weiß,** *das;* -[e]s, - (weiße Farbe); in -, mit -; in - gekleidet; Stoffe in -

weis|sa|gen; ich weissage; geweissagt; zu -; **Weis|sa|ger; Weis|sa|ge|rin; Weis|sa|gung**

Weiß‿bier, ...blech, ...brot, ...dorn (*Mehrz.* ...dorne); [1]**Wei|ße,** *die;* -, -n (Bierart; auch für: ein Glas Weißbier); [2]**Wei|ße,** *der* u. *die;* -n, -n (Mensch mit heller Hautfarbe); **wei|ßen** (weiß machen; tünchen); **Weiß|fisch, weiß ge|klei|det;** vgl. weiß; **Weiß|glut** (*die;* -); **weiß|haa|rig; Weiß‿herbst** (hell gekelterter Wein aus blauen Trauben), **...kohl, ...kraut; weiß|lich; Weiß‿nä|he|rin, ...tan|ne, ...wa|ren** *(die; Mehrz.)*; **weiß|wa|schen;** sich, jmdn. - (ugs. für: von einem Verdacht od. Vorwurf befreien); **Weiß|wein**

Wei|sung (Auftrag, Befehl); **wei|sungs|ge|bun|den**

weit; bei, von weitem; weit u. breit; so weit, so gut; das Weite suchen (sich [rasch] fortbegeben); weit fahren, springen; es weit bringen; zu weit gehen; eine weit gereiste Frau; der Fall ist weitgehend, (auch:) weit gehend gelöst; eine weit verbreitete, (seltener auch:) weitverbreitete Pflanze; weit reichende, (auch:) weitreichende Konsequenzen; ein weit blickender, (auch:) weitblickender Staatsmann; **weit|ab; weit|aus;** - größer; **Weit|blick,** *der;* -[e]s; **weit bli|ckend,** (auch:) **weit|blickend; Wei|te,** *die;* -, -n; **wei|ten** (weit machen, erweitern); sich -; **wei|ter;** bis auf weiteres; ohne weiteres; alles Weitere demnächst; des Weiteren wurde berichtet ...; wie im Weiteren dargestellt; *s. Kasten*

wei|ter

Schreibung in Verbindung mit Verben:

1. Getrenntschreibung, wenn »weiter« im Sinne von »weiter als« gebraucht wird:
- *weiter gehen; er kann weiter gehen als ich*

2. Zusammenschreibung, wenn »weiter« in der Bedeutung von »vorwärts«, »voran« (auch im übertragenen Sinne) gebraucht wird:
- *weitergehen (bitte weitergehen!)*
- *weiterbefördern; weiterhelfen usw.*

3. Wird die Fortdauer eines Geschehens ausgedrückt, schreibt man im Allgemeinen zusammen, wenn »weiter« die Hauptbetonung trägt, und getrennt, wenn das Verb gleich stark betont wird:
- *weitermachen; weiterspielen usw.*
- *sie hat dir weiter (weiterhin) geholfen*
- *die Probleme werden weiter bestehen, auch weiterbestehen*

wei|ter|fah|ren (schweiz. auch neben: fortfahren); in seiner Rede -; **Wei|ter|fahrt,** *die;* -; **wei|ter‿ge|ben, ...gehen** (vorangehen; fortfahren); **wei|ter|hin; wei|ter‿kom|men, ...lei|ten; Wei|ter|rei|se; wei|ter|rei|sen**

wei|ters (österr. für: weiterhin)

wei|ter‿sa|gen, ...wol|len (ugs. für: weitergehen wollen)

weit|ge|hend, (auch:) **weit ge|hend;** vgl. weit; **weit gereist;** vgl. weit; **weit|her** (aus großer Ferne); aber: von weit her; damit ist es nicht weit her (das ist nicht bedeutend); **weit|hin; weit|läu|fig; weit rei|chend,** (auch:) weit|rei|chend; vgl. weit; **weit|schwei|fig; Weit|sicht,** *die;* -; **weit|sich|tig; Weit|sich|tig|keit,** *die;* -; **Weit|sprung; weit ver|brei|tet,** (seltener auch:) **weit|ver|brei|tet;** vgl. weit

Wei|zen, *der;* -s, (fachspr.:) -; **Wei|zen‿brot, ...mehl**

welch; -er, -e, -es; - ein Held; welches reizende Mädchen; **wel|che** (ugs. für: etliche, einige); es sind - hier; **wel|ches** (ugs. für: etwas); hat noch jemand Brot? Ich habe -

welk; wel|ken; Welk|heit, *die;* -

Well|blech; Wel|le, *die;* -, -n; **wel|len;** gewelltes Haar; **Wel|len‿bad, ...bre|cher; wel|len|för|mig; Wel|len‿län|ge, ...li|nie, ...rei|ten** (*das;* -s; Wassersport), **...sit|tich** (ein Vogel); **Well|fleisch; wel|lig** (wellenartig, gewellt)

Well|ness, *die;* - (Wohlbefinden)

Well|pap|pe

Wel|pe, *der;* -n, -n (das Junge von Hund, Fuchs, Wolf)

Wels, *der;* -es, -e (ein Fisch)

Welt, *die;* -, -en; die Dritte - (die Entwicklungsländer); die Vierte - (die ärmsten Entwicklungsländer); **Welt|all; welt|an|schau|lich; Welt‿an|schau|ung, ...atlas, ...aus|stel|lung; welt‿be|kannt, ...berühmt; Welt|bild; Welt|bür|ger; welt|bür|ger|lich; Wel|ten|bumm|ler**

Wel|ter|ge|wicht (Körpergewichtsklasse in der Schwerathletik)

welt‿er|schüt|ternd, ...fern, ...fremd; Welt‿frie|de[n], ...ge|schich|te (*die;* -), **...han|del, ...kar|te, ...klas|se, ...krieg** (der Erste Weltkrieg (1914–1918); der Zweite Weltkrieg

(1939–1945); **wẹlt|lich; Wẹlt|macht; wẹlt|män|nisch; Wẹlt‿meer, ...meis|ter, ...meis|te|rin, ...raum** (*der;* -[e]s); **Wẹlt|raum‿flug, ...for|schung, ...la|bor; Wẹlt‿reich, ...rei|se, ...re|kord, ...ruf** (*der;* -[e]s; Berühmtheit), **...schmerz** (*der;* -es), **...stadt, ...un|ter|gang; Wẹlt|ver|bes|se|rer; wẹlt|weit; Wẹlt‿wirt|schafts|kri|se, ...wun|der**

we̱m; we̱n

Wẹn|de, *die;* -, -n; **Wẹn|de‿hals** (ein Vogel; ugs. abwertend für: jmd., der sich polit. Änderungen schnell anpasst), **...kreis; Wẹn|del|trep|pe; wẹn|den;** wandte u. wendete; gewandt u. gewendet; in der Bedeutung »die Richtung ändern« (z. B. mit dem Auto wenden) u. »umkehren, umdrehen« (z. B. »einen Mantel, Heu wenden«), nur schwach: wendete, hat gewendet; das Blatt hat sich gewendet; ansonsten sind die starken Formen mit »a« häufiger (z. B. sie wandte sich zu ihm, hat sich an ihn gewandt); **Wẹn|de‿platz, ...punkt; wẹn|dig; Wẹn|dig|keit,** *die;* -; **Wẹn|dung**

we̱|nig; ein wenig; die wenigen; das wenige, (auch:) Wenige; weniges, (auch:) Weniges genügt; mit wenigem, (auch:) Wenigem auskommen; fünf weniger drei ist, macht, gibt zwei; wie wenig; das wenigste; am, zum wenigsten; **We̱|nig|keit;** meine -; **we̱|nigs|tens**

wẹnn; wenn auch; **wẹnn|schon**

we̱r (fragendes, bezügliches u. [ugs.] unbestimmtes *Fürw.*); wer ist da?; Halt! Wer da?

Wẹr|be‿ab|tei|lung, ...a|gen|tur; wẹr|ben; warb, geworben; **Wẹr|be‿slo|gan, ...spot, ...text; wẹr|be|wirk|sam; Wẹr|bung**

We̱r|de|gang; we̱r|den; wurde, geworden; als *Hilfszeitwort:* er ist gelobt worden; **we̱r|dend;** eine werdende Mutter

wẹr|fen (von Tieren auch für: gebären); warf, geworfen; sich -

Wẹrft, *die;* -, -en (Anlage zum Bauen u. Ausbessern von Schiffen); **Wẹrft|ar|bei|ter**

Wẹrg, *das;* -[e]s (Flachs-, Hanfabfall)

Wẹrk, *das;* -[e]s, -e; **Wẹrk|bank** (*Mehrz.* ...bänke); **wẹr|ken** (tätig sein; [be]arbeiten); **Wẹrk[1]‿hal|le, ...lei|tung, ...spi|o|na|ge; Wẹrk|statt, Wẹrk|stät|te,** *die;* -, ...stätten; **Wẹrk|tag** (Wochentag); **wẹrk|tags; wẹrk|tä|tig; Wẹrk|tä|ti|ge,** *der* u. *die;* -n, -n; **Wẹrk|zeug; Wẹrk|zeug|ma|cher**

We̱r|mut, *der;* -[e]s (eine Pflanze; Wermutwein); **We̱r|mut[s]|trop|fen**

we̱rt; - sein; es ist nicht der Rede, Mühe wert; **We̱rt,** *der;* -[e]s, -e (Bedeutung, Geltung); auf etwas - legen; **We̱rt|ar|beit,** *die;* -; **we̱rt|be|stän|dig; we̱r|ten; We̱rt|ge|gen|stand; we̱rt|los; We̱rt‿pa|pier, ...sa|che** (meist *Mehrz.*), **...schät|zung, ...stoff; We̱rt|stoff‿samm|lung, ...ton|ne; We̱r|tung; We̱rt|ur|teil; we̱rt|voll**

We̱r|wolf (im Volksglauben Mensch, der sich zeitweise in einen Wolf verwandelt)

We̱|sen, *das;* -s, -; viel -[s] machen; **We̱|sens‿art, ...zug; we̱|sent|lich;** das Wesentliche; etwas, nichts Wesentliches; im Wesentlichen

wes|hạlb [auch: *wä̱ß...*]

Wẹs|pe, *die;* -, -n; **Wẹs|pen|nest**

wẹs|sen

Wẹs|si, *der;* -s, -s (ugs. für: Westdeutscher); **Wẹst** (Himmelsrichtung); Ost u. West; Autobahnausfahrt Frankfurt West, (auch:) Frankfurt-West; vgl. Westen

Wẹs|te, *die;* -, -n

Wẹs|ten, *der;* -s (Himmelsrichtung; Abk.: W); gen -; vgl. West; Wilder -; **Wẹs|tern,** *der;* -[s], - (Film, der während der Pionierzeit im sog. Wilden Westen [Amerikas] spielt); **wẹst|lich;** - des Waldes, - vom Wald; **wẹst|wärts**

wes|we̱|gen

Wẹtt‿be|werb (*der;* -[e]s, -e), **...bü|ro; Wẹt|te,** *die;* -, -n; um die - laufen; **Wẹtt|ei|fer; wẹtt|ei|fern;** ich wetteifere; gewetteifert; zu -; **wẹt|ten**

Wẹt|ter, *das;* -s, -; **Wẹt|ter‿amt, ...be|richt, ...fah|ne; wẹt|ter|fest; Wẹt|ter|frosch; wẹt|ter|füh|lig; Wẹt|ter‿hahn, ...kar|te, ...la|ge; wẹt|ter|leuch|ten;** es wetterleuchtet; gewetterleuchtet; zu -; **Wẹt|ter|leuch|ten,** *das;* -s; **wẹt|tern** (gewittern; ugs. für: laut schelten); **Wẹt|ter‿vor|her|sa|ge, ...war|te; wẹt|ter|wen|disch**

Wẹtt‿fahrt, ...kampf, ...lauf; wẹtt‿lau|fen; nur in der Grundf. gebr.; **...ma|chen** (ausgleichen); **Wẹtt‿ren|nen, ...rüs|ten** (*das;* -s), **...spiel, ...streit**

wẹt|zen; Wẹtz‿stahl, ...stein

Whis|k[e]y [*ᵘịßki*], *der;* -s, -s (Branntwein aus Getreide od. Mais)

Wịchs|bürs|te; Wịch|se, *die;* -, -n (ugs. für: Schuhwichse; *Einz.* für: Prügel); **wịch|sen**

Wịcht, *der;* -[e]s, -e (Wesen; Kobold; abwertend für: m. Person); **Wịch|tel|männ|chen**

wịch|tig; [sich] - tun; sich - machen; etwas, sich - nehmen; **Wịch|tig|keit**

Wi|cke, *die;* -, -n (eine Pflanze)

Wi|ckel, *der;* -s, -; **Wi|ckel‿ga|ma|sche, ...kind; wi|ckeln**

---

[1] Auch, österr. nur: Werks..., werks...

wie|der	
(nochmals, erneut; zurück) – *um, für nichts und wieder nichts; hin und wieder (zuweilen); wieder einmal* *Vgl. aber* wider	**II.** Getrenntschreibung vor allem dann, wenn »wieder« im Sinne von »nochmals, erneut« verstanden wird: – *wieder abdrucken, wieder anfangen* – *dieses Modell wird jetzt wieder hergestellt (erneut produziert)* – *sie hat ihre Arbeit wieder aufgenommen* – *einen Ort wieder aufsuchen* – *es ist mir alles wieder eingefallen* – *sie wurde in ihr früheres Amt wieder eingesetzt* – *das Haus wurde wieder hergerichtet* – *ich werde das nicht wieder tun*
I. Zusammenschreibung in Verbindung mit Verben und Adjektiven vor allem dann, wenn »wieder« im Sinne von »zurück« verstanden wird: – *ich kann dir das Geld erst morgen wiedergeben* – *der Restbetrag wurde ihr wieder erstattet* – *er hat alle geliehenen Bücher wiedergebracht* – *kann ich bitte meinen Kugelschreiber wiederhaben?* – *wenn du jetzt gehst, brauchst du nicht mehr wiederzukommen!*	
Zusammenschreibung auch in folgenden Fällen: – *wiederkäuen* ([von bestimmten Tieren:] *nochmals kauen;* auch übertr. für *ständig wiederholen*) – *Festtage, die jährlich wiederkehren (sich wiederholen)* – *sie hat den Text wörtlich wiedergegeben (wiederholt)* – *er wollte den Vorfall wahrheitsgetreu wiedergeben (schildern, darstellen)* – *würden Sie den letzten Satz bitte wiederholen* – *das Fernsehspiel ist schon mehrfach wiederholt worden* – *eine Klasse, den Lehrstoff wiederholen* – *das Experiment war nicht wiederholbar* – *die Kranke ist noch nicht ganz wiederhergestellt (gesundet)* *Vgl. aber* wieder II	**III.** In vielen Fällen ist Getrennt- oder Zusammenschreibung möglich, vor allem dann, wenn die Betonung entweder nur auf »wieder« oder sowohl auf »wieder« als auch auf dem Verb oder Adjektiv liegen kann: – *die Firma wieder aufbauen, auch wiederaufbauen* – *ein Theaterstück wieder aufführen, auch wiederaufführen* – *wir haben uns auf dem Kongress wiedergesehen (haben ein Wiedersehen gefeiert), auch wieder gesehen (sind uns erneut begegnet); aber nur der Blinde konnte nach der Operation wieder sehen* – *das Material ist wieder verwertbar, auch wiederverwertbar*

Wid|der, *der;* -s, - (m. Zuchtschaf)
wi|der ([ent]gegen); *Verhältnisw.* mit *Wenf.:* wider meinen ausdrücklichen Wunsch (geh.); wider Erwarten; wider Willen
wi|der|bors|tig (ugs. für: hartnäckig widerstrebend)
wi|der|fah|ren; mir ist ein Unglück widerfahren
Wi|der|ha|ken
Wi|der|hall, *der;* -[e]s, -e (Echo); **wi|der|hal|len**
wi|der|le|gen; Wi|der|le|gung
wi|der|lich; Wi|der|lich|keit
wi|der‿na|tür|lich, ...recht|lich
Wi|der|re|de
Wi|der|ruf; bis auf -; **wi|der|ru|fen** (zurücknehmen)
Wi|der|sa|cher, *der;* -s, -
wi|der|set|zen, sich
Wi|der|sinn, *der;* -[e]s (der Vernunft zuwiderlaufender Sinn); **wi|der|sin|nig**
wi|der|spens|tig; Wi|der|spens|tig|keit
wi|der|spie|geln
wi|der|spre|chen; Wi|der|spruch; wi|der|sprüch|lich; wi|der|spruchs|frei
Wi|der|stand; Wi|der|stands|be|we|gung; wi|der|stands|fä|hig; Wi|der|stands‿käm|pfer, ...kraft; wi|der|stands|los; wi|der|ste|hen; er widerstand der Versuchung
wi|der|stre|ben (entgegenwirken); es hat ihr widerstrebt; **wi|der|stre|bend** (ungern)
wi|der|wär|tig; Wi|der|wär|tig|keit
Wi|der|wil|le; wi|der|wil|lig
wid|men; Wid|mung
wid|rig (äußerst ungünstig, unangenehm; Widerwillen auslösend)
wie; wie geht es dir?; sie ist so schön wie ihre Freundin; aber (bei Ungleichheit): sie ist schöner als ihre Freundin
Wie|de|hopf, *der;* -[e]s, -e (ein Vogel)
wie|der *s. Kasten*
Wie|der|auf|bau, *der;* -[e]s; **wie|der auf|bau|en,** (auch:) **wie|der|auf|bau|en**

Wie|der|auf|nah|me; Wie|der-auf|nah|me|ver|fah|ren (Rechtsspr.); **wie|der auf-neh|men**
wie|der auf|tau|chen
Wie|der|be|ginn
wie|der be|le|ben, (auch:) **wie|der|be|le|ben; Wie|der-be|le|bung; Wie|der|be|le-bungs|ver|such**
wie|der|brin|gen (zurückbringen)
wie|der ein|fal|len
wie|der er|ken|nen, (auch:) **wie|der|er|ken|nen; wie-der er|öff|nen,** (auch:) **wie-der|er|öff|nen; Wie|der er-öff|nung**
wie|der fin|den, (auch:) **wie-der|fin|den** vgl. wieder
Wie|der|ga|be; die - eines Konzertes auf Tonband; **wie|der|ge|ben** (zurückgeben; darbieten)
wie|der|ge|bo|ren, (auch:) **wie|der ge|bo|ren; Wie|der-ge|burt**
wie|der gut|ma|chen; Wie-der|gut|ma|chung
wie|der|ha|ben (ugs. für: zurückbekommen)
wie|der|her|stel|len; das Gebäude wird wiederhergestellt (renoviert); aber: dieses Modell wird jetzt wieder hergestellt (erneut produziert)
wie|der|ho|len (zurückholen); **wie|der|ho|len** (nochmals sagen, aus-, durchführen, absolvieren usw.); **wie|der-holt** (mehrmals); **Wie|der-ho|lung**
Wie|der|hö|ren, *das;* -s, auf -! (Abschiedsformel im Fernsprechverkehr u. im Rundfunk)
wie|der|käu|en; (auch abwertend für: ständig wiederholen); **Wie|der|käu|er**
Wie|der|kehr, *die;* -; **wie|der-keh|ren** (zurückkehren)
wie|der|kom|men (zurückkommen)
Wie|der|schau|en, *das;* -s (landsch.); auf -!
wie|der|se|hen, (auch:) **wie-der se|hen;** vgl. wieder; **Wie|der|se|hen,** *das;* -s; auf -!; jmdm. Auf, (auch:) auf - sagen
wie|de|rum
Wie|der|ver|ei|ni|gung
Wie|der|ver|käu|fer (Händler)
Wie|der|wahl; wie|der wäh-len, (auch:) **wie|der|wäh|len**
Wie|ge, *die;* -, -n; **Wie|ge|mes-ser,** *das;* [1]**wie|gen** (schaukeln; zerkleinern); wiegte, gewiegt; sich -
[2]**wie|gen** (das Gewicht feststellen; Gewicht haben); wog, gewogen
Wie|gen‿fest (geh. für: Geburtstag), **...lied**
wie|hern
wie lang, wie lan|ge
wie|nern (ugs. für: blank putzen)
Wie|se, *die;* -, -n
Wie|sel, *das;* -s, - (ein Marder)
Wie|sen‿blu|me, ...grund
wie|so
wie viel [auch: *wi...*]; wie viel[e] Personen; **wie|viel-mal** [auch: *wi...*]; aber: wie viele Male; **wie|viel|te** [auch: *wi...*]; den Wievielten haben wir heute?; **wie|weit** (inwieweit)
Wig|wam, *der;* -s, -s (Zelt nordamerik. Indianer)
Wi|kin|ger [auch: *wi...*], *der;* -s, - (Normanne); **Wi|kin-ger|schiff**
wild; - wachsen; wild wachsende Pflanzen; wilde Ehe; wilder Streik; die wild lebenden Tiere; Wilder Westen; **Wild,** *das;* -[e]s; **Wild|bach; Wild|bret,** *das;* -s (Fleisch des geschossenen Wildes); **Wild|dieb; Wil|de,** *der* u. *die;* -n, -n; **Wild|en|te; Wil|de|rer** (Wilddieb); **wil-dern** (unbefugt jagen); **Wild|fang** (ausgelassenes Kind); **wild|fremd** (ugs. für: völlig fremd); **Wild‿gans, ...hü|ter, ...kat|ze; wild le-bend;** vgl. wild; **Wild|le|der; Wild|nis,** *die;* -, -se; **Wild-park; wild|ro|man|tisch; Wild‿sau, ...scha|den, ...schwein; wild wach-send;** vgl. wild; **Wild|west** (ohne Geschlechtswort); die Story spielt in -; **Wild|west-film**
Wil|le, *der;* -ns; der letzte Wille (Testament); wider -n; **wil|len;** um ... willen; um Gottes willen, um deinet-, euretwillen; **Wil|len,** *der;* -s, - (*Mehrz.* selten; selten für: Wille); **wil|len|los; Wil-lens‿frei|heit** (*die;* -), **...kraft** (*die;* -); **wil-lens‿schwach, ...stark**
wil|lig (guten Willens; bereit)
will|kom|men; jmdn. - heißen, - sein; herzlich -! **Will-kom|mens‿gruß, ...trunk**
Will|kür, *die;* -; **Will|kür‿akt, ...herr|schaft; will|kür|lich**
wim|meln; es wimmelt von Ameisen
wim|mern
Wim|pel, *der;* -s, - ([kleine] dreieckige Flagge)
Wim|per, *die;* -, -n; **Wim|pern-tu|sche**
Wind, *der;* -[e]s, -e; - bekommen (ugs. für: heimlich, zufällig erfahren); **Wind-beu|tel** (ein Gebäck; ugs. abwertend für: leichtfertiger Mensch); **Wind‿bö** od. **...böe**
Win|de, *die;* -, -n (Hebevorrichtung; eine Pflanze)
Win|del, *die;* -, -n; **win|deln;** das Baby -; **win|del|weich**
win|den (drehen); wand, gewunden; sich -
Win|des|ei|le; in: mit -; **wind-ge|schützt; Wind‿hauch, ...ho|se** (Wirbelsturm), **...hund** (ugs. abwertend auch für: leichtfertiger Mensch); **win|dig** (winderfüllt; ugs. für: nicht solide, zweifelhaft); **Wind‿ja|cke, ...ka|nal, ...müh|le, ...po-cken** (*Mehrz.;* eine Kinderkrankheit), **...rad, ...rich-tung, ...ro|se** (Windrichtungs-, Kompassscheibe), **...schat|ten** (*der;* -s; windgeschützter Bereich); **wind-schief** (ugs. für: krumm);

Wind|schutz|schei|be; Wind|stär|ke; wind|still; Wind‿stil|le, ...stoß
Win|dung
Wink, *der;* -[e]s, -e
Win|kel, *der;* -s, -; **Win|kel|ei|sen; win|ke|lig,** wink|lig; **Win|kel‿maß** *(das),* **...mes|ser** *(der)*
win|ken; Win|ker
wink|lig; vgl. winkelig
Win|ter, *der;* -s, -; **Win|ter‿an|fang, ...fahr|plan; win|ter|fest; Win|ter‿gar|ten, ...ge|trei|de, ...halb|jahr; win|ter|lich; Win|ter|mo|nat; win|tern;** es wintert; **Win|ter|rei|fen; win|ters; Win|ter‿saat, ...sa|chen** (*die; Mehrz.;* Kleidung für den Winter), **...sai|son; Win|ters|an|fang; Win|ter‿schlaf, ...schluss|ver|kauf, ...sport; Win|ter[s]|zeit,** *die;* -; **Win|ter|tag**
Win|zer, *der;* -s, -; **Win|zer|ge|nos|sen|schaft**
win|zig; Win|zig|keit
Wip|fel, *der;* -s, -
Wip|pe, *die;* -, -n (Schaukel); **wip|pen**
wir; - alle, - beide
Wir|bel, *der;* -s, -; **Wir|bel‿säu|le, ...sturm, ...tier, ...wind**
wir|ken; sein segensreiches Wirken; **wirk|lich; Wirk|lich|keit; wirk|lich|keits‿fern, ...fremd, ...nah; wirk|sam; Wirk|sam|keit,** *die;* -; **Wir|kung; Wir|kungs‿be|reich, ...kreis; wir|kungs‿los, ...voll**
wirr; Wir|ren, *die (Mehrz.);* **Wirr|kopf** (abwertend); **Wirr|warr,** *der;* -s
Wir|sing, *der;* -s u. **Wir|sing|kohl,** *der;* -[e]s
Wirt, *der;* -[e]s, -e; **Wir|tin; Wirt|schaft; wirt|schaf|ten; Wirt|schaf|te|rin** (Haushälterin); **wirt|schaft|lich; Wirt|schaft|lich|keit,** *die;* -; **Wirt|schafts‿auf|schwung, ...be|ra|ter, ...geld, ...kraft, ...kri|mi|na|li|tät, ...kri|se, ...la|ge, ...mi|nis|ter, ...po|li|tik, ...prü|fer, ...stand|ort, ...wachs|tum, ...wis|sen|schaft, ...wun|der** (ugs.); **Wirts‿haus, ...leu|te** *(die; Mehrz.)*
Wisch, *der;* -[e]s, -e (ugs. abwertend für: [wertloses] Schriftstück); **wi|schen; wisch|fest; Wi|schi|wa|schi,** *das;* -s (ugs. für: unpräzise Darstellung, unklares Gerede)
Wi|sent, *der;* -s, -e (Wildrind)
wis|pern (leise sprechen, flüstern)
Wiss|be|gier[|de], *die;* -; **wiss|be|gie|rig; wis|sen;** wusste, gewusst; wer weiß!; **Wis|sen,** *das;* -s; meines -s ist es so; **Wis|sen|schaft; Wis|sen|schaft|ler; wis|sen|schaft|lich; Wis|sen|schaft|lich|keit,** *die;* -; **Wis|sens‿drang** (*der;* -[e]s), **...durst; wis|sens|durs|tig; wis|sens|wert; wis|sent|lich**
wit|tern ([mit dem Geruch] wahrnehmen); **Wit|te|rung; Wit|te|rungs‿ein|fluss, ...um|schlag**
Wit|we, *die;* -, -n; **Wit|wen‿geld, ...ren|te, ...schlei|er; Wit|wer**
Witz, *der;* -es, -e; **Witz|blatt; Witz|bold,** *der;* -[e]s, -e; **Wit|ze|lei; wit|zeln; Witz|fi|gur** (abwertend); **wit|zig; witz|los**
wo; wo ist er?; **wo|an|ders; wo|an|ders|hin; wo|bei**
Wo|che, *die;* -, -n; **Wo|chen‿bett, ...blatt, ...en|de; Wo|chen|end|haus; Wo|chen|kar|te; wo|chen|lang; Wo|chen‿lohn, ...markt, ...schau, ...tag; wo|chen|tags; wö|chent|lich** (jede Woche); **Wo|chen|zei|tung; Wöch|ne|rin**
Wod|ka, *der;* -s, -s (ein Branntwein)
wo|durch; wo|fern (veralt. für: sofern); **wo|für**
Wo|ge, *die;* -, -n
wo|ge|gen
wo|gen
wo|her; wo|hin; wo|hi|n|auf; wo|hi|n|aus; wo|hin|ter; wo|hi|n|un|ter
wohl; besser, beste u. wohler, wohlste; wohl od. übel (ob man wollte od. nicht) ...; das ist wohl das Beste; leben Sie wohl!; wohl bekomms!; sich wohl fühlen; sie wird es wohl (wahrscheinlich) wollen; das wird dir wohl tun; sie hat ihm stets wohl gewollt; wohl bekannt, besser bekannt, am besten bekannt; ein wohl durchdachter, wohl überlegter Plan; ein wohl gemeinter Rat; **Wohl,** *das;* -[e]s; auf dein -!; zum -!; **wohl|an!; wohl|auf!;** wohlauf sein; **Wohl‿be|fin|den, ...be|ha|gen; wohl|be|hal|ten** (er kam - an), **wohl be|kannt, durch|dacht;** vgl. wohl
Wohl|er|ge|hen, *das;* -s; **Wohl|fahrt,** *die;* -; **Wohl|fahrts|staat; wohl|feil; Wohl|ge|fal|len,** *das;* -s; **wohl|ge|fäl|lig**
wohl ge|meint; vgl. wohl; **wohl|ge|merkt!; wohl‿ge|nährt,** (auch:) **wohl ge|nährt, ...ge|ra|ten,** (auch:) **wohl ge|ra|ten; Wohl‿ge|ruch, ...ge|schmack; wohl|ha|bend; Wohl|ha|ben|heit,** *die;* -; **woh|lig;** ein -es Gefühl; **Wohl|klang,** *der;* -[e]s; **wohl|klin|gend; wohl|lau|tend; Wohl|le|ben,** *das;* -s; **wohl|rie|chend; wohl|schme|ckend,** (auch:) **wohl schme|ckend; wohl sein;** lass es dir wohl sein!; **Wohl|sein,** *das;* -s; zum -!; **Wohl|stand,** *der;* -[e]s; **Wohl|stands|ge|sell|schaft; Wohl‿tat, ...tä|ter, ...tä|te|rin; wohl|tä|tig; Wohl|tä|tig|keit; wohl|tu|end** (angenehm); **wohl tun; wohl über|legt;** vgl. wohl
wohl|ver|dient; Wohl|ver|hal|ten; wohl|weis|lich; er hat sich - gehütet; **wohl wol-**

len; vgl. wohl; **Wohl|wol|len,** *das;* -s; **wohl|wol|lend**
Wohn|block (*Mehrz.* ...blocks); **woh|nen; Wohn‿ge|bäu|de, ...geld; wohn|haft** (wohnend); **Wohn‿haus, ...heim, ...kü|che, ...la|ge; wohn|lich; Wohn‿ort, ...raum, ...sitz, ...stu|be; Woh|nung; Woh|nungs‿amt, ...bau** (*der;* -[e]s), **...ein|rich|tung; woh|nungs|los; Woh|nungs‿markt, ...not, ...su|che; Woh|nung[s]|su|chen|de,** *der* u. *die;* -n, -n; **Woh|nungs|tür; Wohn‿wa|gen, ...zim|mer**
wöl|ben; sich -; **Wöl|bung**
Wolf, *der;* -[e]s, Wölfe (ein Raubtier); **Wöl|fin; Wolfs‿hun|ger** (ugs. für: großer Hunger), **...milch** (eine Pflanze)
Wölk|chen; Wol|ke, *die;* -, -n; **Wol|ken‿bruch** *(der),* **...de|cke** (*die;* -), **...krat|zer** (Hochhaus); **Wol|ken|ku|ckucks|heim,** *das;* -[e]s (Luftgebilde, Hirngespinst); **wol|ken|los; wol|kig**
Woll|de|cke; Wol|le, *die;* -, (für: Wollarten *Mehrz.:*) -n; [1]**wol|len** (aus Wolle)
[2]**wol|len;** ich will; du wolltest; gewollt; ich habe helfen wollen
Woll|garn; wol|lig; Woll‿kleid, ...knäu|el, ...stoff
Wol|lust, *die;* -, Wollüste; **wol|lüs|tig**
wo|mit; wo|mög|lich (vielleicht); **wo|nach; wo|ne|ben**
Won|ne, *die;* -, -n; **Won|ne‿mo|nat** od. **...mond** (für: Mai); **won|ne|trun|ken** (geh.); **won|nig**
wo|r|an; wo|r|auf; wo|r|auf|hin; wo|r|aus; wo|r|ein; wo|r|in
Wort, *das;* -[e]s, Wörter u. Worte; (*Mehrz.* Wörter für: Einzelwort ohne Rücksicht auf den Zusammenhang, z. B. Fürwörter; dies Verzeichnis enthält 100 000 Wörter; *Mehrz.* Worte für: Äußerung, Erklärung, Begriff, Zusammenhängendes, z. B. Begrüßungsworte; bedeutsame einzelne Wörter); mit guten, mit wenigen -en; **Wort‿art, ...bil|dung** (Sprachw.), **...bruch** *(der);* **wort|brü|chig; Wört|chen; Wör|ter|buch; Wort‿fet|zen, ...füh|rer; wort‿ge|treu, ...karg; Wort|klau|be|rei** (abwertend); **Wort|laut,** *der;* -[e]s; **Wört|lein; wört|lich;** -e Rede; **wort|los; wort|reich; Wort‿schatz** (*der;* -es), **...spiel, ...wech|sel; wort|wört|lich** (Wort für Wort)
wo|r|über; wo|r|um; ich weiß nicht, - es sich handelt; **wo|r|un|ter; wo|von; wo|vor; wo|zu**
Wrack, *das;* -[e]s, -s (selten: -e; gestrandetes od. stark beschädigtes, (auch:) altes Schiff; übertr. für: jmd., dessen körperliche Kräfte völlig verbraucht sind)
wrin|gen (nasse Wäsche auswinden); wrang, gewrungen
Wu|cher, *der;* -s; **Wu|che|rer; Wu|che|rin; wu|che|risch; wu|chern; Wu|che|rung; Wu|cher|zin|sen,** *die (Mehrz.)*
Wuchs, *der;* -es
Wucht, *die;* -; **wuch|ten** (ugs. für: schwer heben); **wuch|tig**
wüh|len; Wühl|maus
Wulst, *der;* -es, Wülste od. *die;* -, Wülste; **wuls|tig**
wund; - sein, werden; sich - laufen; sich wund liegen; sie hat sich wund gelegen; **Wund‿be|hand|lung, ...brand; Wun|de,** *die;* -, -n
Wun|der, *das;* -s, -; - tun, wirken; er glaubt[,] Wunder was getan zu haben; **wun|der|bar; Wun|der|dok|tor** (spött.); **wun|der|hübsch; Wun|der‿kind, ...kur; wun|der|lich** (eigenartig); **wun|dern;** es wundert mich, dass ...; sich -; **wun|der|neh|men** (in Verwunderung setzen); **wun|der|schön; Wun|der‿tier** (auch ugs. scherzh.), **...tü|te; wun|der|voll; Wun|der|werk**
Wund|fie|ber; wund lie|gen; vgl. wund; **Wund|sal|be; Wund|starr|krampf**
Wunsch, *der;* -[e]s, Wünsche; **Wün|schel|ru|te; wün|schen; wün|schens|wert; Wunsch‿kind, ...kon|zert; wunsch|los;** - glücklich; **Wunsch|traum**
wupp|dich! (ugs. für: husch!; geschwind!)
Wür|de, *die;* -, -n; **wür|de|los; Wür|den|trä|ger; wür|de|voll; wür|dig; wür|di|gen**
Wurf, *der;* -[e]s, Würfe; **Wür|fel,** *der;* -s, -; **Wür|fel|be|cher; wür|feln;** gewürfeltes Muster; **Wür|fel‿spiel, ...zu|cker; Wurf|ge|schoss**
Wür|ge‿griff, ...mal (*Mehrz.* ...male, seltener: ...mäler); **wür|gen;** mit Hängen und Würgen (ugs. für: mit großer Mühe, gerade noch); **Wür|ger** (Würgender; ein Vogel)
Wurm, *der* (für: hilfloses Kind ugs. auch: *das*); -[e]s, Würmer; **Würm|chen; wur|men** (ugs. für: ärgern); es wurmt mich; **Wurm‿farn, ...fort|satz** (am Blinddarm), **...fraß; wurm|sti|chig**
Wurst, *die;* -, Würste; das ist mir wurst, (auch:) wurscht (ugs. für: gleichgültig); **Wurst‿brot, ...brü|he; Würst|chen; Würst|chen|bu|de; wurs|teln** (ugs. für: ohne Überlegung u. Ziel arbeiten); **Wurst|fin|ger** (ugs.); **wurs|tig** (ugs. für: gleichgültig); **Wurs|tig|keit,** *die;* - (ugs.); **Wurst|zip|fel**
Wür|ze, *die;* -, -n; **Wur|zel,** *die;* -, -n (Math. auch für: Grundzahl einer Potenz); **Wur|zel‿bal|len, ...be|hand|lung** (Zahnmed.), **...bürs|te; Wür|zel|chen; wur|zel|los; wur|zeln; Wur|zel‿stock** (*Mehrz.* ...stöcke), **...werk** (*das;* -[e]s), **...zei-**

chen (Math.); **wur|zen; wur|zig**
Wu|schel|haar (ugs. für: lockiges od. unordentliches Haar); **wu|sche|lig** (ugs.)
Wust, *der;* -[e]s (ugs. für: Durcheinander, ungeordnete Menge); **wüst; Wüs|te,** *die;* -, -n; **Wüs|te|nei; Wüsten‿kli|ma, ...sand; Wüstling** (abwertend für: zügelloser Mensch)
Wut, *die;* -; **Wut|an|fall; wüten; wü|tend; Wü|te|rich,** *der;* -s, -e; **Wut|ge|heul; wut|schnau|bend**
Wutz, *die;* -, -en, auch: *der;* -en, -en (landsch. für: Schwein)

Xx

X [*ikß*] (Buchstabe); das X; des X, die X; aber: das x in Faxe; jmdm. ein X für ein U vormachen (ugs. für: täuschen)
x, *das;* -, - (unbekannte math. Größe)
x-Ach|se (Math.)
Xan|thip|pe, *die;* -, -n (ugs. für: zanksüchtige Frau)
X-Bei|ne, *die (Mehrz.);* **x-bei|nig,** (auch:) **X-bei|nig**
x-be|lie|big; jeder x-Beliebige
X-Chro|mo|som (Biol.: eines der beiden Geschlechtschromosomen)
Xe|ro|gra|phie, (auch:) **Xe|ro|gra|fie,** *die;* -, ...ien (Druckw.: ein Vervielfältigungsverfahren); **xe|ro|gra|phisch,** (auch:) **xe|ro|gra|fisch; Xe|ro|ko|pie,** *die;* -, ...ien (xerographisch hergestellte Kopie)
x-fach; x-fa|che, *das;* -
X-Ha|ken
x-mal
x-te; x-te Potenz; zum x-ten Mal
Xy|lo|phon, (auch:) **Xy|lo|fon,** *das;* -s, -e (ein Musikinstrument)

Yy

(Selbstlaut u. Mitlaut)

Y [*üpßilon;* österr. oft: *üpßilon*] (Buchstabe); das Y; des Y, die Y; aber: das y in Foyer
Y, *das;* -, - (unbekannte math. Größe)
y-Ach|se (Math.)
Yacht; vgl. Jacht
Y-Chro|mo|som (Biol.: eines der beiden Geschlechtschromosomen)
Yen, *der;* -[s], -[s] (Währungseinheit in Japan); 5 -
Ye|ti, *der;* -s, -s (legendärer Schneemensch im Himalaja)
Yo|ga, Yo|gi; vgl. Joga, Jogi
Yp|si|lon [*üpßilon*]; vgl. Y
Yu|an, *der;* -[s], -[s] (Währungseinheit in China); 5 -

Zz

Vgl. auch **C** und **K**

Z (Buchstabe); das Z; des Z, die Z; aber: das z in Gazelle
Za|cke, *die;* -, -n (Spitze); **zacken** (mit Zacken versehen); gezackt; **za|ckig** (ugs. auch für: schneidig)
za|gen (geh.); **zag|haft**
zäh; Zä|heit (alte Schreibung für:) Zähheit; **zäh|flüs|sig; Zäh|heit,** *die;* -; **Zä|hig|keit,** *die;* -
Zahl, *die;* -, -en; **zahl|bar** (zu [be]zahlen); **zah|len; zäh|len;** bis drei -; **Zah|len‿fol|ge, ...lot|to; zah|len|mä|ßig; Zah|len|rei|he; Zah|len|schloss; Zäh|ler; Zahl|kar|te; zahl|los; Zahl|meis|ter; zahl|reich; Zahl|tag; Zah|lung; Zäh|lung; Zah|lungs‿auf|schub, ...be|fehl; zah|lungs|fä|hig; Zah|lungs|frist; zah|lungs|un|fä|hig; Zähl|werk; Zahl|wort** (*Mehrz.* ...wörter)
zahm; zähm|bar; zäh|men
Zahn, *der;* -[e]s, Zähne; **Zahn‿arzt, ...ärz|tin; zahn|ärzt|lich; Zahn|bürs|te; Zähn|chen; Zahn|creme,** (auch:) Zahn|krem, Zahn|kre|me; **zäh|ne|flet|schend; Zäh|ne|klap|pern,** *das;* -s; **zäh|ne|knir|schend; Zahn‿er|satz, ...fäu|le, ...fleisch, ...fül|lung, ...klemp|ner** (ugs. scherzh. für: Zahnarzt); **...krem, ...kre|me;** vgl. Zahncreme; **zahn|los; Zahn‿lü|cke, ...me|di|zin, ...pas|ta, ...rad; Zahn|rad|bahn; Zahn‿schmerz, ...sto|cher, ...weh, ...wur|zel**
Zan|ge, *die;* -, -n; **zan|gen|för|mig; Zan|gen|ge|burt**
Zank, *der;* -[e]s; **Zank|ap|fel,** *der;* -s; **zan|ken;** sich -; **Zän|ke|rei** (meist *Mehrz.*); **zän|kisch; Zank|sucht,** *die;* -
[1]**Zäpf|chen** (Teil des weichen Gaumens); [2]**Zäpf|chen** (kleiner Zapfen); **zap|fen; Zap|fen,** *der;* -s, -; **zap|fen|för|mig; Zap|fen|streich** (Milit.: Abendsignal zur Rückkehr in die Unterkunft); der Große -; **Zapf|säu|le**
zap|pe|lig, zapp|lig; **zap|peln**
zap|pen [*ßäpn*] (ugs. für: mit der Fernbedienung in rascher Folge von einem Programm ins andere schalten)
zap|pen|dus|ter (ugs. für: sehr dunkel; aussichtslos)
Zar, *der;* -en, -en (ehem. Herrschertitel bei Russen, Serben, Bulgaren); **Za|rin**
zart, zart|be|sai|tet, (auch:) **zart besaitet; zart|bit|ter; zart|füh|lend,** (auch:) **zart füh|lend; Zart|ge|fühl,** *das;* -[e]s; **Zart|heit; zärt|lich; Zärt|lich|keit**
Zas|ter, *der;* -s (ugs. für: Geld)
Zau|ber, *der;* -s, -; **Zau|be|rei; Zau|be|rer; Zau|ber‿flö|te, ...for|mel; zau|ber|haft; Zau|be|rin; Zau|ber‿kunst,**

...künst|ler; zau|bern; Zauber‿spruch, ...stab, ...trank

Zau|de|rei; Zau|de|rer; zaudern

Zaum, *der;* -[e]s, Zäume; **zäumen; Zäu|mung; Zaumzeug**

Zaun, *der;* -[e]s, Zäune; **Zaun‿gast, ...kö|nig** (ein Vogel), **...pfahl;** ein Wink mit dem - (ugs. für: deutlicher Hinweis)

zau|sen; zau|sig (österr. für: zerzaust)

z. B. = zum Beispiel

Ze|b|ra, *das;* -s, -s (gestreiftes südafrik. Wildpferd); **Ze|bra|strei|fen** (Kennzeichen von Fußgängerüberwegen)

Ze|che, *die;* -, -n (Rechnung für genossene Speisen u. Getränke; Bergwerk); **zechen; Ze|chen‿ster|ben, ...still|le|gung; Ze|cher; Zech‿ge|la|ge, ...kum|pan, ...prel|ler**

Ze|cke, *die;* -, -n (eine Milbe)

Ze|der, *die;* -, -n (immergrüner Nadelbaum); **Ze|dern|holz**

Zeh; vgl. Zehe; **Ze|he,** *die;* -, -n (auch:) Zeh, *der;* -s, -en; die große Zehe, der große Zeh; **Ze|hen|spit|ze**

zehn; wir sind zu zehnen od. zu zehnt; die Zehn Gebote; **Zehn,** *die;* -, -en (Zahl); **Zehn|cent|stück; zehn|einhalb,** zehn|und|ein|halb; **Zeh|ner** (ugs. auch für: Zehncentstück, Zehneuroschein); **Zehn|euro|schein; zehn|fach; zehn|jäh|rig; Zehn|kampf; zehn|mal; Zehn|me|ter|brett; |zehntau|send;** die oberen Zehntausend, (auch:) zehntausend; **zehn|te; zehn|tel; Zehn|tel,** *das* (schweiz. meist: *der*); -s, -; **Zehn|telse|kun|de; zehn|tens**

zeh|ren; Zehr|geld

Zei|chen, *das;* -s, -; **Zeichen‿block** (*Mehrz.* ...blöcke u. ...blocks), **...brett, ...saal, ...set|zung** (*die;* -; Interpunktion), **...spra|che, ...trick|film; zeich|nen; Zeich|nen,** *das;* -s; **Zeichner; Zeich|nung**

Zei|ge|fin|ger; zei|gen; etwas -; sich [großzügig] -; **Zei|ger**

Zei|le, *die;* -, -n; **zei|len|wei|se**

Zei|sig, *der;* -s, -e; **zei|sig|grün**

zeit; *Verhältnisw.* mit *Wesf.:* - meines Lebens; **Zeit,** *die;* -, -en; eine Zeit lang; einige, eine kurze Zeit lang; von Zeit zu Zeit; zurzeit (gerade jetzt), aber: zur Zeit Karls d. Gr.; **Zeit‿al|ter, ...an|sage, ...auf|wand; zeit|aufwän|dig, zeit|auf|wen|dig; zeit|ge|bun|den; Zeit|geist,** *der;* -[e]s; **zeit|ge|mäß; Zeit‿ge|nos|se; ...ge|nossin; zeit|ge|nös|sisch; Zeitge|winn; zei|tig; Zeit|karte; zeit|le|bens; zeit|lich;** das Zeitliche segnen (veraltend für: sterben; ugs. scherzh. für: entzweigehen); **zeit|los; Zeit‿lu|pe** (*die;* -), **...not** (*die;* -), **...punkt, ...raf|fer** (Film); **Zeit raubend,** (auch:) **zeit|raubend; Zeit‿raum, ...schrift; Zeit spa|rend,** (auch:) **zeitspa|rend; Zeit|takt** (Fernsprechwesen); **Zei|tung; Zeitungs‿an|zei|ge, ...be|richt, ...en|te** (ugs.), **...pa|pier, ...ver|käu|fer; Zeit‿ver|geudung, ...ver|lust, ...vertreib** (*der;* -[e]s, -e); **zeitwei|lig; zeit|wei|se; Zeit‿wort** (*Mehrz.* ...wörter), **...zün|der**

Zel|le, *die;* -, -n; **Zell‿kern, ...stoff** (Produkt aus Zellulose), **...tei|lung; Zel|lu|loid,** *das;* -[e]s (Kunststoff); **Zellu|lo|se,** *die;* -, -n (Hauptbestandteil pflanzl. Zellwände)

Zelt, *das;* -[e]s, -e; **Zelt|bahn; zel|ten; Zelt‿he|ring, ...lager** (*Mehrz.* ...lager), **...platz, ...stan|ge**

Ze|ment, *der,* (für Zahnbestandteil:) *das;* -[e]s, -e (Bindemittel; Baustoff; Bestandteil der Zähne); **Zement|bo|den; ze|men|tieren** (auch für: [einen Zustand, Standpunkt] starr u. unverrückbar festlegen); **Ze|ment‿sack, ...si|lo**

zen|sie|ren (benoten; [auf unerlaubte Inhalte] prüfen); **Zen|sur,** *die;* -, -en ([nur *Einz.:* behördl. Prüfung [und Verbot] von Druckschriften u. Ä.; [Schul]note)

Zen|taur, Ken|taur, *der;* -en, -en (Wesen der gr. Sage mit menschl. Oberkörper u. Pferdeleib)

Zen|ti|me|ter ($^{1}/_{100}$ m; Zeichen: cm); **Zent|ner,** *der;* -s, - (100 Pfund = 50 kg; Abk.: Ztr.; Österreich u. Schweiz: 100 kg [Meterzentner], Zeichen: q); **zent|ner|schwer**

zen|t|ral (in der Mitte; im Mittelpunkt befindlich, von ihm ausgehend; Mittel..., Haupt..., Gesamt...); **Zen|tral|bank; Zen|t|ra|le,** *die;* -, -n (zentrale Stelle; Hauptort, -geschäft, -stelle; Fernsprechvermittlung [in einem Großbetrieb]); **Zen|tral‿ge|walt, ...hei|zung** (Sammelheizung); **Zen|t|ralis|mus,** *der;* - (Streben nach Zusammenziehung der Verwaltung u. a.]); **zen|tra|lis|tisch; zen|t|ri|fu|gal** (vom Mittelpunkt wegstrebend); **Zen|t|ri|fu|ge,** *die;* -, -n (Schleudergerät zur Trennung von Flüssigkeiten); **Zen|t|rum,** *das;* -s, ...tren (Mittelpunkt; Innenstadt; Haupt-, Sammelstelle)

Zep|pe|lin, *der;* -s, -e (Luftschiff)

Zep|ter, *das* (seltener: *der*); -s, - (Herrscherstab)

zer|bers|ten

zer|bom|ben

zer|bre|chen; zer|brech|lich

zer|brö|ckeln

zer|drü|cken

Ze|re|mo|nie [auch, österr. nur: ...*moni*^{e}], *die;* -, ...ien [auch: ...*moni*^{e}*n*] (feierl. Handlung; Förmlichkeit); **ze|re|mo|ni|ell** (feierlich;

förmlich; steif); **Ze|re|mo|ni|ell,** *das;* -s, -e ([Vorschrift für] feierliche Handlung[en])
zer|fah|ren (verwirrt; gedankenlos); **Zer|fah|ren|heit,** *die;* -
Zer|fall, *der;* -[e]s (Zusammenbruch, Zerstörung); **zer|fal|len**
zer|fet|zen; Zer|fet|zung
zer|fled|dern, zer|fle|dern (ugs.)
zer|flei|schen (zerreißen)
zer|ge|hen
zer|klei|nern; Zer|klei|ne|rung
zer|klüf|tet; -es Gestein
zer|knirscht; ein -er Sünder; **Zer|knir|schung**
zer|knit|tern; zer|knit|tert (ugs. auch für: gedrückt)
zer|knül|len
zer|krat|zen
zer|krü|meln
zer|las|sen; -e Butter
zer|lau|fen
zer|leg|bar; zer|le|gen
zer|le|sen; ein zerlesenes Buch
zer|lumpt (ugs.); -e Kleider
zer|mal|men; Zer|mal|mung
zer|mar|tern, sich; ich habe mir den Kopf zermartert
zer|mür|ben; zer|mürbt; -es Leder
zer|na|gen
zer|pflü|cken
zer|plat|zen
zer|quet|schen
Zerr|bild
zer|re|den
zer|reib|bar; zer|rei|ben
zer|rei|ßen; sich -; **zer|reiß|fest; Zer|reiß|pro|be**
zer|ren
zer|rin|nen
zer|ris|sen; Zer|ris|sen|heit, *die;* -
Zerr|spie|gel; Zer|rung
zer|rüt|ten (zerstören); **zer|rüt|tet;** eine -e Ehe; **Zer|rüt|tung**
zer|schel|len (zerbrechen)
zer|schla|gen
zer|schmet|tern; zer|schmet|tert; -e Glieder
zer|set|zen; Zer|set|zung
zer|split|tern
zer|sprin|gen
zer|stamp|fen
zer|stäu|ben; Zer|stäu|ber; Zer|stäu|bung
zer|stö|ren; Zer|stö|rer; zer|stö|re|risch; Zer|stö|rung
zer|strei|ten, sich
zer|streu|en; zer|streut; Zer|streut|heit; Zer|streu|ung
zer|stü|ckeln
Zer|ti|fi|kat, *das;* -[e]s, -e ([amtl.] Bescheinigung, Zeugnis, Schein)
zer|tram|peln
zer|tren|nen; Zer|tren|nung
zer|trüm|mern; Zer|trüm|me|rung
Zer|ve|lat|wurst, (auch:) Ser|ve|lat|wurst [*zärw^e...*, auch: *särw^e...*] (eine Dauerwurst)
Zer|würf|nis, *das;* -ses, -se
zer|zau|sen; Zer|zau|sung
ze|tern (ugs. für: wehklagend schreien)
Zett; vgl. Z (Buchstabe)
Zet|tel, *der;* -s, -; **Zet|tel|kas|ten**
Zeug, *das;* -[e]s, -e; jmdm. etwas am - flicken (ugs. für: an jmdm. kleinliche Kritik üben); **Zeu|ge,** *der;* -n, -n; [1]**zeu|gen** (hervorbringen, erzeugen); [2]**zeu|gen** (bezeugen); es zeugt von Fleiß; **Zeu|gen˽aus|sa|ge, ...be|ein|flus|sung; Zeu|gin; Zeug|nis,** *das;* -ses, -se; **Zeu|gung; Zeu|gungs|akt; zeu|gungs˽fä|hig, ...un|fä|hig**
Zi|cken, *die* (*Mehrz.;* ugs. für: Dummheiten)
zick|zack; zickzack den Berg hinunterlaufen; **Zick|zack,** *der;* -[e]s, -e; im Zickzack laufen; **Zick|zack˽kurs, ...li|nie**
Zie|ge, *die;* -, -n
Zie|gel, *der;* -s, -; **Zie|gel˽bren|ner, ...dach; Zie|ge|lei; zie|gel|rot; Zie|gel|stein**
Zie|gen˽bart, ...bock, ...kä|se, ...le|der, ...milch
Zieh|brun|nen; zie|hen; zog, gezogen; nach sich -; **Zieh˽har|mo|ni|ka, ...mut|ter** (Pflegemutter); **Zie|hung; Zieh|va|ter** (Pflegevater)
Ziel, *das;* -[e]s, -e; **ziel|be|wusst; zie|len; Ziel˽fern|rohr, ...ge|ra|de** (Sportspr.: letztes gerades Bahnstück vor dem Ziel); **ziel|los; Ziel|schei|be; ziel|stre|big**
zie|men (geh.); es ziemt sich, es ziemt mir; **ziem|lich** (fast)
Zier, *die;* -; **Zie|rat** (alte Schreibung für:) Zierrat; **Zier|de,** *die;* -, -n; **zie|ren;** sich -; **Zier˽fisch, ...gar|ten, ...leis|te; zier|lich; Zier|pup|pe; Zier|rat,** *der;* -[e]s, -e
Zif|fer, *die;* -, -n (Zahlzeichen); arabische, römische -n; **Zif|fer|blatt**
zig (ugs.); zig Mark; mit zig Sachen in die Kurve; zigtausend, (auch:) Zigtausend Menschen; Zigtausende, (auch:) zigtausende von Menschen
Zi|ga|ret|te, *die;* -, -n; **Zi|ga|ret|ten˽a|sche, ...au|to|mat, ...pau|se; Zi|ga|ril|lo,** *der* (auch: *das*); -s, -s (kleine Zigarre); **Zi|gar|re,** *die;* -, -n; **Zi|gar|ren˽kis|te, ...stum|mel**
Zi|geu|ner[1], *der;* -s, -; **Zi|geu|ne|rin; Zi|geu|ner˽ka|pel|le, ...le|ben** (*das;* -s), **...mu|sik; zi|geu|nern** (ugs. für: sich herumtreiben)
zig|fach; zig|mal; zig|tau|send; vgl. zig
Zi|ka|de, *die;* -, -n (ein Insekt)
Zim|mer, *das;* -s, -; **Zim|mer|an|ten|ne; Zim|me|rer; Zim|mer˽flucht** (zusammenhängende Reihe von Zimmern), **...laut|stär|ke, ...mäd|chen, ...mann** (*Mehrz.* ...leute); **zim|mern; Zim|mer|pflan|ze**
zim|per|lich
Zimt, *der;* -[e]s, -e (ein Gewürz)

[1] Vom Zentralrat Deutscher Sinti und Roma als diskriminierend abgelehnte Bezeichnung

Zink, *das;* -[e]s (chem. Element, Metall; Zeichen: Zn)
Zin|ke, *die;* -, -n (Zacke); **Zinken,** *der;* -s, - ([Gauner]zeichen; ugs. für: große Nase)
Zink‿sal|be, ...wan|ne
Zinn, *das;* -[e]s (chem. Element, Metall; Zeichen: Sn); **Zinn|be|cher**
Zin|ne, *die;* -, -n (zahnartiger Mauerabschluss)
zin|nern (von, aus Zinn); **Zinnfi|gur**
Zin|nie, *die;* -, -n (eine Gartenblume)
Zin|no|ber, *der* (auch, österr. nur: *das*); -s (eine rote Farbe; ugs. für: Blödsinn); **zin|no|ber|rot**
Zins, *der;* -es, (für: Erträge *Mehrz.*:) -en u. (für: Mieten *Mehrz.*:) -e (Ertrag; Abgabe; südd., österr. u. schweiz. für: Miete); **Zins|er|hö|hung; Zin|ses|zins** (*Mehrz.* ...zinsen); **Zins|fuß** (*Mehrz.* ...füße); **zins|los; Zins|satz**
Zip|fel, *der;* -s, -; **zip|fe|lig,** zipflig; **Zip|fel|müt|ze; zipf|lig**
zir|ka, (auch:) circa (ungefähr); **Zir|kel,** *der;* -s, -; **Zir|kel‿kas|ten, ...schluss; Zir|ku|la|ti|on** [...*zion*], *die;* -, -en (Kreislauf, Umlauf); **zir|ku|lie|ren** (in Umlauf sein); **Zir|kus,** (auch:) Cir|cus, *der;* -, -se (großes Zelt od. Gebäude, in dem Tierdressuren u. a. gezeigt werden; nur *Einz.*, ugs. für: Durcheinander, Trubel); **Zir|kus|zelt**
zir|pen; die Grillen -
zi|scheln; zi|schen; Zisch|laut
Zis|ter|ne, *die;* -, -n (unterird. Behälter für Regenwasser)
Zi|ta|del|le, *die;* -, -n (Befestigungsanlage innerhalb einer Stadt)
Zi|tat, *das;* -[e]s, -e (wörtlich angeführte Belegstelle; auch für: bekannter Ausspruch); **Zi|ta|ten|le|xi|kon**
Zi|ther, *die;* -, -n (ein Saiteninstrument)
zi|tie|ren ([eine Textstelle] wörtlich anführen; vorladen)
Zi|t|ro|nat, *das;* -[e]s, -e (kandierte Fruchtschale einer Zitronenart); **Zi|t|ro|ne,** *die;* -, -n; **Zi|t|ro|nen‿baum, ...fal|ter; zi|t|ro|nen|gelb; Zi|t|ro|nen‿li|mo|na|de, ...säu|re** (*die;* -), **...was|ser** (*das;* -s); **Zi|t|rus|frucht**
zit|te|rig; zit|tern; Zit|ter‿pap|pel, ...ro|chen (ein Fisch)
Zit|ze, *die;* -, -n (Organ zum Säugen bei w. Säugetieren)
zi|vil [*ziwil*] (bürgerlich); -e (niedrige) Preise; -er Ersatzdienst; **Zi|vil,** *das;* -s (bürgerl. Kleidung); **Zi|vil‿be|ruf, ...be|völ|ke|rung, ...cou|ra|ge, ...dienst; Zi|vil|dienst Leis|ten|de,** *der;* -n, - -n, (auch:) **Zi|vil|dienst|leis|ten|de,** *der;* -n, -n; **Zi|vi|li|sa|ti|on** [...*zion*], *die;* -, -en (die durch den Fortschritt der Wissenschaft u. Technik verbesserten sozialen u. materiellen Lebensbedingungen); **zi|vi|li|sie|ren** (der Zivilisation zuführen); **Zi|vi|list,** *der;* -en, -en (Bürger, Nichtsoldat); **Zi|vi|lis|tin; Zi|vil‿klei|dung, ...per|son, ...pro|zess** (Gerichtsverfahren, dem die Bestimmungen des Privatrechts zugrunde liegen)
Zlo|ty [*sloti*, auch: *ßloti*], *der;* -s, -s (Währungseinheit in Polen); 5 -
Zo|bel, *der;* -s, - (Marder; Pelz); **Zo|bel|pelz**
Zo|ckeln (ugs. für: zuckeln)
Zo|fe, *die;* -, -n
Zoff, *der;* -s (ugs. für: Ärger, Streit)
zö|ger|lich (zögernd); **zö|gern**
Zög|ling
Zö|li|bat, *das* (Theologie: *der*); -[e]s (pflichtmäßige Ehelosigkeit aus religiösen Gründen, bes. bei kath. Geistlichen)
[1]**Zoll,** *der;* -[e]s, Zölle (Abgabe)
[2]**Zoll,** *der;* -[e]s, - (Längenmaß; Zeichen: "); 3 - breit
Zoll‿ab|fer|ti|gung, ...amt, ...be|am|te, ...be|hör|de; zol|len; jmdm. Bewunderung zollen (geh.); **zoll|frei; Zoll|gren|ze; Zöll|ner** (veraltend für: Zollbeamter); **zoll|pflich|tig; Zoll|schran|ke**
Zoll|stock (Maßstab; *Mehrz.* ...stöcke)
Zo|ne, *die;* -, -n (abgegrenztes Gebiet; Besatzungszone)
Zoo [*zo*], *der;* -s, -s (kurz für: zoologischer Garten); **Zoo|hand|lung** [*zo*...]; **Zo|o|lo|ge** [*zo-o*...], *der;* -n, -n (Tierforscher); **Zo|o|lo|gie,** *die;* - (Tierkunde); **Zo|o|lo|gin; zo|o|lo|gisch** (tierkundlich); -er Garten
Zopf, *der;* -[e]s, Zöpfe; ein alter - (ugs. für: ein überlebter Brauch); **Zöpf|chen; zop|fig**
Zo|res, *der;* - (landsch. für: Ärger; Gesindel)
Zorn, *der;* -[e]s; **Zorn‿a|der, ...aus|bruch; zorn|ent|brannt; zor|nig; Zorn|rö|te; zorn|schnau|bend**
Zo|te, *die;* -, -n (unanständiger Witz); **Zo|ten|rei|ßer; zo|tig**
Zot|tel, *die;* -, -n (Haarbüschel; Troddel u. a.); **Zot|tel|bär; zot|te|lig,** zottlig; **zot|teln** (ugs. für: langsam gehen); **zot|tig; zott|lig**
z. T. = zum Teil
Ztr. = Zentner (50 kg)
zu; *Verhältnisw.* mit *Wemf.*: zu dem Garten, zum Bahnhof; zu zwei[e]n, zu zweit; vier zu eins (4 : 1); zu Ende gehen; Zum Löwen, Zur Alten Post (Gasthäuser)
zu|al|ler|erst; zu|al|ler|letzt
zu|bau|en; zugebaut
Zu|be|hör, *das* (seltener: *der*); -[e]s, -e (schweiz. auch: -den)
zu|bei|ßen; zugebissen
Zu|ber, *der;* -s, - (landsch. für: [Holz]bottich)
zu|be|rei|ten; Zu|be|rei|tung
Zu|bett|ge|hen, *das;* -s; vor dem -
zu|bil|li|gen; Zu|bil|li|gung
zu|blei|ben (ugs. für:

geschlossen bleiben); zugeblieben
zu|brin|gen; zugebracht; **Zu|brin|ger; Zu|brin|ger‿dienst, ...stra|ße**
zu|but|tern (ugs. für: [Geld] zusetzen); zugebuttert
Zuc|chi|ni [*zuk...*], *die;* -, - (ein gurkenähnl. Gewächs)
Zucht, *die;* -, -en; **Zucht|bul|le; züch|ten; Züch|ter; Zucht‿haus, ...häus|ler, ...hengst; züch|tig** (veralt. für: sittsam); **züch|ti|gen** (geh.); **Züch|ti|gung; zucht|los; Zucht|stier; Züch|tung; Zucht|vieh**
zu|ckeln (ugs. für: langsam u. ohne Hast trotten, fahren); **zu|cken; zü|cken** (rasch [heraus]ziehen); den Geldbeutel -
Zu|cker, *der;* -s, (für: Sorten *Mehrz.:*) -; **Zu|cker‿brot, ...guss, ...hut** *(der);* **zu|cker|krank; Zu|ckerl,** *das;* -s, -n (bayer. u. österr. für: Bonbon); **zu|ckern** (mit Zucker süßen); **Zu|cker‿rohr, ...rü|be; zu|cker|süß**
zu|de|cken
zu|dem (außerdem)
zu|dre|hen
zu|dring|lich; Zu|dring|lich|keit
zu|drü|cken
zu Ei|gen; jmdm. etwas zu Eigen geben (geh.); sich etwas zu Eigen machen; **zu|eig|nen** (geh. für: widmen, schenken)
zu|ei|n|an|der; - passen, stehen usw.
zu En|de
zu|er|ken|nen
zu|erst
zu|fä|cheln
Zu|fahrt; Zu|fahrts|stra|ße
Zu|fall; zu|fäl|lig; Zu|falls‿be|kannt|schaft, ...tref|fer
zu|fas|sen
Zu|flucht, *die;* -; **Zu|fluchts‿ort** (*der;* -[e]s, -e), **...stät|te**
Zu|fluss
zu|frie|den; - mit dem Ergebnis; zufrieden machen, sein, werden; sich zufrieden geben; jmdn. zufrieden lassen; jmdn. zufrieden stellen; ein zufrieden stellendes (aber: zufriedenstellenderes) Ergebnis; **Zu|frie|den|heit,** *die;* -
zu|frie|ren; zugefroren
zu|fü|gen
Zu|fuhr, *die;* -, -en; **zu|füh|ren**
Zug, *der;* -[e]s, Züge; im -e des Wiederaufbaus; - um -; Dreiuhrzug
Zu|ga|be
Zu|gang; zu|gan|ge; - sein (ugs.); **zu|gäng|lich**
Zug|brü|cke
zu|ge|ben
zu|ge|dacht (geh.); diese Auszeichnung war eigentlich ihm -
zu|ge|ge|ben
zu|ge|gen (geh.); - bleiben, sein
zu|ge|hen; auf jmdn. -; auf dem Fest ist es lustig zugegangen; der Koffer geht nicht zu (ugs.); **Zu|geh|frau** (südd., westösterr. für: Aufwartefrau)
zu|ge|hö|rig; Zu|ge|hö|rig|keit
zu|ge|knöpft; er war sehr - (ugs. für: verschlossen)
Zü|gel, *der;* -s, -; **zü|gel|los;** -este; **Zü|gel|lo|sig|keit; zü|geln**
Zu|ge|reis|te, *der* u. *die;* -n, -n
Zu|ge|ständ|nis; zu|ge|ste|hen
zu|ge|tan; er ist ihm herzlich -
Zug‿fes|tig|keit, ...füh|rer
zu|gie|ßen
zu|gig (windig); **zü|gig** (in einem Zuge; schweiz. auch für: zugkräftig); **zug|kräf|tig**
zu|gleich
Zug|luft, *die;* -
Zug‿ma|schi|ne, ...num|mer, ...pferd, ...pflas|ter
zu|grei|fen; Zu|griff, *der;* -[e]s, -e; **zu|griffs|be|rech|tigt** (bes. EDV)
zu|grun|de, (auch:) **zu Grun|de;** zugrunde, (auch:) zu Grunde gehen, liegen, richten; zugrunde liegend, (auch:) zu Grunde liegend
Zug|tier
zu|gu|cken (ugs.)
zu|guns|ten, (auch:) **zu Guns|ten;** zugunsten, (auch:) zu Gunsten bedürftiger Kinder
zu|gu|te; zugute halten, kommen
zu gu|ter Letzt
Zug‿ver|bin|dung, ...vo|gel, ...zwang (unter - stehen)
zu|hal|ten; Zu|häl|ter
zu|han|den (bes. schweiz.), **zu Hän|den** (Abk.: z. H., z. Hd.)
zu Haus, zu Hau|se, österr., schweiz. auch: zu|hau|se; sich wie zu Hause fühlen; **Zu|hau|se,** *das;* -[s]; er hat kein - mehr
Zu|hil|fe|nah|me, *die;* -; unter - von ...
zu|hö|ren; Zu|hö|rer
zu|ju|beln
zu|keh|ren; jmdn. den Rücken -
zu|knei|fen
zu|knöp|fen
zu|kom|men; er ist auf mich zugekommen; sie hat ihm das Geschenk zukommen lassen, (seltener:) gelassen
Zu|kunft, *die;* -, (selten:) Zukünfte; **zu|künf|tig; Zu|künf|ti|ge,** *der* u. *die;* -n, -n (Verlobte[r]); **Zu|kunfts‿angst, ...aus|sich|ten** *(Mehrz.),* **...mu|sik** (ugs.), **...ro|man; zu|kunft[s]|wei|send**
zu|lä|cheln
Zu|la|ge
zu Lan|de; bei uns zu Lande, (auch:) hierzulande, (auch:) hier zu Lande; zu Wasser und zu Lande
zu|lan|gen; zu|läng|lich (hinreichend)
zu|las|sen; zu|läs|sig (erlaubt); **Zu|las|sung; Zu|las|sungs|stel|le**
zu|las|ten, (auch:) **zu Las|ten;** zulasten, (auch:) zu Lasten des ... od. von ...
Zu|lauf; zu|lau|fen
zu|le|gen
zu|leid, zu|lei|de, (auch:) zu Leid, zu Lei|de; nur in: jmdm. etwas zuleid[e], (auch:) zu Leid[e] tun

zu|lei|ten
zu|letzt; aber: zu guter Letzt
zu|lie|be; mir, dir zuliebe
zum (zu dem); - ersten Mal[e]
zu|ma|chen (ugs. für: schließen)
zu|mal; - [da]
zum Bei|spiel (Abk.: z. B.)
zu|meist
zu|mes|sen
zu|min|dest; aber: zum Mindesten
zum Teil (Abk.: z. T.)
zu|mut|bar; zu|mu|te, (auch:) **zu Mu|te;** mir ist gut, schlecht zumute, (auch:) zu Mute; **zu|mu|ten;** zugemutet; **Zu|mu|tung**
zu|nächst
Zu|nah|me, *die;* -, -n
Zu|na|me (Familienname)
Zünd|blätt|chen; zün|den; zün|dend; Zün|der; Zünd‿holz, ...ker|ze, ...schlüs|sel, ...schnur; Zün|dung
zu|neh|men
zu|nei|gen; Zu|nei|gung
Zunft, *die;* -, Zünfte; **zünf|tig** (ugs. auch für: ordentlich, tüchtig)
Zun|ge, *die;* -, -n; **zün|geln; Zun|gen|spit|ze**
zu|nich|te; - machen
zu|nut|ze, (auch:) **zu Nut|ze;** sich etwas zunutze, (auch:) zu Nutze machen
zu|ord|nen
zu|pa|cken
zu|pass, zu|pas|se; zupass od. zupasse kommen
zup|fen; Zupf|in|s|t|ru|ment
zu|pros|ten
zur (zu der)
zu|ran|de, (auch:) **zu Ran|de;** mit etwas zurande, (auch:) zu Rande kommen
zu|ra|te, (auch:) **zu Ra|te;** jmdn. zurate, (auch:) zu Rate ziehen
zu|rech|nungs|fä|hig; Zu|rech|nungs|fä|hig|keit, *die;* -
zu|recht‿fin|den (sich), **...kom|men, ...le|gen, ...ma|chen** (ugs.), **...rü|cken**
zu|re|den
zu|rei|chend; -e Gründe

zu|rei|ten
zu|rich|ten
zür|nen (geh.)
zu|rück; - sein
zu|rück|be|hal|ten
zu|rück|bil|den; sich -
zu|rück|blei|ben
zu|rück|bli|cken
zu|rück|brin|gen
zu|rück|däm|men
zu|rück|drän|gen
zu|rück|dre|hen
zu|rück|er|bit|ten
zu|rück|er|hal|ten
zu|rück|er|stat|ten
zu|rück|fah|ren
zu|rück|fal|len
zu|rück|fin|den
zu|rück|for|dern
zu|rück|füh|ren
zu|rück|ge|ben
zu|rück|ge|hen
Zu|rück|ge|zo|gen|heit, *die;* -
zu|rück|grei|fen
zu|rück|hal|ten; Zu|rück|hal|tung
zu|rück|keh|ren
zu|rück|kom|men
zu|rück|las|sen
zu|rück|le|gen
zu|rück|leh|nen, sich
zu|rück|lie|gen
zu|rück|neh|men
zu|rück|ru|fen
zu|rück|schal|ten
zu|rück|schla|gen
zu|rück|schre|cken
zu|rück|sen|den; zurückgesandt u. zurückgesendet
zu|rück|set|zen; Zu|rück|set|zung
zu|rück|ste|cken
zu|rück|stel|len
zu|rück|sto|ßen
zu|rück|tre|ten
zu|rück|ver|lan|gen
zu|rück|ver|set|zen; sich -
zu|rück|wei|chen
zu|rück|wei|sen
zu|rück|wer|fen
zu|rück|wol|len (ugs.)
zu|rück|zah|len
zu|rück|zie|hen; sich -
Zu|ruf; zu|ru|fen
zur|zeit (Abk.: zz., zzt.); sie ist zurzeit krank, aber: sie lebte zur Zeit Karls des Großen

zu|sam|men
Von einem folgenden Verb oder Partizip wird getrennt geschrieben, wenn »zusammen« svw. »gemeinsam, gleichzeitig« bedeutet (das Verb wird in diesen Fällen meist deutlich stärker betont): – *sie können nicht zusammen [in einem Raum] arbeiten* – *wir sind zusammen angekommen* – *jetzt sollen alle zusammen singen*
Nur getrennt: – *zusammen sein: wenn er mit uns zusammen ist; sie waren zusammen gewesen* – *Aber:* das Zusammensein

Zu|sa|ge, *die;* -, -n; **zu|sa|gen**
Zu|sam|men|ar|beit; zu|sam|men|ar|bei|ten
zu|sam|men|bal|len
zu|sam|men|bei|ßen
zu|sam|men|blei|ben (sich nicht wieder trennen)
zu|sam|men|bre|chen
zu|sam|men|brin|gen (vereinigen)
Zu|sam|men|bruch, *der;* -[e]s, ...brüche
zu|sam|men|drän|gen; sich -
zu|sam|men|drü|cken
zu|sam|men|fah|ren (aufeinander stoßen; erschrecken)
zu|sam|men|fal|len (einstürzen; gleichzeitig erfolgen)
zu|sam|men|fal|ten
zu|sam|men|fas|sen; Zu|sam|men|fas|sung
zu|sam|men|fe|gen (bes. norddt.)
zu|sam|men|fü|gen
zu|sam|men|füh|ren (zueinander hinführen)
zu|sam|men|ge|hö|ren (eng verbunden sein); **zu|sam|men|ge|hö|rig; Zu|sam|men|ge|hö|rig|keits|ge|fühl**
zu|sam|men|ge|setzt; -es Wort
zu|sam|men|ha|ben (ugs. für: gesammelt haben)

Zu|sam|men|halt; zu|sam|men|hal|ten (sich nicht trennen lassen; verbinden)
Zu|sam|men|hang; im od. in - stehen; **zu|sam|men|hän|gen; zu|sam|men|hän|gend; zu|sam|men|hang[s]|los**
zu|sam|men|hef|ten
zu|sam|men|keh|ren (bes. südd.)
zu|sam|men|klap|pen (falten; ugs. für: zusammenbrechen)
zu|sam|men|knei|fen
zu|sam|men|knül|len
zu|sam|men|kom|men (sich begegnen); **Zu|sam|men|kunft,** *die;* -, ...künfte
zu|sam|men|läp|pern, sich (ugs. für: sich aus kleinen Mengen ansammeln)
zu|sam|men|lau|fen (sich treffen; ineinander fließen)
zu|sam|men|le|ben; Zu|sam|men|le|ben, *das;* -s
zu|sam|men|le|gen
zu|sam|men|neh|men, sich
Zu|sam|men|prall; zu|sam|men|pral|len
zu|sam|men|raf|fen
zu|sam|men|rei|ßen, sich (ugs. für: sich zusammennehmen)
zu|sam|men|sa|cken (ugs. für: zusammenbrechen)
zu|sam|men|schlie|ßen, sich; **Zu|sam|men|schluss**
zu|sam|men|schmel|zen
zu|sam|men|schnü|ren
zu|sam|men|schrei|ben; Zu|sam|men|schrei|bung
zu|sam|men|schrump|fen
zu|sam|men sein; vgl. zusammen; **Zu|sam|men|sein,** *das;* -s
zu|sam|men|set|zen; Zu|sam|men|set|zung
Zu|sam|men|spiel, *das;* -[e]s
zu|sam|men|stel|len; Zu|sam|men|stel|lung
Zu|sam|men|stoß; zu|sam|men|sto|ßen
zu|sam|men|strö|men
zu|sam|men|stür|zen
zu|sam|men|su|chen (von überall her suchend zusammentragen)
zu|sam|men|tra|gen (sammeln)
zu|sam|men|tref|fen (begegnen)
zu|sam|men|wir|ken; Zu|sam|men|wir|ken, *das;* -s
zu|sam|men|zäh|len (addieren)
zu|sam|men|zie|hen (verengern; vereinigen; addieren)
zu|sam|men|zu|cken
Zu|satz; Zu|satz‿ab|kom|men, ...brems|leuch|te (Kfz.-Technik); **...ge|rät; zu|sätz|lich; Zu|satz|zahl** (beim Lotto)
zu|schan|den, (auch:) **zu Schan|den;** zuschanden, (auch:) zu Schanden machen, werden
zu|schan|zen (ugs. für: jmdm. zu etwas verhelfen)
zu|schau|en; Zu|schau|er; Zu|schau|e|rin
zu|schi|cken
Zu|schlag; zu|schlag|pflich|tig
zu|schlie|ßen
zu|schnap|pen
zu|schnei|den; Zu|schnitt
zu|schrei|ben
zu|schul|den, (auch:) **zu Schul|den;** sich etwas zuschulden, (auch:) zu Schulden kommen lassen
Zu|schuss; Zu|schuss|be|trieb
zu|schus|tern (ugs.)
zu|se|hen; zu|se|hends
zu sein; vgl. zu
zu|sen|den; Zu|sen|dung
zu|set|zen
zu|si|chern; Zu|si|che|rung
zu|spie|len
zu|spit|zen; Zu|spit|zung
Zu|spruch, *der;* -[e]s (Anklang, Zulauf; Trost)
Zu|stand; zu|stan|de, (auch:) **zu Stan|de;** zustande, (auch:) zu Stande bringen, kommen; **zu|stän|dig; Zu|stän|dig|keit**
zu|ste|cken
zu|ste|hen
zu|stei|gen
zu|stel|len; Zu|stel|lung
zu|stim|men; Zu|stim|mung
zu|sto|ßen
Zu|strom, *der;* -[e]s
zu|ta|ge, (auch:) **zu Ta|ge;** nur in: zutage, (auch:) zu Tage bringen, treten
Zu|tat (meist *Mehrz.*)
zu|teil; - werden; **zu|tei|len;** zugeteilt; **Zu|tei|lung**
zu|tiefst (völlig; im Innersten)
zu|tra|gen; sich -
zu|trau|en; Zu|trau|en, *das;* -s; **zu|trau|lich**
zu|tref|fen; zu|tref|fend; -ste
Zu|tritt, *der;* -[e]s
zu|tun (ugs. für: hinzufügen; schließen)
zu|un|guns|ten, (auch:) **zu Un|guns|ten** (zum Nachteil); zuungunsten, (auch:) zu Ungunsten vieler Antragsteller
zu|ver|läs|sig; Zu|ver|läs|sig|keit, *die;* -
Zu|ver|sicht, *die;* -; **zu|ver|sicht|lich**
zu viel; zu viel des Guten; er weiß zu viel; besser zu viel als zu wenig
zu|vor (vorher); **zu|vor|kom|men** (schneller sein); **zu|vor|kom|mend** (liebenswürdig)
Zu|wachs, *der;* -es (Vermehrung, Erhöhung); **Zu|wachs|ra|te**
zu|we|ge, (auch:) **zu We|ge;** nur in: zuwege, (auch:) zu Wege bringen; [gut] zuwege, (auch:) zu Wege sein (ugs. für: wohlauf sein)
zu|wei|len
zu we|nig; du weißt [viel] zu wenig; es gab zu wenig[e] Parkplätze
zu|wi|der; - sein, werden; **zu|wi|der|han|deln; Zu|wi|der|hand|lung**
zu|zie|hen; sich -; **zu|züg|lich** (Kaufmannsspr.)
zu|zwin|kern; zugezwinkert
Zwang, *der;* -[e]s, Zwänge; **zwän|gen** (bedrängen; klemmen; einpressen); sich -; **zwang|haft; zwang|los;** -este; **Zwangs‿ar|beit, ...ja-**

cke, ...la|ge; zwangs|läu|fig; Zwangs‿ver|stei|ge|rung, ...voll|stre|ckung; zwangs|wei|se
zwan|zig; Zwan|zig|eu|ro|schein (mit Ziffern: 20-Euro-Schein); **zwan|zigs|te**
zwar
Zweck, *der;* -[e]s, -e (Ziel[punkt]; Absicht; Sinn); **zweck|dien|lich; Zwe|cke,** *die;* -, -n (landsch. für: kurzer Nagel mit breitem Kopf); **Zweck|ent|frem|dung; zweck‿ent|spre|chend** (-ste), **...los; zweck|mä|ßig**
zwei; *Wesf.* zweier, *Wemf.* zweien, zwei; **Zwei,** *die;* -, -en (Zahl); **zwei|deu|tig; Zwei|deu|tig|keit; Zwei|drit|tel‿ge|sell|schaft** (Gesellschaft, in der etwa ein Drittel der Menschen arm od. von Armut bedroht sind), **..mehr|heit; zwei|ei|ig;** -e Zwillinge; **zwei|ein|halb; zwei|er|lei; Zwei|eu|ro|stück** (mit Ziffer: 2-Euro-Stück); **zwei|fach**
Zwei|fel, *der;* -s, -; **zwei|fel|haft; zwei|fel|los; zwei|feln; Zwei|fels|fall,** *der;* im -[e]
Zwei|fron|ten|krieg
Zweig, *der;* -[e]s, -e
zwei|glei|sig
Zweig‿li|nie, ...stel|le, ...werk
zwei|hun|dert; Zwei|kampf; zwei|mal; Zwei|rei|her; zwei|rei|hig; zwei|schnei|dig; zwei|sei|tig; Zwei|sit|zer (Wagen, Motorrad u. a. mit zwei Sitzen); **zwei|spu|rig; zwei|stim|mig; zwei|stö|ckig; Zwei|takt|mo|tor; zwei|tau|send; zwei|te;** aus zweiter Hand; er arbeitet wie kein Zweiter; jeder Zweite; **zwei|tei|lig; zwei|tens; Zwei|te[r]-Klas|se-Ab|teil; Zweit|fri|sur** (Perücke); **zweit|klas|sig; Zweit|mei|nung** (Beurteilung durch einen zweiten Arzt, Spezialisten); **zweit|ran|gig; Zweit‿schrift, ...stim|me, ...wa|gen**
Zwerch|fell; zwerch|fell|er|schüt|ternd
Zwerg, *der;* -[e]s, -e; **Zwerg‿pu|del, ...staat** (*Mehrz.* ...staaten)
Zwet|sche, *die;* -, -n; **Zwet|schen‿mus, ...schnaps; Zwetsch|ge** (südd., schweiz. und fachspr. für: Zwetsche); **Zwetsch|ke** (bes. österr. für: Zwetsche)
Zwi|ckel, *der;* -s, - (keilförmiger Stoffeinsatz); **zwi|cken** (ugs. für: kneifen); **Zwi|cker** (Klemmer, Kneifer); **Zwick|müh|le;** in der - (ugs. für: in einer misslichen Lage)
Zwie|back, *der;* -[e]s, ...bäcke u. -e (geröstetes Weizengebäck)
Zwie|bel, *die;* -, -n; **Zwie|bel‿ku|chen, ...mus|ter** (*das;* -s; beliebtes Muster der Meißner Porzellanmanufaktur); **zwie|beln** (ugs. für: quälen); **Zwie|bel‿ring, ...scha|le, ...turm**
zwie|fach (veraltend für: zwei|fach); **Zwie|ge|spräch; Zwie|licht,** *das;* -[e]s; **zwie|lich|tig; Zwie|spalt,** *der;* -[e]s; **zwie|späl|tig; Zwie|spra|che; Zwie|tracht,** *die;* - (geh.)
Zwil|ling, *der;* -s, -e; **Zwil|lings‿bru|der, ...schwes|ter**
zwin|gen; zwang, gezwungen; **zwin|gend; Zwin|ger** (Gang, Platz zwischen innerer u. äußerer Burgmauer; fester Turm; Käfig für wilde Tiere; umzäunter Auslauf für Hunde)
zwin|kern (blinzeln)
zwir|beln (mit den Fingerspitzen schnell drehen)
Zwirn, *der;* -[e]s, -e; **Zwirns|fa|den** (*Mehrz.* ...fäden)
zwi|schen; *Verhältnisw.* mit *Wemf.* oder *Wenf.:* - den Tischen stehen; aber: - die Tische stellen; **Zwi|schen‿be|mer|kung, ...be|scheid, ...bi|lanz, ...ding; zwi|schen|durch** (ugs.); **Zwi|schen‿fall** (*der*), **...fra|ge; zwi|schen|lan|den; Zwi|schen‿lan|dung, ...mahl|zeit; zwi|schen|mensch|lich; Zwi|schen|raum; zwi|schen|staat|lich; Zwi|schen‿sta|ti|on, ...stu|fe, ...wand, ...zeit; zwi|schen|zeit|lich**
Zwist, *der;* -es, -e; **Zwis|tig|keit**
zwit|schern
Zwit|ter, *der;* -s, - (Wesen mit m. u. w. Geschlechtsmerkmalen); **Zwit|ter|blü|te**
zwo; vgl. zwei
zwölf; es ist fünf [Minuten] vor zwölf (ugs. auch für: es ist allerhöchste Zeit); vgl. acht; **Zwölf,** *die;* -, -en (Zahl); **Zwölf|fin|ger|darm; zwölf|mal; Zwölf|tel,** *das* (schweiz. meist: *der*); -s, -; **zwölf|tens; Zwölf|ton|ner; Zwölf|zy|lin|der|mo|tor**
Zy|an|ka|li, *das;* -s (stark giftiges Kaliumsalz der Blausäure)
Zy|k|len (*Mehrz.* von: Zyklus); **zy|k|lisch** [auch: *zü...*] (kreisläufig, -förmig; sich auf einen Zyklus beziehend; regelmäßig wiederkehrend); **Zy|k|lon,** *der;* -s, -e (Wirbelsturm); **Zy|k|lop,** *der;* -en, -en (einäugiger Riese der gr. Sage); **Zy|k|lus** [auch: *zü...*], *der;* -, Zyklen (Kreis[lauf]; Folge; Reihe)
Zy|lin|der [*zi...*, auch: *zü...*], *der;* -s, -; **zy|lin|d|risch** (walzenförmig)
Zy|ni|ker (zynischer Mensch); **zy|nisch** (auf grausame, beleidigende Weise spöttisch); -ste; **Zy|nis|mus,** *der;* -, (für: zynische Bemerkung auch *Mehrz.:*) ...men (zynische Haltung, Art; zynische Bemerkung)
Zy|p|res|se, *die;* -, -n (Kiefernpflanze des Mittelmeergebietes)
Zys|te, *die;* -, -n (mit Flüssigkeit gefüllte Geschwulst)
zz., zzt. = zurzeit
z. Z., z. Zt. = zur Zeit